Jagen gilt als eine der frühesten und ursprünglichsten Tätigkeiten des Menschen. Mit dem Fragen ist es ähnlich. Hierbei handelt es sich um das älteste und wirksamste Mittel, Erkenntnisse zu gewinnen. Eine Frage ist mit einer Lanze, einem Pfeil oder dem Projektil einer Schußwaffe vergleichbar: Sie zielt auf ein Problem, trifft es im Kern, und die Beute, die sie macht, präsentiert sich im Besitz von neuem Wissen.

Es ist das Verdienst von Dr. med. vet. Richard Blase (1900 bis 1981), daß er Jagen und Fragen in Verbindung brachte. Er war der erste, der unsere urtümlichste Beschäftigung mit der einfachsten und effektivsten menschlichen Lernmethode eingängig aufbereitet hat.

Der Jäger von heute muß eine Menge Daten, Fakten und Zusammenhänge beherrschen, um den Erfordernissen der Prüfung und der praktischen Jagdausübung in der Bundesrepublik Deutschland gerecht zu werden. Dieses Buch sammelt, verdeutlicht und gliedert sie ihm. In Frage und Antwort werden ihm alle Wissensgebiete vorgestellt, die nach dem Bundesjagdgesetz für die Jägerprüfung von Bedeutung sind. Daneben bietet sich die vorliegende 24. Auflage auch dem erfahrenen Praktiker als Nachschlagewerk und vertiefende Lektüre an.

Obermenzing, im Frühjahr 1988 — Franz Pettinger

Inhalt

WILDHEGE

JAGDPRAXIS UND REVIERTECHNIK

WILDKRANKHEITEN

Jagdwaffenkunde

Jagdwaffen und Munition, Ballistik, Handhabung, Gebrauch und Pflege der Jagdwaffen, Sicherheitsbestimmungen im praktischen Jagdbetrieb, jagdliches Schießen und DJV-Schießvorschriften

Allgemeines

Welche besondere Bedeutung hat das Prüfungsfach „Jagdwaffenkunde" für den Jungjäger?

Es ist das wichtigste Prüfungsfach, denn die Prüfung gilt, selbst bei hervorragenden Leistungen in den anderen Prüfungsfächern, als „nicht bestanden", wenn die Kenntnisse in diesem Fach, die Leistungen in der Handhabung der Jagdwaffen und die Ergebnisse des jagdlichen Schießens nicht mindestens ausreichend sind. Hierzu ist die Prüfungsordnung des Landes nachzulesen, in dem die Jägerprüfung abgelegt werden soll (s. S. 800).
Der Jungjäger muß seinen Zeitplan so einrichten, daß er unbedingt jedes Übungsschießen mitmachen und die Mindestanforderungen der Trefferergebnisse im Büchsen-, Flinten- und Kurzwaffenschießen erreichen kann. Er sollte deshalb seine Ausbildung mit dem Abschnitt „Jagdwaffenkunde" beginnen und gezielt darauf hinarbeiten, daß er die Erlaubnis zum Erwerb einer eigenen Flinte erhält (s. S. 23), sowie sich beim Waffenhändler eine passende Flinte aussuchen.
Weiter muß der Jungjäger die für ihn wichtigsten Bestimmungen des Waffengesetzes (WaffG) vom 8.3.1976 in der neuesten Fassung kennen.

Welche Mindestanforderungen werden im praktischen Teil des Prüfungsfaches „Jagdwaffenkunde" gestellt?

Vorgelegte Munition (Schrot-, Büchsen- und Kurzwaffenpatronen sowie die gebräuchlichen Geschosse) müssen erkannt und in ihrer Wirkung beschrieben werden können (s. S. 56–74).
Hierzu sollte sich der Jungjäger von seinem Waffenhändler die Schrift „Kleines Handbuch für den Jäger" mit ballistischen Daten der Dynamit Nobel AG kostenlos aushändigen lassen.
Ferner ist das Anlegen einer Patronensammlung empfehlenswert. Dazu erbittet man sich abgeschossene Munition von befreundeten Waidmännern oder kauft sich entsprechende Zusammenstellungen bei einem Büchsenmacher. Auch in den sehr informativen Katalogen der jagdlichen Versandhäuser kann man die gängigen Patronensorten genau studieren.
Weiter sind gründliche Kenntnisse in der Handhabung von Jagdwaffen zu erbringen. Vorgelegt werden meist je eine Hahn- und eine Selbstspanner-Doppelflinte, eine Bockdoppelflinte mit Ejektor, ein Drilling mit Einstecklauf, zwei Repetierbüchsen sowie eine Pistole und ein Revolver.
Diese Jagdwaffen muß der Prüfling nach ihren Konstruktionsmerkmalen erkennen, beschreiben und praktisch bedienen können. Zeigt der Prüfling schwerwiegende Mängel bei der Handhabung der Jagdwaffe oder ungenügende Trefferergebnisse beim praktischen Schießen, muß er von der Fortsetzung der Prüfung ausgeschlossen werden. Die Prüfung gilt dann als nicht bestanden. An den jagdlichen Nachwuchs werden also in der „Jagdwaffenkunde" zum Nachweis seiner

Sachkunde nach § 31 (1) WaffG (s. S. 785) besonders hohe Anforderungen gestellt, damit er später Unfälle sicher verhütet und dem Wild bei der Ausübung der Jagd unnötige Qualen erspart.

Blanke Waffen

Welche blanken (kalten) Waffen kennt man?

Saufeder, Hirschfänger, Waidblatt oder Standhauer, Nicker (oder Knicker) und Jagd- oder Waidmesser. Bekannte Messerhersteller sind z.B. Puma, Baumwerk (Heinr. Böker), Anton Wingen, Carl Schlieper, aber auch „Messermacher" wie z.B. Wolf Borger oder Richard Hehn.

Wozu werden blanke Waffen verwendet?

Zum Saufang sowie zum Abfangen und Abnicken des übrigen Schalenwildes. Jagdnicker (auch „Knicker" genannt) und Jagd- und Waidmesser finden beim Aufbrechen, Zerwirken und Zerlegen Verwendung.

Wie geschieht das Abfangen und das Abnicken?

Zum *Blattfang* nähert man sich dem kranken Stück vom Rücken her und stößt die Klinge hinter dem Blatt in den Brustkorb.
Zum *Kälberfang* wird von der Halsgrube (Stich) in Richtung Herz gestoßen.
Beim *Abnicken* wird die Klinge zwischen Hinterhauptbein und erstem Halswirbel ins Genick gestoßen und dadurch das Halsmark im Wirbelkanal durchtrennt. Das ist sofort tödlich.

Ist das Abfangen oder Abnicken noch zeitgemäß?

Nein. Aus tierschützerischen Gründen wird es nur noch angewandt, wenn sich ein Fangschuß nicht anbringen läßt. Wer blanke Waffen in solchen Situationen einsetzen will, muß aber ausreichende Übung am verendeten Wild erworben haben. Sonst kommt deren Verwendung einer Tierquälerei gleich und ist abzulehnen. (Puma liefert ein Abfangmesser für Schalenwild: Modell Rüdemann.)

Was ist eine Saufeder?

Eine ca. 30 cm lange, blattförmig-zweischneidige, manchmal auch vierkantige Klinge mit Parierstange an einem zwei Meter langen Eschenholzschaft. Sie dient brauchgerecht zum Abfangen von Schwarzwild, das von Hunden gestellt (gedeckt) ist. Sie soll hinter dem Blatt bis zur Parierstange in den Wildkörper eindringen. Schwarzwild läßt man auflaufen, d.h. in die Klinge rennen. Die Anwendung dieser blanken Waffe erfordert ein gerüttelt Maß an Mut. Sie ist heute nur noch selten im jagdpraktischen Einsatz (Tierschutz!), ist jedoch als Wandschmuck recht beliebt.

Wann werden blanke Waffen noch verwendet?

Nur, wenn sich ein Fangschuß nicht anbringen läßt (z.B. bei angefahrenem Wild auf einer Autostraße, bei von Hunden gedecktem Wild, bei Wildfolge ohne Gewehr).

Welche Eigenschaft muß Messerstahl haben?

Messerstahl muß hart sein. Die Härte wird in Grad Rockwell gemessen. Gute Klingen haben etwa 58 bis 62 Grad Rockwell. Sie wird erreicht durch das Erhitzen von hochlegierten Stählen auf über 1000° C und anschließendes Abschrecken (schnelles Abkühlen). Je größer aber die Härte eines Messers, um so schlechter läßt es sich bearbeiten. Da Schneidstahl zudem eine große Zähigkeit und Verschleißfestigkeit aufweisen muß, wird ihm in einem weiteren Arbeitsgang seine Sprödigkeit genommen. Das geschieht durch das Anlassen, bei dem er u.U. mehrere Male bis auf 400° C erwärmt und wieder abgekühlt wird. Je länger ein Messer im rauhen jagdlichen Einsatz seine guten Eigenschaften behält, um so bessere Schnitthaltigkeit besitzt es. Sie hängt auch vom Schleifwinkel der Schneide ab, der bei etwa 30° liegen sollte. Auf Rostträgheit wird des weiteren großer

Jagdnicker

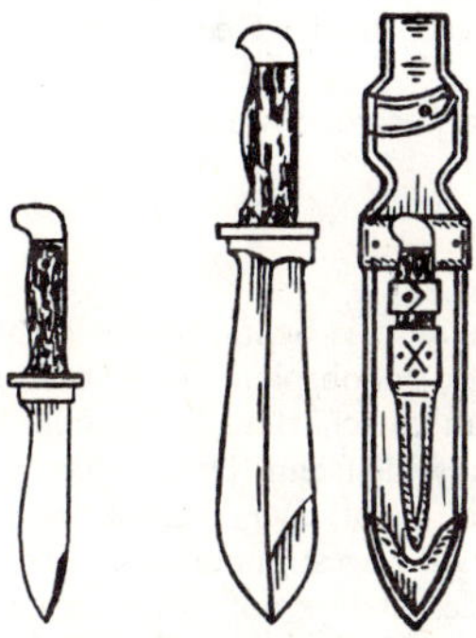

Nicker und Waldblatt vom Waidbesteck

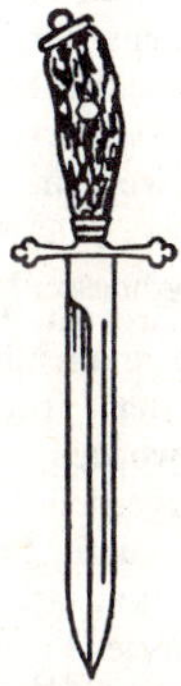

Paradewaffe Hirschfänger

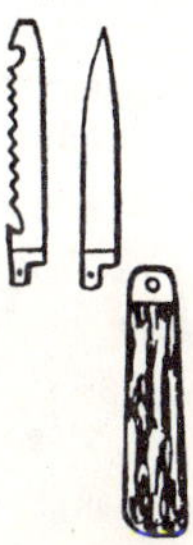

PUMA-Zerlegbar: Das Jagdmesser ist auseinandernehmbar

Universaljagdmesser: Klinge, Säge, Aufbruchklinge, Ausziehhaken, Korkenzieher u. Kronenverschlußöffner

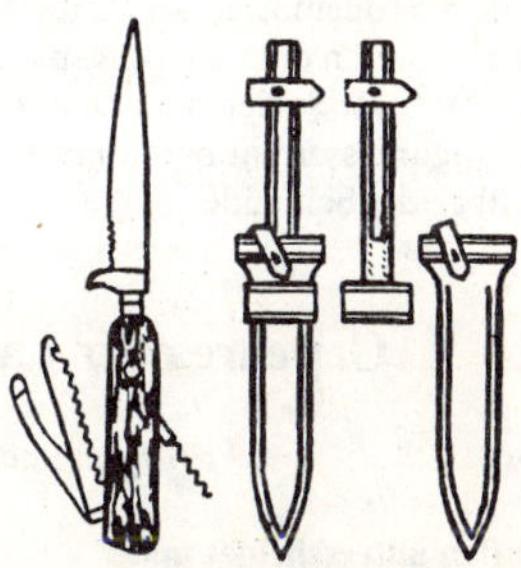

PUMA-Waidmesser: Klinge, Säge, Aufbruchklinge, Korkenzieher, zweiteilige Scheide f. Klingenschutz

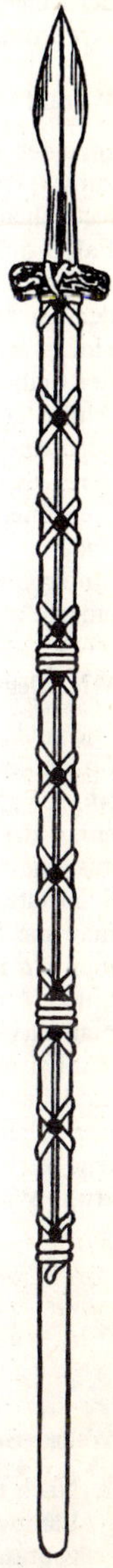

Saufeder

Wert gelegt. Sie wird erreicht durch Verwendung von Legierungen entsprechender Eigenschaft (Klingenstahl 440 C oder 4034) oder durch nachträgliches Hartverchromen.

Worauf ist beim Kauf eines Jagdmessers zu achten?

In einer Niederwildjagd wird man auch mit einem praktischen Klappmesser zurechtkommen. Der Hochwildjäger legt sich besser einen Knicker (Nicker) mit feststehender Klinge zu, die stärker und stabiler ist. Ihre Angel muß auf jeden Fall durch den ganzen Griff führen. Eine ausreichende Parierstange schützt Finger und Hand bei schwerer Arbeit. Ob man sich für einen Griff aus Holz (Palisander, Jacaranda, Cocobolo, Ebenholz) oder Kunststoff (meist Micarta, einem Harzprodukt) entscheidet, ist reine Geschmackssache.
Statt einem Messer mit vielen Zusatzteilen (Säge, Ausziehhaken, Korkenzieher, Aufbruchklinge, Kronenverschlußöffner usw.) schaffe man sich besser verschiedene Spezialanfertigungen an. So gibt es auf dem Markt sogenannte Skinner, deren Schneide dadurch verlängert wird, daß man sie bis zur Spitze hinaufzieht. Sie eignen sich bestens zum Abbalgen, Aus-der-Decke-Schlagen, Enthäuten und anderen feinen Schneidearbeiten.
Unter Custom-Knives versteht man wertvolle Messer, die nach Kundenwunsch einzeln angefertigt werden.

Wie pflegt man Jagdmesser?

Hie und da richtet man mit Wetzstahl die Schneide wieder auf (z.B. Silicon-Carbid-Wetzstahl der Firma Wörle, Jakobsplatz 14, 8900 Augsburg). Ist das Messer stumpf geworden, muß man es schärfen. Keinesfalls halte man es an einen elektromotorgetriebenen Rundschleifstein. Daran glüht man die Schneide aus, die nur noch kurze Zeit scharf bleibt. Der Nichtfachmann benutzt einen Schärfstein (z.B. Arkansas) mit darauf abgestimmtem Schleiföl. Zunächst rauht man die Klinge an der Grobseite des Steines auf. Man tut dabei so, als wolle man ein Scheibchen abschneiden. Nun dreht man auf die Feinseite und schleift unter Verwendung des Spezialöls ein- bis zweimal gegen die Schneide, bevor man das Messer wieder wendet. Wichtig ist, daß man dabei stets den gleichen Winkel einhält. Ein Honemaster kann dabei helfen. Lassen sich die Härchen am Handrücken abrasieren oder Zeitungspapier zackenlos schneiden, ist die richtige Schärfe erreicht. Statt Schleifstein und -öl läßt sich auch eine Diamantnagelfeile verwenden. Jagdmesser säubert man mit Wasser. Ab und zu sprüht man etwas Waffenöl über die Schneide.

Gewehre oder Langwaffen

Allgemeines

Welche Schußwaffen unterscheidet man?

1. Nach ihrer Handhabung:
   Langwaffen (Gewehre), mehr als 60 cm lang, zu deren Bedienung beide Hände gebraucht werden, und
   Kurzwaffen (Faustfeuerwaffen), weniger als 60 cm lang.

2. Nach ihrem Verwendungszweck:
   Flinten (Gewehre für den Schrotschuß),
   Büchsen (Gewehre für den Kugelschuß) und
   kombinierte Gewehre (für den Schrot- und Kugelschuß).
   („Kugel" ist die noch gebräuchliche Bezeichnung für das Büchsen-Einzelgeschoß. Es ist heute ein Langgeschoß. Man spricht deshalb besser von „Büchsen-Geschossen".)
3. Nach ihren Konstruktionsmerkmalen:
   Kipplaufgewehre und Gewehre mit feststehendem Lauf.
4. Nach dem Ladevorgang:
   Einzellader, Repetierwaffen und halbautomatische Waffen.

Unter welchen Sammelbegriff fallen die heutigen Jagdgewehre?

Unter den Begriff „Hinterlader". Den ersten Hinterlader erfand 1825 der Franzose Lefaucheux (sprich: Lefoschö).
Ihre Vorläufer waren die „Vorderlader" mit Lunten-, Rad- oder Feuersteinschloß sowie das Perkussionsgewehr, bei denen das Laden von der Laufmündung aus erfolgte.

Darf man auf Wild mit der Kurzwaffe (Revolver, Pistole) schießen?

Nein, auch nicht auf Niederwild, ausgenommen bei der Bau- und Fallenjagd sowie zur Abgabe von Fangschüssen. Für Fangschüsse muß die Mündungsenergie des Geschosses mindestens 200 Joule betragen (s.S. 682 § 19/2d Bundesjagdgesetz [BJG] Seite 680). Revolver- und Pistolenmunition mit a) Hohlspitzgeschossen und b) Teilmantelgeschossen mit Sollbruchstellen sowie Geschosse für solche Munition sind verboten! (§ 8 [2] der Dritten VO zum WaffG [BGBl. I 1976 S. 3775]).

Arten und Einrichtungen der Jagdgewehre

Aus welchen Teilen besteht ein Gewehr?

Es besteht in einfacher Form aus dem Lauf mit dem Patronenlager und dem Verschluß mit dem eingebauten Schloß. Weitere Teile sind die Visiereinrichtung und der Schaft.
Der Lauf (mit dem Patronenlager) dient zur Aufnahme der Patrone und gibt dem durch die Entwicklung der Pulvergase vorgetriebenen Geschoß oder der Schrotladung die Flugrichtung. Der Verschluß verschließt den Lauf hinter der Patrone (Verriegelung).
Das Schloß (mit Abzugsvorrichtung) enthält den Mechanismus zur Entzündung des Zündhütchens der Patrone und die zur Sicherung der geladenen Waffe erforderlichen Elemente. Es wird mit dem Abzug betätigt (s. Abb. S. 30 und S. 34).
Der Schaft gestattet das Anschlagen der Waffe an die Schulter.

Aus welchem Material bestehen die Verschlußteile?

Aus Stahl. Wird ein „leichtes" Gewehr gewünscht, fertigt man den Verschlußkasten (Basküle) bei Kipplaufwaffen oder das Gehäuse bei Selbstladeflinten aus Leichtmetall.

(Die „Beschläge“ [Pistolengriff- und Schaftkappe und den Abzugsbügel] fertigt man gern aus Horn oder Kunststoff.)

Welche Aufgabe hat das Patronenlager?

Es soll die Patrone aufnehmen. Die Maße dürfen die im WaffG (3. WaffV vom 10. Mai 1973) angegebenen Mindestwerte nicht unterschreiten.

Was ist beim Verschluß von Kipplaufwaffen zu beachten?

Lauf und Verschluß müssen genau aneinander passen. Verschlüsse mit einem Verschlußabstand über 0,1 bis 0,15 mm sind unzulässig und gefährden die Genauigkeit der Schußleistung, die Waffe, den Schützen und andere Personen. Der Verschlußabstand wird bei geladener und geschlossener Waffe zwischen dem Stoßboden und dem Patronenboden gemessen. Dabei muß die Patrone ganz im Patronenlager stecken. Andernfalls erreicht der Schlagbolzen nicht das Zündhütchen; es können auch Hülsenreißer auftreten. Man muß beim Schließen der Kipplaufwaffen den Oberhebel halten und danach kontrollieren, ob er eingeschwenkt ist. Beim Zuschlagen des Verschlusses kann ebenfalls ein Spiel entstehen.
(Probe: Vorderschaft abnehmen, Gewehr senkrecht halten und schütteln. Verspürt man ein „Wackeln“, ist der Verschluß nicht mehr in Ordnung!)

Mit welchem Schaft erzielt man gute Trefferergebnisse?

Nur mit einem Schaft, der für den Schützen zum Flüchtigschießen genau passend ist. Weiter gehört zum Treffen: Üben, üben!

Woraus besteht der Gewehrschaft?

Aus dem Vorderschaft und dem Hinterschaft oder Kolben. Der Vorderschaft liegt vor dem Abzugsbügel und hat bei Kipplaufwaffen einen Druckknopf-Verschluß oder Patentschnäpper. Er dient bei hahnlosen Kipplaufgewehren zum Spannen der Schlosse. Zum Auseinandernehmen des Gewehrs muß er abgenommen werden. Beim Schließen des Gewehrs bedient der Vorderschaft den Patronenauszieher und Ejektor. Der Hinterschaft muß für den Schützen passend geschäftet sein! Schaftformen s. S. 22. Das Schaftende kann eine Schaftkappe bilden (häufig aus Gummi und ventiliert.).
Einläufige Büchsen können bis zur Laufmündung durchgehend geschäftet sein. Man spricht dann von einem Ganzschaft und nennt das Gewehr einen Stutzen (nicht zu verwechseln mit dem „zweiläufigen“ Bergstutzen, der sich sowohl aus einem klein- wie aus einem großkalibrigen Büchsenlauf aufbaut).
Schäfte fertigt man meist aus Nußbaumholz (aus Stamm- oder dem wertvolleren Wurzelholz mit seiner schönen Maserung). Auch Kunststoff (z. B. Cycolac bei Steyr-Mannlicher) findet als Schaftmaterial Verwendung.
Die eingeschnittene Rauhung des Schaftes am Pistolengriff und am Vorderschaft, die den Händen des Schützen guten Halt gibt, bezeichnet man als „Fischhaut“ (s. Abb. S. 118). Es gibt sie in einfacher Form und als schottische Fischhaut. Der Schaft kann auch durch Punzierung aufgerauht sein.
Auf der linken Gewehrseite befindet sich bei Büchsen eine Auswölbung. Da man mit dieser die Waffe bei der Schußabgabe an die Wange drückt („man backt an“), nennt man sie Backe. Neben der deutschen Backenform kennt man die abgeeckte bayerische Backe, die oft auch als Doppelbacke gestaltet ist.

Worauf muß der Prüfling seine Leihflinte vor Beginn des Tontaubenschießens überprüfen?

Ob sie ihm liegt, d.h. ob Länge, Senkung und Schränkung des Schaftes und der Pitch sowie die Balance seinen Körperformen genau entsprechen, so daß das Korn des Gewehres beim schnellen Anschlag genau auf das Ziel zeigt, ohne daß das Gewehr zurechtgerückt werden muß. Sonst muß er den Erwerb einer eigenen Flinte anstreben (s.S. 783).

Wie prüft man annähernd die passende Schaftlänge?

Man setzt das Gewehr mit der Schaftkappe innen auf das rechtwinklig gebeugte Ellenbogengelenk (s.Abb. S. 22) und umfaßt den Kolbenhals wie beim Schießen. Kann man mit dem ersten Gelenk des Zeigefingers gerade noch den vorderen Abzug erreichen, so ist die Schaftlänge richtig (normale Schaftlänge 35 bis 36 cm). Diese Überprüfung kann nur als grober Anhaltswert dienen.

Was versteht man unter der Senkung des Schaftes?

Den senkrechten Abstand der Schaftnase und der Schaftkappe von der gedachten rückwärtigen Verlängerung der Laufschiene. Die Senkung beträgt bei normalen Schäften an der Nase 35 bis 42 mm und an der Kappe 50 bis 70 mm (s.S. 22).
Ist die Senkung des Schaftes für den Schützen zu gering, so sieht er zuviel von der Laufschiene und erhält übermäßigen Hochschuß (s. Abb. S. 24). Weniger behende Schützen und solche mit langem Hals brauchen eine stärkere Senkung des Schaftes (an der Schaftnase etwa 40 mm, an der Schaftkappe etwa 70 mm) oder einen „Buckel- oder Monte-Carlo-Schaft" (s.Abb. S. 22).

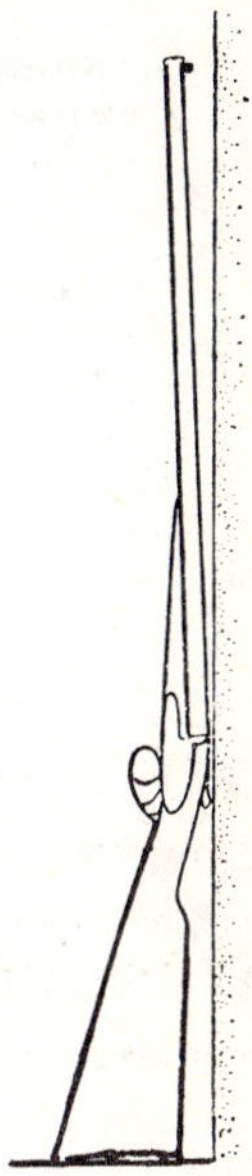

Pitch

Was versteht man unter „Pitch" (sprich Pitsch)?

Den Abstand der Laufmündung von etwa 3 cm von einer Wand, wenn die Flinte mit der Schaftkappe auf dem Boden aufgestellt und mit dem Verschluß an die Wand angelehnt wird (s.Abb.).

Was versteht man unter der Schränkung des Schaftes?

Eine seitliche Ausbiegung des Schaftes aus der gedachten rückwärtigen Verlängerung der Laufschiene (s.Abb. unten). Man bezeichnet sie auch als „Schäftung aus dem Gesicht". Sie ermöglicht ein schnelles und gleichmäßiges gutes Erfassen des Zieles.

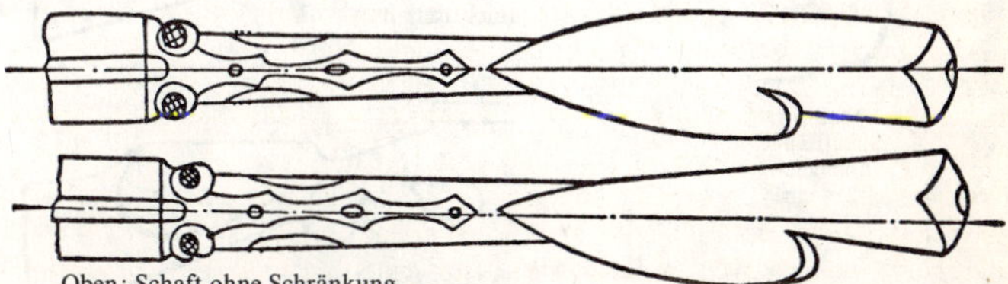

Oben: Schaft ohne Schränkung
Unten: Schaft mit Rechtsschränkung (Schäftung aus dem Gesicht)

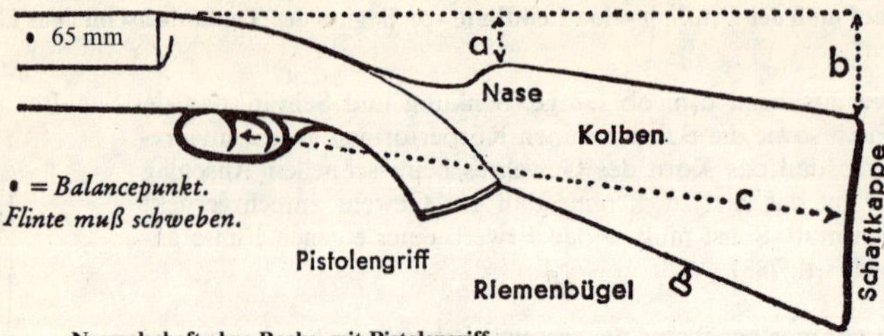

Normalschaft ohne Backe, mit Pistolengriff
a = Senkung an der Schaftnase (35–42 mm)
b = Senkung an der Schaftkappe (50–70 mm)
c = Abstand vom vorderen Abzug bis Mitte Kappe (normal 35–36 cm)

Schaft mit Backe
Änderung des Gewehrschaftes:

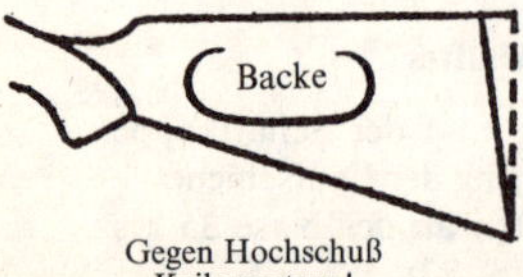

Gegen Hochschuß
Keil ansetzen!

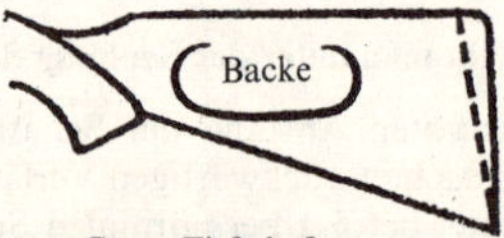

Gegen Tiefschuß
Keil absägen!

Die gestrichelten Linien ergeben ungefähr die richtigen Schaftmaße.

Schaftarten

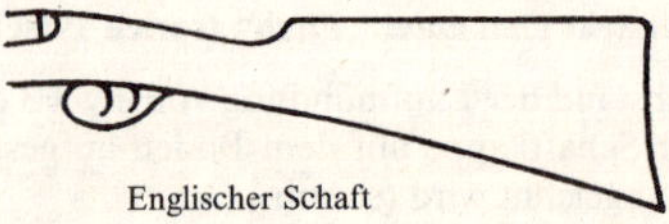

Englischer Schaft

Maß für Schaftlänge abzüglich 2–4 cm

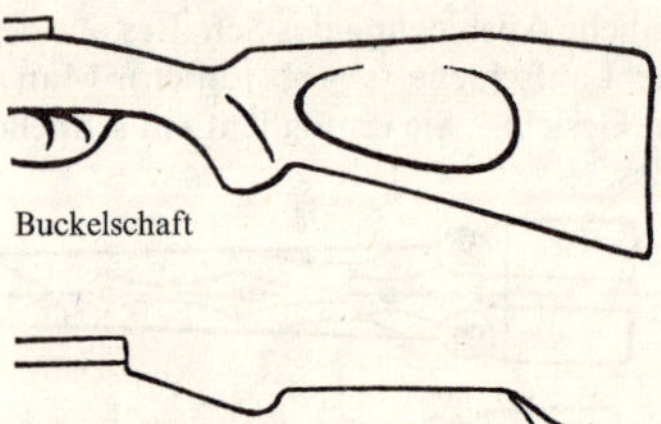

Buckelschaft

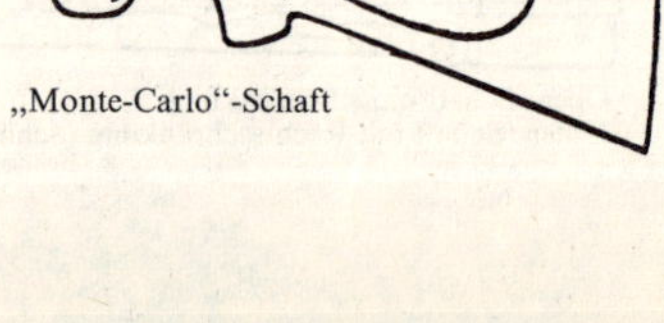

„Monte-Carlo"-Schaft

Warum muß eine Flinte Balance haben?

Ohne Balance der Flinte ist es (besonders wenn sie vorderlastig ist) auch einem Könner nicht möglich, Ziele sicher und gleichmäßig zu treffen.

Wie ermittelt man die Balance (den Schwerpunkt) eines Gewehres?

Der Balancepunkt einer Flinte liegt ca. 65 mm vor dem Stoßboden (s. Abb. S. 22). Unter Stoßboden versteht man die Fläche, an der die Patronen bei geschlossenem Gewehr anliegen.
Umschnürt man diesen Balancepunkt mit einem Bindfaden, den man im Mittelpunkt der Laufschiene verknotet, muß das Gewehr beim Anheben an diesem Faden die Waage halten. Korrekturen werden durch Ausbohren von Schaftholz oder durch Unterlegen von Walzblei unter die Schaftkappe vorgenommen.

Welches Korn ist zum Tontaubenschießen zu empfehlen?

Ein helles oder farbiges Korn, das deutlich sichtbar und groß ist (wie z.B. ein Elfenbeinkorn).

Wieviel Laufschiene soll der Schütze beim schnellen Anschlag nur sehen?

Etwa soviel wie in Abb. S. 24 angegeben, das ergibt den erwünschten Hochschuß von 10 cm. Wenn man als Hilfsmittel ein Stück Zigarrenkistenholz (2 mm stark) auf der Schiene über dem Patronenlager mit einem Gummibändchen befestigt, muß beim raschen Anschlag das Korn ohne jeden Zwischenraum sichtbar sein! (Siehe auch Abzugswiderstand S. 33, Vornahme von Zielübungen S. 112 sowie ventilierte Laufschiene S. 105).

Wie gelangt man am einfachsten zu einer passenden Schäftung?

Durch Maßschäftung. Hierzu werden die Körpermaße des Schützen von Hand gemessen oder durch ein sogenanntes Gelenkgewehr festgelegt. Bei Neuanschaffung einer Waffe oder Neuschäftung macht sich die Mehrausgabe immer bezahlt, denn: *„Die Läufe schießen, der Schaft trifft!“*

Welche Gewehre benutzt man für den jagdlichen Gebrauch?

Einzellader, Mehrlader oder Halbautomaten. Man benutzt:

1. Flinten (für den Schrotschuß):
   Ein- und mehrläufige Flinten als Hahn-, Selbstspanner-, Repetier- oder Selbstladeflinten.
2. Büchsen (für den Büchsenschuß):
   Ein- und mehrläufige Büchsen als Hahn- und Selbstspanner-(Kipplauf-)Büchsen sowie Block-, Repetier- und Selbstladebüchsen. Zum Erwerb von Selbstladegewehren ist ein Bedürfnis besonders nachzuweisen (s. S. 785), wenn im Magazin mehr als zwei Patronen aufgenommen werden können.
3. Kombinierte Waffen (für Büchsen- und Schrotschuß):
   Büchsflinten, Drillinge und Vierlinge (Sammelbegriffe).

Die mehrläufigen Langwaffen werden als Waffen mit nebeneinanderliegenden Läufen (Querwaffen) oder mit übereinanderliegenden Läufen (Bockwaffen) gebaut (s. Abb. S. 29).

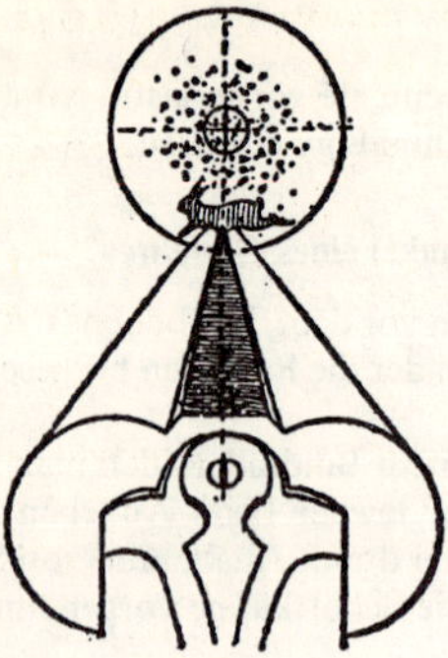

Schaft paßt nicht!
Die Senkung ist zu gering. Der Schütze sieht zuviel Laufschiene (das ergibt übermäßigen Hochschuß)

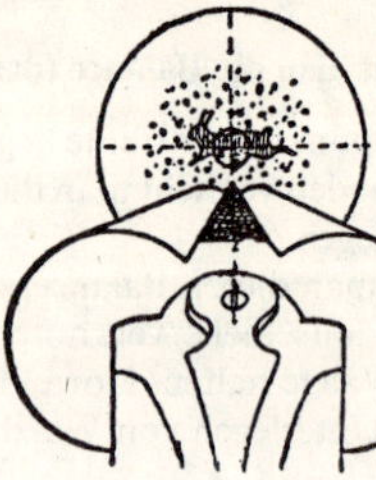

Passender Schaft!
Der Schütze sieht nur wenig von der Laufschiene. Das Wild bleibt beim Schuß in Sicht.

Je mehr Laufschiene, desto mehr Hochschuß! Abhilfe: Mittelkorn s.S. 105

Die notwendigen Vorhaltemaße beim Flüchtigschießen sind in der Zeichnung nicht berücksichtigt.

Der Schrotlauf

Welche Gewehre benutzt man für den Schrotschuß?

Flinten, mit innen glatten Läufen (Schrot- oder Flintenläufen). Die Läufe werden durch Ausbohren massiver Flußstahlstangen gefertigt. Neuerdings werden auch Läufe aus tiefgezogenen Rohren gefertigt. Die Verengung im Mündungsbereich, der Choke (sprich: Tschohk), wird eingezogen. Früher wurden Flintenläufe aus dünnen Eisenstangen hergestellt, die um einen Dorn gewickelt und verschweißt wurden (Damastläufe).
Als „Schwesterflinten" bezeichnet man zwei in allen Einzelheiten völlig gleiche Doppelflinten. Man benutzte sie zum wechselweisen Schießen auf wildreichen Jagden und bediente sich hierbei eines „Flintenspanners", also einer Hilfsperson, die die jeweils abgeschossene Flinte neu spannte, lud und bei Bedarf zureichte.

Welche drei Bohrungsarten lassen sich bei Flinten an der Laufmündung unterscheiden?

1. die Zylinderbohrung, 2. die Würge- oder Choke-Bohrung und 3. die Skeet-(sprich: Skiet)Bohrung.
Der Zweck der verschiedenen Bohrungen besteht in der Beeinflussung der Schrotgarbe und damit der Trefferleistung.
Unter einem Lauf mit Zylinderbohrung versteht man einen Lauf, der auf gleichmäßige Weite gebohrt ist und stärker streut als ein Lauf mit Würgebohrung. Das kann manchmal erwünscht sein, z.B. bei der Jagd auf Kaninchen, für den Nahschuß im Walde und bei der Hühnerjagd.
Läufe mit Zylinderbohrung, die besonders kurz gehalten sind, nennt man Slug-(sprich: Slag)läufe. Aus ihnen verschießt man bevorzugt auch Flintenlaufgeschosse (s. S. 63).

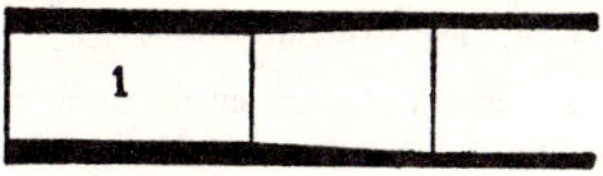

1 Laufmündung verengt

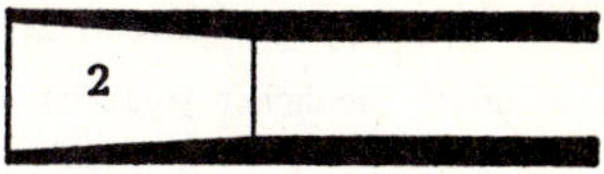

2 Laufmündung erweitert

Was versteht man unter einem Lauf mit Würgebohrung?

Einen Schrotlauf mit ($^1/_4$ bis 1 mm starker) Verengung über eine Länge von etwa 5 bis 10 cm am Endstück des Laufes.
Je nach der Stärke der Laufeinengung wird zwischen Viertel-, Halb-, Dreiviertel- und Vollchoke unterschieden. Hierdurch erzielt man eine größere Verdichtung (ein besseres Zusammenhalten) der Schrote auf weitere Entfernungen.
Der Pfropfen der Schrotpatrone wird an der Einengung etwas zurückgehalten und kann somit die Entwicklung der Schrotgarbe nicht stören. Bei Vollchoke erhält man nach 35 m Schußentfernung einen Kerngarbendurchmesser von 90 cm. Die Länge der Garbe beträgt etwa $^1/_{10}$ der Schußentfernung. Allgemein kann man sagen, daß durch eine Würge- und Chokebohrung die Schrotgarbe auf ihre Mitte hin verdichtet wird. Heute erreicht man denselben Effekt auch durch die modernen Zwischenmittel in den Schrotpatronen. Sogenannte Schrotbeutel oder Schrotkörbe verstärken die Wirkung der Würgebohrung. Außerdem halten sie die Zahl der Randschrote (die am Lauf durch Abreibung deformiert werden) gering. Mit einem Universallauf (z.B. Halbchoke) kann man bei ihrer Verwendung auch auf weite (35 m) Entfernungen schießen.
Würgebohrung haben fast alle Schrotläufe. Der für den weiten Schuß bestimmte linke oder obere Schrotlauf ist meist mehr „gechokt" als der rechte bzw. untere Lauf (Anordnung s.S. 29, Chokeaufsätze s.S. 26 u. S. 43).

Woran erkennt man, ob die Läufe Würgebohrung haben?

An dem auf der Unterseite der Läufe eingeprägten Wort „Voll", „Dreiviertel", „Halb" oder „Viertel" (s. Abb. S. 56).
Als Chokebezeichnung werden bei einigen Waffen-Typen auch Sternchen am Laufhaken oder Lauf (Patronenlager) angebracht. Es bedeutet * = Voll-, ** = Dreiviertel-, *** = Halb-, **** = Viertelchoke und ***** = Zylinderbohrung. Zur Nachprüfung nimmt man den Vorderschaft ab (s. Abb. S. 89).

	Verengung der Laufmündung in mm	Kennzeichnung in Italien	Kennzeichnung in England (Amerika)	Kennzeichnung in Belgien	Trefferprozente auf 35 m (s.S. 79)
Vollchoke („Voll")	0,75–1,0	*	Full Choke	+	70–80%
Dreiviertelchoke („Dreiviertel")	0,55–0,86	**	Modified Choke	+ –	65%
Halbchoke („Halb")	0,38–0,50	***	Half Choke (Modified Choke)	+ +	~60%
Viertelchoke („Viertel")	0,25	****	Quarter Choke (Skeet Nr. 2)	+ + –	55%
Zylinderbohrung (verbessert Zylinder)	keine	*****	(Slug)		50%

Gibt es Möglichkeiten, verschieden gechokte Läufe jagdlich einzusetzen?

Für die unterschiedlichen jagdlichen Anlässe verwendet man jeweils anders gechokte Läufe. Die ideale Kombination für die meist benutzten Doppelflinten auf einer Feldjagd, wo weit (35 m) geschossen werden muß, ist für einen Lauf Halbchoke und den anderen Vollchoke. Auf Waldjagden, auf denen Sicht und Schußentfernungen wesentlich kürzer sind, reichen die geringeren Maße von Viertel- und Halbchoke aus. Beim Frettieren muß der Schuß auf noch kürzere Distanz hingeworfen werden. Hier genügt es, wenn beide Läufe Viertelchoke haben. Hat ein Lauf einer Doppelflinte Viertelchoke und der andere Dreiviertelchoke, ist man im allgemeinen für alle Jagdgelegenheiten gut gerüstet. Es gibt auch Wechselläufe, über die man manche Waffen auf die jeweils erforderliche Situation umrüsten kann.
Auswechselbare, etwa 4,5 cm lange Mündungsröhrchen lassen sich mit einem Schlüssel in Winchesterflinten einschrauben. Dieses Winchoke-System gibt es als Einsätze für Skeet, Viertel-, Halb-, Dreiviertel-, Voll- und „verbessert“ Vollchoke. Sie wiegen nur um 25 g und verändern den Schwerpunkt der Waffe nicht. Alle Mündungsröhrchen sind untereinander austauschbar und in allen Winchesterflinten entsprechenden Typs anwendbar. Sie wurden für Bockbüchsflinten, Bockflinten und die Gasdrucklader dieser Firma entwickelt. Auch Perazzi und andere Flintenhersteller haben solche Einsätze (Multichoke, Varichoke ...).

Verschiedene Choke-Einsätze für jagdliches und sportliches Schießen lassen sich je nach Bedarf mit einem Feingewinde in die Läufe einschrauben.

Der Polychoke-Aufsatz ermöglicht verschiedene Einstellungen, die von X-Full bis Slug (= Zylinderbohrung) reichen. Die geschlitzte Laufmündung wird dabei durch eine konische Druckschraube mehr oder minder stark verengt. Vor allem bei Selbstladeflinten findet der Polychoke Anwendung (s. Abb. S. 43).

Mit welcher Laufbohrung wird der Streukreis der Schrote stark vergrößert?

Mit der Skeet-(sprich: Skiet)Bohrung, bei der im Gegensatz zur Choke-Bohrung eine schwache trichterförmige Erweiterung des Laufendes vorgenommen wird. Ein solcher Lauf wird zum „Skeet“ benutzt (s. S. 136). Er ist zur Jagd nicht brauchbar. Fast den gleichen Effekt kann man mit der Gebrauchswaffe bei Verwendung von Streupatronen erreichen (s. Abb. S. 60).

Der Büchsenlauf

Welche Läufe benutzt man für den Schuß mit Einzelgeschossen?

Büchsenläufe. Sie sind im Gegensatz zum glatten Schrotlauf gezogen. Sie haben einen „Drall“, d. h., sie haben im Laufinnern in leichter, schraubenförmiger Windung vom Patronenlager bis zur Laufmündung verlaufende Einschnitte („Züge“). Die stehengebliebenen Teile des Laufes nennt man Felder. Der Durchmesser von Zug zu Zug ist größer als der von Feld zu Feld. Beim 8-mm-S-Kaliber ist das Zugmaß 8,2 mm, das Feldmaß 7,89 mm (s. Abb. S. 27).

Welche Aufgaben haben die Felder und Züge (der Drall)?

Die Felder und Züge zwingen das Geschoß (wenn es in die Züge gepreßt wird, also den Büchsenlauf durcheilt) zu einer schnellen Drehung um die Längsachse. Sie geben dem Geschoß einen Drall. Dadurch ist es in der Lage, seine Flugbahn beizubehalten. Ein Sichüberschlagen wird verhindert (Querschläger s. S. 83). Die Zahl der Umdrehungen hängt von der Anfangsgeschwindigkeit und der Dralllänge ab. Bei modernen Geschossen sind es etwa 3000 bis 3500 U/sec. Jagdbüchsen haben meist Rechtsdrall.

Was versteht man unter der Drall-Länge?

Die Laufstrecke, in der sich das Geschoß einmal um die eigene Achse dreht. Sie beträgt bei Kaliber 6,5 mm = 20–28 cm, bei Kaliber 7 mm = 22–30 cm und bei Kaliber 8 mm = 24–30 cm.

Wie werden die Züge in den Büchsenlauf eingearbeitet?

Es gibt die drei Möglichkeiten des Ziehens, des Drückens und des Hämmerns. Alles sind Verfahren der Kaltverformung. Beim Ziehen wird der Lauf in die Laufziehmaschine gespannt und das Ziehgestänge in ihn eingeführt, auf dem die Ziehmesser montiert sind. Alle Züge schneidet man gleichzeitig ein. Die jeweilige Schnittiefe beträgt etwa $^{1}/_{1000}$ mm. Nach jedem Arbeitsgang spült man die Späne mit Öl aus dem Lauf. Bei kombinierten Läufen mit Hakenstück wird diese Methode bevorzugt angewendet.
Beim Drücken sind auf einem Druckdorn die Züge erhöht als Negativprofil wiedergegeben. Hoher Druck schiebt das Metall zur Seite und wölbt die Felder auf. Vor allem Kleinkalibergewehre, aber auch Kurzwaffen erhalten so ihren Drall.
Neben dem Drücken ist das Hämmern ein weiteres spanloses Verfahren. Dabei wird durch den Lauf ein Hämmerdorn geschoben, der sich entsprechend dem gewünschten Drall vorwärtsschraubt. Gleichzeitig schlagen von außen vier Schmiedehämmer in schnellsten Bewegungen auf den Waffenstahl. So behandelte Läufe sind extrem glatt und brauchen nicht mehr hartverchromt zu werden. Sie weisen hohe Festigkeit auf und haben eine lange Lebensdauer.

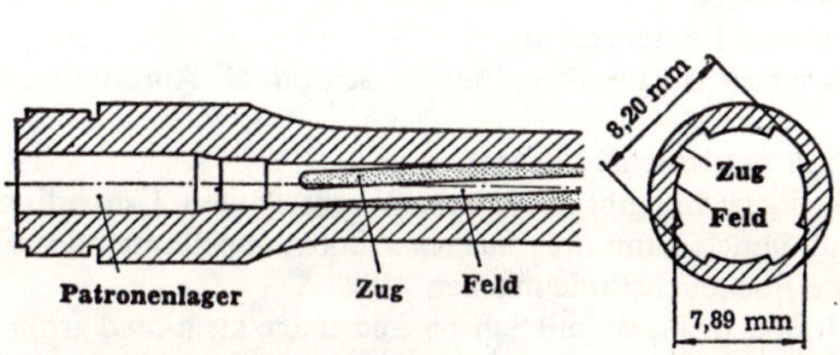

Schnitt durch den gezogenen Lauf

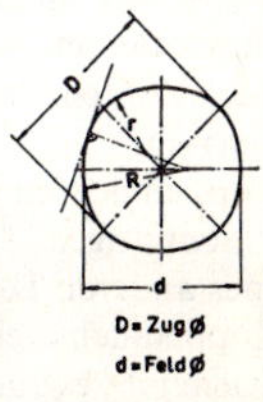

Polygonprofil

Welche Zugformen gibt es noch?

Neuerdings finden wir in Militärwaffen (im Kal. 7,62 × 51 = .308 Win.) sowie in Jagd- und Sportwaffen (z.B. im Kal. .22 [.22 Win. Mag.], .30 [.308 Win. und .30-06] und 9 mm Para) die polygonale (= vieleckige) Zugform. Durch diese erhält das Geschoß den Drall durch Anpassung an ein Querschnittsprofil, das keine scharfen Ecken sowie keine Feldkanten aufweist. Der Gasschlupf ist verringert (weniger V_0-Verlust, s. S. 78), die Laufpflege erleichtert (weiche Profilkonturen) und die Gebrauchstüchtigkeit der Läufe erhöht. Herstellungstechnisch wird das Laufhämmern begünstigt. Heckler & Koch in 7238 Oberndorf fertigt solche Polygonläufe.

Welche Gewehre mit Büchsläufen sind gebräuchlich?

Repetierbüchsen (wie z. B. die Mauser Mod. 98, 66, 66S, 66SM und 77; Mannlich-Schönauer GK und M 72; Steyr-Mannlicher, Steyr-Mannlicher Luxus sowie Sauer 80, Sauer 90 und Sauer 200). Außerdem gibt es noch Kipplauf-(Doppel-)Büchsen, Block- und halbautomatische Büchsen und kombinierte Gewehre mit ein oder zwei Büchsläufen (Drilling, Doppelbüchsdrilling, Bockdrilling, Büchsflinte und Bockbüchsflinte).

Laufkombinationen

Was ist eine Doppelflinte bzw. Doppelbüchse?

Ein Gewehr mit nebeneinanderliegenden Läufen (Querwaffe). Die Doppelflinte hat zwei Schrot-, die Doppelbüchse zwei Büchsläufe. Eine Doppelflinte mit einem in die Schiene eingebauten kleinkalibrigen Büchslauf war der Schienendrilling oder „Waldläufer“. Er hatte, wie jeder Drilling, drei Schlosse (s. S. 32).

Was ist eine Büchsflinte?

Ein Gewehr mit nebeneinanderliegendem Büchsen- und Schrotlauf.

Was versteht man unter Bockgewehren?

Gewehre mit übereinanderliegenden (aufgebockten) Läufen.
Man verwendet im allgemeinen:
Bockdoppelflinten (mit zwei Flintenläufen),
Bockbüchsflinten (mit einem Büchsen- und einem Schrotlauf, Anordnung verschieden) und
Bockdoppelbüchsen (mit zwei Büchsenläufen).
Diese „schnittigen“ Bockgewehre gibt es auch mit Wechselläufen. Durch Einsetzen eines anderen Laufbündels kann man aus einer Bockdoppelflinte oder einer Bockdoppelbüchse eine Bockbüchsflinte machen.
Außerdem gibt es auch Bockdrillinge (mit Schrot- und einem klein- und großkalibrigen Büchsenlauf (s. Abb. S. 29).
Büchsläufe können auch freischwingend angebracht werden. Dadurch wird die Treffpunktlageänderung der Schüsse bei mehreren Schüssen hintereinander vermieden (s. S. 105).
Bei Bockgewehren bedient der vordere Abzug i. d. R. den unteren und der hintere den oberen Lauf. Bei der Bockbüchsflinte ist der vordere Abzug mit Stecher versehen (Einabzug s. S. 105).

Welche Waffen bestehen aus einer Kombination von Flinten- und Büchsläufen?

Büchsflinte, Bockbüchsflinte, Doppelbüchsdrilling, Bockdrilling, Drilling und Vierling (s. Abb. unten).

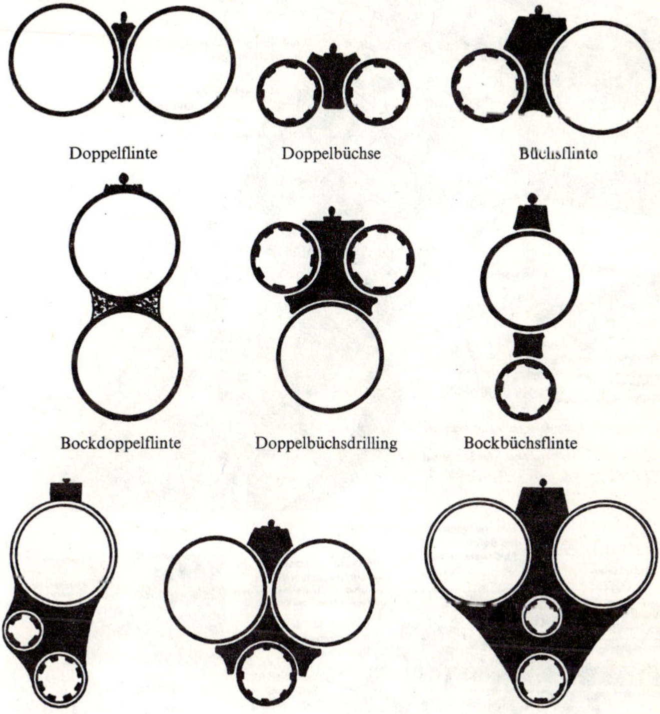

Anordnung der Läufe

Was versteht man unter einem Drilling?

Wie es der Name ausdrückt ein Gewehr mit drei Läufen. Im Normalfall befindet sich unter den zwei nebeneinanderliegenden Schrotläufen ein Büchsenlauf. Hat ein Drilling drei Schrotläufe, nennt man ihn Dreilaufflinte oder Flintendrilling (selten). Entsprechend würde eine Waffe mit drei Büchsläufen Büchsdrilling heißen.
Der „Waldläufer“ oder Schienendrilling besaß über den beiden nebeneinanderliegenden Schrotläufen einen kleinkalibrigen Büchsenlauf (in der Laufschiene).
Der Bockdrilling ist eine Bockbüchsflinte mit einem seitlich angebrachten kleinkalibrigen Büchsenlauf (s. Abb. oben).

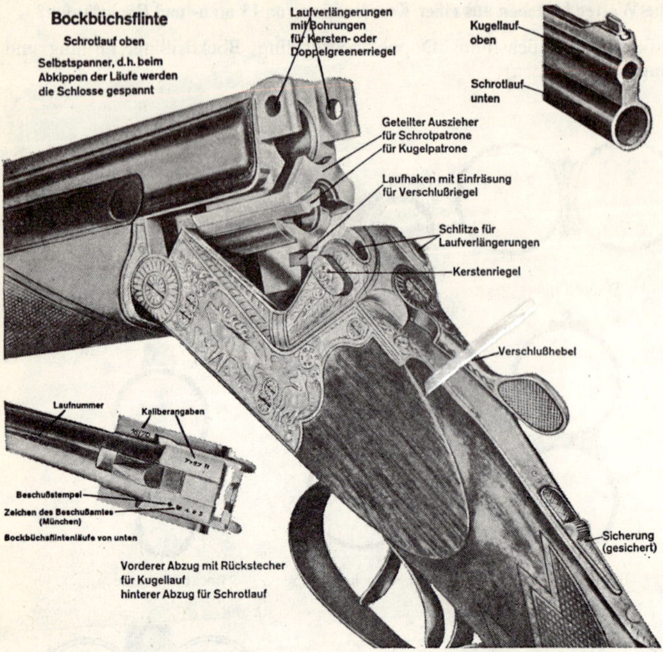

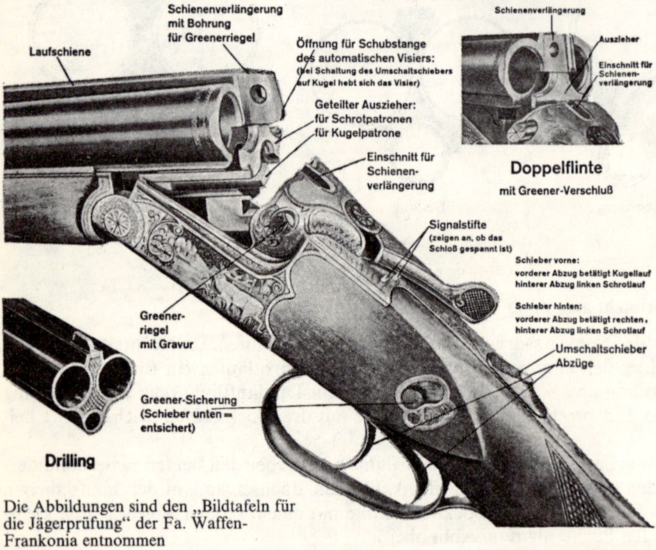

Die Abbildungen sind den „Bildtafeln für die Jägerprüfung" der Fa. Waffen-Frankonia entnommen

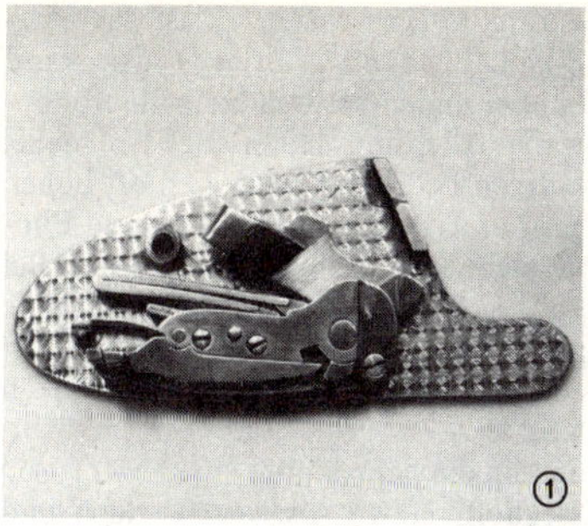

Seitenschloß gespannt

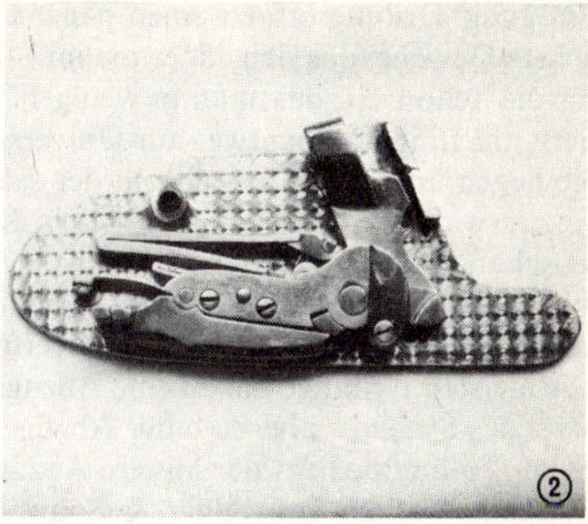

Seitenschloß abgeschlagen

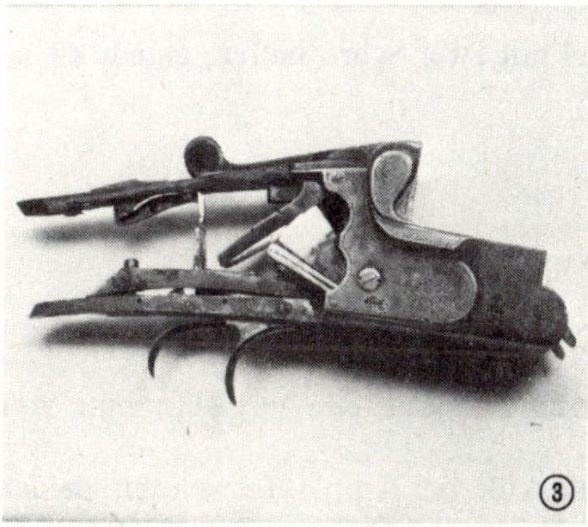

Ansonschloß (Kastenschloß) mit obenliegenden Abzugstangen gespannt

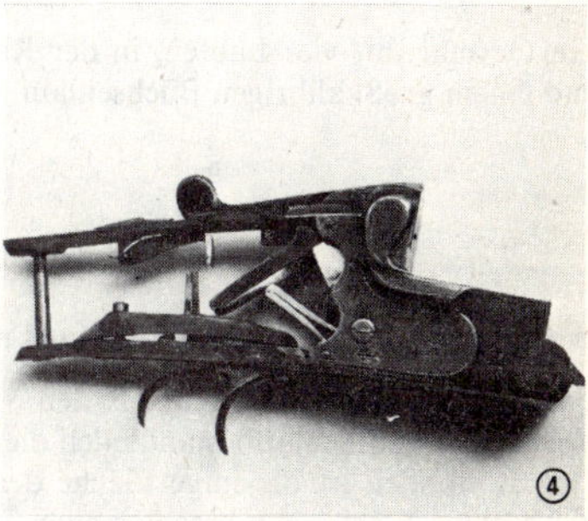

Ansonschloß abgeschlagen

Blitzschloß (Unterbodenschloß) gespannt

Blitzschloß abgeschlagen

Ein guter Drilling ersetzt einen ganzen Schrank voller Waffen. Er ist das nützlichste Gewehr, das den Jäger nie im Stich läßt. Ein kleinkalibriger Einstecklauf für die Schonzeit, den man in wenigen Minuten in den rechten Schrotlauf montiert, macht ihn schlichtweg zur Universalwaffe. Allerdings hat er auch Nachteile. Sie liegen im hohen Gewicht, in der schwierigen Bedienung und dem oft hohen Abzugswiderstand. Sein Schaft ist ein Kompromiß zwischen Büchsen- und Flintenschaft und wird weder dem Kugel- noch dem Schrotschuß ganz gerecht. Bei mehreren Schüssen, kurz hintereinander abgegeben, erwärmen sich die Läufe verschieden stark, so daß sich die Treffpunktlage verändert.
Die meisten Drillinge haben eine Abzugsicherung (s.S. 34). Sie liegt an der linken Seite des Systems, oberhalb der Abzüge (s.S. 30).
Beim Drilling bedient der hintere Abzug den linken Schrotlauf.
Drillinge werden von Sauer & Sohn, Krieghoff, Heym sowie in Ferlach und in Suhl angefertigt.

Was ist ein Vierling?

Ein Gewehr mit vier Läufen, in der Regel mit zwei Schrotläufen, einem klein- und einem großkalibrigen Büchsenlauf.

Das Schloß von Kipplaufwaffen

Was versteht man unter „Basküle" und was unter „Stoßboden"?

Basküle ist die Bezeichnung für den Verschlußkasten, der zur Aufnahme von Verschluß- und Schloßbestandteilen dient.
Der Stoßboden ist diejenige Fläche der Basküle bei Kipplaufgewehren, an der die hintere Fläche der geschlossenen Läufe anliegt. Sie nimmt den rückwärts wirkenden Patronengasdruck auf.

Welchen Zweck hat das Schloß bei Kipplaufgewehren?

Es soll die zur Entzündung der Pulverladung und zur Sicherung der geladenen Waffe erforderlichen Schloßteile aufnehmen.
Man unterscheidet Schlosse mit äußeren Hähnen, die mit der Hand gespannt werden (bei Hahngewehren), und Schlosse mit innen liegenden Schlagstücken, die beim Öffnen des Verschlusses und Abkippen der Läufe automatisch gespannt werden: „Selbstspanner" oder hahn„lose" Gewehre. Sie dürfen nicht mit dem „Handspanner" verwechselt werden (s.S. 35).

Welches sind die bekanntesten Schlosse bei Kipplaufgewehren?

Beim *Blitz-Schloß* oder Unterschloß (Unterbodenschloß) werden die Schloßteile auf das Abzugsblech montiert. Auf Wunsch ist es herausnehmbar.
Das System nach *Anson & Deeley* oder Kastenschloß erlaubt eine kurze Bauart. Man montiert die Schloßseite in die Aussparungen der Basküle. Es ist sehr robust und zuverlässig.
Das Schloß nach *Holland & Holland* wird auch Seiten-(Platten-)Schloß genannt. Seine Montage erfolgt auf den Blechen beiderseits des Kolbenhalses. Fangstangen bei aufwendigen Konstruktionen schließen ein Doppeln praktisch aus.

Das *Einschloß-System* oder Schloß für Handspanner, wie es Blaser oder Heym anwenden, ist besonders einfach und preiswert. Man baut es auch in mehrläufige Waffen ein, da man davon ausgeht, daß bei der Jagdausübung kaum zwei Schüsse unmittelbar nacheinander abgegeben werden und Zeit zum Nachspannen besteht. Es hat entweder einen Umschalter oder zwei Abzüge. Oft ist eine Sicherheitsautomatik eingebaut.
Die Schlosse nach Anson & Deeley (sprich: Änsen änd Dielee) und Holland & Holland sind englische Konstruktionen.

Welche Aufgabe hat beim Drilling die „Kugelschaltung"?

Sie befindet sich als Umschaltschieber auf dem Kolbenhals (s. Abb. S. 30) und steht mit dem vorderen Abzug in Verbindung. Wird sie auf S (Schrot) gestellt, bedient der vordere Abzug den rechten Schrotlauf, wird sie dagegen auf K (Kugel) geschaltet, so wird er auf den Büchsenlauf eingestellt. Gleichzeitig wird bei der Schaltung auf den Büchsenlauf die Visierstange nach vorne geschoben und damit das Visier hochgestellt.
Das beim Drilling hochgestellte Visier besagt also immer, daß der vordere Abzug auf den Büchsenlauf geschaltet ist.
Drillinge mit separater Büchslauf-Spannung, die sich an der Stelle des Umschaltschiebers befindet, sind handhabungssicherer. Eine Sicherung für das Schloß des Büchslaufes wird überflüssig. Unmittelbar vor dem Schuß wird dieses gespannt, also der angesprochene Schieber nach vorne gedrückt.
Kuchenreuter (in 8490 Cham) hat einen Drilling entwickelt, bei dem sich darüber hinaus auch die Schlosse der Schrotläufe per Hand spannen lassen. Der entsprechende Hebel befindet sich hinter dem Abzugbügel. Er ähnelt dem Fingerhaken, wie man ihn vom Tiroler Stutzen her kennt.

Wodurch kann man das Gewicht eines Gewehres vermindern?

Durch Fertigung des Verschlußkastens aus Leichtmetall (z.B. aus Duralumin) und Verwendung dünnwandiger Läufe aus zähem Antinit- oder Böhler Blitzstahl. Leichte Gewehre „stoßen" aber mehr. Die Gewichtsminderung beträgt etwa 300 g.

Durch welchen Vorgang wird der Schuß gelöst?

Durch Fingerdruck gegen den Abzug (das Züngel) wird die Schloßstange aus der Spannraste der Schlagstücke gehoben, und diese werden durch die Kraft der Schlagfeder auf den Schlagbolzen geschlagen (s. Abb. S. 34). Dadurch werden Zündhütchen und Pulverladung der Patrone zur Entzündung gebracht.

Wie hoch soll der Abzugswiderstand bei Flinten sein?

Der Abzugswiderstand bei Flinten soll beim hinteren Abzug größer sein, nämlich vorn 18 N(ewton) = 1,8 kp, hinten 22 N = 2,2 kp. Dadurch ist es möglich, den Finger beim Zielen und Mitfahren an den Abzug anzulehnen, ohne daß der Schuß losgeht. Härter stehende Abzüge sind unerwünscht, weil man mit ihnen den Schuß verreißt. Bei Gewehren mit Seitenschlossen und der Systeme Anson & Deeley kann der Abzugswiderstand ohne Gefahr des Doppelns (s. S. 96) bis auf 15 N = 1,5 kp eingestellt werden. Der Abzugswiderstand wird mit einem Gewicht festgestellt, das man an den Abzug hängt.

Welche Abzugsvorrichtungen werden unterschieden?

Der Doppelabzug und der Einabzug.

Welche Vorteile hat die Einabzugsvorrichtung?

Mit ihr kann man mit einem Abzug, der sich nach Abgabe des ersten Schusses selbsttätig (durch Rückstoßwirkung auf ein zweites Schloß) umschaltet, zwei Schüsse aus einer Doppelflinte oder Bockdoppelflinte in schneller Folge hintereinander abgeben und die rechte Hand immer in der gleichen Lage am Schaftgriff lassen.

Wie werden Hahngewehre entspannt?

Durch gleichzeitiges Betätigen des Abzuges und Festhalten des Hahnes, den man dann vorsichtig herunterläßt. Manche Jäger öffnen ihre Hahnflinte vor dem Entspannen ein kleines Stück (Sicherheit!).

Welche Sicherungen unterscheidet man bei Selbstspannern?

Die Abzugssicherung, Stangensicherung und Schlagstücksicherung. Die Sicherungen werden mit einem Schieber oder Hebel betätigt, der bei Flinten auf dem Kolbenhals liegt. Wird der Schieber nach vorn (in Richtung Ziel) geschoben, so ist entsichert.

Wie wirken diese Sicherungen?

Die Abzugssicherung (stets bei automatischer Sicherung) stellt den Abzug fest. Die Stangensicherung verriegelt die Abzugsstange. Die Schlagstücksicherung verriegelt das Schlagstück. Sie ist die zuverlässigste.
Die automatische Sicherung hat den Nachteil, daß man beim Schießen oft das Entsichern vergißt! Merke: *Sicherer als jede Sicherung ist das Entladen!*

Die drei Sicherungsmöglichkeiten des Blitzschlosses:

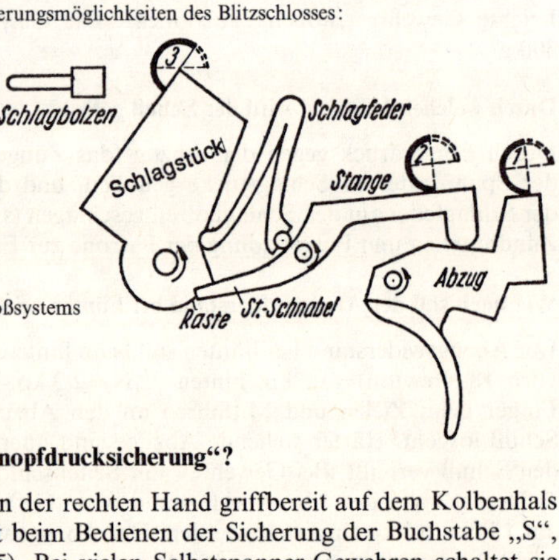

Innen liegendes Schlagstück

1. Abzugssicherung
2. Stangensicherung
3. Schlagstücksicherung

Zwei dieser Sicherungen können kombiniert sein, z.B. Abzugs- und Stangensicherung

Schematische Darstellung eines Schloßsystems (Abb. nach Ludwig Krieghoff)

Was ist eine „Schiebe- bzw. Knopfdrucksicherung"?

Sie liegt meist für den Daumen der rechten Hand griffbereit auf dem Kolbenhals oder seitlich davon. Erscheint beim Bedienen der Sicherung der Buchstabe „S", so ist gesichert (s. Abb. S. 35). Bei vielen Selbstspanner-Gewehren schaltet sie sich beim Aufkippen der Läufe von selber ein (=automatische Sicherung). Die Schiebe- bzw. Knopfdrucksicherung findet sich neuerdings auch bei Repetierbüchsen (s. Abb. S. 39).

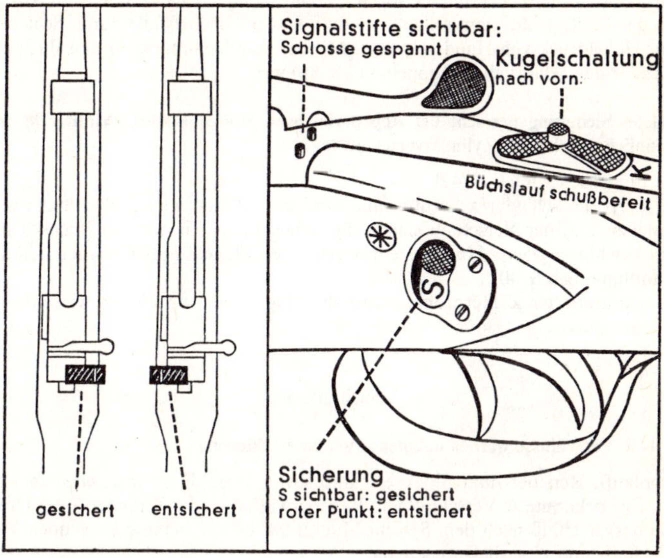

Sicherungsflügel bei Repetierbüchsen nach rechts: gesichert, nach links: Schuß los!

Beim Drilling bedeutet: S = gesichert, K = auf Kugel geschaltet Der vordere Abzug bedient den rechten Schrot- und den Büchsenlauf, der hintere Abzug den linken Schrotlauf.

An den Signalstiften des Drillings kann man nicht erkennen, ob geladen ist!

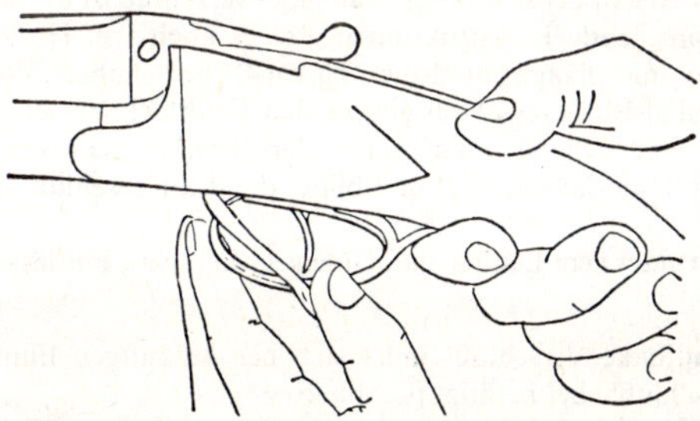

Handspannung mit Seitenhebel (Krieghoff-Bockbüchsflinte „Alb“)

Ist die Sicherung eines geladenen Gewehres zuverlässig?

Normalerweise nicht! Bei Schlag oder Stoß mit der Waffe oder einem Stoßen gegen sie besteht immer die Gefahr, daß sich ein Schuß löst. Horst Blaser (in

7972 Isny) entwickelte einen Sicherheitsmechanismus. Auf Grund eines Schwunggewichtes entspannen sich nach Einbau seines Systems bei „unnatürlichen“ Erschütterungen Gewehre selbsttätig.
Die größte Sicherheit bieten die sogen. „Handspanner“. Sie werden beim Abkippen der Läufe nicht „von selbst“, sondern erst im Bedarfsfalle durch Schieber- oder Hebeldruck von Hand gespannt. Mit der Handspannung für den Büchsenlauf fällt das gefährliche „Doppeln“ (s. S. 96) weg.

Welche Sicherung herrscht bei Repetierbüchsen älterer Bauart (Mauser 98 und Mannlicher-Sch.) mit Zylinderverschluß vor?

Die Flügelsicherung (s.S. 42).
Sie sperrt die Schlagbolzenmutter und bewirkt, daß der Schlagbolzen nicht vorschnellen und der Verschluß sich nicht öffnen kann. Sie wird in Büchsen mit dem bewährten 98er Mausersystem durch einen Flügel am Schlößchen betätigt (Handhabung s. S. 40).
Bei tiefmontierten Zielfernrohren kann die Flügelsicherung störend wirken.

Verschlußarten

Welche Verschlüsse werden hauptsächlich unterschieden?

Kipplauf-, Repetier- und Blockverschluß sowie Verschlüsse von Selbstladewaffen. Der bekannteste Verschluß von Repetierwaffen ist der Kammer- oder Drehzylinderverschluß nach dem System Mauser 98. Des weiteren gibt es noch Vorderschaft- und Unterhebelrepetierer.
Die ersten Kipplauf- oder Baskülverschlüsse erfand der Franzose Lefaucheux (sprich: Lefoschö).

Welche Waffen mit Blockverschluß gibt es?

Eine einschüssige Pirschbüchse mit Vertikal-Blockverschluß ist die bekannte Heerenbüchse. Entsprechende Konstruktionen gibt es auch von Horst Blaser und W. Wütrich. Auch die „Hagn“ und die „Heym-Ruger“ haben Blockverschluß. Neben dem Vertikal-Blockverschluß gibt es den Fallblock-Verschluß. Ein Fallblock aus Stahl läßt sich nach unten aus der Basküle herausholen. Er wird meist durch einen Unterhebel gelöst und bildet den Laufabschluß nach hinten.

Was versteht man unter dem Laufhaken-, Greener-, Kersten-, Purdey- und Flankenverschluß?

Der einfache Laufhakenverschluß findet sich bei einläufigen Flinten. Er wird durch einen Verschlußhebel betätigt (s. Abb. S. 37).
„Greener“ (sprich: Griener) ist der Name eines englischen Büchsenmachers. Nach ihm ist der bei normalen Kipplaufwaffen allgemein verwendete einfache Querriegelverschluß mit Laufhakenverriegelung benannt, bei dem eine Welle in eine entsprechende Bohrung des Laufzapfens eingreift (s. Abb. S. 37).
„Kersten“ hieß der Straßburger Büchsenmacher, der erstmals ein Kipplaufgewehr mit „doppeltem Greener-Querriegelverschluß“ baute, wie er heute bei Bockgewehren für starke Ladungen verwendet wird (s. Abb. S. 30).

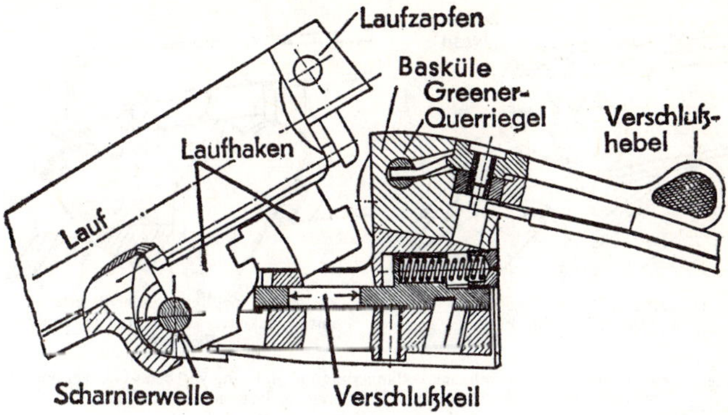

Greener-Verschluß (Kipplaufverschluß im Schnitt)
mit einfachem Querriegel und doppelter Laufhakenverriegelung

Der am Patronenlager-Ende der Läufe befindliche, mit einer runden Ausnehmung versehene Laufzapfen greift beim Schließen des Gewehrs in eine Ausnehmung der Basküle hinein. Durch Betätigung des Verschlußhebels werden die Läufe durch einen Querriegel (sowie durch einen Verschlußkeil, der in Ausnehmungen der Laufhaken eingreift) fest mit dem Verschlußgehäuse verbunden.
Beim „Kersten"-Verschluß, dem doppelten Greener-Querriegelverschluß, werden zwei Zapfen, die beiderseits der äußeren Laufwandung angeschmiedet sind, durch in der Basküle quer verlaufende Doppelriegel miteinander verbunden (s. Abb. S. 30).

„Purdey" (sprich: Pördee) war ein englischer Gewehrfabrikant, der zum Verschluß von Doppelflinten unterhalb der Laufschiene an der Stoßfläche der Läufe einen Fortsatz, die „Purdey-Nase", anbrachte (s. Abb. S. 38), über die beim Schließen des Gewehrs der im Verschlußstück liegende Verschluß- oder Querriegel greift und damit das Abkippen des Laufbündels sicher verhütet und das Gewehr verriegelt. Bei Bockgewehren werden infolge der übereinanderliegenden Läufe zwei Lauffortsätze angebracht, so daß diese einen Doppel-Purdeyverschluß haben (analog zum Doppelgreener- oder Kerstenverschluß; s. S. 30). Beim Flankenverschluß kann die Verriegelung z. B. durch zwei vorne keglig zugespitzte Stifte erfolgen, die durch den Verschlußhebel (Oberhebel) betätigt werden und vom Stoßboden her in entsprechende Kegelbohrungen an den Flanken der hinteren Laufenden eingreifen (s. Abb. S. 38).

Wozu dient der Stecher (oder „Tupfer") am Gewehr?

Zur Feineinstellung des Abzugs für den Büchsenlauf. Der Stecher hat den Zweck, durch Verringerung des Abzugswiderstandes das „Verziehen" des Schusses weitgehend zu verhindern und ermöglicht es, den Schuß im günstigsten Augenblick des Zielerfassens schnell und weich abgeben zu können.

Wo liegt der Stecher am Gewehr?

Bei einläufigen Büchsen ist meist hinter dem ersten Abzug ein zweiter Abzug als Stecher ausgebildet (= deutscher oder Doppelzüngelstecher). Bei Drillingen und anderen kombinierten Waffen ist der vordere Abzug als Rückstecher eingerichtet (= französischer oder Rückstecher). Weiteres hierzu s. S. 94.

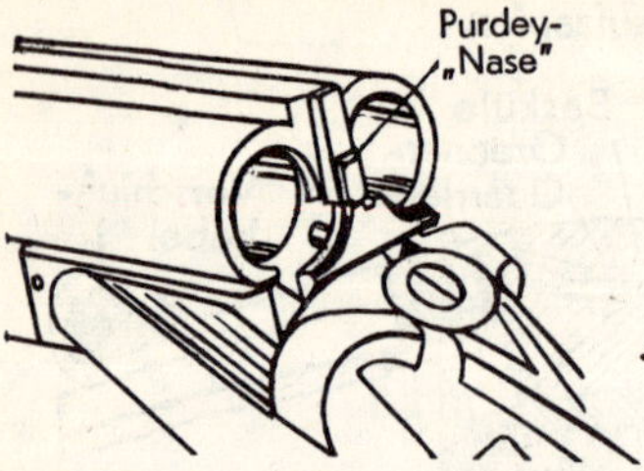

Geöffnete Doppelflinte
mit „Purdey-Verschluß"

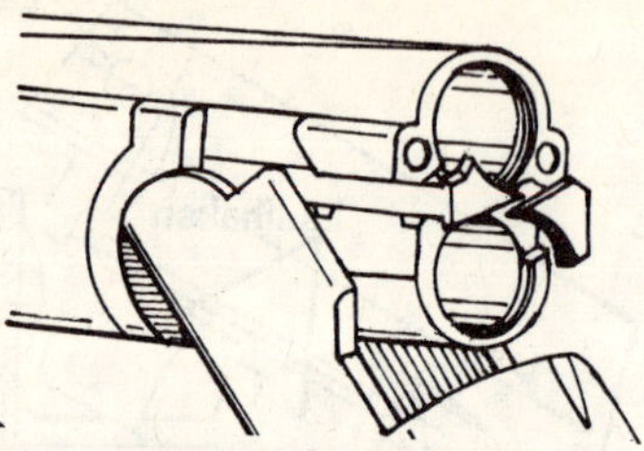

Bockdoppelflinte „Sauer Beretta"
mit „Flankenverschluß" und getrennten Ejektoren

Bei beiden Verschlüssen keine Laufschienenverlängerung mit Bohrung wie beim Greener-Verschluß (s. S. 30)! Der äußerlich sichtbare Einschnitt im Systemkasten entfällt.

Woran erkennt man, ob ein Stechschloß angebracht ist?

Am Stecherschräubchen. Es befindet sich beim deutschen Stecher zwischen den beiden Abzügen, beim französischen oder Rückstecher hinter dem vorderen Abzug. Durch Hineinschrauben (im Uhrzeigersinne) wird der Abzug weicher, durch Herausschrauben härter gestellt (Handhabung des Stechers s. S. 94).

Welche Abzugarten gibt es außer dem Stecherabzug noch bei Büchsen?

Beim *Druckpunktabzug* wird der Abzug mit dem Zeigefinger erst etwas zurückgezogen, bis man einen Widerstand spürt. Nach dessen Überwindung bricht der Schuß. Er ist an Militärgewehren üblich.
Der *Flintenabzug* läßt sich so weich auslösen, daß sich dem abziehenden Zeigefinger nur ein leichter Widerstand bietet. Das verzögerungslose Durchziehen ist ein großes Plus auf Drückjagden. Seine Einstellung ist regulierbar. Bei Repetierbüchsen erfreut sich dieser Abzug zunehmender Beliebtheit.
Der *Matchabzug* wird vor allem in Wettkampfbüchsen eingebaut.
Der *Kombinationsabzug* kann sowohl eingestochen werden als auch für schnelle Schüsse wie ein Flintenabzug bedient werden. Auch der außenliegende Spannschieber für den Stecher bei den Mauser Modellen 66S und 77 läßt deren Abzüge einem Kombiabzug gleichkommen.
Beim *Canjar-Trigger* handelt es sich um einen Abzug, der von hinten eingestochen wird. Durch ein eigenes Züngel, das aus dem Abzug heraussteht, wird er ausgelöst.
In eine Repetierbüchse nach dem System Mauser 98 kann man einen *Frankonia-Rückstecher* nachträglich einbauen lassen. Er entspannt sich selbsttätig, wenn man die Flügelsicherung bedient oder den Kammerstengel anhebt. Unter dem Abzugbügel bleibt viel Raum, der selbst einem behandschuhten Schießfinger Platz läßt.

Was versteht man unter „Handhabungsgleichheit" (Gleichgriffigkeit) bei Waffen?

Die Bedienungselemente von Gewehren (Umschalter, Sicherung, Stecher, Abzug) erfordern je nach Waffentyp unterschiedliche Handgriffe. Das führte schon häufig zu Fehlschüssen oder gar folgenschweren Jagdunfällen. Vor allem ist es gefährlich, wenn man nach einer Flinte einen Drilling oder eine Repetierbüchse in die Hand nimmt. Eine Standardisierung ähnlich bei den Fußpedalen im Auto wäre längst wünschenswert. Der Büchsenmacher Kurt Jung, Sophienstraße 26, 7000 Stuttgart 1 schlägt vor, den Sicherungsschieber bei allen Waffensystemen auf den Kolbenhals zu legen und einen etwaigen Stecher nur als Rückstecher in den vorderen Abzug einzubauen. In seinem Meisterdrilling hat er diese Idee bereits verwirklicht.

Welcher Büchsenverschluß hält neben dem Vertikal-Blockverschluß den höchsten Gasdruck aus?

Der Kammer-(Drehkammer- oder Zylinder-)Verschluß. Seine auf rauhen Umgang eingestellte robuste Bauart wurde vom Militärgewehr Mauser Modell 98 übernommen.

Eine Modernisierung dieses weltweit bewährten Systems ist der Teleskop-Kurzverschluß (von Walter Gehmann entwickelt) der Mauser 66, benannt nach dem Entstehungsjahr 1966. Er erlaubt den Bau von sehr kurzen Repetierbüchsen. Für dieses Modell gibt es auch Wechselläufe. Es hat eine Schiebesicherung am Schlößchen. Der Weiterentwicklung gab man die Bezeichnung 66S. Sie besitzt eine Kammerverriegelung; bei ihr kehrt man wieder zur bewährten Flügelsicherung zurück. Nach der Mauser 66SM kam die Mauser 77 auf den Markt. Dieses Modell hat den Stecher auf dem Kolbenhals und ein Steckmagazin für drei Patronen, über das sich schnell nachladen läßt.

Die Repetierbüchse „Sauer 90" besitzt wie ihre Vorgängerin „Sauer 80" einen Stützklappenverschluß, der einen „seidenweichen" Schloßgang garantiert und leisestes Durchladen erlaubt. Auf der linken Seite des Hülsenkopfes zeigt ein Stift an, ob sich im Lager eine Patrone befindet. In den Flintenabzug ist wieder ein Rückstecher eingebaut. Auf dem Kolbenhals liegt ein Sicherungsschieber, der die Waffe mit dreifacher Wirkung sicherstellt. Sowohl Abzugstollen (und Schlagbolzen) wie Kniegelenk und Verschlußkammer werden durch ihn gesperrt. Nach Knopfdruck läßt sich ein Wechselmagazin mit 3 bis 4 Patronen herausnehmen. Die „FN Sauer" ist eine weniger aufwendige Ausführung der „Sauer 80" und wesentlich billiger. Die neueste Entwicklung nennt sich „Sauer 200".

Ebenfalls Zylinderverschluß besitzen die Repetierbüchsen „Mannlich-Schönauer M 72", die „Steyr-Mannlicher", die „Steyr-Mannlicher Luxus", die Kaiserbüchse und Jägerbüchse (beide von Hannes Kepplinger) und die Modelle von Winchester. Es gibt auch Repetierflinten (Mossberg).

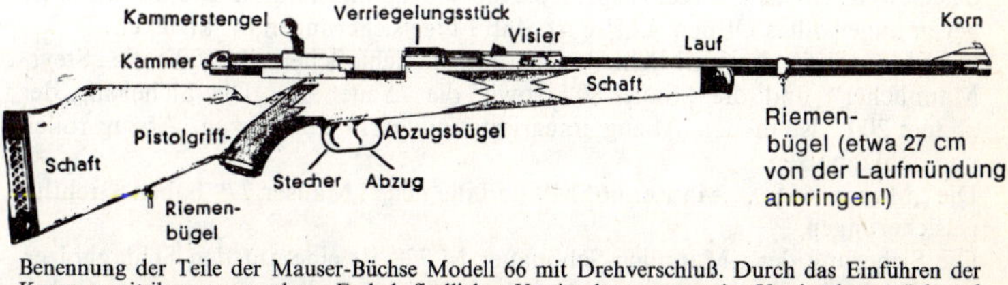

Benennung der Teile der Mauser-Büchse Modell 66 mit Drehverschluß. Durch das Einführen der Kammer mit ihren am vorderen Ende befindlichen Verriegelungswarzen ins Verriegelungsstück und einer Verdrehung um 90° legen sich die Verschlußwarzen an den Gegenlängen des mit dem Lauf fest verschraubten Verriegelungsstückes an und bilden so eine kraftschlüssige sichere Verbindung unmittelbar hinter der Patrone im Lauf.

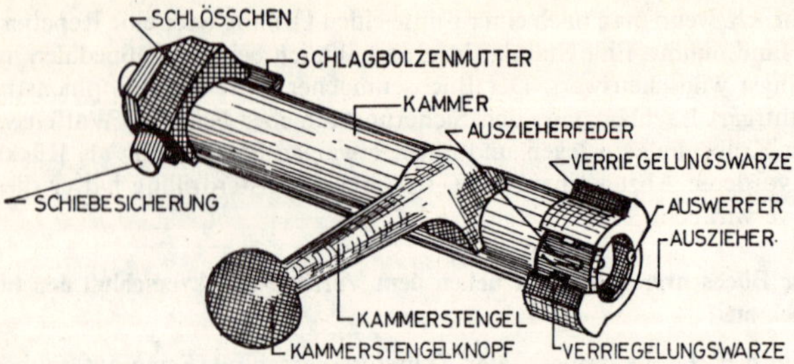

Neuartiger Mauser-Kurzverschluß Modell 66 (9 cm kürzer als die bisherigen Mauser-Systeme), mit Schiebesicherung am Schlößchen

Wie unterscheiden sich Mauser- und Mannlicher-Systeme?

Das Mauser-System Modell 98 hat eine geschlossene, das alte Mannlicher-Schönauer Modell GK aber eine offene Hülsenbrücke, damit der Kammerstengel beim Repetieren durch sie hindurchgleiten kann (Abb. beider Systeme s. S. 42). Die neuen Mannlicher (M 72 und M.-Steyr) haben modernere Schloßkonstruktionen und geschlossene Hülsenbrücken.

Welche Sicherung herrscht bei Repetierbüchsen mit Zylinderverschluß vor?

Die Flügelsicherung (s. Abb. S. 35).
Sie hat beim Mauser Modell 98 drei Stellungen:
Links ist das Gewehr entsichert, also schußbereit (beim Bedienen des Abzuges geht der Schuß los!);
nach oben gedreht sperrt sie die Schlagbolzenmutter und ermöglicht ein gefahrloses Entladen der im Lauf und Magazin befindlichen Patronen, ferner auch das Heraus- und Auseinandernehmen des Zylinders;
nach rechts gedreht sperrt sie die Schlagbolzenmutter und den Zylinder (die Kammer) gegen ungewolltes Öffnen.
Beim alten Mannlicher-Sch. hat die Flügelsicherung zwei Stellungen: Links ist das Gewehr entsichert, rechts sperrt sie die Schlagbolzenmutter und die Kammer gegen ungewolltes Öffnen. Lästig ist, daß Flügelsicherungen oft knacken.
Die „Mauser 66" hat eine Schiebesicherung am Schlößchen, ebenfalls die „Steyr-Mannlicher" und die „Sauer 80" sowie die „Sauer 90". Die Sicherung der „Sauer 200" ist in den Abzug integriert und wirkt auf Abzug, Abzugsrollen und Schlagbolzen.
Die „Mauser 66S", „Mauser 66SM" und die neue „Mauser 77" haben Drehflügelsicherungen.
Die Sicherung der „Mannlich-Schönauer M 72" ist eine auf den Schlagbolzen wirkende Wippflügelsicherung, die niedrigste Zielfernrohrmontagen ermöglicht.
Die Kaiserbüchse von Hannes Kepplinger besitzt zwei voneinander unabhängige Sicherungssysteme (automatische Griffsicherung und Entspanneinrichtung).

Wie funktionieren Pumpguns (sprich: Pampgans) oder Pumpgewehre?

Bei diesen in Amerika sehr populären Gewehren (Flinten und Büchsen sowohl mit oder ohne Hahn) befindet sich unter dem rückwärtigen Laufstück ein vom beweglichen Vorderschaft umkleidetes Rohr, das die Patronen aufnimmt. Schiebt man es zurück und wieder nach vorne, wird die abgeschossene Hülse ausgeworfen und eine neue Patrone eingeführt. Man nennt diesen Waffentyp deshalb auch Vorderschaftsrepetierer mit Gleitverschluß. Die Gewehre sind verhältnismäßig leicht und preiswert. Nach den Selbstladern (zu denen sie nicht zählen!) sind sie mit dem Fassungsvermögen von bis zu 5 Schuß im Magazin die schnellsten mehrschüssigen Waffen (Fabrikate: Remington, Winchester, Savage, Marlin). Es werden Wechselläufe angeboten, u.a. auch Slug-Laufe, was diese Gewehre für die Jagd auf Sauen interessant macht.

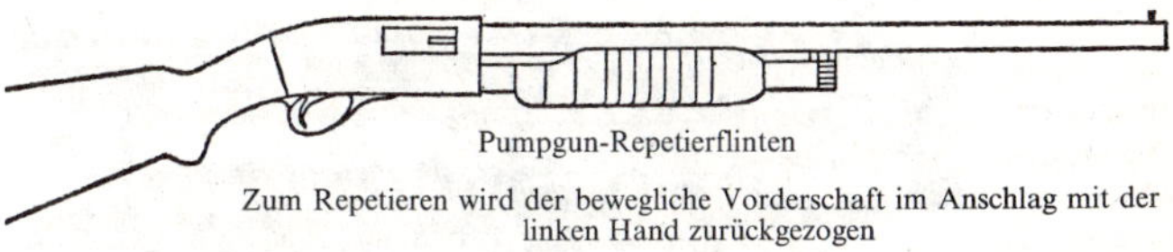

Pumpgun-Repetierflinten

Zum Repetieren wird der bewegliche Vorderschaft im Anschlag mit der linken Hand zurückgezogen

Welcher Gewehrtyp mit Repetiermöglichkeit ist noch bekannt?

Der Unterhebel- oder Lever-action-Repetierer (sprich: lävaäkschn). Bei dem amerikanischen System erfolgt das Laden im Anschlag durch Betätigen des Abzughebels. Bis zu 5 Patronen kann das Magazin dieser Büchsen aufnehmen (Fabrikate: Browning, Winchester).

Was sind Selbstladegewehre?

Es sind halbautomatisch arbeitende, einläufige Flinten oder Büchsen mit Patronenmagazinen, bei denen nach Betätigung des Abzugs und die hierdurch ausgelöste Schußabgabe das Öffnen des Verschlusses, das Auswerfen der abgeschossenen Patronenhülse, das Spannen des Schlosses, das Einführen einer neuen Patrone in das Lager und das Schließen des Verschlusses entweder durch Pulvergase oder durch den Rückstoß ausgeführt wird. Für die Abgabe eines jeden folgenden Schusses muß eine erneute Abzugsbetätigung von Hand erfolgen.

Welche Unterschiede bestehen zwischen Repetier- und Selbstladebüchsen?

Bei der Repetierbüchse mit Kammerverschluß (Mauser, Mannlicher) und beim Unterhebel- und Vorderschaftrepetierer besorgt der Schütze das Auswerfen der abgeschossenen Hülse, das Wiedereinführen einer neuen Patrone aus dem Magazin in den Lauf und das Spannen von Schlagbolzen und Schlagfeder durch Betätigung des Verschlusses bzw. des Unterhebels oder Vorderschaftes (s.S. 100).
Bei der Selbstladebüchse übernimmt der Verschlußmechanismus, betätigt durch den Rückstoß bzw. Gasdruck der Patrone, diese Funktionen. Der Schütze braucht vor jedem Schuß nur noch den Abzug zu bedienen. Vor ihrem Erwerb ist ein Bedürfnis nachzuweisen (s.S. 785), wenn im Magazin mehr als zwei Patronen aufgenommen werden können (z.B. Modell Ruger Mini 14 oder die Selbstladebüchsen mit Rollenverschluß von Heckler & Koch).

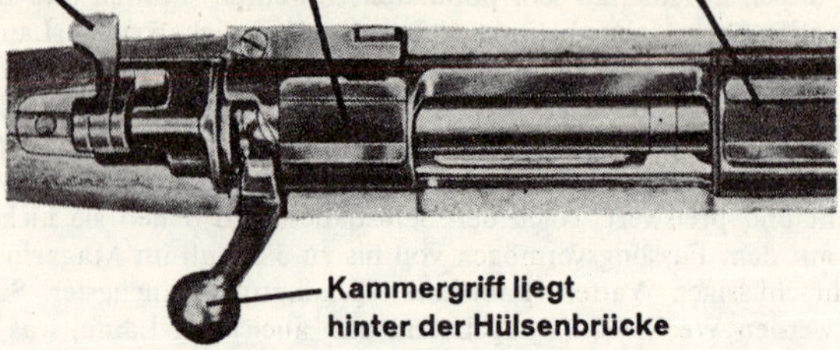

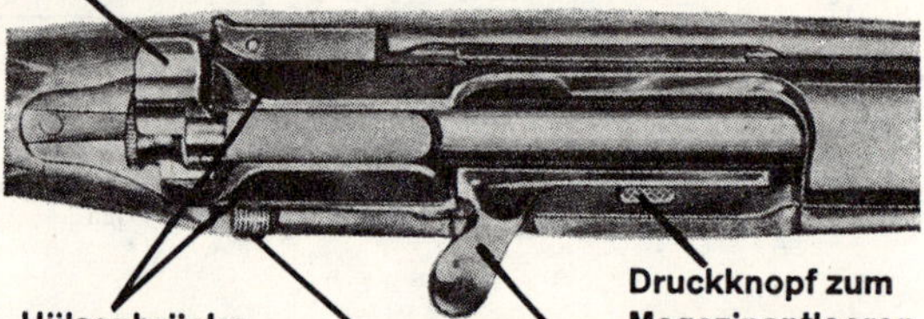

Ältere Repetierbüchsen mit Flügelsicherung:
Mauser Modell 98 und der alte Mannlicher-Schönauer (wurde 1972 durch den M 72 ersetzt!)

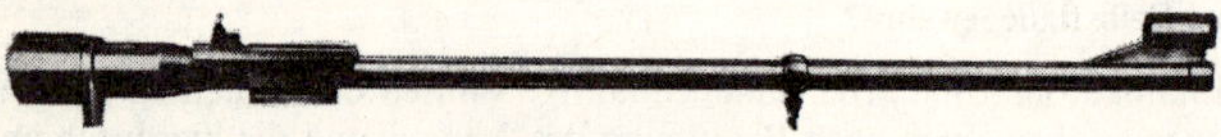

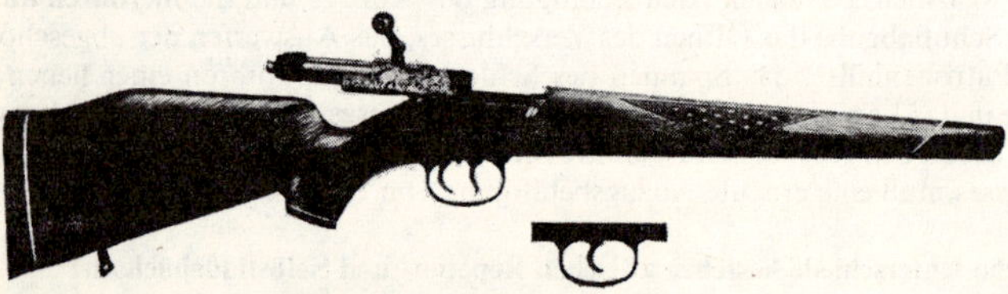

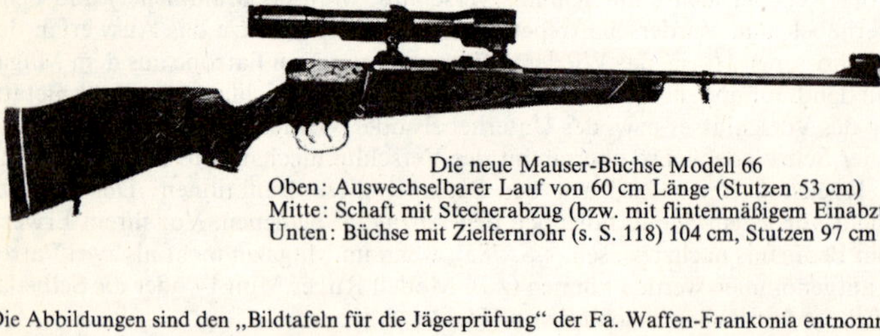

Die neue Mauser-Büchse Modell 66
Oben: Auswechselbarer Lauf von 60 cm Länge (Stutzen 53 cm)
Mitte: Schaft mit Stecherabzug (bzw. mit flintenmäßigem Einabzug)
Unten: Büchse mit Zielfernrohr (s. S. 118) 104 cm, Stutzen 97 cm lang

Die Abbildungen sind den „Bildtafeln für die Jägerprüfung" der Fa. Waffen-Frankonia entnommen.

Was sind Selbstladeflinten?

Durch Betätigen des Abzuges wird nicht nur ein Schuß abgegeben, gleichzeitig wird eine neue Patrone ins Patronenlager eingeführt. Je nach dem Konstruktionsprinzip unterscheidet man zwischen Rückstoßladern und Gasdruckladern. Beim Rückstoßlader (Browning, Franchi) trennen sich Lauf und Verschluß nach dem Schuß. Die Leerhülse wird ausgeworfen und durch die Magazinfeder eine frische Patrone vom Zubringer in das Patronenlager geschoben. Gleichzeitig wird der Hahn gespannt und die Waffe verriegelt. Ein verstellbarer Bremsring kann die Kraft der Magazinfeder regeln. So lassen sich alle Patronensorten nach entsprechender Einstellung verschießen. Dieser Waffentyp kann mit gefülltem Magazin getragen werden, wenn der Verschluß geöffnet ist.
Der Gasdrucklader (Remington, Browning, Winchester auch mit Wechselläufen) hat einen starren Lauf. Die Gase, welche sich bei der Schußabgabe entwickeln, betätigen den Verschluß.
Selbstladeflinten sind möglicherweise zu Unrecht bei der Jagdausübung verpönt. Nach Bundesjagdgesetz (§ 19 Abschn. 2c) darf ihr Magazin nur zwei Patronen aufnehmen. Mit der Patrone im Lauf ist solch eine Waffe maximal dreischüssig. Von einem „Vollernter" kann also gar nicht die Rede sein. Sie haben gegenüber den überwiegend geführten Doppelflinten den oft recht segensreichen dritten Schuß als Reserve.
Durch Aufsatz eines Polychoke (s.S. 26 und Abb. unten) oder Einschrauben von Mündungsröhrchen (Wechselchoke, s. Abb. S. 26) lassen sich Selbstladeflinten den verschiedenen Jagdgelegenheiten anpassen. Da man aus ihnen Flintenlaufgeschosse verfeuern kann, sind sie auch (auf Sauen) drückjagdgeeignet.

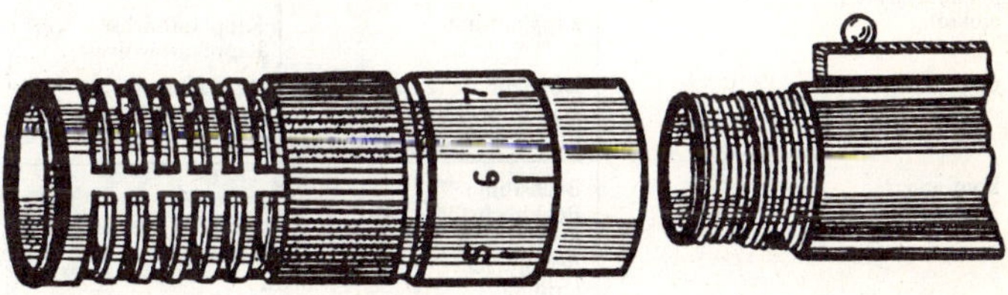

Kombination von Mündungsbremse und Polychoke

Was sind vollautomatische Büchsen?

Bei ihnen (auch bei Maschinengewehren und Maschinenpistolen) folgen die Schüsse in schneller Reihenfolge aufeinander, bis das Magazin leergeschossen ist oder bis der Drückfinger den zurückgezogenen Abzug losläßt. Vollautomatische Selbstladewaffen sind nach § 37 Ziff. 1d WaffG (s.S. 785) verboten!

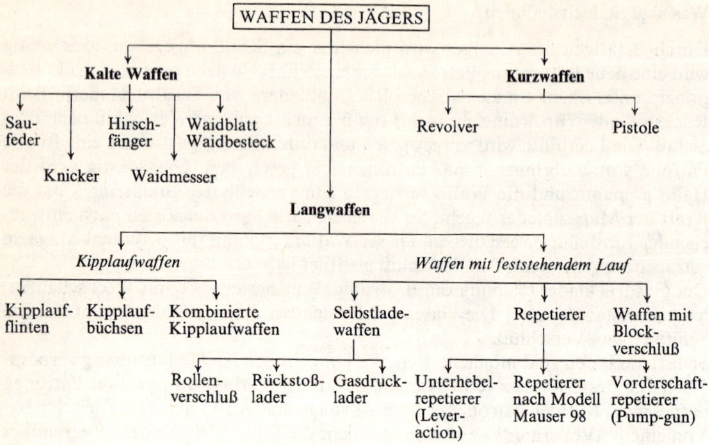

Verschlußart	glatte Läufe (Flintenläufe)	gezogene Läufe (Büchsenläufe)
Kipplaufverschluß: einläufig	Kipplaufflinte	Kipplaufbüchse Kipplaufrevolver
mehrläufig	Doppelflinte (Zwilling) Bockdoppelflinte Flintendrilling (selten)	Doppelbüchse Bockdoppelbüchse
kombiniert	Büchsflinte Bockbüchsflinte (BBF) Kontrabock Bergstutzen Drilling Schienendrilling (Waldläufer) Bockdoppelbüchsdrilling Vierling	
Blockverschluß:		Heerenbüchse und andere, Revolver
Mehrladeverschlüsse: Repetierverschlüsse System 98 Vorderschaftrepetierer mit Gleitverschluß Unterhebelrepetierer	Repetierflinten (selten) Pumpflinte	Repetierbüchsen Pumpbüchse (selten) Lever-action-Büchsen
Selbstladeverschlüsse: (dürfen im Mag. nur zwei Pat. haben)	Gasdrucklader Rückstoßlader Rollenverschluß	Gasdrucklader (selten) Rückstoßlader (selten) Selbstladepistole (Masseverschluß)
Automatische Waffen:		Maschinengewehr Maschinenpistole

Kurzwaffen

Allgemeines

Wie trägt man eine Kurzwaffe?

Am vernünftigsten auch als Jäger in einem Holster. Dort halten Revolver sowie Pistole ohne zu wackeln und sind im Bedarfsfall (Nachsuche, Selbstverteidigung) sofort griffbereit. Das Holster wird aus grobem Rindsleder gefertigt. Damit die Waffe nicht rostet (Gerbsäurekorrosion), muß sie gut eingefettet sein. Grundsätzlich gibt es zwei verschiedene Tragmöglichkeiten: im Gürtelholster oder im Schulterholster. Vollschlanke Jäger, die noch dazu eine großkalibrige Waffe führen, werden sich eher für das Schulterholster entscheiden, das für den Rechtshänder um die linke Schulter gegurtet wird. Da es bei Bewegung gern nach hinten schlüpft, ist ein Halteband zur Hose angebracht.

Wie soll der Griff einer Kurzwaffe aussehen?

Bei Kurzfeuerwaffen lassen sich die Griffschalen auswechseln. Man kann unter verschiedenen Modellen wählen und sollte davon Gebrauch machen, denn ein Revolver oder eine Pistole, die gut in der Hand liegt, fängt den oft enormen Rückstoß besser auf. Passende Griffschalen füllen die Gabel zwischen Daumen und Zeigefinger gut aus, sind also oben „fleischig". Nach unten soll sich der Umfang des Griffes verjüngen. Der Winkel, den Griff und Rahmen zueinander bilden, darf durch die Schalen nicht verändert werden, denn er ist so berechnet, daß die Kraftübertragung des Rückstoßes günstig auf die Hand erfolgen kann. Eine Aufrauhung des Griffes z. B. als Fischhaut ist nicht unbedingt erforderlich, kann jedoch für das schnelle Ziehen von Vorteil sein.

Was verstehen wir unter „double action" (sprich: dabbel äkt'schn)?

Sie bezeichnet den Spannabzug an Revolvern und Selbstladepistolen. Durch Durchziehen des Abzuges wird der Hahn gespannt (die Trommel gedreht) und der Hahn zum Vorschlagen wieder freigegeben. Selbstladepistolen (wie Walther, S & S, S & W, Mauser HSc) mit Spannabzug können mit einer Patrone im Lauf und entspannt, also schußfertig, gefahrlos getragen und durch kräftiges, gleichmäßiges Durchziehen des Abzugs wie ein Revolver sofort gespannt und abgefeuert werden.
Revolver und Pistole mit „single action" (sprich: singl äkt'schn) müssen vor dem Schießen gespannt werden. Sie verfügen über keinen Spannabzug.

Wo werden die Patronen in der Waffe gelagert?

Bei der Pistole im (herausnehmbaren) Magazin, beim Revolver in der (ausschwenkbaren) Trommel (s. Abb. S. 47 und Abb. S. 50).

Der Revolver

Was ist ein Revolver?

Eine mehrschüssige Kurzwaffe mit einer drehbaren Trommel (Walze), die zur Aufnahme von fünf oder mehr Patronen dient. Revolvermunition hat einen Rand (s.S. 73). Das Patronenlager und der Lauf sind getrennt (das ist ein Nachteil wegen des Gasverlustes). Die Trommel wird beim Spannen des Hahns von einer Patrone zur anderen um ihre Achse gedreht.
Der Schütze kann nach seiner Wahl den Hahn mit der Hand oder durch Betätigung (Durchziehen) des Abzugs spannen (Spannabzug). Beim Durchziehen des Abzugs schlägt der Hahn los und entzündet die Patrone. Im Falle eines Versagers kann man durch erneute Abzugsbetätigung, durch Spannen des Hahns oder durch Drehen der Trommel mit der Hand eine neue Patrone vor das Schlagstück (den Hahn) und den Schlagbolzen bringen.
Bei Revolvern sind drei Arten von Lademöglichkeiten üblich:

a) mit seitlich ausschwenkbarer Walze Bauart Colt und Smith & Wesson (s. Abb. S. 47),
b) mit festgelagerter Walze, wobei das Laden und Entladen nach Öffnen einer Ladeklappe geschieht,
c) mit Kipplauf nach Smith & Wesson.

Die Bauarten a) und c) besitzen Hülsenauswerfer.

Welche Vorteile hat der Revolver gegenüber der Pistole?

Durch bloße Betrachtung läßt sich feststellen, ob der Revolver geladen ist, der Revolver läßt sich mit einer Hand bedienen und liegt gut in der Hand,
der erste Schuß ist sofort bereit, ohne Zeitverlust für Entsichern und Schußfertigmachen,
die Aufhaltekraft von Revolverpatronen mit Bleigeschoß ist stärker als die von Mantelgeschossen der Pistolen,
bei ihm kann keine Schlitten- oder Magazinfeder schlapp werden, weil er keine hat.
Nach einem Versager kann sofort nachgeschossen werden (im Gegensatz zur Pistole!). Das bedeutet oft Lebensrettung.

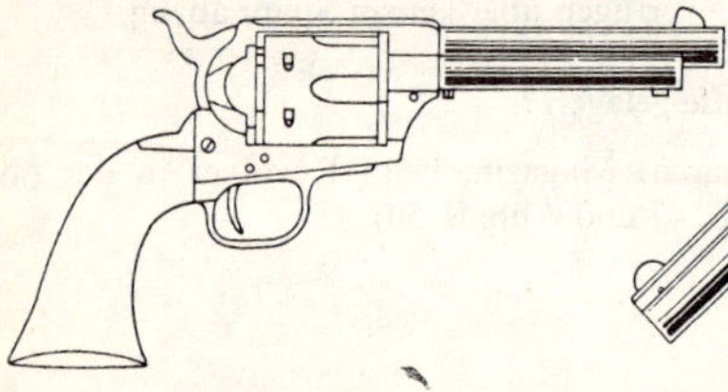

Colt „Single action“
Vor jedem Schuß mußte der Hahn mit dem Daumen gespannt werden; dabei drehte sich auch die Trommel weiter

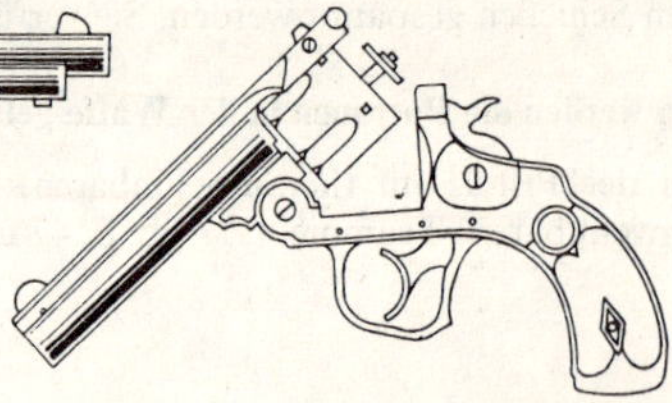

Smith & Wesson .38 „Double action“
Der Lauf mit Trommel ließ sich nach vorn abkippen (1884). Dabei wurden die leeren Hülsen ausgeworfen

Colt-Revolver
6 schüssig

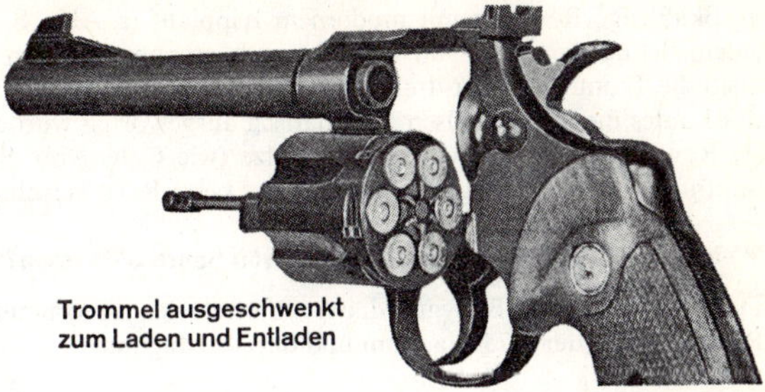

Jagdkorn

Zum Jagdschutz braucht man unbedingt ein Jagdkorn (s.S. 144).

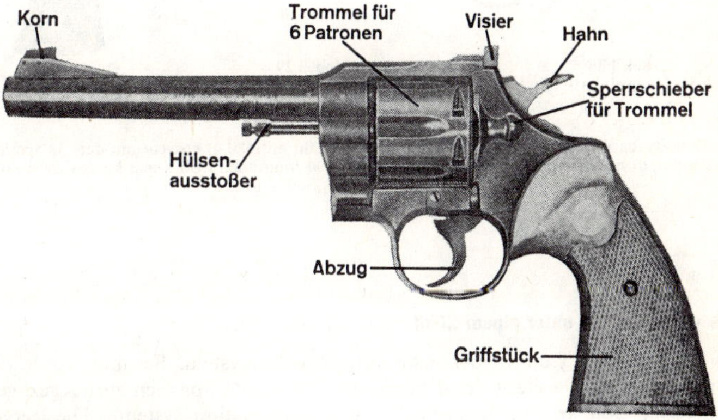

.38 Spec. Fangschuß

7,5 g Vollbleigeschoß (verkupfert), vernickelte Hülse. $V_0 = 288$ m/sec., $E_0 = 311$ Joule (s. auch S. 73)

Was bedeutet die Abkürzung „S & W"?

Sie ist die Modellbezeichnung für die Präzisionsrevolver der Fa. Smith & Wesson, 2100 Roosevelt Avenue, Springfield-Massachusetts, USA. Sie baut seit 1868 großkalibrige Revolver mit modernem Kipplauf (s. Abb. S. 46), bei denen vor jedem Schuß der Hahn mit dem Daumen gespannt werden mußte, wobei sich auch die Trommel weiter drehte (= „Single action-System") und beim Abkippen des Laufes die leeren Hülsen automatisch ausgeworfen wurden. Seit 1896 liefern sie Revolver mit ausschwenkbarer Walze (wie Colt, Abb. S. 47). Die heutigen Smith & Wesson-Erzeugnisse besitzen das beste Revolverschloß, das es je gab.

Welches sind die bekanntesten Revolver von Smith & Wesson?

Der leichteste ist der Bodyguard, der schwerste der .44 Magnum. Weitere schwere Revolver sind der .375 Magnum und der .41 Magnum.

Modell 38
.38 Bodyguard Airweight

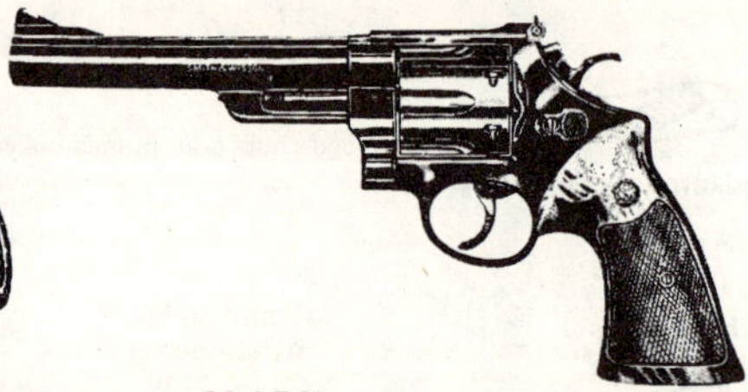

Modell 29
.44 Magnum

Abb.: Jagdfachgeschäft Engels, Kaiserstr. 39 in 6000 Frankfurt 1

Der .38 Bodyguard Airweight mit 480 g Gewicht (in Stahl mit 580 g) erreicht mit der .38 Spezial-Fangschußpatrone (s. Abb. S. 47) die Mindest-E_0 von 200 Joule auch trotz seines kurzen Zwei-Zoll-Laufes (V_{10} = 240 m/s, E_{10} = 216 Joule)

Was verstehen wir unter einem „Colt"?

Das nach Samuel Colt 1836 konstruierte Revolversystem. Bei ihm wurde die Trommel jedesmal weitergedreht, wenn der Hahn zum Spannen zurückgezogen wurde. Der Colt arbeitete also nach dem „Single action-System". Die leergeschossene Trommel konnte durch eine gefüllte ersetzt werden. Sie besaß fünf Kammern. „Cobra" und „Phyton" als modernere Konstruktionen funktionieren nach einem anderen System.

Wie unterscheiden sich moderne Colt-Revolver von Smith & Wesson-Modellen?

Die Colt-Revolver haben Linksdrall, der von sechs schmalen Feldern erzeugt wird (Ausnahme: Lawman und Trooper). Ihre Walze dreht sich im Uhrzeigersinn. Dagegen drehen die Walzen der Revolver von Smith & Wesson entgegen dem Uhrzeigersinn. Ihre Läufe haben Rechtsdrall mit fünf Zügen. Smith & Wesson baut keine Single action-Modelle mehr.
Eine nicht uninteressante amerikanische Firma, die Revolver baut, ist Sturm, Ruger & Co. Ihre Waffen weisen einen hohen Sicherheitsstandard auf und sind sehr preiswert.

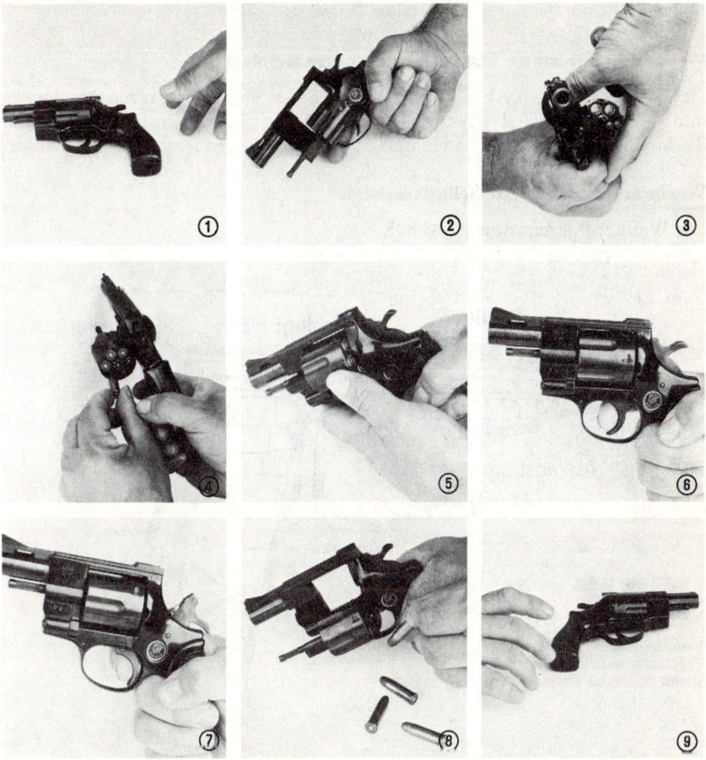

Laden und Schußabgabe aus einem Revolver

1 Der entladene Revolver wird aufgenommen.
2 Die Trommel wird ausgeschwenkt.
3 Der Lauf wird auf Verunreinigungen kontrolliert.
4 Die Trommel wird geladen.
5 Die Trommel wird eingeschwenkt.
6 So wird ohne Vorspannen geschossen (Double action)!
7 So wird mit vorgespanntem Hahn geschossen (Single action)!
8 Der Revolver wird entladen.
9 Der entladene Revolver wird abgelegt.

Die Pistole

Welche Vorteile hat die Pistole gegenüber dem Revolver?

Sie hat einen leichten Abzugswiderstand (s. S. 33) und einen kurzen Abzugsweg und somit eine große Treffsicherheit bei schneller Feuergeschwindigkeit. Durch die Möglichkeit des Magazinwechsels ist die Ladezeit geringer als beim Revolver.

Wie heißt die bekannteste Selbstladepistole?

Die Walther Polizeipistole (s. Abb. S. 54).

Man wählt heute gern einen Visierausschnitt, der wesentlich breiter ist als das Rechteckkorn

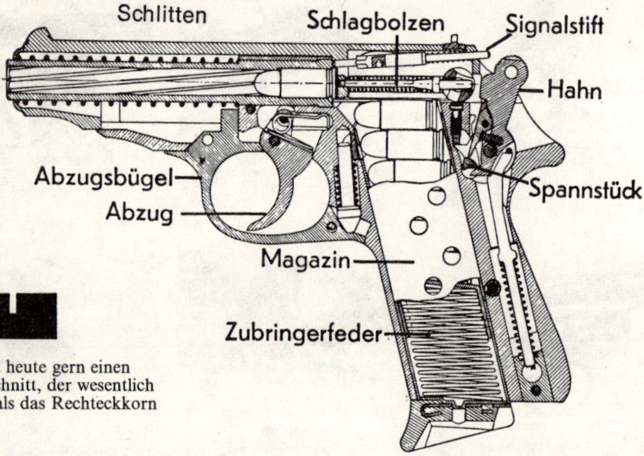

Walther-Selbstladepistole (Modell PP bzw. PPK) im Querschnitt
für die Patronen .22 lang, 7,65 und 9 mm kurz

Wenn man eine Patrone in den Lauf repetiert, wird der Signalstift oberhalb des Hahnes deutlich sichtbar. Jetzt sichert man die Pistole. Sie wird dadurch automatisch entspannt. Wird sie für den Gebrauch entsichert, ist sie trotz Entspannung durch Betätigung des Abzuges sofort feuerbereit (sie hat einen Revolver- oder Spannabzug).

Bei den Pistolen in Kal. .22 l.f.B. ist der Signalstift nicht vorhanden!

Modell	Kaliber mm	mm	Lauflänge mm	Gewicht mit Griffstück Duralu	Stahl	Patronen im Magazin	V_0 m/s	E_0 Joule
PPK	7,65	(9)	83	470 g	590 g	7 (8)	313 (250)	230 (190)
PP	7,65	(9)	98	–	660 (665)	8	319 (262)	239 (209)
PP-Super	9 × 18		92	–	780	7	325	323
P38K	9	Para	70	790	–	8	320	412
P4	9	Para	110	825	–	8	350	490
P38	9	Para	125	800	–	8	355	500
P5	9 × 19	Para	90	795	–	8	355	500

PPK

P 38 K

PP

P 4

PP-SUPER

P 38

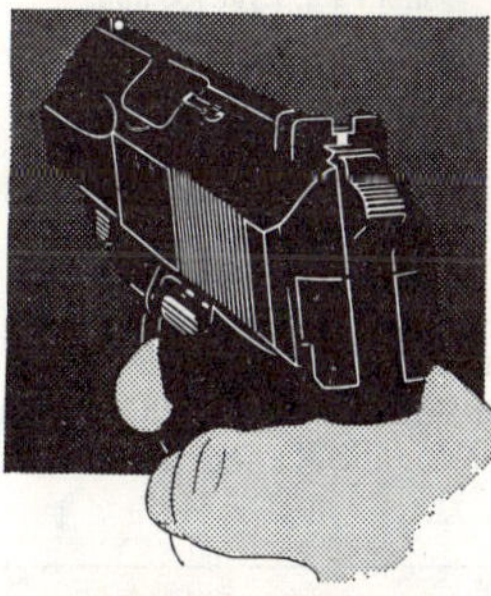

Balkenkornvisierung mit weißer Farbmarkierung

WALTHER P5

Die Walther P 5 ist gegen Stoß und Fallenlassen absolut sicher

Welche Pistolen stellt Sauer & Sohn in Zusammenarbeit mit der Schweizer Industriegesellschaft her?

Von S. & S. (Sauer & Sohn, 2330 Eckernförde) und SIG (Schweizer Industriegesellschaft) wurde die Polizeipistole P 220 entwickelt. Aus ihr verschießt man die normale Parabellum-Patrone ($v_0 = 345$ m/s, $E_0 = 491$ J). Ihr Gewicht beträgt mit leerem Magazin 830 g. Zur raschen Erfassung des Ziels bei jeglicher Beleuchtung dient eine Kontrastvisierung mit weißer Markierung von Korn und Visier.

Inzwischen wurde sie durch korrigierte Linienführung am Schlitten noch einmal verbessert. Sie zeigt erhöhte Treffsicherheit, günstiges Rückstoßverhalten, idealen Griffwinkel und ausgewogene Balance.
Das Folgemodell SIG-Sauer P225, das als Polizeipistole die Bezeichnung P6 trägt, ist auch bei gespanntem Hahn stoßsicher. Die SIG-Sauer P225 ist sehr kompakt und handlich.

Was für eine Kurzwaffe trägt die Bezeichnung „HSc"?

Es ist die Modellbezeichnung für die Mauser-Hahn-Selbstspanner-Pistole Kaliber 7,65 mm (.30 Luger) mit Spannabzug, auch mit Wechsellauf für das Kaliber 9 mm kurz Parabellum der Mauserwerke, 7238 Oberndorf/Neckar.
Unter Parabellum-Pistole versteht man die von Georg Luger konstruierten Selbstladepistolen in den Kalibern 7,65 und 9 mm Para.

Mauser Selbstlade-Pistole HSc
Kal. 7,65 mm oder 9 mm kurz,
Länge der Pistole 160 mm,
Gewicht 660 g, 7 Patronen im
Magazin, Griffschalen Nußbaum-
holz, Spannabzug

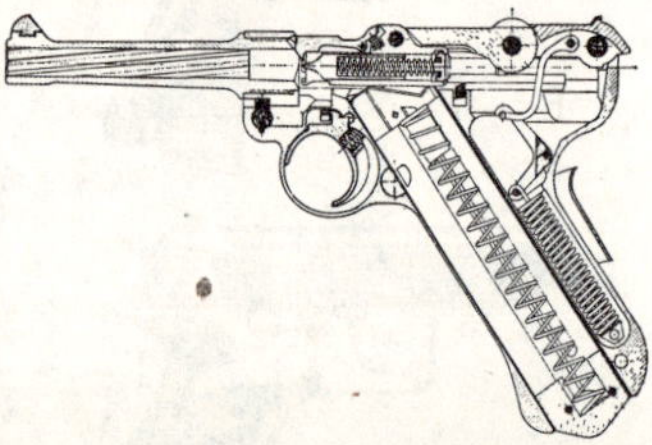

Mauser Pistole Mod. Parabellum,
7,65 mm Para, Lauf 120 mm,
9 mm Para, Lauf 100 mm,
Sport: 7,65 u. 9 mm Para, Lauf
103 mm, schwerer Matchlauf,
Balkenkorn, Spannabzug

Welche Pistole kürzt man mit PSP ab?

Die von der Firma Heckler & Koch GmbH, 7238 Oberndorf/Neckar, entwickelte Griffspannerpistole. Im Polizeigebrauch wird sie mit P7 bezeichnet. Sie hat keinen Außenhahn. Die Spannvorrichtung ist in den Griff integriert. Die Pistole HK4 desselben Herstellers kann mit Wechselläufen für die Kaliber 22 mm lang, 6,65, 7,65 und 9 mm bezogen werden.

Laden und Schießen mit einer Pistole (Walther PP) (Bildfolge S. 53)

1 Aufnehmen der Pistole (ist die Waffe gesichert?).
2 Auswerfen des Magazins.
3 Abzugbügel aufstellen (auf Griffstück aufstehen lassen!) und Schlitten abheben (s. auch S. 54).
4 Laufkontrolle.
5 Zusammenbau.
6 Magazin laden (Patronen jeweils unter die Magazinlippen!).
7 Pistole laden (den Schlitten fest durchziehen!).
8 Abziehen mit Double action (vor dem Schuß entsichern, nach dem Schuß sofort sichern!).
9 Abziehen mit Single action (vor dem Spannen des Hahnes entsichern, nach dem Schuß sofort sichern!).
10 Magazin entladen.
11 Pistole entladen (zweimal Schlitten ganz durchziehen!).
12 Pistole ablegen (Sicherungshebel nach oben!).

Laden und Schießen mit einer Pistole (Walther PP)

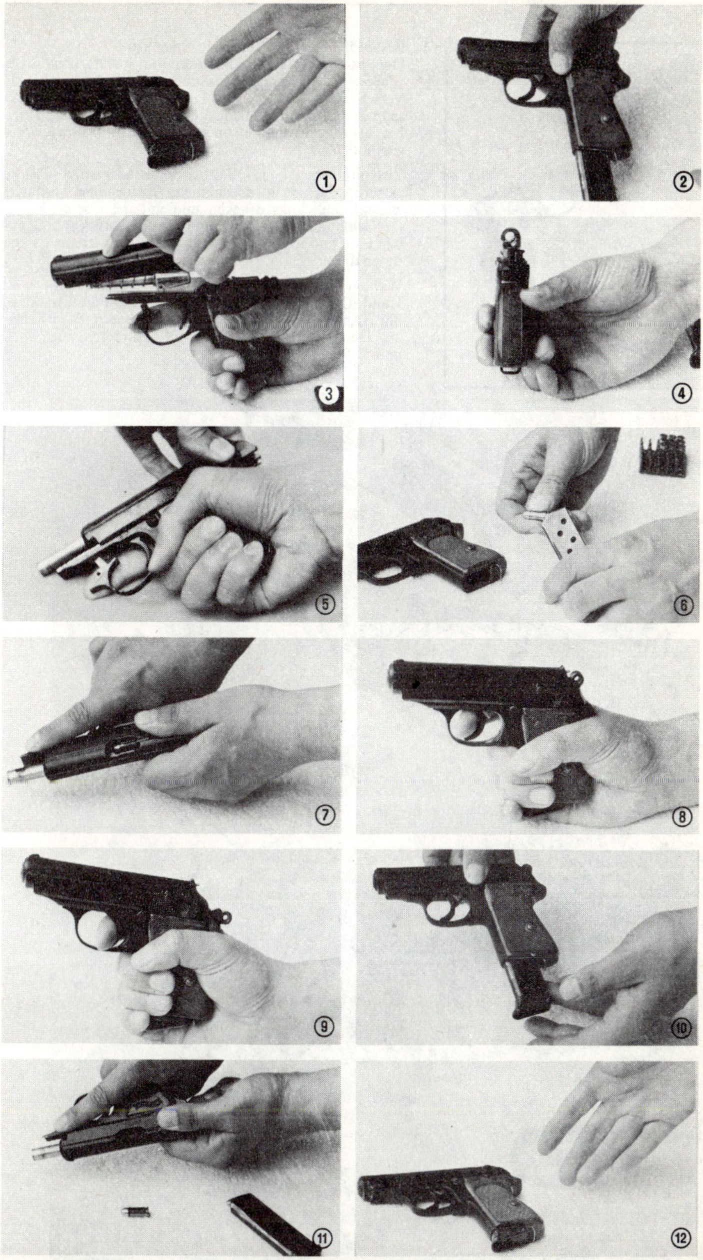

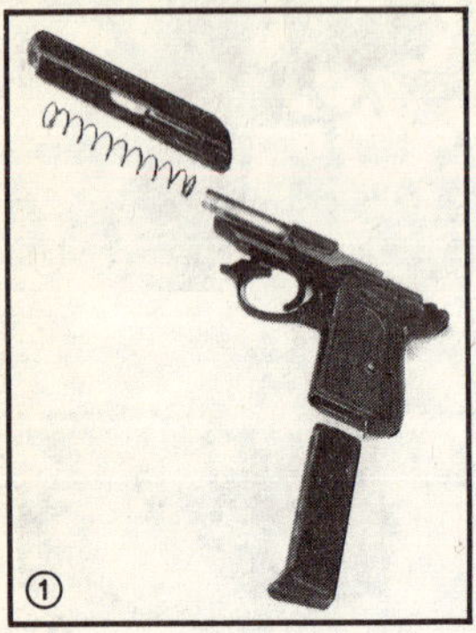

①

1 Bestandteile der Walther-Selbstladepistole.
Die Pistole setzt sich aus Schlitten (mit Feder), dem Griffstück und dem Magazin zusammen. Der Schlitten ist das Verschlußstück einer Selbstladepistole. Auf der Unterseite des Griffstückes befindet sich das Abzugzüngel. Im Magazin lagern die Patronen. Es wird in das Griffstück geschoben.

2 Zusammensetzen der Walther-Selbstladepistole. Pistole sichern, Magazin herausnehmen, Abzugsbügel herunterziehen, nach links drücken und mit der oberen Kante am Griffstück leicht aufsetzen. Verschlußstück schräg auf den Lauf aufsetzen, bis zum Anschlag zurückziehen, nach unten drücken und nach vorn gleiten lassen.

3 Walther-Selbstladepistole: Spannen des Hahns von Hand. Die Pistole ist entsichert, der rote Punkt ist sichtbar. Der Signalstift (s. Pfeil) ist herausgetreten. Er zeigt an, daß sich eine Patrone im Lauf befindet (s. auch S. 50 und S. 51).

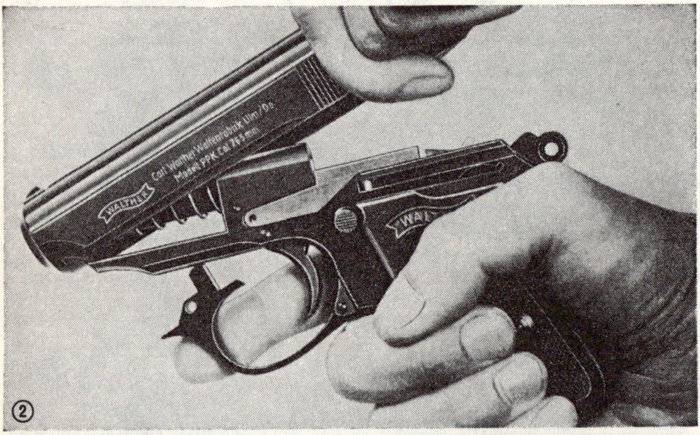

②

PT: Plastik-Trainings-Patrone
7,65 mm Originalgröße

③

Der amtliche Beschuß

Welche amtliche Maßnahme bietet eine weitgehende Sicherheit gegen Materialfehler bei Schußwaffen?

Der amtliche Beschuß durch bestimmte Prüfämter (Beschußämter). Das gilt auch für Waffen, die aus dem Ausland eingeführt werden, und zwar für die Länder Belgien, Chile, DDR, England, Frankreich, Italien, Österreich, Spanien, die Tschechoslowakei und Ungarn, deren Beschußprüfungen gegenseitig anerkannt werden. Waffen aus anderen Ländern (wie Amerika und Rußland) müssen in Deutschland neu beschossen werden.

Auf welche Weise erfolgt der amtliche Beschuß?

Alle Waffen werden einem Beschuß mit Patronen unterworfen, die den Gasdruck der Gebrauchsmunition um 30% übersteigen. Wird an Stelle des Gasdrucks der Energiewert gemessen, so muß er den der Gebrauchsmunition um 10% übersteigen (nicht bei Schreckschuß- oder Signalwaffen für Kartuschenmunition!).
Alle Waffen, die staatlich beschossen und geprüft worden sind, erhalten an der Unterseite der Läufe die Kaliberangaben und an den wesentlichen Teilen des Verschlusses, bei Repetiergewehren oben seitlich auf der Verschlußhülse (bei Revolvern auch auf Rahmen und Trommel), die Zeichen für die Beschußart (den Bundesadler und den jeweiligen Kennbuchstaben).
Nach weitreichenden Reparaturen ist ein Instandsetzungsbeschuß erforderlich. Das Waffenrecht schließt auch das Beschußrecht ein.

Wie sehen die Westdeutschen Beschußzeichen aus?

Bundesadler + N bedeutet Nitro- oder Normalbeschuß für alle Waffen

+ J = Instandsetzungsbeschuß
+ V = Verstärkter Beschuß
+ SP = Beschuß mit Schwarzpulver
+ L = Beschuß mit Treib-Ladung

Zeichen für die Beschußstellen:

Berlin Hannover Kiel Köln München Ulm

Beim Endbeschuß sind außerdem das Ortszeichen des Prüfamtes und das Jahreszeichen anzubringen. Die bisherigen Ortszeichen gelten weiter; nur Kiel erhielt ein neues Ortszeichen (statt eines Eichenblattes ein Nesselblatt aus dem Landeswappen Schleswig-Holstein).

Das Jahreszeichen besteht aus den beiden letzten Ziffern der abgekürzten Jahreszahl; ihr kann die Monatszahl vorgesetzt werden. Bei genehmigter Verschlüsselung treten an die Stelle der Ziffern 0 bis 9 die Buchstaben A bis K. Es bedeuten dann 5 73 oder 5 HD: Mai 1973. Beim verstärkten Beschuß erfolgt außerdem die Druckangabe in 100 bar oder 100 kp/cm^2 (s.S. 78).

Erstreckt sich die staatliche Kontrolle auch auf die Schußleistung?

Nein. Wer beim Neuerwerb einer Waffe sichergehen will, kann vor ihrer Abnahme gegen Gebühr Schußleistungsprüfungen durch die Deutsche Versuchs- und Prüfanstalt für Jagd- und Sportwaffen e.V. (DEVA) in 4791 Altenbeken, Am Hammer 16 (Ruf: 05255/438) mit Schießplatz in Buke über Paderborn (Leiter: Ing. grad. Helmut Kinsky) vornehmen lassen (Einschießgeräte s. S. 107).

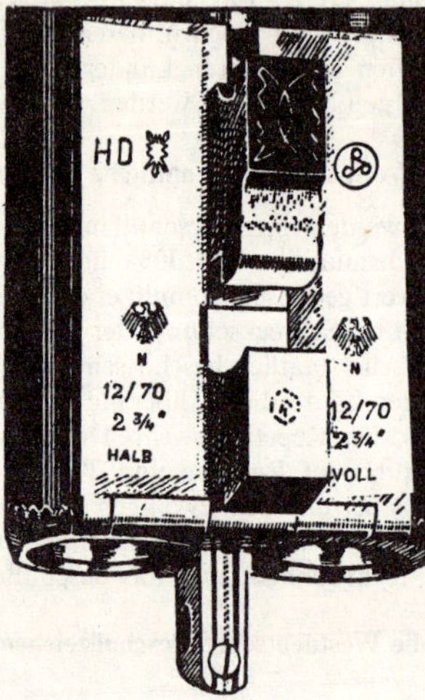

Jede Schußwaffe muß eine fortlaufende Nummer und das Warenzeichen oder den Namen des Herstellers tragen (hier oben rechts: Warenzeichen der Fa. Sauer & Sohn, Eckernförde)

Es bedeuten:
HD: verschlüsselte Jahreszahl 1973
Nesselblatt: Prüfamt Kiel
Adler + N: Nitro-Sicherheitsbeschuß 12/70 und $2^3/_4$'': für Schrotpatronen Kal. 12 u. 70 mm oder $2^3/_4$ Zoll Länge
HALB ***: HALB-CHOKE
VOLL * : VOLL-CHOKE
(Schrotläufe haben Würgebohrung)

Unterseite eines Doppelflinten-Laufpaares mit Beschußzeichen

Wo befinden sich bei Kurzwaffen das amtliche Beschußzeichen und die Fabriknummer?

Beschußzeichen auf Lauf und Trommel, die Fabriknummer am Rahmen. Bei den Pistolen Walther PP und PPK befinden sich die amtlichen Beschußzeichen auf dem Griffstück, Verschlußstück, Lauf bzw. Laufbund. Die Waffennummer befindet sich auch auf dem Verschlußstück. Auf dem Griffstück muß sie nicht immer sein.

Munition

Allgemeines

Welche Munition benutzt man für Jagdzwecke?

Büchsenpatronen, Schrotpatronen, Flintenlaufgeschosse sowie Revolver- und Pistolenpatronen.

Welche Pulverarten werden für Jagdpatronen unterschieden?

Schwarzpulver und rauchloses oder Nitro-Pulver (Blättchen-, Kugel-, Korn-, Stäbchen-, Röhren- und Ringform). Hierzu gehören auch die Pulver für den Schrotschuß, Büchsenschuß und die Kurzwaffenmunition. (Die Erfindung des

Schwarzpulvers wird wohl irrtümlich dem Franziskanermönch Berthold Schwarz zugeschrieben, der um die Mitte des 14. Jahrhunderts gelebt haben soll. Der Engländer Roger Bacon verwendete bereits 1267 Schießpulver bei öffentlichen Vorführungen als Raketenantrieb. Die ersten Feuerwaffen tauchen in Europa um 1300 auf.)

Dürfen mit rauchlosem Pulver geladene Patronen aus Läufen verschossen werden, die nicht den N-Stempel tragen?

Nein! Der Gasdruck bei rauchlosen Patronen ist größer. Bei alten, mit Schwarzpulver beschossenen Waffen besteht immer höchste Gefahr einer Laufsprengung (Vorsicht bei Damastläufen! s.S. 24).
Schwarzpulverpatronen liefert noch die Dynamit AG.
Der Gasdruck ist im Bereich des Patronenlagers am größten.
Weitere Ursachen zu Laufsprengungen können sein: Fremdkörper im Lauf (Schnee, Erde, Werg), Rostnarben und Materialfehler.
Rauchloses Pulver aus Schrotpatronen darf nicht für den Büchsenschuß verwendet werden, denn es ist viel offensiver als das progressiv (langsam) verbrennende Pulver für den Büchsenschuß. Es würde zur Sprengung des Laufes führen.

Die Schrotpatrone

Wie ist eine Schrotpatrone beschaffen?

Der wesentliche Teil ist eine Papp- oder Kunststoff-(Plastik-)Röhre, die in einer metallenen Bodenkappe befestigt ist, oder eine im ganzen aus Plastik hergestellte Hülse. In der Bodenkappe befindet sich die Zündung.
In den unteren Teil wird das Pulver eingebracht, darüber kommen das gasdichte Zwischenmittel (meist ein gefetteter Filz- oder ein Plastikpfropfen) und die Schrote aus Hartblei (im Hartblei sind etwa 1,3% Arsen und 3% Antimon enthalten). Inzwischen gibt es auch Stahl-(=Weicheisen-)schrot. Die eingebrachte Schrotmenge nennt man die „Vorlage“. Den Abschluß der Patrone bildet ein Schlußdeckel, über den das Hülsenende gebördelt ist, oder eine sternförmige Faltung des Hülsenmundes.
Patronenhülsen aus Kunststoff (Plastik) verrotten nicht und sind deshalb zu sammeln und wie Müll zu beseitigen (Umweltschutz!).
Der herkömmlich als „Zwischenmittel“ verwendete gefettete Filzpfropfen wird neuerdings gern durch einen Filzpfropfen mit gasdichter Plastikscheibe (elastischer Lamelle) ersetzt. Hierdurch gelangen Treibgase während des Durchgangs durch den Gewehrlauf nicht in die Schrotladung.
Eine weitere Verbesserung bedeutet der Plastikring oder der Plastik-Schrotbeutel. Er bewirkt zusätzlich ein besseres Zusammenhalten der Schrotgarbe und damit größere Deckung, eine größere Geschwindigkeit und weniger Abrieb der Schrote sowie weniger Randschrote.
Im Gegensatz zum Büchsenschuß, bei dem ein Einzelprojektil verfeuert wird, ist der Schrotschuß ein Streu- und somit ein Massenschuß, bei dem viele Schrotkugeln abgegeben werden.

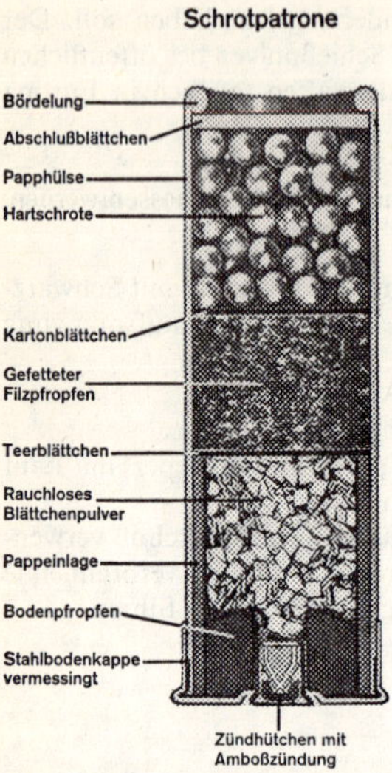

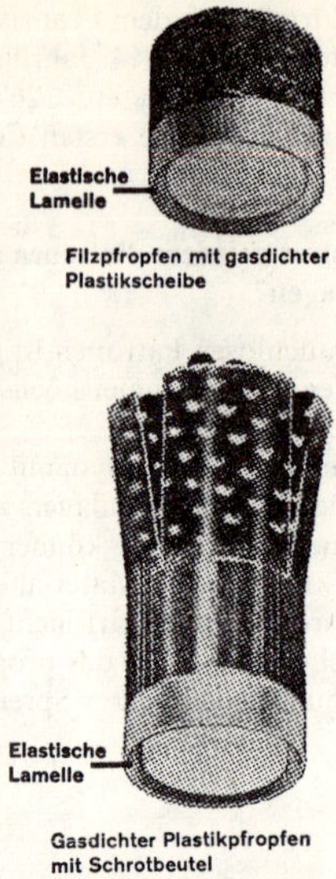

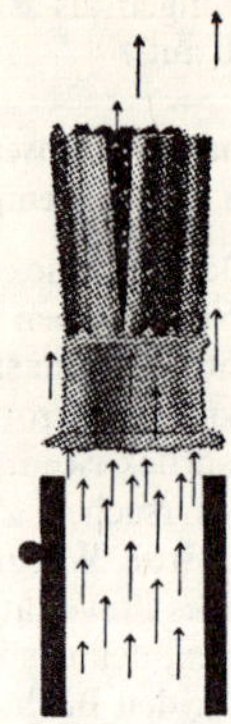

Plastikbeutel nach Verlassen der Laufmündung. Er hält die Schrote zusammen; die Laufwand verbleit nicht!

Neuzeitliche „Zwischenmittel“

Erfolgt die Bestimmung der Flinten-Kaliber auch nach dem Innendurchmesser des Laufes?

Ja, aber nicht nach Millimetern. Das Kaliber wird vielmehr, wie früher in England, international nach der Anzahl der Rundkugeln vom Laufbohrungsdurchmesser bestimmt, die man aus einem englischen Pfund (=453,6 g) Blei gießen konnte. Kaliber 20 bedeutet also, daß ein Gewehr dieses Kalibers eine Rundkugel schoß, von denen 20 ein englisches Pfund wogen. Daraus ergibt sich, daß die größere Kaliberzahl den kleineren Durchmesser bezeichnet.
Gängige Kaliber sind die Kaliber 12, 16 und 20 (s. Abb. unten). Das Kaliber 20 ist kleiner, das Kaliber 12 ist größer als das Kaliber 16. Das Kaliber .410 entspricht dem seltenen Schrotkaliber (36). Das Innere des Laufes nennt man Laufseele, die Mittellinie der Bohrung wird als Seelenachse bezeichnet (s. Abb. S. 81).

Innendurchmesser der Flintenkaliber

Welche gängigen Schrotpatronen von RWS (Dynamit Nobel) befinden sich im Handel?

Für	Kaliber	Hülsenart Länge	Zwischen-mittel	Ver-schluß	Schrote in mm Gewicht im Kaliber 12
Jagd					
Waidmannsheil	12, 16	Pappe 70 mm	Filz	Falt-verschluß	2,5–4 mm/36 g
Waidmannsheil	12, 16, 20	Plastik 70 mm	Becher	Falt-verschluß	2,5–4 mm/36 g
Rottweil Stern	12, 16	Pappe 67,5 mm	Filz	Falt-verschluß	2,5–3,5 mm/34 g
Rottweil Jagd	12, 16	Pappe 67,5 mm	Becher	Falt-verschluß	2,5–3,5 mm/32 g
Rottweil Super Jagd 40	12	Plastik 70 mm	Becher	Falt-verschluß	2,75–3,75 mm/40 g
Rottweil Stern/Streu	12, 16	Plastik 67,5 mm	Filz/Kreuz	Falt-verschluß	2,75 mm/32 g
Sport					
Rottweil Supertrap	12	Plastik 70 mm	Becher	Falt-verschluß	2,4 mm/36 g
Rottweil Stern	12, 16	Plastik 67,5 mm	Becher	Falt-verschluß	2,4 mm/32 g
Rottweil Sport	12	Plastik 67,5 mm	Becher	Falt-verschluß	2 u. 2,4 mm/32 g
Rottweil Club 32	12, 16, 20	Plastik 67,5 mm	Becher Faser Streukreuz	Falt-verschluß	2 u. 2,4 mm/32 g
Rottweil Spec. Vollplastik	12	Plastik 67,5 mm	Becher	Falt-verschluß	2 u. 2,4 mm/29,5 g
Rottweil Stern/Streu	12, 16	Plastik 67,5 mm	Filz/Kreuz	Falt-verschluß	2 mm/32 g

Rottweil „Waidmannsheil", Papphülse mit 70 mm Hülsenlänge. Sie ist mit Schrotbeutel und Faltverschluß lieferbar. Mit dieser Verschlußform ohne Deckel ist ein gleichmäßiger Flug der Schrotgarbe erreicht.

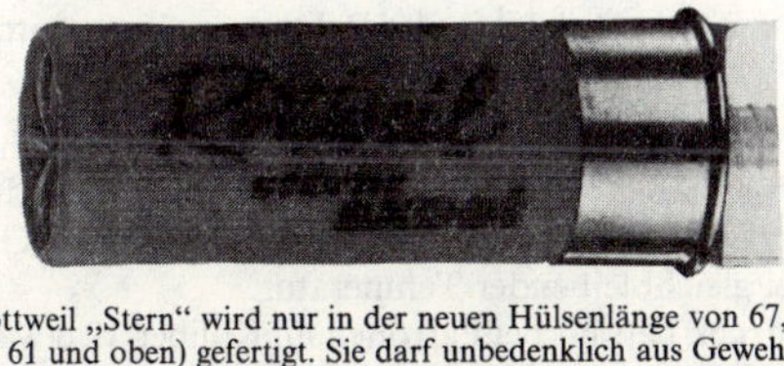

Die Rottweil „Stern" wird nur in der neuen Hülsenlänge von 67,5 mm (s. S. 61 und oben) gefertigt. Sie darf unbedenklich aus Gewehren mit 65 bzw. 70 mm langen Patronenlagern verschossen werden.

Rottweil-Club 32 mit Streukreuz (im Schnitt)
Oberhalb des Hülsenbodens steht: Streu Nr. 9 = 2 mm

Wird als „Streupatrone" beim Skeet-Schießen (s. S. 137) aus normal gechokter Jagdwaffe verschossen. Das Kunststoffkreuz streut die Ladung, die aus 500 bis 700 Schroten besteht.
(Vorsicht: Durch die Bördelung oder Faltung des Hülsenendes erhält die fertige Patrone, für die eine 70 mm lange Hülse verwendet ist, eine verkürzte Länge von etwa 63,5 mm. Derartige Patronen dürfen daher nicht mit Patronen mit 65 mm Hülsenlänge verwechselt werden, s. S. 61).

Der Jungjäger beachte auch das reichhaltige Angebot anderer in- und ausländischer Produzenten von Schrotpatronen (z. B. Winchester, Legia, Eley, Sellier & Bellot, Schönebeck, SMJ, Cheddite-France).

Welche große Bedeutung hat die „Streupatrone" für die Jagd?

Die „Streupatrone" mit Streukreuz (s. Abb. oben) wird für Flinten der Kal. 12 und 16 auch mit einer Schrotgröße von 2,75 mm (deutsche Nr. 6) in einer Hülsenlänge von 67,5 mm als Rottweil-Stern-Pappatrone gefertigt. Sie eignet sich vorzüglich für Jagden auf alles Niederwild bis auf 25 m Schußentfernung. Sie hat rasch einen großen Abnehmerkreis gefunden. Für das Skeetschießen (s. S. 62) sind zum Schießen mit normalen Flinten in den Kalibern 12 und 16 und der Hülsenlänge 67,5 mm aus Sicherheitsgründen nur Patronen mit 2 mm Schrot (= Nr. 9) vom DJV zugelassen. Für Skeetflinten dürfen alle Schrotpatronen verwendet werden.

Gibt es eine für alle Flinten beste Schrotpatrone?

Nein! Bei der Durchsicht der Waffenkataloge steht man oft ratlos vor den zahlreichen Angeboten in- und ausländischer Schrotpatronenfabrikate mit den unterschiedlichsten Preisen nach deren Herstellungsverfahren (wie Bördel- oder Sternverschluß, Papp- oder Plastikhülse, Hülsenlänge, Art des Schlußdeckels, Filz- oder Plastikpfropfen, Schrotbeutel, vernickelte Schrote, extra hohe Bodenkappe usf.). Jeder Jäger muß deshalb ein Vergleichsschießen mit seiner Flinte vornehmen und selbst herausfinden, mit welchem Fabrikat er die besten Schußleistungen erzielt (s. S. 57 und S. 79).

Werden Abbrand und Gasentwicklung des Pulvers von Temperatur und Feuchtigkeit beeinflußt?

Ja. Feucht gewordene, gequollene Schrotpatronen mit Papphülse lassen in der Leistung nach. Übermäßig warm gelagerte Patronen können durch Austrocknen des Pulvers bei der Schußentwicklung u. U. einen überhöhten Gasdruck erzeugen. Man lagert sie bei gleichbleibender Temperatur.
Der mittlere Gasdruck beträgt bei Patronen im Kaliber 12 etwa 450 bar (s. S. 78), im Kaliber 16 etwa 500 bar und im Kaliber 20 etwa 550 bar (1 bar = 1 at).

Welche Zündung wird heute bei Schrotpatronen angewendet?

Die Zentralfeuerzündung. Das Zündhütchen ist hierbei in der Mitte, also zentral im Patronenboden und wird über Schlagbolzen und Zündstift (s. Abb. S. 34 und S. 58) der Waffe zur Entzündung gebracht.
Bei Schrotpatronen spricht man von „Zündungen" (z.B. Zündung VI oder Medium-Zündung).

Welche Hülsenlängen (HL) sind für Schrotpatronen üblich?

Hülsenlängen von 65, 70 und jetzt auch von 67,5 mm, gemessen nach dem Schuß. Die Patrone mit 70 mm HL ist auf der Hülse durch einen Längsstreifen und den Aufdruck 70 mm besonders gekennzeichnet (s. Abb. S. 59).
Man darf keinesfalls Patronen mit 70 mm langen Hülsen aus Patronenlagern verfeuern, die für Patronen von 65 mm Hülsenlänge eingerichtet sind, weil beim Schuß der Hülsenrand in den Übergangskegel eintritt (s. Abb. unten) und dadurch ein zu hoher Gasdruck entsteht, der zur Laufsprengung führen kann (Verengung des konischen Übergangs vom Patronenlager zum Lauf).

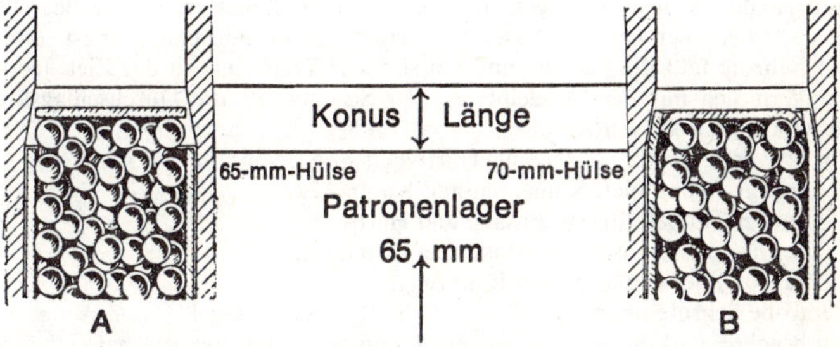

Verhalten von Patronen von 65 mm (A) und 70 mm (B) Hülsenlänge im Patronenlager von 65 mm Länge

A: Richtige Patrone mit 65 mm Hülsenlänge bei der Schußentwicklung. Beim Aufbördeln kommen Schlußdeckel und Schrote ohne Zwang in den Lauf. Die Hülsenlänge entspricht dem Übergangskegel.

B: Zu lange Patrone mit 70 mm Hülsenlänge bei der Schußentwicklung. Die Hülse kommt beim Aufbördeln in den konischen Übergangskegel hinein und verengt ihn, so daß ein hoher Gasdruck entsteht.

Man sollte auch keine Patronen mit 65 mm HL aus Läufen verschießen, deren Patronenlager für 70 mm lange Hülsen eingerichtet sind, da hierdurch Störungen der Schußentwicklung bewirkt werden. Schrotpatronen von 67,5 mm HL lassen sich dagegen ohne Nachteile auf Gasdruck, Schrotgeschwindigkeit, Trefferleistung und Ablagerung von Rückständen aus Gewehren mit 65 bzw. 70 mm langen Patronenlagern verschießen (s. „Rottweil Club 32", S. 60).
Auf der Schrotmunition ist bei den Kalibern 20 und größer der Durchmesser oder die Nummer der Schrote sowie die Länge der Hülse anzubringen, sofern sie länger als 65 mm ist (3. VO zum WaffG § 20,2).
Tragen Patronen keine entsprechende Kennzeichnung, darf man davon ausgehen, daß sie maximal 65 mm lang sind (meist Lagerbestände!).
Schrotpatronen mit der Kennzeichnung „Magnum" dürfen nur in Waffen mit verstärktem Beschuß Anwendung finden. (Es gibt sie mit 70 mm und 76 mm langer Hülse.)

Wie viele Schrotkörner etwa enthalten nach Gewicht und Zahl die verschiedenen deutschen Schrotpatronen?

Das Gewicht und die Zahl der in einer Schrotpatrone enthaltenen Schrotkörner ist vom Kaliber und der Hülsenlänge der jeweiligen Schrotpatrone abhängig. Das ergibt folgende Übersicht:

Kaliber	Körnerzahl bei Schrotgröße von				Gewicht der Schrotladung in g
	$2^1/_2$	3	$3^1/_2$	4 mm	
12/65	368	213	134	90	34,5
12/70	390	225	142	95	35,5
16/65	315	180	114	77	28,5
16/70	335	195	122	82	31
20/65	280	162	100	68	25,5
20/70	290	170	105	71	26,5

Welche Schrotkorngrößen verwendet man im allgemeinen?

Hauptsächlich Schrotkörnungen von 2 bis 4 mm Durchmesser. Die Größe richtet sich nach dem Verwendungszweck. Je kleiner der Korndurchmesser ist, um so mehr Schrote faßt die Patrone und um so mehr Treffer erhält das Ziel. Jedoch verringern sich mit der Verkleinerung der Schrotgröße die Durchschlagskraft und wirksame Reichweite.
Man verwendet daher Schrote aus Hartblei (s.S. 57) von:
$2^1/_2$ mm für Rebhühner, Schnepfen und Kaninchen
3 mm für Tauben, Enten, Fasane und Herbsthasen
$3^1/_2$ mm für Winterhasen und Hasen bei Regenwetter
4 mm für Füchse und großes Raubzeug.
Übergroße Schrote nennt man Posten (s.S. 713) oder „Hagel".
Man beachte, daß die Schrotnummern (s. unten) nicht international einheitlich sind und suche auf der Verpackung ausländischer Patronen stets nach der Millimeterangabe!

Warum schießt man nicht mit gröberen Schroten als 4 mm?

Weil die Zahl der in einer Patrone enthaltenen Schrote gering und die Deckung nicht dicht genug sind, um Wild wirksam zur Strecke zu bringen. Das Wild wird dadurch meist nur von zu wenigen Körnern getroffen, verursacht langwierige Nachsuchen oder kommt nicht zur Strecke und verludert.

Wie sind die Jagdpatronen mit verschiedenen Schrotkorngrößen äußerlich gekennzeichnet?

Gebördelte Plastikpatronen haben häufig Klarsichtdeckel. Es ist außerdem eine Vielzahl von Patronen mit je nach Schrotgröße unterschiedlichen Schlußdeckeln im Handel.
Patronen mit Faltverschluß haben dicht über der Bodenkappe, ringsherum, die betreffenden Nummern und Millimeterangaben.
Spezialpatronen für Wurftauben-Schießen haben teils über der Bodenkappe, teils auf der Faltung des Hülsenmundes die Bezeichnung $\frac{T}{7}$ für Trap-Schießen und $\frac{S}{9}$ für Skeet (s.S. 136).

2½ 3 3½ 4 „das" Schrot in mm

Was ist eine Pufferpatrone aus Plastik oder Metall?

Eine leere, leichte Hülse, die an Stelle des Zündhütchens einen federnden Puffer zum Auffangen des Schlagbolzens enthält. Sie wird vorteilhaft auch zum Abspannen des dritten Schlosses bei Drillingen, für automatisch gesicherte Flinten und stets bei Bockgewehren mit Ejektor (s. S. 104) verwendet. Sie sind für die Flintenkaliber 12 und 16 sowie für einige Büchsenkaliber erhältlich.

Das Flintenlaufgeschoß

Kann man aus Flintenläufen mit oder ohne Würgebohrung auch Patronen mit Einzelgeschossen verschießen?

Ja. Man nennt solche Einzelgeschosse Flintenlaufgeschosse.

Welches ist das heute gebräuchlichste Flintenlaufgeschoß?

Das heute gebräuchlichste Flintenlaufgeschoß ist das Brennekegeschoß.
Es besteht aus einem zylindrischen Bleikopf mit Spitze, Führungsrippen an der Seite und einem Plastik-Zwischenmittel mit Filzpfropfen. Da es aus glatten Flintenläufen verschossen wird und nicht drallstabilisiert ist, kann es nur auf eine Entfernung von 50 m präzise verwendet werden. Es hält seine Flugbahn nach dem Pfeilprinzip. Neben Rottweil-Brenneke ist das Expreß-Flintenlaufgeschoß von Remington „Rifled Slug" recht interessant. Es hat Ähnlichkeit mit einem Fingerhut und kann je nach Kaliber bis 35 g schwer werden.

Patrone mit Plastikhülse, Fabrikat „Rottweil" mit Brenneke-Flintenlaufgeschoß.
Die transparente Plastikhülse wird in den Kalibern 12, 16 und 20 und in der Länge 67,5 mm gefertigt.

Man sollte diese Patronen stets in einer besonderen Tasche tragen, um gefährliche Verwechslungen zu vermeiden! Der Geschoßkopf des Flintenlaufgeschosses ist am offenen Hülsenmund fühlbar.

Kann das Flintenlaufgeschoß das Büchsengeschoß ersetzen?

Nein, denn die Streuung dieser Geschosse ist relativ groß. Zum Ansitz und zur Pirsch auf Schalenwild gehört ein Büchsengeschoß.
Bei Drückjagden auf Schwarzwild kann das Flintenlaufgeschoß gute Dienste leisten, wenn nur geringe Schußentfernungen in Frage kommen. Man schwingt nicht so stark vor wie beim Schrotschuß, da die Geschwindigkeit des Geschosses etwa 30 m/s höher liegt als die Schrotgeschwindigkeit. Die V_{25} beträgt im Kal. 12 (16) 360 (335) m/s bei einer Auftreffwucht von E_{25} von 2110 (1860) J (s.S. 78 und S. 84). Der Jäger muß bei jedem Lauf mit verschiedenen Patronen die Treffpunktlage genau ermitteln (s.S. 79). Ein aufsetzbares Visier leistet oft gute Dienste (s. Abb. S. 105). Auf 50 m eingeschossen, wird ein Streukreis bis 10 cm als gut angesehen. Das Flintenlaufgeschoß bleibt aber immer ein Behelf für das fehlende Büchsengeschoß (s. unten). Das Flintenlaufgeschoß fliegt bis 1200 m weit.
Die Art der Chokebohrung spielt beim Verschießen des Flintenlaufgeschosses nur eine geringe Rolle. Aus schwach gechokten Läufen sollen jedoch bessere Treffergebnisse erzielt werden. Zylinderisch gebohrte und sehr kurze Läufe, die auch als „Slug-Läufe“ bezeichnet werden, eignen sich zum Verschießen des „Bleibatzens“ besonders gut. Beim Drilling kommt das Flintenlaufgeschoß in den „weiteren“, meist rechten Schrotlauf.

Die Büchsenpatrone

Wie ist eine Büchsenpatrone beschaffen?

Eine Büchsenpatrone besteht aus einer Messinghülse. Im Zentrum des Hülsenbodens sitzt das Zündhütchen. Der darüberliegende Teil nimmt das Pulver auf. Auf dem Hülsenmund oder Hülsenhals sitzt das Geschoß (s. Abb. S. 65).
Wir unterscheiden:

1. Hülsen mit Rand für Kipplaufbüchsen und einläufige Büchsen mit Blockverschluß (wie die Heerenbüchse) und
2. randlose Hülsen (mit Rille) für Repetierbüchsen.

Die Zuordnung von bestimmten Hülsenformen zu bestimmten Waffenbauarten ist heute weitgehend nicht mehr erforderlich. Viele Kaliber gibt es nur mehr in einer Bodenform.

3. randlose Hülsen mit Gürtel.

Hülse, Zündhütchen, Pulver und Geschoß nennt man die vier Elemente oder Komponenten eines Büchsengeschosses.

Wie werden Büchsenpatronen gezündet?

Über die Zentralfeuer- oder Randfeuerzündung.
Die Zündung bei großkalibrigen Patronen ist eine Zentralfeuerzündung. Die meist verwandte Boxerzündung hat ein Amboß-Zündhütchen mit zentralem Zündloch.
Bei Patronen mit Randfeuerzündung liegt der Zündsatz nicht zentrisch im Hülsenboden, sondern in dessen Rand eingepreßt.
Diese „Randfeuerpatronen“ gibt es nur noch für Zimmerstutzen 4 mm, Flobert, und im Kaliber .22 und .22 Magnum (s. Abb. S. 76). Die Entzündung erfolgt durch Aufschlag des Schlagbolzens auf den Hülsenrand.
Die Patrone .22 Hornet hat Zentralfeuerzündung (s. Abb. S. 134).

Büchsenpatrone im Schnitt

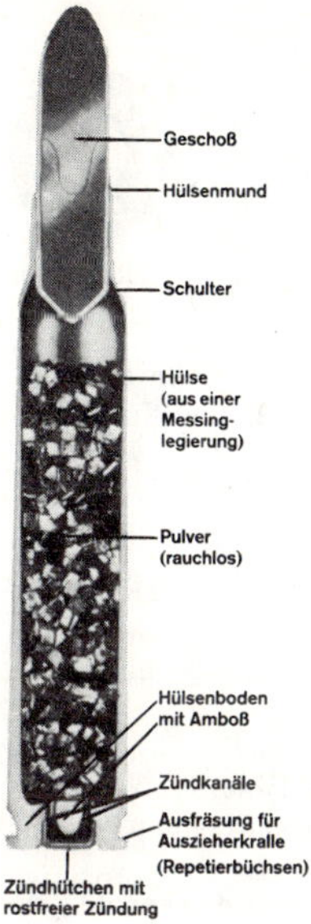

Welche zwei Kaliber unterscheidet man beim Büchsenlauf?

Das Bohrungs- oder Felderkaliber (den Laufdurchmesser der zwischen den Zügen stehengebliebenen erhabenen Teile des Laufinnern) und das Zugkaliber (den Laufdurchmesser zwischen den Zügen) (Näheres und Abb. s. S. 27).

Was versteht man unter dem Büchsen-Kaliber (calibre = Maß)?

Einen gemittelten Wert aus Feldkaliber (Felddurchmesser), Zugkaliber (Zugdurchmesser) und Geschoßkaliber.
Bei Büchsen und Faustfeuerwaffen wird das Kaliber in den Ländern, die sich des metrischen Systems bedienen, in Millimetern, in den anderen Ländern in $^1/_{100}$ oder $^1/_{1000}$ Zoll angegeben.
Merke: Ein Zoll oder inch [″] = 2,54 cm oder 25,4 mm.
Kaliber .22 bedeutet z. B. 0,22 Zoll = 0,22 × 25,4 mm = 5,6 mm. Häufig tritt dazu noch der Name der Fabrik, die einen bestimmten Patronentyp zuerst herausgebracht hat, z. B. .270 Winchester.
Büchsenpatronen gibt es vom Kaliber .17 (= 4,4 mm) bis Kaliber .460 (= 11,6 mm).
Vorsicht: Die Kaliberbezeichnung stimmt häufig nicht mit dem wirklichen Geschoßdurchmesser überein!

Was bedeuten die Zahlen und Buchstaben bei der Bezeichnung einer Büchsenpatrone (auf Packung oder Hülsenboden)?

Die erste Zahl gibt den ungefähren Geschoßdurchmesser, die zweite die Hülsenlänge in mm an. Das Zeichen „R“ bedeutet, daß es sich um eine Patrone mit Rand handelt. Fehlt der Buchstabe „R“, so hat man es mit einer randlosen Patrone für Repetiergewehre zu tun (Ausnahme: .22 Hornet und 5,6 × 52 R Savage). Das Zeichen „J“ besagt, daß es sich um ein der Infanteriepatrone entsprechendes Jagdmodell handelt.
Das Zeichen „S“ ist von dem im Jahre 1903 für das Infanteriegewehr eingeführten Spitz-(S-)Geschoß abgeleitet. Das S-Geschoß ist gegenüber dem Geschoß 8 × 57 J und JR um über $^1/_{10}$ mm stärker und darf daher nur aus S-Läufen verschossen werden.

Woran kann man das Kaliber einer Büchsenpatrone erkennen?

An den im Hülsenboden der Patrone eingeprägten Zahlen und Buchstaben (hierzu: Hülsenboden betrachten!). Im Zentrum des Hülsenbodens ist das Zündhütchen eingesetzt.

Büchsenpatronen, die aus Kipplaufwaffen verschossen werden, haben einen Rand. Statt dessen weisen Büchsenpatronen, die man aus Repetierbüchsen abfeuert, eine Ausziehrille auf.

Hülsenboden

In der Abbildung bedeuten:

6,5 = ungefährer Geschoßdurchmesser in mm
57 = Länge der Patronenhülse
R = Patrone mit Rand
RWS = Herstellerfirma

Für besondere Fälle können randlose Hülsen von Büchsenpatronen auch für Kipplaufgewehre eingerichtet werden (z. B. für die Patrone .222 und für Hülsen mit Verstärkungs-„Gürtel").

Welche deutschen (Büchs-)Patronenkaliber kennt man?

Büchspatronen mit Rand gibt es in den Kalibern: 9,3 × 74R, 9,3 × 72R, 8,15 × 46R, 8 × 57JRS, 8 × 57JS, 7 × 75R SE vom Hofe, 7 × 65R, 7 × 57R, 6,5 × 68R, 6,5 × 57R, 5,6 × 61R SE vom Hofe, 5,6 × 57R, 5,6 × 52R Savage und 5,6 × 50R Magnum.
Büchspatronen ohne Rand kennt man in den Kalibern 10,75 × 68, 9,3 × 64, 9,3 × 62, 8 × 68S, 8 × 60S, 8 × 57JS, 8 × 57J, 7 × 66SE vom Hofe, 7 × 64, 7 × 57, 6,5 × 68, 6,5 × 57, 5,6 × 61SE vom Hofe, 5,6 × 5,7 und 5,6 × 50 Magnum.

Welche gebräuchlichen ausländischen (Büchs-)Patronenkaliber sind bekannt?

.17 Remington, .22 Winchester Magnum, .22 Hornet, .222 Remington, .222 Remington Magnum, .22–250 Remington, .223 Remington, 6 mm Remington, .243 Winchester, .25–06 Remington, .270 Winchester, 7 mm Remington, 7 mm Expreß Remington, .30–06, .300 Winchester Magnum, .300 Weatherby, .308 Winchester, 7 mm Remington Magnum, .300 Winchester Magnum, 8 mm Remington Magnum, .375 Holland & Holland Magnum, .404 Rimless und .458 Winchester Magnum.

Woraus bestehen moderne Büchsengeschosse?

Es sind weitgehend nur noch Mantelgeschosse, bei denen der Bleikern mit einem Mantel aus plattiertem Flußeisen, Kupfer oder Tombakblech umschlossen wird (Gilding- und Lubaloy-Mantel sind wie Tombak Kupferlegierungen).

Welche Geschoßarten werden unterschieden?

Bleigeschosse, Vollmantelgeschosse und Deformationsgeschosse. Bleigeschosse finden nur mehr bei Patronen Anwendung, die für Übungszwecke verschossen werden oder bei Munition im Kleinkaliberbereich.
Über Vollmantelgeschosse verfügen Polizei und militärische Streitkräfte. Außerdem verschießt man sie auf kleine „Pelzträger" und „Dickhäuter".
Die für die Jagd üblichen Geschosse sind Deformationsgeschosse, die sich nach Form (Rundkopf, Spitzkopf usw.) und Mantel (Teilmantel, H-Mantel) unterteilen lassen.

Was bedeuten die bei den Geschossen angegebenen Abkürzungen?

HM = H-Mantelgeschoß
HMoH = HM mit offener Hohlspitze
HMK = HM mit Kupfer-Hohlspitze
HMP = HM mit Plastikspitze
HoS = Hohlspitz (Hollow point)
KTM = Kupferteilmantel
KTMS = Kupfer-TM-Spitzgeschoß
KTMR = Kupferteilmantel-Rundkopfgeschoß
KTMF = Kupfer-TM-Flachkopfgeschoß
KS = Kegelspitzgeschoß
TM = Teilmantelgeschoß (soft point)
TMS = Teilmantel-Spitzgeschoß (Soft point, pointed or spitzer)
THS = Teilmantel-Halbspitzgeschoß (Soft point, semi-pointed)
TMR = Teilmantel-Rundkopfgeschoß (Soft point, round nose)
TMF = Teilmantel-Flachkopfgeschoß (Soft point, flat nose)
THSTo = Teilmantel-Halbspitz-Torpedo-Heck-Geschoß (Soft point, semi pointed, boat tail)
TIG = Brennecke-Torpedo-Ideal-Geschoß
TUG = Brennecke-Torpedo-Universal-Geschoß
VM = Vollmantelgeschoß (Full jacket)
VHS = Vollmantel-Halbspitzgeschoß (Full jacket, semipointed)
VR = Vollmantel-Rundkopfgeschoß (Full jacket, round nose)
VSTo = Vollmantel-Spitz-Torpedoheckgeschoß (Full jacket, pointed-boat tail)

Welche Sorten von RWS-Büchsenpatronen sind im Handel?

V_{100} bedeutet die Geschoßgeschwindigkeit nach 100 Metern. E_{100} ist die Energie nach hundert Meter Flug. Mit GEE wird die günstigste Einschußentfernung angegeben (s. S. 81).

Jagdbüchsenpatronen mit **KS**-Geschossen

Kaliber	Geschoß-gew. (g)	V_{100} m/s	E_{100} Joule	GEE (Ziel-fernrohr) m
5,6 × 57(R)	4,8	920	2031	215
6,5 × 57(R)	8,2	795 (770)	2590 (2433)	175
6,5 × 68(R)	8,2	875 (850)	3139 (2963)	200 (190)
.270 Win.	9,7	805	3143	180
7 × 57(R)	8,0	790 (780)	2496 (2434)	180
7 × 57	10,5	720 (700)	2717 (2570)	160 (155)
7 × 64	8	855	2924	200
7 × 64	10,5	795	3316	180
7 × 65R	8	820	2690	190
7 × 65R	10,5	775	3149	175
7 mm Rem. Magnum	10,5	870	3974	200
.30-06	9,7	800	3104	180
.308 Win.	9,7	765	2838	175
8 × 68S	11,7	890	4635	205
8 × 68S	14,5	780	4415	175
.243 Win.	6,2	840	2195	190
.375 H&H Magnum	19,4	710	4890	155

Teil- und **Voll**mantelgeschosse

Kaliber	Geschoß		V_{100} m/s	E_{100} Joule	GEE (Fernrohr)
	Gew. (g)	Art			
.22 Hornet	3.0	KTMS/VM	560	471	135
.222 Remington	3,24	TM/VM	785	1001	185
5,6 × 50(R) Mag.	3,24 (3,24)	TMS/VM	915 (890)	1354 (1285)	210 (205)
5,6 × 52R	4,64	TMS	740	1256	170
5,6 × 52R	4,65	VM	740	1256	170
5,6 × 57(R)	4,8	VM	920	2031	215
.243 Win.	6,5	TMS	850	2340	195
6,5 × 57(R)	6,0	TMS/VM	880 (860)	2325 (2217)	200 (190)
6,5 × 57(R)	6,0	TF	840 (820)	2117 (2017)	190 (185)
6,5 × 68	6,0	VM/TMS	1005	3031	220
6,5 × 68R	6,0	TMS	960	2766	210
6,5 × 68	6,0	TF	960	2765	200
6,5 × 68R	6,0	TF	915	2515	210
.270 Win.	8,4	TMS	860	3110	190
7 × 57(R)	9,0	TMR	670	2020	150
7 × 64	11,2	TMR	700	2747	155
7 × 65R	11,2	TMR	675	2551	150
7mm Rem. Mag.	9,4 (11,3)	TMS	905 (850)	3846 (4081)	210 (195)
.30–06	9,7	TMS	810	3178	180
.308 Win.	9,7	TMS	770	2874	175
.30M1 Carbine	7,1	TM	465	775	115
8,15 × 46R	9,8	KTM	455	1025	120
8 × 57JS (JRS)	12,7	TMR	685 (625)	2982 (2482)	150 (140)
8 × 68S	12,7	VM	800	4061	175
9,3 × 62	18,5	TMR/VM	605	3384	135
9,3 × 64	18,5	TMR/VM	695	4464	160
9,3 × 72R	12,5	KTMF	475	1413	115
9,3 × 74R	18,5	TMR/VM	605	3384	135
.375 H&H Mag.	19,4	VM	685	4542	150
10,75 × 68	22,5	VM	580	3786	130
.404 Rimless	26,0	VM	600	4680	140

Jagdbüchsenpatronen mit ORIGINAL Brenneke **TIG**- und **TUG**-Geschossen

7 × 57(R) TIG	10,5	705 (685)	2609 (2462)	155
7 × 64 TIG	10,5	770	3110	175
7 × 65R TIG	10,5	760	3031	175
7 × 57(R) TIG	11,5	720 (695)	2982 (2776)	165 (155)
7 × 64 TIG	11,5	795	3630	180
7 × 65R TIG	11,5	765	3365	175
8 × 57JS (JRS) TIG	12,8	700 (660)	3139 (2786)	160 (150)
9,3 × 62 TUG	19,0	675	4326	155
9,3 × 64 TUG	19,0	720	4925	165
9,3 × 74R TUG	19,0	630	3767	145
.30–06 TUG	11,7	745	3267	165
.308 Win. TUG	11,7	690	2786	155

RWS-Jagdbüchsenpatronen mit **H-Mantel**-Geschossen

6,5 × 57(R)	10,0	710 (680)	2521 (2315)	155 (150)
.270 Winch.	8,4	835	2933	185
7 × 57(R)	11,2	695 (675)	2708 (2551)	155
7 × 64	11,2	765	3277	170
7 × 65R	11,2	750	3149	165
.30–06	11,7	755	3335	170
.308 Winch.	11,7	700	2865	155
8 × 57JS (JRS)	12,1	730 (685)	3227 (2835)	160 (150)
8 × 60S	12,1	750	3404	165
8 × 68S	12,1	870	4581	195
9,3 × 62	16,7	700	4090	155
9,3 × 74R	16,7	675	3806	150

(Alle HMK = H-Mantel mit Kupferhohlspitze außer 6,5 × 57R, welche HMoH = H-Mantel mit offener Hohlspitze hat.)

Auslaufende Patronen
sind folgende Patronen, die nicht mehr hergestellt werden:

5,6 × 35R Vierling	6,5 × 58R	6,5 × 52R	8 × 57J
8 × 57R360	6,5 × 70R	6,5 × 54 Mauser	8 × 60
8 × 60R	8 × 58R	6,5 × 58 Mauser	8 × 64
8 × 65R		8 × 56 M. Sch.	9 × 57

In den Kalibern .222 Rem., 7 × 64, .30–06 und 8 × 57JS wurden wesentlich verbilligte Scheibengeschosse entwickelt.

Lieferbar solange Vorrat reicht:
6,5 × 54 M. Sch., 8 × 57IRS
Für besondere Fälle können randlose Hülsen von Büchsenpatronen auch für Kipplaufgewehre eingerichtet werden (z. B. für die Patrone .222 und für Hülsen mit Verstärkungs-„Gürtel").
Der Jungjäger beachte auch die Angebote anderer in- und ausländischer Büchsenpatronenhersteller (z. B. Federal, Gehmann, Hirtenberger, Imperial, Norma, Remington, Sako, Valcartier Industries, Weatherby, Winchester).

Welche RWS-Büchsenpatronen dürfen auf welches Wild verschossen werden?

Nach der Patronenvorschrift des BJG (§ 19 Abs. 1 Nr. 2) werden an Büchsenpatronen folgende Mindestanforderungen gestellt (s. auch S. 713).

1. **Auf Rehwild** (und Seehunde)
   muß die Auftreffwucht (Geschoßenergie) des Büchsengeschosses bei einer Schußentfernung von 100 m (E_{100}) mindestens 1000 Joule betragen.

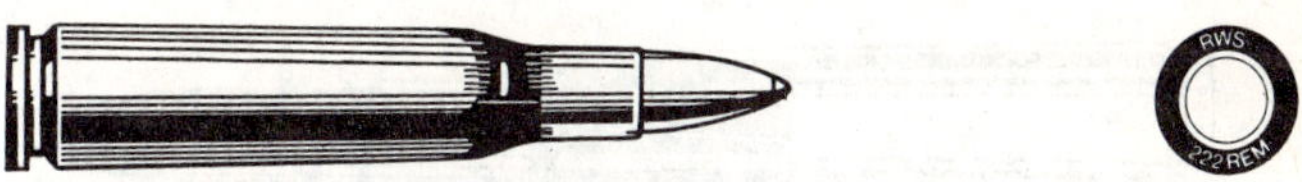

5,6 mm = .222 (0.222 Zoll) Remington Teilmantel-Spitz-Geschoß (RWS)
(Geschoß 3,24 g, im 60-cm-Lauf: V_{100} = 785 m/s, E_{100} = **1001 J**)
Leistungsstärker ist die amerikanische .222 Remington Magnum

TMS-Geschoß

5,6 × 52R (.22 Savage HP)
Die Patrone wird mit dem TMS- (Abb.) oder VM-Geschoß geliefert!
(Geschoß 4,6 g, im 60-cm-Lauf: V_{100} = 740 m/s, E_{100} = **1256 J**)
GEE (günstigste Einschießentfernung) 170 m

5,6 × 57 (R), Kegelspitz-Geschoß; leistungsstarke Rehwildpatrone
(Geschoß 4,8 g, im 60-cm-Lauf: V_{100} = 920 m/s, E_{100} = **2031 J**)

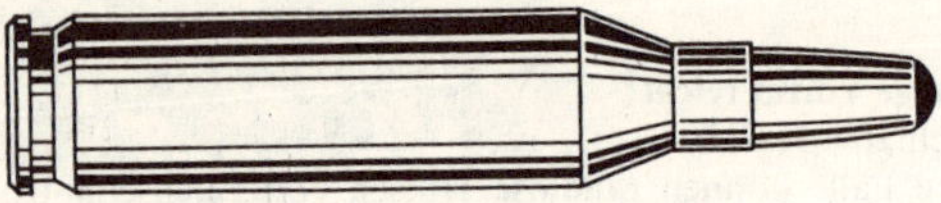

.243 (Angabe in Zoll) Win. TR = 6,17 × 52
(Geschoß 6,5 g, V_{100} = 850 m/s, E_{100} = **2340 J**)

2. auf alles übrige Schalenwild
muß das Geschoß-Kaliber mindestens 6,5 mm betragen.

Im Kaliber 6,5 mm und darüber müssen die Büchsenpatronen eine Auftreffenergie auf 100 m (E_{100}) von mindestens 2000 Joule haben.

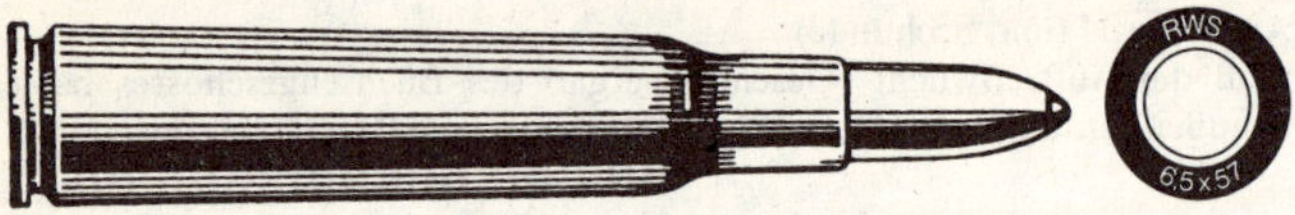

6,5 × 57 Teilmantel-Spitz-Geschoß (RWS)
(Geschoß 6 g, im 60-cm-Lauf: V_{100} = 880 m/s, E_{100} = **2325 J**)
Besonders für die Gamsjagd geeignet!

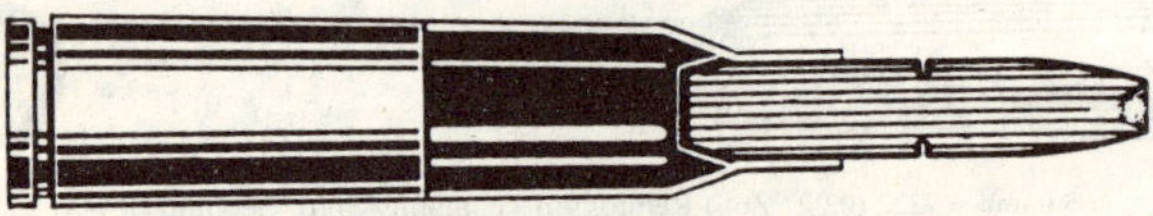

6,5 × 57 (R) H-Mantel offene Hohlspitze (RWS)
(Geschoß 10 g, im 60-cm-Lauf: V_{100} = 710 m/s, E_{100} = **2521 J**)
Besonders auch für Rehwild geeignet!

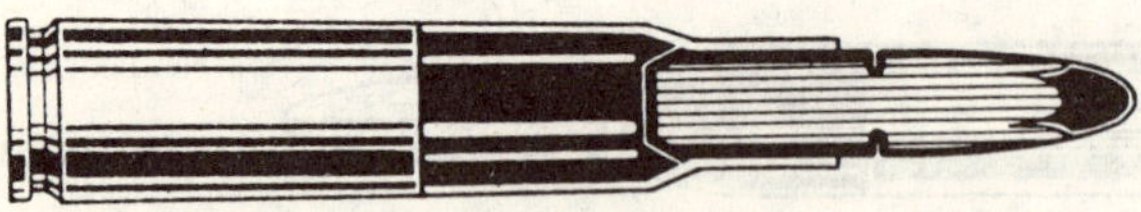

7 × 57 (R) H-Mantel mit runder Kupferhohlspitze (RWS)
(Geschoß 11,2 g, im 60-cm-Lauf: V_{100} = 695 m/s, E_{100} = **2708 J**)
Besonders auch für Rehwild geeignet!
ähnlich sind: 7 × 64 u. 7 × 65 (R)
(im 60-cm-Lauf: V_{100} = 765 m/s, E_{100} = **3277 J**)

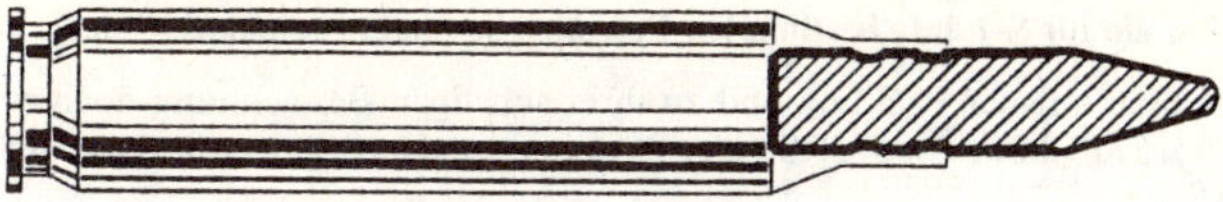

7 × 64 Kegelspitz-Geschoß (RWS)
(Geschoß 10,5 g, V_{100} = 795 m/s, E_{100} = **3316 J**)
Für das Kal. 7 × 64 gibt es mehrere Laborierungen, deren Hülsen nach Durchmesser und Länge immer gleich sind.

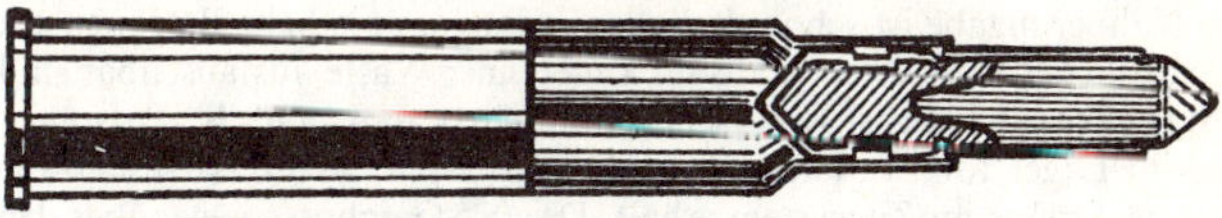

7 × 65R Original Brenneke mit Brenneke-Torpedo-Ideal-Geschoß (TIG),
(Geschoß 10,5 g, V_{100} = 760 m/s, E_{100} = **3031 J**)

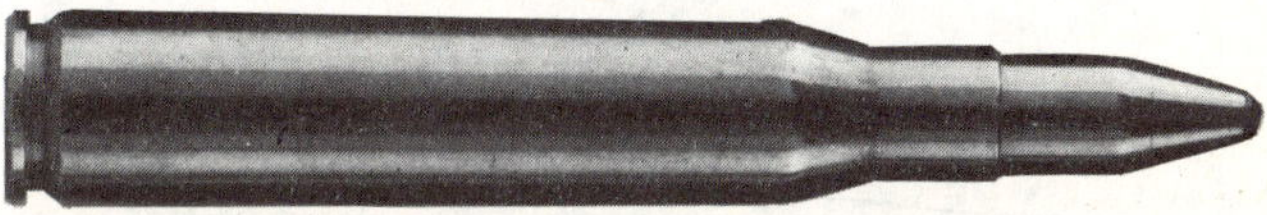

8 × 68S mit Kegelspitzgeschoß RWS für schweres Schalenwild
(Geschoß 11,7 g, V_{100} = 890 m/s, E_{100} = **4635 J**)

Packungen der Büchsenpatronen werden entsprechend deren Geschoßenergien mit den Aufschriften „Für Rehwild" bzw. „Für alles Schalenwild" versehen. **Der Jungjäger beachte auch die Angebote anderer in- und ausländischer Büchsenpatronenhersteller (siehe S. 86/87).**

Welche zwei 8 × 57-mm-Büchsenpatronen müssen unbedingt auseinandergehalten werden?

Die Patronen 8 × 57J und JR für das enge Jagdkaliber und die Patronen 8 × 57JS und JRS für das weitere S-Kaliber. Die „8" gibt den mittleren ∅ von Zug und Feld an. In Wirklichkeit betragen die Kalibermaße
für J = 7,80 mm Feld-∅/8,07 mm Zug-∅ und
für JS = 7,89 mm Feld-∅/8,20 mm Zug-∅.
Geschosse für das S-Kaliber sind also im Durchmesser etwa $^1/_{10}$ mm dicker!

Dürfen die für das weite 8-mm-Kaliber bestimmten S-Patronen aus dem engeren Lauf (mit 7,80/8,07 mm ∅ für Feld und Zug) verschossen werden?

Nein! Ein Jäger, der eine Waffe mit einem 8-mm-Büchsenlauf erwirbt, muß sich deshalb genau vergewissern, ob der Lauf das alte, enge oder das neue, weite Kaliber aufweist. Auf Beschußzeichen, beigeschlagene Kaliberstärke und Hülsenlänge links am Lauf, bei Kipplaufgewehren unter dem Lauf, achten! (s.S. 56).

Wie sind die für S-Läufe bestimmten Patronen besonders gekennzeichnet?

Sie erhalten auf der Packung und zu ihrer sonstigen Bezeichnung noch ein „S" (z. B. 8 × 57JS bzw. 8 × 57IRS (s. Abb. unten), 8 × 60S, 8 × 64S, 8 × 65RS oder 8 × 68S).
Die Zündhütchen von S-Patronen der Fa. Dynamit Nobel sind schwarz gefärbt, und ihre Geschosse haben eine sicht- und fühlbare Rändelung am Geschoßmantel (s. Abb. unten). Andere Hersteller haben entsprechende Markierungen nicht eingeführt. Man sollte sich also nicht ausschließlich darauf verlassen. Ein Blick auf die Kaliberangabe ist schon deshalb anzuraten, da etliche Patronen anderer, unterschiedlicher Kaliber ebenfalls im Lager einer Waffe austauschbar sind. Unbedingt zu beachten ist (weil sehr gefährlich!), daß sich „S"-Patronen ohne weiteres in Lager für „J"-Patronen einführen lassen, weil das Geschoß hierbei noch keine Anlage im Zugsystem erhält. Da „S"-Geschosse gegenüber den „J"- und „JR"-Geschossen etwa $^{1}/_{10}$ mm dicker sind, dürfen sie nur aus „S"-Läufen verschossen werden (sonst besteht Gefahr von Laufsprengungen!).

Verpackung ($^{1}/_{2}$ natürl. Größe)

Patrone 8 × 57IS (bzw. IRS), H-Mantel mit Kupferhohlspitzgeschoß der Fa. Dynamit Nobel (Geschoß 12,1 g, V_{100} = 730 m/s, E_{100} = **3227 J**)

Auf dem Boden der Packung steht ein Fertigungszeichen (Fz).
Man kauft gern immer einen Jahresbedarf der gleichen Fertigung, um eine gleichbleibende Treffpunktlage der Geschosse zu haben.

Welche „Schonzeitpatronen“ werden bevorzugt?

Die Patronen .22 l.f.B (=lang für Büchsen), .22 l.f.B. HV (s. Abb. S. 76) sowie die neueren Entwicklungen Stinger (CCJ), X-pediter (Winchester) und Yellow Jacket (Remington), Spitfire (Federal) sowie .22 l.f.B. Biathlon, .22 l.f.B. Subsonic, .22 l.f.B. Mantel, .22 l.f.B. R 50 (RWS, Dynamit Nobel) haben den Nachteil, daß sie schon bis auf 100 m stark abfallen. Interessant werden die Patronen für die Jagd in der Schonzeit, also auf kleine Beutegreifer, erst ab der Patrone .22 WMR (Winchester Magnum) (s. Abb. S. 76). Mit ihr kann man Entfernungen bis 100 m gut überbrücken, allerdings sollte man wissen, daß sich ab dieser Distanz ihre Flugbahn rapide senkt. Außerdem ist sie stark seitenwindempfindlich und ihre Auftreffenergie oft zu schwach. Als besonders empfehlenswert gilt die .22 Hornet. Ihre günstigste Einschußentfernung (GEE) liegt bei 150 m. Diese Patrone hat im Gegensatz zu den bisher erwähnten Zentralfeuerzündung. Vor allem die Randfeuerpatronen in diesen Kalibern bezeichnet man heute weitgehend als Kleinkaliber-(KK-)Patronen.
Ob die .222 Remington (s. Abb. S. 69) noch den Schonzeitpatronen zuzurechnen ist, darüber ließe sich streiten. Da sie auf Rehwild aus mindestens 60 cm langen Läufen bei 100 m Distanz das erforderliche Leistungssoll von 1000 Joule erreicht, kann man sie bereits zu den Schalenwildpatronen rechnen. Außerdem ist sie zum jagdlichen Übungsschießen zugelassen.
Sie wird als Rehwildpatrone von der .222 Remington Mag., der .223 Rem, der .23-250 Rem, der 5,6 × 52R, der 5,6 × 50(R), der .243 Winchester und der RWS-Patrone 5,6 × 57(R) mit dem Kegelspitzgeschoß verdrängt (s. Abb. S. 69/70).

Wie sind die Bezeichnungen „Hochwild-“ und „Großwildpatronen“ zu verstehen?

Hochwildpatronen eignen sich bevorzugt zum Erlegen starken Schalenwildes und großen Raubwildes. Nach dem Bundesjagdgesetz (§ 19 Abs. 1 Nr. 2b) müßte man sie bereits ab Kaliber 6,5 mm beginnen lassen, was aber für die Praxis zu großzügig erscheint. Erst die Kaliber 7 mm Remington Magnum, 7 × 55 vom Hofe, alle .30 Kaliber, .300 Winchester, .300 Weatherby, 8 × 68S und 8 Remington Magnum rechtfertigen diese Bezeichnung. Vor allem Kaliber 8 × 68S und 9,3 × 74R gelten als ausgesprochene Hochwildpatronen. Mit letzterer gelangt man bereits in den Bereich der Großwildpatronen, die mit 9,3 × 62, 9,3 × 64, .375 Holland & Holland bis zur .458 Winchester und darüber für die Jagd auf Büffel und andere Dickhäuter geeignet sind. Sie müssen tief in den Körper des schweren Wildes eindringen und haben daher in aller Regel Vollmantelgeschosse. Man könnte auch bereits stärkere Laborierungen der Kaliber .30 und 8 mm zu den Großwildpatronen rechnen.
Die Einteilung der Patronen nach der Kalibergröße dürfte aufsteigend etwa mit den Begriffen Schonzeit-, Rehwild-, Hochwild- und Großwildpatronen abgedeckt werden.

Patronen für Pistole und Revolver

Wie unterscheiden sich Revolver- und Pistolenmunition?

Revolvermunition hat einen Rand (s. Abb. S. 74) und meist Bleigeschosse. Pistolenmunition ist ohne Rand und besitzt eine Rille.

Die Randfeuerpatrone .32 W long und die Randfeuerpatrone .22 l.f.B. werden sowohl aus Pistolen wie aus Revolvern verschossen.
Halbspitzgeschosse und Teilmantelgeschosse mit Sollbruchstellen dürfen keine Verwendung finden.

7,65 mm (.32)

7,65 mm	E_0 219 J
7,65 mm Para	E_0 392 J

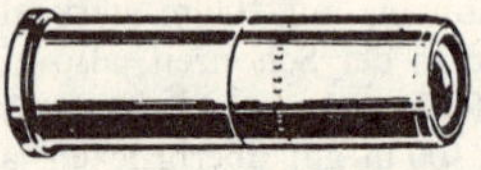

Patrone .38 Spezial Wadcutter, 9,6 g, $V_0 = 225$ m/sec., $E_0 = 245$ J bei 4 Zoll = 10,16 cm Lauflänge, 1360 g Abzugsgewicht (s. auch S. 47 und Patrone .38 Spezial Fangschuß 7,5 g, $V_0 = 320$ m/sec., $E_0 = 385$ J. Aus dem geringeren Geschoßgewicht mit der höheren V_0 rekrutiert die höhere E_0)

9 mm kurz (.380)

9 mm kurz	E_0 235 J
9 × 18 Ultra	E_0 332 J
9 mm Para	E_0 491 J
.45 Automatik	E_0 549 J

Pistolenmunition ohne Rand, mit Rille für den Fangschuß (s. S. 19)

Was sind PT-Patronen?

Plastik-Trainings-Patronen (s. Abb. S. 54). Es sind Übungspatronen für die Pistolenkaliber 7,65 mm Browning, .38 spezial und 9 mm Parabellum. Aus ihnen wird ein sehr leichtes Kunststoffgeschoß (0,2–0,4 g Gewicht) verfeuert, dessen Treffgenauigkeit auf 8 m der Originalmunition auf eine Entfernung von 25 m entspricht.
Mit der PT-Munition wird eine automatische Funktion der Selbstladepistole (infolge der niedrigen Pulverladung) nicht erreicht. Die abgeschossene Hülse muß durch Repetieren von Hand ausgeworfen werden (weitere Übungsmunition s. S. 73 und S. 76).

Einsteckpatronen, Adapter, Einsteckläufe

Wozu werden Einsteckpatronen verwendet?

Sie erlauben das Verschießen der Übungsmunition z. B. Kal. 4 mm M 20 aus Büchsenläufen der Kaliber .22 Hornet bis .458 Winchester.

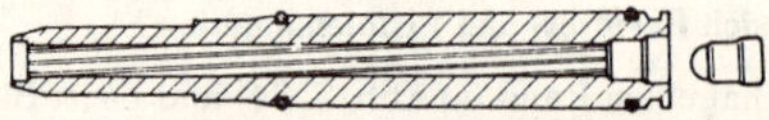

Einsteckpatrone Kal. 4 mm M 20 für .22 Hornet bis .458 Win.

Außerdem lassen sich Einsteckpatronen als Schalenwildfangschußgeber verwenden. Dabei wird aus einer Schrotpatrone Kaliber 16 bzw. 12 die Revolverpatrone .38 spezial verschossen. Geco hat in diesem Kurzwaffenkaliber eine inzwischen bewährte Fangschußpatrone mit 7,5 g Geschoßgewicht entwickelt. Deren Geschoßzylinder ist am Kopf näpfchenförmig eingedellt. Sie pilzt sich stark auf und gibt ihre gesamte Energie an den Wildkörper ab. Ihre Anfangsenergie (E_0 = 385 J) entspricht nach BJG § 19 Abschn. 1 Nr. 2c den gesetzlichen Mindestanforderungen (E_0 = 200 J). Schalenwildfangschußgeber sind geladen bequem zu tragen, somit schnell einsatzbereit und bis auf Achtmeterdistanz exakt zu verschießen.

Was ist eine Reduzierhülse oder ein „Adapter"?

Reduzierhülsen gibt es für Gewehre zum Verschießen billiger Patronen kleinerer Hülsenform aus Waffen, deren Originalpatronen etwa dieselben Geschoßdurchmesser haben. Sie nehmen in einer entsprechenden Lagerbohrung die kleine, kalibergroße Zweitpatrone auf. Bei Randfeuermunition muß ein Zündstücküberträger zugelegt sein. Man verschießt damit Patronen .22 l.f.B., .22 Winch. Magnum, .22 Hornet, .30 Carbine und 7,65 mm aus einer Reihe von Kalibern. Reduziert man mit einer passenden Hülse die Patrone 5,6 × 50 auf .22 l.f.B., so kann man ein Rehwildgewehr als Taubenbüchse verwenden. Allerdings liegt jetzt die Treffpunktlage anders. Man sollte aus einer Reihe von Reduzierhülsen, die für die umzurüstende Waffe geeignetste auswählen.

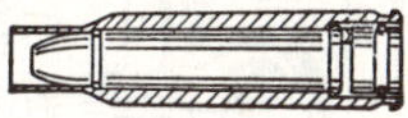

Reduzierhülse
.22 Win.-Magn./.222 Rem.

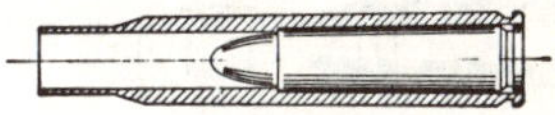

Reduzierhülse
.30 Carabine/.30–06

Für welche Waffen gibt es Einsteckläufe?

Für Flinten, Büchsen und Kurzwaffen. Dabei wird ein Büchsenlauf, der kleinkalibriger ist als der ursprüngliche Waffenlauf, in diesen „eingesteckt" und anschließend festgeklemmt oder angeschraubt. Man verwendet Einsteckläufe zum Übungsschießen mit der eigenen Waffe, denn sie gestatten das Verfeuern billiger, kleinkalibriger Munition. Nach Gebrauch muß der Einstecklauf herausgenommen werden, damit man den Mutterlauf reinigen kann. Aufbewahren kann man ihn z. B. auch im Gewehrkolben (s. Abb. S. 76).

Einsteckläufe für Langwaffen werden entweder auf das Absehen des Zielfernrohres oder über Visier und Korn eingeschossen. Zum Schießen über beide Visierarten oder bei einer Doppelflinte muß ein besonderes Klappvisier aufgepaßt werden.

Für Flintenläufe baut Krieghoff seine Semper-Einsteckläufe in 22 cm und 44 cm Länge. Aus ihnen können Patronen .22 l.f.B. und .22 Winchester Magnum verschossen werden (s. Abb. S. 76). Das Krieghoff-Läufchen wird so in den Schrotlauf eingesetzt, daß die am Patronenauszieher angebrachte Stellnase in der am Schrotpatronenauszieher eingefräste Nut einrastet.

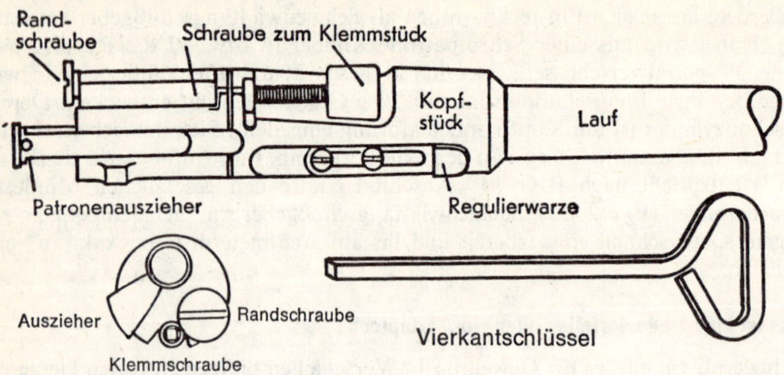

Das Krieghoff-Einsteckläufchen „Semper" für die Patronen .22 long rifle und .22 Winchester Magnum. Es ist 22 cm lang, für Kal. .22 Magnum auch in 44 cm lieferbar. (Das Läufchen von Lothar Walther ist 25 cm lang.)

Die Randschraube (Abb.) muß am Schrotpatronenlagerrand anliegen. Mit dem Vierkantschlüssel wird die Klemmschraube durch Drehungen nach rechts angezogen, bis man einen Widerstand (das Konterschräubchen) fühlt. Hierdurch ist der immer gleiche Sitz des Läufchens gewährleistet.

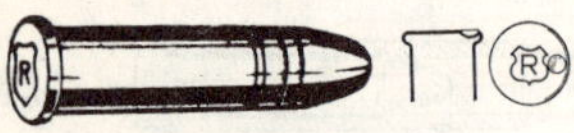

Randfeuerpatrone
.22 lang HV (High Velocity)
Bleigeschoß verkupfert
$V_{100} = 295$ m/s, $E_{100} = 108$ J

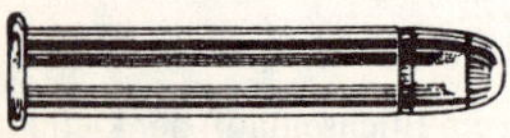

.22 Winchester Magnum
Geschoßgewicht 2,6 g
$V_{100} = 430$ m/s, $E_{100} = 250$ J

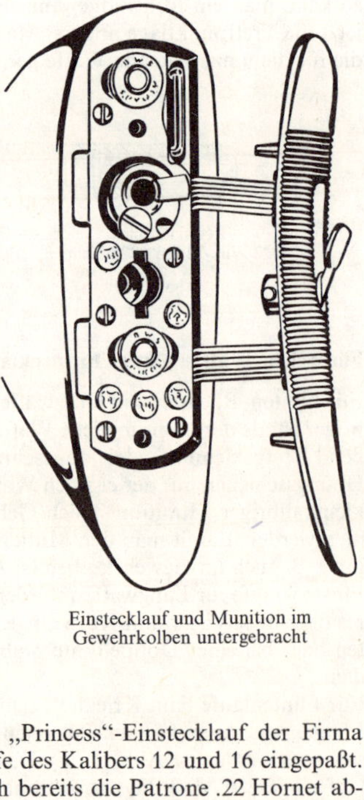

Einstecklauf und Munition im Gewehrkolben untergebracht

Über ein Aluminium-Trägerrohr wird der „Princess"-Einstecklauf der Firma Hofmann, 8744 Mellrichstadt, in Schrotläufe des Kalibers 12 und 16 eingepaßt. Er ist 53 Zentimeter lang. Aus ihm läßt sich bereits die Patrone .22 Hornet abfeuern.

Lothar Walter, 7923 Königsbronn, hat einen 25 cm langen Schnellwechsellauf für Kaliber .22 Winchester Magnum entwickelt, den man in Sekunden wie eine Patrone ohne Werkzeug in Flintenläufe vom Kaliber 12 und 16 einsetzen kann.

Lange Einsteckläufe für .22 Hornet und für die jagdlich sehr interessanten Kaliber (.222 Remington, 5,6 × 50R Magnum) werden von Plank, 8000 München, und Zimmermann, 8789 Wildflecken, hergestellt. Letzterer nennt sein Produkt Z-Rasant. Inzwischen wird u.a. auch ein System Fritz angeboten. Die Firma Waffen-Reich, 6100 Darmstadt, bietet das Modell ELR 61/82 mit Alu-Trägerrohr und freischwingendem Lauf an.
Auch Krieghoff experimentiert seit geraumer Zeit mit großkalibrigen Einsteckläufen. Inzwischen bietet er unter der Bezeichnung EL600 solche in Kaliber .22 Hornet, .222 Remington und 5,6 × 50R für seine Drillinge an. Diese Firma schlägt auch vor, seinen Flintenlauf mit Vaseline zu konservieren, bevor man den Einstecklauf für längere Zeit einbaut. Auf diese Weise ist er gegen Rost geschützt.
Der Einstecklauf sollte beim Drilling in den rechten Schrotlauf, damit man den Stecher ausnutzen kann. Man verwandelt ihn dadurch in einen „Bockdrilling“. Eine Doppelflinte läßt sich auf diese Weise wie ein Bergstutzen verwenden.
Für Flintenläufe der Kaliber 12, 16, 20 gibt es auch Schroteinsteckläufe im Kal. .410 (Kal. 36 = 10,4 mm) und .22 lang Schrot für Claybirding (s.S. 117).
Pistolen und Revolver im Kaliber 7,65 und darüber lassen sich durch lauflange Einsteckläufe auf das Verschießen der Übungsmunition Kal. 4 mm M20 umrüsten.

für alle Pistolen ab Kal. 7,65 mm

für alle Revolver ab Kal. .32

Für die Pistolen-Großkaliber 9 mm Para und .45 ACP und die Revolver .357 Mag., .38, .44 Mag. und .45 Colt gibt es lauflange Einsteckläufe für die Patronen .22 lang und kurz.

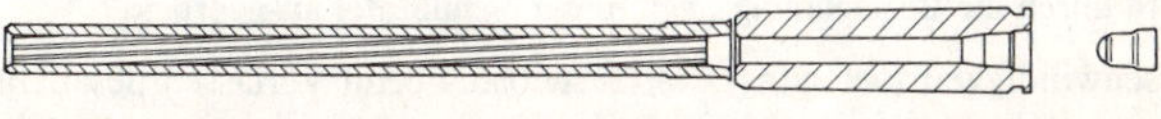

Einstecklauf Kal. 4 mm M20 für Büchsläufe der Kaliber 7 × 57(R), 7 × 64, 7 × 65R, 8 × 57JS, .308 Win. und .30–06

Wie ist das private Wiederladen von Patronen geregelt?

Benötigt wird neben der Ausrüstung ein Sprengstofferlaubnisschein, der durch das zuständige Staatliche Gewerbeaufsichtsamt ausgestellt wird, nachdem der Antragsteller einen Lehrgang für Wiederlader mitgemacht hat. Wiedergeladene Munition ist gesondert zu verpacken und zu kennzeichnen und bei sorgfältiger Herstellung entsprechender Fabrikmunition mindestens gleichwertig.

Ballistik

Allgemeines

Was verstehen wir unter dem Begriff „Ballistik“?

Die Lehre vom Schuß (von griechisch ballein = werfen).
Der Jäger muß wissen, daß
die Temperatur des Pulverabbrandes etwa 3000 Grad,
der Gasdruck beim Verfeuern von Schrotpatronen etwa 600 bis 800 bar (früher at) und von Büchsenpatronen je nach Laborierung 2600 bis 3900 bar (früher at) beträgt,
1 g Nitrozellulosepulver ein Liter Gas und bis 4000 Joule Energie entwickelt,
die Rotation des Geschosses um die eigene Achse ca. 3500 Umdrehungen in der Sekunde, und
die Geschwindigkeit (velocitas) des Geschosses an der Laufmündung ($= v_0$) bei kleinkalibrigen Büchsenpatronen über 1000 m/s und die Flugweite der Geschosse je nach Patrone und Schußwinkel (s. S. 123) bis zu 5 km beträgt.

Welche Abkürzungen werden in den Schußtafeln nach dem „Gesetz über (internationale) Einheiten des Meßwesens“ (DIN 1301) verwendet?

Seit dem 01.01.1978 ist für den Jäger zu merken:
Die Einheit für das Gewicht und die Masse ist künftig das Gramm (g). Das neue Einheitszeichen für die Energie (z. B. für die Auftreffwucht) ist statt „kpm“ das Joule („J“, sprich: Dschuh-l). (1 kpm = 10 [genau 9,80665] Joule).
Das neue Einheitszeichen für den Gasdruck ist statt 1 kp/cm^2 oder einer technischen Atmosphäre (at) das Bar (1 bar = 1 at oder 1 kp/cm^2). Damit bleiben die bisher gewohnten Zahlen für Druckangaben bestehen, und es ändert sich lediglich das Einheitszeichen. Während bisher die Kraft mit „kp“ (kg) bezeichnet wurde, wird künftig für die Kraft das „Newton“ (sprich: N-jut'n) mit dem Einheitszeichen „N“ als Einheit zur Anwendung kommen (1 Newton = 0,1 kp, 10 N = 1 kp).
Die Geschwindigkeit wird in Meter je Sekunde (m/s) gemessen.

Was wird durch die Bezeichnung „v_0“ in der Schußtafel ausgedrückt?

Die Geschwindigkeit (velocitas) des Geschosses beim Verlassen des Laufes (die Mündungsgeschwindigkeit). Mit v_{100} die Fluggeschwindigkeit nach 100 m Entfernung vom Lauf.

Ballistik des Schrotschusses

Welche Geschwindigkeit erreichen Schrote?

Die Geschwindigkeit wird bei Schroten i. d. R. 5 m vor der Laufmündung gemessen. Sie beträgt je nach Schrotdicke ($2^1/_2$ bis 4 mm) 300 bzw. 400 m/sec., bei der üblichen Schußentfernung von 35 m (V_{35}) 190 bis 240 m/sec. Alle anderen Werte sind Rechenwerte.
Die Fluggeschwindigkeit für Schrote von $3^1/_2$ mm Körnung beträgt bei 12,5 m vor der Laufmündung etwa 320 m/sec., bei 35 m vor der Laufmündung etwa 220 m/sec.

Was ist beim Vergleichsschießen mit Flinten zu beachten?

Zum Vergleichsschießen mit Flinten empfiehlt sich die Aufstellung eines etwa 1,20 × 1,20 m großen, 2 mm starken Stahlbleches. Diese „Scheibe" wird nach jedem Schuß einfach mit dicker Kalkmilch überpinselt.
Oft verwendet man auch ein Stück Packpapier, auf das man zwei Kreise im Durchmesser von 37,5 cm und 75 cm zeichnet. Diese werden durch ein Kreuz in insgesamt acht Teile untergliedert. Die käufliche, offizielle Scheibe für den Schrotschuß ist etwas teurer und in insgesamt 16 Segmente aufgeteilt (s. Abb.). Sie bildet zudem einen Feldhasen ab.

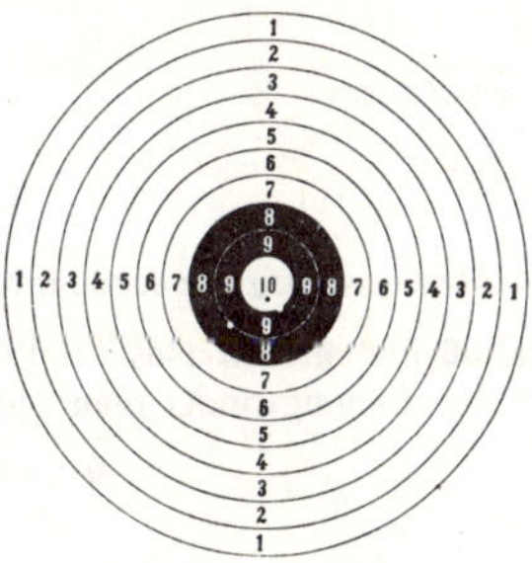

10er Ringscheibe (50 cm ∅)
für den Büchsenschuß
Angekratzter Ring zählt!

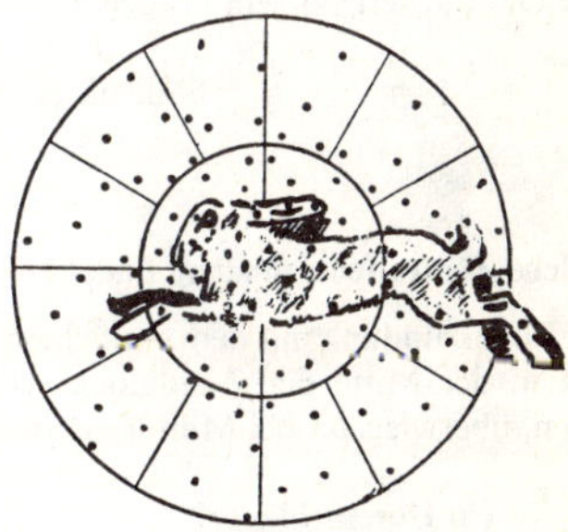

Gutes Trefferbild
beim Schrotschuß

Aus 35 m Entfernung wird auf diese Ziele geschossen. Man gibt am besten fünf Schuß pro Lauf und Patronensorte ab. Da jeder Flintenlauf verschiedene Patronensorten anders „verdaut", kann man nur über diese etwas umständliche Prozedur die richtige Patrone für die jeweilige Waffe „herausschießen".

Nach welchen Größen wird ein Schrotschuß beurteilt?

Die Trefferzahl gibt die Anzahl der Schrote wieder, die eine Scheibe von 75 cm Durchmesser aus 35 m Entfernung erreichen.
Bei den Trefferprozenten werden die ausgezählten Treffer und die Gesamtzahl der Schrote, welche die jeweilige Patrone enthält, in Beziehung gesetzt.

Ein sehr wichtiges Maß ist die Deckung der Schrotgarbe. Als Trefferfläche für ein Rebhuhn werden 90 cm^2, für eine Ente 180 cm^2 und für einen Hasen 560 cm^2 angenommen. Ausreichende Deckung: Rebhuhn vier Schrote der Größe 2,5 mm; Fasan vier Schrote der Größe 3 mm; Hase sechs Schrote der Größe 3 mm. Wenn man das auf die 16 etwa 280 cm^2 großen Teilflächen der Doppelkreisfläche umrechnet, bedeutet dies, daß in jedem Segment zwölf Schrote der Größe 2,5 mm oder sechs Schrote der Größe 3 mm liegen müßten. Eine Deckung ist nur dann gleichmäßig, wenn möglichst viele Felder wirksam getroffen werden.
Die Trefferverdichtung ist das Verhältnis der Treffer im Innenkreis mal drei genommen zu den Treffern im Außenkreis. Eng schießende Läufe geben eine gute Verdichtung, aber eine schlechte Deckung. Grundsatz: Deckung geht vor Durchschlagskraft!
Auch die Gleichmäßigkeit von Schrotschüssen läßt sich untersuchen. Dabei wird die Abweichung von den einzelnen Trefferzahlen untereinander berechnet. Daneben können noch die Ausdehnung der wirksamen Trefferfläche, die Entfernung der besten Trefferchance und die Wirkgrenze bestimmt werden.

Wovon hängt die Wirkung des Schrotschusses ab?

Vom Kaliber der Schrotpatrone, der Schrotdicke, der Schußentfernung und der Deckung. Das getroffene Wild verendet durch die Schockwirkung. Vor allem durch Hautreflexe wird das gesamte Nervensystem derart erschüttert, daß das getroffene Wild meist schlagartig verendet, wobei nicht unbedingt lebensnotwendige Organe verletzt sein brauchen.

Ballistik des Büchsenschusses

Innenballistik

Welche Zentralfeuerzündung findet bei Jagdbüchsenpatronen Verwendung?

Die Boxerzündung mit dem einlöchrigen Amboßzündhütchen. Das Zündhütchen sitzt in der Mitte der Zündglocke (Die Berdanzündung findet man nur noch selten, überwiegend bei Militärpatronen).

Was ist ein Durchschläger?

Dabei wird nach Auslösen des Schusses das Zündhütchen von Zentralfeuerpatronen bzw. bei Randfeuerpatronen deren Rand durchschlagen. Da die Pulvergase nach hinten austreten, spricht man solche Patronen auch als Rückbläser oder Hülsenbläser an. Die Ursache liegt weitgehend am Schlagbolzen, der schräg einschlägt oder nicht richtig geformt ist. Es kann aber auch die Schlagfeder zu kräftig oder das Loch des Schlagbolzens zu groß sein. Da das Schloß der betreffenden Waffe allmählich verschmaucht und der Schütze in Gefahr ist, muß das Gewehr umgehend zum Büchsenmacher gebracht werden.

Läßt sich der Rückstoß (oder Rückschlag) zum Gewehr mildern?

Mit derselben Energie, mit der das Geschoß die Waffe verläßt, wird das Gewehr zurückgeschlagen (Kraft ist gleich Gegenkraft!). Das Gewehr kann so konstruiert sein, daß es den Rückstoß fast unmerklich auf die Schulter des Schützen überträgt. Am gebräuchlichsten sind Schaftkappen, meist ventiliert, um den Rückschlag abzufangen. Daneben wurden spezielle Rückstoßdämpfer entwickelt und in den Schaft eingebaut. Schraubenfedern nach einem Faltenbelag hemmen den Schlag. Beim Recoil-Buffer mildert ein gefederter Gleiter, der in Silikonöl schwimmt, die unerwünschte Kraft. Außerdem wurden Mündungsbremsen entwickelt. Hierbei werden durch Bohrungen am vorderen Laufende die Pulvergase nach hinten umgelenkt.

Was versteht man unter dem „Freiflug“ des Geschosses?

Den nur wenige Millimeter kurzen, rotationslosen Weg, den das Geschoß nach dem Verlassen des Hülsenmundes bis zum Erfassen durch die Felder zurücklegt (die Geschoßführung im Bereich zwischen Patronenlager und gezogenem Lauf ist kürzer als der Übergangskegel). Jeder Freiflug ist stets ein Nachteil, denn er läßt Treibgase am Geschoß vorbeistreichen.

Außenballistik

Welche Mündungsgeschwindigkeit haben moderne Büchsengeschosse?

Die Mündungs- oder Anfangsgeschwindigkeit (V_0) beträgt zwischen 800 und 1200 m/sec.

Welche Kräfte wirken auf das Geschoß im Lauf und während des Fluges?

Die Treibkraft der Pulvergase, der Reibungswiderstand im Lauf, der Luftwiderstand und die Erdanziehung. Deshalb ergibt eine in der Tiefebene eingeschossene Büchse im Hochgebirge etwas Hochschuß!

Was bedeutet das Zeichen „⊕“ in den Schußtafeln?

Es bezeichnet den Fleckschuß auf eine bestimmte Entfernung. Er liegt über Kimme und Korn meist anders als über das Zielfernrohr.
Der Haltepunkt ist der Punkt, den man im Zeitpunkt des Abdrückens anvisiert.

Wie verläuft die Flugbahn des Geschosses nach dem Verlassen der Laufmündung?

In einer Kurve. Je kürzer bei gleicher Zielentfernung die Flugzeit des Geschosses ist, desto weniger gekrümmt (gestreckter, flachbahniger) ist die Flugbahn (und um so besser ist die „Rasanz“).

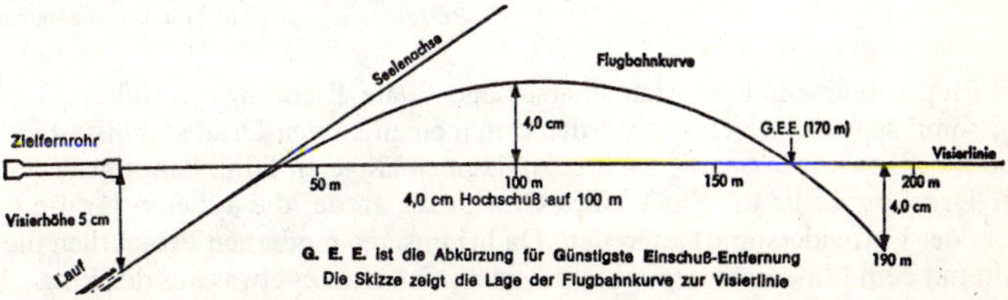

Beispiel: Die Patrone 7 × 64 mit rasanter Flugbahn, auf 100 m mit 4 cm Hochschuß eingeschossen, ergibt auf 170 m Entfernung Fleckschuß

Die Lage der Geschoßflugbahn zu der Visierlinie zeigt beim Schuß über Visier und Korn gegenüber dem Schuß mit dem Zielfernrohr geringe Abweichungen, weil die Visierlinie des Fernrohrs höher liegt. Diese und andere ballistische Leistungen (wie Auftreffgeschwindigkeit und Auftreffenergie) muß jeder Jäger für die von ihm benutze Patrone genau kennen. Angaben hierzu kann er auf der Rückseite der Patronenpackung ersehen (s. auch S. 72).

Schneidet die Flugbahn eines Geschosses die Seelenachse?

Nein! (s.S. 107). Die Seelenachse ist eine gedachte Linie in Längsrichtung durch die Mitte des Laufes.

Auf welche Entfernungen schießt man Waffen für Patronen mit rasanter (gestreckter) Flugbahn ein?

Am besten auf 100 m mit etwa 3 bis 4 cm Hochschuß (da unsere Schießbahnen meistens nur auf 100 m eingerichtet sind!) (s. auch Einschießgeräte S. 107).

Welche Einzelbewegungen führt ein Geschoß während seines Fluges aus?

Die Drallbewegung, eine Präzession und eine Nutation.
Die Drallbewegung oder den Drall bekommt das Geschoß im gezogenen Büchsenlauf. Es ist die Eigenbewegung um seine Achse. Dadurch wird das Geschoß im Flug stabilisiert. Ohne diese „Eigenrotation“ würde das Geschoß während

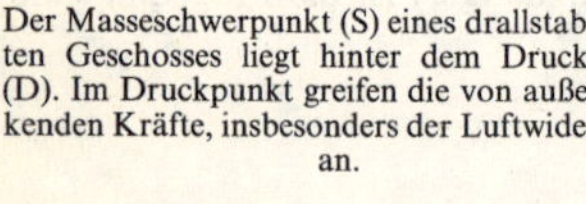

Der Masseschwerpunkt (S) eines drallstabilisierten Geschosses liegt hinter dem Druckpunkt (D). Im Druckpunkt greifen die von außen wirkenden Kräfte, insbesonders der Luftwiderstand an.

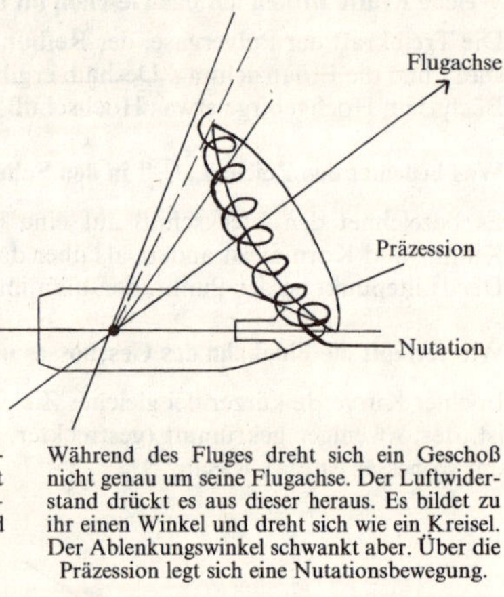

Während des Fluges dreht sich ein Geschoß nicht genau um seine Flugachse. Der Luftwiderstand drückt es aus dieser heraus. Es bildet zu ihr einen Winkel und dreht sich wie ein Kreisel. Der Ablenkungswinkel schwankt aber. Über die Präzession legt sich eine Nutationsbewegung.

des Fluges taumeln bzw. sich überschlagend die Richtung verändern. Lange und somit schwere Geschosse werden durch einen kurzen Drall stabilisiert, während kürzere Geschosse, die leichter sind, einen längeren Drall benötigen.
Der Druckpunkt ist die Stelle eines Geschosses an der die äußeren Kräfte (vor allem der Luftwiderstand) angreifen. Da bei unseren modernen Projektilen dieser nicht mit dem Masseschwerpunkt übereinstimmt, wird es etwas aus der Flugachse hinausgedrückt. Zu der Drallbewegung kommt daher noch eine andere. Während des Fluges rotiert das Geschoß wie ein Kreisel zusätzlich um seine Flugachse.

Diese Bewegung wird Präzession genannt. Der Winkel der Präzession zur Flugachse beträgt im Normalfall etwa 10°. Die Präzessionsbewegung ist jedoch nicht gleich, so daß sich der Präzessionswinkel während eines Umlaufes verändert. Er schwankt und ist somit Ursache der Nutation (Schwankung).

Wie entsteht ein Querschläger?

Hindernisse wie Äste, Strohhalme oder Gräser in der Flugbahn können den Präzessionswinkel, mit dem die Geschoßspitze um ihre Flugbahn kreiselt, vergrößern. Erhöht sich dieser Winkel über sein Normalmaß, beginnt das Projektil zu taumeln und wird bei 90° zum Querschläger.
Grundsätzlich besteht die Möglichkeit, daß jeder Gegenstand in der Flugbahn ein Geschoß ablenkt. Allerdings kann ein Strohhalm etc. nur selten ein Projektil, das ausreichend drallstabilisiert ist, so ablenken, daß das Beutetier verfehlt wird. Selbstverständlich kann dies bei einem Schuß z. B. in ein Getreidefeld als Folge von Mehrfachtreffern auf Hindernisse geschehen. Es gibt an sich keine Patrone, mit der man in den „Halmenwald" schießen darf.
Unterstabilisierte Geschosse (mit zu langem Drall), die selbst kaum eine Präzession mitbringen, können sogar von sich aus ins Taumeln geraten. Bei überstabilisierten Projektilen neigen vor allem solche, die beschädigt oder sonstwie unsymmetrisch sind, also im Flug eine Unwucht erhalten, zum Ausreißen. Ebenso kann eine beschädigte Laufmündung einem Geschoß ein Kippmoment mit auf die Flugbahn geben.

Wie kann sich die Treffpunktlage eines Geschosses verändern?

Eingeölte Läufe haben einen anderen Reibungswiderstand für das abgefeuerte Geschoß. Somit verändern sich die Laufschwingungen. Das Projektil trifft bei einem sogenannten „Ölschuß" an anderer Stelle, als es der Haltepunkt erwarten ließe. Vor dem Gang ins Revier muß man daher den eingeölten Lauf mit trockenem Werg um den Putzstock durchziehen.
Auch bei schnell aufeinander folgenden Schüssen aus mehrläufigen Waffen ändert sich die Treffpunktlage. Ursache ist die Lauferwärmung. Die Läufe des Laufbündels werden unterschiedlich heiß und verziehen sich gegeneinander. Schußabweichungen mit 7 cm vom Haltepunkt sind keine Seltenheit. Man spricht vom „Klettern" der Schüsse. Eine Waffe gilt erst 20 Minuten nach Schußabgabe wieder als kalt. Eine Pause von mindestens 5 Minuten zwischen zwei Schüssen sollte bei mehrläufigen Waffen unbedingt eingehalten werden, da es sonst zu Fehltreffern kommt.

Welche Bedeutung hat die „Querschnittsbelastung" (QB)?

Je kleiner der Querschnitt des Geschosses (das Kaliber) im Verhältnis zu seinem Gewicht ist, um so geringer ist die Abbremsung des Geschosses durch den Luftwiderstand, und desto größer ist seine Eindringtiefe.

Zielballistik

Was versteht man unter Zielballistik?

Unter diesem Begriff wird der Vorgang des Treffens und die Wirkung eines Schusses im Beutetier zusammengefaßt.

Was heißt z.B. „Auftreffwucht: 2060 J"?

Daß das verwendete Geschoß auf den Wildkörper mit der gleichen Wucht oder Energie (E) auftrifft, wie sie vergleichsweise ein Gegenstand von 206 kg Gewicht beim Fall aus einem Meter Höhe auf eine Unterlage ergeben würde. Die Auftreffenergie ist der wichtigste Faktor für die Beurteilung der Geschoßwirkung.
Die Auftreffenergie (E) wird nach der Formel

$$E = {}^1/_2\, m\, v^2 \text{ in Joule (s.S. 78)}$$

ausgedrückt. Es bedeuten E: Kinetische Energie der fortschreitend bewegten Masse, m = Masse des Geschosses in kg, v = Geschwindigkeit des Geschosses in m/sec beim Aufprall.

Was soll ein modernes Büchsengeschoß leisten?

Es soll zunächst beim Eindringen in den Wildkörper durch Stanzung Schnitthaare liefern. Damit die Auftreffenergie schnell und gleichmäßig an das Beutetier abgegeben wird, muß es sich sofort pilzartig stauchen („aufpilzen"). So vergrößert sich der Schußkanal. Dabei soll das Projektil möglichst nicht oder nur wenig aufsplittern, da es dadurch Masse verliert.
Zusätzlich wird die Wucht des Geschosses durch die wasserhaltigen Zellen als hydrostatischer Druck auf die weitere Umgebung übertragen. Das erzeugt die erwünschte Breitenwirkung. Gleichzeitig werden lebenswichtige Organe, Gewebe und Blutgefäße zerstört. Letzlich kann der Ausschuß den für eine eventuell notwendige Nachsuche ausreichenden Schweiß liefern.

Wovon hängt die Wirkung eines Büchsengeschosses ab?

Von der Auftreffgeschwindigkeit, seiner Masse, seiner Form und der Trefferlage. Die Auftreffgeschwindigkeit errechnet sich aus der Anfangsgeschwindigkeit (V_0) und der Schußdistanz. Aus Auftreffgeschwindigkeit und der Masse ermittelt man die Auftreffenergie (abgekürzt $E_Z = E_{Ziel}$). Auch die Konstruktion des Geschosses, von der die Breitenwirkung (Aufpilzungsgrad) und die Tiefenwirkung (Durchschlagskraft) abhängen, sowie die Trefferlage (Weichschuß oder Knochenschuß) sind mitbestimmend am Umfang der Schußverletzungen.
Die Laborierung ist für die jeweilige Wildart so zu wählen, daß mit dem Geschoß bei gut sitzendem Schuß das Wild möglichst schmerzlos und schnell zur Strecke kommt, ohne daß zu große (brutale) Zerstörungen des Wildkörpers auftreten.
Merke: *Knall und Fall sollen eins sein!*

Welche Büchsengeschosse sind je nach Wirkung im Handel?

Vollmantel-, einfache Teilmantel-, H-Mantel-, ORIGINAL-Brenneke-Torpedo-Ideal(TIG)- und Torpedo-Universal(TUG)- sowie Kegelspitz-Geschosse (s.S. 86). Sie bestehen aus einem Mantel aus nickelplattiertem Flußeisen, Tombak oder Kupfer und aus einem oder mehreren Bleikernen.
Erwähnenswert sind noch die Core-Lokt-, die ABC-, die Solid-Base-, die Silver-Tip-, die Paraboloid-, die Stopring-, Sabretip-, Kling-Kar- und die Noslergeschosse. Geschosse mit Doppelmantel (D-Mantel) sind nicht mehr im Handel.

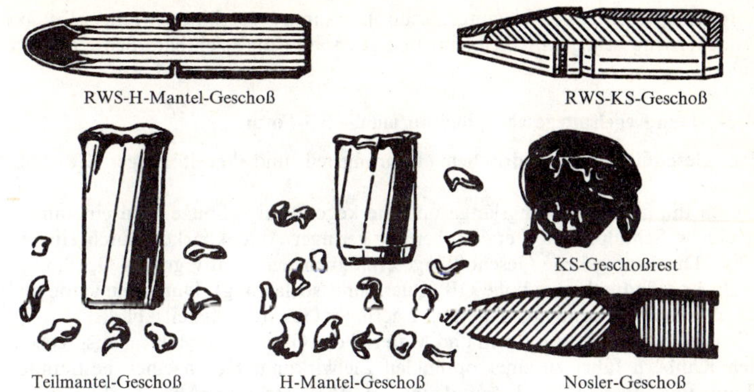

Wirkung der verschiedenen Geschosse bei Weichschüssen (beim Schuß auf Knochen sind Deformierung und Splitterwirkung größer)

Welchen Zweck hat die Ummantelung?

Sie soll das Geschoß in den Zügen des Laufes führen, ohne daß darin übermäßige Rückstände des Geschoßäußeren hinterlassen werden.
Von der Ausbildung der Geschoßspitze, des Geschoßmantels und des Geschoßkernes hängen Zerlegung und damit die Wirkung des Geschosses im Wildkörper wesentlich ab.

Wie wirken Vollmantelgeschosse?

Sie zerlegen sich nicht, sondern schlagen meist ohne jede Deformation durch den Wildkörper hindurch und bringen nur Kleinwild bei guten Schüssen ohne Balgzerstörung und ohne Nachsuche zur Strecke.
Man verschießt sie nur, wenn man vorhat, das betreffende Tier zu präparieren.
Sie dürfen daher bei der Jagd auf Schalenwild in keinem Falle verwendet werden.
Nur für Dickhäuter werden sie noch (im Kal. 9,3 × 62, 9,3 × 64, 9,3 × 74R und .375 H&H Mag. [9,5 × 72 Holland & Holland Magnum] (s.S. 67/68)) mit Vorteil benutzt.

Wie wirken Deformationsgeschosse?

Deformationsgeschosse dürfen keineswegs mit Splittergeschossen wie z. B. einfachen Teilmantelgeschossen verwechselt werden. Ihre Verformung ist wohlüberlegt und wird keinesfalls dem Zufall überlassen. Sie sollen sich möglichst nicht im Wildkörper zerlegen. Man erwartet statt dessen von ihnen, daß sie sich aufpilzen und ihren Geschoßquerschnitt vergrößern (Breitenwirkung) und trotzdem noch ausreichend weit in die Beute eindringen (Tiefenwirkung).
H-Mantelgeschosse oder TIG- und TUG-Geschosse, die stückweise auch absplittern, werden als Teilzerlegungsgeschosse heute weitgehend unter die Deformationsgeschosse eingereiht.

Welchen Aufbau und welche Wirkung hat das H-Mantel-Geschoß?

Es sieht im Längsschnitt ähnlich einem H aus und ist durch eine ringförmige Einschnürung so in zwei Teile gepreßt, daß sich der vordere Teil im Wildkörper aufpilzt und zerlegt (Zerlegungsgeschoß), während der hintere Teil, selbst bei Knochenschüssen, kompakt bleibt und Ausschuß und sichtbare Schweißfährte liefert.

Was ist ein Kegelspitzgeschoß, und warum die KS-Form?

Ein Geschoß mit zylindrischem Führungsteil und kegelförmiger Geschoßspitze.
Durch die große Führungslänge und die kegelförmige Spitze wird eine ausgezeichnete Schußpräzision erzielt, bei nur geringer Ablenkbarkeit durch Hindernisse. Die vorgegebene Geschoßlänge ermöglicht ein relativ großes Geschoßgewicht und dadurch eine hohe QB (Querschnittsbelastung). Durch die aerodynamisch günstige Form entsteht ein nur geringer Geschwindigkeitsabfall.
Die überlegte Wahl von Form und Material des Geschoßmantels in entsprechenden Kalibern führt zu einer optimalen Zielwirkung. Durch einen bestimmten Wandstärkenverlauf wird Aufpilzung im Wildkörper (s. Abb. S. 85) und bei Wildarten verschiedener Stärke auch Ausschuß sicher gewährleistet, bei einem Minimum an Wildbretzerstörung (Jagdbüchsenpatronen mit KS-Geschossen s.S. 67).

Wie unterscheiden sich das Brenneke-Torpedo-Ideal-Geschoß (TIG) und das Brenneke-Torpedo-Universal-Geschoß (TUG)?

Beide haben einen Scharfrand, der Schnitthaar liefert, und einen zweiteiligen Bleikern. Der vordere, weichere Bleikern staucht sich pilzartig beim Auftreffen auf den Wildkörper, der hintere, härtere Kernteil bleibt als Durchschlagkörper erhalten. Er weist beim TIG eine Vertiefung auf, in die der vordere Bleikern eingreift, während beim TUG der hintere Bleikern in eine Vertiefung des vorderen eingreift und dadurch eine erhöhte Durchschlagskraft erreicht.

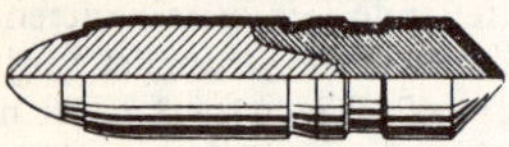

7 mm TIG 10,5 g

9,3 mm TUG 19 g

Wie zerlegen sich das Nosler-Partition- und das ABC-Geschoß im Wildkörper?

Der Tombakmantel des Noslergeschosses, das aus den USA stammt, reißt beim Auftreffen und rollt sich nach hinten auf. Dadurch kann sich der Bleikern der ersten Kammer aufpilzen. Der hintere Bleikern ist von einer starken Trennwand geschützt und kann daher tief eindringen.
Das ABC-Geschoß hat vier vorgefertigte „Soll"-Bruchstellen in seiner kegeligen Spitze. Beim Auftreffen rollen sich diese zu einer scharfrandigen Rosette aus, die das zweieinhalbfache des ursprünglichen Kalibers mißt und die Breite des Schußkanals ausmacht.
ABC-Geschosse sollen sich nach „Aussage der Herstellerfirma" von Blättern, Halmen und dgl. in der Flugbahn kaum „ablenken" lassen. Ebenso stellen Knochen u.ä. im Wildkörper wenig Widerstand dar.
Nosler- und ABC-Geschosse werden in den Kalibern 5,6×57; 5,6×57R;

.243 Win.; 6,5 × 57; 6,5 × 57R; 6,5 × 68; 7 × 57; 7 × 57R; 7 × 64; 7 × 65R; 7 mm Rem. Mag.; 8 × 57IS; 8 × 57IRS; 8 × 68S geliefert von der Hirtenberger Patronen-Vertriebsgesellschaft GmbH. ABC-Patronen gibt es auch im Kaliber .308 Winchester, 30–06 und .300 Winchester Magnum.

Welche Core-Lokt-Geschosse gibt es?

Alle Core-Lokt-Geschosse haben einen Mantel aus einer Blei-Antimon-Legierung und pilzen sich zum Zweifachen ihres ursprünglichen Geschoßdurchmessers auf. Das Core-Lokt-Soft-Point-Geschoß ist unempfindlich gegenüber kleinen Hindernissen auf seiner Flugbahn und wird wie das Core-Lokt-Pointed-Soft-Point-Geschoß, das einen verstärkten Mittelteil hat, gern zum Schuß auf Rehwild genommen. Das Core-Lokt-Bronce-Point-Geschoß ist eine Kombination aus Hohlspitz- und Teilmantelgeschoß und ein Spezialgeschoß auf Hochwild. Power-Lokt-Geschosse eignen sich als Vollmantelgeschosse wegen ihrer bewährten Präzision besonders gut zum Scheibenschießen.

Was ist bei Auswahl des Büchsenkalibers zu beachten?

Daß es kein Universalkaliber gibt.
Wer ein Rehwildrevier bejagt, wird Wert darauf legen, eine Patrone mit kleinkalibrigem Geschoß und rasanter Flugbahn zu führen, mit dem das Wildbret nicht brutal zerstört und der sofortige Schocktod des Wildes bewirkt wird (s. Abb. S. 69/70). Zudem hat der Jäger den Vorteil, eine leichte Waffe führen zu können.
Für Reviere, in denen neben Rehwild auch Rot- oder Schwarzwild vorkommt, ist ein Büchsenkaliber zu wählen, dessen Patronen für alles Schalenwild geeignet sind (s. S. 70/71).
Wer hauptsächlich auf Rot- und Schwarzwild jagt, wird sich für die starken Patronen (wie 7 × 64 und 7 × 65R H-Mantel-Kupferhohlspitze, KS oder Brenneke TIG, 8 × 57J (R) S oder 8 × 68S, 9,3 × 62, 9,3 × 64 und 9,3 × 74R) entscheiden.
Als Faustregel gilt hier: Der Schuß auf starkes Schalenwild erfordert eine Patrone, deren Geschoß auf 150 m Entfernung eine Auftreffwucht von mindestens 2500 J oder 250 kpm leistet und am Ziel noch eine hohe Geschwindigkeit erreicht (s. S. 84).

Welche Rolle spielt die Länge des Gewehrlaufes beim Schuß?

Gewehre mit kurzen Büchsenläufen (50–55 cm) sind „führig", besonders da, wo man in mehr oder weniger dichten Beständen schießen muß. Sie sind auch auf Leitern und bei Nachsuchen handlicher. Ihr Nachteil ist, daß bei ihnen starkes Mündungsfeuer, starker Knall und Rückstoß und eine Verringerung der Geschwindigkeit und Energie auftreten. Das ist aber für die Praxis bedeutungslos (V- und E-Abfall, Ausnahme 7 × 64). Büchsen mit langen Läufen nutzen die progressive (fortschreitende) Pulververbrennung stark geladener Patronen besser aus und erreichen dadurch bessere Leistungen. Außerdem ist der Schuß über Visier und Korn sicherer, weil die Visierlinie länger ist.
Gewehre mit Schrotläufen werden meist in Längen von 60 bis 72 cm hergestellt. Lange Flintenläufe („Feldläufe"), die meist auch stark gechokt sind, eignen sich besonders für Feld- und Wasserjagden und zum Wurftauben-(Trap-)Schießen

(weil sie besser mitschwingen als kurze). Für Waldjagden und Skeet (s.S. 136) bevorzugt man die führigeren kurzläufigen Flinten („Waldläufe") ohne oder mit nur geringer Würgebohrung, weil man meist nur 15 bis 25 m weit schießt und die Läufe deshalb gut streuen sollen (s. auch Skeetbohrung S. 26), „Streupatrone" S. 60).

Grundregeln für die Handhabung von Jagdwaffen

Wichtige Grundgriffe bei Jagdwaffen

Was muß man beim Umgang mit Waffen beachten?

Die Waffe darf nie auf Menschen gerichtet sein, auch wenn man glaubt oder genau weiß, daß sie nicht geladen ist.

Wie wird das Laufinnere vor der Jagd behandelt?

Der Ölfilm im Laufinnern muß durch ein trockenes Werg-, Watte- oder Dochtpolster entfernt werden, da er die Schußleistung ungünstig und unberechenbar beeinflussen kann (Ölschuß). Nach dem Trockenwischen ist stets durch den Lauf zu sehen (Wergreste)! Man reinigt, wenn möglich, immer vom Schloß aus.

Wann nur darf das Gewehr geladen sein?

Nur während der tatsächlichen Jagdausübung, z.B. erst nach dem Anblasen einer Such- oder Treibjagd (s.S. 364/365 und 371). Nach Beendigung der Jagdausübung oder nach dem Signal „Hahn in Ruh" ist das Gewehr sofort zu entladen. Keinesfalls darf es zu Hause geladen oder entladen werden oder in geladenem Zustande aufbewahrt oder in Fahrzeugen mitgeführt werden. „Geladen" ist, wenn sich eine Patrone im Patronenlager, im Magazin oder in der Trommel eines Revolvers befindet, auch wenn die Waffen gesichert oder nicht gespannt sind (Verwaltungsvorschrift [VwV] zum WaffG vom 26.7.1976).

Zerlegen und Zusammenbau einer Bockdoppelflinte (Bildfolge S. 89)

1 Die entladene, geöffnete und gesicherte Waffe wird dem Gewehrständer entnommen.
2 Nach Außendrücken des Verschlußhebels wird die Waffe geschlossen.
3 Die Waffe wird nach oben gehalten und der Patentschnäpper herausgeklappt.
4 Der Vorderschaft wird abgenommen.
5 Der Verschlußhebel wird nach außen gedrückt und das Laufbündel ausgehakt.
6 Das Laufbündel wird eingehakt (Verschlußhebel mit Daumen nach außen!).
7 Anlegen des Vorderschaftes.
8 Öffnen der Waffe (Verschlußhebel mit Daumen nach außen!).
9 Abstellen der geöffneten, gesicherten und entladenen Flinte.

Entspannen einer Bockdoppelflinte mit Pufferpatronen

1 Die Pufferpatronen werden eingelegt.
2 Die Waffe wird geschlossen.
3 Die Waffe wird entsichert.
4 Der Abzug wird zweimal abgeschlagen.

Zerlegen und Zusammenbau einer Bockdoppelflinte

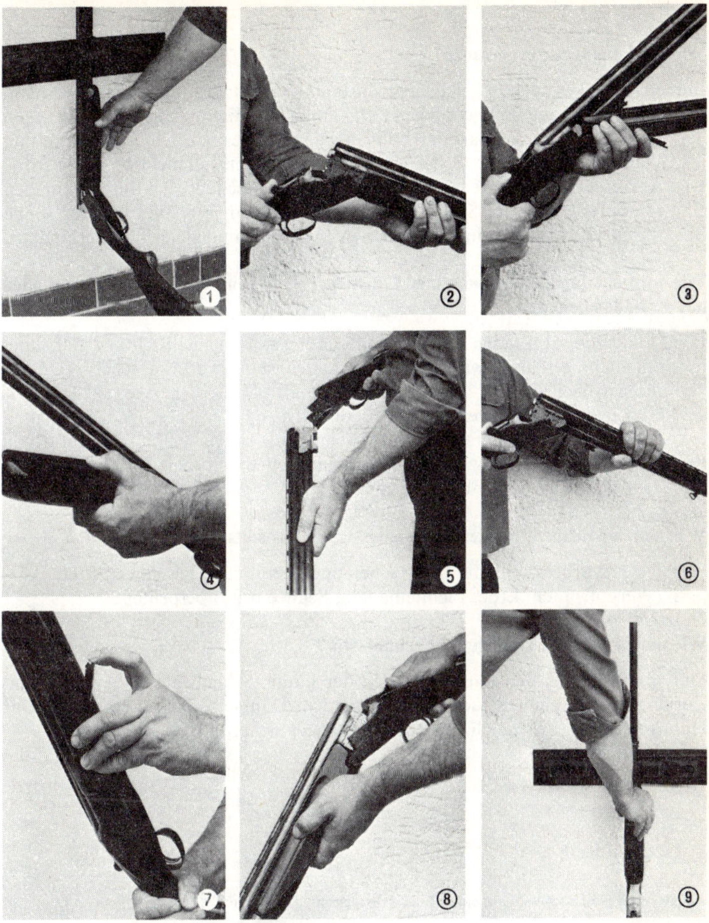

Entspannen einer Bockdoppelflinte mit Pufferpatronen

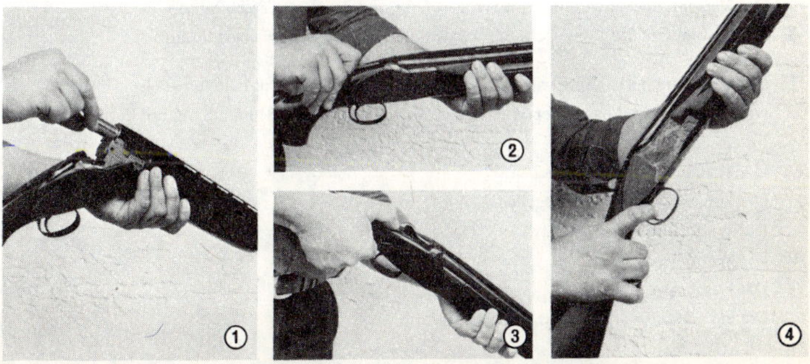

Wie wird das Gewehr getragen?

Immer so, daß es auch in geladenem Zustand kein Unglück anzurichten vermag. Bei Regenwetter oder Schneetreiben richtet man die Mündung zweckmäßig gegen den Erdboden. Niemals darf der Lauf in waagerechter oder ähnlicher Richtung ins Gelände zeigen (s. Abb. S. 125). Der Gewehrriemen soll nicht zu lang sein! Das Abrutschen des Gewehrriemens von der Schulter läßt sich durch Annähen eines Knopfes oder einer Stoff- oder Lederrolle auf dem Schulterteil der Joppe oder durch Verwendung eines Gewehrriemens mit Gummigleitschutz verhindern.

Wie wird ein Jagdgewehr oder eine Faustfeuerwaffe beim Öffnen, Spannen, Laden und Entladen gehalten?

Beim Laden oder Entladen ist die Laufmündung stets in eine Richtung zu halten, in der niemand gefährdet wird. Nach dem Laden ist die Waffe zu sichern. (Unfallverhütungsvorschrift der Berufsgenossenschaft U 81, § 2 Absatz 1, Satz 2, s. S. 797.) Zweckmäßigerweise wendet man sich also bei entsprechenden Tätigkeiten von umstehenden Personen ab. Es empfiehlt sich, die Laufmündung von Kipplaufgewehren, Revolvern und Pistolen nach unten, bei Repetiergewehren diese fast senkrecht nach oben zu richten.

Was soll der Schütze vor dem Laden des Gewehres stets tun?

Er soll stets vorher durch die Läufe sehen und sie auf das Freisein von Fremdkörpern (Wergpfropfen, Erde, Fichtennadeln, Schnee usf.) überprüfen.

Wie macht man ein Hahngewehr schußfertig?

Durch Öffnen des Verschlusses, Laden der Läufe, Schließen des Gewehres und Zurückziehen (Spannen) der Hähne (mit dem Daumen), bis sie einrasten. Das Hahngewehr hat (wie auch der Revolver) keine Sicherung!

Abgabe eines Schrotschusses aus einer (Bock-)Doppelflinte (Bildfolge S. 91)

1. Die entladene, geöffnete und gesicherte Waffe wird aufgenommen.
2. Der Verschlußhebel wird nach außen gedrückt und die Waffe geschlossen.
3. Nach Abnahme des Vorderschaftes werden die Beschußzeichen überpüft und das Kaliber festgestellt.
4. Mit Blick durch die Läufe wird sich überzeugt, ob sie von Verunreinigungen frei sind.
5. Die Waffe wird mit passender Munition geladen. (s. auch Bild 3! Im Übungsfall Pufferpatronen!)
6. Im Anschlag wird die Waffe entsichert.
7. Der erste Schuß wird abgegeben.
8. Der zweite Schuß wird abgegeben.
9. Die Waffe wird gesichert.
10. Die Waffe wird gebrochen.
11. Die Waffe wird entladen.
12. Die entladene, geöffnete und gesicherte Waffe wird abgestellt.

Abgabe eines Schrotschusses aus einer (Bock-)Doppelflinte

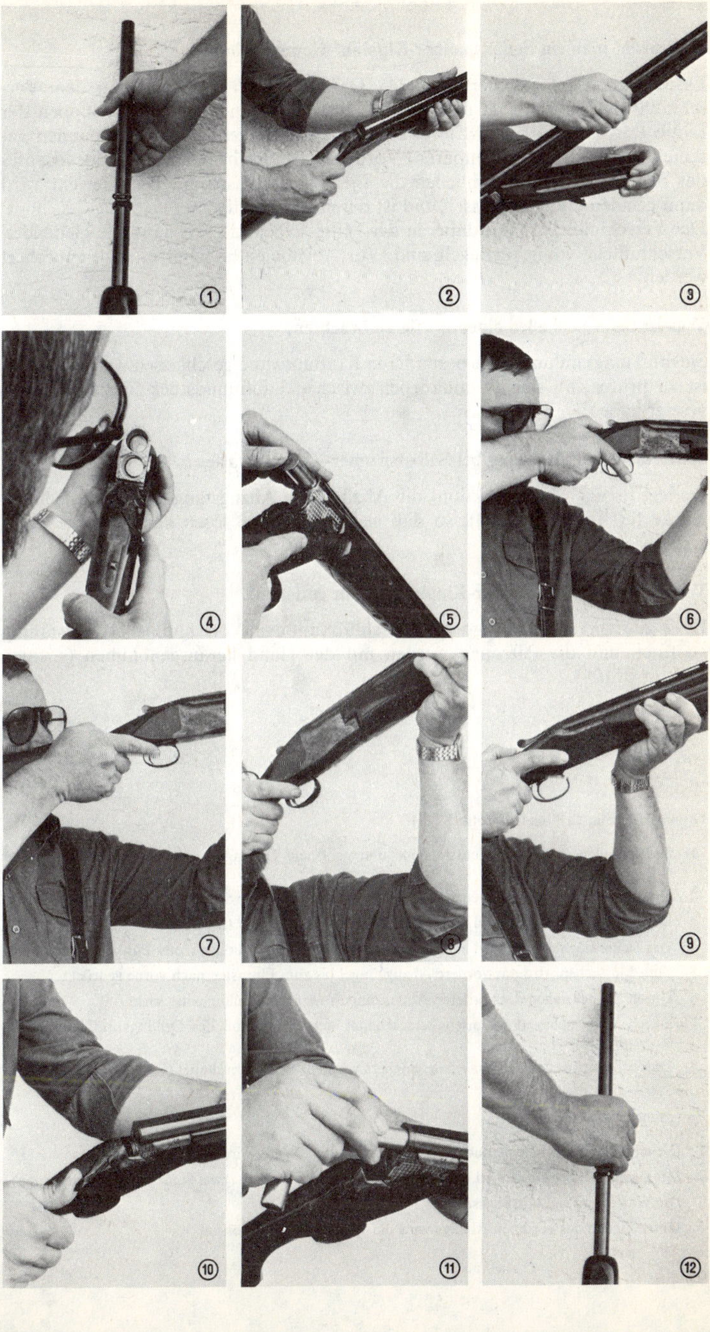

Wie macht man ein Selbstspanner-Kipplauf-Gewehr schußfertig?

Es wird zunächst gesichert (s. S. 34). Dann wird der Verschluß mit dem Verschlußhebel geöffnet und das Gewehr durch vollständiges Herunterkippen der Läufe (bis zum hörbaren Einrasten der Schlosse) gespannt. Das Spannen geschieht durch den (abnehmbaren) Vorderschaft, der beim Abkippen des Laufes das Schloß (und beim Schließen die Ejektorfedern) spannt. Das Gewehr wird dann geladen und geschlossen und ist damit schußfertig.
Der Verschlußhebel muß dabei in der Mitte stehen, da erst dann die gleitenden Verschlußteile völlig verriegelt sind. Vor Abgabe eines Schusses muß entsichert werden.

Was ist beim Schließen einer Waffe zu beachten?

Sie muß langsam und ohne besonderen Kraftaufwand geschlossen werden. Dabei ist zu prüfen, ob sich Fremdkörper zwischen Laufmundstück und Stoßboden gesetzt haben.

Wozu dient die Sicherung bei Selbstspanner-Kipplaufwaffen?

Sie legt (je nach Konstruktion) die Abzüge, die Abzugstangen oder die Schlagstücke fest (s. Abb. S. 34), so daß sich kein Schuß lösen kann. Merke aber: Sicherer ist das Entladen!

Wie wird ein Selbstspanner-Kipplaufgewehr entladen?

Es ist zu sichern. Dann wird der Verschluß (mit dem Verschlußhebel) vollständig geöffnet, und die Patronen werden mit der Hand herausgenommen (s. auch Ejektor S. 104).

Grundgriffe beim Drilling (Bildfolge S. 93)

1 Der entladene, gesicherte, entstochene und geöffnete Drilling wird aus dem Gewehrständer entnommen.
2 Die gebrochene, gesicherte, entstochene und entladene Waffe wird im Gewehrständer abgestellt.
3 Der Sicherungsschieber wird zum Sichern nach oben gedrückt (S wird sichtbar).
4 Der Sicherungsschieber wird zum Entsichern nach unten geschoben (roter Punkt wird sichtbar).
5 Zum Einstechen wird das vordere Abzugzüngel bis zum Einrasten nach vorne gedrückt.
6 Durch Zurückziehen des vorderen Abzugzüngels wird der Drilling entstochen.
7 Durch Vorschieben des Umschalters schaltet sich das Schloß des Drillings auf Kugelschuß (K wird sichtbar).
8 Durch Zurückziehen des Umschaltschiebers wird auf Schrot geschaltet (S wird sichtbar).

Entspannen des Drillings

1 Die entladene, gebrochene und auf Schrot geschaltete Waffe wird entsichert.
2 Mit gezogenen Abzügen wird die Waffe ein Drittel geschlossen (zwei Signalstifte verschwinden).
3 Die Waffe wird auf Kugel geschaltet.
4 Unter Ziehen des vorderen Abzugs wird die Waffe ganz geschlossen.

Grundgriffe beim Drilling

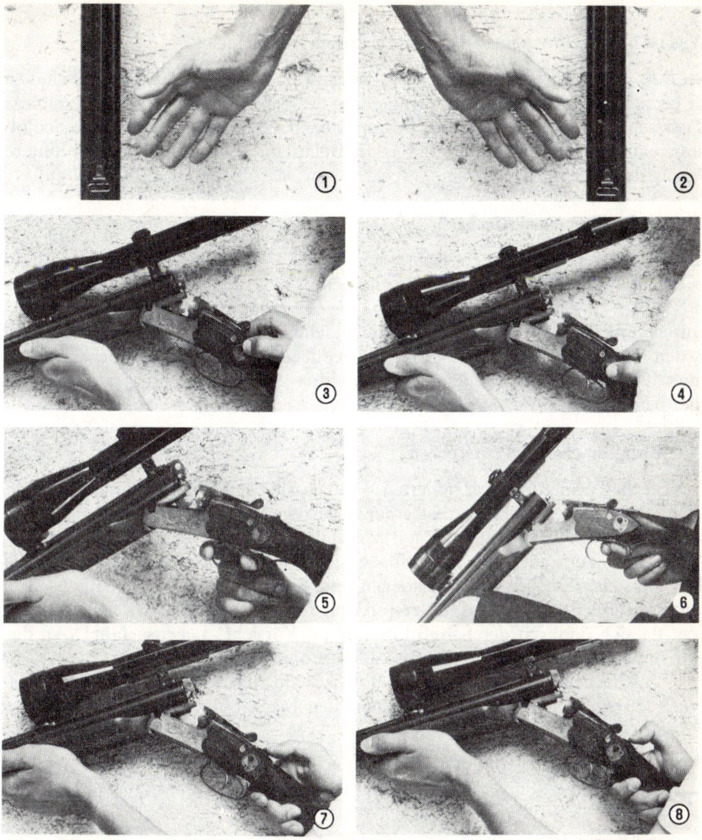

Entspannen des Drillings

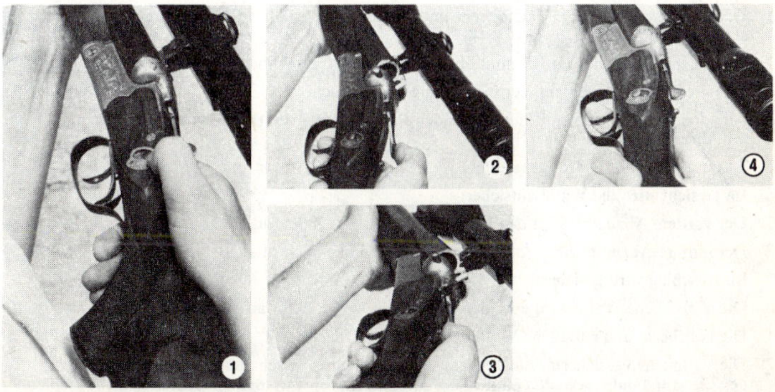

Was ist beim Selbstspanner-Drilling zusätzlich zu beachten?

Bei ihm sind mit zwei Abzügen (bei Krieghoff auch mit Einabzug) drei Schlosse zu bedienen. Es ist deshalb zur Bedienung des Schlosses für den Büchslauf eine Kugelschaltung angebracht, mit der man nach Wahl entweder auf das Schloß des rechten Schrotlaufes oder auf das des Büchslaufes schalten kann. Der hintere Abzug des Drillings dient zum Abfeuern einer Schrotpatrone im linken Lauf.

Hat der Drilling einen Stecher?

Ja. Im vorderen Abzug ist ein Rückstecher (s.S. 37) eingebaut. Man kann deshalb mit dem vorderen Abzug auch mit dem rechten Schrotlauf „gestochen" schießen (s.S. 119).
Durch Einlegen eines Einstecklaufes mit kleinkalibrigem Büchslauf (s.S. 75/76) in den rechten Schrotlauf kann man daher (über das Zielfernrohr oder mit Hilfe eines Klappvisiers) auch Kleinkalibermunition verschießen und hierzu den Stecher benutzen.

Wie wird gestochen und entstochen?

Das Stechen erfolgt bei kombinierten Waffen (wie beim Drilling) durch Drücken nach vorn auf den Rücken des vorderen Abzuges (französischer oder Rückstecher, s. auch S. 37), bei einläufigen Büchsen dagegen durch Anziehen des hinteren Abzuges bis zum hörbaren Einspringen (deutscher Stecher). Merke: Keinesfalls darf man zum Stechen einer geladenen und gespannten einläufigen Büchse irrtümlich auf den Rücken des hinteren Abzuges (des Doppelzüngelstechers) drükken, da sich dadurch der Schuß lösen kann. Vorsicht! Lebensgefahr! (An der gespannten und ungeladenen Büchse auszuprobieren!)
Zum Entstechen ist es der sicherste und deshalb stets anzuwendende Weg, die Waffe zu sichern, zu öffnen und dann den Stecher durch Zurückziehen des Abzuges abzuspannen.

Abgabe des Schrotschusses aus dem Drilling (Bildfolge S. 95)

1 Der entladene, gesicherte, entstochene und auf Schrot geschaltete Drilling wird aus dem Gewehrständer genommen.

2 Nach Zerlegung wird der Beschuß überprüft und die Laufkaliber festgestellt.

3 Alle drei Läufe werden auf Verunreinigungen untersucht.

4 Alle drei Läufe werden mit den passenden Patronen geladen. (Keine 70 mm Patronen in Läufe mit kürzerem Patronenlager!)

5 Ist tatsächlich auf Schrot geschaltet?

6 Im Gesicht wird die Waffe entsichert.

7 Der vordere Abzug betätigt den kurzreichenden rechten Schrotlauf.

8 Der hintere Abzug bedient den weiterreichenden linken Schrotlauf.

9 Im Anschlag wird gesichert.

10 Die gebrochene Waffe wird entladen. (Eventuell vom Ejektor ausgeworfene Hülsen auffangen!)

11 Die gesicherte und entladene Waffe wird ganz geöffnet.

12 Die entladene, gesicherte, entstochene und auf Schrot geschaltete Waffe wird gebrochen in den Gewehrständer gestellt. (Läufe ganz aufklappen, sonst werden die Schlösser nicht gespannt!)

Abgabe des Schrotschusses aus dem Drilling

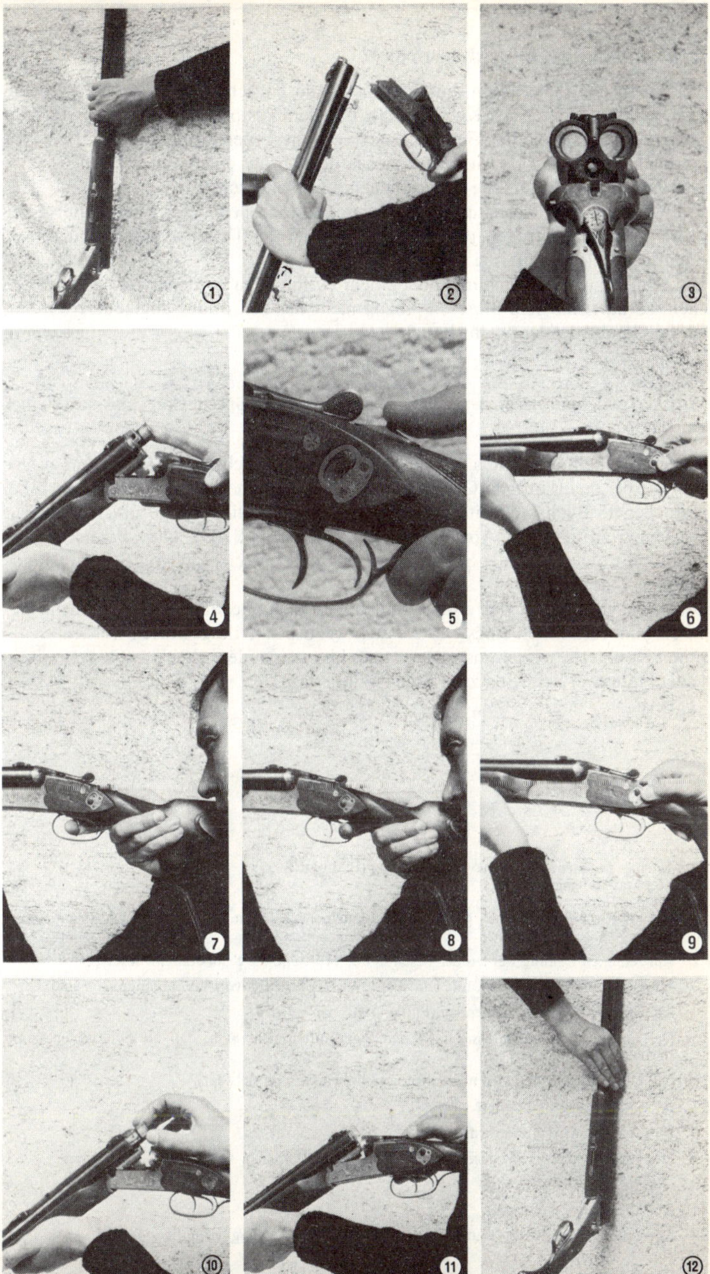

Wann erst darf das Einstechen erfolgen?

Erst wenn das Gewehr im Anschlag liegt und entsichert auf das Ziel (Scheibe oder Wild) gerichtet ist. Kommt man mit dem gestochenen Abzug nicht zum Schusse, dann muß das Gewehr sofort gesichert, der Verschluß geöffnet und hiernach der Stecher durch Zurückziehen des Abzugs entspannt werden.
Auf dem Hochsitz darf nie ein gestochenes Gewehr stehen!
Keinesfalls darf ein gespanntes Gewehr mit gestochenem Abzug geschultert oder in den Händen getragen oder damit (z. B. bei der Drückjagd auf Sauen) auf flüchtiges Wild geschossen werden.
Hat man bei einer Büchsflinte oder einem Drilling den vorderen Abzug eingestochen, so darf mit dem hinteren Abzug nicht der Schrotlauf abgefeuert werden, da die Gefahr des Doppelns besteht!

Was versteht man unter dem „Doppeln", einem „Doppeltreffer" und unter einer Doublette?

Unter Doppeln verstehen wir das ungewollte gleichzeitige Losgehen zweier Schüsse bei mehrläufigen Gewehren. Es kann entstehen, wenn versehentlich bei gestochenem Büchslauf mit Schrot geschossen wird, die Abzüge zu leicht stehen, also einen zu geringen Abzugswiderstand haben (s. S. 33), oder wenn wichtige Schloßteile (wie Rast oder Stange) abgenutzt oder beschädigt sind (s. auch Handspanner S. 35).
Der Doppeltreffer ist der seltene und unbeabsichtigte Fall, daß mit einem Geschoß oder mit Teilen eines Geschosses zwei Stück Wild getroffen werden.
Eine „Doublette" erzielt man, wenn man hintereinander, ohne das Gewehr abzusetzen, mit zwei Schüssen zwei Stück Wild erlegt.

Abgabe eines Büchsenschusses aus einem Drilling (Bildfolge S. 97)
(ohne separate Kugelspannung)

1 Der gebrochene, entladene, gesicherte und entstochene Drilling wird aus dem Gewehrständer genommen.

2 Am zerlegten Drilling werden der Beschuß überprüft und die Kaliberangaben festgestellt.

3 Mit einem Blick durch die Läufe wird kontrolliert, ob sie frei von Verunreinigungen sind.

4 Alle Läufe werden mit passenden (Puffer-)Patronen geladen.

5 Der Drilling wird geschlossen. (An den Signalstiften sieht man, daß die Schlosse gespannt sind!)

6 Der Umschaltschieber wird nach vorne geschoben (K wird sichtbar).

7 Im Anschlag wird entsichert.

8 Im Anschlag wird eingestochen.

9 Der vordere Abzug wird gezogen (der „Kugelschuß" bricht!).

10 Der Drilling wird gesichert.

11 Der Drilling wird entladen.

12 Der entladene, gesicherte, entstochene und gebrochene Drilling wird abgestellt.

Abgabe eines Büchsenschusses aus einem Drilling

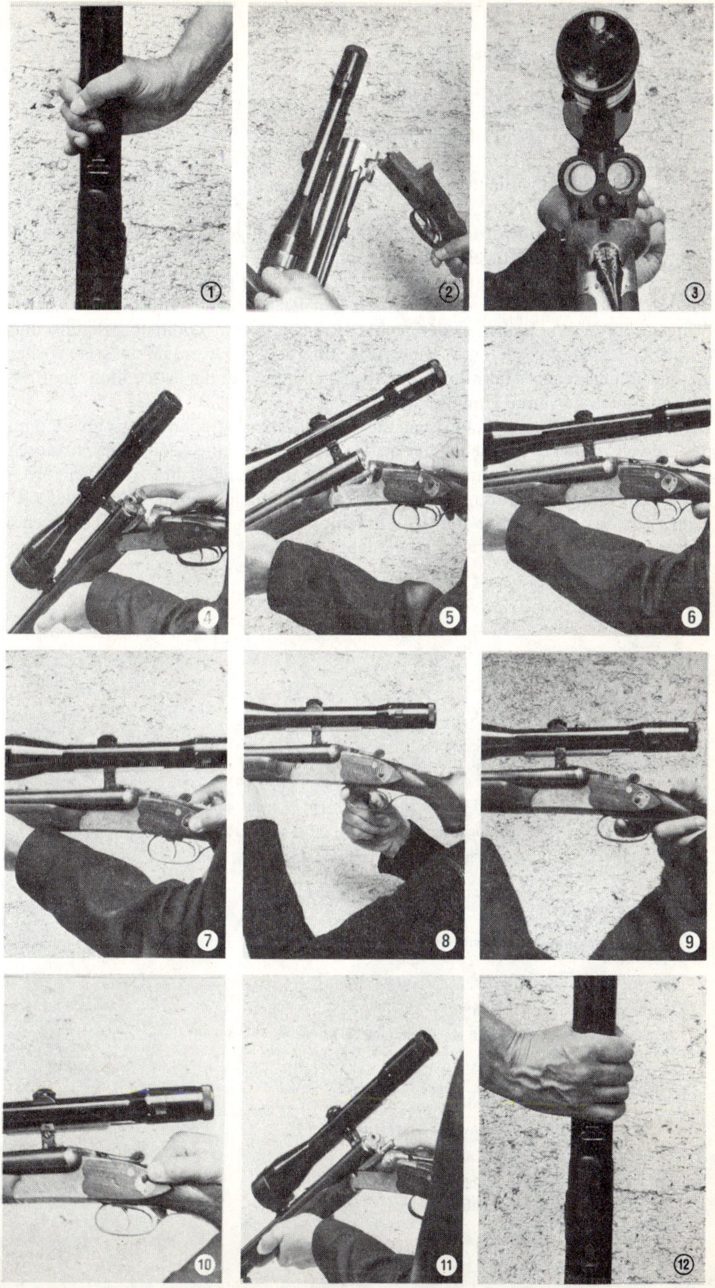

Wie wird ein Gewehr entspannt?

Bei Selbstspannern und bei Repetiergewehren erfolgt das Abspannen durch Öffnen, Entladen und folgendes Schließen des Verschlusses bei durchgezogenen Abzügen (bei automatischer Sicherung schiebt man bei geöffnetem Gewehr die Sicherung nach vorn, hält diese fest und schließt das Gewehr unter Durchziehen der Abzüge). Wo das nicht geht, muß zum Entspannen eine Pufferpatrone verwendet werden.
Die Hahndoppelflinte wird mit dem Verschlußhebel geöffnet. Dann werden die Hähne mit dem Daumen gehalten und nach Ziehen des jeweiligen Abzuges herabgelassen. Bei manchen Hahndoppelflinten läßt sich bei gespanntem rechten Hahn der Verschlußhebel nicht so weit öffnen, um Riegel und Keil außer Anlage zu bringen. In diesem Fall muß der rechte Hahn (mit dem Daumen gehalten und durch Ziehen des vorderen Abzuges) heruntergelassen werden. Das ist vorher an der ungeladenen Hahnflinte zu üben! Dann wird der Verschluß geöffnet und nun auch der linke Hahn herabgelassen.
Bei Drillingen mit drei Schlossen, die sich gleichzeitig spannen, schließt man das Gewehr unter Durchziehen der beiden Abzüge nur eine Kleinigkeit, wodurch man zwei Schlosse entspannt. Dann stellt man auf „Kugel" um, zieht den vorderen Abzug nochmals durch (wobei ein Knacken entsteht) und schließt das Gewehr. Für das Entspannen des dritten Schlosses beim Drilling sollte besser eine Pufferpatrone (s. S. 63) verwendet werden.

Der Bock springt ab! (Bildfolge S. 99)

1 Der geladene und auf Kugel geschaltete Drilling wird entsichert.
2 Der entsicherte Drilling wird eingestochen. **In diesem Moment springt der Bock ab!**
3 Der entsicherte und eingestochene Drilling wird sofort gesichert.
4 Der gesicherte Drilling wird gebrochen und entstochen.

Den Fuchs zuerst!

1 Der entladene, gesicherte und entstochene Drilling wird geladen, geschlossen und auf Kugel geschaltet.
2 Ist man auf dem Bock, wird entsichert.
3 Hochblatt wird eingestochen.
4 **In diesem Moment erscheint ein Fuchs auf 30 Meter.** Er wird von einem echten Heger dem Bock vorgezogen.
5 Der Drilling wird gesichert.
6 Der gebrochene Drilling wird entstochen.
7 Der geschlossene Drilling wird auf Schrot geschaltet.
8 Der Drilling wird im Anschlag entsichert.
9 Der erste Schrotlauf wird abgeschlagen.
10 Der zweite Schrotlauf wird abgeschlagen.
11 Der Drilling wird gesichert.

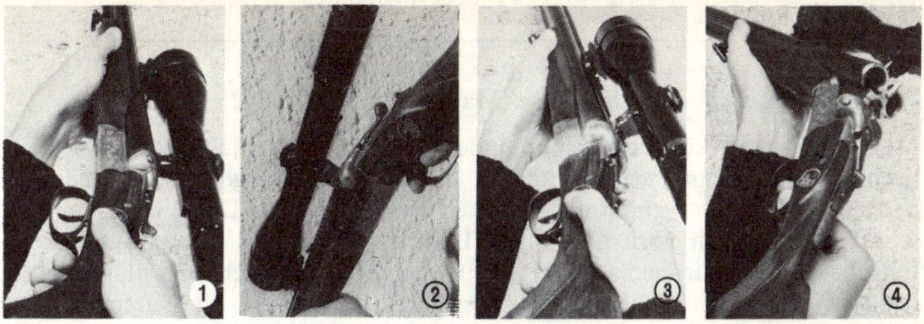

▲ Der Bock springt ab!

Den Fuchs zuerst! ▶

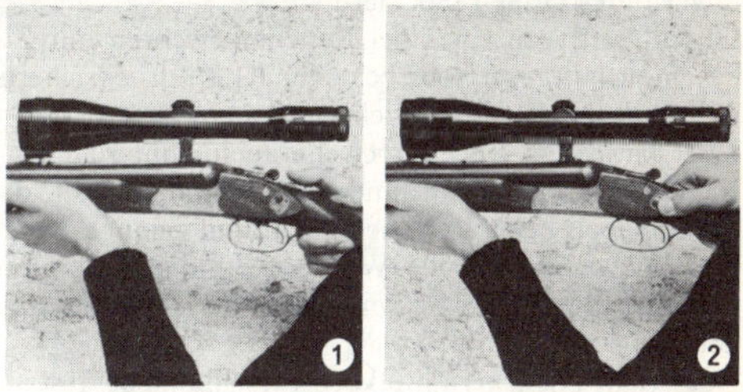

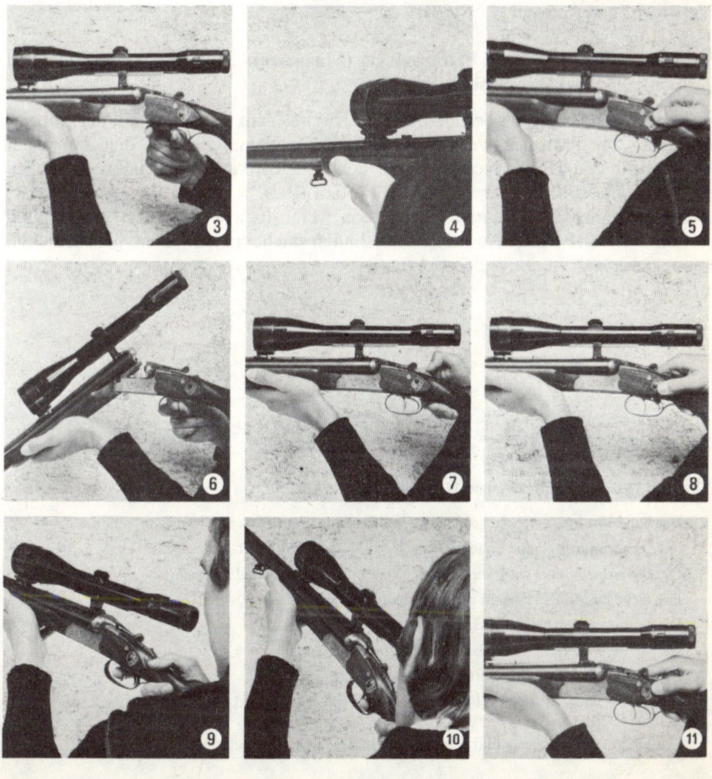

Wie macht man eine Repetierbüchse (Mauser 98) schußfertig?

Man öffnet den Kammerverschluß, indem man den Verschlußhebel von seitlich nach oben und dann nach hinten führt. In die dadurch freigelegte Mehrladevorrichtung (Magazin) werden die Patronen hineingedrückt. Dann wird der Verschluß wieder nach vorn geschoben. Dadurch gleitet aus dem Magazin eine Patrone in das Patronenlager. Durch Herumlegen des Sicherungsflügels nach rechts wird die Schlagbolzenmutter gesichert und meistens die Kammer gegen ungewolltes Öffnen blockiert.
Durch Betätigen einer bei Repetiergewehren mit Zielfernrohr zusätzlich angebrachten lautlosen Schiebe- oder Knopfdrucksicherung (s. Abb. S. 40) wird der Abzug gesperrt (Abzugssicherung).
Man kann das Repetiergewehr auch „unterladen", indem man die Patronen so tief in das Magazin hineindrückt und festhält, daß beim Schließen des Verschlußhebels keine Patrone in den Lauf gelangt. Es ist so zu halten, daß niemand gefährdet wird (s. S. 90). Will man dann schießen, muß die unterladene Patrone durch Bedienen des Kammerverschlusses in das Patronenlager eingeführt werden.
Nach dem Entsichern muß der Verschlußhebel fest angedrückt bleiben, um einen Versager zu vermeiden (s. S. 123).

Wie unterscheiden sich die Patronenlager (Magazine) beim Mauser Modell 98 und beim alten Mannlicher-Schönauer?

Beim Mauser Modell 98 besteht das Magazin aus dem Zubringer mit der Zubringerfeder. Die Patronen werden beim Laden nacheinander auf den Zubringer gelegt und von Hand nach unten in den Magazinkasten gedrückt. Sie liegen dann seitlich versetzt übereinander (s. Abb. S. 102).
Beim Mannlicher-Schönauer besteht das Magazin aus einer fest eingebauten Trommel. Die Patronen werden beim Laden nacheinander in sie gedrückt und legen sich ringförmig um deren Achse.

Grundgriffe Repetierwaffe (System Mauser 98) (Bildfolge S. 101)

1 Der auf Mittelstellung gesicherte, geöffnete und entladene Repetierer wird aufgenommen.

2 Der Sicherungsflügel wird nach links gelegt und dabei die Waffe entsichert.

3 Der Sicherungsflügel wird nach rechts gelegt und dabei die Waffe gesichert.

4 Der Sicherungsflügel kommt in Mittelstellung. Die Waffe ist gesichert.

5 Die Waffe wird nach Herausziehen der Kammer eingestochen.

6 Die Waffe wird entstochen (beide Abzugzüngel ziehen!).

7 Die Waffe wird gespannt (Mittelstellung).

8 Die Waffe wird entspannt (Hebel nach links, während man das vordere Abzugzüngel zurückzieht.).

9 Der entladene, gesicherte und geöffnete Repetierer wird abgestellt.

Grundgriffe Repetierwaffe (System Mauser 98)

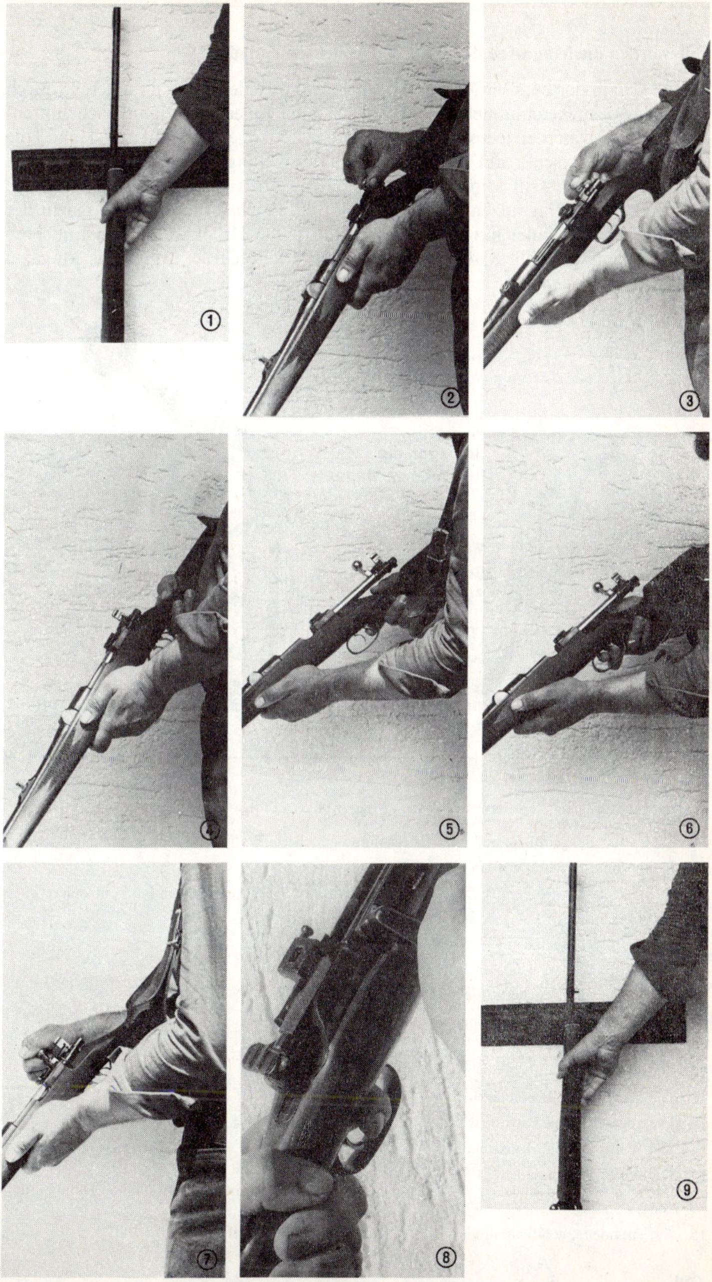

Wie werden die Magazine dieser Repetierbüchsen entladen?

Das Magazin der Mauser Modell 98 wird durch wiederholtes Repetieren (durch Betätigen des Verschlußhebels von seitlich nach oben und dann nach hinten) entladen. Die hierbei jedesmal ausgeworfene Patrone wird mit der Hand, die die Büchse fast senkrecht nach oben hält, aufgefangen. Der Sicherungsflügel soll dabei hochgestellt sein (s. S. 40). Der nach oben gedrehte Sicherungsflügel blockiert den Schlagbolzen, und das Schloß läßt sich öffnen. Das Magazin der Mannlicher-Schönauer hat seitlich einen geriffelten Druckknopf zum Entleeren des Magazins (s. Abb. S. 42). Wird er nach unten gedrückt, gibt das Magazin sämtliche Patronen frei.

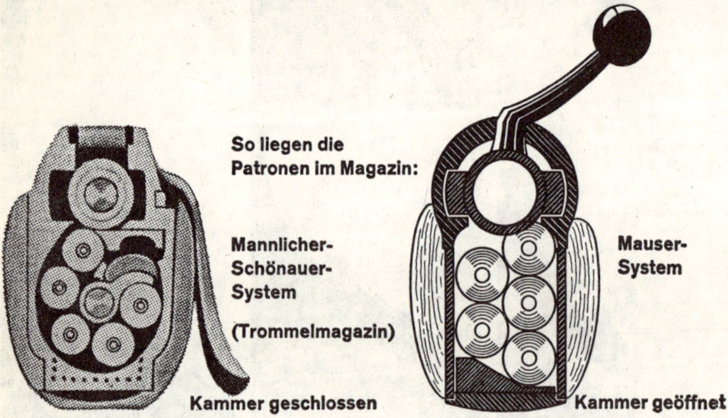

Schußabgabe aus einer Repetierwaffe (System Mauser 98) (Bildfolge S. 103)

1 Die entladene, geöffnete und auf Mittelstellung gesicherte Waffe wird aufgenommen.
2 Kaliber und Beschuß werden überprüft.
3 Der Verschluß wird herausgezogen. Der Lauf wird auf Verunreinigungen hin kontrolliert.
4 Der Verschluß wird eingebaut.
5 Die Waffe wird geladen.
6 Die Waffe wird verschlossen.
7 Die Waffe wird gesichert. (Sicherungshebel nach rechts!)
8 Die Waffe wird angeschlagen.
9 Im Anschlag wird entsichert. (Sicherungshebel nach links!)
10 Die Waffe wird gestochen.
11 Die Waffe wird abgeschlagen.
12 Die abgeschossene Patrone wird ausgeworfen.
13 Die Waffe wird in Mittelstellung gesichert.
14 Die Waffe wird entladen. (Hebel öffnen und schließen bis alle Patronen herausrepetiert sind. Diese mit linker Hand auffangen!)
15 Die entladene, geöffnete und auf Mittelstellung gesicherte Waffe wird abgestellt.

Schußabgabe aus einer Repetierwaffe (System Mauser 98)

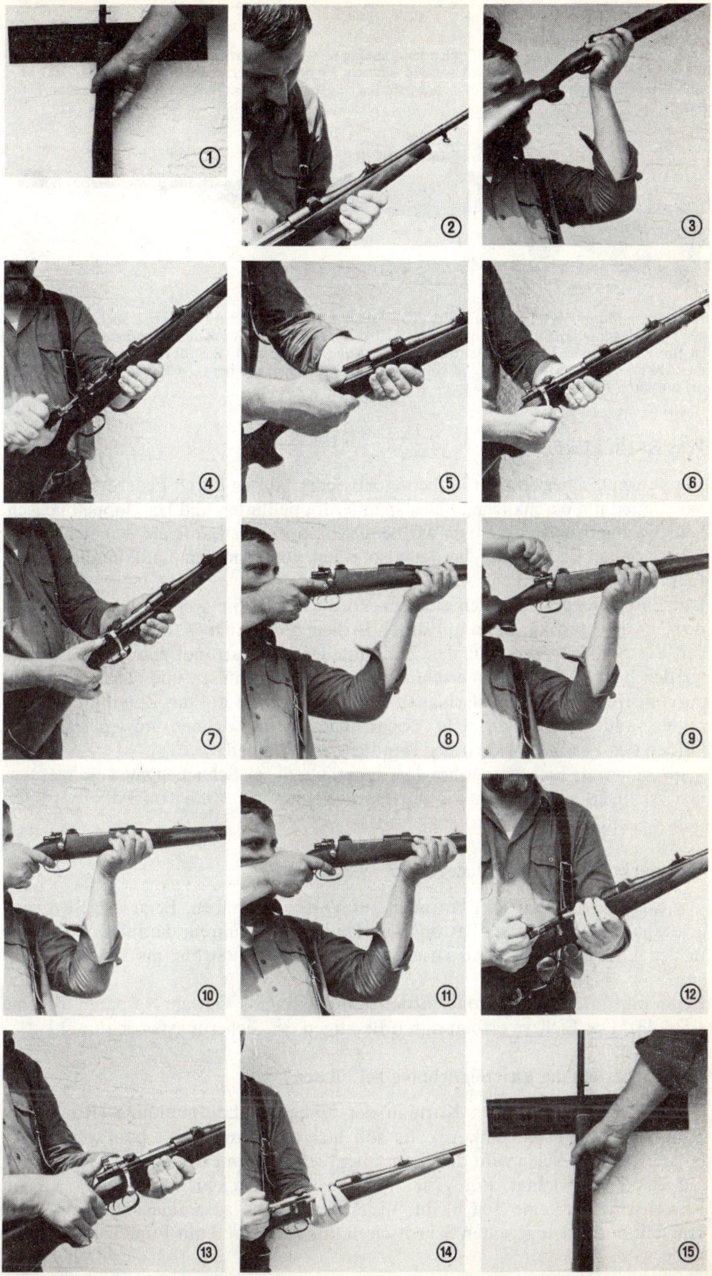

Der „Steyr-Mannlicher Modell L“ wird serienmäßig mit zwei Magazinen aus dem Kunststoff Makrolon geliefert, die schnell gewechselt werden können. Er hat eine Schiebesicherung, der M.-Sch. M72 eine Wippflügelsicherung. Beide haben geschlossene Hülsenbrücken. Auch Linkssysteme sind lieferbar.

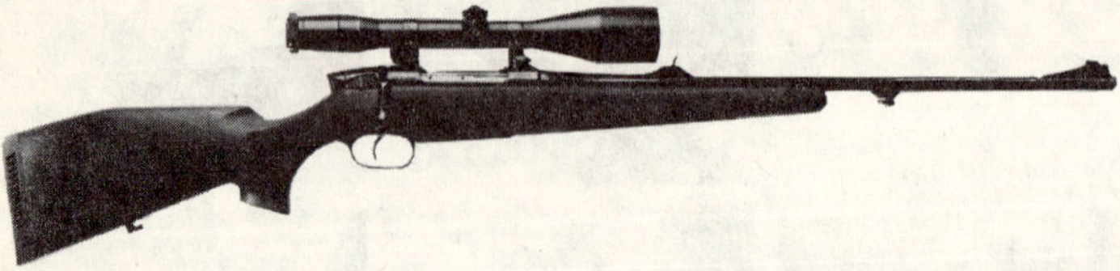

Der „Steyr-Mannlicher Luxus“ hat ein dreischüssiges Reihenmagazin (wahlweise auch sechsschüssiges Drückjagdmagazin). Die Waffe läßt sich aber auch von oben her laden (unterladen). Interessant ist ihr Kombiabzug, der wie ein Rückstecher eingestochen wird. Bei Steyr-Mannlicher bedeuten die Abkürzungen „Modell L“ Waffen mit leichten (kleinen Kalibern), während „Modell M“ für die mittleren Kaliber steht.

Was ist ein Ejektor?

Ein automatischer Auswerfer leergeschossener Hülsen durch Federdruck.
Wir finden ihn bei manchen Selbstspannerdoppelflinten und bei Doppelbüchsen. Sein Vorhandensein erkennen wir beim Abkippen der Läufe am geteilten Patronenauszieher. Jeder Lauf besitzt also einen vom anderen Lauf unabhängigen Ejektor.
Die Ejektorfedern befinden sich im Vorderschaft. Sie werden beim Schließen des Gewehrs gespannt und nur durch Bedienen des Abzugs (und beim Vorschlagen des Schlagbolzens auf das Zündhütchen der Patrone) entriegelt. Deshalb werden beim Öffnen des Verschlusses nur Patronenhülsen und solche Patronen ausgeworfen, die beim Aufschlagen des Schlagbolzens auf das Zündhütchen versagten, andere Patronen nicht. Nicht abgefeuerte Patronen müssen also beim Öffnen des Verschlusses mit der Hand entfernt werden.
Selbstsichernde Ejektorgewehre darf man nicht durch Schließen mit durchgezogenen Abzügen entspannen. Sie dürfen meist nur mit Hilfe von Pufferpatronen (s.S. 63) entspannt werden.

Wie macht man ein Selbstladegewehr schußfertig?

Der Schütze darf nur drei Patronen zur Verfügung haben. Beim Angehen wird er deshalb zunächst zwei Patronen in das Magazin führen, darauf eine Patrone in den Lauf repetieren und anschließend die dritte Patrone ins Magazin bringen.
Beim Einführen der Patrone in den Lauf wird das Gewehr gespannt (Pistole s.S. 143). Das Sichern erfolgt durch Betätigen der Sicherungsvorrichtung.

Woraus besteht die Visiereinrichtung bei Flinten?

Gewöhnlich nur aus dem Korn in der Nähe der Laufmündung (Rundkorn, Silberperlkorn, Elfenbeinkorn). Es soll hell oder farbig und breit genug sein (s.S. 23). Beim Zielen wird das Korn über die Mittellinie der Laufschiene hinweg auf das Ziel gerichtet. Ein Visier wird bei Flinten nicht angebracht, da beim Flintenschießen keine Zeit bleibt, Visier und Korn „zusammenzubringen“. Als Hilfsmittel für den gezielten Schrotschuß, für den Schuß mit Flintenlaufgeschossen oder mit Einstecklaufchen (s.S. 75) wird ein Mittelkorn oder ein Klappvisier verwendet, d.h. ein durch ein Scharnier umlegbares Visier, das in die Laufschiene versenkt ist. Zur Behebung des Tiefschusses und zum Schuß in der Dämmerung hat sich ein aufsetzbares Flintenvisier bewährt. Sehr gut ist auch das „Schmetterlingsflügelvisier" (himmelblau emailliert mit weißem Dreieck), das jedes Verkanten augenfällig macht.

Hohlschiene für Doppelflinten

Aufsetzbares Flinten- und Leuchtvisier „Frankonia"

Flache Laufschiene, hier: beim „Schienendrilling" oder „Waldläufer"

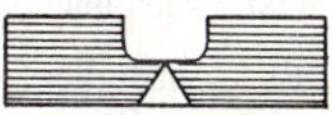

Schmetterlingsflügelvisier

Was sind Laufschienen, und welches Profil ist für sie üblich?

Lauf- oder Visierschienen dienen bei einläufigen Büchsen zur Aufnahme von Korn und Visier, bei mehrläufigen Gewehren außerdem noch zur Verbindung der Läufe miteinander.

Bei Doppelflinten ist das Laufschienenprofil meist hohl, am Patronenlager erhöht und nach der Mündung zu zwischen die Läufe versenkt. Bei Büchsflinten, Bockflinten, Bockbüchsflinten und Drillingen findet man durchweg ein flaches Profil.

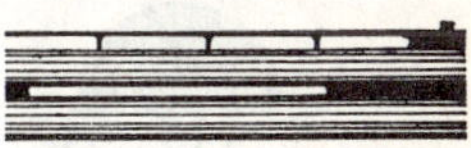

Bei Doppelflinten für lange Schußreihen verwendet man gern unterbrochene (ventilierte) Laufschienen, da sie bei heißgeschossenen Läufen das Flimmern verhüten. Freiliegende Läufe, die nur durch einige Stützen miteinander verbunden sind (s. Abb.), findet man bei Bock-Doppelbüchsen, -flinten, -büchsflinten und Drillingen. Hierdurch soll das Durchbiegen warmgeschossener Läufe verhütet werden, das entsteht, wenn vielmals mit einem Lauf geschossen wird, während der andere kalt bleibt.

Die Oberfläche der Laufschiene wird zur Verhinderung der Lichtspiegelung gerauht (guillochiert oder mattiert).

Welche „offene" Visiereinrichtung haben Büchsen, kombinierte Waffen, Revolver und Pistolen?

Sie haben außer dem Korn stets noch ein Visier. Das für Pistolen verwendete Rechteckkorn, besonders das mit breitem Kimmeneinschnitt (s.S. 50), kann mit Vorteil auch für weitsichtige (alterssichtige) Schützen verwendet werden.

In besonderen Fällen (z.B. für Scheiben- und Zimmerstutzen) verwendet man als Visierung ein Lochvisier (Diopter oder Gucker).

Visier- und Kornarten

Perlkorn halbrundes Visier (Jagdgewehre) — Dachkorn und Dreieckvisier (Militärgewehre) — Rechteckkorn und Rechteckvisier (Pistole)

Worauf ist beim Zielen über Visier und Korn zu achten?

Die Büchse ist so zu halten, daß Visier und Korn genau auf das Ziel gerichtet sind und der Visierbalken waagerecht steht. Das Korn muß genau in der Mitte der Visieraussparung sein und bei normalem Beschuß in der oberen Begrenzung genau mit der Oberkante des Visiers abschneiden (= gestrichen Korn). Werden diese Bedingungen nicht eingehalten, so entstehen sogenannte Zielfehler, die Fehlschüsse, mindestens aber schlecht sitzende Schüsse, zur Folge haben.
Bei Benutzung eines Zielfernrohrs (s. S. 117) wird das Zentrum des Absehens auf das Ziel gerichtet.
Je nachdem der Haltepunkt in das Ziel, an dessen unteren oder oberen Rand gehalten wird, spricht man von „in das Ziel gehen", „Ziel aufsitzen lassen" und „Ziel verschwinden lassen" (s. Abb.).

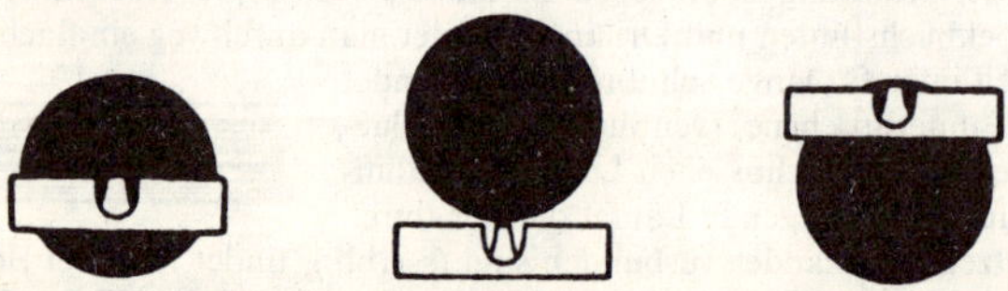

In das Ziel gehen — Ziel aufsitzen lassen — Ziel verschwinden lassen

Wie beeinflussen Witterung und Beleuchtung den Schuß über Visier und Korn?

Höhenlage, warme Luft, trübe Witterung und Dämmerung ergeben Hochschuß. Es muß also etwas tiefer gehalten werden. Kalte Luft, Schnee und grelle Beleuchtung ergeben in der Regel Tiefschuß (ein Kornschutz schaltet das Korn effektiv ab), es muß also etwas höher gehalten werden. Starke seitliche Beleuchtung des Kornes ergibt bei Linksbeleuchtung eine Abweichung nach rechts und bei Rechtsbeleuchtung eine Abweichung nach links. Starker Seitenwind vermittelt dem Geschoß und den Schroten eine Ablenkung in Windrichtung. Regen und

Schnee verstärken den vom fliegenden Geschoß zu überwindenden Widerstand, verringern dadurch die Fluggeschwindigkeit und verursachen somit geringen Geschoßfall und Tiefschuß (keinen Einfluß auf jagdlich übliche Entfernungen).

Zielarten und Einfluß auf Treffpunkt

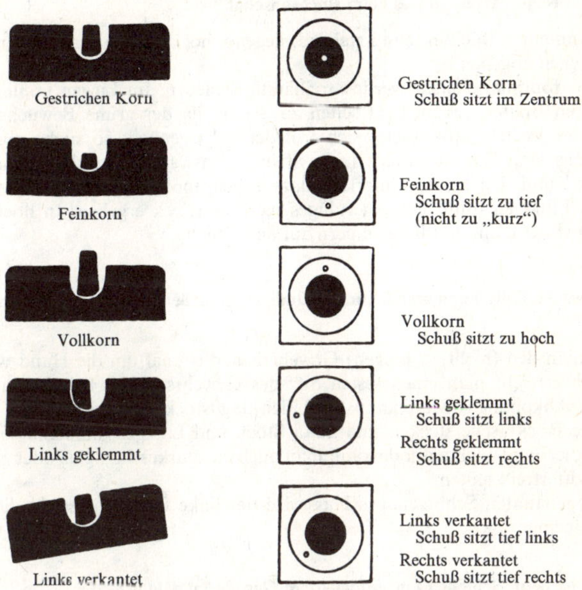

Das Schießen mit der Büchse

Was sind Einschießgeräte?

Vorrichtungen zum festen Einlegen eines Gewehrs, mit denen man durch weitgehende Ausschaltung persönlicher Ziel- und Abkommenfehler die Schußleistung der Waffe genauestens feststellen und deren Einschießen mit außergewöhnlicher Präzision vornehmen kann.
Die Firma Heer, Lennestadt hat einen T-förmigen Stahlrahmen entwickelt, in den das Gewehr einzuklemmen und seitlich sowie in der Höhe zu verstellen ist. Dieses Einschießgerät ist einfach in der Handhabung und recht preiswert.

Was gilt für den Büchsenschuß im Hochgebirge?

Für den Schuß steil bergauf und steil bergab gilt die Regel:

Bergauf und bergunter, immer halt drunter!

(Wegen der dort dünneren Luft und des durch den Winkelschuß geringeren Anteils der Erdanziehung auf die Flugrichtung des Geschosses oder dessen Längsachse entsteht Hochschuß!)

Wann erst soll der Jungjäger auf Wild schießen?

Der Jungjäger soll erst auf Wild schießen, wenn er durch Anschlag-, Ziel- und Schießübungen mit seinem Gewehr die notwendige Fertigkeit erreicht hat.

Welche Anschlagarten gibt es beim Büchsenschuß?

Man kann einen Büchsenschuß stehend, liegend, hockend, knieend, sitzend und angestrichen abgeben.
Nur sehr routinierte Jäger werden freihändig schießen. Im Liegen kommt man in unseren Breitengraden wohl selten zu Schuß, da der grüne Bewuchs meist kein freies Vorfeld läßt. Bietet sich trotzdem Gelegenheit, so suche man sich wenigstens eine Gewehrauflage (z.B. Steine, Graswasen, Strunk). Wenigstens die Hand muß bei harter Unterlage dazwischengepolstert werden. Zusammen mit den Ellbogen sollte sich ein ruhiges Auflagedreieck ergeben. In hockender Stellung stützt man die Ellbogen gern auf den Knien ab.

Durch welche Hilfe kann man beim freihändigen Schießen bessere Trefferergebnisse erzielen?

Indem man den (nicht zu langen) Gewehrriemen einmal um die Hand wickelt. Dadurch erreicht man einen festen Sitz des Gewehrs in der Schulter und ein sicheres Abkommen. Man kann auch den Jagdstock mit der Krücke fest in die linke Rocktasche stecken und dann Stock und Lauf zusammenfassen. Mit Hilfe dieser Jagdstockmethode kann man auch ein starkes Jagdglas oder Spektiv lange „zitterfrei" halten.
Beim sogenannten Schützenausschlag wird der linke Ellbogen fest in die linke Hüfte hineingezogen.

Worauf ist beim Schießen mit aufgelegtem Gewehr zu achten?

Daß das Gewehr möglichst nicht weiter als 15 cm vor dem Abzugsbügel aufgelegt wird. Hierbei ergeben sich keine nennenswerten Unterschiede des Treffpunktes aus harter oder weicher Auflage. Es ist dabei gleichgültig, ob als Unterlage z.B. ein Wollsack, ein Sandsack (s.S. 133), ein Stein, eine federnde Holzstange oder auch ein federnder Draht verwendet wird. Andere Ansichten sind überholt.
Wird ein Gewehr in mehr als 15 cm Abstand vom Abzugsbügel aufgelegt, ergibt sich bei allen Unterlagen Hochschuß. Er nimmt in diesem Falle mit der Härte oder dem Federn der Unterlage zu.

Was ist beim „Anstreichen" des Gewehrs zu beachten?

Auch das Anstreichen (seitliche Anlehnung des Gewehrs z.B. an einen Zielstock oder Baum) soll in nicht mehr als 15 cm Abstand vom Abzugsbügel erfolgen. Dabei muß die (linke) Hand dem Gewehr eine weiche Stütze zwischen Daumen und Zeigefinger geben und darf keinesfalls am Zielstock oder Baum anliegen, da sonst durch Laufprellung eine Ablenkung des Schusses (entgegengesetzt zur Anlegestelle) erfolgen würde (s.S. 109). Die Schrotläufe der Drillinge (die seitlich über den Schaft hinausragen) dürfen die Auflage nicht berühren.

Wie erfolgt der richtige Anschlag mit der Büchse?

Die jagdliche Gewehrhaltung vor dem Anschlag fordert, daß die untere Spitze der Schaftkappe an der Hüfte anliegt (s. S. 136).

Beim Schrotschuß beugt man sich etwas nach vorne. Den linken Fuß setzt man vor den rechten. Das Körpergewicht verteilt sich gleichmäßig auf beide Beine. Beim Schwingen der Waffe dreht sich der ganze Oberkörper mit (Drehpunkt ist die Taille).

Vor dem Anblasen und nach dem Abblasen muß auf Treibjagden die Flinte entladen werden. Kipplaufwaffen werden „gebrochen“. Man hängt sie sich über die Schulter und richtet den Lauf oder das Laufbündel in „den Himmel“.

Richtig am Baum angestrichen: Das Gewehr liegt in der linken Hand zwischen Daumen und Zeigefinger und berührt den Baum nicht (s. auch S. 134 Anschlag „stehend angestrichen“)!

Beim Anschlag mit der Büchse „stehend freihändig“ muß der Kolbenhals mit der ganzen Hand fest umspannt und der Kolben fest und voll in die Schulter eingesetzt werden. Die Beine sind mäßig zu spreizen und gleichmäßig zu belasten. Der Körper wird dabei dem Ziele mit etwa einer Vierteldrehung nach rechts (beim Linksanschlag nach links) zugekehrt. Dann wird, um ruhig zielen zu können, tief eingeatmet und beim Erfassen des Zieles langsam und von vorn (nicht seitlich!) der Abzug mit dem Zeigefinger durchgezogen („abgekrümmt“). Wer beim Abziehen die ganze Hand zurückzieht, verreißt den Schuß!
Merke: Nur der Schießfinger schießt!
Ist man während des Abkrümmens wegen zu harten Abzuges, wegen Schußscheue (Mucken) oder aus anderen Gründen „schlecht abgekommen“, merke man sich, wohin im Augenblick des Abfeuerns die Visierlinie gerichtet war, damit man das Abkommen ansagen kann (hoch, tief, links oder rechts abgekommen).

Wie bereitet man sich auf den Schuß auf Schalenwild vor?

Der Schuß auf Schalenwild muß wohlüberlegt sein. Meist wird er von einer Ansitzeinrichtung (Kanzel, Hochsitz, Schirm etc.) abgefeuert und man hat genügend Zeit zum Ansprechen. Erst wenn man sich über Art, Geschlecht und Alter des Wildes im klaren ist, wird man sich zum Schuß fertig machen. Vor dem Gewehr gehört das Glas in die Hand des Jägers. Das Zetern einer Amsel, das Knacken in der Dichtung oder ein sich bewegender Randbusch sind noch lange keine Gründe, seine Waffe in Anschlag zu bringen. Auch von einem dunklen Klumpen in der „Botanik“ darf man sich nicht dazu verführen lassen.
Erst wenn Jagdzeit und Bejagungsplan es zulassen, wird man sich zum Schuß entschließen. Man überlegt sich zunächst, ob das Vorfeld frei ist. Selbst kleinste Ästchen (diese sind in unmittelbarer Nähe durchs Zielfernrohr nicht zu erkennen!) oder gar Grashalme zwischen Schütze und Beute können das Geschoß ablenken und diese dann waidwund treffen. Für den Fall eines Fehlschusses muß ein Kugelfang vorhanden sein (Vom Hochsitz aus wird sich das Projektil auf jeden Fall in die Erde bohren!). Sind Geiß und Kitz gemeinsam ausgetreten, wird immer zuerst das Jungtier erlegt.
Mit leicht gegrätschten Beinen setzt man sich bequem hin. Waffe und die beiden Ellbogen bilden ein ruhiges Dreieck. Das Gewehr muß gut gepolstert liegen (Loden, Hand) und darf nicht weiter als 15 cm vor dem Abzugbügel aufgelegt werden (Hochschuß!). Im Sehfeld der Optik dürfen keine Schatten sichtbar sein und das Fadenkreuz muß senkrecht stehen (ein verkantetes Gewehr ergibt Tiefschuß!). Eine Gummimanschette bzw. ein Augenabstand von ca. 6 cm zum Zielfernrohr verhindert Rückstoßverletzungen.

Wann darf erst entsichert und wann eingestochen werden?

Ist der Zielstachel auf der Beute und steht diese breit, wird entsichert. Hochblatt sticht man ein. Wirft die Beute auf (notfalls noch anpfeifen), zieht man ab. Man braucht nicht auf die Mitte des Blattes zu gehen. Besser sitzt der Schuß 1–2 cm dahinter. Tiefblattschüsse sind zu vermeiden, da sie eine weite Flucht des Beutetieres zur Folge haben. Bei seinen ersten Schüssen auf lebendes Ziel sollte der Jungjäger die Optik des variablen Zielfernrohrs auf das 6fache zurückdrehen. Im Jagdfieber verwackelt er dann den Schuß nicht so leicht.

Was ist beim Abziehen zu beachten?

Man muß sich den Standplatz des Beutetieres, den Anschuß, merken. Nach mehrmaligem tiefen Durchatmen hält man die Luft während des Ausatmens mit halbvoller Lunge an. Ohne Zusammenpressen der Lider, dem Mucken, mit dem man in letzter Sekunde noch das Gewehr verreißt, bewegt man nur die Fingerkuppe am Abzugzüngel nach hinten. Man läßt sich vom Schuß überraschen und sieht mit beiden normal geöffneten Augen der „Kugel" nach.

Welche Fragen muß sich ein Schütze unmittelbar nach Brechen des Büchsenschusses stellen?

1. Wo stand das Wild im Augenblick der Schußabgabe (Anschuß)?
2. Wie bin ich abgekommen?
   Damit bezeichnet man den Punkt, auf den das Absehen bzw. Kimme und Korn im Moment der Schußabgabe zielten (z. B. nach links unten, nach rechts oben).
3. Wie hat das Wild gezeichnet?
   Aus dem Zeichnen des Wildes lassen sich Rückschlüsse auf den Treffpunkt des Geschosses ziehen z. B. hochblatt, tiefblatt, waidwund, Krellschuß (s. S. 234).

Mit nachgeladenem Gewehr ist das erlegte Wild mindestens 20 Minuten zu beobachten. Wenn es hoch wird, muß man sofort nachschießen.

Darf man mit entsicherter und eingestochener Waffe auf ein anderes Beutetier umschwenken?

Nein! Ein Schuß könnte sich lösen und für den Bereich, den man überstreicht, gefährlich werden. Man muß die Waffe im Gesicht sichern, sie abnehmen und öffnen. Nun wird entstochen! Jetzt erst kann man das Gewehr wieder schließen und die begehrenswerte Beute im Zielfernrohr suchen.

Welche Entfernungen sollten beim Schuß über das Zielfernrohr mit dem Büchsengeschoß nicht überschritten werden?

Normalerweise sollten die Schüsse über Visier und Korn auf Rehwild nicht über 100 m, auf Rotwild nicht über 150 m angetragen werden. Auch bei Benutzung eines Zielfernrohres sollten diese Entfernungen nicht wesentlich überschritten werden. Nur hervorragende Schützen mit erstklassigen Waffen mit geringster Streuung und Patronen mit rasanter Flugbahn dürfen bei Verwendung stark vergrößernder Zielfernrohre auf weitere Entfernung schießen (z. B. im Hochgebirge).

Das Schießen mit der Flinte

Welcher Haltepunkt des Gewehrs ist beim Schrotschuß richtig?

Der Schütze soll beim Anschlagen des Gewehrs etwas von der ganzen Laufschiene sehen (s. Abb. S. 112). Dann erzielt er den zum Beschießen flüchtigen Wildes erwünschten Hochschuß von 10 bis 15 cm (Hilfsmittel: Mittelkorn oder Flintenvisier; s. S. 105). Das Wild soll dabei auf dem gesehenen Bild der Laufschiene und des Korns aufsitzen, beim Zielen nicht verdeckt sein und vom

Kern der Schrotgarbe getroffen werden. Sieht der Schütze dagegen mit angeschlagenem Gewehr nur das Korn und nichts von der Laufschiene, so entsteht Tiefschuß, und das Wild wird unterschossen (s. Abb. unten und S. 24).

Wie erfolgt die Fleckschußkontrolle beim Schrotschuß?

Das Gewehr wird geöffnet und auf einer festen Unterlage (oder dem Anschußtisch) aufgelegt. Dann wird auf 35 m Entfernung ein aufrecht stehender Backstein durch das Laufinnere anvisiert und dabei verglichen, wieviel man hierbei von der Laufschiene sieht. Dieses Abkommen auf dem Lauf muß man sich merken! Außerdem kann man auch auf eine Einschußscheibe oder auf Papier schießen und dabei feststellen, bei welchem Haltepunkt man Fleckschuß erzielt, also den Kern der Schrotgarbe ins Ziel bringt.

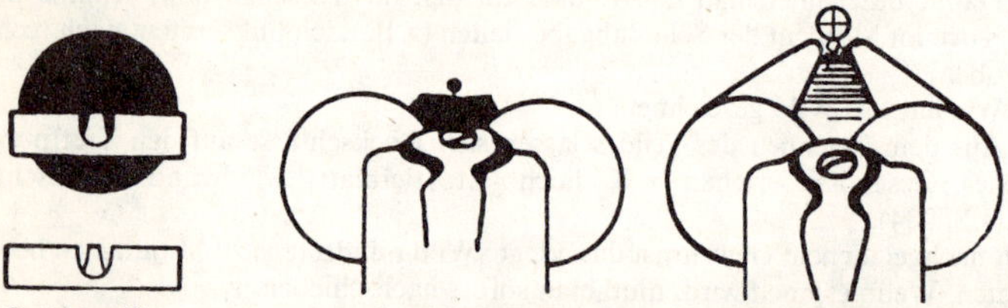

Gestrichen Korn mit der Büchse: Fleckschuß — Gestrichen Korn mit der Flinte: Tiefschuß — erwünschter Hochschuß von 10 bis 15 cm

Wie erfolgt der richtige Anschlag mit der Flinte?

Der Anschlag mit der Flinte soll frei und locker sein. Die Wange des Schützen darf nur lose mit dem Schaft Fühlung haben. Dafür muß die Waffe aber stets gleichmäßig und fest in der Schulter und der rechten Hand ruhen.
Drehpunkt des Körpers ist stets nur die Hüfte.

Wie sieht die Beinstellung beim Flintenschuß aus?

Das linke Bein wird ein wenig vorgenommen, während man den rechten Fuß etwas nach rechts außen dreht.

Wie übt man das Erfassen des Zieles?

Man wählt sich einen beliebigen Zielpunkt aus, faßt ihn scharf ins Auge und geht dann rasch auf ihn in Anschlag. Hiernach muß die Zieleinrichtung (bei der Büchse Korn und Visier) genau auf das Ziel zeigen, ohne daß das Gewehr zurechtgerückt werden muß. Später muß das auch möglich sein, wenn man nach dem Fixieren des Zieles beide Augen schließt und auf das Ziel in Anschlag geht. Wenn man beim Öffnen der Augen genau auf dem Ziele ist, dann liegt das Gewehr richtig und gut (s. S. 20).
Für Anschlagübungen im Zimmer hat es sich bewährt, auf einen Spiegel eine Briefmarke zu kleben und auf sie in Anschlag zu gehen. Dadurch kann man sich kontrollieren.

Kommt man mit dem Anschlagen des Gewehrs zurecht, dann übt man unter Benutzung einer Pufferpatrone (nicht aber mit abgeschossenen Hülsen, die nur schwer ins Lager gehen und leichter mit scharfen Patronen verwechselt werden können) gleichzeitig auch das Abziehen des Abzuges im Weiterschwingen der Flinte oder das Mitziehen der Büchse. Man übe kurz, aber täglich!

Was ist beim Schuß auf flüchtendes Wild zu beachten?

Man muß mit dem Gewehr das Ziel erfassen, dann von hinten durch das Ziel hindurch- und aus dem Ziel herausschwingen (es „überholen") und dabei „mitschwingend" abdrücken. Damit ergibt sich automatisch das richtige „Vorhaltemaß"!

Warum muß man aus dem Ziel heraus- und weiterschwingen?

Weil Geschoß und Schrote für das Zurücklegen der Entfernung zwischen Schütze und Ziel eine bestimmte Flugzeit benötigen, in der sich das Wild inzwischen fortbewegt hat. Die Flugzeit der Schrote beträgt auf 35 Meter etwa $^1/_8$ Sekunde, die der Büchsengeschosse nur etwa halb soviel (Flintenlaufgeschosse s. S. 63).

Wie schießt man auf den quer vorbeiflüchtenden Hasen?

Da die Geschwindigkeit eines flüchtenden Hasen etwa 44 km/Std. oder 12 Meter in der Sekunde beträgt, bewegt er sich in der Flugzeit der Schrote etwa $1^1/_2$ Meter weiter. Man muß daher vor der Schußabgabe den quer vorbeiflüchtenden Hasen von hinten her mit dem Gewehr (um etwa $1^1/_2$ Hasenlängen) überholen und dann weiterschwingend abdrücken, damit der Kern der Schrotgarbe Kopf, Hals und Blatt trifft und der Hase dadurch „roulliert" (Rad schlägt oder Kopf steht). Bei einer Entfernung des quer vorbeiflüchtenden Hasen von nur 20 Metern genügt das „Überholen" um etwa eine Hasenlänge (s. Abb. S. 114).

Wohin muß man also bei flüchtigem Wild halten?

Immer dorthin, wohin das Wild flüchtet, keinesfalls aber dorthin, wo es gerade ist, da man es sonst hinterschießen würde.
Man gewöhne sich an, flott, aber nicht überhastet, in Anschlag zu gehen und zu schießen. Vom Anschlag bis zum Lösen des Schusses soll man sich (außer bei hingeworfenen Schneisenschüssen) so viel Zeit lassen, daß man die Worte „überholen und abdrücken" vor sich hinsprechen kann. Dann soll der Schuß im Weiterschwingen fallen. Versierte Schützen schießen mit „beiden Augen offen".
Der linke Arm ist meist langgestreckt, höchstens kurz angewinkelt. Insbesondere dem Flugwild soll man entgegenschießen. (Nicht „über Kopf" kommen lassen!) Auch ein Nachschießen bleibt meist ohne Erfolg.

Wie muß der Bewegungsablauf beim Schrotschuß aussehen?

Ruckartige Bewegungen sind zu vermeiden. Alles muß aus dem Schwingen heraus geschehen, ohne jeden Kraftaufwand. Beim Überholen nicht abbremsen! Im Augenblick des Abdrückens nicht anhalten! Es zieht nur der Schießfinger ab, die übrige Hand bleibt ruhig. Mit dem Gewehr soll man nicht lange durch die Luft fuchteln. Statt dessen fährt man besser im letzten Moment auf, zieht mit, schwingt vor und drückt ab.

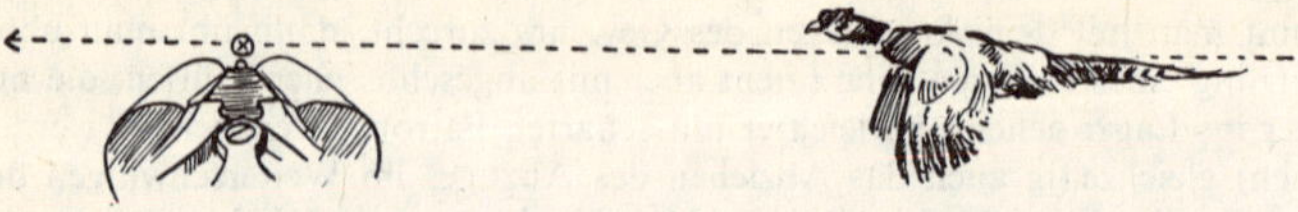

Quer vorbeistreichender Fasan (Querreiter). Bei schneller „Fahrt" auf 40 Gänge mindestens zwei Meter aus dem Ziel in Fluchtrichtung herausschwingen und dann erst abdrücken

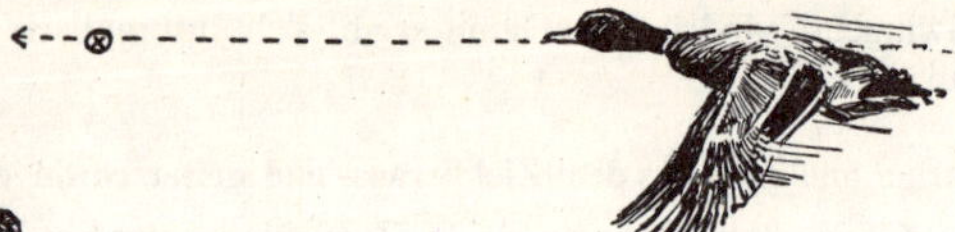

Oben rechts: Quer vorbeistreichende Ente
Oben links: Einfallende Ente
Rechts: Aufstehende Ente

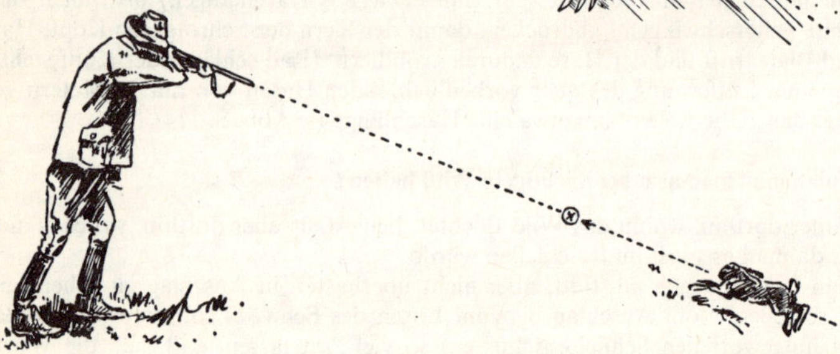

Schuß auf den breit vorbeiflüchtenden Hasen
(je nach Entfernung ein bis zwei Hasenlängen in Fluchtrichtung „überholen" und dann erst abdrücken!)

Schuß auf den anlaufenden und den gerade fortflüchtenden Hasen

Wie zielt man auf den gerade fortflüchtenden Hasen?

Man hält mitschwingend je nach der Entfernung zwischen oder gut über die Löffel und schießt wegen der sich darbietenden geringen Wirkungsfläche (Kopf, Genick, Rücken) nur bis auf höchstens 25 Meter. Hält man nicht genug „drüber", „flickt man ihn nur an", oder man zerschießt die Hinterläufe.

Wie wird der Hase beschossen, der den Schützen anläuft?

Man zielt mitziehend (durch Senken des Laufes) auf die Zehen der Vorderläufe oder besser kurz vor den Hasen auf den Boden, damit der Hase in den Streukreis der Schrote hineinläuft. Hier wird das „Überholen" praktisch zum „Darunterhalten".
Nahschüsse, die das Wildbret wertlos machen, sind in allen Fällen zu unterlassen. Man läßt das Wild erst genügend „ablaufen" oder „abstreichen".

Wie schießt man auf den schräg fortflüchtenden Hasen?

Man schießt in der Fluchtrichtung des Hasen mitschwingend und dann „überholend" dorthin, wo der Hase (je nach Geschwindigkeit und Entfernung) beim Auftreffen der Schrotgarbe sein wird.

Was ist beim Schrotschuß auf den Fuchs zu beachten?

Meister Reineke muß ohne die geringste Bewegung erwartet werden. Man läßt ihn, am besten das Gewehr im Anschlag, bis auf Schrotschußdistanz heranschnüren. Er darf nie spitz von vorne beschossen werden, da der Balg sonst für den Jäger verloren ist.

Wie schießt man auf Flugwild?

Streicht Flugwild (wie z.B. das Rebhuhn bei der Suchjagd) in gerader, unveränderter Richtung vom Schützen ab, nimmt man es (und zwar immer nur ein Stück) aufs Korn und läßt es erst bis auf etwa 30 Gänge fortstreichen, bevor man den Schuß löst. Beim Lösen des Schusses läßt man es knapp „aufsitzen", damit es in den Kern der Schrotgarbe gerät. Beim Aufwärtsstreichen muß man (mit dem Korn nach oben schwingend) darüber, beim Abwärtsstreichen darunter halten.

Wie weit muß man bei Flugwild vorhalten?

Bei langsam „aufstehendem" Flugwild genügt es, mit dem Korn in der Flugrichtung mitziehend, am Kopfe abzukommen.
Bei schräg fortstreichendem oder quer vorbeistreichendem Flugwild muß man nicht nur mitschwingen, sondern über das Flugwild herausschwingen und dann erst abdrücken. Man denke immer daran, daß aufsteigendes Flugwild, im Gegensatz zur Tontaube, immer schneller wird. Bei Flugwild in schneller Fahrt muß man deshalb besonders weit aus der Flugrichtung herausschwingen!
Normal streichende Fasane brauchen auf 25 m ein Vorhaltemaß von 50–90 cm. Ein mit dem Wind vorbeistreichender Fasan z.B. erreicht eine Geschwindigkeit von 80 km/Std. Man muß ihn daher bei einer Entfernung von 35 Metern mindestens 2 m „überholen" und weiterschwingend beschießen. Das wird oft nicht beachtet, so daß ein solcher Fasan hinterschossen wird.

Bei Enten, die einem hoch kommen, hält man 3 m vor. Besonders schnell ist die kleine Krickente. Schnepfen sind Kunstflieger und ändern oft ihre Flugrichtung. Bei ihnen hält man nicht zu weit vor. Die Geschwindigkeit der Ringeltaube wird oft unterschätzt. Man sollte sie gewissenhaft nachsuchen, denn sie ist ein besonders zäher Vogel.

Wie kann der Anfänger das Vorhaltemaß abschätzen?

Er läßt Zeigefinger und Daumen der Stützhand etwas über den Gewehrlauf hinausragen. Beim Schwingen nach rechts zieht er erst dann ab, wenn Fasan oder Ente über der Kuppe des Daumens sichtbar sind. Beim Schießen nach links wird abgedrückt, wenn sich das Flugwild über der Mitte des Zeigefingers befindet (s. unten).

Abschätzhilfe beim Vorhaltemaß

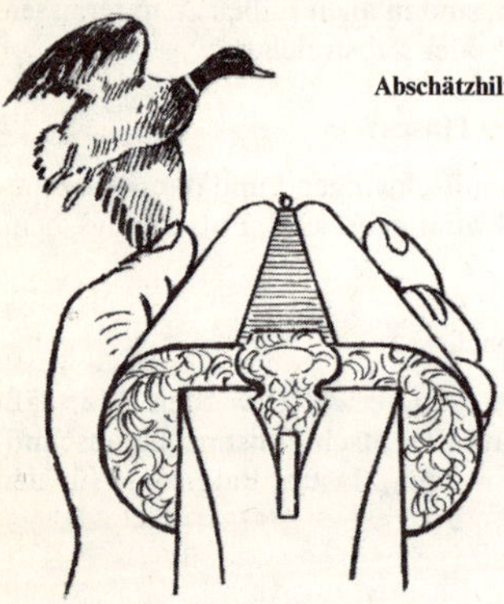

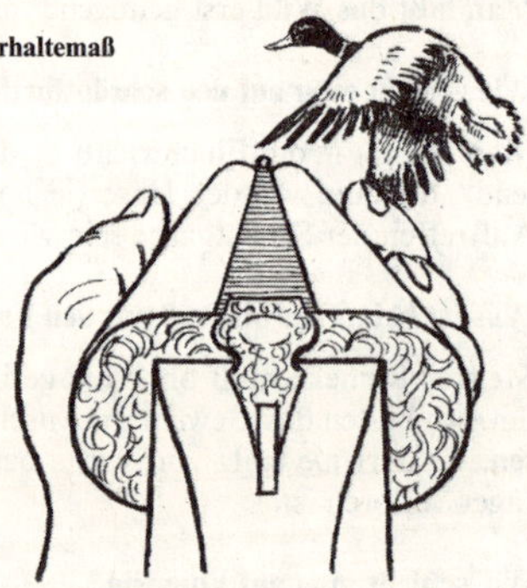

Wenn sich Flugwild über dem Daumen befindet, wird abgedrückt.

Wenn sich Flugwild über dem Zeigefinger befindet, wird abgedrückt.

Welche Zielfehler werden beim Schrotschuß am häufigsten gemacht?

Stehende Ziele (z.B. sitzender Hase oder Ente auf dem Wasser) werden meist überschossen. Bei flüchtigem Wild sitzt der Schuß gewöhnlich zu tief und zu weit hinten (man muß deshalb in der richtigen Höhe besser zuviel als zuwenig herausschwingen, „überholen").

Um wieviel muß beim Büchsenschuß auf flüchtendes Schalenwild vorgeschwungen werden?

Nur etwa halb soviel wie beim Schrotschuß (wegen des schnelleren Fluges der modernen Büchsengeschosse). Man übt das Vorschwingen auf der laufenden Keilerscheibe mit verschiedenen Geschwindigkeiten. I.d.R. muß man beim laufenden Keiler etwa in Höhe des Gebrechs und kurz dahinter weiterschwingend abdrücken.

Wie weit kann man auf Wild wirksam mit Schrot schießen?

Der Schrotschuß auf Wild ist bis etwa 35 m am wirksamsten. Versuche haben ergeben, daß Flintenläufe mit mittlerer Streuung mit 3 und $3^1/_2$ mm starken Schroten auf 35 m den Hasen sicher verenden lassen, mit enger Streuung und $3^1/_2$ mm Schroten auch noch auf 40 m (mit 4 mm auch den Fuchs auf 40 m).

Auf weitere Entfernungen soll man, da der Schrotschuß Unregelmäßigkeiten unterliegt, nicht schießen! Der Jagdscheinanwärter muß unbedingt in der Lage sein, bei der Prüfung im Revier die Schußentfernung (z.B. 35 m, 40 m und 100 m) genau anzugeben (s. auch S. 800). Die zulässige Schrotschußentfernung auf Wild darf nicht mit dem Gefahrenbereich des Schrotschusses verwechselt werden (s.S. 123).

Wie kann man das Schießen mit der Gebrauchswaffe erlernen?

Durch regelmäßige Teilnahme an Übungsschießen (s.S. 131) auf stehende und laufende Wildscheiben und auf Wurftauben. Neuerdings gibt es auch verkleinerte Wildscheiben des DJV (s.S. 134), die man stehend und laufend – auch im Zimmer – mit dem Luftgewehr und CO_2-Gewehr, aber auch mit der Gebrauchswaffe unter Benutzung einer Einsteckpatrone und entsprechender RWS-Übungsmunition beschießen kann. Außerdem kann auf verkleinerte Wurftauben (Minitauben) bei Verwendung eines Claybirding-Einstecklaufes und der RWS-Randfeuerpatrone „.22 long rifle Schrot“ geschossen werden (s.S. 77).

Sowohl der Übungsstand für laufende Scheiben (der Firma Waffen-Krauser, München 8) wie auch die Wurfmaschine für Minitauben sind leicht zu transportieren und können vom Schützen mittels Kabel und Auslöser betätigt werden.

Mit dem nach allen Richtungen verstellbaren Gelenkgewehr kann man sich die wirklich passende Flinte „anmessen lassen“. Hat man nach vielen Probeschüssen die für diese Waffe passende Patronensorte gefunden, bleibe man bei dieser Marke. Der Anfänger sollte nie zu starke (überladene) Munition verschießen.

Es gibt Schießschulen, die erfolgversprechenden Einzelunterricht erteilen: Schießschule Leun (Lahn-Dill-Kreis), Olympiasieger Konrad Wirnhir (München-Hochbrück), Joachim von Müller (Jakobsberg, Boppard/Rhein), Jagdparcours Hattenhofen (Südbayern), Jagdparcours Buke (Ostwestfalen), H. Recker (Oberhausen), Allan Wojcinsky (Bonifatiusstr., Düsseldorf-Lörick).

Das Zielfernrohr

Welche Zielfernrohrtypen sind für die Jagd gebräuchlich?

Es gibt unter anderem Zielfernrohre mit konstanter, also unveränderlicher Vergrößerung ($2^1/_2$-, $2^3/_4$-, 4-, 6- und 8fach) und mit veränderlicher (variabler) Vergrößerung (verstellbar von $1^1/_2$- bis 6-, $2^1/_2$- bis 8- und 9-, 3- bis 10- und 12fach).

Der Riese unter den variablen Zielfernrohren ist ein Produkt von Hertel & Reuß. Es vergrößert vom 4fachen auf das 16fache und hat einen Objektivdurchmesser von 56 mm (stärkere Vergrößerungen durch Fabrikate aus den USA und Fernost, z.B. bis 24fach). Die Befestigung auf dem Gewehr erfolgt mit Einhak- (z.B. Suhler), Schwenk- und Aufschubmontage, z.B. EAW-Schwenkmontage, EAW-Hebelschwenkmontage (s. Abb. S. 118).

Welche optischen Grundelemente hat ein Zielfernrohr?

Das Okular, das Absehen, das Umkehrsystem und das Objektiv (s. Abb. S. 118). Die Okularlinse ist die dem Auge (lateinisch: oculus) am nächsten liegende Linse, die Objektivlinse ist die auf das Objekt (z.B. auf das Wild) gerichtete Linse. Zielfernrohre sind um so heller, je größer die Objektivlinse ist, und das im Fernrohr gesehene Bild erscheint umso näher, je stärker die Vergrößerung ist (s. auch S. 503).

Welche Zielfernrohre sind gute Gebrauchsgläser?

Die mit $2^1/_2$- (für das Flüchtigschießen) bis 4-(6-)facher Vergrößerung. Mit wachsender Vergrößerung wird das Verwackeln des Zieles größer und das Sehfeld kleiner, man kann dann nur noch aufgelegt oder angestrichen schießen. Ein Leichtmetall-Gehäuse hat immer den Vorteil des geringeren Gewichts.

Was verstehen wir unter „vergüteter" Optik?

Durch Aufbringen von dünnen Schichten auf den Glasoberflächen wird eine Reflexminderung an diesen und dadurch eine größere Helligkeit und Klarheit des Bildes erreicht. Neben den altbekannten Einfachschichten, mit denen ein Durchlaßgrad bis über 80% erreicht wird, gibt es neuerdings Mehrfachschichten (T*, Multicoating, Ceralin, Iralin), mit denen Durchlaßgrade von über 90% erreicht werden.

Welchen Vorteil hat die Breitbandvergütung?

Sie macht bei Ferngläsern und Spektiven, daß Schärfe und Kontrast beim letzten Licht erhalten bleiben; das Bildfeld bleibt weiß (Optolith Dämmerungs-Spektive 22 × 70 und 30 × 75).

Welche Vorteile bietet das Zielfernrohr?

Es ist ein großer Segen für ältere Jäger, die wegen Alterssichtigkeit Visier, Korn und Ziel nicht mehr „zusammenbringen". Es erleichtert ihnen ein gutes Abkommen, da das Ziel näher herangebracht und wesentlich aufgehellt wird. Der optischen Leistung sind natürlich auch hier Grenzen gesetzt. Die Benutzung eines Zielfernrohres sollte nie zu Weitschüssen verleiten!

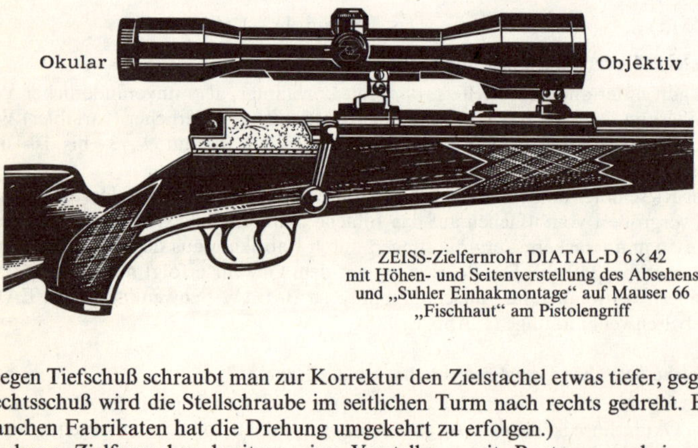

ZEISS-Zielfernrohr DIATAL-D 6 × 42
mit Höhen- und Seitenverstellung des Absehens
und „Suhler Einhakmontage" auf Mauser 66
„Fischhaut" am Pistolengriff

(Gegen Tiefschuß schraubt man zur Korrektur den Zielstachel etwas tiefer, gegen Rechtsschuß wird die Stellschraube im seitlichen Turm nach rechts gedreht. Bei manchen Fabrikaten hat die Drehung umgekehrt zu erfolgen.)
Moderne Zielfernrohre besitzen eine Verstellung mit Rastung, wobei z.B. „1 Click" eine Verstellung von 1 cm auf 100 m bewerkstelligt. Darüber hinaus bedeutet zentriertes Absehen, daß trotz Verstellung des Absehens dieses immer zentral zur Sehfeldbegrenzung sichtbar ist.

Wie kann man das Auge und seine Umgebung beim Benutzen eines Zielfernrohres vor Verletzungen beim Rückstoß schützen?

Durch eine Gummiblende, die man über das Okularende schiebt. Das ist vor allem beim Liegendschießen zu beachten! Die Gummiblende hält seitlich einfallende Lichtstrahlen ab.

Was ist bei der Benutzung des Zielfernrohrs vor Abgabe des Schusses zu beachten?

Zunächst ist zu prüfen, ob das Zielfernrohr richtig festsitzt, ferner, ob in der Zielrichtung Gegenstände vorhanden sind (Draht, Äste, Zweige oder Gräser), die man wegen der höheren Lage des Fernrohres nicht sieht, die aber das Geschoß ablenken können.
Außerdem muß das Zielauge durch die Mitte der Okularlinse blicken, da sich sonst eine Verschiebung oder Parallaxe der Zieleinrichtung und Abweichung von der Treffpunktlage ergeben kann. Diese Parallaxe ist um so größer, je schräger das Auge durch das Zielfernrohr blickt. Sie führt dann zu einer erkennbaren Abschattung des Sehfeldes (d.h., im Blickfeld wird dann auf der Okularlinse ein grauer Rand sichtbar!). Die Zielfernrohre werden vom Hersteller auf eine Entfernung von 100 m parallaxefrei eingestellt.
Beim Schuß auf sehr nahe Ziele nimmt man das Zielfernrohr am besten ab und schießt über Visier und Korn, damit (durch den Unterschied zwischen Visierlinie und Geschoßbahn) kein Tiefschuß entsteht.

Fernrohrabsehen als Entfernungsschätzer

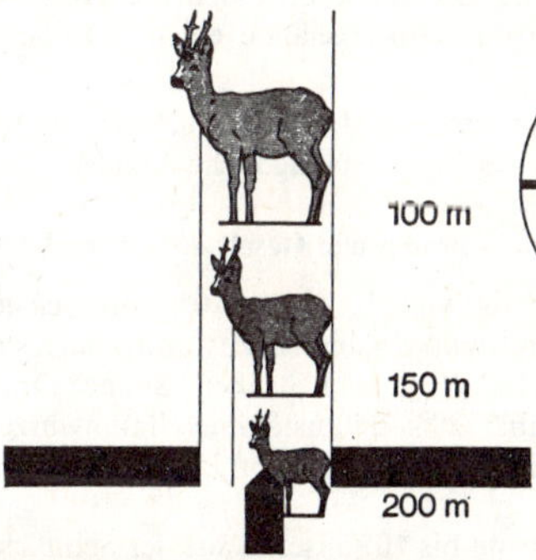

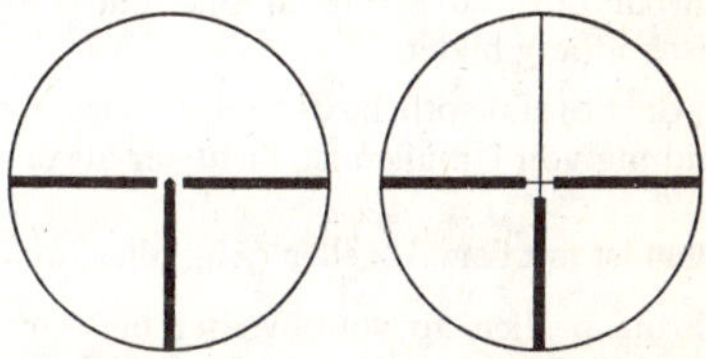

Zielstachel   Fadenkreuz

die gebräuchlichsten Fernrohrabsehen
links: Rehbock in 100 bis 200 m Entfernung
Die Stärke des Balkens deckt auf 100 m etwa 20 cm.

Der Abstand der horizontalen Balken läßt auf 100 m etwa 70 cm oder das Maß eines breitstehenden Rehbockes frei, auf 200 m etwa 1,40 m oder das Maß eines breitstehenden Rothirsches.

Kann über das Zielfernrohr auch mit Schrot geschossen werden?

Ja, z.B. mit dem Drilling oder der Büchsflinte bei der Jagd auf den Fuchs und beim Hasenansitz. Bei kombinierten Gewehren ist vorher der Treffpunkt der Schrotgarbe zu überprüfen, weil sich dieser infolge des auf das Gewehr aufgesetzten Zielfernrohres oft ändert. Die üblichen Schrotschußentfernungen dürfen nicht überschritten werden (Benutzung eines Stechers s.S. 94).

Kann man das Zielfernrohr als Entfernungsschätzer verwenden?

Ja. Bei den meisten Absehen entspricht der freie Raum zwischen den Querbalken auf 100 m einem Breitenmaß von 70 cm, also der ungefähren Länge eines breitstehenden Rehes vom Stich bis zum Spiegel. Füllt ein Stück Rehwild diesen Raum aus, so ist es etwa 100 m entfernt, füllt es nur die Hälfte aus, so beträgt die Entfernung etwa 200 m (s. Abb. S. 119). Zwischenentfernungen müssen geschätzt werden. Bei erwachsenem Rotwild beträgt die Länge vom Stich bis zum Spiegel etwa 140 cm.

Wie funktioniert das Aimpoint-Zielgerät?

Der Zielstachel wird bei dieser Zielhilfe durch einen leuchtenden Punkt ersetzt. Seine Lichtstärke paßt sich automatisch der jeweiligen Helligkeit an, kann aber auch davon unabhängig geregelt werden. Ein Polarisationsfilter ermöglicht auch das Schießen bei gleißendem Schneelicht. Inzwischen gibt es das Gerät auch kombiniert mit einem Zielfernrohr, das dreifache Vergrößerung ermöglicht.

Vorsichtsmaßregeln im praktischen Jagdbetrieb

Verhalten vor und nach dem Schuß

Was ist vor Abgabe eines Schusses zu beachten?

Man muß sich stets erst das Gelände ansehen und prüfen, ob in der Schußrichtung innerhalb der größten Reichweite der Geschosse oder Schrote Menschen sichtbar oder zu vermuten sind und ob das Hintergelände einen natürlichen Geschoßfang bildet.

An die Sorgfaltspflicht des Jägers wird ein strenger Maßstab angelegt! Die Vermeidung von Unfällen ist wichtiger als der zwingendste jagdliche Anlaß!

Wann ist mit dem Abgellen (Abprallen) von Schroten und Geschossen zu rechnen?

Schrote prallen ab vom Wasser bei Auftreffwinkeln bis zu 10°, von weichem Gelände (Wiesen, Äcker usw.) bei Auftreffwinkeln bis zu 20° und von festem und harten Gelände (gefrorener Erdboden, Wege und Straßen, Steine, Drahtzäune usw.) auch bei Auftreffwinkeln über 20°. Baumstämme, Baumwurzeln, Äste sowie die Kiele und Knochen der Flügel und Ständer von Federwild können Schrote ebenfalls abprallen lassen.

Aufschlag auf weiches Gelände lenkt Schrote bis 10° allseitig aus der Schußrichtung ab und vergrößert hierdurch die Gefährdungsbereiche nach Seiten und Höhe. Schräg zur Schußrichtung liegende Ackerfurchen und Böschungen, die gefroren sind, Steine, vereiste Hölzer, freiliegende Baumwurzeln lenken Schrote bis 45° und mehr aus der Schußrichtung ab. Abprallende Schrote können noch weit fliegen und, besonders wenn sie von Wasser absetzen, Flugstrecken erreichen, die sich je nach den Umständen den Reichweiten im freien Flug nähern.

Aus Büchsenläufen abgefeuerte Geschosse können bereits von weichem Gelände bei Auftreffen bis zu 10° abprallen. Durch ihren Aufschlag erhalten diese Geschosse allseitige Ablenkungen aus der Schußrichtung bis 10°.

Flintenlaufgeschosse setzen auch bei Auftreffwinkeln bis zu 15° von weichem Gelände ab und werden durch den Aufschlag allseitig bis mindestens 15° aus

der Schußrichtung abgelenkt. Flintenlaufgeschosse können eine Flugweite bis 1500 Meter erreichen.
Harter Aufschlag von Geschossen kann ein Abprallen begünstigen und das Ausmaß der Ablenkung vergrößern. Die Flugweiten solcher Abpraller können sich je nach Geschoßart 1000 m und weiter erstrecken (Wasserjagd s.S. 312).

Gefrorene Ackerfurchen und Böschungen, die schräg zur Schußrichtung liegen, sowie Steine, vereiste Hölzer und harzreiche Baumwurzeln lenken Schrote um 45° und mehr aus der Schußrichtung ab

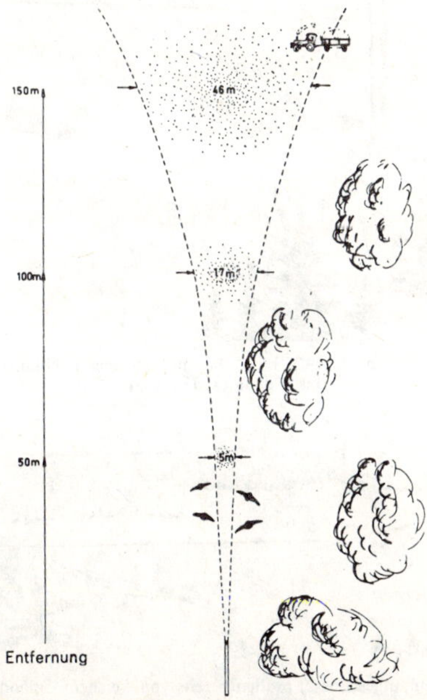

Schrotstreuung
Die frei fliegende Garbe von $2^1/_2$-mm-Schrot erhält in der Höhe und nach den Seiten auf 100 m (150 m) Entfernung bis zu 17 m (46 m) Breitenstreuung

Schrote von $2^1/_2$ mm fliegen bei einem Erhöhungswinkel des Schusses von 25° bis zu 200 m weit

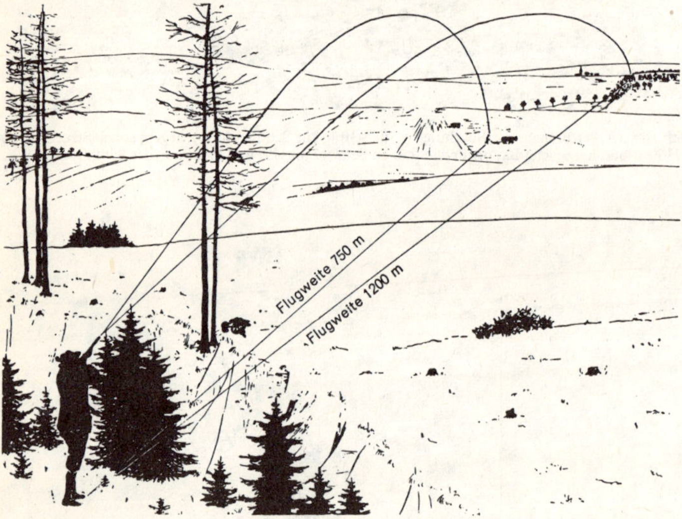

Geschosse der Randfeuerpatrone Kal. .22 l.f.B. fliegen bei einem Erhöhungswinkel von 30° (60°) bis 1200 m (750 m) weit

Büchsengeschosse (Flintenlaufgeschosse) prallen bereits von weichem Gelände ab, wenn sie hierauf im Einfallswinkel von weniger als 10° (Flintenlaufgeschosse von weniger als 15°) auftreffen. Durch ihren Aufschlag werden Büchsengeschosse allseitig bis 10°, Flintenlaufgeschosse bis mind. 15° aus der Schußrichtung abgelenkt. Der harte Aufschlag von Geschossen kann das Abprallen begünstigen und das Ausmaß der Ablenkung sämtlicher Geschosse vergrößern!

Wie weit gefährdet ein Schrotschuß auf Flugwild das hinter dem Ziel liegende Gelände?

Es ist je nach Kornstärke bis etwa 350 m gefährdet. Bei einem Erhöhungswinkel des Schusses von 25°, der die größten Reichweiten von Schroten ergibt, fliegen Schrote von
4 mm Stärke etwa 350 m (bis 400 m),
$3^1/_2$ mm Stärke bis etwa 300 m,
3 mm Stärke bis etwa 260 m,
$2^1/_2$ mm Stärke bis etwa 200 m (Faustregel: Körnung × 100 m).
Je gröber die Schrote, desto größer ist ihr Gefahrenbereich!
Hierbei ist zu beachten, daß die Ausdehnung der Schrotgarbe in der Breite und Höhe mit der Entfernung stark zunimmt. Die Ausdehnung beträgt auf Entfernungen von 50 m etwa 5 m, 75 m etwa 10 m, 100 m etwa 17 m, 150 m etwa 46 m.

Wie weit gefährdet ein Geschoß das hinter dem Ziel liegende Gelände?

Büchsengeschosse gefährden je nach Kaliber und Ladung das Hintergelände auf Entfernungen bis zu fünf Kilometer. Das Geschoß .22 lang für Büchsen trägt 1500 m weit. In der Nähe von Ortschaften und Straßen (und in Revieren, in denen oberirdische Rohrleitungen verlegt sind) ist daher größte Vorsicht geboten (gefährlichster, größte Flugweite ergebender Schußwinkel ist für den Büchsenschuß ein Winkel von 33°, also z. B. ein Schuß in einen Baum [s. Abb. S. 122], und für den Schrotschuß auf Flugwild von 25°).

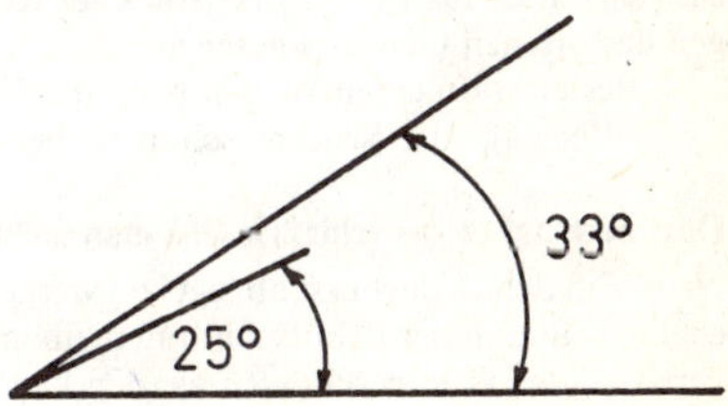

Gefährlichster Schußwinkel
für den Schrotschuß 25°
für den Büchsenschuß 33°

Wie verhält man sich bei einem Versager?

Bei einem Versager wartet man im Anschlag mindestens 10 Sekunden, ob der Schuß noch bricht. Der Verschluß darf auf keinen Fall früher geöffnet werden, da es sich um einen Nachbrenner handeln kann. Nach einem „schlappen" Büchsenschuß ist es möglich, daß das Geschoß im Laufe steckengeblieben ist. Nach einem „schlappen" Schrotschuß können die Schrotladung oder der Pfropfen im Lauf zurückgeblieben sein. Es muß in solchen Fällen vor dem erneuten Laden in jedem Falle durch den Lauf gesehen werden! (s. auch S. 132).

Was hat der Schütze mit dem Gewehr zu tun, wenn er Geländehindernisse (Gräben, Zäune) überschreitet oder einen Hochsitz bezieht (besteigt) oder verläßt?

Er hat die Schußwaffe zu entladen. Das besagen die Unfallverhütungsvorschriften der Berufsgenossenschaft UVV81, § 2 Abs. 2 (s. S. 797).

Was ist beim Laden feucht gewordener Patronen mit Papphülse zu befürchten?

Daß die Pappe gequollen ist und die Patrone nicht in den Lauf hinein- oder nicht aus dem Lauf herausgeht. Nicht mit anderer Patrone heraushebeln (das Zündhütchen kann an der Laufkante eingedrückt werden)!

Was hat zu geschehen, wenn die Patrone nicht mehr aus dem Lauf herausgeht?

Es ist zu versuchen, sie mit einem Patronenzieher oder mit dem Rand einer Patrone herauszuziehen; gelingt das nicht, so ist die Patrone abzuschießen und die leere Hülse, wenn nötig, mit einem (Reinigungs-)Stock herauszustoßen.

Was ist zu beachten, wenn Fremdkörper (Schnee, Erde) in den Lauf geraten sind?

Sie müssen entfernt werden, da sonst beim Schießen Laufsprengungen oder -aufbauchungen entstehen können.
Während der Jagdausübung hat sich zum Entfernen von Fremdkörpern aus dem Lauf ein zusammenschraubbarer Putzstock in Stärke des Büchsenkalibers (nebst anschraubbaren Bürsten für den Büchsen- bzw. Schrotlauf) bewährt. Den Schrotlauf kann man auch mit einem Bleilot, an dem ein Bindfaden nebst Bürste oder Lappen befestigt ist, reinigen (leichtes Mitführen im Rucksack!). Ein Mündungsschoner schützt den Lauf gegen Regen und Fremdkörper (nicht vergessen, ihn vor dem Schuß abzunehmen!). Nach seinem Abnehmen sollte man nicht vergessen, durch den Lauf zu sehen.

Was muß man prüfen, bevor man ein Fahrzeug besteigt?

Man muß durch die Läufe sehen und prüfen, ob das Gewehr wirklich entladen ist. (Das muß auch beim Frühstück im Revier, vor dem Abstellen oder Aufhängen des offenen Gewehrs geschehen!)

„Besteigst du einen Wagen nach frischem, frohen Jagen,
Entfern aus der Kanone schon vorher die Patrone!"

Darf man auf etwas schießen, das man nicht genau angesprochen (erkannt) hat?

Nein. Ein Schuß darf erst abgegeben werden, wenn man das Ziel genau angesprochen hat und in der Schußrichtung niemand gefährdet wird, da sonst ein Mensch verletzt oder Wild geschossen werden kann, das nach dem Gesetz nicht geschossen werden darf.

Achte des Waidmanns heilig' Gebot:
„Was du nicht kennst, das schieße nicht tot!"

Das Schießen auf geschützte Tiere oder auf Wild, das in der Schonzeit steht, wird als Vergehen bestraft. Der Jagdschein wird eingezogen oder auf Zeit einbehalten.

Wie trägt der Jäger sein Gewehr?

Nach dem Abblasen eines Treibens und bei Schießveranstaltungen immer mit geöffnetem Verschluß (abgekipptem Lauf) und ungeladen (s. Abb. S. 125 und S. 131).
Jeder Beteiligte kann sofort erkennen, daß er entladen hat.
Im Revier ist auch folgendes Tragen zulässig:
Auf der linken Schulter:
Mündung vorn in Augenhöhe, Lauf nahezu senkrecht nach oben weisend, linke Hand diesen umfassend (bei Gesellschaftsjagden).

Auf der rechten Schulter (bestes Tragen!):
Lauf hinter der Schulter, senkrecht, Mündung nach oben, rechte Hand am Gewehrriemen (wenn er Hirschfänger, Waidblatt oder Jagdtasche links trägt oder einen Hund führt).
Riemen um den Hals gehängt:
Gewehr auf der Brust und auf dem Bauche ruhend (bei Glatteis oder schwierigem Gelände).
Auf dem Rücken:
Riemen über der Brust (beim Radfahren, beim Bergsteigen und in schwierigem Gelände und beim Besteigen eines Hochsitzes, um beide Hände frei zu haben!).
Nach den Unfallverhütungsvorschriften der landwirtschaftlichen Berufsgenossenschaft (s.S. 796) ist das Gewehr vor und nach dem Treiben mit der Mündung nach oben zu tragen. Eine Abweichung kann bei Schnee oder Regen erforderlich sein. Der Jagdleiter kann andere Sicherheitsmaßnahmen bestimmen, z.B. Öffnen des Verschlusses. (UVV81 4.4. § 3 Absatz 8, s.S. 798).

Richtiges Tragen des Gewehrs

Wie ist das Gewehr außerhalb und während des Treibens zu tragen?

Außerhalb eines Treibens ungeladen und stets mit geöffnetem Verschluß; während des Treibens ist die Mündung schräg zur Erde zu halten, jedoch niemals in der Richtung auf die Nachbarschützen oder Treiber. Wenn die Treiber nahen oder „Treiber rein" geblasen wird, nehmen erfahrene Jäger die Mündung senkrecht nach oben. Wer gegen jagdliche Verbote sündigt, muß damit rechnen, daß er nicht wieder als Jagdgast eingeladen oder vor das abendliche „Jagdgericht" geschleppt wird (s.S. 383).

Wie lassen sich Jagdunfälle verhüten?

Durch Beachten der Jagdregeln für Schützen und Treiber. (Siehe Unfallverhütungsvorschriften der landwirtschaftl. Berufsgenossenschaft S. 796).

Darf man mit angeschlagenem Gewehr durch die Schützen- oder Treiberlinie durchziehen?

Nein! Das Durchziehen mit angeschlagenem Gewehr durch die Schützen- oder Treiberlinie ist wegen der damit verbundenen Gefahr streng verboten. Der Jagdleiter entscheidet sonst: „Herr X! Für Sie ist die Jagd beendet!"

Wie hat man sich zu verhalten, wenn sich andere Personen in gefahrbringender Nähe befinden?

In dieser Richtung darf weder angeschlagen noch geschossen werden (Unfallverhütungsvorschriften der Berufsgenossenschaft UVV81 4.4. § 3 Absatz 4, Satz 1, s. S. 798).

Verhalten bei Jagdunfällen

Muß ein Jäger in „Erster Hilfe" ausgebildet sein?

Ja! Gejagt wird meist weit entfernt von menschlichen Ansiedlungen. Oft dauert es lange, bis man an ein Einzelgehöft kommt, um von dort einen Arzt oder Rettungswagen herbeitelefonieren zu können. Zudem ist der Transport eines Verletzten durch unwegsames Gelände meist schwierig und zeitraubend. So schreiben einige Bundesländer die Ausbildung in „Erster Hilfe" bindend vor und fordern einen entsprechenden Nachweis, bevor sie einen Bewerber zur Jägerprüfung zulassen. Die erforderlichen Kenntnisse lassen sich beispielsweise in einem Kurs des „Roten Kreuzes" aneignen.

Wann beginnt die Erste Hilfe?

Erste Hilfe ist zunächst Selbsthilfe und beginnt lange vor einem möglichen Unfall. So sollte jeder Jäger gegen Wundstarrkrampf immunisiert sein. Diese Tetanus-Impfung ist alle fünf Jahre zu erneuern. Auch gegen Tollwut kann man sich impfen lassen. In diesem Fall ist eine Auffrischung innerhalb Jahresfrist notwendig.
In jeden Jagdrucksack gehören Verbandszeug, Dreieckstücher und Jod. Noch besser eignen sich Kordan bzw. Dijozol, denn diesen Desinfektionsmitteln wird eine abtötende Wirkung gegenüber dem Tollwutvirus nachgesagt. Daß man stets genügend Munition und eine Taschenlampe dabei hat, dürfte selbstverständlich sein. So ist es einem im Ausnahmefall möglich, mit dem Jägernotruf oder dem alpinen Notsignal (s. S. 362) Hilfe herbeizuholen.
Häufig wird vergessen, eine Nachricht zu hinterlassen, in welchem Revierteil man jagt. Dabei genügt eine kurze Notiz auf einem Zettel. Wenn der Revierinhaber nicht nach Hause kommt, weiß man, wo man suchen muß. Dieser Zeitvorsprung kann lebensrettend sein. (Bei Jagdgästen ist die Gefahr des Nichtfindens weniger groß. Man weiß, wo sie ansitzen, und kann bei längerem Ausbleiben gezielt nachsuchen.)
Bei Gesellschaftsjagden sollte der Jagdleiter stets einen „Erste-Hilfe-Kasten" mit Druckverband zur Blutstillung greifbar haben.

Was ist zu tun, wenn ein Verletzter blutet?

Leichte Haut- und Fleischwunden, die man sich beim Aufbrechen oder beim Kriechen durchs Buschwerk zuzieht, sind vor dem Verbinden zu desinfizieren. Wird man von Wildtieren gebissen, besteht Ansteckungsgefahr durch Tollwut. Kordan bzw. Dijozol können den lebensgefährlichen Virus bereits in der Wunde abtöten. Auf jeden Fall ist eine Nachimpfung erforderlich, denn diese Krankheit führt in fortgeschrittenem Stadium unweigerlich zum Tod. Gelangen bei Schußverletzungen Geschoßteile oder Schrote unter die Haut, werden sie nur entfernt, wenn dies ohne große Mühe geschehen kann.

Starke Blutungen, wie sie bei Verwundung der Schlagader auftreten, sind umgehend zu stillen. Das Abbinden oberhalb der Verletzung gilt als überholt. Statt dessen legt man einen Druckverband über die Verletzung. Eine Krawatte, der Schweiß- oder Gewehrriemen können dabei helfen. Im äußersten Notfall greift man mit zwei Fingern in oder mit der flachen Hand über die Wunde. Der Blutverlust kann schlimmere Folgen haben als eine eventuelle Infektion. Bei

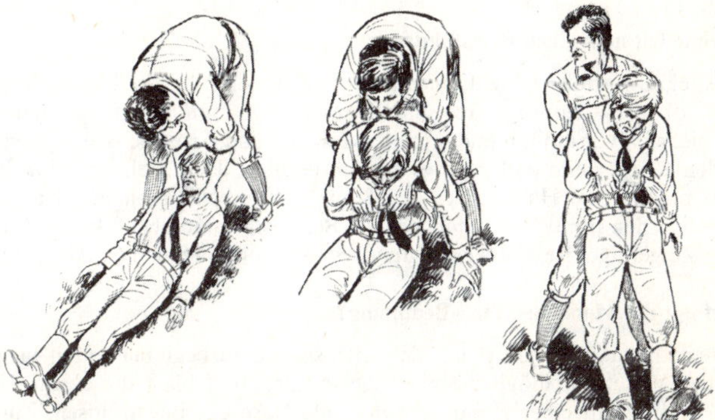

Mit dem Rautek-Rettungsgriff wird ein Verletzter schonend abtransportiert.

einer Nachbehandlung durch den Arzt oder im Krankenhaus muß die Immunität gegenüber Wundstarrkrampf sowieso überprüft werden.
Einen Verletzten holt man mit dem Rautek-Rettungsgriff aus einer Gefahrenzone. Dazu legt man ihm einen Arm an die Brust und ergreift diesen mit beiden Händen, die man unter den Achseln durchsteckt (s. Abb.).

Wie werden Knochenbrüche bei der Ersthilfe behandelt?

Knochenbrüche sind für den medizinischen Laien oft schwer erkennbar. Können Gliedmaßen nicht bewegt werden, reiben die Knochen aneinander oder beobachtet man Fehlstellungen, liegt höchstwahrscheinlich ein Bruch vor, wogegen ein Bluterguß eher auf eine Prellung schließen läßt. Man sollte das verletzte Glied ruhigstellen. Mit Kleidungsstücken hüllt man es ein, bettet es weich und versucht ihm Halt zu geben. Eine Schienung ist nicht unbedingt erforderlich. Man kann aber Kleidungsstücke zu Walzen rollen und es in U-Form um das verletzte Glied legen.
Beim Sturz von defekten Reviereinrichtungen treten oft schwere Verletzungen der Wirbelsäule auf. Insbesondere wenn diese mit Lähmungen verbunden sind, darf man den Verletzten keinesfalls bewegen. Hebt man ihn auf die Trage, müssen mehrere Personen zugreifen. Sie rollen ihm die Kleidung zusammen, bis sie dicht am Körper anliegt und bewegen ihn dann gleichzeitig und ohne Rucken. Empfehlenswerter wäre der Abtransport mit der Vacuumliege!

Was ist bei einem Verletzten zu tun, der unter einem Unfallschock leidet?

Man erkennt den Unfallschock am schneller und schwächer werdenden Puls, an der Blässe, am Frieren des Verletzten, an seiner kalten Haut, am Schweiß auf der Stirn und an einer ungewohnten Nervosität. Einen Nichtbewußtlosen bringt man in Schocklage (s. Abb. unten). Man öffnet ihm die Kleider, spricht ihm gut zu und lagert seine Beine hoch. Dazu hüllt man ihn in wärmende Kleidung, denn selbst in Sommermonaten kann man sich in diesem Zustand schnell unterkühlen (ab Temperatur unter +18° C!).

Wie behandelt man einen Bewußtlosen?

Da Erstickungsgefahr besteht, wird ihm zunächst die Mundhöhle gereinigt und geprüft, ob die Atemwege frei sind. Dann bringt man ihn in die Seitenlage. Man kniet sich vor ihn hin und ergreift das Knie- und Armgelenk der gegenüberliegenden Körperseite und zieht es zu sich herüber. Den Zieharm winkelt man ab und polstert die Hand unter den Kopf, der unbedingt in den Nacken geschoben werden muß. Das untenliegende Bein biegt man ebenfalls ab. Mit dem rechten Zeigefinger ist öfters eine Mundrevision vorzunehmen (s. Abb. unten).

Wie erfolgt die Mund-zu-Mund-Beatmung?

Bei Atemstillstand ist sofort mit der Atemspende zu beginnen. Man biegt den Kopf des Verletzten möglichst weit nackenwärts und bläst die eigene Luft in dessen Mund. Mit einer Hand hebt man die Nase des Bewußtlosen. Zunächst gibt man etwa zehn tiefe Atemstöße. Nach zehn Sekunden Pause wird im Rhythmus des eigenen Ein- und Ausatmens weiter Atemhilfe gespendet. Es gibt auch eine Mund-zu-Nase-Beatmung. Man sollte beide Möglichkeiten geübt haben. Eine Herzmassage darf nur von dazu besonders ausgebildeten Personen durchgeführt werden.

Bei der stabilen Seitenlage muß der Kopf in den Nacken geschoben werden (oben).

Bei der Schocklage müssen dem Verletzten die Beine hochgehoben werden (Mitte).

Nach zehn tiefen Atemstößen bläst man bei der Mund-zu-Mund-Beatmung im eigenen Atemtempo dem Verletzten Luft ein (unten).

Gutschein einfach ausschneiden

Kostenlos erhalten Sie die gewünschten Kataloge, wenn Sie in der untenstehenden Postkarte das entsprechende Kästchen ankreuzen!

☐ Bitte senden Sie mir den „Ratgeber für Jäger und Schützen"

☐ Bitte senden Sie mir außerdem den „Ratgeber für den Jungjäger"

Name

Postleitzahl, Ort

Straße

Beruf

☐ Bitte senden Sie außerdem den „Ratgeber für Jäger und Schützen" noch an folgende Adresse:

Name

Postleitzahl, Ort

Straße

Bitte ausreichend frankieren

Antwort

Frankonia Jagd

Postfach 67 80
8700 Würzburg 1

Zur Unterstützung der Jungjäger-Lehrgänge haben wir neben den schon in vielen Jungjägerkursen bewährten Bildtafeln einen

Ratgeber für den Jungjäger

zusammengestellt. Er behandelt Fragen und Antworten waffen- und munitionstechnischer Art zur Jägerprüfung. Dazu lehrreiche Fachartikel, z.B. über Büchsenschuß und Jagdpraxis; Wurftaubenschiessen; Welche Waffe bei welcher Jagdart? Interessante Demonstrationsfotos vom Schrotschuß auf Niederwild: Fußstellung, Armhaltung und Anschlag, Vorhalten und Mitschwingen.
13 Bildtafeln zur Jägerprüfung auf Buchformat verkleinert.

Wem sind Jagdunfälle zu melden?

Dem Arzt, der Polizei und dem Jagdleiter sowie auf schnellstem Wege der Haftpflichtversicherung bzw. Berufsgenossenschaft. Der Jagdleiter sollte stets einen „Erste-Hilfe-Verbandskasten" und eine Arterienbinde (u.U. Fahrrad-Gummischlauch) zur Blutstillung greifbar haben!

Welcher Unterschied besteht zwischen Jagdhaftpflicht- und Jagdunfallversicherung?

Für den Jagdscheininhaber ist die Jagdhaftpflichtversicherung Zwang. Sie tritt in Schadensfällen ein, in denen der Jäger vom Beschädigten für den ihm zugefügten Schaden haftbar gemacht werden kann (s. S. 711). Haftpflichtversicherungsansprüche von Verwandten sind manchmal (Schmerzensgeld immer) ausgeschlossen. Vor Versicherungsabschluß ist daher die Verwandtschaftsklausel zu überprüfen! Siehe auch Versicherung des Jagdhundehalters (S. 686) und Autozusammenstoß mit Wild (S. 762).
Die Teilnehmer am Ausbildungslehrgang für Jungjäger müssen für die Übungsstunden im Zimmer und für die Übungstage auf dem Schießstand eine besondere Haftpflicht- und Unfallversicherung abschließen (Gemeinschafts- oder Einzelversicherung).
Gegen Jagdunfälle schützt nur eine Unfallversicherung. Ihr Abschluß ist nur bis zum 70. Lebensjahr möglich und freiwillig.
Für Eigenjagdbesitzer, Pächter, deren Treiber und bestellte Helfer tritt bei Unfällen die Berufsgenossenschaft ein (s. S. 711).

Das Gewehr nach der Jagd

Wie ist das Gewehr nach Beendigung der Jagd zu behandeln?

Es ist sorgfältig zu reinigen (nicht zu „putzen"!).

Was ist zu beachten, wenn man kalt gewordene Schußwaffen in geheizte Räume bringt?

Sie beschlagen und sind deshalb mit einem weichen Tuche zu trocknen. Der Mündungsschoner ist sofort zu entfernen. Die Läufe sind mit einem trockenen, saugfähigen Polster durchzuwischen.

Wie erfolgt das Reinigen des Gewehres?

Die Läufe des Gewehres werden zunächst mit einem Reinigungsstock, an dessen Ende ein Träger mit feinem Kunstseidenwerg oder Wattepolster aufgeschraubt wird, langsam ein- oder zweimal durchgezogen. Das Einführen des Reinigungsstockes in den Lauf erfolgt vom Patronenlager, niemals von der Mündung aus, sonst erhält die Laufmündung „Vorweite". (Ausnahme: Einige halbautomatische Gewehre, Pistolen sowie Revolver mit seitlich auskippbarer Trommel.) Das verwendete Polster soll trocken sein. Sofort danach zieht man ein- oder zweimal ein mit Waffenöl getränktes Polster, das die Schußrückstände des Zündsatzes und Pulvers unwirksam macht, durch den Lauf.

Metallrückstände (wie Blei, Nickel, Tombak) in „verbleiten“ Läufen entfernt man durch salmiakhaltige Lösungen (z.B. das Neupurgitin, aber auch Robla und Solvent). Drahtbürsten sind zu vermeiden. Wenn das Laufinnere sauber ist, wird nochmals mit trockenem Polster durchgefahren. Zuletzt wird das Laufinnere mit einer schwach getränkten Ölbürste mit einem dünnen Ölfilm versehen, der durch seine chemische Zusammensetzung das Ansetzen von Rost unterbindet.
Das Gewehr muß dauernd in Ordnung gehalten werden, auch wenn nicht geschossen wurde. Zur Behandlung der Läufe verwendet man Gewehrlauföl (z.B. Ustanol oder Ballistol), für Schäfte Schaftöl (Leinölpräparate) und zum Verstreichen der Fuge des Schaftes am Lauf und System auch Wachs.

Was erwartet man von einem Waffenpflegemittel?

Von einem guten Waffenpflegemittel erwartet man einen gediegenen Rostschutz. Darüber hinaus soll es bewegliche Teile schmieren, Verbrennungsrückstände neutralisieren und Geschoßabrieb und Wasserbenetzungen unterwandern. Es muß kleinste Eckchen und Winkel erreichen und darf keinesfalls die beim Waffenbau verwendeten Materialien schädigen.

Welche verschiedenen Waffenöle gibt es?

Man unterscheidet allgemein alkalisch-reagierende Öle und Neutralöle. Ballistol gehört zur ersteren Gruppe. Es neutralisiert Verbrennungsrückstände und greift Ablagerungen an. Man kann auch Leder- und Holzteile (nicht nur einer Waffe) damit behandeln. Auch bei Zeckenbiß und Insektenstich kann man es anwenden. Cito, Dewet 77, Krieghoff Gun pro, Unisol und Ustanol sind Neutralöle. Sie unterwandern an Waffenteilen aufliegende Nässe und bieten den besseren Korrosionsschutz. Dafür sind sie nicht so universal einsetzbar.
Viele Öle gibt es auch in Spraydosen.

Wie soll der Wischstock zur Waffenreinigung beschaffen sein?

Er muß dem Kaliber der Waffe angepaßt sein. Für Flintenläufe nimmt man Wischstöcke aus Holz. Für Büchsenläufe sind polierte, mit Holz oder Kunststoff verkleidete, mit drehbarem Griff versehene Stöcke aus Silberstahl zweckmäßiger. Wischketten sind weniger geeignet. Alle Reinigungspolster sind nach ungewünschtem Austreten aus der Mündung abzuschrauben, damit keine „Vorweite“ des Büchsenlaufes eintritt.

Welche Methode gibt es noch, eine Waffe zu reinigen?

Eine moderne Methode, seine Waffe zu reinigen, wurde von VFG, 7928 Giegen/Brenz entwickelt. Zum Reinigen, Ein- und Entölen werden Filzpfropfen durch den Lauf gezogen, die auf den Putzstock aufgeschraubt bzw. gesteckt sind. Die Fäserchen dieses saugfähigen und schonenden Materials wirken wie kleine Bürstchen; sie sind dem Laufdurchmesser angepaßt. Mit ihnen kommt man in die kleinsten Eckchen, und das Metall läßt sich äußerst blank polieren. Es gibt die Filze für Büchsen und Flinten. Sie sind nach Wunsch bereits mit Reinigungsmittel oder Öl getränkt.

Was darf man nach dem Reinigen des Gewehres nicht vergessen?

Das Entspannen des Gewehres (s.S. 98).

Wie sind Waffen und Munition aufzubewahren?

Unter Verschluß und stets entladen und entspannt. Zweckmäßig nimmt man Vorderschaft bzw. Kammerverschluß gesondert in Verwahrung (s. § 42 WaffVwV S. 788). Futterale und Mündungsschoner aus Leder sind für die ständige Aufbewahrung nicht geeignet, da durch Spuren von Gerbsäure im Leder Rostansatz entsteht. Futterale und Mündungsschoner aus Leder sollten deshalb nur beim Transport von Waffen benutzt werden!
Durch Kinder, die Zugang zu Schußwaffen hatten, ist schon viel Unglück passiert. Die Eltern müssen für ihre Kinder haften und sollten immer eine Familien-Haftpflichtversicherung abschließen!
(Der schießgerechte Jäger kann Kinder nicht ernst und energisch genug ermahnen, Spielgewehre und Cowboy-Colts keinesfalls auf Menschen zu richten. Eine Strafe auf frischer Tat erwirkt oft Wunder und später dankbare Anerkennung!)

Förderung des jagdlichen Schießens und Schießvorschriften des Deutschen Jagdschutzverbandes (DJV)

Abwicklung von Übungschießen

Wodurch wird das jagdliche Schießwesen gefördert?

Durch regelmäßige Belehrungs-, Übungs-, Leistungs- und Vergleichsschießen innerhalb der Jägerschaften des DJV, der Kreisgruppen und der Hegeringe, durch Schießwettbewerbe und durch Meisterschaftsschießen.

Wie ist die einheitliche Abwicklung der Schießen geregelt?

Durch die Schießvorschrift des DJV vom 1.1. 1977 (Verlag Dieter Hoffmann, 6500 Mainz-Ebersheim). Sie ist für das jagdliche Schießen auf den Schießständen bestimmt und dient der Übung und Förderung in der Fertigkeit beim Umgang mit den Waffen, die bei der Jagdausübung geführt werden. Die ethisch und gesetzlich verankerten Grundsätze des Tierschutzes und der Waidgerechtigkeit fordern von jedem Jäger, das Wild so zu erlegen, daß ihm vermeidbare Schmerzen und Leiden erspart bleiben.
Die Ausbildung soll durch geeignete Personen erfolgen, die vom Landesjagdverband bzw. seinen Gliederungen eingesetzt werden.
Beim Ausbildungsschießen sollen dem Jagdscheinanwärter die Grundbegriffe des jagdlichen Schießens vermittelt und die Gefahren einer falschen Handhabung von Waffe und Munition verdeutlicht werden.
Jeder eingeölte Lauf muß vor dem Gebrauch entölt werden.
Vor jedem Schießen sind die Gewehrriemen abzunehmen. Die Waffen dürfen nur auf dem Schützenstand geladen und dürfen nicht aus der Hand gelegt oder anderen Schützen überlassen werden. Die Gewehre sind ungeladen mit geöffnetem Verschluß oder aufgekipptem Lauf zu tragen und in diesem Zustand in den Gewehrständern abzustellen. Alle Gewehre mit Läufen, die im Verschluß nicht aufkippen (Repetierer, halbautomatische Waffen o.ä.), sind so zu tragen, daß ihre Laufmündungen aufwärts über die Köpfe anwesender Personen gerichtet sind.

Das Hinlegen von Gewehren (z. B. auf Tische) ist verboten.
Das Laden und Inanschlagbringen des schußfertigen Gewehrs dürfen erst nach dem Antreten des Schützen auf seinem Stand vorgenommen werden. Hierbei ist die Laufmündung in die Richtung des Zieles zu halten.
(Die Schießschule im Hause ist möglich durch:
1. den Tonfarb-Lehrfilm „Der Flintenschuß" in Super 8 [185,– DM] von Albrecht Kind GmbH, 5270 Gummersbach 31 – Hunstig, und
2. GunFlush, Schießtraining im Hause von „Sport und Jagd", Kronenstraße 37, 7 Stuttgart 1, durch Übungen mit der gewohnten Waffe.)

Flinten mit Mehrladeeinrichtung dürfen nur mit zwei, Büchsen nur mit einer scharfen Patrone geladen werden.
Beim Büchsenschießen muß das Gewehr vor dem Standwechsel entladen werden, der Verschluß geöffnet bleiben und so getragen werden, daß die Laufmündung aufwärts über die Köpfe anwesender Personen gerichtet ist. Beim Wurftaubenschießen muß der Verschluß des Gewehrs nach der Schußabgabe geöffnet werden. Vor dem Wechsel vom letzten auf den ersten Stand muß außerdem entladen und das Gewehr mit geöffnetem Verschluß getragen werden (s. Abb. S. 125).
Der Schütze muß sich vor Beginn jeder Serie ausreichend mit Patronen versorgen.
Jeder Schütze darf erst nachrücken, wenn der vor ihm schießende Schütze abgeschossen hat. Nach der Beendigung des Beschusses einer Serie sind die Gewehre sichtbar zu entladen. Der Schießleiter fordert die Schützen zum Verlassen der Stände auf. Vorheriges Verlassen der Stände ist untersagt.
Das Berühren fremder Gewehre ist nur Schießleitern, Aufsichtspersonen und Schiedsrichtern zu Zwecken der Kontrolle gestattet. Berührt ein Schütze ohne Erlaubnis der Eigentümer fremde Gewehre, so kann er vom weiteren Schießen ausgeschlossen werden.

Wie hat sich der Schütze beim Versagen der Waffe oder der Patrone zu verhalten (s. auch S. 123)?

Er verbleibt auf seinem Stand, hält die Waffe, ohne sie zu öffnen und an ihr Handgriffe vorzunehmen, in die Richtung der Scheiben oder Wurfmaschinen und ruft die zuständige Aufsichtsperson zur Prüfung der Ursache des Versagens. Sonst wird ihm für den Schuß ein Fehler angeschrieben.

Belehrungs- und Übungsschießen in Hegeringen und Kreis- bzw. Bezirksgruppen

Für welche Jäger sind Belehrungsschießen abzuhalten?

Für Anfänger und für Jäger, die in ihren Leistungen unsicher sind. Diese Jäger haben meist eine Scheu, durch gute Schützen beobachtet zu werden, und bringen deshalb meist nicht den Mut auf, an den allgemeinen Übungsschießen teilzunehmen. Sie sind deshalb, getrennt von sonstigen Übungsschießen, zunächst in „Belehrungs- und Übungsschießen für Anfänger" zusammenzunehmen. Hierbei müssen sie auch lernen, „durch das Feuer zu sehen". Bei Verwendung von Leuchtspurmunition (Gevelot) und beim Trapschießen (s.S. 136/137) kann der Jungjäger seine Fehler leicht erkennen.

Welche Aufgabe hat der Schießleiter bei den Belehrungs- und Übungsschießen?

Er hat die Jäger im Schießen mit der Büchse, Flinte und Kurzwaffe und in deren Handhabung zu unterrichten und zu belehren. Erst wenn die Jäger erkennen, daß sie unter seiner Anleitung ihre Leistungen vervollkommnen, werden sie einen etwa vorhandenen Minderwertigkeitskomplex überwinden. Der angefachte gesunde Ehrgeiz wird ihre Leistungen steigern und sie zu ständigen Teilnehmern am jagdlichen Schießen werden lassen.

Was ist beim Schießen vom Anschußtisch aus zu beachten?

Der Schütze sitzt am Anschußtisch, legt das Gewehr etwa 15 cm vor dem Abzugsbügel auf den in richtiger Höhe vorhandenen Sandsack auf, lädt es in Richtung des Kugelfanges und macht es schußfertig (s. S. 92/100). Dann stützt er beide Ellbogen auf dem Anschußtisch auf, umspannt fest den Kolbenhals des Gewehrs und zieht den Kolben fest und voll in die Schulter ein. Der Schießfinger wird erst dann an den Abzug bzw. Stecher angelegt, wenn der Schütze mit der Zieleinrichtung auf der Scheibe ist. Wird ein Zielfernrohr benutzt, ist es zum Schutze des Zielauges vor dem Rückstoß mit einer Gummiblende zu versehen. Dann wird, um ruhig zielen zu können, tief eingeatmet und beim Erfassen des Zieles langsam und von vorn „abgekrümmt". Anschließend wird das Schloß des Gewehres geöffnet und das Gewehr auf den Anschußtisch in Richtung Kugelfang hingelegt.
Bei Störungen ist das Gewehr in Richtung des Kugelfanges zu halten und dem Ausbilder Bescheid zu geben.

Schießen mit der Büchse vom Anschußtisch aus. Den Gewehrriemen nimmt man ab!

Womit müssen Schützen rechnen, die ihr Gewehr bedeutend mehr als 15 cm vor dem Abzugsbügel auflegen?

Mit Hochschüssen, sowohl bei harter wie bei weicher Auflage (näheres s. S. 108).

Womit und auf welche Scheiben sollen Anfänger schießen?

Für die Belehrung und Übung im Büchsenschießen mit billigsten Patronen ist die KK-Büchse (für die Patronen .22 l.f.B.) zugelassen. Das Schießen soll damit auf die im Handel befindlichen DJV-Wildscheiben und zunächst nur auf 50 m

Entfernung erfolgen. Zu Übungsschießen auf den laufenden Keiler oder Überläufer ist die Patrone .22 l.f.B. nicht geeignet, da ihr Geschoß infolge seiner geringen Anfangsgeschwindigkeit zu falschen Vorhaltemaßen gegenüber den Geschossen der Jagdbüchsenpatronen führt. Das Schießen auf diese Scheiben und das Beschießen der Wildscheiben auf 100 m Entfernung ist deshalb mit der Patrone .22 Hornet (s. Abb.) und mit stärkeren Patronen der Gebrauchswaffe zu üben. Das Gewehr darf erst beim Erscheinen laufender Scheiben in Anschlag gebracht werden. Der Schütze muß nach dem Schuß ansagen, wie er abgekommen ist und wo sein Schuß sitzen wird (s. auch Beurteilung der Schüsse und Verhalten des Schützen nach dem Schuß S. 111 und S. 229).

.22 Hornet. 5,6 × 35 R Zentralfeuerzündung (nur für Läufe mit 5,51 mm Feld und 5,64 mm Zug): Geschoßgew.: 3 g, $V_{50} = 645$ m/s, $E_{50} = 628$ J; $V_{100} = 560$ m/s, $E_{100} = 471$ J

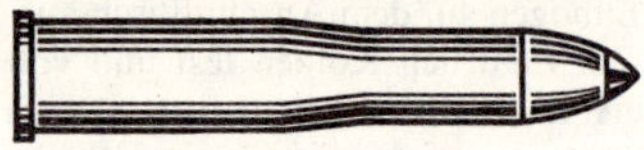

Für das Flintenschießen sollen zunächst Anschußscheiben (Papierscheiben oder Stahlblechscheiben, die mit weißer Kalkfarbe überstrichen werden) verwendet werden, damit der Anfänger die Treffpunktlage seiner Flinte kennenlernt (s. S. 79 und S. 111/112). Erst dann geht man zum Schießen auf den Roll- und Kipphasen und zum Wurftaubenschießen über.

Rehbock, stehend nach links, DJV-Scheibe Nr. 1
Die Scheibe ist auf 100 m Entfernung „stehend angestrichen" zu beschießen.
Abbildungen der Anschlagarten nach der DJV-Schießvorschrift S. 131.
Bei Meisterschaftsschießen wird auf ausgeschnittene Wildscheiben geschossen!

Was bezwecken die Übungsschießen?

Die Hebung der Schießfertigkeit und den praktischen Umgang mit dem Gewehr (zu Hause auch mit dem Luftgewehr!). Der Jäger soll im Umgang mit Büchse und Flinte so vertraut werden, daß von ihm beschossenes Wild ohne Qualen im Schuß verendet. Die Beherrschung der Waffe läßt außerdem die Zahl der Unglücksfälle auf ein Mindestmaß herabsinken. Nur ein guter Schütze kann ein waidgerechter Jäger sein! Die regelmäßige Teilnahme an jagdlichen Übungsschießen ist daher ein Gebot der Waidgerechtigkeit.

Welche Übungen sind beim Büchsenschießen zu empfehlen?

Übungen mit den Gebrauchswaffen auf stehende und laufende Wildscheiben wie Bock, stehender Überläufer, Fuchs, „flüchtiger" Überläufer, Gams u.a.

Überläufer (Keiler), stehend nach rechts, DJV-Scheibe Nr. 2

Wie erwartet man den flüchtigen Überläufer?

Bei der „flüchtigen Überläuferscheibe Nr. 5 und 6"; bewegt sich der Überläufer von rechts nach links in etwa 2 sec. über eine 6 m breite Schneise. Bei einer Schußentfernung von 50 m ist die Scheibe Nr. 5, bei einer Schußentfernung von 60 m die Scheibe Nr. 6 zu verwenden. Beim Schießen auf den „flüchtigen" Überläufer hat der Schütze entweder mit dem Ruf „Los" den Ablauf der Scheibe anzufordern oder die Selbstauslösung der Scheibe zu betätigen. Die Scheibe erscheint danach innerhalb von 3 sec. Der Schütze erwartet den flüchtigen Überläufer in „jagdlicher Gewehrhaltung", d.h., die rechte Hand muß den Kolbenhals fest umspannen und die linke Hand als Führhand den Vorderschaft fassen. Der Kolben muß unterhalb des rechten Ellbogens deutlich sichtbar sein, und die Schaftkappe muß die Hüfte berühren (s. Abb. S. 136: jagdliche Gewehrhaltung).

Schütze in Erwartung des flüchtigen Überläufers oder des Kipphasen (Jagdliche Gewehrhaltung)

Was sind Wurftauben?

Tellerartige Körper von 11 cm ∅ aus Asphaltmischung. Sie sind in der Regel von dunkler (schwarzer) Farbe und haben einen weißen oder gelben Rand. Sie werden an Stelle lebender Tauben bei Übungs- und Wettkampfschießen mit besonderen Wurfmaschinen („Trap“-Tauben aus Unterständen, „Skeet“-Tauben von einem Hochhaus und einem Niederhaus aus) geschleudert und im Fluge beschossen.

Eine Wurftaube gilt als getroffen, wenn von ihr ein deutlich sichtbares Stück abspringt. „Stäuber“ gelten als Fehler.
(„Trap“ kommt vom englischen Wort „trap“, das Klappe bedeutet, aus der die lebenden Tauben aus Kästen vom Erdboden aufgelassen werden.) Die Verwendung lebender Tauben für Schießveranstaltungen ist in Deutschland seit langer Zeit verboten.

Wurf- oder Tontaube

Was versteht man unter dem Turm-Schießen (Skeet)?

Eine aus Amerika übernommene besondere, als „Skeet“ bezeichnete Art des Wurftaubenschießens. Die Tauben werden hierbei nicht aus einer erdbodengleich eingebauten Deckung, sondern von Türmen (mit Wurflukenhöhen von 1 und 3 m) geworfen. Die Bedingungen wurden hierbei der jagdlichen Praxis angepaßt (so fällt z. B. der Beschuß von Stand 8 beim jagdlichen Schießen aus).
Für den Jagdschützen bedeutet Skeet eine gute Übung zur Vervollkommnung und Vielseitigkeit, aber auch eine entsprechende Umstellung und Anpassung. Er muß viel schneller reagieren und lockerer schießen, wenn er zu einem gleichbleibenden Ergebnis kommen will. Das erfordert eine häufige und intensive Übung. Zweckmäßig verwendet man beim Turmschießen Läufe mit Skeet- oder Zylinderbohrung und Patronen mit 2 mm Schrot oder besondere Streupatronen (s. S. 60). Die Läufe können kürzer sein als bei Gebrauchswaffen (größere Streuung auf kürzere Entfernung!).
Die Flinte zum Skeet sollte maßgeschäftet (s. S. 23) und gut ausbalanciert sein, denn mit einer vorderlastigen Flinte kann selbst ein Könner nicht viel ausrichten.

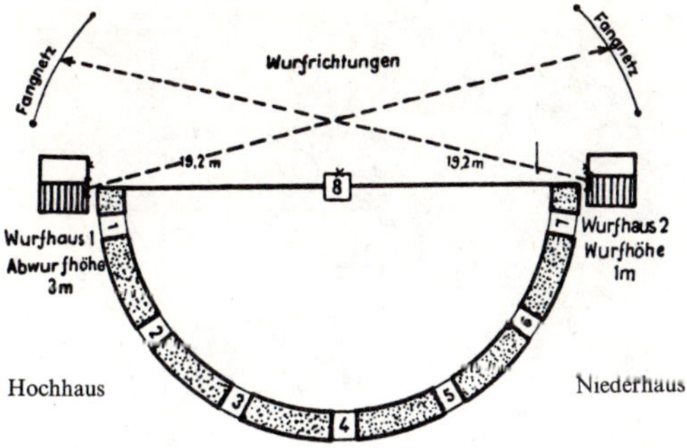

Der Radius, auf dem die Schützenstände 1–7 liegen, ist 19,21 m.

Grundriß einer Skeet-Anlage
(sprich: „Skiet"-Anlage)

Stand 1 und 7 liegen in Wirklichkeit jeweils vor dem Wurfhaus.
Der Schütze beschießt von den Ständen 1–7 je 2 Tauben, die 15. Taube vom Hochhaus von Stand 4.

Vorhaltemaße beim Skeet-Schießen

Stand-Nr.	Hochhaus	Niederhaus
1	10 cm darunter	30 cm vor
2	45 cm vor, 15 cm darunter	45 cm vor
3	90 cm vor	90 cm vor
4	120 cm vor	120 cm vor
5	90 cm vor	90 cm vor
6	45 cm vor	15 cm vor
7	30 cm vor	– 0 –
8	– 0 –	– 0 –

Der Schütze sollte mit dem notwendigen Vorhaltemaß mit der Taube mitziehen, jedoch etwas schneller, als sie fliegt, und den Schuß lösen, wenn die Taube im Kreuzungspunkt der Wurfrichtungen (s. Abb. oben) fliegt. Hierzu hat er nur zwei Sekunden Zeit. Nach vier Metern Flug muß er die Taube erfaßt und nach einer Sekunde muß er sie mit dem Vorhaltemaß überholt und beschossen haben. Der Schütze beschießt die Taube je nach seinem Stand immer aus einem anderen Winkel, zuerst vom Hochhaus, dann vom Niederhaus. Er muß sich die Vorhaltemaße in cm gut einprägen.
Von den Skeetständen 2 und 6 sind Doubletten zu schießen, von Stand 2 zunächst die Taube vom hohen Turm, von Stand 6 zunächst die Taube vom niederen Turm. Am Schluß der Serie ist von Stand 4 als 15. Taube eine vom Hochhaus kommende zu beschießen (s. Schießvorschrift S. 16, Verlag: Dieter Hoffmann, 6500 Mainz-Ebersheim).

Wie werden die Treffergebnisse beim Büchsenschießen angezeigt?

Durch Anzeigevorrichtungen oder unmittelbares Ablesen. Früher wurden meist von Hand bediente Anlagen benutzt.
Man verwendet an Stelle von Anzeigevorrichtungen Scheiben, die nach jedem Schuß elektromechanisch vom Scheibenstand zum Schützenstand hereinkommen, so daß der Schütze sein Treffergebnis selbst ablesen kann.

Elektromechanische Zugscheibe auf einem Schützenstand mit mehreren (hier nicht eingezeichneten) Blenden, die Ausreißer unschädlich auffangen sollen

Meisterschaftsschießen

Welchen Zweck verfolgen die Meisterschaftsschießen?

Sie sollen den fortgeschrittenen Schützen Gelegenheit geben, ihr Können im Wettkampf mit anderen zu messen und zu steigern, und helfen, weite Kreise an dem Schießen zu interessieren.

Welche Bedingungen sind für die Waffen zu beachten?

Beim Büchsenschießen sind nur Jagdwaffen handelsüblicher Bauart, deren Gewicht einschl. Zielvorrichtung 5 kg nicht überschreitet, zugelassen. Alle Bedingungen des Büchsenschießens müssen mit ein und derselben Waffe geschossen werden.
Die Patronen müssen eine Hülsenlänge von mindestens 35 mm haben. Patronen mit Vollmantelgeschossen dürfen nicht verwendet werden. Art der Übungen s.S. 139/140.

Vor Beginn einer jeden Schußserie hat der Schütze für die Aufsicht sichtbar fünf Patronen vor oder neben sich zu legen. Erst danach wird mit dem Schießen der Serie begonnen.
Zum Flintenschießen ist grundsätzlich nur eine ein- oder doppelläufige Flinte (ohne Wechselläufe) zugelassen. Zur Überwachung dieser Anordnung wird die Riemenbügelöse der Läufe vor Beginn des Wettbewerbs plombiert. Gewehre ohne Öse werden anderweitig gekennzeichnet.
Auf kombinierten Wurftauben- und Turmständen kann die Überwachung mit einfacheren Mitteln durchgeführt werden.
An einläufigen Flinten sind veränderliche Mündungsaufsätze (wie Polychoke) verboten (s. S. 26/43).
Es ist jedes Kaliber bis Kaliber 12 erlaubt. Die Schrotladung darf 36 g, die Schrotstärke 2,5 mm nicht überschreiten (s. S. 62). Es dürfen nur fabrikgeladene Schrotpatronen verwendet werden. Selbstgeladene Büchsen- und Kurzwaffenpatronen sind zugelassen. (Weiteres über Faustfeuerwaffen s. S. 142.) (Bei Verwendung knallstarker Munition schützt ein gutes Hörschutzgerät gegen Gehörschäden, die irreparabel sein können!)

Welche Anschlagarten sind bei Meisterschaftsschießen zugelassen?

Nur die vorgeschriebenen, dem jagdlichen Brauch angepaßten Anschlagarten (s. auch S. 134 und S. 136).
Beim Flintenschießen (vor dem Erscheinen der Taube oder des Kipphasen) und beim Büchsenschießen auf den flüchtigen Überläufer (vor dem Los-Ruf oder der Betätigung der Auslösung) ist die Waffe so zu halten, daß die Spitze der Schaftkappe an der Hüfte anliegt (jagdliche Gewehrhaltung s. S. 136).
Beim Anschlag „liegend freihändig“ im Büchsenschießen darf der den Vorderschaft stützende Arm nur mit dem Ellbogengelenk aufliegen.
Nach dem Erscheinen der Taube bzw. nach dem „Los“-Ruf oder der Betätigung der Selbstauslösung der Scheibe kann das Gewehr angeschlagen werden.

Anschlag: „liegend freihändig“

Welche Übungen werden beim Büchsenschießen ausgetragen?

Es werden in beliebiger Reihenfolge, aber unter Zeitbegrenzung, abgegeben:
a) 5 Schüsse auf den nach links stehenden Rehbock (s. Abb. S. 134), Scheibe Nr. 1, auf 100 m; Anschlag stehend angestrichen.
b) 5 Schüsse auf den nach rechts stehenden Überläufer (s. Abb. S. 135), Scheibe Nr. 2, auf 100 m; jagdlicher Anschlag (s. S. 136).
c) 5 Schüsse auf den sitzenden Fuchs (s. Abb. S. 140), Scheibe Nr. 3, auf 100 m; Anschlag liegend freihändig (s. Abb. oben).

d) 5 Schüsse auf den flüchtigen Überläufer, Scheibe Nr. 5 oder 6, von rechts nach links über 6 m breite Schneise in etwa 2 sec. laufend. Die Scheibe Nr. 5 ist für 50-m-Stände, die Scheibe Nr. 6 für 60-m-Stände zu verwenden.

Jeder vom Schützen auf dem Stand ausgelöste Schuß gilt als geschossen und wird gewertet.

Sitzender Fuchs (links), Scheibe Nr. 3 des DJV
(ausgeschnittene Wildscheibe)

Welche Übungen werden beim Flintenschießen ausgetragen?

Es werden 30 Wurftauben in zwei Serien zu je 15 Tauben beschossen, und zwar beim Graben- oder Trapschießen 15 Wurftauben bei 11 m Abstand der Schützen von den in einem Unterstand eingebauten Wurfmaschinen und beim Turmschießen oder Skeet weitere 15 Tauben auf einem Turmstand (Skeetstand).

Auf jede Taube dürfen zwei Schüsse abgegeben werden.

Die 15 Tauben der ersten Serie wechseln in Höhe und Seitenrichtung nach einem bestimmten Schema. Die nächsten 15 Tauben werden auf dem Turmstand beschossen. Näheres s.S. 136/137.

Wo noch keine Turmstände vorhanden sind, ist bis auf weiteres an Stelle des Turmschießens das Schießen auf eine Serie von 15 Wurftauben auf 13 m Abstand der Schützen von den in einem Unterstand eingebauten Wurfmaschinen zugelassen.

DJV-Schießleistungsnadeln

In welchen vier Stufen wurde eine DJV-Schießleistungsnadel eingeführt?

In Bronze, Silber, Gold und Sonderstufe Gold. Sie wurden eingeführt, um die

Leistungen im jagdlichen Schießen zu steigern und erfolgreiche Jagdschützen auszuzeichnen. Zugrundegelegt wurden die Bedingungen für das kombinierte Büchsen-/Flintenschießen sowie das Kurzwaffenschießen.

Welche höchste Punktzahl ist erreichbar?

Es wird beim Büchsenschießen auf 10er Scheiben geschossen. Die höchsterreichbare Ring(Punkt)zahl beträgt daher:
$5 \times 10 \times 4 = 200$ Punkte.
Bei den Flintenschießen zählt jede getroffene Wurftaube 5 Punkte. Erreichbar sind demnach $30 \times 5 = 150$ Punkte.
Insgesamt erreichbar beim kombinierten Büchsen- und Flintenschießen sind also $200 + 150 = 350$ Punkte.

Welche Auszeichnungen werden für Leistungen im kombinierten Büchsen- und Flintenschießen verliehen?

Es werden Schießleistungsnadeln in vier Stufen verliehen.
Es sind erforderlich (von 350 möglichen) mindestens:
220 Punkte für die Nadel in Bronze, 260 Punkte für die Nadel in Silber, 300 Punkte für die Nadel in Gold und 320 Punkte für die Nadel der Sonderstufe in Gold.
Die Schießleistungsnadel in Bronze kann auf Veranstaltungen der Kreisgruppe, die Nadeln in Silber und Gold nur auf Schießveranstaltungen der Landesjagdverbände oder des DJV, die Große Sondernadel in Gold nur auf Meisterschaftsschießen des DJV erworben werden.
Für das Kurzwaffenschießen wird die DJV-Nadel verliehen, bei erreichten 145 Punkten in Bronze, bei 165 in Silber, bei 175 in Gold und bei 185 Punkten in Sonderstufe Gold.
Jagdschützen der Altersklasse erhalten im Alter von 55–59 Jahren = 5 Punkte, ab 60 Jahren = 10 Punkte zu ihrem Ergebnis zugerechnet. Die Schießleistungsnadel in der Sonderstufe Gold kann nur bei Schießveranstaltungen des DJV erworben werden.
In Anlehnung hieran hat der DJV für seine Mitglieder, die vor Aufgang der Hauptjagd ihre Schießfertigkeit und Gebrauchssicherheit ihrer Waffen bewiesen haben, eine DJV-Jahresschießnadel mit deutlich sichtbarer Jahreszahl gestiftet. Diese Nadel soll alljährlich neu erworben werden und als Nachweis dienen, daß der Träger vor Aufgang der Hauptjagd seine Schießfertigkeit und Gebrauchssicherheit seiner Waffen unter Beweis gestellt hat. Es müssen je 5 Schüsse mit der Büchse auf 2 beliebige DJV-Wildscheiben (Rehbock, Überläufer stehend, Fuchs, Gams oder Überläufer flüchtig) und dabei von 100 möglichen Ringen, mindestens 60 Ringe erzielt werden; mit der Flinte müssen von 15 beweglichen Zielen (Trap oder Skeet oder Kipphase) mindestens 6 Treffer erzielt werden. Das Schießen kann beliebig oft, auch am gleichen Tage wiederholt werden. Die vor der Jägerprüfung stehenden Jungjäger sollten diese Leistung anstreben (Leistungsnachweis!).

Jagdliches Kurzwaffenschießen

Welche Kurzwaffen sind hierzu zugelassen?

Selbstladepistolen und Revolver handelsüblicher Bauart mit einem Mindestkaliber für die Patrone .22 lang für Büchsen und einer Lauflänge ohne Patronenlager bis zu 152 mm (6 Zoll).
Die bekannteste Selbstladepistole ist die Walther-Polizeipistole. Revolvermunition hat einen Rand (s. S. 73) und meist Bleigeschosse, Pistolenmunition ist ohne Rand und hat eine Rille (s. Abb. S. 74).

Wie wird der Kipplaufrevolver geladen und entladen?

Beim Kipplaufrevolver werden zum Zwecke des Ladens Lauf und Walze nach unten gekippt. Hierbei werden gleichzeitig die abgeschossenen Hülsen ausgezogen. Als Vorteil sind die schnelle Lademöglichkeit und bessere Möglichkeit zum Reinigen und Blicken durch den Lauf zu nennen.
Beim Mayer/Söhne-Kipplaufrevolver ist es möglich, Lauf samt Trommel auszuwechseln und auf diese Weise die beiden Kaliber .22 l.r. und .32S & W long (bzw. auch 7,65 mm) abwechselnd zu verwenden. Es gibt auch Kipplauf-Selbstladepistolen (z. B. Fabrikat Steyr) mit Federverschluß, bei denen der Lauf mit dem Kasten durch ein Gelenk verbunden ist und beim Niederdrücken eines Hebelchens aufspringt.

Wie wird ein Revolver mit ausschwenkbarer Trommel geladen und entladen?

Man nimmt den Revolver in die rechte Hand und hält die Laufmündung zu Boden. Mit dem Daumen der rechten Hand wird der Druckschieber auf der linken Waffenseite bedient. Mit der Linken kippt man den Rahmen aus. Nun dreht man den Revolver um und hält den Daumennagel des linken Daumens vor den Lauf. Von vorn schaut man durch, ob der Lauf Verunreinigungen enthält. Danach werden alle Kammern des Revolvers geladen und die Trommel wieder eingedrückt. Mit einem Double-Action-Abzug kann man sofort schießen. Eine Waffe mit Single-Action-Abzug muß vorher gespannt werden, d. h., der Daumen der rechten Hand zieht den Hahn zurück. Zum Entladen wird wieder der Druckschieber bedient. Mit der Auswerferstange stößt man die Patronen heraus und fängt sie auf.

Wie wird die Walther-Pistole gesichert?

Der Sicherungshebel am Verschlußstück wird mit dem Daumen nach unten gedrückt, so daß der rote Punkt, der entsichert (Gefahr!) bedeutet, verdeckt wird (s. S. 53).

Wie wird das Magazin der Pistole entfernt?

Es wird mit dem Daumen der rechten Hand auf den Magazinhalteknopf gedrückt. Das Magazin wird hierbei durch Federdruck herausgeschoben.

Wie wird das Magazin gefüllt?

Es wird in die linke Hand genommen. Dann werden die Patronen mit dem Zündboden zuerst durch Niederdrücken des Zubringers vorsichtig unter die Lippen des Magazins geschoben.

Wie wird die erste Patrone in den Lauf eingeführt?

Die Pistole wird gesichert. Das gefüllte Magazin wird in die Pistole eingeschoben. Dann wird die Pistole in die rechte Hand genommen, mit der linken Hand das Verschlußstück (der „Schlitten") am geriffelten Ende gefaßt, bis zum Anschlag zurückgezogen und dann losgelassen. Damit ist die erste Patrone im Lauf (s.S. 53).

Woran erkennt man bei der Walther-Pistole, daß sich eine Patrone im Lauf befindet?

Der Signalstift oberhalb des Hahnes ist herausgetreten (s. Pfeil in der Abb. auf S. 54, nicht bei allen Kalibern!). Die Pistole ist trotz Entspannung durch Betätigung des Abzuges sofort feuerbereit (sie hat einen Revolver- oder Spannabzug).
Beim Übungsschießen und wenn es die Zeit erlaubt, ist vor der Abgabe des ersten Schusses zweckmäßig der Hahn mit dem rechten Daumen zu spannen (s. Abb. 3, S. 54). Der Abzugswiderstand ist dadurch wesentlich geringer.
Der Pistolenschütze und ganz besonders der Revolverschütze muß lernen, nur mit dem Zeigefinger zu schießen. Vor allem darf beim Spannabzugsschießen nie der Daumen mitarbeiten. Der Schuß muß sozusagen auf das Ziel hingedrückt werden.

Was muß geschehen, wenn nach Abgabe einiger Schüsse das Schießen eingestellt werden soll?

Dann ist die Pistole zu sichern und zu entladen! (s. unten). Sie bleibt offen; die Trommel des Revolvers bleibt abgeklappt!

Welche Stellung zeigt die Pistole bei leergeschossenem Magazin?

Der Verschluß bleibt geöffnet stehen.
Sofern weitergeschossen werden soll, ist das Magazin herauszunehmen und ein gefülltes Magazin einzusetzen. Dann zieht man das Verschlußstück nach hinten und läßt es anschließend nach vorn gleiten. Dadurch wird die erste Patrone wieder in den Lauf eingeführt. Der Hahn bleibt in diesem Fall gespannt.
Wird nicht weitergeschossen, ist der Sicherungshebel (s.S. 53) nach unten zu drücken, wodurch der rote Punkt verdeckt wird, das Magazin herauszunehmen, das Verschlußstück leicht anzuziehen und nach vorn gleiten zu lassen. Der Hahn wird entspannt.

Was ist nach Beendigung jeder Schießserie zu beachten?

Die Waffe ist zu entladen bzw. sind die leeren Hülsen zu entfernen. Aus der Pistole ist das Magazin herauszunehmen und der Verschluß, soweit möglich, festzustellen. Beim Revolver ist die Trommel herauszuschwenken bzw. abzukippen (s.S. 49). In diesem Zustande ist die Waffe auf der Ablage mit der Mündung zur Scheibe abzulegen, auf Schießständen zu tragen, abzugeben und anzunehmen.

Wie erfolgt das Zerlegen und das Zusammensetzen der Pistole?

Die Pistole ist zu sichern und das Magazin herauszunehmen. Dann ist der Abzugsbügel herunterzuziehen, nach links zu drücken, mit der oberen Kante am Griffstück leicht aufzusetzen (s. Abb. S. 54) und mit dem rechten Zeigefinger in dieser Stellung zu halten.
Beim Zerlegen ist das Verschlußstück zurückzuziehen, nach oben anzuheben und nach vorn abgleiten zu lassen.
Beim Zusammensetzen wird das Verschlußstück schräg auf den Lauf aufgesetzt (wie in der Abb. S. 54), bis zum Anschlag zurückgezogen und nach unten gedrückt. Anschließend läßt man es nach vorn gleiten.
Zum Schluß ist der Abzugsbügel mit der linken Hand kurz nach unten zu ziehen und loszulassen. Dadurch tritt er in die Ausgangsposition zurück.

Wie ist die Waffe außerhalb der Schützenstände zu tragen?

Stets ungeladen und verwahrt. Der Jäger muß sich stets bewußt sein, daß die Faustfeuerwaffe durch ihre Kürze und Handlichkeit die gefährlichste Schußwaffe ist, die er besitzt.

Welche Kurzwaffe führt man am besten bei Ausübung des Jagdschutzes (s. S. 250 und S. 51/52)?

Eine Pistole, die mit geladenem Lauf ungespannt gefahrlos getragen werden kann, also eine Pistole mit außenliegendem Hahn wie die Walther-Pistole (s. Abb. S. 51), oder ein Revolver (s. S. 47/48).
Beim Kauf eines Revolvers wähle man stets ein Jagdkorn (wie in Abb. von S. 47), mit dem man nicht in der Tasche hängenbleibt (also kein Scheibenkorn)! Im Ernstfall zählt der erste Treffer!
Das Kaliber sollte nicht unter 9 mm liegen und die Waffe als ständiger Jagdbegleiter mit Lauflängen von $2^1/_2$ bis 4 Zoll nicht zu schwer sein! Bei der Nachsuche auf Schwarzwild in dichten Beständen kann eine Kurzwaffe starken Kalibers der Lebensretter des Jägers sein! (s. S. 246). Der oft lebensrettende „Deutschuß“ (bei Notstand oder Notwehr), der viel Übung mit brauchbaren Patronen voraussetzt, wird (mit beiden Augen offen) als Schnappschuß mit hindeutendem Lauf dem Ziele „aufgedrückt“.

Was versteht man unter dem „Combat- oder Deutschießen“?

Das oft lebensrettende schnelle Schießen mit Kurzwaffen. Hierbei wird die Waffe blitzschnell gezogen und in Augenhöhe hochgerissen, so daß sie sich zwischen beiden geöffneten Augen befindet, die das Ziel beobachten. Dabei wird mit dem starren Schießarm und der starren Hand und dem unterhalb des Verschlußstückes ausgestreckten Zeigefinger auf das Ziel gedeutet und (ohne über Kimme und Korn zu zielen) mit dem Mittelfinger ein Feuerstoß von zwei Schüssen abgegeben. Hat der Schütze mehr Zeit, wird er natürlich über Kimme und Korn zielen. Dabei ist es nützlich, das rechte Handgelenk mit der linken Hand abzustützen. Das richtige Durchziehen des Spannabzuges, das schnell, aber nicht ruckweise erfolgen soll, ist die Voraussetzung für das gute Treffen. Die meisten Fehlschüsse entstehen durch das Durchreißen des Abzuges.

Was ist beim Reinigen der Pistole zu beachten?

Die Pistole ist zu sichern, das Magazin herauszunehmen und die Patrone im Lauf (!) herauszurepetieren.

Auf welche Scheibe wird mit der Kurzwaffe geschossen?

Auf die 10er Ringscheibe oder auf die DJV-Jagdscheibe Nr. 7 (Silhouetten-Figurenscheibe, Abb. unten). Die Scheibe soll möglichst drehbar eingerichtet sein und erst nach Fertigmeldung zum Schießen für den Schützen voll sichtbar sein.

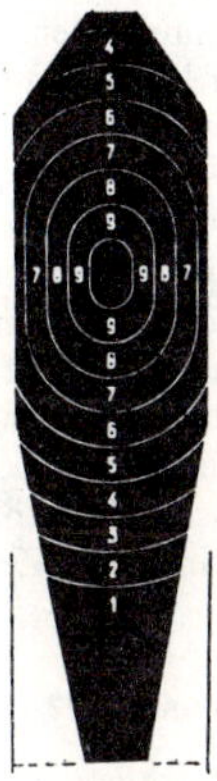

DJV-Scheibe
Nr. 7

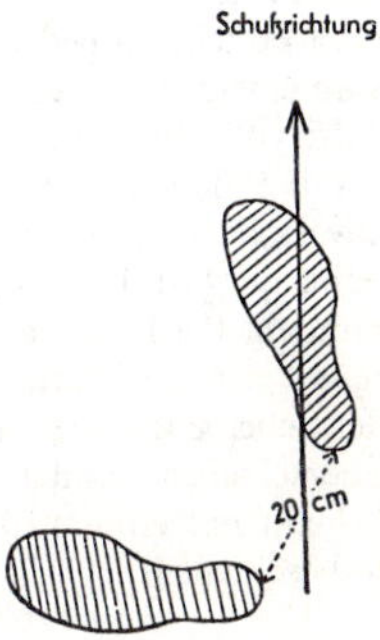

Fußstellung
beim Pistolenschießen

Wann erst darf die Kurzwaffe bei Übungsschießen aus der Verwahrung entnommen und geladen werden?

Erst auf den Schützenständen und nach Anweisung des Schießleiters. Hiernach nehmen die Schützen ihre Stellung ein.

Auf welches Kommando wird (nach Fertigmeldung) geschossen?

Auf das Kommando „Feuer". Nach dem Kommando „Halt" darf nicht mehr geschossen werden, sonst wird der Treffer mit der höchsten Ringzahl als Fehler gewertet.

Welche Übungen sind mit der Kurzwaffe zu erfüllen?

Drei Übungen auf 25 m Entfernung:
1. Zeitschießen: Eine Patrone im Lauf, vier im Magazin (beim Revolver fünf Patronen in der Trommel). Die Scheibe erscheint fünfmal für drei Sekunden und ist jeweils mit einem Schuß zu beschießen. Die Zwischenzeit beträgt sieben Sekunden. Diese Übung erwartet der Schütze nach Fertigmeldung mit schußferti-

ger Waffe und ausgestrecktem Schießarm, mit der Mündung ein Meter vor dem Schützen zur Erde gerichtet. (Bei der Schußabgabe ist der Schießarm fast gestreckt, aber nicht krampfhaft durchgedrückt.)

2. Fertigkeitsschießen: Die Scheibe erscheint zehnmal (in zwei Serien zu fünf Schüssen) für je vier Sekunden. Vor Beginn dieser Disziplin hat der Schütze zweimal fünf Patronen abgezählt und getrennt von der restlichen geschlossenen Packung vor sich auf die kniehohe Ablage für Waffen und Munition abzulegen.

Die Scheibe ist jeweils mit einem Schuß zu beschießen. Der Schütze erwartet diese Übung nach Fertigmeldung mit lose herabhängenden Armen. Die Waffe steckt mit geschlossenem Verschluß in einer äußeren oder inneren Rock- oder Manteltasche oder in einem untergeschnallten Futteral (als Futterale sind sog. „Wettkampf-Holster" nicht zugelassen!). Die Waffe muß mindestens 10 cm vom Jacken- bzw. Mantelrand bedeckt und die Jacke bzw. der Mantel in Gürtelhöhe mindestens an einem Punkt geschlossen sein. Beim Tragen in einer Außentasche muß die Waffe vollständig verdeckt sein.

Bei Pistolen mit äußerem Hahn (wie bei der Walther) oder mit außen zu spannendem Schloßwerk darf sich die Patrone im Lauf befinden, jedoch muß das Schloß entspannt sein. Bei Pistolen anderer Schloßkonstruktion darf sich keine Patrone im Lauf befinden. Bei Revolvern muß der Hahn entspannt sein. Auf das Kommando „Feuer" ist die Waffe zu ziehen und dann mit der Laufmündung in Richtung der Scheibe (zu spannen oder einzurepetieren und) abzufeuern.

3. Schnellfeuerschießen: Laden und Armhaltung wie beim Zeitschießen. Die Scheibe erscheint nur einmal für acht Sekunden und ist in dieser Zeit mit fünf Schüssen zu beschießen.

Welche höchste Punktzahl ist beim Kurzwaffen-Schießen erreichbar?

Es werden bei den drei Übungsschießen insgesamt 20 Schüsse auf die 10er Scheibe abgegeben, es sind daher höchstens $20 \times 10 = 200$ Punkte erreichbar. Beim Kurzwaffen-Schießen werden verliehen bei
145 Punkten die Nadel in Bronze, bei
165 Punkten die Nadel in Silber, bei
175 Punkten die Nadel in Gold und bei
185 Punkten die Nadel der Sonderstufe in Gold.
(Erwerb und Verleihung der Leistungsnadeln wie S. 141)

Jagdtierkunde

Waidmannssprache, Erkennungsmerkmale und Ansprechen
Beurteilen der wichtigsten wildlebenden Tiere,
deren Hege und Bejagung

Allgemeines

Welche Bedeutung hat das Prüfungsfach „Jagdtierkunde“ für den Jungjäger?

Es ist das umfangreichste Prüfungsfach. Der Jungjäger muß in der Prüfung in der Lage sein, das wichtigste Wild nach seinen Merkmalen sicher zu erkennen und zu beschreiben, da nur Wild bejagt werden darf, für das bestimmte Jagdzeiten (Schußzeiten) festgesetzt worden sind (s.S. 746/747).
Alle übrigen wildlebenden Tiere sind mit der Jagd ganzjährig zu verschonen (z.B. Wildkatze, Schwarzer Storch und Falken). Der Jäger muß sie ebenfalls gründlich kennen, da sie unter seinem besonderen Schutz stehen. Ihre Schonung erfolgt wegen ihrer Seltenheit, Nützlichkeit oder ihrer wirtschaftlichen Bedeutung, wegen ihres Schönheitswertes oder weil ihre Bejagung nicht im jagdlichen Interesse liegt.

Das Wild

Dem Jagdrecht unterliegende Tiere

Was verstehen wir unter Tierarten, die dem Jagdrecht unterliegen?

Alle freilebenden, herrenlosen Tiere, die im § 2 des Bundesjagdgesetzes (BJG) und den hierzu erlassenen Ländergesetzen als Wild bezeichnet werden.
Die übrigen freilebenden Tiere sind nach Bundesartenschutzverordnungen (BAtSchV) vom 25. August 1980 geschützt (s.S. 768) mit Ausnahme von Hauskatze (verwilderte Form), Bisam, Haustaube (verwilderte Form), Haussperling, Star und Amsel. Oft erklären die Landesjagdgesetze Marderhund und Waschbär zu jagdbaren Tieren und erlauben die ganzjährige Erlegung.

Wie wird das Wild eingeteilt?

In Haarwild und Federwild. Es bedeuten: ♂ = Männchen (Lanze des Mars), ♀ = Weibchen (Spiegel der Venus).
Eine andere Einteilung ist die in Hoch- und Niederwild.

Welches Wild gehört zum Haarwild (§ 2 BJG)?

Wiederkäuendes Schalenwild: Wisent; Elch-, Rot-, Dam-, Sika- und Rehwild; Gams-, Stein- und Muffelwild;
nicht wiederkäuendes Schalenwild: Schwarzwild;
Hasenartige: Feldhase, Schneehase, Wildkaninchen;
Nagetiere: Murmeltier;
Katzen: Wildkatze und Luchs;
Fuchs;

Marder: Stein- und Baummarder, Iltis, Hermelin, Mauswiesel,
Dachs und Fischotter;
Seehund.

Welches Wild gehört zum Schalenwild?

Wisente, Elch-, Rot-, Dam-, Sika-, Reh-, Gams-, Stein-, Muffel- und Schwarzwild, also alles Wild, das auf Schalen zieht (Paarhufer).

Welches Wild rechnet man zum Hochwild?

Alles Wild, das zur Hohen Jagd gehört:
Alles Schalenwild außer Rehwild; ferner Auerwild, Steinadler und Seeadler.
Alles übrige Wild gehört zum Niederwild.

Welches Wild gehört zum Federwild?

Alle im § 2 des Bundesjagdgesetzes aufgezählten Vögel. (Näheres s. S. 692.)

Waidmannssprache

Was verstehen wir unter der Waidmannssprache?

Eine besondere Ausdrucksweise der Jäger oder Waidmänner, in der sich feinsinnige Naturbeobachtungen mit poetischer Wortmalerei verbinden. Sie hat sich in jahrhundertelanger Übung gebildet und umfaßt etwa 6000 Ausdrücke, deren wichtigste der Jäger beherrschen muß, um sich nicht zu „verbleffen".

Welche waidmännischen Ausdrücke sind gebräuchlich, wenn vom Wild (Haarwild und Federwild) die Rede ist?

Der Waidmann sagt statt:
After = Weidloch*)
Aufziehen der Jungen = aufbringen, führen (z.B. die Ricke bzw. Rehgeiß führt)
Blut, das aus dem Wildkörper austritt = Schweiß oder Farbe
bluten = schweißen oder färben
dahinsiechen = kümmern
Darm = kleines Gescheide (auch „Geschlinge")
erblicken = eräugen oder wahrnehmen
fett werden = Feist ansetzen (das Wild ist dann gut bei Wildbret oder gut bei Leibe, beim Gegenteil kümmert es)
Fußtapfe = Tritt oder Trittsiegel. Die Aneinanderreihung der Tritte ergibt beim Schalenwild und Auerhuhn die Fährte, beim übrigen Haarwild die Spur, beim Federwild das Geläuf.
Haarwechsel = verfärben, verhären, bei Schwarzwild versetzen
Hautabziehen = aus der Decke schlagen, bei Schwarzwild und Dachs abschwarten, bei Hase, Kaninchen und Beutegreifern streifen, abbalgen
hören = vernehmen

*) Schreibweise „ai" = für jagdlichen Gebrauch (Waidmannsheil, Waidmesser); „ei", wenn von weiden oder Eingeweide (Weiddarm, Weidkörner, Weidloch, Weidsack) die Rede ist.

Krankheit = krank sein, abgekommen sein
Luftröhre mit Kehlkopf = Drossel mit Drosselknopf
mager = gering, abgekommen
Mastdarm = Weiddarm
riechen = winden, wittern, Wind bekommen, wahrnehmen
Schlafstellen = bei Schalenwild Bett, bei Schw*) Lager oder Kessel, bei Ha Sasse oder Lager, das Wild lagert sich
Schlagen des getroffenen Wildes mit den Läufen = schlegeln
sehen = äugen, wahrnehmen
sich erheben = aufstehen, hoch werden
sorglos sein = vertraut sein
Speiseröhre = Schlund
sterben durch tödliche Verletzung (Schuß oder Unfall) = verenden
sterben bei natürlichem Tod (Krankheit) = eingehen oder fallen
trinken = schöpfen, sich frischen (Federwild: sich tränken)
unruhig werden = rege werden
verärgert sein = vergrämt sein
vorsichtig sein = heimlich sein
zurückbleiben = sich abtun, kürzer werden

Wie bezeichnet man die Körperteile des Haarwildes?

Äußerlich (Abb. S. 172, 202, 242, 245, 256 und 264):
Augen = Lichter, bei Ha, Ka und Bgr*) Seher
Beine = Läufe, die Pfoten der Bgr Branten (oder Pranken)
Euter = Gesäuge (bei Hirscharten auch Spinne)
Flanken = Dünnung (Wk)
Haare = Haare, bei Schw Borsten und Federn, bei Ha und Ka Wolle
Hals = Hals, bei Geweihträgern Träger
Haut = Decke, bei Schw und Da Schwarte, bei Ha, Ka und Bgr Balg
Hoden = Brunftkugeln (mit Hodensack Kurzwildbret); bei Bgr und Hund Geschröte
Hornige Teile der Klauen = Schalen (mit Geäfter)
Kopf = beim niederen Haarwild und Federwild Kopf, bei zum Hochwild zählenden Geweihträgern Haupt
Männlicher Geschlechtsteil = Brunftrute (die Haarbüschel an deren Ausmündung Pinsel), bei Bgr Feuchtglied
Maul = Äser oder Geäse, bei Bgr Fang, bei Schw Gebrech
Nase = Windfang, bei Ha, Ka und Bgr Nase
Ohren = Lauscher, bei Ha und Ka Löffel, bei Schw Teller und bei Bgr Gehöre
Schulter = Blatt
Schwanz = beim Schalenwild Wedel, jedoch beim Schwarzwild und Dachs Pürzel, beim Hasen Blume, beim Fuchs Lunte oder Standarte, beim Fasan und Greifvögeln Stoß
Weibliche Geschlechtsteile = Feuchtblatt (Haarbüschel daran bei Rehwild Schürze), bei Bgr Schnalle oder Nuß

*) Abkürzungen: Wk ≙ wiederkäuendes Schalenwild, Da = Dachs, Fu = Fuchs, Ha = Hase, Ka = Kaninchen, Bgr = Beutegreifer, Schw = Schwarzwild.

Zähne = Zähne, bei Bgr Fänge (Gebiß mit Fang- und Reißzähnen), beim Keiler Gewaff (= Gewehre und Haderer, Hauzähne)
Zunge = Lecker, bei Schw und Bgr Zunge

Innerlich:
Blut = Blut (z. B. Verenden an innerer Verblutung)
Brusthöhle = Kammer (z. B. Kammerschuß)
Herz, Lunge mit Luftröhre (Drossel), Leber und Nieren = Geräusch
Eingeweide = Gescheide (Gedärme = kleines Gescheide)
Magen = Magen (bei Wk großes Gescheide, Pansen oder Weidsack)
Magen und Darm = großes und kleines Gescheide (zusammen mit dem Geräusch: Aufbruch), bei Ha und Ka Auswurf
Talg = Unschlitt oder Inselt, bei Schw Weißes
Fett = Feist, beim Schw Weißes, bei Ha, Ka und Bgr Fett, bei Da Weißes oder Schmalz, beim Seehund Speck
Fleisch = Wildbret, bei Bgr Kern
Gebärmutter = Tracht, Tragsack

Welche waidmännischen Ausdrücke benutzt man, wenn von den Lebensäußerungen des Haarwildes die Rede ist?

Man sagt statt:
Abgehen = flüchtig werden
Aufenthaltsort = Einstand (Hochwild hat seinen Einstand im Revier, d.h., es steht darin), Schw steckt in der Dickung, der Ha liegt im Lager oder in der Sasse, Dachs, Fuchs und Ka liegen im Bau (einer Erdhöhle) (der Bau ist befahren)
aufstehen = aufstehen (bei allem Wild) oder hochwerden (bei Schalenwild)
Begattungs- oder Fortpflanzungszeit = bei Rotwild Brunft, bei Rehwild Blattzeit, beim Schw Rauschzeit, bei Ha und Ka Rammelzeit, bei Fuchs und Dachs Ranz- oder Rollzeit, bei Ente Reihzeit, bei Auer- und Birkwild Balzzeit
fressen = äsen, sich äsen (beim Da sich weiden, bei Schw u. Bgr fressen)
Geburtsakt = setzen, beim Schw frischen, bei behaarten Beutegreifern wölfen
gehen = ziehen, beim Bgr schleichen oder schnüren
Harn lassen = nässen, feuchten
Hochnehmen des Hauptes (plötzliches) = bei Wk aufwerfen
Kot, ihn abscheiden = Losung, sich lösen
lahmen = schonen (z. B. Haarwild schont einen Lauf)
Nahrung = Äsung, bei Bgr und Schw Fraß
packen = reißen (Bgr)
prüfen, ob Gefahr droht = sichern, verhoffen
riechen = winden, wittern, Wind bekommen, wahrnehmen
Schmerzen äußern = klagen
sich legen = Wk tun sich nieder, Schw schiebt sich ein, Bgr, Ha, Ka, Fasan und Rebhuhn lagern sich
springen = überfallen (z. B. einen Graben), überfliehen, Bgr springt, wenn er aus dem Bau gesprengt wird
Sprung = Flucht, Fluchten, flüchtig werden

traben = trollen, beim Fu schnüren, bei Ha und Ka hoppeln
Trächtigkeit = beschlagen sein, Ha und Ka inne haben, Bgr dick gehen
verscheuchen = vergrämen

Wieviel Junge bringt Haarwild zur Welt?

Das Rottier (Alttier) setzt gewöhnlich nur 1 Kalb, die Ricke (Rehgeiß) setzt 1 bis 2 Kitze, die Bache frischt 4 bis 12 Frischlinge, die Dächsin wirft 3 bis 5 Junge, die Fuchsfähe wölft ein Geheck von 3 bis 7 Jungen, Marder, Iltis und Wiesel bringen 3 bis 7 Junge, die Häsin setzt drei- bis viermal im Jahr 2 bis 3 Junghasen, die Kaninchenhäsin setzt fünf bis siebenmal im Jahr 4 bis 8 Junge.

Wie bezeichnet man die Körperteile des Federwildes in der Waidmannssprache?

Äußerlich (Abb. S. 284, 290, 320 und 328):
Augen = Augen (bei allem Federwild)
Beine und Füße = Ständer;
bei edlem Federwild (Waldhühnern, Trappe und Fasan) auch Füße; bei Schwan Ruder; bei Gans und Ente Latschen; bei Tauben Tritte; bei Greifvögeln Fänge, deren Krallen Waffen
Federn = Gefieder (sich fiedern, ausgefiedert oder beflogen sein)
Federwechsel = Frühlings- und Herbstmauser
Flügel = Schwingen, bei kleinen Vögeln Fittiche
Haut mit Federn = Balg
Schnabel = Schnabel, bei der Schnepfe Stecher
Schwanz = bei Birkwild und Fasan Spiel, bei großen Vögeln Stoß, bei Wasservögeln und kleinen Vögeln (Schnepfe, Bekassine) Steiß oder Stoß, beim Auerhahn Fächer

Innerlich:
Fett = Fett
Fleisch = Wildbret, bei Greifvögeln Fleisch
Magen und Darm = Gescheide

Welche waidmännischen Ausdrücke benutzt man für die Lebensäußerungen des Federwildes?

Begattungszeit = Balzzeit (Waldhühner, Trappen, Schwarzstorch, Kranich, Fasan, Wildtaube, Schnepfe), bei Enten Reihzeit, bei Rebhuhn, Greifvögeln und Raben Paarzeit
fortfliegen, sich erheben = aufstehen, abstreichen, bei Auerwild: abreiten, bei Gänsen und Enten in der Luft: ziehen
Geburtsakt = Ausfallen der Jungen
Kot, abscheiden = Gestüber, sich stüben (bei Auerwild Losung, sich lösen); bei Greifvögeln und Reihern Geschmeiß, schmeißen
Nahrung, fressen = Äsung, äsen, bei Greifvögeln Atzung und Fraß, kröpfen, bei Fasan und Rebhuhn die Weide (sie fallen auf die Weide)
sich niederlassen = einfallen, sich einschwingen; bei Greifvögeln aufhaken, aufblocken

nisten = nisten. Es horsten Störche, Kraniche, Reiher, Tauben, Kolkraben, Krähen, Greifvögel und Eulen
packen = schlagen, greifen (Greifvögel).

Bau und Funktionen des Wildkörpers

Zu welcher Tierklasse gehören Haar- und Federwild?

Haarwild gehört zur Klasse der Säugetiere, Federwild zur Klasse der Vögel.

Wie entsteht der Körper des Wildes?

Aus der Vereinigung der männlichen Samenzelle mit der weiblichen Eizelle. Aus der befruchteten Eizelle bilden sich durch wiederholte Teilung Zellen, aus denen der ganze Tierkörper (der Embryo) entsteht.
Diese Keimesentwicklung erfolgt bei allen Säugetieren in der Gebärmutter (dem Tragsack) und wird Tragzeit genannt.
Der Federwildkeimling entwickelt sich aus dem befruchteten Ei unter Mitwirkung der Körperwärme des brütenden Vogels.

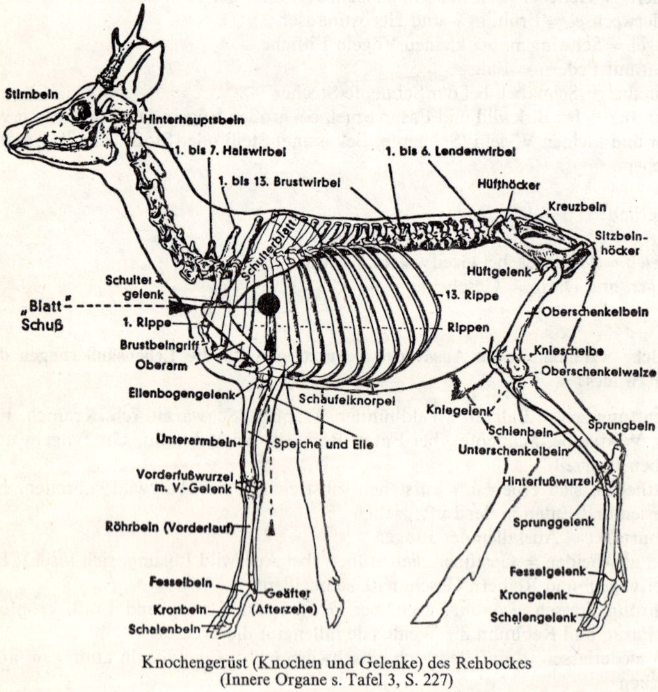

Knochengerüst (Knochen und Gelenke) des Rehbockes
(Innere Organe s. Tafel 3, S. 227)

Aus welchen Hauptteilen besteht der Wildkörper?

Aus dem Knochengerüst oder Skelett,
den Muskeln nebst Binde- und Fettgewebe, Faszien (Muskelhäute), Sehnen und Bändern,
den Körperhöhlen mit den Eingeweiden (Organen) und der Haut.

Welchen Zweck hat das Knochengerüst?

Es gibt dem tierischen Körper die feste Grundlage. Es bestimmt die Körperform und trägt zur Bildung der Körperhöhlen bei.

Welche Körperhöhlen werden unterschieden?

Die Schädelhöhle (mit dem sich anschließenden Wirbelkanal), die Mund-Rachenhöhle, die Brusthöhle und die Bauch-Beckenhöhle.

Welche Teile liegen in der Schädelhöhle und im Wirbelkanal?

In der Schädelhöhle liegt das Gehirn (Groß- und Kleinhirn). Es steht mit dem im Wirbelkanal des Rückgrates liegenden Rückenmark und den sich von ihm abzweigenden Nerven in direkter Verbindung. Das Gehirn ist die Zentrale des Nervensystems (Bewegungs- und Sinneszentrum).

Welche fünf Sinne werden unterschieden?

Sehen, hören, riechen, schmecken und fühlen (Tast-, Schmerz- und Temperaturempfinden).
Die Sinnesorgane des Wildes sind gut entwickelt.
Mit feinem Gehör „vernimmt" Wild jedes Geräusch.
Schalenwild hat als Nasentier die Fähigkeit, mit dem Windfang (Schwarzwild mit dem Wurf) Witterung (Gerüche) auf Hunderte von Metern aufzufangen. Will der Jäger unbemerkt an Schalenwild herankommen, so muß er es gegen den Wind („unter Wind") anpirschen. Die Lichter (Augen) sind dagegen astigmatisch, d. h., sie ermöglichen infolge abnormaler Krümmung der Hornhaut kein deutliches Sehen. Dafür nehmen sie aber jede Bewegung deutlich wahr. Zugvögel haben einen sechsten Sinn (den Orientierungssinn).
Die Vögel sind ausgesprochene Augentiere (s. auch „Tele"- oder Ferneinstellung des Auges, S. 348), die Eulen sind Ohrtiere.

Was bewirkt ein Schuß durch einen Wirbel des Rückgrates?

Das sofortige Zusammenbrechen des beschossenen Stückes. Es bleibt im Feuer (s. S. 227, 234 und 236). Ein Schuß durch die Halswirbel bewirkt Totallähmung und ist sofort tödlich, während er durch die Lendenwirbel nur die Hinterläufe lähmt.
Die Brustwirbel sind beim Schalenwild mit hohen Dornfortsätzen ausgestattet (s. Abb. S. 154 und S. 227), die waidmännisch als „Federn" bezeichnet werden. Werden sie beim Schuß gestreift (gekrellt), so hat das durch Erschütterung des Rückenmarks eine vorübergehende Lähmung des Wildes zur Folge.

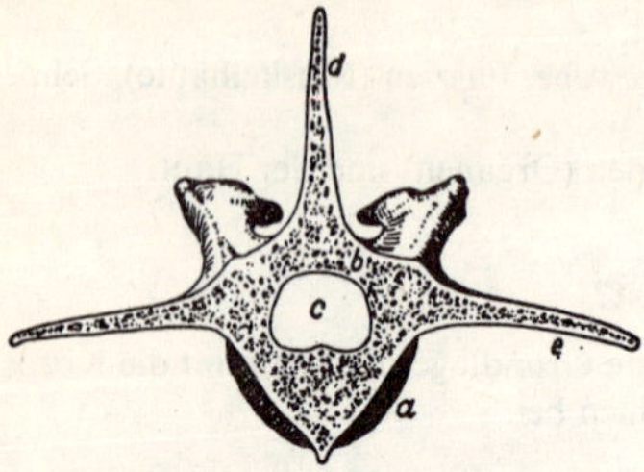

Rückenwirbel im Querschnitt
a = Wirbelkörper, b = Wirbelbogen,
c = Wirbelloch, d = Dornfortsatz,
e = Querfortsatz

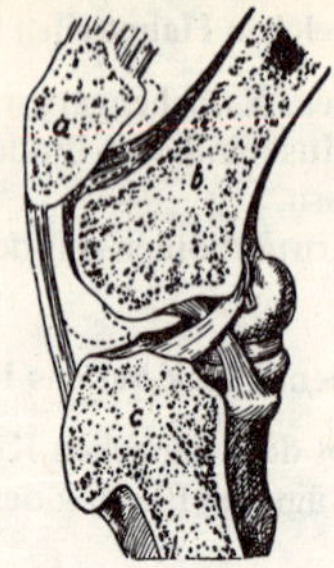

Schnitt durch ein Kniegelenk
a = Niescheibe, b = Oberschenkelbein,
c = Unterschenkelbein

Gekrelltes Wild (s. Abb. S. 234) bricht schlagartig zusammen und „schlegelt" (schlägt) heftig mit den Läufen, erholt sich meist schnell, so daß man sofort nachschießen muß, um das Stück nicht zu verlieren.

Soll beim „Blattschuß" das (Schulter-)Blatt getroffen werden?

Nein! Der „Blattschuß" muß vielmehr in dem vom Schulterblatt und Oberarm gebildeten, nach hinten offenen Winkel sitzen (s. Abb. S. 152), damit kein „Brand" entsteht. Hierunter versteht man die unerwünschten Blutergüsse, die sich zwischen den Muskelpartien der Schulterblätter bilden und das Wildbret unansehnlich und geringwertig machen (s. auch Schußzeichen, S. 234/235 und Abb.).

Welche Besonderheiten zeigt das Knochengerüst des Federwildes?

Ober- und Unterkiefer sind hornig und zahnlos; sie heißen Schnabel. Die Schultergliedmaßen sind zu Flügeln umgebildet. Die Knochen sind z.T. hohl und luftgefüllt und dadurch sehr leicht. Das Bein (Ständer) besteht aus Oberschenkel, Unterschenkel, Lauf und Zehen. Der Oberschenkel ist kurz und tritt aus dem Federkleid nicht hervor. Lauf und Zehen (meist vier) sind mit Hornschildern bedeckt. Die Ständer besitzen eine willkürliche Muskelsperre, durch die der Vogel ohne Anstrengung hocken und schlafen kann.

Welche Arten von Muskeln werden unterschieden?

Willkürliche und unwillkürliche Muskeln.

Was sind unwillkürliche Muskeln?

Muskeln, die vom Willen nicht beeinflußt werden können. Sie arbeiten also auch im Betäubungsschlaf. Hierher gehören die Herzmuskeln und die glatten Muskeln der Eingeweide (Magen, Darm, Blase, Blutgefäße) und die der Haut.

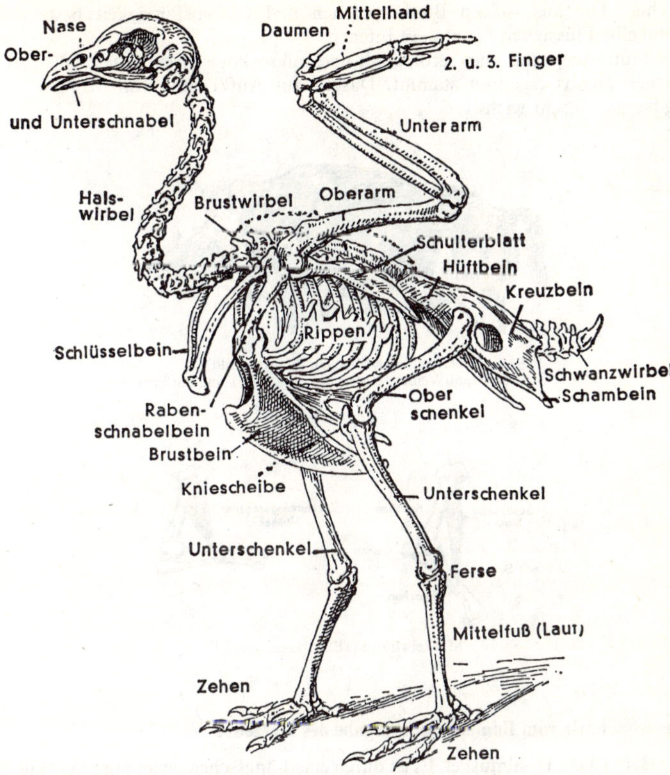

Knochengerüst eines Vogels

Was wissen wir über Zahl und Verrichtung der Skelettmuskeln?

Wild besitzt etwa 200 verschiedene Muskeln, die wir in ihrer Gesamtheit als „Wildbret“ bezeichnen. Sie sind der Bewegungsapparat des tierischen Körpers.

Aus welchen Teilen besteht das Blut?

Aus dem Blutserum, dem Blutfaserstoff und den roten und weißen Blutkörperchen. Die roten Blutkörperchen tragen den in der Lunge aufgenommenen Sauerstoff in den Körper, die weißen bekämpfen die Feindbakterien, die in das Blut eingedrungen sind. Sie sind die Schutzpolizei des Körpers. Sie wirken als Freßzellen und können Krankheitskeime oder Fremdkörper auffressen und unschädlich

machen. Die aus weißen Blutkörperchen und Gewebsflüssigkeit bestehende rahmgelbe Flüssigkeit nennt man Eiter.
Aus Blutresten kann man serologisch und mikroskopisch leicht feststellen, von welcher Tierart das Blut stammt. Das ist zur Aufklärung von Morden oder Jagdvergehen sehr wichtig.

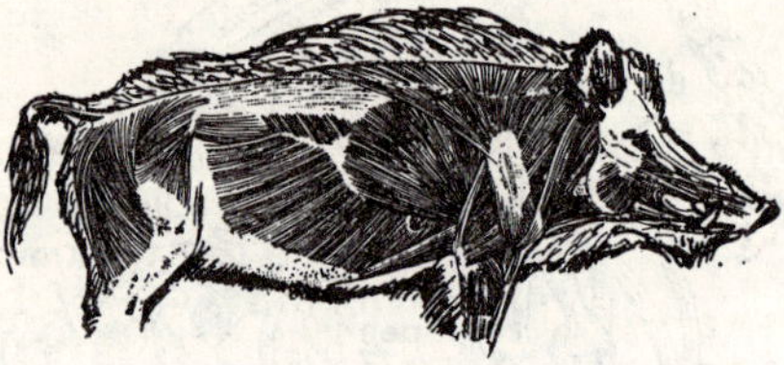

Oberflächliche Muskeln (Schwarzwild)
Schwarte und Weißes (Unterhautfettgewebe) sind entfernt

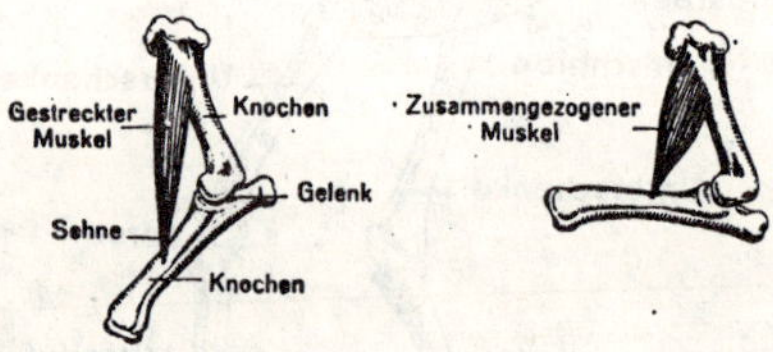

Muskelwirkung (Ellenbogengelenk)

Was wissen wir vom Bau und der Aufgabe des Herzens?

Das Herz ist ein Hohlmuskel. Es ist durch eine Längsscheidewand in zwei Hälften geteilt:
in ein linkes (arterielles) und ein rechtes (venöses) Herz.
Beide Herzhälften haben je eine Vorkammer und Herzkammer, die durch die Herzklappen in Verbindung stehen. Das Herz ist vom Herzbeutel eingeschlossen.
Es hat, wie eine Pumpe, den Umlauf des Blutes im Körper zu bewerkstelligen und dabei durch die Kreisläufe (Pfortader-, Lungen- und Körperkreislauf) allen Teilen des Körpers Nährstoffe und Sauerstoff zuzuführen und unbrauchbare Stoffe aus dem Körper fortzuschwemmen. Kohlensäure wird aus dem Blut in den Lungen, Harnstoff und Wasser werden in den Nieren ausgeschieden (s.S. 161).

Welche Organe liegen in der Kammer (Brusthöhle)?

Das Herz mit seinen großen Blutgefäßen und die Lungen.
Das Herz liegt in der unteren Hälfte, die großen Blutgefäßstämme (wie Aorta und Hohlvenen) liegen in der oberen Hälfte der Brusthöhle (s. Abb. S. 227).
Herz und Lungen werden durch das Zwerchfell völlig von der Bauchhöhle getrennt.

Die Lungen sind die Atemeinrichtungen des Körpers. Sie werden durch das sog. Mittelfell in eine rechte und eine linke Lunge geschieden. Sie liegen in völlig voneinander getrennten Kammern.

Das Blut, ein Transportmittel

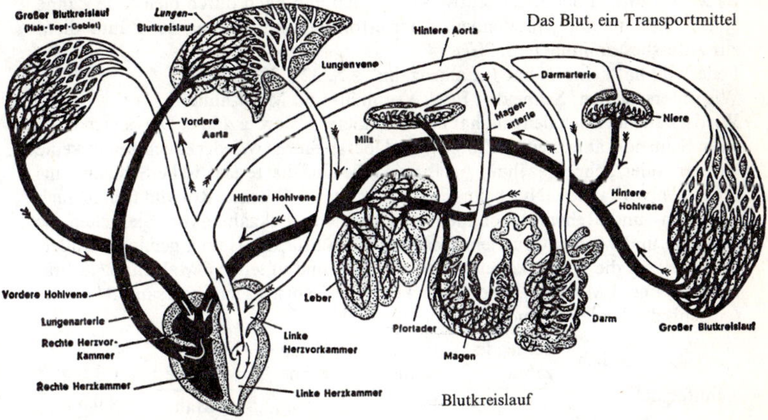

Blutkreislauf

Füllen diese Organe die Brusthöhle voll aus?

Ja, denn in der Brusthöhle herrschen Unterdruckverhältnisse. Dadurch können zwischen den einzelnen Organen, auch bei der Ein- und Ausatmung, keinerlei Hohlräume entstehen, so daß beim Kammerschuß niemals ein sog. „Hohlschuß" möglich ist.

Was geschieht bei einer Schußverletzung der Lungenflügel?

Durch Einströmen von Luft in die Brusthöhle wird der Unterdruck aufgehoben. Die Lungenflügel fallen dadurch schlagartig zusammen und werden funktionsunfähig, so daß das Wild erstickt. Hierauf beruht, neben den Schußverletzungen, die tödliche Wirkung der Lungenschüsse. Wir finden deshalb nach Lungenschüssen die Lungen (z.B. beim Aufbrechen) stets zusammengefallen vor.

Was verstehen wir unter dem Zwerchfell?

Die sehnig-muskulöse Scheidewand, die die Brusthöhle völlig von der Bauchhöhle trennt und sich dabei kuppelförmig weit in den Brustraum vorwölbt. Das Zwerchfell ist der wichtigste Atmungsmuskel.
Federwild hat kein Zwerchfell. Die Lungen des Federwildes liegen in Zwischenräumen der Rippen und haben „Luftsäcke".

Welche Teile des Wildkörpers gehören zum Verdauungsapparat?

Zähne, Zunge (bei Wiederkäuern „Lecker" genannt), Schlund, Magen, Darmkanal und die Verdauungsdrüsen.
Den Magen-Darm-Kanal bezeichnet der Jäger als „Gescheide" (großes und kleines Gescheide).

Wozu dienen die Zähne?

Zum Zerkleinern der aufgenommenen Nahrung, beim Beutegreifer (als Fangzähne) auch zum Festhalten der Beute. Das erste Gebiß nennt man Milchgebiß. Es wird während der Jugendentwicklung nach und nach durch bleibende Zähne ersetzt. Die mit fortschreitendem Alter erfolgende Abnutzung der Zähne dient zur Altersbestimmung (s. S. 207).
Federwild hat keine Zähne („Falkenzahn" s. S. 327, 335, 345).
Wir unterscheiden: Schneide-, Eck-, Vormahl- und Mahlzähne.
Wiederkäuendes Schalenwild hat im Unterkiefer 8 Vorderzähne. Die beiden mittleren Schneidezähne heißen Zangen. Im Oberkiefer der Wiederkäuer gibt es keine Vorder- oder Schneidezähne. An ihrer Stelle sind harte elastische Schleimhautschwielen vorhanden. Nur beim männlichen und weiblichen Rotwild (selten auch bei Dam- und Rehwild) kommen im Oberkiefer Eckzähne vor. Sie gelten als Trophäe und werden Grandeln, bei weiblichen Stücken Haken genannt. Außerdem besitzen die Wiederkäuer beiderseits oben und unten je 6 Mahlzähne (3 Prämolaren und 3 Molaren), also 24 Backenzähne. Rotwild hat insgesamt 34 Zähne (einschl. der beiden Grandeln):

Zahnformel	oben	Schneidezähne	Eckzähne	Vormahlzähne	Mahlzähne	= 0 1 3 3
	unten	Schneidezähne	Eckzähne	Vormahlzähne	Mahlzähne	4 0 3 3

Die Zahnformel verschiedener Tierarten siehe auch Seite 596 bis Seite 602.

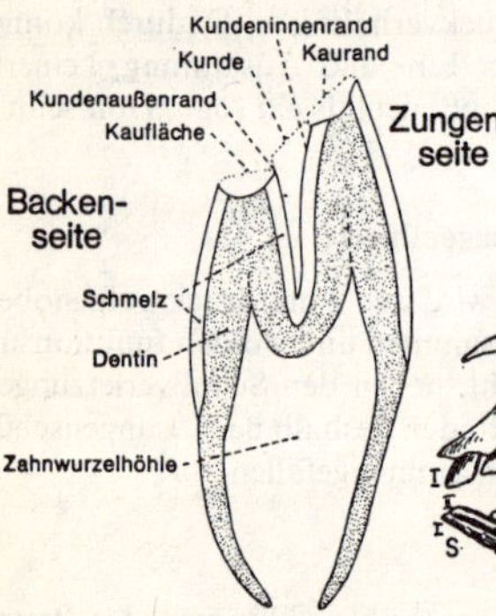

Schnitt durch die Mitte eines Mahlzahns (Molar)

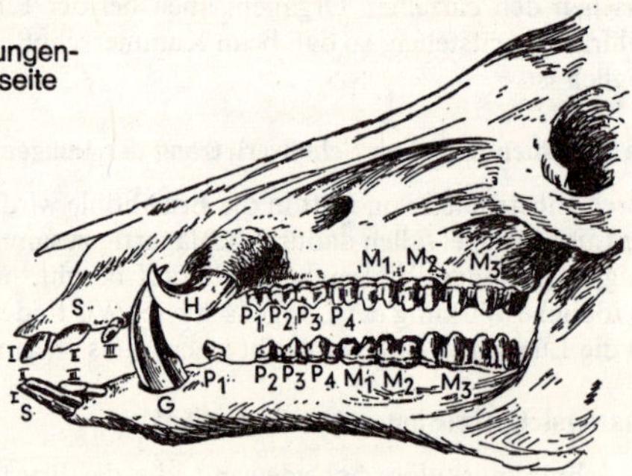

Gebiß eines alten Keilers
H = Haderer, G = Gewehre,
P = Prämolaren (Vormahlzähne)
M = Molaren (Mahlzähne)

Beim Rotwild ist vom 31. Lebensmonat das Dauergebiß fertig.
Dam- und Rehwild (dem die Grandeln fehlen) hat nur 32 Zähne.
Schwarzwild hat oben und unten je 6 Schneidezähne (S I bis S III). Dahinter liegen die Eckzähne, die beim Keiler viel stärker sind als bei der Bache. Der obere Eckzahn oder „Haderer" ist kurz und dick und kreisförmig nach oben gewunden. Der untere Eckzahn oder das „Gewehr" ist viel länger, bogenförmig

und im Querschnitt dreieckig (bei der Bache kleiner und oval bis rund). Im Anschluß an die Eckzähne sind auf jeder Kieferseite ein kleiner Lückenzahn (P_1), der nicht gewechselt wird, und hinter ihm drei dem Wechsel unterliegende (P_2 bis P_4) und drei Dauer-Mahlzähne (M_1 bis M_3), insgesamt also im Alter über zwei Jahre 44 bleibende Zähne vorhanden (s. Abb.). Der Frischling bis zu einem Jahre hat nur 36 Zähne. Ihm fehlen noch die Mahlzähne M_2 und M_3, die erst nach 12 bzw. 22 Monaten durchbrechen (s. auch S. 247). Die Hauzähne (Haderer und Gewehre) sind wurzellos und wachsen laufend nach. Sie sind deshalb beim alten Keiler am längsten. Die Gewehre sind bis zu zwei Drittel ihrer Länge im Unterkiefer verborgen. Sie können insgesamt bis 21 cm lang werden.
Bei den Hasenartigen (Hase, Kaninchen) sind im Gegensatz zu den echten Nagetieren die Schneidezähne im Oberkiefer in zwei Reihen angelegt (= Doppelzähner). Sie sind, wie auch die unteren Schneidezähne, wurzellos und wachsen ständig nach. Ohne Gegenbiß und Zahnabschliff entstehen Mißbildungen („Keilerhasen").
Bei behaarten Beutegreifern bezeichnet man die verlängerten Eckzähne (wie beim Hund) als Fangzähne. Reißzähne sind die vier durch Größe und Spitzenbildung charakterisierten Mahlzähne (oben P4 und unten M1) der Beutegreifer und des Hundes (s. S. 641/642).

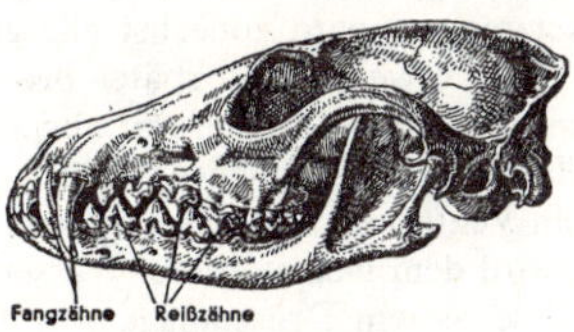

Schädelknochen des Fuchses von der Seite gesehen

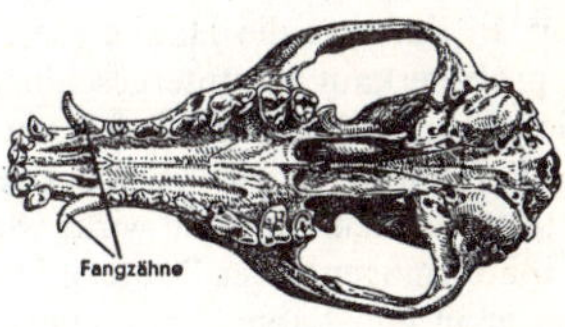

Oberkiefer von unten gesehen

Welche Verdauungsdrüsen gibt es?

Die Speicheldrüsen, die Drüsen im Magen und im Darm, die Leber und die Bauchspeicheldrüse. Sie sondern Verdauungsflüssigkeit ab.

Wie heißt die von der Leber gebildete Verdauungsflüssigkeit?

Galle. Sie wird als grünliche Flüssigkeit durch Gallengänge der Gallenblase zugeführt.

Welche Tiere besitzen keine Gallenblase?

Pferdearten, Hirscharten (also auch das Rehwild) sowie Taube und Perlhuhn. Bei ihnen fließt die von der Leber gebildete Galle durch den Gallengang dem Zwölffingerdarm direkt zu.
Eine Gallenblase haben auch Schwarzwild, Gams-, Muffel- und Steinwild.

Welche Bedeutung hat die Milz?

Sie ist ein Blutspeicher (bei Jagd- und Fluchttieren), dient dem Abbau roter Blutzellen, der Krankheitsabwehr und als Blutfilter.

Wie ist der Magen-Darm-Kanal (das Gescheide) beschaffen?

Das Haarwild besitzt, mit Ausnahme der Wiederkäuer, einen einfachen sackartigen Magen. Der Hauptaufschließungsvorgang der Nahrung erfolgt im Dünndarm (seine Teile heißen Zwölffingerdarm, Leerdarm und Hüftdarm).
Im Dickdarm (bestehend aus Blinddarm, Grimmdarm und Mastdarm) wird unter Beteiligung von Darmbakterien die Rohfaser verdaut.
Bei den Hasenartigen (Hase und Kaninchen) ist der Blinddarm um ein Vielfaches größer als der Magen. Bei ihnen spielt die Blinddarmverdauung eine besondere Rolle (s.S. 259). Dünn- und Dickdarm bezeichnet man als „kleines Gescheide".

Wie ist der Wiederkäuermagen (das große Gescheide) beschaffen?

Bei den Wiederkäuern mündet der Schlund in drei sackartige Vormägen (Abb. unten), die der Reihe nach als
Pansen (Weidsack oder Wanst),
Haube (oder Netzmagen) und
Psalter (Blätter- oder Buchmagen) bezeichnet werden.
Der Pansen ist der größte der Vormägen. Er dient als Speicher- und Vergärungskammer. In ihn und die Haube (den Netzmagen) wird zunächst alle gerupfte Äsung grob zerkaut hinuntergeschluckt, dort erweicht und später bissenweise zum Geäse zurückbefördert, bei Ruhe wiedergekaut, in Breiform abgeschluckt und im Pansen bakteriell vergärt. Die Haube (der Netzmagen) hält das grobe Futter fest. Die Schlundrinne wirkt wie ein Ventil und läßt nur breiige Nahrung in den Blättermagen (oder Psalter). Dort wird dem Nahrungsbrei Wasser entzogen, ehe er in den Labmagen kommt. Dieser ist ein Drüsenmagen, in dem die Eiweißverdauung beginnt. Sein Ausgang leitet in den Dünndarm über.

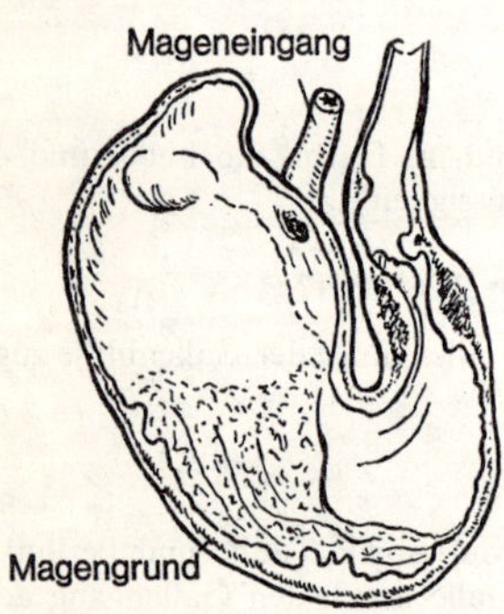

Einhöhliger sackartiger Magen (Schwarzwild) aufgeschnitten

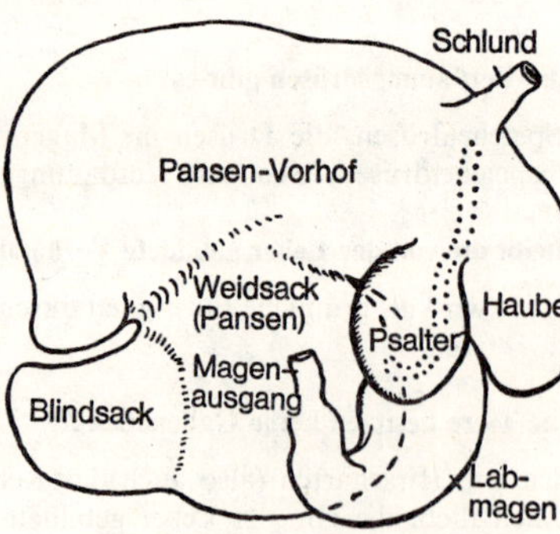

Mehrhöhliger Wiederkäuermagen (Reh) mit Magenrinne (punktiert)

Wie wird die Nahrung der Wiederkäuer aufgeschlossen?

Die roh- und rauhfaserige Nahrung muß oft wiedergekäut und dabei gründlichst mit Speichel durchsetzt werden. Ausgewachsenes Rotwild erzeugt pro 10 kg Lebendgewicht etwa am Tag davon 15–30 Liter. Trockene Äsung wird mit Gleitspeichel vermischt und saure Äsung (Silage) mit Verdünnungsspeichel. In dieser gewaltigen Flüssigkeitsmenge löst sich die Nahrung und quillt auf. Dazu kommen im Pansen und der Haube starke Knetbewegungen (Peristaltik). Gleichzeitig beginnt eine bakterielle Zersetzung, bei der niedere Fettsäuren entstehen.

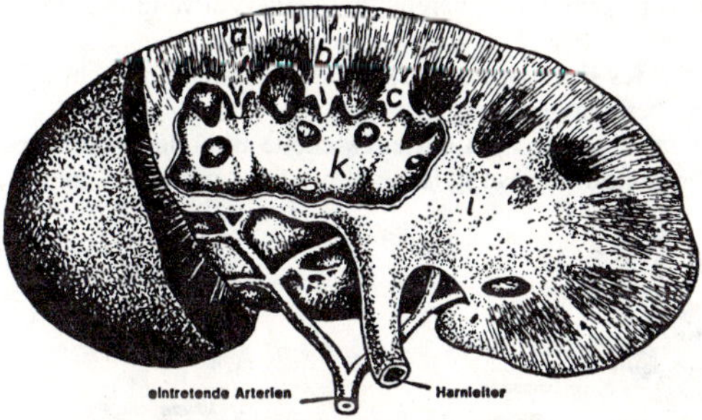

Niere des Schwarzwildes (zum größten Teil längs gespalten)
a = Rindenschicht, b = Grenzschicht, c = Markschicht, i = Nierenbecken,
k = Nierenbecken eröffnet

Was geschieht mit den in den Magen-Darm-Kanal aufgenommenen Stoffen?

Flüssigkeiten und die verdaulich gemachten (gelösten) Nährstoffe werden von der Pansenschleimhaut (Pansenzotten) direkt und von der Darmschleimhaut z.T. über die Lymphgefäße ins Blut aufgenommen und zur Leber gebracht (Pfortader). Dort werden sie gespeichert oder auf dem Blutweg nach allen Teilen des Körpers (Körperzellen) transportiert (s. Abb. S. 157). Die unbrauchbaren Schlackenstoffe werden dagegen durch die Nieren mit Flüssigkeit verdünnt als Harn ausgeschieden und gelangen durch das Nierenbecken und den Harnleiter zur Harnblase und von da durch die Harnröhre nach außen.

Was geschieht mit den nicht verdaulichen festen Stoffen?

Sie bleiben im Darmkanal zurück und gelangen durch wellenförmige Bewegungen des Darmrohres in den Enddarm (Weiddarm) und durch das Weidloch als Losung (Gestüber) nach außen.

Welchen Unterschied in der Weite zeigen Dünn- und Dickdarm?

Bei wiederkäuendem Schalenwild ist der Dickdarm, mit Ausnahme des Blinddarms, nur wenig weiter als der Dünndarm. Beim Schwarzwild ist der Dickdarm viel weiter als der Dünndarm.

Wie ist der Verdauungskanal bei Federwild beschaffen?

Federwild hat keine Zähne. Zur Nahrungsaufnahme dient der hornige Schnabel.

Die aufgenommene Nahrung gelangt nur ungenügend zerkleinert über den Schlund in eine große sackartige Erweiterung des Schlundes, den „Kropf". Er dient als Vorratskammer (und kann z.B. bei der Ringeltaube bis 30 Eicheln aufnehmen). In ihm wird die Nahrung vorgeweicht und angedaut. Im Magen, der kräftig bemuskelt ist, wird die Nahrung zermahlen. Eine wichtige Rolle hierbei spielen die „Weidkörner" (Sand, Kieselsteine), die immer im Muskelmagen zu finden sind. Sie übernehmen die Funktion der allen Vögeln fehlenden Zähne.
Als Weidkörner aufgenommene „Schrote" können durch ihren Bleigehalt tödlich wirken. (Daher in den USA bereits teilweise Verwendung von „Stahlschroten".)
Der Darmkanal des Federwildes ist kurz. Die Verdauung geht sehr schnell vor sich (besonders bei den Greifvögeln).
Mit dem Dickdarm stehen zwei gut entwickelte Blinddärme in Verbindung. Die Entleerung der Blinddarmlosung (s.S. 283) erfolgt gesondert und meist am Vormittag.

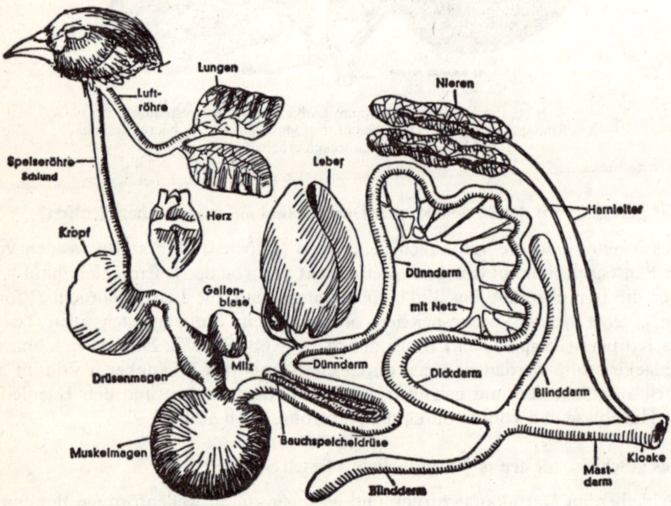

Schema des Verdauungsverlaufs bei Federwild

Welche Teile gehören zu den Harnorganen?

Die Nieren mit dem Nierenbecken (s. Abb. S. 161), die beiden Harnleiter, die Harnblase und die Harnröhre.
Die Harnröhre mündet bei männlichem Haarwild in den männlichen Geschlechtsteil oder die Rute (bei Schalenwild Brunftrute genannt), bei weiblichem Haarwild in die Scheide (s. Abb. S. 164).
Federwild hat keine Harnblase. Der Harn wird von den Nieren durch den Harn-

leiter abgeleitet und zusammen mit dem Kot durch die Kloake entleert. Diese Ausscheidungen werden genannt: „Losung“ bei dem zur Hohen Jagd gehörenden Auergeflügel, „Gestüber“ bei dem zur Niederjagd gehörenden Federwild und „Geschmeiß“ bei den Greifvögeln und Reihern. Sie sind durch Harnsäureablagerung weiß überzogen (s. Abb. S. 292).

Was verstehen wir unter der Kloake?

Den gemeinsamen Endkanal des Darm-, Harn- und Geschlechtsweges bei Vögeln (den Weiddarm mit dem Weidloch).

Welche Teile gehören zu den männlichen Geschlechtsorganen?

Die paarig angelegten Hoden nebst Nebenhoden, die Hilfsdrüsen (Samenblasen, Vorsteherdrüse) und die Samenleiter. Sie münden gemeinsam in die Harnröhre.
Bei Schalenwild heißen die Hoden „Brunftkugeln“; Hoden und Hodensack zusammen heißen „Kurzwildbret“.
Bei behaarten Beutegreifern (und beim Hunde) heißen die Hoden „Geschröte“, weil sie beim kleinen Haarraubwild in der Größe starken Schroten ähneln.
Hase und Kaninchen haben keinen Hodensack. Bei ihnen liegen die Hoden außerhalb der „Rammelzeit“ im Leistenkanal.
Das Federwild besitzt (wie alle Vögel) nur innere Geschlechtsorgane. Die Hoden des männlichen Federwildes sind paarig angelegt. Sie liegen in der Leibeshöhle unterhalb des vorderen Teiles der Nieren.

Welche Teile gehören zu den weiblichen Geschlechtsorganen?

Die beiden Eierstöcke, Eileiter, die zweigeteilte (zweihörnige) Gebärmutter, der Scheidenhals (mit dem Verschlußmechanismus), die Scheide und außen die Scham.

Wie benennt der Jäger die weiblichen Geschlechtsorgane des Wildes?

Bei Schalenwild heißt der Scheidenvorhof und die Scham „Feuchtblatt“, bei anderem Wild „Nuß“, „Schnalle“ oder „Tasche“.
Die Gebärmutter heißt „Tragsack“, bei Trächtigkeit „Tracht“. Trächtiges Schalenwild bezeichnet man als „beschlagen“ bzw. „hochbeschlagen“ (s. Abb. S. 196).
Niederwild „hat inne“ (Hase und Kaninchen),
ein Beutegreifer „geht dick“.
Weibliches Federwild hat nur einen Eierstock und nur einen Eileiter, in dem die Eier auf ihrer Wanderung in den Weiddarm ihre Eiweißschicht und Kalkschale erhalten.

Was versteht man unter einem Zwitter oder Hermaphrodit?

Die Vermischung der Geschlechtsmerkmale beider Geschlechter bei einem Stück.
Wir unterscheiden:
Echte Zwitter mit gleichzeitig vorhandenen männlichen und weiblichen Keimdrüsen (Eierstock und Brunftkugel) und Scheinzwitter, mit Zwitterbildung nur der äußeren Geschlechtsteile.

Eine gehörnte Ricke bzw. Rehgeiß z.B. ist meist ein weibliches Stück, bei dem am Tragsack ein Eierstock und eine Brunftkugel vorhanden sind (Abb.). Sie kann beschlagen werden und setzen. Die Brunftkugel bewirkt, daß es zu einer Gehörnbildung kommt. Das Gehörn kann sogar (meist in der Setzzeit) abgeworfen, neu geschoben und gefegt werden.

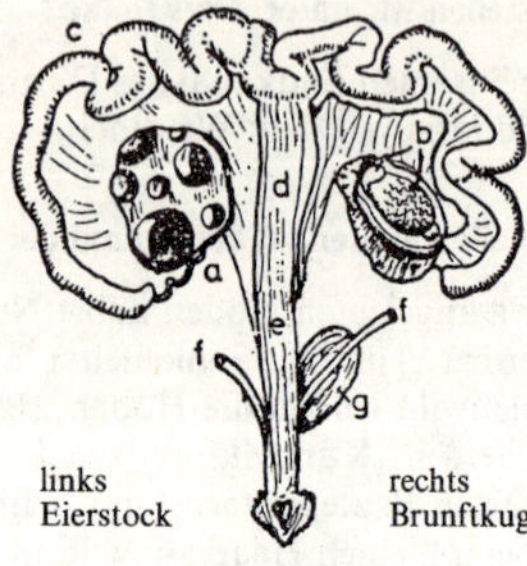

Tragsack vom Wildschwein
a: Eierstock, b: Brunftkugel
c: Horn des Tragsackes, d: Körper des Tragsackes, e: Scheidenhals,
f: Harnleiter, g: Harnblase

Echter Zwitter

Ein Scheinzwitter mit Feuchtblatt (ohne Tragsack) und verkümmerter Brunftrute im Schamspalt ist meist ein männliches Stück, bei dem die Brunftkugeln verkümmert sind oder (wie beim Kryptorchiden) in der Bauchhöhle oder dem Leistenkanal liegen. Ein derartiger Bock ist unfruchtbar, schiebt, fegt und wirft meist normal ab. Infolge der Verkümmerung der Brunftkugeln (bis auf Erbsengröße) kann es zu Perückenbildung kommen (s. S. 202/203).

Wie verändert sich die Tracht während der Tragezeit?

Sie erweitert und verlängert sich entsprechend dem zunehmenden Wachstum der Leibesfrucht. Im Anschluß an die Geburt des Jungtieres werden die Eihüllen als Nachgeburt ausgestoßen und bei einigen Wildarten vom Muttertier instinktmäßig verzehrt.

Wie erfolgt die Ernährung des Neugeborenen?

Beim Haarwild (wie bei allen „Säuge"-Tieren) mit Muttermilch. (Künstliche Muttermilch zur Aufzucht von Rehkitzen bereitet man aus $^1/_4$ Haferschleim, $^2/_4$ Kuhmilch und $^1/_4$ süßer Kondensmilch.) Das Gesäuge des Haarwildes ist in zwei Hälften angelegt. Bei pflanzenfressendem Schalenwild befindet es sich zwischen den Hinterschenkeln, bei Bachen, Raubwild und den Hasenartigen zieht es sich als langgestreckte Drüse zu beiden Seiten der Bauchmittellinie hin. Die Zahl der Zitzen ist artbedingt und hängt mit der Zahl der Neugeborenen zusammen (Muffelschaf zwei, Ricken und Tiere vier, Beutegreifer bis 10, Sau bis 14 Zitzen).
Die aus den Eiern ausgefallenen Jungvögel (Brut) sind entweder Nestflüchter (wie z.B. die Hühnervögel), die das Nest oder Muldennest sofort befiedert verlassen, oder Nesthocker (wie z.B. Singvögel und Greifvögel), die zuerst nackt sind und im Nest oder Horst von den Elterntieren geatzt werden. Eier und Aufzucht

werden immer mehr durch Pestizide (Mittel gegen pflanzliche und tierische Schmarotzer) gefährdet.

Welche Teile gehören zur äußeren Haut?

Bei Haarwild die Haare, bei Federwild das Gefieder.

Welche Bedeutung hat die äußere Haut?

Sie ist eine Schutzdecke und ist bei der Regelung der Körperwärme wesentlich beteiligt.
Die äußere Haut des Haarwildes („Decke“ des wiederkäuenden Schalenwildes, „Schwarte“ des Schwarzwildes und Dachses, „Balg“ des übrigen Haarwildes) ist mit Haaren ausgestattet. Das Haar wird jährlich zweimal (im Frühjahr und Herbst) gewechselt, und wir unterscheiden Sommer- und Winterhaar. Bei den Hirscharten nennen wir den Haarwechsel „Verfärben“ und die jeweilige Jahreszeit „Färbezeit“. Beim Schwarzwild nennen wir den Haarwechsel „Versetzen“, bei den Beutegreifern und beim Hunde „Verhären“. Zur behaarten Haut gehören Talg- und Schweißdrüsen. An tierartlich festgelegten Stellen können diese Hautdrüsen vermehrt als Duftdrüsenorgane auftreten. Sie sind für die Verständigung des Wildes von großer Bedeutung (s. S. 216).
Beim Federwild wird die äußere Haut mit den Federn als „Balg“ bezeichnet (Federwild wird z. B. „abgebalgt“, wenn es präpariert werden soll). Dem Haarwechsel entspricht bei ihm der Federwechsel (die Frühjahrs- und Herbstmauser, das Sommer- und Winterkleid). Wir unterscheiden das Fluggefieder, das den Flug ermöglicht, und das Deckgefieder, das den Körper schützend bedeckt. Haarwechsel und Mauser stellen an den Stoffwechsel des Wildes hohe Ansprüche.

Schalenwild (Paarhufer)

Einteilung

Welches Wild gehört zum Schalenwild?

Alles Wild, das mit den Läufen auf Schalen (Klauen) zieht (geht).
Wir unterscheiden:
Wiederkäuendes und nichtwiederkäuendes Schalenwild.
Das wiederkäuende Schalenwild wird eingeteilt

1. in geweihtragendes Schalenwild (Hirsche oder Cerviden); zu ihnen gehören die echten Hirsche (Cervidae): Rotwild, Damwild und Sikawild, und die Trughirsche (oder Odocoilinae): Elchwild und als kleinste Hirschart das Rehwild;
2. in horntragendes Schalenwild (Horntiere oder Boviden); zu ihnen gehören Wisent, Gams-, Stein- und Muffelwild.

Zum nichtwiederkäuenden Schalenwild gehört das Schwarzwild.

Welcher große Unterschied besteht zwischen der Kopfwaffe des geweihtragenden und des horntragenden Schalenwildes?

Bei Geweihträgern ist die Kopfwaffe (Geweih, Schaufel oder Gehörn) ein Knochengebilde, das auf Stirnbeinfortsätzen, den Rosenstöcken, aufsitzt. Sie wird nur von männlichen Tieren getragen, zur Brunftzeit als Waffe gebraucht, alljährlich abgeworfen und jedes Jahr in einem Zeitraum von 130 Tagen wieder neu gebildet. Hierbei ist sie zuerst mit Bast umgeben (Bast- oder Kolbenzeit). Sie wird später gefegt und dadurch „blank".
Bei Hornträgern (wie Gams-, Muffel- und Steinwild) sind die Kopfwaffen (Hörner, Krucken und Schnecken) Hornschlauchgebilde. Sie sitzen tütenartig über langen Stirnzapfen und wachsen von unten her ständig weiter. Der älteste Teil eines Hornes ist also seine Spitze (s. Abb. S. 242). Die Hörner werden nicht abgeworfen und von männlichen und weiblichen Tieren getragen. Nur weibliches Muffelwild ist meist hornlos.

Bei welcher Hirschart nordischer Länder tragen beide Geschlechter ein Geweih?

Beim Ren oder Rentier (fälschlich oft Renntier!).

Welche Besonderheiten zeigt das Schwarzwild!

Die Eckzähne im Ober- und Unterkiefer sind stark entwickelt. Der Magen ist ein einfacher drüsenhaltiger Magen (s.S. 160).

Ausmachen und Bestätigen des Schalenwildes

Was versteht man unter „ausmachen" und „bestätigen"?

Ausmachen heißt: Den Standort oder Wechsel von Wild suchen und finden (z.B. einen Brunftplatz ausmachen).
Bestätigen heißt: Ein Stück Wild an bestimmten Zeichen feststellen (z.B. einen starken Hirsch bestätigen).

Woran läßt sich u.a. das Vorkommen von Schalenwild erkennen?

An den Tritten bzw. Fährten, an der Losung, an Plätz-, Fege- und Schlagstellen und an Lautäußerungen (Rotwild durch Schreien, Mahnen [s.S. 183], Rehwild durch Schrecken [oder Schmälen], Fiepen [oder Locken], Klagen [aus Angst oder Schmerz], beim Bock durch hörbares Keuchen beim Treiben der brunftigen Ricke bzw. Rehgeiß).

Was ist ein gerechtes und reines Trittsiegel?

Ein Tritt, der deutlich abgedrückt ist und ein Stück Schalenwild nach Art und Geschlecht erkennen läßt.

Wie unterscheiden sich die Trittsiegel des Rot-, Dam- und Schwarzwildes?

Die Ballen nehmen beim Rotwild etwa $^1/_3$ beim Damwild aber etwa die Hälfte des Trittes ein. Der Tritt des Schwarzwildes ist durch den Abdruck des Geäfters gekennzeichnet (s. Abb. S. 254).

Rotwild (Hirsch, Tier) — Damwild — Rehwild — Gamswild

Wie bezeichnet man fortlaufende Tritte beim Schalenwild?

Fährte. (Beim übrigen Haarwild Spur, beim Federwild Geläuf.)
Eine Fährte oder Spur, die mindestens zwei Stunden alt ist, nennt man „kalt", weniger alt „warm" oder „frisch".

Wo findet man gerechte (klare) Trittsiegel?

Im mäßig nassen Boden. Im Schnee findet man selten klare Tritte, dafür aber deutliche Fährten- und Spurenbilder.

Was ist charakteristisch für die Fluchtfährte und Fluchtspur?

Beim flüchtenden Schalenwild stehen die Tritte der Hinterläufe immer vor den Tritten der Vorderläufe. Schalenwild macht also bei der Flucht den sog. Hasensprung (s. Abb. S. 211). Hierbei werden die Schalen weit gespreizt und tief in den Boden eingedrückt. Dadurch prägt sich auch das Geäfter (=Afterklauen) deutlich ab, was beim vertraut ziehenden Schalenwild, mit Ausnahme des Schwarzwildes, nicht der Fall ist (s. Abb. S. 246).
Die Sprungweite flüchtigen Wildes beträgt beim Rotwild etwa sieben Meter, beim Rehwild etwa vier Meter.

Was sind Wechsel, und was ist ein Paß?

Wechsel sind die regelmäßig eingehaltenen Wege des Schalenwildes zwischen Tageseinstand und Äsungsplatz. Regelmäßig benutzte Wechsel sind „Hauptwechsel", gelegentlich benutzte „Nebenwechsel". Auf dem sog. „Rückwechsel" geht das Wild durch die Treiberwehr zurück. Er spielt bei Drückjagden (s.S. 369) eine wichtige Rolle. Schwarzwild hält keinen Wechsel.
Paß ist der regelmäßige Weg des niederen Haarwildes (Dachs, Fuchs, Hase und Kaninchen).
Wir sprechen also z.B. vom Rehwechsel und vom Fuchspaß!
„Fernwechsel" sind Wege, die vom Wild immer wieder benutzt und mit rätselhafter Sicherheit gefunden werden (z.B. der uralte Wolfspaß bei Gartow/Elbe, den die seit 1948 vorstoßenden Wolfsrüden annahmen).

Was versteht man unter einem „Widergang"?

Das Zurückwechseln eines Stückes auf der eigenen Fährte, durch das sich ein Verfolger leicht täuschen läßt (s. auch S. 254).

Was bezeichnet man mit Losung?

Die festen Ausscheidungen des Wildes. Aus Größe, Form und Geruch der Losung ist ein Ansprechen nach der Wildart in fast allen Fällen möglich (s. Abb. S. 177, 212, 246, 259, 267 und 273).

Was versteht man unter „Plätzen"?

Das Wegschlagen von Erde, Laub und Moos mit den Vorderläufen. Es erfolgt aus Übermut und Unruhe vor und in der Brunftzeit. Außerdem pflegt Schalenwild zu plätzen, wenn es im Winter nach Äsung sucht. Rehwild plätzt, bevor es sich im „Bett" niedertut. Rotwild plätzt nur selten.

Plätzender und fegender Bock

Was sind „Suhlen"?

Suhlen sind Schlammbäder. Sie gehören zu den Lebensnotwendigkeiten des Rot- und Schwarzwildes. Reh- und Gamswild suhlen nie. Im Rotwild- und Schwarzwildrevier wird deshalb jeder zur Verfügung stehende Tümpel, auch auf den Waldwegen, zum Suhlen benutzt. In der Nähe von Suhlen kann man auch Kirrungen z.B. mit Mais oder Eicheln anlegen, um damit Wildschäden auf den Feldern zu vermindern. Suhlen dienen der Körperreinigung und dem Fernhalten von Fliegen, Hirschlausfliegen und Stechinsekten, weniger zur Abkühlung, denn klares Wasser wird nicht angenommen.

Was sind „Malbäume"?

Es sind rauhrindige Bäume, an denen sich Schwarzwild, selten Rotwild, nach dem Suhlen scheuert. In Kniehöhe mit Holzteer präpariert, werden sie bevorzugt angenommen. Als Kennzeichen oder „Mal" ist die Rinde des Malbaumes abgerieben, und die Reibestellen sind durch „Beschläge" (Schlammkrusten) schmutzig. Sie tragen oft auch Narben von Schlägen mit dem Gewaff.
An Tritten, Borsten und Haaren kann man feststellen, welches Wild Suhle oder Malbaum angenommen hat. (Die Borsten des Schwarzwildes sind etwas gespalten!)

Durch welche Lautäußerungen verrät sich Wild dem Jäger?

In der Brunftzeit (s. unten) der Rothirsch durch sein „Röhren, Orgeln oder Schreien", der Damhirsch durch sein „Rülpsen", der Sikahirsch durch seinen „Brunftpfiff", der Gemsbock durch sein „Blädern", der Rehbock durch sein „Keuchen" (s. S. 217), das weibliche Rot- und Damwild durch sein „Mahnen" (als Kontakt- und Locklaut), Ricken (Rehgeißen) und Kitze durch ihr „Fiepen" (als Such- und Locklaut). Es „pfeifen" Gams- und Muffelwild sowie Murmeltiere (Warnlaut), es „blasen" die Sauen (als Warnlaut), und es „keckern" Beutegreifer (Warn- oder Drohlaut).
Durch Locklaute: wie das Mahnen des Alttieres (s. S. 187) und das Fiepen der Ricke (Rehgeiß) und des Kitzes (s. S. 212);
durch Warn- und Wutlaute: wie das Blasen der Sauen, das Pfeifen der Gemse, das nur einmalige bellende, oft aber anhaltende Schrecken (Schmälen) des Rehwildes (bö, bö, bö) oder das Mahnen des Rot- und Damwildes.
Außerdem verrät sich Schalenwild bei der Fortbewegung durch das Knacken trockenen Holzes, durch Anstreichen des Geweihs an Zweige sowie durch Husten oder Schnarchen infolge Lungenwurm- bzw. Rachendasselbefalls.

Brunftzeit, Brunftzustand

Was verstehen wir unter der Brunftzeit?

Die Begattungszeit des wiederkäuenden Schalenwildes. Sie setzt normalerweise nur einmal im Jahre ein: Ende Juli beim Rehwild, ab Ende September zwei bis vier Wochen beim Rotwild und einen Monat später beim Damwild, einen weiteren Monat später (November) beim Gams-, Stein-, Muffel- und Schwarzwild; beim Rehwild heißt diese Zeit „Blattzeit", beim Schwarzwild „Rauschzeit".

Es brunften und setzen:

	Brunftzeit	Setzzeit	Tragzeit (Monate)	Junge (Zahl)
Rehwild	Blattzeit Mitte Juli/ Mitte Aug.	Mai/Juni	10	1 bis 2 Kitze (selten 3)
Rotwild	Ende Sept./ Anfang Okt.	Mai/Juni	8	1 (bis 2) Kälber
Damwild	Mitte Okt./ Anfang Nov.	Juni	8	1 (bis 2) Kälber
Gamswild	Nov./ Mitte Dez.	Mai/Juni	7	1 (bis 2) Kitze
Muffelwild	Nov./Dez.	Ende April/ Anfang Mai	6	1 (bis 2) Lämmer
Schwarzwild	Rauschzeit Nov./Jan.	frischt im März/April, auch früher	4	6 bis 12 Frischlinge

Wodurch ist der Brunftzustand weiblichen Schalenwildes gekennzeichnet?

Durch das sichtbare Anschwellen des Feuchtblattes (des äußeren weiblichen Geschlechtsteiles) und durch die Brunftfalte. Sie ist eine Hautfalte, die in der Brunftzeit durch die etwa 2 cm hohe Anschwellung zweier Duftdrüsen an der Stelle des Hauptes entsteht, an der der Hirsch das Geweih trägt. Sie verschwindet nach Beendigung der Brunftzeit.
Außerdem sondern die in der Umgebung des Weidloches vorhandenen Duftdrüsen besondere Duftstoffe ab, die das Brunften des männlichen Stückes auslösen.

Welches Schalenwild lebt auch außerhalb der Brunftzeit gesellig?

Rotwild (s. S. 172) und Muffelwild; Schwarzwild.

Wie heißt der Kopfschmuck beim Hirsch und wie beim Rehbock?

Der Kopfschmuck des Hirsches heißt Geweih, der des Rehbockes Gehörn (auch Krone oder Gewicht'l genannt).

Der Aufbau des Kopfschmuckes erfolgt beim:		Das Fegen erfolgt:	Das Abwerfen erfolgt:
Rothirsch:	ab März	im Juli/August	im Februar/März
Damhirsch:	ab Mai	im August/Sept.	im April/Mai
Rehbock:	ab Dezember	im März bis Mai	im Nov./Dezember

Fegen und Abwerfen im früheren Alter s. S. 200.

Aus welchen Teilen bestehen Geweih und Gehörn?

Aus zwei Stangen mit Rosen, die Sprossen oder Enden tragen. An den Stangen finden sich Perlen, Riefen und Leisten (s. Abb. S. 180 und S. 224). Die Stangen bestehen nur aus Knochen. Zu ihrem Aufbau ist eine beträchtliche Menge von phosphorsaurem sowie von kohlensaurem Kalk und Magnesium notwendig. Der Kalk wird mit der Äsung aufgenommen. Wird er teilweise zur Heilung eines Knochenbruches verbraucht, tritt sofort eine Schwächung oder Mißbildung des Kopfschmuckes ein.

Woher kommt die Farbtönung des Kopfschmuckes?

Vom Kalkgehalt der Stangen und von der Art der Hölzer und deren Gerbstoffgehalt, an denen der Kopfschmuck beim Fegen und Schlagen gerieben wurde. Auch der Blutfarbstoff spielt eine Rolle. Kalkarme Stangen sind stumpfschwärzlich, kalkreiche Stangen glänzen und haben eine schöne, tiefbraune Tönung. Der Saft von Birken, Buchen und Weiden verursacht beim Fegen eine helle, der von Eichen und Erlen eine dunkle Farbtönung. Die Stangen der Feldböcke sind hell (strohfarbig).

Was versteht man unter Fegen?

Das Schaben und Reiben des neugebildeten, mit einer behaarten Haut (dem Bast) umgebenen Geweihs oder Gehörns an Baumstämmchen (Fegebäumen).

Hierbei wird die Rinde des bearbeiteten Stämmchens und der Bast abgerieben (s. Abb. S. 168; s. auch S. 198). Solche Stellen bezeichnet der Jäger als „Fegestellen". Junge Böcke fegen oft stärker als ältere. Der Bast wird als „Gefege" oft aufgeäst. Ein Bock, der aus irgendeinem Grunde eine oder beide Stangen nicht blankfegen konnte, trägt ein „Ledergehörn".
Je stärker der fegende und späterhin schlagende Hirsch oder Bock ist, desto stärkere Baumstämmchen werden von ihm gefegt und geschlagen und desto höher führen die Fege- und Schlagstellen.
Die Höhe dieser Stellen verrät dem Jäger die Stärke des schlagenden Hirsches (s. auch „Himmelsspur", S. 176).
Beim Rehbock kann man aus der Stärke der befegten Stämmchen keinen sicheren Schluß auf seine Stärke ziehen. Findet man jedoch die befegten Stämmchen und Zweige geknickt und gründlich zerfasert vor, dann spricht das für einen Bock mit gut geperltem Gehörn, denn glatte und wenig vereckte Gehörne vermögen das nicht. Fegestellen, die man vor der Blattzeit findet, sind Markierungen des Einstandsgebietes. Sie bedeuten: „Hier ist mein Bereich" (s. auch S. 217).

Welchen Einfluß hat das Klima auf Wildbret- und Gehörn- bzw. Geweihgewicht?

In kälteren Gegenden sind diese Gewichte erfahrungsgemäß größer. (Bessere positive Auslese durch strenge Winter!)

Wann nennt man Geweihe und Gehörne „gut" oder „prächtig"?

Wenn sie stark und schwer, reich geperlt, gut ausgelegt und gut vereckt sind. Der Jäger „verblefft sich", wenn er von einem „schönen" oder „netten" Gehörn spricht.

Von welchen Umständen hängt eine gute oder schlechte Geweih- und Gehörnentwicklung ab?

Von der Erbanlage, von den Umwelt-, Witterungs- und Äsungsverhältnissen und der allgemeinen Konstitution (Reaktionsfähigkeit auf Krankheiten und Parasitenbefall). Nach neueren Erkenntnissen hat das Sonnenlicht einen positiven Einfluß auf die Bildung des Kopfschmuckes. Eine besondere Rolle spielen auch die Güte des Standortes und das Klima. Auf Lehmböden wachsen bessere Gehörne als auf Sand- oder Moorböden.

Geweihtragendes Schalenwild (Cervidae)

Rotwild oder Edelwild (Cervus elaphus)

Alter, Geschlecht, Rudelbildung

Wie wird Rotwild nach Alter und Geschlecht unterschieden?

Man unterscheidet:
Hirsche (männliche Stücke), Gewicht je nach Standortgüte 100 bis 150 kg aufgebrochen,

Alttiere (weibliche Stücke, die gesetzt haben), Gewicht 60–70 kg,
Schmaltiere (weibliche Stücke nach Ablauf des ersten Lebensjahres bis zum Setzen), Gewicht etwa 45–50 kg,
Hirschkälber (männliche Kälber im ersten Lebensjahr) und
Wildkälber (weibliche Kälber im ersten Lebensjahr), Gewicht etwa im August 20 kg, im Oktober 30 kg und im Dezember 40 kg.
(Für die Wildstandsmeldung und den Abschußplan endet das erste Lebensjahr der Kälber am 31. März!)
Tiere und Kälber beiderlei Geschlechts nennt man Kahlwild, weil sie im Gegensatz zum Hirsch auf dem Haupt kahl sind.

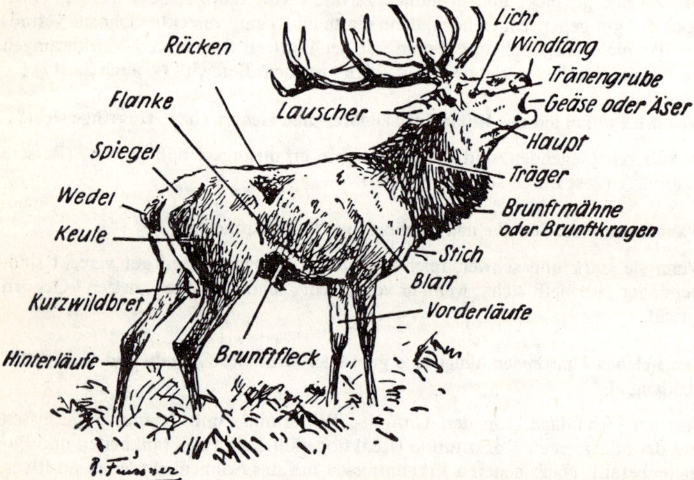

Der Hirsch in der Waidmannssprache
Röhrender Brunfthirsch (gerader Zwölfender)

Was ist ein übergangenes Schmaltier (ein „Übergehendtier")?

Ein Schmaltier, das in der Brunft nicht aufgenommen hat (nicht fruchtbar beschlagen wurde) und an dessen unentwickeltem Gesäuge man erkennen kann, daß es noch kein Kalb führt. Gelt geht ein Tier, das kein Kalb führt. Mit der Vorsilbe „Schmal" bezeichnet man bei den meisten Schalenwildarten das zweite Lebensjahr, Schmalreh (s. auch S. 192), Schmalgeiß, Schmaltier, Schmalspießer, Schmalschaf.

Wie heißt die Vereinigung mehrerer Stücke Rotwild?

Rudel, bei nur wenigen Stücken Trupp. Die Führung hat das Leittier (Kopftier). Ohne Kalb tritt es in das Rudel zurück.

Lebt Rotwild in Rudeln zusammen?

Ja. Alte Hirsche nehmen gern in kleinen Rudeln oder Trupps Einstand in der Einsamkeit. Sie lieben die Ruhe. Die Führung der Feisthirschrudel hat meist der jüngste Hirsch, bei Gefahr der älteste.
Kahlwild steht mit heranwachsenden Kälbern und geringen Hirschen zusammen, die noch die Führung des Leittiers brauchen (es rudelt sich). In der Brunftzeit schlagen die Alttiere ihre Kälber ab. Hochbeschlagene Tiere werden etwa sechs Wochen vor dem Setzen unverträglich und verlassen das Rudel. Sie kehren erst etwa drei Wochen nach dem Setzen zum Rudel zurück.
Man erkennt sie am schlechten (ruppigen) Haar, den eingefallenen Flanken und dem schlechten Zustand im Wildbret.
Die Rudelbildung führt in kleinen Einständen oft zu intensiven Schäl- und Verbißschäden (Wildschäden).

Wie unterscheiden sich geringes Schmaltier und starkes Kalb?

Im Gegensatz zum Schmaltier hat das Kalb noch das typische Kindergesicht und einen kurzen und dicken Hals. Es hält sich immer näher bei der Mutter als das Schmaltier. Kahlwild zieht meistens in der Reihenfolge Alttier, Kalb, Schmaltier.
Gegen Ende der Jagdzeit ist die Unterscheidung des geringen Schmaltiers vom starken Kalb schwer. Der frühe Beginn der Jagdzeit (1. Juni) ist geeignet, geringe Schmaltiere rechtzeitig und sicher zu erkennen und die Überhege von weiblichem Rotwild abzubauen (Gewicht des Schmaltiers im August etwa 60 kg, des Wildkalbes dagegen erst etwa 20 kg).

Welche Ansprüche stellt Rotwild an seinen Lebensraum (Biotop)?

Rotwild braucht infolge seines Herdentriebes mehr als anderes Schalenwild einen großen Lebensraum. Es ist außerdem ausgesprochen störungsempfindlich und heimlich. Es bevorzugt deshalb ruhige Einstände in großen Waldgebieten in der Ausdehnung von vielen tausend Hektar mit zusammenhängenden Dickungen. Merkwürdigerweise gewöhnt es sich auch an Dauerlärm z. B. an Treckerlärm und an Schüsse bei Sprengungen. Nachts zieht es auf Kahlschläge, Kulturen, Lichtungen und Felder („es zieht zu Felde“), frühmorgens wechselt es wieder in seine Tageseinstände ein („es zieht zu Holze“).

Was bezeichnet man mit „Hinfährte“ und was mit „Rückfährte“?

Als Hinfährte bezeichnet man die Fährte vom Einstand zum Äsungsplatz (zum Feld), als Rückfährte die Fährte vom Felde zum Einstand. Das morgendliche Einziehen des Hirsches vom Feld zu Holz heißt in der Waidmannssprache „Kirchgang“.

Welche Ansprüche stellt Rotwild an die Äsung?

Es ist gegenüber dem Rehwild (s. S. 213) weniger wählerisch (naschhaft), verlangt aber große Mengen einer „Mischäsung“. Als Grundäsung wird Gras (zu 70%) vorgezogen. Daneben sollen Weichholzarten mit hohem Gerbstoffgehalt zur Verfügung stehen. Rotwild braucht auch viel zähe Äsung (s. S. 491). Der Verbiß von Trieben gehört also zu seiner normalen Äsung. Fehlen dem Rotwild diese

Ernährungsgrundlagen, dann schält und verbeißt es aus Hunger die Wirtschaftsholzarten, besonders in Zeiten hohen Nährstoffbedarfs (wie z. B. in der Kolbenzeit). Man sagt daher, Rotwild ist ein Mischäser mit Tendenz zum Grasfresser (R. Hofmann).

Wie verläuft der Tagesrhythmus bei allem wiederkäuenden Schalenwild?

Äsungssuche, Äsungsaufnahme, Wiederkäuen und Ruhen wechseln mehrmals während Tag und Nacht in bestimmtem Rhythmus ab. Das Wiederkäuen setzt erst dann ein, wenn das Wild zur Ruhe gekommen ist und sich in seinem Einstand befindet. Beim Wiederkäuen sind für jeden Bissen etwa 70 Kaubewegungen mit dem Unterkiefer erforderlich.
Zum Ruhen, das hauptsächlich aus Dösen und Schlummern besteht, scharrt sich wiederkäuendes Schalenwild ein Lager (Bett), tut sich dann auf den eingeknickten Vorderläufen nieder und legt sich auf die linke oder rechte Keule. Im Halbschlaf hält es das Haupt erhoben, im Tiefschlaf, der täglich etwa zwei Stunden gehalten wird, legt es das Haupt auf den Boden oder bei gebogenem Träger an die Dünnung (Flanke). Die Sinnesorgane sind höchstens 20 Minuten völlig ausgeschaltet (Betäubungsschlaf), so daß wiederkäuendes Schalenwild nur in dieser Zeit bedroht ist. Beim Hochwerden steht es, wie eine Kuh, zuerst mit den Hinterläufen auf.

Wo sitzt Rotwild mit Vorliebe im Bett?

Auf der Kuppe waldiger Höhen, wo es das Gelände übersehen kann. Hier darf es keinesfalls gestört werden!

Hirschgerechte Zeichen

An welchen „hirschgerechten Zeichen“ läßt sich Rotwild bestätigen?

An Tritten bzw. Fährten (die drei Bewegungsarten s. S. 211), Fege- und Schlagstellen und an der Losung.

Wie sieht das Trittbild beim vertraut ziehenden Rotwild aus?

Beim Ziehen (der langsamen Fortbewegung) wird der Tritt des rechten Hinterlaufes genau in den Tritt des rechten Vorderlaufes, der des linken Hinterlaufes in den des linken Vorderlaufes gesetzt (der Hirsch „macht den Schluß“).
Der Vorderlauftritt ist etwas stärker (breiter) als der des Hinterlaufes.
Die äußere Schale des Vorderlaufes ist bei Hirsch und Tier in jedem Alter etwas länger als die innere (s. Abb. S. 176).

Wie unterscheidet sich der Tritt des Hirsches von dem des Tieres?

Durch die Stärke.
Die Ballen (s. Abb. S. 175) sind beim Hirsch zu jeder Jahreszeit, besonders aber in der Feistzeit, deutlich abgedrückt, beim Kahlwild jedoch nur beim hochbeschlagenen Tier.
Die Rundung der Schalenspitze, die sog. „Stümpfe“, ist beim Hirsch rundbogenförmig, beim Tier dagegen spitzbogenförmig. Mit zunehmendem Alter wird die Fährte des Hirsches vorn immer runder und breiter, weil der Hirsch die Schalenspitzen immer mehr „abwechselt“.

Beim Ziehen zwängt der Hirsch die Schalen fest zusammen (er macht den „Zwang“ oder das „Zwingen“), während das Tier die Schalen etwas spreizt. Dadurch ist das „Näslein“ (der Streifen Erde oder Schnee, der vorn zwischen den beiden Schalenabdrücken entsteht) und seine Verlängerung, das „Fädlein“, beim Hirsch wegen des Zwanges dünn, beim Tier dagegen breiter.

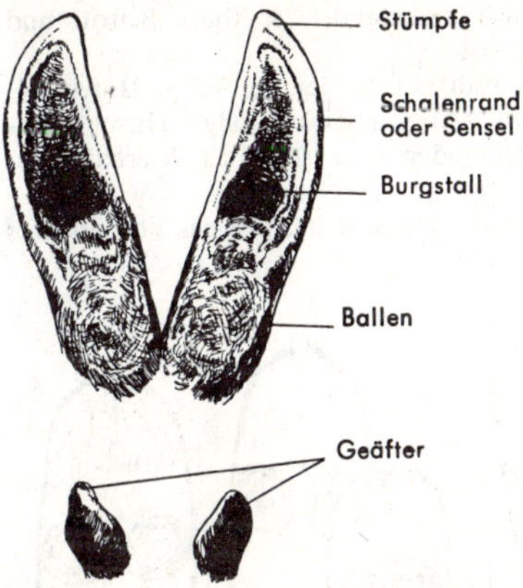

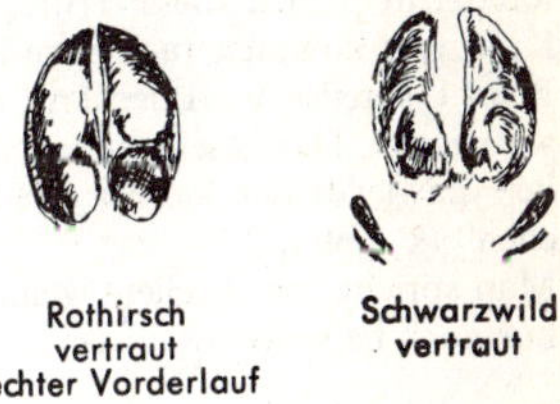

Stümpfe = Rundung an der Spitze der Schalen
Sensel = äußerer Schalenrand
Burgstall = die im Tritt stehende kleine Erhöhung („wo die Burg steht“)
Hohle = Aushöhlung, die den Burgstall hervorbringt

Tritt des flüchtigen Hirsches (Näheres s. S. 211)

Was ist der „Burgstall“ (oder das „Grimmen“)?

Die kleine Erhöhung in der Fährte des Hirsches zwischen Ballen- und Schalenabdruck, die durch eine Aushöhlung in der Unterseite der Schale, die „Hohle“, verursacht wird.

Was kann der Jäger aus dem Schränken und der Schrittlänge erkennen?

Der Schrank oder das Schränken ist der Abstand der beiden Linien, die durch die Verbindung der Tritte der linken und der rechten Läufe entstehen (s. Abb.). Je stärker ein Stück ist, um so weiter schränkt es und um so weiter ist der Schritt.
Der hirschgerechte Jäger spricht eine Fährte sicher nach Wildart, Geschlecht und Alter an!

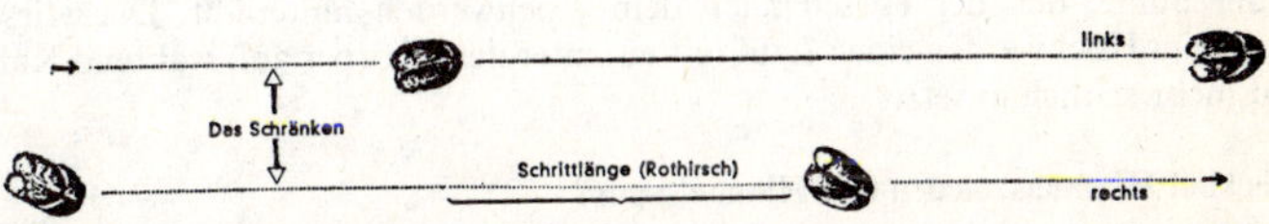

Der Schrank oder das Schränken und die Schrittlänge

Schrank: Beim jagdbaren Rothirsch etwa 16 cm, beim Alttier 6 cm, beim guten Bock 16 cm, beim Schmal- bzw. Altreh 6–10 cm.

Schrittlänge: Beim jagdbaren Rothirsch 66–85 cm, beim Alttier 50–55 cm, bei erwachsenem Schwarzwild 38–48 cm, beim guten Bock 45 cm und beim Schmal- u. Altreh 35–37 cm.

Wie stehen die Tritte beim „Beitritt, Kreuztritt, Übereilen und Hinterlassen"?

Beim Beitritt steht der Tritt des Hinterlaufes neben dem des Vorderlaufes. Beim Kreuztritt stehen diese Tritte halbseitlich aufeinander (s. Abb.). Beitritt und Kreuztritt kommen auch beim Kahlwild vor.
Beim Übereilen wird der Tritt des Hinterlaufes über den des Vorderlaufes hinweggesetzt. Das geschieht besonders beim schnellen Ziehen junger Hirsche. Stehen die vier Ballen hierbei gerade hintereinander, so entsteht das „Vierballenzeichen" (s. Abb.).
Man spricht vom Ereilen, wenn der Tritt des Hinterlaufes den des Vorderlaufes nur noch halb deckt.

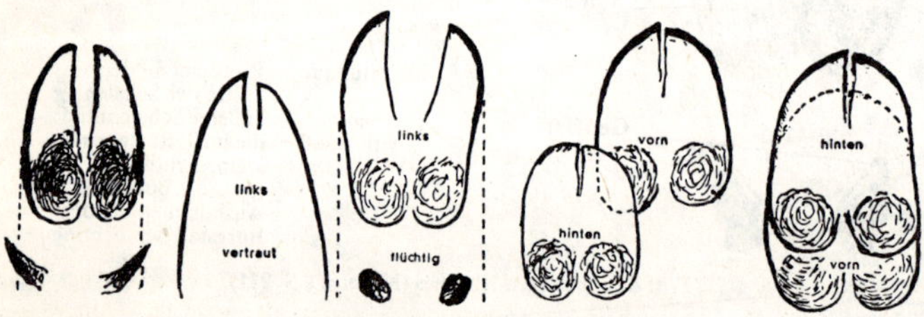

Schwarzwild — Rotwild: Tier, Hirsch — Kreuztritt — Vierballenzeichen

Beim Hinterlassen oder Zurückbleiben steht der Tritt des Hinterlaufs hinter dem des Vorderlaufes. Dieses Zeichen („Erfüllung") spricht für den feisten, starken und alten Hirsch. Bei ihm ist jeder Tritt etwa drei Finger breit, und der Hinterlauftritt bleibt gegenüber dem Vorderlauftritt etwa drei Finger breit zurück. Die Schrittlänge beträgt drei Schuhlängen.

Was versteht man unter dem „Insiegel" und dem „Schloßtritt"?

Es sind gerechte Fährtenzeichen. Unter dem „Insiegel" versteht man die von den Schalen abgefallenen Ballen Schnee oder Erde mit dem deutlich abgedrückten Tritt des Hirsches.
Unter dem „Schloßtritt" versteht man den Tritt in der Mitte des Bettes oder in der Suhle, den der Hirsch nach dem Hochwerden hinterläßt. Der Hirsch setzt beim Hochwerden einen Lauf mitten unter dem Körper auf, während Kahlwild mehr seitlich ansetzt!

Was sind Himmelszeichen und Himmelsspur?

Hoch über der Erde erkennbare Zeichen, die der Hirsch beim Ziehen hinterläßt. Als „Himmelszeichen" (oder „Gewende") werden umgewendete oder geknickte Zweige und eingerissene Blätter angesprochen, die Hirsche beim Ziehen durch Dickungen oder im dichten Unterholz mit dem Geweih hinterlassen. Schlagen die Hirsche mit dem Geweih Büsche und Stämmchen zunichte, so entsteht die „Himmelsspur". Schlagen sie mit dem Geweih aus Übermut in Ameisenhaufen, spricht man vom „Wimpelschlagen".

Welche besonderen Merkmale zeigt Rotwildlosung?

Die Losung des Hirsches ist eichelförmig und besitzt an einem Ende eine Delle, das „Näpfchen" und am anderen Ende eine Spitze, das „Zäpfchen". Die Losung des Kahlwildes ist gestreckter und von geringerem Durchmesser und ohne Näpfchen.

Tier Hirsch

Rotwildlosung oder „Lorbeeren" (natürliche Größe)

Die frisch abgesetzte Losung ist glänzend tiefschwarz bis grünschwarz, ältere Losung braunschwarz. Form und Farbe der Losung schwanken je nach Typ, Jahreszeit und Äsungsaufnahme.

Entwicklung, Fegen und Bewerten des Rothirsch-Geweihes

Wie entwickelt sich das Geweih (der Aufsatz) des Rothirsches?

Im ersten Jahr schiebt das Hirschkalb kein Geweih, im Gegensatz zum Bockkitz, das schon im Herbst des ersten Lebensjahres ein „Erstlingsgehörn" aufweisen kann (s. S. 198). Beim Hirschkalb entwickelt sich lediglich um den allmählich wachsenden Rosenstock ein deutlich sichtbarer Haarkranz, manchmal auch am Träger die Andeutung einer Mähne.
Im zweiten Jahr wird das erste, und zwar rosenlose Geweih geschoben. Es ist spießförmig (mit etwas Schwung nach hinten) und soll mindestens lauscherhoch sein. Verdickungen am unteren Teil der Spieße sind keine Rosen. Der Hirsch heißt jetzt „Rotspießer" und ist ein Hirsch vom ersten Kopf. Dieses erste Geweih ist bei Aufgang der Rotwildjagd noch im Bast; es wird erst im September/ Oktober gefegt und im Mai des dritten Lebensjahres abgeworfen. Anschließend werden sofort neue „Kolben" geschoben. (Spießer mit nur bis 10 cm langen Spießen und „Mönche" sind zu schießen!)
Im dritten Jahr wird immer ein Geweih mit Rosen, d.h. mit verdicktem Perlenkranz an der Stangenbasis geschoben, entweder wieder nur mit Spießen, meist aber schon als mehrendiges Geweih (Gabler-, Sechser- oder gar schon Achter- und Zehnergeweih). Der Hirsch trägt in seinem dritten Lebensjahr ein Geweih vom zweiten Kopf. Es wird von jetzt an in den Monaten Juli bis August gefegt (Bast- und Fegezeit).

Der Spießer vom zweiten Kopf ist also bei Aufgang der Jagd oder kurze Zeit danach schon blank, wird daran leicht als älterer Spießer erkannt und, wenn er schlecht veranlagt ist, ohne Rücksicht auf die Stangenlänge als Abschußhirsch erlegt (Jagdzeit s.S. 746), und zwar je früher desto besser, denn im Oktober ist auch der Spießer vom ersten Kopf blank! Das gilt auch für Augsprossengabler (Spießer mit Augsprossen) aller Altersklassen.

In den Monaten August bis September tritt der Hirsch in die Feistzeit ein, um Kraft für die Brunftzeit zu sammeln. Es bildet sich die Brunftmähne, die sich im Frühjahr wieder verliert.

In der Brunftzeit (September/Oktober) wird das Geweih nicht mehr spielerisch (zum „Scherzen"), sondern als Waffe gebraucht.

Abgeworfen wird das Geweih im Februar und März des folgenden Jahres, um dann sofort wieder neu gebildet zu werden. Zuerst werfen die alten Hirsche ab.

Von Jahr zu Jahr nimmt das Geweih an Stärke und Endenzahl zu. Im Alter tritt eine Verringerung der Endenzahl ein, der Hirsch beginnt zurückzusetzen. Im und ab dem elften Jahr (= 10. Kopf) ist der Hirsch jagdbar (Geweihgewicht von 3,5 kg).

Wie bezeichnet man abgeworfene Stangen?

Abwurfstangen. Beide Abwürfe aus dem gleichen Jahre nennt man „Paßstangen". Die Abwurffläche der Stange nennt man das Petschaft oder Siegel. Je flacher das Siegel ist, desto älter soll der Hirsch sein. Das stimmt aber oft nicht.

Das Abwerfen der zweiten Stange folgt kurze Zeit nach dem der ersten. Abwurfstangen werden vom Jäger in den Monaten Februar und März meist an den festen Wechseln zu den Futterplätzen gesucht und gefunden.

Wann also sind die Hirsche ohne Kopfschmuck?

Im Februar und März. Dem Abwerfen folgt aber sofort der etwa 130 Tage dauernde Neuaufbau des nächsten Geweihes, die sog. Kolben- und Fegezeit.

Wie werden Rothirsche nach der Entwicklung ihres Geweihes unterschieden?

Man unterscheidet: Hirschkälber, Schmal- oder Rotspießer, geringe, angehende, jagdbare Kapital- und Haupthirsche.

Wie sollen die Stangen der jungen Zukunftshirsche bei der Betrachtung von der Seite aus aussehen?

Sie sollen im Aufbau ein Rechteck bilden. Die Stangen schlecht entwickelter (bejagungsnotwendiger) Hirsche aller Altersklassen bilden dagegen meist ein Dreieck.

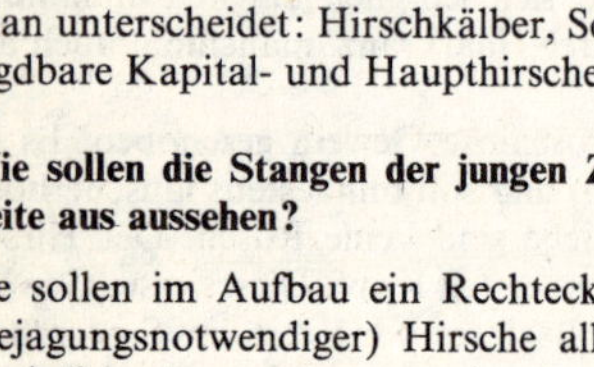

Rechteck:
Zukunftshirsch

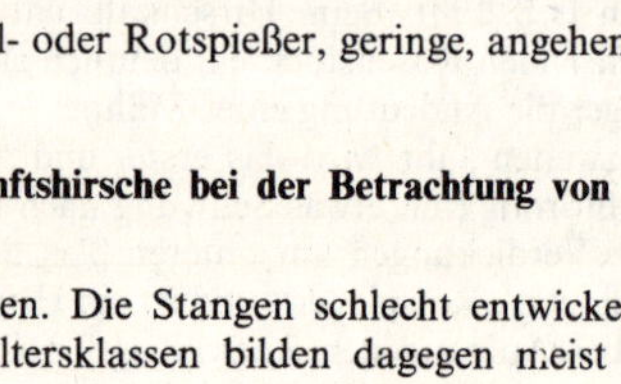

Dreieck:
Erlegungsnotwendiger Hirsch

Welche Grundformen der Geweihe werden unterschieden?

Die U-Form, die V-Form und die Herzform.

Was ist ein Kolbenhirsch?

Ein Hirsch mit Bastgeweih. Sein Geweih ist noch „rauh". Er hat einen großen Äsungsbedarf und tritt deshalb lange und regelmäßig auf Äsungsflächen aus.

Welche Hirsche fegen zuerst (schon im Juli)?

Die alten Hirsche. Im August haben sie ihr Geweih fertig verfegt. Sie werfen auch zuerst ab (im Februar). Auch alte Böcke fegen früher und werfen früher ab als junge (s. auch S. 200).

In welchem Alter trägt der Rothirsch sein bestes Geweih?

Im Alter von 11 bis 15 Jahren (also vom 10. bis 14. Kopf). Als Faustregel gilt deshalb: Gut veranlagte Hirsche müssen alt werden!
Der Heger freut sich zeitlebens über das kapitale Geweih. Nach diesem Alter beginnt das „Zurücksetzen" nach Endenzahl und Stangenstärke.

Was verstehen wir unter einem „Ende"?

Einen Ast oder Spieß am Geweih des Hirsches. Die drei unteren Enden am Geweih werden Sprossen genannt. Man bezeichnet sie mit Aug-, Eis- und Mittelsproß (s. Abb. S. 180). Dann folgen der Wolfssproß (falls vorhanden) und die Gabel- bzw. Kronenenden. Ein „Ende" wird nur gezählt, wenn man daran eine Hornfessel (d.h. den Riemen, an dem das Jagdhorn getragen wird) aufhängen kann. Die Krone des Geweihs hat nur Enden.
„Leisten", die sich am Geweih befinden, deuten („blenden") oft auf ein kommendes Ende. Oft findet sich auch eine prachtvolle „Perlung".

Was verstehen wir unter dem „Wolfssproß"?

Den beim Rothirsch selten, beim kanadischen Wapiti dagegen typisch vorkommenden Sproß unmittelbar über dem Mittelsproß (nicht abgebildet!). Er gehört zur Krone.

Wie wird das Geweih nach der Zahl der Enden angesprochen?

Die Endenzahl der Stange, die die meisten Enden trägt, wird verdoppelt.
Hat z.B. die linke Stange drei und die rechte Stange sechs Enden, so spricht man von einem ungeraden Zwölfender (s. Abb. S. 180). Haben beide Stangen sieben Enden, so spricht man von einem geraden Vierzehnender.

Welche Bedeutung hat die Augsprosse?

Sie ist Kampfsprosse.

Was ist ein Eissprossenzehner?

Ein Hirsch, dessen Geweih Augsprosse, Eissprosse, Mittelsprosse und (statt einer Krone) Gabeln aufweist.

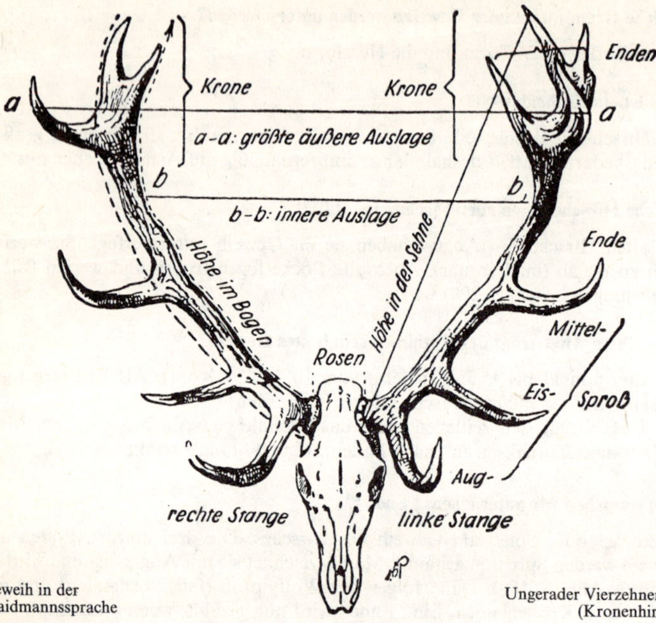

Geweih in der Waidmannssprache

Ungerader Vierzehnender (Kronenhirsch)

Der junge Hirsch hat die Masse oben, der alte unten!
Von den Hauptstangenabzweigungen (Sprossen) werden, von unten an gezählt, unterschieden: Augsproß, Eissproß, Mittelsproß und Endsproß (Gabel- bzw. Kronenenden)
Schraffierte Linie außen: Stangenlänge

Was ist ein Kronenhirsch?

Ein Hirsch, an dessen oberstem Teil der Stange mindestens drei Enden vereinigt sind. Je nach der Form unterscheidet man eine einfache Krone, Hand-, Becher-, Schaufel- und Doppelkrone.

Was ist ein Plattkopf oder Mönch?

Ein Hirsch, der geweihlos bleibt oder wegen einer Hormonstörung kein Geweih schiebt.

Kann man das Alter eines Hirsches sicher nach der Endenzahl des Geweihes ansprechen?

Nein! Die Endenzahl hat nichts mit dem Alter zu tun. Zum Ansprechen der Hirsche und zur Beurteilung, was sie erwarten lassen, gehören große Erfahrungen und eingehende Spezialkenntnisse. Für die Altersschätzung ist zuerst das Benehmen des Hirsches, dann die Haarfarbe, der Körperbau, die Wildbretstärke und zuletzt erst das Geweih zu berücksichtigen.

Auf Trophäenschauen wird meistens die Methode nach Oberforstmeister Harke bevorzugt, nach der das Alter nach dem Verhältnis von Rosenstockstärke und Rosenstocklänge beurteilt wird (Näheres s. Rotwildmerkblatt des Schalenwildausschusses des DJV).
Bei der Geweihbewertung nach Dr. Nadler in Budapest (mit „Nadler-Punkten") werden die Maße von Länge und Umfang der Stangen, Gewicht, Auslage, Endenzahl, Schönheit und etwaige Fehler zugrunde gelegt. Das Verfahren gestattet eine genaue zahlenmäßige Bewertung verschiedener Geweihe untereinander. Nur der sollte Geweihe bewerten, der das Rotwild der betreffenden Gegend genau kennt.

Alter und junger Hirsch

	Alter Hirsch	Junger Hirsch
Benehmen:	heimlich, vorsichtig	vertraut
Gesicht:	brummig, zornig	neugierig, kindlich
Haarfarbe:	graubraun	rotbraun
Haupt:	breit und kurz erscheinend; grauer als der Körper	lang und spitzwinkelig; Farbe wie Wildkörper
Geweih:	Ende Juli blank	fegt Anfang August
Träger:	stark und kurz erscheinend, wird waagerecht getragen; starke Brunftmähne	dünn und lang (Tierhals), wird aufrecht getragen; schwache Brunftmähne
Figur:	Vorderkörper massig (er hat „alles vorn"), Rumpf abfallend, erscheint kurzläufig	schlank, elegant; Rumpf am Spiegel zugespitzt, erscheint hochläufig
Widerrist:	stark hervortretend	nur angedeutet
Bauch:	oft Hängebauch	schlanke Bauchlinie

Was ist ein Grashirsch?

Ein Rothirsch im Vorsommer (bis zum Beginn der „Milchreife des Hafers"), weil er bis dahin nur Gras äst.

Was bezeichnen wir als „Brunftmähne" oder „Brunftkragen"?

Die stark verlängerten dunklen Haare, die dem Hirsch vor der Brunft am Träger (Halse) wachsen (s. Abb. S. 172 und S. 181).

Wo findet man beim Rotwild Duftdrüsen?

An den Laufbürsten seitlich der Hinterläufe, unter den Augen (Voraugendrüse) und am Wedel. Die Voraugendrüse ist nur beim Kalb besonders ausgeprägt.

Feistzeit, Brunftzeit

Was versteht man unter der Feistzeit?

Die Zeit nach dem Fegen bis zur Brunft (Mitte Juli bis September). In dieser Zeit wird durch reichliche Äsung und Ruhe immer mehr Feist angesetzt. Der Vorrat ist notwendig, da in der Brunftzeit fast keine Zeit zum Äsen bleibt. In der Feistzeit sind die Hirsche, die jetzt noch ohne Tiere stehen („Hirschrudel" oder „Trupps", s. S. 173) besonders faul und heimlich und daher schwer bejagbar. Sie verlassen erst im Schutze der Dunkelheit den Einstand und suchen ihn bereits beim Frühdämmern wieder auf.

„Der Feisthirsch ist ein Waldgespenst,
Das du nur ahnst und niemals kennst."

In jedem Feisthirschrudel herrscht eine feste Rangordnung. Das Rudel führt nicht der erfahrene alte Hirsch, sondern der schwächste. Der stärkste Hirsch befindet sich beim Verlassen des Einstandes am Schluß des Rudels. Oft verhofft er noch einige Sekunden sichernd und abwartend am Rande der Dickung, bevor er der Masse des Rudels folgt. Etwa zu Ägidi (1.9.) beginnt der Hirsch, zu suchen und zum Kahlwildrudel zu treten.

Wie benehmen sich die Hirsche zur Brunftzeit?

Sie werden von einer Unruhe und vom Trieb erfaßt, sich bei den Einständen des Kahlwildes einzufinden. Manche Hirsche beziehen zu Beginn der Brunft ganz pünktlich bestimmte, oft viele Kilometer weit entfernte Brunftplätze. Hier werden die vorher heimlichen „Geweihten" Draufgänger, die vergessen, mit scharfen Sinnen auf Gefahren zu achten. Der starke Hirsch tritt kampflüstern und eifersüchtig zum Rudel, um mit seinem Geweih seinen Platz und seine Tiere gegen Nebenbuhler zu verteidigen. Für die Sicherheit und Führung des Brunftrudels sorgt ein erfahrenes Alttier; beim Standortwechsel folgt der Platzhirsch dem Kahlwild.

In der Hauptbrunft (Ende September/Anfang Oktober, wenn rot die Vogelbeeren prahlen) ertönt in frostigen Nächten der Kampf- und Liebesschrei des Hirsches oft vom Abend zum Morgen. In diesen „heiligen 10 Tagen" wird mancher „Hirschvater" (Betreuer eines Rotwildreviers) um die 10 Pfund leichter, weil ihm für sein Wild das Schlafen und das Essen Nebensache sind.

Was ist ein Platzhirsch?

Ein Hirsch, der sich ein Brunftrudel erkämpft hat und es allein mit dem Recht des Stärkeren beherrscht. In der Nähe des Brunftrudels stehende, vom Platzhirsch geduldete schwächere Hirsche heißen Beihirsche. Geringe Hirsche nennt man Schneider.

Welche Lautäußerungen hört man vom Hirsch in der Brunftzeit?

Ertönt der Hirschruf aus vollem Hals, bezeichnet man ihn als Röhren, Orgeln oder Schreien. Er wird ausgestoßen, wenn der Hirsch im Brunftrudel steht, wenn er nach weiblichem Wild sucht, wenn er einen Rivalen vertrieben hat oder oft nur aus purer „Lebensfreude". Es sind mehrere Einzelrufe, die am Ende der Folge meist leiser werden. Am eifrigsten schreien die mittelalten Hirsche, ganz alte lassen sich sehr spärlich vernehmen. Man beachte, daß mit Fortschreiten der Brunft die Stimmen aller Hirsche tiefer, heiserer werden.
Das Knören oder Brummen ist ein Röhren ohne Erregung. Es klingt wie das „Knarren eines Scheunentores" und ist als Pausenlaut zwischen längeren Serien des Röhrens zu vernehmen.
Den Sprengruf stößt der Platzhirsch aus, wenn er ein Tier zum Rudel zurücktreibt, oder einen Beihirsch verjagen will. Er ist eine unverwechselbare stoßweise Lautäußerung. Sehr selten hört man das Trenzen, ein feines, fast gehauchtes Lautzeichen. Der Hirsch läßt es unmittelbar vor dem Beschlag hören, wenn er hinter einem Tier her ist.
Die imponierenden Kampfschreie des gereizten Platzhirsches bestehen aus mächtigen, langgezogenen Rufen gleicher Tonhöhe, die dem Ende zu lauter werden. Auf sie folgt oft eine Auseinandersetzung mit einem Rivalen, die meist gut ausgeht. Die Kämpfe mit dem Geweih laufen wie Rituale ab. In aller Regel gilt dasjenige männliche Tier als Sieger, welches sich durch sein Imponiergehabe ins bessere Licht zu setzen weiß.

Was versteht man unter dem Mahnen der Tiere?

Den kurzen näselnden Ton, den das Tier hören läßt, wenn es vom Hirsch getrieben wird oder das Kalb herbeilocken will. Der Jäger ahmt das Mahnen nach, wenn er den ziehenden Hirsch zum Verhoffen oder zum Zustehen (Näherkommen) bringen will.

Wann ahmt der Jäger den Hirschruf nach?

Wenn er den Hirsch eifersüchtig machen, heranlocken oder ihn „angehen" will. Die gebräuchlichsten Instrumente hierzu sind das Ochsenhorn, die „Muschel" der Tritonschnecke (auch „Schnecke" genannt) und das Heraklëumrohr (der hohle Stengel der Heraklëumpflanze) und künstliche Hirschrufe. Außerdem ahmt man das Mahnen des Tieres oder das Knören (Trensen) oder das Schlagen der Hirsche nach.
(Des öfteren haben sich Jäger hiermit gegenseitig angegangen. Sie begrüßten sich dann mit einem sehr erstaunten: „Waidmannsheil!")

Wie werden Kämpfe und Plänkeleien nach dem Abwerfen des Geweihes und in der Kolbenzeit ausgefochten?

Die Hirsche gehen jetzt „niedrig" und bekämpfen sich in dieser Zeit durch Schlagen mit den Vorderläufen. Hierbei stellen sie sich hoch auf die Hinterläufe und betrommeln sich gegenseitig mit den Schalen der Vorderläufe. Dieselben Kämpfe finden auch unter den Tieren aus Futterneid statt.

Hat das Wetter einen Einfluß auf das Schreien der Hirsche?

Ja! Die Hirsche melden sich um so lauter und lebhafter, je trocken-kälter das Wetter ist. Bei warmem, sonnigen Wetter, bei Regen und bei Wind verschweigen sie oft ganz (stille Brunft). Ein Wetterumschlag bringt die Brunft vorübergehend oft ganz zum Erliegen.

„Das, lieber Waidmann, merke gut und gib darauf wohl acht,
den Bock verwirrt der Sonne Glut, den Hirsch die kalte Nacht!"

Bejagungsplan für Rotwild (Abschußplan) *)

Kann man das Alter erlegter Hirsche genau bestimmen?

Nein, es sind nur Schätzmethoden bekannt. Neben dem Zahnwechsel zum Dauergebiß, der beim Rotwild nach dem 31. Lebensmonat vollzogen ist, wird über den Zahnabschliff auf das Alter geschlossen (s. DJV-Merkblätter von Müller-Using).
Auch von den jahresweisen Ablagerungen an den Zähnen ausgehend, kann man zum Alter von Rotwild gelangen. Unter dem Dentin der Schneidezahnkrone lagert sich schichtenweise Ersatzdentin ab. Schleift man diesen Zahn von unten her auf, kann man diese Ablagerungen erkennen und zählen. Addiert man zu allen dunklen Ringen die Zahl zwei, so kommt man dem Alter erlegter Hirsche meist sehr nahe. Oft wird statt des Schneidezahnes auch ein Backenzahn genommen, da sich bei ihm das Ersatzdentin im Laufe der Zeit nicht so abkaut. Diese Methode ist nur bis zum Alter von etwa acht Jahren einigermaßen genau anwendbar.

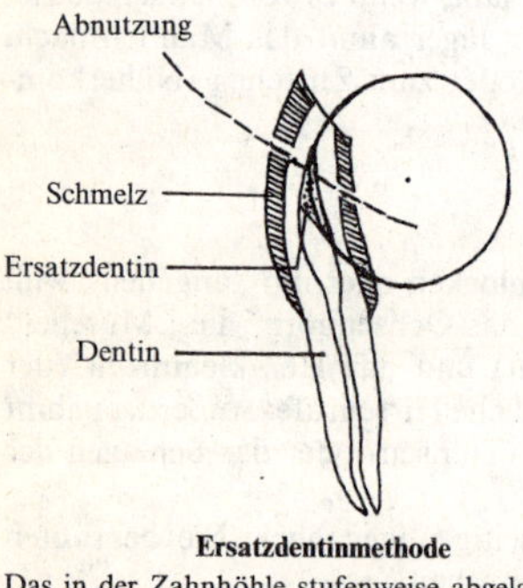

Ersatzdentinmethode

Das in der Zahnhöhle stufenweise abgelagerte Ersatzdentin wird nach Anschleifen des Schneidezahnes von hinten sichtbar.

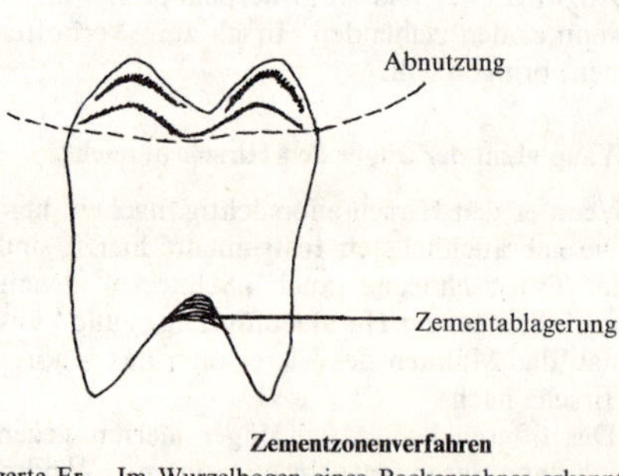

Zementzonenverfahren

Im Wurzelbogen eines Backenzahnes erkennt man die schichtweisen (zonenweisen) Zementablagerungen.

---

*) Die in amtlichen Vordrucken mit dem Wort „Abschuß" gekoppelten Ausdrücke passen nicht. Man sollte deshalb aus jagdethischen Gründen an Stelle von „abschießen" sagen: Schießen, erlegen, strecken, auf die Decke legen; statt „Abschußplan": Bejagungsplan; statt „Abschußliste": Streckenliste und statt „Abschußmeldung": Streckenmeldung.

Wird ein Hirsch älter, kann man auf die Ablagerungen des Zahnzementes im Wurzelbogen des Backenzahnes zurückkommen. Hier lagern sich jedes Jahr Sommerzonen ab, die vom Kauvorgang nicht abgetragen werden. Man zählt die weißen Schichten und gibt ein Jahr zu. Diese Altersschätzung ist bis ein Jahr darüber oder darunter recht genau. Mit einer Zange wird aus dem Unterkiefer der 1. Molar ausgebrochen. Anschließend trennt man diesen mit einer feinen Schleifscheibe durch. Mit einer Lupe oder dem umgedrehten Jagdglas lassen sich die abgelagerten Schichten bestimmen.

Welches Schalenwild darf geschossen werden?

Nur solches, das durch Genehmigung des Bejagungs-(Abschuß-)Planes zum Erlegen freigegeben wurde.

Welche Hirsche und Böcke unterscheidet der Bejagungsplan?

Die Stärkeklassen I, II und III (starke, mittlere und geringe Hirsche und Böcke) und hierzu die
Güteklassen a und b (fehlerfreie und fehlerhafte Hirsche und Böcke). *Rheinland-Pfalz* z. B. unterscheidet
I a = gute alte jagdbare Erntehirsche und -böcke,
II a = junge fehlerfreie Zukunftshirsche und -böcke,
I b = alte zu streckende (abschußnotwendige) und
II b = junge zu streckende Hirsche und Böcke,
die keine Masse oder fehlerhafte Endenbildung zeigen.
Mehrere Länder unterscheiden außerdem noch in Güteklasse III b (*Rheinl.-Pfalz* in II c) = Hirsche und Böcke mit grobfehlerhafter Entwicklung des Kopfschmukkes, die so früh wie möglich zur Strecke kommen müssen.

Welche Rotwilddichte ist anzustreben und tragbar?

Rotwild wird ausschließlich in Rotwildgebieten gehegt. Das sind meist zusammenhängende Waldflächen. Von ihnen gibt es in der BRD etwa 80. Der Bestand an Rotwild wird in der BRD auf 100000 Stück geschätzt. Bisher gab man als erstrebenswerte Rotwilddichte einen Wert von 1,5 Stück pro 100 ha an. Die starken Reduktionsabschüsse der letzten Jahre haben gezeigt, daß in den Kerngebieten eines Rotwildgebietes eine Wilddichte von 2–3 Stück pro 100 ha erforderlich ist. Erst ab dieser Größe ist eine artgemäße Rudelbildung möglich (Rotwild lebt gesellig und braucht den Sozialverband!). Eine sinnvolle Bejagung wird von dieser Wilddichte an durchführbar. Sinkt der Bestand pro 100 ha unter diesen Wert, werden die Rotwildrandgebiete rotwildleer. Hier sollte die Wilddichte noch 1–2 Stück pro 100 ha betragen. Sie kann um so höher sein, je mehr das Rotwild eine ihm gemäße Äsung findet und je weniger es dadurch die Nutzholzbestände durch Verbiß und Schälen schädigt. Grundsätzlich sollen die Hauptbaumarten in einem Rotwildgebiet ohne Zäunung zu verjüngen sein. Die Schälschäden an Zukunftsbäumen dürfen ein Mindestmaß nicht übersteigen. Die zumutbaren Forstschutzkosten haben ihre Obergrenze bei 15 DM pro Hektar und Jahr.

Welches Geschlechterverhältnis ist bei Rotwild anzustreben?

Ein Geschlechterverhältnis von 1:1. Hierbei trifft auf ein männliches Stück ein weibliches. Man sagt auch, das Geschlechtsverhältnis ist ausgeglichen (gerade noch tragbar ist ein GV von 1,5:1). Das GV 1:1 führt zu einem idealen Altersklassenaufbau im Hirschbestand und sichert dem Rotwildjäger die erstrebenswerten alten, reifen Erntehirsche, deren Geweih seit etwa einem Jahrtausend eine ausgesprochen repräsentative Rolle spielt. Deshalb muß sich der Bejagungsplan jedes Einzelreviers der Gesamtplanung des jeweiligen Rotwildringes anpassen.

Was ist vom Kahlwild zu schießen?

Damit eine tragbare Rotwilddichte und das richtige Geschlechterverhältnis erhalten bleibt, muß stark in die Kahlwildbestände eingegriffen werden. Schwache, kümmernde, spät setzende und zwei Kälber führende Alttiere mit ihren Kälbern, nichtführende Alttiere und Gelttiere, schwache Schmaltiere und Kälber (Jagdzeit s. S. 710) sind aus der Wildbahn zu nehmen. Beim Strecken der Schmaltiere ist zu beachten, daß sie nicht mit besonders gut entwickelten Kälbern verwechselt werden. Letztere erkennt man am „kindlichen Gesichtsausdruck" und einer „blasenförmigen" Aufwölbung der Stirn.
Ein Alttier darf keinesfalls vor dem Kalb geschossen werden. Das Jungtier wird vom Rudel nur sehr selten aufgenommen und hält sich dann verängstigt in den Dickungen auf, wo es große Schälschäden anrichten kann. Auch Leittiere darf man nicht strecken. Sie führen das Rudel umher und verschaffen ihm einen großen Aktionsradius. Dadurch werden Wildschäden, die ins Gewicht fallen, verhindert.
Gesunde Tiere, die ein starkes Kalb führen, und Leittiere sind unbedingt zu schonen!

Was sind „Abschuß"-Hirsche?

Die nach Wildbret und Geweih schlechtest veranlagten Hirsche ihres Jahrganges.

Welche Hirsche sind nach „Zahl und Wahl" zu schießen?

Vor der Brunft sind die zu streckenden Hirsche so früh wie möglich zu schießen (Ib, IIb und IIIb [bzw. IIc] des Bejagungsplanes), damit sie sich nicht vererben. Das gilt für alle „Jährlinge" mit Spießen von weniger als 10 cm Länge und alle zwei- oder mehrjährigen Spießer, Augsprossengabler (Spießer mit Augsprosse) und Mönche. Die durch sie verursachten Verbiß- und Schälschäden sind nicht tragbar. Alte, gute (Ia) und fehlerfreie junge (IIa) Hirsche sind zur Verbesserung des Bestandes zu schonen. Allgemein gilt, daß in die Jugendklasse scharf eingegriffen werden muß. Statt eines höherklassigen Abschußhirsches darf auch ein Abschußhirsch aus einer niederen Klasse erlegt werden. In *Hessen* dürfen in Gebieten, in denen Rotwild als Wechselwild vorkommt, keine ein- und doppelseitigen Kronenhirsche mehr erlegt werden.
Merke hierzu: Im „Hohllicht" der mondscheinhellen Nächte kann man selbst mit dem besten Jagdglas kein Geweih sicher ansprechen!
Zum hirschgerechten Jagen gehört der Schweißhund!

Welche Hirsche sind auf weite Sicht zu schonen?

Die kapital veranlagten Hirsche.
Merke: Gut veranlagte Hirsche muß man alt werden lassen!
Es lohnt sich immer, auf deren bestes Alter zu warten, denn reife Hirsche mit Geweihen vom 10. bis 14. Kopf mit vielendigen, starken und gut ausgelegten Stangen, beiderseitiger Becherkrone und hohem Wildbretgewicht sind das Hegeziel und für den Heger die Ernte und höchste Waidmannsfreude.
Die Bestrebungen einiger Revierpächter, ausländische Hirsche sowie Dam-, Sika- und Gamswild auszusetzen, bedürfen der Genehmigung der Landesjagdbehörde (s. S. 735).
Eine Bestandsverbesserung durch Einfuhr ausländischer Hirsche ist nicht zu erwarten. Die Qualität unseres bodenständigen Rotwildes wird allein durch die zielbewußte Hege gehoben.

Wie ist die Jagd auf Rotwild durchzuführen?

Rotwild wird weitgehend vom Ansitz aus bejagt. Die Rufjagd bleibt nur dem wirklichen Meister vorbehalten. Rotwild verträgt den herumpirschenden Jäger genauso wenig wie die Stangensucher im Frühjahr oder die neugierigen Zaungäste bei seiner Brunft. Der wesentliche Teil des Hirschabschusses sollte vor der Paarungszeit getätigt sein. Mit dem Kahlwildabschuß darf man nicht zu tief in den Winter kommen, da die damit verbundenen Störungen dem Wild zuviel Energie kosten. Den kräfteverzehrenden Wildjagden ziehe man das schonendere Drücken bzw. Riegeln vor. Es ist in jedem Fall besser, das zuletzt ziehende Stück zu erlegen, als ein eventuell schwächeres aus dem Rudel zu nehmen, denn Rotwild könnte sonst den Abschuß als solchen registrieren.
Die Bejagung von Rotwild muß großflächig in sogenannten Rotwildhegeringen geplant werden. Von hier aus werden Abschüsse den einzelnen Jagdbezirken zugeteilt

Welche Aufgaben können Wintergatter übernehmen?

Durch planmäßiges Füttern lockt man die Rotwildrudel aus weitem Umland in abschließbare Gehege und hält sie dort den Winter über.
Man konzentriert die Tiere hier, um die Schälschäden in den umliegenden Waldungen gering zu halten. Vor allem im Nationalpark Bayerischer Wald werden die Hirsche in ihren Wanderungsbewegungen aufgehalten, damit sie nicht im Vorwald größeren Schaden anrichten. In den Wintergattern können sie die Zeit verbringen, bis die Bodenvegetation wieder genügend entwickelt ist. Manchmal errichtet man auch Schaufütterungen. Die Wintergatterung wirkt sich oft positiv auf die Trophäen aus.

Damwild (Dama dama)

Aussehen und Verhalten

Wie wird Damwild nach Alter und Geschlecht unterschieden?

Man unterscheidet:
Damhirsche (männliche Stücke, 70 bis 100 kg),
Damtiere und Damschmaltiere (weibliche Stücke, 30 bis 38 kg) und

Damhirsch- und Damwildkälber (bis 20 kg).
In freier Wildbahn wird Damwild 18–20 Jahre, Rotwild 18–20 Jahre, Rehwild 11–14 Jahre alt.

Lebt Damwild gesellig?

Ja. Es besitzt einen ausgeprägten „Familiensinn" und lebt in Rudeln (im Winter bis an 100 Stück). Nur in der Setzzeit (Juni/Anfang Juli) trennt sich das Tier vom Rudel und bleibt in Hörnähe des ruhenden Kalbes. Es hält sein Kalb (seltener Zwillinge) etwa drei Wochen lang abgelegt und völlig verborgen. Das Hirschrudel führt, im Gegensatz zum Rotwild, der stärkste Hirsch. Damwild zieht weit.

Welches Brunftverhalten zeigt Damwild?

In der Brunft gesellt sich das Tier zum Schaufler (wie die Birkhenne zum Birkhahn). Die Brunftzeit reicht in der Regel etwa vom 20. Oktober bis in die ersten Novembertage. (Manchmal beobachtet man auch einen um einen Monat vorgezogenen Beginn der Brunftzeit.) Der Hirsch legt vor und nach der Brunft weite Strecken zurück. In dieser Zeit verliert er oft 20 kg von seinem Körpergewicht. Da anschließend gleich der Winter beginnt, muß man ihm genügend Futter anbieten. Der Brunftschrei des Schauflers ist weniger melodisch als der des Rothirsches und ähnelt einem lang anhaltenden, rasselnden Rollen, das an- und abschwillt.

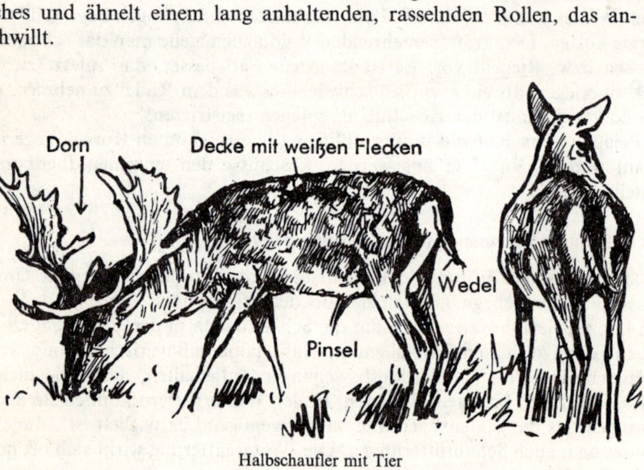

Halbschaufler mit Tier

Die Normalfarbe ist rostrot mit weißen Tupfen, Bauch und Innenseite der Läufe sind weiß. Im Winter verfärbt es dunkelbraun bis braungrau. Es kommen aber auch zahlreiche Farbvarianten vor. Der Hirsch ist dunkler als das Tier.

Was ist eine Brunftgrube oder „Brunftkuhle"?

Eine muldenförmige Vertiefung, die sich der Damhirsch bei Brunftbeginn in Dickungen mit den Vorderläufen „schlägt". Er näßt dann hinein und tut sich in ihr nieder. Die Mulde schlägt er täglich tiefer, so daß eine Grube entsteht, in der man den sitzenden Hirsch kaum noch sehen kann. Das ist für den kapitalen Schaufler typisch. Die Brunftkuhle „riecht schlecht", da der Hirsch vor und nach dem Niedertun in sie näßt. Um den Hirsch findet sich das Kahlwild ein. Nach dem Ende der Brunft wird die Kuhle nicht mehr benutzt.

Welche Biotopansprüche stellt das Damwild?

Es braucht die parkähnliche Kulturlandschaft mit gleichem Anteil von Wald, Feld und Wiese, insbesondere einen Waldbestand mit Lichthölzern, Mischholz und reicher Strauchflora. In ökologischer Hinsicht (s. S. 388) ist es an das gemäßigte Klima in niedrigen Lagen gebunden. Im Gebirge und im harten Klima versagt es. Damwild ist ein ausgesprochener Kulturfolger. Es richtet im Walde weniger Schaden an als Rotwild (Ersatzwildart des Rotwildes) und kann mit fast ebensowenig Wald auskommen wie Rehwild. Es äugt ausgezeichnet.
Am besten gedeiht Damwild in Ländern mit feuchtem Niederungsklima (*Schleswig-H.*, *Niedersachsen*, Jütland, Dänemark).

Wann wird das Geweih aufgebaut, gefegt und abgeworfen?

Das Damhirschkalb setzt in dem der Geburt folgenden Frühjahr nach unten verdickte Spieße ohne Rosen auf (Damspießer).
Im nächsten Jahre werden Rose, Aug- und Mittelsproß und meist auch eine Gabel am Stangenende geschoben (Knieper).
In den weiteren Jahren wird das Geweih nicht nach seiner Endenzahl, sondern nach der Ausformung der Schaufel in Löffler, Halbschaufler, angehende Schaufler, gute oder brave Schaufler und Haupt- oder Kapitalschaufler unterschieden. Der Schaufler braucht, anders als der Rothirsch, bis zur Reife meist nur zehn Jahre und setzt dann schnell zurück.
Das Damhirschgeweih hat nur selten eine Eissprosse. Typisch ist für manchen Schaufler der „Dorn" oder „Schauflerhaken". Er ist ein zusätzliches Ende, das an einer Schaufel hinten unten durch eine Rille abgesetzt ist (s. Abb. S. 188). Aus der Schaufelfläche herauswachsende hakenartige Gebilde nennt man „Winkelsprosse". Der Geweihaufbau liegt im Juni/Juli, also in einer Zeit überreichlicher Äsung. Das neugebildete Geweih wird im August/September gefegt. Die geringsten Hirsche fegen zuerst! Das ist beim Damhirsch also anders als beim Rotspießer und Rehbock. Alte Schaufler sind oft erst im September blank. Die Brunft fällt in die Monate Oktober/November. Das Geweih wird im April/Mai des nächsten Jahres abgeworfen.

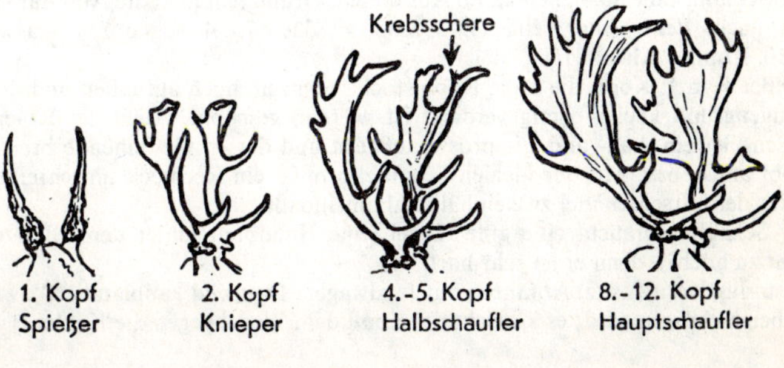

Welche Besonderheiten sind für Damwild zu merken?

Es hat keine Grandeln oder Haken wie das Rotwild, ist recht unempfindlich gegen Parasitenbefall und wird bis 33 Jahre alt. Die Zähne sind weicher als die des Rotwildes. Damwild ist zwei Jahre früher jagdbar als das Rotwild (Schaufelgewicht 2,5 kg in Klasse I). Es springt oft, ähnlich dem Muffelwild, mit allen vier Läufen hoch. Der verhältnismäßig lange schwarze, weiß berandete Wedel ist wie bei einer Ziege oft in Bewegung. Man sollte trotzdem nicht von „Damzicken" sprechen. Bevorzugt geschält werden Esche und Pappel, am liebsten verbissen werden Weiden, Holunder, Brombeere, Hasel- und Laubholzaufwuchs. Eine Lieblingsäsung sind Pferdemöhren. Sie eignen sich für den Wildacker und sind für starke Kalk-(Ca-)Düngung dankbar. Damwild suhlt nicht! Der Schaufler zeigt, wie der Rothirsch und Keiler, intensiven Brunftgeruch.

Damwildhege und Bejagung

Welches Geschlechterverhältnis ist bei Damwild anzustreben?

Ein Geschlechterverhältnis von 1:1. Das Hegeziel ist der jagdbare Schaufler. Er soll bei guter Auslage Wucht und Stangenstärke, lange, breite, möglichst dicke, beiderseits volle Schaufeln, lange Augsprossen, kräftige Mittelsprossen und viele gut ausgebildete Enden am hinteren, oberen Schaufelrand haben (s. Abb. S. 189).

Wie erfolgt die Bejagung der Damhirsche?

Die Bejagung der Hirsche ist auf körperlich schwächste Spießer sowie auf Knieper zu konzentrieren, die keine genügende Stangenlänge und -stärke, keine Verbreiterung oben, zu geringe Aug- und Mittelsprossen und keine Auslage haben. Unerwünscht und Bejagungsgrund ist eine O-förmige Einkerbung der Schaufel, die sog. „Krebsschere" (s. Abb. S. 189), die gegenüber dem V-förmigen Schlitz in späteren Jahren nicht verschwindet. Halb- und angehende Schaufler sind als Zukunftshirsche bis zum neunten Kopf zu schonen.

Da der Damhirsch nach dem 10. Kopf stark zurücksetzt, gilt er bereits ab dem 8. Kopf als jagdbar. Sein Geweih wächst sehr unterschiedlich, so daß man keine Entwicklungslinie aufstellen kann. Aus diesem Grund teilt man die Abschußklassen nach dem Alter ein (1.–3. Kopf = Klasse I, 4.–7. Kopf = Klasse II, 8.–10. Kopf = Klasse III).

Spießer vom 1. Kopf, die hohe Rosenstöcke besitzen, hoch aufhaben und deren Stangengrund keulenförmig verdickt ist, werden geschont. Auch der Knieper, dessen Geweih Aug- und Eissprosse aufweist und dessen Geweihende breit ist, bleibt am Leben. Mit der idealen Schaufelform ist ein Rechteck umschreibbar, in das der Hirschschädel zweieinhalbmal hineinpaßt.

Der Schaufler braucht eine gute Kugel (eine Handbreit hinter dem Blatt und nicht zu hoch!), denn er ist sehr hart.

(Beste Jagdart: Ansitz, Anfahren mit Jagdwagen. Damwild „applaudiert", wenn vorbeigeschossen wird; es klatscht dabei mit dem Wedel gegen die Keulen!)

Wie wird Kahlwild bejagt?

Bei der Bejagung von Kahlwild ist das Hauptgewicht auf geringe Stücke und überalterte Tiere zu legen. Auch auf zu spät setzende Tiere und ihre Kälber macht man besser den Finger krumm. (Der Unterschied ist ab Dezember im Vergleich zu normal gesetzten Jungtieren klar auszumachen.)
Alte Tiere erkennt man am langen, trockenen Kopf, dem dünnen Träger und am Hängebauch. Muttertiere, die mehrmals gut veranlagte Hirschkälber gesetzt haben, sind zu schonen. Jagdzeit (s.S. 746).
Damwild hat schmackhaftes Wildbret und wird in Gattern zur „Fleischproduktion" gehalten.

Sikawild (Cervus nippon)

Wo ist Sikawild heimisch?

In Ostasien (Japan), wo man neun Unterarten kennt. Da es dort in seinem Bestand bedroht war, galt es durchaus als berechtigt, es in Deutschland anzusiedeln. Die Bestände wurden in diesem Jahrhundert begründet. Man schätzt ihre Zahl in der Bundesrepublik auf derzeit 1300 Stück. Das größte Vorkommen liegt im Arnsberger Wald.

Wie lebt Sikawild?

Die winterharten Tiere sind sehr genügsam. Sikawild ist kleiner als Rotwild, recht neugierig und verträgt sich gut mit diesem, wie auch mit dem Damwild. Seine Decke hat im Sommer weiße Flecken und rotbraunen Grund und ist im Winter grauschwarz bis schwarz. Es fällt ein herzförmiger Spiegel auf; ein Aalstrich zieht sich über den Rücken. Es lebt auf engem Raum und dehnt in wärmeren Monaten seine Einstandsgebiete etwas aus. Nach der Setzzeit im Juni bilden sich Mutterfamilien. Die jungen, mittelalten und alten Hirsche rudeln getrennt, je höher sie im Alter sind, in um so geringerer Anzahl. Verfegt wird Ende August/Anfang September. Die Hirsche kennzeichnen ihre Einstände und hauen mit dem Geweih in nasse Bodenstellen. Sie plätzen. Außerdem suhlen sie sich. Der Platzhirsch bleibt am Brunftplatz und ist stumm. Die Brunftzeit zieht sich von Mitte Oktober bis in den November hinein.

Nach welchen Gesichtspunkten bejagt man Sikawild?

Vom dritten Kopf an trägt der Hirsch ein Achtergeweih und entwickelt sich über diese Stufe selten hinaus. Hegeziel ist der mindestens 10 Jahre alte Hirsch, seine Trophäe kann bis zum 15. Lebensjahr noch an Masse zunehmen. Der Bestand soll sich bei ausgeglichenem Geschlechterverhältnis aus vielen Althirschen zusammensetzen, damit sich die Brunft abkürzt und nicht so weit in den Winter hineinreicht. Sikawild ist schwierig anzusprechen, denn sein Erscheinungsbild ändert sich im Jahreslauf. Der hauchdünne, haarlose Bart kann ein gefegtes Geweih vortäuschen, was oft zu Fehlabschüssen führt. Das Wildbret ist sehr schmackhaft.

Elchwild und Rehwild

Elchwild (Alces alces)

Wie wird das Elchwild nach Alter und Geschlecht unterschieden?

Man unterscheidet: Elchhirsche (männliche Stücke, Gewicht 350 kg, in Kanada bis 500 kg), Elchtiere (weibliche Stücke) und Elchhirsch- und Elchwildkälber. Elche setzen meist Zwillingskälber. Jahresstrecke in Schweden etwa 30000, Bestand in Ostpreußen vor 1945 etwa 1200 Stück. Die Schußzeit ist in Schweden auf wenige Tage beschränkt. Man jagt dort mit Elchhunden.
Das Geweih nennt man Schaufeln (die in Kanada eine Auslage bis zu 180 cm haben und bis zu 50 kg wiegen können); die auf dem Träger (Hals) stehende kurze Mähne heißt Schopf, der behaarte Kehlbeutel heißt Bart. Für Elchwild wurde keine Jagdzeit festgesetzt.

Rehwild (Capreolus capreolus)

Geschlechter (Kitz, Schmalreh, Ricke oder Rehgeiß, Bock)

Welche Bedeutung hat das Rehwild für die deutschen Jäger?

Es ist für die Mehrzahl der Jäger die wichtigste und interessanteste Wildart. Seine Jagd und Hege beschäftigt sie das ganze Jahr und bringt ihnen mannigfache Jagderlebnisse und Waidmannsfreuden. Das Ziel der Hege ist ein gesunder Rehwildbestand in einer dem Lebensraum angepaßten Wilddichte und einer natürlichen Bestandesgliederung (Geschlechterverhältnis 1:1).

Welches Rehwild wird nach Alter und Geschlecht unterschieden?

Rehböcke (männliche Stücke, Gewicht aufgebrochen etwa 15 kg),
Ricken oder Geißen (weibl. Stücke, Gewicht etwa 14 kg),
Schmalrehe (weibliche Stücke, die während der Brunftzeit nicht fruchtbar beschlagen wurden, sowie alle Stücke vom Beginn des zweiten Lebensjahres bis zum Setzen [s. auch S. 172 und S. 195]),
Bockkitze (nicht Kitzböcke!) und
Reh-, Ricken- oder Geißkitze (Jungtiere im ersten Lebensjahr).
Für die Wildstandsmeldung und den Bejagungsplan endet das erste Lebensjahr der Kitze am 31. März!

Wann werden die Kitze gesetzt?

Im Mai und Juni, stets behaart und sehend. Sofort nach dem Setzen werden die Kitze von der Ricke (Rehgeiß) eifrig trockengeleckt. Die Nachgeburt wird zerkaut und verschluckt. Wichtig ist, daß die Ricke (Rehgeiß) nicht bei ihren Kitzen bleibt, sondern die Kitze an getrennten Plätzen ablegt. Da die Kitze noch sehr schwache Witterung haben, werden sie so von behaarten und befiederten Beutegreifern meist nicht gefunden. Zum Säugen sucht die Ricke (Rehgeiß) ihre Kitze auf und ruft sie durch einen leisen Fiepton herbei. Das Säugen erfolgt im Stehen. Im Alter von drei Wochen wird erstmals wiedergekaut. Die Kitze bleiben später bis zum erneuten Setzen bei der Mutter und werden erst kurz vorher von ihr „abgesprengt“ (weggejagt).

Warum sind Rehkitze unmittelbar nach dem Setzen stark gefährdet?

Durch die Tatsache, daß sie von ihren Müttern bevorzugt in Wiesen abgelegt werden, und den angeborenen Drückreflex, der sie bei Gefahr reglos auf die Stelle bannt. Vor allem in den ersten acht Lebenstagen ist dieser Reflex derartig ausgeprägt, daß weder Lärm noch Bodenerschütterungen der Mähmaschinen sie zur Flucht verleiten. Bei der hohen Arbeitsgeschwindigkeit der Kreiselmäher ist es unmöglich, die Jungtiere, die sich noch dazu mit ihrem gepunkteten Tarnkleid bestens der Umgebung anpassen, im hohen Gras zu entdecken. Vor allem bei frühzeitiger Heumahd (2. Maihälfte bis 1. Junihälfte) sind die Verluste in waldnahen Wiesen besonders hoch. Was neben den Kitzflecken und dem schwachen Geruch während Jahrtausenden einen idealen Schutz vor Beutegreifern im Kampf ums Überleben darstellte, wird ihnen nun zum Verhängnis. Die rasante Entwicklung der Technik hat ihnen keine Zeit gelassen, sich den Erfordernissen der Maschinenwelt anzupassen. Man rechnet auf den ca. 3,2 Millionen Hektar Grundfläche der Bundesrepublik mit 60000 Stück getöteten Kitzen pro Jahr (noch weitaus größer und noch schlechter zu schätzen sind die Verluste an Junghasen, Fasan- sowie Rebhuhnküken).

Wie können Rehkitze vor der Mähmaschine gerettet werden?

Durch Aufhängen von Wildscheuchen in der Wiese am Abend vor dem Mähen und durch Benutzen von Wildrettergeräten.
Man erbittet Mitteilung der Mähtermine und stellt nachmittags vor dem Mähtage im Abstand von etwa 50 m einige zwei Meter lange Stangen über den gesamten Mähschlag auf, über die mit M7 bestrichene Kunstdüngersäcke gestülpt werden (s. Abb.), die sich im Winde bewegen sollen. Auch bunte Luftballons,

Rettet die Rehkitze durch die verstänkerte Sichtscheuche oder durch Blinkleuchten!
Sie erfüllt nur dann ihren Zweck, wenn sie am Abend vor dem Mähen plötzlich als „Schreckgespenst" aufgestellt und nach dem Mähen sofort wieder entfernt wird. Verletzte Kitze ernährt man mit künstlicher Muttermilch (s. S. 164)

Altkleider an Stecken oder ganze Vogelscheuchen werden ausgebracht. Die Ricke (Rehgeiß) holt die in der Wiese abgelegten Kitze wie üblich ab, zieht aber wegen der „Gespenster“ am nächsten Morgen nicht wieder hinein. Verschiebt sich der Mähtermin, nehme man die „Scheuchen“ umgehend aus den Wiesen, denn sie verlieren bald ihre abschreckende Wirkung. Am Vortag des endgültigen Schnitts bringt man sie wieder aus.
Bewährt hat sich noch immer, vor dem Mähen mittels Streife mit je fünf Meter Abstand das Wiesenstück abzusuchen. Die Teilnehmer bringen zwei Meter lange Stangen mit, um überhängende Grasbüschel aufzudecken, unter denen die Kitze gern liegen. So wird auch die Wiese geschont. Die Quersuche mit dem firmen Vorstehhund gegen den Wind und an der langen Feldleine muß sehr eng geschehen, da die Kitze kaum Eigengeruch haben. Oft werden auch Blinklichter mit Dämmerungsschalter aufgestellt, wie man sie bei Knobloch, Geranienstraße 1, München 70, oder Partl & Sohn, 8031 Gröbenzell, erhält. Verwitterungsmittel darf man nicht in die Wiese schütten, da sie das Heu verstänkern. Damit tränkt man Lappen, die man nicht zu hoch aufhängt. Der Landwirt ist an der Rettung der Kitze selbst interessiert, da durch verwesende Körperteile einzusilierendes Gras (besonders beim Einsatz von Häcksel- und Kreiselmähern) verderben würde. Man sollte ihn daher bitten, eine Wiese über einen Randstreifen zum Wald oder Acker am Vortag anzumähen. Wenn man überhaupt von innen nach außen mäht, verringern sich ebenfalls die Verluste. In diesem Fall entwickelt sich nicht der immer enger werdende Grasanteil zu einer Todesinsel. Besonders beim letzten Mähstreifen ist langsamste Fahrt anzuraten und genaueste Beobachtung empfohlen.
Wildretter an den Mähmaschinen erweisen sich immer mehr als die wirksamsten Mittel gegen das Ausmähen von Rehwild und Junghasen. Dabei wird die jeweils nächste Mahdbreite vor dem Schnitt durchgekämmt. Zunächst verwendete man grellrote Schleiftücher, Kettengehäuse, Konservendosen und Rüttelglocken. Inzwischen bringen die Erma Werke, Dachau, und andere Firmen ein Gerät auf den Markt, bei dem federnde Stahlstäbe in vier Kammreihen den nächsten Fahrstreifen durchrechen. Tiere, die älter als acht Tage sind, flüchten nach Berührung auf jeden Fall. Eine Montageschiene am Kreiselmäher erlaubt ein schnelles Anbringen und die Verwendung bei mehreren Landwirten. Das leichte Gerät erhöht den Kraftstoffverbrauch nicht, auch ist die Manövrierfähigkeit des Traktors beim Rückwärts- oder Kreisbogenfahren nicht eingeschränkt. Ein Wildretter, der neben den abschreckenden Stahlstäben ein elektrisches Spannungsfeld im Grasbereich aufbaut, ist noch in Erprobung.
Gefundene Kitze werden markiert (s. S. 469) und nach Abreiben der Hände mit frischem Gras in einem großen Grasbüschel in sichere Deckung gebracht.

Was meint der Jäger mit dem Ausdruck „mordende Straße“?

Er bezeichnet damit die negativen Auswirkungen des Autoverkehrs auf das Wild. In manchen Revieren erfüllt dieser allein bereits den Abschuß. Jährlich werden in der Bundesrepublik etwa 200000 Stück Wild überfahren. Dazu kommen noch rund 50 Menschen, die dabei den Unfalltod sterben, sowie 2000 Verletzte. Da das Rehwild überall verbreitet ist und lokal als sehr beweglich gilt, sind es pro Jahr ca. 70000 Rehe, die auf der Straße ihr Leben lassen. (Nur der Hase kommt mit 120000 toten Exemplaren noch schlechter weg!)

Wie lassen sich Wildunfälle, insbesonders mit Rehwild vermeiden?

Fütterungseinrichtungen und Äsungsflächen dürfen keinesfalls in Straßennähe angebracht sein. Sie wirken wie Magnete auf alles Wild zu jeder Jahreszeit und entwickeln sich sonst zu regelrechten Fallen. Straßenböschungen sollen nicht mit Klee besät werden. An Straßenrändern muß ein 6 Meter breiter Sichtstreifen freigelassen werden.
Wildabweiser sind Wildreflektoren an den Begrenzungspfosten der Straßen. Sie helfen, wenn überhaupt, nur nachts. Das auffallende Licht der Autoscheinwerfer wird von ihnen ins Feld hinein umgeleitet. Ihr roter Schein bildet einen optischen Warnzaun. Anstelle der Wildwarnreflektoren kann man auch Alu- oder Rotfolien um Bäume wickeln.
Am wirksamsten sind Wildrettungszäune, wie sie bereits längs 900 km bundesdeutscher Autobahnen angebracht sind. Die hohen Knotengeflechte gehen seit neuester Zeit zu Lasten des Bundesfernstraßenhaushaltes. Damit Wildbestände nicht isoliert werden, sollten auch Wildtunnels errichtet werden. Sie müssen einen Durchblick zur anderen Seite gewährleisten, sonst werden sie nicht benutzt.
Jeder Autofahrer muß das Verkehrszeichen „Wildwechsel" ernst nehmen. In Waldgegenden ist in den Morgen- und Abendstunden gerade an solchen Stellen mit Wild zu rechnen. In der Blattzeit (im Hochsommer) ist Rehwild und in der Brunftzeit (im Herbst) ist Rotwild besonders rege. Im Winter wechseln Rehe gern in Sprüngen. Trifft man Wild auf der Straße, empfiehlt es sich, das Lenkrad festzuhalten und geradeaus weiterzusteuern (evtl. Lichthupe oder Hupe betätigen, nicht aufblenden!). Man beachte: Wo ein Stück austritt, können unmittelbar mehrere folgen! Nach einem Unfall schaltet man die Warnblinkanlage ein und stellt das Warnkreuz auf. Totes Wild trägt man (nicht mit bloßen Händen) von der Fahrbahn. Ist ein Tier verletzt, merke man sich die Fluchtrichtung. Der Förster bzw. die Polizei muß verständigt werden. Die Mitnahme des Wildbrets gilt als Wilderei.

Woran erkennt man ein Rehkitz?

An der geringen Stärke, dem dicken, runden und kurzen Kopf mit den kurzen Lauschern, im Sommer an der gefleckten Decke, an der Führung durch die Mutter und am Gebiß (s.S. 206).

Woran erkennt man Schmalreh und überalterte Ricke (Rehgeiß)?

Das Schmalreh erkennt man am neugierigen Benehmen, schlanken Hals, Kopf und Rumpf, an der jungfräulichen Grazie und Anmut, den schlanken Läufen und der glatten und glänzenden Decke.
Es tritt als erstes Stück aus, ist fast immer in Bewegung und sehr lebhaft und neugierig. Es ist bei gutem Gesundheitszustand Anfang Juni bereits völlig verfärbt und rot.

Merke: Jung verfärbt zuerst!

Die Ricke (Rehgeiß) ist vollschlank und ausgeglichen rund. Der Kopf wirkt breiter als beim Schmalreh. Sie ist im Benehmen ruhig, aber doch mißtrauisch, jedoch nicht heimlich. Sie steht oft und lange draußen, sichert oft, hält Menschen und Fuhrwerke gut aus und läßt sich nicht durch jede Kleinigkeit vergrämen. Sie ist Anfang Juni, vor allem, wenn sie Kitze führt, noch grau und ruppig.

Von hinten (s. Abb.) erkennt man die Ricke (Rehgeiß) als „hochbeschlagen" an ihrem durch die Schwere des Tragsackes bedingten „Hängeleib", nach dem Setzen an der eingefallenen rechten Flanke und im Juni/Juli als führend am prallen Gesäuge (=die „Spinne"). Durchschnittsgewicht 13–16 kg.

Schmalreh

Ricke (Rehgeiß)

hochbeschlagen

Überalterte Ricke (Rehgeiß)

Die überalterte Ricke (Rehgeiß) wirkt mager und eckig. Das knochige, lange Haupt ähnelt mit den langen Lauschern dem des Rot-Alttieres. Der Hals ist lang und dünn, die Lichter treten übergroß heraus und haben einen stumpfen Ausdruck. Weiter erkennt man die überalterte Ricke (Rehgeiß) am Hängebauch, an den lochartigen Vertiefungen in der Nierengegend, am hervortretenden Widerrist, an der Einschnürung am Brustbein und an der fahlen Decke. Gegen Ende der Verfärbezeit im Oktober sind überalterte Ricken (Rehgeißen) meist noch völlig rot. Alt verfärbt zuletzt.

Die überalterte Ricke (Rehgeiß) brunftet spät und setzt meist erst Mitte Juni oder später (Einstandsgebiet für späteres Bejagen notieren!). Außerdem versiegt bei ihr die Muttermilch sehr schnell. Dem Verhalten nach ist sie sehr vorsichtig und mißtrauisch und läßt sich leicht vergrämen. Sie führt meist nur schwache Kitze, tritt spät aus, sichert lange vor dem Austreten, zieht wenig umher und führt ihre Kitze nicht an gute Äsungsplätze, wie das jüngere Ricken (Rehgeißen) tun. Ihre Kitze bekommen dadurch nur das, was sie in der Nähe des mütterlichen

Einstandes finden. Sie machen infolge des späten Gesetztwerdens und der ungenügenden Ernährung eine schwere Hemmung in der Jugendentwicklung durch, die erfahrungsgemäß im weiteren Leben nie wieder vollkommen aufgeholt werden kann. Ihre Bockkitze werden dem Haupte nach meist als weiblich angesprochen, da sie auch im September oft noch keine Rosenstöcke erkennen lassen wie gesunde und kräftige Kitze (s. Abb. S. 198). Die Kitze sind anfällig für Wildkrankheiten, kommen stets untergewichtig und ohne jedes Feist in den Winter und haben dadurch keine Kraft, die für die Gehörnbildung notwendigen Aufbaustoffe frei zu machen. Sie sind als Jährlinge meist Knopfspießer und deshalb zu schießen.

Wirklich gelte (unfruchtbare) Ricken (Rehgeißen) sind sehr selten. Man darf sie nicht mit nichtführenden Altrehen verwechseln, die ihre Kitze durch Unglücksfall oder Krankheit verloren haben. Alle Ricken (Rehgeißen) sind vielmehr bis ins hohe Alter fortpflanzungsfähig.

Merke: Hohe Rehwilddichte, schlechtes Geschlechterverhältnis und überalterte Ricken (Rehgeißen) sind die Grundübel eines schlechten Rehwildbestandes!

Wie erkennt man das Alter des Bockes nach seinem Benehmen und seiner Figur?

Der junge Bock ist vertraut und hat eine schlanke Figur. Der dünne und lange Hals wird hochgereckt getragen. Der „Vorschlag" mit der Halsgrube (dem „Stich") ist vorne an der Brust schmal, die Haarfarbe rot. Der Gesichtsausdruck ist kindlich neugierig.

Junger Bock:
graziös, schmaler Vorschlag,
der dünne Hals wird hochgereckt getragen

Alter Bock:
starker Hals, breiter Vorschlag,
Vorderläufe stehen breit auseinander

Die Vordersprosse des Gehörns ist meistens stark ausgeprägt (Gabler).

Zweijährige wirken hochläufiger, ihr Hals ist etwas stärker.

Die Böcke mittleren Alters sind vorsichtig, haben einen mißtrauischen Gesichtsausdruck, einen gedrungenen Körperbau, breiten „Vorschlag", starken Hals (der fast waagerecht getragen wird) und braune Haarfarbe. Am Gehörn ist die Vordersprosse oft nur angedeutet und die Hintersprosse kurz.

Beim alten Bock wirkt der kurze Hals noch dicker und gedrungener und wird fast waagerecht vorgestreckt getragen. Die Haarfarbe ist gelblichbraun. Der Gesichtsausdruck ist mißtrauisch-bösartig. Im Greisenalter bekommen alte Böcke fast wieder die Figur junger Böcke! Der wieder dünner werdende Hals wird aber weiterhin waagerecht getragen.

Kopfschmuck des Bockes, Gehörnbildung

Wie entwickelt sich das Gehörn des Bockes?

Im August des ersten Lebensjahres entstehen beim Bockkitz die Rosenstöcke, auf denen sich als erstes Gehörn Knöpfchen oder kleine knöcherne Spieße bilden, die im Winter gefegt und im Januar bis Februar abgeworfen werden (s. Abb. unten). Im Frühjahr des zweiten Jahres schiebt der Bock als zweites Gehörn Spieße, die im Mai, häufig auch erst Anfang Juni, gefegt werden.
Schwach entwickelte Bockkitze, die eine Hemmung in der Jugendentwicklung durchgemacht haben (s. S. 197 und S. 221), tragen das Erstlingsgehörn oft weiter, so daß es mit dem Knopfgehörn identisch wird. Dann findet sich zwischen Rosenstock und Stange keine Rose (Verdickung), die das zweite Gehörn im Leben des Bockes sicher kennzeichnet (s. Abb. S. 205 und S. 222).

Das gute Bockkitz zeigt ab Aug./Sept. erkennbare Rosenstöcke

Die Erstlingsknöpfchen werden im Jan./Feb. abgeworfen

Gut veranlagter Jährling mit gut ausgebildeter Vordersprosse

Besonders gut veranlagte Jährlinge tragen schon Gabel-, vereinzelt sogar schon Sechserstangen (s. Abb.). Von nun an wirft der Bock in jedem Herbst die Stangen ab und setzt bis zum Frühjahr neue Stangen auf, fegt sie, benutzt sie in der Blattzeit als Waffe und verliert sie wieder im Herbst.
Im dritten Jahr zeigt das dritte Gehörn die Gabelform oder die Sechserstufe.

Welche Bedeutung hat der „Bast" für das Wachstum der Stangen?

Der Bast ist eine gefäß- und nervenreiche, plüschähnlich behaarte Haut, die das Gehörn während des Wachstums überzieht. Im Bast verlaufen Blutgefäße, die dem Gehörn alle für den Aufbau notwendigen Nährstoffe zuführen.

Mit zunehmender Verknöcherung der Stangen verringert sich der Zustrom des Blutes. Nach Aufhören des Blutzuflusses werden die Stangen empfindungslos und zu einem toten Knochengebilde. Sie werden durch Fegen vom Bast befreit. Das Fegen erfolgt mit Zwischenpausen meist innerhalb eines Tages. Bastreste findet man nur selten, da sie vom Bock meist geäst werden. Die frisch gefegten Stangen sind weiß. (Gefegt wird am liebsten an Fichten, Kiefern, Lärchen und Fremdgehölzen!)

Wie kommt die Gehörnfärbung zustande?

Das Gehörn wird nach dem Fegen bis zur Blattzeit mehrmals täglich an Stämmchen und Sträuchern gerieben und geschlagen. Durch die hierbei aufgenommenen Pflanzensäfte wird die Färbung des Gehörns erreicht und erhalten (s. S. 170).

Welche Böcke werden nach den Gehörnstufen unterschieden?

Knopfböcke, Spießböcke, Gabelböcke und Sechserböcke.
Knöpfe und Knopfspießchen sind die schwächste Gehörnbildung.
Spieße werden in der Regel von jungen oder ganz alten Böcken gebildet, die bessere Bildungen noch nicht oder nicht mehr hervorbringen können. Im mittleren Alter sind Spieße ein Zeichen des Kümmerns (infolge Äsungsmangels oder Krankheit).
Gabler treten in zwei Formen auf, als Vordersprossen- und Hintersprossengabler. Der Vordersprossengabler ist meist ein junger Bock, der Hintersprossengabler meist ein alter Bock (der nicht mehr in der Lage war, einen Vordersproß zu schieben).

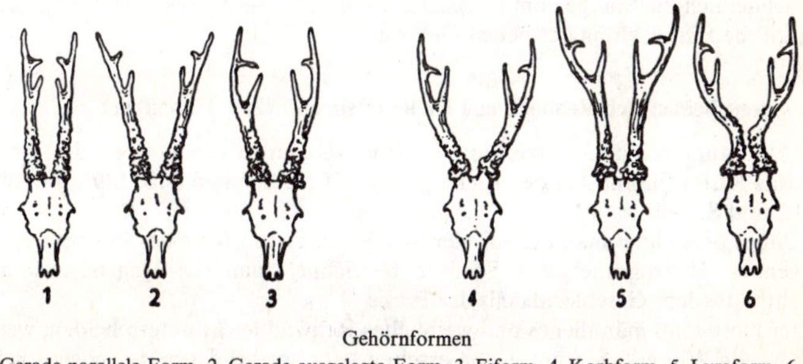

Gehörnformen
1. Gerade parallele Form, 2. Gerade ausgelegte Form, 3. Eiform, 4. Korbform, 5. Lyraform, 6. Geschnürte Form

Das Sechsergehörn wird vom Bock auf der Höhe seines Lebens getragen. Wir unterscheiden hierbei die Vorder-, Hinter- und Mittel- oder Obersprosse als Stangenende (s. Abb. S. 202).

Welche Gehörnformen werden unterschieden?

Gerade parallele Form, gerade ausgelegte Form, Eiform, Korbform, Lyraform und geschnürte Form (s. Abb. S. 199).

Woran kann man im Frühjahr das Alter eines Bockes erkennen?

Am Zeitpunkt des Verfärbens und Fegens sowie an seiner Lebensweise (s.S. 225).
Merke: Jung verfärbt zuerst, alt fegt zuerst!

Die Jährlinge sind schon Anfang April rot, fegen jedoch meist erst im Juni. Sie stehen oft noch bei der Mutter oder bei ihren Geschwistern.
Die Zweijährigen verfärben Ende April und fegen Mitte Mai. Sie stehen schon allein, aber auch noch bei Gleichaltrigen.
Die Dreijährigen verfärben und fegen gleichzeitig Anfang Mai, sie sind ausgewachsen und stehen meistens allein (s.S. 225). Die vierjährigen und älteren Böcke fegen vor dem Verfärben (sie fegen schon Anfang April und verfärben erst Ende Mai). Sie halten keinen festen Wechsel mehr und ziehen für sich allein. Fegestellen, die man schon Mitte März vorfindet, stammen von Böcken, die meist älter als fünf Jahre sind. Den Einstand dieser Böcke muß man sich merken und sie überprüfen, ob sie zu bejagen oder als „gute Vererber" zu schonen sind.

Wann wirft der Bock die Stangen ab?

Im November und Dezember. Das Abwerfen erfolgt, wie das Fegen, bei den ältesten Böcken zuerst, bei den jüngsten zuletzt. Das Abwerfen der Stangen wird durch Hormone schon ab Oktober eingeleitet. Es bilden sich an der Trennlinie zwischen Stange und Rosenstock lockere Knochenzellen (Abwurfrillen), so daß schließlich die Stange vom Rosenstock abbricht. Sofort nach dem Abwerfen beginnt die Entwicklung des neuen Gehörns.

Wie unterscheiden sich Rehbock und Ricke (Rehgeiß) Ende Dezember?

Das Hauptunterscheidungsmerkmal ist Ende Dezember beim Bock der Pinsel und das Kurzwildbret, bei der Ricke (Rehgeiß) die Schürze (s.S. 149 und Abb. S. 202 und S. 196).
Als Pinsel bezeichnet man die von der Scheide der Brunftrute des Bockes herabhängenden Haarbüschel. Als Schürze bezeichnet man die Haarbüschel am Feuchtblatt (dem Geschlechtsteil) der Ricke.
Weiter kann man männliches und weibliches Rehwild leicht unterscheiden, wenn es das volle Winterhaar trägt. Dann erscheint der Spiegel der männlichen Stücke bohnenförmig, der der weiblichen Stücke (Rickenkitze bzw. Geißkitze, Schmalrehe und Ricken bzw. Rehgeißen) dagegen gestielt-kleeblattförmig, weil die Schürze im Winterhaar deutlich hervortritt (s.S. 226).

Normale und regelwidrige Gehörne
Abschußbock, Knopfbock, Zukunftsbock, alter Bock, Kreuzbock, Widder, Perückenbock

Was ist ein Kümmerer?

Ein Bock mit grob fehlerhafter Entwicklung des Kopfschmuckes, der aus Gründen der Hege so früh wie möglich zur Strecke kommen muß. Zu ihm gehören alle Böcke der Güteklasse b (also I b-, II b- und III b- bzw. II c-Böcke). Zur Klasse III b bzw. II c (s. S. 185) gehört hauptsächlich der Knopfbock.
Er ist fast immer ein einjähriger Bock, also ein Bock im zweiten Lebensjahr mit dem zweiten Gehörn, der infolge zu hoher Wilddichte, Verlust seiner Mutter, Unterernährung in der Notzeit, Parasitenbefall oder Hormonmangel keine regelrechten Stangen schieben konnte. Knopfböcke dürfen keinesfalls im September/Oktober mit gut entwickelten Bockkitzen verwechselt werden (s. Abb. S. 198 und S. 222).
Ein Abschußbock ist ein Bock, der dem Hegeziel nicht entspricht und erlegt werden sollte.

Woran erkennt man den Zukunftsbock?

Am hohen wuchsfreudigen Hauptschmuck auf langem dünnem Hals (der zu diesem Gehörn nicht zu passen scheint).
Außerdem wird der Kopf (das Haupt) von ihm, ganz anders als vom alten Bock, stolz und aufrecht getragen (vgl. Abb. junger und alter Bock S. 197).

Wie sieht das Gehörn eines „guten" oder „braven" Bockes aus?

Es zeigt starke Rosenstöcke und gut geperlte Tellerrosen, kräftige und massige Stangen mit guter Perlung, gut entwickelte Vorder- und Hintersprossen und weißpolierte Enden. Dieses „Reifegehörn" wird je nach den Umweltverhältnissen im Alter von 3 bis 4 (oder 4 bis 6) Jahren getragen.
Vor allem in Vollmastjahren trifft man in „Eichenwäldern" auf Böcke mit hochgewichtigen Gehörnen (z. B. die „Eichenböcke" des Spessarts).

Wie sieht das Gehörn beim alten Bock aus?

Die Rosenstöcke stehen häufig nach außen (s. S. 204). Es kommt trotz der starken Rosenstöcke zum Nachlassen der Stangenstärke und zum Verkürzen der Enden, insbesondere der Vordersprossen. Wir bezeichnen diesen Rückgang des Gehörns als „Zurücksetzen".
Die Tellerrose wird zur „Dachrose", d. h. zu einer dachförmigen, nach unten gezogenen Rose. (Dachrosen kommen aber auch bei Böcken mittleren Alters vor.)
Der alte Bock ist sehr heimlich. Seine Sinne sind besonders gut ausgeprägt und sein Wildbretgewicht beachtlich hoch.

Was ist ein Kreuzbock?

Ein Sechserbock, an dessen Stangen die Vorder- und Hintersprossen in ein und derselben Höhe abzweigen und dadurch mit der Stange ein Kreuz bilden (s. Abb. S. 202).

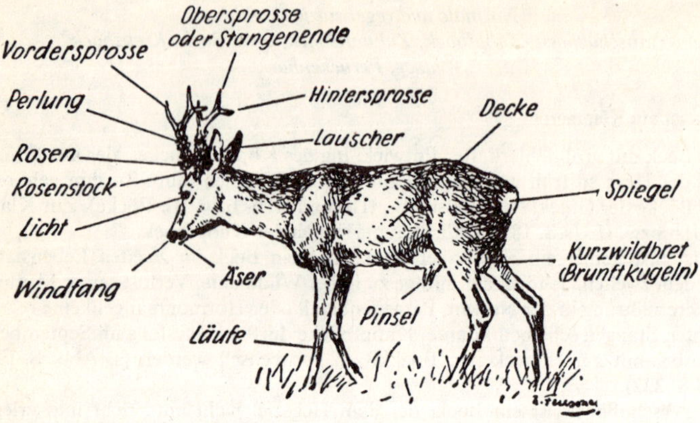

Der Rehbock in der Waidmannssprache
Sechserbock, etwa fünfjährig, mit dickem und dadurch kurz und gedrungen erscheinenden Hals

Gibt es auch „schöne" Böcke?

Nein! Es ist unwaidmännisch, einen Bock als schön zu bezeichnen. Man spricht von „guten, starken oder prächtigen" Böcken (s.S. 171).

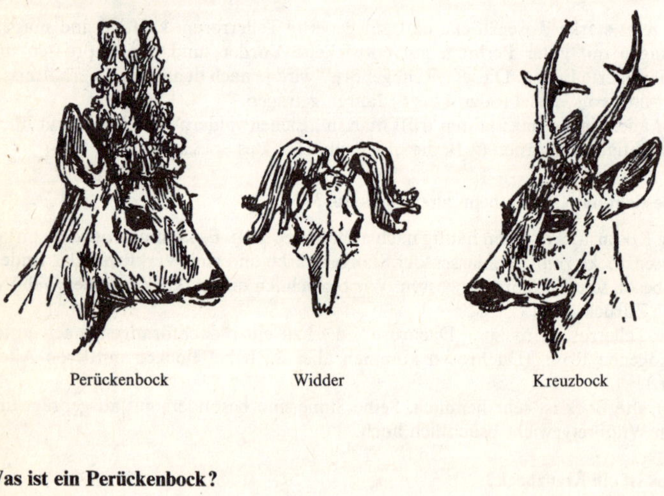

Perückenbock Widder Kreuzbock

Was ist ein Perückenbock?

Ein Bock, dessen Gehörn mit abnormen Wucherungen bedeckt ist, die oft bis an den Äser reichen (das Wildbretgewicht ist manchmal überdurchschnittlich hoch).

Perückengehörne entstehen durch Ausfall des Sexualhormons als Folge von Verkümmerung, Schußverletzung oder krankhafter Zerstörung der Brunftkugeln. Wird z.B. ein im Gatter gehaltener Rehbock wegen Bösartigkeit kastriert, beginnt das Bastgehörn, krankhaft zu wuchern und unbegrenzt weiter zu wachsen, so daß es eine unförmige, perückenartige Masse bildet. Verabfolgt man dem Perückenbock das ihm fehlende Sexualhormon, so kommt es zum Abwerfen der Perücke.

Wann entstehen Rickengehörne („gehörnte Rehgeißen“)?

Bei Zwitterbildung (s. S. 163/164). Rickengehörne haben keine Rosen. Es gibt ausnahmsweise sogar gehörnte Ricken, die führen

Was sind „Frost- oder Hungergehörne“?

Gehörne, bei denen in harten Wintern während der Bastzeit als Folge andauernden Hungerns (nicht durch Erfrieren!) und durch hochgradigen Kalkmangel (Erweichung und Entkalkung) der obere Stangenabschnitt negativ beeinflußt und nach Querbrüchen abgeworfen wurde. Sie bestehen meist nur noch aus Stangenstümpfen und sind eine vorübergehende Erscheinung.

Gibt es auch Frostgeweihe?

Nein, denn der Geweihaufbau erfolgt ja erst in den Monaten März bis Juni, also nicht in äsungsarmer Zeit!

Wie entstehen Korkenzieher- und Widdergehörne?

Sie sind meist die Folge einer Überhege mit Äsungsmangel und Störung des Kalkstoffwechsels während des Schiebens und von Krankheiten, insbesondere von Parasitenbefall (Haut- und Rachendasseln, Lungen-, Magen- und Darmwürmer, Leberegel). Diese Gehörnformen sind unerwünscht, aber nicht erblich.

Korkenziehergehörn

Widdergehörn

„Frostgehörn“

Beim Doppelkopf (Doppelgeweih) haben sich als Abnormität auf nicht abgeworfenen Knopfspießen neue Stangen gebildet.

Welche abnormen Gehörntypen gibt es noch?

Das Blasengehörn hat eine blasenförmige Verdickung. Es wird im nächsten Jahr meist wieder normal. Das Einstangengehörn kann seine Ursache im Bruch der Stange oder im fehlenden Rosenstock haben. Solche Böcke streckt man, weil sie diese Eigenschaft genauso wie Stangenverwachsungen in die nächste Generation vererben. Ein Ledergehörn ist nicht verfegt und kommt selten vor. Echte Mehrstangengehörne findet man ebenfalls nicht häufig, meist beobachtet man mehrstangige Gehörne, die von Rosenstockbrüchen ausgehen. Eine Entzündung der Basthaut kann zu einem Pechgehörn führen. Beim Pendelgehörn hängt eine Stange infolge eines Rosenstockbruches herab. Ein Plattkopf ist ein Bock ohne Hauptschmuck als Folge einer Kastration im Kitzalter.

Altersschätzung beim Rehwild

Kann man das Rehbockalter nach dem Gehörn bestimmen?

Nein. Die Ansicht, daß der Bock regelmäßig im ersten Jahre Spieße, im zweiten Gabeln und vom dritten an ein Sechsergehörn schiebe, ist nicht richtig, denn es kann z. B. auch schon ein zweijähriger Bock ein gutes Sechsergehörn verecken und ein alter Bock nur Spieße tragen.
Im übrigen sind für die Beurteilung des Alters maßgebend: Benehmen, Figur, Stärke des Halses, Gesichtsausdruck, Vorschlag (Stich), Haarfarbe, Wildbretgewicht und beim erlegten Bock Zahnabschliff, Rosen, Stärke und Stellung der Rosenstöcke (s. Abb. unten) und die Stirnnaht.

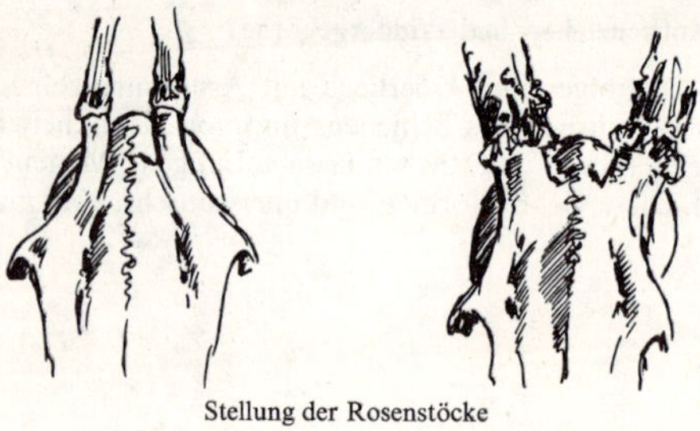

Stellung der Rosenstöcke

Junger Bock — Alter Bock

Wie ist die Haarfarbe beim jungen und beim alten Bock?

Sie ist beim jungen Bock knallrot, beim mittelalten rotbraun und beim alten Bock gelblichbraun.

Was versteht man unter der sogenannten „Muffel“?

Das nackte schwarze Nasenfeld um den Windfang, das stets feucht gehalten wird (beim Elch besonders auffällig).

Kann man das Alter eines Bockes auch nach der Sommerkopffärbung schätzen?

Ja, an einem weißen Fleck oberhalb des Windfangs, dem sog. „Muffelfleck“, und an der Färbung der Sommerdecke des Hauptes (der sog. Gesichtsmaske, Methode Vorberg).

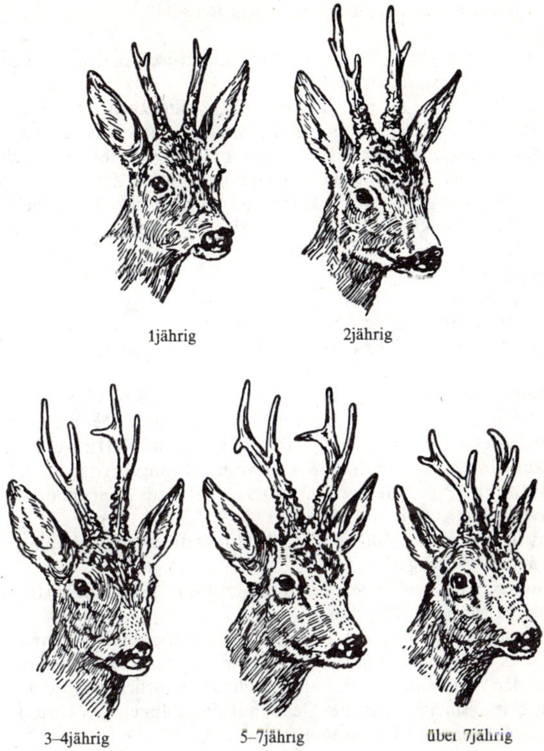

Altersschätzung beim Rehbock
nach der Sommerfärbung des Gesichtes (Methode Vorberg)

Beim Jährling ist der Kopf einfarbig dunkel, die Stirnlocke ist klein, der weiße Muffelfleck fehlt noch. Bei gut entwickelten Jährlingen kann er als schmales weißes Band vorhanden sein.
Beim zweijährigen Bock beginnt das Gesicht bunt zu werden. Der strahlend weiße, dreieckige Muffelfleck sticht von der brandroten Farbe der Backen und der Umgebung der Lichter ab. Die Stirnlocke ist groß und erscheint scharf abgesetzt und füllt den Raum zwischen Rosenstöcken und Lichtern aus.
Beim drei- und vierjährigen Bock wirkt der Kopf ausgesprochen bunt (rot, schwarz und weiß). Der Nasenfleck ist jedoch nicht mehr rein weiß und nicht mehr scharf gegen die Farbe der Backen abgesetzt.
Beim fünf- bis siebenjährigen Bock ist der Nasenfleck altersgrau und reicht bis zwischen die Lichter, wo er in die undeutlich gewordene Stirnlocke übergeht. Er wird zur sogenannten „Brille"! Der Kopf wird also mit zunehmendem Alter eisengrau und dabei wieder mehr und mehr einfarbig.
Merke: Graues Gesicht – altes Gesicht!

Woran erkennt man das Alter bei gestrecktem Rehwild?
An den Zähnen des Unterkiefers.
Der Unterkiefer besteht aus zwei Hälften, die zwischen den Zangen in einer Fuge miteinander verwachsen sind.
Das Reh hat (wie Rot-, Dam-, Sika- und Gamswild) nach Abschluß des ersten Lebensjahres im Unterkiefer acht Vorderzähne (sechs Schneidezähne und zwei zu Schneidezähnen umgebildete Eckzähne) und auf jeder Seite des Unter- und Oberkiefers je sechs Backenzähne, insgesamt also 32 Zähne (Rotwild hat im Oberkiefer zusätzlich noch zwei Eckzähne [Grandeln], also 34 Zähne).
Im ersten Lebensjahr kann man das Alter des Rehwildes an den Vorderzähnen im Unterkiefer bestimmen. Sie sind kleiner als die bleibenden Zähne und werden wie folgt gewechselt:
Die Zangen (s. Abb. S. 207 oben: I) mit 5 Monaten,
die inneren Mittelzähne (2 bzw. II) mit 10 Monaten,
die äußeren Mittelzähne (3 bzw. III) mit 12 Monaten und danach
die Eckzähne (4 bzw. IV) mit 14 Monaten.
Die ersten drei Backenzähne sind im Kitzalter ebenfalls Milchzähne. Sie werden als Prämolaren (P_1, P_2 und P_3) bezeichnet und mit 11 Monaten gewechselt. An ihre Stelle treten dann bleibende Zähne (PI, PII und PIII). Der dritte Prämolar dient zur Unterscheidung des Kitzes vom Jährling. Er ist im Kitzalter als Milchbackenzahn (P_3) dreiteilig, im späteren Alter als bleibender Zahn (PIII) aber nur zweiteilig (s. Abb. S. 207; a und b).
(Beim Rotwild ist dieser Zahn bis zum 30. Monat dreiteilig, von da ab im Dauergebiß nur noch zweiteilig!)
Die drei hinteren Backenzähne oder Molaren (MI, MII und MIII) erscheinen mit 3, 5 und 11 Monaten als Dauerzähne.
Nach 14 Monaten ist i.d.R. der Zahnwechsel beim gesunden Rehwild beendet. Das Alter über 14 Monate hinaus läßt sich bei männlichen und weiblichen Stükken nur aus der Verformung der Zähne durch den natürlichen Abschliff schätzen. Fühlt man beim Hineingreifen ins Geäse auf den Zähnen des Unterkiefers eine scharfe „Säge“, so ist das Stück jung!
Die Zweijährigen erkennt man daran, daß sich der neue zweiteilige dritte Prämolar noch nicht recht nach Farbe und Stellung in das Gebiß eingeordnet hat. Seine Krone ist angeschliffen, aber deutlich weniger als die der Molaren.
Beim Dreijährigen sind die Abschliffe der Zähne fast gleichmäßig. Der dritte Prämolar wirkt nach Farbe und Stellung nicht mehr fremd. Die beiden Säulen des ersten Molars weisen noch deutliche Kunden (taschenförmige, dunkelgefärbte Furchen zwischen Kaurand und Kaufläche) auf.
Die Furchen der Prämolaren bezeichnet man als „Schlingen“.
Als Faustregel gilt:
Beim Vierjährigen ist der erste Molar so weit abgeschliffen, daß die erste (vordere) Säule dieses Zahnes keine Kunde mehr aufweist (s. Abb. S. 207).
Infolge des weiteren Zahnabschliffs verschwindet eine Kunde nach der anderen, und zwar von Säule zu Säule (Zahnteil).
Mit 5 Jahren fehlt die Kunde an der hinteren Säule von MI,
mit 6 Jahren auch an der vorderen Säule von MII,
mit 7 Jahren auch an der hinteren Säule von MII,
mit 9–10 Jahren ist der ganze dritte Molar (MIII) abgeschliffen,
mit 10–12 Jahren fehlt schon der ganze erste Molar, und auch die anderen Molaren fangen an, nur noch Bruchstücke zu sein. Siehe auch S. 600.

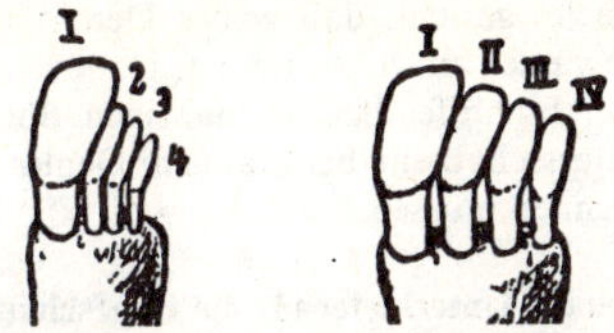

6–9 Monate — über 14 Monate

Zangen (I) gewechselt — Sämtliche Vorderzähne gewechselt

Altersbestimmung nach den Vorderzähnen

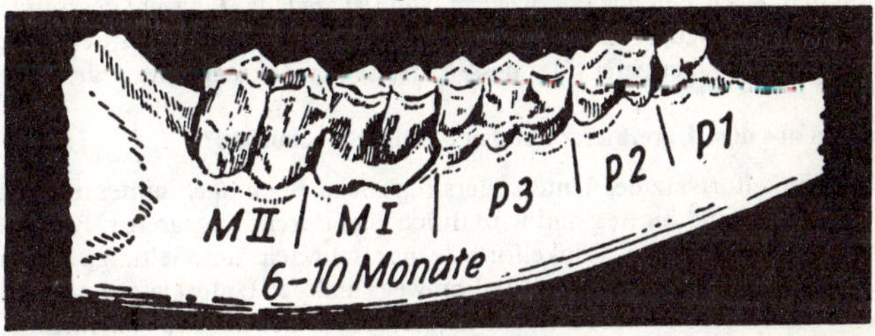

a) Kitzalter. Der dritte Milchbackenzahn (der 3. Prämolar = P_3) ist dreiteilig. Der dritte Molar (= MIII) fehlt noch.

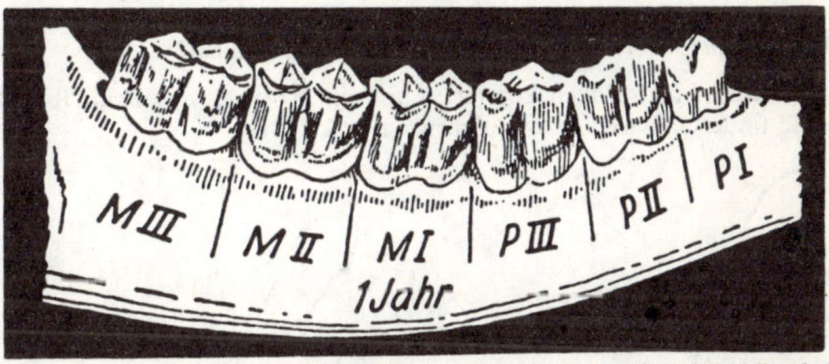

b) Jährlingsalter. An die Stelle der drei Milchbackenzähne (P_1, P_2 und P_3) sind bleibende Zähne (PI, PII und PIII) getreten. Der 3. Prämolar (PIII) ist als bleibender Zahn zweiteilig. Kaurand und Kaufläche stehen rechtwinklig zueinander.

c) 4jährig, mit braunem Dentin aber 5jährig

Die Kunde ist in der vorderen Hälfte von MI verschwunden. Kaurandwinkel von MI stumpf bis flach.

Altersschätzung beim Rehwild

Durch Versuche wurde festgestellt, daß gelbes Dentin verhältnismäßig weich, braunes härter und schwarzes am härtesten ist. Dadurch erklärt sich der etwas verschiedene Grad des Abschliffes bei gleichaltrigen Böcken und Rehen. Man wird deshalb bei der Altersschätzung bei braunem Dentin 1 Jahr, bei schwarzem Dentin 2 Jahre hinzurechnen müssen.

Welche Bedeutung haben die Unterkiefer für die Hegeschauen?

Sie sind für die Altersbestimmung des Gehörnträgers wichtig und deshalb zusammen mit dem Kopfschmuck vorzuzeigen. Stets ist auch das Gewicht des aufgebrochenen Stückes anzugeben! (s. auch S. 223 und S. 763). (Beim Rotwild sollte immer der ganze Oberkiefer oder dessen abgesägter Zahnteil vorgelegt werden!)

Kann man aus dem Unterkiefer auf das Geschlecht schließen?

Ja. Der Winkelfortsatz des Unterkiefers ragt beim Bock nach hinten und unten über den Kieferrand hinweg und wird durch eine Furche abgegrenzt. Beim weiblichen Stück kommt der Winkelfortsatz nur schwach zur Geltung. Hier ragt er nur wenig über den hinteren Rand hinweg, und der Unterkieferrand verläuft bis zum Winkel fast gerade. Diese Erkennungsmethode ist erst von einem Alter ab zwei Jahre brauchbar. Bei sehr alten Ricken werden die Unterschiede zum Bock geringer.

Hat Rehwild im Oberkiefer Eckzähne (Grandeln oder Haken)?

Nein! Grandeln und Haken kommen nur beim Rotwild vor. Beim Reh- und Damwild findet man sie nur ausnahmsweise (s. S. 158).

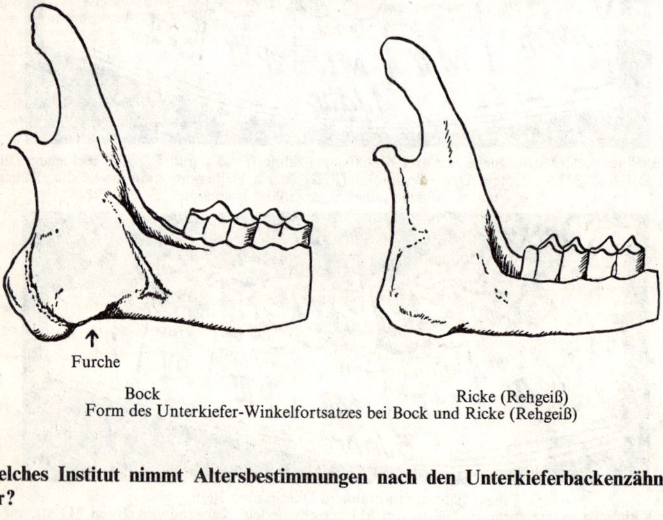

Form des Unterkiefer-Winkelfortsatzes bei Bock und Ricke (Rehgeiß)

Welches Institut nimmt Altersbestimmungen nach den Unterkieferbackenzähnen vor?

Das Institut für Jagdkunde in 3400 Göttingen-Weende, Büsgenweg 3 (Ruf: 0551/393622).

Kann man an Hand der Verknöcherung der Nasenscheidewand das Alter eines Bockes schätzen?

Die Nasenscheidewand befindet sich in der Gesichtshöhle des Hauptes und reicht vor bis zu den Nasenlöchern. Im Laufe der Jahre verknöchert sie immer mehr. Je älter ein Rehbock ist, um so geringer ist ihr Knorpelanteil. Diese Tatsache kann zur Altersschätzung herangezogen werden. Man setzt die Länge des Knochenteiles der Nasenscheidewand in Relation zur Länge des Nasenbeines. Beim Jährling reicht die Verknöcherung bis an die Knochennaht zwischen Stirn und Nasenbein. Beim dreijährigen Bock sind bereits $^{3}/_{10}$ der Länge der Nasenscheidewand verknöchert. Pro Jahr verknöchern etwa 5–6 mm, in den ersten Lebensjahren geht dieser Prozeß schneller. Beim „Abschlagen“ muß das Nasenbein in voller Länge erhalten bleiben und beim „Auskochen“ darf die Nasenscheidewand nicht abbrechen, dann hat man durch diese Methode eine weitere Möglichkeit der Altersschätzung zur Hand.

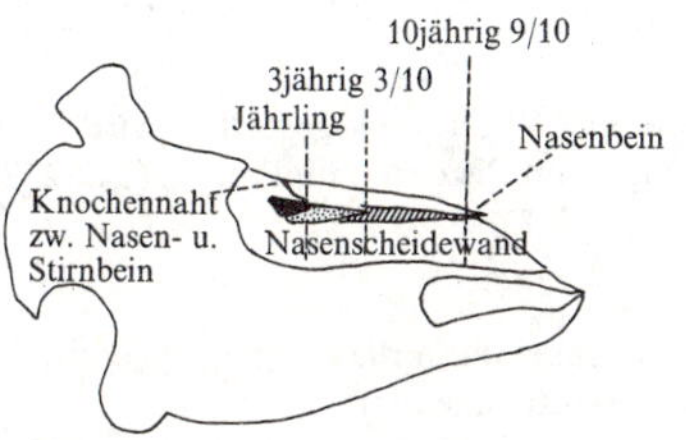

Je weiter die Nasenscheidewand im Verhältnis zur Länge des Nasenbeins verknöchert ist, um so älter ist das Stück Rehwild

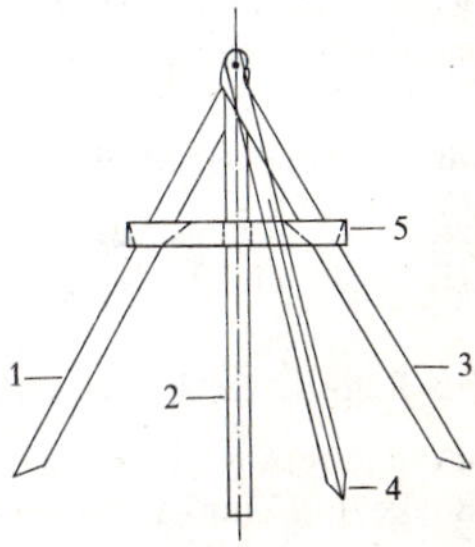

Der musterrechtlich geschützte Meßzirkel nach Pettinger erlaubt ein schnelles Ablesen des Alters eines erlegten Rehbockes. Mit den Schenkeln (1, 3) wird auf der Schädeloberseite die Länge des Nasenbeines abgenommen. Dann mißt man mit dem Klarsichtzeiger (4) die Länge des verknöcherten Teils der Nasenscheidewand (inverse Meßung bei umgedrehtem Schädel und Zirkel des Abstandes vom verknöcherten Teil der Nasenscheidewand zur Spitze des Nasenbeines). Auf der Querstrebe (5) sind statt der Teilungsverhältnisse die Alterszahlen aufgetragen. Sie können unter dem Zeiger (4) nun direkt abgelesen werden (unverkäuflich).

Farbe und Verfärben

Welcher Unterschied besteht in der Färbung des Sommer- und Winterhaares?

Rehwild ist im Sommer brandrot, im Winter graubraun gefärbt. Es gibt aber auch Rehwild mit abweichender Färbung, so z. B. schwarzes Rehwild (in Norddeutschland mit einem Kerngebiet in Haste/Grafschaft Schaumburg, westlich von Hannover).

Was ist ein Albino?

Man unterscheidet die sehr seltenen Albinos von den Weißlingen und Schecken. Der reine Albino hat eine vollkommen weiße Decke, aufgehellte Schalen und einen rosaroten Windfang. Seine Lichter erscheinen rot. Da seine Regenbogenhaut durchsichtig ist, kann er am Tag schlecht sehen. Ein reiner Albino verfügt über keine Farbpigmente.

Ein Teilalbino oder Weißling hat mehr oder minder große Flecken normaler Farbe auf seiner weißen Decke. Seine weiße Farbe ist eine Anlage, die rezessiv vererbt wird. Das soll heißen, daß dieses Merkmal in späteren Generationen immer mehr zurücktritt. Seine Lichter sind immer dunkel. Ein Teilalbino leidet unter Farbstoffmangel. Der Scheck hat einzelne weiße Farbeinschlüsse auf seiner Decke.
Albinos und Teilalbinos gibt es nicht nur beim Rehwild. Sie kommen, wenn auch nicht häufig, bei allen Tierarten, natürlich auch beim Federwild, vor.
(Mit Melanismus bezeichnet man das Auftreten von schwarzgefärbtem Wild.)

Wann findet der Haarwechsel (das Verfärben) statt?

Im April/Mai und Anfang Oktober.
Beim Verfärben im Frühjahr fällt das alte Winterhaar oft büschelweise aus. Das Rehwild sieht in dieser Zeit deshalb oft struppig aus. Der Haarwechsel im Herbst erfolgt unauffällig und schnell.

Wie wird das Haar gepflegt?

Es wird vom Halse bis zu den Keulen beleckt und dadurch geglättet; wird dabei öfter Haar geschluckt, kommt es zur Bildung von Bezoaren im Pansen (s. S. 239).

Welches Rehwild verfärbt zuerst?

Zuerst die jungen gesunden Stücke, die Jährlinge, dann die Zweijährigen.
Alte Böcke und kranke Stücke verfärben wesentlich später,
führende Ricken (Rehgeißen) im Frühjahr gewöhnlich erst nach dem Setzen (s. auch S. 195/196 und S. 225).

In welchem Alter verlieren die Kitze ihre Kitzflecke?

Im Alter von etwa 6 Wochen, also lange vor Beginn ihrer Jagdzeit am 1. September. Die Kitzflecke werden durch das nachwachsende rote Sommerhaar mehr und mehr verdeckt. Anfang Oktober erfolgt der erste Haarwechsel zur Winterdecke.

Was verstehen wir unter dem Drossel- und Halsfleck?

Einen im Winterhaar mancher Rehe in der Drosselgegend bzw. an der Unterseite des Halses vorkommenden weißen Fleck. Er kann auch geteilt sein und sich auch vom Drosselknopf bis zum Stich wie ein Latz hinziehen. Er ist erb- und damit familienbedingt und kommt nach Häufigkeit, Form und Größe recht unterschiedlich vor. Er ist kein Alterskennzeichen.

Was verstehen wir unter dem „Spiegel"?

Den im Sommerhaar hellen, im Winterhaar jedoch rein weißen Fleck um das Weidloch (s. Abb. S. 202). Er kann, durch Spreizen des langen spröden Haares nach auswärts, um das Doppelte vergrößert werden. Das geschieht bei drohender Gefahr und ist für Kitze und Artgenossen ein deutliches Warnzeichen (Form des Spiegels im Winterhaar s. S. 226; s. auch „Spiegel" des Auerhahnes S. 283 und „Spiegel" der Enten S. 314/320).

Hat Rehwild einen Wedel?

Ja, er ist aber bei Rehwild infolge der Verkürzung der Schwanzwirbel nicht sichtbar. Er verschwindet in der Behaarung des Spiegels und wird nur sichtbar, wenn ihn das Stück beim Sichlösen anhebt.

Bestätigen des Rehwildes

Woran kann der Jäger erkennen, wo Rehwild im Revier steht?

An den Trittsiegeln bzw. Fährten, an Fege-, Plätz- und Verbißstellen, an den Betten, der Losung und an Lautäußerungen (s. auch S. 166, 168, 212).

Wie nennt man die Bewegungsarten des Schalenwildes?

Es zieht, wenn es sich vertraut vorwärts bewegt. Hierbei wird der Tritt des Hinterlaufes ziemlich genau in den Tritt des Vorderlaufes der gleichen Seite gesetzt.
Es trollt, wenn es trabt, und
es flüchtet, ist flüchtig oder hochflüchtig oder geht flüchtig ab, wenn es schnell läuft.

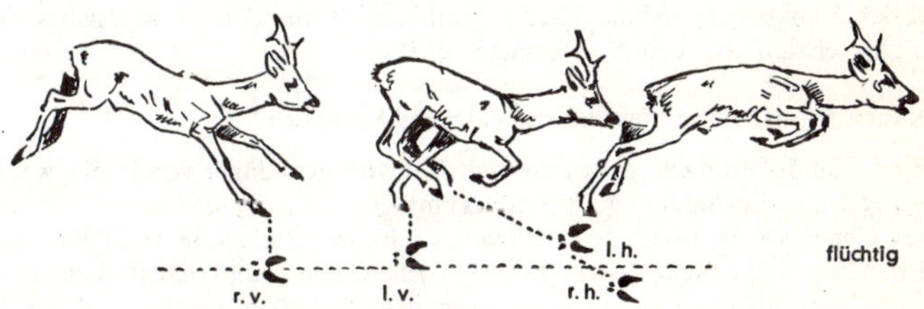

Wie bewegt sich Rehwild in der Flucht?

In hohen Fluchten. Hierbei stoßen die langen Hinterläufe den Körper kräftig vom Boden ab, und die Vorderläufe fangen ihn federnd auf. Die Tritte der Hinterläufe stehen hierbei stets vor den Tritten der Vorderläufe („Hasensprung"). In der Flucht werden die Schalen gespreizt. Das Geäfter kommt sichtbar zum Abdruck (s. Abb. S. 175). Bei Treibjagden flüchtet Rehwild oft völlig kopflos und flieht dabei gegen Hindernisse, so daß es sich dabei das Genick bricht. Man sagt dann, „es hat sich abgenickt".

Wie unterscheidet sich die Fährte des Bockes von der der Ricke (Rehgeiß)?

Der Schrank (s.S. 175) ist beim Bock erheblich weiter (bis 16 cm) als bei der stärksten Ricke (Rehgeiß) (höchstens 12 cm). Beim Trollen ist der Schrank weniger breit.

Welchen Unterschied zeigt Rehwildlosung im Sommer und im Winter?

Bei wasserreicher Äsung im Frühjahr und Sommer hängen die Lorbeeren der Rehwildlosung zusammen und bilden eine Wurst (Sommerlosung). Bei trockener Äsung (im Winter) fällt die Losung in einzelne Beeren auseinander.
Die einzelne „Lorbeere“ ist etwa 14 mm lang und 8 mm breit. Die Losung des Bockes ist bisweilen kürzer und dicker als die der Ricke (Rehgeiß) und zeigt manchmal auch ein angedeutetes Näpfchen und Zäpfchen.

Winterlosung Sommerlosung
Rehwildlosung (natürliche Größe)

Wann löst sich und wann näßt Rehwild?

Gewöhnlich im Anschluß an das Hochwerden aus dem Bett, mitunter erst während der Äsungssuche. Männliches Rehwild „näßt unter sich“, weibliches Rehwild „hinter sich“ (s. Abb. S. 222 und S. 233).

Was versteht man unter Fiepen, Schrecken und Schmälen?

Es sind Lautäußerungen, durch die sich Rehwild dem Jäger verrät. Sie werden vom Jäger als „Locklaute“ gern nachgeahmt.
Unter Fiepen versteht man den pfeifenden Laut der Ricke, die ihre Kitze lockt, und den der Kitze, wenn sie die Mutter suchen. Die brunftigen Ricken fiepen, um den Bock anzulocken. Wenn sie vom Bock getrieben werden und den Beschlag noch nicht dulden wollen, lassen sie das sogenannte Angstgeschrei oder das Sprengfiepen („pijäh“) hören.
Das Schrecken ähnelt dem Bellen des Hundes. Es wird bei Ärger über eine Störung (durch Menschen, Schwarzwild, Dachs oder Fuchs) rauh und kurz wie bö – – bö – – bö oder gedehnter wie bäh – – bäh – – bäh ausgestoßen. Oft springt Rehwild, das erschreckt wird, flüchtig ab und zeigt seinen Unmut nach kurzem Schrecken durch lange andauerndes Schmälen in der geschützten Deckung.
Unter Schmälen versteht man auch das oft wiederholte zornige Schrecken eines Bockes, der damit seinen Einstand markiert und sich dadurch dem Jäger verrät.

Biotopansprüche, Tagesrhythmus, Umwelteinflüsse und Lebensweise

Welche Ansprüche an den Lebensraum stellt Rehwild?

Es bevorzugt den strauchreichen, mit Wiesen und Feldflächen durchsetzten Mischwald. Es beansprucht, gegenüber anderem Schalenwild, nur flächenmäßig kleine Einstände, die es aber gegen schwächere Artgenossen energisch verteidigt.

Wie verhält sich Rehwild in seinem Lebensraum (Biotop)?

Am Tage hält es sich meist in Walddickungen, Lichtungen und Schlägen und während des Sommers auch im hohen Getreide (dem Halmenwald) auf.
Am Abend tritt es auf Wiesen und Felder zur Äsung aus. Frühmorgens wechselt es wieder in die Tageseinstände ein.
Wintertags findet man es oft, besonders bei stillem und sonnigen Wetter, mittags zwischen 12 und 14 Uhr auf den Blößen.

Welchem Äsungstyp ist Rehwild zuzuordnen?

Beim Äsen nimmt Rehwild im Gegensatz zum Rotwild immer nur einzelne Blätter, Kräuter, Knospen oder Früchte auf, so daß die Äsungssuche den Eindruck der Naschhaftigkeit macht, ohne es zu sein (sog. goldener Verbiß). Es holt sich die Kräuter zwischen dem Gras heraus und nimmt vor allem nährstoffreiche, leicht verdauliche Pflanzen und Pflanzenteile auf. Man rechnet es daher zum Äsungstyp eines Konzentratselektierers, der auf zellulosearme Blatt-, Blüten- und Krautäsung angewiesen ist (R. Hofmann).
Rehwild ist von seinem relativ kurzen Magen-Darm-Trakt her gezwungen, Äsung mit hohem Nährstoffwert auszuwählen. Es mag paradox klingen, aber es ist tatsächlich so, daß vor allem bei säugenden Ricken im Hochsommer Nahrungsengpässe auftreten können. Das Futterangebot ist zwar jetzt reichlich, doch sehr energiearm. Dem gegenüber ist aber der Bedarf an hochwertiger Äsung (Blatt-, Säugezeit) besonders groß.

In welchem Tagesrhythmus lebt Rehwild?

Äsungssuche, Bummeln, Äsungsaufnahme und Wiederkäuen erfolgen wie bei allem wiederkäuenden Schalenwild während des Tages und in der Nacht in etwa 8–10 Äsungsperioden. Dazwischen werden entsprechende Pausen zum Ausruhen, Dösen und Schlafen eingelegt (Näheres s. S. 174).
Beim Schlaf unterscheiden wir den Schlaf des Leibes und der Glieder (den Körperschlaf) und den mit Erlöschen des Bewußtseins verbundenen Hirnschlaf. Schlafende Rehe trifft man besonders in den Vormittagsstunden an, nachdem sie ausgiebig geäst und wiedergekäut haben. Wenn sich Rehwild in dem nur wenige Minuten dauernden, sehr erholsamen Hirnschlaf („hypnotischen“ oder Betäubungsschlaf) befindet, sind alle Sinnesorgane völlig ausgeschaltet. Bei diesem Schlaf wird das Geäse fest zwischen Dünnung und Keule eingeschoben, so daß man glaubt, ein schwerkrankes oder verendetes Stück vor sich zu haben.

Schöpft Rehwild?

Durch Beobachtungen wurde festgestellt, daß Rehwild den Wasserbedarf weitgehend durch Aufnahme grüner Pflanzen und durch Aufnahme des Morgentaues deckt. Darüber hinaus schöpft es (durch minutenlanges Saugen von Wasser) oft dort, wo es Gelegenheit dazu hat.
Zur Winterszeit ist dem Rehwild saftreiche Äsung ein Bedürfnis.

Wie wird Rehwild durch seine Umwelt beeinflußt?

Es ist in der Lage, sich Umwelteinflüssen weitgehend anzupassen. Es kann also sowohl in der offenen Landschaft wie im Gebirge, in rauhen und trockenen

wie in feuchten und warmen Gebieten leben, sofern ihm artgemäße Äsung zur Verfügung steht.
Der Zeitpunkt und die Güte der Gehörnbildung werden, neben dem Alter und Erbgut des Bockes, durch die winterlichen Umwelteinflüsse weitgehend bestimmt. Insgesondere hat auch die Intensität der winterlichen Sonnenstrahlen auf Masse und Endenbildung des Gehörns großen Einfluß.
Die Setzzeit liegt im kalten Klima etwas später als im milden.

Wie unterscheiden sich Reh- und Rotwild in ihrem Territorialverhalten?

Rehwild ist ein einzelgängerischer Schlüpfer. Bei Gefahr verzichtet es auf weite Fluchten. Statt dessen drückt es sich in die nächste Deckung (Schonung, Buschwerk). Dieses Verhalten begründet seine Standorttreue. Es kann von den Alpen bis zur Nordsee praktisch überall vorkommen.
Das gesellige Rotwild flüchtet bei Beunruhigung so weit, bis sich jedes Rudelmitglied sicher fühlt. Es braucht also großflächige, störungsarme Lebensräume, die es heutzutage nur noch in zusammenhängenden Waldgebieten findet.
Ab März markiert jeder Rehbock durch Plätzen, Schlagen und Stirnlockenreiben seinen Einstand, den er gegenüber Rivalen behauptet. Bei Auseinandersetzungen setzt sich meist nicht der stärkere, sondern der ältere Bock durch. Ricken (Rehgeißen) werden in diesem Revier geduldet. Nach der Blattzeit können Böcke noch einmal sehr unverträglich werden. Vor dem Winter gesellen sie sich mit anderen Rehen in „Sprüngen" zusammen. Diese lösen sich erst im Frühjahr wieder auf. Kitze leben bis zum zweiten Setzen und oft noch darüber hinaus in loser Bindung bei der Mutter. Rehwild hält Wechsel, jedoch nicht so exakt wie Rotwild.
Rotwild bildet getrennte Geschlechterrudel, deren Einstandsschwerpunkte schwanken. Grob gesehen kann man Sommer- und Wintereinstände unterscheiden. Erst in der Paarungszeit kommen sie an den stets gleichen Brunftplätzen zusammen. Ganz alte Hirsche sind Einzelgänger mit höchstens einem oder zwei „Adjutanten". In der Feistzeit sind Hirsche besonders heimlich, faul und träge.

Was sind Feldrehe?

Rehe, die, im Gegensatz zum Waldreh, Heimat und Einstand zu allen Zeiten des Jahres im offenen Felde haben. Sie betrachten die weite, übersichtliche Feldfläche als den größten Sicherheitsfaktor in ihrem Dasein. Die Stärke der Gehörne liegt gewöhnlich über dem Durchschnitt. Feldrehe zeigen hervorragende Veranlagung und Frühreife (reichliche, vielseitige und kalkhaltige Äsung!). Sie nehmen Bewegungen noch besser wahr als Waldrehe.
Ihre fast ständige Lebenseinheit ist der Sprung, der bei ihnen deutlich größer ist als sonst. Sie fliehen in gerader Linie, und die Distanz, auf die sie den Menschen aushalten, vergrößert sich auf 300–500 m. Man kann beobachten, daß „Leitgeißen" den Sprung führen und sich an dessen Rändern Böcke als „Wächter" aufstellen.

Welche Feinde hat Rehwild?

Für Rehwild sind große oder zu mehreren jagende Hunde eine ernste Gefahr, da es schnell ermüdet und nicht über weite Entfernung flüchten kann. Es sucht deshalb bei jeder Störung schnell die schützende Deckung auf. Weitere Feindfaktoren, die sich negativ auf einen Rehwildbestand auswirken, sind:

zu große Wilddichte und dadurch bedingter Parasitenanstieg, ständige Unruhe im Revier (Pilz- und Beerensucher usw.),
der gestiegene Personen-, Fahr- und Autoverkehr,
die Autowilddiebe und für die Kitze die Mähmaschinen.

Zu welchen Jahres- und Tageszeiten ist Rehwild am besten anzutreffen und dadurch anzusprechen und zu bejagen?

Rehwild ist im Monat Mai, also kurz vor und nach dem Aufgang der Bockjagd, besonders in den Morgenstunden (etwa von 6 bis 8 Uhr) und in den Abendstunden (18 bis 20 Uhr) rege und überall im Revier anzutreffen. Der Monat Mai muß deshalb unbedingt zum Bestätigen und zum Bejagen der schlecht veranlagten Böcke genutzt werden. Ab Juni sind die Reviere gewöhnlich wie ausgestorben. Die Zeit der Sommersonnenwende wirkt sich infolge der hochstehenden Sonne lähmend auf die Aktivität des Rehwildes und auf die Äsungssuche aus. Die Äsungsaufnahme wird hauptsächlich in die Nachtstunden verlegt. Am Tage wird meist wiedergekäut, gedöst und geschlafen. Außerdem befindet sich ein großer Teil der Böcke im Getreide (im Halmenwald). Mit Beginn der beim Rehwild stürmisch verlaufenden Blattzeit steigt die Aktivität wieder an, so daß man nun wieder am frühen Vormittag, am Mittag und am späten Nachmittag Rehwild antreffen kann. In den Stunden der Morgendämmerung sieht man Rehwild nur beim Einwechseln in die Bestände.
Die Zeit vom 1. September ab muß bevorzugt zum Bejagen des weiblichen Rehwildes und der Kitze genutzt werden, denn ab Ende Oktober bis zum Ende der Jagdzeit (31. Januar) sind Rehe und Kitze bei Büchsenlicht meist nur noch in den Mittagsstunden (von 10 bis 14 Uhr) anzutreffen (s. auch Wild und Wetter S. 509).

Welches Rehwild erscheint zuerst auf den Äsungsplätzen?

Immer die jungen Stücke; sie verlassen die Deckung vertraut. Ältere Stücke dagegen sind vorsichtig und treten deshalb später aus. Sie „verhoffen“ oft. Mißtrauisches, wiederholtes ruckartiges Aufwerfen beim Äsen bezeichnet man als „Scheinäsen“. Nach kurzen, warmen Sommergewittern treten Rehe jedes Geschlechts und Alters mit Vorliebe aus. Manchen „heimlichen“ Bock findet man dann plötzlich vertraut äsend auf den „dampfenden“ Wiesen.

Lebt Rehwild, wie anderes Schalenwild, gesellig?

Nein! Das erwachsene Reh, insbesondere der alte Bock, ist ein typischer Einzelgänger. Bock und Ricke (Rehgeiß) leben nur in der Blattzeit kurze Zeit zusammen. Das Zusammenleben der Ricke mit den Kitzen dauert etwa 14 Monate. Es wird durch die Blatt- und Setzzeit unterbrochen. Ein lockeres Zusammenleben von vielen Stücken in „Sprüngen“ erfolgt nur im Winter, also zur Zeit der Not und erhöhten Gefahr. Ein Sprung Rehwild besteht gewöhnlich aus einer Ricke mit ihren Kitzen der letzten zwei Jahre und einem Bock, mindestens aus drei Stücken. (Bei Zahlenangaben spricht man nicht von „Rehen“, sondern von „Stück Rehwild“, z.B.: Es handelte sich um 12 „Stück Rehwild“, nämlich um 5 Böcke usf.).

Wann und wo kann man Rehwild in Sprüngen beobachten?

Besonders im März in der warmen Mittagssonne. Rehwild steht dann in Sprüngen auf Saaten, an Waldrändern, Blößen, Lichtungen und im freien Feld. Der März ist also die günstigste Jahreszeit zur Vornahme von Wildzählungen. Es muß aber in benachbarten Revieren an denselben Tagen und zu den gleichen Stunden gezählt werden, um nicht zu falschen Zahlen zu kommen.

Wann lösen sich die Sprünge auf?

Etwa Anfang April. Die Böcke beziehen dann ihre Sommereinstände, grenzen sie durch Anbringen von Duftmarken ab und verteidigen sie energisch gegen ihre Rivalen.

Duftdrüsen, Markieren der Einstände, Blattzeit, Tragzeit

Welche Drüsen des Rehwildes sondern Duftstoffe ab?

Die zwischen den Schalen der Hinterläufe liegenden Duftdrüsen. Durch sie entsteht in der Hauptsache der Fährtengeruch. Da Rehwild eine „süße Fährte" hinterläßt, ist es durch wildernde Hunde besonders gefährdet.
Weiter befindet sich an der Außenseite der Hinterläufe der Hirscharten unterhalb des Sprunggelenkes (in Windfanghöhe der Kitze) eine deutlich erkennbare Haarbürste, unter der Schweißdrüsen sitzen, deren Sekret an höherem Pflanzenwuchs abgestreift wird und eine typische Witterung hinterläßt (Rotwild hat noch eine Wedeldrüse und eine Voraugendrüse!)

Duftdrüsen beim Rehwild

Der Bock hat außerdem noch Duftdrüsen unter der Stirnlocke. Mit den Duftstoffen dieser Drüsen bringt er beim Fegen (s. Abb. S. 168) und Reiben seiner Stirn und beim Schlagen des Gehörns an Stämmchen und Ästen seine Duftmarken

an; er kennzeichnet damit geruchlich (olfaktorisch) und sichtbar sein Einstandsgebiet. Diese Markierungen erfolgen bis zur Blattzeit mehrmals täglich, werden dann seltener und hören dann schließlich im Herbst auf.
Die alten Böcke markieren ihr Einstandsgebiet zuerst.
Sie setzen sich durch, nicht die stärkeren. Junge Böcke müssen weichen und mit den Einständen vorliebnehmen, die übrigbleiben, nur weibliches Rehwild, Kitze und einjährige Böcke werden im Einstandsgebiet geduldet.

Wie verhalten sich etwa gleichstarke Böcke bei der Verteilung der Einstände?

Vom dritten Lebensjahre an finden unter Böcken Einstandskämpfe statt. Zunächst zeigt jeder Bock dem anderen durch Schlagen mit dem Gehörn an Sträuchern, durch Plätzen mit den Vorderläufen (s. Abb. S. 168), durch drohende Körperhaltung und durch Scheinangriffe an, daß er sich im Einstand als Herr fühlt. Er zeigt also ein ausgeprägtes unverträgliches Verhalten und duldet in seiner Nähe meist nur ein Schmalreh. Der Schwächere weicht dadurch dem Stärkeren. Fühlen sich die Gegner aber gleichstark, dann kommt es zu Kämpfen, bei denen jeder versucht, seinen Gegner mit dem Gehörn empfindlich zu treffen. Gatterböcke sind aggressiv und können jederzeit für den Pfleger gefährlich werden!
Brunftkämpfe, wie bei Rothirschen, gibt es bei Rehböcken nicht, da der Bock immer nur mit einer gerade brunftigen Ricke zusammensteht und kein Brunftrudel führt!

Welche Böcke können ihrem Gegner gefährlich werden?

Die starken Böcke mit langen, endenlosen Spießen, die sog. „Mörder“ (s. S. 224).

Wie macht sich das brunftige Reh dem Bock bemerkbar?

Akustisch durch einen Lockruf, das Fiepen, und olfaktorisch durch Absonderung besonderer Brunftstoffe (Duftstoffe).

Wie verhält sich der Bock in der Blattzeit?

Er ist stark erregt, schlägt mit dem Gehörn an Sträuchern, plätzt öfters und ist als Nasentier mit tiefem Windfang auf der Suche nach den Betten und Fährten brunftiger Rehe. Das gefundene brunftige Stück treibt er, dabei oft hörbar keuchend, bis es den Beschlag duldet. Nach dem Beschlag tut sich der Bock nieder. Nach seiner Erholung werden Treiben und Beschlag mehrfach wiederholt. Der Bock brunftet jeweils nur mit einem Stück. (Der Hirsch hat das ganze Kahlwildrudel um sich!) Erst dann wendet er sich anderen brunftigen Stücken zu. Bei mehreren Bewerbern um ein brunftiges Stück treibt und beschlägt immer der ältere. Der Bock steht (bleibt) beim Stück, solange es brunftig ist (etwa drei bis vier Tage). In Revieren mit ungünstigem Geschlechterverhältnis kann in dieser Zeit auch der schlecht veranlagte Bock bei anderen brunftigen Stücken zum Beschlag kommen. Deshalb Kümmerer vor der Brunft strecken!

Was sind „Hexenringe“?

Hexenringe oder Brunftringe sind die durch das fortgesetzte kreisförmige Treiben der Ricke durch den Rehbock entstandenen „Ringe“, die im niedergetretenen

Erdboden, Gras (nicht verwechseln mit Pilzringen!) oder Getreide deutlich erkennbar sind.

Wie lange dauert die Tragzeit bei Rehwild?

Durchschnittlich 290 Tage oder rund 10 Monate.
Wir unterscheiden eine Vortragezeit mit sog. „Eiruhe" von $4^1/_2$ Monaten (bis Mitte Dezember) und die Austragezeit. Sie dauert rund fünf Monate. Das Reh hat also wie die echten Marder, der Dachs und der Seehund (s. S. 281) eine verlängerte Tragezeit als Folge der „Vortragezeit" oder „Eiruhe". Die Einnistung des Keimes im Tragsack wird in den ersten $4^1/_2$ Monaten der Trächtigkeit verhindert, weil dem weiblichen Tier ein Wachstumshormon fehlt, das bei anderen Säugetieren die sofortige Entwicklung des Keimes ermöglicht. Schmalrehe können in seltenen Fällen schon setzen und führen.
Eine geringe Zahl der Rehe, die im Sommer nicht befruchtet werden, wird im November/Dezember nochmals brunftig und wird bei dieser Nachbrunft erneut beschlagen. Bei diesen Rehen fällt die Vortragezeit aus.

Was versteht man unter der Blattjagd?

Die Lockjagd auf den Rehbock zur Brunft- oder Blattzeit. Der Bock folgt in dieser Zeit dem Lockruf in Erwartung der brunftigen Ricke (Rehgeiß) oder, um einen vermeintlichen Nebenbuhler zu vertreiben. Die Blattzeit hat ihren Namen von dem Rotbuchenblatt, dessen sich der Jäger zum Nachahmen des Fiepentons der brunftigen Ricke (Rehgeiß) bedient. Ein anderes glattrandiges Blatt (Flieder, Faulbaum) oder ein halbzentimeterbreiter Grashalm tun es auch. Man legt die Pflanzenteile zwischen die Lippen und spannt sie mit Zeigefinger und Daumen beider Hände. Vorsichtig bläst man dann über den Rand. Es gibt auch Instrumente, die man Blatter nennt (Buttolo, Faulhaber, Uhlenhuth, Hubertus und Reitmayr). Mancher Könner bläst die Luft auch ohne Instrument über die Lippen.
Durch Nachahmen des Fiepens und des lauteren „Sprengfiepen" (das „Angstgeschrei", „Geschrei", „Klagfiepen") wird der Bock „angeblattet". Der erfahrene Jäger ahmt auch den Kitzfieper nach, der heller und feiner ist als das Rehfiepen. Mit ihm läßt sich die Ricke herbeilocken, der oft der Bock auf den Fersen ist.

Wann springen die Böcke aufs Blatten?

Im Normalfall springen die Böcke ungefähr vom 20. Juli bis 10. oder 12. August. Herrscht rauheres Klima (Höhenlage), verschiebt sich die Bereitschaft der Böcke auf den Zeitraum vom 25. Juli bis 15. oder 18. August. Zu Beginn der Blattzeit kann man vor allem junge Böcke erlegen. Während der Hauptbrunft, wenn alle Ricken (Rehgeißen) beschlagbereit sind, hat man wenig Erfolg. Den alten Bock bekommt man am Ende der Brunftzeit, wenn die meisten Ricken (Rehgeißen) abgebrunftet haben, vor den Lauf. Windstilles, heißes, schwüles Wetter sind der Blattjagd besonders zuträglich:

„Den Bock verwirrt der Sonne Glut,
den Hirsch die kalte Nacht!"

Natürlich muß das Geschlechtsverhältnis in einem Revier stimmen. Ansonsten kommen zu viele Ricken (Rehgeißen) auf einen Bock. Dieser läßt sich dann von keinem Jäger reizen. Auch wenn der Bock müde ist oder wenn Menschen in der Nähe sind, wird er nicht springen. Zwischen 4.00 und 6.00 Uhr, 8.00 und 11.00 Uhr und 15.00 und 19.00 Uhr (Sommerzeit) liegen die empfehlenswertesten Zeiten für die Blattjagd.

Wie blattet man erfolgreich?

Man stößt nach verschiedenen Richtungen 2–3 Fieptöne aus. Zwischen ihnen hält man jeweils eine Pause von zwei Sekunden ein. Anschließend wartet man ein paar Minuten. Jetzt folgt nochmals eine solche Fiepserie, der man 4–5 „Geschrei-Rufe" nachschickt. Sie klingen wie „Pi-u". Zwischen den „Piu"-Rufen hält man ebenfalls zwei Sekunden Zwischenraum. Das Ganze wird nochmals wiederholt. Vor der letzten Rufreihe pausiert man mindestens zehn Minuten.

Das Angstgeschrei oder „Piu-Rufen" erfordert einige Kunst. Man soll es sich von einem geübten Blattjäger beibringen lassen und es nur mäßig einsetzen. Ein „Geheimrat" ist schnell „verblattet". Vor allem solche alten Böcke reagieren auf dieses Klagfiepen. Sie springen jedoch nicht wie die Jungen, sondern schleichen herbei. Man mache seine „Musik" also vor den Tageseinständen und achte auf gute Deckung wie auf übersichtliches Schußfeld. Gute Stellen sind Alt- oder Stangenhölzer vor einer Dickung. Man gehe sie lautlos an. Nach dem Fiepen muß man „gerichtet" sein. Besser man schraubt das Zielfernrohr zurück, denn die Schußdistanz kann sehr kurz werden. Manchmal kommen auf das Angstgeschrei auch von der Eifersucht getriebene Ricken (Rehgeißen). Auf jeden Fall muß man also vorher das auftauchende Wild genau ansprechen. Einen „schnellen" Jährling kann man mit einem frechen Schrecklaut bremsen. Natürlich ist jede hastige Bewegung zu vermeiden. Von allzu hohen Sitzen sollte man die Lockjagd nicht ausüben.

Ist ein Revier „verblattet", nutzt häufig nur ein leiser Fiepton.

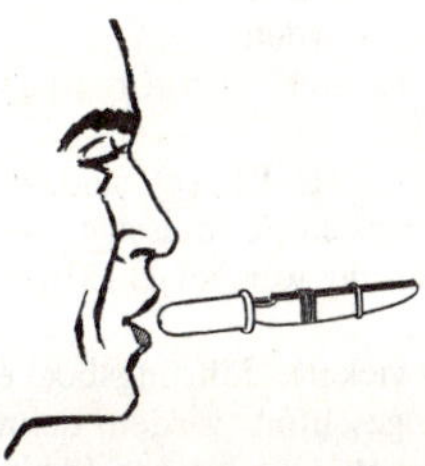

Der Fiep-Blatter wird über das Mundstück mit einem kurzen Hauch angeblasen

Den **Piu-Blatter** (Instrument umdrehen) nimmt man bis zum Gummiring in den Mund. Während des Blasens läßt man die Unterlippen nach unten fallen.

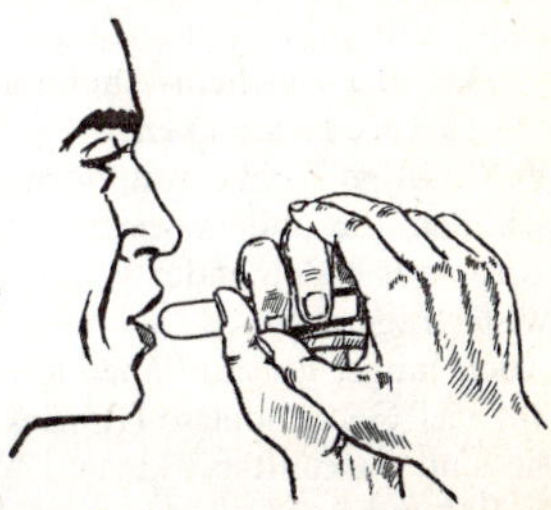

Die **Hasenklage.** Man haucht in den Piu-Blatter und moduliert den Ton mit dem Handtrichter. Auch Bussard, Sperber und Habicht lassen sich damit nachahmen.

Der Reitmayr Universalblatter wurde in drei Förstergenerationen entwickelt und ständig verbessert. Man fertigt ihn aus abgelagertem Ebenholz in Handarbeit. Er wird vom Hersteller persönlich gestimmt. Die verschiedenen Rufe sind auch einzeln zu beziehen durch Sigmund Reitmayr, Anzenbichlerstraße 29, 8427 Siegenburg.

Wendet man auch bei anderen Jagdtieren Lockinstrumente an?

Ja! Bei der Jagd auf den Brunfthirsch den Hirschruf. Während beim Rehbock die Eifersucht angesprochen wird, fordert man beim Rothirsch durch das Vortäuschen eines Rivalen dessen Kampfbereitschaft heraus. Die Ringeltaube reizt man durch Nachahmen des Rucksens. Zum Reizen des Fuchses benutzt man das Mauspfeifchen, die Kaninchenklage, die Hasenquäke und die Nachahmung der Entenstimme.
Den Birkhahn reizte man mit dem Kampfruf des Hahnes (Tschu-jch) oder mit dem Hennenruf (Khä, Khä). Auch auf den Haselhahn übte man einst die Lockjagd aus. Mancherlei künstliche Locken können durch Betätigung von Mund und Hand ersetzt und übertroffen werden.

Ist die Lockjagd in Grenznähe ein Jagdvergehen?

Nein, denn das Wild folgt bei der Lockjagd dem Naturtriebe, nicht einem Zwange. Die Lockjagd verstößt aber, übermäßig betrieben, gegen die Waidgerechtigkeit und Jägerehre.
Waidgerechte Jagdnachbarn machen miteinander aus, wer jeweils den Grenzbock strecken soll (s. auch S. 699 Hegegemeinschaften).

Bejagungsplan (Abschußplan) für Rehwild

Wie läßt sich ein guter Rehwildbestand heranhegen?

Durch Bejagung (Abschuß) der zur Nachzucht ungeeigneten, schlecht veranlagten, kümmernden, kranken, spät verfärbenden und der ewig mittelmäßigen Böcke (Ib-, IIb- und IIIb- [= IIc-] Böcke [s.S. 185]. Jagdzeit s.S. 746).
Dabei soll unbedingt auch auf die Wildbretstärke geachtet werden.
Merke: Bei gleichem Alter und gleicher Gehörnstärke ist stets der körperlich Schwächere zu strecken!
Vollkräftige Böcke mit normalem, gut geperlten Gehörn (Ia-Böcke) sind zu schonen! Besonders wertvoll sind solche Böcke, die formschöne, massige Gehörne mit bedeutender Wildbretstärke vereinen. Sie sollen ihr wertvolles Erbgut weitertragen.
Auch junge, gut aufhabende Sechserböcke und gut entwickelte Jährlingsböcke mit viel Gehörnmasse (IIa des Planes) müssen sorgsam geschont werden, denn sie sind Zukunftsböcke und Väter eines künftigen starken Geschlechts (Abb. S. 198 und S. 222).

Wann soll die Bejagung der Böcke beginnen?

Kümmerer und schlecht veranlagte Böcke, also die IIIb-(= IIc), IIb- und Ib-Böcke, sind als Böcke ohne Trophäenwert gleich zu Beginn der Jagdzeit zu schießen. Es ist grundfalsch, mit der Bejagung dieser schlechten und mittelmäßigen Böcke zu warten, bis sie verfärbt haben oder ob sie noch besser werden, denn jede Unentschlossenheit behindert die zielbewußte Hege. Außerdem bietet Anfang Juni das Korn (der Halmenwald) bereits so viel Deckung, daß es dann

kaum noch möglich ist, die für die Vererbung ungeeigneten Böcke vor der Brunft zu strecken (s. S. 215).
Gute und starke Böcke (Ia-Böcke) dagegen sind bis zum Ende der Brunft zu schonen, damit sie sich noch einmal vererben können.
Wer also beim Aufgang der Bockjagd bewußt auf die Jagdtrophäe verzichtet und erst die kranken und bejagungsnotwendigen Böcke streckt, ist Heger und Waidmann! Wer dagegen einen Zukunftsbock in Grenznähe schießt („wer weiß, ob wir uns wiederseh'n"), ist ein verachtungswürdiger Schießer.

Warum beginnt die Bejagung der Böcke bereits am 16. Mai?

Weil die in der Wildbretstärke geringen Böcke (Kümmerer), unter ihnen besonders die Knopfböcke vor der Blattzeit, herausgefunden und geschossen werden müssen (s. S. 222). (Im Hochgebirge geht die Bockjagd am 1. Juni auf.)

Welche Jährlingsböcke sind zu schonen?

Alle Jährlinge mit viel Gehörnmasse. Sie bilden die Grundlage zum Aufbau eines Rehwildbestandes. Die Gehörnform spielt besonders im ersten Jahr keine besondere Rolle. Allgemein gilt: Stark in die Jugendklasse eingreifen – im mittleren Alter Korrekturen vornehmen – wenige starke Trophäenträger ernten!

Ist es richtig, beim Aufgang der Bockjagd „rote Böcke" zu schießen?

Nein! Die Ende Mai, Anfang Juni vollkommen verfärbten, also roten Böcke sind meist gut veranlagte junge Böcke. Es ist daher grundfalsch, zu Anfang der Bockjagd (ab 16. Mai) rote Böcke mit viel Gehörnmasse zu schießen, denn man vernichtet mit ihnen die bestveranlagte Jugend. Ältere Böcke haben zu dieser Zeit noch nicht vollständig verfärbt, mindestens ist der Hals noch grau. Der qualitative Aufbau der Rehwildbestände leidet enorm, wenn die für die Vererbung wertvollen Böcke vor der Brunft und besonders zu jung erlegt werden (s. S. 225).

Wer darf gute Böcke auch vor der Brunft schießen?

In der Regel nur der, der seinen Bestand gut gehegt und auf ein Geschlechtsverhältnis von 1:1 gebracht hat.

Was besagt ein Knopfgehörn im zweiten Lebensjahr?

Daß der Bock eine Hemmung in der Jugendentwicklung durchgemacht hat und mit der Gehörnbildung ein Jahr im Rückstand ist, was er im weiteren Leben kaum wieder aufholen kann (s. S. 198). Sind in einem Revier mehr als ein Drittel der Jährlinge im zweiten Lebensjahr Knopfböcke, so ist das ein sicheres Zeichen für eine zu hohe Wilddichte mit Äsungsmangel (Überhege), (parasitäre) Krankheiten, Erlegen der Mutter (fehlende Muttermilch), oder Streß (Unruhe im Einstandsgebiet).

Wann kann man Knopfbock und Schmalreh sicher unterscheiden?

Beim Nässen (beim Wasserlassen). Männliches Schalenwild näßt „unter sich", weibliches „hinter sich" (s. Abb. S. 222 und S. 223).

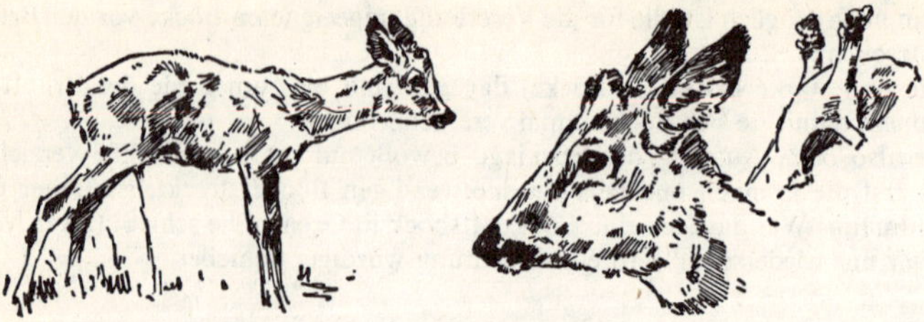

Knopfbock beim Nässen

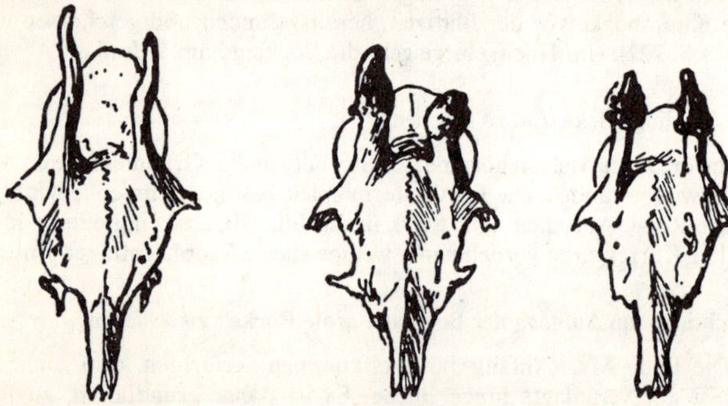

Wenig Gehörnmasse: Erlegen!

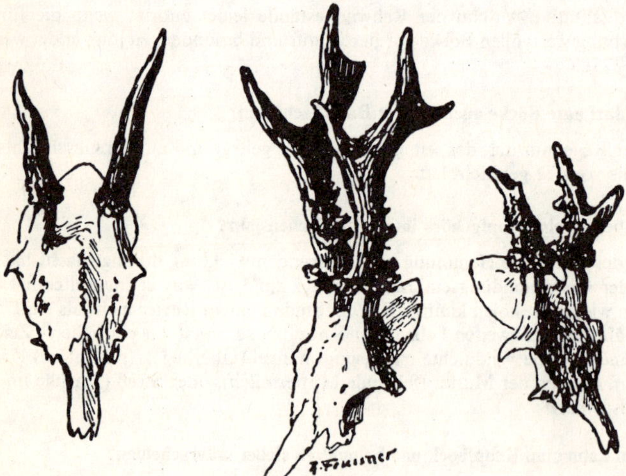

Viel Gehörnmasse: Schonen!

Die gefegten Knöpfe sind beim Knopfbock sehr schwer anzusprechen. Auch Pinsel und Kurzwildbret sind meist nicht zu erkennen.

Welchen Zweck verfolgt die Hegeschau (Trophäenschau)?

Sie soll in den einzelnen Jagdbezirken der Jägerschaft des DJV einen Überblick über die Güte und Gesundheit der Einzelstücke wie des gesamten Wildbestandes und seiner Entwicklung geben (s. auch S. 763). Außerdem soll durch Belehrung die waidgerechte Auslese und ein Fortschritt auf jagdlichem Gebiet erreicht werden. Zur objektiven und vergleichsfähigen Beurteilung der Trophäen dienen Bewertungsformeln.
In *Hessen* und *Niedersachsen* werden die Kosten der Trophäenschauen von den Unteren Jagdbehörden getragen.

Wann erhalten Gehörne bei der formelmäßigen Bewertung auf Gehörnschauen die meisten Punkte?

Wenn sie eine hohe Stangenlänge und ein hohes Gehörngewicht sowie eine gute Auslage aufweisen. Daneben werden „Schönheitspunkte“ vergeben für Farbe, Perlung, Rosenbildung und die Spitzen der Enden.
Zur Feststellung des Gehörngewichtes auf Gehörnschauen muß das Gehörn einfach und leicht von der Holzplatte zu lösen sein, es darf also keinesfalls aufgeklebt, mit Gips ausgegossen oder unlösbar mit der Holzplatte verbunden sein (s. auch S. 605).

Wie erfolgt die formelmäßige Bewertung eines Rehgehörns?

1. Stangenlänge (St-L)
   Messung von der seitlichen Mitte des unteren Rosenrandes an, mit fest angedrücktem Stahlmaßband entlang dem Außenrande bis zur Spitze. Das Mittel beider Stangenlängen in cm × 0,5 ergibt die Punktzahl nach folgender Formel:

   St-L rechts + St-L links: 2 = St-L; St-L × 0,5 = Punktzahl.

2. Gehörngewicht und Volumen
   Feststellung des Gehörngewichts mittels Waage auf 1 g genau. Die Wertziffer für Gehörngewicht und Volumen ergibt sich, indem das Gehörngewicht mit dem Faktor 0,23 multipliziert wird (z.B. Gehörngewicht 400 g × 0,23 = 92 Punkte).

3. Auslage (A)
   Messung des maximalen Abstandes beider Stangen in cm. Diese Meßstelle pflegt bei geraden Stangen an den Stangenspitzen zu liegen, bei gewölbten Stangen in den extremsten Punkten (gegenüberliegend) der beiden Innenwölbungen. Die mit 100 multiplizierte Auslage dividiert durch die Stangenlänge ergibt den gesuchten Prozentsatz. Beträgt die A weniger als 30% der St-L, so sind unter „A“ 0 Punkte einzusetzen, für 30 bis 35% = 1 Punkt, für 35 bis 40% = 2 Punkte, für 40 bis 45% = 3 Punkte, für 45 bis 75% = 5 Punkte, für mehr als 75% = 0 Punkte.

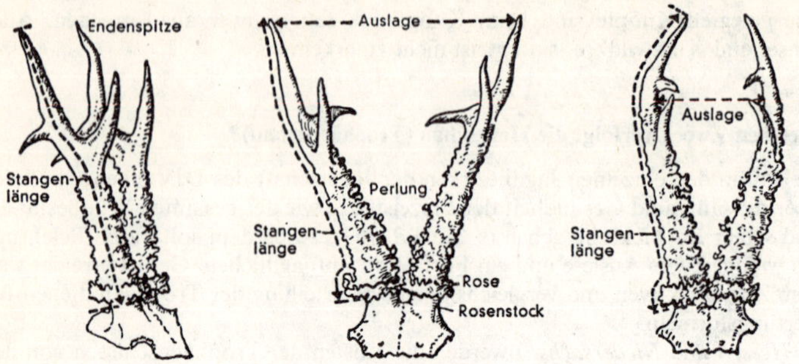

Meßanleitung für Rehgehörne
(gemessen auf 1 mm Genauigkeit mit Meßband, Gewicht in g)

4. Farbe (F)
   hell = 0, hellgelb = 1, mittelbraun = 2, dunkelbraun = 3, fast schwarz = 4 Punkte.
5. Perlung (P)
   glatt = 0, schwach geperlt = 1, mittel = 2, gut = 3, sehr gut = 4 Punkte.
6. Rosen (R)
   angedeutet = 0, mittel = 1, befriedigend = 2, stark geperlt = 3, sehr stark geperlte, starke, breite und hohe Kranzrosen = 4 Punkte.
7. Enden-Spitzen
   stumpf, glanzlos = 0, spitz, mittelmäßig = 1, scharf, elfenbeinern = 2 Punkte.

Auf Jagdausstellungen erhalten Rehgehörne (Mindestgewicht 300 g) bei 95 bis 104,9 Punkten die Bronzemedaille, bei 105–114,9 die Silbermedaille und ab 115 Punkten die Goldmedaille.

Welche älteren Böcke sind zu strecken?

Vor allem Böcke mit geringem Wildbretgewicht und mit wenig Gehörnmasse (infolge zu hoher Wilddichte), schlechter Vereckung, geringer Perlung, unerwünschten Gehörnformen (s. S. 202/203) und die Unverträglichen.

Welche Böcke können „Mörder" sein?

Ältere Böcke mit langen, endenlosen Spießen, da ihr Gehörn eine gefährliche Waffe ist. Sie sind zu strecken!

Welches Geschlechterverhältnis ist bei Rehwild anzustreben?

Das Geschlechterverhältnis von 1:1, denn es werden die Kitze annähernd in diesem Verhältnis gesetzt.
Wer auf dieses Geschlechtsverhältnis durch Bejagung hinarbeitet, wird den „Überhang" der weiblichen Stücke allmählich verringern und als Lohn dafür starke Gehörne erbeuten. Das ist aber nur zu erreichen, wenn der Hegering (s. S. 699) das gleiche Ziel verfolgt.

Schmalreh
Anfang Mai schon brandrot

Ricke (Rehgeiß) und Kitz
Anfang Juni noch grau und ruppig

Junge und gesunde Stücke verfärben sich stets zuerst!

Jährlingsbock
verfärbt Ende April
und ist im Juni noch im Bast

Zweijähriger
schon Anfang Mai rot
fegt aber erst Mitte Mai

Junge Böcke verfärben sich stets vor dem Fegen!

Drei- bis Vierjähriger ist
Ende April blankgefegt, beginnt
Mitte Mai am Träger zu verfärben

Alter Bock
fegt Ende März/Anfang April, ist
Ende Mai noch vollkommen grau

Alte Böcke verfärben sich erst nach dem Fegen!

Verfärben im Frühjahr (Mitte Mai)

Junge Ricke (Rehgeiß) mit kräftigem Bock- und Rickenkitz (Rehkitz) im Winterhaar
Gesund und jung verfärbt zuerst! Unbedingt schonen!
Spiegel: weiblich = gestielt-kleeblattförmig; männlich = bohnenförmig

Die überalterte (vergreiste) Ricke verfärbt spät!
Das schwache Bockkitz zeigt oft keine erkennbaren Rosenstöcke.
Kitz und (danach) Ricke (Rehgeiß) schießen!

Der jüngere Bock verfärbt zuerst, wirft aber spät ab!

Der alte Bock verfärbt spät, wirft aber schon ab Mitte Oktober ab!

Verfärben im Herbst (Mitte Oktober)

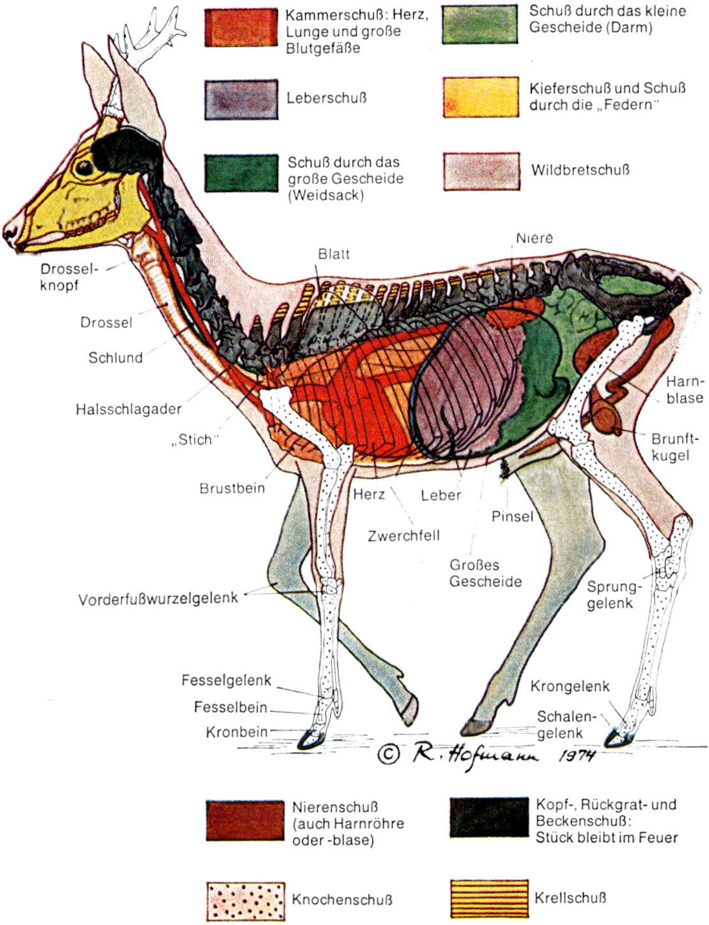

Die Leber liegt in der rechten Körperhälfte und dem Zwerchfell an. Sie wird auf der linken Körperhälfte vom Weidsack verdeckt.

Körperbau und innere Organe des Rehbocks
Schußbezeichnungen

Haar mit Deckenfetzen bei Streifschuß vom Rücken — vom Brustkern

Knochensplitter und Schnitthaar bei Laufschuß

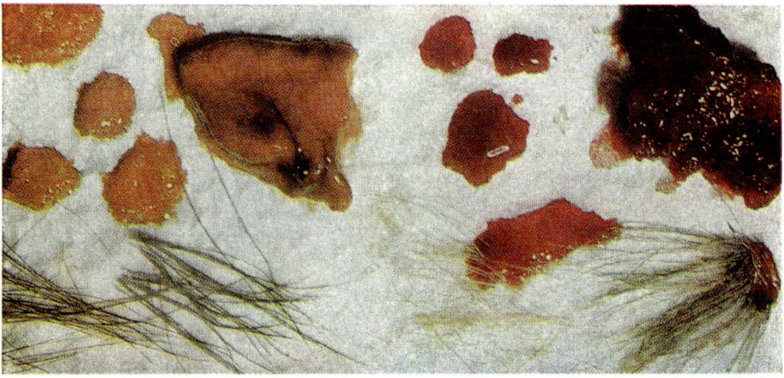

Lungenschweiß — Lungenstück — Herzschweiß — Herzstück

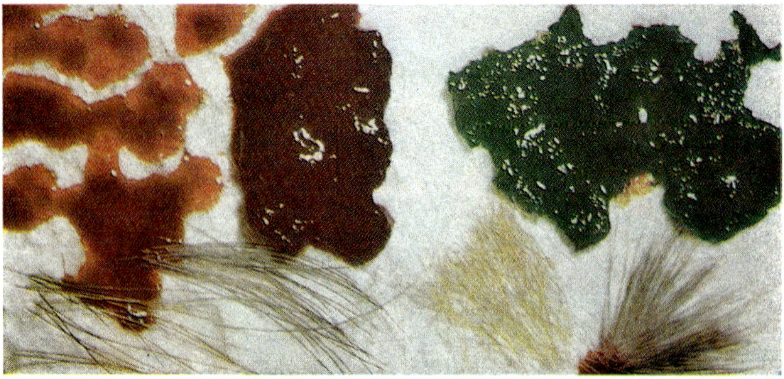

Leberschweiß — Leberstück — Weidwundschweiß

Knochensplitter, Schweiß und Schnitthaar
sind wertvolle Pürschzeichen (Schußzeichen), die erkennen lassen, welcher Körperteil des beschossenen Wildes getroffen wurde.
(Bei jeder Schweißart: links Sommerhaar – rechts Winterhaar)

Warum besteht beim Rehwild die große Gefahr der Inzucht?

Rehwild ist standorttreu, und die Ricken setzen jährlich meist zwei Kitze. Der Bock kann also als Jährling schon seine Mutter und Schwester und als Dreijähriger seine Töchter beschlagen.

Welche Flächenmaße werden unterschieden?

Hektar, Ar und Quadratmeter. Ein Hektar hat 100 Ar, ein Ar 100 Quadratmeter. In Quadratmetern ausgedrückt hat ein Hektar 10000 qm, ein Ar 100 qm, ein Morgen etwa 2500 qm. Das ist das Land, das ein Gespann an einem Morgen pflügen kann. Ein Tagwerk hat 0,33 ha, ein Morgen 0,25 ha (alte Feldmaße).

Welche Rehwilddichte ist anzustreben?

Eine Rehwilddichte von 6–10 (in *Hamburg* 4–8) Stück Rehwild auf 100 ha, je nach Standortgüte (Biotop-Qualität). Allerdings geht man bei der Bewirtschaftung der Rehwildbestände immer mehr von starren Zahlen ab. Die tragbare Wilddichte hängt sowohl vom Gesundheitszustand der Rehe ab, wie vom Verbiß, den diese verursachen. Der Gesundheitszustand läßt sich am Durchschnittsgewicht der erlegten Tiere ablesen. Ob der Verbiß zu hoch ist, kann man an Hand von Weiserpflanzen feststellen. Man vergleicht auch gerne gezäunte mit ungezäunten Flächen. Solange man noch größere Verbißschäden feststellt, muß man die Rehwilddichte herabsetzen (wenige Jungpflanzen kommen hoch!). Sinkende Wildbretdurchschnittsgewichte, also schlechter werdende körperliche Verfassung des Bestandes erfordert ebenfalls eine schärfere Bejagung.

Wie könnte ein Rehwildbestand ökologisch tragbar gegliedert werden?

Am 1. April sollen in einem guten Jagdbezirk auf 1000 ha Jagdfläche etwa 100 Stück Rehwild verschiedener Alters- und Güteklassen im Geschlechterverhältnis von 1:1 (50:50) vorhanden sein. Von diesem Grundbestand kann nach Abzug der natürlichen Abgänge ein Jahreszuwachs von $^1/_3$ des am 1. 4. vorhandenen Grundbestandes und des noch zu erwartenden Kitznachwuchses angenommen werden.

Die Bejagung muß zahlenmäßig diesen Zuwachs erlegen, wenn die Wilddichte von 10 Stücken Rehwild auf 100 ha Jagdbezirksfläche (10/100 ha bzw. 100/1000 ha) nicht verändert werden soll. Sie ist gleichmäßig auf beide Geschlechter und Altersklassen zu verteilen.

In einem Jagdrevier von 1000 ha Fläche z. B. wären demnach von den 100 Stükken des Grundbestandes vom 1. April und von dem zu erwartenden Kitznachwuchs (s. S. 719) 17 männliche und 17 weibliche = 34 Stücke insgesamt zu schießen.

Diese Zahl muß dabei so auf die Altersklassen verteilt werden, daß bei der langsam abnehmenden Stückzahl in den höheren Altersklassen ein stetiger Altersklassenaufbau erhalten bleibt. Hierzu ist die Bejagung zu 50% in den Bestand der Jugendklasse (Kitze und Jährlinge) zu legen, und zwar so, daß beim männlichen Wild mehr Jährlinge als Bockkitze und beim weiblichen Wild mehr Rickenkitze (weibl. Kitze) als Schmalrehe geschossen werden.

In den mittleren Altersklassen soll sich die Bejagung ausschließlich auf auszumerzende Stücke beschränken (Hegemaßnahme). Die drei höchsten Altersklassen liefern die reifen Ernteböcke und die überalterten Rehe (die nur noch schwache Kitze bringen). Für den starken Bock sollte ein Mindestalter von fünf Jahren verlangt werden.

Es können also jährlich geschossen werden:

6 Ernteböcke	8 Ricken
9 auszumerzende Böcke	3 Schmalrehe
2 Bockkitze	6 Rickenkitze
17 männliche Stücke	17 weibliche Stücke

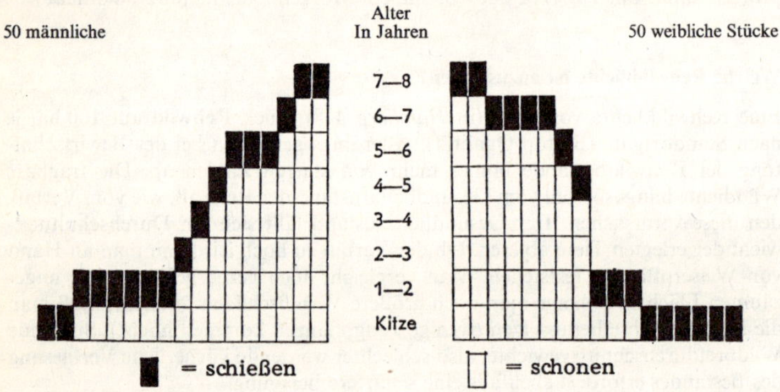

Jagdliche Behandlung eines Rehwildbestandes auf 1000 ha

Gibt es „Weiserzahlen“ mit denen man schlechte Rehwildbestände von besseren unterscheiden kann?

Bei Zunahme des Gewichtes der Rehböcke erhöht sich auch das Gewicht ihrer Kronen. Diese Behauptung kann als gesichert gelten. So läßt sich in umgekehrter Richtung auch auf die körperliche Verfassung eines Bestandes zurückschließen. Man ermittelt die Zahl der in den letzten fünf Jahren auf der Trophäenschau (Hegeschau) prämierten Böcke und setzt sie in Beziehung zur Gesamtzahl der in diesem Zeitraum erlegten Böcke eines Reviers. Die so gewonnene Prozentzahl kann man mit Nachbarbezirken vergleichen oder mit den Vorjahreszahlen des eigenen Bezirks in Beziehung setzen. Es ist auch möglich, alle Böcke die im Gehörngewicht eine Untergrenze übersteigen (z. B. 250 g) in einem Zeitraum von fünf Jahren zu ermitteln und sie zur Gesamtzahl der erlegten Böcke in prozentuale Beziehung zu setzen. Auch so erhält man aufschlußreiche Vergleichszahlen (Laber, 1981). Sinken diese Zahlen, muß durch Äsungsverbesserungen im Revier oder Abschuß die körperliche Verfassung wieder erhöht werden.
Die Bestandsregulierung beim Schalenwild muß ständig dem gesetzlichen Hegeziel entsprechen. In *Hessen* (Richtlinien für die Hege und Bejagung von Rehwild vom 1.4.87) muß sich der Abschuß am Verbiß an ausgewählten Weiserflächen orientieren. Diese Flächen dienen als Grundlage für die Erarbeitung eines Lebensraumgutachtens, das jür jede Hegegemeinschaft erstellt werden soll.

Wodurch wird der normale Zuwachs beim Rehwild verringert?

Durch das Ausmähen von Kitzen, durch wildernde Hunde, durch die mordende Straße (den Autoverkehr) und durch Krankheiten, insbesondere die Lungen- und Magenwurmseuche und andere Krankheiten (s. Abb. S. 574).

Was versteht man unter Wechselwild?

Schalenwild, das während der Jagdzeit nicht ständig im Revier steht, sondern nur von Zeit zu Zeit dort seinen Einstand nimmt. Da dieses Wechselwild auch im Nachbarrevier und damit doppelt gezählt wird, darf es in jedem Revier nur zur Hälfte angerechnet werden. Es ist deshalb zweckmäßig, den Abschuß im Hegering zu koordinieren.

Welche Stücke sind bevorzugt zu schießen?

Alle Stücke mit geringem Wildbretgewicht, Stücke mit schlechter Verfärbung, kranke und überalterte Stücke und spät setzende Stücke mit schwachen Kitzen. Die Kitze sind stets zuerst zu schießen. Verwaiste Kitze kümmern, werden von anderen Ricken nicht angenommen und entwickeln sich als Böcke meist zu Knopf- und Abschußböcken. Sie gehen in strengen Wintern ein.
Ricken (Rehgeißen), die bei mehrmaligen Beobachtungen immer wieder allein austreten, werden nichtführend sein. Sie werden „angefiept“. Kümmern sie sich nicht um das Fiepen (s.S. 219), können sie geschossen werden (Jagdzeit s.S. 699).

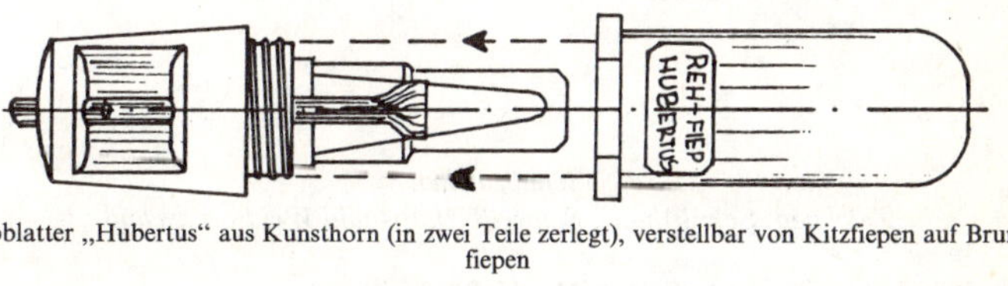

Fiepblatter „Hubertus“ aus Kunsthorn (in zwei Teile zerlegt), verstellbar von Kitzfiepen auf Brunftfiepen

Sollen auch gesunde Kitze geschossen werden?

Ja! In der richtig durchgeführten Bejagung von Kitzen liegt der Schwerpunkt bei einem Rehbestand. Von Kitzen sind möglichst früh zu erlegen:

1. alle einwandfrei mutterlosen Kitze,
2. von Drillingskitzen mindestens ein Kitz,
3. von verschiedengeschlechtlichen Zwillingskitzen (zur Verhütung der Inzucht) das schwächere Kitz,
4. bei gleichstarken Kitzen das weibliche,
5. bei gleichschwachen Kitzen beide samt Mutter.

Ein Bockkitz soll nur gestreckt werden, wenn es im Verhältnis zum Rickenkitz außergewöhnlich schwach ist.

Wie soll man sich nach dem Schuß auf ein Kitz verhalten?

Man soll sofort nachladen und sich dann ruhig verhalten und die in der Nähe stehenden Stücke nicht merken lassen, daß der Schuß mit dem Menschen zusam-

menhängt. Die auf den Schuß etwa abgesprungene Ricke (Rehgeiß) kommt meist bald zurück, um ihr Kitz zu suchen, mit Sicherheit, wenn der Jäger einige Male fiept.
Dadurch ist es möglich, erneut zu Schuß zu kommen. In Revierteilen, in denen die Böcke durchweg schwach sind und schlecht aufhaben, sind die schwachen Kitze mit ihren Müttern zu strecken, da sie vermutlich das Blut der schlechten Vererber in sich tragen.

Merke: Wer starke Böcke ernten will, muß schwache Ricken (Rehgeißen) schießen.

Warum soll die Rehwild- und Kitzbejagung gleich zu Beginn der Schußzeit vorgenommen werden?

Damit so früh wie möglich mit der Hege eingesetzt werden kann. Von Zwillingskitzen wird das schwächere geschossen. Das verbleibende Einzelkitz erhält dann die gesamte Muttermilch und kann sich kräftig und gesund entwickeln. Die Säugezeit endet erst im November. Starkes, gesundes Jungwild ist die Grundlage für den Aufbau des Bestandes!
Ab September wird das Ansprechen und Schießen von Rehwild von Woche zu Woche ungünstiger (s.S. 215), da die Stücke wegen der immer kürzer werdenden Tage meist erst bei schwindendem Büchsenlicht austreten. Wer also seine Rehwildbejagung waidgerecht (d.h. ohne Drückjagd auf Ricken (Rehgeißen) und Kitze) erfüllen will, muß gleich bei Aufgang der Jagd handeln (s. Jagdzeit S. 746).

Schußzeichen

Zeichnen, Schnitthaar, Schweiß, Blatt- und Weidwundschuß

Womit und wie soll man Schalenwild schießen?

Alles Schalenwild wird mit dem Büchsengeschoß geschossen, Flintenlaufgeschosse sind nur ein gesetzlich erlaubter Behelf (falls z.B. bei einer Waldtreibjagd Sauen vorkommen).
Es gilt die alte Regel: „Allem Wilde, das auf Schalen geht, gehört die Kugel!“

Wie schießt man das Schalenwild?

Hierzu geht man zweckmäßig kurz hinter dem Vorderlauf mit der Zieleinrichtung senkrecht nach oben und „läßt fahren“, wenn man „mitten drauf“ ist. Neuerdings gehen manche Jäger auch vom Schultergelenk, das sich als beulenförmige Verdickung deutlich abhebt, waagerecht mit der Zieleinrichtung nach hinten und „krümmen ab“ (s.S. 152), sobald sie mitten auf der „Kammer“ (Brustraum) sind. In beiden Fällen soll das Geschoß beide Lungenflügel, aber nicht die Leber durchschlagen (s.S. 227).
Das Stück muß bei der Schußabgabe „schußgerecht“ stehen. Es muß also breit stehen und das Haupt oben haben, damit sich die Decke des flüchtenden Stückes nicht über den Einschuß schiebt und dadurch das Schweißen verhindert.

Weibliches Rehwild näßt „hinter sich“. Der Bock näßt „unter sich“ (s. S. 222)

Niemals auf ein Stück schießen, das nicht breit oder zu weit steht und das Haupt nicht oben hat!

Wie unterscheidet sich der Tiefblattschuß vom Blattschuß?

Beim Tiefblattschuß wird das Herz getroffen. Der sog. Blattschuß sitzt also zwischen dem unverletzten Schulterblatt und der unverletzten Leber (s. Abb. S. 125 und S. 227).

Was ist vor jeder Nachsuche grundsätzlich zu beachten?

Man beginnt sie, wenn man zu später Abendstunde geschossen hat, erst am nächsten Morgen, sonst nicht früher als nach zwei Stunden. Begänne man sofort mit der Nachsuche, könnte ein nicht genügend krankes Stück hochgemacht („aufgemüdet“) werden. Dies könnte eine sehr schwierige Nachsuche ergeben! Die Anschußstelle wird durch einen Anschußbruch (in Wiese oder Feld mit einem Taschentuch oder Stock) gekennzeichnet (s. Abb. S. 360). Hat man sich den Anschußplatz nicht genau gemerkt und ist das geschossene Stück flüchtig abgegangen, darf man nicht suchend in der Gegend umhertrampeln, denn das irritiert den Schweißhund. Dann muß man sich wiederum Zeit lassen und den Anschußplatz cm für cm nach „Pirschzeichen“ (Anschußzeichen) wie Eingriffe, Ausrisse, Schnitthaar, Decken-, Wildbret-, Feist-, Herz-, Lungen- und Leberteilchen, Pansen- und Gescheideinhalt, Knochensplitter, Knochenmark und auf Schweiß (der sich oft gar nicht oder erst später findet) untersuchen, um hiernach den Sitz des Geschosses und damit die Art der Nachsuche (Todsuche oder Hatz) bestimmen zu können. Der bis jetzt mit schlechtem Wind abgelegte Hund ist dann erst am Anschuß anzusetzen (s. S. 672).

Den Hund darf man nie frei suchen lassen: Schweißarbeit ist Riemenarbeit!

Den Weg des Büchsengeschosses kann man oft am „Kugelriß“ im Erdreich oder an abgeschossenen Zweigen nachweisen.

Was sind „Eingriffe“ und „Ausrisse“?

Eingriffe sind tief in den Boden eingreifende Abdrücke der Schalen (auffallende

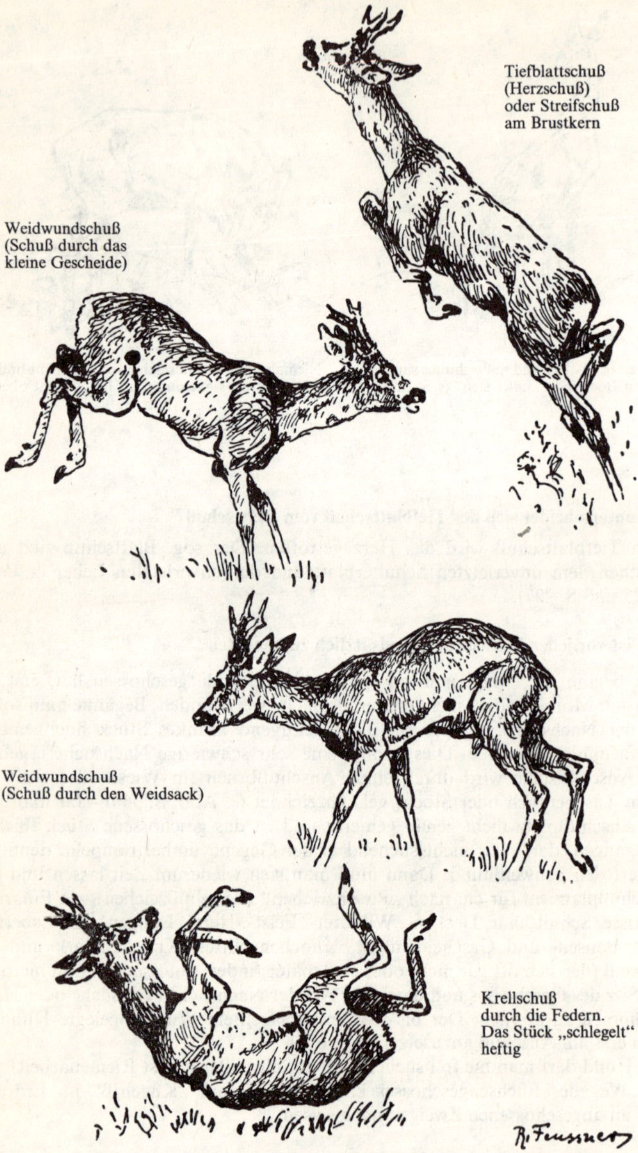

Häufige Schußzeichen
(Bei Verwendung sehr schnell fliegender Geschosse mehr oder weniger stark abgewandelt)

Bodenverwundungen). Sie entstehen durch das heftige Zusammenfahren des Wildes in dem Augenblick, in dem das Geschoß traf. Werden Bodenüberzug, Gras oder Laub dabei ausgerissen und fortgeschleudert, so spricht man von „Ausrissen“.

Was sind Schnitthaare?

Haare, die beim Eindringen des Geschosses in die Decke abgeschnitten wurden und zu Boden gefallen sind. Unverletzte Haare (Wurzelhaare), die man manchmal büschelweise, auch mit Deckenfetzen daran als Schlaghaare auf dem Anschuß findet, legen den Verdacht auf einen Streifschuß nahe (s. S. 228).

Worauf weisen Knochensplitter am Anschuß hin?

Auf Knochenschüsse (Lauf, Kieferknochen, Zähne, Blattschaufel, Becken, Dornfortsätze der Brustwirbel). Aus der Art der Knochensplitter läßt sich der vermutliche Sitz des Geschosses feststellen.

In welchen Fällen ist möglichst bald mit dem Hund nachzusuchen?

Bei Äser- und Krellschüssen, wenn ein firmer Hund zur Hand ist. Bei diesen Schüssen hört man oft harten Kugelschlag. Beim Äserschuß geht Schalenwild nicht ins Wundbett. Deshalb sind alle wichtigen Fluchtwechsel in weitem Umkreis zu verstellen! Nach gründlicher Riemenarbeit vom Anschuß aus wird man den firmen Schweißhund möglichst bald schnallen. Nach Laufschüssen wartet der erfahrene Schweißhundführer heute eine gewisse Zeit. Erst dann setzt er zu Nachsuche an.
Auf einen hohen Laufschuß deutet, wenn am Anschuß viel Schweiß liegt, der aber plötzlich aufhört. Bei einem Äserschuß findet man fädigen Schleim, Zahn- und Knochensplitter. Knochenmark läßt sich im Gegensatz zu Feist zwischen den Fingern verreiben.

Was verstehen wir unter dem „Kugelschlag“?

Den dumpfen Ton oder klatschenden Schlag, der durch Einschlagen des Geschosses in den Wildkörper verursacht wird und den man bei hinreichender Aufmerksamkeit unmittelbar nach dem Büchsenknall vernehmen kann.
Am besten hört man ihn, wenn man mit Kleinkaliber (z. B. auf eine Krähe) schießt. Bei schnellfliegenden Geschossen ist nur auf weite Entfernung der Kugelschlag zu hören, weil bei nahen Entfernungen Kugelschlag und Büchsenknall zusammenfallen.

Was versteht man unter Zeichnen?

Das Benehmen des Wildes bei und unmittelbar nach dem Schuß.

Was versteht man unter Schweiß?

Das Blut der Jagdtiere, sobald es aus dem Körper austritt.

Wie „zeichnet“ Rehwild beim sog. „Blattschuß“?

Es macht beim Auftreffen des Büchsengeschosses eine hohe (manchmal auch

nur eine langgestreckte flache) Flucht und stürmt dann mit tiefem Haupt in schnellster Flucht vorwärts, bis es zusammenbricht, wobei es zuletzt auch Bäume und Sträucher anflieht (anrennt). Nach dem Zusammenbrechen hört man meist noch kurze Zeit ein heftiges Schlegeln (Schlagen mit den Läufen).
Je tiefer der „Blattschuß" sitzt, um so steiler ist die Flucht beim Auftreffen des Geschosses. Trifft das Geschoß die hinteren Partien der Lunge, schlägt das Wild auch manchmal, wie beim Nierenschuß, mit den Hinterläufen aus.

Wie benimmt sich Rehwild beim Weidwundschuß?
Beim Weidwundschuß, bei dem das Geschoß das Gescheide durchschlagen hat, macht das Wild nur selten eine hohe Flucht. Gewöhnlich ruckt es bei diesem Schusse zusammen, schnellt mit den Hinterläufen nach hinten aus und strebt mit schwerfälligen Fluchten, immer kürzer (langsamer) werdend, der nächsten Deckung zu, oder es geht mit krummem Rücken trollend ab, wobei es öfter stehenbleibt und nach hinten äugt. Man sucht deshalb das Stück sofort durch einen zweiten Schuß zu erlösen (hier gehört auch der Schuß von hinten zum waidgerechten Handeln!). Ist auch der zweite Schuß erfolglos, muß man bei Rehwild rund zwei, bei Hochwild rund vier Stunden mit der Nachsuche warten. (Man läßt es erst „krank- und die Fährte kalt werden").

Welcher Schuß liegt vor, wenn das beschossene Stück im Feuer zusammenbricht und bald darauf wieder hoch wird?
Ein Krell- oder Streifschuß am Haupt (Kopf) oder am Rückgrat. Hierbei und beim Krellschuß durch die Federn tritt eine vorübergehende Lähmung des Rükkenmarks ein. Diese Stücke stürzen zu Boden (s. Abb. S. 234), „schlegeln" heftig mit den Läufen, kommen bald wieder auf die Läufe, werden zusehends „gesünder" und kommen bei der Nachsuche mit dem Hunde fast nie zur Strecke. Diesen Stücken ist deshalb sofort die zweite Kugel anzutragen. Stürzt z.B. der Hirsch im Feuer und versucht er, wieder hochzuwerden, wird nachgeschossen, solange noch Leben in ihm ist! Liegt er, heißt es: „Ran an den Hirsch!"

Wie zeichnet Wild beim Schuß auf das Kreuzbein oder Becken?
Es stürzt zusammen, kann sich in den meisten Fällen nicht mehr erheben und versucht, mit Hilfe der wild schlagenden Vorderläufe wegzurutschen. Es ist, wenn möglich, durch Fangschuß auf das Blatt oder den Hals zu erlösen.

Welche Arten Schweiß unterscheidet man?
Man unterscheidct Lungenschweiß, Herzschweiß, Leberschweiß, Weidwundschweiß und Wildbretschweiß.
Lungenschweiß ist hellorangerot und meistens schaumig, Herzschweiß dunkelrot, Leberschweiß braunrot und grießig (riecht und schmeckt nach Leber), Weidwundschweiß ist mit grünlichen oder bräunlichen Teilen aus dem Gescheide vermischt (riecht leicht faulig), Wildbretschweiß ist hellrot, wenn eine Arterie, und dunkelrot, wenn eine Vene getroffen wurde, und nicht blasig oder schaumig.

Vor welchen Schüssen ist besonders zu warnen?
Vor dem Schuß auf das Haupt (bei Schwarzwild auf den „Kopf"), weil häufig nur das Geäse (der Äser) oder das Gebrech getroffen wird. Auch der Schuß spitz von hinten (auf den Spiegel des gesunden Stückes) ist streng verpönt. Nur der Aasjäger „sucht das Herz im Weidloch"!

Welche Wirkung hat der Schuß auf den „Stich“?

Der Schuß auf den Stich („spitz von vorn“ auf die Halsgrube oder den Trägeransatz) hat, wenn er sitzt, eine sofortige tödliche Wirkung, da dort zahlreiche Nerven und große Blutgefäße liegen und die „Kammer“ geöffnet wird. Vor dem Antragen solcher Schüsse auf gesundes Wild ist aber im allgemeinen zu warnen, weil der zu treffende Bereich äußerst klein ist. Allzu leicht faßt dabei das Geschoß nur eine Seite der Kammer und gleitet dort an den Rippen oder am Schulterblatt nach außen ab.

Was ist bei Abgabe eines Fangschusses zu beachten?

Er darf nur aus einer Büchse oder Kurzwaffe abgefeuert werden (Ausnahme: mit Fangschußgeber aus der Flinte). Der Schrotschuß ist verboten. Die Mindestenergie muß 200 Joule betragen. Bei einer Nachsuche darf ihn nur der Hundeführer abgeben. Nur so ist gewährleistet, daß dem Vierbeiner nichts passiert. Man richtet den Fangschuß meist auf den Träger. Dort wird der Halswirbel getroffen und das Tier verendet schlagartig. Außerdem wird kein Wildbret zerstört.

Horntragendes Schalenwild (Bovidae)

Rinder (Bovinae)
Wisent (Bison bonasus)

Kommt der Wisent heute noch vor?

Ja. Er wird jedoch nur noch in einigen Gehegen gehalten und mit dem amerikanischen Bison aufgekreuzt (Odenwald, Springe und im Naturschutzgebiet Bialowieza; Gesamtbestand etwa 300 Stück).
In freier Wildbahn ist er seit dem 18. Jahrhundert ausgestorben, neuerdings jedoch wieder in Polen, etwa im Quellgebiet des San zu finden. Er ist dort scheu und verwildert und im angeschweißten Zustand sehr gefährlich. Er gehört zu den früher in Deutschland heimischen Wildrindarten. Die „Holme“ wachsen, wie bei allen Hornträgern, vom Stirnzapfen aus. Der Wisent ist ohne Jagdzeit.

Ziegenartige (Caprinae)
Steinwild (Fahlwild, Capra ibex)

Wie wird Steinwild nach Alter und Geschlecht unterschieden?

Steinwild ist eine Ziegenart. Man unterscheidet:
Steinböcke (männliche Stücke, 100 kg Gewicht und darüber),
Steingeißen (weibliche Stücke) und
Steinbockkitze und Steingeißkitze.

Tragen beide Geschlechter „Gehörne“?

Ja. Die Gehörne sind bogig nach hinten gekrümmt. Sie sind beim Bock bis 100 cm lang, im Querschnitt dreieckig und haben vorn starke Hornwülste und an der Seite rinnenartige Vertiefungen, die als „Jahresringe“ anzusprechen sind. Bei der Geiß ist das Gehörn nur bis 30 cm lang und im Querschnitt mehr rundlich.

Welche Färbung hat Steinwild?

Es ist im Sommer rötlichgrau, im Winter gelblichgrau (fahlgrau). Es wird deshalb auch als Fahlwild bezeichnet.

Lebt Steinwild gesellig?

Die Böcke leben vor der Brunft in Rudeln, nur ganz alte Böcke sind Einzelgänger. Die Brunft reicht von Ende November bis Anfang Januar. Am Spätnachmittag steigt Steinwild bergab zu den Äsungsplätzen.

Welche Biotopansprüche stellt Steinwild?

Steinwild lebt im allgemeinen über dem „Gemsengürtel" und bevorzugt reines Felsgelände (deshalb „Steinwild"). Es ist ungewöhnlich gewandt und sicher im „Steigen". Steinwild ist allerdings schwer und kommt mit hohen Schneelagen schlecht zurecht. So sucht es im Winter steile Hänge auf, an denen der Schnee abrutscht. Hier gibt es weniger Lawinen und es kommt leichter an seine Äsung. Steinwild ist in dieser Beziehung wesentlich anspruchsloser als Gamswild. Es begnügt sich in hohem Maße neben Gräsern und Kräutern mit den rohfaserreichen Nadeln als Nahrung.

Wo kommt Steinwild noch vor?

In der Bundesrepublik nur noch in Berchtesgaden auf der „Röth" hinter dem Königsee, an der Benediktenwand und am Brünnstein im Inntal.
Die imponierenden „Bergziegen" galten praktisch bereits als ausgerottet, als vor etwa 160 Jahren der Jägerkönig Viktor Emanuel per königlichem Dekret die letzten paar Dutzend Exemplare unter strengsten Schutz stellte. Im Massiv des Gran Paradiso im Süden des Aostatales (Norditalien) schuf er ein Hegegebiet, das heute den Nationalpark gleichen Namens einschließt und rettete das Steinwild vor dem Aussterben. Von dort aus wurden die Tiere wieder im gesamten Alpengebiet neu angesiedelt, vor allem über den „Vermehrungstierpark" St. Gallen (Schweiz). Heute existieren bereits wieder 100 Kolonien. Ihr Gesamtbestand wird auf 15000 Stück gerechnet. In der Schweiz erfordern manche Kolonien bereits wieder eine maßvolle Bejagung.

Was ist bei der Neuansiedlung von Steinwild zu beachten?

Steinwild braucht als Lebensraum rasendurchsetzten Fels oberhalb der Waldgrenze. Es sollen Steilhänge ab 2000–3000 Meter Höhe mit einer Hangneigung um 45 Grad sein, auf denen kein Schnee liegen bleibt. Unter ihnen gelten vor allem Südhänge, die durch umliegende Bergzüge von der Wintersonne nicht abgeschattet werden, als besonders geeignet. Man sucht heute solche Steinwildbiotope über Satellitenbilder ausfindig zu machen (Projekt „Ibex"). Natürlich dürfen diese Gebiete möglichst wenig vom Fremdenverkehr (Skisport, Bergsteigen) und der Almwirtschaft gestört sein.
Wählt man ungeeignete Standorte, weicht Steinwild wegen der hohen Schneelagen nach unten aus und schmälert die Äsungsgrundlage von Gamswild. Es hat sich herausgestellt, daß ihm der Alpen-Nordrand wegen der hohen Niederschläge wenig zusagt. Daraus läßt sich auch erklären, daß die Bestände in der Bundesrepublik mehr oder minder nur „dahinkümmern".

Welche Teile des Steinwildes galten früher als Heilmittel?

Das Herzkreuz (der Herzknorpel), der Schweiß (das „Schweißbluh"), die pulverisierten Hörner und die Bezoare (Aberglauben). Steinwild ist ganzjährig geschont.

Was sind Bezoare (arabisch basar = Heilmittel)?

Es sind kugelige, rauhe oder glatte Tierhaar- oder Pflanzenhaarbälle, die sich ab und zu im Pansen (Wanst) des Wiederkäuermagens finden. Die Haare werden bei der Haarpflege (s. S. 210) abgeleckt oder mit der Äsung aufgenommen.

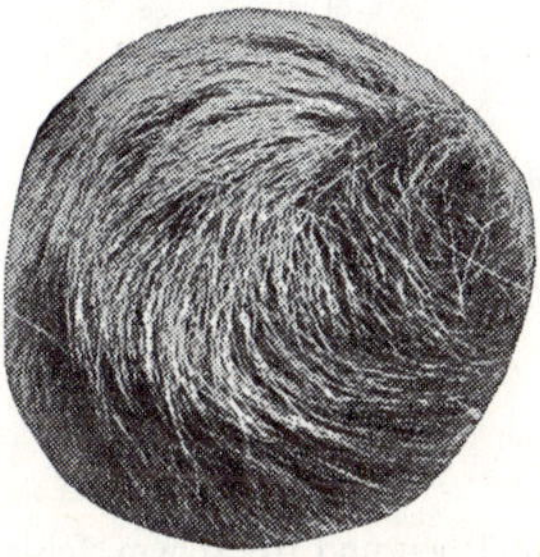

Tierhaarball

Tier- und Pflanzenhaarball

Bezoare (beim Gamswild „Gamskugeln" genannt)

Muffelwild (Ovis ammon musimon)

Was ist Muffelwild?

Eine Schafart, die im Jahre 1902 als Wildschaf aus Sardinien und Korsika nach Deutschland eingeführt und zunächst in der Lüneburger Heide eingebürgert worden ist. Weitere Einbürgerungen erfolgten erstmalig 1913/14 und später 1935/36 im Solling. Es „weidet" Gras intensiv ab. Der Widder (Gewicht 35–40 kg) trägt als Kopfwaffe „Schnecken", nach deren Jahresringen man das Alter feststellen kann; das Muffelschaf trägt keine oder nur ganz kurze, gerade „Stümpfe". Die Jungtiere heißen Widder- oder Schaflamm. Auch für Muffelwild gilt: Jung verfärbt zuerst! Beim Muffelwild ist der „Gesichtssinn" scharf ausgeprägt.

Was versteht man unter der „Schabracke"?

Die beiden großen weißlichen Flecke auf den Flanken des Muffelwidders. Sie werden auch Sattel- oder Schneefleck genannt.

Lebt Muffelwild gesellig?

Ja! Muffelwild lebt in Rudeln. Es ist Tageswild. Altwidder in dunkler Decke und helleuchtender Schabracke, das imponierende Haupt geziert mit uriger

Mähne und mächtiger Schnecke, sind Einzelgänger oder leben in Trupps zusammen. Sie trennen sich mit Beginn der Brunft vom Rudel zur Suche nach brunftigen Schafen. Bei Gefahr warnt sich Muffelwild gegenseitig (wie Gamswild und Murmeltier) durch „Pfeifen". Wildernde Hunde sind für Muffelwild eine besondere Gefahr!

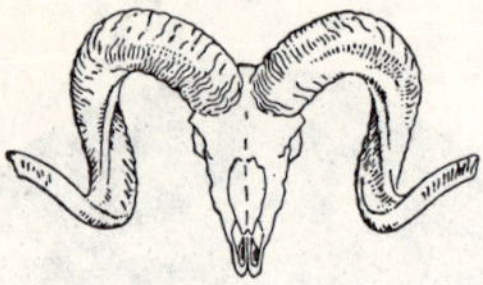

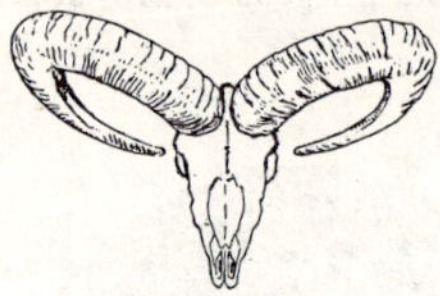

Schnecken des Muffelwidders

normale Form „Einwachser"

Die Entwicklung der Schnecken ist mit etwa 10 Jahren abgeschlossen

In welchen Revieren fühlt sich Muffelwild wohl?

In Waldrevieren mit Strauchbeständen, Wiesenflächen und trockenem, felsigen Gelände (sonst wird es „schalenkrank"). Es hat die Eigenschaft, seine Einstände und Äsungsplätze ständig zu wechseln. Es tritt nicht auf Felder aus. Über 2 m hohe Hindernisse werden spielend überwunden. Es liebt Salzlecken. Es beherbergt zahlreiche Parasiten, insbesondere Lungen-, Magen- und Darmwürmer, ohne dabei sichtbar krank zu sein. Reinblütiges Muffelwild ist hart und widerstandsfähig, vermehrt sich stark, stellt geringe Ansprüche an Standort und Pflege, liefert wohlschmeckendes Wildbret und soll in forstlichen und landwirtschaftlichen Kulturen keinen nennenswerten Schaden anrichten.
Kreuzungen des Muffelwildes mit Schafrassen verlieren eine der wesentlichsten guten Eigenschaften des reinblütigen Muffelwildes, die forstliche Unschädlichkeit, denn das Bastardwild schält weit stärker als das Rotwild.

Welches Geschlechterverhältnis ist bei Muffelwild anzustreben?

Ein Verhältnis von annähernd 1:1 (Brunftzeit s.S. 169). Starke Widder dulden beim Rudel nur geringe Widder.

Welches Muffelwild ist zu schießen?

Alle kümmernden und kranken Stücke sowie alle Widder und Schafe, die schälen und erkennbare Zeichen der Hausschafkreuzung zeigen (wollige Decke, Farbabweichungen, blökende Widder). Weiter sind zu erlegen:
„Scheuerer", deren Schneckenspitzen den „Kragen" beschädigen, und „Einwachser", deren Schnecken am Haupt (in den linken Unterkiefer oder im Nakken) ins Wildbret einwachsen wollen.
Gut veranlagte Widder mit guter Wildbretentwicklung sind mindestens bis zum achten Lebensjahre zu schonen. Jagdzeit s.S. 746.

Gamswild (Rupicapra rupicapra)

Wie wird Gamswild nach Alter und Geschlecht unterschieden?

„Der“ Gams ist eine Ziegenart. Man unterscheidet:
Gamsböcke (männliche Stücke, Gewicht bis 25 kg),
Gamsgeißen (weibliche Stücke, die gebrunftet oder gesetzt haben),
Schmalgeißen (weibliche Stücke vom Beginn des zweiten Lebensjahres bis zur Brunft), sowie Bockkitze und Geißkitze.

Wo kommt der Gams vor?

Das natürliche Verbreitungsgebiet der Gams sind die Kalkalpen. In den dreißiger Jahren unseres Jahrhunderts wurden um den Feldberg im Schwarzwald einige Tiere aus der Steiermark angesiedelt. Sie bilden inzwischen einen eigenen bejagbaren Bestand.

Lebt Gamswild in Rudeln zusammen?

Ja, „es rudelt sich“ und ist ein Tagestier. Das „Krickelwild“ wird von einer Leitgeiß geführt. Geißen, Kitze und schwächere Böcke bezeichnet man als Scharwild oder, wenn gering, als „Geraffel“. Die durchschnittliche Wilddichte beträgt etwa sechs Gams auf 100 ha Äsungsfläche. Der Gams ist ein Grasfresser.
Alte Böcke führen außer der Brunftzeit gern ein Einsiedlerleben oder bilden kleine Bockrudel. Das Warnsignal (durch den Windfang) heißt Pfeifen. Gamswild „steigt“ und macht beim Verhoffen ein „Haberl“.
Die Schalen sind keilförmig und langgestreckt (s. Abb. S. 167).

Welches sind die Trophäen des Gams?

Krucke und Bart (s. auch S. 242).
In der Brunft nennt man den starken Bock „Bartgams“, die besonders dunkle Farbvarietät „Kohlgams“.
Die Krucken (Hörner) werden von beiden Geschlechtern (Bock und Geiß) getragen. Die Krucke des Bockes ist im Vergleich zur Geiß stärker, massiger und an den Enden schärfer eingebogen, „stärker gehakelt“. Die Hakel des Bockes sind im Regelfall um etwa 180 Grad eingebogen, die der Geiß um etwa 135 Grad. Die Gamskrucken sind Hohlhörner. Ältester Teil ist die Spitze. Sie werden nicht abgeworfen. Das nach dem Abkochen vom Stirnzapfen leicht abziehbare Hohlhorn bezeichnet man als „Schlauch“.

Wie bestimmt man das Alter beim Gamswild?

Nach der Gesamterscheinung (Stärke des Stückes und Stärke der Krucken, Farbe des Zügels) und am gestreckten Stücke durch Abzählen der jährlichen Zuwachsringe (Jahresringe) an den Schläuchen der Krucke vom Kruckenende aus. Das Hauptwachstum der Krucke erfolgt in den ersten fünf Lebensjahren, dann werden nur noch schmale „Millimeterringe“ angesetzt. Sie haben auf die Höhe der Krucke wenig Einfluß (s. Abb. S. 242). Die Bestimmung des Alters nach dem Gebiß ist ungenau. Der dunkle Zügel (Wangenstreif) ist nur bei jüngeren Gams scharf abgegrenzt. Er verwischt sich später vom Rande her.

Was sind „Brunft- oder Gamsfeigen"?

Es sind ein Paar Duftdrüsen, die beim Gamswild beiderlei Geschlechts am Nakken hinter den Krucken liegen. Sie schwellen zur Brunft, besonders beim Bock, stark an und sondern ein schmalzartiges, nach Moschus riechendes Sekret ab. Weitere Duftdrüsen sind die Zwischenklauensäcke am Hinterlauf.
Das Wildbret schmeckt streng.

Wann brunftet Gamswild?

Ende Oktober bis Mitte Dezember. Der eigentliche Brunftbetrieb ist im ersten Drittel des November. Der sonst dünne Pinsel und die Brunftfeigen sind jetzt deutlich sichtbar. Die älteren Böcke suchen sich einzeln ein Geißrudel. Der Brunftbock äst kaum und magert stark ab. Die meckernden Brunftlaute des Gamsbockes bezeichnet man mit „blädern".
Nach einer Tragzeit von 25–26 Wochen setzt die Geiß im Mai/Juni ein bis zwei Kitze.

Welche gemeinsamen Merkmale haben Gamswild und Muffelwild?

Sie sind vorwiegend Tagestiere. Sie verständigen sich durch Pfeiflaute. Ihre Oberlippe ist gespalten und ermöglicht dadurch die Aufnahme auch kurzer Pflanzen. Die Böcke sind in der Brunft sehr unverträglich.

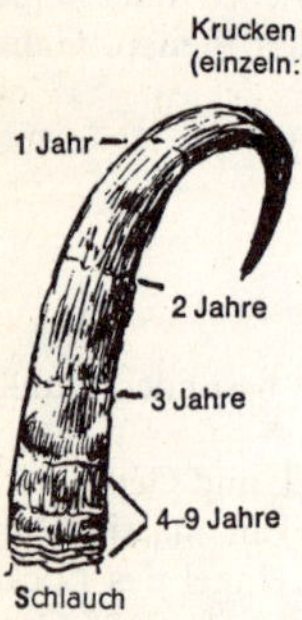

Altersbestimmung durch Zählen der Altersringe an den Krucken

Gamswild in der Waidmannssprache

Worunter leidet Gamswild?

Durch Auflassen vieler Almen, der Zunahme der Schafhaltung im alpinen Bereich und dem verstärkten Tourismus zu allen Jahreszeiten wurden dem Gamswild viele Äsungsflächen genommen. Die Beunruhigung durch den Skibetrieb macht ihm besonders zu schaffen. So kann die Begegnung mit einem Tiefschneefahrer für einen abgebrunfteten Bock tödlich sein, da eine Flucht die letzten Reserven von ihm fordert.

Die Verluste durch Winter und Steinschläge sind enorm. Der im Zunehmen begriffene Steinadler holt sich viele Kitze. Unter den Krankheiten dezimieren Gamsräude, Gamsblindheit, Papillomatose und Innenschmarotzer wie Lungenwurm und Leberegel. Auch eine falsche, vor allem zu starke Bejagung verkraftet Gamswild schlecht.

Welches Gamswild soll geschossen werden?

Alles schwache, kranke, krankverdächtige und zeitlich nicht richtig verfärbende Wild. Vor allem sind alle Räudeträger zu erlegen. Gamswild vermehrt sich nicht sehr stark. Man rechnet mit einem jährlichen Zuwachs von 70%, bezogen auf die Zahl der setzenden Geißen. Zieht man davon die oft hohen Winterverluste ab, erhält man die Zahl der bejagbaren Stücke.
Man schießt vor allem 2–3jährige Geißen, die nicht führen. Eine gesunde Geiß kann zehn Jahre und älter werden. Ein Bock sollte ein Alter von 9–10 Jahren erreichen. Unbedingt ist ein Geschlechterverhältnis von 1:1 einzuhalten. So wird der Zuwachs in Grenzen gehalten und verhindert, daß die abgebrunfteten Böcke zu sehr geschwächt in den Winter kommen. Eine Gamswilddichte von 7–10 Stück pro 100 ha kann als tragbar angesehen werden. Hegeziel ist der gesunde, körperlich stark entwickelte Gams mit hoher, gut gehakelter Krucke.
Jagdarten: Anstand und Pirsch (s.S. 502).

Soll Gamswild gefüttert werden?

Im allgemeinen füttert man Gamswild nicht. In Räudegebieten ist jede Fütterung zu unterlassen. Im Winter lockt man es gern durch „Heutristen“ oder „Heumandl“ (bestehend aus gutem Bergheu, Kleeheu, evtl. Hafer) in lawinengeschützte Bezirke. Dort ist es ungestört.

Welche Hegemaßnahmen sind noch angebracht?

Eine Äsungsverbesserung ist durch Kunstdüngung der Äsungsplätze mit Mineralstoffen und einem phosphathaltigen Vorratsdünger (wie Thomasmehl, 500 kg/ha) vorzunehmen (keinesfalls darf in Hochgebirgslagen mit „Blauspur“ gedüngt werden!). Man düngt in höheren Lagen im zeitigen Frühjahr und Spätherbst.
Manchmal empfehlen sich auch Forstpflanzungen aus Aspe und Saalweide. Man zieht die Bäumchen unter Zaun auf und setzt sie nach Freigabe auf den Stock.
Im Sommer versucht man Gamswild durch Lecken, die Mineralstoffe und das Räudemittel „Nevugon“ enthalten, aus dem Wirtschaftswald herauszuhalten.
Gamswild braucht nach der Brunft im Frühwinter und nach dem Setzen im Frühsommer Ruhezonen. Nur so kommt es unbeschadet über den rauhen Bergwinter, ohne daß es in tiefere Lagen ausweicht und viel verbeißt. (Der Waldgams sucht seinen Einstand in den Verjüngungsflächen der intensiv genutzten Talgehölzer und richtet dort viel Schaden an. Ihn wird man daher erlegen müssen!)

Nichtwiederkäuendes Schalenwild

Schwarzwild (Sus scrofa)

Alter und Geschlecht

Wie wird Schwarzwild nach Alter und Geschlecht unterschieden?

Man unterscheidet:
Keiler (männliche Wildschweine, bis 150 kg),
Bachen (weibliche Wildschweine, bis 70 kg),
Überläufer (Wildschweine im zweiten Lebensjahr) und
Frischlinge (Wildschweine im ersten Lebensjahr).
Der Keiler wird mit 4 Jahren angehendes Schwein, mit 5–6 Jahren hauendes oder gutes Schwein und vom 7. Jahre ab Haupt- oder grobes Schwein genannt. (Der Ausdruck „Schwein" wird in der Waidmannssprache stets mit einem typisch erklärenden Beiwort verbunden. Ein „Panzerschwein" z. B. ist ein Hauptschwein mit einer bis zu 4 cm starken Verdickung der Schwarte [durch Harz und Lehm] auf den Blättern.)
Die Bache wird zweijährige, dreijährige usf. Bache genannt, vom 5. Jahre ab starke, alte oder grobe Bache.

Wodurch unterscheidet sich der Keiler von der Bache?

Durch die gedrungene Kopfform, seinen höheren Widerrist, die stärkere Quaste am Pürzel, den Pinsel und durch seine Eckzähne (sein „Gewaff"). Die Eckzähne im Oberkiefer nennt man „Haderer", die im Unterkiefer „Gewehre" (s. Abb. S. 158).
Vom „Gewaff" werden beim Keiler die Lefzen hochgeschoben!

Wie nennt man die Vereinigung mehrerer Sauen?

Eine Rotte (jedoch nicht gebräuchlich für eine „Bache mit Frischlingen"!).
Die Rotte liegt im Kessel, eine einzelne Sau liegt im Lager. Schwarzwild „schiebt sich ein", wenn es sich niedertut. Alte Keiler leben außerhalb der Rauschzeit als Einzelgänger.

Welche besonderen waidmännischen Ausdrücke sind beim Schwarzwild zu beachten?

Man versteht unter:
Federn = die langen Rückenborsten,
Gebrech (Ober- und Untergebrech) = das Maul,
Hamer (oder Ham), der = die Keule oder auch das Vorderblatt,
Kamm = den oberen Teil des Halses,
Kopf (nicht etwa Haupt!) = den Kopf,
Magen (nicht etwa Pansen) = den Magen,
Ohrpinsel = die langen Borsten an den Tellern oder Schüsseln,
Rauschzeit = die Begattungszeit,
Schild = die bis 4 cm verdickte Schwarte auf dem Blatt eines „Panzerschweines",
Schwarte = die Haut (mit Borsten und Unterwolle),

Schwarzwild in der Waidmannssprache
Keilermerkmale: gedrungene Kopfform, hoher Widerrist, Haderer im gewölbten Oberwurf, Gewehre im Unterwurf, Pürzelquaste und Pinsel

Weißes = das Fett,
Wurf = den Wühlrüssel, mit dem Schwarzwild auch windet,
Zunge (nicht etwa Lecker) = die Zunge.
Das Wort „Keiler" ist hergeleitet von „keilen", d.h. heftig mit dem Gewaff schlagen. Es hat nichts mit einem Keil zu tun.
Die Bache hat im Ober- und Unterkiefer Haken, sie „beißt".
„Sau" ist die allgemeine Bezeichnung für das Wildschwein bzw. für Schwarzwild. In der Mehrzahl spricht man von „Sauen". Dieser Begriff darf nicht mit anderen Wörtern zusammengesetzt werden. Es gibt keine „Wildsauen", sondern nur „Wildschweine". Schwarzwild „äugt" schlecht, „vernimmt" gut, „windet" ausgezeichnet und hält selten Wechsel.

Bestätigen des Schwarzwildes

Wodurch verrät sich Schwarzwild dem Jäger?

Durch Tritte bzw. Fährten, durch Losung, Gebräch, Lager bzw. Kessel, Suhlen, Malbäume mit Beschlägen (s.S. 168) und durch Laute.
Mit dem Tritt wird stets auch das Geäfter abgedrückt; die Abdrücke des Geäfters überragen dabei seitlich die Schalen auf beiden Seiten (s. Abb. S. 246). Die Schalen alter Sauen sind „abgegriffen". Im Ziehen stehen die Schalenabdrücke des Vorder- und Hinterlaufs jeder Seite in einem Tritt (s. Abb. S. 242). Bei geringen Sauen ist der Abdruck der äußeren Schalen länger als der der inneren.

Wann steht die Sau im Gebräch (ä!)?

Wenn sie mit ihrem Gebrech (e!) den Boden umwühlt, um im Gebräch Erd-, Brut- oder Untermast zu suchen (wie Kartoffeln mit Drahtwürmern, Engerlinge und Mäusenester). Diese Wühlstellen, die besonders die Wiesen verunstalten, sind weithin zu sehen.

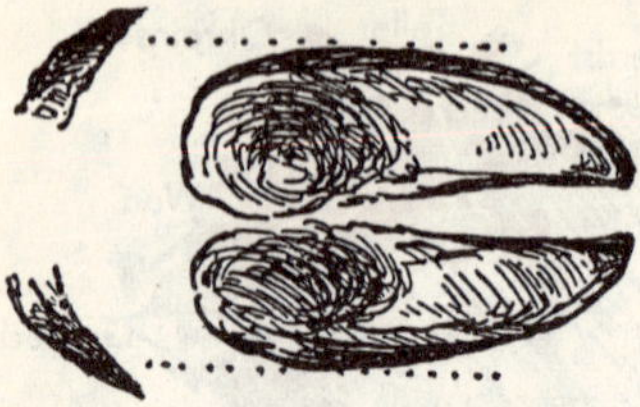

im Ziehen

Trittsiegel

Tritt eines Keilers (Trittweite 40–45 cm)

Der Abdruck des Geäfters (der Afterklauen) ist beim Schwarzwild länglich und überragt die Schalen auf beiden Seiten. Die Trittweite ist beim Schwarzwild geringer als beim Rotwild.

Wie sieht Schwarzwildlosung aus?

Sie besteht aus mindestens 4 cm langen kugeligen Würsten von meist schwarzer Farbe. Die Losung enthält oft Getreidekörner (kein Wiederkäuer, der alles zermahlt!).

Schwarzwildlosung

Welche Lautäußerungen werden bei Sauen unterschieden?

Wir unterscheiden das „Grunzen“ und „Schmatzen“ der vertraut brechenden Sauen und das „Quieken“ der Frischlinge. Der Keiler „wetzt“, wenn er aus Wut das Gewaff aufeinanderschlägt. Die Sauen „blasen“, wenn sie in Erregung sind. Beim Erschrecken werden sie, oft nach kurzem Halbkreis, mit einem deutlichen „uff“ und winkendem Pürzel flüchtig.

„Ein Hauptschwein läßt mit sich nicht spaßen,
hörst du es ‚wetzen‘ oder ‚blasen‘.
Und ‚angeschweißt‘ weiß es bestimmt,
wo deine Hosenbeine sind!“

Der wehrhafte Keiler (und oft auch schon Überläuferkeiler) hat schon manchen auf den Baum gebracht.

Wann zeichnet und klagt das Schwarzwild?

Sauen sind unglaublich hart. Sie zeichnen meist nicht oder so wenig, daß man an einen Fehlschuß denken kann (deshalb ist stets eine Nachsuche mit dem Hund erforderlich!). Sie klagen (mit lautem Schreien) nur selten nach schmerzhaften Knochenschüssen oder in höchster Not beim Packen durch Hunde.

Biotop, Lebensweise, Rauschzeit

Welche Ansprüche an den Biotop (s.S. 388) stellt Schwarzwild?

Es bevorzugt feuchte Laubwälder verschiedener Altersklassen, die reichlich Eicheln und Bucheckern als Fraß spenden, sowie Nadelholzwälder, die Ruhe und Deckung bieten. Daneben braucht es Wasser als Tränke und schlammige Tümpel zum Suhlen.
Bei fehlender Laubholzmast (oder „Obermast“) geht das Schwarzwild notgedrungen an den Ackerfrüchten zu Schaden. Bei guter Obermast und milden Wintern erfolgt eine starke Vermehrung.

Woran erkennt man Frischling, Überläufer, Bache und Keiler?

Frischlinge (Schwarzwild im ersten Lebensjahr) zeigen zunächst „bräunlichgelbe“ Längsstreifen, die später rotbraun und dann schwärzlich werden. Mit fünf Lebensmonaten sind diese verschwunden. Am kindlichen Kopf erscheinen die Lichter und die Wühlscheibe sehr groß. Frischlinge haben einen dünnen, kurzen Pürzel und werden bis etwa 75 cm lang. Die ersten drei Lebenswochen werden sie von der Bache abgelegt und leben nur in der Gemeinschaft mit Mutter und Geschwistern. Überläufer weisen sich vor allem durch einen rötlich-braunen Schimmer an den Keulen aus.
Der Bachenschädel ist lang und schmal. Er zeigt im Gegensatz zum Keiler eine gerade Oberlinie. Letzterer hat einen gedrungenen Schädel, der sich über den Haderern aufwölbt und zur Stirn hin steil ansteigt. Im Profil ergibt das die Form eines S. Sicheres Unterscheidungsmerkmal ist nur der Pinsel und das Kurzwildbret (unter dem Weidloch). Der Pürzel wird beim Hauptschwein lang und quastig. Der alte Keiler ist sicherlich ein Einzelgänger.
Führende Bachen haaren infolge des Säugens spät ab, sie versetzen oft erst im Juni. Sie haben noch die restlichen Winterborsten an Kamm und Tellern. Zu dieser Zeit sind die Keiler schon blank.

Welche forstliche Bedeutung hat Schwarzwild?

Es hält Mäuse aller Arten, Würmer und vor allem forstschädliche Insekten kurz. Bevorzugt aufgenommen werden Maikäfer-Engerlinge, Spanner- und Spinnerraupen und -puppen, Larven der Riesenschnaken und sogar die holzzerstörende Roßameise. Bei der Suche nach Fraß bringt Schwarzwild Sauerstoff in den Boden. In eine Buchenverjüngung oder eine Eichelsaat dürfen jedoch dem Forstmann keine Sauen kommen.

Wie verhalten sich die Sauen in ihrem Lebensraum?

Am Tage stecken sie am liebsten in Dickungen, in dichtem Gebüsch oder Röhricht. Hier sind sie bei feuchtem und vor allem bei regnerischem Wetter auch bei Tage rege. Nach Schwinden des Büchsenlichtes wechseln sie vom Tageseinstand durch Althölzer über oft weite Entfernungen auf die Felder. Als Allesfresser nehmen sie auf dem Wege dorthin allen sich bietenden Fraß auf, auch Kitze, Junghasen und Gelege. Auf den Feldern bevorzugen sie Hafer, Mais und Gerste, besonders in der Milchreife, Klee, Luzerne, Kartoffeln und Hackfrüchte. Am frühen Morgen besuchen sie beim Einwechseln in windstille und ungestörte Einstände gern auch Tränken und Suhlen (s. S. 168). Schwarzwild hält jedoch keine festen Wechsel! Im Sommer bleibt es tagsüber auch in Getreidefeldern.

In welche Monate fällt die Rauschzeit?

In die Monate November/Dezember. Nach einer Tragzeit von drei Monaten, drei Wochen und drei Tagen (= 114 Tagen oder knapp vier Monaten) werden im März 4–12 Frischlinge „gefrischt". Bei verfrühter Rauschzeit werden schon Ende Januar Frischlinge angetroffen, die im Herbst bereits rauschen können. Oft liegt der Anteil an sogenannten „Überläuferbachen" bei 50%.
Nach Vollmastjahren wird auch eine zweimalige Rauschzeit beobachtet, wenn der Vollmast ein milder Winter folgt. Die Zahl der Frischlinge ist beim nochmaligen Frischen meist gering. Frischende Bachen nehmen gern „Saubuchten" an. Sie werden in geeigneten Dickungen aus Wänden von Preßstrohballen errichtet und mit Stangen festgemacht.

Hege und Strecken von Schwarzwild
(Hege mit der Büchse)

Soll Schwarzwild gefüttert werden?

Nur in Notzeiten, da Schwarzwild bei Frost und hoher Schneelage sehr an Fraßmangel leidet. Die Fütterungen werden am Rande von Dickungen angelegt. Als Fraß werden „geschüttet": Eicheln, Bucheckern, Kastanien, Luzerne und Kleeheu, Rüben, Rübenschnitzel, Kartoffeln und Mais (vermengt mit Kaff, um das Zusammenfrieren zu vermeiden). Auch Küchenabfälle, Innereien von Schlachttieren, Aufbruch von Wild und Silage werden angenommen.

Was ist der Unterschied zwischen Fütterung, Ablenkungsfütterung und Kirrung?

Eine Fütterung hat den Zweck, Nahrungsengpässe in Notzeiten überwinden zu helfen. Darunter fallen vor allem die Wintermonate. Im Umkreis von 200 Meter um eine Fütterung darf nach BJG § 19 Abschn (1) Ziffer 10 in Notzeiten kein Wild erlegt werden. Eine Ablenkungsfütterung soll Wild davon abhalten, daß es in der Landwirtschaft oder im Forst Schaden anrichtet. Unter „Ankirren" versteht man das Ausbringen von Lockfutter. Durch die Kirrung will man Wild an eine passende Stelle locken, damit man es besser erlegen kann. *Hessen* [DVO vom 16. 7. 1979 § 29 (1)] verbietet das Ausbringen von Lockfutter im Zusammenhang mit der Jagdausübung und läßt dies nur in Notzeiten zu.

Wie kann man Schwarzwild davon abhalten, im Feld Schaden anzurichten?

Frühkartoffeln, z. B. Sorte „Grata", frisch gesetzte Kartoffeln und Kartoffeln beim Knollenansatz, außerdem Weizen, Hafer sowie Mais nach der Aussaat und vor der Ernte ziehen Schwarzwild geradezu magnetisch an. Vor allem wenn entsprechende Felder am Waldrand liegen, ist der Wildschaden vorprogrammiert. Man sollte mit dem Landwirt reden, vielleicht findet er waldferne Anbaumöglichkeiten. Ansonsten lassen sich Blinkleuchten auf 1 Meter hohen Pfählen aufstellen oder Lappen an Stricken aufhängen, die mit Kornitol (Kornitol Chemie, Garmisch-Partenkirchen), Arbin (Aagrunol-Strähler, Pflanzenschutz-Union, Postfach 2047, Stade) sowie Stinköl (Marke Eschana, Kornitol Chemie) verwittert sind. Allerdings gewöhnen sich Sauen schnell daran. Man sollte das Mittel wechseln, zwischendrin auch einmal Billigparfüm verwenden. Hie und da wird auch Menschenhaar, -urin oder gar das Aufhängen von Socken empfohlen. Wo die Sauen einwechseln, lassen sich Stolperdrähte spannen, die Schreckschüsse in entsprechenden Geräten auslösen. Solche Apparate bezieht man durch H. Kieferle, 7702 Gottmandingen. Das wirksamste Mittel (auch gegen Rot- und Damwild) ist der doppelte Elektrozaun. In 20 cm Bodenabstand verbietet er den Frischlingen das Durchwechseln. Der obere Draht wird in 60–65 cm Höhe gespannt. (Rot- und Damwild braucht noch einen Draht in 160–180 cm Höhe.)

Wie kann man Schwarzwild möglichst langzeitig im Wald halten?

Man verabreicht als Ablenkungsfütterung im Zentrum von größeren Forsten Mais, den man aber den Sauen nur in kleinen Portionen anbietet, damit sie möglichst lange Zeit zur Nahrungsaufnahme brauchen. Man versteckt davon je eine Handvoll spatentief im Boden oder füllt damit Flaschen bzw. Plastikbehälter. Damit sie nicht vom Schwarzwild verzogen werden, grenzt man die Gefäße mit gefällten Baumstämmen ein oder pfahlt sie an. Auch Pendelfässer, die man auf Pfähle blockt, beschäftigen die Tiere anhaltend. Bei Berührung an einem Metallpendel rieseln die Maiskörner aus einem unterseitigen Loch. Wichtig ist, daß regelmäßig und an mehreren Stellen gleichzeitig gefüttert wird, da sich die verschiedenen Rotten nicht untereinander vertragen. Ein Abschuß im näheren Umkreis dieser Ablenkungsfütterungen verbietet sich von selbst. Je langsamer die Einrichtung den begehrten Mais hergibt, um so länger werden die Schwarzkittel im Wald gehalten.
Auch Mahlbäume ziehen Sauen an. Man kann sie „künstlich" herstellen. Dazu bestreicht man alte, wertlose Bäume mit Holzkohlenteer, den man in jeder Apotheke kaufen kann. Erneuert man den Anstrich alle 2 Monate, kommt Schwarzwild immer wieder zurück.

Welche Jagdarten auf Schwarzwild sind üblich?

Der Ansitz an Stellen, an denen Sauen noch bei genügendem Licht ein- bzw. auswechseln, an Suhlen und in der Nähe masttragender Bäume. Frischlings- und Überläuferrotten richten den meisten Schaden an. Man schone daher alte, führende Bachen. Diese Tiere reagieren auf Störungen sehr nachhaltig und suchen mit ihrem Anhang Stellen auf, wo sie in Ruhe gelassen werden. Wegen der Gefahr des Abschusses von Bachen sollen starke Sauen bei Mondschein nicht beschossen werden! Auch die winterliche Drückjagd zeitigt Erfolge, falls durch das „Kreisen" nach einer „Neuen" (Neuschnee) bestätigt war, daß Schwarzwild in den betreffenden Jagen steckt (s. auch S. 522). Im Treiben ist der erste Schuß nie auf anderes Wild abzugeben, da sonst der alte Keiler gewarnt würde. Wendige Stöberhunde und „Saufinder" sind besonders die Terrier. Auf Rassereinheit kommt es bei den Saufindern nicht an. Dackel werden am leichtesten von Schwarzwild geschlagen. Schwarzwild, das von „Saupackern" gedeckt (gestellt) ist, kann mit der Saufeder abgefangen werden. (Bei der Schweißarbeit mit dem Hannoverschen Schweißhund sorgen erfahrene Schweißhundführer dafür, daß möglichst ein scharfer Terrier als „Kampfhund" mitgeführt wird, um den sehr wertvollen Schweißhund nicht zu gefährden.)

Was will das Lüneburger Modell?

Die hohen Wildschäden, die Schwarzwild verursacht, in Verbindung mit seiner starken Vermehrungskraft ließen gegenüber dem letzten wehrhaften Wild unserer heimatlichen Flur keine besonders ritterliche Haltung aufkommen. Erst seit 1977 ist seine ganzjährige Jagdzeit bundesweit auf den Zeitraum vom 16. Juni bis 31. Januar eingegrenzt worden (einzelne Bachen frischen schon ab Februar!). Frischlinge und Überläufer sind davon nach wie vor ausgenommen. Das gilt in *Niedersachsen* auch für alle zu spät und zur Unzeit setzenden Stücke, die aufgebrochen ein Gewicht von 25 kg nicht überschreiten.
Seit längerer Zeit gibt es das bekannte Lüneburger Modell (Initiator: Herr Teuwsen), das sich eine anständige Bejagung des Schwarzwildes zum Ziel gesetzt hat. Sauen sollten nie in reinen Feldrevieren gehegt werden. Damit der Schaden, den sie anrichten, möglichst gering bleibt, benötigen sie als Lebensraum zusammenhängende Waldgebiete ab etwa 10000 ha. Die Pächter dieser Bezirke müssen sich großräumig zu Schwarzwildhegeringen zusammenschließen. Die Ablenkungsfütterungen werden aus gemeinsamer Kasse bezahlt. Jedes Mitglied unterwirft sich den gleichen Abschußrichtlinien, der einen Altersaufbau des Bestandes von Frischlingen 75%, Überläufer 15%, alte Bachen 5% und jagdbare Keiler 5% zum Ziel hat. Man streckt neben Frischlingen vor allem Überläufer bis zu 50 kg. Mittelalte Keiler schont man, bis sie wirklich stark sind (Einzelgänger!). Sie sollen erst erlegt werden, wenn sie mindestens 5 Jahre alt sind oder 100 kg aufgebrochen wiegen.
Nach diesem Motto wurde in der Lüneburger Heide am 4.8.1979 im Waldrevier Ellerndorf vom Waidgenossen den Heijer ein kapitaler Basse mit dem sagenhaften Gewicht von aufgebrochen 516 Pfund, der sich in einem angelegten Haferstreifen gütlich tat, mit der 9,3 × 74 R (s. S. 68) erlegt. Ostpreußenkeiler brachten es nur (!) auf 300 bis 474 Pfund.

Wo muß bei einer beschossenen Sau der Treffer sitzen?

Die Wirbelsäule des Schwarzwildes biegt sich weit nach unten durch. Man sollte daher nie „mitten drauf" halten, sondern stets etwas tiefer „gehen". Nur so trifft man sicher Kammer und Herz. Die DJV Schießscheibe Nr. 2 „Überläufer (Keiler) stehend nach rechts" bedürfte diesbezüglich einer Berichtigung.

Nagetiere

Hörnchenartige (Sciuridae)

Murmeltier (Marmota marmota)

Wo finden sich noch Murmeltiere?

In den Alpen, neu ausgesetzt im Schwarzwald. Das Murmeltier (das „Mankei“) liebt die offenen sonnigen Hänge des Hochgebirges zwischen 1000 m und 2700 m Höhe. Seine Feinde sind Adler und Fuchs.

Murmeltier
Körper 50 cm, Rute 12 cm, Gewicht 4–5 kg, ganzjährig geschont!

Was wissen wir vom Murmeltier?

Es ist ein Tagtier und sonnt sich gern. Es lebt in Kolonien und gräbt sich einen tiefen, verzweigten Bau mit großer Nestkammer (Kessel). Es ist sehr wachsam und sitzt beim Äugen mit den „Sehern“ aufrecht auf den Hinterläufen (es macht Männchen). Der Balg heißt „Schwarte“, die Ohren nennt man „Gehöre“. Den Warnruf nennt man „Pfeifen“. Er ist ein hoher pfeifender Schrei. Es hält den längsten Winterschlaf (Oktober bis April). Das Männchen heißt Bär, das Weib Katz, die Jungen Affen.
Für Murmeltiere wurde wegen ihres geringen Vorkommens keine Jagdzeit mehr festgesetzt. Jagdtrophäen waren früher die rotbraunen Murmeltier-„Grandeln“. Murmeltiere äugen sehr scharf, fast wie ein Adler. Sie beherbergen oft massenhaft Bandwürmer.

Meerschweinchenverwandte (Caviomorpha)

Nutria (Myocastor coypus)

Was wissen wir von der Nutria (Biberratte oder Sumpfbiber)?

Sie hat, zoologisch gesehen, weder mit dem Biber noch mit Ratten etwas zu tun. Sie ist ein Nagetier und stammt aus Südamerika und gelangt aus Farmen in die freie Wildbahn.
Der Schwanz ist (gegenüber der breiten „Kelle“ des Bibers) drehrund, beschuppt und nur wenig kürzer als der etwa 45 bis 50 cm lange Körper. Die Nutria wirft zweimal jährlich 4–6 behaarte, sehende, gut entwickelte Junge, die sofort nach der Geburt schwimmen können. Im Gegensatz zum Biber ist die Nutria ein schlechter Taucher. Die Milchdrüsen der Nutria stehen an den Körperseiten ziemlich hoch, fast auf dem Rücken. Sie ist Vegetarier.
Als Nahrung dienen Schilfwurzeln und Feldfrüchte, nicht jedoch Fische. Das Wildbret bietet einen sehr schmackhaften Braten. Es muß vor dem Verzehr auf

Trichinen untersucht werden (s. S. 571 und S. 780). Die Nutria gehört in *Bayern* und *Hessen* zu den Tierarten mit ganzjähriger Jagdzeit (s. S. 749/750).

Mäuseverwandte (Myomorpha)

Bisamratte (Ondatra zibethica)

Was muß der Jäger von der Bisamratte wissen?

Sie wurde Anfang 1900 wegen ihres Pelzes aus Nordamerika eingeführt. Sie gehört zu den wühlmausartigen Nagetieren, ist Pflanzenfresser und zerstört weitgehend die Wasserpflanzenbestände. Ihr Hauptaufenthalt ist das Wasser. Durch den Bau ihrer Röhren an Dämmen und Böschungen richtet sie großen Schaden an.
Fische raubt sie nicht. Sie vermehrt sich stark (jährlich 30 Nachkommen), kann täglich kilometerweit wandern und ist unempfindlich gegen Abwasser. Bei Gefahr greift sie Menschen an. Sie gilt als gemeiner Schädling. Ihr Feind ist der Iltis.
Sie ist von der Nutria (Biberratte) und den Ratten durch den seitlich abgeplatteten Ruderschwanz leicht zu unterscheiden. Ihre Hege ist verboten. Ihr Auftreten ist der Ortspolizeibehörde anzuzeigen. Die Nutzungsberechtigten von Grundstücken, auf denen sie auftritt, sind zu ihrer Bekämpfung verpflichtet. Jagdrechtlich gehört die Bisamratte (wie Haus-, Wander- und Wasserratte) zu den Tieren, die dem „freien Tierfang" unterliegen, also von jedermann erlegt werden dürfen, sofern die schriftliche Erlaubnis des Grundstückseigentümers oder des Jagdberechtigten vorliegt. Ihre Erlegung mit der Schußwaffe ist jedoch nur Jagdberechtigten gestattet. Bisambraten („Wasserkaninchen") gilt als Leckerbissen.
Die günstigste Zeit zum Fang der Bisame ist der Frühherbst. Der Fang erfolgt mit einer Köderfalle, die mit einem Stück Ontarioapfel und einigen Tropfen Anisöl beködert wird, die sie bis auf 15 m mit ihrem guten Geruchssinn wahrnimmt. Die Falle wird abends dicht am Wasser gestellt und der Köder, dem Fluß zugewandt, ruht fast auf gleicher Höhe mit dem Wasserspiegel. Auch der unterhöhlte Uferstreifen ist ein todsicherer Fangplatz. Am nächsten Morgen werden die Fallen kontrolliert bzw. eingezogen.

Nutria oder Sumpfbiber
(drehrunder Schwanz)
Körper 50 cm, Schwanz 40 cm
Gewicht: 6–9 kg

Bisamratte
(senkrecht-platter Ruderschwanz)
Körper 30 cm, Schwanz 20 cm
Gewicht: 0,6–1,7 kg

Erfolgt ihre Bekämpfung mit der „Roithschen" Bisamfalle durch amtlich bestellte Bisamjäger, so ist ihre Bekämpfung anderen Personen in diesem Gebiet untersagt (VO vom 1.7.1938, RGBl. I S. 847).

Wanderratte
(drehrunder Schwanz)
Länge: 24 + 18 cm
Gewicht bis 500 g

Trittbild
der Wanderratte
($^1/_2$ der natürlichen Größe)

Wanderratte (Rattus norvegicus)

Welche Ratte ist Schädling der Niederjagd?

Die Wanderratte. Sie ist aus Persien zu uns gekommen und hat die Hausratte verdrängt. Sie darf nicht mit der Scher- oder Wühlmaus verwechselt werden. Sie ist besonders im Entenrevier zu bekämpfen, da sie sowohl die Eier als auch die Jungenten nimmt (s. S. 321). Bewährtes Rattenvertilgungsmittel: Racumin 57.

Wanderratte Krähe, Marder Wiesel

Was kann man aus Eischalresten erkennen?

Die Wanderratte hinterläßt vom Ei eine flache Wanne;
Krähen und Möwen machen einen quer zur Längsachse des Eies verlaufenden Einschlag.

Die Marder (Edelmarder, Steinmarder, Iltis) nehmen das Ei stets quer in den Fang, bringen es in eine Deckung und beißen es stets an der Breitseite an, so daß ein unregelmäßig rechteckiges Loch entsteht.
Wiesel hinterlassen Löcher in der Nähe der Eipole, so daß die Eier aussehen, als seien sie von Menschen ausgetrunken.
Für zertretene Gelege ist außer Menschen oft auch Weidevieh verantwortlich.

Hasenartige

Echte Hasen

Alpen- oder Schneehase (Lepus timidus)

Wo kommen Alpen- oder Schneehasen vor?

Nur noch in den Bayrischen Alpen. Sie sind etwas kleiner als der Feldhase. Im Winter sind sie weiß, im Sommer bräunlich-grau. Sie haben schwarze Löffelspitzen. Blendlinge (Kreuzungsprodukte mit Hasen) kommen vor. Das Wildbret ist minderwertig. Schneehasen sind ohne Jagdzeit und deshalb ganzjährig geschont.

Feldhase (Lepus europaeus)

Welche waidmännischen Ausdrücke benutzt man, wenn vom Hasen die Rede ist?

Der Hase (auch „Mümmelmann“ oder „der Krumme“ genannt) heißt als Männchen Rammler, die Begattungszeit Rammelzeit.
Die Häsin heißt Häsin, Setz- oder Satzhase und setzt Junge.
Die Junghasen heißen
zu einem Viertel ausgewachsen (nach 1 Mon.) Quarthasen,
zur Hälfte ausgewachsen (nach 2 Mon.) halbwüchsig und
zu drei Viertel ausgewachsen (nach 3–4 Mon.) Dreiläufer.
Der Junghase ist mit sechs bis acht Monaten ausgewachsen.
Der Hase hoppelt, wenn er sich langsam fortbewegt;
er rutscht, wenn er sich beim Äsen langsam und mit Unterbrechungen fortbewegt;
er geht flüchtig, wenn er schnell abgeht;
er schlägt Haken, wenn er seine Fluchtrichtung plötzlich ändert;
er durchrinnt das Wasser, wenn er es durchschwimmt;
er macht oft einen Widergang und bis zwei Meter weiten Absprung, bevor er in seine Sasse (sein Lager) fährt oder eine neue Sasse scharrt und sich dann lagert;
er hält gut, wenn er den Jäger oder den Jagdhund nahe an seine Sasse herankommen läßt (anderfalls hält er schlecht);
wird er aus seiner Sasse aufgestoßen (aufgejagt), so fährt er aus der Sasse oder aus dem Lager;

verläßt er die Sasse freiwillig, so steht er auf;
er drückt sich, wenn er sich in der Sasse klein macht oder wenn er sich verbirgt; dabei läßt er sich leicht übergehen;
er sitzt oder hockt, wenn er derart auf den Sohlen (Ferse bis zu den Zehen) sitzt, daß Keulen und Vorderläufe den Boden berühren;
er macht einen Kegel, wenn er auf den Sohlen der Hinterläufe (oder „Sprünge") stehend sich so hoch aufrichtet, daß die Vorderläufe den Boden nicht mehr berühren;
er macht oder baut ein Männchen, wenn er, noch mehr aufgerichtet, nur noch auf den Zehenspitzen steht (so wehrt er sich auch mit strampelnden Vorderläufen gegen angreifende Krähen oder den Habicht).

er drückt sich (in der Sasse) — er sitzt oder hockt — er macht einen Kegel — er baut ein Männchen

In welchen Biotopen fühlt sich der Hase am wohlsten?

Der Hase kommt aus den Steppengebieten Asiens. Er konnte erst nach der Rodung der Wälder bei uns Fuß fassen. Interessant ist, daß ihm auch viele Kräuter und Pflanzen, die aus diesen Räumen als Kulturpflanzen eingeführt werden, als Nahrung dienen. Erst wenn die Landschaft zu offen wird, kann er sich nicht mehr so gut halten. Meist geschieht das mit Abschluß der Flurbereinigung. Die dann folgenden modernen Wirtschaftsmethoden (schnelle Großmaschinen, großflächige, herbizidgereinigte Monokulturen, rasche Erntedurchführung, sofortiger Umbruch) sagen ihm nicht mehr recht zu. Er muß ums Überleben kämpfen. Da er aus einem trockenen Klimabereich kommt, macht ihm vor allem die Kokzidiose, die besonders wegen der naßkalten Witterung in unseren Breiten verheerende Ausmaße annehmen kann, große Schwierigkeiten. Sie fordert unter den Junghasen im Frühjahr und Frühherbst enorme Verluste.

Wie lange dauert die Rammelzeit?

Von Januar bis August, im April/Mai ist Höhepunkt.

Wie spielt sich die Hasenhochzeit ab?

Die Hasen finden sich oft schon im Januar am hellen Tag in Gemeinschaft auf den Rammelplätzen ein, die meist in offenem übersichtlichen Gelände liegen. Die Häsinnen locken die Rammler durch ihren Geruch an. Als optische Signale wirken die Schwarz-weiß-Kontraste an Löffel und Blume. Einzelne Rammler können in harten Kämpfen aneinander geraten und sich die Läufe ins Gesicht schlagen, daß die Wolle stiebt (den Beginn der Rammelzeit kann man an der herumliegenden „Rammelwolle" erkennen). Verletzungen entstehen dabei nicht. Vor der Begattung sondert sich ein Hasenpaar etwas von den übrigen Tieren ab. Die Häsin kommt mit der Bauchseite über den Rammler und beweist ihm so ihre Paarungsbereitschaft. Auch jetzt kann es zu Auseinandersetzungen kommen. Nach gegenseitigem Putzen bietet sich die Häsin zur Begattung an. Am Ende des „Beschlags" wirft sie mit dem typischen Begattungssprung den Rammler ab. Die beiden Tiere bleiben noch einige Zeit beisammen und wiederholen die Begattung mehrmals.

Wieviel Junge setzt die Häsin?

Sie setzt nach einer Tragzeit von 42–44 Tagen drei- bis viermal jährlich zwei bis vier, insgesamt bis 10 behaarte und sehende Junge, von denen aber nur etwa vier groß werden. Der erste Satz im März (in mildem Klima schon im Januar) besteht häufig nur aus einem Junghasen. Der letzte Satz fällt in den September. Zu Beginn der Jagdzeit (s. S. 746 und S. 747) haben Häsinnen manchmal noch Milch im Gesäuge, ganz selten sogar noch inne. Bei Trächtigkeit in nur einem Horn des Tragsacks sind Häsinnen einige Tage vor dem Setzakt bereits wieder befruchtungsfähig (Superfetation).

Der Hase in der Waidmannssprache

Junghasen werden täglich dreimal und mindestens drei Wochen lang gesäugt. Dann fangen sie an, Grünäsung aufzunehmen. Die Annahme, daß im März gesetzte Junghasen im gleichen Jahre noch Junge setzen, ist nicht richtig. Etwaige wenige Ausnahmen haben für den Zuwachs des Besatzes keine Bedeutung.

In welchen Monaten erfolgt der Hauptzuwachs des Hasenbesatzes?

Vom Mai bis Juli.

Die Zahl der überlebenden Junghasen ist weitgehend von Verlustursachen abhängig, wie von landwirtschaftlichen Maßnahmen (Abbrennen von Dürrgras, Hek-

ken und Brachland; Eggen, Walzen und Pflügen der Wiesen und Felder; der Klee- und Grasschnitt mit Mähmaschinen), von nasser und kalter Witterung und dadurch bedingter Kokzidiose (s. S. 550), von Streugiften, Beutegreifern und Streunern, ganz besonders aber auch vom Autoverkehr.
Trockene Jahre sind gute Hasenjahre (s. auch S. 551)!
(In mäusereichen Jahren finden Beutegreifer so reichlichen Mäusefraß, daß die Junghasen weitgehend verschont bleiben. Auch der Rückgang des Fuchses in Tollwutgebieten wirkt sich günstig auf den Hasenbesatz aus!)

Welche wirtschaftliche Bedeutung hat der Hase?

Die Jahresstrecke liegt je nach Jahreswitterung über oder unter einer Million Hasen. Der Hase ist deshalb neben dem Rehwild das wichtigste Wild unserer Kulturlandschaft. Er paßt sich als Kulturfolger weitgehend den Veränderungen der Natur durch die Wirtschaft des Menschen an. Durch Hege und sinnvolle Bejagung können gute Strecken erzielt werden (s. Hege S. 260). Gleichhohe jährliche Strecken deuten auf einen intakten Biotop (s. S. 388) und auf eine richtige Bejagung hin. Abfallende Strecken sind alarmierend!

Welche Hasen werden nach ihrem Standort unterschieden?

Feldhasen und Waldhasen (Berg-, Busch- und Heidehasen).
Der Feldhase bleibt immer im freien Feld. Der Waldhase hält sich am Tage im Walde auf und „rückt“ am Abend aus dem Wald zu Feld (Hasenauslauf) und am frühen Morgen vom Felde zu Holz (Haseneinlauf).
Unter der „Hasenkammer“ versteht man den Teil des Reviers, in dem die meisten Hasen vorkommen.

Ist der Hase standorttreu?

Ja. Er ist sowohl am Meeresstrand wie im Hochgebirge zu Hause. Besonders liebt er trockenen Boden und trockenes Klima und das mit Sträuchern und Stauden inselartig bewachsene Gelände. Gegen starken Wind ist er ausgesprochen empfindlich. Er sucht deshalb bei Wind gern geschützte Lagen auf, wo er „unter Wind“ liegen kann. Beim Laubfall rückt er ins Nadelholz, bei Tauwetter ins Feld. Der Hase hat deshalb in seinem Einstandsgebiet mehrere Sassen, die er je nach Wind und Wetter (mit Kopf gegen den Wind) benutzt. Vom Berghasen wird der Winteraufenthalt gern in tiefer gelegene Gebiete verlegt (s. auch S. 510).
Wenn auf ihn mit Bracken gejagt wird („Brackieren“), kommt er immer wieder in sein gewohntes Lebensgebiet zurück. Gegen fortwährende Bejagung ist er jedoch sehr empfindlich.
Merke: „Wenn man ihn nicht stört und hetzt, bleibt er gern, wo er gesetzt!“

Was verstehen wir unter der „Hasenkur“?

Den Ansitz auf Waldhasen beim Aus- und Einlauf (französisch: cours = Lauf). Er kann in den ersten Tagen der Jagdzeit für manchen Jäger eine große jagdliche Freude sein (s. S. 262). Der erste aus- und einrückende Hase ist meist eine Häsin und deshalb zu schonen!

Wie pflegt der Hase seinen Balg?

Er entnimmt mit den Vorderläufen durch Abstreifen Duftstoffe aus dem Backenorgan und bürstet, glättet und säubert damit Balg, Löffel und Bart. Dabei trommelt er mit den Vorderläufen.

Wodurch verrät sich der Hase dem Jäger?

Durch Tritte, Spuren, Losung, Sassen, Verbißstellen und Pässe (Hasen- oder Hexensteige im Getreide sind Pässe, die der Hase „ausschneidet", um bequem und möglichst trocken durch den Halmenwald zu kommen).

Was ist charakteristisch für die Spur des „Krummen"?

Die Tritte der langen Hinterläufe werden bei jeder Gangart, auch beim Rutschen und beim Hoppeln, stets vor den Tritten der Vorderläufe aufgesetzt (sog. Hasensprung).

Wie die Hasenspur entsteht

Hase (und Kaninchen) treten in jeder Gangart immer zuerst mit den schwächeren Vorderläufen auf und überholen diese dann mit den längeren und stärkeren Hinterläufen (sog. „Hasensprung")

Beim Rutschen und Hoppeln zeigt die Spur die ganze Sohle der Hinterläufe, bei der Flucht werden nur die Ballen abgedrückt.

Wildkaninchen (Oryctolagus cuniculus)

Wie nennt der Jäger das Kaninchen, und wo stammt es her?

Die Lapuze, das Künigl, der Kinihas, das Karnickel, der graue Flitzer. Sein natürliches Verbreitungsgebiet liegt westlich der Pyrenäen. In nachchristlicher Zeit wurde es vor allem über die Klöster in Deutschland eingebürgert. Erstmals ist es 1149 im Kloster Corvey erwähnt.

Wie unterscheiden sich Hasen- und Kaninchenlosung?

Die Losung der Hasenartigen ist von kugeliger Gestalt. Die der Hasen hat einen Durchmesser von über 12 mm und findet sich meist vereinzelt, die der Kaninchen ist von geringerem Durchmesser und findet sich an einem Platz in größerer Anzahl vor. Sie ist schwarz bei Grün- und bräunlich bei Rindenäsung.

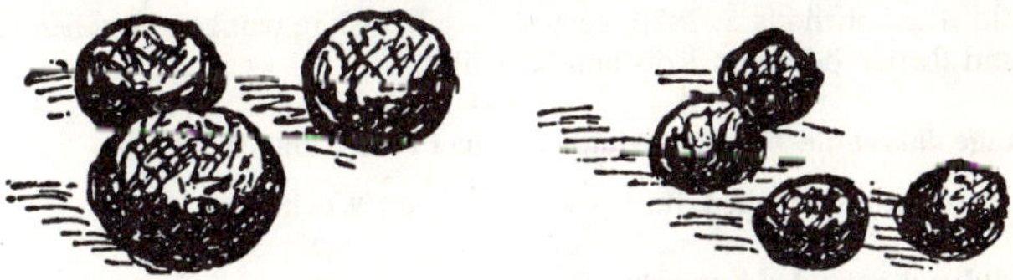

Hase Kaninchen
Hasen- und Kaninchenlosung („Knöpfe") in natürlicher Größe

Welche zweierlei Losung scheiden Hasen und Kaninchen aus?

Eine weiche, Vitamin-B_1-reiche und eine feste, vitaminarme Losung. Das hängt mit bakteriellen Vergärungsvorgängen und der Bildung von Vitamin B_1 im Blinddarm zusammen.
Während feste Losung zu allen Tageszeiten ausgeschieden wird, erfolgt die Entleerung der weichen, Vitamin-B_1-reichen Losung aus dem Blinddarm nur in den Vormittagsstunden. Hierbei wird ein Teil dieser Losung von Hase und Kaninchen direkt vom Weidloch abgenommen und ohne Kauvorgang verschluckt.

Wie nennt man diese Art der Losungsaufnahme?

Kotfressen (oder Koprophagie).
Sie ist nur bei Hase und Kaninchen bekannt. Offenbar handelt es sich dabei um eine besondere Auswertung der für den Stoffwechsel wichtigen Vitamine und Spurenelemente.

Welche Unterschiede bestehen zwischen Hase und Kaninchen?

Der Hase braucht zum Schutz gegen Witterungsunbilden keine Deckung, ihm genügt die Sasse, eine Erdmulde, die er mit den Läufen ausscharrt. Er kann Geschwindigkeiten von 40 km/h errennen und beweist seine Gewandtheit durch weite Luftsprünge.
Das Kaninchen ist ein Grabtier. Es bewohnt selbstgefertigte Erdbaue, die in Kolonien dicht beieinanderliegen, bevorzugt sandige Böden (nicht über 500 m Meereshöhe). Der Hase lebt ungesellig (als Einzelgänger), das Kaninchen gesellig (in Kolonien). Der Hase ist rötlichbraun gefärbt. Beim normalerweise fahlgrauen Kaninchen stößt man häufig auf Farbabweichungen. Falbe und Schecken sind nicht selten. Es kommen auch schwarze Kaninchen vor.
Die Unterwolle des Hasen ist weißlich, vom Kaninchen grau.
Die Löffel des Hasen sind (nach vorn umgelegt) so lang wie der Kopf und haben schwarze Spitzen, die der Kaninchen sind kürzer als der Kopf und haben graubraune Spitzen.

Der Hase setzt behaarte und sehende Junge, die jungen Kaninchen kommen nackt und blind zur Welt. Das Kaninchen, der kleine „Flitzer", „blitzt" in der Bewegung mit der Blume und ist wesentlich kleiner und kürzer als der Hase. Das Wildbret des Hasen ist braunrot, das des Kaninchens weißrötlich.
Zwischen Hase und Kaninchen ist keine Kreuzung (Bastardisierung) möglich; Kreuzungen sind nur bei artverwandten Tieren möglich, wie zwischen Haus- und Wildschwein, Hunderassen, Pferd und Esel (Maultier, Maulesel), Auer- und Birkwild (Rackelwild [s. S. 287]), keinesfalls gibt es Kreuzungen zwischen Kaninchen und Ratten oder von Rot- und Rehwild!

Wie lange dauert die Tragzeit beim Hasen und beim Kaninchen?

Beim Hasen sechs Wochen, beim Kaninchen vier Wochen.

Wieviel Junge setzt das Kaninchen?

Die Kaninchenhäsin setzt fünf- bis siebenmal jährlich vier bis acht Junge. Die Vermehrungsfähigkeit ist sprichwörtlich. Sie setzt die Jungen abseits von den Hauptbauen. Hierzu gräbt sie eine Setzröhre und polstert den Kessel mit Gras und ausgezupfter Brust- und Bauchwolle aus. Wenn sie die Röhre verläßt, schließt sie den Eingang zur Setzröhre mit einem Gras- oder Laubpfropfen und scharrt Erde darüber (Verbot des Aussetzen s. S. 468).

Durch welches Signal warnen sich die Kaninchen gegenseitig vor einer drohenden Gefahr?

Durch Klopfen mit den Hinterläufen auf den Boden. Bei diesem Signal flüchten sie in den Bau oder in eine schützende Deckung. Sie eräugen kleinste Bewegungen und haben ein sehr gutes Gehör.

Wie unterscheidet sich die Stimme des klagenden Hasen von der des Kaninchens?

Beim Hasen ist die Stimme ein quäkendes Schreien, beim Kaninchen ein heller, pfeifender Ton.

Hege und Bejagung des Hasen

Gibt es gute und schlechte Hasenjahre?

Nicht alle Jahre sind gute Hasenjahre. In den sechziger Jahren schnellten die Hasenstrecken geradezu nach oben. Besorgniserregend waren die Einschnitte Mitte der siebziger Jahre. Man hatte Angst, daß die Hasenbestände zusammenbrechen könnten. Erst in den achtziger Jahren geht es mit dem Krummen wieder aufwärts. Hasenforscher meinen, daß Mümmelmänner in ihrer Wilddichte Schwankungen unterliegen, die einen etwa fünfjährigen Rhythmus haben. Niederschlagsreiche Witterungsverhältnisse legen sich mit ihren Kokzidiosezügen und Darmparasitenerkrankungen dämpfend über dieses Auf und Ab. Niederschlagsarme Jahre wirken sich etwas steigernd aus.

Welche Feinde hat der Hase?

An erster Stelle muß die „mordende Straße" genannt werden. Jährlich werden etwa 120000 Stück überfahren (12%). Unzählige Hasen kommen durch das Walzen der Wiesen und Saatäcker und ganz besonders durch die Schwungscheiben der Kreiselmäher um (Abhilfe s. S. 194). Auch das streng verbotene Flämmen (Abbrennen von Dürrgras und Hecken) tötet viele Jungtiere. Ein böser Feind des Hasen ist das Wiesel, welches viel zu wenig bekämpft wird.

„Menschen, Hunde, Wölfe, Lüchse,
Katzen, Marder, Wiesel, Füchse,
Adler, Uhu, Raben, Krähen,
Jeder Habicht, den wir sehen,
Elstern auch nicht zu vergessen,
Alles, alles will ihn fressen.“ (von Wildungen)

Welche Maßnahmen sind zur Hebung eines Niederwildreviers erforderlich?

Anlage von Fütterungen (s.S. 498), Pflege vorhandener Hecken und Büsche im Feld, Bekämpfung von Wildkrankheiten, Aufstellen eines Bejagungsplanes durch den Revierinhaber entsprechend dem Besatze, Aussparung einiger Gebiete des Reviers von der Bejagung, Aufstellen von Kasten- und Totschlagfallen für behaarte Beutegreifer.

Verursacht der Hase Wildschaden?

Nur in geringem Umfange. Schäden durch Verbiß an jungen Apfelbäumen werden nicht ersetzt, weil der Besitzer selbst für Schutz sorgen muß. Der Hase ist deshalb unbedenklich zu schonen. Durch seine Hege kann der Jäger seine jagdlichen Freuden erhöhen und die Wirtschaftlichkeit seines Reviers wesentlich heben.

Welches Geschlechterverhältnis besteht bei Hasen?

Im Durchschnitt besteht ein Geschlechterverhältnis von 1:1. Es ist durch Bejagung nicht zu beeinflussen, weil die Unterscheidung der Geschlechter im praktischen Jagdbetrieb nicht möglich ist.

Worin liegt der Schwerpunkt der Hasenhege?

In der sinnvollen Bejagung. Sie hat sich stets nach der Höhe des Besatzes zu richten. Bei geringem Besatze dürfen keine Gesellschaftsjagden (s. S. 364) gemacht werden! Ein Drittel des Reviers soll stets unbejagt bleiben. Bei normalem Besatz sollen nicht mehr als die Hälfte der vorhandenen Hasen geschossen werden. Bei schlechtem Besatz soll die Jagd ruhen.

In welchen Monaten soll der Hase bejagt werden?

Die Hasenjagd müßte eigentlich noch vor dem Zeitpunkt beginnen, den das Bundesjagdgesetz zuläßt. Was in den ersten nassen Herbstwochen durch Kokzidiose umkommt, kann im Oktober schon nicht mehr geerntet werden. Es sind vor allem Junghasen, die zart sind und gut schmecken und die sicher nicht über den Winter kommen. Ab Mitte Dezember muß es auf alle Fälle „Hahn in Ruh“ heißen. Nach dieser Zeit erntet man nur unter den besonders lebenstüchtigen Stücken, die unbedingt als Grundlage des neuen Besatzes erhalten werden müssen. Im Januar ist darüber hinaus oft schon Rammelzeit für die kommende Setzperiode.

Auf welche Entfernung darf ein Hase beschossen werden?

Die beste Schußentfernung liegt zwischen 25 und 35 Meter. Bei Schüssen auf geringere Entfernung zerstört die geschlossene Schrotgarbe das Wildbret. Bei weiterer Entfernung als 40 Meter werden die Hasen wegen der starken Streuung der Schrotgarbe nur von wenigen Schrotkörnern getroffen und entkommen scheinbar gesund, verenden aber häufig später und gehen so der Strecke und dem Besatz verloren.
Der Jäger muß also unbedingt so viel Selbstdisziplin besitzen, den Schuß auf zu nahe oder zu weit entfernte Hasen zu unterlassen. (Deckung der Schrote ist wichtiger als Durchschlag. Das Entfernungsschätzen ist bei jeder Gelegenheit zu üben!)

Welche Jagdarten auf Hasen sind üblich?

Ansitz, Suche, das Brackieren, Streife und Treibjagd (s. S. 364 bis 504).
Der Ansitz auf Hasen ist eine beschauliche Jagdart, die gleichzeitig der Beobachtung des Wildes dient. Er wird abends und morgens an Waldrandgebieten ausgeübt, wenn die Hasen zu Felde oder zu Holze rücken. Frühzeitig am Abend erscheinende Hasen, die sofort am Waldrande äsen, sind meist Häsinnen oder Junghasen, während alte Rammler meist spät erscheinen und nach vorsichtigem Sichern am Bestandesrande flüchtig zu Felde gehen. Diese erlege man bevorzugt (s. auch „Anpfiff" S. 370).
Der Reiz der Suche auf Hasen liegt in der Freude an der Arbeit des Hundes und in der Möglichkeit, die Hasenjagd allein auszuüben. Wiederholtes Suchen auf dem gleichen Gelände ist zu vermeiden. Es beunruhigt die Hasen und veranlaßt sie zum Abwandern. Der Hase will Ruhe haben!
Die Streife im Wald wird mit kurz suchenden Hunden ausgeübt. Die Schützen und Treiber rücken hierbei in sichtigem Holz in einer Linie vor, wobei sie sich immer wieder ausrichten! Vorstehtreiben sind am schonendsten (s. S. 366).
Kesseljagden sind nur in guten Hasenrevieren oder in guten Hasenjahren angebracht, weil hierbei der größte Teil der vorkommenden Hasen erlegt, mancher leider auch krankgeschossen wird, besonders dann, wenn eine große Zahl von Schützen beteiligt ist. (Erzieherisch wirkt, wenn nach jedem Treiben dem Jagdleiter die Zahl der erlegten Hasen und die Zahl der verwendeten Patronen gemeldet werden muß!) Eine enge Treiberkette sichert den jagdlichen Erfolg, ist aber aus hegerischen Gründen meist abzulehnen. Bei Treibjagden läuft der Hase gern bergauf.

Darf man Wild beschießen, das den Nachbarn anläuft?

Nein! Das gilt als unwaidmännisch. Schußneid ist eine der übelsten menschlichen Eigenschaften. Vom Nachbarschützen angeschossene („kröpelnde") Hasen schießt man tot und sagt: „Herr Nachbar, Ihr Hase!" Mit Kopfschuß getroffene Hasen machen oft Metersprünge, die bald kleiner werden.
Bei Einzeljagd soll die Nachsuche auf einen angeschossenen Hasen sofort beginnen.

Darf man einen Hasen in der Sasse schießen?

Nein! Das ist unwaidmännisch, weil es dem Hasen keine Chance gibt. Auch sind Hasen, die den Jäger gut aushalten, gewöhnlich Häsinnen.

Jagdarten auf das Wildkaninchen

Wer hält den Kaninchenbesatz kurz?

Dachs, Iltis, Rauhfuß- und Mäusebussard. Harte Winter fordern ihren Tribut unter den sonnenhungrigen Tieren. Viele Kaninchen sterben an Kokzidiose. Insbesondere ist es jedoch die Myxomatose, die ganze Bestände bis auf wenige Exemplare ausrotten kann.

Welche Jagdarten auf Kaninchen werden angewendet?

Ansitz, Suche, Frettieren, Beizjagd mit Habicht und Treiben.
Bei der Treibjagd versprechen sonnige, windstille Tage die besten Erfolge. Die Kaninchen liegen dann nicht im Bau.
An Kaninchendickungen schießt man, stets mit dem Rücken zur Dickung, am besten nur nach links. Angeschossene Kaninchen streben sofort dem Bau zu und sind ohne den zweiten Schuß verloren. „Pfeifende" Kaninchen verenden dagegen schnell.
Jagdzeit s.S. 746 bis 751. Mit dem Kleinkalibergewehr erlegt man Kaninchen durch Kopfschuß oder Schuß in den Rücken. Das Aussetzen von Kaninchen ist nach § 28 BJG verboten.

Was versteht man unter dem Frettieren?

Die Baujagd auf das Kaninchen mit dem Frettchen, einem Iltisabkömmling (s.S. 279). Man sollte zu dieser Jagdart nur eingeübte Tiere hernehmen. Die Abrichtung erfolgt mit Futterschleppen aus Kaninchenlunge oder -leber. Langsam steigernd dehnt man deren Länge bis auf 20 Meter aus. Man kann sich einen Kunstbau zum Einjagen anlegen. Wichtig ist, daß man dem Tier das Herauskommen aus den Erdlöchern angewöhnt. Dazu reicht man dem Frettchen sein Fressen oder Milch erst nach einem Pfiff oder nach einem rhythmischen Klopfen. Diesen Dressurtrick wendet man dann an, wenn es einmal nicht aus seinem Bau will. Seinen Hund muß man früh an den Mitjäger gewöhnen, damit der es im Eifer nicht abtut.
Normalerweise ernährt man das Frettchen mit Magerhackfleisch, Hundefutter aus Dosen und Mäusen. Transportiert wird es in einem gepolsterten Tragkorb oder Tragrohr. Da es rasch ermüdet, sollte man es bei der Bauarbeit öfters durch einen Kollegen ersetzen. Eingejagte Tiere verkauft Horst Frank, 2241 Siksfelde/Ostholstein.
Es ist eine Tierquälerei, dem Frettchen die Fangzähne zu ziehen. Statt dessen stülpe man ihm einen Maulkorb über. Damit verwehrt man ihm, daß es ein Kaninchen würgt. Gelingt es ihm trotzdem, wird es meist recht bissig. Dem Iltisabkömmling bindet man gern ein Glöckchen um den Hals.
Vom Frettchen aus der Erde getriebene Kaninchen beschießt man mit Streupatronen und hält immer vom Bau weg. Auf Friedhöfen und in Parks kann man über den Ausgängen auch Zugnetze anbringen. Sie müssen gut abschließen und dürfen nicht zu straff gespannt sein. Es empfiehlt sich, in jedem Fall leise anzugehen und keine regnerischen Tage zu wählen, weil sonst die Kaninchen im Bau bleiben.

Behaarte Beutegreifer

Hundeartige

Wolf (Canis lupus), Fuchs (Vulpes vulpes)

Darf man einen Wolf schießen, den man im Revier antrifft?

Ja. Er gehört nicht zum Wild und ist völlig ungeschützt. Man denke an die Tollwutgefahr! Er ist ein starkes Raubwild (bis 1,40 m lang, 0,80 m hoch, bis 45 kg schwer) und wird in der Fabel „Isegrim“ genannt. Am 22. Oktober 1982 wurde in Südwinsen, Kreis Celle, eine vermutlich zweijährige Wölfin erlegt. Ob sie wirklich auf den seit 400 Jahren bekannten Pässen über Elbe und Oder in die Bundesrepublik kam, ist unbekannt.

Welche waidmännischen Ausdrücke benutzt man beim Fuchs?

Der männliche Fuchs heißt Rüde, der weibliche Fähe,
die Jungen heißen Welpen.
Der männliche Geschlechtsteil heißt Rute oder Feuchtglied, die Hoden sind das Geschröte.
Der weibliche Geschlechtsteil heißt Schnalle oder Nuß.
Der Fuchs hat „Fett“ nicht „Feist“ (Gewicht 6–10 kg);
wenn er sich langsam fortbewegt, so schleicht er; in gewöhnlicher Gangart „schnürt“ er, d.h. stehen seine Tritte hintereinander, wie an einer Schnur aufgereiht angeordnet; in schneller Gangart ist er (geht er) „flüchtig“.
Seine Nahrung raubt er, den Raub frißt er, lebende Tiere reißt er. Fängt er Mäuse, so „maust“ er. Er kommt aufs „Reizen“ mit der Hasenquäke oder dem Mauspfeifchen (s. Abb. S. 520).
Er ist vorwiegend Fleischfresser und hat im Fang spitze Fang- und ausgeprägte Reißzähne (s. Abb. S. 559 und S. 599). Am unteren Teil des Laufes hat er Branten (Pranken) mit Klauen (Nägeln).
Der Fuchs keckert, wenn er in Wut oder Erregung ist; er bellt in der Ranz- oder Rollzeit (Februar). Im Schmerz klagt er.
Die Fähe läßt ein kurzes Bellen hören, wenn sie die Jungfüchse vor einer Gefahr warnt, und stiehlt sich dann davon.

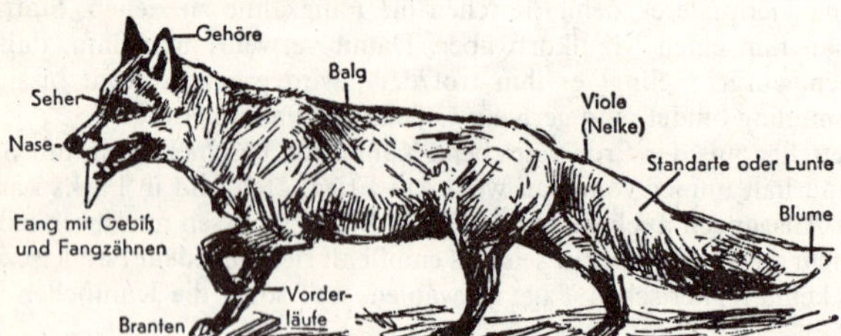

Der Fuchs in der Waidmannssprache

Wie wird der Fuchs in der Fabel bezeichnet?

Reineke Voss (sein Bau Malepartus), seine Frau Ermeline.

In welchen Farbspielarten kommt der Fuchs bei uns vor?

Als Birkfuchs und (seltener) als Brand- oder Kohlfuchs.

Wie unterscheiden sich Birk- und Brandfuchs?

Der Birkfuchs ist auf der Oberseite grellrot, am Bauch und an der Kehle grauweiß gefärbt. Der Brand- oder Kohlfuchs ist oberseits braunrot, am Bauch und an der Kehle grauschwarz gefärbt. Beim Birkfuchs hat die Standarte oder Lunte eine weiße, beim Brandfuchs dagegen eine schwarze Spitze, die „Blume".
Beim seltenen Kreuzfuchs kreuzt sich ein dunkler Rückenstreifen mit einem dunklen Schulterstreifen. Kreuzungen zwischen Fuchs und anderen Tieren gibt es nicht!
Die Gehöre und die Branten sind bei allen Füchsen schwarz.

Was versteht man unter der „Viole" des Fuchses?

Die Viole (von viola = Veilchen) ist eine nach Veilchen duftende Talgdrüse. Sie befindet sich auf dem Rücken der Fuchslunte, etwa drei Finger breit von deren Wurzel (Schwanzwurzel) entfernt. Einige schwarzgefärbte Haare in ihrer Nähe machen ihren Sitz kenntlich. Die Viole (oder Nelke) dient als Duftdrüse der Markierung und ist beiden Geschlechtern eigen und in der Ranzzeit der Hauptträger der Artwitterung. Eine weitere am Weidloch sitzende „Analdrüse" überzieht die Losung mit einer Duftmarke.

Was versteht man unter Ranz- oder Rollzeit?

Die Begattungszeit der behaarten Beutegreifer (ranzen oder ransen = ranzig stinken; rollen = sich ungestüm bewegen).
In der Ranzzeit sind die Füchse viel auf den Läufen und stecken häufiger zu mehreren im Bau. Sie können also am Bau und in mondhellen Nächten im Feld mit gutem Erfolg bejagt werden. Sie sind in dem der Ranzzeit folgenden Jahre schon geschlechtsreif. Im Dezember errichtet sich die Fähe ein Territorium, aus dem sie die Jungfüchse und fremde Fähen verjagt.

Wann und wo erfolgt die Begattung des Fuchses?

Die Ranz- oder Rollzeit beginnt im Januar. Die Begattung erfolgt im Freien und auch innerhalb des Baues. Hierbei „hängen" Rüde und Fähe etwa 20 Minuten nach Hundeart. Die Fähe „geht dann 7 bis 8 Wochen dick" und wölft dann im März/April.

Wo werden die Jungen gewölft?

In einem Mutterbau mit meist mehreren Röhren oder in einem Not- oder Wurfbau. Letzerer wird gern auch in Getreidefeldern angelegt und besteht dann aus einer kurzen Röhre mit nur einem Eingang und einem Kessel am Ende. Hier bleibt die Fähe bis zur restlosen Beschmutzung des Baues. Dann erfolgt der Umzug in den Aufzuchtbau, der meistens ein Feldbau ist. Vor den Röhren des Baues findet man (im Gegensatz zum Dachsbau) Beutereste, die „schlecht riechen" und von Schmeißfliegen umschwärmt sind.

Das „Hängen" von Fähe und Rüde (Dauer etwa 20–35 Min.)

Aus wieviel Welpen besteht ein Wurf oder ein Geheck?

Aus gewöhnlich vier bis fünf, neuerdings ausnahmsweise wesentlich mehr (10 bis 13), Jungfüchsen. Sie werden behaart geboren, sind 14–15 Tage blind, entwikkeln sich sehr rasch und spielen bereits nach vier Wochen vor dem Bau. Im September sind sie selbständig.

Lebt der Fuchs in Einehe (monogam)?

Vermutlich nicht. Trifft ein Fuchsrüde auf ein gerade verwaistes Geheck, soll er „Vaterpflichten" übernehmen und den Welpen Fraß zutragen.

Wo ist der Fuchs anzutreffen?

Überwiegend außerhalb des Baues. Im Wald steckt der Fuchs tagsüber in den Nadelholzdickungen, Laubholzjugenden und Brüchen, die er immer auf dem gleichen Wege, dem „Fuchspaß", aufsucht und verläßt. In den Mittagsstunden sonnt er sich gern (auf Baumstubben).
Im Feld dienen ihm Gehölze, Gesträuch, Korbweidenanpflanzungen und Hecken als Tagesunterschlupf. Mit Sicherheit besucht er frischgemähte Grasflächen, auf denen das Gras noch in Schwaden liegt, wegen des gesicherten Fraßangebotes.
Den Bau sucht der Fuchs bei Regen, an windigen Herbsttagen, in der Ranzzeit und nach dem ersten Schnee auf. Mit nassem Balg (z. B. nach nächtlichem Regen) fährt er nicht zu Bau.

Woran erkennt man die Fuchsspur?

Die Spur des Fuchses ähnelt der eines kleinen Hundes. Beide „nageln" und spüren sich mit vier Zehen. Die Pfotenabdrücke sind aber beim Fuchs länglich (eiförmig), beim Hund kreisförmig rund (die Katze nagelt nicht, s. Abb. S. 272).

Bei der gewöhnlichen Gangart, dem Schnüren, stehen die Tritte fast schnurgerade hintereinander. Ihr Abstand beträgt etwa 40 cm. Beim Schleichen schränkt der Fuchs, d.h., die Tritte stehen hier schräg gegeneinander. In der Flucht stehen die Tritte der Hinterläufe stets vor den Tritten der Vorderläufe.

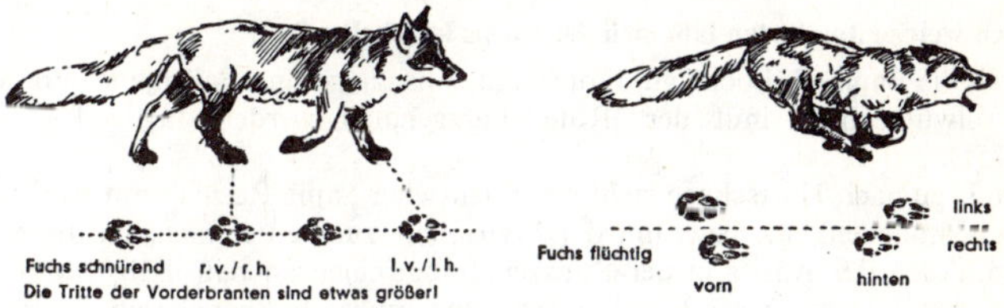

Wie sieht die Fuchslosung aus?

Der letzte Teil der Fuchslosung ist zu einer feinen Spitze ausgezogen und läßt an der Oberfläche und im Innern Haare und kleine Knochen erkennen. Man findet sie oft auf erhöhten Stellen (z.B. auf Grenzsteinen, Baumstubben und Stocksulzen).

Fuchslosung (fein auslaufende Spitze, Wildhaare, Knochen)

Wovon ernährt sich der Fuchs?

Der Fuchs ernährt sich fast zu 90% von Mäusen, Maulwürfen, Kleinsäugern und Kleinvögeln. Weiter nimmt er Insekten, deren Larven, Regenwürmer sowie Beeren und Obst als Fraß. Daneben nimmt er, besonders die geheckversorgende Fähe, alles, was er an Hausgeflügel, Junghasen, brütenden Rebhühnern und Fasanenhennen und deren Jungen findet. Außerdem frißt er alles kranke und schwache Wild und trägt damit zur Gesunderhaltung des Wildbestandes bei. Gerissenem Wild oder Fallwild schneidet der Fuchs, ähnlich wie der Luchs, das Haupt ab. Er verzieht es und vergräbt die abgetrennten Körperteile. Zu diesen „Vorräten“ kommt er wieder zurück.

Wie zeichnet der vorbei- oder krankgeschossene Fuchs?

Vorbeigeschossen schwingt er die Lunte kreisförmig (er winkt „Ade!“); getroffen geht er mit starrer, hocherhobener Lunte ab. (Beim erlegten Fuchs zeigt sich beim Hochheben an der Lunte das Weidloch so weit offen, daß man einen

Bleistift einführen kann. Im Zweifelsfall wendet man den Kehlschlag oder den Stockschlag auf die Nasenwurzel an, um ihn zu töten.) Einem tot geglaubten Fuchs nähere man sich nie ohne geladene Waffe. Schon oft wurde er plötzlich „lebendig" und war für immer verloren. Man hüte sich davor, einen Fuchs spitz von vorne zu beschießen.

Durch welche Jagdarten läßt sich der Fuchs kurzhalten?

Durch die Baujagd, Lockjagd, Drückjagd, Ansitzjagd und Fallenjagd. Vor allem in Tollwutbezirken muß der „Rote" kurzgehalten werden (Jagdzeit s. S. 746 bis 751).

Drei Tage nach Hartschnee steht der Fuchs eher „aufs Reizen" mit der Hasen- oder Kaninchenklage bzw. mit der Mauspfeife zu, weil er nicht an die Mäuse kann. Auch der Ansitz in der Ranzzeit bringt einen an reife Bälge. Man hört dann sein langgezogenes Geschrei weit und muß schußbereit sein, wenn man ihn auf der verharschten Schneedecke heranschnüren hört. Hat man einen Fuchs erlegt, sollte man noch nicht abbaumen. In der Fortpflanzungszeit sind viele Füchse unterwegs, und man kann oft innerhalb einer Stunde noch einen zweiten und dritten erlegen. Manche Jäger drücken die Blase eines erlegten Fuchses aus und tupfen damit das Schußfeld um ihren Ansitz ab.

Der Mondansitz am regelmäßig beschickten Luderplatz ist in den Wintermonaten häufig vom Erfolg gekrönt. Vor allem Fischabfälle locken den Roten an. Man kann auch zum Luderplatz Schleppen ziehen. Es gibt spezielle Wittrungen, die den Fuchs anlocken, zu kaufen.

Frisch gemähte Wiesen, auf denen das Gras noch in Schwaden liegt, werden wegen des gesicherten Fraßangebotes von den das Geheck versorgenden Füchsen (und Jungfüchsen) sehr gern aufgesucht. Deshalb bieten solche Flächen, vor allem in Tollwutgebieten, gesicherte Aussichten zur Bejagung der Füchse durch Ansitz am Abend, in Vollmondnächten (durch Benutzen des Zielfernrohres) und in den frühen Morgenstunden (ab vier Uhr).

Der Fuchs ist stets vor allem anderen Wild zu erlegen!

Drückjagden auf den Roten werden gern an kalten, sonnigen Wintertagen durchgeführt. Es muß dabei mit wenig Personal und sehr leise vorgegangen werden. In *Bayern* werden jeweils im Februar spezielle Fuchswochen durchgeführt. In dieser Zeit wird dem Roten im Zuge der Tollwutbekämpfung (s. S. 537) besonders eifrig nachgestellt.

Wie geht man bei der Baujagd ans Werk?

Man nähert sich dem Fuchsbau leise und stellt sich in Schrotschußentfernung auf. Steckt der Rote unter der Erde, ist er am ehesten am späten Vormittag anzutreffen. Nun läßt man den Hund einschliefen. Wenn der Fuchs nicht gleich erscheint, wartet man etwa eine halbe Stunde. Rührt sich länger nichts, hat Meister Reineke den Braten gerochen. Jetzt kann nur noch ein Trick helfen. Man pfeift den Hund ab und entfernt sich auffallend laut, läßt aber einen Schützen zurück. Will sich der Fuchs nun heimlich verdrücken, kann er doch noch erlegt werden.

Einen Einschlag soll man nur vornehmen, wenn sich der Erdhund verklüftet hat. Andernfalls macht man nur die Baue kaputt, die ansonsten immer wieder angenommen werden. Auch Kunstbaue (s. S. 523) lassen sich nach längeren Zeitabschnitten erfolgreich kontrollieren. Oft steckt der Fuchs auch in Dränagerohren, denen man immer genügende Aufmerksamkeit schenken sollte.

Enok oder japanischer Fuchs (Nyctereutes procyonoides)

Was wissen wir vom Enok oder Marderhund?

Er hat einen hundeartigen Kopf, kurze Läufe mit Hundepfoten und eine graubraune Grundfarbe. Er wird deshalb auch als Waschbär- oder Marderhund und wegen seiner asiatischen Heimat (Japan und China) japanischer Fuchs genannt. Man vermehrte ihn im Osten (Ukraine, Polen, Finnland) wegen seines wertvollen Balges. Er ist nicht standorttreu, sondern befindet sich (auch als Farmflüchtling) vom Osten her auf der Wanderung nach dem Westen, so daß er bald auch in unseren Wäldern zu Hause sein wird. Der erste Enok wurde 1963 bei einer Treibjagd im Hümling (Kreis Aschendorf/Emsland) erlegt. Er wog 12 kg. Inzwischen kam er auch in *Bayern, Hessen, Niedersachsen* und *Westfalen* in Anblick und konnte sicher angesprochen werden.
Er lebt in kleinen Rudeln und wohnt in Erdlöchern und Höhlen, in denen er den Tag verschläft. Das Geheck (6–8 Welpen) bleibt bis Ende Winter zusammen. Nachts sucht er als Allesfresser Beeren, Obst, Mäuse, kleine Nager und Vögel. Er richtet aber auch an Niederwild, Wasservögeln und in der Fischerei großen Schaden an. Da er gut zu tauchen versteht, wird er auch „Seefuchs" genannt. Als einziger Hundeartiger hält er eine Winterruhe, jedoch keinen echten Winterschlaf.
Er genießt in *Bayern, Hessen, Niedersachsen, Rheinl.-Pfalz* und *Schleswig-H.* als Niederwildschädling keinen Schutz.

Kleinbären

Waschbär (Procyon lotor)

Woher hat der Waschbär seinen Namen?

Von den eigenwilligen Tastbewegungen, mit denen er seine Nahrung aufnimmt und zum Mund führt. Da man ihn oft an Naßstellen antrifft, sieht das aus, als ob er sein Essen waschen würde.

Welche Lebensgewohnheiten zeigt der Waschbär?

Der amerikanische Waschbär (Gewicht 10 kg) ist vor etwa 50 Jahren durch Entweichen aus Farmen in *Hessen* in die freie Wildbahn gelangt und breitet sich ständig weiter aus. Besonders sagen ihm Laubwälder zu, die von Feuchtgebieten durchsetzt sind. Als Unterschlupf dienen ihm Felsspalten, Erdlöcher und ausgehöhlte Baumstämme. Das nachtaktive Tier klettert ausgezeichnet. Es ist Allesfresser und lebt von Käfern, Insekten, Würmern und Schnecken. Besonders schätzt es Früchte (Erdbeeren, Kirschen, Pflaumen, Rosinen). Im Herbst frißt der Waschbär sich eine Winterfaiste an. Er nimmt Nester aus und vergreift sich an Jungvögeln. Campingplätze, Müllkippen, Luderplätze und Feldscheunen besucht er gerne. Das Trittsiegel seiner etwa 10 cm langen Hinterbranten ähnelt der Fußspur eines Kindes. Er ist Sohlengänger. Seine (Zehen-)Nägel drücken sich mit ab.

Wie pflanzt sich der Waschbär fort?

Die Paarungszeit liegt im Januar/Februar, der Winterruhe. Nach 63 Tagen werden zwei bis sechs Junge geworfen, sie sind bei der Geburt blind, aber voll behaart.

Soll man den Waschbären schonen?

Nein! Als Eierschlecker ist er ein gefährlicher Feind allen Flugwildes. Er genießt in vielen Ländern (*Bayern, Hessen, Niedersachsen* und *Rheinland-Pfalz*) keine Schonzeit. Man versucht, ihn in der Nähe von reifen Kirsch- und Pflaumenbäumen zu erlegen (Schrot, Kleinkaliberpatrone). Der geschnallte Hund kann ihn zum Aufbaumen zwingen. Der Waschbärpelz ist wertvoll.
Bei der erfolgversprechenderen Fangjagd nutzt man die Neugierde des Tieres. Die Fallen werden keinesfalls verblendet und oft nur mit einer Konservendose beködert. Außerdem kann man Fisch, Maiskolben oder Backobst hernehmen. Die Prügelfalle soll ausreichend beschwert sein. Auch in der Kastenfalle fängt sich der Waschbär.

Enok oder Marderhund

Körperhöhe: 20–25 cm
Länge mit Rute: 60 + 15 = 75 cm
Rute nicht gebändert

Waschbär

Körperhöhe: 35 cm,
auffallende Gesichtsmaske.
Länge mit Rute: 60 + 25 = 85 cm
Rute mehrfach quergebändert

Echte Katzen (Felidae)

Luchs (Lynx lynx), Wildkatze (Felis silvestris)

Kommt der Luchs in der Bundesrepublik in freier Wildbahn vor?

Nein! Eine behördlich nicht genehmigte Ausbürgerungsaktion im Nationalpark Bayerischer Wald war zum Scheitern verurteilt. In der Steiermark (Österreich) war man erfolgreicher. Dort entließ man Wildfänge aus der Tschechoslowakei über Eingewöhnungsgehege in die freie Natur.
An der Spitze seiner Gehöre sitzen die schwarzen Ohrpinsel, die ihm ein eigenartiges Aussehen geben. Der männliche Luchs heißt Kuder, der weibliche Luchsin oder Kätzin. Der Luchs ranzt, die Luchsin bringt Junge. Er hat Fänge (nicht Zähne) und eine Stummelrute. Der Luchs unterliegt dem Jagdrecht, ist aber ganzjährig geschont.

An welchen Merkmalen erkennt man die Wildkatze?

Sie ist wesentlich stärker als jeder Hauskater, hat verlängerte Haarspitzen an den Gehören, einen fleischfarbenen Nasenspiegel, breiten Fang und eine gelbgraue Grundfärbung mit schwacher Querstreifung, besonders an den Flanken. Blendlinge (Bastarde) haben meist eine starke Querbänderung.

Der schwarze (Nehringsche) Sohlenfleck hinter dem Ballen ist kleiner als bei der Hauskatze. Ihre Spur ist der der Hauskatze ähnlich, nur stärker. Die einzelnen Tritte sind fast rund. Die Wildkatze schnürt niemals wie der Fuchs, sondern schränkt stark.

Sie schneidet den Kopf der Beute wie mit einem Messer ab (ähnlich wie der Luchs). Die Ranzzeit ist Februar/März.

Die Wildkatze baumt mit ihrer Beute meist nicht auf (anders als der Blendling), sondern geht in Deckung oder in ihren Bau.

Wildkatze
ganzj. geschont!
Länge: 75 + 35 = 110 cm;
Gewicht: 7–9 kg,
Kuder bis 10 kg.
Der buschige Schwanz zeigt am Ende drei geschlossene schwarze, bis zum Ende gleich stark behaarte Ringe. Haarlänge an der Schwanzspitze 3 cm.

Echte Marder (Mustelidae)

Welche Marderarten werden bei uns unterschieden?

1. Echte Marder: Dachs, Fischotter, Baummarder und Steinmarder.
2. Stinkmarder: Nerz (Mink), Iltis, Hermelin, Mauswiesel (s. Abb. S. 278).

Dachs (Meles meles)

Welche besonderen waidmännischen Ausdrücke sind bei Grimbart, dem Dachs, gebräuchlich?

Man sagt für die Augen = Seher, den Schwanz = Pürzel,
die Zehen = Klauen, deren Krallen = Nägel,
die Haut = Schwarte, die abgeschärft werden muß,
die Fettschicht = Dachsweiß oder Schmalz (und für den Dachs deshalb auch „Schmalzmann"),
für die behaarte Drüsentasche oberhalb des Weidlochs = Stinkloch oder Schmalzröhre.

Der Dachs schleicht und trabt; er weidet sich, wenn er frißt; er sticht, wenn er mit den langen „Nägeln" der Vorderbranten spitze Löcher scharrt, um nach Untermast zu suchen; er wurzelt, wenn er auf der Suche nach Waldfrüchten, Wurzeln und Larven die Laubdecke mit der Nase, nach Art des Schwarzwildes, umbricht. Er „fährt ein“, wenn er im Herbst dürres Gras, Waldstreu und Laub rückwärtsgehend in seinen Bau schiebt, um damit sein Winterlager im Kessel auszupolstern. Hieran und an dem rinnenförmig ausgetretenen Paß vor der Röhre, dem sog. „Geschleif“, erkennt der Jäger, daß der Bau vom Dachs „befahren“ (bewohnt) ist.

Was wissen wir vom Dachs?

Der spitze Kopf ist schwarz-weiß gestreift, die Körperunterseite ist dunkler als der Rücken (s. Abb. S. 278).
Er gräbt und bewohnt einen meist mehrkesseligen und mehrstöckigen Erdbau (die „Dachsburg“) mit Ein- und Ausfahrt. Hiervon überläßt er manchmal dem Fuchs einen eigenen Bezirk in der „oberen Etage“ und haust mit ihm dort nebeneinander.
Der Dachs gehört zur Familie der Marder (s. Abb. S. 278) und erreicht im Herbst ein Lebendgewicht bis zu 20 kg. Sein „Kern“ ist eßbar und geräuchert ein Leckerbissen; er muß auf Trichinen untersucht werden (s.S. 789). Die Schwarte ist sehr haltbar. Am Tage steckt er in seinem Bau, den er bei Dunkelwerden verläßt. Bevor es hell wird, sucht er ihn wieder auf.
Der Dachs unterliegt dem Jagdrecht (Jagdzeit s.S. 746). Er ist selten geworden und unterliegt in *Bremen, Hessen* und im *Saarland* ganzjährig der Schonzeit, er ist „hart“ gegen Schußverletzungen und sucht angeschossen stets noch den Bau zu erreichen (daher: Schuß mit groben Schroten auf Kopf, Hals und Blatt nur bis auf 30 m Entfernung!).

Spuren (Trittsiegel) von Sohlengängern

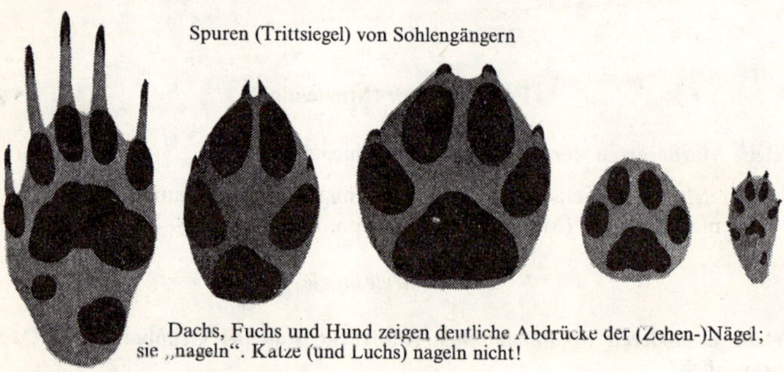

Dachs, Fuchs und Hund zeigen deutliche Abdrücke der (Zehen-)Nägel; sie „nageln“. Katze (und Luchs) nageln nicht!

Dachs Vorderlauf	Fuchs Eiform	Hund Kreisform	Katze Kreisform	Wiesel Handform

Dachs und Wiesel haben an jeder Brante fünf Nägel, Fuchs und Hund haben nur vier. Die Nägel der Vorderbranten beim Dachs dienen zum Graben und sind besonders lang

Wann „ranzt“ der Dachs?

Seine Ranzzeit fällt zeitlich mit der Ranz der echten Marder und der Brunftzeit des Rehwildes (Juli/August) zusammen. Der Dachs ist dann schon in den Spätnachmittagsstunden auf den Läufen und, wie die Jungdachse, gern auch in der Feldmark anzutreffen.

Die Dächsin geht einschließlich der sog. Eiruhe (s.S. 218) sieben bis acht Monate dick. Sie bringt bereits im Februar/März zwei bis vier Jungdachse; sie sind behaart, drei Wochen blind und kommen nicht vor Ende Mai aus dem Bau.

Ist der Dachs ein Winterschläfer?

Nein! Er bleibt aber, anders als der Fuchs, während der Wintermonate wochenlang im Bau und hält dort eine Winterruhe. Diese Ruhe unterbricht „Grimbart" des öfteren, um einen Ausflug in die Umgebung seines Baues zu machen. Er ist also kein echter Winterschläfer wie die Murmeltiere, Igel, Ziesel, Fledermäuse und Bilche.

Wovon lebt der Dachs?

Er ist Allesfresser und hat ein kräftiges, aber verhältnismäßig stumpfes Gebiß. Hauptsächlich lebt er von Mäusen, Insekten und Pflanzen (Käfern, Engerlingen, Schnecken, Obst, Hafer). Beim Weidegang nach Fraß raubt er auch Gelege der Bodenbrüter (s.S. 723) und Junghasen. Er muß deshalb in Revieren mit Fasanen-, Auer- und Birkwild kurzgehalten werden, soweit er nicht durch Landesjagdgesetze (*Bremen, Hessen* und *Saarland* s.S. 749) geschont ist.

Dachslosung (keine Spitze, Insekten- und Pflanzenteile)

Stein- und Baummarderlosung
(Veilchengeruch)

Iltislosung, spiralige Form
(Moschusgeruch)

Wiesellosung

Losung behaarter Beutegreifer (natürliche Größe)

Wie sehen die Spur und die Losung des Dachses aus?

Seine Spur erkennt man am deutlichen „Nageln", d. h. an den deutlich sichtbaren Abdrücken der langen (Zehen-)Nägel der Vorderläufe und den deutlichen Ballenzeichen (s. Abb. S. 272). Die Dachslosung ist wurstförmig und hat keine feine Spitze wie die Fuchslosung. Fast immer ist sie mit deutlich sichtbaren Resten von Insekten und Pflanzen durchsetzt; insbesondere findet man Flügeldecken von Käfern sowie Schalen und Kerne von Beeren und Obst (auch Pflaumenkerne). Die Losung wird meist in der Umgebung des Baues in trichterförmigen, faustgroßen Vertiefungen abgesetzt, die der Dachs mit den Vorderbranten „sticht". Mit diesen Gruben oder „Dachsaborten" schafft er eine gute Brutstätte für Mistkäfer, die ihm später zum Fraße dienen.

Fischotter (Lutra lutra)

Wie sieht der Otter aus?

Der Otter (weiblich die Otterin) erreicht einschl. der an der Schwanzwurzel starken, sich gleichmäßig verjüngenden etwa 40 cm langen Rute (s. Abb. S. 278) eine Länge von 140 cm und ein Gewicht bis 12 kg. Die fünf Zehen seiner kurzen Läufe sind durch Schwimmhäute verbunden. Durch den Abdruck der Schwimmhäute unterscheidet sich die Spur des Otters klar von anderen Spuren. Sein Kopf ist klein und abgeplattet, sein Balg ist dicht behaart und von erdbrauner Farbe, die Haarspitzen sind dunkel. An der Kehle und Körperunterseite sowie an den Gehören und dem Fang zeigt er eine hellere Färbung. Sein Pelzwerk ist das ganze Jahr verwendbar.

Wo wird der Otter noch angetroffen?

Nur noch an wenigen Seen, Flüssen und Bächen unserer Heimat. Über Tag steckt er in Uferlöchern, hohlen Weidenstöcken und hinter Faschinen. Er hat die Gewohnheit, an den Ufern die gleichen Stellen beim Ein- und Aussteigen zu benutzen (Einstieg und Ausstieg). Man findet dort auch Fischblasen und Gräten. Er unternimmt oft weite Wanderungen von einem Gewässer zum anderen, er „geht über Land". In der Regel fischt er nur nachts. Er „schwimmt" dabei meist gegen den Strom. Seine Nahrung besteht zu 80% aus Fischen. Er nimmt auch Enten, Bläßhühner, Eier, Nager und Pflanzen. Infolge seiner Verfolgung durch die Fischer und der zahlreich erfolgten Flußregulierungen ist er immer seltener geworden. Die Losung riecht nach Tran. Sie ist wurstartig mit stumpfer Spitze und von Fischschuppen durchsetzt. Er ranzt zu jeder Jahreszeit, meistens im Februar.

Nach neunwöchiger Tragzeit werden zwei bis fünf (etwa 30 Tage blinde) Junge geworfen. Der Fischotter unterliegt dem Jagdrecht. Er ist das bedrohteste Säugetier unserer Heimat und deshalb ganzjährig geschont. Sein Besatz dürfte in der Bundesrepublik bereits auf unter 200 Paare geschrumpft sein.

Warum wurde der Otter fast ausgerottet?

Bis in unser Jahrhundert herein wurde der Otter rücksichtslos verfolgt. Einmal war sein gleichmäßiges, dichtes Fell geschätzt und dazu galt er als Beutekonkurrent des Fischers. Die Behörden setzten Fangprämien aus, und besonders auf ihn spezialisierte „Jäger" hetzten ihn mit eigens dressierten Otterhunden. Er wurde mit Ottergabeln – einem dreizackigen Stoßeisen – geradezu „abgemetzelt". Es gab Männer, die sich rühmen konnten, in ihrem Leben an die tausend Wassermarder ermordet zu haben. Viele Otter ertranken und ertrinken noch in Fischreusen aus Draht oder Kunststoffgeflecht, aus denen sie sich nicht freibeißen können.

Verschmutzte Gewässer nehmen dem Otter die Nahrungsgrundlage, erschweren ihm die Sicht bei der Jagd und bedrohen mit ihren Schadstoffen seine Gesundheit. An den begradigten Flüssen mit den „zubetonierten" Flußufern kann er keine Wohnbaue mehr graben. Die abgeholzten Gewässerränder nehmen ihm die Dekkung. Brückenbauten, unmittelbar bis ans Flußbett geführt, lassen keine Handbreit mehr Raum für seine Steige. Sucht er sich in kilometerweiten Nachtreisen ein neues Revier, bedroht ihn der Verkehr. Findet er trotz allem ein anderes Gewässer, ist dieses in seiner Qualität meist nicht besser als das verlassene.

Was kann man tun, den Otter zu retten?

Die acht Stellen in *Niedersachsen* (100 Paare) und *Schleswig-Holstein* (50 Paare), an denen es ihn noch gibt, müßten wie Dr. Heidemann vorschlägt, mit den Vorkommen in Dänemark und Holland zu einem übernationalen Schutzgebiet zusammengeschlossen werden. Fischfang mit Reusen sollte verboten oder zumindest auf solche beschränkt werden, aus denen sich die Tiere freibeißen können.

Natürlich wird er die Wasserqualität, die er braucht, nur mehr an Oberläufen von Flüssen finden. Die Wasserwirtschaftsämter müßten dort die Ufer mit Flechtwerk befestigen und nicht mehr zumauern oder zubetonieren. Es wäre darauf zu achten, daß zwischen Brücken und Flußbett Freiraum bliebe, wo Otter passieren könnten. Die Randbereiche sollten mit Büschen und Bäumen bepflanzt werden. Schutzmaßnahmen und Biotopverbesserungen allein werden den Fischotter nicht retten. Es muß versucht werden, ihn in Gefangenschaft zu züchten und ihn in passenden Lebensräumen neu anzusiedeln bzw. wieder auszusetzen.

Philipp Wayre ist es in Norfolk in England bereits gelungen, Wassermarder zu vermehren. Hier will auch das Otterprogramm der bayerischen Landesregierung ansetzen. Inzwischen ist auch im Nationalpark Bayerischer Wald die Nachzucht von zwei Fischottern gelungen (Frau Dr. Mau). Es ist vorgesehen, an den 50 km Fließgewässern des Nationalpark Bayerischer Wald ihm eine neue Heimat zu erschließen. Auch außerhalb dieses Parks und über Bayern hinaus müßte man geeignete Biotope suchen und ankaufen, wo er (mit anderen gefährdeten Tieren gemeinsam) Fuß fassen könnte.

Sehr begrüßenswert ist die „Aktion Fischotterschutz", die Claus Reuther in Oderhaus, 3424 St. Andreasberg, ins Leben gerufen hat. Dieses Forschungsgehege wird 1988 nach Hankesbüttel (Lüneburger Heide) verlegt. Mit 50 DM bzw. 100 DM kann man dieses Projekt unterstützen (Postscheckkonto Hannover 287125-303 BLZ 25010030).

Der schleswig-holsteinische Minister für Ernährung, Landwirtschaft und Forsten hat 1982 ein „Programm Fischotter" geschaffen. Er will die Gewässer (Miele, Eider, Treene) so ausbauen, daß deren Vorflutregulierung dem Wassermarder nicht mehr schadet. Ihre Uferstreifen sollen deckungsreich gestaltet werden. Außerdem legt man Nahrungsteiche für den Wassermarder an. An einer Fischreuse mit Otterausstieg wird gearbeitet. In bestimmten Landesteilen wurde die Verwendung von Fangkörben für die Bisambekämpfung verboten. Großes Kopfzerbrechen machen in diesem Zusammenhang die Freizeitaktivitäten im Uferbereich von Seen und Flüssen (Angeln, Surfen, Segeln, Baden etc.). Sie schaden dem „scheuen“ Fischotter sehr.

Edel- oder Baummarder (Martes martes) und Steinmarder (Martes foina)

Wie unterscheiden sich Baum- und Steinmarder?

Durch Anordnung und Farbe des Kehlfleckes. Dieser ist beim Edel- oder Baummarder rund und meist goldgelb („Gelbkehlchen“), beim Steinmarder ist er nach unten bis zur Mitte der Innenseite der Vorderläufe gabelförmig geteilt (s. Abb. S. 278) und rein weiß; er wirkt wie ein weißer Brustlatz („Weißkehlchen“).
Die Nase ist beim Baummarder schwarz, beim Steinmarder fleischfarben. Der Balg des Baummarders ist kaffeebraun und hat gelbe Unterwolle, der des Steinmarders ist kakaofarben mit weißer Unterwolle und wegen seiner Grannen unverfälschbar. (Er muß als Pelzschmuck dunkel aufbewahrt werden, weil sich die Grannen durch helles Licht rötlich färben!)
Die Sohle des Baummarders ist zwischen Zehen und Ballen stark behaart, die des Steinmarders fast nackt. Die Tritte in der Spur des Steinmarders sind deshalb deutlicher abgedrückt.

Wie und wo leben die Marder?

Der Baummarder ist ein ausgesprochenes Waldtier. Er bevorzugt den Misch- und Nadelwald mit Dickungen. Ihm dienen hohle Bäume, Spechthöhlen, Eichhornkobel und verlassene Krähen- und Greifvogelhorste als Tagesunterschlupf. Er jagt oft am hellen Tage. Vor einem „Gespenst“ (z.B. einem aufgehängten Mantel oder bunten Taschentuch), das jemand in Sichtweite vor ihm anbringt, bleibt er wie gebannt auf dem Baum sitzen, so daß er geschossen werden kann.
Der Steinmarder wird dagegen außer im Walde auch im Felde (in Steinhaufen, Strohdiemen) und in Gehöften (Scheunen) angetroffen. Er ist mehr Nachttier als der Baummarder. Beide Geschlechter der Marder leben getrennt, außer während der Ranzzeit.

Welche Jagdarten werden auf Marder angewendet?

Die nachtaktiven Tiere haben in letzter Zeit sehr zugenommen. Der Steinmarder breitet sich bis hinein in die Vororte der Großstädte aus. Dort benagt er als „Automarder“ die Kühlschläuche, Elektrokabel und Gummimanschetten der Pkw. In Niederwildrevieren muß man ihn intensiv bejagen. Insbesondere dort, wo gefährdete Tierarten wie Uhu, Wanderfalke, Auer- und Birkwild vorkommen oder frisch ausgewildert sind, ist er kurz zu halten. Man begegnet ihm mit dem „Ausneuen“ und „Austrommeln“ (s.S. 522). Meist springt er nicht gleich. Wenn man aber nach dem Lärmen mäuschenstill ist, hält es ihn nicht weiter lange im Versteck. Er macht sich davon und läuft oft direkt in die Schrote. Erfolgreicher ist der Fang in Fallen (s.S. 518).

Wann ranzen die Marder, und wieviel Junge bringen sie?

Die Ranzzeit der echten Marder (der Baum- und Steinmarder) fällt in die Zeit der Rehbrunft (Juli/August). Als „Poltergeister“ hetzen vor allem die Steinmarder durch Scheunen und über Jagdhütten sowie Dächer oder gar Balkone. Nach einer Tragzeit von etwa 9 Monaten bringt die Fähe im April/Mai ihr aus zwei bis vier Jungen bestehendes Geheck. Die Jungmarder sind behaart, aber 34–38 Tage blind. Das Geheck bleibt oft bis in den Januar hinein bei der Fähe. In der Ranzzeit klingt die Marderstimme wie Katzengeschrei.

Wovon leben die Marder?

Die Hauptnahrung besteht aus Mäusen, Ratten, Kleinvögeln, Beeren und Obst. Daneben werden aber auch junge Hasen und Kaninchen, Wildgeflügel und vom Baummarder auch Eichhörnchen gerissen. Der Marder raubt gern auch Eier, die er oft weit verschleppt. Er greift auch Jungvögel. Wenn er in Ställe (Fasanerien) eindringen kann, würgt er Geflügel (Fasanen) bis aufs letzte Stück, da ihn dessen heftiges Geflatter reizt (der Iltis begnügt sich mit einem Stück).

Wie unterscheiden sich Katzen- und Marderspur?

Die Katzenspur ist krallenlos und zeigt runde Ballen (s. Abb. S. 272); bei der Marderspur sind Krallen zu sehen und die Ballen infolge der weiter nach vorn hinausragenden Mittelzehen länglich geformt. Zwei Tritte der Marder stehen immer in schräger Richtung nebeneinander. Die Tritte der Hinterläufe kommen fast immer in die Tritte der Vorderläufe.

Dachs, vertraut

Marder, Sprungspur

Die Trittpaare stehen bei der Marderspur etwa 60 cm weit auseinander. Der Paartritt wird bei Marderartigen bisweilen für kurze Strecken durch den Dreitritt unterbrochen, wobei einseitig ein Hinterlauftritt vor oder hinter einem Vorderlauftritt steht (Abb. s. Iltisspur S. 276). In voller Flucht greifen die Hinterläufe den Vorderläufen vor, so daß der „Hasentritt“ entsteht.

Was ist charakteristisch für die Marderlosung?

Die wurstartige Losung enthält meist Reste von Beeren, Vogelbeeren, Schlehen, Wildkirschen und Pflaumen und zeigt, im Gegensatz zu den Stinkmardern, einen ausgesprochenen Veilchengeruch. Dieser Geruch stammt von Duftdrüsen am Weidloch. Findet man beim Ausgehen einer Baummarderspur nach einer „Neue“ (beim „Ausneuen“) frische Losung, so ist der Schlafbaum meistens nahe. Man achte dort auf einen Eichhörnchenkobel. Der Marder wird dann „ausgepocht“ (s. S. 522).

Die Marderartigen

Stinkmarder

Iltis (Mustela putorius)

Wie unterscheidet sich der Iltis vom Marder?

Die beiden Marder haben einen dunklen Rücken und helle Bauchseite. Beim Iltis ist das umgekehrt. Der Kopf des Iltis hat eine weiße Gesichtsmaske. Die Gehöre sind hell. Hals und Rücken sind an der Oberseite hell, der Bauch ist dunkler als der Rücken, die Kehle und Branten sind nahezu schwarz. Das Unterhaar ist gelblich und schimmert an den Seiten durch.
Der Iltis (Ilk, Stänker) ist geringer (kleiner) als der Marder und hat eine kürzere Rute. Er zählt wie Nerz und Wiesel zu den Stinkmardern, da deren Drüsen am Weidloch in der Erregung ein für Menschen widerlich riechendes Sekret ausscheiden.
Er lebt zu 70% von Mäusen. Weiter nimmt er gern Schlangen, Ratten („Ratz") und Frösche, Kleinvögel, Wildgeflügel und dessen Gelege, junge Hasen und Kaninchen. Den Fröschen zuliebe, die er durch einen Biß lähmt und als Wintervorrat in seinen Bau schleppt, hält er sich gern längs der Bachläufe auf. Im Winter zieht es ihn zu Gehöften. Hier bricht er auch in Hühnerställe ein, wo er aber nur ein Stück raubt. Jagdzeit s.S. 746.

Wann ranzt der Iltis, und wieviel Junge bringt die Fähe?

Die Ranzzeit des Iltis fällt in den Monat März. Nach 42 Tagen bringt die Fähe ein Geheck mit vier bis sieben Jungiltissen. Das Geheck wird in einem Kaninchenbau oder in einem mit Dürrgras ausgepolsterten Versteck unter Stöcken, Reisighaufen oder in Scheunen untergebracht. Die Jungiltisse sind 26–34 Tage blind.

Wie unterscheiden sich Iltis- und Marderspur?

Die Sprünge des Iltis sind weniger weit als die des Marders, die Tritte sind kleiner. Die einzelnen Klauen zeichnen sich beim Iltis viel schärfer auf dem Erdboden ab als beim Marder (Bejagung s.S. 746, durch Fallen s.S. 514 bis 519). Den Iltis trifft man immer seltener. Aus bisher noch unbekannten Gründen nimmt sein Besatz ständig ab.

Was ist ein Frettchen?

Ein aus Nordafrika importierter, zum Haustier gewordener Iltisalbino (albus = Weißling) von gelblichweißer Färbung. Eine Kreuzung mit dem Iltis heißt Iltisfrettchen (Färbung eher bräunlich). Man benutzt es zum Frettieren, d.h. zum Sprengen der Kaninchen aus dem Bau (s.S. 263).

Wiesel (Mustela erminea und M. nivalis)

Welche Wiesel unterscheiden wir?

Das Großwiesel oder Hermelin (Mustela erminea) und das Klein- oder Mauswiesel (Mustela nivalis). Tragzeit zwei (aber bei Eiruhe auch acht) Monate. Die Wiesel unterliegen dem Jagdrecht (Jagdzeit s.S. 746).

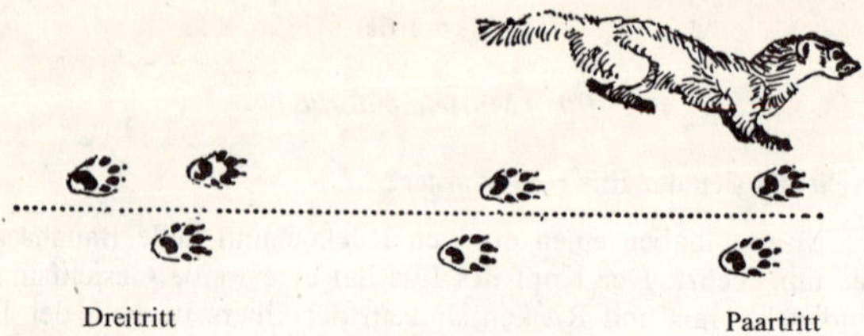

Spuren des Iltis

Welches Wild verfärbt oder vermausert im Winter in Weiß?

Das Hermelin oder große Wiesel und das Schneehuhn wie auch der Schneehase (s. S. 289).

Welche Merkmale unterscheiden die Wiesel?

Das *Hermelin oder große Wiesel* trägt im Sommer ein hell- bis schmutzigbraunes und im Winter dagegen ein reinweißes „Kleid". Die Rute ist etwa 10 cm lang und endet, auch im Winter, in eine buschige, behaarte, schwarze Rutenspitze.
Das *Mauswiesel* hat nur eine etwa 5 cm lange Rute, die auch im Winter bis in die Spitze einfarbig braun und kurzhaarig ist. Es ist Sommer wie Winter auf der Oberseite fahlbraun, auf der Unterseite hell gefärbt. Die Grenzlinie zwischen Ober- und Unterseitenfarbe ist meist unregelmäßig, die Branten sind braun.
Die Rüden der Wieselarten sind den Fähen gegenüber in der Überzahl. Sie sind erheblich stärker als die Fähen. Das aber macht die Unterscheidung der Wieselarten schwierig.
Mauswiesel (und Schleiereule) ernähren sich fast ausschließlich von Feldmäusen. (Bussarde benötigen täglich bis zu 20 Mäuse. Feldmausweibchen bekommen auf einem Hektar pro Jahr etwa 6000 Nachkommen. Für die mäusejagenden Greifvögel errichtet man deshalb – besonders auf Flächen mit Luzerne und Rotklee, die längere Zeit nicht gepflügt werden – Sitzkrücken oder Julen [s. S. 522] als Jagdstartplätze.)

Wovon lebt das Hermelin oder große Wiesel?

Es nimmt neben Mäusen, Ratten, Hamstern und Kleinvögeln auch Jungwild aller Art, auch ausgewachsene Hasen und Kaninchen. In deren Nacken auf der Unterseite des Balges findet man dann die nadelstichkleinen Löcher der Fangzähne.
In mäusearmen Jahren und vor allem dann, wenn sie häufig auftreten, werden Wiesel zu einem schlimmen Feind der Niederwildjagd. Hier müssen sie deshalb so kurz wie möglich gehalten werden (Verwenden von Wippbrettfallen, in denen Wiesel meistens schnell verenden, s. S. 516).

Das Wiesel ist sehr angriffslustig; es greift sogar Menschen an, wenn das Geheck gestört wird. Beim Sichern macht es einen „Pfahl“. Die Wieselspur ist eine paarige Sprungspur (und kleiner als die des Iltis).

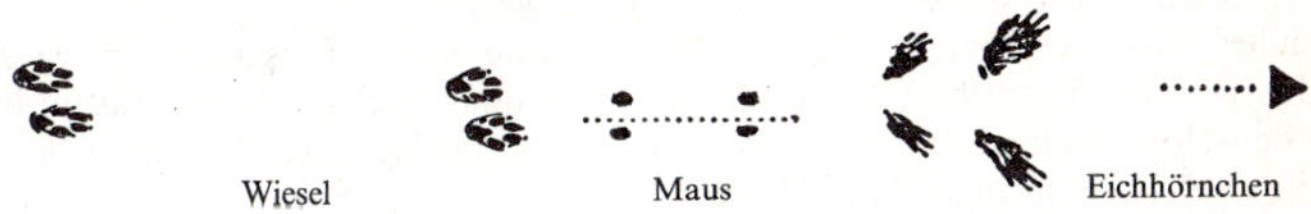

Spuren von Wiesel, Maus und Eichhörnchen

Welche Jahreszeit ist für das Ausmachen (Feststellen) der Beutegreifer besonders geeignet?

Der Winter. Besonders günstig sind die Tage, vor denen es bis kurz vor Mitternacht geschneit hat. Das Ausmachen nach Neuschnee (einer „Neue“ oder nach dem „weißen Leithund“) ist besonders leicht.

Hundsrobbenartige

Seehund (Phoca vitulina)

Unterliegen Seehund und Robben dem Jagdrecht?

Nur der Gemeine Seehund, nicht die Ringel- und Kegelrobbe. (Näheres über Erlaubnisscheine und Streckenmeldung s. S. 750/751.)

Was muß der Jäger vom Seehund wissen?

Das männliche Stück heißt „Hund“, das weibliche „Hündin“. Der Seehund (unaufgebrochen 100 bis 115 kg) vernimmt und wittert gut, äugt aber schlecht. Er hat auf der Oberseite kleine dunkle Vollflecken auf hellem Grund. Sein Lebensraum sind das Meer (vor der Nordsee- und Ostseeküste) und die bei Ebbe hervortretenden Sandbänke. Seine Beute verschlingt er unzerkaut.
Die Seehunde und Robben bewegen sich spannerraupenartig fort (sog. „Robben“), denn sie haben nur Flossen als Gliedmaßen.
Der Seehund brunftet und hat eine Ranzzeit. Er hat wie Reh, Dachs und Marder eine verlängerte Tragzeit von $9^1/_2$ Monaten (s. S. 218). Das Jungtier wird im Kielwassersog seiner Mutter „geführt“ und hält mit ihr mit einem heulenden Laut ständig Stimmfühlung. Längere Schwimmstrecken werden untergetaucht zurückgelegt.

Darf der Seehund bejagt werden?

Obwohl das Bundesjagdgesetz eine Jagdzeit vorsieht, wird der Seehund derzeit nicht bejagt. Die Bestände an der Nordseeküste erholen sich gut. Im Wattenmeer halten sich derzeit ca. 7000 Exemplare dieser Tierart auf. In *Schleswig-Holstein* wurden 1987 3500 Tiere gezählt. Die Wasserbewohner leiden vor allem unter

der Küstenverschmutzung, die hie und da bereits zu Hauterkrankungen führt. Durch die jahrelange Überfischung der Nordsee macht sich auch ein Nahrungsmangel bemerkbar. Die Störungen durch Wattwanderer und Sportbootfahrer nehmen ständig zu. Die Tiere können auf den Sandbänken nicht mehr ausruhen, immer mehr Junge werden von ihren Müttern getrennt.
„Heuler" sind verlorengegangene oder abgelegte zweite Jungtiere. Sie werden in den von der Jägerschaft unterhaltenen Seehundaufzuchtstationen Büsum und Norden-Norddeich in Obhut genommen. Über 500 Tiere wurden in 12 Jahren in die zwei Einrichtungen, die jährlich über zehntausend Schaulustige anziehen, gebracht. 80% der Heuler überlebten. Sie bekommen dort eine nahrhafte Fisch-Sahne-Kost und nehmen täglich um 350 g zu. Aufgezogene Tiere werden markiert und vom Wattengebiet aus der freien Wildbahn übergeben.
In *Niedersachsen* wird der Seehund ab Jagdjahr 1972 nicht mehr bejagt. Seit dieser Zeit läuft ein Forschungsprojekt. Aus Tierschutzgründen können kranke Seehunde nach einer Ausnahmegenehmigung erlegt werden.

Federwild

Die Rauhfußhühner oder Tetraonen
als besondere Vierergruppe (tetra = vier)

Drei Waldhühner (Auer-, Birk- und Haselhuhn) und das Schneehuhn (Alpen- und Moorschneehuhn als besondere Arten).

Allgemeines

Was ist kennzeichnend für die Waldhühner?

Sie gehören zu denjenigen Wildarten, die in der Wildbahn fast keinen Schaden verursachen, deren Balzverhalten aber dem Jäger Stunden höchster Waidmannsfreude vermittelt.
Es sind hühnerartige Vögel und in der Hauptsache plumpe Bodenvögel. Lauf und Zehen sind (außer beim Haselwild) „rauhfüßig" (befiedert). Männchen und Weibchen sind verschieden gefärbt. Die Waldhühner sind ausgesprochene Kulturflüchter.
Das Auer- und Birkwild lebt polygam, d.h. ein Hahn „tritt" stets mehrere Hennen.
Haselwild und Schneehühner leben streng monogam.
Alle Waldhühner sind grundsätzlich ganzjährig geschont. Ihr Bestand ist stark zurückgegangen. Sie werden nicht mehr bejagt.

Auerwild (Tetrao urogallus)

Was ist kennzeichnend für das Auerwild?

Die auffallende Größe, die dunkle Färbung, die leuchtend roten Rosen (nackte Hautstellen) über den Augen und der fächerartige Stoß. Der Auerhahn (Urhahn oder Großer Hahn) erreicht eine Flügelspanne von 1,30 m und ein Gewicht von 5 kg, die Hennen spannen etwa 1 m und sind bedeutend leichter.

Das Auerwild wird zum Hochwild gerechnet. Es macht eine „Fährte“ und hinterläßt „Losung“. Der Hahn wird „aufgebrochen“. Bei mehreren Hähnen spricht man von „Hahnen“.

Was versteht man unter „Schild“ und „Spiegel“?

Schild nennt man den großen farbigen Flecken auf der Brust der Hühnervögel. Der Auerhahn hat ein blaugrünes, die Auerhenne ein braunes Schild.
Spiegel nennt man den weißen Fleck auf der Schwingenbeuge des Auerhahns und des Birkhahns.

Welche Merkmale dienen zur Altersfeststellung?

Die Schaufeln oder der Fächer und der Oberschnabel.
Die beim Junghahn noch vorhandene Spitze der Schaufel ist beim älteren Hahn wie abgeschnitten (s. S. 284). Der Oberschnabel ist beim älteren Hahn stärker gehakelt und bekommt oft eine ausgeprägte Rille. Die Schnabelfarbe wechselt von blaugrau (jung) bis horngelb (alt).

Welchen Lebensraum (Biotop) braucht Auerwild?

Es braucht ausgedehnte und ruhige Waldgebiete mit sauren Böden, die ihm reichlich Knospen, Kiefern- und Fichtennadeln, Beeren und Sämereien liefern. Feinde sind besonders Marder, Dachs (Gelege!), Fuchs, Waschbär und Habicht. Auerwild übernachtet auf Schlafbäumen (es „tritt zu Baum“ und „verstellt sich“ oft).

Woran erkennt man, ob Auerwild vorhanden ist?

An der herumliegenden Losung und zur Balzzeit an der Balzstrophe des Hahnes (auch Vers, Spiel und Gsetzl genannt).

Wie sieht Federwildlosung aus?

Sie ist oft mit einem weißen Harnüberzug versehen, da der Harn nicht flüssig ausgeschieden, sondern auf der Losung als dünne weiße Schicht abgelagert wird. Die Losung besteht beim Auerhahn aus etwa 5 cm langen und bis 1 cm dicken Walzen, die Reste der Äsung enthalten (Kiefernnadeln, Beerenkerne, Insektenpanzer). Bei der Henne sind die Walzen kürzer (s. S. 292).

Was versteht man unter der Balzlosung oder dem „Falzpech“?

Die dunkle, fladenförmige, zähflüssige Blinddarmlosung, die von Hahn und Henne neben der normalen Losung (meist in den Morgenstunden) abgesetzt und das ganze Jahr unter den Schlaf- und Balzbäumen gefunden wird. Sie hat mit der Balz nichts zu tun.

Was sind Zehenstifte (oder „Balzstifte“)?

Die verhornten Federn an beiden Seiten der Zehen unserer Waldhühner (s. Abb. S. 284). Sie sind nur im Winterkleid vorhanden und ermöglichen, wie „Schneereifen“, ein besseres Fortkommen im Schnee. Sie stehen in keinem Zusammenhang mit der Balz und fallen bei der Frühjahrsmauser ab.

Der Auerhahn in der Waidmannssprache (s. S. 151)
In der Drohhaltung gegen Rivalen zeigt er den sog. „Balz"-Kragen; beim Imponieren (dem Wetzen oder Schleifen) liegen die langen Halsfedern glatt an

In welche Monate fällt die Auerhahnbalz?

In die Monate April und Mai. Sie findet auf traditionellen Balzplätzen statt. Unter der Balzgesellschaft der Hahnen wird durch Kämpfe eine Rangordnung ausgetragen. Der Tretakt findet erst gegen Ende der Balzzeit statt. Für die Auerhahnbalz gilt deshalb:

„Wenn's Birkenlaub ist groschenbreit,
Dann hat der Hahn sei' größte Freud!"

Aus welchen Teilen besteht die „Gesangsstrophe" (auch „Vers" oder „Gsetzl") genannt?

Aus vier Teilen: dem Knappen (Schnalzen oder Zählen), dem Triller, dem Hauptschlag und dem Wetzen oder Schleifen.
Die Strophe beginnt mit einem rhythmischen hölzernen Knappen („telac-telac"), das immer rascher wird (Triller) und plötzlich mit dem Hauptschlag endet (der Hauptschlag klingt wie „titock" oder wie das Herausziehen eines Korkens aus der Flasche).
Dann folgt als letzter Teil der Balzstrophe das Schleifen oder Wetzen. Es klingt wie das Sensenwetzen. Während des Schleifens streckt der Hahn den Kopf und

Stingel (Hals) bei weit geöffnetem Schnabel nach oben, fächert die Stoßfedern und senkt die Schwingen. Dabei ist er auf etwa drei Sekunden so gut wie taub (jedoch nicht blind). Diese Zeit benutzte der Jäger, um durch vorsichtiges Angehen in Schußnähe zu kommen (ihn „anzuspringen“).

Wie wurde die Jagd auf den Auerhahn ausgeübt?

Der Hahn wurde am Abend auf dem Balzplatze „verhört“, da er die Balzstrophe oder knarrende Laute (das Worgen, Wörgen oder Kröpfen) hören ließ, sobald er sich auf seinen Schlafbaum „eingeschwungen“ hatte. Dort begann er in der Regel am nächsten Morgen, etwa $1^1/_2$ Stunden vor Sonnenaufgang, zu balzen. Man unterschied eine Baum- und eine Bodenbalz. Der Hahn „trat zu Boden“. Er „ritt ab“, wenn er wegflog. Auerwild wird nicht mehr bejagt.

Welche Trophäe des Auerhahns bezeichnete man als „Grandeln“?

Die kleine Feder vor der ersten Handschwinge am Schwingenbug (die man bei der Schnepfe „Malerfeder“ nennt).
Eine weitere Trophäe beim Auerhahn waren die glatt geschliffenen und oft schön gemusterten Magensteine, Magenkiesel oder Weidkörner (s. auch Wandschmuck S. 606).

Wie lockt und warnt die Auerhenne den Hahn?

Durch ihr „Gocken“ (ein weiches „gok, gok“; sie warnt, indem sie das Gocken hart und heftig hintereinander ausstößt).

Wieviel Eier legen Auer- und Birkhenne?

Sie legen in ein kunstlos am Boden gescharrtes Muldennest 6–10 Eier. Nach 28 Tagen fallen die Jungen aus. Sie sind, wie alle Hühnervögel, Nestflüchter. Das Gesperre bleibt bis zum Winter zusammen. Die Hahnen von Auer- und Birkwild (sowie die männlichen Waldschnepfen, Fasane und Wildenten) beteiligen sich an der Aufzucht nicht!

Birkwild (Lyrurus tetrix)

In welchen Revieren (Biotopen) kann man Birkwild antreffen?

In Revieren, in denen dünnbestandene Moore und Heiden vorherrschen, aber auch im Gebirge (in der lichten Kampfwaldzone). Das Beweiden mit Schnucken bringt wertvollen Heidenachwuchs! Birkwild liebt das Vorkommen von Birke, Espe und Weide, deren Knospen und Blätter es äst, sowie Gegenden mit Hafer- und Buchweizenanbau, Beeren, Wollgras und Seggen.
Es verschwindet, sobald der Mensch (z.B. durch Entwässerung der Moore) seinen Lebensraum zerstört. Birkwild ist Kulturflüchter. Es verträgt sich nicht mit dem Fasan. Zur Balzzeit hält es feste „Balzplätze“, auf denen es regelmäßig anzutreffen ist. (Vorkommen: *Niedersachsen, Bayern, Schleswig-Holstein.*) Ein Birkwildschutzgebiet („Feuchtgebiet“) von 130 ha Fläche wird vom LJV Schleswig-Holstein im Dellstetter Moor betreut.

Was ist kennzeichnend für den Birkhahn?

Die glänzend blauschwarze Färbung, das leierförmige Spiel (der Stoß), die weiße Binde auf den Schwingen, der weiße Achselfleck („Spiegel") und die scharlachroten „Rosen" über den Augen. Im Gegensatz zum Auerhahn heißt er Kleiner Hahn oder Spielhahn. Er ist knapp haushuhngroß. Er hat auf jeder Feder ein Auge, d.h., er äugt ausgezeichnet. Er übernachtet im dichten Waldbestand auf Schlafbäumen.
Der Stoß oder das Spiel besteht aus einem großen und einem kleinen Stoß. Der große Stoß besteht aus den (je nach Alter) bis vier tiefschwarzen Sicheln, der kleine Stoß aus schneeweißem Gefieder, dessen Mittelfedern den gefächerten großen Stoß in der Mitte überragen (Wandschmuck s.S. 606).

Rackelhahn und Birkhahn

Wie unterscheidet sich der alte vom jungen Hahn?

Beim alten Hahn ist das gesamte Gefieder blauschwarz und metallisch glänzend. Der junge Hahn hat einen bräunlichen Rücken. Die leuchtenden Rosen zu beiden Seiten des Scheitels sind beim Junghahn nicht so dick und prachtvoll wie beim alten Hahn. Die gekrümmten tiefschwarzen Federn des Spieles, die Sicheln, werden mit zunehmendem Alter immer länger und breiter. Der Althahn hat vier, der junge Hahn bis je drei Sichelfedern im Spiel.

Aus welchen Balzlauten besteht die Balzstrophe des Birkhahnes?

Aus dem Kampfruf (dem Blasen oder Zischen) und dem Kullern. Der Kampfruf (Tschj-chsch, Tschj-chsch), bei dem er „die Flasche macht" (den Hals hochreckt), wird von meterhohen Balzsprüngen und von Flattern begleitet (nachgeahmter Tanz ist der bayerische Schuhplattler). Beim Kullern, Rodeln oder Grudeln (Rutturu-ruttu-rutuluh, urr-urr-urr, rutturu-ruttu-rutuluh) spreizt er die Schwingen, trippelt mit waagerecht vorgestrecktem Halse umher und fächert dabei den Stoß. Dann bleibt er plötzlich stehen und bläst wieder. Im Herbst ist oft noch eine „kalte" Balz.

Zu welcher Tageszeit balzt der Birkhahn?

Man unterscheidet eine Morgen- und Abendbalz. Zur Morgenbalz streicht der Hahn regelmäßig vom Nachtstand auf den Balzplatz, sichert erst kurze Zeit und beginnt die Balz kurz vor 4 Uhr früh, bald nach dem Lerchenschlag. Bei

Sonnenaufgang wird die Morgenbalz durch ein längeres Verschweigen, das sogenannte Morgengebet, unterbrochen. Die sich an das Morgengebet anschließende Balz bezeichnet man als Sonnenbalz. Die Abendbalz beginnt mitunter schon am zeitigen Nachmittag. Die Hennen kommen zum Balzplatz. Sie lassen sich nur von den ranghöchsten Hähnen betreten. Darum: Laßt die alten Raufer leben!

Wie bezeichnet man die seltene Kreuzung zwischen Birkhahn und Auerhenne?

Rackelwild. Diese Kreuzung ist unerwünscht. Die umgekehrte Kreuzung (Auerhahn mit Birkhenne) ist möglich, aber noch seltener. Ein Hahn tritt nur solche Hennen, die sich vor ihm bereitwillig niedertun und ihn dadurch zur Kopulation auffordern. Die von der Rackelhenne gelegten Eier sind häufig mißgestaltet oder „Zwergeier" und unfruchtbar. Rackelwild wird nicht mehr bejagt.

Haselwild (Tetrastes bonasia)

Was ist kennzeichnend für das Haselwild?

Die kleine Kopfhaube oder „Holle" (Federn aufgerichtet) und der graue Stoß mit auffallend schwarzer Binde. Die untersten Teile der Ständer und die Zehen sind unbefiedert.
Der Hahn (der „Schwarzkehlige") trägt vom Spätherbst bis zum Frühjahr einen tiefschwarzen, weiß eingefaßten Flecken an Kinn und Kehle sowie auf der Brust ein hufeisenförmiges Schild mit rotem Rand.
Haselwild ist nur reichlich rebhuhngroß und im Süden von rotbrauner und im Norden von mehr grauer Färbung. Es liebt Hasel-, Birken-, Erlen- und Espenbestände (besonders die Buschwaldungen des Hügellandes) und die Beeren von Eberesche, Mehlbeere, Hirschholunder, Mistel und Tollkirsche sowie die Heidel- und Preiselbeere. Es ist ausgesprochener Kulturflüchter (Vorkommen: rheinische Mittelgebirge, bayerische Berge, Harz und Schwarzwald). Haselwild lebt monogam und paart sich (wie die Stockente) schon im Herbst. Die Balzzeit ist von Mitte März bis Ende April. Das feine Balzpfeifen nennt man beim Hahn Spissen und bei der Henne Bisten. Damit locken sich die Vögel. Das männliche Tier steht dabei auf einer Bodenerhebung oder einem Baumstumpf und wippt bei hängenden Flügeln mit dem gefächerten Stoß. Die Henne legt in ein einfaches Bodennest bis zu 10 Eier (Brutzeit 23 bis 25 Tage); die Jungen sind Nestflüchter; der Hahn bleibt beim Gesperre.

Hat Haselwild Jagdzeit?

Nein! Haselhahn und -henne sind wegen ihrer Seltenheit ohne Jagdzeit und deshalb ganzjährig geschont.
Früher wurde auf den Haselhahn im September/Oktober (der Paarzeit) die Lockjagd angewendet. Mit einem Pfeifchen, dem „Wusperl", das man aus dem Laufknochen eines Hasen fertigte, spißte der Jäger wie ein Hahn und reizte ihn dadurch zum Zustreichen. Das Wildbret galt als Leckerbissen.

Hege der Waldhühner

Worauf ist der Rückgang der Waldhühner zurückzuführen?

In den bayerischen Alpen balzen noch 800 Auer- und 1300 Birkhähne. Alle übrigen Bestände in der Bundesrepublick sind vom Aussterben bedroht. Die Ursachen sind komplex. Sie lassen sich mit den Stichworten Biotopveränderungen, Schwierigkeiten bei der Kükenaufzucht (verregnete Muldennester, Mangel an Ameisenpuppen als Erstnahrung) und Störungen durch Freizeitaktivitäten und den Tourismus zusammenfassen.
Die fortschreitende Kultivierung, insbesondere die Verfichtung mit dem Verschwinden der Beerenkräuter, der Trockenlegung von Mooren und Naßwiesen sowie der zunehmenden landwirtschaftlichen Nutzung, auch der Heideflächen, nimmt dem Auer- und Birkwild den angestammten Lebensraum. Vor allem das Birkwild braucht offene Flächen mit Bodenbewuchs und Baumgruppen. Aber gerade diese Hecken-, Einzelbüsche und Kleingehölze werden immer mehr entfernt. Dadurch nimmt man dem Vogel die Deckung und die Nahrungsgrundlage. Auch die Verdrahtung der Landschaft mit Telefon-, Elektroleitungen, Seilbahnen und Wildzäunen gefährdet die Rauhfußhühner. In der Zeit der Balz stören vor allem Fotografen, Waldarbeiter, Ski-Langläufer und die Manöver der Streitkräfte.

Welche Hegemaßnahmen ergeben sich daraus?

Bedrohte Bestände sind ganzjährig zu schonen. Die Lebensstätten der Waldhühner sind als Naturdenkmale großflächig zu erhalten. Daneben ist für Ruhe im Revier, vor allem auf den Balzplätzen, zu sorgen und die Rote Waldameise anzusiedeln (deren Puppen der Kükenaufzucht dienen).
Wildernde Hunde und streunende Katzen muß man dort, wo Waldhühner vorkommen, völlig ausschalten. Beutegreifendes Wild (Fuchs, Dachs, Marder) und die Nestplünderer (Raben-, Nebelkrähe, Elster, Eichelhäher, Schwarzwild, Waschbär) fordern ebenfalls ihren Tribut und sind gegebenenfalls mit Sondergenehmigung in Schach zu halten. Auch der Habicht kann in gefährdeten Beständen, denen er im Normalfall wohl nichts anhaben kann, verheerende Schäden anrichten. Fasan und Birkwild sollen sich nicht vertragen.

Was verstand man unter der Balzjagd?

Die Jagd auf den balzenden Auer-, Birk- oder Rackelhahn. Die Jagd auf den Birkhahn geschah gewöhnlich von einem Schirm aus, seltener durch Reizen (Nachahmen des Balzlautes). Merkte er die Täuschung, so ritt (strich) er ab.
Oft erlegte man den ranghöchsten „alten Raufer“, von dem sich die Hennen fast ausschließlich treten ließen. Man schoß mit grobem Schrot und Kleinkalibermunition (auch Vollmantel). Nach dem Schuß horchte man, wo es den erhofften Plumpser tat. Auerwild zählt zum Hochwild. Daher erhielt der Schütze den Schützenbruch. Der Hahn wurde mit dem letzten Bissen geschmückt. Birk-, Auer- und Rackelhahn unterlagen einem Bejagungsplan.

Welche Maßnahmen können dem Auerwild helfen?

Auerwild braucht einen Wald, der seiner Lebensweise zusagt. Er muß stufig aufgebaut sein und soll langfristig verjüngt werden. Seine beerentragende Bodendecke ist zu pflegen und die Rote Waldameise anzusiedeln (Kükenaufzucht). Sträucher und Laubbäume sind zu fördern. Pflanzenschutzmittel dürfen nicht eingesetzt werden.

Der scheue Kulturflüchter verträgt den Menschen schlecht. Störungen der Balz- und Brutzeit nimmt er immer übel. Es müssen Wildschutzgebiete eingerichtet werden, die das Betreten vor allem zwischen März und Juli untersagen. In dieser Zeit sind auch sämtliche Forstarbeiten zu unterlassen. Auerwildfeinde müssen rigoros bejagt werden. Straßenbaumaßnahmen und Anlage von Erholungseinrichtungen im „Hahnenwald" lassen gefährdete Bestände in kürzester Zeit zusammenbrechen.

Lange versuchte man vergeblich, Auerwild zu züchten. Mit Zwerghenne und Brutautomat stellten sich die ersten Erfolge ein. Inzwischen halten auch eiweißreiche Kost, Gaben von Antibiotika und Vitaminen sowie Wärmestrahler die Kükensterblichkeit niedrig. Das Problem beginnt allerdings mit dem Auswildern. Nur schwer lassen sich die Tiere an die einfachere Nahrung und an die krassen Temperaturschwankungen in der freien Wildbahn gewöhnen. Außerdem haben sie nicht gelernt, Feinde zu erkennen und ihnen zu entkommen. Man muß die künstlich erbrüteten Küken in Großvolieren von Adoptiveltern erziehen lassen und sie dann langsam der Freiheit übergeben.

Inzwischen ermöglicht man den Hennen in 1000 qm^2-Gehegen, ihre Naturbruten aufzuziehen. Den Nachwuchs entläßt man über Auswilderungsvolieren in die Wildbahn.

Ausbürgerungen sind nur erfolgreich, wenn etwa 50–100 km^2 naturnaher Wald zur Verfügung stehen. Bei allen diesen Unternehmungen muß man großzügig vorgehen. Über einen Zeitraum von zehn Jahren sollen an die 200–300 Tiere ausgesetzt werden, sonst bricht ein frisch begründeter Bestand bald zusammen.

Wie lassen sich gefährdete Birkwaldbesätze stützen?

Ihre Hauptrückzugsgebiete außerhalb der Alpen sind offene Heide- und Moorflächen. Diese Biotope sind als solche zu erhalten. In bereits meliorierte Landstriche sind kleine Busch- und Laubholzgruppen einzubringen. Oft kann man durch Dämmen der Hauptflutgräben ihren Naturzustand zurückgewinnen.

Besucherströme sind so umzuleiten, daß sie die Birkwildbiotope nicht berühren. Besonderes Augenmerk richte man auf beutegreifendes Haar- und Federwild. Es ist auf einem Minimalstand zu halten.

Isolierte Einzelflächen werden dem Birkwild nicht viel helfen. Seine Lebensinseln müssen netzartig zusammenhängen, damit die Besätze nicht zusammenbrechen. Entsprechend großflächig hat sich die Jägerschaft zur Birkwildhege zusammenzufinden. Nur besonders vorbereitetes und geimpftes Birkwild darf ausgebürgert werden.

Alpenschneehuhn (Lagopus mutus)

Was ist kennzeichnend für das Schneehuhn?

Das Schneehuhn (Alpenschneehuhn und Moorschneehuhn) ist im Winter weiß, im Sommer dagegen braun gefärbt (mit weißen Schwingen). Der Stoß ist stets schwarz. Die Schneehühner leben monogam. Die Paarbildung dauert bis zur

Auflösung der Gesperre im August, da sich der Hahn intensiv an der Aufzucht der Junghühner beteiligt. Schneehühner unterliegen dem Jagdrecht und sind ganzjährig geschont!

Fasane

Fasan (Phasianus colchicus = Ph. c.)
(Heimat: Transkaukasien, Fluß Phasis im Lande Kolchis)

Was ist kennzeichnend für die Fasane?

Sie haben ein langes spitzes Spiel. Der farbenprächtige Hahn hat warzige, scharlachrot gefärbte „Rosen" als Augenkranz und kurze Federohren oder „Hörner". Die Farbe des Federkleides ist bei den einzelnen Rassen und infolge von Rassenkreuzungen sehr verschieden. Es gibt Formen mit und ohne den sog. „Halsring" (s. Abb. unten).
Die Henne ist schlicht braun bis gelblichbraun gefärbt und schwarz gefleckt und hat ein kürzeres Spiel als der Hahn.
Der Hahn „meldet" beim abendlichen Aufbaumen und „schreckt" (mit „Gockgock"), wenn er aufgejagt wird. Die Henne steht stumm auf.
Faustregel bei der Jagd:
Hahn „schreckt", ist dunkel mit langem Stoß,
Henne steht stumm auf, ist hell mit kürzerem Stoß!

Wann bezeichnet man einen Fasan als Infanteristen?

Wenn er läuft (hierzu hat er „Füße" oder Ständer, s. S. 151).
Der Fasan läuft lieber in Deckung, statt zu fliegen. Es gilt als nicht waidgerecht, auf den gesunden Infanteristen zu schießen. Das Auffliegen des Hahnes erfolgt geräuschvoll („purrend") und führt selten weit und hoch. Der geflügelte Fasan muß als Infanterist unbedingt beschossen werden!

Federwild in der Waidmannssprache

Welche Ansprüche an den Biotop (Lebensraum) stellt der Fasan?

Er liebt besonders Auen und Bruchwälder mit $^1/_3$ Wald, Wiese und Feld, mit Weizen-, Mais- und Hackfrucht-(Wurzel-)Anbau. Weiter müssen unbedingt auch genügend Deckung gegen Sicht sowie Wasser (Wassergräben, beschilfte Gewässer), Grünäsung und Schlafbäume (Fichten in Dickungen) vorhanden sein.
Reine Feld- und Waldreviere sind für den Fasan ungeeignet.
„Fasane" (nicht Fasanen!) setzt man gerne in Reviere bis 400 m Höhenlage aus, in denen die Rebhühner fehlen oder selten geworden sind. Man achte aber darauf, daß die fünf „W" vorhanden sind: Wald, Wasser, Weizen, Wiese und Wurzeln!

Welche Rassen kommen zum Aussetzen in Frage?

Die für die meisten Reviere geeignete Rasse ist der ringlose *böhmische Jagdfasan* (Ph. c. colchicus). Seine typischen Merkmale sind schwarzgrüner Kopf und Hals und kupferrote Farbe. Er wird deshalb auch Kupferfasan genannt. Er ist sehr widerstandsfähig und liebt reiche Deckung und Gewässer.
Der *japanische Buntfasan* (Ph. c. versicolor) ist ebenfalls ringlos. Er eignet sich für das Mittelgebirge mit höherem Waldanteil. Er ist klein und auffallend dunkel gefärbt. Kopf, Kehle, Brust und Rücken sind metallisch grün, die Schwingendecken sind bläulich, der Stoß graugrün. Er ist hart, wendig und schnell im Flug und eignet sich zur Aufdunkelung der hellen Mischrassen.
Der *chinesische Ringfasan* (Ph. c. torquatus) hat, wie sein Name sagt, einen weißen Halsring (der an der Kehle unterbrochen ist). Er, „der Torquatus", eignet sich für Reviere in der Ebene mit wenig Wald und mit Zuckerrüben-, Mais- und Weizenanbau. In Revieren mit viel Beutegreifern, wildernden Hunden, streunenden Katzen und Rabenvögeln kann er sich jedoch nicht halten, da er nicht genügend wendig und achtsam ist. Wegen seiner hellen Farbe wird er leicht erspäht und besonders auch vom Habicht geschlagen.
Der *mongolische Ringfasan* (Ph. c. mongolicus) ist für hochgelegene Reviere und rauhe Gegenden geeignet. Er zeichnet sich aus durch leichte Aufzucht, geringe Wanderlust und große Klimafestigkeit. Er hat kaum sichtbare Federohren, einen vorn unterbrochenen Halsring, bronzegrünen Kopf und Hals, purpurbronzenen Nacken, dunkelgrüne Brustmitte und silbergraue Schwingen.
Der *Dunkelfasan* (Ph. tenebrosus) eignet sich besonders zur Abdunkelung von hellen Fasanenschlägen.
Mischrassen kommen teils mit, teils ohne Halsring vor.
Bei der Gründung neuer Fasanenbestände muß auf regelmäßige Schüttung oder Dauerfütterung durch Futtereimer (s. Abb. S. 501) in der Nähe von Wasserstellen und auf die richtige Auswahl der für jedes Revier passenden Rasse streng geachtet werden. Nur der für das jeweilige Revier rassenmäßig passende Fasan ist standorttreu und bringt dem Heger und Jäger jagdliche Freuden und bunte Strecken. Neben der falschen Rasse haben nicht richtig durchgeführte Auswilderungen schuld am Mißerfolg einer Fasanenhege.

Welche Bedeutung hat der Fasan für die Landwirtschaft?

Er ist überwiegend nützlich, da er Unkrautsamen und landwirtschaftliche Schädlinge, insbesondere auch Kartoffelkäfer, vertilgt.

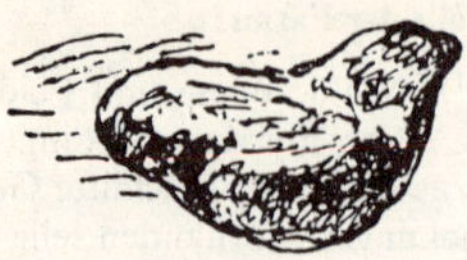

Auerhenne

Auerhahn (Koniferennadeln)

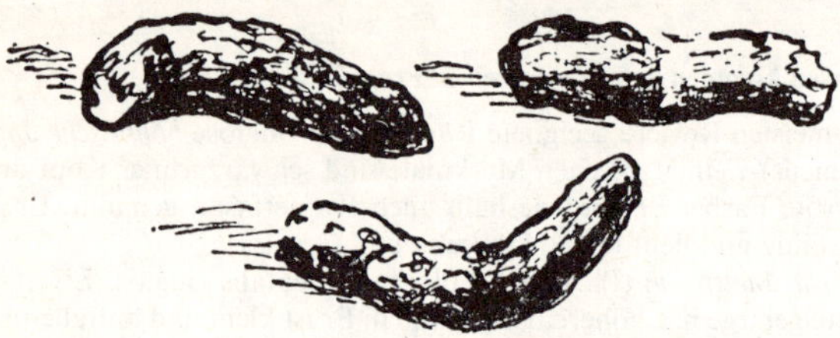

Birkwild (Walzenform, weißer Harnüberzug)

Fasan (unregelmäßig keulenförmig)

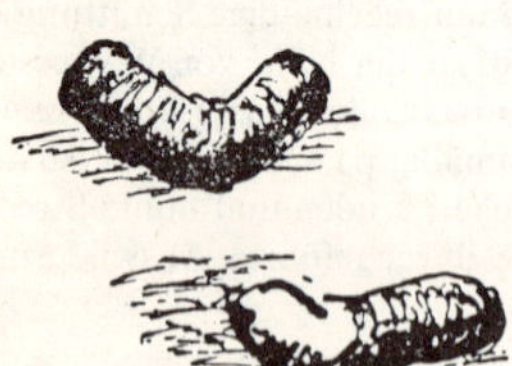

Haselwild

Rebhuhn (wurstartig)

Losung des Auerwildes und Gestüber des Federwildes
(natürliche Größe)

Welche Feinde hat der Fasan?

Der Fasan ist besonders durch wildernde Hauskatzen sowie durch Füchse und Habichte gefährdet. Gegen wildernde und streunende Hunde ist er außerordentlich (!) empfindlich.
Seine Gelege werden durch Dachs, Marder, Iltis, Wiesel und Igel, am meisten aber von Krähen und Elstern vernichtet.
Merke: Die Einbringung der Fasane ist leicht. Sie scheitert aber regelmäßig, wenn nicht das ganze Jahr hindurch wöchentlich geschüttet und durch Bejagen und viele Fallen die Beutegreifer und wildernden Hunde, streunenden Katzen und Rabenvögel (evtl. mit Sondergenehmigung) kurzgehalten werden (s. auch S. 513)! Mit Glaskugeln (∅ größer als 20 cm), die man auf 3 m hohe Stangen steckt, kann man Greifvögel von Schüttungen fernhalten.

Wie unterscheiden sich erlegte junge und alte Fasane?

Beim jungen Fasan ist das Brustbein biegsam, beim alten nicht oder nur schwer. Der Sporn, auch das Krönchen genannt, ist als Unterscheidungsmerkmal nur bis zu einem Alter von etwa 18 Monaten brauchbar. Bis zu diesem Zeitpunkt hat er die Form eines stumpfen Kegels. Ein älterer Fasan besitzt ein spitzes Krönchen. Die Länge des Sporns, seine Biegung (stark, schwach nach oben oder nach unten) und die Anzahl der Hornringe an diesem können (entgegen vieler anderer Meinungen) nichts über sein Lebensalter aussagen.

Fasan mit stumpfkegeligem Sporn:
Alter bis maximal 18 Monate.
Die Länge des Sporns kann variieren!

In welchem Eheverhältnis lebt der Fasan?

In Vielehe (Polygamie). Das beste Geschlechterverhältnis ist beim Aussetzen (Anfang Mai) 1:3, in Revieren mit geringem Besatz 1:4 und in gut besetzten Revieren 1:6, um eine volle Befruchtung der Eier zu garantieren.
Die Balz- oder Paarungszeit beginnt Ende März/Anfang April.

Wann legt die Fasanhenne, und wie lange dauert die Brutzeit?

Die Fasanhenne legt Ende April, Anfang Mai in ein gescharrtes Muldennest 8 bis 18 Eier. Die Brutzeit dauert 24 Tage. Bei Ausfall des Erstgeleges macht die Henne ein Zweitgelege, dessen Jungfasane zu Beginn der Jagdzeit noch nicht ausgefedert sind.
In der Voliere nimmt man den Hahn heraus, sobald die Henne auf dem Gelege (s.S. 723) sitzt. Ausgemähte Gelege, s.S. 294.

Wie lange bleiben Fasangesperre vereinigt?

Sie bleiben – im Gegensatz zur Rebhuhnkette – nur bis zur Herbstmauser vereinigt. Trockene Jahre verhüten Jungtierverluste.

Aus welchem Ruf besteht der Balzlaut des Fasans?

Aus dem zweisilbigen Rufe „körk-kök“, dem gewöhnlich ein schwirrender Flügelschlag folgt.

Hege und Bejagung der Fasane

Auf welches Geschlechterverhältnis soll der Fasanenbestand (durch „Enthahnen“) gebracht werden?

Vor der Balzzeit sollen auf einen Hahn (drei bis) sechs Hennen entfallen. Es sind deshalb zur Jagdzeit hauptsächlich Hahnen zu schießen. Die Fasanhennen sind zu schonen, wenn der Bestand zahlenmäßig gehoben werden soll.

Welche Jahreszeit ist die beste für die Fasanenjagd?

Für die Suchjagd im Feld der späte Oktober. Die Fasane liegen dann in niedriger Deckung. Jagdzeit s. S. 746/747.
Suchjagden im Walde sollten erst stattfinden, wenn das Laub gefallen und die Deckung niedergefroren ist.

Auf welche Entfernung schießt man den Fasan?

Auf eine Entfernung von 30 bis 40 Meter. „Der Fasan soll im Schuß nur drei Federn verlieren!“
Fasane, die nach dem Schuß den Kopf noch hoch haben, sind geflügelt und laufen nach dem Aufschlag so weit wie möglich fort. Es muß deshalb noch während des Fallens oder beim Weglaufen der Fangschuß erfolgen. Auf anstreichendes Federwild soll man den Nachbarschützen durch Zuruf „Tiro!“ aufmerksam machen.

Welche Schüsse sind auf den Fasan verpönt?

Der Schuß in ein „Bukett“, auf aufgebaumte Fasane und auf „Infanteristen“ (Fasane zu Fuß). Geflügelte oder geständerte Fasane müssen natürlich auch auf dem Boden geschossen werden.
Es darf immer nur ein Fasan anvisiert und beschossen werden!

Wie zieht man Fasane erfolgreich auf?

Bei der Nachzucht durch Naturbrut schiebt man die Fasaneier einer Henne unter. Besonders eignen sich dazu als Rasse die japanischen Seidenhühner, die Wyandotten oder Sussex. Man bringt Glucke und Eier zunächst in eine Brutkiste, wo sie ungestört sind. Nach dem Schlüpfen gibt man sie in einen Aufzuchtkasten, aus dem die Henne nicht heraus kann. Sie lockt ihre Adoptivkinder stets unter das schützende Dach zurück. Die ersten zwanzig Tage wird Putenstarter I gefüttert. Die Pellets müssen unbedingt vermahlen werden (alte Kaffeemaschine!). Man reicht sie in Automaten, damit die Nahrung nicht verunreinigt wird. Frischwasser darf nie fehlen. Nach etwa 7 Wochen sind die Fasane selbständig.
Die künstliche Aufzucht nach dem Schlupf in der Brutmaschine erfolgt heute in abgedunkelten Räumen. Gewärmt werden die Kücken nicht mehr mit Infrarot, sondern mit Dunkelstrahlern. Auf diese Weise verhindert man das leidige Federfressen. Letzteres kann man auch durch Kürzen des Hornteils des Schnabels mittels einer Spezialzange oder durch Schnabelbrennen abstellen. Es gibt auch

Schnabelklammern, die man bei Dr. Schwengler, 4740 Oelde, käuflich erwerben kann. Damit es gar nicht auftritt, sollte man für ausreichend Raum sorgen. Jeder Vogel benötigt etwa 5 qm^2. Nach drei Wochen brauchen die Fasane einen Auslauf in einer Freivoliere. Damit sie in den Schutzraum zurückfinden, muß dieser nun hell ausgeleuchtet werden. Neben Nahrung und Wasser ist auch Hudersand in flachen Schalen anzubieten.

Wie wildert man Fasane aus?

Fasane darf man nicht einfach ins Revier bringen und fliegen lassen, sonst werden sie entweder sofort Opfer von Beutegreifern oder sie verstreichen. Am besten wildert man Fasanenhennen im Frühjahr, wenn sie unter Legezwang stehen, aus. Man sollte die Vögel erst über „Auswilderungsvolieren" an ihre neue Heimat gewöhnen.

Wildtruthühner (Meleagridinae)

Wildtruthuhn (Meleagris gallopavo)

Welche Wildtruthühner werden unterschieden?

Das nordamerikanische oder Broncetruthuhn und das mexikanische Wildtruthuhn (Meleagris g. gallopavo und M. g. mexikana). Wildtruthühner wurden in einigen westdeutschen Revieren, z. B. in der Eifel und neuerdings in *Niedersachsen* und *Nordhessen*, durch Aussetzen eingebürgert. Sie leben polygam (Gelege S. 723, Jagdzeit S. 746).

Feldhühner (Perdicinae)

Rebhuhn (Perdix perdix)

Welche besonderen waidmännischen Ausdrücke sind üblich, wenn vom Rebhuhn die Rede ist?

Hahn und Henne heißen ein Paar; mit den Jungen zusammen spricht man von einer Kette oder einem Volk Hühner.
Die Hühner „liegen" auf dem Felde, sie „stehen auf", wenn sie sich in die Luft erheben. Sie „streichen ab", wenn sie wegfliegen; sie „fallen ein", wenn sie sich niederlassen.
Das Trittbild nennt man Geläuf, die Losung Gestüber, sie mausern, wenn sie die Federn wechseln, sie „weiden" oder äsen, wenn sie Nahrung suchen und aufnehmen; sie „hudern oder stäuben sich", wenn sie sich im Sand oder Staub baden; sie „locken (oder rufen) sich wieder zusammen", wenn die Kette „gesprengt" worden ist.
Als „Holzböcke" bezeichnet man scherzhaft Rebhühner, die sich bevorzugt am Waldrande aufhalten. Sie baumen nicht auf!
„Gabelhühner" nennt man diejenigen jungen Rebhühner, die erst die äußeren Stoßfedern herausgeschoben haben, so daß der Stoß gabelförmig aussieht.
Das Rebhuhn (Gewicht 300–400 g) „drückt sich" bei Gefahr. Es „schnippt" mit dem Stoß, wenn es aufgeregt ist, und „rennt" schnell mit hoch aufgerichtetem Kopf, ehe es „abstiebt" (auffliegt). Rebhühner scharren ein Muldennest (s. Abb. S. 723). Die Spuren des Federwildes nennt man Geläuf.

Geläufe (Trittbilder)

Wann ist die „Paarzeit" der Rebhühner?

Im Februar/März. Die Rebhühner leben in Einehe (monogam). Wildlebende Rebhühner verpaaren sich ungern innerhalb der Familie. Damit die Fortpflanzung gesichert ist, müssen in einem Bezirk mindestens zwei Ketten vorhanden sein, die am Rande ihrer Reviere Kontakt aufnehmen können.

Wann und wieviel Eier legt die Rebhenne?

Sie legt ab Ende April etwa 15 Eier unter Hecken, in Wiesen, im Klee oder wachsenden Getreide, die nach 24–25 Tagen ausgebrütet sind. Wenn das erste Gelege im frühen Brutstadium verunglückt, macht die Henne ein zweites oder Nachgelege, das dann aber nur aus 5 bis 10 Eiern besteht (s. Abb. S. 723). Die Küken fallen dann erst im August aus. Jedes Paar hat sein Revier, das energisch verteidigt wird.

Wovon ernähren sich die Rebhühner?

Von Grünäsung (Knospen, Blattspitzen, Gräsern, Kohl, Klee), Samenäsung (Unkrautsamen) und animalischer Äsung (Kerbtieren, Insekten, Schnecken und Würmern).

Aus wieviel Rebhühnern besteht ein Volk (eine Kette)?

Aus den zwei alten und etwa 8 bis 18 jungen Rebhühnern.
Vom Oktober ab schlagen sich manchmal mehrere Ketten von Rebhühnern zusammen, so daß man 30 bis 50 Hühner antreffen kann. Die Vereinigung mehrerer Ketten heißt „Schar".

Wie kann man das Vorkommen der Rebhühner feststellen?

Am Gestüber (s. Abb. S. 292), an Huderstellen (Stellen, an denen sie ein Sand- oder Staubbad genommen haben), an dem lauten Lockruf „rirapp" des Hahnes und „kirrit" der Henne, durch Verhören der Hühner am Morgen und Abend und am Geläuf (s. oben). Bei der Hühnerjagd versprengte Ketten finden sich durch diese Lockrufe schnell wieder zusammen. Die Rebhuhnketten bleiben bis zur nächsten Paarzeit (Februar bis März) vereinigt. Bis dahin brauchen die Junghühner ihre Eltern.

Hahn und Henne sind im Fluge nicht zu unterscheiden. Auch das „Schild", ein kastanienbraunes Abzeichen in der Form eines nach unten offenen Hufeisens auf der Unterbrust, ist nicht als untrügliches Kennzeichen des Hahnes anzusprechen, da auch „hahnenfedrige" Rebhennen mit stark ausgeprägtem Hufeisenfleck vorkommen. Das beste Unterscheidungsmerkmal sind die oberen Flügeldeckenfedern. Sie sind beim Hahn mit einem hellbraunen Längsstrich entlang dem Kiel und einem rostbraunen und einem schwarzen Fleck versehen.

jung

Hahn
heller Schaftstrich
mit rotbraunem und
schwarzem Fleck;
ohne Querbinden

Henne
Schaftstrich
mit Querbinden

Obere Flügeldeckenfedern vom Rebhuhn

Bei der Henne weisen sie keine Fleckung auf und zeigen vom breiten hellen Schaftstrich ausgehende schmale Querbinden.

Wie unterscheiden sich junge und alte Rebhühner?

Junge Rebhühner haben gelbe bis gelbgraue Ständer (Füße), besonders an den Zehenballen, einen schwarzen Schnabel und spitz zulaufende erste Handschwingen; die Schädeldecke läßt sich leicht eindrücken; das Gefieder der unteren Halsfläche ist gelb, der Augenring ist glatt und bleigrau (ohne rote Rose).

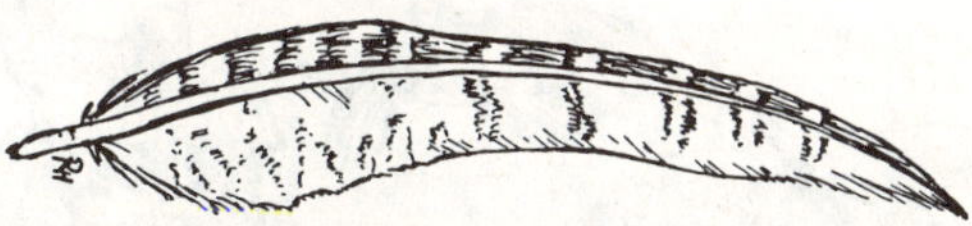

Erste Handschwinge spitz zulaufend: jung

Erste Handschwinge stumpf (abgerundet): alt

Ältere Hühner haben blaugraue bis schiefergraue Ständer und einen harten, grau gefärbten Schnabel; die Spitze der ersten Handschwinge ist stumpf (abgerundet); die Schädeldecke ist druckfest, das Halsgefieder aschgrau, und der hochrote Augenring ist als „Rose“ bei der Henne klein, beim Hahn größer. Das Wildbret alter Hühner ist zäh und stark mit Sehnen und sehnenartiger Muskelhaut durchsetzt.

Hege und Bejagung der Rebhühner

Was ist bei der Bejagung der Rebhühner zu beachten?

Die beste Jagdart ist die Suche mit dem Vorstehhunde gegen die herrschende Windrichtung (s.S. 662). Richtig ist es, wenn nur Gruppen von zwei Schützen und ein Hund auf die Hühnerjagd gehen und ein Gehilfe mitgenommen wird, der die abstreichenden Hühner beobachtet. Es darf immer nur ein Huhn anvisiert und beschossen werden (s. auch S. 364).
Man schießt niemals auf das erste aufstehende Huhn einer Kette, denn das ist meistens die führende Henne. Die Bejagung soll sich in erster Linie auf die schußreifen Junghühner erstrecken.
Die Hühner „halten“ am besten an sonnigen, schwachwindigen Tagen. Regen ist denkbar ungünstig, da die Hühner nicht am Boden bleiben und auch die Hunde schlecht finden. Im Oktober haben sie „goldene Federn“, d.h., sie streichen schon von weitem ab und sind nur schwer zu schießen (Jagdzeit s.S. 746/747).

Wie zeichnet das Rebhuhn bei verschiedenen Schüssen?

Bei der Zerschmetterung einer Schwinge fällt das Huhn seitlich zu Boden, mit der gesunden Schwinge noch nach oben rudernd, und läuft dann sofort weiter in Deckung. Es gewinnt dabei einen so großen Vorsprung, daß es schwer zu finden ist (Nachsuche geflügelter Hühner s.S. 663). Bei Verletzung eines oder beider Ständer streicht das Huhn weiter, wobei der verletzte Ständer herabhängt (s. Abb.). Nach dem Einfallen in Deckung drückt es sich fest und vermag nur schwer wieder aufzustehen.
Bei Lungenschüssen und Verletzungen des Rückens steigt das Huhn infolge von Atemnot in die Luft (es „himmelt“) und stürzt dann verendet herab. Himmelnde Hühner sind deshalb mit dem Auge zu verfolgen und an der Absturzstelle mit

Schußzeichen (Rebhuhn)

gestândert gesund himmelnd

dem Hunde nachzusuchen (ebenso auch geständerte Hühner). Werden solche Hühner vom Hunde nicht sofort gefunden, dann ist die Nachsuche (besonders im Rübenacker) nach ein bis zwei Stunden zu wiederholen, weil sie dann meistens durch die aufsteigende Wittrung leichter zu finden sind.
Beim Kopfschuß schnellt das getroffene Huhn nach dem Herabstürzen oft mehrmals in die Höhe, ehe es verendet.

Wodurch sind die starken Rückgänge beim Rebhuhn verursacht?

Das Rebhuhn ist ein typischer Steppenvogel. Kleingegliederte Landschaft mit Feldrainen, Gräben, Wegen, Knicks und kleinen Sträuchern lassen ihm Deckung und Äsung finden, die hier dicht beieinander liegen. Die Flurbereinigung hat diesen idealen Lebensraum in den letzten Jahrzehnten beseitigt. Die moderne Landwirtschaft, die auf große, ebene Flächen angewiesen ist, spritzt zudem die Nahrungsgrundlage des Rebhuhnes tot. Vor allem bis zum Alter von drei Wochen leben die Küken fast nur von Kleininsekten, die nun meist fehlen. Neben den Insektiziden schaden aber auch die Herbizide (Unkrautvernichtungsmittel), da diese die Nährpflanzen der Kerbtiere ausrotten.
Dazu kommen die Kälteeinbrüche und der häufige Regen in der Aufzuchtszeit. Die Insekten sind klamm, bewegen sich kaum und sind daher schwer zu finden. Außerdem lassen sich bei naßkalter Witterung die Rebhuhnküken ständig hudern. Sie gehen nicht auf Nahrungssuche und werden so derart geschwächt, daß sie oft eingehen.
Der abrupte Äsungsengpaß nach dem Abernten der Felder macht den Tieren schwer zu schaffen. Meist bleibt nur der Mais stehen, in den die Vögel nicht gehen, weil ihnen dort die Rundumsicht fehlt.
Neben ausreichender Nahrung brauchen die Rebhühner geeignete Deckungsinseln. Es sollen möglichst lange Streifen von mindestens zwei Meter Breite sein (Feldgehölze werden nur am Rande von Rebhühnern bezogen, vermutlich sind sie zu dicht und hoch und gestatten keine Sicht nach allen Seiten!). Im Frühjahr verpaaren sich die älteren Hühner zuerst. Sie vertreiben jüngere Tiere, die in Sichtweite brüten wollen. Die weiten Felder machen eine hohe Brutdichte unmöglich, da es keine „Sichtblenden" mehr gibt.
Der Winter hält eine strenge Auslese in den Rebhuhnvölkern. Im Frühsommer werden unzählige Gelege ausgemäht.
Zum Schutze der Gelege bringt man deshalb in der Nähe von Wegrändern gern alle 100 m „Dicksaat" ins Getreide, indem man nach der Bestellung eine Handvoll Korn mit der Hand nachsät. Die in solchen Dickstellen eingebrachten Gelege können nicht (wie in Wiese und Klee) ausgemäht werden. Allerdings wird das von den Landwirten nicht immer gern gesehen.

Wie verhält man sich, wenn Gelege der Fasane und Rebhühner ausgemäht werden?

Befruchtete Eier können innerhalb 24 Stunden weiter bebrütet werden. Man bringt sie, ohne sie stark zu schütteln, in eine Brutanstalt oder versucht, sie mit dem „Brutkissen" (Fa. Herbert Jäger, 6480 Wächtersbach) zum Schlupf zu bringen. Auch Zwerg- oder Haushennen können beim Erbrüten helfen. Für ausgemähte Gelege sind Fundprämien angebracht. (Sammeln der Eier der Wildhühner s. S. 729.)

Wie ernährt man Rebhuhnküken?

Als Erstfutter eignet sich zerkleinerter Putenstarter. Man muß allerdings Ameisen und Raupen zufüttern. In der dritten Lebenswoche setzt man sie in der Nähe einer Kette aus. Die Jungtiere werden von ihr adoptiert.

Was ist für die Aufzucht von Küken wichtig?

Das Einhalten einer vorschriftsmäßigen Fütterung. Für die Aufzucht der Küken haben sich fertige Aufzuchtfuttermittel in gepreßter Form (pellets z. B. der Kraftfutterwerke Brand-Purina, 4150 Krefeld) bewährt. Vor Kälte erstarrte (verklammte) Küken lassen sich durch vorsichtiges Wärmen mit Heizkissen oder durch Bestrahlen mit Infrarotwärmelampen retten.

Wachtel (Coturnix coturnix)

Wie sieht die Wachtel aus?

Sie ist dem Rebhuhn ähnlich, aber wesentlich kleiner (kleinster Hühnervogel, 17,8 cm). Die Allgemeinfärbung ist sandbraun, Kopf gestreift, die Oberseite ist stark weißlichgelb und schwarz gestreift. Sie ist der einzige Zugvogel unter den Hühnervögeln. Der Ruf des Hahnes „pick-di-wick" und der Doppelruf der Henne „quip-quip" ist bei Tag und Nacht zu hören. Wachteln unterliegen dem Jagdrecht und sind ganzjährig geschont.

Rallen (Rallidae)

Bläßhuhn (Fulica atra)

Wie unterscheiden sich Bläßhuhn („Zappe") und Teichhuhn?

Beide haben einen dicken Körper und einen kleinen Kopf. Außerdem besitzen sie sehr lange Zehen zum Laufen auf Wasserpflanzen.
Sie liegen beim Schwimmen hoch im Wasser, schwimmen oft kopfnickend und verlassen nur ungern das Wasser. Beim Auffliegen vom Wasser nehmen sie Anlauf und laufen dabei spritzend und patschend über das Wasser (s. Abb. S. 315).
Beide sind von schwärzlicher Farbe.
Die Bläßhühner oder „Belchen" (bekannt durch die „Belchenschlachten" im Bodensee und Starnberger See) sind schieferschwarz und kenntlich am weißen Schnabel und Stirnschild. Sie sind eßbar und haben wohlschmeckende Eier. Sie sind Wohnraumkonkurrenten unserer Stockenten. Sie gelten deshalb als jagdschädlich (s. Abb. S. 302; Jagdzeit 1.9.–15.1.).
Teichhühner haben einen roten Schnabel mit gelber Spitze und grüne Ständer.

Trappen (Otididae)

Großtrappe (Otis tarda)

Was sind Trappen?

Große und schwere, langbeinige Bodenvögel, die in weiten Grassteppen und großen Feldern leben (Vorkommen: Brandenburg). Wir unterscheiden die Groß-

Wildtauben

Sandregenpfeifer
Rohrdommel
Rotschenkel
Kiebitz
Grünfüßiges Teichhuhn
Triel
Bläßhuhn
Zwerg-dommel
Wasserralle
Wachtelkönig
Großer Brachvogel
Fischreiher

Stelz- und Schreitvögel

× **Rotschenkel,** 27 cm
lange, orangerote Ständer, rötlicher Schnabel mit schwarzer Spitze

× **Großer Brachvogel,** 56 cm
sehr langer, abwärts gebogener Schnabel, Gefieder gelblichbraun, keine Kopfstreifen

× **Sandregenpfeifer,** 19 cm
lebhafter kleiner Ufervogel mit weißem Halsband und schwarzem Fleck durchs Auge sowie mit breitem, schwarzen Band über der weißen Brust. Oberseite sandbraun, Ständer fleischfarben bis gelb. Der kleinere Flußregenpfeifer (15 cm) hat eine weiße Linie über dem schwarzen Stirnband und fleischfarbene Ständer

× **Kiebitz,** 30 cm
grünlich-schwarz-weißer Regenpfeifer mit langem, strähnigen Kopfstutz und reinweißer Unterseite sowie kastanienbrauner Unterstoßdecke

× **Triel,** 40 cm
geduckte Haltung, schwarze Schnabelspitze, große gelbe Augen, gelbe Beine, hellbraun und weiß gestreiftes Gefieder, im Fluge ist doppelte lichte Binde in der Schwinge zu sehen

∞ **Bläßhuhn,** 38 cm
schieferschwarzer Vogel mit pechschwarzem Kopf und weißem Schnabel und Stirnschild (Blässe), kein Weiß an den Flanken!

× **Teichhuhn** (grünfüßiges), 33 cm
schwärzlicher Vogel mit rotem Stirnschild und rotem Schnabel mit gelber Spitze, weißem Flankenstreifen und weißem Untersteißbecken, Ständer grün mit rotem „Strumpfband" über dem Gelenk, keine Schwimmhäute

× **Wasserralle,** 28 cm
langer, roter Schnabel, Flanken auffallend schwarz und weiß gebändert, hellrote Augen

× **Wachtelkönig,** 26 cm
auffallende rostbraune Flügel (besonders im Fluge sichtbar!), gelblicher Schnabel, rahmgelbes Gefieder

⊗ **Graureiher** (Fischreiher), 91 cm
hellgraue Oberseite, lange schwarze Haube, dolchförmiger Schnabel, Ständer graubraun. Flugbild: Kopf ruht auf den Schultern (S-Form), Ständer ausgestreckt

× **Rohrdommel,** 76 cm (eine dickhalsige Reiherart)
bräunlichgelb, gebändertes Gefieder, lange grüne Ständer. Bei Gefahr wird der Schnabel hochgerichtet: „Pfahlstellung". Dämmerungsvogel.

× **Zwergdommel,** 36 cm
halb so groß und an dem großen rahmfarbenen Feld in der Schwinge erkennbar (s. auch S. 395)
Rohr- und Zwergdommel sind vom Aussterben bedroht und deshalb ganzjährig geschützt.

Kraniche, Störche, Schwäne und andere langbeinige Sumpfvögel fliegen mit lang vorgestrecktem Hals und weit nach rückwärts ragenden Ständern. Reiher (einschließlich Rohrdommeln) fliegen mit eingezogenem Hals

× unter Naturschutz
∞ Jagdzeit s.S. 746.
⊗ Unter Jagdrecht, aber ganzjährig geschont
Die cm-Maße geben die Durchschnitts-Längenmaße des Vogels von der Schnabelspitze bis zur Spitze des Stoßes (Steißes) an, nicht die Flügelspannweite!

trappe und die um die Hälfte kleinere Zwergtrappe. Sie sind polygam und leben in kleinen Trupps, in denen die Weibchen überwiegen. In der Brutzeit bleiben die Trapphähne truppweise zusammen. Die Großtrapphähne erreichen ein Gewicht bis 15 kg. Großtrappen sind ganzjährig geschont. Sie sind vom Aussterben bedroht.

Die Großtrappe

Der Hahn trägt unter dem kurzen Schnabel einen bis 15 cm langen Federbart

Taubenvögel (Columbidae)

Ringeltaube und Hohltaube (Columba palumbus und C. oenas)

Turteltaube und Türkentaube (Streptopelia turtur und S. decaocto)

Welche Wildtauben gibt es, und wie unterscheiden sie sich?

Es gibt vier Arten ohne Unterschied der Geschlechter:
Die im Bundesgebiet vom 1.7. bis 30.4. (in *Niedersachsen* vom 16.7. bis 30.4.) jagdbaren (∞) Ringeltauben und Türkentauben und die ganzjährig geschonten × Turteltauben und seltenen Hohltauben.

∞ Die *Ringeltaube*, 40,5 cm Gesamtlänge, ist die größte Wildtaube. Die alten, nicht jedoch die jungen Tauben (s. Abb. S. 301), haben weiße Halsseitenflecke, die von weitem wie ein weißer Ring wirken (Name). Sonst sind sie in jedem Alter an dem im Fliegen gut sichtbaren breiten weißen Band auf der Schwingendecke und am dunklen Stoßende kenntlich. Sie sind Baumbrüter, bauen einen ungeordneten Horst (s. Abb. S. 723) und streichen mit lautem Flügelklatschen ab (Gewicht: 400–500 g).

× Die seltene *Hohltaube*, 33 cm, ist kleiner und dunkler als die Ringeltaube. Sie hat kurze schwarze Binden auf den Armschwingen und einen glänzend grünen Halsseitenfleck. Im Fluge ist der graublaue Bürzel sichtbar. Sie ist Höhlenbrüter (und horstet in alten Spechthöhlen) und ruft „hu-ru", erste Silbe betont (Gewicht: 250 g). Zugvogel ins südliche Europa!

∞ Die *Türkentaube*, 28 cm, ist aschgraubraun gefärbt und durch ein schwarzes Nackenband gekennzeichnet. Die Endhälfte ihres Stoßes ist unten weiß (Flugbild!). Sie hält sich gern in Ortschaften und Parks auf, ist auffallend zutraulich (also kein Waldvogel), bleibt im Winter bei uns und findet sich dann als Standvogel auf Hühnerhöfen ein. Sie bevorzugt Birnbäume als Horstplatz. Sie ruft „kukú-ku" (zweite Silbe betont) und wird durch ihr monotones Rufen oft lästig. Größe wie Turteltaube (Gewicht: 200 g). Seit 1946 in die Bundesrepublik eingewandert.

× Die *Turteltaube*, 27 cm, hat einen bräunlichen, dunkel geschuppten Rücken und einen langen gerundeten, schwarzen Stoß mit weißen Endflecken (auffällig beim Abfliegen!) und einen schwarz-weiß geschuppten Halsseitenfleck. Sie ist die kleinste Wildtaube und wird gewöhnlich paarweise angetroffen. Sie ruft ein schnurrendes „turr, turr, turr" (Gewicht: 150 g). Zugvogel nach Zentralafrika!

Türkentaube

Turteltaube

Wie schöpfen (trinken) Tauben?

Im Gegensatz zu anderen Vögeln saugen Tauben das Wasser ein.

Leben Tauben monogam?

Ja. Bei ihnen besteht eine Jahresehe. Sie „horsten". Ihr Gelege (s. S. 723) besteht immer aus zwei rein weißen, langelliptischen Eiern. Die Eier werden von beiden Geschlechtern 15 bis 17 Tage bebrütet (vom Tauber etwa von 10 bis 16 Uhr). Es erfolgen in der Zeit von April bis Juli zwei bis drei Bruten. Die Bruten sind oft ineinander geschachtelt, d. h., während die Taube das nächste Gelege bebrütet, betreut der Tauber noch die Jungen der vorhergehenden Brut (Schachtelbrut!).
Die Jungvögel „saugen Kropfmilch" (eine weiße bröcklige Masse) während der ersten zehn Lebenstage aus dem Kropf des Elterntieres. Die Aufzuchtzeit beträgt fünf Wochen, wovon vier Wochen auf die Nestlings- und eine Woche auf die Ästlingszeit entfallen.
Außerhalb der Brutzeit leben die Tauben gesellig in Flügen.

Welche Wildtauben dürfen bejagt werden?

Nur die Ringel- und die Türkentauben (Jagdzeit vom 1. Juli bis 30. April s. S. 746/747). Die Hohltaube und Turteltaube sind ganzjährig geschont. Die Jagdzeit wurde schon ab 1. Juli festgesetzt (außer *Niedersachsen* ab 16. 7.), weil die Ringeltaube, wenn sie in großen Flügen vorkommt, an Feldfrüchten und Gemüsekulturen ernste Schäden verursacht. Es besteht deshalb die Gefahr, daß man noch in der Aufzucht befindliche Jungtauben elternlos macht. Man soll deshalb beim Aufgang der Jagd nur junge Ringeltauben schießen, die gern in Flügen beisammen sind und die man am fehlenden Halsring von alten sicher unterscheiden kann.
Die Eier der Ringel- und Türkentaube dürfen zur Regulierung überhöhter Bestände zerstört werden.

An welchen Lautäußerungen erkennt man den Ringeltauber?

Am Rucksen. Der Ringeltauber beginnt ab März die Balz mit einer viersilbigen Strophe: „Gruh-rúh, ru ru“, und läßt dann noch etwa dreimal seine fünfsilbige Strophe „grug-rug-rúh, ru ru“ folgen und beschließt sie mit einem kurzen „rug“.

Welche Bedeutung haben die Ringeltauben für den Jäger?

Sie können unbedenklich bejagt werden und sind mit jagdlichen Mitteln auf ein erträgliches Maß zu reduzieren. Der „Auerhahn des kleinen Mannes“ hat aber auch auf jeder „Feder ein Auge“. Man bejagt die Vögel im Sommer auf der Pirsch durch Anlocken mit dem Balzruf. Man macht das Gurgeln des Taubers in der bloßen Hand nach, bedient sich einer Weinbergschnecke oder eines käuflichen Taubenlockers. Den rucksenden Tauber geht man schrittweise an. Alle fünf Sekunden setzt man langsam einen kleinen Schritt vor den anderen.
In wasserarmen Revieren legt man eine Tränke mit Hilfe einer Plastikfolie an. Man schüttet sie mit Kies auf. Die Tauben erwartet man vor der Mittagszeit und am späten Nachmittag. Beim Taubenansitz muß man den Wind im Nacken haben, denn die Vögel fallen gegen ihn ein. Nie beschieße man eine Taube spitz von hinten. Man verwende $2^1/_2$ mm- bzw. 3 mm-Schrote.
Im Herbst pirscht man sich an Äsungsflächen mit Wickenanbau. Man sitzt bei mit dem Kopf gegen den Wind aufgestellten Locktauben, an Schlafbäumen und in der Nähe von Taubeneichen an, die sie gern annehmen, wenn sie aufgejagt werden. (Anlage der Salzlecke: In Schußrichtung, 25 m von einem auch nach oben gut verblendeten Schirm [s. S. 505], wird eine gerade, etwa fünf Meter lange Rinne gehackt, in die man grobes Salz streut.) Flügge Jungtauben kann man in der Dämmerung bejagen, wenn sie sich auf die Außenzweige der Horstfichte begeben.
Achtung! Tauben können an der Ornithose (einer Viruskrankheit der Papageien) mit Nasenausfluß und verminderter Flugleistung erkranken (deshalb „Meldepflicht“) und das Virus auf Menschen beim Einatmen von Gefiederstaub übertragen. Die Hausfrau sollte deshalb Tauben nicht trocken rupfen, sondern deren Federn durch Abbrühen beseitigen!

Stelzvögel

Graureiher (Ardea cinerea)

Woran erkennt man den Graureiher?

Schwingen und Oberseite sind hellgrau, Kopf und Unterseite weiß. Den Kopf ziert eine lange strähnige Haube (Federn anliegend, s. Abb. S. 302). Fischreiher leben in Jahresehe und horsten oft kolonienweise. Brutzeit: März/April. Die meist vier blaßblaugrünen Eier (60 × 42 mm groß) werden von beiden Eltern abwechselnd in 25–26 Tagen erbrütet. Den Jungen wird das Futter aus dem Kehlsack vorgewürgt. Sie sind nach neun Wochen gut beflogen.

Wovon lebt der Graureiher?

Der Graureiher steht als Anstandsjäger oft lange bewegungslos am oder im Wasser. Seine Nahrung sind Frösche, Reptilien, Mäuse, Insekten und vor allem Fische. Daher nannte man ihn früher auch Fischreiher. Er bevorzugt Weißfische, die schlank, feinschuppig und zwischen 10 und 15 cm lang sind. Nur etwa jeder zweite Fangversuch ist erfolgreich. Pro Tag braucht er 400–500 g Nahrung.

Wie kann man Graureiher von Fischzuchten fernhalten?

Man überspannt die Fischteiche mit Netzen oder zieht am Rand zwei Stolperdrähte aus Nylonschur um sie. Außerdem versucht man, die Tiere mit Böllerschüssen und Klangattrappen von den Fischzuchten fernzuhalten. Man ahmt dabei den Schrei des Seeadlers nach oder das arteigene Angstgeschrei. Auch der Fluchtruf der Jungvögel kann im Hochsommer zeitweilig wirken. Steil abfallende Ufer, die mindestens in 60 cm tiefe Teiche führen, verleiden dem Watvogel das Fischen. Graureiher unterliegen dem Jagdrecht, sind jedoch ganzjährig geschont. Der Besatz an Brutpaaren konnte sich in *Bayern* gut erholen und beträgt etwa 1200. Jahreszeitlich durch Zuflüge aus der ČSSR und DDR verstärkt, halten sich teilweise 6000–8000 Graureiher in diesem Bundesland auf. So ist man gezwungen, ihn dort zeitlich begrenzt im 200-Meter-Umkreis längs geschlossenen Gewässern zur Abschreckung bejagen zu lassen.
In *Schleswig-Holstein* sind ähnliche Richtlinien in der Landesverordnung über die Festsetzung einer Jagdzeit für Graureiher vom 1.9. 1978 zu finden.
Der Graureiher war einst begehrte Beute bei der Beizjagd.

Schnepfenvögel

Waldschnepfe (Scolopax rusticola)

Zu welcher Jahreszeit kommt die Waldschnepfe zu uns?

Die Waldschnepfe (von snipe = Schnabelspitze) ist Zugvogel. Der Frühjahrszug ist von Anfang März bis Mitte April. Der Zeitpunkt ihrer Ankunft richtet sich nach dem Wetter, besonders nach dem Wind. Die Waldschnepfe erscheint kurz nach dem Eintreffen der Weißen Bachstelze.
Der alte schöne Vers „Okuli – da kommen sie,
Lätare – da ist das Wahre“
bezeichnet die tatsächliche Rückkehr der Schnepfe nicht ganz richtig, da diese Sonntage beweglich sind.
Auf dem Frühjahrszuge beginnt der Suchflug der Männchen nach den Weibchen. Hierbei streichen die Schnepfen (besonders bei Westwind, bedecktem Himmel und Regen) in der Abenddämmerung in wankendem Flug in der Nähe sumpfiger Revierteile an den Altholzrändern entlang. Diesen Suchflug zur Paarungszeit bezeichnen wir als „Schnepfenstrich“.
Im Frühjahr streicht sie erst, wenn das Abendsingen der Vögel (Amsel, Singdrossel, Rotkehlchen) verstummt ist und der Schnepfenstern (der sehr helle Abendstern Venus) am Himmel blinkt.
Der Herbstzug beginnt im Oktober und endet im November.

Welche Laute läßt das Männchen beim Balzfluge hören?

Ein quorrendes „orrt-orrt", das sog. „Quorren" oder „Murksen". Das Männchen wird deshalb auch „Murkerich" genannt.
Das hohe, scharfe „tsiwick" oder das „Puitzen" ist Balzlaut beider Geschlechter.
Die meisten Weibchen streichen stumm, sehr niedrig und meist später als die Männchen. An Balzflügen sind sie selten beteiligt. In aller Regel sind Paarflüge Auseinandersetzungen zwischen den Männchen. Die Männchen haben keine eigenen Balzreviere, sondern werden im Vorbeistreichen von einem Weibchen angelockt. Bis zur Eiablage bleibt das Männchen bei diesem. Anschließend fliegt das Männchen wieder balzend umher.

Bei welcher Gelegenheit bejagt man die Waldschnepfen?

Bisher bejagte man sie besonders im Frühjahr beim Abendstrich. Da die Jagdzeit (s.S. 746 bis 747) allgemein vom 16. Oktober auf den 15. Januar verkürzt wurde, ist die Waldschnepfe im Frühjahr geschont. Im Herbst schießt man die Waldschnepfe bei der Suche und im Treiben. Ende Oktober ziehen die Schnepfen zum Überwintern in die Mittelmeerländer, im Frühjahr kehren sie zu uns zurück.

Was versteht man unter dem Malerfederchen und dem Schnepfenbart?

Das Malerfederchen (3 cm) ist die längere der zwei kleinen, steifen und spitzen Federchen vor der ersten Schwungfeder der Schnepfe. Sie gilt als Trophäe und wird von den Malern zur Herstellung besonders feiner Striche und für Schmuck benutzt (s. Abb. unten).

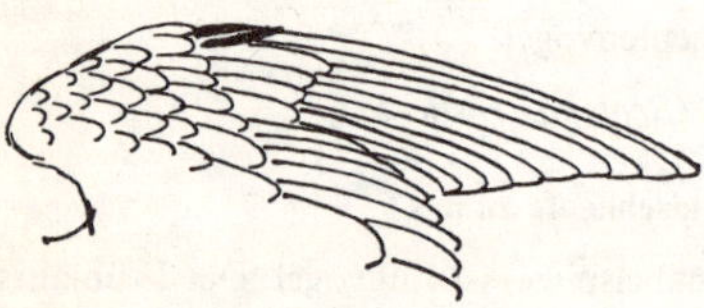

Oben: Sitz des Malerfederchens
Rechts: Sitz des Schnepfenbartes an der Bürzeldrüse

Der Schnepfenbart ist ein kleines, 1,5 cm langes, haarartiges Federbüschel, das sich auf der Fettdrüse (Bürzeldrüse) der Waldschnepfe befindet und wie ein winzig kleiner, gefaßter Gamsbart aussieht.

Gibt es bei den Schnepfen ein zuverlässiges Unterscheidungsmerkmal zwischen Männchen und Weibchen?

Nein. Eine Unterscheidung ist nur durch die Untersuchung der inneren Organe (Hoden, Eierstöcke) möglich.

Was sind Stand- und Lagerschnepfen?

Standschnepfen bleiben den Sommer über bei uns, die (wenigen) Lagerschnepfen auch über den Winter.

Wo und wann brütet die Schnepfe?

Sie brütet am Boden feuchter Wälder. Hierzu legt sie unter Busch, Astwerk oder an einem Stamm ein einfaches, mit Laub und Moos ausgelegtes Muldennest an. Die kurzovalen, 44 × 34 mm großen, rötlichgelben, braungefleckten Eier (meist vier) werden 22 Tage bebrütet. Sie brütet zweimal im Jahre (April und Juli). Die erste Eiablage erfolgt zwischen dem 5. und 20. April. Die Jungen sind Nestflüchter. Die Schnepfen sind „unehig“ (polygam). Das Männchen kümmert sich nicht um das Gelege und die Brut. Eine große Gefahr für Eier und brütende Gehege sind die Nestplünderer. Nachgelege kommen vor. Vor dem erneuten Brüten wird der Standort gewechselt.

Wie nennt man den Schnabel der Schnepfe?

Stecher. Die Schnepfe „sticht“, wenn sie den Stecher in den Boden sticht und die Bodendecke umwendet; sie „wurmt“, wenn sie mit dem Stecher an feuchten Bruchstellen oder in Kuhfladen nach Würmern sucht. Erdwürmer sind die Hauptnahrung der Schnepfe. Sie geht überwiegend nachts auf Nahrungssuche. Erst wenn sie vom ausgetriebenen Laubdach geschützt ist, wurmt sie auch am Tage. Wurmreiche Stellen findet sie mit großer Sicherheit. Gutes Merkmal im Fliegen: Der Stecher wird fast senkrecht nach unten gehalten!

Woran kann der Jäger die Anwesenheit von Schnepfen im Revier erkennen?

An den Balzrufen, an „Stichstellen“ und am „Kälken“. Unter dem „Kälken“ versteht man das Absetzen der kalkweißen, dünnflüssigen Losung der Schnepfe („Kälken“ der Greifvögel s. S. 327).

Waldschnepfe
der Vogel mit dem „langen Gesicht“
mit querverlaufenden Kopfstreifen
∞ (jagdbar)

Bekassine (Sumpfschnepfe)
(von beccus = Schnabel)
mit längsverlaufenden Kopfstreifen
× unter Naturschutz

Möwen (Lari)

Lachmöwe (Larus ridibundus)

Was sind Möwen?

Es sind langflügelige Schwimmvögel (Jagdzeit s. S. 746). Sie kommen in zahlreichen Arten an der Meeresküste und an Binnengewässern vor, wo sie kolonienweise nisten. Ihr Schnabel ist schwach hakenförmig gebogen und wird waagerecht gehalten. Die meisten Möwen sind weiß und haben einen grauen oder schwarzen Rücken und ebenso gefärbte Schwingen.
(Weiteres über die jagdbaren Möwen und deren Flugbilder s. S. 724). Der Stoß der Möwen ist rund (der der Seeschwalben dagegen gegabelt). Sie leben gesellig.
Raubmöwen sind große, greifvogelartige Seevögel mit dunklem Gefieder und schmalen, gewinkelten Flügeln. Die mittleren Stoßfedern sind bei Altvögeln verlängert.
Möwen, die sich auf Müllkippen ernähren, sind häufig an Salmonellose (s. S. 535) erkrankt. Sie bilden mit ihren Eiern und Ausscheidungen eine Gefahr für Menschen.

Ist die Lachmöwe ein reiner Küstenvogel?

Die „Krähe der Küste“ ist mit ihrem schlanken Körper und den gespitzten Flügeln bestens für ein Leben in der „steifen Brise“ geeignet. Da die Lachmöwe bei ihrer Futterwahl sehr anpassungsfähig ist, konnte sie sich darüber hinaus weite Teile des Festlandes erobern. Sie nimmt Regenwürmer von frischgepflügten Feldern. An Abfallhaufen entpuppen sich ihre Schwärme als Allesfresser und ernähren sich vom weggeworfenen Brot, verfaultem Obst, Gemüse- und Fleischresten. Die Lachmöwe kann sogar Kleinvögel in der Luft zerstückeln und sie dann auffressen. Der stets gedeckte Tisch in unserer Zivilisationslandschaft ließ sie in manchen Gebieten vergessen, daß sie ein Zugvogel ist. Meist überwintert sie in der Nähe ihrer Nistkolonien, im Höchstfall fliegt sie noch nach Südfrankreich. Ihre Besätze nehmen beständig zu und überaltern. Auf Flugplätzen stellt sie ein Sicherheitsrisiko dar. Die Randstreifen neben den Landebahnen sollen möglichst nicht gemäht und gepflügt werden. Jagdzeit vom 16.6.–30.4.

Gänse- und Entenvögel

Schwäne (Cygnidae)

Welche Wildschwäne kommen in freier Wildbahn vor?

Der zum Federwild gehörende Höckerschwan (Cygnus olor) und die unter Naturschutz stehenden Singschwan (Cygnus cygnus) und Zwergschwan (Cygnus columbianus bewickii). Sie sind Zugvögel.
Der *Höckerschwan* (schwarzer Höcker auf orangefarbigem Schnabel) unterscheidet sich im Schwimmen vom Sing- und Zwergschwan durch seinen anmutig S-förmig gebogenen Hals mit abwärts weisendem Schnabel. Er klaftert 2,35 m und erreicht ein Gewicht zwischen 10 und 20 kg. In ein Bodennest im Schilf

legt er 5–7 weiße Eier und verteidigt seine Brut außerordentlich heftig. Die Jungtiere sind bis zu drei Jahren grau. Das Männchen wird größer und hat einen höheren Stirnhöcker als das Weibchen. Die Geschlechter zeigen im Spätwinter ein ausgeprägtes Balzspiel (Kopfnicken, Kopfwenden, Schnabeleintauchen) und sollen sich lebenslang treu sein. Der reine Pflanzenfresser stammt aus der norddeutschen Tiefebene und besiedelt heutzutage halbzahm landauf, landab unsere Parks. Der Höckerschwan hat Jagdzeit vom 1.9. bis 15.1.; in *Baden-Württemberg* nur bis 30.11., in *Nordrhein-Westfalen* u. *Rheinland-Pfalz* ist er ganzjährig geschont, in *Schleswig-H.* nur vom 1.9. bis 30.9. jagdbar. Den Schwan sollte man nie mit Schrot beschießen, sondern nur mit dem Kleinkalibergewehr erlegen. Ein verletztes Tier erweist sich als äußerst kampfstark. Es verbietet sich in einem solchen Fall, den Hund apportieren zu lassen.
Eine Übervermehrung des Höckerschwans kann man sicher verhüten, wenn man anstelle der Bejagung als weniger einschneidende Maßnahme Eier im Gelege ansticht. Zwei unversehrte Eier im Gelege (1,75 m ∅, 30 cm hoch) genügen für den ausreichenden Nachwuchs.
Dem *Singschwan* verhalf sein durchdringender Trompetenton zu seinem Namen. Er hat, wie der etwas kleinere Zwergschwan, einen schwarzen Schnabel. Das spitz nach vorn auslaufende Gelb an der Schnabelwurzel ist ausgedehnter als beim Zwergschwan (s. Abb. unten).

∞ Höckerschwan × Singschwan × Zwergschwan

Wildgänse (Anserinae)

Was verstehen wir unter „Verlobungszeit"?

Die Paarbildung bei allen Gänsen und Enten, die im Laufe des Winters erfolgt. Die Gatten eines Paares finden sich also bereits im Herbst vor der Begattungs- oder „Reihzeit" zueinander.
Diese Ehezeit löst sich bei der Stockente mit Beginn der Brutzeit auf. Die Erpel schließen sich zu Gruppen zusammen.
Bei den Wildgänsen besteht (wie bei Adlern und Kranichen) nach einer „Verlobungszeit" eine eheliche Bindung für das ganze Leben. Fällt ein Ehepartner aus, bleibt der andere lange Zeit Einspänner. Alter bis zu 40 Jahren. Der Ganter beteiligt sich bei der Aufzucht der Jungen.
Gänse weiden am Tage und liegen nachts auf dem Wasser!

Was ist für den Flug der Gänse charakteristisch?

Sie strecken Kopf und Hals geradeaus. In kleinen Trupps bilden sie eine schräge gestaffelte Reihe, in größeren Gesellschaften eine Keilformation.

Die meisten Gänse und Schwäne fliegen in V-förmiger Keilformation.

In kleinen Trupps fliegen Wildgänse, Stock- und Pfeifenten in schräg gestaffelter Reihe.

Welche Gänse haben Jagdzeit?

Bläß-, Saat-, Ringel-, Kanada- und Graugänse.

Welche freilebenden Wildgänse sind ganzjährig geschont?

Fünf Wildgänse:

⊗ Die *Rothalsgans* (Branta ruficollis) (53–56 cm), eine relativ kleine Gans mit rotbraunem Hals und auffallend schwarzweiß und kastanienbraun gekennzeichneten Kopfseiten.

⊗ Die *Nonnen- oder Weißwangengans* (Branta leucopsis) (58–69 cm). Sie ist eine mittelgroße Gans mit auffallend weißem Gesicht und schwarzem Hals. Im Fluge fällt die Spitzflügligkeit sehr auf.

⊗ Die *Schneegans* (Anser caerulescens) (64–76 cm). Die Altvögel sind unverkennbar weiß und haben nur schwarze Flügelspitzen, deutlich auch im Fluge.

⊗ Die *Zwerggans* (Anser erythropus) (53–56 cm) ist die kleine Ausgabe der Bläßgans mit nur kürzerem Schnabel und gelblichem Augenring; Schnabel: Das Weiß an der Stirn (die Blesse) reicht bis zur Mitte der Augen.

⊗ Die *Kurzschnabelgans* (Anser brachyrhynchos) (61–76 cm) wird als Unterart der Saatgans angesehen, ist aber kleiner, der Schnabel ist merklich kürzer. Der dunkle Kopf hebt sich deutlich von dem hellgrauen Gefieder ab.

⊗ = unter Jagdrecht, aber ganzjährig geschont.

Die Meergänse der Gattung Branta haben keine Zähne, sondern Hornlamellen am Unterschnabel, die als Zähne dienen, die Feldgänse der Gattung Anser am Ober- und Unterschnabel.
Die Gänse sind Zugvögel und wandern vom Norden her als Durchzügler oder Wintergänse in wärmere, südliche Gegenden. An den Küsten sammeln sich oft (je nach der Art) 3000 bis 20000 Stück.
Die Brandgans gehört nicht hierher; sie wird nach Ziffer 24 der Bundes-Jagdzeiten-VO einwandfrei zu den Wildenten (s. auch S. 317), trotz ihrer gänseartigen Erscheinung, gerechnet.

Wie erfolgt die Grauganshege?

Die Graugans läßt sich ohne Verluste aufziehen. Man hält sie im Dutzend. Nach zwei Monaten entläßt man sie auf Auswilderungsteiche. Die Tiere ernähren sich von Gras. Es lohnt sich, Abfallgetreide zuzufüttern. Zur Jahresmitte sind die Gänse flugfähig. Stutzt man ihnen die Flügel, bleiben sie auch den Winter über, denn der Zugtrieb ist ihnen nicht angeboren. In der kalten Jahreszeit wird vor allem Hafer geschüttet. In vielen Anlagen siedelten sich Graugänse von alleine an. Meist entkamen die Stammeltern Tiergärten. Der 1962 am Dümmer (*Niedersachsen*) begründete Besatz ist inzwischen so stark angewachsen, daß er Wildschaden anrichtet und bejagt werden muß.

Wildenten (Anatinae)

Welche Wildenten werden unterschieden?

Schwimmenten und Tauchenten.
Die Schwimmenten (Gründelenten) tauchen fast nur bei Gefahr, sie „gründeln“ bei der Nahrungssuche, d.h. Kopf im Wasser, Steiß nach oben. Sie sind nicht an Wasser gebunden und suchen ihre Nahrung nachts auch auf den Feldern. Beim Auffliegen lösen sie sich ohne Anlauf sofort vom Wasser. Die Mittelfedern auf den Schwingen sind meist prächtig bunt gefärbt. Sie nennt man „Spiegel“. Erpel und Ente haben verschiedene Färbung. Die Schwimmenten liegen höher auf dem Wasser als die Tauchenten.
Die bekanntesten Schwimmenten sind: Spieß-, Krick-, Stock-, Pfeif-, Schnatter-, Löffel-, Knäk- und Brandente.
(Merksatz: Der Spieß mit Krick-Stock pfeift die schnatternden Rekruten zum Löffelgericht mit Knäkwurst und Brandwein.)
Die Tauchenten sind an das Wasser gebunden. Sie tauchen nach Nahrung und laufen beim Auffliegen patschend auf der Wasseroberfläche entlang.
Die bekanntesten Tauchenten sind: Tafel-, Schell-, Samt-, Reiher-, Trauer-, Moor-, Eis-, Berg-, Eider- und Kolbenente.
(Merksatz: An der Tafel saß die Schell, in Samt mit Reiherfedern, mit Trauermiene nur Herr Moor, weil großer Eis-Berg [Eisbombe] stand davor. Doch über ihr ein Bild der Eider, mit Kolbenenten und so weiter. [nach Dr. Taubenberger, Kiel-Rammsee])

Welche Enten sind ganzjährig geschont?

Drei Schwimmenten:
Brand-, Löffel- und Schnatterente.
Fünf Tauchenten:
Eider-, Kolben-, Eis-, Moor- und Schellente (s. hierzu Jagdzeiten-VO Ziff. 24 auf S. 746 und S. 317).

Wie leben Schwimm- oder Gründelenten?

Sie sind besonders vor und nach Sonnenuntergang aktiv und verlassen das Wasser, um während der Nacht auf Wiesen und Feldern, Getreidelagerstellen, Getreide- und Erbsenstoppeln und unter Masteichen zu „weiden" (Futter zu suchen). Mit Sonnenaufgang kehren sie wieder auf das Wasser zurück, wo sie gründeln („sich stürzen") und schlafen.
Schwimmenten weiden nachts und liegen tagsüber auf dem Wasser!

Welche ist die jagdlich interessanteste Wildente?

Die Stock- oder Märzente (Anas platyrhynchos). Sie ist die größte heimische Gründelentenart (Erpel $^3/_4$ kg, Ente 1 kg).
Der Erpel trägt sein buntes Prachtkleid mit dunkelgrün schillerndem Kopf und weißem Halsring und mit den vier (als Trophäe geltenden) Erpelfedern vom Oktober bis zum Frühjahr. Bei streichenden Stock-Enten ist deshalb der Erpel ab Oktober leicht von der Ente zu unterscheiden. Im Mai mausert er das Kleingefieder und ähnelt dann im „Schlichtkleid" der Ente. Im Sommer (Juni/Juli) mausert er dann das Großgefieder (die Schwung- und Stoßfedern) und ist in dieser Zeit als „Rauh-Erpel" flugunfähig. Die Jagdzeit ist auf 1. September bis 15. Januar (s.S. 746) verkürzt. Im September sind die „Rauherpel" wieder beflogen.
Im September folgt die Kleingefieder-Mauser in das neue „Prachtkleid", das ab Oktober getragen wird. Auch die Jungerpel mausern sich im Herbst zum Prachtkleid.
Bei der Ente verläuft die Mauser später und unauffälliger. Die Ente befindet sich Ende Juli, Anfang August in der Vollmauser und ist in dieser Zeit flugbehindert (die Anfang August flugfähigen Enten sind Jungenten oder Erpel nach der Großgefiedermauser!). Im Vergleich zum Erpel im Prachtkleid ist sie unscheinbar gefärbt und trägt lediglich auf den Schwingen, wie der Erpel, dunkelblau schillernde, schwarz und weiß eingefaßte Querbinden, den sogenannten Spiegel.
Flugwild muß auf den Schwingen sein, wenn man es beschießt!

Wie unterscheidet sich der Erpel im Schlichtkleid von der Ente?

Durch seinen schwarzen Oberkopf. Der Schnabel ist beim Erpel olivgrün mit schwarzem Nagel, bei der Ente dagegen orangefarben. Die Stimme des Erpels ist ein leises „räb-räb", die der Ente ein lautes „quaak, quaak, quaak".

Warum ist das Weibchen vieler Vögel unscheinbarer gefärbt?

Weil es die Eier legen, ausbrüten und die Jungen führen muß. Durch die unscheinbare Färbung fällt es weniger auf. Dadurch ist es vor Feinden (behaarten und befiederten Beutegreifern) besser geschützt.

Wie liegen Schwimm- und Tauchenten auf dem Wasser?

Schwimmenten ähneln einem schwimmenden Boot, Tauchenten ähneln einem umgestürzten Boot (s. Abb. unten). Tauchenten haben an der schwimmhautfreien Hinterzehe einen etwa 1 cm langen Hautlappen.

Wann beginnt bei den Stockenten die Reihzeit (Paarzeit)?

Die „Balz“ beginnt schon im Herbst und flaut im Winter wieder ab. Nach einer Verlobungszeit setzt im Januar/Februar erneut eine Partnersuche ein. Jetzt „reihen“ sich vor allem alleinstehende Erpel, die zahlenmäßig überwiegen, hinter einer Ente. Nach der festen Verpaarung gehen beide Geschlechter auf Brutplatz-

Bläßhuhn und Tauchenten laufen beim Aufstehen patschend auf der Wasserfläche entlang

Eine Schwimmente löst sich ohne Anlauf vom Wasser

Schwimmente: Steiß über dem Wasser; Tauchente: Steiß im Wasser

suche (meist tiefer Suchflug). Nistgelegenheiten werden bis zu 2–3 km vom Wasser entfernt u.a. auch auf Bäumen (Schopfweiden) angenommen. Der Stockentenerpel verläßt die Ente zu Beginn der Brutzeit.

Aus wieviel Eiern besteht das Gelege?

Aus 7–16 Eiern, die 24–28 Tage bebrütet werden. Die Eiablage erfolgt meist im März. Täglich kommt ein Ei hinzu. Die ersten vier Eier bleiben offen im Nest liegen (Sicherheitstest!). Dann wird das Gehege abgedeckt, wenn es von der Ente verlassen wird. Geschlüpfte Küken verlassen bereits nach 6–12 Stunden das Nest. Die Mutter führt sie ans Wasser, das sie sofort schwimmend annehmen.

Jagdbare Wildgänse
Kanadagans
helle Rasse
dunkle Rasse
Ringelgans
adult
Bläßgans
juv.
Saatgans
Westl. Rasse
Graugans

Ganzjährig geschonte Wildenten
♀
♂
Löffelente
Brandgans
Schnatterente
Eiderente
Kolbenente
Eisente
♂ Winterkleid
Schellente
Moorente
Geschl. ähnlich

Jagdbare Enten
Stockente
Krickente
Knäk-
ente
Pfeifente
♀ „Bergententyp"
Spießente
Reiherente
Bergente
Tafelente
Samtente
Trauerente

Wie nennt man ein ausgefallenes Entengelege?

Ein Geheck, wenn man nur die Brut meint, sonst ein (das) Schof (auch Schoof). Enten sind Nestflüchter. Die Küken können sofort nach dem Schlüpfen schwimmen.
Schof ist der Sammelname für eine Gänse- oder Entenfamilie, solange Eltern und Junge beisammen sind. Mehrere Schofe schlagen sich zu Flügen, diese wiederum zu Scharen zusammen.
Die Schofe sind etwa Mitte Juli/Anfang August „beflogen“ und damit schußreif (Jagdzeit s.S. 746 und S. 749 bis 751).

Wovon ernährt sich die Stockente?

Der Allesfresser („das Schwein unter den Vögeln“) nimmt Kleintiere und Insekten aller Art, Samen, Früchte und grüne Pflanzenteile. Die Enten weiden auf Wiesen, rupfen und picken am Uferrand, „schlappern“ das schlickige Oberflächenwasser auf und seihen Eßbares durch den Filter aus Schnabel und Zunge. Zudem gründeln sie bis 50 cm tief (nur Küken tauchen!).

Wie heißen die Füße der Gänse und Enten?

Latschen. Mit ihnen machen sie (im „Gänsemarsch“) das „Geläuf“.

Das Geläuf der Ente;
es zeigt geringe „Schränkung“

Wie unterscheiden sich geschossene junge und alte Enten?

Jungenten haben dunkle Latschen (Ruder) von graugrünlicher Farbe, die mit zunehmendem Alter in ein helles Gelb und vom zweiten Jahr ab in ein Orangerot übergehen (das ist beim Erpel markanter als bei der Ente). Junge Enten haben außerdem einen rötlich hornfarbenen Schnabel.

Wildentenhege und Bejagung

Welche Stockenten sollen geschossen werden?

Grundsätzlich sind Jungenten und überzählige Erpel zu erlegen, denn von ihnen gehen im ersten Lebensjahr 50% ein. Man schieße nie die erste von mehreren streichenden Enten, denn das ist meist die weibliche. Insbesondere ist zu Beginn der Jagdzeit (Stockenten ab 1. September, andere Enten ab 1. Oktober [s.S. 746]) nicht im Schilf zu stöbern und dadurch die oft noch in der Vollmauser befindliche und daher flugbehinderte Ente sorgsam zu schonen, denn sie ist die Mutterente eines Schofes. Am besten beginnt man mit der Jagd erst ab dem 15. September.
Die Mutterente ist die Grundlage des Besatzes!
Der Stockentenerpel trägt ab 1. September sein Prachtkleid und ist daran sicher zu erkennen. Man halte strikte Ruhezonen ein. Bejagt man Enten zu häufig, wandern sie in andere Reviere ab. Sie wollen auch nicht von einem neugierigen Beobachter ständig gestört werden.

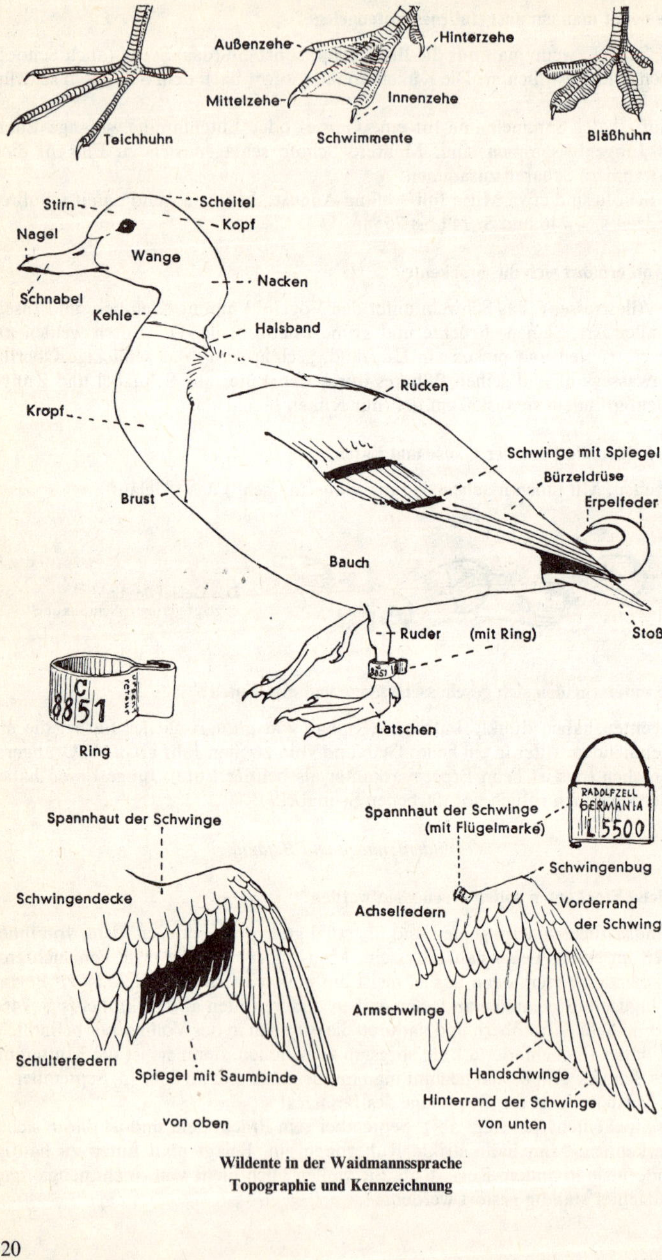

Wildente in der Waidmannssprache
Topographie und Kennzeichnung

Welche Jagdarten sind auf Enten üblich?

Die Suche und Pirsch, bei der mit dem Stöberhund Gräben, Tümpel, Wasserlöcher und kleine Gewässer vom Lande aus abgesucht werden, der Anstand und Ansitz beim abendlichen „Strich" (z.B. beim „Enteneinfall" auf Stoppelfeldern) und beim morgendlichen „Strich" (beim Einfall auf dem Wasser), besonders günstig sind Nebel und Schneetreiben (aber nicht bei Wintersnot!), die Lockjagd mit natürlichen und künstlichen Lockenten (sie ist in *Baden-Württemberg* verboten!) und die Treibjagd auf Seen unter Benutzung von Kähnen.
Als Lockenten werden gewöhnlich hölzerne oder aufblasbare Gummienten in natürlichen Farben benutzt. Zum Anlocken der Enten dient bei dieser Jagdart ein künstliches Lockinstrument, die Entenlocke, mit der man das Schnattern der Enten nachahmt.
Der Schütze sollte bei der Wahl seines Standortes berücksichtigen, daß Enten grundsätzlich gegen den Wind einfallen und sich vom Wasser auch nur gegen den Wind erheben.
Die Treibjagd auf Enten ist die gefährlichste Jagd! Schrote gellen leicht ab oder durchschlagen verdeckendes Schilf und gefährden dadurch Menschen! Das Stehen von Schützen im Kahn bei Wasserjagden ist verboten, wenn nicht durch die Sicherung des Fahrzeuges ein Umschlagen des Kahnes oder Sturz des Schützen ausgeschlossen ist (Berufsgenossenschaft). Der Schütze darf niemals seinen Hund im Kahn anleinen! Stockenten erkennt man schon im Anflug an ihrem „klingelnden" Fluggeräusch („wiewiewie").
Geflügelte Enten, die vor dem Hunde wegtauchen, läßt man in Ruhe und sucht sie am Morgen des folgenden Tages an Land nach. Erlegte Enten müssen sofort ausgezogen (s.S. 593) und luftig aufgehängt werden. Man läßt sie nicht „abhängen", wie den Fasan (s.S. 577).

Bruthütte für Enten auf Pfählen im Wasser mit nichtrostenden Weißblechmanschetten zum Schutze gegen Wanderratten (s.S. 253). Schlupfloch offen nach Südosten. Sie wird zweckmäßig mit gewachsenem Schilf oder Reisig getarnt! Auch große Milchkannen mit einigen Löchern auf der Unterseite, auf einem als Unterlage auf einem hohen Pfahl befestigten Brett waagerecht angebracht, sind geeignet.

Wie kann man Teiche mit Wildenten bevölkern?

Durch Ausbrütenlassen von Wildenten- oder Hochbrutflugenteneiern durch Hühner oder Brutmaschinen.
Auch durch Aussetzen wildfarbener Hochbrut-Flugenten kann man einen Entenbesatz begründen. Es sind Hausenten, die der Stockente nahestehen und leicht

verwildern. Sie bleiben dem Revier treu, in dem sie ausgebrütet sind, und ziehen die Erpel nach. Enten sind für Hege und Fütterung sehr dankbar!

Wie zieht man Stockenten auf?

Man sammelt die Eier erst ein, wenn das Gehege vollständig ist. Bei einer Luftfeuchtigkeit zwischen 60 und 80% und genau 37,8° C brauchen sie 28 Tage zum Schlüpfen. Die Küken gibt man in einen Bretterverschlag von etwa 50 cm Höhe. Die Infrarotlampe hängt man erst tiefer, wenn die Tiere durch Piepsen zeigen, daß sie frieren. Gefüttert wird mit Putenstarter. Nach $1^1/_2$ Monaten entläßt man sie an einem warmen Tag aufs Gewässer. Man zäunt an dieser Stelle das Ufer ab und füttert sie regelmäßig.

Wie übt man eine erfolgreiche Hege bei Wildenten aus?

Die Hege der Enten hat sich auch auf die Schaffung natürlicher Nistgelegenheiten und Deckung (Röhricht, Weidendickicht, Kopfweiden, Hecken, Schilf), auf den Schutz der Gelege, die Schonung der weiblichen Enten, das Fernhalten von Störungen durch Menschen (Brombeerhecken gegen unerwünschte Badegäste), die Bekämpfung der Beutegreifer und Streuner (Fuchs, Waschbär, Marder, wildernde Hunde, streunende Katzen, Wanderratte und Hecht – Habicht, Krähe, Elster gegebenenfalls mit Sondergenehmigung), das Anbringen von Bruthütten und eine vernünftige Bejagung zu erstrecken. Schwäne stören auf dem Ententeich. Bläßhühner sind kurzzuhalten! Wanderratten werden durch „Giftfutterkästen" (Warnung auf dem Deckel!), der mit Cemarin oder Antu beködert ist, ausgeschaltet. Ein Enten-Lehrrevier unterhält der LJV Schleswig-H. in 2071 Gröhnwohld.

Wann und wie bringt man Bruthilfen aus?

Am einfachsten bei tragender Eisdecke. Man öffnet diese etwa vier Meter vom Ufer entfernt (außerhalb der Reichweite des Mardersprungs!) und schlägt Pfähle ein. Zum Schutz vor Wanderratten werden die Pflöcke mit Blechmanschetten umringt oder mit einem alten Plastikeimer überstülpt. Die Nisthütten oder Nistkörbe brauchen ein stabiles Dach, das die Greifvögel abhält. Sie werden auf die Pfähle höchstens 1 Meter über der Eis- und künftigen Wasseroberfläche angenagelt. Das Flugloch mit einer Größe von 15 × 15 cm verbietet Raubmöwen den Zugriff. Es zeigt von der Wetterseite weg nach Südosten möglichst zum Wasser hin. Zwischen mehreren Nistgelegenheiten darf keine Sichtverbindung bestehen. Auf den Boden der Bruthilfen schüttet man etwa 5 cm Erde oder Torfmull. Mit Gras oder Heu formt man eine Nestmulde. Etwas von dem Material läßt man aus dem Häuschen oder dem Korb herausschauen.

Säger (Mergini)

Was ist charakteristisch für die Säger?

Ihr schlanker, an den Rändern mit Hornzähnen besetzter Schnabel, der einer Säge ähnelt und sich gut zum Fischfang eignet. Die Säger liegen beim Schwimmen tief im Wasser, sind flink wie Otter, treiben sich die Fische systematisch zu und fliegen mit ganz waagerecht gehaltenem Schnabel, Kopf, Hals und Körper.
Für die Säger wurde keine Jagdzeit festgesetzt. Sie sind deshalb ganzjährig geschont. (s. Abb. S. 323).

Säger (Gänse-, Mittel- und Zwergsäger)
(Text S. 322)

Lappentaucher (Podicipedidae)

Haubentaucher (Podiceps cristatus)

Wie unterscheiden sich die Taucher von den Enten?

Durch den zugespitzten Schnabel, ihre Spaltschwimmfüße und ihr „schwanzloses" Aussehen. Sie leben ausschließlich auf dem Wasser, sind schlechte Flieger, aber gute Taucher (s. Abb. unten).

Wie heißt der bekannteste Taucher?

Haubentaucher (Podiceps cristatus). Er ist (mit etwa 48 cm Gesamtlänge) stockentengroß und leicht an den schwärzlichen Ohrbüscheln und zur Brutzeit an der auffallend rostbraun-schwarzen Krause an den Kopfseiten zu erkennen.
Er unterliegt dem Jagdrecht. Für ihn wurde keine Jagdzeit festgesetzt, er ist deshalb ganzjährig geschont.

⊗ Haubentaucher (ganzjährig geschont) × Kormoran (gänsegroß) (geschützt)

Zu S. 316: Jagdbare Wildgänse

Wir unterscheiden nach der Bundesverordnung über die Jagdzeiten (s.S. 746) Nr. 21 und 22 fünf jagdbare Gänse und von diesen

1. zwei Meergänse der Gattung „Branta": Kanada- und Ringelgans, sowie
2. drei Feldgänse (Graugänse) der Gattung „Anser": Bläß-, Saat- und Graugans.

Jagdzeit haben: die Graugänse vom 1.8. bis 31.8. und vom 1.11. bis 15.1. Bläß-, Saat-, Ringel- und Kanadagänse vom 1.11. bis 15.1.
Abweichend von dieser Bundesregelung sind in den Ländern *Baden-W.* bis 15.1. 1981 und in *Hessen, Nordrhein-Westfalen* und *Rheinl.-Pfalz* alle Wildgänse ganzjährig geschont. In *Schleswig-Holstein* ist nur die Saatgans ganzjährig geschont (s. auch S. 749/751). In *Niedersachsen* darf nur die Graugans bejagt werden (1.8.–31.8.).

∞ **Kanadagans** (Branta canadensis), ♂ 99 cm, ♀ 93,5 cm, ist die größte der Wildgänse. Sie ist überwiegend graubraun, hat schwarzen Kopf und langen schwarzen Hals, der sich scharf von der lichtbräunlichen Brust abhebt, und einen für sie typischen weißen Kinnfleck, der sich bis in die Wangengegend fortsetzt und auch im Fluge deutlich zu erkennen ist. Schnabel, Ständer und Ruder sind schwarz. Sie nistet auf kleinen Inseln oder in Ufernähe und erscheint außerhalb der Brutzeit hauptsächlich an der Nord- und Ostseeküste. In *Bayern* gibt es frei brütende Paare. Das Gelege besteht aus 5 bis 6 rahmfarbenen Eiern von 86 × 58 mm Größe, Brutzeit April (England).

∞ **Ringelgans** (Branta bernicla), ♂ 59 cm, ♀ 56 cm, ist die kleinste und dunkelste Wildgans. Durch ihren rußschwarzen Kopf, Hals und Kropf ist sie leicht von der Kanadagans zu unterscheiden. Das Heck ist reinweiß. Altvögel haben auf den Halsseiten eine schuppig gestaltete, weiße Zeichnung, die auch im Fluge auffällt. Die dunkelbäuchige Rasse B.b.bernicla hat einen dunkelgraubraunen Bauch, die hellbäuchige B.b.hrota hat eine viel hellere Unterseite. Sie sind mehr ans Meer gebunden als andere Wildgänse.

∞ **Bläßgans** (Anser albifrons), ♂ 70 cm, ♀ 65 cm, hat gegenüber der Graugans unregelmäßige schwarze Querflecken am Bauche und ist gekennzeichnet durch einen auffallend weißen Fleck (die Blässe) am Grunde des hellfleischfarbenen Schnabels, der der jungen Bläßgans fehlt. Der „Nagel" ist weiß. Ständer und Ruder sind orangefarben. Im Fluge fällt bei der alten Bläßgans besonders die „Blässe" und schwarze Bauchzeichnung auf.

∞ **Saatgans** (Anser fabalis), ♂ 80 cm, ♀ 75 cm, ist allgemein dunkler als die etwa gleichgroße Graugans, besonders dunkel sind Kopf und Hals. Der Schnabel (oft mit etwas Weiß am Grunde) ist schwarz mit orangegelber Binde und mit stets schwarzem „Nagel". Latschen orangegelb, in der Jugend hellgelblich. Ruffreudig, mit hoher Stimme. Flug wie bei der Graugans, Vorderflügel aber dunkel. Die Saatgänse treffen bei uns zwischen Ende September und Mitte Oktober ein und begeben sich von Februar bis April auf den Rückzug. Die Herbstzeit und die Wintermonate verbringen sie auf Weide- und Ackerbaugebieten, aber auch in sumpfigen Steppen oder Niederungen.

∞ **Graugans** (Anser anser), ♂ 80 cm, ♀ 70 cm. Von ihr stammt die Hausgans ab. Sie hat rötliche (fleischfarbene, nicht orangefarbene) Ständer und Ruder. Der Schnabel ist orangefarbig ohne Schwarz, die Hornplatte an der Schnabelspitze, der sog. „Nagel", ist weißlich. Im Fluge ist sie an den silbergrauen Vorderschwingen und der Stimme „gagagag" (wie die Hausgans) leicht zu erkennen. Von weitem hören sich Gänsetrupps wie blökende Schafe an.

Wildgänse ohne Jagdzeit s.S. 312.
Die cm-Maße geben die Längenmaße des Vogels von der Schnabelspitze bis zur Spitze des Steißes an (nicht die Flügelspannweite)
♂ = Männchen (= Spieß des Kriegsgottes Mars)
♀ = Weibchen (= Spiegel der Liebesgöttin Venus)
∞ = unterliegen dem Jagdrecht und haben Jagdzeit

Zu S. 317: Ganzjährig geschonte Wildenten

Nach der Jagdzeiten-Verordnung des Bundes (s. S. 746) im § 1 (1) Nr. 24 jetzt acht Wildenten ganzjährig geschont. Es sind dies:

a) von den Schwimmenten:
⊗ **Brandente** (Tadorna tadorna), ♂ 66 cm, ♀ 62 cm
Wegen gänseartiger Erscheinung auch Brandgans genannt. Beide: Körper weiß, mit auffallender rostbrauner breiter Binde um den Vorderkörper und mit rotem Schnabel. Kopf und Hals grünlichschwarz. Große weiße Vorderflügelflecke. Im Fluge ist von unten das fuchsrote Brustband und ein dunkler Mittelstreif auf der weißen Unterseite auffallendes Merkmal.
♂ Schnabel mit sichtbarem Höcker (während der Brutzeit).
♀ Schnabel ohne Höcker mit hellem Band an der Basis.
Nistet in Kaninchenhöhlen.
⊗ **Löffelente** (Anas clypeata), ♂ 51 cm, ♀ 47 cm
Beide: auffallend großer, löffelartig verbreiterter schwarzvioletter Schnabel; Latschen orangefarben.
♂ glänzend grüner Kopf, weiße Brust, Oberflügel himmelblau, leuchtend grüner, weiß eingefaßter Spiegel, Flanken und Bauch rostbraun.
♀ braun gefleckt, blaue Schultern; Spiegel mit grünglänzendem Fleck.
⊗ **Schnatterente** (Anas strepera), ♂ 51 cm, ♀ 47 cm
Beide: weißer Spiegel, davor rostbrauner Fleck.
♂ Kopf und Körper schlicht graubraun, kastanienbraune Flügeldecken, Schnabel dunkelgrau, Latschen orangegelb, schwarzes Heck (bestes Kennzeichen).
♀ von der Stock- und Spießente durch kürzeren Stoß, gelben Schnabel und weißen Spiegel unterschieden.

b) von den Tauchenten:
⊗ **Eiderente** (Somateria mollissima), ♂ 62 cm, ♀ 56 cm, weitaus massiger als die Stockente.
Beide Geschlechter mit auffallendem spitzen Kopf (der grüne Schnabel und die Stirn sind nicht gegeneinander abgesetzt!).
Flugbild: Sie fliegen sehr niedrig und, wie keine andere Ente, abwechselnd schwingenschlagend und gleitend, mit tief gehaltenem Kopfe.
♂ Kopf weiß mit schwarzem Scheitel und hell moosgrünem Nacken. Brust rahmgelb, Vorderschwinge weiß, einzige Ente mit schwarzem Bauchgefieder und weißem Rücken!
♀ braun, dicht und kräftig schwarz gebändert.
Vorkommen: Als Meeresente in Island, Norwegen, Sylt und Amrum.
⊗ **Kolbenente** (Netta rufina), ♂ 57 cm, ♀ 51 cm, stockentengroß.
Plumpe, dickköpfige Tauchente, die hoch im Wasser liegt.
♂ karminroter Schnabel, leuchtend rötlich-kastanienbrauner Kopf, Scheitelfedern können zur Holle aufgerichtet werden, helle Flanken, Hals, Brust, Bauch und Stoßdecken glänzend schwarz.
Im Fluge fallen die weißen Vorderkanten der Schwingen, die schwarze Brust, der schwarze Bauchstreif und die weißen Flanken auf.
♀ dunkelzimtbraune Kopfplatte mit hiervon abstechenden hellgrauen Wangen, Schnabel grauschwarz, an der Spitze und den Seiten blaß rötlich, Gefieder sonst graubraun, oberseits dunkler.
Vorkommen: Bodenseegebiet, im Herbst auch im Binnenland.
⊗ **Eisente** (Clangula hyemalis), ♂ 53 cm, ♀ 42 cm
Beide: dunkler Wangenfleck, Schwingen dunkelgrau ohne Spiegel, Schnabel kurz und schwarzgrau.
♂ Kopf, Hals, Schultern und Bauch weiß, im Kontrast dazu Brust, Rücken und Schwingen schwarzbraun. Schnabel orangerot und schwarz, Meeresente!
♀ Kopf, Halsseiten, Flanken und Bauch weiß, sonst graubraun.
⊗ **Schellente** (Bucephala clangula), ♂ 46 cm, ♀ 42 cm
Schwarzgrüner Schnabel, weißer Spiegel, rötlichgelbe Latschen.
♂ tiefschwarzer Kopf, auffälliger weißer Backenfleck, kurzer Hals; Hals und Unterseite weiß, Rücken und Stoß dagegen schwarz, weiße Schulterstreifen (kontrastreiches Schwarz-Weiß).
♀ schokoladenbrauner Kopf, der von einem weißen Halsring abgegrenzt wird, weißer Spiegel wird durch einen dunklen Streif geteilt. Höhlenbrüter!
⊗ **Moorente** (Aythya nyroca), ♂ 41 cm, ♀ 39 cm
Beide: Kopf, Hals und Brust mahagonibraun, Spiegel und Stoßunterseite weiß, kein Weiß am bläulichen Schnabel.
♂ weißes Auge, ♀ braunes Auge.

♂ = Männchen
♀ = Weibchen
⊗ = ganzjährig geschont

Zu S. 318: Jagdbare Wildenten

Nach der Jagdzeiten-Verordnung des Bundes (s. S. 746) wurden Jagdzeiten festgesetzt für Stockenten vom 1.9. bis 15.1. und für alle anderen jagdbaren Wildenten vom 1.10. bis 15.1. Jagdbar sind:

a) Fünf Schwimmenten:

∞ **Stockente** (Anas platyrhynchos), ♂ 57 cm, ♀ 49 cm, bekannteste Gründelente, helles Fluggeräusch. Beide Geschlechter: Latschen orangerot, „Spiegel“ stahlblau, vorn und hinten schwarz und weiß eingefaßt. ♂ Kopf und Hals dunkelgrün, weißer Halsring, Kropf und Brust kastanienbraun, Unterseite hellgrau, Rücken braungrau, schwarzer Stoß weißgesäumt mit vier „Locken“, Schnabel grünlichgelb, Nagel schwarz. Im Fluge fällt dunkler Kopf, dunkle Brust, lichter Bauch und weißer Halsring auf. ♀ braungefleckt, graugrüner Schnabel, an den Seiten oft orangefarben, mit schwarzem Nagel, weißlicher Stoß.

∞ **Krickente** (Anas crecca), ♂ 36 cm, ♀ 34 cm, kleinste Ente. Beide Geschlechter: leuchtend grünblaue „Spiegel“ mit weißer Einfassung, Schnabel schwarz, Latschen bleigrau. ♂ kastanienbrauner Kopf mit bogenförmigem grünen Augenstreifen, gelbliche Flecken an jeder Seite des schwarzen „Heckes“, weißer Streifen über der Schwinge, ♀ braun und gelblich gefleckt.

∞ **Knäkente** (Anas querquedula), ♂ 36 cm, ♀ 35 cm, ♂ weißer sichelförmiger Kopfstreif über dem Auge nach hinten, lange schwarz-weißgraue Schulterfedern, die herabhängen, Spiegel mattgrün, ♀ heller Bogenstreif über dem Auge.

∞ **Pfeifente** (Anas penelope), ♂ 46 cm, ♀ 44 cm. Beide Geschlechter: pfeifender Ruf, gedrungener Körper, runder Kopf, kurzer Schnabel, blaugraue Latschen, ♂ rotbrauner Kopf mit hellgelbem Scheitel („Blesse“), weinrötliche Brust, fein schwarz-weiß quergewellte Flanken und Oberseite, schiefergrauer Schnabel mit schwarzem Nagel. Im Fluge weißer Bauch und dreieckiger weißer Flügelfleck gut sichtbar, ♀ kurzer blaugrauer Schnabel, zierlicher Kopf, lichte Schulter.

∞ **Spießente** (Anas acuta), ohne Spieß, ♂ 55 cm, ♀ 48 cm, ♂ schokoladenbrauner Kopf und Hals, weißer Streif längs des Halses zur Brust, bis 18 cm langer, scharf zugespitzter Stoß, Oberseite und Flanken grau, Spiegel bronzegrün, ♀ mit schlankem Hals, grauem Schnabel und spitz zulaufendem Stoß.

b) Fünf Tauchenten:

∞ **Reiherente** (Aythya fuligula), ♂ 44 cm, ♀ 42 cm (beide Geschlechter: gelbe Augen), ♂ schwarzer Kopf mit deutlicher Federhaube; der schwarzblau wirkende Körper steht im Kontrast zu den weißen Flanken und dem Bauch, ♀ dunkelbraun, mit nur angedeuteter Federhaube, Bauch und Flanken weiß und mit braunen Federn durchsetzt. An der Basis des grünen Schnabels ein nur angedeuteter weißlicher Ring, dünne Ruder. Jung ♀ der Reiher- und Bergente sehen ähnlich aus, die Bergente hat aber mehr Weiß im Gesicht als die Reiherente.

∞ **Bergente** (Aythya marila), ♂ 46 cm, ♀ 42 cm (beide Geschlechter: gelbe Augen), ♂ Kopf, Vorderteil und Heck schwarz, Rücken grau (fein schwarz-weiß quergewellt), weißer Streifen am Hinterrande der Schwinge; Flanken und Unterseite weiß, Schnabel graublau, ♀ um den Schnabelgrund scharf begrenzter weißer Ring, Rücken und Flanken fein braun-weiß quergewellt, schwarze niedrige Ruder.

∞ **Tafelente** (Aythya ferina), ♂ 46 cm, ♀ 42 cm, eßbar; Spiegel hellgrau, Latschen blaugrau, ♂ rostbrauner Kopf und Hals, der sich von der schwarzen Brust und dem hellgrauen Körper abhebt. Schnabel schieferblau mit hellblauem Band, rotes Auge (Regenbogenhaut), ♀ dunkelbrauner Kopf und Vorderkörper; Kopfseiten weißlichgrau.

∞ **Samtente** (Melanitta fusca), ♂ 56 cm, ♀ 50 cm, etwa stockentengroß. Beide Geschlechter: gedrungener Kopf, fast ohne Hals, auffallend weißer Spiegel, rötliche Latschen, schwärzliche Schwimmhäute, ♂ unter dem Auge weißer Fleck, schwarzer Schnabel mit gelben Seiten, schwarzes Gefieder, ♀ am Kopf in der Ohrgegend und auf dem Zügel weißliche Flecken, dunkelbraunes Gefieder.

∞ **Trauerente** (Melanitta nigra), ♂ 49 cm, ♀ 44 cm, ♂ einzige ganz schwarze Ente, purpurviolett schillernd, schwimmt mit erhobenem schwarzen Schnabel mit orangerotem Fleck, Latschen schwarzbraun, ♀ dunkelbraun, ohne Spiegel. Unterseite bräunlich-weiß gesprenkelt, Halsseiten weißlichbraun, Latschen olivbraun, ganz dünne Ruder. Meeresente!

Abweichende Jagdzeiten s. *Bayern, Hessen, Niedersachsen, Nordrhein-Westf., Schleswig-H.* auf den Seiten 749 bis 751.

♂ = Männchen
♀ = Weibchen
∞ = unterliegen dem Jagdrecht mit Jagdzeiten

Habichtartige

Greifvögel allgemein

Welche waidmännischen Ausdrücke werden gebraucht, wenn von Greifvögeln die Rede ist?

Es bedeuten:
Atzung = die Nahrung der Greifvögel
aufblocken oder aufhaken = Fuß fassen oder aufbaumen
Augenstern s. Stern
Balzflug = Flugspiele der Greifvögel in der Paarzeit
behost = befiederte Fänge (bis unten behost = rauhfüßig)
Eier = Eier (Gelege)
einschwingen = sich (auf einen Baum) setzen
Fänge = Füße der Greifvögel, oder auch nur die Zehen mit den Waffen (Krallen)
Fittiche oder Schwingen = Flügel
Fraß = tote Tiere als Nahrung
Gewaff oder Waffen = die Krallen der Greifvögel
Gewölle = Ballen aus unverdaulichen Resten des gekröpften Raubes (wie Haare, Knochen und Federn), die hauptsächlich von Greifvögeln und Eulen ausgewürgt werden
greifen, binden, schlagen = erfassen der Beute
Haken = krumme Spitze des Schnabels
Handschwingen = äußerste Flügelfedern
hocken = ausruhend oder wartend sitzen
Horst, horsten = das Nest der Greifvögel, Reiher, Kraniche, Störche, Rabenvögel und Tauben (anderes Federwild nistet)
Horstfeld = Brutrevier
Horstzeit = Brutzeit der horstenden Vögel
kälken = kalkweiße dünnflüssige Losung ausscheiden
klaftern, spannen = Spannweite der Schwingen in cm (s. S. 331)
Kleid = Gefieder des Federwildes
kreisen = im Kreise fliegen, bei der Beutesuche und während der Balzzeit, auch zum Ausnützen von Aufwind
kröpfen = fressen, verzehren
lahnen = bettelnd schreien
rupfen (Rupfung) = das Ausreißen der Federn der Beutetiere
rütteln = das rasche Bewegen der Fittiche beim Stehen in der Luft
schlagen = ergreifen der Beute
schmelzen, schmeißen, kälken = sich lösen (Geschmeiß absetzen)
schreien = Lautäußerungen der Greifvögel
Stern = Augenstern oder Iris (der farbige Ring, der die Pupille des Auges umschließt)
stoßen = aus der Luft auf den Raub hinabsausen
streichen, abstreichen, zustreichen = fliegen
Zahn = scharfe Zacke im Oberschnabel der Falken (Falkenzahn)
Zügel = ein farbiger Streifen, der sich bei manchen Vögeln vom Schnabelwinkel als Backenstrich hinzieht.

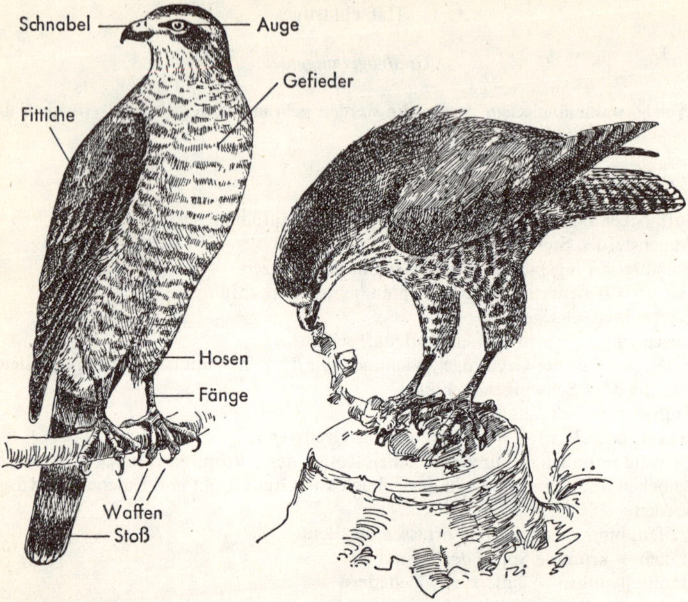

Greifvögel in der Waidmannssprache

Alter Hühnerhabicht aufgehakt
Unterseite quergestreift
Langer Stoß mit vier sichtbaren breiten Querbinden

Mäusebussard aufgeblockt
kröpfend
Kurzer Stoß mit zwölf schmalen Querbinden

Welche Bedeutung haben die Greifvögel für ein Niederwildrevier?

Sie greifen als „Regulatoren", nicht als Vernichter, in die Niederwildbestände ein. So regulieren z.B. Turmfalke und Sperbermännchen die Mäuse- und Kleinvogelbestände (Sperlinge), Waldkauz und Waldohreule die Maus- und Mauswieselbestände.
Ein intakter Biotop (s.S. 388) verträgt das Nebeneinander von Niederwild und Greifvögeln! Die Greife (s.S. 692) unterliegen dem Jagdrecht. Für sie wurde keine Jagdzeit festgesetzt; sie sind also ganzjährig geschont!

Wie hat sich der Jäger zu den Greifvögeln eingestellt?

Er fördert ihren Bestand, da die Greifvögel (u.a. wegen der verwendeten „Pestizide") immer seltener werden, und schont sie.

Welche Beute wird von Greifvögeln bevorzugt geschlagen?

Es werden bevorzugt die in ihrer Bewegung gehinderten Beutetiere geschlagen, also erkrankte, abgekommene und angeschossene Stücke. Die Greifvögel wirken als Gesundheitspolizei.

Wie erkennt man, ob Rupfung oder Riß vorliegt?

Die von einem Greifvogel gerupfte Feder eines Beutetieres wird vollständig ausgerissen.
Die von Fuchs, Marder, Iltis, Wiesel oder Katze beim Riß abgeschärfte Feder ist über den Wildbretteilen abgeschnitten.

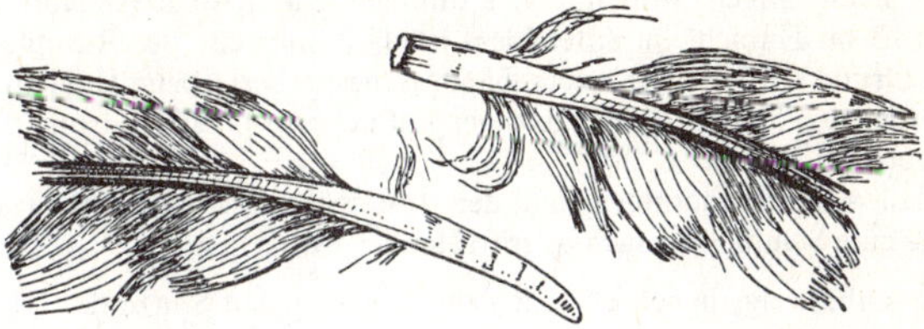

gerupfte Feder: Greifvogel — verbissene Feder: Fuchs, Katze, Marderarten

Habicht (Accipiter gentilis) und Sperber (Accipiter nisus)

Wie erkennt man den Habicht und Sperber im Fluge?

Beide haben kurze Fittiche (Schwingen) und einen auffallend langen Stoß. Im Flug wechseln mehrere rasche Flügelschläge mit Gleitfliegen ab. Der Habicht ist etwa hühnergroß, der Sperber nur taubengroß (der Wanderfalke etwa krähengroß).

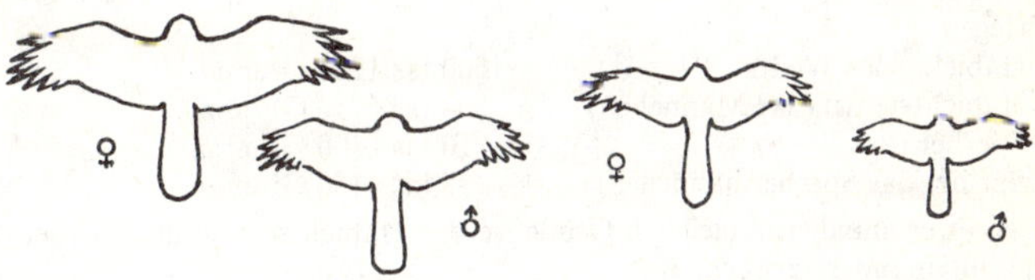

Habicht
Weib ♀: spannt 112–116 cm
Terzel ♂: spannt 90–95 cm

Sperber
Weib ♀: spannt 65–70 cm
Sprinz ♂: spannt 55–60 cm

Es bedeuten: ♂ = Männchen (Lanze des Mars) ♀ = Weibchen (Spiegel der Venus)

Wie unterscheiden sich Sperber und Kuckuck im Fluge?

Der Sperber macht drei bis vier energische Flügelschläge und gleitet dann über lange Strecken.
Der Kuckuck fliegt falkenähnlich mit dauernden Flügelschlägen. Er hat spitze Fittiche und einen langen, weißgefleckten Stoß.

Kuckuck im Flug

Darf der Kuckuck geschossen werden?

Nein! Er ist geschützt.

Ab April hört man seinen Balzruf „Kuck-Kuck". Die Weibchen leben in Vielmännerei und sind Brutschmarotzer, die ihre bis 22 Eier von 22 × 16 mm Größe einzeln in die Nester anderer Vögel legen. Die Altvögel wandern Ende Juli zur Überwinterung nach Afrika, die Jungvögel folgen erst im August/September.

Welche Erkennungsmerkmale zeigt der Habicht?

Er hat einen langen Stoß mit vier dunklen Querbinden (s. Abb. S. 328 und S. 331). Beim Habicht im Alterskleid ist die Unterseite des Rumpfes auf weißlichem Grund dunkelbraun quergebändert (gesperbert), beim Habicht im Jugendkleid, dem sog. „Rothabicht", dagegen auf ockergelblichem Grund dunkelbraun längs getropft (s. Abb. S. 343).
Die Klauen der Vorderinnen- und der Hinterzehe sind stark entwickelt. Sie wirken wie eine Schmiedezange (= grifftötender Fuß).

Der Schnabel zeigt neben der nach unten gebogenen Spitze des Oberschnabels jederseits eine Ausbuchtung von messerartiger Schärfe (s. Abb. S. 328). Er ist ein Reißhaken-Schneide-Schnabel. Das in der Jugend noch gelblichgraue, mit zunehmendem Alter hochgelb bis orange gefärbte Auge ist überdacht und gibt dem Vogel den „strengen Blick".
Der Habicht rüttelt nie! Er streicht meist niedrig über die Erde, stürzt sich auf seine Beute, schlägt sie mit den Fängen (Grifftöter) und kommt zur geschlagenen Beute zurück. (Balzlaute: gjak, gjak, gjak, gjak).

Welche Größenunterschiede bestehen zwischen Männchen und Weibchen bei Habicht und Sperber?

Die Weibchen sind, wie auch bei anderen Greifvögeln, wesentlich stärker als die Männchen.

Es wiegen:

der Habicht (das Weib)	1000 bis 1250 Gramm,
der Habichtsterzel (das Männchen)	500 bis 750 Gramm,
der Sperber (das Weib)	210 bis 300 Gramm,
der Sprinz (das Sperbermännchen)	125 bis 150 Gramm.

Wegen ihrer annähernd gleichen Größe werden Habichtsterzel und Sperberweib leicht miteinander verwechselt.

Wie unterscheiden sich beim Sperber der Sprinz und das Weib?

Die Oberseite des Rumpfes ist beim Sprinz blaugrau, beim Weib graubraun. Dem Sprinz fehlt der beim Weib vorhandene weißliche Streif über dem Auge. Das auf weißlichem Grunde eng braun quergebänderte Brustgefieder ist beim Sprinz rostrot überflogen (s. Abb. S. 343). Der Sperber ähnelt sonst dem Habicht, ist jedoch erheblich schwächer (Balzlaute: gigigigigig).

Wie groß ist das Standrevier eines Habichtpaares?

Etwa 3000 bis 5000 ha groß. Die Größe ist abhängig vom Beuteangebot. In diesem Standrevier duldet das Habichtspaar auf die Dauer keine Artgenossen. Passieren Junghabichte zur Strichzeit dieses Revier, so künden ihnen Erregungsrufe der Standhabichte, daß es bereits besetzt ist.
Zum Nutzen eines Niederwildreviers benötigen wir auf etwa 5000 ha ein Habichtspaar.

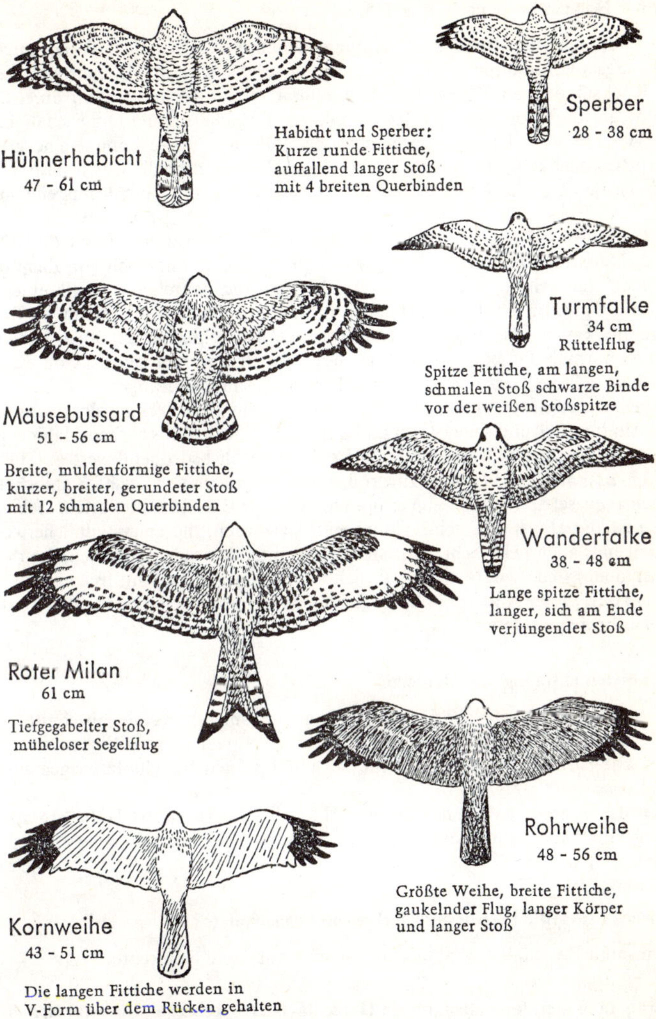

Die cm-Maße sind Längenmaße (Schnabelspitze bis Stoßende)

Die Spannweite des Weibchens beträgt:

Roter Milan	150 cm	Kornweihe	100 cm
Mäusebussard	130 cm	Wanderfalke	100 cm
Rohrweihe	120 cm	Turmfalke	80 cm
Hühnerhabicht	114 cm	Sperber	70 cm

Flugbilder und Spannweiten der wichtigsten acht Greifvögel

Gilt der Habicht heute noch als gefährdet?

Alle Greifvögel und Eulen sind als reine Fleischfresser Endglieder einer langen Nahrungskette. In ihren Körpern reichern sich daher Umweltgifte, insbesonders die Rückstände von Pflanzenschutzmitteln in hoher Konzentration an. Man nimmt an, daß die großen Pestizidanteile die Ursache für die Dünnschaligkeit ihrer Gelege sind. Die Eier zerbrechen beim Brüten, hinzu kommt eine hohe Jugendsterblichkeit. Das wirkt sich bei diesen Vögeln deshalb sehr negativ aus, weil sie ohnehin kleine Gelege haben. Außerdem tritt die Geschlechtsreife spät ein.

Die Gefahr ist sicher noch nicht gebannt. Doch nach Verbot der Pestizide DDT, HCB, Dieldrin, Chlordan und der Quecksilberpräparate hat sich vor allem der Habicht gut erholt. Zudem tat gerade ihm die jahrelange, vollkommene Schonung gut. Er hat die vorhandenen Biotopkapazitäten in der gesamten Bundesrepublik mehr als ausgefüllt. Kam früher ein Habichtspaar auf 3000–5000 ha, was als normale Besiedlungsdichte anzusehen ist, kann man heute davon ausgehen, daß sich die Tiere inzwischen auf 1500 ha zusammendrängen.

Der einst gefährdete Habicht kann somit in unserer deckungslosen Agrarlandschaft auf Grund seiner Überzahl den am Rande des Aussterbens dahinvegetierenden Besätzen von Birkwild und Rebhuhn lebensbedrohend werden (Hasen schlägt er kaum, da sie ihm zu groß, dagegen erbeutet er leicht Kaninchen). Frisch ausgesetzte Fasane kann er bis auf das letzte Exemplar ausrotten. Gebietsweise ist die Haustaube seine Hauptbeute geworden, die er erstaunlicherweise gelernt hat, auch bei Nacht zu greifen. So ist man dazu übergegangen, ihn dort, wo er dem Niederwildbesatz gefährlich wird, zum Lebendfang freizugeben. In *Bayern* darf er auf Antrag in kleiner Zahl auch erlegt werden. Die Quoten werden jedes Jahr neu festgesetzt.

Wo horsten bevorzugt die Habichte?

Die mächtigen Horste der Habichte stehen im unteren Kronenabschnitt alter Waldbäume, zumeist Fichten oder Kiefern, aber auch Birken, Eichen und Buchen. Die Horstmulde wird „begrünt“, d.h. mit grünen Nadelholzzweigen ausgelegt.

Auch der Sperber baut einen eigenen Horst in „Sperberhorst-Höhe“ (6 m) im Stangenholz dicht am Stamm, begrünt ihn aber (bis auf seltene Ausnahmen) nicht.

Welches Federwild bezieht gern verlassene Krähenhorste?

Turm- und Baumfalke, Waldohreule, Ringeltaube und Stockente.

Woran kann man feststellen, ob ein Habichts- oder Sperberhorst besetzt ist?

An den am Horst hängenden Dunen (die Greifvögel schlüpfen befiedert und sehend) und an den Mauserfedern in der Horstnähe.

Die Habichts- und Sperberweibchen befinden sich während der Brut und der Atzung der Jungen in einer stürmisch verlaufenden Mauser, also in einem Gefiederwechsel. Hierbei werden nach und nach auch die Handschwingen abgeworfen, so daß eine klaffende Lücke in den Fittichen entsteht, die den weiblichen Habicht und Sperber am Beuteflug hindert. Die abgeworfenen Federn der Handschwin-

gen in Horstnähe zeigen uns, daß das Weib fest an den Horst gebunden ist und sich nicht mehr an Beuteflügen beteiligt. Während der Brut- und Fütterungsperiode herrscht deshalb Arbeitsteilung. Das Weib brütet allein und füttert die Jungen, während der männliche Vogel die Beute schlägt und die Atzung allein zum Horst trägt. Das gilt auch für Adler, Kolkraben, Krähen und Weihen. Bussarde und Falken lösen sich dagegen beim Brüten ab.
Habichtsnestlinge „schirken“ (kirk, kirk), Bussardnestlinge dagegen „gicken“ (i–i–i).

Wie verläuft die Mauser beim Habichtsterzel und Sprinz?

Die Männchen (der Habichtsterzel und der Sprinz) mausern langsam. Dieser langsame Ablauf hält ihre Fittiche geschlossen, so daß sie beuteflugfähig bleiben. Die Familie wird in der Mauserzeit ausschließlich vom männlichen Vogel mit Atzung versorgt. Würde das Männchen während der Fütterungsperiode verbotswidrig geschossen, müßten mindestens die Jungen verhungern, weil die Beute fehlt. Würde das Weibchen geschossen, müßten die Nestlinge inmitten stinkender Beutemengen auch verhungern, da der Terzel die angebrachte Beute nicht zerteilt und zuteilt.

Darf man Nestlinge der Habichte aushorsten?

Nur für Beizzwecke und nur mit Zustimmung der Jagdbehörde (§22 (4) BJG). In *Bayern* nur im Einzelfall [Art. 33 (5) Nr. 3 BayJG].

Was verstehen wir unter dem „Horstfeld“ der Greifvögel?

Eine Zone am Horst, in deren näherer Umgebung von den Altvögeln während der Fortpflanzungszeit keinerlei Beute gemacht wird und in deren Nähe Beutetiere der Greifvögel ihre Jungen ungestört aufziehen. Das Horstfeld hat eine Längenausdehnung vom Horst von 150 m (Sperber) bis zu etwa 250 m (Habicht). Es ist nicht kreisförmig um den Horst herumgelegt, sondern umfaßt nur einen Ausschnitt eines solchen Kreises. In diesem Sektor liegen auch die An- und Abflugwege der die Beute zutragenden männlichen Vögel. Hier stehen auch die Ruhe- und Wachbäume, unter denen sich Schmelz (Geschmeiß) und Mauserfedern anhäufen. In dieser Zone fliegen die Jungvögel nach dem Verlassen des Horstes (vom 38. Lebenstage ab) dem mit Beute anstreichenden Habichtsterzel oder dem Habichtweib, das jetzt wieder mit zu jagen beginnt, lahnend (d.h. mit durchdringenden „hi-äh“-Rufen) entgegen, um ihm die Beute abzubetteln (Bettelflugperiode). Später begeben sich die Jungvögel mit den Althabichten in horstferne Einstände und verstreichen schließlich, wie alle jungen Greifvögel, auf dem „Jugend- oder Hungerstrich“. Er dient dem Aufsuchen eines freien Reviers. Die Althabichte kehren zur Zeit der Tag- und Nachtgleiche (zum Herbstanfang, am 23. September) wieder in das Horstgebiet zurück und halten als Standvögel ihr Revier auf Lebenszeit.

Welche Beute machen Habicht und Sperber?

Der Habicht (das Weib) kann Taube, Rebhuhn, Fasan, Kaninchen und schwache Hasen, der Habichtsterzel Maus bis Kaninchen und Hänfling bis Fasan erbeuten.
Der Sperber (das Weib) kann nur bis zur Taube Beute machen, der Sprinz

kann mit seinem kleinen Fang nur Vögel bis zur Drosselgröße erbeuten. Er ist ein wichtiger Regulator für Sperlinge, Amseln und Stare, raubt aber auch Sing- und Nutzvögel. Er ist ohne Jagdzeit und ganzjährig geschont, insbesondere auch, weil Kuckuck sowie Turm- und Baumfalke oft mit ihm verwechselt werden.

Wie jagen Habicht und Sperber?

Sie pirschen ihre Beute unbemerkt an und zeigen auch vom Ansitz aus eine vollendete Geschicklichkeit und Wendigkeit im Fluge. Sie sind ausgesprochene Pirsch- und Startfluggreifer.
(Schutz des Federwildes vor dem Habicht s.S. 499)

Wie wird die Beute getötet?

Habicht und Sperber (wie auch Rohrweihe und Bussarde) töten ihre Beute mit dem Griff des Fußes und reißen und schneiden sie mit ihrem Reißhaken-Schneide-Schnabel an. Sie sind also Grifftöter.
Die Falken dagegen „binden" mit ihrem griffhaltenden Fang die Beute und zerknacken ihr durch Schnabelbiß den Hinterkopf. Sie sind also Bißtöter.
Greifvögel sind nicht in der Lage, ihren Schnabel als „Hiebschnabel" zu benutzen, wie etwa der Specht.

Kann man am Rupfplatz aus waidgerechten Zeichen erkennen, ob die Rupfung vom Habicht oder Sperber stammt?

Ja! Der Habicht trägt seine Beute an einen gedeckten Platz. Dort rupft er sie, bevor er sie kröpft. Seine Rupfung ist je nach Größe des Beutetieres oft über mehrere Plätze verteilt, da er bei jeder Störung mit seiner Beute abstreicht. Nach jedem Auffußen rupft er von neuem, so daß wir Gefieder eines Beutevogels oder Haare von Säugetieren, die in kleinen Büscheln ausgerissen werden, auf mehrere Plätze verteilt finden. Der Rupf- bzw. Kröpfplatz des Habichts ist durch lange „Schmelzstriche" (= Geschmeiß) deutlich gekennzeichnet. Er kommt zur Beute zurück.
Der Sperber bevorzugt für seine Rupfungen Baumstümpfe und Bodenerhebungen. Er hinterläßt von der Beute oft Füße, Schnäbel, Brustbein und Armknochen.

Bussarde:

Mäusebussard (Buteo buteo),
Rauhfußbussard (Buteo lagopus) und
Wespenbussard (Pernis apivorus)

Wie unterscheidet sich im Fluge der Bussard vom Habicht?

Der Bussard hat breite Fittiche und einen kurzen, breiten und gerundeten Stoß (mit 12 schmalen Querbinden). Sein Flug ist langsam und schwerfällig.
Der Habicht hat kurze Fittiche, einen auffallend langen Stoß (mit vier breiten Querbinden) und hohe Stoßgeschwindigkeit.

Wie unterscheiden sich die Bussarde?

Der *Mäusebussard* kreist im Segelflug oft stundenlang mit aufgebogenen Schwin-

Die Jägerprüfung wird jeden Monat leichter.

Zum Erlernen des Waidwerks ist die Theorie ebenso wichtig wie die Praxis. Beides zusammen gibt's in der Deutschen Jagd-Zeitung. Denn die DJZ wird von Jägern für Jäger gemacht. Hier hat die Erhaltung des Kulturguts Jagd und der Schutz von Wild und Wald Vorrang vor „Jägerlatein" und Jagdromantik. Wie bei Ihrer Jägerprüfung. Die Deutsche Jagd-Zeitung hilft Ihnen dabei. Jeden Monat neu.

Das DJZ-Angebot – extra für Jagdschein-Bewerber: 14 Ausgaben beziehen und nur 12 Ausgaben bezahlen.

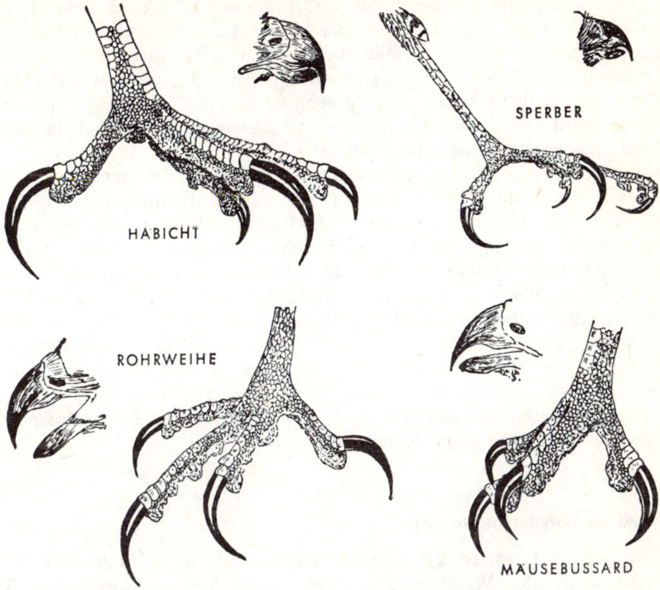

Grifftötender Fuß und Reißhaken-Schneideschnabel
bei Hühnerhabicht, Sperber, Rohrweihe und Mäusebussard!

Ein Vergleich der Fänge von Habicht und Bussard zeigt deutlich, daß der Bussard vorwiegend „Kleintiergreifer“ sein muß.

Grifftöter

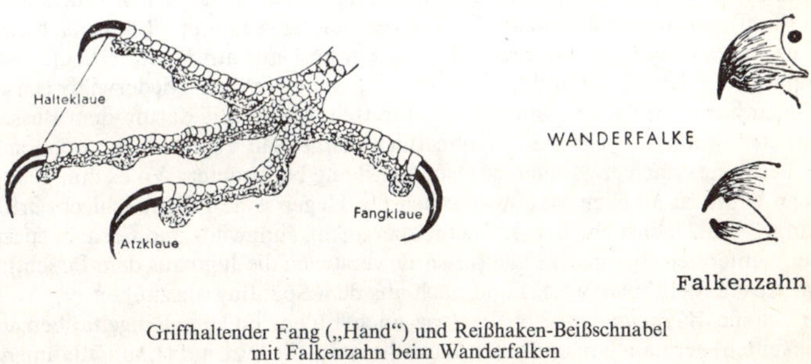

Griffhaltender Fang („Hand“) und Reißhaken-Beißschnabel
mit Falkenzahn beim Wanderfalken

Bißtöter

(Bild: Dr. phil. Heinz Brüll, Forschungsstation 2359 Hartenholm/Holstein)

Abb. oben und Abb. S. 319 oben nach Merkblätter des Niederwildausschusses des DJV Nr. 9

genspitzen und weitgespreiztem Stoß. Dabei läßt er häufig einen dem Miauen der Katze ähnlichen Ruf (wjieä) ertönen (Katzenbussard). Der Kopf wird im Fluge eingezogen, so daß der Mäusebussard kurzhalsig wirkt. Er rüttelt nur gelegentlich. Beim Ansitz lauert er gern auf Bäumen und Zaun- bzw. Telegrafen-Pfählen. Die Gefiederfärbung zeigt gegenüber anderen Greifvögeln auffällige Schwankungen von dunkel bis hell. Die Unterseite ist gelegentlich fast weiß und verschiedenartig gefleckt (s.S. 340).

Der *Rauhfußbussard* ist Zugvogel und kommt im Winter aus seiner nordischen Heimat zu uns. Er unterscheidet sich vom Mäusebussard durch seinen auffallend weißlichen Stoß mit breiter, schwarzer Endbinde und durch seine bis zu den Zehen gefiederten Fänge. Im Spähflug rüttelt er häufig mit langsamen Schwingenschlägen. Beim Anstand liebt er Bodennähe (z.B. Maulwurfshaufen).

Der *Wespenbussard* ist Zugvogel und wird im Winter nicht bei uns angetroffen. Er hat schmalere Schwingen, einen längeren Stoß und einen kleineren Kopf am längeren Hals. Er wird deshalb leicht mit dem Habicht verwechselt. Der Stoß hat an der Wurzel und am Ende breite und, zwischen diesen, mehrere schmale, schwarze Binden. Er ist nur im Sommer bei uns.

Mäuse- und Rauhfußbussarde haben an der Schnabelwurzel Borstenfedern, der Wespenbussard hat Schuppenfedern.

Wo und wie horsten die Bussarde?

Der von beiden Geschlechtern ausgebaute Horst steht in 10 bis 20 Meter Höhe auf Seitenästen alter Waldbäume dicht am Stamm. Wie der Habicht (s.S. 332) „begrünt" auch der Mäusebussard seinen Horst mit Nadelholzzweigen, der Wespenbussard mit Laubholzzweigen. Der Wespenbussard baut gewöhnlich auf alten Krähen- oder Kunsthorsten (s. unten). Beide Geschlechter brüten.

Welche Beute können Bussarde meistern?

Der *Mäusebussard* ist ein Kleinsäuger- und Jungwildgreifer. Zum Mäusefang benutzt er gern eine für ihn vom Landwirt aufgestellte „Jule" (einen krückenartigen Pfahl), auf der er aufblockt. Sein wesentlich langsamerer Flug benachteiligt ihn gegenüber Habicht und Sperber. Sein Fang ist nur auf Kleintierbeute zugeschnitten. Er kröpft auch Luder und ist deshalb an den Niederwildwechseln der Autobahn häufig auf Dauersitz anzutreffen. Man sollte darum dem Bussard nicht den starken Hasen, das Huhn oder den Fasan zuschreiben, wenn man ihn, besonders nach Jagdtagen, auf solcher Beute beobachtet. Wo es ihm gelingt, solche Beute zu machen, hat gewöhnlich der Heger seine Pflicht schlecht erfüllt (mangelhafte Nachsuche usw.). Es gibt aber auch „Jungwild- und Fasanenspezialisten" unter den Bussarden. Die Bussarde verstehen die Jagd aus dem Pirschflug, vom Ansitz (der Ansitzwarte) und auch aus dem Spähflug auszuüben.

Der seltene *Wespenbussard* brütet (wie auch Eulen, Falken, Ringeltauben und Stockenten) gern auch in einfachen Kunsthorsten, die man auf (Laub-)Bäumen in 10–15 m Höhe aus flachen Körben anbringen kann. Daneben nimmt er auch Insekten, Würmer, Frösche und als einziger Greifvogel auch Knospen und Beeren. Seine Beute sind meist Hummeln und Wespen, deren Waben man auf dem Horstrand findet.

Weihen:

Rohrweihe (Circus aeruginosus), Kornweihe (Circus cyaneus) und Wiesenweihe (Circus pygargus)

Was ist kennzeichnend für die Weihen?

Alle Weihen (Rohrweihe, Kornweihe und Wiesenweihe) haben einen langen Körper, lange Schwingen und einen langen Stoß. Sie fliegen gewöhnlich niedrig über dem Boden und zeigen dabei einen schwebenden, schaukelnden Flug. Beim Gleiten werden die Schwingen stets über der Rückenlinie des Körpers gehalten und erscheinen (wie ein V) nach oben gebogen (s. Abb. S. 339).
Die Weihen fallen häufig mit hochgestellten Schwingen zu Boden (auf die Erde herab). Sie jagen auch in der Dämmerung.
Der kleine runde Kopf trägt einen an manche Eule erinnernden schwachen „Schleier". Er dient zum Auffangen von Lauten. Die Weihen horsten, wie die Sumpfohreule (s.S. 403), regelmäßig am Boden (die Rohrweihe im Rohrdickicht, die Kornweihe im offenen Gelände und in Getreidefeldern, die Wiesenweihe meist in sumpfigen Wiesen oder im Moor, aber auch in der Heide). Die Weibchen sind während der Fortpflanzungsperiode beuteflugunfähig. Das Männchen läßt die Beute ungerupft über dem Horst herunterfallen.
Die Rohrweihe erkennt man im Fluge am Schaukelflug, an den verhältnismäßig langen, breiten Schwingen, den gespreizten Schwungfedern und an ihrer Größe (sie ist die größte der Weihen).

Rohrweihe: Spannweite 120 cm

Kornweihe: Spannweite 100 cm

Wie jagt und wie erbeutet die Rohrweihe?

Sie ist ein ausgesprochener „Pirschfluggreifer", der seine Beute aus dem Pirschflug heraus, häufig auf Grund von Lautmerkmalen, findet. Die Beute reicht von Maus und Ratte bis zum Kaninchen und Junghasen, von der Rohrammer bis zur Blässe. Für ihr ausgezeichnetes Gehör spricht, daß sie kurz vor dem Schlüpfen stehende Gelege der Bläßhühner findet und die in Eischalen piependen Jungen herausholt. Sie raubt keine Fische.

Darf man die Rohrweihe bejagen und deren Gelege zerstören?

Nein! Für die Rohrweihe wurde wegen ihrer Nützlichkeit, insbesondere in Gebieten mit vielen Bläßhühnern und Wanderratten (s.S. 253), keine Jagdzeit festgesetzt. Sie ist, wie alle Greife, ganzjährig geschont.
Die Gelege dürfen nicht zerstört werden.

Milane:

Roter Milan (Milvus milvus) und
Schwarzer Milan (Milvus migrans)

Was ist kennzeichnend für die Milane?

Sie sind in der Gestalt den Weihen ähnlich, haben aber einen gekerbten oder gegabelten Stoß, den sie bei ihrem leichten Gleiten und Segeln ausgiebig zum Lenken benutzen.
Der Rote Milan oder die „Gabelweihe" hat einen scharf und tief ausgeschnittenen Stoß,
beim Schwarzen Milan ist die Gabelung nur angedeutet. Beide bieten ein wunderbares Flugbild.
Die Milane leben zum Teil als Nahrungsschmarotzer von der Beute anderer Greifvögel, die sie diesen abjagen, und von Aas. Der Schwarze Milan nimmt gern auch tote Fische vom Wasser auf. Es gibt auch Wildspezialisten.
Die Milane sind (wie die Wiesenweihe und der Baumfalke) nur im Sommer bei uns anzutreffen, also ausgesprochene Zugvögel. Sie sind ganzjährig geschont.

Welcher Greifvogel ist noch Nahrungsschmarotzer?

Der Mäusebussard. Wenn er Gelegenheit hat, nimmt er dem Turmfalken, dem Habicht und sogar auch dem wehrhaften Wanderfalken die Beute ab.

Roter Milan (Gabelweihe)
Stoß tief gegabelt!
Spannweite 150 cm

Schwarzer Milan
Stoß wenig gegabelt!
Spannweite 140 cm

Adler

Steinadler (Aquila chrysaëtos), Seeadler (Haliaëtus albicilla)
und Fischadler (Pandion haliaëtus)

Welcher Adler kommt vor allem in den Alpen vor?

Der Steinadler kommt als majestätisch gleitender Stand- und Strichvogel in den Alpen (und dort meist zusammen mit dem Murmeltier) vor. Er klaftert 200 cm und horstet in Felsennischen. Er schlägt Tiere bis zum Rotwildkalb, stürzt räudige und blinde Gemsen ab und nimmt Fallwild auf (Lawinentod).

Greifvögel im Fluge
(Abb. und Abb. S. 349 verkleinert nach „Bäuerle, Greifvögel im Fluge“)

Wie viele Seeadler gibt es noch in der Bundesrepublik?

Vier Brutpaare in *Schleswig-Holstein.* (In der DDR rechnet man noch mit etwa 90 Brutpaaren!) Der Seeadler ist unser größter Adler. Seine Fänge sind nicht befiedert. Im Flugbild fallen deutlich seine brettförmigen Flügel auf. Das Weibchen klaftert bis zu 2,50 m. Der Seeadler ernährt sich von Fischen und Wasservögeln. Er erjagt seine Beute meist aus dem Ansitz. Seine bevorzugten Nistplätze sind alte Buchen. Ab dem 4. Lebensjahr gilt er als geschlechtsreif. Die Paare führen eine Dauerehe; meist werden 2 Eier gelegt und 37–40 Tage bebrütet.
Vor allem forstliche Maßnahmen, der Erholungsbetrieb (Windsurfer) und tieffliegende Hubschrauber lassen ihn sein Brutgeschäft abbrechen. Eine große Gefahr sind für ihn die chlorierten Kohlenwasserstoffe und die polychlorierten Biphenyle, an denen er sich als Endglied der Nahrungskette oft vergiftet. Gegen Eierräuber und sonstige Störungen sperrt man die Horste im Umkreis von 300–1000 m und bringt an dem Stamm Kletterhindernisse und Mikrophone an. Seit 1974 werden sie von 100–160 Helfern bewacht. Alle Beobachtungswohnwagen haben ständigen Funkkontakt mit der Seeadlerschutzstation im Forstamt Eutin. Die Projektgruppe zum Seeadlerschutz steht unter der Schirmherrschaft des schleswig-holsteinischen Ministers für Ernährung, Landwirtschaft und Forsten. Neben dem WWF (World Wildlife Fund) unterstützt vor allem die Jägerschaft des Landes aus Mitteln der Jagdabgabe das Hilfsprogramm. Nachzucht und Auswilderungen sollen das Überleben des Greifvogels sichern. Man kauft einzelne Altbuchenstämme an, erwirbt nahrungsreiche, abgelegene Kleingewässer und versucht, an vogelreichen Seen Schutzgebiete auszuweisen. In Schnee- und Frostperioden bietet man unserem größten Adler Luder an.
See- und Steinadler wurden früher zum Hochwild gerechnet.

Wodurch unterscheidet sich der Fischadler von allen anderen Greifvögeln?

Den fliegenden Fischadler erkennt man leicht an der leuchtend weißen Unterseite. Außerdem ist er von weitem schon an den deutlich gewinkelten Fittichen zu erkennen.
Er rüttelt gern über dem Wasser und taucht nach Fischen mit den Fängen voran. Er ist stoßtauchender Fischgreifer (die vierte äußere Zehe ist „Wendezehe"). Er ist 65 cm lang und klaftert 160 cm. Durch starke Beute wird er manchmal in die Tiefe gerissen und ertrinkt dabei.
Sein Schaden auf Karpfenteichen ist beträchtlich. Einige Bundesländer ersetzen diesen Schaden, um den Fischadler vor dem Aussterben zu bewahren. Knallapparate sind gegen ihn wirkungslos. Neben Fischen raubt er Bläßhühner, Enten, junge Möwen, Kaninchen, Ratten, Frösche und Käfer.

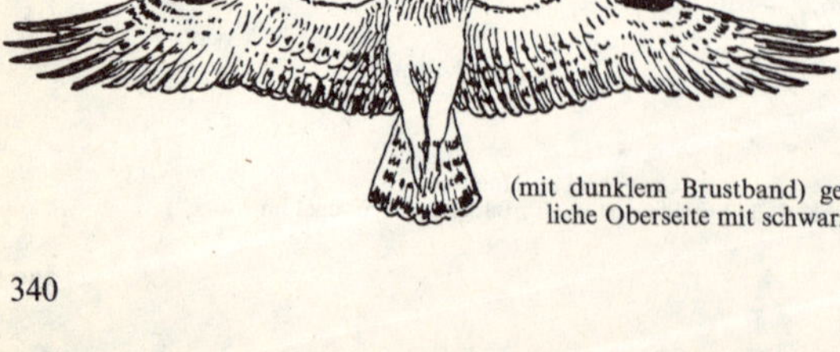

Fischadler (keine Jagdzeit) 51–58 cm, gelbe Augen, blaugraue Fänge, Wendezehe, weißer Kopf mit schwacher Holle, leuchtend weiße Unterseite (mit dunklem Brustband) gebänderter Stoß, schwärzliche Oberseite mit schwarzen Handgelenkflächen

Zu S. 343: Greifvögel unterliegen dem Jagdrecht, sind aber ganzjährig geschont

⊗ **Habicht** (Accipiter gentilis), 40–60 cm (hühnergroß), Auge im Alter gelbrötlich
langer Stoß mit vier dunklen Querbinden, Oberseite dunkel aschbraun, mit weißlichem Streif über und hinter dem Auge, Unterseite weißlich und eng dunkelbraun quergebändert (gesperbert). Im Jugendkleid Oberseite heller, Unterseite gelblich und dunkelbraun längsgetropft

⊗ **Sperber** (Accipiter nisus), 28–38 cm (taubengroß)
lange, gelbe, dünne, unbefiederte Ständer und gelbe Fänge, der lange Stoß hat vier dunkle Querbinden
♂ Oberseite blaugrau mit rostfarbenen Wangen und weißlichem Fleck im Nacken, Unterseite auf weißlichem Grunde rostrot quergebändert (gesperbert)
♀ Oberseite graubraun, mit weißem Streif über und hinter dem Auge, Unterseite eng weiß und braun quergebändert (gesperbert)

⊗ **Mäusebussard** (Buteo buteo), 50–56 cm
Oberseite dunkelbraun, Unterseite und Unterschwingen weiß gefleckt, das Weiß in der Färbung ist nicht einheitlich, sondern stark schwankend, Stoß eng und grau gebändert mit zwölf Binden

⊗ **Roter Milan** (Milvus milvus), 60 cm
leicht erkenntlich am tief gegabelten braunen Stoß (Gabelweihe), Oberseite rotbraun mit deutlich gemusterten Schwingen, Kopf weißlich gestreift, Unterseite dunkel gestreift. Zugvogel!

⊗ **Schwarzer Milan** (Milvus migrans), 56 cm
hat weniger tief gegabelten Stoß und viel dunkleres Gefieder (nicht abgebildet). Zugvogel!

⊗ **Rohrweihe** (Circus aeruginosus), 48–56 cm
♂ Oberseite dunkel kastanienbraun, hellgrauer Stoß, kontrastreiche silbergraue Flächen in der Schwinge
♀ und Junge: ziemlich einfarbig, dunkelbraunes Gefieder, ohne Grau, heller, rahmfarbener Kopf und rahmfarbene Schultern

⊗ **Wanderfalke** (Falco peregrinus), 37–47 cm (krähengroß, dunkles Auge)
lange, spitze Schwingen, langer Stoß, der sich am Ende verjüngt, schwarzer lappenförmiger Zügel (Backenstrich), Oberseite schiefergrau, Unterseite hellgrau und eng schwarz quergebändert
Im Jugendkleid Oberseite dunkelbraun, Unterseite hell längsgefleckt (nicht quergebändert), kräftiger Zügel (Backenstrich)

⊗ **Baumfalke** (Falco subbuteo), 30–36 cm
kleiner als der Wanderfalke (Näheres s. S. 345). Zugvogel!

⊗ **Turmfalke** (Falco tinnunculus), 34 cm
♂ Oberseite rotbraun und getropft, Unterseite rahmgelb mit verstreuten dunklen Flecken. Kopf, Bürzel und Stoß grau, am Stoß schwarze Binde vor der weißen Spitze
♀ Oberseite rostbraun und gebändert (statt getropft), Stoß rostfarben gebändert

⊗ **Rötelfalke** (Falco naumanni), 30 cm, ähnelt sehr dem Turmfalken
♂ Oberseite leuchtend rotbraun, jedoch nicht getropft, Kopf und Stoß blauer als beim Turmfalken
♀ und Jugendkleid ähnelt dem Turmfalken

⊗ **Merlin** (Falco columbarius), 28 cm, kleinster Falke, Zug- oder Wintergast (s. S. 346)

⊗ = **Für alle Greife wurden keine Jagdzeiten festgesetzt!**
Die Jungen schlüpfen sehend und mit Dunenfedern.
Die cm-Maße geben die Durchschnitts-Längenmaße des Vogels von der Schnabel- bis zur Stoßspitze an (nicht die Flügelspannweite).

♂ = Männchen adultus = erwachsen
♀ = Weibchen juvenilis = jugendlich

Zu S. 344: Eulen stehen unter Naturschutz

Näheres s. S. 401 bis 403. Ihre Feinde sind die Freileitungen in der Natur (Drähte) und der Baummarder. Sie haben einen krummen Schnabel, befiederte Fänge und mächtige Krallen.
Ihre Eier, meist 4–6, sind rein weiß und rund (kurzoval), nur bei der Schleiereule sind sie oval. Sie bauen keine Horste und benutzen Baumhöhlen oder verlassene Horste oder Nester oder legen die Eier auf dem nackten Boden ab.
Ihre Lebensweise ist überwiegend nächtlich.
Die meist großen Augen sind nach vorn gerichtet und im Kopf unbeweglich.
Der Hals kann bis zu 270° gewendet werden.
Sie haben ein plattes Gesicht, in dem die kranzförmig angeordneten Federn einen „Schleier" bilden.
Die beiden Geschlechter sind von gleicher Größe und Färbung.

× **Uhu** (Bubo bubo), 70 cm
größte Eule, etwa gänsegroß, doppelt so groß wie die Waldohreule mit auffälligen Federohren!
Er ist durch die Aktion zur Wiedereinbürgerung des Uhu (AZWU: Leiter Herr von Frankenberg, 5650 Solingen) in den Mittelgebirgen des Bundesgebiets mit Erfolg wieder eingebürgert. Er schlägt als Beute hauptsächlich Mäuse, Ratten, Kaninchen, Igel, Krähen und Tauben und nimmt auch Fallwild auf (Hasen, Fasane).
Augen: groß und orangerot
Brust: gelbbraun, breit längstgestreift
Oberseite: gelbbraun und rostbraun gefleckt

× **Waldohreule** (Asio otus), 35 cm
mit langen Federohren, Augen: groß und leuchtend rot
Oberseite: gelblichbraun und graubraun gesprenkelt und marmoriert
Unterseite: rostgelb mit kräftigen dunklen Schaftstreifen und feiner Querbänderung, Teilzieher; typisch: Flügelklatschen und „Bellen" (einige „kläffende" Rufe)

× **Sumpfohreule** (Asio flammeus), 38 cm
nistet auf dem Boden, Federohren kaum sichtbar, Augen gelb
Oberseite: hell gelblichbraun, ohne jede Sprenkelung
Unterseite: kräftig längsgestreift ohne Querbänderung
mehr Tagvogel als die Waldohreule

× **Schleiereule** (Tyto alba), 34 cm
keine Federohren, großer Kopf mit herzförmigem, langen weißen Gesicht, lange Fänge (x-beinig)
Sie ist Kulturfolger; Augen: schwarz
Oberseite: hell goldgelb, fein gesprenkelt
Unterseite: weiß oder braun mit feinen Punkten

× **Waldkauz** (Strix aluco), 38 cm
keine Federohren, der große, runde Kopf ist graubraun, gefleckt und gestreift; Augen: schwarz
Oberseite: rotbraun bis gelbbraun oder gräulich (variierend)
Unterseite: gelblichbraun mit deutlichen Streifen

× **Rauhfußkauz** (Aegolius funereus), 25 cm
Etwas größer als Steinkauz, großköpfiger, breitere Augenbrauen, helleres Gesicht, kräftig begrenzter Schleier, nächtliche Lebensweise, verschläft den Tag im dichten Nadelholz

× **Steinkauz** (Athene noctua), 21 cm
keine Federohren; Augen: gelb
Oberseite: dunkelbraun, dicht weiß gefleckt und gebändert
Unterseite: weißlich, breit dunkelbraun gestreift

× **Sperlingskauz** (Glaucidium passerinum), 16 cm
keine Federohren, kleinste Eule, kleiner als ein Star, kleiner Kopf; Augen: gelb (darüber kurze, weiße „Augenbrauen")
Oberseite: dunkelbraun mit weiß-gelblicher Fleckung
Unterseite: grauweiß mit schwärzlicher Streifung

× = **Alle Eulen stehen unter Naturschutz.**

Die cm-Maße geben die Durchschnitts-Längenmaße des Vogels von der Schnabel- bis zur Stoßspitze an (nicht Flügelspannweite).

juv.
♀
ad.
Habicht
♂
Sperber
Mäusebussard
Rohrweihe
♀
Roter
Milan
♂
♂
juv.
♀
Rötelfalke
ad.
♂
♂
Wanderfalke
Turmfalke

Schleiereule
Steinkauz
Sperlingskauz
Waldkauz
Waldohreule
Sumpfohreule
Uhu

Falken

Wanderfalke (Falco peregrinus), Baumfalke (Falco subbuteo), Turmfalke (Falco tinnunculus) und Rötelfalke (Falco naumanni)

Was ist kennzeichnend für das Flugbild der Falken?

Alle Falken zeigen schmale, spitz zulaufende, sensen- oder sichelförmige Fittiche (lateinisch: falx = die Sichel).
Bei den Falken sind die Schläge mit den schmalen Fittichen kräftig und schnell, aber flach.
Der Stoß ist lang und keilförmig zusammengezogen, nur der Stoß des Turmfalken ist gleich breit.

Wanderfalke
Weib: spannt 95–105 cm
Terzel: spannt 80–90 cm

Baumfalke
kleiner als Taube,
spannt 65–75 cm

Turmfalke
(Rüttelfalke)
spannt 60–80 cm

Sämtlichen Falken eigentümlich ist der am Oberschnabel vorhandene sogenannte Falkenzahn, der genau in eine Einkerbung des Unterschnabels paßt, und der schwarze Backenstrich oder Zügel (s. Abb. S. 335 und S. 343).
Die Falken sind, mit Ausnahme des Rötelfalken, als frühere Felsenbruter auf fremde Horstplätze angewiesen. Sie bauen also keine Horste, sondern legen ihre Eier in Felsnischen oder verlassenen (Krähen-)Horsten oder Kunsthorsten ab.
Im Gegensatz zu Habicht, Sperber und Weihen bleiben bei den Falken beide Geschlechter während der Fortpflanzungsperiode flugfähig (schnell verlaufende Mauser). Sie brüten und füttern abwechselnd. Sie sind die besten Flieger unter den Greifvögeln.
Der *Wanderfalke* ist als Jäger im freien Luftraum bekannt. Er ist krähengroß. Der weibliche Falke hat ein Gewicht von 900 bis 1100 g, der Falkenterzel von 550 bis 700 g. (Terzel: von lat. tertius, etwa $^1/_3$ des Gewichtes weniger als das Weib.)
Er ist Späh- und Stoßfluggreifer, der seinen Angriffsflug auch von hoher Warte aus, also vom Ansitz, durchführen kann. Das Bemerken der Beute vollzieht sich bei ihm durch das Auge. Mit seiner „Fangklaue" bindet er die Beute im Fluge. Durch Biß zerknackt er ihr den Kopf. Er ist also ein „Bißtöter" (s. Abb. S. 335). Kleine Vögel kröpft er im Fluge. Die Beutetiere des Wanderfalken sind wegen seiner Eigenschaft als Stoßfluggreifer nur Vögel (Tauben, Krähen, Stare usw.).
Der *Baumfalke* oder „Lerchenfalke" ist der schnellste der Falken und der Schrecken der Feldlerchen. Er ist etwas kleiner als eine Haustaube und ähnelt, auch

im Fluge, einem großen Mauersegler. Seine sichelförmigen Schwingen reichen bis an oder über die Spitze des kurzen Stoßes. Er hat eine kräftig längsgestreifte Unterseite und rostrote „Hosen". Seine Beutetiere sind Segler, Schwalben, Feldlerchen, Kleinvögel und fliegende Insekten (Libellen, Schmetterlinge), die er im Fluge schlägt (s. Abb. S. 339). Wanderfalke und Baumfalke rütteln nie!

Der *Turmfalke* dagegen rüttelt häufig und wird deshalb auch als „Rüttelfalke" bezeichnet (s. Abb.). Er ist außerordentlich nützlich und schlägt seine Beute am Boden. Mäuse verschlingt er ganz.

Der *Rötelfalke* sieht wie ein kleiner Turmfalke aus. Er hat einen schlicht braunen (nicht getropften) Rücken und hellbraune Waffen, während der Turmfalke einen braunen und getropften Rücken und schwarze Waffen hat (s. Abb. S. 343). Er kommt nur in den Mittelmeerländern vor.

Der *Zwergfalke* oder Merlin ist kleiner als der Baumfalke. Er hat keinen Zügel, eine schieferblaue Oberseite und eine kräftig rostfarben und schwärzlich gestreifte (nicht gebänderte) Unterseite. Sein Flug ist unregelmäßig mit gelegentlich kurzen Gleitstrecken. Er streicht vorwiegend niedrig über den Boden.

Falken unterliegen dem Jagdrecht (s.S. 692) und sind ganzjährig geschont.

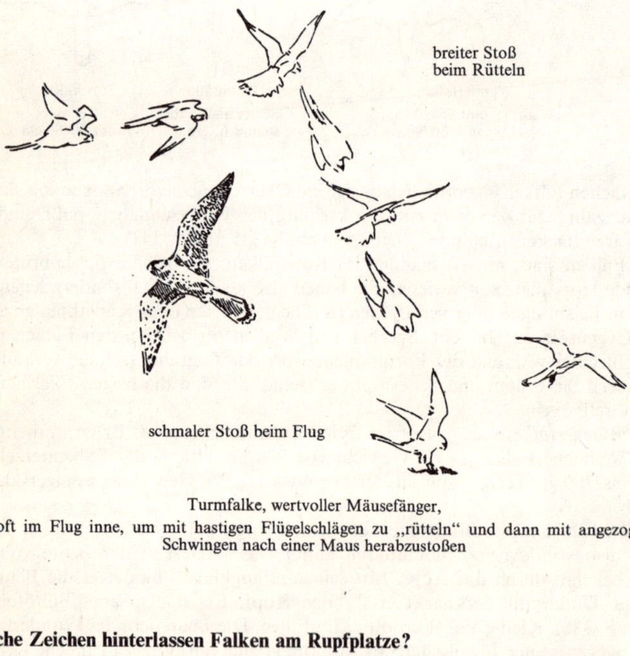

Turmfalke, wertvoller Mäusefänger,
hält oft im Flug inne, um mit hastigen Flügelschlägen zu „rütteln" und dann mit angezogenen Schwingen nach einer Maus herabzustoßen

Welche Zeichen hinterlassen Falken am Rupfplatze?

Der Wanderfalke rupft meist auf freiem Felde. Er rupft der Beute das Bauch- und Rückengefieder, die Stoßfedern und die Fittiche bis zu den Unterarmschwingen. Für seine Rupfung ist der Federring typisch. Er kommt dadurch zustande, daß sich der scharfäugige Falke ständig auf seiner Beute dreht, um seine Umgebung im Auge zu behalten. Als typische Beutereste lassen alle Falken die Schultergürtel mit den noch fest am Handskelett sitzenden Handschwingen zurück. Sie werfen ihr Geschmeiß nicht weit wie Habicht und Sperber, sondern schmelzen unter sich, so daß ihr Zeichen an der Rupfung ein runder „Schmelzfleck" ist. Wanderfalke und Habicht kommen zu der von ihnen geschlagenen Beute zurück, um sie völlig zu kröpfen.

Wie versucht man, Wanderfalken nachzuzüchten und auszuwildern?

Durch Zucht in Gefangenschaft. Man hält die Zuchtpaare in Volieren und schirmt sie vom Menschen ab. Die Erstgelege entnimmt man und erbrütet sie maschinell. So kann man die Reproduktionsrate bedeutend erhöhen. Meist erfolgt das Aussetzen nach der Wildflugmethode. Dazu bringt man einen Horst in freier Wildbahn an (meist Felswände). Er ist dem ähnlich, in dem der Vogel aufgezogen wurde. Dort wird der oder werden die Wanderfalken noch einige Zeit gefüttert. Dann entfernt man die Gitter. Der Horst ist nun nach drei Seiten offen, aber nach Süden (Sonne) geschlossen. Ein Dach schützt vor Witterungseinflüssen. Bei der Adoptionsmethode werden die Dunenjungen einem Elternpaar zusätzlich zum eigenen Nachwuchs untergeschoben.

Falknerei (Beizjagd)

Was versteht man unter der „Beizjagd"?

Das regelmäßige Jagen mit abgetragenen (gezähmten und abgerichteten) Greifvögeln auf freilebendes Wild. Hierzu werden Falken, Habichte, Sperber und auch vereinzelt Adler benutzt.
Diese Jagdart war in früheren Zeiten an den Fürstenhöfen sehr beliebt, ist heute noch die Lieblingsjagd orientalischer Fürsten und wird auch bei uns von den Liebhabern dieser Jagdart ausgeübt. Hierzu braucht man einen Falknerjagdschein (s. S. 709). Der Bewerber muß die für die Beizjagd erforderlichen Kenntnisse und eine verhaltensgerechte Unterbringung der Vögel mit der Möglichkeit zu artgemäßen Flugbewegungen nachweisen. Siehe auch Wildschutzverordnung des Bundes (S. 775) zur Greifvogelhaltung.
Der Deutsche Falkenorden, Hermann-Sielken-Straße 56, 7570 Baden-Baden, bietet einen Vorbereitungslehrgang und eine Falknerprüfungsordnung an. (Andere Organisationen: Orden deutscher Falkoniere, Europäische Falkner-Union.)

Benutzt der Falkner eine Jagdwaffe?

Nein! Sein Beizvogel ist ihm Waffe und Gehilfe zugleich. Nur etwa jeder fünfte Jagdflug ist vom Erfolg gekrönt.

> „Wir jagen nicht der Beute wegen,
> sondern um des Schönen willen bei der Jagd"
> (Gelübde des Deutschen Falkenordens).

Wo lassen sich Adler und Falken zur Beizjagd einsetzen?

Nur im flachen, deckungsarmen und übersichtlichen Gelände. In Kanada und der Schweiz werden auf Flugplätzen Wanderfalken als „Jagdhunde des Him-

mels“ zum Vertreiben ziehenden Federwildes gehalten, damit Düsenmaschinen nicht gefährdet werden.
(S. auch Wildschutzverordnung S. 775.)

Was versteht man unter dem „Anjagen von der Faust“?

Die Beizjagd, bei der die verwendeten Beizvögel von der Faust des Falkners aus die Beute anjagen.

Apportiert der Beizvogel seine Beute?

Nein. Er geht nach dem Schlagen der Beute zu Boden. Der Falkner muß also zu ihm hinlaufen. Die Beute muß er selbst aufnehmen. Alle Beizvögel sollen nach einem Fehlflug zu ihrem Herrn zurückkommen (Hilfe: Das Federspiel). Das Jägerrecht der Beizvögel sind Kopf, Lunge und Leber der Beute.

Welche Vorrichtungen erleichtern das Wiederauffinden des auf der Beute stehenden Falken oder Habichts?

Die Bellen oder winzige Kleinsender. Die Bellen sind kleine Schellen, die man dem Falken seinen „Händen“, dem Habicht seinen „Füßen“ anlegt.
Mit der Greifvogelmedizin beschäftigen sich folgende Institute:
Knochenbrüche (Narkose): Universität München, Prof. Dr. Irmgard Gylsdorf, 8042 Oberschleißheim, Ruf (089) 3154026
Narkose bei Greifvögeln und Eulen: Tierärztl. Hochschule Hannover, Prof. Dr. Ottf. Siegmann, 3000 Hannover 71, Bünteweg 17, Ruf (0511) 8113-8841;
Behandlung (wenn die Greife gebracht werden): Institut f. Geflügelkrankheiten, Prof. Dr. Koesters, 6300 Gießen, Frankfurter Str. 87;
Sektionen: Veterinäruntersuchungsamt Frankfurt/M., Professor Dr. G. Wachendörfer, Deutschordenstraße 48, Ruf (0611) 675001.

Welchen Zweck hat die Falkenhaube oder -kappe?

Sie soll verhindern, daß der Falke sein Auge auf Ferne einstellt (Tele-Einstellung!) und eine weit entfernte Beute ins Auge faßt.

Welcher Beizvögel ist am vielseitigsten einsetzbar?

Der Habicht. Er wird nicht „verkappt“, da er nur Jäger auf kurzer Strecke ist.
Lebendfänge von Habichten und der auf der „Roten Liste“ stehenden Greifvögel sind strengstens verboten (Buch: Rote Liste, Kilda-Verlag, 4402 Greven).

Was versteht man unter der Beize „aus dem Anwarten“?

Der zum „Anwarten“ abgetragene (abgerichtete) Falke stellt sich hoch in der Luft über seinen Herrn und wartet, bis von ihm Flugwild (Rebhühner, Fasane) hochgemacht wird.
Dann stürzt er mit hörbarem Rauschen aus den Wolken, „bindet“ mit seinen Fängen die Beute und geht mit ihr zu Boden.

Die Rohrweihe
greift mit drahtigen Fängen
sicher die fliehende Beute

Der Wanderfalke
greift im Stoßflug die Beute und reißt sie
mit sich fort

Der Sperber
holt den Sperling auch
aus dem Gebüsch

Der Habicht ist Grifftöter

Das Habichtsweib
kann vereinzelt selbst Hasen erbeuten.
Das Kaninchen zählt zur Lieblingsbeute
des Habichts

Greifvögel beim Greifen der Beute

Den Habicht kann man auch so abtragen, daß er dem „Habichtler“ von Baum zu Baum folgt, bis er Kaninchen oder Hasen hochmacht. Er stürzt sich dann vom Baum herab, um die Beute zu „binden“ (zu greifen). Ein solcher Habicht ist dann „in der freien Folge abgetragen“.
Die reizvolle Beizjagd wird bei uns nur noch wenig ausgeübt, weil der Beizvogel fast täglich getragen (geflogen) werden will und das ganze Jahr hindurch seine Atzung und Pflege braucht.

Wie beschaffen sich Falkner ihre Beizvögel?

Durch Nachzucht der in Gefangenschaft gehaltenen Greifvögel. Dabei wird die künstliche Besamung inzwischen sehr erfolgreich angewandt. Lebendfänge von Habichten sind nur nach Sondergenehmigungen möglich. Aushorstungen von Greifvögeln sind verboten.

Rabenvögel (Corvidae)

Kolkrabe (Corvus corax), Rabenkrähe (Corvus corone), Eichelhäher (Garrulus glandarius) und Elster (Pica pica)

Welche Vögel gehören zur Familie der Raben?

Kolkrabe, Rabenkrähe, Nebelkrähe, Saatkrähe, Dohle, Tannen- und Eichelhäher, Elster, Alpendohle und Alpenkrähe. Saatkrähe, Dohle und Alpendohle horsten kolonienweise. Sie machen nur eine Brut im Jahr (4–6 Eier). Beide Eltern füttern. Ihre Horste werden oft von Falken oder Eulen besetzt (deshalb Vorsicht beim Ausschießen der Krähenhorste!). Die Elstern bauen Kugelhorste mit seitlichem Einschlupf.

Woran erkennt man den Kolkraben?

Der Kolkrabe (der „edle Rauk“ oder Wodansvogel) unterscheidet sich von den Krähen durch seine bedeutendere Größe (Gewicht 1 kg, klaftert 120 cm), seinen klobigen, schwarzen Schnabel und seine zottigen Kehlfedern. Er ist Aasfresser, atzt sich auch auf Müllkippen und ist für die Jagd wenig gefährlich.
Er steht, wie Fuchs und Waldkauz, oft auf den Schuß zu. Er gleitet und segelt oft im Fluge. Stimme beim wundervollen Balzflug: „Klong, klong“. Er hat die früheste Paarungszeit (Januar) und horstet schon im Februar/März. Er ist etwa bussardgroß. Sein Schnabel ist an der Spitze abwärts gebogen. Im Flugbild erkennt man ihn an dem keilförmig zugespitzten Stoß.

Welche jagdliche Bedeutung hat der Kolkrabe?

Er unterliegt dem Jagdrecht und ist ganzjährig geschont. In *Niedersachsen* und *Bayern* ist er leicht im Zunehmen begriffen. Zum Auswildern bedient man sich einer zweiteiligen Freilassungsvoliere. Die Eltern bleiben im abgegitterten Nestbereich. Der Teil mit den Jungvögeln wird nach dem Flüggewerden geöffnet.

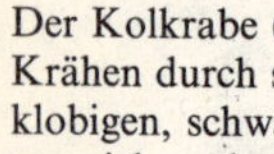

keilförmig zugespitzter Stoß des Kolkraben

Woran erkennt man die Rabenkrähe, und wie wird sie bejagt?

Die Rabenkrähe ist wesentlich kleiner als der Kolkrabe und ganz schwarz. Der Schnabel ist weniger gekrümmt als beim Kolkraben. Der Horst steht vereinzelt im Wald. Die Rabenkrähe steht seit 1.1.87 unter Naturschutz. Von verschiedenen Ländern sind befristete Ausnahmegenehmigungen erlassen worden*).
Man stellt dem schlauen Vogel mit der Schonzeitbüchse nach. In den Monaten März/April, also während der Balzzeit ist er am ehesten zu überlisten. Zwei Jäger nähern sich seinem Nest. Während der eine ansitzt, entfernt sich der Kollege und versucht, die anstreichenden Tiere zu erbeuten. Zur Zeit der Heumahd kann man an frischgemähten Wiesen ein Tarnzelt beziehen. In der kalten Jahreszeit trifft man die Rabenkrähe an Mieten oder Müllkippen. Junge Krähen sind schmackhaft. Sie werden ungerupft abgebalgt.
Rabenkrähen sind Fasanenfeinde!

Wie heißt der Eichelhäher in der Jägersprache?

Markolf oder Markwart. Er hat ein graurötliches Gefieder und einen weißen, vom schwarzen Stoß abstechenden Bürzel, auf dem Kopfe zu einer Holle aufgerichtete schwarz-weiß-gestreifte Scheitelfedern und auf den Flügeln je einen schwarz-blau-weißen Spiegel.
Der Vogel gilt neben Elster und Rabenkrähe als arger Nestplünderer. Man sollte sich aber trotzdem abgewöhnen, diese Tiere abwertend als „Raubzeug" zu bezeichnen, denn sie folgen bei der Nahrungsaufnahme ihrem angeborenen Instinkt (sie können nicht anders!). Der Eichelhäher pflanzt überall Eicheln.

Welche Lautäußerung ist für die Elster typisch?

Das Schacken („schackackack"). Sie steht auf diese laute, helle Rufreihe zu, wenn man sie in guter Deckung nachahmt, indem man eine halbgefüllte Streichholzschachtel schüttelt. Die Elster fällt durch ihr kontrastreiches schwarz-weißes Gefieder und den langen Stoß auf.

Welche rabenartigen Vögel sind geschützt?

Alle außer dem Kolkraben. Er unterliegt dem Jagdrecht; ist aber ganzjährig geschont. Da sich die Rabenvögel als Nestplünderer und teilweise sogar beutegreiferisch betätigen, sollte man sich im Bedarfsfall zum Schutze der Singvogelwelt und auch zum Wohle des Niederwildes um Ausnahmegenehmigungen bemühen*).

---

*) Bisher wurden zur Regulierung von Rabenkrähe, Eichelhäher und Elster in folgenden Bundesländern Ausnahmeverordnungen erlassen:

Bayern erlaubt eine Bejagung durch Jagdschutzberechtigte jedoch nicht vom 15.3.–15.7. (befristet bis 15.7.88).

In *Hessen* dürfen diese Rabenvögel ausgenommen vom 1.3.–10.7. außerhalb der Brutzeit erlegt werden, sofern es der Schutz der heimischen Tierwelt und die Abwendung erheblicher landwirtschaftlicher Schäden erforderlich machen (für Jagdschutzberechtigte, befristet bis 31.3.88).

Schleswig-Holstein erließ eine zwei Jahre gültige Bejagungsfrist vom 16.7.–31.3. In diesem Bundesland darf jedoch der Eichelhäher nicht geschossen werden. Die Erlegung der beiden anderen Arten ist nur dem Jagdschutzberechtigten gestattet.

In *Niedersachsen* gilt ab 16. Juli für ein Jahr die Jagdzeit vom 16.7.–30.3.

In *Nordrhein-Westfalen* gibt es keine landesweit gültige Regelung. Für Ausnahmegenehmigungen ist die Untere Landschaftsbehörde zuständig. Die übrigen Bundesländer bereiten ähnliche Ausnahmegenehmigungen vor.

Rabenvögel
(× = unter Naturschutz)
(⊗ = ganzjährig geschont)

Welche natürlichen Feinde haben die Rabenvögel?

Habicht, Wanderfalke und Uhu; auf den Schlafbäumen sowie für Gelege und Nestlinge auch den Baummarder.

Welche Vögel zeigen durch Schrecklaute dem Jäger das Anwechseln von Wild an?

Besonders auffällig ist das „Rätsch“ des Eichelhähers, das schon manchem Jäger einen Fuchs angezeigt, aber auch den Rehbock zum Abspringen gebracht hat. Ähnlich ist es mit dem Warngeschrei des Kiebitzes (s. S. 397) und dem „Schack-schack“ der Elster, dem „Tix-tix-tix“ der Schwarzdrossel und dem erregten „Zerr“ des Zaunkönigs.

Welche Warnlaute lassen Eulen und Krähen hören?

Eulen knacken mit dem Schnabel; die Waldohreule kann „bellen“ (s. S. 402). Krähen lassen beim Hassen auf Eulen und Greifvögel, besonders auf den Habicht, ein knarrendes „Gnarr“ hören.

Drosseln (Turdinae)

Amsel (Turdus merula)

Was ist kennzeichnend für die Schwarzdrossel (Amsel)?

Das Männchen ist ganz schwarz und hat einen leuchtend orangegelben Schnabel und Augenring. Das Weibchen ist dunkelbraun und hat ein weißliches Kinn und einen braunen Schnabel.
Ihre Stimme ist, wenn sie aufgejagt wird, ein schrilles Zetern („tix-tix-tix“). Dadurch zeigt sie häufig dem Jäger das Wild, aber auch dem Wild den Jäger an.
Ihre Singzeit beginnt schon an den ersten milden Februartagen und endet im allgemeinen Mitte Juli. Sie sitzt dabei gern auf höchsten Plätzen. Ihr Gesang zeichnet sich durch großen Melodienreichtum aus. Sie gehört neben der Singdrossel und Nachtigall zu unseren drei besten Sängern. Nur die Männchen singen!
Die Amsel steht nicht im Jagdgesetz (ist kein Wild).

Stare

Gemeiner Star (Sturnus vulgaris)

Wovon ernähren sich die Stare?

Stare leben gern gesellig und sind (auch im Fluge) sehr schwatzhaft. Sie suchen ihre Nahrung am Boden (Würmer und Schnecken) und sind dann sehr nützlich. Dabei stechen sie mit ihren kurzen, spitzen Schnäbeln wie mit einem Zirkel drehend in die Erde. Fallen sie aber in Obstplantagen oder in Weinbergen ein, können sie großen Schaden anrichten. Der Vogel ist ein guter Sänger, er ahmt andere Vogelstimmen nach. Er kommt im März zurück und nistet gern in der Nähe oder in menschlichen Siedlungen. Der Star steht nicht mehr unter Naturschutz.

Jagdliches Brauchtum

Grundregeln der jagdlichen Praxis, Jagdarten

Entwicklung des Jagdrechtes, Jagdgeschichte

Was war die Jagd in der Vorzeit, und wie entwickelte sich das Jagdrecht bis heute?

In der Vorzeit lebte der Mensch ganz und gar von der Jagd. Nur durch die Jagd konnte er sich ernähren und gegen Raubtiere schützen. Der Waidmann von heute lebt dagegen für die Jagd. Als der Mensch begann, Ackerbau zu treiben, mußte er weiterhin jagen, um den durch das Wild entstehenden Schaden einzudämmen. Später (etwa um das Jahr 800) wurde der Bauer von der Jagdausübung verdrängt. Die zur Macht gekommenen Könige erklärten große Waldgebiete zu „Bannforsten", in denen sie sich die Jagd vorbehielten.
Im Mittelalter erreichte die Jagdkultur einen gewissen Höhepunkt. An die Jäger wurden größte Anforderungen gestellt. Sie mußten Speer und Armbrust zu führen wissen, die Falknerei verstehen, das Einjagen der Meute beherrschen und Sicherheit in der Fährten- und Spurenkunde besitzen. Obenan stand die Hatz mit den Rüden. Die Jagd wurde damals ohne Rücksicht auf die Belange der Land- und Forstwirtschaft betrieben.
Vom 16. Jahrhundert ab wuchs dann die Macht der Landesfürsten. Sie nahmen das Jagdrecht des ganzen Landes für sich in Anspruch und schufen das „Jagdregal". Die Jagd wurde zum Vorrecht des Adels. Aus dieser Zeit stammen noch die Bezeichnungen „Hohe Jagd" und „Niederjagd". Die Hohe Jagd war dem Landesherrn und dem hohen Adel vorbehalten. Auf der Niederjagd konnte sich auch der niedere Adel betätigen. Durch die Revolution (1789 in Frankreich und 1848 in Deutschland) wurde dieses Jagdregal aufgehoben. Jeder Staatsbürger durfte jetzt auf seinem Grund und Boden jagen, ohne Rücksicht auf das Allgemeinwohl nehmen zu müssen. Das Wild war damit „vogelfrei".
Die „öffentliche Meinung" forderte deshalb nachdrücklich, daß die Wildarten erhalten werden müßten und nicht ausgerottet werden dürften.
Da rettete der Forstmann das Wild (Riesenthal: „Das ist des Waidmanns Ehrenschild, daß er beschützt und hegt sein Wild"), und man bestimmte (1851), daß das Jagdrecht dem Grundeigentümer zustehe, der Jagdbezirk aber eine Mindestgröße von 75 ha haben müsse. Gleichzeitig war nunmehr ein Pächter verpflichtet, eine angemessene Pachtsumme zu zahlen und etwa entstandenen Jagd- und Wildschaden zu vergüten. Der Kreis der Jagenden erstreckt sich seitdem auf Eigenjagdbesitzer, Jagdpächter und Inhaber von Jagderlaubnisscheinen. Eine moderne Regelung des Jagdrechtes brachte 1935 das Reichsjagdgesetz (Scherping und Oberländer). Nach dem Zusammenbruch (1945) wurde es (1952) durch das Bundesjagdgesetz, 1961 und 1977 durch eine Novelle hierzu und durch die Verordnung über die Jagdzeiten ersetzt (s. S. 746).
Es ist also eine völlig falsche Auffassung, die Jagd wurzele auch heute noch im 18. Jahrhundert und weise noch Relikte aus der Feudalzeit auf.
Mängel im Jagdwesen, die durch öffentliche Aufgaben berührt werden, sind heute mit den Bestimmungen des Bundesjagdgesetztes leicht abstellbar. Wo den-

noch ein uneinsichtiger Jäger sein Revier zum Schaden der Allgemeinheit überhegt, sind in den §§ 21, 22 und 27 des Bundesjagdgesetzes alle nur denkbaren Mittel zur Abstellung gegeben (Näheres s. S. 719/720 und 734).

Wer waren jagdgeschichtlich die Jäger Nimrod und Orion?

Nimrod war nach dem Alten Testament ein mächtiger Herrscher Babylons und „ein gewaltiger Jäger vor dem Herrn" (1. Mos. 10, 9). Im übertragenen Sinne verstehen wir heute unter einem Nimrod einen leidenschaftlichen Jäger.
Orion war nach griechischer Sage ein schöner Jäger, der von der Göttin Eos geliebt und von der Artemis (römisch Diana) getötet wurde. Er wurde mit seinen Jagdhunden unter die Sterne versetzt (Sternbild des Orion mit dem „Hundsstern" Sirius, dem hellsten aller Fixsterne; s. auch „Hubertus" S. 384).

Brauchtum

Was verstehen wir unter jagdlichem Brauchtum?

Jahrhundertealte erprobte und eingebürgerte Sitten und Gebräuche, die das Waidwerk mit dem stimmungsvollen Gehalt einer hohen Jagdkultur erfüllen.

Welcher Art sind die jagdlichen Sitten und Gebräuche?

Sie sind ethischer und praktischer Art. Es liegt ihnen durchweg ein weiser Sinn zugrunde.

Was soll die Jagd für den Jäger sein?

Niemals Hobby, sondern verantwortungsvolles „Waidwerk".

Woran erkennt man die jagdliche Kultur eines Jägers?

An seiner Einstellung zum jagdlichen Brauchtum, also daran, wie er die alten Sitten und Gebräuche anwendet, pflegt und beherrscht.

Was gehört zum jagdlichen Brauchtum?

Die Jägersprache, die Jagdsignale, die Bruchzeichen, die Art des Aufbrechens und Zerwirkens von Wild, das Überreichen des Erlegerbruchs, der „letzte Bissen" für das erlegte Stück Schalenwild und die Andacht bei ihm, das Streckelegen, das Verblasen der Strecke, die Behandlung der Jagdtrophäe, die Waidgerechtigkeit und schließlich noch der letzte Bruch.

Waidgerechtigkeit

Was kennzeichnet den waidgerechten Jäger?

Daß er nach den allgemein anerkannten (juristisch nicht erfaßbaren) Grundsätzen der Waidgerechtigkeit jagt, d.h., daß er die jagdlichen Interessen mit den sonstigen öffentlichen Belangen, insbesondere mit den Belangen der Landeskul-

tur, des Naturschutzes und der Landschaftspflege ausgleicht (BayJG v. 27.6. 1978 Art. 1–4), naturverbunden das Wild hegt und für einen artenreichen, angemessenen, gesunden Wildbestand sorgt (s.S. 690),
bei Ausübung der Jagd dem Wilde Qualen erspart und
die altehrwürdigen Sitten und Gebräuche der Jägerzunft (das jagdliche Brauchtum) beachtet und hochhält,
nie ohne brauchbaren Hund jagt,
sich verpflichtet fühlt, stets eine informative Jagdzeitschrift zu halten, um praktisch und wissenschaftlich auf dem laufenden zu sein.

Wann handelt ein Jäger unwaidmännisch?

Wenn er die ungeschriebenen Gesetze über die Ausübung der Jagd, zum Schutze des Wildes und zur Erhaltung des Waidwerks nicht beachtet.
So ist es z.B. Waidmannspflicht, keinesfalls über die waidgerechte Entfernung hinaus auf Haar- oder Federwild zu schießen, Schalenwild nur mit dem Büchsengeschoß zu erlegen, nach jedem Büchsenschuß (auch bei einem vermeintlichen Fehlschuß) den Anschuß genau zu untersuchen, die Anschußstelle zu verbrechen und, falls das beschossene Stück nicht im Feuer blieb, eine gewissenhafte Nachsuche mit dem Hund durchzuführen und krank über die Grenze geflüchtetes Wild dem Jagdnachbarn sofort zu melden.
Weiter darf man keinesfalls unreifes Wild, z.B. schwache Rebhühner oder noch nicht beflogene Jungenten, erlegen. Wer es nicht getan hat oder nicht für nötig hält, das erlegte Wild sachgemäß zu versorgen, kann nicht als waidgerechter Jäger angesprochen werden.
Wer den Finger auf einen nicht freigegebenen starken und guten Hirsch oder Bock nicht gerade lassen kann und danach die Ausrede gebraucht, „sonst hätte ihn der Nachbar geschossen", handelt gewissenlos und ist kein Waidmann.
Einen Verstoß gegen die Waidgerechtigkeit stellt auch die oberflächliche Vorbereitung der Jungjäger auf die Jägerprüfung und die laxe Handhabung der Prüfung durch den Prüfungsausschuß dar. Wer die Jägerprüfung nur als Formsache ansieht, versündigt sich am jagdlichen Nachwuchs. Das Bestehen der Prüfung muß vom Vorhandensein einer echten inneren Veranlagung und einem wirklichen jagdlichen Wissen abhängig gemacht werden. Das gute Beispiel der alten erfahrenen Jäger muß Vorbild und Erziehungsmittel für den Nachwuchs bleiben:

„Nur der soll die Büchse tragen,
der nach der Väter Art
erlernt, gerecht zu jagen,
und so zum Jäger ward."

Schützenbruch, Bruchzeichen

Was versteht man unter einem Bruch?

Einen abgebrochenen, grünen Zweig, der dazu dient, den Anschuß, die Fährte oder den Schweiß des Wildes zu bezeichnen oder den Hut des Schützen als Zeichen eines erfolgreichen Schusses zu zieren.

Welche Holzarten kommen für Brüche in Frage?

Eiche, Erle, Fichte, Kiefer (Latschenkiefer) und Weißtanne.

Wie wird der Schützenbruch überreicht?

Er wird mit Schweiß des erlegten Stückes benetzt und dem Schützen mit „Waidmannsheil" auf dem Hirschfänger, dem Waidblatt oder auf dem abgenommenen Hute überreicht. Der Erleger ergreift den Bruch mit der linken Hand, bedankt sich mit „Waidmannsdank" und Händedruck und steckt den Bruch auf der linken oder rechten Seite seines Hutes auf (s. Abb. unten).

Überreichen des mit Schweiß benetzten Schützenbruchs auf dem abgenommenen Hute

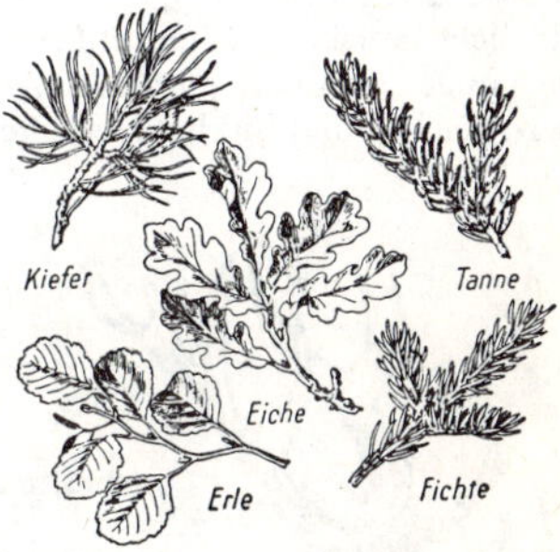

Zweige heimischer Holzarten für gerechte Brüche

Wer überreicht dem Schützen den Schützenbruch?

Bei Treibjagden der Jagdherr, bei der Pirsch der Führende und bei der Nachsuche der Hundeführer, der stets den Fangschuß gibt. Kam das Stück durch Nachsuche mit dem Schweißhund zur Strecke, dann gibt der Erleger von seinem Bruche einen Zweig an den Hundeführer zurück, der hiervon seinem Hunde einen kleinen Bruch an die Halsung steckt. Durch diesen schönen Brauch wird anerkannt, daß Hundeführer und Hund Anteil an der Erlegung des Stückes haben.

Beim Erlegen welchen Wildes wird ein Schützenbruch überreicht?

Beim Schalenwild, Fuchs, (Murmeltier), Auer-, Rackel- und Birkhahn.
Ein schöner Brauch ist es auch, dem Jungjäger, der seinen ersten Hasen geschossen hat, die Blume als Trophäe an den Hut zu stecken und dem Erleger von Schwarzwild neben dem Bruche auch den Pürzel der geschossenen Sau zu überreichen.

Durch welchen Bruch wird das erlegte Wild geschmückt?

Durch den Inbesitznahmebruch. Er zeigt an, daß der Erleger Besitz von dem Stück ergriffen und damit Eigentum (für den Jagdausübungsberechtigten) begründet hat.

Wie wird ein Stück Schalenwild gerecht verbrochen?

Es wird auf die rechte Seite gestreckt. Dann legt man auf den Wildkörper einen Bruch. Bei männlichen Stücken (Hirsch, Schaufler, Keiler, Bock) muß das abgebrochene Ende des Bruches nach dem Haupte zeigen, bei weiblichen Stücken nach hinten (s. Abb. unten).
Der brauchtumgerechte Jäger hält dann dem gestreckten Stücke eine kurze „Totenwacht“ und durchlebt dabei alle Enttäuschungen und Freuden, die ihm dieses Stück bereitet hat.
Männliche Stücke erhalten außerdem noch den „letzten Bissen“, d.h. einen Bruch in den oder quer durch den Äser (beim Keiler in oder durch das Gebrech). Auer-, Rackel- und Birkhahn erhalten den „letzten Bissen“ in den Schnabel.

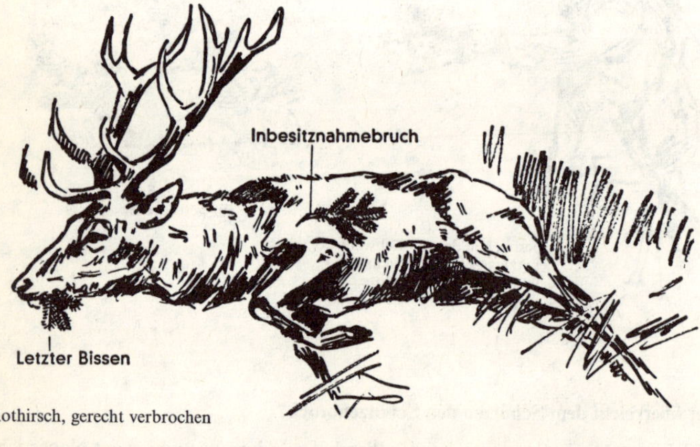

Rothirsch, gerecht verbrochen

Was ist von der Führung eines Schußbuches zu halten?

Es ist ein schöner Brauch und im Alter eine Fundgrube froher und ernster jagdlicher Erinnerungen, wenn man nicht nur Schußzahlen einträgt.

Welche Bedeutung haben die Bruchzeichen?

Sie haben teils symbolische Bedeutung, teils dienen sie zur Nachrichtenübermittlung.
Man unterscheidet:
Hauptbruch, Leitbruch, Anschußbruch, Fährtenbruch, Inbesitznahmebruch, letzter Bissen und Schützenbruch; ferner Standplatzbruch mit Folgebruch, Wartebruch und Warnbruch.

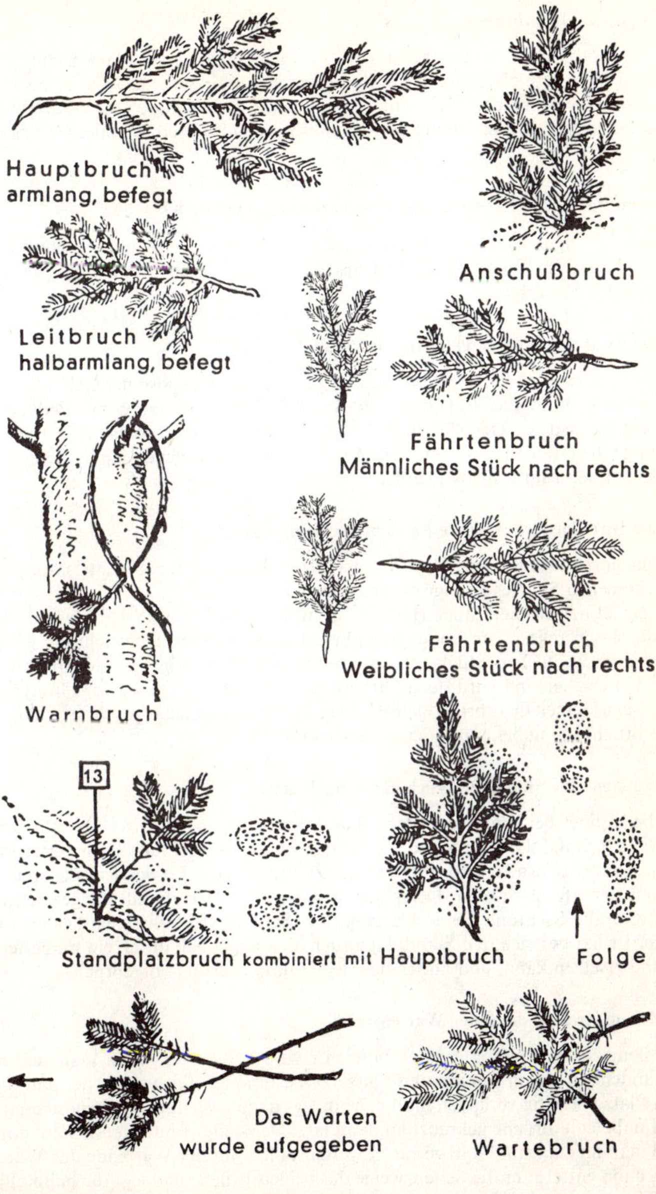
Hauptbruch
armlang, befegt
Anschußbruch
Leitbruch
halbarmlang, befegt
Fährtenbruch
Männliches Stück nach rechts
Warnbruch
Fährtenbruch
Weibliches Stück nach rechts
13
Standplatzbruch kombiniert mit Hauptbruch
Folge
Das Warten
wurde aufgegeben
Wartebruch

Was ist ein Hauptbruch?

Der Hauptbruch ist armlang. Er wird mit dem Waidmesser blankgefegt, d.h., es wird die Rinde abgeschabt, um ihn dadurch auffällig zu machen. Er bedeutet „Achtung!". Stößt der Jäger auf einen solchen aufgehängten (Schneetreiben!) oder hingelegten Bruch, so muß er sich umsehen und suchen, wo etwas Wichtiges zu beachten ist.

Welche Bedeutung hat der befegte, halbarmlange Leitbruch?

Er soll als blankgefegter Bruch deutlich zu etwas hinleiten, zum Anschuß oder zum gestreckten Wilde. Er fordert also stets zum Folgen (in Richtung der gewachsenen Spitze) auf.

Wozu dient der nicht befegte Anschußbruch?

Der Anschußbruch dient zur Bezeichnung des Anschusses, also der Geländestelle, an der das Wild das Büchsengeschoß erhalten hat. Er hat große Bedeutung für die Nachsuche. Der Anschußbruch muß mit dem abgebrochenen Ende aufrecht in den Boden gesteckt werden. Er wird nicht befegt, damit Neugierige nicht aufmerksam gemacht werden!

Wann wird der nicht befegte Fährtenbruch verwendet?

Wenn am Anschuß die Eingriffe oder die Fährte und die Fluchtrichtung des beschossenen Stückes gezeigt werden sollen.
Bei einem männlichen Stück (Hirsch, Schaufler, Keiler, Bock) wird das mit dem Waidmesser angespitzte Ende des Fährtenbruches in die Fluchtrichtung gelegt; bei einem weiblichen Stück zeigt die gewachsene Spitze in die Fluchtrichtung. Zur Unterscheidung wird der Fährtenbruch „geäftert", d.h., es wird hinter ihn noch ein kleiner Querbruch gelegt. Zwei kleine Querbrüche zeigen an, daß die Fluchtrichtung unbekannt oder unsicher ist.

Wozu dient der Standplatzbruch und Folgebruch?

Er bezeichnet bei Waldjagden den Stand des Schützen. Es wird ein halbkahler (s.S. 359) Standplatzbruch und ein armlanger, befegter Hauptbruch verwendet. Der Standplatzbruch wird aufrecht in die Erde gesteckt, nachdem die unteren Queräste entfernt wurden. Der Hauptbruch wird so gelegt, daß die gewachsene Spitze in die Richtung der Folge zeigt. Der Schütze steht zwischen beiden Brüchen. Er hat vor sich den Standplatzbruch, den man auch durch ein numeriertes Schild ersetzen kann, und hinter sich den Hauptbruch als Folgebruch.

Welchem Zwecke dient der Wartebruch?

Er dient der Verständigung der Jäger. Er wird verwendet, wenn man sich mit jemandem an einem bestimmten Platze zu bestimmter Zeit verabredet hat, aber den Platz vorzeitig verlassen mußte. Man legt dann zwei abgebrochene armlange und unbefegte Brüche gekreuzt an den Platz. Der später Eintreffende weiß dann, daß man hier war und daß gewartet werden soll. Gibt der Wartende das Warten auf, dann entfernt er die Seitenzweige der beiden Brüche und legt die halbkahlen Brüche so hin, daß die Mitte der beiden Zweigspitzen in die Richtung zeigt, in der er fortgegangen ist. Drei nebeneinandergelegte Wartebrüche bedeuten: Sammelplatz.

Was bedeutet der Warnbruch?

Er ist das Warnschild für den Jäger und besagt, daß vor etwas gewarnt wird (z. B. vor einem ausgelegten Schwanenhals oder beschädigtem Hochsitz). Er besteht aus einem Kahlbruch, bei dem Rinde und Zweige mit dem Waidmesser völlig abgeschabt sind, so daß das Holz leuchtet.

Jagdsignale

Wie kann der Jagdleiter bei Treibjagden seine Anordnungen an Schützen und Treiber übermitteln?

Durch Lautzeichen (Jagdsignale). Das geschieht am besten durch das „Fürst Pleßsche Jagdhorn". (Bedeutend kleiner ist das Volkersdorfer oder Clewingsche Jagdhorn. Es gibt auch Jagdhörner mit Ventilen.)
Ein Jagdtag, an dem mit dem Jagdhorn richtig an- und abgeblasen wird, ist immer eine Waidmannsfreude, ganz gleich, wieviel Wild geschossen wird. In den Jagdsignalen wird die ganze Poesie der Jagd lebendig. Das Signalgeben mit Hupen und Pfeifen ist unwaidmännisch.

Welche Signale werden unterschieden?

Wir unterscheiden:
Kommandosignale (das sind alle Signale, die anordnen, was jagdlich geschehen soll. Hierzu gehören z. B. die Signale „Aufbruch zur Jagd", „Das Ganze", „Halt an", „Halt Richtung", „Langsam treiben", „Treiber in den Kessel", Aufhören zu schießen", „Sammeln der Jäger", „Sammeln der Treiber", „Wagenruf", „Hunderuf" und „Signal zum Essen") und
dekorative Signale („Begrüßung", „Verblasen der Strecke", „Totsignale" [wie „Hirsch tot" usf.], „Halali" und „Jagd vorbei").

Wie können Jungjäger die Jagdsignale leicht erlernen?

Durch Anhören sowie durch Spielen der Noten auf dem Klavier oder auf der Blockflöte und durch Einprägen der Merksprüche (nach Redslob-Clewing).

Mit welchem Signal kann man sich gegenseitig herbeirufen?

Mit dem Hegerruf und der Antwort hierauf.

Wie wird das Jagdhorn getragen?

Auf der rechten Seite des Bläsers, an der Hornfessel hängend, zweckmäßig mit dem Mundstück nach vorne (s. Abb. unten).

Aus welchem Signal besteht der für Jägerkreise eingeführte Jägernotruf?

Er besteht in dem Signal –··–, lang, kurz, kurz, lang. Er bedeutet „Helft! Bin in Not!". Dieser Ruf kann mit dem Jagdhorn, durch eine Hupe, mit der Trillerpfeife, durch vier mehr oder weniger gedehnte Rufe „Hopp" oder durch Schüsse abgegeben werden.

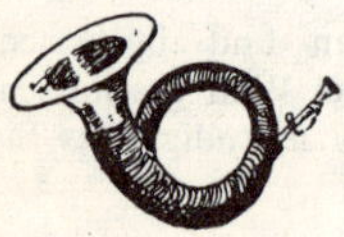

Fürst Pleßsches Jagdhorn

Tragen des Jagdhornes

Wie wird der Jägernotruf durch Schüsse als solcher erkannt?

Einem einzelnen Schuß folgt nach drei Sekunden ein Doppelschuß und nach wiederum drei Sekunden ein einzelner Schuß.
In Notfällen kann man auch 70 mm lange Leuchtpatronen (Kal. 16 oder 12) schießen. Sie sind amtlich zugelassen. Rot bedeutet: Verunglückt oder verirrt; grün: Folgen. In den Schachteln sind 6 Patronen (je zwei mit roter, grüner und weißer Sternentfaltung).

Welcher Notruf kann ebenfalls Hilfsaktionen auslösen?

Das alpine Notsignal. Dabei werden sechs Mal in der Minute Laut- oder Lichtzeichen gut hör- oder erkennbar abgegeben (Schreie, Taschenlampe u. dergl.). Der Rettungstrupp (etwa der Bergwacht) antwortet dreimal in der Minute (in den Westalpen breitet man ein rotes Tuch mit weißem Kreis aus). Beide Hände über dem Kopf bedeutet: „Ich brauche Hilfe!"

Was ist beim Begräbnis eines waidgerechten Jägers Brauch?

Die Teilnehmer an der Beerdigung tragen an der linken Seite des Hutes einen grünen Bruch mit der Nadel- bzw. Blattunterseite nach außen. Am Grabe wird der Hut mit der rechten Hand abgenommen und gehalten, während die linke, vom Herzen kommend, den „letzten Bruch“ als letzten Gruß und mit Waidmannsdank ins Grab gibt. Am Schlusse der kirchlichen Feier werden zur Ehrung des Entschlafenen von einem entfernten Punkte aus die Signale „Das letzte Halali“ (s. unten) und „Jagd vorbei“ (s. S. 382) geblasen.

Das letzte Halali*)

*) für F-, Es- oder Ventilhörner

Welche Farben werden bei Jägerprüfungen sowie bei feierlichen und festlichen Anlässen von den Jägern getragen?

Die alten Jägerfarben Grün-Weiß-Schwarz (grüner Anzug, weißes Hemd, schwarzer Binder und schwarze Schuhe).

Waidgerechte Jagdarten

Übersicht

Welche waidgerechten Jagdarten muß der Jäger kennen?

Ohne Treiber: Anstand, Ansitz, Pirsch und Suche (Stöbern, Buschieren) und die Lockjagd.
Mit Treibern: Streife, Böhmische Streife, Vorstehtreiben, Kesseljagd, Stöber-, Drück- und Riegeljagd. Außerdem
die Baujagd mit Erdhunden und Frettchen,
die Beizjagd mit Greifvögeln,
die Hetz- oder laute Jagd mit Bracken (s. S. 667) und
die Stille Jagd ohne Schuß, nur mit dem Gebrauchshund (s. S. 677).

Was verstehen wir unter der Lockjagd?

Eine Jagdart, die auf Gehör, Auge oder Nase des Wildes wirkt, wie die
Lockjagd mit dem Hirschruf,
Blattjagd mit dem Buchenblatt bzw. Blatter auf den Brunftbock,
Balzjagd durch Nachahmen der Balzlaute,
Reizjagd mit Hasenquäke und Mauspfeifchen,
Hüttenjagd mit der Uhu-Attrappe auf der Jule,
Fallenjagd mit und ohne Köder.

Suchjagden

Was verstehen wir unter der Suchjagd?

Eine Jagd ohne Treiber, bei welcher der Jäger allein oder mit einigen Waidgenossen mit dem vielseitigen Gebrauchshund (s. S. 628) nach dem Wilde sucht.
Der Hund muß hierbei planmäßig und schnell das Gelände absuchen und gefundenes Wild „vorstehen" sowie beschossenes auf Befehl bringen („apportieren").
Wir unterscheiden die Suche
im Feld (Feldsuche) auf Rebhuhn (s. S. 662), Fasan und den Hasen,
im Schilfwasser auf Enten (s. S. 663) und
im Wald, als Buschieren und Stöbern auf Hase, Kaninchen, Fuchs, Fasan und Herbstschnepfe (s. S. 666).

Treibjagden (Gesellschaftsjagden)

Was sind Treibjagden?

Alle Jagden, bei denen ein planmäßiges Zusammenwirken von Schützen und Treibern stattfindet (also Streifen, Vorstehtreiben und Kesseljagden, s. auch S. 717). Bei Mondschein und zur Nachtzeit sind sie verboten.
An Sonn- und Feiertagen gelten für Treibjagden die Sonn- und Feiertagsgesetze der Länder.
In *Bremen* sind Treibjagden nur bis 12 Uhr mittags, in *Hessen* und *Rheinland-Pfalz* nur dann verboten, wenn durch sie der Gottesdienst unmittelbar gestört wird. In *Bayern* sind Treibjagden während der ortsüblichen Zeit des Hauptgottesdienstes verboten. Hier gilt als Treibjagd eine Jagd, an der neben Schützen mehr als vier Personen als Treiber teilnehmen.

Auf welches Wild werden Treibjagden abgehalten?

Auf Rot-, Dam- und Sikawild, auf Hasen, Kaninchen, Fasane und Enten.

Welche Treibjagden werden unterschieden?

Feldtreibjagden und Waldtreibjagden.
Im Felde werden Vorsteh- oder Standtreiben, die „Böhmische Streife" und vor allem Kesseltreiben gemacht.
Im Walde sind hauptsächlich Vorstehtreiben oder Standtreiben üblich, bei denen die Schützen rings um das Treiben aufgestellt werden und sich das Wild zutreiben

lassen. Treibjagden auf Hochwild (Wildjagden) und solche auf Füchse werden (bei nur geringem Aufwand an Treibern und ohne Lärm) als Drückjagden (in *Bayern* als Riegeljagden) bezeichnet (s. S. 369).

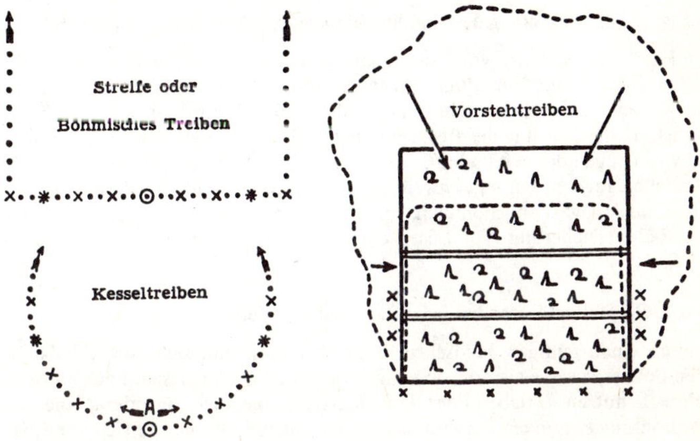

⊙ Jagdleiter ... Treiber
× Schützen ∗ Schützen mit Hunden

--- Treiberwehr
× × × Schützenstände

Bei allen Treibjagden und Gesellschaftsjagden ist ein Jagdleiter zu bestimmen (§ 3 Abs. 1 der Unfall-Verhütungsvorschriften der Landwirtschaftlichen Berufsgenossenschaft Kassel [s. S. 798]). Der Jagdleiter hat die erforderlichen Anordnungen für den gefahrlosen Ablauf der Jagd zu treffen. Seinen Anordnungen ist Folge zu leisten. Jagdleiter ist i. d. R. der Revierinhaber. Er kann mit seiner Vertretung eine Vertrauensperson als Jagdleiter benennen.

Wie bereitet der Jagdleiter eine Treibjagd vor?

Eine Treibjagd beginnt für den Jagdleiter und seine Helfer lange vor dem eigentlichen Jagdtag. Zunächst müssen die Schützenstände ausgeschnitten und gekennzeichnet werden. Bei Kesseltreiben hat sich bewährt, die Kesselmitte mit einem Strohwisch, der von allen Beteiligten konzentrisch angegangen werden muß, zu markieren. Da nach § 3 Abs. 9 der Unfall-Verhütungsvorschriften der Landwirtschaftlichen Berufsgenossenschaft die Kleider der Treiber sich farblich von der Umgebung abheben müssen, tut der Jagdleiter gut daran, wenn er Warnwesten beschafft, wie sie beim Straßenbau Verwendung finden. Eine Versicherungsgesellschaft bietet leuchtend rote Umhänge an (s. S. 796). Außerdem brauchen die Treiber Klappern; Traktoren und Wildwagen sowie Straßenwarnschilder (Vorsicht „Treibjagd“) müssen bereitgestellt werden. Man muß sich überlegen, wo die warme Suppe gereicht wird, wo Strecke verblasen und wo das Schüsseltreiben stattfindet. Notwendige Vorräte und Geräte sind zu organisieren. Man hat zu sehen, daß genügend Jagdbläser eingeladen werden und daß Hundeführer in ausreichender Anzahl zur Nachsuche zur Verfügung stehen. Es ist nie verkehrt, wenn man den Obertreiber und die Treiber persönlich an den genauen Termin des Treibens erinnert.

Wer ist für die Beachtung der Unfallverhütungsvorschriften verantwortlich?

Der Jagdleiter oder der von ihm benannte Vertreter. An seine Sorgfaltspflicht bei der Auswahl und Einladung von Jagdgästen (ob z. B. zuverlässige Jagdscheininhaber oder gefährliche Schießer) werden hohe Anforderungen gestellt. Zur Entlastung der Haftung des Revierinhabers, der eine Gesellschaftsjagd veranstaltet, wird (wegen des gesellschaftlichen Charakters der unentgeltlichen Teilnahme an solchen Jagden) ein stillschweigender Haftungsausschluß zwischen Revierinhaber und Jagdgast angenommen, zumal jeder Jagdgast der obligatorischen Jagdhaftpflichtversicherung (vor Lösen des Jagdscheines) unterliegt (s. auch S. 129 und S. 711).

Welche Sorgfaltspflichten hat jeder Jagdgast zu erfüllen?

Er muß einen gültigen Jagdschein bei sich tragen und sich vor Abgabe eines jeden Schusses vergewissern, ob er freigegebenes Wild vor sich hat und ob sich andere Schützen, Treiber oder Unbeteiligte in gefahrbringender Nähe seiner Schußrichtung befinden. Ist ihm das Revier unbekannt, muß er sich vor Abgabe eines Schusses doppelte Zurückhaltung auferlegen. Insbesondere muß jeder Jagdgast die für Jäger verbindlichen Unfall-Verhütungsvorschriften der Landwirtschaftlichen Berufsgenossenschaft (UVV81 4.4 § 3, s. S. 796) gewissenhaft beachten.

Was verstehen wir unter dem „Besatz" und „Bestand?"

Der „Besatz" ist die Gesamtzahl des im Revier vorhandenen Niederwildes, der „Bestand" die Gesamtzahl des Hochwildes (s. S. 148) und des Rehwildes.

Wie unterscheiden sich das „Vorstehtreiben" und die „Streife" oder das „Böhmische Treiben"?

Beim Vorstehtreiben erwarten die Schützen das von den Treibern rege gemachte Wild auf ihren Ständen. Die Schützen werden meist rings um das Treiben oder nur an Frontseiten und Flügeln aufgestellt (s. Abb. S. 365).
Werden Dickungen getrieben, dann stehen die Schützen hart am Rande der getriebenen Dickung (Anstellen im „Haken" s. S. 372). Bei engen Schneisen werden die Schützen angewiesen, nur nach einer Seite (am besten nur nach links) zu schießen.
Bei der Böhmischen Streife, die praktisch eine abgeänderte Art der Suche ist, bewegen sich dagegen die Schützen und Treiber immer in Form eines nach vorn offenen Rechtecks vorwärts. Das Gebiet der Streifjagd ist das Feld ohne Hindernisse (wie Weidezäune, Knicks) und das hügelige Ackergelände. Die Böhmische Streife hat besonders Sinn und Erfolg, wenn große Gebiete bejagt werden können (wie z. B. in Ungarn).
Die Anlage der Streifjagd erfolgt zweckmäßig nur in rechteckiger Form, indem Schützen und Treiber in der Front in gerader Linie aufgestellt werden, während

auf jeder Seite rechtwinkelig die Flügel oder Wehren abzweigen (s. Abb. S. 365). Je länger die Wehren sind, um so besser ist es. An jeder Ecke zwischen Front und Wehr muß ein etwa 30 Schritte breiter Zwischenraum frei gelassen werden, der den Eckschützen die Möglichkeit gibt, die dort gern durchbrechenden Hasen mit Schuß nach außen zu erlegen. Die Ecke ist immer der beste Posten. Bei Beendigung der Streife wird „Halt" geblasen, beide Wehren schließen sich zusammen, und alle Treiber drücken nun den Rest des Treibens auf die Schützen zu, die nun nicht mehr ins Treiben hinein, sondern nur nach außen schießen dürfen.

Die Streifjagd im Walde wird nach denselben Grundsätzen angelegt wie die Feldstreife. Sie wird mit kurz suchenden Hunden ausgeübt (s. auch Buschieren und Stöbern S. 666). Die Schützen und Treiber rücken dabei in sichtigem Stangenholze in einer Linie vor, wobei sie sich immer wieder ausrichten.

Wie verläuft ein Kesseltreiben?

Nach der Ansprache des Jagdherrn (s. auch S. 372) folgt das Signal „Aufbruch zur Jagd" (s. S. 374 und S. 375). Bei dem nun folgenden Kesseltreiben soll das Wild durch Treiber und Schützen kreisförmig eingekesselt und auf die Mitte des Kessels zu getrieben werden, wobei sich der Kreis der Treiber und Schützen immer mehr verengt. Auf jeden Schützen gehören immer zwei bis drei Treiber. Der Jagdherr schießt am besten nicht mit. Er hat einen Bläser neben sich und leitet durch Signale das Kesseltreiben. Da er den Umfang des Kessels genau kennt, stellt er links und rechts des Auslaufplatzes „Punkter" auf, mit deren Hilfe er die Schützen und Treiber in bestimmter Reihenfolge „ablaufen" läßt und dadurch gleichmäßige Abstände erzielt.

Die Spitzenmänner (ein Flügelmann muß Bläser sein) nehmen je einen Treiber mit. Der Jagdleiter entscheidet vor dem Anblasen, ob beide Flügelmänner schon während des Auslaufens zum Kessel auf Wild oder behaarte Beutegreifer schießen dürfen. Haben sich beide Flügelmänner getroffen, bläst einer von ihnen die Signale „Das Ganze" (Nun hört mal her) und „Halt". Der beim Jagdleiter verbliebene Bläser wiederholt diese Signale. Daraufhin bleibt alles stehen. Der Jagdleiter läßt dann das Signal „Halt Richtung" blasen, das, wie alle seine Signale, vom Flügelmann wiederholt wird. Daraufhin werden die Abstände unter Aufsicht der Treiberführer (s. Abb. S. 368) sorgfältig ausgeglichen.

Sieht der Jagdleiter, daß alles in Ordnung ist, läßt er „Das Ganze" und „Langsam treiben!" (s. S. 375) blasen, das von allen Bläsern wiederholt wird. Jetzt erst darf geladen und geschossen werden!

Das Ganze

Halt

Richtung

Schützen und Treiber gehen nun auf die Mitte des Kessels zu. Sie müssen dabei gleiche Abstände halten. Die Treiber dürfen beim anlaufenden Hasen nicht zusammenlaufen und den Knüppel schwingen. Sie machen am besten „auf und nieder". Die Hunde bleiben angeleint. Auf aufgeregte Zurufe „Hunde los!" reagiert der gute Hundeführer nicht. Er will seinen Hund nicht mit der Hetze auf den sichtigen Hasen verderben. Für die Schützen ist es unzulässig und unwaidmännisch, beim Kesseltreiben absichtlich zurückzubleiben und hierbei einen sogenannten „Sack" zu bilden, in der Hoffnung, daß sich einige Hasen durch dieses Loch in der Treiberkette zu retten suchen.

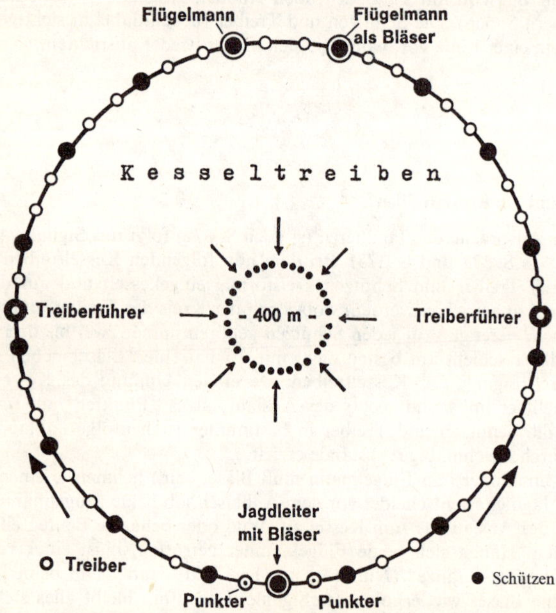

Kein Jäger darf mit seinem Gewehr durch die Schützenlinie ziehen (s. S. 125). Hat sich das Kesseltreiben bis auf die „Gefahrenzone" (400 m) verengt, wird „Das Ganze" und „Treiber in den Kessel" geblasen. Hierauf bleiben die Schützen nach dem Ausgleichen der Abstände (auf etwa 60 m) stehen und nehmen die Mündung ihres Gewehres senkrecht nach oben, damit sie gar nicht in die Gefahr

Treiber in den Kessel

(Treiber 'rein!)

Aufhören zu schießen

(Abblasen des Treibens)

kommen, durch die Schützenlinie zu ziehen. Die Treiber gehen den Kessel bis zur Mitte aus. Die jetzt noch aufstehenden Hasen müssen erst die Schützenkette passiert haben, bevor die Schützen das Gewehr in Anschlag bringen und schießen dürfen. Haben die Treiber die Mitte des Kessels erreicht, wird „Das Ganze“ und „Aufhören mit Schießen“ (Hahn in Ruh!) geblasen. Sämtliche Bläser wiederholen das Signal. „Hahn in Ruh“ bedeutet: Alle Schützen haben zu entladen! Keinesfalls darf jetzt noch auf Wild geschossen werden! Der Jagdleiter läßt sich zweckmäßig von jedem Schützen melden, wieviel Schüsse er abgegeben und wieviel Hasen er erlegt hat. Bis zum Anblasen des nächsten Treibens werden die Gewehre mit dem Lauf nach oben und mit geöffnetem Verschluß getragen (s. Abb. S. 109 und S. 125), damit jeder Jagdteilnehmer sehen kann, daß sie entladen sind.
Kranke Hasen werden gemeldet und von den Rüdemännern mit ihren Hunden nachgesucht und geschossen. Auch am nächsten Tage folgt eine gründliche Nachsuche (Krüppelsuche). [Quelle: Löns, Mümmelmann.]

Welche Waldtreibjagden werden gemacht?

Vorstehtreiben (Standtreiben), Drückjagden und Streifen.
Beim Vorstehtreiben oder Standtreiben wird Niederwild den vorstehenden Schützen (möglichst mit dem Wind) durch Treiber zugetrieben.
Der wichtigste Mann eines Vorstehtreibens ist der „Herr Obertreiber“! Er hat darauf zu achten, daß kein Treiber zurückbleibt oder vorprescht. Dichte oder feuchte Stellen dürfen nicht umgangen werden! Die Treiber verständigen sich mit „hopp-hopp“, damit die Treiberkette nicht zerreißt. Je mehr in der Begeisterung Krach gemacht wird, desto mehr drückt sich das Wild und läßt sich übergehen! Es wird also nur ab und zu geklappert (gerasselt) und mit dem Treiberknüppel an Bäume und Büsche geklopft.
Langsames (!) und gründliches (!) Zickzacktreiben bringt den besten Erfolg!
Jedesmal nach 30 bis 50 m läßt der Obertreiber haltmachen. Die Treiberkette richtet sich dabei aus. Dann wird ohne sonstigen Lärm kurz und gründlich auf der Stelle getrampelt. Dadurch steht auch das Wild auf, das sich drücken will.
„Krähenfüße“ sind bei Waldtreiben vom Stande des Schützen aus in das Treiben hinein freigeschnittene schmale Streifen, damit er anwechselndes Wild früher erkennen und ansprechen kann.
Bei Vorstehtreiben im Wald (s. S. 366) darf der Schütze, falls es der Jagdleiter nicht anders bestimmt, auf seinem Stand laden und schießen, bevor das Treiben angeblasen wird, weil Keiler und Fuchs sich gern „abstehlen“.
(Man denke auch an Hunde, die keinen Appell haben und sich bis in das nächste Treiben austoben!)
Bei der Drückjagd (oder Riegeljagd), die auf Rotwild (nur im Notfall!), Schwarzwild oder Füchse (im Gebirge auch auf Gamswild) gemacht wird, muß es ganz leise zugehen! Es ist eine Jagd, die gekonnt durchgeführt werden muß. Am besten eignen sich dazu große Waldungen. Man nimmt sich nach und nach kleinere Einstände vor. Meist wird gar nicht angeblasen. Man vergleicht die Uhrzeit und weiß dann, wann die Treiber angehen. Die Haupt- und Rückwechsel bzw. Pässe werden nur mit wenigen Schützen unter gutem Wind besetzt. Es ist die beste Jagdart auf Füchse. Beim Drücken laufen die Treiber mit dem

Wind. Einige revierkundige Treiber gehen still und ohne frei laufende Hunde durch das Treiben, wobei sie nur ab und zu husten, sich räuspern oder einen Ast knicken. Das Wild kommt dadurch auf den bekannten Wechseln dem Jäger vertraut und nicht flüchtig (s. auch S. 666).
Die Treiber müssen orangerote Warnüberwürfe (Umhänge) tragen, wie sie die Gothaer Versicherungs-AG, 3400 Göttingen, gegen eine Schutzgebühr abgibt.
Bei der Ansitz-Treibjagd werden großflächig Reviereinrichtungen (Kanzeln, Hochsitze) besetzt, die an oder in der Nähe von bekannten Wechseln liegen. Auch hier drücken die Treiber den Schützen behutsam zu, die das Wild von hoher Warte aus gut ansprechen können.

Was versteht man unter „lancieren"?

Das Nachhängen mit dem Schweißhund auf der Fährte eines Hirsches, um diesen auf dem Wechsel einem vorgestellten Schützen zuzudrücken.

Wie kann man Wild zum Verhoffen veranlassen?

Durch einen kurzen, schrillen Pfiff (Anpfiff). Das gilt besonders für den Hasen beim Ein- und Auslauf, für Gams (Murmel) und ziehendes Rot- und Rehwild (Rehwild verhofft auch auf „Anschrecken" oder „Fiepen", Rotwild auch beim Knören oder Trensen). Bei verhoffendem Wild ist ein Schuß sicherer anzubringen als bei Wild in der Bewegung.

Brauchtum bei der Treibjagd

Welche Angaben muß die Einladung zu einer Treibjagd enthalten?

Zeitpunkt und Ort des Treffens, Art der Jagd und Angabe, auf welches Wild gejagt wird (wegen der Wahl des Gewehres und der Munition), sowie Zeitpunkt und Ort der Beendigung der Jagd.
Weiter sind Angaben notwendig, ob die Genehmigung zum Abschuß wildernder Hunde und Katzen erteilt wird, ob das Frühstück gereicht oder ob „aus dem Rucksack" gefrühstückt wird und wo das Schüsseltreiben stattfindet. Findet es im Hause des Jagdherrn statt, ist anzugeben, welcher Anzug erwünscht ist.

Welche Pflicht hat der eingeladene Jagdgast?

Er hat sich für die Einladung umgehend zu bedanken und anzugeben, ob er an der Jagd teilnimmt.

Wie lautet der Jägergruß?

„Waidmannsheil". Auf den Glückwunsch am erlegten Stück antwortet man mit „Waidmannsdank".

Wie begrüßt der Jagdherr die Gäste am Sammelplatz?

Durch das Jagdsignal „Begrüßung". Dann dankt er den Gästen für ihr Kommen und gibt eindeutig an, welches Wild geschossen werden darf und wie das vor sich gehen soll (das ist unbedingt notwendig!).

Er gibt nur solchen Jagdgästen die Erlaubnis zur Teilnahme an der Jagd, die einen gültigen Jagdschein (und für den Abschuß wildernder Hunde und Katzen seine schriftliche Erlaubnis) besitzen und mit sich führen.
Bei Wildjagden gibt er bekannt, ob das Aufbrechen vom Erleger erfolgen muß oder durch sein Jagdpersonal erfolgen darf, um den Erlegern die weitere Teilnahme an der Jagd zu ermöglichen und andererseits das sofortige Aufbrechen, Auskühlen und Ausschweißen erlegter Stücke sicherzustellen. Hierzu verlangt er, daß beim Erlegen und Aufbrechen festgestellte bedenkliche Krankheiten auf der Rückseite eines (Expreßgut-)Anhängers schriftlich festgehalten werden und der Anhänger am linken Vorderlauf befestigt werden soll, damit diese Befunde bei einer etwa notwendig werdenden tierärztlichen Beschau berücksichtigt werden können.
Weiter bittet er alle Teilnehmer an der Jagd, die auf der Rückseite des Jagdscheines abgedruckten Verhaltens- und Vorsichtsmaßregeln sowie die Unfallverhütungsvorschriften strengstens einzuhalten. Schulkinder werden als Treiber nicht zugelassen, da deren Mitwirkung bei Treibjagden nicht als eine unternehmensdienliche Hilfeleistung angesehen werden kann. Alle Treiber fordert er auf, den gestellten orangeroten Schutzumhang zu tragen und äußerste Disziplin und bei dem Treiben Abstand und Richtung zu halten.
Der „Herr Obertreiber“, der viel für eine erfolgreiche Jagd ausrichten kann, ist besonders anzusprechen.
Die Hundeführer weist er an, die Hunde nur zur Nachsuche zu schnallen. Dann wünscht er seinen Gästen Waidmannsheil und teilt sie (selbst oder durch seinen Jagdleiter) in zwei Gruppen ein, über deren Zugehörigkeit das Los mit Hilfe grüner Schützennummern mit schwarzen Zahlen entscheidet. Dadurch weiß jeder, wohin er gehört. (Ungerade Nummern bitte folgen! Gerade Nummern bitte folgen!)

Welche Hauptregeln für das Verhalten der Jäger auf Treibjagden und Gesellschaftsjagden müssen beachtet werden?

Jeder Jäger hat die Pflicht, vor Abgabe des Schusses zu prüfen, ob Jagdgenossen, Treiber oder andere Menschen in Gefahr gebracht würden. Insbesondere gelten folgende Hauptregeln für sein Verhalten. (Die Angaben in den Klammern beziehen sich auf die entsprechenden Paragraphen der Unfall-Verhütungsvorschriften der Landwirtschaftlichen Berufsgenossenschaft, abgedruckt auf S. 796ff.):

1. Das Gewehr ist außerhalb eines Treibens stets mit der Mündung nach oben (oder wie auf S. 109 und S. 125 beschrieben) zu tragen (§ 3 Absatz 8).
2. Das Gewehr darf nur während der tatsächlichen Jagdausübung (der Suche, des Treibens usw.) geladen sein (§ 2 Absatz 1, Satz 1). Es ist nach Beendigung eines Treibens sofort zu entladen (§ 3 Absatz 7).
3. Der Jäger hat seinen Stand den beiden Nachbarn genau zu bezeichnen (durch Zuwinken mit einem weißen Taschentuch) und darf ihn ohne vorherige Benachrichtigung nicht ändern. Der Stand darf vor Beendigung des Treibens nicht verlassen werden, wenn es der Jagdleiter nicht anders bestimmt (§ 3 Absatz 3).
4. Wenn sich Personen in gefahrbringender Nähe befinden, darf in Richtung dieser Personen weder geschossen noch angeschlagen werden. Das Durchziehen mit angeschlagenem Gewehr durch eine Schützen- oder Treiberlinie ist streng verboten (§ 3 Abschnitt 4).

5. Das Schießen mit Büchsen- oder Flintenlaufgeschossen in das Treiben hinein ist nur mit ausdrücklicher Genehmigung des Jagdleiters erlaubt (§ 5 Abschnitt 5).
6. Bei Kesseltreiben darf nach dem Signal „Treiber 'rein" (s. S. 368) nicht mehr in den Kessel geschossen werden (§3 Abschnitt 6).
7. Nach Beendigung des Treibens und dem Signal „Hahn in Ruh" (s. S. 368) und nach der Versammlung der Jäger oder Treiber darf nicht mehr geschossen werden (§ 3 Abschnitt 7).
8. Niemand darf einen Schuß abgeben, bevor er das betreffende Stück Wild genau angesprochen (erkannt) hat.
9. In allen besonderen Gefahrenfällen, z. B. vor dem Überschreiten von Geländehindernissen wie Gräben, Weidezäunen, vor Besteigen und Verlassen von Hochsitzen (§ 2 Abschnitt 2) sowie vor Rückkehr zum Sammelplatze und vor dem Besteigen eines Fahrzeuges (Autos), ist zu entladen und, noch besser, durch die Läufe zu sehen und zu prüfen, ob das Gewehr wirklich entladen ist.

Verstöße gegen diese Regeln sind als unvorsichtiges Führen der Schußwaffe anzusehen und rechtfertigen die Einziehung des Jagdscheines nach § 18 des Bundesjagdgesetzes (s. S. 713).

Welche Überlegungen muß der waidgerechte Jagdherr bei Waldtreibjagden anstellen?

Bei Waldtreibjagden kommt es nicht nur auf gleichmäßige Abstände beim Anstellen der Schützen, sondern auf das Abstellen bestimmter Fronten je nach Wild und Wind und auf das „Verstellen" bestimmter Wechsel und Pässe an.
Auf Wegen oder Schneisen und bei Dickungen und dichten Beständen, die keinen Einblick erlauben, sind die Schützen stets mit dem Rücken an der dem Treiben zugewendeten Seite anzustellen! Bei engen Schneisen wird zweckmäßig eng und mit der Weisung angestellt, daß alle Schützen (mit der rechten Schulter am Treibenrand) nur in eine Richtung der Schneise blicken und nur nach links schießen (s. Abb. S. 373).
Wenn man Schützen im Haken (einem rechten Winkel des Waldtreibens) anstellen muß, ist es das beste, einen Schützen in den Scheitel des Winkels zu stellen. Er darf nur nach außen schießen, während sein Nachbar zur Rechten nur nach rechts und der zur Linken nur nach links hin schießen darf, solange niemand gefährdet wird.
Bei Althölzern und lichten Beständen erfolgt das Anstellen mit dem Gesicht zum Treiben.
Bei der Drückjagd auf Rotwild, die man auch Wildjagd nennt, und bei der Drückjagd auf Sauen sind die Schützen nicht am Dickungsrand anzustellen, wenn dahinter liegendes Altholz ein Abrücken auf eine Entfernung gestattet, auf der das Wild bereits langsamer wird und sich dadurch leichter ansprechen und schießen läßt. Auf Füchse werden die Pässe und Fernpässe abgestellt. Bei Fasanentreiben sind die Schützen nur an der Front und evtl. noch je einer auf den Haken anzustellen.

Jeder Gast wird derartige fürsorgliche Überlegungen dankbar empfinden und dem Treiben mit Spannung entgegensehen.

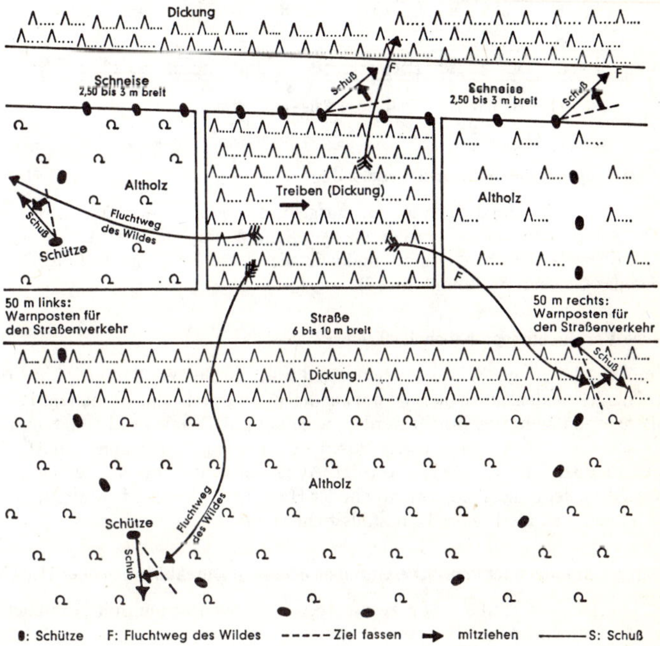

Anstellen der Schützen bei Waldtreiben
Die obere Schneise wurde zur Verdeutlichung der Stellung der Schützen und der Schußrichtung in größerem Maßstab gezeichnet!

Auf welches Signal setzt sich die Jagdgesellschaft in Richtung des ersten Treibens in Bewegung?

Auf das Signal „Aufbruch zur Jagd".

Aufbruch zur Jagd

Welche Aufgabe haben die anstellenden Jäger?

Sie bringen jeden Jagdgast (der die ausgeloste Nummer am Hute trägt) auf seinen Stand, zeigen ihm, wo der nächste Schütze angestellt wird, und sagen ihm, woher das Treiben kommt und wie die Folge ist (s. auch Tragen und Laden des Gewehrs S. 88 und S. 109).

Welche Verpflichtungen haben die Treiber?

Sie müssen das erlegte Wild aufnehmen und waidgerecht zum Sammelplatz bringen. Hierzu müssen sie vorher die notwendigen Unterweisungen erhalten. Insbesondere muß ihnen beigebracht werden, wie man z. B. Schalenwild zum Sammelplatz schleift oder wie man einen Hasen durch einen Schlag hinter die Löffel tötet, ihn ausdrückt (s. S. 587) und trägt. Auch hier geht nichts über einen guten Obertreiber, der seine Treiber richtig in der Hand hat, schult und zusammenhält! Schulkinder sind als Treiber keinesfalls zuzulassen!

Was versteht man unter dem Scherentreiben oder dem Durchkämmen oder Hobeln?

Das Angehen des Treibens von zwei entgegengesetzten Seiten, mit Haltmachen beim Zusammentreffen.
Sollen die Treiber das Treiben nochmals durchgehen (weil sich Wild gedrückt hat), werden die Signale „Das Ganze" und „Langsam treiben" erneut geblasen.
Das Scherentreiben wird bei der Treibjagd auf Kaninchen und Fasane oder notfalls bei Hochwild-Drückjagden angewendet.

Wann muß die Arbeit der Treiber durch Hunde ergänzt werden?

Besonders bei Saujagden. Dabei kommt es nicht auf die Zahl, sondern auf die Güte der Hunde an. Die Treiber müssen so erzogen werden, daß der dem Standlaut gebenden Hunde am nächsten Befindliche sofort als „Meutegenosse" auf den Hund zuzugehen und ihm zu helfen hat, sofern es sich nicht um angeschweißtes Wild handelt.

Mit welchen Worten wünscht man sich gegenseitig waidmännische Erfolge?

Mit „Waidmannsheil".

Welche Verpflichtung hat der Jagdgast?

Er muß bemüht sein, durch waidmännisches Verhalten und Disziplin am Gelingen der Jagd mitzuwirken. In der Nähe des nächsten Treibens muß er lautes Sprechen vermeiden. Das gilt besonders für Drückjagden auf Hochwild und Fuchs. Auf dem Stande soll man stillstehen und jedes Sprechen und Rascheln mit dem Butterbrotpapier streng vermeiden. Der Jagdmantel darf nicht flattern. Mit seinen Standnachbarn macht man sich durch Zuwinken (mit einem weißen Taschentuch) bemerkbar.
Der Schütze darf seinen Stand keinesfalls vor dem Abblasen verlassen oder ohne vorherige Benachrichtigung ändern.
Weiter hat der Jagdgast dafür zu sorgen, daß das von ihm erlegte Wild versorgt und aufgenommen wird.
Das Aufbrechen kann bei Wildjagden dem Jagdpersonal überlassen werden, damit der Ablauf der Jagd nicht verzögert wird. Hat ein Jagdgast Schalenwild beschossen oder Wild krankgeschossen, muß er nach dem Abblasen die Anschußstelle untersuchen und den Anschuß verbrechen, dem Jagdherrn Meldung machen und sich für die Nachsuche zur Verfügung stellen. Gesellschaftsjagden geben reichlich Gelegenheit, das waidgerechte Verhalten jedes Teilnehmers zu überprüfen und allen Beteiligten Sinn und Zweck waidmännischen Verhaltens vor Augen zu führen.

Welche Hunde sind auf Gesellschaftsjagden gern gesehen?

Gehorsame und gut abgeführte Verlorenapporteure. Keinesfalls dürfen unfertige Hunde mitgebracht werden, die erst das Apportieren erlernen sollen.
Die Gesellschaftsjagd ist kein Dressurplatz!

Welche Signale ertönen, wenn das Treiben umstellt ist?

Die Signale „Das Ganze“ und „Langsam treiben“. Die Signale werden von allen, die ein Jagdhorn führen, wiederholt, mindestens von dem Bläser, der sich in der Nähe der Treiber befindet (s. auch Vorsichtsmaßregeln bei Treibjagden S. 121 bis 126).

Das Ganze

Langsam treiben

(Anblasen des Treibens)

Mit welchen Kommandosignalen kann der Verlauf des Treibens beeinflußt werden?

Mit „Halt Richtung", wenn die Treiber nicht genügend Richtung und Abstand halten, mit „Laut treiben" und „Aufmunterung im Treiben", wenn die Treiber lauter bzw. schneller treiben sollen, mit „Stumm(leise)treiben", wenn leiser getrieben werden soll.

Richtung

Laut treiben

Aufmunterung im Treiben

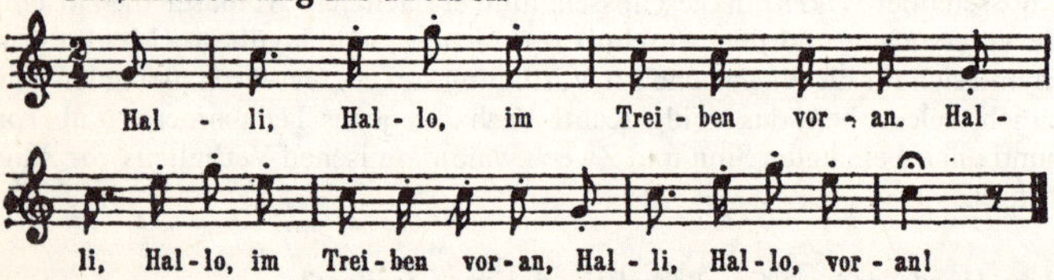

Stumm (leise) treiben

Welche Signale erhalten die Treiber, wenn sie das Treiben noch einmal durchgehen sollen (z. B., weil sich beim ersten Durchgehen Wild drückte)?

Die Signale „Das Ganze" und „Langsam treiben". Die Schützen wissen dann, daß sie auf ihren Ständen bleiben müssen.

Mit welchem Signal wird das Treiben beendet und das Entladen befohlen?

Mit dem Signal „Hahn in Ruh, Hahn in Ruh".

Aufhören zu schießen

(Abblasen des Treibens)

Jeder Schütze muß sofort entladen und darf keinesfalls mehr schießen, auch wenn ihm Wild noch besonders günstig kommt.

Nach jedem Treiben kommen die Schützen zusammen. Der Jagdaufseher notiert das Ergebnis der Strecke, die Zahl der nachzusuchenden kranken Stücke, die Zahl der in jedem Treiben abgegebenen Schüsse und etwaige Vergehen gegen den jagdlichen Brauch (für das Jagdgericht).

Durch welche Signale werden Jäger und Treiber zum Sammelplatz kommandiert?

Durch „Sammeln der Jäger" und „Sammeln der Treiber", die Hundeführer durch den „Hunderuf".

Sammeln der Jäger

Sammeln der Treiber

Hunderuf

Mit welchem Signal wird zum Essen (Frühstück) gerufen?

Mit dem Signal „Zum Essen" (s. S. 382).

Was sind weiße Jagden (im Gegensatz zu grünen Jagden)?

Jagden im Schnee.

Wie kann der Jagdherr seine Gäste an kalten Treibjagdtagen während des Frühstücks wärmen?

Durch ein rechtzeitig entzündetes offenes Holzfeuer. Das Feuer muß, wenn die Gäste kommen, zu einer kreisrunden Glut niedergebrannt sein, damit sie nicht durch Rauchschwaden belästigt werden.

Welches Signal wird nach dem Abblasen des letzten Treibens gegeben?

Das Signal „Wild ablegen".

Nach welchen überlieferten Regeln wird Strecke gelegt?

Am Ende der Jagd wird das geschossene Wild in Reihen ausgelegt. Alles Wild muß auf der rechten Seite liegen (also Herzseite nach oben), mit dem Haupt bzw. Kopf zum Jagdherrn.
Es wird in folgender Reihenfolge Strecke gelegt:
Bei Wildjagd: Rotwild, Damwild, Schwarzwild, Füchse, sonstige behaarte Beutegreifer. Das stärkste Stück liegt stets am rechten Flügel. Schalenwild wird mit dem Inbesitznahmebruch verbrochen, männliche Stücke erhalten außerdem den „letzten Bissen" (s. Abb. S. 358), feierlich wirken Fackeln oder Feuer an den Seiten der Strecke.
Bei Niederwildjagd: Füchse, Hasen, Kaninchen, Fasane, anderes Flugwild. Die Lunten der Füchse werden nach oben gebogen.
Behaarte Beutegreifer liegen stets in der Reihe der Füchse.
Werden von einer Wildart nur wenige Stücke erlegt, so schließt man in derselben Reihe die nächste Wildart an.
Der besseren Übersicht wegen wird jedes zehnte Stück eine halbe Wildlänge vorgezogen (die Strecke soll mehr breit als tief sein).
Bei gemischten Strecken: Das Wild der Hohen Jagd liegt vor dem Niederwild.
Der Jagdherr und die Schützen stehen vor der Strecke, die Jagdhornbläser hinter der Strecke am rechten Flügel. Hinter den Bläsern stehen die Treiber, angetreten in Linie zu zwei Gliedern, die Hundeführer mit Hunden am linken Flügel.

Darf man über die Strecke treten?

Nein. Das Über-die-Strecke-Treten ist streng verpönt. Man schiebt das Wild auch nicht mit dem Fuß zurecht. Solche Übeltaten wurden früher beim Jagdgericht durch drei Schläge mit dem Waidblatt (das „Pfundegeben") oder durch eine andere „Strafe" gesühnt.

Was geschieht, wenn die Strecke gelegt und alle Beteiligten den vorgeschriebenen Platz eingenommen haben?

Dann gibt der Jagdherr das Gesamtergebnis der Jagd bekannt. War der Jagdherr nicht selbst Jagdleiter, dann meldet der Jagdleiter dem Jagdherrn die Strecke. Hierauf dankt der Jagdherr St. Huberto für den schönen Jagdtag und den Schützen und Treibern für den jagdlichen Erfolg. Dann verteilt er die Brüche (wobei alle Schützen den Hut abnehmen) und läßt das gestreckte Wild verblasen.

Feuer oder Fackel

Hochwildstrecke: Schalenwild gerecht verbrochen

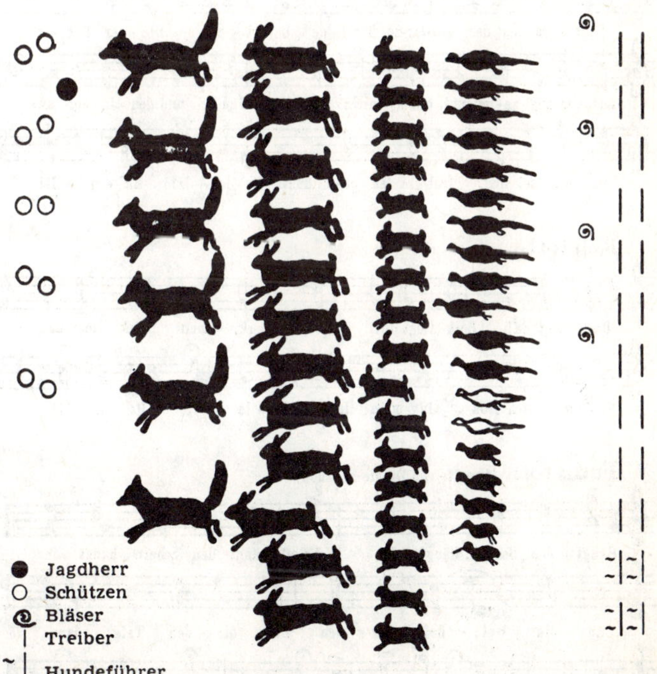

Feuer oder Fackel

Niederwildstrecke: Strecke legen

In welcher Reihenfolge wird das Wild verblasen?

In der Reihenfolge, wie die Strecke liegt
(bei der Wildjagd: „Hirsch tot“, „Damhirsch tot“, „Sau tot“ und „Fuchs tot“; bei der Treibjagd auf Niederwild: „Fuchs tot“, „Hasen tot“, „Kaninchen tot“, „Flugwild tot“).

Hirsch tot!

Sau tot!

Reh tot!

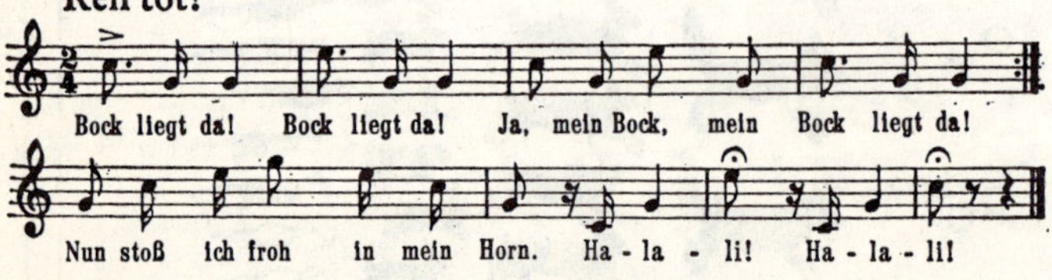

Fuchs tot! (Annette von Droste-Hülshoff)

Hasen tot!

Karnickel tot!

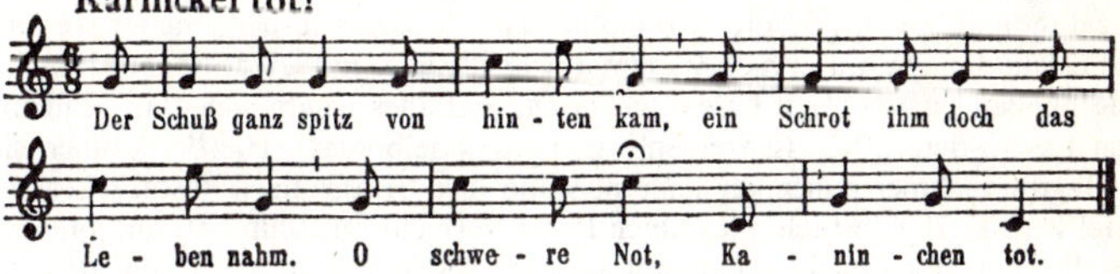

Flugwild tot!

Nach dem letzten Totsignal folgen die Signale „Halali" (Betonung auf der letzten Silbe) und „Jagd vorbei".
(französisch: ha, la lit = hallo, da liegt er!, oder als Hetzruf: ha, la lui = hallo, ihm [dem Hirsch] nach!)
Dieser Brauch stellt die letzte Ehrung für das erlegte Wild dar. Die Feierlichkeit läßt sich noch erhöhen, wenn die Strecke bei Fackelbeleuchtung oder bei Kienfeuern verblasen wird.

Halali

Jagd vorbei!

Dann werden mit dem Signal „Wagenruf" die Wagen herbeigeblasen, damit das Wild brauchtumsgerecht „gebracht" (verladen und abtransportiert) werden kann (s.S. 585 und S. 590).
Der Jagdherr beschließt die Zeremonie mit „Waidmannsheil, meine Herren". Die Gäste danken mit „Auch Waidmannsheil"; oder mit „Waidmannsdank".
Anschließend wird „Zum Essen" geblasen, und alles begibt sich zum gemeinsamen Essen, dem „Schüsseltreiben" oder „Knödelbogen". Hierbei können sich die Jagdteilnehmer näher kennenlernen und ihre Erfahrungen austauschen. Die Tafel wird hierbei festlich mit grünen Brüchen (nicht mit Blumen!) und brennenden Kerzen geschmückt. Hier gibt es keinerlei Standesunterschiede, denn bei Jägern zählt die jagdliche Gesinnung und nicht der Stand.

Zum Essen

Wie wird ein Jagdgast beurteilt, der der Einladung zum Schüsseltreiben (dem „Knödelbogen", dem nach der Jagd üblichen Jagdessen) nicht Folge leistet?

Er gilt nicht als richtiger Jäger. Ihm wird das unentschuldigte Fernbleiben vom gemeinsamen Schüsseltreiben übel vermerkt. Er muß damit rechnen, daß er nicht wieder zu einer Gesellschaftsjagd eingeladen wird.

Was ist beim Schüsseltreiben Brauch?

Es ist Brauch, daß der Jagdherr in einer Ansprache den Jagdkönig bekanntgibt, der besonderen Leistungen einzelner Schützen gedenkt und ein Horrido auf das Waidwerk ausbringt.
Zur Pflege der Jagdpoesie läßt er einen Akkordeon- oder Klavierspieler kommen, der die bekanntesten Jägerlieder vorspielt und die Anwesenden zum Mitsingen auffordert. Ein kleines Jägerliederbuch gehört in die Rocktasche eines jeden Jägers. Für Gäste sind einige Jägerliederbücher bereitzuhalten.
Viele Jagdherren (Beständer) laden zum Schüsseltreiben auch die Grundstückseigentümer (mit ihren Frauen) ein und spendieren ihnen Freibier und ein Jagdes-

sen, um dadurch das gute Verhältnis zwischen Pächtern und Verpächtern zu erhalten und zu vertiefen.
Durch das gemeinsame Singen von Jägerliedern (dem Rundgesang), den Umtrunk (aus einem Pokal) und die Berufung eines Jägerehrengerichts ist für gute Stimmung zu sorgen.

Wer gilt als Jagdkönig?

Der Jagdteilnehmer, der mit dem geringsten Patronenverbrauch die wertmäßig höchste Strecke erzielte.

Wie wird das Horrido ausgebracht?

Der Sprecher ruft dreimal horrido (alter Hetzruf „Ho-Rüd-ho!"), die übrigen antworten mit joho und jo:
Horrido – joho, horrido – joho, horrido – jo.
Zusätzliche Rufe sind unschön und unpassend.

Welche Verpflichtung hat der Jagdkönig?

Er hat im Namen aller Jagdteilnehmer dem Jagdherrn (in *Hessen* auch „Beständer" genannt) für die Jagdeinladung zu danken und hierbei auch der Leistungen des Jagdleiters, der Hundeführer, Bläser, des Obertreibers und der Treiber zu gedenken und dann auf den Jagdherrn ein Horrido auszubringen. Wenn das Schüsseltreiben im Hause des Jagdherrn stattfindet, ist auch der Hausfrau zu danken und sie in das Horrido einzuschließen.

Wie werden Jäger bei einer Ansprache angeredet?

Die Anrede muß lauten: Liebe Waidgenossen! Die neuerdings aufgekommenen Ausdrücke „Waidkameraden, Waidkollegen, Waidfreunde oder Jagdkameraden" sind als unschöne Wortbildungen abzulehnen und gehören nicht zur Jägersprache. Der Begriff des „Waidgenossen" wurde schon gebraucht, als das Wort „Genosse" im politischen Leben noch unbekannt war.

Woran erkennt man die Schützen, denen ein Schützenbruch überreicht wurde?

Sie tragen beim Schüsseltreiben einen kleinen Teil des Schützenbruches im linken Knopfloch der Jagdjoppe.

Was verstehen wir unter dem Jagdgericht, und was bezweckt es?

Es besteht aus drei Jägern, dem Vorsitzenden, dem Ankläger und dem Büttel, die in humorvoller Weise die Sitzung zu einem heiteren, aber auch belehrenden Erlebnis für alle gestalten. Es können auch Beisitzer, Verteidiger und Zeugen auftreten. Wer während des Jagdtages gegen Brauchtum und Waidgerechtigkeit verstoßen hat, wird vom Büttel als „Delinquent" vor den mit grünen Brüchen, Gewehr, Hirschfänger und Jagdhorn geschmückten Richtertisch „geschleppt". Es ist Sitte, daß er zuerst auf das Wohl des hohen Gerichts trinkt. Der Büttel hat stets mitzutrinken. Dann erfolgen die Anklage, die Rechtfertigung des Delinquenten und seine Bestrafung. Als Strafe wurden ihm früher die „Pfunde" erteilt. Hierbei erhielt er mit der flachen Klinge des Hirschfängers drei Schläge auf die Kehrseite. Ersatzweise muß er heute etwas für einen guten Zweck (Geld für „Fasaneneier" oder für die Winterfütterung) spenden. Diese „Strafen" sollen erheiternd und zugleich erzieherisch wirken.

Hubertustag, Jägerschlag

Wer ist der Schutzheilige der Jagd?

Der heilige Hubertus (gestorben 3. November 728 in Lüttich).

Was bedeutet der Hubertustag für den Jäger?

Der Hubertustag (3. November) ist ihm ein Erinnerungstag an den heiligen Hubertus. Er war der Legende nach ein wilder und zügelloser Jäger, bis ihm eines Tages ein Hirsch erschien, der zwischen den Stangen seines Geweihs das Zeichen des heiligen Kreuzes trug. Durch diese Begegnung erkannte Hubertus, daß auch das Wild Gottes Schöpfung sei, und er entsagte fortan der Jagd. Auf diese Begegnung mit dem kreuztragenden Hirsch gründet sich die Forderung an die Jäger, die Jagd nie wild und zügellos, sondern immer „waidgerecht" auszuüben, denn:

„Das ist des Jägers Ehrenschild,
Daß er beschützt und hegt sein Wild,
Waidmännisch jagt, wie sich's gehört,
Den Schöpfer im Geschöpfe ehrt."

(Riesenthal, 1848)

Der Hubertustag soll aber auch allen Jägern ein Fest der Freude sein und mit Wilhelm Müllers Lied bekunden:

„Es lebe,
was auf Erden stolziert in grüner Tracht,
die Wälder und die Felder,
die Jäger und die Jagd."

Was verstehen wir unter dem Jägerschlag?

Den neuzeitlichen Brauch, die Jungjäger nach bestandener Jägerprüfung feierlich in die Reihen der Jäger aufzunehmen und sie z.B. anläßlich ihrer Teilnahme an der Hubertusfeier, einer Jagd- oder DJV-Hauptversammlung mit dem Hirschfänger zum Jäger zu schlagen. Das geschieht meist nach einer feierlichen Ansprache, bei der die Jungjäger auf ihre nunmehrige Verantwortung gegenüber Wild, Wald und ihren Mitmenschen sowie auf ihre Verpflichtung zur waidgerechten Jagdausübung hingewiesen werden.
Danach wird den Jungjägern der vom DJV in 5300 Bonn, Johannes-Henry-Str. 26, als Schmuckblatt herausgegebene Jägerbrief feierlich überreicht, wobei der Jägerschlag (mit dem Hirschfänger oder Waidblatt auf die Schulter) etwa mit folgenden Worten erfolgt:

„Der erste Schlag soll dich zum Jäger weih'n!
Der zweite Schlag soll dir die Kraft verleih'n,
zu üben stets das Rechte!
Der dritte Schlag soll dich verpflichten,
nie auf die Jägerehre zu verzichten!"

Dieser Brauch lehnt sich an die frühere Wehrhaftmachung des Jägerburschen an. Wer einst die Jägerei erlernen wollte, mußte drei Behänge (Lehrjahre) aushalten, bevor er den Lehrabschied und Hirschfänger erhielt. Im ersten „Behäng" hatte er als Hundsjunge die Hunde betreuen. Dann wurde er jagdlich und forstlich ausgebildet und mußte das Schießen üben, um hund-, hirsch-, holz- und schießgerecht zu werden. Im dritten Behäng wurde er Jägerbursche genannt. Nach Beendigung der Lehrzeit lud sein Lehrprinz (Lehrherr) zu seiner Wehrhaftmachung Freunde und Nachbarn ein. Hierbei wurde er zum Jäger geschlagen und erhielt als freier, wehrhafter Mann den Hirschfänger. Als „reisender" Jäger suchte er sich dann eine ihm zusagende Stelle und war von nun ab selbst verantwortlich.

Natur- und Umweltschutz
Ökologie, Landschaftspflege

Ökologie

Wer waren die ersten Naturschützer?

Die Jäger! Der Naturschutz hat in ihren Reihen eine mehr als hundertjährige Tradition. Er entwickelte sich aus dem Gedanken der Waidgerechtigkeit. Diese forderte seit jeher einen schonenden Umgang mit der Natur. Bereits 1893 verurteilt der Allgemeine Deutsche Jagdschutz-Verband den „Vogelmord" in Italien und richtet in dieser Angelegenheit eine Bittschrift an den Reichstag. Im Jahre 1900 wird ein Antrag auf Verbot von Such- und Treibjagden im Frühjahr gestellt. Die Pflicht zur Hege, die das Bundesjagdgesetz erst seit seiner letzten Novelle enthält, wurde schon 1926 von deutschen Waidmännern zur Einführung empfohlen.
Die deutschen Jäger haben das Recht, allen ihren Kritikern mit den Schlagworten „Ohne Jäger kein Wild" und „Jäger sind Naturschützer" klarzumachen, daß sie es waren und sind, die aus einer alten Tradition kommend, den Naturschutz als ihre ureigenste Sache betrachten. In unserer dichtbesiedelten Kulturlandschaft kann man die wildlebenden Tiere nicht sich allein überlassen. „Jäger sind Heger", die diese Aufgabe ernst nehmen.

Wie erklärt und entschuldigt der Mensch sein Eingreifen in den Haushalt der Natur?

Das einfachste Denkschema, mit dem der Mensch seit Urzeiten den Tieren und Pflanzen gegenübertritt, ist ihre Einteilung in *Schädlinge* und *Nützlinge*. Was er brauchen kann, wird gehegt. Was ihn bei der Naturnutzung stört, wird bekämpft und ausgerottet.
Abgelöst wurde diese Schwarz-Weiß-Sicht von der Anschauung, der Mensch müßte nach Ausrottung der Beutegreifer Wolf, Luchs, Bär, Adler und Uhu diese in ihrer regulierenden Funktion ersetzen. Dem Jäger kommt dabei eine entscheidende Bedeutung zu. Im Naturhaushalt hat er insbesonders die Schalenwildbestände kurz zu halten, damit diese ihre Nahrungsgrundlage nicht durch „Überweiden" existenzbedrohend schmälern. Der jagende Mensch steht beherrschend über allen Tieren an der Spitze der sogenannten *Brüllschen Pyramide* (nach dem Wissenschaftler Brüll ist nur der Begriff geprägt, er gilt nicht als Anhänger dieser Theorie). Vom Eingreifen des Jägers hängt Wohl und Wehe der ihn umgebenden Fauna und Flora ab.
Solche Vorstellungen sind bedauerlicherweise auch heute noch verbreitet. Man hüte sich aber vorschnell, den anklagenden Zeigefinger zu heben. Allzutief stekken sie in unserem Unterbewußtsein.

Welche Aufgaben hat der Jäger im Naturschutz wahrzunehmen?

Er hat sich verantwortlich und aktiv für die Erhaltung eines angemessenen, artenreichen und biologisch gesunden Wildbestandes und für die Schaffung genü-

gender Deckung und Äsung für sein Wild einzusetzen, damit ihm und allen Menschen auf Grund der Sozialbindung des Eigentums die Freude an der Natur mit ihren Geschöpfen gesichert und erhalten bleibt. Ohne Wild wäre die Lebensgemeinschaft des Menschen mit Wald und Flur sehr arm. Es ist deshalb erfreulich, daß an vielen Stellen in der Bundesrepublik Naturschutzgebiete und Vogelfreistätten sowie Natur- und Tierparke erhalten werden und neu entstehen. Hier kann man erkennen, daß die Tiere die Natur beleben und verschönern und zur Verschönerung unseres Lebens beitragen.
Jeder, der mit der Waffe ins Revier geht, übernimmt also gegenüber Natur, Wild und Menschheit eine große Verantwortung. Für jeden Waidmann gilt daher, durch Vermeidung der Überhege, gezielte Bejagung bestimmter Wildarten und durch freiwilligen Verzicht auf die Bejagung gefährdeten Wildes den Fortbestand einer großen Vielfalt von Tierarten in einem gesicherten und gesunden Lebensraum (Biotop) zu gewährleisten.

Merke: Erst Heger und Umweltpfleger – dann Jäger!

Kann ein Beutegreifer seine Beute ausrotten?

Nein! In einem intakten Lebensraum ist es genau umgekehrt. Die Beziehung zwischen Beute und Beutegreifer wird von ersterer bestimmt. Kommen in einem Jahr viele Mäuse vor, legt beispielsweise die Schleiereule 7 oder mehr Eier. Gibt es wenige Kleinnager, schrumpft ihr Gelege auf 3–4 Stück. Ein Beutegreifer würde sich selbst ausrotten, wenn er seine Nahrung zu stark dezimiert. Ein weiteres Beispiel liefert der Mäusebussard. Auch seine Zahl hängt vom Vorkommen seiner Hauptbeutetiere, den Mäusen, ab. Man hat beobachtet, daß bei allen Greifvögeln die spät geschlüpften Jungtiere die schwächsten sind. Bei Abnahme des Nahrungsangebots müssen diese als erste verhungern. Der Energieaufwand, die Beute zu fangen, hat kleiner zu sein als der Energiegewinn durch ihren Verzehr. Im Extremfall können sich die Werte ausgleichen. Ist es über einen längeren Zeitraum umgekehrt, wird ein Greifvogel an Entkräftung eingehen, die Beute reguliert den Bestand an Beutegreifern! Das gilt auch für Fuchs, Marder, Iltis und Wiesel.
Verschlechtert sich ein Lebensraum zugunsten der Beutegreifer, kann es jedoch zu Ausnahmen von dieser Regel kommen. Meist geschieht das durch Eingriffe der Menschen. Finden Rebhühner (bzw. Birkwild) in der ausgeräumten, schutzlosen Agrarlandschaft kaum mehr Deckung, kann sie der Habicht an den Rand des Aussterbens bringen. Auch eine Überhege von Fasanen wird bewirken, daß behaarte oder befiederte Beutegreifer seinen Besatz so lange reduzieren, bis er seiner natürlichen Dichte entspricht. Durch Schaffung von Unterschlupfmöglichkeiten, also durch Verbesserung des Lebensraumes zugunsten der Beutetiere, wird man wieder normale Verhältnisse herstellen.

Was will das Denkmodell der „ökologischen Nische“ ausdrücken?

Jede Tierart muß aufgrund ihrer Spezialisierung im Körperbau und im Verhalten einen bestimmten Lebensraum einnehmen, der ihm Nahrung und Unterschlupf sichert. Folgende Beispiele mögen dies verdeutlichen: Die Amsel sammelt am Waldboden Würmer und Schnecken. Der Buntspecht hämmert in die Baumrinde und holt mit seiner langen Zunge die Insekten aus diesen Löchern. Während der Kleiber seine Nahrung auf der Stammoberfläche findet, suchen die Meisen Äste und Zweige ab. Wie eine „Planstelle“ werden diese „ökologischen Nischen“

von der Natur für jede Tierart bereitgehalten. Sie sind vielzählig, aber jeder dieser Kleinräume hat ein begrenztes Fassungsvermögen. Es wird stets versucht, sie ganz auszufüllen. Sind alle „ökologischen Nischen“ besetzt, ist eine Erhöhung eines Bestandes oder Besatzes nicht mehr möglich.

Was verstehen wir unter dem „Biotop“?

Den durch bestimmte Lebewesen gekennzeichneten Lebensraum (griechisch bedeutet: Bios = Leben, Biotop = Lebensraum). Eine solche Lebensstätte schließt also Tier- und Pflanzenarten ein, die gleiche Umweltbedingungen brauchen. Die Güte eines Biotops hängt vor allem von seiner Bodenbeschaffenheit und dem in ihm herrschenden Klima ab. Der Förster spricht gern von Standort und Kleinstandort, wenn er Biotop meint. Unter den Requisiten eines Biotops faßt man neuerdings alles zusammen, was ein Tier oder eine Pflanze zur Erfüllung seiner Lebensanforderungen braucht. Dazu zählen z. B. Äsung, Deckung u. ä.
Auf einem bestimmten Lebensraum kann immer nur eine bestimmte Zahl von Einzelwesen leben. Jagdlich heißt das, daß man, auch bei künstlicher Fütterung, die Bestandsdichte einer Wildart nicht beliebig vermehren kann; sonst gehen infolge des „Überhanges“ Körpergröße, Gewicht, Jungtierzahl und Widerstandskraft ständig zurück. Außerdem greifen dann die normalerweise in ausgeglichenem Verhältnis stehenden Feindfaktoren (Beutegreifer, Parasiten und Krankheitserreger) regulierend in die Bestandsdichte ein. Der Jäger und Heger hat deshalb die Pflicht, bei zu starker Zunahme der Wilddichte, durch Erlegen kranker und schwacher Stücke regulierend einzugreifen (Hegemaßnahme). Andernfalls würden viele Stücke wegen Äsungsmangel oder wegen Krankheiten über Winter eingehen. Die Kapazität des Biotops darf also keinesfalls überschritten werden!
Moderne Hege muß deshalb zuallererst „Biotophege“, also Erhaltung und Weiterentwicklung des Lebensraumes sein!
In *Bayern* können nach Art. 21 BayJG Flächen, die zum Schutz und zur Erhaltung von Wildarten dienen, zu Wildschutzgebieten erklärt werden.

Was bezeichnen die Begriffe „Biozönose“ und „Ökosystem“?

Die Lebensgemeinschaft von Pflanzen und Tieren in einem Biotop bezeichnen wir als die Biozönose. Man spricht so von einer Agrozönose und meint damit die Abhängigkeiten von Pflanzen und Tieren in unserer modernen Agrarlandschaft. Mit dem Begriff Ökosystem benennt man das Zusammenwirken von Pflanzen und Tieren an einem ganz bestimmten Standort. Dabei werden vor allem Stoffkreisläufe zwischen den Lebewesen einerseits und der unbelebten Materie andererseits untersucht sowie die Energien gemessen, die sie untereinander austauschen. Ein interessantes Ökosystem ist das Ökosystem Wald. Ein Ökosystem ist um so stabiler (unanfälliger gegenüber Störungen), je vielfältiger die Zahl der Tiere und Pflanzen sind, die es enthält, und je gleichmäßiger diese in ihm verteilt sind. In solch einem Fall kann sich ein Ökosystem ohne Eingriffe von außen erhalten. Man sagt, es reguliert sich selbst.

Was verstehen wir unter Ökologie?

Die Ökologie ist eine Wissenschaft, die Organismen (Pflanzen und Tiere) im Verhältnis zu ihrer Umwelt (Boden, Klima) und anderen Lebensbedingungen untersucht. Vor allem interessieren die Verbreitung, Häufigkeit und Dichte dieser Organismen und die entsprechenden Wechselbeziehungen.

Welche Aufgaben hat eine Naturschutzwacht?

Nach dem bayerischen Naturschutzgesetz (inzwischen auch in anderen Bundesländern) können die Landkreise zur Unterstützung des Naturschutzes und der Polizei freiwillige Hilfskräfte einsetzen. Entsprechende Personen erhalten einen Dienstausweis und ein Dienstabzeichen, nachdem sie bei der Bezirksregierung ein Prüfungsgespräch absolviert haben. Alle zwei Jahre müssen sie einen Fortbildungslehrgang der Naturschutz-Akademie besuchen. Am Wochenende und nach der Arbeit haben sie pro Monat bei 200 DM Aufwandsentschädigung zwanzig Stunden in der freien Natur zuzubringen. Die ehrenamtlichen Helfer sollen Umweltsünder vor allem überzeugen und Schwarzbauten, wildes Müllabladen, verbotenes Beseitigen von Hecken u.ä. Tatbestände anzeigen. Stellt sich jemand uneinsichtig, kann ein „Naturschutzwachtmann" auch dessen Personalien feststellen und ihn zur Polizei mitnehmen. Erfahrungsgemäß erklären sich zu diesem Dienst viele Jäger bereit.

Was zeigen Bioindikatoren an?

Sie reagieren empfindlich auf Veränderungen der Umwelt und zeigen langfristige Entwicklungen auf (z.B. Luftverunreinigungen, Wasserverschmutzungen). Der Zeigerausschlag eines Meßgerätes erlaubt nur eine augenblickliche Information. Im Gegensatz dazu handelt es sich bei Bioindikatoren, wie es der Name bereits ausdrückt, um lebende Organismen. So verschwinden z.B. Flechten und Moose in Ballungsgebieten, weil dort die Abgasbelastung zu stark ist. Auch Vögel können als „ökologische Zeiger" dienen.
Beispielsweise sprechen Greife auf die Verwendung von Pflanzenschutzmitteln an (Dünnschaligkeit der Eier bei Verspritzen des inzwischen verbotenen DDT).

Was wird mit dem Schlagwort „genetisches Potential" umschrieben?

Die Natur stellt in ihrer pflanzlichen und tierischen Artenvielfalt noch immer ein unerschöpfliches Vorratslager dar, aus dem der Mensch schöpfen kann, um seine Bedürfnisse zu befriedigen (Nahrung, Kleidung etc.). Gleichzeitig wird es durch seine Aktivitäten ständig geschmälert (Ausrottungen). Im eigenen Interesse sollte dieses „genetische Potential" jedoch in seiner derzeitigen Fülle erhalten bleiben. Die Menschheit hängt in ihrer Ernährung von kaum einem Dutzend Kulturpflanzen ab. Mit jeder Wildform, die verloren geht, wird die Basis, auf die man z.B. einmal in der Pflanzenzucht zurückgreifen könnte, geschmälert. Daher ist man bereits teilweise dazu übergegangen, den Samen von gefährdeten Pflanzen u.a. tiefgefroren der Nachwelt zu erhalten.

Darf man durch Einbürgerungen von Tierarten die heimische Fauna verfälschen?

Nein! Das Aussetzen und Ansiedeln fremdländischen Wildes in der freien Natur ist nur mit schriftlicher Genehmigung der zuständigen obersten Landesbehörde zulässig (§ 28 BJG). Schwarzwild und Kaninchen darf man auf keinen Fall aussetzen. Will man einen Bestand oder Besatz begründen oder wieder auffrischen, muß am betreffenden Ort eine „ökologische Nische" für diese Tierart vorhanden sein. Die Koordinationsstelle für Tieraussiedlungen am Institut für Wild- und

Jagdkunde, Büsgenweg 3, 3400 Göttingen, kann einem dabei beratend zur Seite stehen.

Die unbeabsichtigte Einbürgerung von Tierarten nennt man *Einschleppung*, wie das z. B. mit der Wanderratte geschehen ist. Viele ausländische Wildtiere sind auch aus Farmen entkommen (Waschbär, Nerz, Nutria). Sie verfälschen die heimatlichen Biotope und machen oft eingesessenen Tierarten schwer zu schaffen, da sie diese aus angestammten Lebensräumen drängen. Sie gehören daher scharf bejagt. Großen Schaden richtet vor allem die Bisamratte an. Planmäßige *Einbürgerungen* wurden im großen Stil um die Jahrhundertwende durchgeführt. Damals gelangten das Dam- und Muffelwild in unser Land. Zu diesen Fremdansiedlern gehört auch der Truthahn.

Bringt man heimisches Wild in andere deutsche Landstriche, spricht man von *Umsiedlung* (z. B. Gamswild in den Schwarzwald). Der Begriff *Verfrachtung* umschreibt das Ansiedeln von hiesigem Wild in einen anderen Erdteil (z. B. Rotwild in Neuseeland). *Blutauffrischungen* durch Aussetzen von Wapiti- und Ungarnhirschen brachten in unseren Breiten nur vorübergehend eine Erhöhung der Wildbret- und Geweihgewichte. Die Umwelteinflüsse sind hierbei bestimmend, daher kam man von derartigen Aktionen bald wieder ab.

Wiederansiedlungen und *Bestandsstützungen* werden heutzutage in der Bundesrepublik bei vielen Tierarten durchgeführt (Wanderfalkenschutz, Uhuausbürgerungen, Aufstockung bei Auer- und Birkwild). Dabei handelt es sich meist um anerkannte und erfolgreiche Aktivitäten des Artenschutzes. Damit zwischen den einzelnen Vorkommen ein populationsgenetischer Austausch erfolgen kann, muß man großflächig planen. Zudem hat sich gezeigt, daß das Aussetzen weniger Exemplare einer Tierart nichts bringt. Nur das Freilassen in großer Zahl garantiert, daß die ausgestorbene Art wirklich Fuß faßt. Ziel all dieser Bemühungen ist, daß sich die wiedereingebürgerten Tiere in absehbarer Zeit ohne menschliche Hilfsmaßnahmen (Feindbekämpfung, Futterangebot etc.) im betreffenden Gebiet halten können.

Welchen Zweck hat das Erstellen der sog. „Roten Liste"?

Dabei handelt es sich um eine Maßnahme des Artenschutzes. Rote Listen werden für die einzelnen Länder gesondert erstellt. Darin erfaßt man Pflanzen und Tiere, die dort in ihrem Bestand bedroht oder gefährdet sind. Man vergleicht die Lebewesen dazu mit ihrem Vorkommen vor etwa hundert Jahren. Die fünf Gefährdungsgrade werden wie folgt definiert:

1. seit mehr als zehn Jahren ausgestorben oder verschollen
2. vom Aussterben bedroht
3. stark gefährdet
4. gefährdet
5. potentiell gefährdet

Fledermäuse, viele Singvögel, Lurche und Kriechtiere gelten in allen mitteleuropäischen Ländern als stark gefährdet. Von den in der Bundesrepublik 2667 Pflanzenarten sind 822 (=31%) gefährdet.

Alle Gefährdungsursachen gehen vom Menschen aus. Meist zerstört er die Biotope. Moore werden trockengelegt, Heiden urbar gemacht, Auwälder aufgeforstet. Seen verwandelt man in Trinkwasser- oder Energiespeicher. Flüsse degradiert man zu Abwasserkanälen. Unsere vielgepriesene Infrastruktur spannt sich in Form eines engmaschigen Straßengeflechts übers ganze Land. Die monumentalen Verkehrsbauten zerstören wertvollste Lebensräume; hunderttausende Tiere kommen täglich unter die Räder. Der Massentourismus zertrampelt die letzten Vorkommen seltener Pflanzen und vertreibt das Wild aus den abgelegensten Zufluchtsstätten.

Artenschutz

(Ausgewählte Beispiele)

Was ist kennzeichnend für den Biber (Castor fiber)?

Das größte europäische Nagetier hat zwischen den Zehen der Hinterläufe Schwimmhäute. Sein Schwanz ist breit, waagrecht abgeplattet und mit Schuppen bedeckt. Die meiste Zeit verbringt der Biber im Wasser. Er kann bis 15 Jahre alt werden. Seine Augen nennt man „Seher“, die Haut „Balg“ und die Ohren „Lauscher“. Er brunftet (s. auch Abb. S. 774).

Wie lebt der Biber?

Biber
Körper bis 95 cm, Kelle 35 cm, Gewicht etwa 25 kg

Mit seinen gelbroten Schneidezähnen, die ständig nachwachsen, benagt er Sträucher und Bäume. Vor allem fällt er Weichhölzer bis zu einem Meter Durchmesser wie Weide, Pappel und Erle durch Umkerben. Zumeist nachts zerlegt er sie dann in Stücke und flößt sie längs selbstgebauter Kanäle zu seinen Vorratslagern. Von ihren Knospen, Rinden und Blättern ernährt er sich. Damit der Eingang seiner zwei Meter hohen Burg, die er aus schlammgedichteten Ästen und Zweigen errichtet, stets unter Wasser liegt, baut er Dämme bis zu 700 m Länge. Dadurch reguliert er naturnahe Flüsse in ihrem Oberlauf, schützt sie vor Hochwasser und erhält deren Auencharakter mit einem großen Pflanzen- und Tierreichtum. Seine Baue, die er manchmal auch in die Uferböschung gräbt, haben viele Gänge, u.a. auch zur Flucht. In ihnen bringt das Weibchen zwei oder drei Junge nach einer Tragzeit von 15 Wochen. Er lebt im Familienverband. Die ersten zwei Lebensjahre verbringen die Jungbiber bei den Eltern.

Wie ist es derzeit um die Situation des Bibers bestellt?

Das dichte Biberfell und die beliebten aus „Biberwolle“ gearbeiteten Hüte waren neben dem Bibergeil (einem Heilmittel aus einer Biberdrüse) die Ursache, daß man den Nager in Mitteleuropa bis auf einige Kleinvorkommen an Elbe und Rhône vollkommen ausrottete. Auch in Nordamerika wurde er durch die Geschäfte der Hudson Bay Company bis an den Rand des Aussterbens verfolgt. Inzwischen gilt der Nager, der die Waldgürtel Nordasiens, Amerikas und Nordeuropas besiedelt, in seinen Besätzen wieder gesichert. Man rechnet mit

60000 Exemplaren in Skandinavien und mit 2000 in Polen. Die Elbbiberkolonie in der DDR wuchs auf 800–900 Stück an (Bezirke Magdeburg, Leipzig, Halle). Aus 50 Rhônebibern wurden geschätzte 1000–2000 Tiere zwischen Lyon und der Camargue. Die Anstrengungen des Bund Naturschutz in *Bayern* zur Wiederansiedlung des Bibers waren bei zwei Mißerfolgen (Ammersee, Eggenfelden) in vier Fällen erfolgreich. Am unteren Inn konnte eine Kolonie mit etwa 40 Tieren begründet werden. Nach den Ansiedlungen an der mittleren Donau (2 Kolonien) und unteren Isar kann man derzeit in diesem Bundesland fast mit 100 freilebenden Tieren rechnen.
Zum Aussetzen eignen sich gezüchtete Biber, die jung sind und sich gerade verpaart haben. Bei wildgefangenen Tieren läßt man am besten den gesamten Familienverband über einen künstlich angelegten Bau frei. Zum Auswildern soll man nur europäische Biber nehmen. Man hat beobachtet, daß der kanadische Biber die heimische Art verdrängt, was zu einer Faunaverfälschung führt.

Was ist kennzeichnend für den Nerz oder Mink?

Er ist einheitlich tiefbraun gefärbt, nur das Kinn und meist auch die Oberlippe sind weiß. Zwischen den Zehen sind Schwimmhäute angedeutet. Er schwimmt und taucht gut und lebt an Gewässerrändern, Sümpfen und Brüchen in Ebene und Gebirge (Sumpfotter). Er kam vereinzelt in Norddeutschland vor. Er wird in Nerzfarmen zur Pelzgewinnung vermehrt und mit Fischabfällen ernährt. Der Nerz unterliegt nicht mehr dem Jagdrecht. Die Gehöre des Nerzes sind schwarz. Er gilt inzwischen als ausgerottet. Hie und da trifft man bei uns auf den amerikanischen Nerz (oder Mink), der aus Farmen entwichen ist.

Darf der Jäger Eichhörnchen schießen?

Nein! Seit dem 25. August 1980 stellt sie die Bundesartenschutzverordnung (BArtSchV) unter Naturschutz.
Der Kobel (das Nest) wird oft vom Baummarder benutzt. Eichhörnchen sind Hauptbeutetiere für den Baummarder.

Welche Arten von Bilchen (Schläfer) kennen wir?

Der *Siebenschläfer* (Glis glis) ist das größte Tier dieser Familie. Er hat graue Körperfarbe und besitzt einen besonders langen Schwanz (s. Abb. S. 774).
Der *Baumschläfer* (Dryomys nitedula) gilt als das seltenste Tier unter den Schläfern. Er kommt in den Ostalpen vor (s. Abb. S. 774).
Der *Gartenschläfer* (Eliomys quercinus) wird gelegentlich in Süd- und Mitteleuropa noch angetroffen.
Die *Haselmaus* (Muscardinus avellanarius) wird 14 cm lang, wovon 7 cm auf den Schwanz entfallen. Ihre Lieblingsspeise sind Haselnüsse (s. Abb. S. 774). Alle Bilche sind Winterschläfer und verbringen die kalte Jahreszeit weitgehend in unterirdischen Verstecken. Während sieben Monaten (Name!) liegen sie fest eingerollt, die Rute über die Nase gezogen, in ihrem mit Moos ausgepolsterten Nest.

Wie hilft man einem „verirrten" Igel (Erinaceus europaeus) über den Winter?

Ein Igel kommt nur über die kalten Wintermonate, wenn er im Spätherbst mindestens 600 g schwer ist. Tiere, die dieses Gewicht erreichen, setzt man am Fundort wieder aus. An der Stelle darf jedoch keine starkbefahrene Straße vorbeiführen.

Trifft man nach den ersten Frösten einen stark unterernährten Stachelborster, wird man ihn u. U. vielleicht mit nach Hause nehmen. Zunächst reinigt man eventuelle Verletzungen von Eiern und Maden (Merfen, Furacin). Die Flöhe vertreibt man durch Baden in lauwarmem Wasser, in dem Jacutin (Hermal Chemie, 2057 Reinbek/Hamburg) gelöst ist. Zecken beträufelt man mit Öl und dreht sie mit einer Pinzette heraus. Ein gefangener Igel frißt meist nur nachts. Man gibt ihm Dosenfutter für Hund oder Katze, auch rohes, gehacktes Rindfleisch, hartgekochte Eier, Hühnerkleinteile, grätenlosen Fisch, Banane sowie ungeschwefelte Rosinen. Keinesfalls bekommen ihm Milch, Regenwürmer und Schnecken (Parasiten, Verdauungsstörungen!). Man kann jedoch Asseln und Tausendfüßler fangen. Mehlwürmer setzt man besser nur wenige vor. Stets braucht er eine Schüssel Frischwasser.
Man hält einen Igel zum Überwintern in einem Raum zwischen 16 und 20° C in einer festen Schachtel, die man mit Zeitungspapier auspolstert. Er sollte etwas Auslauf haben. Kräftige Tiere versucht man in einem kalten Keller (nicht über 6° C) in den Winterschlaf zu bringen. Für den Fall des Aufwachens legt man zerkleinerte Nüsse und ungeschwefelte Rosinen bereit (Trinkwasser nicht vergessen!). Anfang Mai, nach den letzten Nachtfrösten, setzt man die Tiere im dichten Gebüsch, weit entfernt von Verkehrswegen, aus. Mit Verfüttern von Asseln und Käfern hat man den Igel vorher an die Freiheit gewöhnt.
Igel sind Sohlengänger und bevorzugen lichte Waldungen. Sie verdienen besonderen Schutz, denn jährlich stirbt ca. eine Million den Straßentod.

Wie sieht die Birkenmaus aus (Sicista betulina)?

Die kleine Maus (s.Abb. S. 774) hat einen sehr langen Schwanz und einen schwarzen Rückenstreifen von der Stirn bis zum Schwanzansatz. Sie gehört zur Ordnung der Nagetiere (Rodentia) und klettert vorzüglich. Ihren Schwanz benutzt sie dabei als „Greifschwanz". Bei uns ist sie nur noch im Tolker Moor (Holstein) und im Bayerischen Wald nachgewiesen. Auch Spitzmäuse (Soricidae), außer Wasserspitzmäusen, stehen unter Naturschutz. Sie sind Insektenfresser.

Welche Bedeutung kommt den Fledermäusen (Microchiroptera) zu?

Die nachtaktiven Tiere leben vor allem von Spinnen und Insekten, die bei Dunkelheit rege werden. Ihre Hände sind zu Flugorganen umgebildet. Sie bedienen sich zur Nahrungssuche des Ultraschalls. Sie sind äußerst nützlich. Die Jungen dieser einzigen fliegenden Säugetiere werden lebend zur Welt gebracht und im Fluge von den Weibchen mitgeführt. Die Zitzen befinden sich unter den Achseln (s.S. 774).
Alle 21 in der Bundesrepublik vorkommenden Fledermausarten sind schwer gefährdet. Die großen und die kleinen Hufeisennasen sind direkt vom Aussterben bedroht. Die Tiere leben in Kolonien (die Weibchen in Wochenstuben) und werden in Fels- (Gebäude-) und Baumfledermäuse unterteilt. Im Oktober fliegen sie bis zu 750 km weit in ihre Winterquartiere. Dort fallen sie in Winterschlaf (Kältestarre, wenige Herzschläge pro Minute). Die Baumfledermäuse verbringen die kalte Jahreszeit in Baumhöhlen. Die Felsfledermäuse suchen sich Felslöcher, Kellerräume, Bergwerksstollen und Mauerritzen in alten Bauwerken (Dauertemperatur 4–6° C über Null und 100% Luftfeuchtigkeit). Im Sommer beziehen die Tiere u.a. Nistkästen unserer Singvögel oder leben in Dachräumen von Kirchen bzw. anderen großen Bauwerken.

Wie ist der Rückgang der Fledermäuse zu erklären?

Zunächst wurden sie aus einem Aberglauben heraus verfolgt. Heute zerstört man oft aus purer Gedankenlosigkeit ihre Sommer- und Winterquartiere. Der Einsatz von Insektiziden und natürlich auch der Herbizide bringt sie dem Hungertod nahe. (Die Unkräuter sind wichtige Nahrungspflanzen für die Insekten!) Meist ist ihr Nahrungsangebot so weit zurückgegangen, daß größere Kolonien gar nicht mehr existieren können.

Wie kann man den Fledermäusen noch eine Überlebenschance geben?

Man darf keine faulen und ausgehöhlten Bäume fällen. Alte Keller, verfallene Bergwerksstollen sollen nicht ganz zugemauert werden. In Dachstühlen empfiehlt es sich, mindestens fingerbreite Einflugschlitze freizulassen. Haben Fledermäuse Nistkästen von Vögeln angenommen, störe man sie darin nicht. Für die gefiederten Freunde hänge man neue Nisthilfen auf.
Es gibt auch spezielle Fledermauskästen. Man hängt diese dort in Gruppen auf, wo man am Abend die fliegenden Säugetiere beobachtet. Das sind in aller Regel sonnenwarme Waldschneisen, Wald- und Gewässerränder, Parks und Obstgärten. Am besten eignen sich alte Bäume in 4–6 m Höhe. Das Einflugloch zeigt nach Süden. Die Tiere müssen freien Anflug haben. Die Kästen sind unbedingt bis in den August in Ruhe zu lassen. Oft werden die künstlichen Wohnräume erst nach Jahren angenommen. Folgende Firmen bieten Fledermauskästen an: Puridon – Holzfledermauskästen, Schoepp Str. 48, 6800 Mannheim-Friedrichsfeld; K. Grund, 8425 Neustadt/Donau; Fa. Schwegler, 7060 Schorndorf.

Was ist kennzeichnend für das Steinhuhn (Alectoris graeca)?

Es ist rebhuhnähnlich und hat unbefiederte rote Ständer, einen roten Schnabel und einen roten Augenring sowie einen rotbraunen Stoß, einen weißen Kehlfleck und einen scharf begrenzten schwarzen Halslatz. (Stimme: Kleiberähnlich „witt-witt-witt".) Henne und Hahn (einzigartig bei Hühnern) brüten oftmals je ein Gelege aus. Das Steinhuhn kommt vereinzelt noch in den deutschen Alpen vor. Es lebt zwischen der Baum- und Schneegrenze in strenger Einehe, nur im Winter gesellig. Es liebt felsiges, sonniges Gelände.

Was ist kennzeichnend für den Kranich (Grus grus)?

Er ist dem Stockmaß nach der „größte" Vogel in Deutschland. Er hat einen schwarz-weißen Halsstreifen, einen roten Scheitelfleck und über den Stoß (Schwanz) herabhängende schwärzliche Federn. Er kann im Gegensatz zu Störchen und Reihern nicht aufbaumen und fliegt mit ausgestreckten Ständern und ausgestrecktem Halse (s. Abb. S. 303) mit lauten Trompetenrufen in der typischen Keilformation. Ruf: Rurr, rürr, in der Erregung „Krüh". Er lebt in Einehe, beide Eltern bebrüten im April/Mai 28 Tage zwei graugrüne Eier.
Wandernde Scharen der Kraniche, Gänse und Schwäne fliegen in Keilformation mit ausgestrecktem Halse und nach rückwärts ragenden Ständern. Flughöhe 200–600 m (Gefährdung des Flugverkehrs!). Flüge der Kraniche von Ost nach West werden an die Flugplätze gemeldet (Warnsystem).

Zu welcher Familie gehören die Dommeln?

Zur Familie der Reiher, die mit Störchen und Ibissen zur Ordnung der Stelzvögel

vereinigt werden und sich vor allem durch ihre langen Ständer sowie meist lange Hälse und Schnäbel auszeichnen. Alle Reiher fliegen mit langsamem Flügelschlag und S-förmig eingezogenem Halse.
Die *Rohrdommel* (Botaurus stellaris) ist ein reiherähnlicher Schilfvogel mit gelbbraunem, reich gefleckten und gebänderten Gefieder und langen grünen Ständern. Wegen des Paarungsrufes („bumb“ oder „ü-prumb“), der dem dumpfen Gebrüll eines Ochsen ähnelt, wird sie auch „Moorochse“ genannt. Sie brüllt von März bis Juli. Bei Gefahr wird der Schnabel senkrecht hochgerichtet (Pfahlstellung, s. Abb. S. 302).
Die *Zwergdommel* (Ixobrychus minutus) ist um die Hälfte kleiner. Sie hat auffallende rahmgelbe Schwingendecken. Scheitel und Rücken sind beim Männchen grünlich-schwarz, beim Weibchen streifig dunkelbraun (s. Abb. S. 302).

Welche Störche werden unterschieden (Ciconiidae)?

Der weiße und der schwarze Storch. Beide haben einen langen, glänzend roten Schnabel und rote Ständer. Der Flug erfolgt mit ausgestrecktem, leicht abwärts geneigtem Hals, langsam und bedächtig (s. Abb. S. 303). Der Schwarzstorch lebt in einsamen Wäldern, die von kleineren Wasserläufen durchzogen sind.
An erhöhten Stellen bietet man dem Weißstorch als Nistanreiz einen Weidenkorb oder einige sperrige Zweige an. Zum Schutz der Jungstörche sollte diese Bruthilfe möglichst weit von der nächsten Drahtleitung entfernt sein. Nahe Kamine werden am besten mit Maschendraht abgedeckt.

Was sind Löffler und Ibisse (Plataleidae)?

Es sind langbeinige Sumpfvögel, die in der Gestalt Störchen oder Reihern ähneln. Der dem afrikanischen Ibis verwandte Löffler hat einen löffelartig geformten Schnabel. Sie fliegen mit ausgestrecktem Halse (s. Abb. S. 303).

Wie unterscheidet sich die geschützte Bekassine von der jagdbaren Waldschnepfe?

Die *Waldschnepfe* (Scolopax rusticola) hat einen langen Stecher, runde Flügel und eine Färbung wie fallendes Laub. Scheitel und Nacken sind quergebändert. Sie fliegt mit klatschendem Geräusch, aber stumm auf und läßt sich schnell wieder in Deckung fallen.
Die *Bekassine* (Gallinago gallinago) dagegen hat spitze Schwingen, auf dem Kopf längs gerichtete helle Kopfstreifen und einen orangefarbenen Stoß (s. Abb. S. 309). Charakteristisch für sie ist ihr rätschender Ruf beim Aufgehen und ihr Zickzackflug. Sie ist wesentlich kleiner als die Waldschnepfe. Sie wird wegen des ziegenartig meckernden Lautes, den das Männchen beim Balzflug hören läßt, im Volksmund auch „Himmelsziege“ genannt.
Dieses „Meckern“, das etwa wie das schnell gesprochene Wort „wähähähä“ klingt, entsteht durch Vibration der weitgespreizten äußeren Steißfedern und der Leitflügel während des Balzfluges des Männchens beim schrägen Absturz (sog. Schwanzfedernmeckern!). Die Bekassine bevorzugt im Gegensatz zur Waldschnepfe die weite offene und sumpfige Landschaft. Auf dem Erdboden meldet sie sich durch ihren typischen Ruf „tücke, tücke, tücke“. Die Männchen kommen Ende Februar/Anfang März zu uns. Vierzehn Tage später erreichen uns die Weibchen. Nach dem Frühjahrszug verpaaren sich die Tiere. Sie leben polygam.

Mittel- oder Doppelschnepfe

Zwerg- oder Haarschnepfe

Auch die große Zahl der übrigen Schnepfenarten vom Großen Brachvogel (Numenius arquata, s. Abb. S. 302) über die Mittel- oder Doppelschnepfe (Gallinago media), Zwerg- oder Haarschnepfe (Lymnocryptes minimus) und die Regenpfeifer (Charadriidae) bis zu den Wasser-, Strand- und Uferläufern und dem Triel (Burhinus oedicnemus) ist geschützt (farbige Abbildungen s. S. 302).

Wodurch unterscheidet sich die Zwergschnepfe von der Bekassine?

Sie ist kleiner als die Bekassine und hat keinerlei Weiß am Stoß. Sie ist beim Auffliegen stumm und fliegt nicht im Zickzack.
(Mittel- und Zwergschnepfen sind geschützt!)

Woran sind die Brachvögel leicht zu erkennen?

An ihrem sehr langen, abwärts gebogenen Schnabel.

Welches ist der bekannteste Brachvogel?

Der Große Brachvogel (Numenius arquata). Die Kronschnepfe, auch Vogel „Tüt" genannt, gilt als zuverlässiger Frühlingsbote. Er ist Indikator einer naturnahen Landschaft. Als Brutrevier braucht er nasse Wiesen. Sie sollen mindestens hektargroß und ungedüngt sein. Vom April bis Juli dürfen sie nicht landwirtschaftlich genutzt werden.
Der Brachvogel legt vier olivgrüne Eier, die grau-, schwarz- oder rötlich-braun gefleckt sind. Beide Geschlechter wechseln sich beim Brüten ab. Nach 30 Tagen schlüpfen die Jungen, die Nestflüchter sind. Ihre Schnäbel sind zunächst noch kurz und gerade. Den erwachsenen Brachvogel erkennt man an dem sehr langen, abwärts gebogenen Schnabel.

Was sind Alken?

Alken sind schwarz-weiße, gesellig lebende entenähnliche Meeresvögel mit kurzem Hals, sehr kurzen, schmalen Flügeln und weit zurückgesetzten Beinen. Sie sind geschützt.

Wo kommen Kiebitz und Flußregenpfeifer vor?

Der *Kiebitz* (Vanellus vanellus) kommt in Sumpfwiesen und Feldern des Tieflandes vor (s. Abb. S. 302). Er hat eine lange strähnige Holle (Kopfstutz), einen grünlich-schwarz schillernden Rücken und ein von der weißen Unterseite abstechendes schwarzes Brustband. Typisch sind seine breiten und sehr runden Flügel und sein wuchtelnder Flug (Stimme: „Kie-wit").
Der *Flußregenpfeifer* ist um zwei Drittel kleiner als der Kiebitz und in seinem Vorkommen ans Süßwasser gebunden. Zum Nisten braucht er große Kiesflächen. Man kann ihm eine Fläche von 20 × 20 m säubern. Wird sie angenommen, muß man unbedingt Badegäste fernhalten.

Wie sieht der Triel aus?

Der Triel (s. Abb. S. 302) ist etwas größer als der Kiebitz und hat große gelbe Augen und zwei breite, lichte Binden im Flügel.

Welche Wasserläufer kommen bei uns vor?

Waldwasserläufer, Bruchwasserläufer und besonders der Rotschenkel. Der Rotschenkel ist durch lange orangerote Ständer und einen langen rötlichen Schnabel mit schwarzer Spitze gekennzeichnet (s. Abb. S. 302).

Welche Taucher sind ganzjährig geschützt?

Der *Rothalstaucher* (Podiceps griseigena, 43 cm, rostroter Hals, weißes Kinn, hellgraue Wangen), der *Schwarzhalstaucher* (P. nigricollis, 30 cm, schwarzer Hals, goldgelbe Ohrbüschel) und der *Zwergtaucher*, das „Duckanterl" (P. ruficollis, 27 cm, mit hellem Schnabelfleck).

Was sind Kormorane?

Gänsegroße langschnäbelige, schwärzliche Wasservögel der Küsten und Flußmündungen mit meergrünen Augen und weißen Kopfseiten (s. Abb. S. 323). Eine Kormoransiedlung befindet sich auf Knechtsand/Elbe.
Sie schwimmen tief im Wasser mit schwach aufwärts gerichtetem Kopf und Schnabel. Im Fluge fällt der für einen Schwimmvogel recht lange Steiß auf. Man nennt den Kormoran auch „fliegendes Kreuz", weil seine Flügelspanne im Flug fast so breit ist wie der Körper lang. Wo Kormorane brüten, sterben innerhalb fünf Jahren die Bäume, da sie die Belastung mit ätzendem Kot und das Abrupfen der Zweige nicht überleben.
Kormorane haben Schwimmhäute zwischen allen vier Zehen, sind Nesthocker und stehen unter Naturschutz.
(Asiatische Fischer legen ihnen Ringe um den Hals und benutzen sie als Fischfänger.)

Woran erkennt man das Teichhuhn (Gallinula chloropus)?

Das Teichhuhn hat einen roten Schnabel mit gelber Spitze und ein rotes Stirnschild, einen weißen Flankenstreifen und grüne Ständer mit rotem „Strumpfband". Es steht im Gegensatz zum Bläßhuhn unter Naturschutz (s. auch Abb. S. 302).

Wie unterscheiden sich Wasserralle und Sumpfhühner?

Sie haben eine hühnchenähnliche Gestalt. Der Abflug erfolgt mit baumelnden Ständern. Beide stehen unter Naturschutz.
Die *Wasserralle* (Rallus aquaticus) hat einen langen, roten, schlanken Schnabel und gebänderte Flanken (s. Abb. S. 302). Das singdrosselgroße, gefleckte *Tüpfelsumpfhuhn* und das nur stargroße *Kleine Sumpfhuhn* haben einen kurzen, gelblichgrünen Schnabel mit roter Wurzel. Die Ständer sind grünlich.

Was ist kennzeichnend für den Wachtelkönig (Crex crex) oder die Wiesenralle?

Er gehört zu den Rallen, ist aber im Gegensatz zu diesen nicht an Wasser und Sumpf gebunden. Der Wachtelkönig fliegt mit hängenden Ständern. Er wird nur auf trockenem Boden (in Wiesen) angetroffen und wird deshalb auch Wiesenralle genannt. Er läuft so schnell, daß man ihn kaum zum Aufstehen bringen kann. In seiner Zeichnung und seinem Zugverhalten ähnelt er der Wachtel (unserem kleinsten Hühnervogel). Er ist aber größer als die Wachtel und wird deshalb Wachtel-König genannt. Er ist außerordentlich heimlich, verrät sich aber durch seinen durchdringenden Ruf „rerrp-rerrp", den er bei Nacht und Tag in den Wiesen erschallen läßt (s. Abb. S. 302). Er ist vom Aussterben bedroht.

Woher hat die Wasseramsel ihren Namen?

Der Vogel sucht seine Nahrung unter Wasser. Dazu stürzt er sich mit dem Kopf voraus ins nasse Element und rudert mit kurzen Flügeln auf den Grund. An Kieseln krallt er sich fest und sucht darunter nach Insekten. Er lebt entlang von Flußläufen, findet jedoch wegen der begradigten Gewässer und glatten Betonbrücken kaum mehr Nistmöglichkeiten. Man bringt daher unter letzteren Leisten oder Bretter an. Gern nistet er auch in Halbhöhlen. Dazu spannt man um einen Bretterwinkel einen engmaschigen Draht und betoniert diesen aus. Solche Halbhöhlen nehmen auch Rotschwänze und Bachstelzen gern an.

Was fehlt dem Eisvogel (Alcedo atthis) heutzutage?

Zum Überleben braucht er geeignete Steilufer, in die er Löcher gräbt. Drinnen zieht er seine Jungen auf. Steilufer findet man nur noch selten. Außerdem werden saubere, ruhige Bäche mit Kleinfischen, die ihm als Nahrung dienen, immer seltener. Die Störungen durch den Freizeitbetrieb und den gesteigerten Bootsverkehr werden immer größer. Das hat viel zu seinem Rückgang beigetragen. Der Eisvogel ist ein Stoßtaucher. Man erkennt ihn am langen Schnabel, dem kurzen Stoß und dem Gefieder, das wie ein Diamant leuchtet (s. Abb. S. 774).

Woran erkennt man das Blaukehlchen (Luscinia svecica)?

Am leuchtend, blauen Kehlfleck (s. Abb. S. 774). Es wird auch schwedische Nachtigall genannt. Sein Lebensraum liegt in sumpfigen Dickungen, Heidegebieten, Weidicht und Ufergebüsch. Sein Brutgebiet sind Sumpfwiesen.

Soll man die heimischen Singvögel im Winter füttern?

Grundsätzlich ist eine Winterfütterung abzulehnen. Eine Ausnahme bilden die Zeiträume, in denen die Vögel keine Nahrung finden. Nur bei geschlossener

Schneedecke, Glatteis und starkem Rauhreif kommt es zu echten Nahrungsengpässen. Dann empfiehlt es sich, den Körnerfressern wie Finken, Kleiber, Dompfaff Sonnenblumenkerne, andere ölhaltige Samen, Apfel-, Birnen-, Gurken-, Melonenkörner und Nüsse in einem Häuschen zu verfüttern. Weichfressern (z. B. Amsel) bietet man am besten unter einem Schutzdach aus Zweigen am Boden Weizen- oder Haferflocken an. Zusätzlich kann man auch Mehlwürmer reichen. Aus erhitztem Rindertalg, in den man die gleiche Menge Weizenkleie schüttet, gießt man Meisenfutterglocken oder -ringe. Man kann diese Mischung auch über Fichtenzweige oder -zapfen rinnen lassen. Ab November gewöhnt man in kleinen Gaben die gefiederten Freunde an die Futterstellen, die von Katzen und Greifvögeln nicht zu erreichen sein dürfen (kein Gebüsch in der Nähe). Gesalzenes, also auch Speckschwarten bietet man nicht an. Das Futterhaus ist von Zeit zu Zeit zu reinigen.

Wo hängt man Nisthilfen auf und wie werden sie gereinigt?

Damit es nicht ins Flugloch regnet, muß die Nisthilfe stets senkrecht hängen. Der Kasten darf weder der prallen Sonne ausgesetzt sein, noch soll er sich in einer dunklen Dickung befinden. Die Vögel wollen ungehindert abfliegen können. Am besten zeigt das Eingangsloch nach Südosten. Die Anflughöhe liegt zwischen 3 und 4 m. Zum Reinigen (und Wechseln des Fluglochdurchmessers) lassen sich bei modernen Modellen die Vorderwände abnehmen.

Ab Mitte August beginnt man mit dem Säubern der Nisthöhlen. Aus den Behältern wird der Kot und das alte Nistmaterial entfernt, sonst wären sie in einigen Jahren bis zum Rand voll. Fledermäuse, Bilche und Hummeln läßt man in Ruhe und hängt Ersatzkästen auf.

Wie sollen heutzutage Nisthilfen beschaffen sein?

Moderne Nisthöhlen bestehen aus Holzbeton. Entsprechende Geräte aus Plastik haben sich nicht bewährt. Sie schaukeln im Wind, da sie zu leicht sind und es bildet sich in ihnen Kondenswasser. Hölzerne Brutkästen werden allzuschnell vom Specht zerstört. In Heimarbeit hergestellte werden teurer als vorgefertigte Höhlen. Häufig werden sie auch zu klein gebaut. Man greife daher unbesorgt auf die von der Biologischen Bundesanstalt für Land- und Forstwirtschaft geprüften und empfohlenen Holzbetonhöhlen zurück (Schwegler, Heinkelstr. 35, 7060 Schorndorf). Die sogenannte Meisenhöhle hat die weiteste Verbreitung gefunden. Sie weist eine Fluglochweite von 32–34 mm auf. Stare können daher in ihr nicht nisten. Sie bietet aber neben der Kohl-, Blau-, Sumpf-, Tannen- und Haubenmeise dem Gartenrotschwanz, verschiedenen Schnäpperarten, dem Wendehals, dem Kleiber, sowie den Sperlingen Einschlupf (in seltenen Fällen auch den Baumläufern und dem Zaunkönig).

Interessant werden erst wieder größere Höhlen mit Fluglochdurchmesser von 70–85 mm oder von 75–120 mm. Darin brüten Käuze, Hohltaube und Wiedehopf. Halbhöhlen werden von Rotschwänzen, Bachstelzen und Rotkehlchen bevorzugt. Baumläufer beziehen gern Nisthilfen mit Längsschlitz, der zum besseren Einstieg an die Baumseite zeigen soll. Es gibt auch Niststeine, die man bei einem Neubau wie Ziegel vermauern kann. Durch nachträgliche Einsätze läßt sich der Fluglochdurchmesser auf das gewünschte Maß verkleinern. Zum Schutz vor Elstern, Eichelhähern und Krähen sowie vor Katzen und Mardern empfehlen sich Verlängerungen an den Einfluglöchern.

Wie kann man die Siedlungsdichte von Zaunkönig, Rotkehlchen, Gartenrotschwanz, Zilpzalp, Singdrossel, Buchfink, Finken, Bachstelze und Gartenbaumläufer erhöhen?

Bei genannten Vogelarten handelt es sich um Freibrüter. Da sie nicht in Höhlen nisten, muß man ihnen Nisttaschen anbieten. Dazu bindet man Ginster- bzw. Kiefernzweige an der wettergeschützten Seite zweimal an einen Baum und formt eine kleine Höhlung hinein. Auch Nisthaufen, besonders aus Schwarzdorn, die man in Wäldern ohne nennenswerte Strauchschicht anbringt, können zum Brüten verleiten. Die Zweige richtet man auf den Boden um einen Stamm und bindet sie fest. Durch den sogenannten Quirlschnitt kann man Heckenkirsche, Feldahorn, Wildäpfel, Hainbuche, Pfaffenhütchen und vor allem Weiden, bevor Saft in die Zweige kommt, so stutzen, daß sich Verdichtungen bilden. Bindet man ein Astbüschel zusammen, so läßt sich ebenfalls ein dichter Nestquirl gewinnen.

Wie lassen sich die Schwalben vermehren?

Man sollte dafür sorgen, daß wenigstens einige Lehmlachen in unseren Dörfern erhalten bleiben. Notfalls muß man sie künstlich anlegen und in der Zeit des Nestbaus eventuell Wasser nachgießen, denn dort wird das „Mörtelmaterial" für die Nester geholt. Für Mehlschwalben nagelt man 3–10 Brettchen außen an Ställe und Scheunen. Rauchschwalben erhalten einzelne Nestunterlagen in Stall oder Scheune. Abfallender Kot kann durch ein daruntergelegtes Brett von zirka einem halben Meter Länge aufgefangen werden.

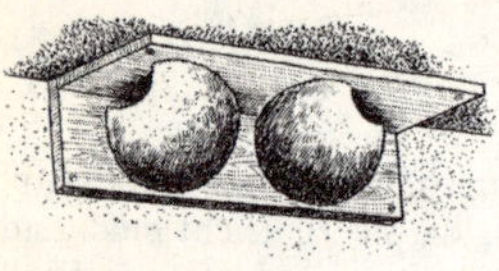

Mehlschwalbe (sie klebt ihre kunstvollen Mörtelnester an die Hausmauer unters Dach)

Rauchschwalbe (ihre Kinderstube ist im Kuhstall)

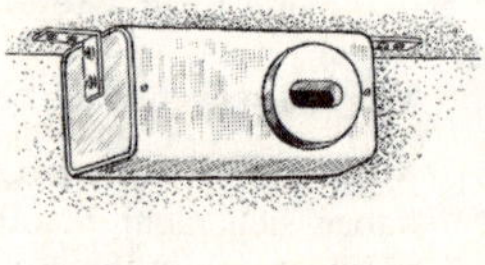

Mauersegler (solche Niststeine lassen sich beim Hausbau mit einmauern)

Der Flußseeschwalbe werden gekieste Nistflöße angeboten (Größe etwa 4 × 6 m).

Welche weiteren Maßnahmen wirken sich positiv auf unsere Vogelwelt aus?

Alte und höhlenreiche Bäume sind zu erhalten. Nicht nur der Specht ist daran häufig anzutreffen. Neben Meisen, Baumläufern und Kleibern finden viele Tiere in einer verfaulenden Eiche oder Buche Unterschlupf. Ein Waldrand mit vielen Sträuchern ist Lebensraum für Grasmücken, Braunellen und Drosseln (Strauchbrüter!). Die Anlage von speziellen Vogelschutzhecken fördert gerade diese Arten. Reisighaufen bieten Goldammern und Baumpipern Nahrung, Zuflucht und Nistraum (Bodenbrüter!). Auf Unkrautwiesen und Komposthaufen leben Würmer, Raupen, Käfer sowie Kleininsekten, die wiederum viele Vögel anlocken. Errichtet man Tränken, sollen diese nicht tiefer als 3 cm sein. In weiterer Entfernung sollte ein Gebüsch sein, das zum Trocknen des Gefieders aufgesucht wird.

Welche wichtigsten Eulen (Strigiformes) werden unterschieden?

Eulen mit Federohren: der Uhu und die Ohreulen (Waldohreule und Sumpfohreule), und
Eulen ohne Federohren: Schleiereule und die Käuze (Waldkauz, Steinkauz, Rauhfußkauz und Sperlingskauz).
Sie jagen ihre Beute hauptsächlich nachts und greifen sie mit ihren Fängen. Ihre Nahrung ist rein animalisch. Alle Eulen legen meist rundliche, weiße Eier. Sie bauen, wie die Falken, keinen eigenen Horst und benutzen verlassene Horste und Nester als Horstfundament. Vor allem die Waldohreule ist auf verlassene Horste, Höhlen oder Felsnischen angewiesen.
Die Eier der Sumpfohreule liegen in niedrigen Bodenvertiefungen der Moore und Heiden.
Im Winter bleiben Waldohr- und Schleiereule sowie Wald- und Steinkauz regelmäßig bei uns. Bei hohem Schnee besuchen Waldohr- und Schleiereule nachts gern Federwildschüttungen, um dort Mäuse zu jagen, die an die Oberfläche kommen.

Wie sehen Eulen aus?

Sie haben einen verhältnismäßig großen Kopf mit krummem Schnabel, nach vorn gerichteten Augen und glattem Gesicht, in dem die kranzförmig angeordneten Federn einen „Schleier" bilden. Sie können den Augapfel nicht bewegen, drehen den Hals bis 270 Grad und wirken so als „Komiker" unter den Vögeln. Sie fliegen geräuschlos („mottenartig"). Die Geschlechter sind von gleicher Farbe (s. Abb. S. 344). Eulen haben eine nach hinten wendbare „Wendezehe".

Welches ist der größte Eulenvogel?

Der Uhu (Bubo bubo), waidmännisch auch „Auf" genannt. Er ist gänsegroß. Sein besonderes Merkmal sind die beiden bis zu 9 cm langen, auffälligen Federohren. Seine Augen sind rot (s. Abb. S. 344). „U-hu" ist seine typische Lautäußerung. Als Revier braucht ein Uhupaar an die 1500 ha.
Der Uhu schlägt alles, was er zwingen kann. Auf seinem Speisezettel stehen Mäuse, Frösche, Enten, Bleß- und Teichhühner, Ratten, Hasen, Kaninchen und sogar Jungfüchse. In den Wintermonaten greift er vor allem Igel, die ihre schützende Deckung verlassen haben. Oft weisen seine Beutetiere Knochenbrüche auf (Gewölluntersuchungen!), was darauf hinweist, daß auch vom Straßenverkehr verletztes oder getötetes Wild aufgenommen wird. Am liebsten sind ihm Tiere mit einem Gewicht von 300 bis 500 g, was ungefähr seinem Tagesbedarf an Nahrung entspricht. Außer dem selten gewordenen Steinadler hat er keine Feinde.

Wird der Uhu oder Auf heute noch zur Hüttenjagd verwendet?

Nein! Diese heute nicht mehr zu verantwortende Jagdart käme einer Tierquälerei gleich. Der Nachtvogel mußte dabei oft lange Zeit im grellsten Sonnenlicht auf einer Jule sitzen. Während die Rabenvögel auf ihn herunterhaßten, pfiffen über ihn die Schrote der Jäger hinweg. Man benutzt heute zur Hüttenjagd (s. Abb. S. 344) nur noch Uhu-Attrappen, damit das Aushorsten des Junguhus zum Verkauf und damit die Ausrottung des so selten gewordenen Uhus (auch im

Ausland) verhindert wird (Uhu-Schutzaktion des Deutschen Naturschutzringes in Zusammenarbeit mit dem DJV).

Sind die Aktionen zur Wiedereinbürgerung des Uhus als erfolgreich anzusehen?

Lange Zeit galt der Uhu als Jagdschädling und wurde kompromißlos verfolgt. Da er zudem zur Hüttenjagd gebraucht werden konnte, wurden die Jungtiere auch ausgehorstet. Der Bahn- und zunehmende Autoverkehr, die Störungen durch den aufkommenden Tourismus sowie die ständig fortschreitende Verdrahtung der Landschaft gaben ihm den Rest. Um das Jahr 1960 galten die bundesdeutschen Vorkommen bis auf wenige Exemplare in *Bayern* als ausgerottet.
Die Aktion zur Wiedereinbürgerung des Uhus (AZWU) unter Leitung von Oswald von Frankenberg, die eng mit der Koordinationsstelle für Tieransiedlungen der Universität Göttingen zusammenarbeitet, begann 1968 mit ihren systematischen Vorbereitungen, den größten Eulenvogel unserer Heimat wieder anzusiedeln. Zunächst wurde als Zuchtgrundlage eine genügend starke „Population unter Draht" aufgebaut. Dazu verpaarte man männliche und weibliche Hüttenuhus unter der Obhut ihrer bisherigen Besitzer. Da sich erwachsene Tiere schlecht auswildern ließen, wurde Jungvögeln in Vierwochenkursen das Beuteschlagen gelehrt, und man setzte sie dann frei. Diese Auswilderungsmethode gilt als recht erfolgversprechend, nachdem die anfänglichen Widerstände der Tierschützer ausgeräumt werden konnten. Auch das Adoptionsverfahren wird hie und da angewandt. Dazu setzt man künstlich gezogene Nestjunge im Alter von 3–4 Wochen den in der Natur erbrüteten zu. Auch flügge Junguhus, die man in 30–80 Meter Entfernung eines Horstes freiläßt, werden fast in jedem Fall von den Alttieren an Kindesstatt angenommen. Viel Arbeit bereitet die Verpaarung. In diesem Fall wird im Frühjahr einem rufenden Männchen ein geschultes Weibchen zugesellt.
Reich gegliederte Kulturlandschaften mit eingeschobenen Felsrissen oder Steinbrüchen sind „ökologische Nischen" für den Uhu. In Horstnähe muß Ruhe herrschen. An den Felsen darf nicht geklettert werden. Zwischen Januar und August verbieten sich im weiteren Umkreis alle forstlichen und jagdlichen Aktivitäten. Schwanenhälse und Krähenfänge sollen aus dem Uhurevier verbannt werden. Mittelspannungsmasten (10–20 KVolt) müssen weithin entschärft werden. Großvögel, u.a. auch der Uhu, verletzen sich im Flug daran oder schließen die Drähte beim Aufblocken kurz, da diese zu nahe nebeneinander laufen. Den Stromtod können Bügel verhindern, welche die Isolatoren überspannen. Auch Vogelschutzmanschetten und Alternativsitze haben sich bewährt. Letztere empfehlen sich auch in Straßennähe, da der Uhu sonst Leitplanken annimmt.

Welche Ohreulen kommen bei uns vor?

Die *Waldohreule* (Asio otus) ist dem Uhu äußerlich ähnlich, hat ebenfalls lange Federohren, ist aber wesentlich kleiner. Sie ist infolge rein nächtlicher Lebensweise schwer zu beobachten (Stimme: „u-u-u-u"). Sie liebt Dickungen, Nadelwaldungen und lebt von Kleinsäugern, Vögeln und Insekten. Die Waldohreule nimmt oft künstliche Nisthilfen an, die in der Unterlage aus Korbgeflecht oder Maschendraht bestehen. Sie sollen im Durchmesser 50 cm haben. Vor dem Ausle-

gen mit Fichtenzweigen, Wurzeln und Gras müssen sie gut befestigt werden, damit sie der Wind nicht herunterreißt.
Die *Sumpfohreule* (Asio flammeus) jagt bei Tage im offenen Gelände und in der Abenddämmerung. Man trifft sie zur Zeit der Hühnersuche häufig im Felde an. Ihr Flug ist niedrig und schaukelnd mit häufigem Gleiten. Die Federohren sind kaum sichtbar (Balzstimme: „bu-bu-bu"). Sie liebt offenes sumpfiges Gelände und Moore (Abbildungen siehe S. 344).

Wie kann man Schleiereulen das Leben erleichtern?

Schleiereulen (Tyto alba) sind gezwungen, jeden Tag Beute zu schlagen und können deshalb längere Hungerperioden nicht überstehen. Da ihre Hauptnahrung Mäuse sind, sollte man Haus- und Feldscheunen mit Einfluglöchern versehen, damit sie bei hohen Schneelagen in deren Innerem zu jagen vermögen. Hier und auf Kirchtürmen bringt man Brutkisten an (50 × 50 × 100 cm – Einflugloch 15 × 20 cm). Landwirte und Pfarrer sind zu unterrichten. Schnarchende Laute sind die natürlichen Lebensäußerungen der Tiere! Wegen ihrer Gewohnheit, in Gehöften und Türmen zu hausen, nennt man die Schleiereule Kulturfolger. Der helle Vogel mit den langen Fängen ist durch einen großen, gelblich-weißen, herzförmigen Schleier im Gesicht gekennzeichnet. Sein Flug ist schwankend und wirkt in der Dämmerung geisterhaft (s. Abb. S. 344).

Welche Nisthilfe nimmt der Steinkauz an?

Der Steinkauz (Athene noctua) nistet mit Vorliebe in länglichen Röhren. Er braucht ein Einflugloch mit 6–7 cm Durchmesser. Die Trommel baut man aus Holz, umwickelt sie mit Pappe und bindet sie in 3–5 m Höhe an einen leicht schrägen Ast (nicht an Kirschbäume, denn die Ernte stört beim Brutgeschäft!). Damit der Steinmarder nicht gefährlich werden kann, bringt man hinter dem Einflugloch nochmal eine Scheibe an, die eine versetzte Durchschlupföffnung hat und in den eigentlichen Brutraum führt.
Der Steinkauz ist durch seine geringe Größe, seine geduckte Haltung und sein flachköpfiges Aussehen gekennzeichnet (Stimme: schrilles „kuwitt", „komm mit!"). Er wird häufig in Dörfern angetroffen, wo er in Gebäuden und hohlen Bäumen horstet (s. Abb. S. 344).

Gilt der Waldkauz als gefährdet?

Nein, er ist noch recht häufig (s. Abb. S. 344). Der Waldkauz ist vornehmlich Waldvogel und hat keine Federohren. Er kommt gut durch den Winter, weil er Fallwild annimmt (Stimme: „kju-wik, Balzstrophe „hu-hu-hu", dem nach einer Pause ein langanhaltendes „u-u-u-u" folgt).

Welche weiteren Kauzarten kennen wir?

Der *Rauhfußkauz* (Aegolius funereus) ähnelt dem Steinkauz, hat aber größeren Kopf, helleres Gesicht und schwärzer begrenzten Schleier.
Der *Sperlingskauz* (Glaucidium passerinum) ist die kleinste Eule. Er ist kleiner als ein Star, keck und lebhaft und auch bei Tage anzutreffen. Er jagt und schlägt kleine Vögel im Fluge. Er liebt einsame Wälder und horstet in hohlen Bäumen (s. Abb. S. 344).

Was ist erkennungstypisch für Saat- und Nebelkrähe?

Die *Saatkrähe* (Corvus frugilegus) unterscheidet sich von den anderen Krähen durch ihr nacktes, weißliches Gesicht (den unbefiederten, hellen Fleck um die Schnabelwurzel, s. Abb. S. 352), durch ihren schmaleren und spitzeren Schnabel und durch die im Laufen struppig wirkende Schenkelbefiederung (die Hosen). Im Winter fliegen die Schwärme bei Tagwerden in die Großstädte (vor allem in Süddeutschland) und suchen dort nach Nahrung. Abends verlassen sie die Ballungszentren wieder in Scharen, die oft den Himmel verdunkeln. Sie übernachten in dünner besiedelten Vororten auf Schlafbäumen. Bei Frühlingsbeginn sind sie wie vom Erdboden verschwunden. Sie suchen dann ihre Brutkolonien im Osten (Ungarn, Polen) auf.
Die *Nebelkrähe* (Corvus corone cornix), die „geflügelte Ratte", ist leicht von der Raben- und Saatkrähe durch den aschgrauen Rücken und die graue Unterseite zu unterscheiden. Sie ist Wintergast (Stimme: Krah, s. Abb. S. 352).

Welche geschützten Rabenvögel leben noch in Kolonien zusammen?

Die *Dohle* (Corvus monedula) ist Höhlenbrüter (in Kolonien) und am aschgrauen Nacken und den hellgrauen Flecken an den Halsseiten kenntlich (s. Abb. S. 352).
Die *Alpendohle* (Pyrrhocorax graculus) hat einen gelben Schnabel und rote Ständer.
Die *Alpenkrähe* (Pyrrhocorax pyrrhocorax) erkennt man am roten Schnabel und den roten Ständern. Sie kommt in den Westalpen in Kolonien vor.

Steht der Tannenhäher unter Naturschutz?

Ja! (s. Abb. S. 352).

Wie kann man die Straßenopfer bei Laichwanderungen von Kröten gering halten?

Beginnen im März die Temperaturen zu steigen, wandern in Regennächten (bis Mitte April) vor allem Erdkröten (s. Abb. S. 772), um ihre Laichgewässer aufzusuchen. Müssen sie dabei stark frequentierte Straßen überqueren, werden sie zu Tausenden totgefahren (auch Grasfrösche und Molche ereilt häufig dieses Schicksal!). Sind die Überquerungsstellen bekannt, können längs den Straßenböschungen Fangzäune aus Plastikfolien errichtet werden. Alle 30 – 40 cm gräbt man einen Eimer in den Boden. Darin fangen sich die Tiere. Am Morgen und am Abend trägt man sie über die Straße. Es empfiehlt sich, in die Kübel einen Stock zu legen, damit sich die Mäuse aus diesen Fallen retten können. Besser ist der Einbau von Krötentunnels. Diesen Zweck erfüllen bereits einfache Röhren, die unter der Straße durchführen. Sie können auch bei der Rückwanderung in die Winterquartiere benutzt werden, die zwischen April und Juli erfolgt. Hie und da werden auch Krötenwarnschilder aufgestellt oder von der Polizei wird der Verkehr umgeleitet.
Das Verlegen der Laichweiher auf die andere Straßenseite bringt nicht sofort den gewünschten Erfolg. Erst in diesen Wasserstellen geborene Tiere nehmen sie als Laichbiotope an. Man muß auch die Laichschnüre dorthin verbringen. In der Zwischenzeit fängt man die anderen Tiere weiterhin ab.

Wie muß ein Amphibientümpel aussehen?

Feuersalamander, Kammolch und Grasfrosch wollen stehendes Wasser. Der Weiher muß sonnenbeschienen sein. Bis auf den Laubfrosch wünschen die Amphibien keine Sträucher am Wasser. Es müssen Verlandungszonen und möglichst unbepflanzte Inseln vorhanden sein. Man darf nur Friedfische einsetzen (Karausche, Moderlieschen, Bitterling, Grundel). Insbesondere Erdkröten schätzen warmes, trübes Wasser, sie wickeln ihre Laichschnüre um Pflanzenstengel. Man beachte, daß Wildenten Laichfresser sind. Dichter Brombeerwuchs hält ungebetene Badegäste ab.
Gelbbauchunken bevorzugen flaches, nicht saures Wasser. Sie begnügen sich mit Pfützen von Wagenspuren und halten sich den ganzen Sommer darin auf.

Warum gibt es nur noch so wenig Schmetterlinge?

Durch Verspritzen von Insektiziden (Insektengiften) vernichtet man Raupen und Puppen. Herbizide beseitigen in den Feldern die Unkräuter, welche den Schmetterlingen wie ihren Entwicklungsstadien als Nahrung dienen. Unsere Falter benötigen naturbelassene Zellen an Böschungen und Feldrainen, wo Wegerich, Wikken, Klee, Disteln und Ampfer wuchern. Die Brennessel, die an nährstoffreichen Stellen wächst (Stickstoffanzeiger!), ist eine wichtige Raupenfutterpflanze (z.B. für die stachlige Raupe des Tagpfauenauges!). Der Apollofalter (s. S. 770) ist deshalb so selten geworden, weil seine Raupe auf die kaum mehr vorkommende weiße Fetthenne der Alpen angewiesen ist. Die Schmetterlinge selbst verlangen echte Kräuter (z.B. Thymian) in gräserreichen Wiesen. Unter den Sträuchern lockt sie vor allem der Sommerflieder an. Sie überwintern an geschützten Stellen entlang Hauswänden. Man sollte sie dort nicht stören.

Welche einfachen Maßnahmen können den Hautflüglern Lebensräume schaffen bzw. erhalten?

Die nichtstaatenbildenden Hautflügler werden ganz besonders von der übertriebenen Landschaftspflege unserer Tage betroffen. Man entfernt alte Holzzäune, schüttet jede Sandgrube zu und beginnt gar, Böschungen zu betonieren. Da diese Tiere in Holz, harten Pflanzenteilen und im Boden leben, finden sie kaum mehr Möglichkeiten, sich fortzupflanzen. Man hilft ihnen, wenn man ihnen Holzteile anbietet, in die Löcher gebohrt sind. Diese sollen 2–10 mm Durchmesser haben und maximal 10 cm lang sein. Solche Hölzer hängt man an sonnigen und windgeschützten Stellen im Revier auf (auch Gärten und Balkone eignen sich!). Man läßt sie den Winter über draußen. Mauerbienen finden sich bald dort ein. Auch hohle Stengel kann man zusammenbinden. Dazu bieten sich Brombeere, Rose und Holunder an, weil sie markhaltig sind. Schilf-, Stroh- und Trinkhalme lassen sich in eine Konservendose stecken. Sie erfüllen dann den gleichen Zweck.
Man achte darauf, daß steile, sonnige Böschungen nicht bepflanzt werden. Sand, sandiger Lehm und Löß locken die „Bodenbrüter" unter den Hautflüglern an. Dazu gehören Hummeln, Sand-, Pelz-, Furchen- und Hosenbienen wie auch Grab-, Falt- und Wegwespen. Man darf entsprechende Stellen auch nicht umgraben, gießen oder düngen. Schlupfwespen, die als Schmarotzer leben, werden von den Erdnestern dieser Arten angezogen.

Verdienen Ameisen den besonderen Schutz des Forstmannes und Jägers?

In jedem Fall! Die Ameisen zählen zu den staatenbildenden Insekten. Die einzelnen Arbeiterinnen sind spezialisiert auf Tätigkeiten im Inneren des Haufens oder außerhalb ihres Wohnbereichs. Während die einen die Brut pflegen und als Bauleute tätig werden, sind die anderen als Jäger, Blattlausmelker und Transportarbeiter unterwegs. Die kleinen Wesen kontrollieren einen Raum bis zu 100 m um ihren Haufen. Dort erbeuten sie Schmetterlingsraupen und Blattwespenlarven in der Zahl bis zu 100000 Stück am Tag. Darunter sind viele Forstschädlinge. Da sie auch Nadel, Laub und Erdteile sammeln, helfen sie bei der Verbesserung des Bodens. Auerwild, aber auch Birk- und Haselhenne brauchen zur Aufzucht ihrer Kücken Ameiseneier.
Die kleine Waldameise ist bevorzugt zu fördern. Diese Art ist recht vermehrungsfreudig und auch untereinander recht verträglich. Um Tochternester anzulegen, sind im Frühjahr Ableger zu bilden. Schattennester läßt man zu diesem Vorhaben unbehelligt. Man nimmt nur von Haufen, die besonnt sind, denn dann befinden sich auch die Königinnen in der Nestkuppel. Stößt man dabei bereits auf Ameisenbrut, läßt man den Haufen im weiteren unberührt. Aus den Ameisen mehrerer Nester bildet man ein neues Volk.
Seit alle Waldameisenarten unter Naturschutz stehen, ist der Specht ihr Hauptfeind. Um die Nester zu schützen, baut man über sie ein Drahtschutzgeflecht (s. S. 770). Es muß großräumig bemessen sein. Unbedingt soll auch der Nestauswurf unter das Gestell. Der Haufen darf dabei keinesfalls verletzt werden.
Eine Ameisenschutzwarte in Würzburg bemüht sich ganz besonders um die Ameisenhege.

Wie werden Pilze richtig gesammelt?

Das Sammeln von Pilzen hat sich zu einer Art Volkssport entwickelt. Viele eßbare Arten sind in unseren Wäldern kaum mehr zu finden. Ist man beim Suchen fündig geworden, sollte man stets einige, besonders die kleinen Exemplare stehen lassen. Keinen Pilz darf man zertreten, auch giftige nicht. Sie sind wichtig in der Zersetzerkette und bilden in kleinerem Umfang auch den Wildtieren Nahrung. Einen Pilz reißt man nicht heraus. Man dreht ihn über der Erde ab. Das Mycel muß im Boden bleiben.
Besondere Vorsicht ist beim Sammeln von Wiesenchampignons geboten. Pilze, die am Waldrand wachsen, können mit dem überaus giftigen Knollenblätterpilz verwechselt werden.

Biotopschutz und Landschaftspflege

Warum wird heute der Biotopschutz dem Artenschutz vorgezogen?

Viele Pflanzen- und Tierarten stehen bereits seit einem halben Jahrhundert unter dem Schutz der Gesetze. Trotzdem konnte ihr Rückgang nicht aufgehalten werden. Bei der Erforschung der Ursachen stieß man immer auf die Erkenntnis, daß es nie die direkte Einwirkung des Menschen (z. B. Jagd, Sammlertätigkeit) war, die ein Vorkommen existenzgefährdend schmälerte, sondern daß stets ihr Lebensraum lebensbedrohend eingeengt wurde.

Daher geht man heute verstärkt dazu über, wertvolle Biotope der menschlichen Nutzung ganz oder teilweise zu entziehen. Das Bundesnaturschutzgesetz zählt in diesem Zusammenhang auf: Nationalparks, Naturschutzgebiete, Landschaftsschutzgebiete, Naturparks, Naturdenkmäler und geschützte Landschaftsbestandteile. In § 8 regelt es das Vorgehen bei Eingriffen in die Natur und fordert Ausgleichsmaßnahmen soweit dies im Sinne des Naturschutzes und der Landschaftspflege (s.S. 765) notwendig ist.
Bedauerlicherweise stellt man immer wieder fest, daß gerade das Bundesnaturschutzgesetz und entsprechende Ländergesetze nicht die erhoffte Wirkung haben. Einerseits nehmen selbst Behörden entsprechende Vorschriften nicht ernst genug, andererseits ist es das Gesetz selber, das in entscheidenden Paragraphen zu allgemein bleibt und bei Vergehen nur lächerlich niedrige Geldbußen vorschreibt. So gingen einige Institutionen dazu über, gefährdete Biotope selbst käuflich zu erwerben. Naturschutzverbände und die Jägerschaft sind in dieser Richtung seit längerer Zeit aktiv. Während erstere an großflächigen Gebieten interessiert sind, erwirbt letztere z.B. über die Wildlandgesellschaft *Bayern* oder die Naturlandstiftung *Hessen* auch Parzellen von Hektargröße. Der Ankauf wird aus Spenden und der Jagdabgabe finanziert. Ziel ist in allen Fällen der Aufbau von Ökozellen, die inselartig das ganze Land überspannen. Erworbene Flächen sollen weitmöglichst sich selbst überlassen werden. Man geht dabei von dem Gedanken aus, daß schon 1–2% des bewirtschafteten Landes, das man der menschlichen Nutzung entziehen kann, wahrscheinlich der Natur genügt, sich selbst zu regenerieren.

Warum sind die wenigen verbliebenen Feuchtgebiete unter allen Umständen als solche zu erhalten?

Wasser gilt als die Wiege allen Lebens, und Feuchtgebiete sind das Rückzugsgebiet vieler bedrohter Arten (Frösche, Kröten, Lurche, Molche und Insekten). Außerdem fungieren Feuchtgebiete als Trinkwasserspeicher für den menschlichen Bedarf und bannen bei langandauernden, starken Niederschlägen die Hochwassergefahr. Zusätzlich helfen sie, Klimaextreme auszugleichen.
Trotzdem hat die Zahl der Weiher und Tümpel in den letzten zwanzig Jahren um zwei Drittel abgenommen. Die letzten Sumpflöcher wurden zugeschüttet. Durch nasse Wiesen zog man Drainagerohre. Den begradigten Flüssen folgen kaum noch Auwälder. Die Weichholzaue, die zu ihrer Existenz einer jährlichen Überschwemmung bedarf, ist meist ganz weggefallen. Eine strenge Regulierung des Wasserstandes erfordert eine strikte Trennung von Wasser und Land.
Die großen Moorgebiete des Voralpenlandes und der norddeutschen Tiefebene wurden durch Grundwasserabsenkung und Entwässern bis auf einen minimalen Rest urbar gemacht. Die Torfdecken werden abgetragen, um Humuserde als Düngemittel zu gewinnen. Wollgräser, Rausch- und Moosbeere verschwinden gleichzeitig mit den „fleischfressenden“ Pflanzenarten wie Fettkraut und Sonnentau. Birkwild, Kiebitz und Brachvogel verlieren ihre Lebensräume.
Neben den Niedermooren (süddeutsch: Moos), die eine Verbindung zum Grundwasser haben, unterscheidet man Hochmoore (süddeutsch: Filz), die an ihrer uhrglasförmigen Aufwölbung erkennbar sind und nur vom Regenwasser versorgt werden. Besonders die Pflanzendecke der Filze reagiert bereits auf bloßes Betreten sehr empfindlich.

Welche trockenen Standorte sind besonders erhaltenswert?

Trockenrasen sind Biotope, die bevorzugt auf warmen, flachgründigen Kalkböden anzutreffen sind. Hier gedeihen Enzian und Knabenkräuter, Sommerröschen, Gamander und Thymian. Diese Flächen sind ein Eldorado für Heuschrecken, Käfer und Eidechsen.
Wie *Heiden* darf man sie nicht düngen. Eine landwirtschaftliche Nutzung wird nicht abgelehnt, sie ist sogar erforderlich, um solche Standorte zu erhalten. Allerdings muß diese extensiv sein. Nur ein- bis zweimal soll gemäht werden. Als Schafweide sind Trockenrasen und Heiden ebenfalls geeignet. Die Tiere sorgen dafür, daß keine Büsche und Sträucher hochkommen, und unterbinden somit das Verwalden dieser Flächen.

Welches großflächige Ökosystem gilt in Deutschland noch als verhältnismäßig unberührt?

Das Wattenmeer, welches sich als Küstensaum in etwa 450 km Länge und 10 km Breite von den Niederlanden über die Bundesrepublik bis nach Dänemark zieht.
Die Anziehungskraft des Mondes hält das Nordseewasser ständig in Bewegung. Alle vier Stunden etwa werden die Schlickflächen durch Ebbe und Flut überschwemmt und wieder trockengelegt. Das Watt ist sowohl ein Kompromiß zwischen feuchtem Element und Land wie zwischen dem Salzwasser des Meeres und dem Süßwasser der Mündungsflüsse. Über Salzgraswiesen, Schlickgras- und Quellerflächen geht es hinaus auf den bei Niedrigwasser von Prielen durchzogenen Morastsockel, der erst weit draußen in die Nordsee absinkt. Die Algen, die dort produziert werden, sind Nahrungsgrundlage des tierischen Planktons. Ein Quadratmeter Watt erzeugt pro Jahr 300 g Trockensubstanz. Borstenwürmer, Muscheln und Krebse leben im fruchtbaren Schlickschlamm. Mit den Gezeiten treiben Scholle, Flunder und Meeräsche heran. Diese amphibische Landschaft ist ein Paradies für Wat- und Schwimmvögel. Viele Arten brüten in der äußerst fruchtbaren Zone und ziehen dort ihre Jungen auf, bevor sie in ihre Überwinterungsgebiete zurückkehren, die bis in Sibirien oder im nördlichen Kanada liegen können. Es gibt dort Brandgänse, Eiderenten, Austernfische, Säbelschnäbler, Silber-, Sturm-, Lachmöven sowie Küsten-, Zwerg-, und Brandseeschwalbe. Im Spätsommer halten sich geschätzte drei Millionen Vögel im Watt auf. An Säugetieren findet der Seehund hier seine „ökologische Nische“.
Dieser Lebensraum gilt als von Industrie, Schiffahrt, Abwässern und Tourismus schwer gefährdet. Man will noch immer durch Deichbauten dem Meer Land abgewinnen und versucht, Flächen für neue Hafenanlagen auszuweisen. Industrieabfälle werden in die Nordsee verklappt (Dünnsäuren!) und auf Schiffen Sondermüll verbrannt. Von Tankerunfällen herrührende Ölteppiche schlagen an Land und bringen dann die Küstenvögel zu Tausenden um. Eine schleichende Ölpest beginnt, sich langsam, aber katastrophal auszuwirken. Man vermutet, daß die Bohrinseln und Pipelines in der Nordsee diese Ölpest verursachen, denn der Ölgehalt nimmt dort besorgniserregend zu.
Der Nationalpark „Wattenmeer“ wird hoffentlich diesen Lebensraum retten. Noch wirkungsvoller würde ein Internationalpark, in dem die Niederlande, Dänemark und die Bundesrepublik zusammenarbeiten, den Küstenstreifen der Nordsee schützen. Erste Schritte in die Richtung wurden 1981 auf einem Wattenmeersymposium in Norderney getan.

1 Zaunkönig 2 Sommergoldhähnchen 3 Wintergoldhähnchen 4 Hausrotschwanz 5 Mehlschwalbe 6 Rauchschwalbe 7 Nachtigall 8 Singdrossel 9 Dorngrasmücke 10 Gartenrotschwanz 11 Rotkehlchen 12 Star

1 Kohlmeise 2 Tannenmeise 3 Haubenmeise 4 Sumpfmeise 5 Weidenmeise 6 Blaumeise 7 Schwanzmeise 8 Fitis 9 Grauschnäpper 10 Trauerschnäpper 11 Teichrohrsänger 12 Schilfrohrsänger

1 Haussperling 2 Mönchsgrasmücke 3 Gartengrasmücke 4 Zaungrasmücke 5 Feldsperling 6 Feldlerche 7 Grauammer 8 Haubenlerche 9 Stieglitz 10 Rohrammer 11 Kleiber

1 Birkenzeisig 2 Fichtenkreuzschnabel 3 Goldammer 4 Kernbeißer 5 Graufink 6 Erlenzeisig 7 Gimpel (Dompfaff) 8 Bachstelze 9 Buchfink

Wodurch wird das empfindliche Ökosystem der Alpen vor allem gefährdet?

Millionen Menschen werden jahraus und jahrein mit Seilbahnen und Liften hinauf in die alpinen Regionen gebaggert. Der Sommerrummel geht nahtlos in den Winterzirkus über. Präparierte Pisten beleuchtet man teilweise bis 10 Uhr nachts. Man vernetzt Dutzende von Liften zu einer Skischaukel. Die Abfahrten werden immer mehr verlassen. Die Tiefschneefahrer hetzen das Wild aus den letzten geschützten Einständen. Wo die Gegend eben ist, legt man Langlaufloipen an. Oft ziehen die vom Staat finanzierten Forststraßen, welche meist schlecht in die Landschaft eingepaßt sind, die Touristenströme erst richtig an.
Die Orte in den Tieflagen blähen sich zu stadtähnlichen Gebilden auf. Der Häuserbrei schwappt bereits die Hanglagen hinauf. Großprojekte von Kraftwerken mit Speicherseen und Flußumleitungen trocknen ganze Täler aus.

Umweltschutz

Wo liegen die Schwerpunkte der Umweltbelastung?

Der Platzhunger der Menschen braucht nach wie vor unermeßlich viel Raum für seine Siedlungen, Industriegebiete und Verkehrswege. Dann werden allzu sorglos Rohstoffe verbraucht und Energien gedankenlos verschwendet. Die moderne Landwirtschaft wendet die Pestizide zu großzügig an. Die Flurbereinigung hat die ihr überantworteten Flächen geradezu herzlos ausgeräumt. Nach wie vor werden Lebens- und Futtermitteln ungesunde Stoffe zugesetzt. Müll wird ungesichert gelagert, die Luft durch Gifte, Staub und Abgase verschmutzt. Abwässer führt man nicht ausreichend geklärt den Flüssen zu oder läßt sie versickern. Tagtäglich ist der Mensch entnervendem Lärm ausgesetzt. Auf Grund von gestiegenem Freizeitbedürfnis tragen die Erholungssuchenden ihren Alltagsstreß in die letzten unberührten Winkel.

Welche Arten von Müll gibt es?

Hausmüll, Sperrmüll, Gewerbemüll, Klärschlamm, tierische Stoffe, Altreifen, Altöl, Autowracks und Sondermüll. Das Abfallbeseitigungsgesetz vom 7. Juni 1972 regelt, wer für die Beseitigung des Abfalles zuständig ist und wo er anzuliefern ist.

Wie wird Müll unschädlich beseitigt?

Die Einlagerungen in *Deponien* erfordern eine gründliche Abdeckung des Untergrundes, damit keine Sickerstoffe ins Grundwasser gelangen.
Die *Müllverbrennung* wird in aufwendigen technischen Anlagen durchgeführt. Giftstoffe, die nicht in die Luft gelangen dürfen, werden durch Elektrofilter ausgeschieden.
Teilweise wird Müll in *Kompostierungsanlagen* wieder verwertbar gemacht. Die *Verklappung* und Verbrennung auf hoher See gilt bei vielen Fachleuten als eine sehr fragwürdige Form der Müllbeseitigung.

Was versteht man unter Recycling?

Recycling ist eine moderne Methode der Müllverwertung. Aus den anfallenden Müllmengen sondert man die noch verwertbaren Stoffe aus. Der Abfall wird zur Rohstoffquelle (z. B. Altreifen, Autowracks, Altglas, Altöl, Altpapier).

Welche Schwermetalle wirken auf Organismen giftig?

Cadmium, Quecksilber und Blei (evtl. auch Nickel). Schwermetalle finden sich im Klärschlamm, gelangen aber auch über Kamine in die Umwelt. Aus der Luft sinken sie schnell nach unten. Schon ab 3 km Entfernung von den ausscheidenden Werken sind sie in der Erde nachzuweisen. Da auch durch den Bleiausstoß der Kraftfahrzeuge ein Streifen von 50–100 Meter Breite an allen Autostraßen und -bahnen betroffen ist, gilt ein Großteil der bundesdeutschen Bodenflächen als schwermetallbelastet. Die Stoffe wirken sich negativ auf das Nervensystem aus, beanspruchen die Nieren nachteilig und verursachen psychische Störungen. Sie hemmen das Pflanzenwachstum.
Quecksilber findet man in Batterien, Leuchtröhren und Thermometern. Cadmium hilft beim Färben von Kunststoffen und verhindert ihr Altern. Es wird für Lacke verwendet und ist in Lötzinn und Batterien enthalten.

Was sind chlorierte Kohlenwasserstoffe?

Es handelt sich dabei um Verbindungen der organischen Chemie, die Chlor enthalten. Sie gelten als besonders gefährliche Umweltgifte. In Fett lösen sie sich gut und werden von Organismen äußerst langsam abgebaut. Man rechnet sie zu den krebserregenden Substanzen. In den verschiedensten Bereichen finden sie Anwendung: in der Kunststoffherstellung (PVC = Polyvinylchlorid), als Holzschutzmittel (Trichloräthylchlorid), im Pflanzenschutz (Chlordan) und als Narkosemittel (Chloroform). Das hochgiftige Dioxin (Sevesogift!) ist ebenfalls ein chlorierter Kohlenwasserstoff. Alle diese Verbindungen zählen im Falle, daß sie nicht mehr gebraucht werden, zum Sondermüll. Sie müssen getrennt von anderen Abfällen beseitigt werden.

Wie müssen Tierkadaver und tierische Abfälle beseitigt werden?

Sie sind der Tierkörperbeseitigung zu übergeben. Das Tierkörperbeseitigungsgesetz schreibt vor, daß entsprechende Anstalten „flächendeckend“ über die Bundesrepublik Deutschland verteilt sein müssen, damit anfallende tierische Stoffe unschädlich weggeschafft werden können. Nur so verhindert man die Ausbreitung von Krankheiten und Seuchen. Aus den angelieferten Abfällen stellt man Blutmehl, Tiermehl, Federmehl und Tierfette her.

Wie sieht der Wasserverbrauch in der Bundesrepublik Deutschland aus?

Pro Jahr fallen im Durchschnitt auf die Bundesrepublik Deutschland 200 Milliarden Kubikmeter Wasser als Niederschläge. Mehr als die Hälfte davon verdunstet. Der Rest läuft als Oberflächenwasser ab oder versickert und bildet das Grundwasser. Davon werden jährlich etwa 33 Milliarden Kubikmeter verbraucht. Das sind pro Kopf und Tag 132 Liter. Der Großteil dieser Durchschnittsmenge wird durch die Spülung der WC-Schüssel verschwendet (43 l pro Tag und Kopf!). Unser größtes Trinkwasserreservoir ist nach wie vor das Grundwasser. Vor allem die Wälder speisen die unterirdischen Vorräte. Ein Quadratmeter Waldboden speichert 50–200 l Regenwasser. Dem Wald kommt deshalb besondere Bedeutung zu, weil unsere Feuchtgebiete weitgehend trockengelegt sind.

Werden unsere Abwässer ausreichend gereinigt?

Obwohl in den letzten Jahren mit Milliardenaufwand zahllose Kläranlagen gebaut wurden, fließt noch ein Viertel unserer Schmutzwässer ungereinigt in die Flüsse. Eine sinnvolle Abwasserreinigung muß heute drei Stufen umfassen: die mechanische, die biologische und die chemische Reinigung.
Vielen Kläranlagen fehlt noch die dritte Stufe der Abwasserreinigung. Die oft mit Säuren und Laugen durchsetzten Schmutzwässer erhalten keine chemische Säuberung.

Welche Schadstoffe gelangen ins Oberflächenwasser?

Besonders gefährlich sind die Phosphate. Sie überdüngen stehende und fließende Gewässer, was ein erhöhtes Wachstum der Unterwasserpflanzen zur Folge hat. Sterben diese ab, verbraucht ihre Zersetzung viel Sauerstoff. Dieser fehlt dann den Fischen. Die Gewässer kippen um.
Vor allem die Phosphate, die unseren Waschmitteln beigesetzt sind, haben an dieser „Eutrophierung" Schuld. Düngemittel sind dazu nur zu etwa 2% beteiligt. Das neue Waschmittelgesetz will den Gehalt an Phosphaten in den Waschpulvern drastisch senken. Für die Überversorgung mit Stickstoff zeichnet vorrangig die Landwirtschaft verantwortlich. Er wird vor allem aus Mist und Gülledüngung ausgeschwemmt. Besonders Herbst- und Winterdüngung haben ihren Anteil daran. Von Frostböden und Schneeflächen gelangen viele Düngegaben direkt ins Oberflächenwasser.
Auch die Schwermetallbelastung unserer Seen und Flüsse ist nach wie vor groß. Der Salzgehalt der Flußgewässer ist hoch. Nur die süddeutschen Seen konnten ihre Wasserqualität wesentlich verbessern. Das ist auf die Fertigstellung der Ringkanalisationen zurückzuführen.

Kann die Qualität unseres Oberflächenwassers verbessert werden?

Verbrauchtes Öl muß unbedingt zu den Altölsammelstellen gebracht werden, die man extra zu diesem Zweck eingerichtet hat. Ein Ölwechsel in freier Natur ist kein Kavaliersdelikt, er muß ohne Nachsicht angezeigt werden, denn 1 Liter Öl kann eine Million Liter Trinkwasser verpesten. Das Einleiten von tierischen (und menschlichen) Fäkalien in Flüsse und Seen ist zu unterbinden. Das Wasserhaushaltgesetz dient dem Gewässerschutz. Im Abwasserabgabengesetz wird jeder Einleiter nach den Schadeinheiten, die er in Oberflächengewässer abgibt, mit entsprechenden Abgaben belegt. Die Länder erlassen inzwischen auch schrittweise Bußgeldkataloge zum Gewässerschutz, die „Abwässersünder" empfindlich bestrafen. Die Waschmittelindustrie bemüht sich um Reduzierung des Phosphatanteils in ihren Produkten.

Was ist der Unterschied zwischen Emission und Imission?

Das Abgeben von luftfremden Stoffen wie Rauch aus einem Kamin nennt man Emission. Wirken solche Luftverunreinigungen auf Pflanzen, Tiere und Menschen ein, spricht man von Imissionen. Das können Nebel, Dämpfe, Gase und Staub sein. Zum Staub zählen Kohle- und Ascheteilchen, Metalloxyde, Ruß, Asbest und Fluoride. Gasförmige Luftverunreinigungen sind Schwefeldioxyd, Stickoxyde, Amoniak, flüchtige Kohlenwasserstoffe und Kohlenmonoxyd. Zu den schädlichen Umwelteinflüssen zählen auch Geräusche und Erschütterungen.

Das Bundes-Immissionsschutzgesetz vom 15. März 1974 hat die Aufgabe, die belebte Welt vor den Gefahren aus solchen Einwirkungen zu bewahren.

Welche Luftverunreinigungen belasten die Umwelt?

Das *Kohlenmonoxyd* (CO) ist ein geruch- und farbloses Gas, das bei unvollständiger Verbrennung von Kohlenstoffverbindungen (Holz, Kohle, Benzin, Öl etc.) entsteht. Es wird vom Blut des Menschen wesentlich besser gebunden als Sauerstoff und blockiert die Versorgung der Organe mit diesem lebenswichtigen Gas. Vergiftungserscheinungen zeigen sich in Ermüdung, Kopfschmerzen, Übelkeit und Erbrechen. Wird Luft mit 0,1% Kohlenmonoxydgehalt drei Minuten eingeatmet, kann das bereits zur Bewußtlosigkeit und zum Tod führen. Haupterzeuger dieses gefährlichen Gases sind die Kraftfahrzeuge.
Das *Schwefeldioxyd* (SO_2) ist ein farbloses, stechend nach Schwefel riechendes Gas, das beim Verbrennen von schwefelhaltiger Kohle und von Heizöl entsteht. Schon 0,14 mg/m^3 können zu gesundheitlichen Schäden führen. Neben einer akuten Vergiftung können sich Husten und Atemnot einstellen und die Atemwege chronisch entzündet werden. Mit der Luftfeuchtigkeit bildet sich schwefelige Säure oder gar Schwefelsäure. Diese greift die Bausubstanz historischer Bauwerke und Eisenbauteile an und geht als „saurer Regen" auf unsere Wälder nieder (s. S. 417).
Schwebstaub besteht aus Feinteilen, die von Nase und oberen Luftwegen nicht zurückgehalten werden. Vor allem, wenn er mit schwermetallartigen Stoffen wie Cadmium, Blei, aber auch Nickel, Arsen und Asbest angereichert ist, können Atemnot und Atembeschwerden auftreten. Bleianreicherung führt zur Störung in der Blutbildung, zu Muskelschwäche und Lähmung. Cadmium wird in der Nebennierenrinde angereichert und schädigt neben den Nieren die Lungen. Außerdem wird der Kalzium- und Phosphorstoffwechsel schwer beeinträchtigt. Bis zu 4000 Schwebeteilchen können sich in einem Kubikmeter Luft befinden (Normalanzahl 5–20 Stück). Dieser Staub fördert die Wolkenbildung und ist die Ursache der hohen Niederschläge in Ballungsgebieten. Hauptverursacher sind Großfeuerungsanlagen und die Zementindustrie sowie Stahlwerke. Asbeststaub gelangt fast ausschließlich als Abrieb der Bremsbeläge in die Atemluft.
Organische Kohlenstoffverbindungen wie das Benzopyren sind häufig Krebserreger. Es quillt aus Kfz-Motoren und Kohleöfen und ist Bestandteil des Zigarettenrauches.
Fluorkohlenwasserstoffe werden als Treibgase in Spraydosen verwendet. Diesen wird nachgesagt, daß sie die äußersten Luftschichten unserer Atmosphäre schädigen, die als Filter gegen die Ultraviolettstrahlen des Sonnenlichtes dienen. Ein erhöhtes Auftreten von Hautkrebs könnte die Folge sein.
Nitroseverbindungen (Stickoxyde) greifen vor allem die Schleimhäute an. Unter Einwirkung des Sonnenlichtes bildet sich aus ihnen Ozon, das am Baumsterben einen nicht unerheblichen Anteil haben soll.

Wann wird Smog-Alarm gegeben?

Bei einer Inversionswetterlage ziehen die über einem Ballungsraum erzeugten umweltschädlichen Gase (z. B. Schwefeldioxyd) nicht ab. Dann vermischt sich eventuell herrschender Nebel mit der Abluft, die von Haushalten, Industrie und Kraftverkehr laufend erzeugt werden. Wie eine Glocke legt sich die „Abgassuppe“ über ein solch dicht besiedeltes Gebiet. In solchen Situationen kann Smog-Alarm ausgerufen werden, den es in drei Stufen gibt.

Wie entsteht der „Saure Regen“?

Durch Verbrennung von Kohle und Erdöl werden Schwefelverbindungen frei (s.S. 416). Hauptabscheider sind Kraftwerke, Autos und private Haushaltungen. Der Ausstoß an Schwefeldioxyd beträgt allein in der Bundesrepublik Deutschland pro Jahr 2,0 Millionen Tonnen. Wird dieses SO_2 durch den Regen ausgewaschen, bilden sich schwefelige Säure und Schwefelsäure. In einigen Gegenden Deutschlands sind die Niederschläge und der Tau so sauer wie Essig (pH-Wert von 3,4). Die Pflanzenwelt verträgt diesen Säuregrad nicht.

Warum kommt es weitab von den Industriezentren zum „Baum“- und Waldsterben?

Nadelbäume, insbesonders die Tanne, erweisen sich als empfindliche Bioindikatoren für die Schadgase in der Luft. Bereits 0,03 mg Schwefeldioxyd in einem Kubikmeter können empfindliche Folgen haben. An den Hängen des Bayerischen Waldes, des Oberpfälzer Waldes, des Fichtelgebirges, des Frankenwaldes, des Schwarzwaldes, des Taunus, des Spessarts und Harzes, die der Hauptwindrichtung ausgesetzt sind, sterben die Bäume in besorgniserregendem Ausmaß und in kürzesten Zeiträumen ab.
Man vermutet, daß dies die Folge der Hochschornsteinpolitik ist, die im Ruhrgebiet und in anderen Ballungsgebieten seit etwa zwanzig Jahren betrieben wird. Dort erhielten Kraftwerke und Industriebetriebe Schornsteine von 200 Meter Höhe und darüber. Sie blasen ihre mit Schadstoffen belastete Abluft in hohe Luftschichten. Nach langer Reise in der bei uns meist vorherrschenden Westdrift gelangen sie an die Berghänge bisher unbelasteter Waldgebirge und fallen dort als „saurer“ Niederschlag. Neben dem Schwefeldioxyd ist der Regen auch mit Schwermetallen und Stickoxyden angereichert.

Woran erkennt man das nahe Absterben eines immissionsgeschädigten Baumes?

Bei der *Tanne* verlichtet sich die Krone von unten nach oben. Ihre Nadeln verfärben, die ältesten fallen zuerst ab. Die Wipfel bestehen nur noch aus „Storchennestern“. Wasserreiser treten verstärkt auf. Im Stamm bildet sich wurzelseits ein sich ständig ausbreitender Naßkern.
Die Äste einer gefährdeten *Fichte* z.B. greifen wie „Hexenbesen“ in den Himmel. Sie verlichtet von oben nach unten. Ihre Nadeln fallen ab. An der *Kiefer* zeigt sich neben dem Nadelverlust eine fahnenförmige Kronenausbildung. Ihre Triebe verkürzen sich. Bei der Buche rollen sich die Blätter ein, nachdem sie sich verfärbt haben. An der Astspitze verkleinern sie sich und fallen ab. Die Krone dürrt aus.
Die Zusammenhänge zwischen dem Waldsterben und den sauren Niederschlägen gelten inzwischen als erwiesen. Die Wissenschaft forscht aber noch immer nach den eindeutigen Schadursachen. Man vermutet, daß das SO_2 die Spaltöffnungen der Nadeln blockiert, durch welche der Baum atmet. Die Photosynthese ist gestört. Es wird nur noch Wasser verdunstet. Der Baum verdurstet und stirbt vom Wipfel her ab. Der saure Regen soll zudem im Boden Metallionen (Aluminium) freisetzen. Diese wirken dann auf das Feinwurzelsystem der Bäume wie Gift. Vom Wurzelstock aus wächst ein Naßkern in den Stamm hinein. Der Baum ist nicht mehr lebensfähig. Auch dem Ozon, das sich aus den verfrachteten

Stickoxyden bildet, wird von manchem Forscher eine Mitschuld am Waldsterben zugeschrieben.

Kann man die ökologische Katastrophe, das Absterben unserer Wälder, noch verhindern?

Dazu wäre notwendig, die Schwefeldioxydausscheidungen sofort und drastisch zu senken. Technisch ist man durchaus in der Lage, dies durch Einbau entsprechender Filter zu tun. Die Richtwerte der Technischen Anleitung zur Reinerhaltung der Luft (TA Luft) liegen noch viel zu hoch. Insbesonders die *Großfeuerungsverordnung*, die festsetzt, wie viele Milligramm Schadstoffe von Kraftwerken ausgeschieden werden dürfen, gibt mehr als großzügige Obergrenzen vor. Man hat sich aber nunmehr festgelegt, die erlaubte Ausscheidung von SO_2 in einem Kubikmeter Luft auf 400 Milligramm herunterzuschrauben. Das gilt jedoch nur für neue Projekte. Es laufen aber in der Bundesrepublik Deutschland noch Altanlagen, die 2000 mg (= 2 g) mit einem Kubikmeter ausscheiden.
Auch der *Bleigehalt* im Benzin muß heruntergesetzt und Autos müssen entwickelt werden, die mit bleifreiem Benzin fahren. Durch Einbau von Platinkatalysatoren in Auspuffanlagen sind Kraftfahrzeuge so umzurüsten, daß sie nur mehr Kohlendioxyd und Wasseranteile ausscheiden.

Kann der Anstieg des Kohlendioxydgehalts in der Luft Gefahren in sich tragen?

Kohlendioxyd (CO_2) ist grundsätzlich kein Giftstoff. Es entsteht bei der Verbrennung im tierischen und menschlichen Körper. Durch Assimilation der Pflanzen wird der gebundene Sauerstoff wieder freigesetzt. Gleichzeitig wird pflanzliche Zellulose aufgebaut. Das Kohlendioxyd ist also ein wichtiger Bestandteil im Sauerstoff- und Lebenskreislauf. Durch das Verbrennen fossiler Energieträger (Kohle, Erdgas, Erdöl) wird allerdings der Gehalt dieses Gases in der Atmosphäre immer größer. Zusätzlich erhöht sich sein Gehalt durch das Abflämmen der tropischen Regenwälder ständig. Die schrumpfenden Bestände fehlen zudem, um den Sauerstoff zurückzugewinnen. Der steigende Anteil an Kohlendioxyd soll die Energie des Sonnenlichts adsorbieren und führt zu einem Temperaturanstieg rund um die Erdkugel. Man befürchtet durch diesen Treibhauseffekt ein Abschmelzen des Polareises und eine Veränderung des Großklimas mit entsprechenden verheerenden, weltweiten Folgen.

Ist Lärm eine Form von Umweltbelastung?

Ja, denn Lärm wirkt nicht nur störend, er kann Schmerz hervorrufen und sogar krank machen.
Vor größeren Lärmschäden können eine weitere Entfernung von der Schallquelle (Trennung von Wohn- und Industriegebieten!), Schalldämpfung (Lärmschutzfenster), Schalldämmung (Wälle), Reflexion (Wände) und eine Leistungsminderung der Schallquelle (Schalldämpfer bei Baumaschinen) bewahren. Beim Übungsschießen soll man sein Hörorgan mit Gehörschutzwatte, Kunststoffstöpseln, oder Gehörschutzkapseln abdecken. Vor Genehmigung von Schießständen muß eine Vielzahl von Lärmschutzauflagen erfüllt sein. Wildlebende Tiere gewöhnen sich schnell an gleichbleibende Schallursachen. Die guten Rotwildbestände auf Truppenübungsplätzen beweisen dies. Modellflugzeuge mit großvolumigen Motoren stören Wild oft erheblich. Man kann sie mit Abgasschalldämpfern versehen.

Welches schleichende Umweltgift kann von menschlichen Sinnesorganen nicht wahrgenommen werden?

Die radioaktive Strahlung. Darunter versteht man eine sich im Raum ausbreitende Energieform. Sie entsteht beim Zerfall natürlicher oder künstlicher Atomkerne und ist sehr gefährlich. Man unterscheidet α-, β-, und γ-Strahlen. Sie wirken besonders auf Knochenmark, innere Organe und Keimdrüsen. Neben Krebs und anderen Krankheiten verursachen sie auch Erbschäden. Insbesondere nach Atombombentests und Reaktorunfällen mißt man auch im Wildbret erlegter Tiere niedere Werte radioaktiver Strahlung (Maßeinheit Becquerel). Bei hohen Dosen muß vom Verzehr abgeraten werden.

Welche Freizeitaktivitäten stören oder gefährden wildlebende Tiere?

Im Durchschnitt leben in der Bundesrepublik Deutschland 250 Menschen auf einem Quadratkilometer. In den 24 Verdichtungszentren kommen sogar 1000 Menschen auf diese Flächeneinheit. Es ist verständlich, daß Menschen in ihrer Freizeit hinaus in die Natur drängen, um dort Erholung zu suchen. Dabei werden sie aktiv als Sammler (Beeren, Pilze), Wanderer, Trimmer und Jogger, Golfer, Reiter, Radfahrer, Moto-Cross-Fans, Skifahrer, Langläufer und Wassersportler (surfen, segeln, tauchen). Sie führen ihre Hunde mit; manche wollen Tiere fotographieren oder Tonbandaufnahmen machen. An Brunftplätzen campieren sie in Schlafsäcken. Sie fliegen in Ballons und in Super-Leicht-Flugzeugen. Sie lassen Modellflieger starten und betätigen sich als Drachenflieger oder Fallschirmspringer.
Der einzelne Revierinhaber und die Jägerschaft als Organisation haben gegenüber diesen „Naturnutzern" noch viel Aufklärungsarbeit zu leisten. Den Wanderer gilt es davon zu überzeugen, daß Radiolärm und das Verlassen der Wege Unruhe unter die Wildtiere bringt. Es ist darauf hinzuweisen, daß das Reiten und Radfahren im Wald nur auf Straßen und Wegen erlaubt ist. Mit Motorfahrzeugen darf man sich dort nur mit Einverständnis des Besitzers bewegen. Auch das Zelten und Abstellen von Wohnwagen bedarf dessen Einwilligung. Langläufer müssen auf den Loipen bleiben, sollen Hunde daheim lassen, Tierspuren nicht verfolgen und haben um Fütterungen einen großen Bogen zu schlagen.
Die Besucherströme sind in Stadtrandgebieten so zu „kanalisieren", daß sie die Freizeiteinrichtungen (z. B. Trimm- und Rastplätze) von den bevorzugten Wildeinständen wegführen. In begründeten Fällen muß man Wildschutzgebiete fordern. Ein grundsätzliches Betretungsverbot von Kulturen und Dickungen würde vielen Wildarten einen ungestörten Zufluchtsraum schaffen. Auch der Vorschlag, daß eine Stunde vor Sonnenuntergang bis eine Stunde nach Sonnenaufgang im Wald nicht von Wegen abgewichen werden darf, wäre eingehend zu diskutieren.

Wann handelt der Jäger „umweltgerecht"?

Wenn er die Natur, also Boden, Wasser, Luft, Pflanzen- und Tierleben vor den vom Menschen verursachten, unerwünschten Eingriffen und deren Folgen schützen hilft.
Der Jäger hat deshalb als natur- und heimatverbundener Mensch die Aufgabe, selbst keine Umweltverschmutzung zu verursachen (wie Wegwerfen von Plastikpatronenhülsen, Eingraben von Gescheide oder Vergraben von Fallwild in Wasserschutzgebieten), sondern sich als aktiver Helfer im Umweltschutz zu betätigen,

dem Jägernachwuchs und den Menschen seines Wirkungskreises die große Bedeutung des Natur- und Umweltschutzes bewußt zu machen und bei ihnen die Einsicht zu wecken, daß unsere natürlichen Lebensgrundlagen heute bereits überbeansprucht sind und der Schutz der Umwelt zu einem Weltproblem erster Ordnung geworden ist.
Umweltplanung ist Planen für zukünftige Generationen! Da sich Wild an weggeworfenen Gegenständen schwer verletzen kann, starten viele Revierinhaber, aber auch Kreisgruppen jedes Frühjahr eine Säuberungsaktion. Dabei werden schwerpunktmäßig besonders verunreinigte Geländeteile (z. B. Wald- und Bachränder, Straßenböschungen) durchkämmt und der Unrat gesammelt. Noch am selben Tag fährt man ihn mit Lastwagen weg.

Mit welchen Aktivitäten versucht man, unsere Umwelt wieder wildfreundlicher zu gestalten?

Naturschützer, darunter auch die Jägerschaft, erwerben Flächen, die sie wildfreundlich bestocken oder vollkommen unbearbeitet liegen lassen (Naturlandstiftungen in Hessen und im Saarland, Wildlandgesellschaft Bayern).
Die Landwirtschaftsminister (hie und da Jagdpächter) zahlen den Bauern Prämien, wenn sie Grenzertragsböden brach liegen lassen (Grünbrache) oder wenn sie 2–3 m Randstreifen von Äckern und Wiesen nicht mit Herbiziden besprühen (Randstreifenprogramm). Wiesen und Streuwiesen sollen nur einmal im Jahr gemäht werden, um die Wiesenbrüter zu fördern. Immer wieder gibt es Einzelaktionen, um Feldholzinseln zu begründen oder Hegebüsche bzw. Einzelbäume zu pflanzen.

Was besagt der „umweltkategorische" Imperativ?

„Handle stets so, daß Dein Tun, würde man es mit der Zahl der Einwohner vervielfachen, die mit Dir auf einem Quadratkilometer wohnen, die Umwelt nicht belastet!" (Wir haben die Erde nicht von unseren Vätern geerbt, sondern von unseren Kindern geborgt!)

Wie werden wir im Jahr 2000 leben?

Nach vorsichtigen Schätzungen wird sich die Erdbevölkerung von heute 4,5 Milliarden Menschen um die Jahrtausendwende auf 6,35 Milliarden erhöht haben.
Die natürlichen Resourcen, welche die Menschheit zum Leben braucht, sind Agrarland, Fischgründe, Wälder, Wild, mineralische Rohstoffe, Energie, Luft und Wasser. Sie werden von der im Jahre 2000 um 50% gestiegenen Weltbevölkerung immer stärker in Anspruch genommen. Nur die Industrieländer halten ihren Lebensstandard. Die Armen der Erde werden noch ärmer werden. Das anbaufähige Land erhöht sich um 4%. Die Waldfläche wird mit 18–20 Millionen Hektar jährlich verringert. Dieser Rückgang trifft vor allem den tropischen Regenwald. Die Vegetation muß verarmen, die Wüsten werden sich ausbreiten. Zwanzig Prozent aller Tier- und Pflanzenarten sind bis zum Jahr 2000 ausgestorben. Gleichzeitig erhöht sich der Druck auf die Umwelt, die ständig größere Belastungen verkraften muß (Luft- und Wasserverschmutzung, Klimaveränderungen). (Alle Angaben nach Global 2000.)

Land- und Waldbau

Allgemeines

Muß ein Jäger im Bereich des Land- und Waldbaus Kenntnisse erwerben?

Grundzüge des Land- und Waldbaues nach § 15 (5) des Bundesjagdgesetzes (s. S. 689) werden in allen Bundesländern in der schriftlichen sowie auch mündlich-praktischen Prüfung eingehend geprüft. Der Jagdpächter und die Bewerber um den ersten Jagdschein müssen also vom Boden, seiner landwirtschaftlichen Bearbeitung und Düngung sowie vom Landbau (Pflanzenbau, Feldfutterbau), der Anlage von Grünland und dem Waldbau die notwendigen Kenntnisse nachweisen. Hierdurch wird den veränderten Verhältnissen im Jagdwesen Rechnung getragen.

Wie verteilt sich die Gesamtfläche der Bundesrepublik Deutschland auf Wald, landwirtschaftlich-genutztes Areal und sonstige Gebiete?

Von den rund 250000 km^2 der Bundesrepublik Deutschland sind 7,218 Millionen ha Wald, 132000 km^2 werden landwirtschaftlich genutzt (davon sind 3,2 Millionen ha Grünfläche). Auf jeden Einwohner treffen 0,15 ha landwirtschaftlich genutzte Fläche. Ganze 11% der Bundesrepublik Deutschland sind in Form von Straßen und Hausbauten dem Naturkreislauf entzogen. Diese versiegelten Flächen haben in den letzten 25 Jahren um 4% zugenommen. Jeden Tag wird bei uns die Fläche von 10 Bauernhöfen überbaut. Das gesamte Straßennetz ist 470000 km lang (davon Autobahnen 7300 km!). Auf einen Quadratkilometer Fläche kommen schon zwei Kilometer Straße. Es gibt in unserem Land nur noch 114 Flecken, die 10 × 10 km groß sind und von keinen Verkehrswegen erschlossen sind. Unter Naturschutz sind nur 0,9% der Gesamtfläche der Bundesrepublik Deutschland.

Wieviel Jagdfläche (Wirtschaftsfläche) umfaßt das Bundesgebiet?

Etwa 23,26 Millionen Hektar. Hiervon entfallen:
9,5% der Fläche auf die Staatsjagden des Bundes und der Länder,
17% der Fläche auf Eigenjagdbezirke und
73,5% der Fläche auf gemeinschaftliche Jagdbezirke.
Von diesen Jagdflächen waren im Jahre 1975 etwa 307800 ha nicht mehr bewirtschaftete Brachflächen.
Von der Wirtschaftsfläche waren Brachflächen: 8,2% im *Saarland*, 4,9% in *Rheinland-Pfalz*, 3,4% in *Hessen*, 0,3% in *Schleswig-Holstein* und 0,7% in *Niedersachsen*.

Wie hängt das Leben der Tiere vom Pflanzenreich ab?

Alle Tiere können nur von dem leben, was ihnen die Pflanzen an Nährstoffen anbieten. Die von ihnen in Form von frischem Grün gesammelte Energie konzentriert sich in der Tierwelt auf höherer Ebene. Dabei werden natürlich nicht alle zur Verfügung stehenden Vorräte ausgenutzt. Das Wild nimmt zum einen bei weitem nicht alle vorhandenen Pflanzenteile auf, und zum anderen verläßt ein Großteil seiner Äsung ungenutzt als Losung den Körper.

Die Gesamtheit der Pflanzen gliedert sich in sieben Abteilungen. Von den einfachsten Vertretern, den Bakterien, gelangt man über Algen, Flechten, Moose und Farne zu den Samenpflanzen. Zu den letzteren rechnet man Gräser, Kleearten, Kräuter, Sträucher und Bäume. Sie stellen die höchstentwickelten Auswüchse unserer Flora dar. Weitgehend von letzteren leben die Pflanzenfresser. Sie stehen wiederum auf dem Speisezettel der Fleischfresser. Die Fleischfresser zweiter Ordnung ernähren sich von den Fleischfressern der ersten Ordnung. Nicht alle Tiere lassen sich eindeutig in dieses Schema einordnen. Schlägt ein Habicht eine Maus, die von pflanzlichen Stoffen lebt, gilt er als Fleischfresser erster Ordnung. Erbeutet er eine Kohlmeise, die selbst von Insekten lebt, müßte man ihn als Fleischfresser zweiter Ordnung einstufen. Daneben gibt es auch noch Allesfresser, die sowohl tierische als auch pflanzliche Nahrung aufnehmen.

Was ist der wichtigste Teil einer Pflanze?

Das Blatt! Diesen grünen Teil einer Pflanze kann man mit einer chemischen Fabrik vergleichen, in die anorganische Stoffe hineinkommen und die von organischen Verbindungen verlassen wird. Im Blatt wird aus dem Kohlendioxyd der Luft und aus dem Wasser des Bodens Fruchtzucker hergestellt. Dazu brauchen die Blätter das Sonnenlicht als Energiespender. Deshalb nennt man die für alles Leben grundlegende Reaktion die Photosynthese. Sauerstoff fällt dabei als Abfallprodukt an. Die Assimilation (= Aufbaureaktion) findet nur in grünen Zellen statt. Das Blattgrün oder Chlorophyll ist ein Farbstoffkomplex, der die Energie des Sonnenlichts auffängt und die chemische Reaktion des Zuckeraufbaus in Gang hält.

Was bezeichnet der Begriff Biomasse?

Biomasse nennt man das, was unsere Samenpflanzen an Blättern, Stengeln, Ästen, Stämmen und Wurzeln aufbauen. Aus Vergleichsgründen wird sie auf ein Hektar bezogen. Es ist enorm, was während eines Jahres in Flur und Wald heranwächst.

Wie wirken Produzenten, Konsumenten und Reduzenten im Naturkreislauf zusammen?

Die Samenpflanzen bauen aus Luft und Wasser sowie dem Licht der Sonne als Energielieferant (s. oben) unsere grüne Welt auf. Sie sind die Produzenten auf unserem Erdball. Am Reichtum, den sie da hervorbringen, kann das Tierreich teilhaben. Man nennt Rehe, Hirsche, Luchs und Adler daher Konsumenten. Aber damit ist es noch nicht genug. Sogar die absterbenden Samenpflanzen bieten noch einer Unzahl von Bakterien, Pilzen, niederen Tieren und Insekten eine Nahrungsgrundlage. Diese zerlegen die grünen Pflanzenteile wieder in ihre anorganischen Bestandteile, in Kohlendioxyd, Wasser und einige Nährsalze. Diese Lebewesen bezeichnet man als Zersetzer oder Reduzenten. Produzenten, Konsumenten und Reduzenten arbeiten im ewigen Kreislauf der Natur beständig zusammen. Die moderne Landwirtschaft stört jedoch dieses Zusammenspiel. Sie fördert einseitig die Produzenten, denn sie will möglichst viele grüne Pflanzenteile und Früchte erzeugen. Diese dienen letzten Endes dazu, menschliche Lebensenergie zu erzeugen. Den Zersetzern sagt sie ihren Kampf (Einsatz von Chemie) an, und die Konsumenten werden gerade noch geduldet. Was die in den Äser

bekommen, fällt nicht in die Waagschale. Wird der Schaden trotzdem einmal spürbar, dann fordert man ihn vom Jäger als Wildschadensersatz zurück.
Drinnen in den Wäldern funktioniert der Kreislauf noch besser. Hier wird der Lebensrhythmus nicht in jeder Wachstumsperiode mindestens einmal unterbrochen. Der Förster erntet in Zeiträumen von achtzig oder hundert Jahren. Trotz dieser noch schwerwiegenden Eingriffe kann sich dort ein annäherndes Gleichgewicht ausbilden. Bäume sind hochspezialisierte Pflanzen. Eine Unzahl von Blättern in der Krone nutzt ihre Lichtenergie maximal aus. Viele Lebewesen finden im Wald ihre ökologische Nische. Je unterschiedlicher die Bäume sind, die einen Wald ausmachen, und je abwechslungsreicher sie in ihrer Altersstruktur aufgebaut sind, um so mehr Tiere und Tierarten leben in ihm.

Was ist die Grundlage des Land- und Waldbaues?

Der Boden! Am Rande einer Kiesgrube sieht man sozusagen im Querschnitt, daß er aus verschiedenen Schichten aufgebaut ist. Das Bodenprofil besteht aus der Ackerkrume, einer Übergangsschicht und dem steinigen Untergrund. Starke Erosion kann die Krume wegwaschen. Die Übergangsschicht mag hier und da fehlen. Dann liegt der Oberboden direkt auf dem Gestein auf. Die Bodenstruktur ist durch den Gehalt an Mineralien, Luft und Wasser gekennzeichnet. In kleine Poren ist die Bodenluft eingeschlossen, die die Mikroorganismen zum Atmen brauchen. Sie leben in einer Schicht von 5–20 cm Tiefe und entwickeln im Frühjahr ihre Haupttätigkeit. Sie beteiligen sich an der Bildung von Humus, der durch Zersetzung von organischen Stoffen entsteht. Die Kolloide halten das Wasser und die Mineralstoffe fest.
Wichtig ist der Säuregrad des Bodens. Er wird mit dem pH-Wert angegeben. An vielen Böden kann man durch Kalken die Bodensäure verringern. Mit Pufferungsvermögen bezeichnet man die Reaktion des Bodens auf diese Düngung. An Hand von Proben läßt man den Gehalt von Mineralien feststellen. Die Bodenwertzahl gibt Aufschluß über seinen Gütezustand.

Landbau

Bodenarten

Welche Bodenarten werden grobgesehen unterschieden?

Sandboden, Lehmboden, Kalkboden, Moorboden und Tonboden.
Wegen ihrer Wasserdurchlässigkeit sind *Sandböden* recht trocken. Sie erwärmen schnell und durchlüften gut. Sie weisen wenig Nährstoffe auf und sind leicht zu bearbeiten. Mit diesen Böden muß man schonend umgehen. Man soll sie möglichst selten im Frühjahr pflügen, damit der wenige Humus nicht beim häufigen Durchlüften verloren geht. Hier wachsen nur Roggen und Kartoffeln.
Im *Lehmboden* mischen sich die leichten Teile des Sandbodens mit den schweren des Tonbodens. Er stellt deshalb einen gesunden Kompromiß dar. Auf ihm gedeihen Raps und Klee sowie Zuckerrüben und Weizen.
Der *Kalkboden* enthält mehr als ein fünftel Kalk und ist entsprechend trocken. Schnell erwärmt er sich und trägt vor allem Gerste und Luzerne. Liegt der Kalkgehalt unter 20% und besteht der Rest überwiegend aus Lehm, hat man es mit einem Mergelboden zu tun. Dieser nährstoffreiche Grund ist der richtige Platz für Obstplantagen.
Die manchmal fast schwarzen *Moorböden* kennzeichnet die nährstoffreiche Hu-

musschicht. In den lockeren Boden kann der Frost oft tief eindringen. Auf ihm baut man am besten Kartoffeln und Gerste an.
Der schwere *Tonboden* durchlüftet wenig und zeigt oft Staunässe. Nach längerem Regen kann man ihn kaum bearbeiten. Oft versucht man, ihn durch eine Drainage trocken zu bekommen. Wegen seiner Kompaktheit kennzeichnet ihn seine große Kälte, die man ihm durch Stallmistgaben und Unterpflügen von Gründüngung nimmt. Sein reichlicher Nährstoffvorrat ermöglicht den Anbau von Zuckerrübe und Weizen.

Pflanzennährstoffe

In welcher Form kommen die zum Pflanzenwachstum benötigten Nährstoffe in den Boden?

In Form von Dünger. Es gibt zwar auch eine Blattdüngung, aber der überwiegende Teil des Mineralstoffnachschubs wird in den Boden gegeben. Natürlicher Dünger ist Jauche, Gülle, Kompost, Mist, untergepflügtes Stroh bzw. untergepflügte Grünpflanzen. Durch ihn wird vor allem die Humusbildung angeregt. Natürlicher Dünger enthält alle Nährstoffe, die eine Pflanze benötigt.
Eine große Bedeutung hat heute der Handels- oder Mineraldünger (fälschlich oft auch als Kunstdünger bezeichnet). Er muß mit Sachverstand, also rechtzeitig, gleichmäßig und in den richtigen Mengen ausgebracht werden. Dabei ist das Minimumgesetz (entdeckt von Justus von Liebig) zu beachten. Eine Pflanze leidet bereits dann an Mangelerscheinungen, wenn ein Nährstoffelement zu knapp gestreut ist. Daß die anderen Komponenten reichlich vorhanden sind, nützt in solch einem Fall nichts.

Welche chemischen Elemente enthalten unsere Handelsdünger?

Kalk, Stickstoff, Phosphor, Kali, Magnesium und Spurenelemente wie Schwefel, Eisen, Mangan, Bor und Kupfer. Wie der Name sagt, werden letztere nur in verschwindend kleinen Mengen von den Pflanzen gebraucht.

Welcher Nährstoff regt das Bodenleben an?

Vor allem versauerte Flächen sind gut zu kalken. Der Kalk bindet Bodensäuren bzw. läßt keine entstehen. Er regt die Arbeit der Mikroorganismen an, insbesonders aktiviert er die Bodenbakterien. Er löst die in der Erde vorhandenen Nährstoffe. Somit können sie von den Pflanzen schneller aufgenommen werden. Vor allem der Stickstoff wird so vorbereitet, daß er den Pflanzen verfügbar ist. Von den Pflanzen wird Kalk nur in geringen Mengen in die Zellwände eingebaut und macht sie stabiler. Er fördert das Wurzel- und Längenwachstum, da er die Zellvermehrung intensiviert. Kalkmangel ist an Pflanzen schlecht erkennbar. Sie bleiben in ihrer Entwicklung zurück. Schnelle Wirkung haben Branntkalk und Löschkalk. Hüttenkalk und kohlensaurer Kalk wirken als Dünger langsamer, aber nachhaltiger. Besonders Weizen und (Zucker-)Rüben sind für eine Kalkung dankbar (aber auch Bohnen, Rotklee, Mais und Kohl). Man bringt Kalk am besten im Herbst und Vorwinter aus.

Wie zeigt sich Stickstoffmangel?

Die kümmernden Pflanzen werden hellgrün und werfen ihre Blätter vorzeitig ab. Getreide bleibt klein, behält kurze Ähren und reift frühzeitig aus. Stickstoff ist ein Baustein der Eiweißstoffe. Außerdem ist er an der Gestaltung der Fermente und Enzyme beteiligt, die den pflanzlichen Stoffwechsel steuern. Er fördert das Pflanzenwachstum in allen Teilen. Bei Überdüngung werden die Blätter dunkelgrün und fett. Die Pflanzen verlieren ihre Standfestigkeit. Getreide knickt. Die Reife wird bei hoher Stickstoffgabe hinausgeschoben. Meist wird Stickstoff in Form von KAS (Kalkammonsalpeter) gedüngt. So wirkt er schnell und nachhaltig. Kalksalpeter greift noch besser an. Auch Kalkstickstoff kann gestreut werden. Vor allem Zwischenfrüchte sprechen gut auf Stickstoff an. Schmetterlingsblütler sammeln den Stickstoff aus der Luft. Bei diesen Pflanzen verzichtet man auf entsprechende Gaben. Raps und Kohlarten können auch im Spätsommer eine nochmalige Stickstoffdüngung gut verarbeiten.

Wodurch werden Fruchtbildung und Ernteerträge gesteigert?

Durch Phosphordüngung. Dieses Mineral wird als Zellbaustein gebraucht. Es fördert die Korn- und Samenausreifung und die allgemeine Qualität der Früchte. Auch die junge Pflanze benötigt Phosphor. Ist er ausreichend vorhanden, schützt er vor Schädlingen und macht widerstandsfähiger gegen Frost. Bei seinem Mangel kümmern die Pflanzen und zeigen eine eigentümliche starre Haltung. Die Blätter erscheinen schmutziggrün, Blüte und Früchte bilden sich nur schwach aus. Besonders reifebeschleunigend wirkt Superphosphat (Anbau von Frühkartoffeln). Körnermais kann u.U. in rauhen Lagen bei einer Sommergabe noch zum Ausreifen gebracht werden. Thomasmehl enthält viel Kalk. Es wird gern im Frühjahr auf Wildwiesen oder im Herbst auf abgeerntete Wildäcker gegeben. Auch Thomasphosphat und Rhenaniaphosphat führt der Handel. Phosphor kann unbedenklich als Vorratsdünger gegeben werden, weil die Pflanze ihn nur nach und nach aufnimmt. Schnellwachsende Pflanzen wie z.B. Gemüse sind auf ihn angewiesen. Auch Gerste und Zuckerrüben reagieren gut auf ihn.

Wie wirkt sich Kali auf den Pflanzenwuchs aus?

Kali fördert das Stengelwachstum und die Standfestigkeit einer Pflanze. Mais und Topinambur auf Wildäckern, die der Schnee nicht knicken soll, können ihn gut vertragen und im Winter Deckung bieten. Daneben ist Kali an der Bildung des pflanzlichen Zuckers beteiligt. Kartoffeln, Rüben, wiederum Mais und Topinambur erfordern ihn in angemessener Menge. Auch Leguminosen brauchen ihn. Gebräuchliche Düngemittel sind Kalimagnesia, Kainit, 40er und 50er Kali. Da er sich gut in Wasser löst, wirkt er schnell. Man bringt ihn im Herbst und im zeitigen Frühjahr auf die Felder.

Warum ist Magnesium unentbehrlich?

Magnesium ist Baustein des Blattgrüns (Chlorophyll) und somit für den pflanzlichen Stoffwechsel unentbehrlich. Magnesiummangel erkennt man an Aufhellungen zwischen den Blattadern. Bei älteren Blättern bemerkt man ihn zuerst. Sie werden bevorzugt abgeworfen. Am Getreide beobachtet man eine perlschnurartige helle Fleckung. Der Mais zeigt ein getigertes Blatt. Oft wird Magnesium mit dem Kalk als Magnesiumkalk ausgebracht, der schnell wirkt. Vor allem saure Böden profitieren von diesen Gaben.

Wie wird sich ein Jäger bei der Ausbringung von Dünger verhalten?

Kleinere Flächen zur Anlage von Wildäckern und Wildwiesen wird man nach folgender Faustregel behandeln: Im Herbst vor dem Anbau braucht die Fläche eine Grunddüngung. Sie stützt sich vor allem auf Kalkgaben. Es empfiehlt sich dabei kohlensaurer Kalk in der Menge von 10–14 dt/ha oder Thomasphosphat in der Größenordnung von 3–5 dt/ha. Nach Auflaufen der Saat bringt man einen Mehrstoffdünger mit Spurenelementen aus, den man auch noch in die hochgewachsenen Pflanzen streuen kann, da er nichts verbrennt. Am besten düngt man kurz vor Regen. Es bieten sich der Dreinährstoffdünger aus Stickstoff (N), Phosphor (P) und Kali (K) an, den man als Nitrophoska bzw. Blaukorn im Handel erhält. Ähnliche Wirkung zeigt das Düngegemisch Complessal Typ Blau. Genaue Zusammensetzung und auszustreuende Menge erfragt man von ortsansässigen Landwirten. Mit Stickstoff soll man sparen, denn Wild meidet mit diesem Element versorgte Flächen.

Auf größeren Feldern nimmt man alle 3–4 Jahre Bodenproben und schickt sie an die landwirtschaftlichen Untersuchungsstellen. An Hand der Auswertungsergebnisse erstellt einem der Handel einen exakten Düngeplan.

Auf Feldern, die dem Jäger selbst gehören, wende man bevorzugt eine Gründüngung an. Dabei wird eine Zwischenfrucht (z. B. Raps, Lupine, Luzerne, Stoppelrübe), die dem Winter über dem Wild als Deckung und Äsung gedient hat, im Frühjahr untergepflügt. So fördert man Humusbildung und Bodenleben. Bei Anbau von Leguminosen wird darüber hinaus natürlich gewonnener Stickstoff im Boden angereichert (s. S. 432).

Pflanzenschutzmittel

Was haben Pflanzenschutzmittel für eine Aufgabe?

Pflanzenschutzmittel (Pestizide) werden ausgebracht, um Schädlinge und Konkurrenten von wachsenden und geernteten Pflanzen bzw. Pflanzenteilen fernzuhalten. Die dazu verwendeten Chemikalien unterliegen wegen ihrer Giftigkeit dem Pflanzenschutzgesetz (letzte Änderung 16.06.1978) und müssen von der Biologischen Bundesanstalt für Land- und Forstwirtschaft in Braunschweig (BBA) zugelassen werden.

Je nach Anwendungsbereichen unterscheidet man Insektizide (gegen Kerbtiere), Herbizide (gegen Unkräuter), Molluskizide (gegen Schnecken), Rodentizide (gegen Nager), Fungizide (gegen Pilzbefall), Nematozide (gegen Fadenwürmer), Bakterizide (gegen Bakterien), Beizmittel und Halmverkürzungsmittel. Jedes Jahr werden in der Bundesrepublik Deutschland 20000 t Pflanzenschutzmittel versprüht. Ein Drittel unserer Landesfläche ist davon betroffen.

Als Insektenschutzmittel, die je nach Einstellung auch als Insektenvernichtungsmittel angesprochen werden können, finden auch chlorierte Kohlenwasserstoffe Anwendung. Sie sind biologisch schwer abzubauen und werden in der Nahrungskette weitergegeben und angehäuft. Das berüchtigte DDT ist zwar inzwischen in der Bundesrepublik Deutschland verboten, aber Metaboliten (Umwandlungsprodukte) von DDT finden noch nach wie vor Anwendung. In der Blütezeit dürfen grundsätzlich nur für Bienen ungefährliche Mittel streng nach Vorschrift ausgebracht werden.

Bei der Unkrautvernichtung (Herbizide) sind Wuchsstoffmittel im Gebrauch. Ein ausgebrachtes Wachstumshormon bewirkt das Totwachsen der Pflanzen. Diese Hormonmittel mit dem Wirkstoff 2,4,5-T müssen nach wie vor mit besonderer Besorgnis betrachtet werden. Auch das Gift Agent Orange, mit dem man in Vietnam die Wälder entlaubte, enthielt ein entsprechendes Präparat. Bei damit in Berührung gekommenen Menschen traten und treten noch immer Krebsfälle und Erbschäden (Mißgeburten unter Nachkommen) gehäuft auf.

Quecksilberverbindungen als Beizmittel sind seit dem 30.4.1982 in der Bundesrepublik Deutschland verboten.

Soll man Wildäsungsflächen mit Pflanzenschutzmitteln behandeln?

Möglichst nicht! Unter den Jägern gibt es entschiedene Gegner jeder Anwendung entsprechender Chemikalien. Sie verweisen darauf, daß auch auf diesem Gebiet Vorbeugen besser ist als Spritzen. Standortgerechte und widerstandsfähige Sorten können einen Schädlingsbefall in Grenzen halten. Viel Kalk im Boden fördert Kleintiere, die Parasiten kurzhalten. Auch der richtige Saatzeitpunkt kann vor Schmarotzern pflanzlicher und tierischer Art schützen. Die richtige Fruchtfolge wird die Ernte, was Menge und Qualität anbelangt, sichern und viel unnötige Arbeit sparen. Auch sollte man Schädlingsvertilger wie Vögel, Igel, Spitzmäuse, Eidechsen, Schlangen, Frösche, Kröten und den Marienkäfer fördern, statt kompromißlos Pflanzenschutzmittel zu spritzen.
Die *biologische Schädlingsbekämpfung* bemüht sich, Lebewesen zu fördern, die man aktiv zur Bekämpfung von tierischen und pflanzlichen Schädlingen einsetzen kann (z.B. Pilze, Bakterien, Viren, aber auch Nutzinsekten).
Die Jägerschaft steht auch hinter den Anstrengungen des *integrierten Pflanzenschutzes*. Man zählt bereits über 200 gegen Spritzmittel resistente Schädlingsarten. Deshalb sollte man Pestizide nur einsetzen, wenn dies unbedingt notwendig ist. Ein Pflanzenschutzwarndienst gibt die günstigsten Spritztermine bekannt und rät in manchen Jahren ganz davon ab.
Nach dem *Schadschwellenprinzip* läßt sich die in einem Feld vorhandene Unkrautdichte feststellen. Daraus ist errechenbar, ob ein Ertragsausfall teurer kommt als eine Behandlung mit chemischen Mitteln. So hat man festgestellt, daß auf einem Acker pro Quadratmeter ruhig 20 Ackerfuchsschwanzpflanzen und 40 zweikeimblättrige Unkräuter geduldet werden können.

Gräser und Getreide

Wie wird der größte Teil der landwirtschaftlichen Flächen genutzt?

Der größte Teil des landwirtschaftlich genutzten Bodens (39%) sind Wiesen oder Weiden.
Meist sind es Flächen, auf denen kein Ackerbau mehr möglich ist (zu steil, zu naß, zu flachgründig, zu steinig). Ihre Bearbeitung ist recht einfach. Die Weiden walzt man, Maulwurfhaufen schleppt man ab; nicht abgefressene Stengel muß man nachmähen. Wiesen schneidet man vor dem Blühen. Gras wird in Form von Heu oder Silage geerntet. Leider kommt man auch auf dem Grünland nicht ohne Spritzen aus. Der stumpfblättrige Ampfer, der scharfe Hahnenfuß und der Löwenzahn werden bekämpft. Eine Grasart, die Rasenschmiele, ist ebenfalls nicht beliebt.

Was sind Süßgräser, und welche Arten sind für den Landbau interessant?

Süßgräser haben runde, verknotete und meist hohe Halme. Die Blätter wachsen sie umschließend nach oben und spreizen sich dann ab.
Zu den Obergräsern gehören:
Der *Wiesenfuchsschwanz* als eines unserer erfolgreichsten Futtergräser. Er ist frosthart und kann sehr früh gemäht werden. Auch eine lange, geschlossene Schneedecke macht ihm nichts aus (Höhe 30–100 cm).
Der *Wiesenschwingel* ist ein trittempfindliches und sehr gutes Futtergras (Höhe 30–100 cm).

1 Roter Schwingel, Festuca rubra L. 2 Wiesen-Schwingel, Festuca pratensis Huds. 3 Gemeines Knäuelgras, Dactylis glomerata L. 4 Englisches Raygras, Lolium perenne L. 5 Italienisches Raygras, Lolium multiflorum Lam. 6 Wiesen-Rispengras, Poa pratensis L. 7 Wiesen-Fuchsschwanz, Alopecurus pratensis L. 8 Wiesenlieschgras, Phleum pratense L. 9 Hoher Glatthafer, Arrhenatherum elatius (L.) P. Beauv. ex J.S. et K.B. Presl

Das „süßlich“ schmeckende *Wiesenlieschgras* wächst schnell und nimmt auch mit Wegrändern vorlieb (Höhe 30–100 cm).
Das *Knäuelgras* gilt als Stickstoffliebhaber (Höhe 30–100 cm).
Der *Glatthafer* wird als Heu geschätzt und liefert 2–3 Schnitte.
Das schnellwachsende und ertragreiche *Welsche Weidelgras* (Italienisches Raygras) braucht viel Dünger und ist winterhart.
Zu den Untergräsern rechnet man:
Das frostempfindliche *Deutsche Weidelgras* (Englisches Raygras, Lolch) ist unser wichtigstes Weidegras. Es bevorzugt schwere Böden. Man findet es vom Tiefland bis in 1500 m Höhe.
Der *Rotschwingel* bildet unterirdische Ausläufer und verfilzt rasenartig. Er schätzt Stickstoff. In vielen Sorten kann man ihn auch auf extremen Standorten säen (Salzwiesen, Sandflächen, Berghänge).
Das *Wiesenrispengras* bevorzugt trockene und leichtere Böden. Die Arten mit den breiten Blättern liefern hervorragendes Futtergras (Gräser s. Abb. S. 428).

Schätzt das Wild unsere Kulturgetreidearten?

Nicht besonders! Hie und da sieht man in der kalten Jahreszeit das Schalenwild im Wintergetreide. Dank der Zunahme seines Anbaus steht es in den kalten Monaten nicht mehr in einer total ausgeräumten Feldflur, sondern hat dort wenigstens ein paar junge Triebe als Äsung zur Verfügung. Eine Ausnahme bilden milchreifer Hafer und milchreifer Weizen. Sie werden auf Äsungsflächen angebaut und vom Rot- und Schwarzwild begierig aufgenommen. Als Wildackerpflanze eignet sich nur die Hirse, die einst das Hauptnahrungsmittel der armen Bevölkerung war, heute aber für den menschlichen Bedarf kaum mehr eine Rolle spielt. Wegen ihrer guten Standfestigkeit eignet sie sich als Deckungspflanze. Ab September nehmen vor allem Fasan und Rebhühner ihre Körner auf. Raufußhühner zeigen eine gewisse Vorliebe für Buchweizen, den man aber nicht mehr zu den Kulturgetreidearten zählt. Auch der Waldstaudenroggen fällt nicht mehr in diese Sparte. Er wird häufig verbissen und wächst dann buschig nach. Man sät ihn gern in Verbindung mit Rot- und Perserklee. Da er gut überwintert, kann man ihn auch im Herbst, am besten im September ausbringen.

Wie wird Getreide ausgebracht?

Getreide wird in Reihen ausgesät, d.h. gedrillt. Pro Hektar benötigt man 100–200 kg. Geerntet werden dann in unseren Breiten 4000 kg im Durchschnitt. Das geschieht bei Voll- oder Totreife mit dem Mähdrescher.

Was macht man mit der Gerste?

Die ertragreiche Wintergerste, die man vor dem 20. September ausbringen muß, wird fast ausschließlich verfüttert. Sie verträgt zwar Temperaturen bis −20° C, kann aber bei zu langer Schneelage auswintern.
Sommergerste stellt an den Boden höhere Ansprüche als die Wintergerste. Man sollte sie vor der Totreife dreschen.
Nur in seltenen Fällen wird die Gerste höher als 120 cm. Ihre Ähren hängen und haben immer Grannen. Jedes der zwei Ährenbüschel besteht aus drei Ährchen. Oft ist nur das mittlere fruchtbar. Dann hat man es mit der Zweizeilgerste zu tun (s. Abb. S. 431).

Welche Ansprüche stellt der Weizen an Klima und Boden?

Weizen wird höchstens bis zu 900 Meter Höhe angebaut. Im Frühjahr mag er es gern warm. Zum Keimen benötigt er eine Temperatur von 2–4° C. Er reift spät und braucht einen langen Sommer. Außerdem stellt er erhebliche Ansprüche an Boden und Düngung. Er schätzt tonige Lagen. Man düngt ihn mit Stickstoff, Phosphaten und Kali. Winterweizen sät man von Oktober bis Dezember. Der Sommerweizen kommt im März bis April in die Erde. Kann man seine Körner nicht mehr mit dem Fingernagel zerdrücken, wird er geerntet. In der Bundesrepublik Deutschland verfüttert man etwa die Hälfte des eingebrachten Weizens. Daneben ist er das wichtigste Backgetreide. Weizenmehl klebt gut und macht den Teig locker. Brauweizen muß stärkehaltig sein.
Weizen wächst bis 150 cm hoch. Seine dicken Ähren tragen selten Grannen. Die Ährchen haben 2–4 Blüten mit breiten Hüllspelzen (s. Abb. S. 431).

Kann man Roggen auch auf Sandböden und bei ungünstiger Witterung anbauen?

Ja! Man kann ihn auch auf leichte Böden setzen. Neben Phosphor und Kali braucht Roggen als Düngung vor allem Magnesium. Man sollte ihn auf Kartoffel und Gerste folgend anbauen. Er ist gegenüber Frösten äußerst widerstandsfähig (bis −25° C) und kann auch bei tiefen Temperaturen in wenigen Tagen keimen. Als einzige der vier Hauptgetreidearten ist er Selbstbefruchter. Winterroggen wird im Oktober ausgebracht. Sommerroggen sät man in den ersten zwei Monaten des neuen Jahres. Man erntet ihn, wenn das Stroh vollkommen abgestorben ist. Der Roggen findet Verwendung als Mahlroggen, Futterroggen und in Schnapsbrennereien. Man erkennt ihn an den schlanken, hängenden Ähren, die lange Grannen besitzen. Die Ährchen sind zweiblütig und besitzen schmale Hüllspelzen. Er wird 2 Meter hoch (s. Abb. S. 431).

Woran erkennt man den Hafer?

Er besitzt keine Ähre, sondern eine Rispe, deren Äste waagrecht wegstehen. An Höhe erreicht er 60–120 cm und hat einen glatten, senkrechten Halm. Die Blütezeit fällt in den Juni und Juli. Hafer wurzelt tiefer als alle anderen Getreidearten. Er stellt daher geringere Ansprüche an die Nährstoffversorgung. Hafer kann man in nassen und kühlen Lagen anbauen. In sehr feuchten Gebieten ist er das Idealgetreide. Er verträgt auch leicht saure Böden. Stallmist und Gründüngung verarbeitet er sehr gut. Kalk braucht er kaum. Man sät den Hafer im März und April zum frühestmöglichen Zeitpunkt, damit er die Niederschläge des Winters gut ausnutzen kann. Er keimt bereits ab +2° C. Der Mähdrescher erntet dann, wenn die Körner wachsartig oder hart geworden sind. Nur etwa 5% dieses Getreides dienen vor allem als Haferflocken der menschlichen Ernährung. Der Hauptteil findet als Futtergetreide Verwendung. Vor allem Menggetreide in Mischung mit Gerste wird noch viel angebaut. Grünhafer, in der Milchreife geschnitten, ist ein guter Eiweiß- und Stärkelieferant. Schwarz- und Rotwild weiß ihn in diesem Zustand besonders zu schätzen (s. Abb. S. 431).

Der Anbau welcher landwirtschaftlichen Nutzpflanzen hat in letzter Zeit rapide zugenommen?

Der Mais hat sich inzwischen in der Bundesrepublik Deutschland eine Anbaufläche von 1 Million Hektar erobert. Die einjährige Pflanze kann man öfter hintereinander anbauen. Man verwendet weitgehend gebeiztes Saatgut und wählt meist frühe Sorten mit niederer FAO-Zahl (z.B. FAO 210). Sie haben kurze Wachstumszeit, und die Körner können ausreifen. Sät man Mais als reine Dekkungspflanze auf Wildäcker, kann man auch billigere und später reifende Sorten hernehmen. Die Aussaat erfolgt Ende April bis Anfang Mai auf frischgefrästem Boden. Man wählt einen Reihenabstand von 60–80 cm; auf einen Meter kommen 6–8 Körner, die 2–5 cm tief in den Boden müssen. Anschließend ist die Fläche zu walzen. Nach dem Auflaufen muß man ihn hacken. Erst ab einer Größe von 30 cm hat er über das Unkraut gesiegt, in dem er sonst ertrinkt. Mais braucht zur Keimung 9–10° C. Auch das übrige Jahr will er viel Wärme, damit sich seine Körner entwickeln. Herbstfröste machen ihm schwer zu schaffen. Dafür braucht er keinen besonderen Boden. Die Nährstoffe muß man ihm allerdings seinem Bedarf entsprechend vorgeben. Insbesondere benötigt er viel Kali

1 Gemeiner Mais, Zea mays L. 2 Saat-Hafer, Avena sativa L. 3 Sommergerste, Hordeum vulgare convar. distichon (L.) Alef. 4 Wintergerste, Hordeum vulgare L. 5 Saat-Weizen, Triticum aestivum L. emend. Fiori et Paol. 6 Saat-Roggen, Secale cereale L.

(200–240 kg/ha). Die Pflanze wird bis 4 m hoch. Der Halm enthält ein Mark. Die oberen Blätter besitzen keine Spreiten. Die Blatthäutchen werden bis zu einem halben Zentimeter lang. Die männlichen Blüten wachsen als Rispen am oberen Ende; die weiblichen bilden sich als Kolben aus.
Mais zieht Fasanen an. Es empfiehlt sich, auf Äsungs- und Deckungsflächen diesen in Streifen kombiniert mit Felderbsen und/oder Kohlarten zu säen. Auf einen Hektar benötigt man 40 kg Saatgut.

Schmetterlingsblütler und Ölfrüchte

Welche nützliche Eigenart haben die Leguminosen (Schmetterlingsblütler)?

Diese Pflanzen durchwurzeln den Boden, beschatten ihn und sammeln Stickstoff. Mit Hilfe von Bakterien können sie in kleinen Knöllchen im Wurzelbereich den freien Stickstoff aus der Luft anreichern. Sind diese Kleinlebewesen auf Grund von überreichen mineralischen Stickstoffgaben, Bodensäure oder zu wenig Humus nicht vorhanden, impft man die Saaten damit. Das entsprechende Mittel heißt Radizin und ist im Handel erhältlich. 100–200 kg Stickstoff pro ha kann auf diese Weise auf natürlichem Weg in den Boden gebracht werden.
Die Leguminosen erkennt man neben ihren Wurzelknollen an den langgezogenen Schmetterlingsblüten, den dreiteiligen, befiederten Blättern und ihren Hülsenfrüchten. Zu ihnen zählen die Klee- und Wickenarten. Sie liefern eiweißhaltiges Futter und werden vom Wild (auch vom Reh!) angenommen.

Welche Leguminosen (Schmetterlingsblütler) sind für Landwirt und Jäger interessant?

Der *Rotklee* wird 15–30 cm hoch und erlaubt pro Jahr meist drei Schnitte. Er kommt gut über den Winter. Man kann ihn fast überall ausbringen. Kühle und feuchte Standorte schätzt er besonders. Auf extremen Sandböden gedeiht er nicht. Oft wird er als Klee-Grasmischung (z. B. mit Alexandriner-, Perserklee und welschem Weidelgras) oder Rotklee-Luzernemischung auf Wildäsungsflächen ausgebracht. Rotklee muß gut mit Kalk, Kali und Phosphor versorgt werden. In Reinsaat werden auf 1000 m^2 etwa 3 kg Samen benötigt.
Der *Weißklee* legt unterirdische Triebe aus und wird 20–50 cm hoch. Er kann beweidet werden, da er Viehtritt verträgt. Die Pflanze braucht Licht und Feuchtigkeit und ist mit fast allen Böden zufrieden. Man sät ihn gern in Leitungsschneisen. Der *Wundklee* wird gern vom Hasen angenommen.
Während der Rotklee mehr für Lehmböden zu empfehlen ist, gedeiht die *Luzerne* besser auf kalkhaltigem, sonst aber anspruchslosen Untergrund. Die Pflanze wird 20–50 cm hoch, und ihre Pfahlwurzeln werden meterlang. Auf Wildäsungsflächen wächst sie fast ein Jahrzehnt, ohne daß nachgesät werden muß. April und Anfang Mai ist ihre beste Saatzeit. Gemäht wird zweimal jährlich. Einmaliges Durcheggen pro Wachstumsperiode ist zu empfehlen. Reh- und Rotwild äsen die Luzerne gerne. Fasane picken nach den jungen Blättern. Auch die *Esparsette* hat eine Pfahlwurzel und liebt Kalkböden, die sehr trocken sein dürfen. In der Landwirtschaft sieht man ihre hellrote Traubenblüte immer seltener, aber Jäger und Forstwirt entdecken sie jetzt als wertvolle Äsungspflanze. Man sät sie auf Wegrändern und an Böschungen. Dort hält sie es oft eine Pachtzeit aus. Mit ihr verwandt ist die *Seradella.*
In Kulturen, auch Kahlhieb- und Hangflächen, auch horstweise an Wegrändern (in der Landwirtschaft fast nur zur Gründüngung) wird die *Lupine* angebaut.

Es gibt sie als einjährige Art oder als Dauerpflanze. Neben den Bitterlupinen werden auch Süßlupinen angeboten. Vor allem die bitterstoffarmen Pflanzen verbeißt das Wild bereits im Jugendstadium stark. Gelbblühende Lupinen sollen Kalkböden nicht so gut vertragen. Die Saatzeit dieser beliebten Äsungspflanze reicht vom Mai bis in den August (2 dt/ha). Hirsch, Reh und Hase sind begierig auf die Früchte (Schoten) der bitterstoffarmen Lupine. Die Lupine ist nicht frosthart (s. Abb. S. 496).
Auch Ackerbohnen, Wicken und Felderbsen stehen auf der Produktionspalette der Landwirte. Diese Körnerleguminosen entwickeln nach Aussaat im Frühjahr auch in unseren Breiten reife Früchte. Unterm Jahr ausgebracht, liefern sie Grünfutter. Oft pflügt man sie aber im Herbst oder erst nach dem Winter unter. Der Jäger sät ihnen den sehr wildfreundlichen Hafer als Stützfrucht bei. Vor allem die Sojabohne enthält viel Eiweiß. Wegen ihres guten Geschmackes läßt sie kaum ein Äser aus.

Wird ein Jäger den Zwischenfruchtbau befürworten?

Neben dem zunehmenden Anbau von Wintergetreide ist im besonderen die Ausweitung des *Winterzwischenfruchtbaus* ein Segen für alles Wild. Gerade auf diesem Gebiet sollte ein Revierinhaber den Landwirt als Partner gewinnen. Durch Absprache mit ihm und Zuschuß oder Kauf kann man spezielle Wildäsungspflanzen dem Saatgut beimengen oder sie in Reinsaat anbauen lassen. Auch die Ausbringung des wertvollen Phosphatdüngers, der als Magnet auf das Wild wirkt, läßt sich auf diese Weise organisieren. Der Landwirt erhält dadurch eine sichere Bodenbeschattung mit ihrer günstigen Einwirkung auf die Gare (optimale Belebung des Bodens), entweder Futter für sein Vieh oder eine ausreichende Gründüngung. Dem Jäger wird Äsung und schützende Deckung für das ihm anvertraute Wild verschafft. Zum Winterzwischenfruchtbau gesellt sich der *Sommerzwischenfruchtbau.* Hierbei werden die Pflanzen als Stoppelsaat oder als Untersaat ausgebracht. Erstere kommt, wie der Name sagt, nach der Getreideernte auf die Stoppeln. Es dauert lange, bis die Pflanzen zu ernten sind, und fehlender Regen kann zum Mißlingen führen. Die Untersaat wird bereits im Frühjahr angelegt. Nach der Getreideernte können die Pflanzen schnell wachsen und bringen es bei passendem Herbstwetter oft auf mehrere Schnitte.
Für die *Gründüngung* bevorzugt man die Leguminosen (Schmetterlingsblütler). Unter ihnen gelten Wicke und Lupine als gute Bodenverbesserer. Bohnen und Erbsen baut man zwar auch in Reinkultur an, ihr Hauptgewicht liegt aber im Zwischenfruchtbau, wo man sie weitgehend unterpflügt. Auch eine neugezüchtete Phazeliaart wird in diesem Bereich angebaut.
Weidelgräser, Kleemischungen, Klee-Gras-Mischungen, Raps, Rüben, Ölrettich, Senf sowie Kohlarten, Stoppelrüben und das Landsberger Gemenge werden überwiegend gemäht, eingefahren und als Viehfutter verwendet.

Welche Pflanzen rechnet man zu den Ölfrüchten?

Raps, Rübsen, Senf und den Ölrettich. Es handelt sich dabei um Kruziferen (Kreuzblütler). Aus ihnen werden technische Öle wie auch Speiseöle gewonnen. Ihre Bedeutung für den Zwischenfruchtbau darf nicht unterschätzt werden. Der *Raps* braucht vor allem einen tiefgründigen Boden. Gerade der Sommerraps muß früh in die Erde, damit er Mitte bis Ende August zur Samenreife gelangt. Er benötigt als Düngung ausreichend Stickstoff. Zur Grünfuttergewinnung im Zwischenfruchtanbau bringt man ihn von Juli bis Mitte August auf die Felder.

Keinesfalls darf man ihn noch nach dem 20. August säen. Längere und strengere Winter verträgt er nicht. Mit den Sorten „Emerald“, „Akela“ und „Lifura“ werden auch von Jägern beste Erfahrungen gemacht. Eine Sorte bereitet jedoch großes Kopfzerbrechen. Den säure- und bitterstoffarmen „00-Raps“ (Doppelnull-Raps), dessen Anbau von der EG besonders gefördert wird, nehmen Rehwild und Hase besonders in der vegetationsarmen Jahreszeit begierig auf. Viele Tiere gehen daraufhin ein. Genauere Untersuchungen über die Todesursache sind noch im Gange. Saatempfehlung auf 1000 m^2 ca. 2 kg.
Auch die *Rübsen* werden als Sommer- und Winterrübsen angebaut. Die Sorte „Noko“ ist eine Neuzüchtung und bietet bis zum Frosteinbruch Wildäsung. Winterrübsen kann man bis Ende September anbauen. Sie bieten im Spätherbst Deckung und bis ins Frühjahr hinein Äsung. Mit Raps vermischt kann man die Sorte „Perko PVH“ säen. Sie ist im Landhandel und bei jeder Genossenschaft zu erhalten. Die Abkürzung „PVH“ bedeutet: P = Prima „die Erste“, V = Verena „im Frühling“, H = Hoffmann (Züchter). Die schnellwüchsige Pflanze (7–8 Wochen schnittreif) wird nicht in jedem Wuchsstadium vom Wild angenommen. Oft wird auf Wildäsungsflächen die Sorte „Buko“ besser geschätzt. Eine andere für den Jäger interessante Sorte ist „Daisy“. Alle Arten muß man dünn säen (1000 m^2 etwa 1 kg). Die Stickstoffversorgung braucht nicht so gut zu sein wie bei landwirtschaftlicher Nutzung. Auch die „Steinacher Futterrübsen“ gelten als winterhart. Der „Steinacher weiße Senf“ liefert viel senfölarme Grünmasse. *Senf* kann bis Mitte September angebaut werden. Er stellt geringe Ansprüche an den Boden.
Das Rehwild äst nach dem ersten Frost gern die Blätter vom *Ölrettich*. Die futterrübengroßen „Rettiche“ gelten dann als verdorben. Für Fasane und Rebhühner sät man im Frühjahr hie und da die Sorte „Siletta“ (s. Abb. S. 496).

Hackfrüchte

Welche Früchte zählen zu den Hackfrüchten?

Kartoffel, Zucker-, Futterrübe und Mais. Sie haben ihren Namen von der Tatsache, daß während ihrer Wachstumsperiode der Boden mehrmals gehackt werden muß.

Sind Rüben einjährige Pflanzen?

Nein! Rüben sind zweijährige Pflanzen. Im ersten Jahr speichern sie Nährstoffe in ihrem Wurzelkörper. Nach dem Winter treiben sie einen langen Stengel, auf dem Blüten und Samen heranwachsen. Der Mensch läßt es aber nicht so weit kommen. Er erntet nach dem ersten Jahr. Die Rübenblätter kann man verfüttern, als Düngung unterpflügen oder silieren. Rüben werden sehr spät geerntet.
Fast der ganze Rübenkörper wird bei der *Zuckerrübe* zur Zuckergewinnung verwendet. Die übriggebliebenen Trockenschnitzel sind ein wertvolles Futter für die Wildtiere. Die Zuckerrübe stellt hohe Ansprüche an den Boden und braucht viel Wärme. Nach dem Auflaufen muß man zu dicht gesäte Pflanzen heraushakken. Oft bringt man aber die Samenkörner gleich weiter aus, um sich diesen Arbeitsgang zu sparen. Meist läßt das Wild die Zuckerrübe in Ruhe. Bei Blattlausbefall nimmt man Pirimor Granulat und löst es in Wasser auf. Dieses Mittel schont Bienen, Florfliegen, Schlupfwespen und den Marienkäfer.
Die Runkelrübe ist eine *Futterrübe* und ragt weiter aus dem Boden als die Zuckerrübe. Rehwild zeigt an ihr Interesse. Im Mai/Juni äst es Stiele und Blätter,

daß oft nichts mehr übrigbleibt (evtl. zäunen!). Dann läßt es die Pflanze in Ruhe und geht erst ab September wieder an die Blätter. In der kalten Jahreszeit findet es auch Geschmack an kleineren Rüben, die man auf dem Wildacker stehen lassen sollte. Große Exemplare erntet und mietet man ein. Im Winter reicht man sie als Saftfutter.
Stoppel- und Herbstrüben sind in der Landwirtschaft für den Zwischenfruchtbau interessant. Die glatten, walzenförmigen Rüben schauen zu zwei Drittel aus dem Boden und entwickeln viel Blattmasse. Man sät sie Mitte August, auch gern u.a. in Äsungsmischungen auf Rotwildäcker.
Vor allem für den Jäger ist der Anbau von *Karotten* interessant. Sie werden dem Hasen an Wildäckern als Randstreifen angeboten. Zu beachten ist, daß sie nur auf guten und warmen Boden kommen. Sie müssen gehackt werden. Als Sorte empfiehlt sich die „Kieler Rote".

Was ist der Unterschied zwischen Gift- und Heilpflanzen?

Zu den wenigen Giftpflanzen in unseren Breiten zählen Tollkirsche, Seidelbast, Goldregen, Efeu, Liguster, Pfaffenhütchen, Thujen und Eibe. Vor allem die Früchte dieser Pflanzen darf man nicht essen. Von der Herbstzeitlose, dem scharfen Hahnenfuß und Wasserschierling gelten auch die übrigen Teile als giftig. Wild- und Haustiere kennen diese Pflanzen und meiden sie.
Viele Äsungspflanzen sind auch Heilpflanzen. Sie machen das Wild und das Weidevieh widerstandsfähiger gegen Krankheiten. Ihr Genuß vertreibt Innenparasiten, regt Stoffwechsel und Kreislauf an. Ein Landwirt, der sie auf seinen Wiesen duldet und fördert, wird am Tierarzt sparen, was sie ihm als eventuelle Ernteeinbußen kosten. Entsprechende Mischungen enthalten Schafgarbe, Dill, Beifuß, Kümmel, zwei Arten Fingerhut, Fenchel, Kamille, Basilikum, Petersilie, Anis, Spitzwegerich, Sauerampfer, zwei Arten Salbei, Beinwell, Kapuzinerkresse, Wegwarte, und Wundklee. Damit man sie leichter säen kann, werden Waldstaudenroggen, Buchweizen und Esparsette als Füllstoff zugemengt. 1 kg reicht für 1000 m^2. Überall im Revier sollte man kleinste Flecken damit begrünen.

Wie bringt man die Kartoffel aus, und wie erntet man sie?

Die Kartoffel bringt man mit Legemaschinen aus, und man erntet sie mit dem Sammelroder. Da sie lockeren Boden zur Knollenbildung braucht, benötigt sie viele Arbeitsgänge. Sie ist auf viel Stickstoff, Phosphorsäure und Magnesiumgaben angewiesen. Die Kartoffel kommt mit jedem Klima zurecht. Sie ist zwar frostempfindlich, doch gibt es Saaten, die schon nach 100 Tagen ausgereift sind. So kann man sich darauf einrichten. Vom Knollenansatz bis zur Blüte braucht sie gleichmäßige Niederschläge. Sie wächst auf fast allen Böden. In der Fruchtfolge muß man aufpassen. Fruchtfolgeschädlinge könnten in den Schlägen viel Unheil anrichten (Kartoffelkrebs, Kartoffelnematoden).
Für den Jäger ist interessant zu wissen, daß Wild manche Sorten begierig aufnimmt und andere wiederum überhaupt nicht beachtet. Beim Landwirt läßt sich erfragen (Wildverbiß!), welches Saatgut sich für den Wildacker eignet (s.S. 477).

Flurbereinigung, alternativer Landbau

Welche Hauptaufgabe hat die Flurbereinigung?

Die Hauptaufgabe der Flurbereinigung besteht darin, den zersplitterten landwirtschaftlichen Grundbesitz zusammenzulegen und schneller erreichbar zu machen.

Die neu entstandenen Felder müssen weiträumig werden, damit mit Großmaschinen zeit- und arbeitssparend möglichst eine gleiche Sorte von landwirtschaftlichen Ertragsfrüchten ausgebracht, gepflegt und geerntet werden kann. Daneben führt man Bodenverbesserungen durch und nimmt wasserwirtschaftliche Arbeiten vor.
Mit diesen Maßnahmen fielen Feldraine und andere lebensschützende Grenzlinien mit ihren Unkräutern und Hecken weg. Sie enthielten eine reiche Insektenfauna. Dafür werden mit geteerten Flurwegen unüberwindbare Barrieren für alles Wild errichtet. Das wird dann entweder totgefahren oder in Kleinräumen isoliert. Feuchtgebiete legte man trocken. Gumpen und Weiher wurden aufgefüllt. Die kleinsten Rinnsale begradigte und vertiefte man. Das Gelände wurde eingeebnet, damit auch der letzte Ödlandzipfel unter den Pflug zu nehmen war. So entstand eine maschinengerechte Produktionssteppe, die nur noch wenigen Pflanzen- und Tierarten Lebensraum bietet.
Damit beim massierten Anbau der wenigen „Nutzpflanzen" keine Epidemien auftreten, muß man sie mit einem Masseneinsatz von Pestiziden schützen. Der Übergang von einer gewachsenen und reich strukturierten Kulturlandschaft in eine Produktionslandschaft mit wenigen hochtechnisierten Erzeugerschwerpunkten zerstörte viele naturschonende Kleinbetriebe. Die Flurbereinigung, wie sie bisher praktiziert wurde, ist die primäre Ursache des rapiden Rückgangs vieler Arten in unserem Land. In neugegliederten Maisanbau- und Weinbaugebieten werden bereits erste Anzeichen von Bodenerosion sichtbar. Niederschläge versikkern dort nicht mehr. Der Humus, der aus Mangel an natürlicher Düngung in Krümel zerfällt, wird leicht abgeschwemmt. Die Flüsse können bei Wolkenbrüchen und längeren Regenperioden die Wasser nicht mehr aufnehmen und treten über die Ufer.
Inzwischen hat bei der Flurbereinigung – buchstäblich in letzter Sekunde – auf diesem Gebiet ein Umdenken eingesetzt. Die Landschaftspflege und der Naturschutz treten jetzt in den Vordergrund. Geschützte Flächen versucht man zu erhalten, neu auszuweisen und in öffentlichen Besitz zu übernehmen. Als Fernziel sollten den Produktionsflächen bis zu 10% Ausgleichsflächen gegenüberstehen. Diese müßten sich möglichst engmaschig im Abstand von 300–400 m als Raine, Gehölze, Feuchtgebiete über die nicht mehr ökonomisch bereinigte, sondern ökologisch gestaltete Flur ziehen.

Bringt der moderne Landbau neben seinen anerkennenswerten Leistungen auch Nachteile mit sich?

Sechs Prozent der Erwerbstätigen der Bundesrepublik Deutschland, die in der Landwirtschaft arbeiten, decken den Nahrungsmittelbedarf unserer Gesamtbevölkerung zu 75–80%. Daß 1,5 Millionen Menschen 62 Millionen in solch hohem Grad ernähren können, ist eine beachtliche Leistung. Auf dem Gebiet der Butter-, Zucker- und Fleischproduktion ist sogar eine Überversorgung vorhanden.
Hier setzt auch die Kritik an unserer Agrarpolitik an. Der Staat muß die überschüssige Menge von Jahr zu Jahr mit enormen Kosten abfangen. Trotz dieser Mehrproduktion, die man zu Lasten des Steuerzahlers dann an andere Länder verschleudert, zwingt man unseren Landwirt, immer mehr zu erzeugen. Um mit der allgemeinen Einkommensentwicklung Schritt zu halten, muß er jeden Flecken Ödland bebauen. Es bleibt ihm nichts anderes übrig, die Maschinen, die ihm die moderne Landtechnik anbietet, und die Produkte, die ihm Dünge- und Pflan-

zenschutzmittelindustrie aufdrängen, optimal einzusetzen. Die Belange der Natur treten bei seinem Existenzkampf zwangsläufig in den Hintergrund (Artenrückgang, Abnahme der Bodenfruchtbarkeit, Gewässerverschmutzung).
Dem aufgeschlossenen Beobachter bereitet auch ein Aufwand-Nutzen-Vergleich Kopfzerbrechen. Unter diesem Blickwinkel schneidet unsere Landwirtschaft schlecht ab. Um eine Energieeinheit auf dem Nahrungsmittelsektor zu erzeugen, verpulvert der moderne Landbau zwei Einheiten fossiler Energie (z. B. Erdöl). Schon heute verbraucht die Landwirtschaft 20% des nationalen Energiebedarfs. Eine in die Zukunft blickende Agrarpolitik darf keinesfalls mehr zulassen, daß mit den massiven Subventionen des Grünen Plans die Natur zerstört wird, nur um Überschüsse zu erzeugen. Es wäre statt dessen fast sinnvoller, die Nichtnutzung von Grenzertragsflächen mit Prämien zu belohnen.

Wie unterscheidet sich der alternative vom modernen Landbau?

Der alternative Landbau legt besonderen Wert auf die Pflege der Bodenfruchtbarkeit. Diese sucht er durch vielseitige Fruchtpflege und eine flachgründige Bearbeitung zu erhalten. Er lehnt eine Düngung mit den im Handel angebotenen Chemieprodukten ab. Statt dessen verwendet er Urgesteinsmehl, Schweineborsten, Algenkalk, kompostierten Mist, aufbereitete Jauche bzw. Gülle oder pflügt die stickstoffsammelnden Leguminosen, die er als Zwischenfrucht anbaut, unter. Nur im äußersten Notfall ist Thomasmehl oder Patentkali zugelassen (evtl. auch Kompostpräparate). Schädlinge und Unkraut dürfen mit keinem Chemiepräparat bekämpft werden. Man fördert die Nützlinge oder reißt Wuchskonkurrenten aus bzw. flämmt sie ab. Es werden nur selbstangesetzte Mittel, die man auf pflanzlicher Basis gewinnt (Brennessel!), verspritzt. Der alternative Landbau will gesunde und schmackhafte Nahrungsmittel von hoher Qualität erzeugen, dabei wenig Energie verbrauchen und mit der Umwelt besonders schonend umgehen. Da sein Arbeitsaufwand wesentlich höher ist als im modernen Landbau, sind seine Produkte auch etwas teurer. Durch Direktabsatz sucht man die Preisunterschiede abzufangen.
Bisher ließ sich wissenschaftlich noch nicht nachweisen, ob mit der alternativen Landbaumethode eine bessere Bodenfruchtbarkeit zu erzielen ist als mit der herkömmlichen. Auch einen Qualitätsunterschied konnte man im Labor noch nicht herausdestillieren. Allerdings kann sich der eigene Gaumen von den Vorzügen alternativer Produkte umgehend überzeugen. Der alternative Landbau gibt seinen Erzeugnissen wieder ihren spezifischen Geschmack zurück. Entsprechende Produkte werden u. a. unter den Bezeichnungen Demeter und Bioland vertrieben.

Wildschaden an Feldfrüchten

Welche Wildschäden sind für den Jäger ersatzpflichtig?

Nur Schäden, welche von Schalenwild, Fasan und Wildkaninchen verursacht sind. Man überzeuge sich daher, bevor man die Brieftasche zieht, ob der angegebene Schaden auch vom genannten Wild stammt. Oft wird Fasanen in die Schnäbel geschoben, was von Haustaube und Krähe aufgepickt wurde. Maiskolben, die das Reh geäst haben soll, können von Mäusen (evtl. Bilchen) „geerntet" worden sein. Man prüfe auch gewissenhaft, ob das Getreide schon Lagerfrucht war, bevor die Sauen darin brachen.

Wann sind Wildschäden zu melden?

Wildschäden müssen innerhalb einer Woche nach Kenntnisnahme gemeldet werden (§ 34 BJG). Auf forstwirtschaftlich genutzten Flächen hat dies jeweils bis zum 1. Mai und 1. Oktober zu geschehen. Meist ist die zuständige Gemeinde die Meldestelle. Sie setzt einen Schätztermin fest. Der amtliche Wildschadenschätzer ermittelt den Schaden. Kommt keine gütliche Einigung zustande, erläßt die Gemeinde einen Vorbescheid, der im Zweifelsfall am zuständigen Amtsgericht angefochten werden kann.

Wie lassen sich Wildschäden in der Landwirtschaft verhindern?

Weizen und Hafer wird von Rot-, Dam- und Schwarzwild in der Milchreife aufgesucht. Neben dem Verbiß fallen auch Trampelschäden und Lagerstellen ins Gewicht. Fasan und übriges Flugwild nimmt gern Saatkörner auf. Durch entsprechendes Beizen, Blinkleuchten mit Knallapparaten, und bei Sauen vor allem durch eine strenge Bejagung, läßt sich der Schaden gering halten.
Mais ist eine vielfach gefährdete Frucht. Schwarzwild bricht nach den Körnern, äst die Jungpflanzen und sucht ihn auch unter der Milchreife heim. Fasanen nehmen ebenfalls die Saatkörner auf und rupfen die Jungtriebe aus. Die reifen Kolben schätzt alles Schalen- und Flugwild. Oft hilft gegen Sauen nur der doppelte Elektrozaun, der in Anschaffung und Unterhaltung sehr teuer ist. Man sollte den Landwirt bei der Aufstellung und Wartung als Helfer gewinnen.
Kartoffelknollen werden von Rot-, Dam-, Schwarzwild aus dem Boden geschlagen. Sauen schätzen auch das Saatgut.
Zucker- und Futterrüben finden bei Rotwild Geschmack. Es äst die Jungtriebe und im Herbst Blätter und die Rüben selbst. Schwarzwild bricht noch dazu gern das Saatgut heraus. Der Fasan pickt nach den Keimlingen. Hase und Kaninchen schädigen die Jungpflanzen und benagen die Rüben. Man kann sie durch Zäunen, Einlappen, Scheuchen und mit Schußapparaten von den Feldern abhalten.
Körnerleguminosen (Bohnen, Erbsen, Lupinen, Wicken) werden vom Schalenwild als grüne Pflanzen beäst. Rebhühner und Tauben nehmen die Früchte. Auch *Klee und Gräser* auf Wiesen und Weiden stehen ständig unter dem Verbiß des Schalenwildes. Daneben entstehen Trampelschäden und Schäden durch Lagern und Brechen. Man sollte hier das Wild scharf bejagen.
Wein wird vor allem durch Hase und Kaninchen im Wurzelbereich benagt. Fasan, Krähe und drosselartige Singvögel haben es in Scharen auf die Trauben abgesehen. Winzer zäunen ihre Kulturen ein und stellen Knall- und Schußapparate auf.
In *Obstplantagen* schälen Hase und Kaninchen vor allem im Winter gern die Rinden. Auch Schalenwild kann man dabei beobachten. Die reifen Früchte nimmt es ebenfalls gern. Flugwild bepickt die reifen Früchte. Hier hilft eine kaninchensichere Zäunung (Drahtgeflecht eingraben!), sowie Drahthosen und das Einbinden.

Wie ermittelt man Wildschaden auf der Feldflur?

Die geschädigte Fläche wird in der Regel abgeschritten. Im Zweifelsfall kann man sie natürlich auch mit dem Meterstab genau abmessen. Sind verschiedene Flächen unterschiedlich stark in Mitleidenschaft gezogen, wird man sie einzeln ermitteln und den Wildschaden gesondert errechnen.

Der Stand des Wachstums ist sehr wichtig. Oft kann durch eine Nachsaat der Schaden ausgeglichen werden. Bis zu einem Monat nach dem ursprünglichen Ausbringen ist dies möglich. Das kommt billiger, als wenn man den gesamten Ernteausfall ersetzen muß. Oft wird auch durch eine Düngung oder eine nachträgliche Bearbeitung der Schaden, den das Wild angerichtet hat, gemildert. Eine andere Frucht, zu einem späteren Zeitpunkt gesät, verringert die Ausgaben. Ist ein Feld mit Winterweizen von Sauen umgebrochen, läßt sich vielleicht noch Sommerweizen darauf anbauen. In all diesen Fällen ist nur der Mehraufwand des Bauern an Arbeitszeit zu erstatten. Natürlich sind Saatgut und evtl. zusätzliche Düngegaben ebenfalls zu bezahlen. In Frage kommt auch eine gewisse Ausgleichszahlung für eine Ernteminderung. Die Kosten für Nachsaaten sind untenstehend angeführt.

Die volle Höhe des Ernteertrages muß nur bei Totalschaden bezahlt werden. Sie hängt natürlich von der Bodengüte des Gebietes ab, in dem sich das Revier befindet. Man erkundigt sich dazu nach der Bodenwertzahl. Durch Vergleich mit Nachbargrundstücken kann man ebenfalls auf die zu erwartende Erntemenge schließen, die ohne Wildschaden erzielt worden wäre. Da der Landwirt die Früchte nicht mehr ernten muß, sind davon die Einbringungskosten abzuziehen. Eine Tabelle mit Angaben der durchschnittlichen Erzeugerpreise ist unten ange-

Tabelle 1. Durchschnittliche Arbeitskosten (Stand 1984)

Arbeitsart	DM/Std.	DM/ha	Pf/m^2
Pflügen	35	100	1,1
Säen	30	30	0,3
Maissäen	50	65	0,65
Kartoffelsetzen		120	1,2

Dünger streuen DM 25,– pro Stunde

Tabelle 2. Durchschnittliche Kosten für Nachsaat (Stand 1984)

Ackerfrucht	Saatgutkosten je ha in DM	Maschinenkosten je ha in DM	Gesamtkosten je ha in DM	Gesamtkosten pro m^2 in Pf
Sommer- und Winterweizen	200	100	300	3
Roggen	120	100	220	2,2
Wintergerste	130	100	230	2,3
Sommergerste	150	100	250	2,5
Hafer	130	100	230	2,3
Körnermais	170	140	310	3,1
Silomais	190	140	330	3,3
Kartoffeln	1500	190	1690	16,9
Zuckerrüben	150	140	290	2,9
Futterrüben	180	140	320	3,2

führt. Oft kann man ein Feld noch unter erheblichen Schwierigkeiten abernten, die Erträge sind aber stark gemindert. In diesem Fall muß man die Mehrkosten für die Einbringung und eine Wertminderung ersetzen. Werden Wiesen oder Weiden vom Schwarzwild umgebrochen, muß man zunächst das Einebnen und anschließend den Futterausfall bezahlen. Den Futterwert schätzt man zwischen 10 und 30 Pf. pro Quadratmeter. Man sollte aber bedenken, daß entsprechend behandeltes Grünland nicht das ganze Jahr ausfällt.

Tabelle 3. Durchschnittliche Erntemengen und Preise (Stand 1984)

Pflanzenart	dt/ha	DM/dt	Pflanzenart	dt/ha	DM/dt
Roggen	40	48	Körnermais	60	49
Weizen	50	50	Silomais	450	6
Sommergerste	40	46	Kartoffeln	350	15
Wintergerste	50	46	Zuckerrüben	450	11
Hafer	40	45	Futterrüben	900	2,5

Tabelle 4. Durchschnittliche Ernteerträge (Stand 1984)

Ackerfrucht	Ernteertrag	Erntekosten (Einbringen, Trocknen)	Ertrag abzügl. Erntekosten	
	je ha in DM	je ha in DM	je ha in DM	je m^2 in Pf
Weizen	2500	300	2200	22
Roggen	1920	300	1620	16,2
Wintergerste	2300	300	2000	20
Sommergerste	1840	300	1540	15,4
Hafer	1800	300	1500	15
Körnermais	2940	550	2390	23,9
Silomais	2700	500	2200	22
Kartoffeln	5250	600	4650	46,5
Zuckerrüben	4950	600	4350	43,5
Futterrüben	2250	650	1600	16

Wie lassen sich Wildschäden von Kaninchen verhindern?

Sie treten vor allem längs Kaninchendickungen auf. Besonders gern werden Rüben und Kohlarten angenommen. Am besten pachtet man vom betroffenen Acker dem Landwirt einen Dreimeterstreifen ab. Hier sät man dann Raps an oder ein Graskleegemisch. Man kann auch den Zutritt zum betreffenden Acker verlappen. Die Lumpen müssen verwittert werden und in etwa 20 cm Höhe aufgespannt werden.

Waldbau

Waldformen und Waldfunktion

Wieviel Bodenfläche ist in der Bundesrepublik Deutschland mit Wald bestockt?

Knapp 30% der Bundesrepublik Deutschland sind von Bäumen bestanden (7,16 Mio ha). Auf jeden Einwohner treffen also 0,12 ha Wald. Etwa 30000 Förster betreuen ihn. 70000 Arbeiter halten ihn in Schuß. Er besteht zu fast 70% aus Nadelhölzern. 44% des bundesdeutschen Waldes befinden sich in Privatbesitz.

Welche Waldformen stocken auf dem Gebiet der Bundesrepublik?

Urwälder findet man in der Bundesrepublik Deutschland nicht mehr. Erst nach einer oder zwei Generationen werden im Nationalpark Bayerischer Wald wieder welche anzutreffen sein, wenn man die dortigen Bestände tatsächlich, wie man es vorhat, sich selbst überläßt.
Der heutige Wald ist vom Menschen gepflanzt. Man bezeichnet ihn als *Forst*. Er besteht zum überwiegenden Teil aus dichtgepflanzten Fichten. Die Bäume lassen wenig Licht auf den Boden. Eine Krautschicht ist daher nicht vorhanden, das Tierleben sehr arm.
An Flüssen und Bächen entlang ziehen sich die Restbestände der *Auwälder*. Die Weichholzau, die jährlich von Hochwassern überschwemmt wurde, besteht aus Weidengebüschen und hie und da einer Schwarzpappel oder Grauerle. Ulme, Esche und Eichen besiedeln die höhergelegene Hartholzau. Viele Tierarten finden hier Heimat (Insekten, Vögel, Säuger). Leider sind die Flüsse begradigt, die Auwälder in Pappelmonokulturen verwandelt, zu Schottergruben degradiert oder als preiswerte Industriegrundstücke vermarktet.
Kiefernwälder stocken auf Sandböden in Nordwestdeutschland und in Nordostbayern. Der Pionierbaum dort ist meist vom Menschen gepflanzt. Die abfallenden Nadeln zersetzen sich schwer und lassen wenig Humus entstehen. Daher scheinen Kiefernwälder oft karg und bieten nur wenig Tieren Lebensraum.
Bergmischwälder bestehen aus Fichte, Tanne und Buche. Sie wachsen in den Mittelgebirgen und steigen die Alpen bis zur Baumgrenze hinauf.
Buchenwälder findet man im Spessart, Steigerwald und im Hessischen Bergland.
Eichenwälder (meist mit Beimischung von Hainbuche) brauchen Weinbauklima (Pfälzer Wald und ebenfalls Spessart).

Was will das Bundeswaldgesetz?

Das Bundeswaldgesetz nennt alle Flächen, die mit Forstpflanzen bestockt sind, Wald. Auch Kahlflächen, Leitungsschneisen, Waldwege und -wiesen, Lagerplätze etc. gehören dazu. Es nimmt sich der Erhaltung des Waldes an, erläßt Vorschriften über die Erstaufforstungen und Bewirtschaftungen und klärt das Betretungsrecht. Es sichert jedem Bürger den freien Zugang zum Wald. Neben dem Bundeswaldgesetz als Rahmengesetz bestehen die einzelnen Landeswaldgesetze.

Was ist die ursprüngliche Funktion des Waldes?

Seit altersher ist der Wald Rohstofflieferant. Von den jährlich 65 Millionen Festmetern in der Bundesrepublik Deutschland benötigten Holzes kommt die Hälfte aus heimischer Produktion. Die Forstwirtschaft gibt nicht nur den Holzarbeitern Arbeit, sondern etwa 660000 Stellen in der holzverarbeitenden Industrie hängen von dieser Einschlagmenge ab. Sie erarbeiten mit 55 Milliarden Umsatz rund 2,3% unseres Bruttosozialproduktes. Für den Besitzer übernimmt der Wald eine Einkommensfunktion.

Zunächst hat der Wald eine Nutzfunktion. Angehängt an die Holzproduktion, sozusagen in ihrem „Kielwasser" schwimmen ihr jedoch eine Reihe anderer Funktionen hinterher. In Gebirgslagen, aber auch in der Nähe von Ballungsgebieten nehmen Schutz- bzw. Erholungsfunktion in der Bedeutung des Waldes den gleichen Stellenwert ein. Außerdem ist er Lebensraum für viele Tiere und Pflanzen und strukturiert ganze Landstriche.

Worin zeigt sich die Schutzfunktion unserer Wälder?

Wald gleicht Klimaextreme aus. Er bremst den Wind und läßt die Temperaturen nicht so schnell fallen. In ihm kann es bis zu 4 Grad wärmer sein als im umliegenden freien Gelände. Im Holz herrscht eine höhere Luftfeuchtigkeit. Die Luft im Wald ist staubfrei. Verunreinigungen werden gefiltert, absorbiert oder fallen in seinem Inneren zu Boden. Der Wald mischt die Luftschichten durch. Er ist aus diesem Grund selbst schwer gefährdet (s. S. 417). Eine hundert Jahre alte Buche erzeugt pro Tag soviel Sauerstoff wie 10 Menschen pro Jahr brauchen.

Der Wald sammelt und reinigt Oberflächenwasser und gibt es bei Trockenheit langandauernd an Untergrund und an Seen und Flüsse ab. Die Zeit der Schneeschmelze zieht er in die Länge.

Er verhindert Bodenerosion und Bodenverwehungen, stemmt sich gegen Steinschlag und Muren und fördert die Humusbildung. Als Bannwald schützt er die Täler vor Lawinen. (Auch um Verdichtungsräume kann wegen seiner Bedeutung für Klima, Wasserhaushalt und Luftreinigung ein Wald zum Bannwald erklärt werden. An der ordentlichen Bewirtschaftung ändert das nichts, jedoch wird das Roden erheblich erschwert.)

Vor allem Nadelbestände schützen vor Lärm. Der Wald läßt nicht zu, daß Straßen verwehen, abrutschen oder vom Seitenwind gefährdet werden.

Warum hat der Wald einen hohen Stellenwert in der Erholungsfunktion?

Die ausgeglichene Temperatur, die Luftfeuchtigkeit, die Sauberkeit der Luft und die Stille sind der Erholung äußerst förderlich. Der gestreßte Mensch unserer Ballungszentren kann im Wald Pilze und Beeren sammeln und Tiere beobachten. Das abwechslungsreiche Grün beruhigt und erbaut.

Was meint man mit der Behauptung, der Wald sei Lebens- und Strukturraum?

Der Wald beherbergt als Ökosystem viele Pflanzen und Tiere und ist oft ihr letzter Zufluchtsort. In verschiedenen Stockwerken vom Wurzelraum angefangen über die Moos-, Kraut- und Strauchschicht bis hinauf in den Bereich der Baumkronen finden Lebewesen Äsung und Deckung und Gelegenheit, sich fortzupflanzen. Im Wald arbeiten die verschiedensten Tier- und Pflanzenarten in einer Symbiose zu gegenseitigem Nutzen zusammen oder schmarotzen auf Kosten eines anderen. Die Konsumenten nehmen vom Überfluß, und die Zersetzer verwandeln abgestorbenes Holz und Laub wieder in lebenswichtiges Kohlendioxid und Mineralstoffe. Auch die „Schädlinge" gehören in den Wald. Sie dürfen nur nicht überhand nehmen, ebenso wie die „großen" Säugetiere, Hirsch, Reh und Sauen kein Luxus sind. Auch der Mensch lebt vom Wald. Vielen kleinbäuerlichen Betrieben ist er das zweite Bein geworden, auf dem ihre Existenz beruht. Zudem strukturiert er die Landschaft. Er macht sie abwechslungsreich. Den Charakter ganzer Gebiete bestimmt er (Mittelgebirge!). Im kleinen deckt er Kiesgruben und Müllhalden zu oder legt sich im großen als segensreicher Kontrast um menschliche Zusammenballungen.

Waldbewirtschaftung

Was ist das Ziel des modernen Waldbaus?

Von der Anlage reiner Fichtenkulturen rückt man ab. Durch Auswahl von standort- und funktionsgerechten Baumarten will man stabile Mischwälder begründen. Kahlschläge auf großen Flächen vermeidet man heute und versucht, neue Bestände auf dem Wege einer Naturverjüngung zu begründen. Die Waldpflege wird „waldnaturnah" vorgenommen. Man beschränkt dabei den Einsatz von Chemie auf ein Minimum. Für alle Arten der Holzernte gilt der Grundsatz der Nachhaltigkeit. Es darf kein Raubbau getrieben werden. Nur soviel Holz wird eingeschlagen, wie nachwächst. Man schont alte Überhälter als Samen- und Mastbäume. Waldränder werden besonders gepflegt. Lichtungen versucht man zu erhalten, und Bachläufe und Flußtäler macht man baumfrei.
Idealbild der neuen Förstergeneration ist der „Plenterwald". In ihm wachsen Laub- und Nadelbäume aller Altersstufen. Jährlich und stammweise wird darin geerntet. Die jungen Bäume wachsen von sich aus nach. Diese Waldform ist die gesündeste. Sie ist weder von Windwurf, Schneebruch noch vom Borkenkäfer bedroht. Zudem bietet sie den meisten Tierarten Unterschlupf. Wildschäden kennt man nicht.

Wie plant man waldbauliche Aktivitäten?

Durch die *Waldfunktionsplanung* wird festgestellt, welche Funktionen ein Waldgebiet langfristig zu erfüllen hat (z. B. Nutzfunktion, Erholungsfunktion, Schutzfunktion).
Die *Forsteinrichtung* ist ein zehnjähriger Bewirtschaftungsplan, dem die jährlichen Wirtschaftspläne untergeordnet sind. Die Forsteinrichtung muß auf die Funktionen des Waldes Rücksicht nehmen.

Wie wird ein Bestand künstlich begründet?

Ein Kahlhieb erfordert fast stets eine künstliche Bestandsbegründung. Die meisten Bäume werden gepflanzt (Eiche kann auch gesät werden!). Die Samen unserer Hauptbaumart, der Fichte, werden vom stehenden Stamm gewonnen. Ein

Zapfenpflücker besteigt besonders ausgewählte Bäume, die schlank und astarm sind. In einer Baumschule werden die so gewonnenen Samen ausgebracht. Etwa 90% keimen. Die Fichtensämlinge verschult man, d.h., nach 1–2 Jahren werden sie weiter auseinandergepflanzt. Erst mit vier bis fünf Jahren kommen sie an ihren endgültigen Standort. Dort hat man inzwischen den Boden behandelt. Zunächst wurde der Schlagabraum, bestehend aus Ästen, Rinden und Wurzelstöcken, beseitigt. Der Boden bekam eine Düngung, man pflügte ihn, bzw. man brach ihn bis zu einem Meter Tiefe um (Vollumbruch). In aller Regel pflanzt man im Frühjahr, in seltenen Fällen auch im Spätsommer. Die kleinen Fichten kommen nackt oder mit Ballen in die Erde. Im ersteren Fall wird ein Wurzelschnitt durchgeführt. Im ebenen Gelände pflanzt man mit Maschinen. Ansonsten nimmt man den Hohlspaten oder die Wiedehopfhaue. Mit letzterer schlägt man zweimal um 90° versetzt in den Boden, hebt das so entstandene Bodeneck aus und steckt die Fichte hinein. Dann nimmt man das Werkzeug weg und tritt den Erdwinkel mit der Pflanze fest. Pro Minute kommt eine Fichte in den Boden. Man pflanzt im Abstand von einem Meter. Zur nächsten Reihe läßt man 3 m frei. (Eiche, Kiefer, Buche haben einen wesentlich engeren Pflanzabstand von 0,5 × 1,5–2 m.) Je Hektar finden 4000 Jungfichten Platz. Die entstandene Fläche heißt Pflanzung oder Kultur. Die überwiegend weiblichen Hilfskräfte, die diese Arbeit tun, nennt man Kulturfrauen.

Welche Arten der Naturverjüngung gibt es?

Die Art der Bestandsbegründung ist mit der Art der Ernte eng verzahnt. Beim Saumhieb werden an Waldrändern die Fichten streifenweise abgeholzt. Man wartet mit dem nächsten Einschlag, bis der neue Bestand angeflogen ist. Auch der Schirmhieb ist eine elegante Methode, bei der Ernte und Verjüngung harmonisch ineinander übergehen. Man wendet ihn gern in Buchenwäldern an. Der Bestand wird erst aufgelichtet und den jungen Pflanzen Gelegenheit gegeben anzufliegen. Erst nach 20 Jahren werden die letzten Altbuchen gefällt. Bestände aus Fichten, Tannen und Buchen lassen sich durch den Femelhieb (unregelmäßige Einschläge) verjüngen. Man schlägt Femellöcher in den Wald, die man im Laufe von Jahrzehnten immer mehr erweitert. Saumhieb, Schirmhieb und Femelhieb machen eine künstliche Anpflanzung überflüssig. Die junge Waldgeneration fliegt selber an. Man spricht von Naturverjüngung.

Welche Stadien der Bestandspflege kennt man?

Wenn die Pflanzen beginnen, sich zu berühren, ist aus einer Kultur eine Dickung geworden. Bis zu diesem Zeitraum wären diese Flächen Paradiese für unser Schalenwild, wenn es nicht durch großangelegte Zäunung ausgesperrt würde. Dadurch werden den Tieren nicht nur die besten Äsungsflächen genommen, sondern sie werden auch in noch größerer Dichte auf den verbleibenden Wald konzentriert und vergrößern dort die Verbiß- und Schälschäden. Neben dem Kampf gegen Wildverbiß muß jener gegen die wildwuchernde Kraut- und Strauchschicht geführt werden, in der die jungen Pflanzen zu ertrinken drohen. Mit Sense und Sicheln mäht man die jungen Bäume frei. Nicht selten werden auch arbeitssparende Herbizide eingesetzt. Erdmäuse, die Wurzeln und Stämmchen benagen, sind eine weitere Gefahr. Auch sie fängt man nicht ausschließlich mit Fallen. Die Chemie kennt wirksamere Mittel. Nach zehn Jahren entfernt man den Maschendrahtzaun. Weihnachtsbäume fallen bei der ersten Läuterung

End- und Seitenknospe

Laubblattoberseite

Blütenstände

Jüngere Fruchtstände

Samen

Holz und Stamm

Endknospe

Laubblattoberseite

Männliche Kätzchen

Einzelne Eichel

Stamm mit Borke

Unbehandeltes Kernholz

des Bestandes an. Nach einem Vierteljahrhundert schneidet man Transportschneisen ins Stangenholz (wenn ein Bestand in Brusthöhe 20 cm Durchmesser hat, wird er so genannt). Alle kranken, krummgewachsenen Bäume und solche, die andere im Wuchs behindern, werden herausgenommen. Nun fällt schon Holz für die Papier- und Spanplattenherstellung an. Man beginnt auch mit dem Entasten.
Das Baumholz wird in reinen Fichten- und Kiefernwäldern „niederdurchforstet". Das bedeutet: Zurückgebliebene Bäume schneidet man heraus. Sie würden sowieso eingehen und verfaulen. Man kennt auch eine Hochdurchforstung. Sie findet in Buchenwäldern oder in Eichenbeständen sowie dort, wo Fichte, Tanne und Buche zusammenstehen, Anwendung. Hierbei kann auch eine Großzahl der beherrschenden Bäume geerntet werden, da viele unterständige Schattenholzarten vorhanden sind. Die Bäume sollen immer so wachsen, daß jeder Sonnenstrahl optimal ausgenutzt wird.

Wie wird beim Kahlhieb vorgegangen?

Der Altersklassenwald wird im Kahlhieb geerntet. Die Fichte kommt in der fünften Altersklasse unter die Axt (Einteilung des Altersklassenwaldes nach dem Wuchsalter der Bäume in zwanzigjährige Abstände). Sie ist nach einer Umtriebzeit von 100 Jahren schlagreif (Buche 140 Jahre!). Jetzt stehen noch 400 Bäume auf dem Hektar (Buche: 200).

Was ist ein Waldrevier?

Ein Jagdbezirk, dessen größter Teil aus Wald besteht. Im Walde findet man Nadelholz-, Laubholz- und gemischte Bestände. „Jagen" sind, oft durch Jagensteine nummerierte Waldabteilungen, die durch Schneisen oder Gestelle getrennt sind. Diese Wege sollten so breit sein, daß Feuerwehrwagen passieren können.
Baumfreie Stellen heißen Hauungen, Lichtungen oder Blößen.
Unmäßig und unregelmäßig gewachsene Bäumchen heißen Protzen (bei Kiefern) und Wölfe (bei Laubbäumen). Ein Feldrevier besteht zum überwiegenden Teil aus Feldern. Ein Mischrevier setzt sich zu etwa gleichen Teilen aus Feld und Wald zusammen.

Laub- und Nadelbäume

Welchen Baum nennt man die Mutter des Waldes?

Die Rotbuche, denn sie wächst fast überall von tiefen Lagen bis hinauf ins Gebirge. Sie bevorzugt frische, mittelgründige Böden. Wo sie vorkommt, drängt sie andere Baumarten außer Fichte und Tanne zurück. Unter dem Schutz ihrer Kronen entsteht ein günstiges Kleinklima, in dem aber nur Jungpflanzen der eigenen Art hochkommen. Die Buche ist nämlich ein Schattenbaum. Auch unter einem Laubdach, welches das Sonnenlicht abhält, kann sie nachwachsen.
Sie hat einen schlanken, silbrigen Stamm, der mit seiner glatten Rinde an eine Elefantenhaut erinnert. Ihre zarten und hellgrünen Blätter werden bis in den Sommer hinein hart, glatt und wellen sich am Rand. Sie fallen im Oktober

ab. Nach etwa einem halben Jahrhundert blühen die Bäume das erste Mal und dann in Abständen von 5–12 Jahren. Die männlichen Blütenkätzchen hängen und sind längsstielig. Aus den aufrechten, kurzstieligen weiblichen Blüten entwikkeln sich dreikantige, rostfarbene Früchte, die Bucheckern.
Nach einer Umtriebzeit von 100–120 Jahren und länger wird die Buche geerntet. Ihr Holz gilt als nicht besonders wertvoll. Man macht daraus Stühle, Parkett, Spanplatten und verwendet junge Stämme in der Papierindustrie zur Zelluloseherstellung.
Wild verbeißt gern die jüngeren Pflanzen. Diese sind außerdem durch Maifrost gefährdet. Vor allem in Mastjahren ernähren sich die Schalenträger von den Bucheckern und sind dann schwer zu bejagen, weil sie bei der Äsungssuche im Wald bleiben. Hie und da beobachtet man an der Buche auch Schälschäden durch Rotwild (s. Abb. S. 445 und S. 449).

Sind die Hainbuche und die Rotbuche miteinander verwandt?

Nein! Die Hainbuche hat einen silbergrauen, borkenlosen Stamm, der spannrückig ist und dunkelgraue Längsstreifen aufweist. An dem nur mittelgroßen Baum bleiben die scharf doppelt gesägten Blätter vertrocknet oft über den Winter an den Ästen hängen. Die männlichen Blüten gleichen den Haselnußkätzchen. Alljährlich entwickeln sich aus den ebenfalls hängenden Fruchtständen dreilappige Samen mit einem Nüßchen. Die Hainbuche liebt es warm und wächst nicht mehr in hohen Gebirgslagen. Man trifft sie fast nie in Reinbeständen. Sie liefert eine der härtesten Holzarten. Man fertigt aus ihm Werkzeuge wie Hobel oder Holzhämmer. Mit dem starken Verbiß von Rot- und Rehwild kommt sie gut zurecht (s. Abb. S. 449).

Wie viele Eichenarten sind bei uns zu Hause?

Die Traubeneiche (Quercus petraea) mit den meist mehreren ungestielten, eiförmigen Früchten und die Stieleiche (Quercus rubor) mit den langgestielten Fruchtbechern und den längsgestreiften Früchten. An den Blättern ist es umgekehrt. Bei der Stieleiche sind diese ungestielt und unregelmäßig ausgeformt. Die Traubeneiche hat gleichmäßigere und schmälere Blätter, die an einem etwa 2 cm langen Stiel sitzen. Zwischen beiden Baumarten gibt es viele Übergangsformen. Die Traubeneiche siedelt sich bis in Gebirgslagen an und verträgt auch sandige Böden, während die Stieleiche sich mehr an die Tallagen hält (Auwälder!). Die Eiche gehört zu den Lichtholzarten, zumindest ihre Krone muß sich der Sonne entgegenstrecken können. Sie soll nicht alleine wachsen. „Dienende" Baumarten wie Rot- oder Hainbuche müssen sie umstehen, sonst bildet sie Wasserreiser (Klebäste) und wird kurzschaftig. Der Forstmann muß sie 240 Jahre behutsam umsorgen, bis sie geerntet werden kann. Dann liefert sie wertvolles Furnierholz mit gleichmäßigem Aufbau aus Jahresringen. Sie kann 600–700 Jahre alt werden (s. Abb. S. 446 und S. 449).
Jungpflanzen werden vom Reh- und Rotwild verbissen. Alle 3–4 Jahre liefern Vollmasten wertvolle Äsung in Form der abgeworfenen Eicheln. Dazwischen liegen die sparsameren Sprengmastjahre (auch die in Wäldern seltene Roßkastanie bietet, allerdings meist jährlich, mit ihren Früchten wertvolle Äsungsbeiträge für unser Schalenwild).

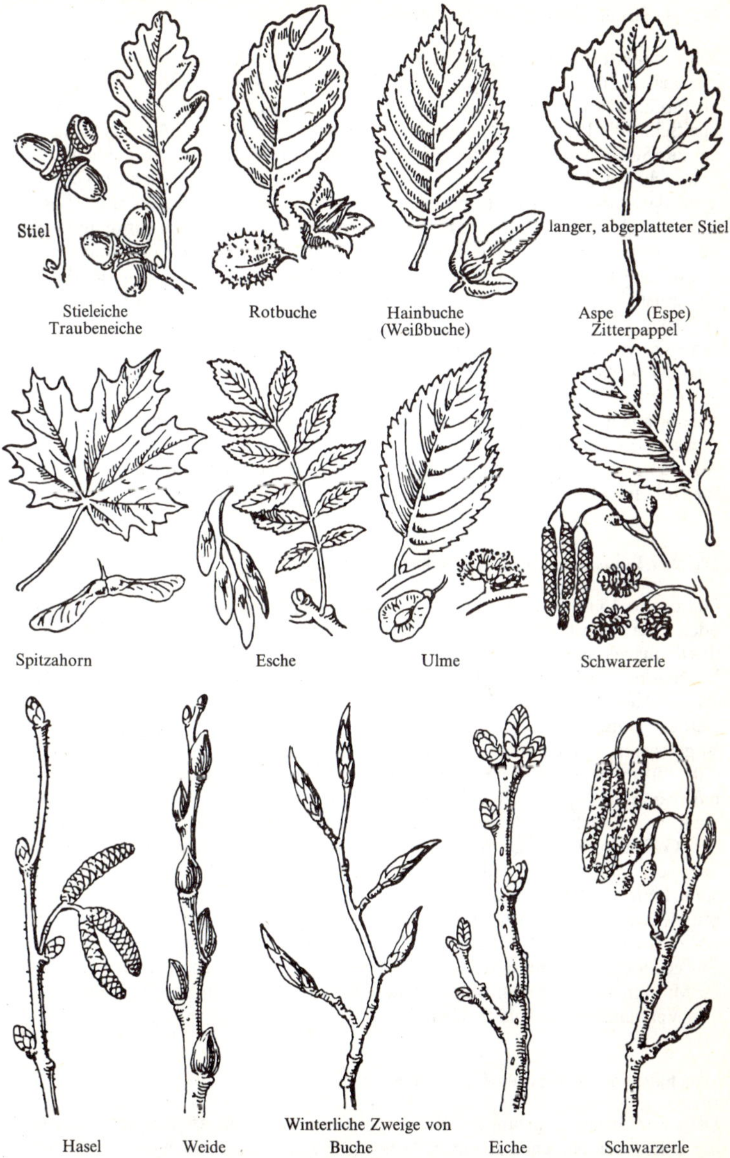

Die wichtigsten Laubhölzer
Die Eiche ist der Vater, die Rotbuche die Mutter des Waldes

Warum gilt die Birke als Pionierbaumart?

Selbst nährstoffärmster Boden wird in kurzer Zeit von Birkensämlingen bestockt, die meist von selbst anfliegen. Der zählebige Baum ist darüber hinaus frostunempfindlich und schießt geradezu in die Höhe. Mit langen, elastischen Ästen „peitscht" die Birke im Wind auf die Nachbarbäume ein und schafft sich Raum, um zur Sonne wachsen zu können. Aus diesem Grund ist sie waldbaulich lange Zeit nicht beliebt gewesen. Nach einigen Jahren wird sie dann von anspruchsvolleren Baumarten eingeholt und eingezwängt. Diese nehmen ihr dann die Sonne weg, und sie muß absterben. Heutzutage fördert der Förster die Birke und stellt sie im Bestand frei. Er freut sich mit den anderen Waldbesuchern an der hellen Farbe ihrer Rinde und an dem frischen Grün ihrer Blätter. Vor allem der dunkle und ernste Nadelforst läßt sich durch Einbringung von vereinzelten Birken etwas auflockern.
Man unterscheidet die feingliedrige Hängebirke (Betula pendula) von der eher zerzaust wirkenden Moorbirke (Betula pubescens). Die Borke der Moorbirke hat ein müderes Weiß, das von tiefschwarzen Stellen unterbrochen wird. Sie gedeiht sogar auf saurem und staunassem Untergrund. Die Hängebirke wächst eher auf trockenen Standorten.
Aus den dickwalzigen Fruchtzäpfchen der Birken fliegen unendlich viele Samen. Ihr Holz findet heute kaum mehr Verwendung. Sie wird nur selten verbissen.

Welcher Laubbaum gilt als besonders wildfreundlch?

Die bis zu 15 m hoch werdende, zu den Rosengewächsen zählende Vogelbeere oder Eberesche (Sorbus aucuparia). Alles Schalenwild verbeißt sie. Besonders das Gamswild macht sich mit Eifer über sie her. Für Rehböcke ist sie ein beliebter Fegebaum. Auch Hasel-, Auer- und Birkwild schätzen den Vogelbeerbaum, dessen im Herbst knallrote Früchte auch von vielen anderen Vögeln genommen werden (Name!).
Vogelbeeren pflanzt man als Heister (100–150 cm hoch) oder in Rutengröße (80–100 cm hoch). Man kann sie auch säen. Selbstgeerntete Beeren wachsen nur, wenn man sie vorher stratifiziert und mazeriert hat, d.h., die Kerne müssen dazu vom Fruchtfleisch getrennt und im feuchten Sand bei Temperaturen um den Gefrierpunkt einige Wochen gelagert werden (Gefrierschrank!). Vor dem Säen legt man sie dann einen halben Tag in lauwarmes Wasser. Die Saatfläche sollte man vorher mulchen. Aus einem Kilo Samen lassen sich bis zu 10000 Pflanzen ziehen. Man kann damit Waldränder gestalten oder Verbißgehölze anlegen (Pflanzabstand etwa 1,5 × 2 m).
Die gefiederten Blätter der Eberesche sind gezähnt und wechselständig. Sie blüht im Mai mit vollen weißen Blütendolden. Ihr Holz findet hie und da beim Drechseln Verwendung (s. Abb. S. 458).

Was haben die heimischen Ahornarten gemeinsam?

Die handförmigen, gelappten Blätter und die paarweise angeordneten Samen. An jedem der Nüßchen hängt ein Flügel. Wie Propeller fallen im Herbst oder Frühsommer die Früchte zu Boden oder „schrauben" sich im Wind über weite Strecken fort.

Der *Bergahorn* hat grüne Knospen, seine hängenden Blüten beobachtet man nach dem Laubausbruch. Seine großen Blätter sind gesägt, die Flügel der Früchte haben einen spitzen Winkel. Im Gebirge steigt der Bergahorn bis zur Baumgrenze und bevorzugt nährstoffreiche, aber auch steinige Böden. Seine graurötliche Rinde fällt im Alter in Schuppen ab. Das harte Ahornholz findet beim Drechseln, zum Schnitzen und als Klangholz für Instrumente (Geigen) Verwendung. Reh- und Rotwild schätzen die Knospen, Jungtriebe und frischen Zweige. Der Bergahorn ist auch ein beliebter Fegebaum. Hase und Hirsch schälen seine Rinde. Man muß ihn häufig unter Zaunschutz nehmen.
Der *Spitzahorn* knospt rot. Seine aufrechten Blüten erscheinen vor Blattausbruch und seine Blätter sind zugespitzt. Die Blattstiele führen einen milchigen Saft (Knickprobe). Die Fruchtflügel haben stumpfe Winkel. Der Parkbaum liebt wärmere und trockenere Standorte. Seine Rinde ist eher grauschwärzlich und rissig.
Der *Feldahorn* erreicht bei uns oft nur Strauchgröße und eignet sich als Heckenpflanze. Seinen Samen schlägt man in feuchten Mull und bereitet ihn bei +5° C im Kühlschrank zwei Monate lang auf die Keimung vor.

Welche Baumarten reichern im Boden Stickstoff an?

Die Erlen. Dazu werden sie von den Strahlenpilzen an ihren Wurzeln befähigt. Die Pionierbäume stellen nicht zuletzt aus diesem Grund geringe Ansprüche an den Boden. Sie vertragen auch Überschwemmungen und werden gern entlang von Bach- und Flußläufen ausgebracht. Die langen, männlichen Kätzchen entwickeln gelbe Staubbeutel. Die zunächst grünen, weiblichen Fruchtzapfen werden dunkelbraun und bleiben während der kalten Monate am Baum. Wild verfegt an Erlen. Man pflanzt sie daher in Verbißgehölze (nicht Schwarzerle!).
Die *Schwarzerle* (Alnus glutinosa) bekommt im Alter einen schwarzbraunen, borkigen Stamm. Ihre dunkelgrünen Blätter sind verkehrt eiförmig, gesägt und, wo die Spitze sein sollte, eingebuchtet. Ihr Holz findet in der Wasserwirtschaft und beim Drechseln Verwendung (s. Abb. S. 449).
Die Rinde der *Grauerle* glänzt silbern. Ihre Blätter sind nicht abgestumpft.
Die *Grünerle* wächst meist strauchförmig und ist vorwiegend im Gebirge, auch über der Baumgrenze anzutreffen. Dort schützt sie vor Lawinen und Bodenerosion.

Wie unterscheidet man Sommer- und Winterlinde?

Die bei beiden Arten herzförmigen Blätter sind bei der Winterlinde kleiner, an der Oberseite fettgrün und an der Unterseite blaugrün. Sie haben in den Nervenwinkeln bräunliche Bärte. Die Sommerlinde hat größere, hellere, weichbehaarte und in den unterzeiligen Nervenwinkeln weiß bebartete Blätter. Sie blüht ein paar Wochen vor der Winterlinde. Ihre runden Früchte sind sehr hart. Die Kugelnüsse der Winterlinde lassen sich zerdrücken.
Linden brauchen lockeren, lehmigen und tiefen Boden. Sie lieben Wärme, geben sich jedoch mit wenig Licht zufrieden. Höchstens vom Rehbock werden sie befegt, verbissen von kaum einem Wild. Beide Arten (Honigspender, schweißtreibender Tee!) blühen in jedem Jahr. Insekten bestäuben sie. Das helle und weiche Holz ist als Schnitz-, Modell- und Möbelholz begehrt.

Das Holz welchen Baumes nennt man Rüster?

Das wertvolle Nutzholz der Ulmen. Man macht aus ihm Treppen, Parkette und Furniere.
Die Blätter der Ulmen fühlen sich rauh an und sind scharf gesägt. Sie wachsen streng zweizeilig an den Ästen und sind wechselständig (die Bergulme entwickelt dreizipfelige Blätter!). Die unscheinbaren Blüten, die den Bäumen schon im März einen rosa Schimmer verleihen, erscheinen vor den Blättern. Auch die Früchte bilden sich noch vor dem Laubausbruch. Ulmen werden vom Rotwild gern geschält. Alle Arten brauchen gute Böden, viel Licht und Wärme (s. Abb. S. 432). Nur die *Bergulme* ist etwas genügsamer. Bei ihr sitzen die Nüßchen genau in der Mitte des Fruchtflügels. Diese Nüßchen befinden sich bei der *Feldulme* am Rande des Flügels. Die Frucht der *Flatterulme* ist gestielt und am Rande bewimpert. Ansonsten sind die Arten schwer zu unterscheiden, unter anderem deshalb, weil es viele Bastarde gibt.

Welcher Laubbaum stellt die höchsten Bodenansprüche?

Die Esche ist sehr anspruchsvoll. Ihr genügen nur nährstoffreichste Böden in Verbindung mit nicht stehendem Wasser. Aus den dicken, schwarzen Knospen brechen die violetten Blütenbüschel. Nach der Bestäubung durch den Wind treibt das Laub aus. Die einsamigen Nüsse haben Flügel und bleiben bis in den Winter am Baum. Der Wind trägt sie fort.
Das Eschenblatt besteht aus etwa einem Dutzend gesägter Fiedern. Zweige und Blätter eignen sich als Wildäsung. Die Esche wird vom Rotwild geschält. Aus dem Edelholz des Baumes stellt man Furniere, Werkzeugstiele und Sportgeräte her (s. Abb. S. 449).

Was zählt alles zu den Weidengewächsen?

Die Weiden und die Pappeln. Diese Gewächse sind zweihäusig, d. h., männliche und weibliche Kätzchen befinden sich auf eigenen Bäumen. Die Bestäubung übernimmt der Wind. Die Samen haben Wattehärchen und treten massenhaft auf. Der Wind sorgt auch für ihre Verbreitung.
Pappelarten und Baumweiden gehören zu den am schnellsten wachsenden Hölzern. Bereits nach einer Generation können sie geerntet werden. Pro Hektar und Jahr kann man bis zu 20 Kubikmeter Holz an Zuwachs erwarten. Man macht daraus Zündhölzer, Sperrholz, Paletten, Kisten und Obststeigen. Vor allem die *Schwarzpappel* braucht viel Licht und guten Boden, ausreichende Wasserversorgung und mildes Klima. Es gibt sie in vielen Zuchtformen. Ihre Blätter haben spitz-dreieckige Form. Man vermehrt sie über Stecklinge, die man einen halben Meter tiefer pflanzt als in der Baumschule. Ein weiter Pflanzverband von 7 × 7 m wird empfohlen. Die Bestände läßt man gern von Erlen ummanteln. Der Rehbock fegt gern an ihr.
Die Blätter der *Zitterpappel* oder Aspe (s. Abb. S. 449) sind ständig in Bewegung und geben dem Baum seinen Namen. Ihre langen Stiele sind flachgedrückt. Sie stellt geringere Bodenansprüche und kann noch in höheren Lagen gepflanzt werden.
Die *Graupappel* ist eine Kreuzung aus Aspe und Silberpappel. Ihre Blätter und jungen Triebe sind unterseitig weiß. Balsampappeln sind aus Amerika und Asien eingeführt.

Alle Weiden lassen sich aus Stecklingen vermehren. Die Pionierbaumarten sind durchwegs ideale Proßhölzer (Verbißhölzer). *Silberweide* und *Saalweide* zählen zu den Baumweiden. Unter den 300 Weidenarten gibt es unzählige Strauchweiden. Man kann für jeden Boden eine passende Art finden. So wächst beispielsweise die *Öhrchenweide* noch auf saurem und sogar staunassem Grund. Auf trockenem Untergrund gedeiht die *Kaspische Weide*. Die weit verbreitete *Korbweide* braucht feuchten Boden, der nicht zu sauer sein darf. Selbst auf Schotter und Fels stocken noch die Alpenweiden. Weiden kann man zum Lebendverbau (Faschinen) hernehmen. Ihr Holz findet in der Zellstoff- und Sperrholzherstellung sowie als Flechtmaterial Verwendung (Mandelweide). Außerdem sind sie gerade im Frühjahr eine Augen-„weide“ und eine wichtige Bienen-„weide“.

Trifft man Wildobstarten ab und zu noch in Wäldern?

Ja! Die Wildkirsche (Prunus avium). Sie wächst meist an Waldrändern. Vor allem im April/Mai, wenn sie in Blüte steht, wird deutlich, was sie auf dem Gebiet der Landschaftspflege zu leisten vermag. Der wärmeliebende Baum schätzt nährstoffreiche und frische Böden. Nach einem halben Jahrhundert kann man das Holz ernten. Ab dem 80. Lebensjahr tritt häufig schon die Stammfäule ein. Ihr rötliches Holz ist zu Furnierzwecken begehrt. Die Wildkirsche wird gern verbissen und ist ein beliebter Fegebaum. Die schimmernde Rinde, die sich vor allem im Alter in horizontischen Bändern abziehen läßt, wird vom Rotwild nicht geschält.
In den seltenen Fällen, in denen man noch Wildäpfel und Wildbirnen findet, sind sie meist vom Jäger gepflanzt. Die harten, kleinen Früchte (Holzapfel) werden erst nach Frosteinbrüchen genießbar.

Welche eingebürgerte Baumart wird vom Jäger gern gepflanzt?

Die Robinie (Robinia pseudoacacia = falsche Akazie). Meist läßt man sie nicht über Strauchgröße hinauswachsen. Wenn man sie zurückschneidet, schlägt sie kräftig frisch aus. Man pflanzt sie gern an Ränder von Schutzgehölzen, denn ihre Dornen halten ungebetene Gäste fern. Vom Wild wird sie gerne verbissen (hoher Nährstoffgehalt!). Der Rehbock fegt bevorzugt sein Gehörn an ihr.
Der Schmetterlingsblütler gedeiht fast auf allen Standorten. Das Saatgut muß man vor dem Ausbringen in scharfem Sand reiben. Der Baum kann Stickstoff im Boden anreichern. Zum Gedeihen braucht die Robinie allerdings mildes Klima. Sie treibt erst verhältnismäßig spät aus. Ihre Blatthände setzen sich aus 9–25 weichen Fiederblättern zusammen. Als Baum bleibt sie meist unter 20 Meter (s. Abb. S. 458).

Welcher Nadelbaum hat stehende Zapfen?

Die (Weiß-)Tanne (Abies alba). Ab dem sechzigsten Lebensjahr blüht die Tanne zum ersten Mal und dann im Abstand von etwa zwei bis vier Jahren. Die männlichen Blüten sind kleine gelbe Kätzchen, die sich an der Zweigunterseite befinden. Die weiblichen Zapfen findet man nur im Gipfelbereich. Sie reifen im Spätherbst. Dann fallen die Deckschuppen ab. Die Spindel bleibt am Baum (s. Abb. S. 455).

Neben den Zapfen erkennt man die Tanne an ihren flachen, breiten und stumpfen Nadeln, die an der Unterseite bläulich-weiß und mit zwei Längsstreifen versehen sind. Ihr Stamm schimmert im Gegensatz zur Rottanne (= Fichte) weißlich. Da ihre Nadeln viel Stickstoff und Kalk enthalten und leicht zu verdauen sind, wird der Baum vom Schalenwild begierig verbissen.
Die Tanne ist eine Schattbaumart. Sie entwickelt sich auch unter einem Schirm von anderen Bäumen, die ihr die Sonne wegnehmen. Sie hat eine tiefreichende Pfahlwurzel und ist daher recht sturmfest. Ihre Stämme braucht man als Bauholz. Sie wird gern als Christbaum genommen und bringt auch als Reisig Gewinn.
Durch den „sauren Regen“ (s.S. 417) wird unsere mächtigste Baumart (über 60 m!) bald auf der Roten Liste stehen. „Die Tanne hat sich in der Bundesrepublik Deutschland so gut wie verabschiedet“, stellte kürzlich ein bekannter Forstmann lapidar fest.

Gibt es einen Brotbaum der deutschen Forstwirtschaft?

Ja! Die Fichte (Picea abies), auch Rottanne genannt. Sie ist um die 40% an der Bestockung unserer Waldfläche beteiligt. In der Vergangenheit wurde sie noch dazu bei Aufforstungen viel zu eng gepflanzt. Da heute die Pflegemaßnahmen sehr lohnintensiv sind, drohen Jungbestände am Stangenholzvorrat zu ersticken. Die Bäume stehen sich gegenseitig im Wege und hindern sich oft am Wachsen. Dazu kommt, daß die Fichte ein typischer Flachwurzler ist. Das macht die Monokulturen gegenüber Naturgewalten sehr anfällig. Sie werden häufig von verheerenden Windwürfen und auch Schneebrüchen heimgesucht. Fichtenholz verwendet man am Bau genauso wie in der Papierindustrie. Es lassen sich Furniere aus ihm schälen und Musikinstrumente daraus anfertigen (s. Abb. S. 455). Die Fichte stellt geringe Bodenansprüche. Nur auf Sandböden darf man sie nicht setzen. Sie kommt mit wenig Wärme aus. Niederschläge und Nebellagen liebt sie geradezu. Nachdem ab Oktober bei trockenem Wetter die Samen ausgeflogen sind, fallen die Zapfen als Ganzes ab.
Rot-, Gams- und Rehwild verbeißen Fichten gern. Sie zeigen dann den typischen Kugelwuchs. Vor allem die zarten Maitriebe werden gierig geäst. Rotwild schält gern in Stangenhölzern, in die es sich bei Beunruhigung zurückzieht. Da die Fichte nach Zuschnitt stark austreibt und dick wie eine Hecke wächst, pflanzt man sie in das Zentrum von Wildschutzgehölzen. Dort schützt sie auch vor eisigen Winterwinden.
Die *Douglasfichte* ist keine heimische Pflanze. Sie braucht wenig Niederschläge. Sie muß geastet werden. Schalenwild fegt gern sein Geweih an ihr. Ohne Zäunung kommt sie selten hoch.

Welcher Nadelbaum gedeiht auch auf trockenen und sandigen Böden?

Die Kiefer oder Föhre (Pinus sylvestris), deren paarige Nadeln 2–8 cm lang werden (s. Abb. S. 455). Die weiblichen Blüten entwickeln sich erst nach zwei Jahren zu Zapfen. Aus ihnen fallen die beflügelten Samen. Die Kiefer ist eine Lichtbaumart und hat eine lange Pfahlwurzel.
Da sie meist auf trockenem Boden stocken, sind Kiefernwälder brandgefährdet. Die Kiefer wird selten verbissen. Das Rotwild schält gern die Spiegelrinde am oberen Stammteil.

Die wichtigsten Nadelhölzer

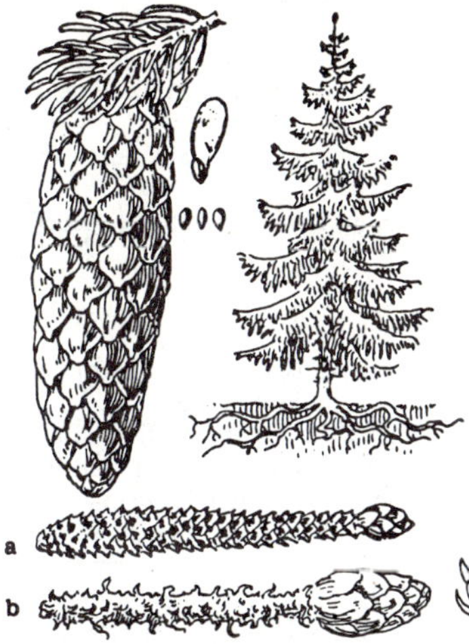

Fichte

Krone pyramidenförmig mit spitzem Gipfel, Zapfen hängend, einjährig, fallen nach Ausfliegen des Samens als Ganzes ab, Nadeln einzelnstehend, Fruchtschuppen bei a bis auf die Spindel abgenagt – durch alte Eichhörnchen, bei b bis auf die obersten Kränze abgenagt – durch Mäuse. Flache, tellerförmige Bewurzelung.

Tanne

Kegelförmige, später abgeplattete Krone, scharf hervortretende Astquirle, Nadeln einzelnstehend, flach. Zapfen groß und aufrecht, einjährig, zerfällt nach der Samenreife, Zapfenspindel bleibt stehen.
Anspruchsvoller Waldbaum, verlangt fruchtbaren und lockeren Boden.
Tiefe Bewurzelung, Pfahlwurzel.

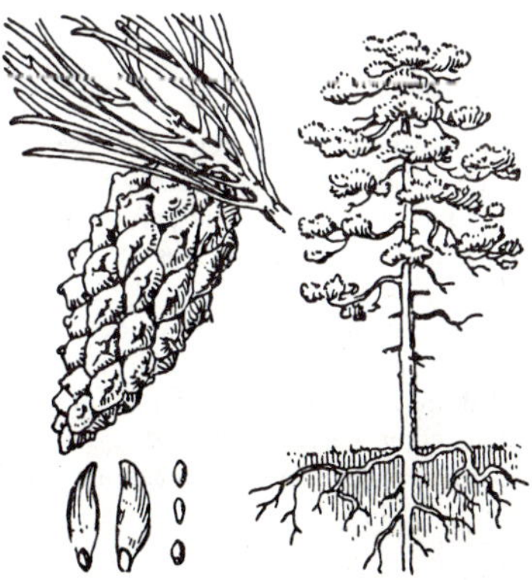

Kiefer

Kegelförmige, später schirmförmige Krone. Lange Nadeln rings um den Zweig herum. Zapfen eikegelförmig mit vorgezogener Spitze an gekrümmtem Stiele, hängend, dreijährig, fallen als Ganzes ab.
Tiefgehende Pfahlwurzel mit Seitenwurzeln.

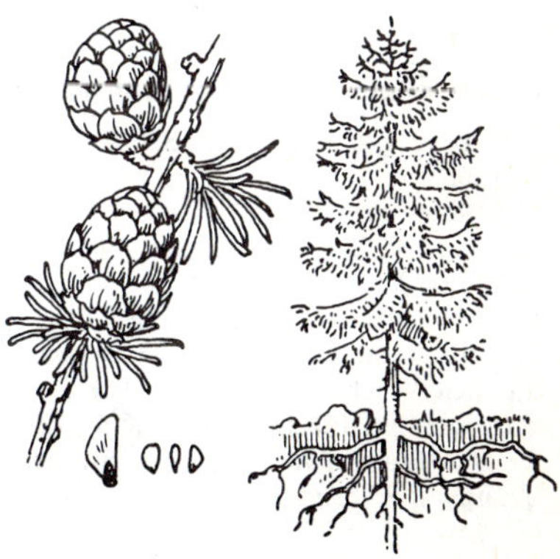

Lärche

Stumpf-kegelförmige Krone. Weiche, hellgrüne Nadeln, an den Langtrieben einzelnstehend, auf Kurztrieben in Büscheln; Nadeln werden im Herbst goldgelb und fallen im Winter ab. Zapfen klein und eiförmig, bleiben nach Samenausfall noch jahrelang am Baum. Pfahlwurzel.

Aus der Kiefer macht man Möbel und verkleidet mit ihren Brettern Wände und Decken. Aus minderem Holz werden Spanplatten gefertigt.
In Hochgebirgslagen findet man die geschützte Zirbe.
Die *Latsche* (Legföhre) tastet sich in den Alpen über die Baumgrenze hinaus. Auch sie steht unter Naturschutz. Wenn sie vom Schneedruck nicht niedergehalten wird, nennt man sie *Spirke*.
Die *Weymouthskiefer* (Strobe) kommt aus Nordamerika und fällt durch ihre dünnen, langen Nadeln auf.
Die *Schwarzkiefer* kommt vor allem in Österreich vor. Latsche und Schwarzkiefer eignen sich als Deckungspflanzen.

Werden Nadeln im Winter abgeworfen?

Nur von der Lärche (s. Abb. S. 455), die in einer japanischen (Larix kaempferi) und in der ursprünglichen europäischen Form (Larix decidua) bei uns vorkommt. Eine Lärche braucht immer Kronenfreiheit. Sie ist der lichtbedürftigste Baum in unserer Wuchszone. Sie schätzt lockeren, gut durchlüfteten Boden, der nicht besonders nährstoffreich zu sein braucht. Sie gedeiht als Pionierpflanze in rekultivierten Sandgruben, verträgt allerdings keine Staunässe. Die Nadeln wachsen im Frühjahr büschelförmig um den Zweig. Die männlichen Kätzchen sind nach unten gerichtete kleine Kugeln. Die roten weiblichen Kätzchen werden zu eiförmigen Zapfen, die erst nach Jahren abfallen. Lärchenholz wird für Böden, Dekken, Türen und Möbel verwendet.
Rehwild verbeißt die Lärche gern, und der Rehbock verletzt die weiche Rinde der Jungpflanzen beim Fegen oft schwer. (Schutzmaßnahmen sind dringend erforderlich!)

Sträucher

Welche Strauchform gilt als bevorzugte Hasenäsung?

Der Besenginster (s. Abb. S. 458). Er behält während des ganzen Jahres seine Blätter und wird neben dem Krummen auch vom Rotwild gern verbissen. Für die Blüten zeigt das Wild Interesse. Sie sind auch als Bienenweide gefragt. Der Ginster will kalkarme Böden und mildes Klima. Bevor man ihn aussät, bringt man ihn einen halben Tag in eine schwache Salzsäurelösung (2%ig). Nachdem man ihn gründlich abgewaschen hat, wirft man ihn breit aus. Man überdeckt ihn etwas mit Erde. Da er ein Lippenblütler (Leguminose!) ist, braucht er zum raschen Wachstum Knöllchenbakterien im Boden. Dazu bringt man auf die frischgesäten Flächen einige Kübel Erde von einer bereits länger stockenden Ginsterstaude. Man kann den Strauch alle paar Jahre zurückschneiden. Eine Düngung erübrigt sich.

Darf man einen Sanddorn einzeln pflanzen?

Der Sanddorn ist eine zweihäusige Pflanze. Damit die Sträucher fruchten, bringt man weibliche Pflanzen mit männlichen vergesellschaftet aus. (Auf ein Dutzend weibliche einen männlichen Strauch!) Die Gewächse werden übermannshoch und haben lanzettförmige Blätter, die unten silbrig schimmern. Der Sanddorn wächst auch in Sand- und Kiesgruben. Wegen seiner Dornen pflanzt man ihn als natürlichen Stachelzaun. Die knallroten Früchte des Deckungsstrauches werden gern vom Fasan genommen. Der Sanddorn zeigt für Kalkböden eine gewisse Vorliebe.

Wie viele Holunderarten kennt man?

Den schwarzen Holunder und den roten Holunder (Hirschholunder s. Abb. S. 458). Beide Arten brauchen einen frischen und nährstoffreichen Boden. Der Hirschholunder liebt es kalkarm. Man findet die Sträucher an Wald- und Wegrändern sowie in Lichtungen. Holunder wird gern verbissen, seine Beeren werden von Vögeln und sogar vom Reh aufgenommen. Man bringt ihn daher in Remisen ein. Vor dem Pflanzen im Frühjahr oder Herbst muß man ihn kräftig zurückschneiden. Der Holunder ist von jeher dem Menschen als Heilpflanze bekannt.

Welche Vorteile haben Brom-, Him- und Heidelbeere im Waldrevier?

Die *Brombeere* (s. Abb. S. 458) ist ein „lebender Stacheldraht", der sich schnell zu einem flächigen Deckungsstrauch ausbreitet. Sie festigt Böschungen. Ihre Früchte sind vitaminreich. Ihr Laub wird gierig geäst und bietet weit in den Winter hinein noch einen beachtlichen Nahrungsvorrat. Die Brombeere schätzt tonige Böden und wächst auch gern im Halbschatten. Man vermehrt sie durch Stecklinge. Die Brombeere gibt es in vielen Unterarten für fast alle Bodenarten (ausgenommen Moorgebiete!).
Auch die *Himbeere* wird von allem Schalenwild aufgenommen. Sie schätzt mehr kalkreichen Untergrund. Man vermehrt beide Arten, indem man die im Herbst abgesenkten Schößlinge absticht. Vor allem auf Kahlschlagflächen wuchern diese Sträucher nach kurzer Zeit und bilden paradiesische Wildeinstände.
Heidelbeeren bereichern die Krautschicht eines Waldes und stellen ein unerschöpfliches Nahrungsreservoir dar. Bei sehr vorsichtiger Düngung mit Thomasmehl im August können die Pflanzen auch noch in den Wintermonaten vom Rotwild geäst werden. Durch Freilegen der Heidelbeer- und Heidekräuter mit Schaufel und Pflug im Winter kann man das natürliche Futterangebot erheblich vermehren. Oft läßt sich auch der Schnee von den Brombeersträuchern mit einem Stecken leicht herunterschlagen. Auch dadurch kann man dem Wild mehr Äsung schaffen.

Welcher Deckungsstrauch wird allgemein verbissen?

Der wollige und der gemeine Schneeball. Die Sträucher werden bis zu fünf Meter hoch und haben eine starke Ausschlagskraft. Beide schätzen kalkreiche Standorte. Der wollige Schneeball verträgt nässere Böden. Man nimmt die Sträucher auch gern zur Gestaltung von Waldrändern.

Wer ist der früheste Blüher unter unseren Sträuchern?

Die Kornelkirsche (Cornus mas). Die kleinen gelben Doldenblüten erfreuen schon oft im Februar unser Auge. Der Strauch wächst auf kalkreichen Böden und schätzt warmes Klima. Man schneidet ihn vor dem Pflanzen im Frühjahr und Herbst kräftig zurück. Man sollte ihn möglichst früh auf den Stock setzen,

Äsungs- und Deckungssträucher

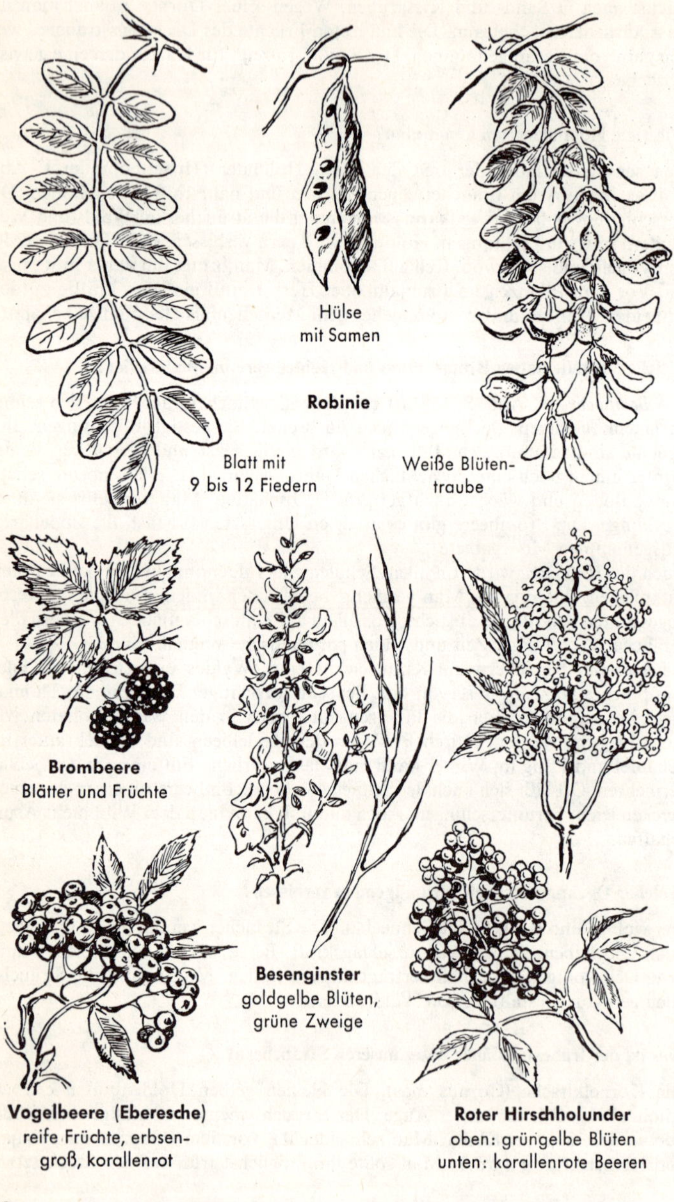

damit er strauchförmig bleibt und nicht zum Baum aufschießt. Seine Früchte werden von Flug- und Schalenwild genommen. Man pflanzt die Kornelkirsche u.a. auch in Fasanenremisen.

Für welche Wildarten pflanzt man Schlehe und Weißdorn?

Der *Schlehdorn* oder Schwarzdorn dient als Bienenweide. Seine Früchte werden von allen Vögeln gern genommen. Insbesondere profitieren Rebhühner und Fasan von ihm. Man pflanzt ihn gern als Hegebusch oder als Hecke in die freie Landschaft. In Remisen bildet er bald ein undurchdringliches Dickicht. Er braucht Kalk und viel Licht. Man vermehrt ihn durch Wurzelbrut oder zieht ihn aus selbstgeernteten Früchten.
Die Rinde des *Weißdorn* wird von Reh, Hase und Kaninchen geschält. Seine Früchte schätzt alles Flugwild. Der dichtwuchernde Deckungsstrauch gehört unbedingt in jeden Birkwildbiotop.

Welcher Deckungsstrauch verträgt viel Schatten und auch nasse Böden?

Der Hartriegel. Er blüht weiß. Seine Früchte, die in Dolden zusammenstehen, sind schwarzblau und werden von vielen Vögeln genommen. Sie keimen erst im darauffolgenden Jahr. Die Winteräste des im äußersten Fall 4 Meter hoch werdenden Strauches schimmern rötlich. Man pflanzt den Hartriegel gern ins schattige Zentrum einer Remise. Er wird wenig verbissen.

Die Früchte welcher Straucharten sind für den Menschen giftig?

Die Früchte des Pfaffenhütchens und des Ligusters. Das *Pfaffenhütchen* steht gern im Halbschatten und will nährstoffreichen, kalkhaltigen Boden. Es gehört in jedes Feldgehölz und ist auch im lichten Waldrandbereich nie fehl am Platze. Mit seinen (für den Menschen giftigen) Früchten trägt es viel für die Gesunderhaltung unseres Wildes bei. Es wird vom Rehwild viel verbissen. Vor und nach dem Pflanzen soll man den Strauch zurückschneiden.
Der *Liguster* wird gern als Gartenhecke gepflegt. Normalerweise wächst er nicht besonders hoch (1,50–2,00 m). Seine Blätter sind lanzettförmig. Die Blüten riechen unangenehm und schauen wie kleine weiße Fliederbüschel aus. Die Früchte bleiben über den Winter am Strauch. Der Fasan zeigt großes Interesse an ihnen. Man sät ihn im späten Herbst. Er verträgt auch viel Schatten.

Eignen sich Sträucher auch zur Fasanenhege?

Ja, vor allem die Spiräe ist eine gute Deckungs- und Äsungspflanze für den Fasan. Erst nach den ersten Frösten fallen ihre Samenkörner aus den Dolden. Sie liegen dann meist auf dem Schnee und werden auch vom Rebhuhn gern genommen. Die winddichte und verbißharte Pflanze bietet bereits im Frühjahr Lichtschutz für den brütenden Fasan und wird im Abstand von einem Meter auf einen Meter gepflanzt. Man bringt sie im Übergang vom Wald zum Feld, besonders in Südlage in Remisen oder entlang von Wasserläufen aus. Da sie kein heimisches Gewächs ist, lehnen manche Revierinhaber ihre Pflanzung ab.

Die Früchte welcher Sträucher heißen Hagebutten?

Die der Heckenrose. Sie schafft Deckung für alles Wild. Im Winter sind die Hagebutten begehrte vitaminreiche Zusatzfrüchte. Der schön blühende Strauch hilft bei der Gliederung und Gestaltung der Landschaft. Er braucht kalkhaltige, schwere Böden. Bei guter Düngung kann man ihn aber fast überall ansiedeln. Die Butten legt man in feuchten Mull und bereitet sie durch Lagerung im Kühlschrank auf die Keimung vor.

Forstschädlinge

Welchen Gefahren ist der Wirtschaftswald ständig ausgesetzt?

In Fichtenmonokulturen können Windwürfe in verheerendem Ausmaß auftreten. Gerade unsere am weitesten verbreitete Baumart wurzelt sehr flach. Auf dichten und noch dazu wasserstauenden Böden ist ihre Standkraft meist sehr gering. Es ist ratsam, Fichtenkulturen Tiefwurzler beizumischen (z.B. Roterle!).
Nasser Schnee, der etwa um 4° C in dichten schweren Flocken fällt, bleibt auf den Ästen geradezu kleben. Er kann nicht abrutschen. Es bilden sich oft mehrere dezimeterdicke Auflagen, bis meist die Kronen abbrechen. Der ganze Baum wird nur in seltenen Fällen geknickt. Solche Schneebrüche treffen vor allem Jungbestände aus Fichte und Föhre. Eine frühe und beherzte Jungdurchforstung kann solchen Naturgewalten vorbeugen.
Massenvermehrungen von Insekten wie Borkenkäfer oder Nonnenraupen können das Waldbild ganzer Landstriche ändern. Es scheint, daß die Forstwissenschaft durch Spritzmittel die großen Schäden in den Griff bekommen hat.
Die Industrie ist jetzt zum Hauptfeind des Waldes geworden. Immissionen, vor allem das Schwefeldioxid, greifen an den Lebensnerv von Tanne, Fichte, Buche, Eiche. Die Krankheiten zeigen sich an Nadelverlusten und Kronenverlichtungen. Dann sterben die Bäume ab. Auch andere Bäume und Pflanzenarten scheinen bereits betroffen (s.S. 417).
Die Forstleute sollten daher heute keine Zeit mehr verwenden, auf den Wildverbiß und das Schälen des Schalenwildes hinzuweisen. Die paar Äser voll Laub und Nadeln würde man Reh und Hirsch gern vergönnen, ließe sich die Katastrophe aus der Luft abwenden.

Welche Schädlinge gefährden unsere Forstbäume?

Pilze setzen sich vor allem am Nutzholz fest. Die Rotfäule entwertet die Stämme, und der Hallimasch kann tief in die Bäume eindringen. Die Kiefernschütte ist eine Nadelkrankheit. Der Blasenrost befällt zunächst die Blätter der roten Johannisbeere. Von dort gelangen seine Sporen unter die Rinde der Weymouthskiefer. Dieser Pilz hat bei uns die aus Nordamerika eingeführte Baumart fast vollkommen ausgerottet.
Im Larvenstadium schaden viele Insekten den Forstpflanzen durch Wurzelfraß. Vor allem die Engerlinge des Maikäfers und des kleineren Junikäfers richten großen Schaden an. Um die jungen Bäume vor ihnen zu schützen, vegällt man die Pflanzlöcher oder taucht die Wurzeln vor dem Ausbringen in eine verstänkernde Lösung. Zu den *Borkenkäfern* zählen die Buchdrucker, der große Wald-

gärtner und der Kupferstecher. Die Weibchen des Buchdruckers legen ihre Eier unter die Rinde umgestürzter Bäume. Vor allem nach Schneedruck und Windwurf oder nach Dürre kann der Schädling massenhaft auftreten. Man erkennt seine Fraßgänge unter der Rinde. Der dunkle Käfer wird nur wenige Millimeter groß. Befallenes Holz muß man schnell entrinden. Mit eigenen Fangbäumen, die mit Kontaktgift bespritzt sind, versucht man, ihn zu bekämpfen.
Inzwischen hat man künstliche „Duftstoffallen“ konstruiert. Wenn das Thermometer über 20° C steigt und der Borkenkäfer zu schwärmen beginnt, warten auf ihn aufrechtstehende Kunststoffschläuche, aus denen der Geruch von Lockstoffen (Pheromone) verströmt. Man stellt die Geräte an Sonnentagen auf Schneisen und Lichtungen auf. Zu den nächstwachsenden Fichten muß ein „Sicherheitsabstand“ von gut 10 Metern eingehalten werden.
Auch die *Raupen* einiger Schmetterlingsarten sind arge Forstschädlinge. Die Nonne findet man vor allem auf Fichten und Kiefern, aber auch auf Laubbäumen sowie im Strauchbereich und am Boden. Der Kiefernspanner und die Kieferneule fressen ebenfalls Nadeln und Blätter. Sie verpuppen sich am Boden. Bei einem Anteil von 15 Puppen pro Quadratmeter Waldstreu muß man im nächsten Jahr mit Kahlfraß des Bestandes rechnen. Gegen die Schmetterlingsraupen versprüht man Insektengifte, auch vom Flugzeug aus.

Warum hat der Forstmann zu unserem heimischen Schalenwild ein zwiespältiges Verhältnis?

Jungpflanzen werden von Rot-, Dam-, Sika-, Reh- und Muffelwild verbissen. Vor allem im Winter werden die End- und Seitentriebe sowie die Knospen aufgenommen. Laubbäume und Tannen kommen oft überhaupt nicht hoch. Fichten werden buschig und verkrüppeln. Rotwild schält auch gerne Baumstämme. Ist das Kambium (=die Wuchsschicht) verletzt, beginnt das Holz an diesen Stellen zu faulen (Kernfäule). Oft dauert es Jahre, bis die Verletzungen von der Rinde wieder überwuchert werden. Dadurch wird das untere Stammholz wertlos. Dam-, Sika- und Muffelwild verbeißt selten die Rinde. Rehwild läßt die Rinden in Ruhe. Rot-, Dam- und Rehwild fegt sich an kleineren Bäumen den Bast vom Geweih. Bevorzugt werden seltene Arten, die dann ganz zerfetzt sind. Der Rehbock verletzt Jungpflanzen auch bei der Einstandsmarkierung. Das Wühlen der Sauen sieht der Forstmann gern, sofern nicht zur Naturverjüngung ausgesäte Eicheln oder Bucheckern aufgenommen werden.

Stimmt es, daß die Vegetation des Waldes durch Äsen des Schalenwildes verarmt oder Gefahr läuft zu verarmen?

Nein! Hier werden Ursache und Wirkung verwechselt. Man sollte immer wieder darauf hinweisen, daß es eine veraltete Forstpolitik war, die aus unserem Schalenwild Schädlinge machen mußte. Wo man nach Kahlschlag Fichten im engsten Pflanzverband plantagenmäßig anbaut, bleibt dem Hirsch und dem Reh nur eine karge Nadelkost. In einem ungezäunten naturnahen und standortgemäßen Mischwald kann es weder Rot- noch Rehwild-„Sündenböcke“ geben.
Auch beim sicherlich stellenweise gefährdeten Bergmischwald liegen die Verbißursachen oft beim Weidevieh und der unkontrollierten Schafhaltung.

Warum schält und verbeißt Schalenwild?

Oft findet Rotwild selbst im Sommer zu wenig Futter. Der Wirtschaftswald ist von seiner Anlage her äsungsarm, und die Naturverjüngungen, die einigermaßen wildfreundlich wären, zäunt der Forstmann, damit die Bäumchen hochkommen.
Die Winterfütterung ist häufig nicht rotwildgerecht. Die Tiere erhalten das Futter nicht in der richtigen Zusammensetzung. Zuviel Kraftfutter verleitet zum Schälen.
Das uneingeschränkte Betretungsrecht unserer Wälder bringt in die Rotwildbestände immer mehr Streß. Es steht gern im Stangenholz, traut sich nicht mehr heraus und beginnt dort zu schälen.

Forstschutzmaßnahmen

Wie läßt sich das Verbeißen, Fegen und Schälen des Schalenwildes durch Maßnahmen des Einzelschutzes eindämmen?

Hierbei werden Einzelbäume behandelt (wie junge Lärchen und Douglasien), damit sie vom Schalenwild gemieden werden. Eine altbewährte Methode, das Verbeißen oder Fegen zu verhindern, ist das Bestreichen der oberen Triebe mit einer Mischung aus Kuhmist, Jauche, Rinderblut, Kalk und entsäuertem Teer. Natürlich gibt es auch chemische Mittel (auf Teerbasis). Man bringt sie mit Zangenbürsten und Zangenrollen auf Knospen und frische Triebe. Meist muß man diese Arbeit jedes halbe Jahr wiederholen. Oft genügt das Einwickeln des Gipfeltriebes mit Werg oder das Umwickeln des Bäumchens mit einer Metallfolie. Manchmal setzt man der Pflanze auch einen Plastikhut auf. Drahtspiralen und Blechmanschetten halten ebenfalls Schalenwild fern. Alle diese Maßnahmen sind teuer und kommen nur für wertvolle Einzelbäume in Frage. Ein dürrer Fichtenwipfel neben dem Jungbaum in den Boden getrieben, hat die gleiche Wirkung wie eine Drahthose (Höhe gegen Rotwild 180 cm, gegen Rehwild 150 cm), die allerdings 5–8 Jahre sicheren Schutz bietet. Es gibt auch Stachelbäume, die man neben der zu schützenden Pflanze in den Boden rammt. Die abstehenden „Metalläste" halten Rot- und Rehwild ab.
Wenn die Bäumchen nicht mehr verbissen werden, sind ihre Stämme bereits so stark entwickelt, daß sie geschält werden. Vom 10. bis fast zum 50. Lebensjahr wird beispielsweise der Fichte vom Rotwild die Rinde abgezogen. Um das zu verhindern, bindet man die Pflanzen ein. Es gibt Ringe, die den Grüneinband zusammenhalten, und Stoffbandagen als Trockeneinband. Die Schutzzeit dauert dabei acht Jahre. Bis zu 20 Jahren soll das Aufrauhen der Rinde eines Baumes schützen. Mit Rindenhobeln bzw. Rindenkratzern behandelt man den Stamm. Diese Tätigkeit wird im späten Frühjahr ausgeführt.

Schälschaden

Haben sich die chemischen Verbißmittel bewährt?

Einzelne Verbißmittel haben sich vorzüglich bewährt (z. B. wird in Kiefern- und Fichtenkulturen entsäuerter Baumteer mit hundertprozentigem Erfolg vor allem gegen den Verbiß der Gipfelknospe angewendet).

Das Verbiß-Spritzmittel TOP DENTROCOL und das Streichmittel TOP CERVACOL der Fa. Schering in Berlin 65 sowie Arbinol und Arcotal der Fa. Stähler in 2160 Stade und HaTeA von Celamerk in 6507 Ingelheim sind ebenfalls empfehlenswert.
Mit der Prüfung und Anerkennung der Wildverbiß-Schutzmittel beschäftigen sich die Technische Zentralstelle der deutschen Forstwirtschaft, die Biologische Bundesanstalt für Land- und Forstwirtschaft und das Institut für Jagdkunde der Universität Göttingen.

Welche Arten von Zäunen gibt es?

Spannzäune, Hängezäune und Gatterzäune (Hordengatter). Sie sollen im Waldrevier Schalenwild davon abhalten, Kulturen zu verbeißen bzw. im Stangenholz zu schälen. Der Hängezaun ist am schnellsten und kostengünstigsten zu errichten. Das Knotengeflecht wird einfach an schräggestellte Pfosten gehängt. Der Spannzaun ist schon stabiler. Man befestigt und spannt ihn längs von Pfählen. Das Gatter setzt sich aus 4 Meter langen Einzelstücken zusammen. Das Drahtgeflecht wird dazu auf Rahmen genagelt. Es kann wiederverwendet werden. Man muß es nur umstellen. Allerdings läßt sich das Gatter nicht kaninchensicher machen, denn dazu muß der Zaun eingegraben werden.
Die Zaunhöhe ist davon abhängig, welche Tierarten man von den geschützten Flächen abhalten will. Rot- und Damwildschutz ist ab 1,80 m Mindesthöhe sichergestellt. Reh- und Schwarzwild braucht mindestens 1,50 m hohe Zäune, Muffelwild gar 2,50 m. Kaninchen- und fasanendicht wird ein Zaun bei 1 m Mindesthöhe. Er muß dazu mindestens 0,20 m in die Erde eingegraben sein und die Maschenweite darf höchstens 40 mm betragen. Jeder Zaun braucht ständige Kontrolle. Schneedruck, Windwurf und mutwillige Zerstörung können ungewollte Einlässe schaffen.
Man unterscheidet eine kurzfristige Zäunung von 8 Jahren. Der langfristige Schutz wird auf 15–20 Jahre ausgedehnt. Die Kiefer braucht 20 Jahre lang einen Zaun. Erst dann verborkt ihr Stamm. Das Rotwild kommt nicht mehr an die Spiegelrinde. Die Gefahr des Schälens ist dann gebannt. Inzwischen geht man dazu über, Rehwild in gezäunte Kulturen nach einigen Jahren einzulassen. Durch eingesetzte Pflöcke an den Eingangstoren hält man aber das Rotwild noch weitere Jahre ab. Dieser Kompromiß verdient größere Beachtung.

Wildhege

Hegegrundsätze

Warum jagen wir?

Weil wir Freude daran haben und weil wir Beute machen wollen. Die Jagd ist die Kultivierung eines menschlichen Urtriebs. Manche Anthropologen vertreten die Auffassung, daß es die Jagd war, die den Menschen erst zu dem gemacht hat, was er heute ist. Die Notwendigkeit, dem Wild nachzustellen, zwang die Urmenschen dazu, aufrecht zu gehen und schärfte ihre Sinnesorgane, insbesondere das Auge. Die ersten Werkzeuge, mit denen unsere Urahnen ihre Überlegenheit über das Tier bewiesen, waren unter anderem auch einfache Jagdgeräte. Lange Zeit war die Jagd auch Grundlage der menschlichen Ernährung. Selbst heute werden in der Bundesrepublik Deutschland pro Jahr noch 14300 t Wildbret durch waidgerechte Jagdausübung gewonnen.

Seit eh und je bilden Jäger und Beute eine Einheit. Sie endet nicht mit dem Strecken und Versorgen des Wildes. In grauer Vorzeit schlüpfte der Mensch in die Rolle der von ihm erlegten Tiere, um im Jagdzauber seine Schuldgefühle gegenüber dem von ihm ausgelöschten Leben zu besänftigen. Auch dem Jäger in unserer Zeit bereitet nur das Aufsuchen und das Nachstellen des Wildes Lust. Die letzte Konsequenz seines Tuns, das Töten, macht auch ihn betroffen. Mit dem Auge der Vernunft sieht er aber, daß dies notwendig ist, um in unserem hochindustrialisierten Land einen gesunden und artenreichen Wildbestand in tragbarer Dichte zu erhalten. Aus dieser Betroffenheit erwächst die Pflicht zur Hege. Das Recht, einzelne Tiere zu erlegen, erfordert auf der anderen Seite den unbedingten Einsatz, die Art in bestandssichernder Anzahl der Nachwelt zu erhalten.

Was ist ein „Hobby-Jäger“?

Darunter versteht man jemand, der nur auf die Jagd geht, um möglichst starke Trophäen zu erbeuten. Gerade die Waffennarren unter diesen Leuten laufen Gefahr, reine „Schießer“ zu werden. Ein Jäger des 20. Jahrhunderts darf nicht nur Freude an der gewiß imponierenden Waffentechnik finden. Er muß ökologische Zusammenhänge erkennen und diese in seine Hegepraxis umsetzen. Neben einer gewissen Fairness, die dem Wild reelle Chancen des Entkommens einräumt, hat seine Einstellung zur Jagd tiefer zu greifen: Er muß sein Handeln dem inneren Gesetz der Waidgerechtigkeit unterwerfen. Er darf Wild nicht zur bloßen Zielscheibe degradieren. Er muß es stets als Mitgeschöpf achten.

Nach welchen Methoden läßt sich der Bestand einer Tierart ermitteln?

Da an keinem Tag des Jahres alle Exemplare einer Tierart außerhalb ihrer Dekkung anzutreffen sind, ist eine Zählung meist sehr schwierig. Man unterscheidet zwei Methoden, um ihren Bestand, das ist ihre Anzahl auf einem bestimmten Gebiet, zu ermitteln.

Die erste Methode erfordert einen nachgewiesenen Sichtkontakt. So zählt man beispielsweise die Tiere an der Fütterung. Bei Rotwild kann man dabei vor

allem im Winter und in Gebirgslagen zu exakten Ergebnissen kommen. Bei der *Intensivbeobachtung* werden alle Hochsitze eines Reviers zur gleichen Zeit bezogen. Rehwild ist auch auf diese Weise schlecht zu erfassen, da selbst unter günstigsten Verhältnissen nie alle Tiere austreten werden. *Zähltreiben* bringen nur dann der Wirklichkeit entsprechende Angaben, wenn man mit viel Personal und guten Hunden abgeschlossene Waldareale gewissenhaft durchstöbert (oft fängt man gleichzeitig auf repräsentativen Flächen die Tiere und markiert sie anschließend). Die *Scheinwerfertaxation* bringt bei Ermittlung des Hasenbesatzes gute Ergebnisse. Man fährt bei Nacht nichtbewaldetes Gelände ab und zählt die angeleuchteten Tiere. Die Ermittlung eines Bestandes über *Infrarotphotographien* steckt noch in den Kinderschuhen. Der Unterschied zwischen der Temperatur des Wildes und der umgebenden Vegetation ist meist zu gering. Durch den Lincoln-Index kann ebenfalls auf den Gesamtbestand einer Wildart geschlossen werden. Dabei handelt es sich um eine mathematische Methode der Hochrechnung. Ein Teil des Bestandes muß markiert sein.
Bei den indirekten Zählmethoden schließt man aus den verschiedensten Lebensbedürfnissen oder -äußerungen auf die Zahl der vorhandenen Tiere. Wenn man den *Äsungsbedarf* eines Tieres pro Tag kennt, läßt sich aus der fehlenden Vorratsmenge einer Fütterung die Zahl der sie besuchenden Tiere errechnen. Auch aus *Losungshäufchen* kann man auf die Höhe eines Wildbestandes schließen. Durch *Tragsackuntersuchungen*, die Fallwildrate, den Verkehrstotenindex und die Jagdstreckenauswertung über eine Wildgeneration hinweg läßt sich ebenfalls der Wildbestand ermitteln.

Wie errechnet sich die Wilddichte eines Jagdreviers?

Man setzt den ermittelten Wildbestand einer Tierart ins Verhältnis zur speziellen Wildfläche. Auf letztere kommt man, wenn man von der Revierfläche die befriedeten Bezirke, die wilddicht abgezäunten Flächen und die Flächen, welche Straßen, Eisenbahnlinien und Gewässer über 5 m Breite einnehmen, abzieht.

Warum muß die Wilddichte einer Tierart möglichst genau berechnet werden?

Die Wilddichte ist neben dem Geschlechtsverhältnis (GV) und dem Altersaufbau die entscheidende Zahl für die vernünftige Bejagungsplanung und Bejagung einer Tierart. Liegt die Ist-Wilddichte unter der tragbaren Wilddichte (Soll-Wilddichte), darf kein weiterer Abschuß erfolgen. Unter Umständen ist die Art dann bereits in ihrem Bestand gefährdet. Im umgekehrten Fall hat man es mit einer Überhege zu tun. Die Jagd auf diese Wildart muß verstärkt werden; eine Bestandsminderung hat zu erfolgen. Liegen Ist-Wilddichte und tragbare Wilddichte auf gleicher Höhe, braucht man nur den jährlichen Zuwachs abzuschöpfen. Der Bestand gilt als nachhaltig gesichert.
Immer mehr geht man davon ab, die tragbare Wilddichte auf dem Verordnungsweg festzusetzen. Sie hängt vom Äsungsangebot und Zustand des Wildes ab und ist von Revier zu Revier verschieden. Die tragbare Wilddichte gilt als erreicht, wenn in einem Jagdbezirk bei geringen Wildschäden nur gesunde, im Gewicht gut durchschnittliche Tiere einer Art vorkommen. Besser wird diese Wilddichte wohl als die wirtschaftlich tragbare Wilddichte bezeichnet. Die ökologisch tragbare Wilddichte könnte oft erheblich höher liegen, was jedoch Forst- und Landwirt wegen der Wirtschaftlichkeit ihrer Betriebsführung verhindern.

Was untersucht man mit Simulationsmodellen?

Die Entwicklung eines Wildbestandes über Jahre hinweg nennt man seine Populationsdynamik. Sie kann zugunsten oder zum Nachteil einer Art verlaufen. Da sie von vielen Einflüssen (Nahrung, Feinde, Wetter, Nachwuchsrate) abhängt, läßt sie sich mit herkömmlichen Mitteln schlecht vorausberechnen. Daher erstellt man der Wirklichkeit möglichst nahe Modelle (man simuliert die Wirklichkeit!), die man an Hand von Rechenprogrammen in Computer einspeist. Indem man einige Rechengrößen gleichhält und andere verändert, lassen sich Bestandsentwicklungen in etwa abschätzen. Man untersucht auf diesem Weg u.a., wie hoch auf der einen Seite die Wilddichte angehoben werden kann, wenn dabei die Wildschäden möglichst klein bleiben sollen (Maximierung der Bestandsdichte bei Minimierung der Wildschäden). Populationsdynamische bzw. populationsökologische Arbeiten wurden u.a. auch am Rebhuhn und an der Waldschnepfe durchgeführt.

Welche Konsequenzen hat der Jäger aus der Tatsache der „kompensatorischen Mortalität“ zu ziehen?

Auch ohne äußere Einflüsse stirbt von einem Bestand bzw. Besatz an Tieren pro Jahr ein gewisser Teil. Man nennt diese Anzahl die natürliche Sterblichkeitsrate. Wildbiologische Untersuchungen gelangten zu dem Ergebnis, daß die Gesamtsterblichkeit innerhalb einer Tierpopulation auch dann gleich bleibt, wenn sich Jäger und Beutegreifer davon eine gewisse Menge der Individuen holen. Die Anzahl der Beutetiere darf allerdings die natürliche Sterblichkeitsrate nicht übersteigen. Es ist wohl so, daß die Überlebenden sich dann besser entfalten können. Die Tiere sitzen nun nicht mehr so eng aufeinander. Sie stecken sich weniger mit Krankheiten an, finden mehr Äsung und können sich vor ihren Feinden besser verstecken. Außerdem hat man beobachtet, daß in ihrem Bestand bzw. Besatz verdünnte Populationen eine höhere Fortpflanzungsrate entwickeln. Die Jagd nimmt weitgehend andere Sterblichkeitsfaktoren vorweg. Man sagt auch, sie „kompensiert“ diese. Sie hat die Wirkung einer „kompensatorischen Mortalität“ (= vorwegnehmende Sterblichkeitsrate).
Daher soll und muß der Jäger in gesunde Bestände nachhaltig eingreifen. Was er an überschüssigem Schalenwild nicht erlegt, wird in der Dickung verludern. Allerdings darf er nicht mehr Tiere strecken, als natürlich abgehen würden.
Auf der anderen Seite gelingt kaum eine Vermehrung einer Tierart über eine bestimmte ökologisch tragbare Wilddichte hinaus. Die Tiere kümmern, und ihre natürliche Sterblichkeitsrate erhöht sich. Will man die Biotopkapazität erhöhen, muß man zunächst durch Verbesserung der Äsungs- und Deckungsverhältnisse einen günstigeren Lebensraum für diese Wildart schaffen (Erhöhung der Biotopkapazität nur nach Biotopverbesserung!).

Welche Grundsätze gelten für die Hege mit der Büchse?

Nicht alles aufgespürte Wild darf erlegt werden. Durch genaues Ansprechen überzeugt man sich davon, ob ein Tier gestreckt werden muß. Natürlich sind zunächst die alten, kranken, schwachen und gelten Stücke zu erlegen. Anschließend erfolgt ein starker Eingriff in die Jugendklasse. Mittelalte Tiere schont man weitgehend. Schließlich erntet man einige wenige, reife Exemplare mit braven Trophäen, sozusagen als Lohn der Hege. Bei all diesem Vorgehen ist ein ausgeglichenes Geschlechtsverhältnis anzustreben. Der Abschuß von weiblichem Wild ist mit derselben Sorgfalt durchzuführen wie der des männlichen. Schon der Altmeister Raesfeld nannte dieses Vorgehen Hege mit der Büchse. Damit ist gemeint, daß der Abschuß stets wohlüberlegt nach Zahl und Wahl zu erfolgen hat. Heute genehmigt die untere Jagdbehörde die Abschlußpläne und kontrolliert deren Einhaltung. Trophäenschauen (auch Hegeschauen genannt), die häufig verpflichtend sind, informieren über die Entwicklung des Wildbestandes in einem Hegering oder Landkreis. Fragwürdig ist nur die Prämierung der „schwersten" Geweihe oder Gehörne mit Medaillen. Das fördert nur den „Knochenkult". Ein Jäger, dessen Abschuß sich zum überwiegenden Teil aus „Hegetrophäen" zusammensetzt, wäre auch einer Belobigung wert.

Was gilt bei der Hege mit der Flinte zu beachten?

Niederwild (außer Rehwild) bejagt man überwiegend mit der Flinte. Auch hier dürfen die erzielten Strecken den jährlichen Zuwachs nicht übersteigen. Die Bestände müssen also nachhaltig bewirtschaftet werden. Man darf nie mehr ernten als nachwächst. So durchstreift man bei Niederwildtreibjagden nur ein Drittel seines Reviers und wechselt jedes Jahr in einen anderen Abschnitt über. Enten beunruhige man nicht durch häufiges Bejagen. Von ihnen und vom Fasan schießt man vor allem männliche Tiere.

Ist die Hege mit der Falle noch zeitgemäß?

Ja! Denn es dürfen nur Fallen benutzt werden, die lebend fangen oder sofort töten. Die Fangjagd verstößt somit weder gegen Grundsätze des Tierschutzes noch gegen die Waidgerechtigkeit. Ihr Ziel ist es, behaarte und befiederte Beutegreifer kurz zu halten und Streuner (Hunde ohne Aufsicht und Katzen außerhalb des gesetzlich zugebilligten Schutzabstandes zu bewohnten Häusern) zu bekämpfen. Dabei sind die Schonzeiten, als erstes jedoch der Schutz der Elterntiere während der Zeit der Jungenaufzucht zu beachten. Der Jäger muß wissen, daß Beutegreifer genauso in die freie Natur gehören wie jedes andere Wild. Beim Aufnehmen von Eiern und Jungtieren folgen sie nur ihrem Instinkt. Da sie überwiegend alte und kranke Stücke erbeuten und auch Aas nehmen, erfüllen sie die wichtige Aufgabe der Gesundheitspolizei.
Vor allem in den ersten Monaten des Jahres bieten sich günstige Gelegenheiten zur Hege mit der Falle. Wo man letzten Winter Spuren entdeckte, hat man die Fallen zum Schutz vor Kleinkindern in Fangbunkern oder Fangburgen nach monatelangem sporadischen Anködern fängisch gestellt. Unter Umständen stehen sie auch längs von Zwangwechseln (Kulturzaun, Brett über Bach, Drainagerohre), oder ein kleiner Steg ist dorthin gehackt. Sie sind inzwischen gut verwittert (nicht mit Öl bestreichen!) und bestens verblendet. Der gewissenhafte Trapper kontrolliert vor allem die Lebendfangfallen jeden Tag. Ein Signalstab oder ein Hängsel, die bei zugeschnappter Falle verschwinden, zeigen ihm an, ob sie noch fängisch sind. Dann braucht er sich ihr nicht jeden Tag zu nähern. Ein Blick durchs Jagdglas genügt. Den Hund legt man bei einer Revision in der Nähe ab. Ein Raucher wischt sich seine Hände vorher an Graswasen. Nach Fangerfolg tötet man das Tier mit der Kurzwaffe oder läßt es in einen Sack laufen, mit dem man es fest auf den harten Boden prellt. Katzen lassen sich mit einigen Tropfen Baldrian anlocken. Manche Jäger ziehen zu ihren Fanggeräten auch Schleppen (Fallenbau s.S. 514).

Welche Rechtsgrundlagen bestehen im Bundesjagdgesetz und den hierzu erlassenen Landesjagdgesetzen zur Pflege und Sicherung der Lebensgrundlagen der Wildbestände?

Nach § 1 Abs. 2 des Bundesjagdgesetzes in der ab 1.4.1977 geltenden Fassung (BGBl. I S. 2849) hat die Hege die Erhaltung eines den landschaftlichen und landeskulturellen Verhältnissen angepaßten artenreichen und gesunden Wildbestandes sowie die Pflege und Sicherung seiner Lebensgrundlagen zum Ziel. Die Hege wird zur Pflicht gemacht.

Wo kann sich der Jäger und Jungjäger über zweckmäßige Maßnahmen auf den Gebieten der Wildhege und Reviergestaltung praktisch ausbilden lassen?

In jedem der von den Landesjagdverbänden eingerichteten Lehrreviere. Hiervon sollte jeder Jungjäger vor der Jägerprüfung unbedingt Gebrauch machen. Dort kann er u.a. beim Begehen eines Lehrpfades die Anlage von Äsungs- und Dekkungsremisen auf Brachflächen und minderwertigstem Land, die Ödlandaufforstung und die Anlage von Hecken, Feldgehölzen, Hegebüschen und Wildäckern sowie die Regulierung der behaarten und befiederten Beutegreifer und die Bekämpfung der Streuner (Hunde ohne Aufsicht, Katzen außerhalb ihrer Schutzzone) praktisch kennenlernen.

Aussetzen und Markieren von Wild

Welche Wildarten eignen sich zum Aussetzen?

Damwild, Muffelwild, Hasen, Fasane, Enten und Rebhühner. Forschungsergebnisse haben aber ergeben, daß eine Erhöhung der Population (der Wilddichte) nicht durch ein Jagdverbot oder durch das Aussetzen von Wild, sondern nur durch Verbesserung der Lebensansprüche (der Biotop-Qualität) erreicht werden kann (s.S. 388). Nicht ausgesetzt werden dürfen Schwarzwild und Wildkaninchen (§ 28 [2] BJG, s.S. 735).

Welche Gefahr ist mit dem Aussetzen des Wildes verbunden?

Daß die Fremdlinge Seuchen einschleppen, denn sie können, obwohl sie munter erscheinen, Träger von gefährlichen Seuchenkeimen sein und auch zu einem Wiederaufleben erloschener Seuchen Veranlassung geben.
Eine weitere Gefahr besteht darin, daß sich das fremde Wild den neuen Lebensbedingungen nicht genügend anpaßt, so daß es kümmert und seine guten Eigenschaften mangelhaft vererbt. Weiter ist zu bedenken, daß ein Teil des ausgesetzten Wildes in benachbarte Reviere hinüberwechselt, bevor es zur Vermehrung und Verbesserung des eigenen Bestandes beigetragen hat. Es ist deshalb zweckmäßig, das Aussetzen von Wild mindestens hegeringweise vorzunehmen oder durch Vereinbarung im Hegering den Lebensraum des Wildes (den Biotop) zu verbessern!
Beim Ankauf von Wild zum Aussetzen ist zu beachten: Es muß kerngesund und darf nicht Träger eines Seuchenkeimes sein und muß aus Gegenden bezogen werden, die klimatisch ungünstiger liegen als die neue Heimat. Weiter soll es aus der freien Wildbahn oder aus Tiergärten stammen, aber nicht gezähmt sein.

Wie kann man Haarwild vor dem Aussetzen oder beim Auffinden von Jungwild kennzeichnen?

Durch numerierte Wildmarken. Sie dienen ähnlichen Zwecken wie die „Ohrmarken“ bei Haustieren.

Insbesondere Rehkitze, die man vor dem Ausmähen rettet, markiert man. Sie drücken sich übrigens noch bis zum Alter von vier Wochen und vor allem dann, wenn man heftig in die Hände klatscht. Vor dem Markieren „wäscht“ man sich die Hände mit Erde oder Gras, um ihnen den menschlichen Geruch zu nehmen. Mit einer Hand drückt man das Jungtier auf den Boden. Die andere zwickt mit der Zange schnell durch den Lauscher. Die Wildmarke ist mit etwas Spiel am unteren Rand des Lauschers (oder Löffels) nahe am Kopf zu befestigen und durch kräftiges Zusammendrücken zu schließen. Manchmal klagt dabei das Kitz, und die Ricke (Rehgeiß) kann schreckend herankommen (ist keine Wildmarke zur Hand, kann man mit scharfem Waidmesser zur Kennzeichnung auch einen Lauscher stutzen). Da es die Wildmarken in mehreren Farben gibt, lassen sich die verschiedenen Jahrgänge leicht unterscheiden. Hat man den linken Lauscher mit ihnen durchmarkiert, welchselt man zum rechten über.

Wildmarke richtig eingezogen

Sie muß mit etwas Spiel im unteren knorpeligen Teil des Lauschers sitzen, sonst reißt sie aus und geht verloren! Oben: Wildmarke geöffnet. Rechts: Ringe verschiedener Größe für Flugwild.

Man verwendet folgende Ringgrößen: A für Adler, Großtrappen und Uhu; B für Störche, Graureiher, Kormorane; C für Bussarde, Milane, Stockenten; D für Krähen, Bläßhühner, mittlere Enten; E für Möwen, Waldschnepfen, Kiebitze, Tauben.

Wildmarke und Ringe zum Kennzeichnen von Wild

Welche Fasane setzt man zur Blutauffrischung aus?

In vorhandenen Fasanenrevieren genügt es, wenn man nur Hähne einer geeigneten Rasse (s.S. 291) aussetzt und die einheimischen Hähne vorher abfängt oder schießt. (Vorsicht! Vor dem Aussetzen 14 Tage in Beobachtung nehmen oder gegen Hühnerpest schutzimpfen lassen, s.S. 543.)

Zu welcher Tageszeit setzt man Federwildküken aus?

Rebhühner werden im Alter von drei bis vier Wochen ausgesetzt, solange sie noch den typischen Kükenruf haben. Man bringt sie in den frühen Morgenstunden von gewitterfreien Tagen an Stellen im Feld, wo Althühner locken. Sie werden von freilebenden Hühnerpaaren leicht „adoptiert" (Wildenten s.S. 313).
Fasanenküken werden dagegen im Alter von fünf bis sechs Wochen in den späten Abendstunden ausgesetzt, damit sie auf niedrigen Bäumen und Sträuchern aufbaumen. Die Schüttung ist täglich zu kontrollieren und sollte in der Nähe Wasser haben.

Wo kann man Wildmarken beziehen, und wem ist gekennzeichnetes Wild zu melden?

Jagdausübungsberechtigte können Wildmarken vom Institut für Jagdkunde in 3400 Göttingen-Weende, Büsgenweg 3, nach Unterzeichnung der Mitarbeiter-Verpflichtung beziehen. Von der Kennzeichnung mit Wildmarken ist das Institut für Jagdkunde zu benachrichtigen (Mitteilungskarte benutzen!). Es ist Pflicht des Jägers, mit Wildmarken gekennzeichnetes Haarwild nach dem Erlegen diesem Institut zu melden (Rückmeldung!), was leider aus Gleichgültigkeit oft versäumt wird. Für die Altersbestimmung ist das Haupt (Kopf) des Wildes unpräpariert einzusenden. Der Einsender erhält die Trophäen zurück, falls nicht eine Stiftung für die Institutsammlung beabsichtigt ist.

Welchem Zweck dient die Wildmarkenforschung?

Sie soll über Fragen aus dem Leben des Wildes Auskunft geben, die durch Beobachtungen in der freien Wildbahn oder im Gatter nicht gelöst werden können (Altersbestimmungen, Gehörnentwicklung, Standorttreue, Wandertrieb). Es kommt darauf an, nicht nur Hochwild und Rehwild zu kennzeichnen, auch die Kennzeichnung von Niederwild, insbesondere von Beutegreifern, ist für jagdwissenschaftliche Arbeiten dringend erwünscht.
Für notwendige Forschungszwecke wird zur Betäubung (und Kennzeichnung) der Tiere das „Narkosegewehr" (s.S. 531) gestattet.

Wie kann man Flugwild kennzeichnen?

Durch Beringen oder (in besonderen Fällen) durch Anlegen von Flügelmarken (s.Abb. S. 469).
Ringe und Flügelmarken zum Kennzeichnen wildlebender Vögel liefern als Beringungszentralen an ihre Mitarbeiter die Vogelwarte Radolfzell (vormals Vogelwarte Rossitten), 7761 Schloß Möggingen am Bodensee, und die Vogelwarte Helgoland mit Sitz in 2940 Wilhelmshaven.

Wie wird beringt?

Der Ring wird mit einer Flachzange aufgebogen, oberhalb der Zehen um den Lauf gelegt und mit ihr wieder zugebogen.

Was hat der Jäger zu tun, wenn er mit Ringen oder Flügelmarken gekennzeichnetes Federwild erlegt oder findet?

Er hat es unter genauer Angabe von Erlegungs- oder Funddatum, Ort und anderer wissenswerter Umstände an die Vogelwarte Radolfzell oder Helgoland zu melden.
Radolfzell ist Beringungszentrale für *Baden-Württemberg, Bayern, Berlin, Rheinland-Pfalz* und das *Saarland.*
Helgoland ist Beringungszentrale für *Bremen, Hamburg, Hessen, Niedersachsen, Nordrhein-Westfalen* und *Schleswig-Holstein.*

Werden auch Ringe für Fasane, Rebhühner und Hochbrutflugenten von den Beringungszentralen geliefert?

Nein! Junge Rebhühner beringt man nicht, da sich deren Ständer leicht mit Lehmklumpen besetzen und das Huhn flugunfähig machen. Dem Fasanenjäger, der die von ihm ausgesetzten Fasane kennzeichnen will, wird geraten, hierfür die im Handel erhältlichen farbigen Zellhorn-Geflügelringe zu verwenden (Ringfarbe für jedes Revier mit den Jagdnachbarn vereinbaren).

Was untersucht man mit Telemetrie?

Über einen Telemetrieempfänger mit Richtantenne werden die Tagesaktivitäten und das Territorialverhalten der mit Sender bestückten Wildtiere erforscht. Dem Rotwild werden entsprechende Geräte nach dem Fang mit Halsbändern umgehängt. Die moderne Elektronik erlaubt es inzwischen, auch Kleinstsender von nur 20 g Gewicht herzustellen. Damit kann man Flugwild wie Reb- und Birkhühner, Schnepfen sowie den Habicht ausrüsten. Die Sender werden den Vögeln an die Stoßfedern montiert. Sie können bis sieben Monate lang jede Sekunde einen Piepton von sich geben, der im günstigsten Fall 15 km weit zu orten ist. Habichte hat man mit Sendern bestückt, deren eingebaute Schalter bei Rupf- und Kröpfbewegungen bekannte Impulsfolgen abgaben. So gelangte man an ihre Beutetiere. Auf diesem Weg wurde festgestellt, daß dieser Greifvogel selbst bei gutem Besatz kaum einen Hasen schlägt. Auch dem Kaninchen wird er selten gefährlich. Allerdings erwischt er viele Fasane; vor allem frisch angewilderte Tiere werden recht häufig seine Opfer.

Verbesserung des natürlichen Äsungsangebotes

Allgemeine Maßnahmen

Kann man durch forstliche Maßnahmen das Äsungsangebot für unser Wild verbessern?

Werden bei einer Bestandsbegründung die Pflanzabstände weit gehalten (z. B. 2 × 3 m bei der Fichte), wachsen zwischen den Reihen Kleinbüsche, Brombeeren

und viele Kräuterarten. Auch die Beisaat von Lupine, Ginster und Waldstaudenroggen vermehrt die natürliche Äsung und schützt letztlich die Forstpflanzen vor Verbiß.
Bei der Kulturpflege braucht man nicht gleich zur Spritze zu greifen. Die Bäumchen lassen sich auch freischneiden, und dem Wild wird das Nahrungsangebot nicht geschmälert. Wenn der Förster den Gegenwert für eine Zäunung in diesem Sinne verwendet, braucht er nur noch in seltenen Fällen Hirsch und Reh auszusperren.
Während der ersten Läuterungsmaßnahmen kann man Weichhölzer (Aspe, Hasel, Holunder, Vogelbeere, Birke) knicken. Auf diesem Weg bietet man dem Wild wertvolles Proßholz. Im nächsten Jahr treiben die Bäume frisch nach, und ihre Knospen und Blätter sind für die Äser des Schalenwildes wieder erreichbar.
Bei der Holzernte sollte man Laubbäume, Tannen und Kiefern im Herbst fällen und über den Winter liegen lassen. Knospen, Nadeln und die Spiegelrinde der Kiefer werden von Reh- und Rotwild im Winter gern genommen. Weiterhin verbessern alle Waldbaumaßnahmen (Saumhieb, Femelhieb), die zu einem standortgerechten Mischwald führen, das Äsungsangebot für viele Tierarten.
Die Waldränder kann man pflegen und über einen breiten Strauchgürtel (bis 250 m) zur Feldflur abstufen. Buchen und Eichen lassen sich freistellen und zum Blühen vorbereiten. Unbedingt sind die alten Überhälter zu schonen, die den Hauptteil der wertvollen Baummast liefern.

Welche Sparten des Landbaus liefern dem Wild in der vegetationsarmen Zeit Nahrung?

Der Wintergetreideanbau und besonders der Zwischenfruchtbau (s. S. 433).
Für den Zwischenfruchtbau empfehlen sich vor allem Raps, Rübsen, Lupinen, Senf und Wicken. Der Jäger kann das Saatgut und den Dünger dem Bauern ganz oder teilweise bezahlen bzw. die Früchte selbst ausbringen. Es gibt auch spezielle Mischungen für winterharte Grünschläge, die sich aus speziellen Sorten von Rüben, Futterraps und Winterraps zusammensetzen. Diese Wintergrünäsung muß spätestens bis Anfang September ausgebracht sein. Man kann dem Landwirt auch „Feldstreifen“ der regulären Frucht (z. B. Mais) abkaufen und den Winter über stehen lassen. Entsprechendes Äsungsangebot wird von allen Wildarten ausgiebig genutzt. Die übrigbleibenden Reste werden nach der kalten Jahreszeit untergepflügt und liefern u. U. noch Gründüngung.

Warum braucht man Wildäsungsflächen?

Durch Wildäsungsflächen erhöht man das quantitative und qualitative Futterangebot der freilebenden Tierwelt. Zudem verringert man die Wildschäden (Verbiß-, Schäl-, evtl. auch Fegeschäden) an land- und forstwirtschaftlichen Kulturen.
Oft wird die Äsung bereits vor Einbruch des Winters knapp. Schon im Spätsommer sind die Felder total abgeräumt. Das Wild leidet unter dem Ernteschock. Daher sollen zumindest ein Teil der Äsungsflächen ab September für alle Wildarten erreichbar sein. Sie brauchen keine Höchsterträge zu liefern. Unkrautinseln und Fehlstellen auf ihnen schaden nicht.

Welche unterschiedlichen Wildäsungsflächen kennt man?

Grundsätzlich kann man dem Wild Äcker, Wiesen und mit Holz bestockte Flächen zur Verfügung stellen.
Im Wald legt man Wildäcker, Wildwiesen und Verbißgehölze (Proßholzflächen) an. Man sollte aber nie versäumen, auch Waldwege und Ganterplätze (Lagerplätze) zu begrünen und die Waldränder zu pflegen (Abstufen, Ecken begradigen). Auch Streifen zwischen Althölzern und Dickungen und vor allem die Leitungsschneisen lassen sich nutzen. Weichhölzer, Wildobstbäume und alte Überhälter soll man einbringen oder pflegen.
In der Feldflur bieten sich ebenfalls Wildäcker und Wildwiesen an. Bevorzugt legt man sie auf Grenzertragsböden oder Brachen an. Schattenlagen, Hänge, Böschungen und der Waldrand empfehlen sich ebenfalls. Statt Verbißgehölze begründet man Hegebüsche oder gar Feldholzinseln. An Wegrändern und Knicks pflanzt und pflegt man Hecken, aus denen auch Einzelbäume aufwachsen dürfen. Nicht jede Fläche muß unbedingt bestellt werden. Auch sich selbst überlassenes Ödland liefert allem Wild Nahrung und Verstecke. Äsungsflächen gehören nie in die Nähe von Straßen. Eine Dickung oder die Waldnähe befriedigt das Schutzbedürfnis des Wildes besser, und es ist dort meist durch den Verkehr nicht gefährdet. Brombeerhecken und Reisig können Wanderern den Zugang verwehren. An ihren Rand kann man aber auch Sichtblenden pflanzen (Ginster, Mais, Sonnenblume). Auf jede Äsungsfläche gehören hochwüchsige Pflanzen, damit das Wild dort neben der Äsung die ebenfalls lebensnotwendige Deckung findet.

Welches Wild nimmt Äsungsflächen an?

Sämtliches Schalenwild, Hasen, Kaninchen, Fasane, Enten, Rebhühner und Tauben. Besonders gemischte Äsungsflächen ziehen Wild an!

Verbißgehölz

Was ist ein Verbißgehölz, und wo legt man es an?

Dem Rot- und Damwild liefert ein Verbißgehölz wertvolle Weichhölzer, die es schälen kann. Die vielen saftigen Jungtriebe der dort stockenden Bäume und Sträucher werden von ihm als Ganzes genommen. Außerdem findet das Rehwild dort Knospen- und Blattäsung. Ein Verbißgehölz wird auch gern vom Hasen besucht. Flugwild zeigt Interesse an ihm, weil es dort mehr Insekten findet als anderswo. Außerdem bietet es allen freilebenden Tieren seine schützende Dekkung an.
Verbißgehölze setzt man gern auf Stockwälle oder legt sie an Bestands- bzw. Waldrändern an.

Mit welchen Pflanzen bestockt man ein Verbißgehölz?

Vorwiegend mit *Weide*, *Eberesche*, Haselnuß, Hartriegel, Liguster, schwarzem Holunder (bzw. Hirschholunder), Hagebutte, Obstarten, eventuell auch mit Hainbuche und Akazie.
Die Bäume und Sträucher lassen sich im eigenen Pflanzgarten ziehen. Dabei gilt es zu beachten, daß die Samen je nach Art verschieden zu stratifizieren sind. Darunter versteht man die Vorbereitung zur Keimung (z.B. Lagern um

oder unter dem Gefrierpunkt, Einschlagen in feuchten Mull, Reiben in scharfem Sand). Vorteilhafter ist der Kauf bereits verschulter Pflanzen, die dann ausreichend bewurzelt sind. Man pflanzt sie arbeitssparend im Schopf. Dazu werden 3–4 (auch verschiedene) Bäumchen in ein Loch gesetzt. Man braucht pro Hektar etwa 800 Bäume oder etwa 3000 Sträucher. Am besten düngt man im Juli. Dadurch wird der Laubabfall verzögert, und dem Wild verbleiben bis weit in den Herbst hinein vollgrüne Blätter als Äsung. Am besten nimmt man Mehrfachdünger (z.B. Nitrophoska Blauspur) oder KAS (Kalkammonsalpeter). Ein Eßlöffel pro Staude ist fast schon zuviel. Man streut eine Fußlänge vom Stamm entfernt um den Strauch oder Baum herum.
Alle paar Jahre hackt man Einzelsträucher oder Teilflächen eines Verbißgehölzes an und knickt sie zu Boden, damit Saft in den Stämmen bleibt. Am besten geschieht dies vor dem Wintereinbruch. Diese Stämmchen bieten sich dem Rot- und Damwild zum Schälen an.

Wie vermehrt man die Weide?

Über Stecklinge. Man schneidet sie im Februar/März aus daumendicken Weidenruten. Die Triebaugen müssen noch geschlossen sein. Die Rinde darf dabei weder gequetscht noch eingerissen werden. Am besten benutzt man dazu ein Messer und schneidet schräg nach unten. Man gewinnt sein Pflanzgut bevorzugt aus Weiden, die im Revier vorkommen.
Die mindestens 30 cm langen Stecklinge kommen nach dem Auffrieren zu zwei Drittel in den Boden. Drei der nach oben zeigenden Triebaugen müssen sich über der Erde befinden. Im ersten Jahr mäht man die Jungpflanzen aus. Das Gras bleibt um sie herum am Boden liegen. Manchmal läßt man sie auch in einem Pflanzbeet bewurzeln und bringt sie erst in der kommenden Wachstumsperiode aus.
Der Pflanzverband für Weiden liegt zwischen 1–1,50 m nach allen Seiten. Man kann auch lange Stecklinge im Wechsel mit kürzeren setzen. Weidenheger in Argröße (10 × 10 m) oder kleiner legt man für das Rehwild an. Natürlich läßt sich die Weide auch in Wachsgemeinschaft mit anderen Sträuchern und Bäumen

Weidenstecklinge wurzeln schnell und geben saftige Triebe

anpflanzen. Der Rückschnitt erfolgt nach Bedarf oder Notwendigkeit. Am besten ist das Anhacken und Knicken.

Auf welche einfache Weise kann man den wertvollen Wildapfel nachziehen?

Man zweigt vom Apfeltrester, den man als Futtervorrat bestellt hat, einige Zentner ab. Beim Auspressen wurde nur ein kleiner Teil der Kerne gequetscht. Wenn der Trester frisch ist, befinden sich in ihm eine Unmenge keimfähiger Samen. Man streut ihn auf eine gut gefräste, notfalls auch gepflügte Fläche von Argröße

(10 × 10 m). Mit einer Egge (oder der Fräse) arbeitet man ihn dann ein und düngt ihn reichlich mit Mehrstoffdünger (z. B. Nitrophoska blau). Schon im nächsten Jahr findet man auf der Fläche armlange Bäumchen. Man muß sie unbedingt zäunen.

Womit sollen in Feld und Wald Wegränder bepflanzt werden?

Die Feldwege mit Fruchtbäumen (Ebereschen, Eichen, Kastanien), die Waldwege und Waldblößen mit Weichhölzern (Salweide, Aspe, Wildapfel, Ginster, Schneebeere, wilder Jasmin, Akazie, Vogelbeere, Brombeere, Himbeere, roter Holunder und Stecklinge der wertvollen Sandbrombeere).

Wildwiese

In welchen Revieren empfiehlt sich die Anlage einer Wildwiese?

Wildwiesen sollten bevorzugt in Rotwildrevieren angelegt werden, die weitgehend geschlossene Waldgebiete umfassen. Man rechnet mit etwa 1000 m^2 für ein Stück. Eine Wiese sollte mindestens 3000 m^2 groß sein. Man verteilt sie am besten gleichmäßig über den gesamten Jagdbezirk (Rotwild ist überwiegend Grasäser!).
Für Rehwild werden spezielle Wildwiesen angelegt, die einen hohen Anteil von Klee und Kräutern aufweisen. Vor allem Luzerne gilt als Rehwildmagnet (Rehwild ist ein Konzentratselektierer!). Pro Tier kann man sich in einem Revier mit 250 m^2 Wildwiese begnügen.
In aller Regel sind Wildwiesen mehrjährige Anlagen. Neben der Nutzung als Dauergrünlandfläche gibt es aber die Möglichkeit, entsprechende Flächen jede Wachstumsperiode neu zu bestellen.

Wie geht man bei der Neuaussaat von Wildwiesen vor?

Bei Neuaussaat bearbeitet man den Boden wie der Landwirt. Vor Eintritt des Winters muß tief umgepflügt werden, damit die Unkräuter über das Frühjahr verrotten. Gleichzeitig streut man Kalk auf die entstandenen Flächen, der das Bodenleben anregt. Als einmalige Gabe sind 12–20 dt/ha zu empfehlen. Man kann zusätzlich gleich eine Start- oder Grunddüngung einarbeiten, die aus 12 dt/ha Thomasphosphat (Thomasphosphat enthält neben Phosphor viel Kalk, einen guten Anteil Magnesium und Spurenelemente) sowie aus 8 dt/ha 40%-Kali besteht. Die Stickstoffgabe mit 2–4 dt/ha KAS (Kalkammonsalpeter) erfolgt erst im Frühjahr mit oder in die auflaufende Saat am besten vor Regen (genaue Düngeangaben nach Bodenprobe durch den Handel!).
Sofort nach den kalten Wintermonaten wird durch Eggen das Saatbeet feinkrümelig hergerichtet. Wildwiesen liefern bei Einsatz wertvoller Neuzüchtungen ständig frische, junge, nährstoffreiche Äsung. Man halte sich dabei an nachfolgende Saatzusammenstellung und Saatmenge je nach Art des Bodens (s. S. 423).
Beim ersten Säen mischt man den Daueranlagen Buchweizen und auf sandigen Böden auch Waldstaudenroggen bei. Es ist nicht schlecht, wenn man etwas Futterraps dazugibt.
Nur der Vollständigkeit halber sei eine Methode zur Anlage von Wildwiesen angegeben, die nicht die Zustimmung aller Jäger finden wird. Schwer erreichbare oder nicht pflügbare Flächen spritzt man mit dem Mittel Round up bzw. Nata

tot. Nach vier Wochen versucht man, den Boden wenigstens wenige Zentimeter aufzureißen. In den so behandelten Untergrund kommt nun das Saatgut, das man evtl. gleich mit Mehrstoffdünger vermischt.

Daueraussaaten für Wildwiesen	Arme Sandböden kg/ha	Humose Sandböden kg/ha	Mittlere Sandböden kg/ha	Schwere Böden kg/ha	Berglagen kg/ha	Feuchte Böden kg/ha	Moorböden kg/ha
Deutsches Weidelgras	12	12	12	12	8	8	5
Rotschwingel (ausläufertreibend)	4	2	3	2	3	2	1
Wiesenrispe	2	3	3	3	5	1	3
Fruchtbare Rispe	1	2	–	–	–	4	4
Straußgras v. Kameke	2	2	2	2	–	1	2
Wiesenschwingel	5	6	6	6	7	8	10
Glatthafer	–	–	–	–	2	–	–
Knäulgras	–	–	–	–	1	–	–
Lieschgras Landsberger	6	4	4	6	4	6	4
Rotklee Mekra	2	3	4	4	3	3	2
Weißklee	4	2	1	1	2	3	2
Luzerne	–	–	1	2	3	–	–
Sumpfschotenklee	–	–	–	–	–	–	2
Insgesamt pro ha/kg	38	36	36	38	38	36	37

Welche Pflege verlangen Wildwiesen?

Wildwiesen brauchen wenig Pflege. Sobald sie nach der Schneeschmelze betretbar sind, kommt eine jährliche Erhaltungsdüngung von 0,8–1,5 dt Stickstoff, 0,7–1,2 dt Phosphat (P_2O_5), 1,2–1,6 dt Kalium (K_2O) und 0,2–0,4 dt Magnesium auf den Hektar. Statt dessen kann man auch 2–3 dt/ha Mehrstoffdünger (z. B. Nitrophoska blau) streuen.

Heu macht man vor der Grasblüte. Die Pflanzen sind dann noch nicht verholzt. Das Trocknen besorgt man auf Gerüsten. Dazu bieten sich einfache Holz- oder Schwedenreuter an. Letztere bestehen praktischerweise nur aus einigen waagrecht gespannten Drähten. In Hochwildrevieren wird oft nicht genügend Bewuchs stehen bleiben, um Heu zu gewinnen. Trotzdem ist im Jahr ein Pflegeschnitt erforderlich. Bei der Lagerung darf Heu nicht feucht in den Schober gebracht werden, sonst erhitzt es sich und wird sich ab 70° C selbst entzünden. Zu beachten ist, daß Rehwild nur Grummet (Heu vom 2. Schnitt) und bestes Leguminosenheu (Rotklee, Luzerne) nimmt. Ein zweiter Schnitt im Sommer ist unbedingt zu empfehlen. Es treiben dann nochmals junge Pflanzen nach, für die auch das Rehwild wieder Interesse zeigt. Auf Wildwiesen kann man auch Grassilage (s. S. 493) ernten.

Um die Erträge einer bereits länger bestehenden Daueranlage zu verbessern, reißt man sie im Frühjahr mit der Egge auf. Anschließend sät man breitwürfig Leguminosen (Rotklee, Luzerne u. ä.) oder eine Kräutermischung darüber. Abschließend muß noch einmal festgewalzt werden. Nun wird die Wildwiese wieder besser besucht, vor allem auch vom Rehwild.

Welche Monate eignen sich zur Laubheugewinnung?

Juni und Juli (die „stillen" Monate). Junge Triebe von Weichhölzern, Himbeeren und Topinambur werden in 40 bis 60 cm Länge abgeschnitten und im Halbschatten über Draht getrocknet, so daß sie grün bleiben. Zweckmäßig werden sie dann

Laubheuschober

gebündelt in Scheunen oder zusammen mit Luzerne-, Klee- oder blattreichem Heu in überdachten Heuschobern im Revier selbst untergebracht.

Welche Bedeutung kommt dem Klee bei der Revierpflege zu?

Insbesondere eignet sich Klee zur Anlage von Wildäsungsflächen (Wildwiesen, aber auch Wildäcker!), die vom Rehwild beäst werden sollen. Man sät ihn vorsichtig aus. Nur soviel wird bei einem Wurf gestreut, wie sich mit Zeige-, Mittelfinger und Daumen greifen läßt. Man kann ihn aber auch mit Sand vermengen und dann aus der Hand werfen. Bei Verwendung der Kleegeige ist ebenfalls eine gleichmäßige Aussaat garantiert. Der Saatgutbedarf beträgt 20 kg auf einen Hektar. Todsicher kommt der Klee, wenn man ihn bei der Schmelze auf den Schnee streut. Er wird in den Boden eingeschwemmt. Gerade zur Nachsaat in Wildwiesen oder über Wintergetreide ist diese Methode zu empfehlen. Die Untersaat im späteren Frühjahr erfordert besondere Sorgfalt. Man nimmt Gelbklee und eggt ihn gut ein. Dem Getreide läßt man etwas Wuchsvorsprung. Bei der Stoppelsaat erzielt man nur nach langem Sommer befriedigende Ergebnisse. Rotklee muß unbedingt noch im Juli ausgebracht werden. Ansonsten greife man lieber auf den Schwedenklee zurück.
Tritt auf einem Schlag Kleemüdigkeit auf, wechselt man die Kleesorte oder bringt eine Kräutermischung bzw. eine Kleegrasmischung aus. Empfehlenswert ist der Fruchtwechsel mit Klee auf Wildäckern. Der Schmetterlingsblütler (Leguminose!) sammelt im Boden bis 2 dt/ha Stickstoff pro Jahr an. Diese Menge reicht in der nächsten Wachstumsperiode gar für den Anbau von Kohl ohne weitere Zufuhr von Handelsdünger (auch der Wildackereintopf nach Rauwolf enthält einen hohen Leguminosenanteil, s. S. 481).
Im Rotwildrevier mengt man in den Klee gern Hafer. Das milchreife Getreide wird begierig geäst. Vom Klee bleibt manchmal soviel, daß man gutes Heu daraus gewinnen kann. Im Jahr darauf kann er darüber hinaus noch als Gründüngung untergepflügt werden.

Wildacker

Werden Wildäcker als Daueranlagen genutzt?

Es gibt zwar auch perennierende Wildäcker, aber im Gegensatz zu Wildwiesen handelt es sich dabei meist um einjährige Anlagen. Man baut sie entweder streifenweise mit je einer Frucht an oder bestellt sie mit Saatmischungen. Im ersteren Fall zäunt man die einzelnen Parzellen gern ein und gibt sie erst schrittweise dem Wild frei. Nach dem Sommerraps bietet man die herausgeeggten Kartoffeln an. Im September/Oktober werden die Buchweizen- und Hirseparzellen geöffnet. Im Winter pflügt man die Topinamburknollen heraus und nimmt die Zäune von den Kohlschlägen. Bei hohen Schneelagen kann man in ebenen Lagen die Wildäcker auch freipflügen.

Gibt es eine Mindestgröße für Wildäcker?

Wildäcker sollten als Mindestgröße um die 800 m^2 aufweisen und möglichst langgezogene, rechteckige Form haben, damit sich ihre Bestellung durch einen Landwirt rentabel gestaltet. Vor allem Leitungsschneisen bieten sich zur feldmäßigen Bearbeitung an. Man beachte aber, daß Hase und Reh schon mit viel kleineren Flächen zufrieden sind, die man dann wohl in Eigenregie anlegen muß. Wildäcker kann man auch auf beschattetes Land setzen. Hier beschränkt sich aber der Anbau auf Hafer, Buchweizen, Ölrettich und Raps. Wildäcker sollte man anlegen, wo immer nur möglich.

Wie düngt man einen Wildacker?

Jedes Jahr muß ein Wildacker gepflügt und das Saatbeet geeggt oder gefräst werden. Die Düngung richtet sich nach der Bodenprobe. Man kann auch bei ortsansässigen Landwirten Rat einholen. Um den Kalkgehalt zu bestimmen, bietet der Handel einfach zu handhabende Bodenprüfer an (z. B. Calcitest). Meist ist eine Kalkdüngung in Fünfjahresabständen in der Größenordnung von 12–15 dt/ha ausreichend. Die übrigen Düngegaben richten sich neben der Bodenbeschaffenheit nach der Fruchtart. Da man aber auf Wildäckern keine landwirtschaftlichen Maximierungsmaßstäbe anlegen soll und darf, werden für die anderen Pflanzennährstoffe folgende ungefähre Mengenempfehlungen als Jahresbedarf gegeben:

Phosphor:	Thomasmehl (oder Thomasphosphat)	6–8 dt/ha
Kali:	Kaanit	3–4 dt/ha
Stickstoff:	KAS (Kalkammonsalpeter)	2–3 dt/ha

Gerade auf kleineren Flächen wird sich der Jäger neben der fünfjährigen Kalkgabe auf einen Mehrstoffdünger (z. B. Nitrophoska blau) verlassen. Er ist zwar etwas teurer, aber mit ihm werden die verschiedenen Mineralien in einem Arbeitsgang ausgebracht. Zudem enthält er Spurenelemente wie Bor, Mangan, Zink und Kobalt. Man streut pro Wuchsperiode etwa 8 dt/ha. Mehrstoffdünger und alle Dünger, die Stickstoff enthalten, kommen am besten vor Regen in die auflaufenden Saaten. Zu starke Gaben, vor allem von Mehrstoffdünger und Dünger, die Stickstoff enthalten, erhöhen zwar die Ernteerträge, mindern jedoch die Schmackhaftigkeit der Frucht. Die Aufnahmebereitschaft durch die wildlebenden Tiere nimmt ab.
Um Schmetterlingsblütlern bei Erstanbau, besonders im Wald, gute Startchancen zu bieten, impft man den Boden mit Knöllchenbakterien (z. B. Radicin).

Kann man auf Wildäckern jahraus, jahrein dieselbe Frucht anbauen?

Nein, denn das würde den Boden ermüden und zu einer Massenvermehrung von Schädlingen führen. Man muß beim Anbau von Wildäckern die Fruchtfolge beachten und jährlich die Fruchtarten wechseln.
Bewährte Fruchtfolgen auf Wildäckern oder Parzellen davon sind im Dreijahreswechsel Klee (Hirse, Hafer, Buchweizen) – Kohl – Mais. Man drittelt also die Anlage und verschiebt den Anbau jedes Jahr. Dem Klee kann man Hafer oder Buchweizen beimischen. Statt Klee kann man auch Hirse pflanzen.
Bei Saatmischungen, wie z. B. Wildackereintopf nach Rauwolf (s. S. 481), braucht man auf Fruchtwechsel nicht so streng zu achten.

Lernen leichtgemacht

Noch nie wurde das Waidwerk so packend, lehrreich und gleichzeitig unterhaltend dargestellt. Noch nie wurde die neue Video-Technik so konsequent und in dieser Geschlossenheit für die Vermittlung jagdlichen Wissens eingesetzt.

Wir meinen: Wer den Inhalt dieser 16 Video-Kassetten beherrscht, wird die Jäger-Prüfung nicht zu fürchten haben. Und wieviel Freude macht allein das Lernen:

Faszinierende Bilder, praktische Nähe, lebendige Wirklichkeit zeichnen die JÄGER-Serie aus. Kein Büffeln langweiliger Theorie.

Lernen heißt hier: Praxis sehen und verstehen. – Sie schauen sich Ihre Kassetten einfach so oft an, bis Ihnen jedes Bild, jedes Detail, jede Information absolut klar sind. Eine zusätzliche Broschüre ordnet dabei die Fülle des gebotenen Stoffes didaktisch ein.

Welche Pflanzen eignen sich für Wildäcker?

Art	Aussaat	Äsungsreife
Hafer	April	Juli/August
Rotklee (mit Hafer)	April	nach Hafer
Luzerne mit Serradella	April	September/Oktober
Sommerraps und Perko	April	August
Rispen/Kolbenhirse	April	September/Oktober
Buchweizen	April	September/Oktober
Bitterstoffarme Lupinen	April	September
Topinambur	April/Mai	Laub im Herbst, Knollen im Winter
Mais	Mai	September/Oktober
Markstammkohl, Rüben	Juni	November/Dezember
Futterraps, Winterrübsen	August	November/Dezember
Staudenroggen	September	April/Mai
Kartoffel	April/Mai	Oktober

Wie sieht ein Wildacker für Flugwild aus?

Zur Anlage eignen sich Rispenhirse (20 kg/ha) oder eine Mischung aus Rotklee und Buchweizen (20 kg/ha + 15 kg/ha). Hier finden Fasan und Rebhuhn Platz zum Brüten, aber auch der Hase ist häufig anzutreffen. Weiter bieten sich Senf, Wicken, Erbsen und Lupinen an, deren Körner gern genommen werden. Auch der Markstammkohl ist bis weit in den Winter hinein ein Freund allen Niederwildes.

Weil Flugwild schnell Deckung braucht, wird auf entsprechenden Wildäckern Brombeere, Topinambur und hie und da auch Kanariengras angebaut. Man legt diese Äsungs- und Deckungsflächen für Flugwild häufig im Anschluß an Feldgehölze an. Einige Streifen läßt man unbestellt. Damit der Habicht keine Einflugschneisen erhält, werden sie abgewinkelt. Hier kann man das Flugwild füttern. Verteiltes Stroh ermöglicht das Trocknen des Gefieders, und Sand regt zum Hudern an.

Kann man Wildäcker auch „alternativ" anlegen?

Selbstverständlich! Es gibt eine Reihe von Jägern, die der Meinung sind, daß man Wildäcker bodenschonend anlegen soll. Ähnlich wie die Vertreter des alternativen Landbaus schlagen sie vor, das Erdreich nicht zu tief zu pflügen und auf schwere Traktoren und andere Maschinen zu verzichten, da diese den Untergrund zu sehr verdichten. Sie sähen die Wildäcker gern alle drei Jahre über den Winter brachliegen (Frostgare!) und wenden sich gegen den Anbau des Rapses, der ein Kunstdüngerfresser ist. Statt dessen bieten sich Lupinen, Wicken, sowie Saatgemenge an. Der Handelsdünger läßt sich durch Algenkalk (1 dt/ha Algomine 400), kompostierten Stallmist und Unterpflügen von Zwischenfrüchten (Leguminosen!) ersetzen.

Bei der Anlage von Wildäsungsflächen kann man sich in den meisten Revieren mit wenigen Geräten begnügen. Ein leichter Traktor mit Fräse sind wohl die wichtigsten Hilfsmittel. Säen kann man aus der Hand. Das Eggen besorgt ein nachgezogener Fichtenwipfel.

Welche Sonnenblumengewächse sind wertvolle Wildäsungspflanzen?

Neben der eigentlichen Sonnenblume gehört die Topinambur (Helianthus tuberosus) heute mit zu den wertvollsten Wildäsungspflanzen (s. Abb. S. 490). Sie hat statt der großen Scheiben nur kleine Blüten. Ihre Vegetationszeit erstreckt sich auf vier bis fünf Monate. Zunächst bildet sie ein dichtes Kraut aus. Gerade ihre jungen Triebe sind sehr eiweißreich. Dann wachsen ihr unter der Erde viele frostharte, kartoffelähnliche Knollen zu. Zehn Jahre und länger schlägt sie immer wieder aus und kann bis vier Meter hoch werden. Sie wächst auf allen Böden, wenn sie gut gekalkt sind.
Man kennt die Züchtungen „Rozo" (Rote Zonenkugel), „Waldspindel", „Tobianka" und „Bianka". Mit der Sorte „Bianka" hat die Jägerschaft bisher die besten Erfahrungen gemacht. Es ist die früheste Sorte, und sie entwickelt zuckerreiche Knollen. Oft muß Rehwild erst an die Topinamburpflanze gewöhnt werden. Manchmal wird auch behauptet, daß es keine Sorten mit roten Knollen nimmt. Man kann die Topinambur beziehen durch Kurt Marquart in 3105 Müden (Örtze).

Wie pflanzt man die Topinambur?

Am besten bringt man sie im Spätherbst aus, man kann sie jedoch bis Anfang Mai anpflanzen. Das Saatgut gewinnt man kostensparend aus eigenen Anlagen. Die Knollen setzt man 5–8 cm tief in den Boden und hält einen Abstand von 50 × 50 cm ein. Ein Zentner hat an die 1000 Knollen. Für 1000 m^2 braucht man 2 dt. Das Pflanzen läßt sich auch mit einer Kartoffelsetzmaschine besorgen. Im allgemeinen häufelt man die Reihen nicht oder nur flach an. Düngung wird wie bei der Kartoffel gehandhabt. Die Topinambur ist kalkliebend, auf entsprechende Gaben reagiert sie äußerst positiv (8 dt/ha).

Welchen Nutzen hat die Topinambur für unser Wild?

Die Pflanze gibt zunächst eine gute Deckung und ist ein guter Wind- und Sichtschutz. Als Äsung kann sie auf vielerlei Weise genutzt werden. Das Kraut erfriert erst bei −3° C. Dann kann noch der Blattstengel vom Wild geäst werden. Die Knollen pflügt man meistens noch vor Frosteinbruch heraus. Es bleiben noch so viele im Boden, daß der Bestand sich von selber erneuert. Die Knollen kann man auch im feuchten Boden einmieten. Sie sollen aber stets in Erde oder Mull eingeschlagen sein. Das Kraut kann in zwei oder mehr Schnitten genutzt werden. Man trocknet es am besten auf Schwedenreutern und sammelt es in handlichen Bündeln. Diese werden als „Krautpuppen" im Winter im Revier aufgehängt oder ausgelegt. Nicht nur alles Schalenwild zeigt daran reges Interesse. Topinamburkraut läßt sich auch ohne weiteren Zusatz silieren und liefert dann in der kalten Jahreszeit wertvolles Saftfutter (s.S. 491).

Krautpuppen aus Topinamburkraut oder Hafergarben

In der Fasanenhege ist Topinambur geschätzt. Man pflanzt sie in Volieren. Draußen in der Natur bilden die hohen Stauden einen idealen Brutdschungel. Dazu genügt es, sie arweise (10 × 10 m) auszubringen. Manchmal sieht man sie inselartig um Ententeiche stocken und entlang von Böschungen und Knicks wachsen. Auch Sauen interessieren sich für Topinamburschläge.

Welche Kohlarten sind von unseren Wildäckern nicht mehr wegzudenken?

Der Markstammkohl, der Blattstammkohl und der Westfälische Furchenkohl zählen zu den weit verbreitetsten Äsungspflanzen. Alle diese Kohlarten werden vom Schalenwild, vom Hasen und vom Flugwild geschätzt.
Der *Markstammkohl* hat helle, glatte Blätter und wächst hoch auf. Er ist frostempfindlich. Auch das Reh äst ihn begierig. Den Hasen zieht er von weitem an. Rebhuhn und Fasan zupfen an seinen Blättern.
Der *Westfälische Furchenkohl* ist gekräuselter als sein Vetter, der Markstammkohl. Er kann Temperaturen bis –10° C vertragen. Das Reh nimmt ihn nach den ersten Frösten mit großem Eifer an. Im Frühjahr würde er nachtreiben, was er wegen des starken Verbisses aber meist nicht schafft.

Wie wird der Kohl auf den Wildacker gebracht?

Ratsam ist es, die Sämlinge in einem Saatbeet zu ziehen. Sind sie 15–20 cm groß, steckt man sie auf die Äsungsfläche. Das Versetzen muß im Juni abgeschlossen sein. Man wird kaum umhinkönnen, das Saatgut gegen Erdflohbefall mit Oftanol T zu behandeln. Der Abstand der Sämlinge beträgt 50 × 40 cm. Man pflanzt mit dem Setzholz oder verwendet entsprechende Maschinen. Als Startdünger braucht Kohl 1 dt Phosphor, 1,5 dt Stickstoff und 2,5 dt Kali auf den Hektar. Um einem Mißerfolg vorzubeugen, ist der Fruchtwechsel strikt zu beachten (Kohlhernie!). Natürlich läßt sich Kohl auch drillen. Bei einem Reihenabstand von 30 cm braucht man 5 kg Saatgut pro Hektar (bei Pflanzung nur 12 g/ha). Der Acker muß entweder gezäunt oder gegen Wildverbiß verwittert werden.

Welche Vorteile hat der Wildackereintopf?

Die Futterpflanzen im Wildackereintopf nach Oberförster Josef Rauwolf werden als Mischung auf die Wildäsungsfläche ausgebracht. Das hat verschiedene Vorteile. Das Wild kann unter ihnen nach seinem Bedarf auswählen. Vor allem dem „naschhaften" Rehwild kommt das vielseitige Äsungsangebot sehr entgegen. Von Mai bis Juni sucht es sich bevorzugt die eiweißhaltigen Pflanzen und Pflanzenteile aus dem Mischanbau. In der Zeit von Juli bis September hält es sich an die Körnerpflanzen, um das Feistdefizit der Blattzeit auszugleichen. Ab Oktober werden die Kreuzblütler geäst. Im Januar und Februar nimmt es die gefrorenen Getreidehalme und die Stengel der Kohlarten als Erhaltungsfutter. Der Wildackereintopf braucht nicht gezäunt zu werden. Man kann ihn jahrelang anbauen. Die beigegebenen Leguminosen garantieren stets eine gute Stickstoffversorgung.
Zudem fordert er wenig Arbeitseinsatz. In der zweiten Maihälfte legt man ihn an. Vor dem Erstanbau genügt eine Gabe von 5 dt/ha KAS (Kalkammonsalpeter). Nach dem Auflaufen streut man vor Regen Mehrstoffdünger (z.B. Nitro-

phoska blau) als Erhaltungsdünger (5 dt/ha). Er braucht nicht gemäht zu werden. Man kann den Wildackereintopf jährlich neu ansäen oder die Anlagen im Dreijahresrhythmus bestellen. Als Flächen eignen sich auch besonnte Waldstreifen.

Gibt es neben dem Wildackereintopf noch andere auch für die Jagd interessante Äsungsmischungen?

Für Rotwildreviere eignet sich das *Landsberger Gemenge*. Es ist eine Mischung aus Inkarnatklee, Winterwicken und welschem Weidelgras. Es liefert noch im Winter wertvolle Grünäsung.
Kräutermischungen (z.B. Wildlandgemenge, Kräuterweide) enthalten wertvolle Wildkräuter (s.S. 435), die der Gesundheit unserer freilebenden Tiere förderlich sind. Man sollte kleinste Flecken ausnutzen, um sie anzusäen. Empfehlenswert ist, die Kräuter in Wildwiesen einzubringen.
Böschungsmischungen sät der Forstwirt gern an Wegrändern, um diese zu befestigen. Meist enthalten diese viele wildfreundliche Komponenten (z.B. Ginster).

Wo kann man Saatgut für Wildwiesen und Wildäcker beziehen?

Im Landhandel. Außerdem gibt es Samenhandlungen, die neben dem Saatgut wertvolle Informationen über den Anbau liefern:
Heine & Stolzenberg, Postfach 270230, 3000 Hannover 27
Samengroßhandlung Jehle, 7060 Schorndorf
Karl Grund, St. Laurentius-Drogerie, 8425 Neustadt/D.
Bayerische Futtersaatbau-Vereinigung, Max-von-Eyth-Str. 2–4, 8045 Ismaning.

Hecken und Knicks

In welcher Form kann man Bäume und Sträucher zum Nutzen des Wildes in die Feldflur ausbringen?

Als Einzelpflanzung, streifenförmig in Form von Hecken und Knicks, inselförmig als Hegebüsche und, wenn diese eine größere Fläche einnehmen, als Feldholzinseln.

Welche Vorteile haben Hecken und Knicks?

Sie brechen den Wind, beschatten den Boden und verhindern sein Austrocknen, erhöhen den Tauniederschlag und gleichen Temperaturspitzen in ihrem Umfeld aus. Außerdem schützen sie vor Erosion durch Wind und Wasser, Filtern den Staub, gliedern die Landschaft und decken Wunden, die ihr der Mensch geschlagen, zu (Sandgruben, Steinbrüche, Wegtrassen). Vor allem aber bilden sie für viele Pflanzen und Tiere einen schützenswerten Kleinlebensraum. Igel, Wiesel, Haselmaus und Schläfer trifft man in ihnen. Erdkröten, Spinnen und Schmetterlinge finden hier Nahrung. Strauch- und Bodenbrüter, hie und da sogar eine Eule, richten sich zum Nisten ein.

Wie begründet und erhält man Hecken und Knicks?

Wichtig ist die Auswahl der Pflanzen. Vorsichtig muß man beim Bestocken mit Weiß-, Kreuz- und Sauerdorn sein, denn diese Sträucher übertragen Schädlinge (Feuerbrand, Getreiderost). In Kirschanbaugebieten wird die Vogel- und Heckenkirsche ungern gesehen. Ansonsten verläßt man sich auf heimische Arten,

die im Abstand von einem halben Meter in den Boden kommen. Nur fünf bis zehn gleiche Büsche setzt man hintereinander, dann wechselt man wieder ab. Man läßt die Anlage windschlüpfrig bis zur Baumgröße aufsteigen und dann wieder abfallen. Beste Pflanzzeit ist Spätherbst oder Vorfrühling. Man setzt die Hecke in eine kleine Vertiefung.
In den ersten Jahren wird man zäunen müssen. Später kürzt man die Sträucher. Abgeschnittene Äste wirft man ins Gebüsch. In diesem Durcheinander nisten viele Tierarten, andere finden Unterschlupf. Will man unbedingt einen Scherenschnitt (z.B. Hausnähe) anbringen, soll er in Quersicht trapezförmig sein. In *Niedersachsen* dürfen in der Zeit vom 1.3.–30.9. Hecken, Gebüsche, Rohrichte nicht zurückgeschnitten, gerodet oder sonstwie beschädigt oder zerstört werden. Untersagt ist das Spritzen von Böschungen und Feldrainen mit Pflanzenschutzmitteln (Niedersächs. Naturschutzgesetz).
In *Bayern* darf man Hecken, lebende Zäune und Feldgehölze ohne Genehmigaung nicht entfernen (Bayr. Naturschutzergänzungsgesetz).

Feldholzinsel

Was ist der Unterschied zwischen einer Remise und einer Feldholzinsel?

Remise ist der ältere Begriff für eine vor allem aus Holzpflanzen angelegte Zufluchtstätte des Wildes in freier Feldflur. Man begründete sie streng geometrisch sowohl im Hinblick auf Ausdehnung und Pflanzverband. Von der Hauptwindrichtung her war sie stufig aufgebaut und fiel zur anderen Seite schneller ab. Meist schlossen Wildäcker und Wildwiesen an sie an, und sie war mit Fütterungen bestückt.
Die Remise wird heute mehr und mehr von der *Feldholzinsel* abgelöst. Diese ist ein weniger künstliches Produkt mit der gleichen Absicht. Man will nicht nur jagdbare Tiere an sie fesseln, sondern alles, was kreucht und fleucht, soll sich in ihr wohlfühlen. Auch die bodenständige Pflanzenwelt darf sich in ihr und um sie herum ungestört entwickeln. Feldholzinseln nehmen der ausgeräumten Flur ihre Monotonie und haben im Kleinbereich eine ähnliche, etwas erweiterte Schutzfunktion wie Hecken und Knicks (Beschattung, Verhinderung von Wind- und Wassererosion u.ä.). Mit diesen Einrichtungen kann man der geschundenen Landschaft ein Stück Natur zurückgeben. Die öffentliche Hand, Flurbereinigung und Jagdgenossenschaften könnten geeignete Flächen bereitstellen. Jagdpächter, Vogelschützer und Naturschutzverbände sollten die Schutzinseln planen und anlegen.

Welche grundlegenden Forderungen muß eine Feldholzinsel oder eine ähnliche Einrichtung erfüllen?

Sie muß zu jeder Jahreszeit Deckung und Windschutz, Äsung und größte Ruhe für das Wild geben, also zur Oase der Ruhe werden, damit Reh und Hase dort setzen und Rebhuhn und Fasan ihre Gelege ausbrüten und ihre Jungen aufziehen können. Sie dürfen nicht von Spaziergängern begangen und von Fahrzeugen befahren oder als Reitwege benutzt werden. Man legt in ihnen Wildfütterungen an.
Man vergesse sog. Huderplätze aus feinstem Sand nicht, damit besonders Rebhühner und Fasane ein Staubbad nehmen können. Auch einige Magenkiesel (Weidkörner) sollten ausgestreut werden, die Federwild dringend zur Verdauung

braucht (s. S. 162). Für die Aufzucht der Küken hängt oder stellt man Futtereimer auf (s. S. 501), deren Auslauf etwa 50 cm über der Erde liegen muß. Zum Schutze gegen Beutegreifer und Streuner (Hunde ohne Aufsicht, Katzen außerhalb ihrer Schutzzone) werden Feldholzinseln mit Fallen bestückt.

Wie groß soll eine Feldholzinsel mindestens sein?

Als Mindestmaß für eine Feldholzinsel rechnet man 1000 m². An ihrer schmalsten Seite soll sie nicht weniger als 10 m messen. Für ihre Anlage bieten sich aufgelassene Müllplätze, Grenzertragsböden, der Umgriff von Wasserbehältern und auch der Kläranlagen an. Besonders empfehlenswerte Standorte sind Bodenmulden. Die Nähe von Straßen und von belebten Plätzen ist unbedingt zu meiden. Auch hier gilt: Viele kleinere Anlagen sind besser als wenige große. Ziel ist es, die ausgeräumte Feldflur netzartig mit Feldholzinseln zu überspannen. Wie der Wald soll auch das Feld zu mindestens einem Prozent in Schutzflächen für die wildlebenden Tiere umgestaltet werden. Natürlich erhält man wertvolle Biotope als solche. Auch bereits bestehende Baumreihen oder Einzelbäume wandelt man nicht in Feldholzinseln um. Bis zu 2000 m² große Flächen (*Niedersachsen* 5000 m²) können ohne Genehmigung angelegt und wieder gerodet werden. Sie unterliegen noch nicht den Forstgesetzen. Mancher Grundbesitzer läßt sich mit einem entsprechenden Hinweis leichter für die Errichtung einer Feldholzinsel gewinnen.

Wie baut sich eine Feldholzinsel auf?

In ihrer Mitte stehen einzelne Baumgruppen. Von einer Bestockung mit Nadelhölzern wird oft abgeraten. Man sollte aber nicht übersehen, daß einige Fichten, denen man die Gipfeltriebe kappt, im Winter als einzige wind- und sichtgeschützte Horste bilden. Akazien sowie Hybriden von Pappeln und Weiden eignen sich als Fremdländer und Kunstzüchtungen für eine Feldholzinsel auf keinen Fall. Um den Baumbereich lappt sich unregelmäßig – und möglichst natürlich aussehend – der Strauchbereich. Nun folgt die letzte Stufe, die zu der ebenen Feldfläche überführt. In diesem Flachbereich soll sich die ortsübliche Krautschicht entwickeln. Zur Anlage von Feldholzinseln werden je nach Standort folgende vereinfachte Vorschläge gegeben. Man sollte sich vom ansässigen Förster eingehend beraten lassen.

	Sandige, nährstoffarme Böden	Nährstoffreiche Lehm- und Lößböden	Nasse Standorte
Strauchbereich	Vogelbeere (Faulbaum, Ginster)	Haselnuß, Liguster, Weißdorn, Heckenkirsche	Hartriegel (Pfaffenhut, Schneeball), Buschweiden
Baumbereich	Birke (Eiche, Aspe)	Hainbuche, Esche, Bergahorn, Eiche	Silberweide Schwarzerle (Ulme)

Im Zentrum einer Feldholzinsel kann auch ein Wildacker oder eine Wildwiese angelegt werden. Ideal wäre dort aber auch die Einbringung eines kleinen Amphibientümpels. Er könnte den Vögeln als Tränke, vielen Wasserinsekten als Lebensraum und Fröschen und Lurchen als Laichstätte dienen (s. S. 485).

Eine Feldholzinsel ist stufig aufgebaut

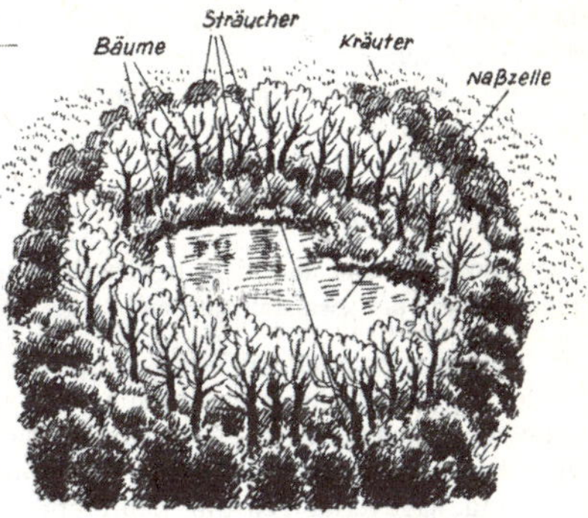

Feldholzinsel mit Naßstelle (statt dessen kann sich auch eine Äsungsfläche im Zentrum befinden)

Wie bestockt und erhält man eine Feldholzinsel?

Im Herbst wird die ausgewählte Fläche gerodet und gepflügt. Über den Winter kann der Boden durchfrieren, zerkrümeln und sich voll mit Nässe saugen.
Die Sämlinge zieht man sich im eigenen, wohlgehüteten Pflanzgarten. Man stellt sie vom Unkraut frei und verschult sie zwecks guter Wurzelbildung mehrmals. Man kann sich die Bäume und Sträucher auch kaufen. Sie werden als Kleinpflanzen, als Lohden (30–150 cm) und als Heister (150–250 cm) angeboten. Man sucht nur Exemplare aus, die buschiges Wurzelwerk haben. Zudem müssen sie stufig aufgebaut sein und pralle Endknospen besitzen. Beim Transport dürfen die Wurzeln nicht beschädigt werden. Man hüte sich auch, sie längerer Sonneneinstrahlung auszusetzen.
Vor dem Pflanzen stutzt man die langen Wurzelfäden. Mit der Wiedehopfhaue schlägt man zweimal über Eck in den Boden und hebt einen Erdwinkel aus. Unter ihn steckt man die Pflanze und drückt sie mit dem Fuß fest. Das Umsetzen im Ballen bringt besondere Vorteile. Mit dem Erdreich wird auch die Kleintierwelt, an die der Baum gewohnt ist, umgebettet. Weiden vermehrt man über Stecklinge. Als Pflanzabstand empfiehlt sich 2 × 2 m bei Bäumen und 1 × 1 m bei Sträuchern.

„köpfen" in Feldholzinseln

Ein 1,20 m hoher verzinkter Zaun aus Flechtdraht schützt die Feldholzinsel zunächst vor Wildverbiß. Gegen Kaninchen soll er eine Maschenweite von höchstens 4 cm haben und mindestens 20 cm tief in den Boden eingegraben sein. In den ersten Jahren sichelt man die Setzlinge von Unkräutern frei (nicht bei Frost und Sommerhitze!). Gedüngt wird erst in der zweiten und dritten Vegetationsperiode. Für einen Baum benötigt man einen knappen Eßlöffel Mehrfachdünger (z. B. Nitrophoska blau).
Der Baumbereich darf nicht zu hoch aufwachsen, sonst entsteht nach einigen Jahren ein durchsichtiges

Stangenholz. Man sägt die größeren Bäume heraus. Andere werden bald nachwachsen. Auch den Strauchbereich köpft man und setzt ihn auf den Stock, um seine Deckungsfunktion zu erhalten. Diese Arbeiten sind vom 16.2. bis 31.8. verboten (BNatG).

Bestellung von Ödland

Wie können Ödland und nicht bewirtschaftete Brachflächen in Hegebüsche oder Feldholzinseln umgewandelt werden?

Die meisten Bundesländer haben durch ihre Landesjagdgesetze festgelegt, daß mit der Jagdscheingebühr gleichzeitig eine Jagdabgabe zweckgebunden zur Förderung des Jagdwesens erhoben und verwendet werden muß (s.S. 707).
Mit dieser Jagdabgabe (nicht „Steuer") können Ödland und Brachflächen von den Landesjagdverbänden angekauft und in Hegebüsche mit Deckungs- und Äsungsflächen umgewandelt werden. Diese dienen der Erhaltung und Verbesserung der Lebensgrundlagen des Wildes. Es ist auch solches Ödland auszusuchen, das Wasser führt (Bachlauf oder Kleinteich, in dem Regenwasser als Schöpfstelle gesammelt werden kann).

Wie kann man Kiesgruben, Steinbrüche, Geröllhalden usw. wildfreundlich gestalten?

Oft werden Kiesgruben und Steinbrüche, wenn man diese sich selbst überläßt, wertvolle Sekundärbiotope. Es siedeln sich häufig Eulen an. In den flachen Lachen laichen Gelbbauchunken. Nach und nach fliegen Pionierpflanzen an (Stiefmütterchen, Natternkopf, Ackersenf, Weiden). So entwickelt sich ein bescheidener Trockenrasen von großer Artenvielfalt, den eine planmäßige Rekultivierung nie hätte ins Leben rufen können.
Natürlich geht es auch mit Raupe und Kipper. Vor allem Schuttabladeplätze und Kiesgruben wird man mit viel Aufwand begrünen müssen. Zunächst schüttet man auf den Untergrund 30 cm Mutterboden. Nach tiefem Pflügen wird viel gekalkt (20–30 dt/kg) und eine ausreichende Grunddüngung (Bodenanalyse!) gegeben. Die erste Einsaat soll aus Raps und Leguminosen (Klee, Lupine) bestehen. Ersterer schließt den Boden auf, letztere reichern ihn mit Stickstoff an. Nun erst, also im dritten Jahr pflanzt man Weide, Zitterpappel, Erle und Birke. Dazwischen kann man Eberesche, Sand-, Schwarzdorn, Ginster und Brombeeren gesellen.

Naßzellen

Welche Naßzellen kann man in einem Jagdbezirk einrichten?

Lehmpfützen für Schwalben, Wildtränken, Suhlen für Rot- und Schwarzwild, Futterteiche für Otter und Graureiher, Amphibientümpel und Ententeiche.

Welchen Anforderungen muß ein Amphibientümpel genügen?

Ein Amphibientümpel braucht weder besonders tief noch groß zu sein. Wenn der Wasserstand 30–50 cm erreicht und die Ausdehnung bei 3 m^2 liegt, bietet er bereits vielen Kröten, Fröschen und Molchen (Wasserinsekten, Libellen) eine Heimstatt. Er kann ganz von der Sonne beschienen sein. Allerdings ist der Tierreichtum einer beschatteten Wasserstelle größer. Fische sollte man nicht ansiedeln. Sie fressen die Frosch- und Molchbrut auf. Außerdem friert er unter einer Wassertiefe von 80 cm im Winter ganz zu.

Wie hält man das Wasser in einem künstlichen Tümpel oder Teich?

Die geeignete Stelle für einen Tümpel oder Teich ist eine feuchte Stelle in Muldenlage. (Man wäge jedoch vorher ab, ob der Erhalt dieser „moorigen" Stelle nicht mehr Nutzen für den Naturschutz bringt, als ein teurer und arbeitsintensiver Umbau!) Dort kann man genügend Grund- oder Sickerwasser erwarten. Um sicher zu gehen, schaufelt man ein Bodenloch. Wenn es sich in einem halben bis einen Meter Tiefe mit Wasser füllt, kann man für eine geplante Teichanlage genügend Grundwasser erwarten.
Zur Anlage braucht man natürlich das Einverständnis des Grundeigentümers, und das wasserwirtschaftliche Verfahren muß abgeschlossen sein. Dazu ist eine Skizze des Teiches, ein Lageplan 1:25000 und eine Baubeschreibung einzureichen (unter 200 m^2 geht es einfacher).
Beim Ausbaggern der Wasserstelle soll nicht zu tief gegangen werden. Die wasserhaltige Erdschicht reicht teilweise nur 30 cm in den Untergrund. Lehmige und tonige Böden halten das Wasser. Teiche in anderen Lagen müssen wasserdicht gemacht werden. Dazu legt man sie mit Spezialfolien aus, die stärker als einen Millimeter sein sollen (Plastoplan GmbH, 2355 Ruhwinkel). Es empfiehlt sich, diese Abdeckung gleich in der Größe des Tümpels oder Teiches vom Fabrikanten zu beziehen. Entschließt man sich, den Grund zu betonieren, muß man vorher den Boden feststampfen und mit einer 10 cm dicken Sandschicht auffüllen. Die Betonwanne, die genauso dick werden soll, wird mit Drahtgeflecht oder Eisenstangen armiert. Man mischt Zement und Kies im Verhältnis 1:2 und stampft ihn fest. Die Oberfläche schließt man mit feinem Estrich ab. (Manche Jäger verwahren sich gegen ein Ausbringen von Plastikfolien und Beton in die freie Natur. Eine Bodenverdichtung und anschließende Lehmauflage machen einen Teich häufig ebenfalls wasserdicht.)

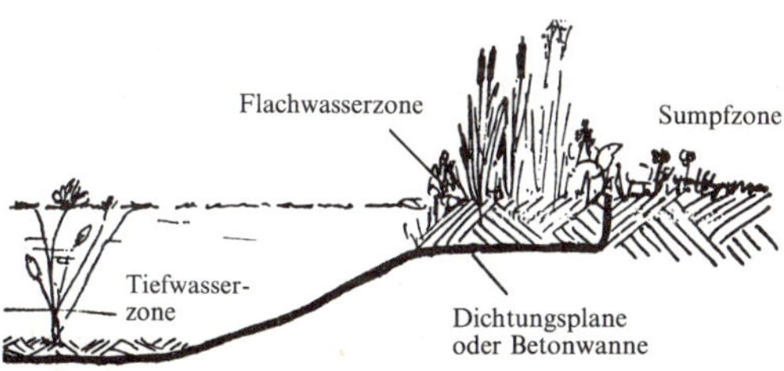

Künstliche Teichanlage mit Tiefwasserzone, Flachwasserzone und Sumpfzone

Wie hat ein Ententeich auszusehen?

Ein Ententeich darf ohne weiteres 1000 m^2 an Wasserfläche aufweisen. Damit er im Winter nicht durchfriert und nicht zu schnell verlandet, soll er bis zu 1,50 m tief werden. Das Ufer gestalte man unregelmäßig, so daß es langer wird. Der Teich soll sich harmonisch in die Landschaft einfügen. Inseln können eingeplant werden. Ost- und Nordseite hält man von Bäumen und Sträuchern möglichst frei. Den Aushub schüttet man zu einem Wall von gut einem Meter nach Westen hin auf. Dadurch wird der Wind abgehalten und die Wasserfläche beruhigt. An dieser Seite kippt man einen Hänger voll Kies in die Anlage, denn hier wird das Wasserwild später gefüttert. Ein Ententeich muß gewissenhaft bepflanzt werden.

Wie bringt man Leben um und in eine Naßzelle?

Auf den Boden schüttet man nährstoffarmen Sand, Lehm, u.U. auch Kies bis zu einer Höhe von 20 cm auf. Aus anderen Teichen holt man sich Wurzelstücke von Binsen und Schilf, die man eventuell in Körben einbringt. Man pflanzt vom Nordufer aus, damit der Wasserspiegel nicht zu schnell beschattet. Mit einigen Kübeln Wasser und Schlamm kann man das Algen- und Kleintierleben begründen. Weitere Wasserpflanzen werden von den Enten eingeschleppt. Auf keinen Fall soll man versuchen, Amphibien einzusetzen. Sie bleiben nicht lange, denn sie sind meist auf ihre Geburtsgewässer geprägt. Sie finden sich nach und nach von selbst ein.
Das Ufer begrünt man mit Weißklee, Gelbklee, Luzerne und Esparsette oder sät eine Sumpfrasenmischung an. Nasse Böschungen stützt man mit Faschinen. Dazu werden alle 50 cm Pfähle in den Boden geschlagen, die man mit Weidenruten umwickelt. Wenn sie ausschlagen, geben sie Festigkeit. Etwas weiter vom Wasser weg pflanzt man neben Weiden auch Pappeln und Erlen. Zwischen sie kommen Wasserschneeball, Faulbaum, Heckenkirsche, Hartriegel, Holunder und Pfaffenhütchen. Die Wildbrombeere wird ungewollten Badebetrieb schnell einschränken.
Aus einem naturnahen Gewässer geht das Ufer von einer Sumpfzone (Sumpfdotterblumen, Wasserminze) über eine Flachwasserzone (Froschlöffel, Rohrkolben, Seggen) in die Tiefwasserzone (Seerosen, Unterwasserpflanzen) über.

Schalenwildfütterung

Rauh-, Kraft- und Saftfutter

Welche Stellen eignen sich für Schalenwildfütterungen?

Als Standort bevorzugt man für Rotwildfütterungen ruhige, sonnige und windgeschützte Stellen in Wassernähe, abseits von schälgefährdeten Kulturen und Beständen sowie von Verkehrsstraßen. Sie liegen am besten in der Umgebung von Althölzern mit weiter Sicht und in der Nähe von Einständen. Der Hirsch ist jetzt faul und heimlich. Trotzdem sollten die Fütterungen zumindest in der schneefreien Jahreszeit gut mit Fahrzeugen erreichbar sein. Im Rotwildrevier braucht man für 200–400 ha eine Fütterung. Dem Jungwild errichtet man Kälberställe, damit es nicht abgeschlagen wird.
Auch das Rehwild schätzt um seine Fütterungen eine weite Sicht. Man sollte auch hier entsprechende Anlagen in der Nähe von den Einständen errichten, aber außerhalb der verbißgefährdeten Jungkulturen. Pro 30–40 ha ist hier eine Fütterung erforderlich.

In welchen Revieren muß Wild gefüttert werden?

In Revieren mit wenig Naturäsung.

Wann soll mit der Fütterung begonnen werden?

Bereits vor Beginn des Winters.

Wie lange soll die Fütterung durchgeführt werden?

Bis zum April. Das Bedürfnis nach Futter ist beim Wild im Frühjahr größer als im Winter. Außerdem bringt der Übergang von der Winter- zur Frühjahrsäsung (besonders für Rehwild!) in solchen Revieren eine Gefahr, in denen frische Saaten, aber nicht genügend zähe und harte Äsung zur Verfügung stehen. Durch den schroffen Übergang auf überwiegend weiche Grünäsung treten oft schwerste Verdauungsstörungen mit Durchfällen auf, die zu großen Verlusten führen können. Auch ist das durch den Winter körperlich geschwächte Wild im Frühjahr besonders anfällig für Krankheiten, insbesondere für parasitäre Infektionen.
Aus diesem Grunde muß bis zum April in den Fütterungen genügend zähe und harte Äsung gereicht werden (s. Notzeit S. 761). Die Adaptions-(Anpassungs-)Zeit des Wiederkäuers an saftiges, nährstoffreiches Futter beträgt drei Wochen!

Welche Futtermittel eignen sich zur Wildfütterung?

Alle Futtermittel, die durch ihren Stärke-, Eiweiß-, Mineralien- und Vitamingehalt im Tierkörper in Energie (Wärme, Bewegung) umgesetzt werden können.

Wie teilt man das Futter von Schalenwild ein?

In Rauh-, Kraft- und Saftfutter.

In welcher Form reicht man dem Schalenwild Rauhfutter?

Als Laubheu, Topinamburheu, Klee-, Luzerne- und Wiesenheu (s.S. 476). Rehwild nimmt nur bestes Klee- und Luzernenheu oder Wiesenheu vom 2. Schnitt (Grummet).

Was bietet man dem Schalenwild als Kraftfutter an?

Hafer, Maiskörner, getrocknete Zuckerrübenschnitzel und Troblako (Trockenblattkonzentrat) eignen sich als Kraftfutter. Auch Preßfutter in Form von Cobs und Pellets zählen dazu. Diesen Brocken werden oft phosphorsaurer Kalk und Vitamine zugefügt. Schimmelpilzfreie Kastanien und Eicheln sowie Bucheckern und Vogelbeeren fallen ebenfalls in diese Sparte.
Kastanien und Eicheln darf man nie in Säcken oder aufgehäuft überwintern. Um ein Schimmeln zu verhindern, lagert man sie in etwa 20 cm tiefen Erdgruben. Man deckt sie mit Laub ab und schichtet sie pro Woche mindestens einmal um. In einer schwachen Salzlösung lassen sie sich ebenfalls haltbar machen. Bevor man sie ausstreut, sollte man vor allem die Kastanien zerquetschen. Rehwild darf täglich nur wenige aufnehmen. Auch dem Rotwild gibt man jeweils nur ein oder zwei Hände voll.
Bei Verabreichung von Maiskörnern muß man sehr vorsichtig sein. Da sie wenig Ballaststoffe aufweisen, führt die Aufnahme von größeren Mengen, insbesonders bei Rehwild, zu Verdauungsstörungen. Man verhindere auch, daß es sich an Fasanschütten bedienen kann.

Die spätreifende, apfel- bis birnenrunde Topinambursorte „RoZo“ (Küppers rote Zonenkugel).

Nach dem Auflaufen des Topinambur wird im Juni einmal gehackt

Dauerwildacker mit dem eiweißreichen Topinambur.
Er bietet Unterschlupf und Saftäsung für alles Wild. Das obere Drittel des wertvollen Krautes wird Ende Juli geköpft und für die Winterfütterung über Draht in Bündeln getrocknet oder zur Reinsilage verwendet

Was zählt alles zum Saftfutter?

Obst, Kohl, Grünmais, Rübenblätter, Biertreber, Apfeltrester, Karottentrester, Rote-Beete-Trester und alle Arten von Silage.
Häufig werden auch die verschiedenen Tresterarten siliert. Insbesonders das Rehwild nimmt Apfeltrester gierig an (Birnentrester werden verschmäht!). In kleinen Rehwildrevieren sollte man sich überlegen, ob man sich die Arbeit des Silierens machen soll. Unter Umständen kommt man viel billiger weg, wenn man sich Apfel- oder Karottentrester in handlichen 30 oder 40 kg Säcken anliefern läßt. Diese legt man nur auf einen Baumstumpf und reißt sie auf. Das Revier muß aber auch im Winter leicht befahrbar sein, denn der nicht silierte Trester muß frostfrei gelagert sein. Den vitamin- und nährstoffreichen Karottentrester liefert die Fa. A. Schäfer in 7333 Ebersbach-Bunzwangen.
Für das Rotwild siliert man vorteilhaft Sommermais mit Blatt und Stengel. Er muß allerdings fein gehäckselt sein, damit er angenommen wird. An Rehwild sollte man Maissilage möglichst nicht verfüttern.
Kartoffeln, Topinamburknollen und Karotten werden wegen ihres hohen Feuchtigkeitsanteils nicht mehr zum Kraftfutter, sondern zum Saftfutter gerechnet.

Mit welchen Mengen an Futter rechnet man?

Rehwild braucht pro Tag und pro Kopf etwa 1500 g Saftfutter, 250 g Kraftfutter und 100 g Rauhfutter. In normalen Lagen muß im Durchschnitt 100 Tage gefüttert werden.
Bei Rotwild rechnet man mit dem 4–5-fachen Nahrungsbedarf des Rehwildes.

Soll man dem Schalenwild überwiegend Kraftfutter anbieten?

Auf keinen Fall! Kraftfutter muß zur Verdauung stark eingespeichelt werden. Damit Rotwild das dazu nötige Wasser erhält und nicht Durst leidet, muß man ihm genügend Saftfutteranteile (z.B. Silage) unbedingt mit anbieten. Geschieht dies nicht, wird es zu schälen beginnen. Man hat nämlich festgestellt, daß Rindenbestandteile die Speichelproduktion anregen. Ausreichendes Saftfutter füllt den Pansen und regt zum Wiederkäuen an. Die Nahrung kann langsam wie gewohnt – ihren Weg durch Mägen und Darm nehmen. Das wiederkäuende Schalenwild braucht auch zähe Äsung, das Rauhfutter. Rauhfaserige und holzreiche junge Triebe und Zweige von Weichhölzern (Verbißgehölze!) sowie Heide- und Heidelbeerkraut vermischt mit gutem Klee-, Luzerne-, Topinambur- und Wiesenheu regen neben der angesprochenen Speichelproduktion alle mechanischen und bakteriellen Vorgänge bei der Verdauung an. Die an der Fütterung verabreichte Nahrung muß also wiederkäuergerecht sein. Es wird empfohlen, zu einem Teil Kraftfutter mindestens drei Teile Saftfutter anzubieten. Auch Sesamkuchen mit einem Eiweiß-Stärke-Verhältnis von 1:2 ist schädlich und kann nachteilige Folgen haben. Beim Rotwild sollte dieses Verhältnis zwischen 1:7 und 1:10 liegen, beim Rehwild etwa 1:6 bis 1:7. Inzwischen werden Rotwildpellets entwickelt, in denen die Futterbestandteile in einem wildbekömmlichen Verhältnis zusammengepreßt sind.

Wann legt das Rehwild Fettpolster als Energiedepots an?

Im Spätsommer und Herbst (Herbstbeginn am 23.9.), wenn Bäume und Sträucher ihre fett- und stärkereichen Früchte ausgereift haben. Diese Depots werden als das innere Feist (Inselt oder Unschlitt), als Nieren-, Netz- und Darmgekrösefett angesetzt. Diese Depots steigen bis in den Januar hinein an und werden erst im Spätwinter und zeitigem Frühjahr stark abgebaut. Im August (nach der Brunft) ist schließlich der Tiefstand erreicht.

In welchen Monaten hat Rehwild den größten Futterbedarf?

Von Oktober bis Anfang Dezember. Im Winter (ab 21.12.) wird der Stoffwechsel am stärksten gedrosselt, so daß erst ab Ende Januar die Feistdepots angegriffen werden. Im Herbst feist gewordenes Rehwild kommt mit sehr wenig Erhaltungsäsung im Winter aus. Es ist deshalb richtiger, daß es bereits Anfang September gefüttert wird. Mit dem Beginn einer neuen Vegetationsperiode am 21.3. (Frühling) muß Rehwild seinen Verdauungsapparat für den steigenden Stoffwechsel umbauen. Die Anpassungszeit dauert etwa drei Wochen. Die bekannten Frühjahrsdurchfälle sind eine Begleiterscheinung dieser Umstellung. Die überschießende Vergärung des ersten frischen Grüns erfordert eine Umstellung des Pansens für die intensivere Tätigkeit. Neue Pansenzotten sprossen aus, und ihre Blutgefäße werden für das größere Nährstoffangebot erheblich erweitert.

Welche Fütterungseinrichtungen kennt man?

In Raufen bietet man dem wiederkäuenden Schalenwild das Rauhfutter an. Beim Rotwild sind sie bis zur Dachschräge etwa 2 Meter hoch. Damit mehrere Tiere nebeneinander stehen können, empfiehlt sich eine Länge von 3 Metern. Rehwild kommt mit kleineren Raufen zurecht. Hier genügt eine Höhe von 1,30 Meter bis zur Dachschräge. 2 Meter Länge reichen aus. Rotwild bekommt gesondert aufgestellte Barren für das Kraft- und Saftfutter. Sie sind ca. 70 cm hoch. Für das Rehwild bringt man diese gleich unter der Raufe an. Ihm bietet man häufig das Saftfutter gleich in den Fässern an, in denen es siliert wurde (s. S. 493). Immer häufiger geht man dazu über, Kraftfutter mit dem gehäckselten Rauhfutter (evtl. auch Saftfutter) vermischt in Futterautomaten anzubieten. Das sind

Fütterung für Rehwild
mit Raufe für Luzerne- und Laubheu und Trögen für Rauh- und Saftfutter. Die Fütterung steht auf Kufen und läßt sich leicht umstellen!

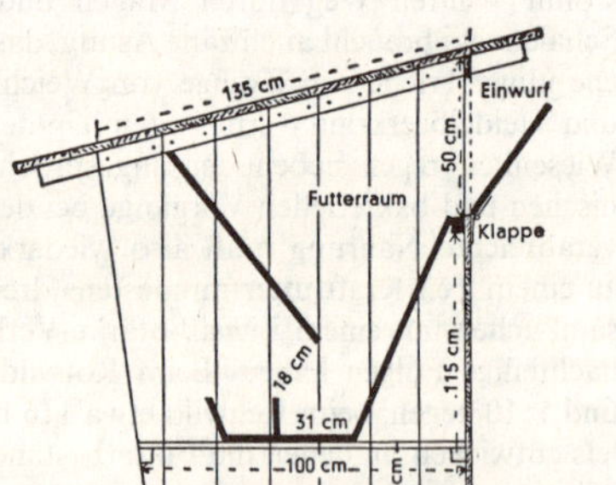

Rutschfütterung im Schnitt
mit zwei Trögen (Barren) zur Fütterung gehäckselten süßen Klee- und Blattheus und von Saft- bzw. Kraftfutter

beim Rotwild bis zu 2 Meter hohe „Schränke" aus denen die Äsung in einen Trog nachrutscht. Man muß somit nicht jeden Tag Futter vorwerfen. Zweckmäßigerweise stellt man von jeder Fütterungseinrichtung gleich mehrere auf, damit viel Wild gleichzeitig Nahrung aufnehmen kann. Im Rotwildrevier empfiehlt sich die Errichtung einer ca. 10 m^2 großen Hütte, in der man seine Vorräte lagert.

Was versteht man unter Gärfutter oder Silage?

Silage ist ein Saftfutter, das in wasser- und luftdichten Behältern (Silos) durch Einsäuern (Milchsäurevergärung) haltbar gemacht wird. Es soll aus Grünfutter (Gras, Topinambur, Sojabohne, Mais, Blattstammkohl, Stoppel- und anderen Rüben mit Blättern, Luzerne, Klee, Hafer-Wickengemenge, Kartoffeln, Raps, Obst, Biertreber, Mineralstoffmischungen und Wasser) bestehen. Zweckmäßig sind ihr Eicheln und Kastanien zuzumischen. Auch Vogelbeeren sind wegen ihres hohen Vitamingehaltes zu empfehlen. Das Futter wird in einem landwirtschaftlichen Betrieb mit Gebläsehäckslern zerkleinert (oder zerrissen) und dann in einem Behälter so gut festgetreten, daß die Luft aus dem Futter vollständig entfernt ist.
Sehr gern werden auch bei Saftzubereitung anfallende Rückstände, die man Trester nennt, siliert (z.B. Apfel-, Karotten-, Rote-Beete-Trester). Trester muß zum Silierzeitpunkt frisch und feucht sein. Der Gärvorgang darf noch nicht eingetreten sein.
Silage wird vom Wild auch bei Kälte gut angenommen. Gefrorenes Saftfutter schadet im allgemeinen dem Wild nicht. Rehwild verdaut Silage besser als Rot- und Muffelwild.

Was ist beim Silieren zu beachten?

Mais, Topinamburlaub, Zuckerrüben, Sonnenblumen vor der Blüte und Obsttrester werden ohne Zugaben einsiliert. Alles andere Grünzeug wie Gras, Laubholztriebe, Raps und Rübsen braucht Silierzusätze. Auf 100 kg Masse wird etwa 400 g Kofasil oder Amasil schichtweise gestreut. Gibt man Grünmais und zerteilte Kartoffeln darunter, kann man das Siliersalz sparen. Man schüttet dann nur eine Abschlußschicht davon darüber. In Wasser gelöste Melasse oder Fruchtzucker läßt sich ebenfalls beimengen. Die Zugabe von phosphorsaurem Futterkalk ist empfehlenswert.
Dunkle Silage mit ekelerregendem Geruch ist verdorben und darf nicht verfüttert werden (Essigsäuregärung!). Sie erzeugt beim Wild Verdauungsstörungen und Vergiftungen. Ebenso ist gelbliches Silofutter, das sich schmierig anfühlt und ranzig riecht, zu beseitigen (Buttersäuregärung!). Keinesfalls darf auch verschimmeltes Gärfutter angeboten werden. Silage ist dann in Ordnung, wenn sie olivgrüne bis bräunliche Farbe aufweist und „angenehm" sauer riecht (Milchsäuregärung!).

Wo bewahrt man das Silofutter auf?

Je nach Bedarf empfehlen sich Silosäcke, Faßsilo, Erdsilo, Maschendraht-Silo und Großsilos.

Im kleinen Rehwildrevier genügen oft Silosäcke. Man kann sich z.B. in 25 kg Polysäcken von der Naturella Südsaft AG, 7057 Winnenden, Apfeltrester liefern lassen und diesen in der Nähe von Wildeinständen in Mieten einbringen.
Als Selbstfuttersilo eignen sich besonders 100–200-Liter-Fässer (Bezug: Faß-Sauer, 6200 Wiesbaden 6). Holzfässer legt man mit Plastikplanen aus. Aus dem durchbohrten Boden kann Silowasser austreten. Abgedeckt wird mit einem sandgefüllten Plastiksack, der genau abschließt und kein Wasser eindringen läßt.
Erdsilos sollen ein leichtes Gefälle aufweisen und an der tiefsten Stelle ein Sickerloch haben. Die ca. 1 Meter breite und 50 cm tiefe und beliebig lange Grube wird mit einer speziellen Siloplane ausgelegt. Nun wird das Silogut eingetreten. Die Plane schlägt man oben um und beschwert sie mit Erde. Anschließend deckt man sie mit Stroh gegen die Kälte ab.
Das Maschendraht-Silo ist ein Behälter, den man aus vier in die Erde gepflockten Pfosten herstellt. Sie werden mit Maschendraht verbunden und dieser mit Siloplane ausgelegt.
An Rotwildfütterungen stehen oft Großsilos. Nach Entnahme muß man sie stets sorgfältig neu abdichten, damit kein Wasser eindringen kann.

Dem Rehwild wird das Saftfutter gleich aus den Silagefässern angeboten.

Wie wird dem Wild die Silage gereicht?

Im Rotwildrevier reicht man die Silage in Trögen. Dem Rehwild stellt man in der Nähe der Einstände die Silagefässer auf Böcke. Der Boden wird ihnen vorher abgeschlagen. Nun können die Tiere von zwei Seiten an das Futter.

Äsungsangebot für Schalenwild

Wildäsungsflächen		Wildfütterung		
im Wald	im Feld	Rauhfutter	Kraftfutter	Saftfutter
Wildäcker Wildwiesen Verbißgehölze Waldränder Kleinflächen (Leitungs-schneisen, Ganterplätze)	Wildäcker Wildwiesen Hegebüsche Hecken Feldgehölze Ödland	Klee Grummet Laubheu (Topinambur)	Pellets, Eicheln, Bucheckern, Zuckerrüben-schnitzel…	Silage Karotten, Apfel …

Futterpflanzen

1 Luzerne
2 Gelbklee
3 Rotklee
4 Inkarnatklee
5 Weißklee
6 Bastardklee
7 Hornklee

1

2

3

4

5

6

7

Futterpflanzen

1 Esparsette
2 Gelbe Lupine
3 Besenginster
4 Raps
5 Rübsen
6 Weißer Senf
7 Ölrettich

1

2

3

4

5

6

7

Wie kann man übermäßigen Wurmbefall bei Rehwild verhindern?

Man gibt dem Rehwild mit dem Futter das Wurmmittel „Thibenzole“. Da sich die Tiere an den Reviergrenzen sofort wieder anstecken, sollte man das Medikament hegeringweise verabreichen. Bei starkem Befall ist die Behandlung nach vier Wochen zu wiederholen.
Losung an den Fütterungen ist eine ständige Ansteckungsquelle. Man recht sie einmal im Monat zusammen (und am Ende der Fütterungsperiode), überschüttet sie mit Branntkalk und vergräbt sie. Es gibt auch transportable Fütterungen, die man während des Winters mehrmals verstellen sollte.

Salzlecken

Von welchem Wild werden Salzlecken angenommen?

Salzlecken oder Sulzen werden vom Schalenwild, von Hasen, Kaninchen und von Tauben regelmäßig aufgesucht. Man bringt sie in der Nähe von Fütterungen, Wildäckern, Hochsitzen insgesamt gut verteilt im Revier an. Insbesondere im Frühjahr und in der warmen Jahreszeit sollte das Salz bei Bedarf umgehend nachgefüllt werden. Das Wild nimmt dieses schmackhafte Mineral, das dem Knochenaufbau dient, immer an. Zum Anlocken kann man die Leckstellen mit einigen Tropfen Anisöl beträufeln. Im Winter allerdings kann das Salz bei anhaltender Kälte Durst beim Wild auslösen. Man entfernt es dann oder macht es für kurze Zeit unzugänglich.

In welcher Form reicht man dem Wild das lebenswichtige Kochsalz?

In Form von Salzlecken. Es gibt Barren-, Stock-, Stangen- und Lehmsulzen.
Die *Stocksulze* ist schnell hergestellt. Dazu wird ein noch gut erhaltener Wurzelstock mit der Axt ausgehöhlt. In das Loch legt man den Salzstein. Statt dessen kann man auch ein kleineres Quadrat aus Dachlatten oder diversen Ästen, wie sie überall herumliegen, auf den Baumstumpf nageln, in dem der Leckstein Platz findet. Diese Sulze hat den Nachteil, daß sie leicht von Fuchs bzw. Marder verschmutzt wird, da diese Beutegreifer sich gern auf solchen Erhöhungen lösen.
Der Stamm für die *Stangensulze* soll entrindet sein. Zunächst werden Stangenhölzer von etwa 10 cm Dicke in etwa zwei Meter Höhe abgesägt. Auf die Schnittfläche oder in eine Keilung derselben legt man den Leckstein und hält ihn mit übernagelten kleinen Leisten oder Aststücken. Der Regen wäscht das Salz am Stamm hinunter. Dort wird es vom Wild abgeleckt.
Mehr Mühe machen die *Lehmsulzen*. Hierzu füllt man in viereckige Holzkästen, die auf etwa 40 cm hohen Stangen befestigt sind (s.S. 498), eine Lehmsulze ein, die man sich durch Mischen von Lehm, Salz und Wasser bereitet. Durch Anbringen einiger Löcher im Kasten sorgt man für den Abfluß des Regenwassers.
Sehr gut bewährt haben sich die *Barrensulzen*, bei denen man je einen Mineral-Leckstein links und rechts direkt in die Futtertröge (Barren) legt. Alle Salzlecken werden stark beleckt.

Welchen Vorteil haben die Mineral-Lecksteine?

Sie enthalten neben Kochsalz, Kalk, Chlorkalzium und Natriumphosphat auch Vitamine und Spurenelemente. Diese eignen sich besonders für Reviere, in denen

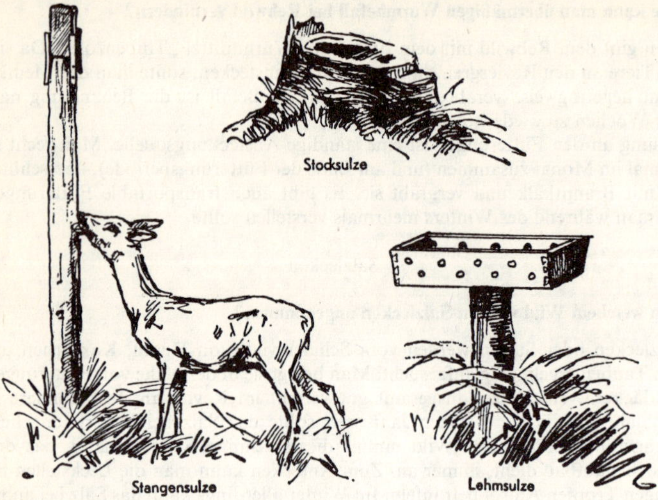

Links: Stangensulze oder Stammlecke. Der Salzstein ist für Wild unerreichbar, nur der Stamm wird geleckt!

es gilt, das Wohlbefinden und die Widerstandsfähigkeit des Wildes gegen Krankheiten zu erhöhen und die Bildung des Kopfschmuckes zu verbessern. Sie können je nach Form auch an den Bäumen befestigt werden.

Hasenhege

Wo füttert man den Krummen?

An ruhigen, windgeschützten Plätzen, weit weg von verkehrsreichen Straßen. Man verabreicht ihm das Futter nie am Waldrand, sondern entweder 300 Meter davon entfernt oder 300 Meter im Gehölz. Man darf es ihm nicht auf den Paß werfen und auch nicht überdachen.

Was ist die beste Winteräsung für Hasen?

Das Ausputzholz (Proßholz) von Apfelbäumen, Akazien, Espen und Weiden. Landwirte und Straßenwärter sind deshalb zu bitten, das Ausschneiden der Apfelbäume schon im Winter vorzunehmen und das Apfelreisig bis April liegen zu lassen, damit die Knospen und die saftige Schale von Hasen und Kaninchen abgeäst werden können. Nach einiger Zeit dreht man das Reisig einmal um, damit eine vollkommene Schälung möglich wird.

Was eignet sich noch als Winterfutter für den Hasen?

Hafergarben, Luzerne, Kleeheu, Kohl, Kohlstrünke, Rüben, Topinambur, Maissilage mit viel Korn und als Leckerbissen Karotten, Rote Rüben, Apfelreste,

Apfeltrester und Petersilie. Örtlich wird nicht alles angenommen. Man teste erst, was für Futterarten der Hase wirklich schätzt. Pro Tier und Tag müssen 130 g Futter genügen. Hafer und Kleeheu bündelt man und bindet es an Sträucher und Bäume.

Kann man dem Hasen gegen Krankheiten helfen?

Ja! Durch Verabreichung von Medikamenten gegen Kokzidiose und Darmparasiten (Theracanzan und Thibenzole). Man träufelt auf auseinandergeschnittene Apfelhälften einige Tropfen der Mittel, gibt sie wieder zusammen und steckt sie mit einem Ästchen auf den Boden. Damit das Obst vom Rehwild nicht genommen wird, überdeckt man es mit einem unten offenen Drahtgeflecht.
Zusätzlich kann man für Meister Lampe auf kleinsten Flächen Kräutermischungen aussäen. So kann er sich seine Widerstandskraft gegen Krankheiten aus der Natur holen. Man wirft das Saatgut dort an, wo man den Krummen häufig beobachtet. Geeignet sind Böschungen, Leitungsschneisen, Lagerplätze und dergl. Der Ginster ist eine dem Hasenbesatz ebenfalls sehr zuträgliche Hegepflanze.

Fasanschütten

Wo liegen Fasanenschütten am günstigsten?

Im freien Feld, in der Nähe von Wasserläufen. Sie sind weit entfernt von Waldrand, Einzelbäumen und Hochspannungsmasten einzurichten. Hier könnten Greifvögel aufblocken. Der Fasan muß weitere Rundumsicht haben, damit er auf Feinde aufmerksam wird. In der Nähe sollen niedere Deckungssträucher oder Brombeerdickichte liegen, in die er sich bei Gefahr retten kann. Schnell findet er auch im Schilf Schutz. Schütten sollen nie im sichtigen Stangenholz oder an Waldschneisen liegen. Hier kann sich der Habicht unbemerkt heranschleichen und zuschlagen.

Wie sieht eine Fasanschütte aus?

An niederen Pfählen und Stangen wird ein Dach aus Nadelholzreisig von 4–6 m^2 Fläche befestigt. Der Boden wird gelockert und mit Druschabfall (Kaff oder Spreu) bedeckt, auf den man das Futter schüttet.

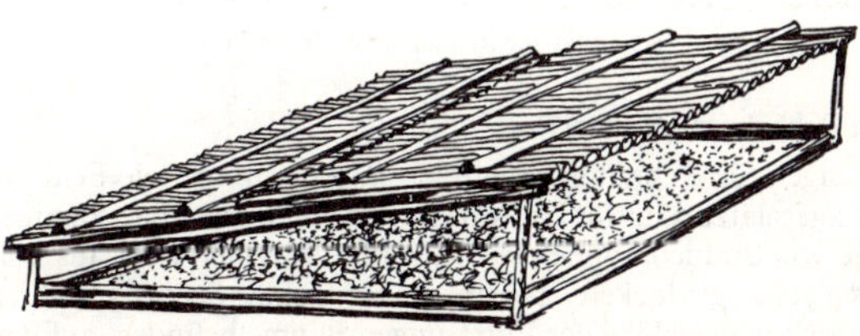

Fasanenschütte (sie wird schneedicht mit Fichtenzweigen abgedeckt), etwa 2,50 m × 2,50 m, Dachhöhe vorne 80 cm, hinten 40 cm

Wie füttert man den Fasan?

Wer den Fasan in seinem Revier halten will, muß ab Ende August bereits regelmäßig füttern. Nachdem die ersten Felder abgeerntet sind, treten bei ihm Nahrungsengpässe auf. Leckerbissen wie Rosinen sollten in kleinen Mengen das ganze Jahr gereicht werden. Neben Druschabfällen nimmt er: Weizen, Mais (auch in hochgebundenen Kolben), Hirse, Hanf, Mohn, Bucheckern, Vogelbeeren, Rosinen, gekochte Kartoffeln, (Blattstamm-)Kohl, Rüben zum Auspicken und Salat. Zum Entwurmen gibt man entsprechende Mittel in Äpfeln.

Wofür ist ein Kaffhaufen gut?

Früher legte man gern 1 m hohe, mit Maschendraht überspannte Strohhaufen an und schüttete in diese Kaff. Übergoß man sie mit Wasser, erwärmten sie sich und der Druschabfall begann zu keimen. Die Haufen froren im Winter nicht zu. Die Fasanen scharrten darin und auch die Rebhühner kamen und pickten nach den Körnern. Wo man heute noch entsprechende Abfälle bekommen kann, sollte man auf diese Methode der Wildfütterung zurückgreifen. Nach allen vier Seiten muß eine Sicht- und Fluchtmöglichkeit gegeben sein.
Solche „Kaffhaufen“ lassen sich auch anderweitig herstellen. In kurzgeschnittenes Stroh schüttet man Weizen und Futtermais. Der Fasan hält sich dort gern auf und sucht nach Futter.

Rebhuhnschüttung

Wann müssen die Rebhühner unbedingt gefüttert werden?

Besonders wichtig ist die Fütterung, wenn der Schnee verharscht und wenn er sehr hoch liegt. Bei niederem und pulverigem Schnee und Frost kommt der Scharrvogel wenigstens an die Grasnarbe.

Schüttung für Rebhühner im freien Feld

Wo werden Rebhühner gefüttert?

Die Schüttungen für Rebhühner gehören ohne Dach ins freie Feld in der Nähe trockener Lagerplätze. Gut für die Anlage sind windgeschützte sonnige Südseiten in der Nähe von Strauchgruppen (z.B. Brombeerhecken) oder aus Fichten- und Dornenreisig gefertigte lockere Haufen, die bei Gefahr Schutz gewähren. Keinesfalls dürfen sich in der Nähe der Fütterungen Bäume befinden, auf denen Greifvögel (wie der Habicht) aufblocken können. (Die Futterstelle für Rebhühner heißt Schüttung, die für Fasane Schütte.)

Was nimmt das Rebhuhn an Nahrung?

Man beschickt die Schüttung mit Heu, Heublumen und Heufegsel, also mit Abfällen, die beim Zusammenkehren des Heustockes anfallen. Außerdem werden Getreidekörner (Hafer, Weizen, Hirse), Mais (Schrot) und Hanf genommen. Etwas grober Sand erleichtert die Aufnahme von Weidkörnern (s. S. 162). Holzkohle bzw. Holzasche regt zum Hudern an. Im übrigen lebt das Rebhuhn vom Grün der Wintersaaten. Man kann dem Rebhuhn auch Kohl, durchgeschnittene Rüben und Silage anbieten. Auf Wildäckern sollte man nicht vergessen, Buchweizen anzubauen, der sehr geschätzt wird.

Fasan und Rebhuhn müssen wissen, wo im Winter der Tisch für sie gedeckt ist!
Automatischer Futtereimer für Hirse, Weizen und Mais nach Revieroberjäger Albert Höhn, 4791 Atteln

Entenfütterung

Wie hilft man den Enten in der kalten Jahreszeit?

Die einfachste Art, den Enten im Winter zu helfen, ist, ihnen das Futter in seichte, aber offene Wasserstellen zu werfen. Danach können sie in 20–30 cm Tiefe leicht gründeln. An tieferen Stellen schlägt man in Ufernähe vier Pflöcke in den Grund und nagelt einen Futtertisch darauf. Gut ist es, wenn er etwa 10 cm vom Wasser überflutet wird. Dann können die Krähen nicht mitfressen. Es genügt eine Größe von 2 × 1 m. Eine Rahmenleiste hindert das Abrutschen des Futters. Besonders gut eignet sich ein fast eingetauchtes, verankertes Floß auf eisfreien, doch strömungsarmen und gründeltiefen Wasserstellen (Enten wollen gründeln!). Gereicht werden Getreide, Kartoffeln und Küchenabfälle. Die Enten sind „Allesfresser“. Gerste, Hafer, Buchweizen und Mais müssen nicht unbedingt geschrotet sein. Die Kartoffeln werden gekocht. Eventuell kann man zerquetschte Kastanien, geschrotete Eicheln und Rübenschnitzel zufüttern. In strengen Wintern wirft man ihnen fetthaltigere Nahrung, wie z. B. auch Sonnenblumenkerne, vor. Brot weicht man ein. Innereien vom Fisch werden ebenfalls angenommen. Die Bejagung an Futterstellen ist nicht waidgerecht.

Jagdpraxis und Reviertechnik

Formen der Einzeljagd

Durch welche Arten der Einzeljagd kann man sich am besten ein Bild über die Vorgänge im Revier machen?

Durch Ansitz, Anstand und Pirsch (besonders der „Stehpirsch").

Wozu dient der Begang und das Pirschen-„Stehen"?

Zum Kennenlernen des Reviers und des Wildstandes, zum Schutze des Wildes vor Beutegreifern, Streunern (Hunde ohne Einwirkung ihres Herrn, Katzen außerhalb der Schutzzone) und Wilddieben sowie zur Verhütung von Wildschäden. Hierzu schneidet man sich auch Beobachtungsplätze aus (s. auch Abb. S. 504/505).

Grundsatz: Viel sehen, ohne bemerkt zu werden!

Worin besteht die Pirschjagd?

Im Anschleichen und Strecken des Wildes. Beim Pirschen darf man nicht mit der Sohle des Stiefels rollen. Man muß sie stets ganz aufsetzen. Der zurückbleibende Fuß bleibt so lange stehen, bis der vordere Fuß völlig Halt gewonnen hat (das Erlernen ist für den Jungjäger ziemlich anstrengend!). Der Jäger muß sich stets gegen den Wind und so anpirschen, daß ihm das Wild schußgerecht steht. Der Pirschgang wird oft auch durch das Pirschenfahren und Pirschenreiten ersetzt. Merke aber: Wer zu oft pirscht, pirscht seine Jagd tot. Kleine Reviere sind „Ansitz"-Reviere!

Was sind Pirschwege oder Pirschsteige?

Das sind entweder in guter innerer Deckung angelegte Schleichwege oder Verbindungswege, die zu Ansitzeinrichtungen führen. Sie müssen von dürren Ästen, Trockenlaub und Steinen frei gemacht und glatt geharkt werden. Man schneidet sie am besten jedes Jahr aufs neue aus und säubert sie gleichzeitig gewissenhaft. Sind sie gut gepflegt, tragen sie wesentlich dazu bei, eine Beunruhigung des Wildes zu vermeiden. Die Abgangsstellen zu den Pirschsteigen sind unauffällig zu gestalten und vor Unbefugten verborgen zu halten. Sie sollen von begangenen Wegen aus erst nach einigen Metern beginnen, damit sie nicht sichtbar sind. Gern legt man sie längs der Waldbestände in erheblichem Abstand zum Feld an. Sie erhalten Abzweigungen zu guten Beobachtungspunkten.

Jagdausrüstung

Was hat man auf der Einzeljagd alles dabei?

Eine Jagdwaffe, eine Kurzwaffe samt Patronentasche mit entsprechender Munition, einen Bergstock, einen Nicker, eine Uhr, einen Rucksack mit Schweißeinlage, einen guten Hund, Ansprechhilfen und Taschenlampe (ggf. auch eine Revierkarte nebst Kompaß).

Wozu findet ein Bergstock Verwendung?

Am Bergstock oder Bergstecken kann man das Spektiv oder das Jagdglas anstreichen, er dient als Gewehrauflage und eignet sich als Gehhilfe. Außerdem läßt er sich als Sitzstock oder als Tragstock gebrauchen. Im letzteren Fall heßt man die Beute mit den Hinterläufern über ihn (besser: zusammenbinden!) und transportiert sie allein oder zu zweit an ihren Bestimmungsort.
Einen Bergstock wählt man sich bereits ein Jahr vor dem Abschneiden aus. Einen Haselnußstecken (etwa 3 cm ∅) ritzt man in der Zeit der Vegetationsruhe mit dem Messer alle paar Zentimeter bis tief unter die Rinde ein. Erst im nächsten Frühjahr holt man sich den Stock in den Keller. Nach dem Entrinden läßt man ihn dort langsam trocknen. Nun wird er abgeschmirgelt und gestrichen. Anschließend erhält er auf eine Seite eine Eisenspitze, auf der anderen einen Gummiabschluß. Ein Bergstock ist sowohl im Berg als auch im Flachland eine gute Pirschhilfe. Oft wählt man einen Stecken aus, der in Augenhöhe eine Astgabel aufweist.

Was bestimmt die Leistung eines guten Jagdglases?

Der Vergrößerungswert und der Objektivdurchmesser.

Was bezeichnen die für ein Prismenglas angegebenen Zahlen von beispielsweise 8 × 56?

Die Zahl 8 stellt den Vergrößerungswert dar. Die Zahl 56 gibt den Durchmesser der Objektiv- oder Lichteintrittslinse in mm an (s. Abb. S. 118).
Die Wurzel aus Objektivdurchmesser mal Vergrößerung ergibt die sehr wichtige Dämmerungszahl ($56 \times 8 = 448$; $\sqrt{448} = 21$).
Je größer diese Dämmerungszahl ist, um so mehr Einzelheiten kann der Jäger mit dem Fernglas in der Dämmerung erkennen! Das Fernglas 7 × 42 (Dämmerungszahl $\sqrt{294}$) z. B. ist für den Nachtansitz besser geeignet als das Fernglas 8 × 30 (Dämmerungszahl $\sqrt{240}$).
Das Quadrat aus Objektivdurchmesser geteilt durch die Vergrößerung $(56:8)^2 = 7^2 = 49$) ergibt die Lichtstärke (49).

Welche Prismengläser gibt es?

Prismengläser in der „klassischen" Porroform oder in der schlanken Dialytform (mit 7-, 8-, 9- bis 22facher Vergrößerung), also z.B. die Ferngläser 7 × 50, 8 × 65, 10 × 40 und 11 × 80.

Worauf kommt es bei einem guten Prismenglas an?

Es muß bei jeder Vergrößerung gute Lichtstärke und Sehbreite haben und dadurch auch in der Morgen- und Abenddämmerung klare und plastische Bilder vom Wild vermitteln. Deshalb sollten die Objektivdurchmesser bei Prismengläsern mit 7- und 8facher Vergrößerung nicht unter 50 mm, bei solchen mit höherer Vergrößerung nicht unter 60 mm betragen (s. auch S. 117/118). Zu empfehlen sind Prismengläser mit Mitteltrieb, Gummiarmierung und Gummistulpmuscheln.
Sehr praktisch sind „B-Gläser", die für normale Augen und für Brillenträger geeignet sind. Es gibt auch ein mit einer Kamera kombiniertes Prismenglas („CamBinox" von Fa. Möller in 2000 Wedel) und ein schwimmfähiges Prismenglas für die Wasserjagd.

Wie wird ein Fernglas scharf eingestellt?

Es wird fest aufgelegt und jeder Tubus für sich (auf Maschendraht in 100 m Entfernung) eingestellt.

Welche Ansprechhilfen kennt der Jäger?

Das Jagdglas, das Spektiv und das Zielfernrohr. Das Jagdglas wird als leichtes und handliches Pirschglas mit sich geführt oder als größeres und schweres Ansitzglas mit auf den Ansitz genommen.

Wozu benutzt man ein Spektiv?

Zum Ansprechen über weite Entfernungen. Spektive sind „Einrohre" mit einem ausziehbaren Okular und vergrößern vom 15- bis auf das 60fache, allerdings ohne ein plastisches Sehen zu erzielen. Natürlich ist der Bildausschnitt wesentlich kleiner.
Dämmerungsspektive mit der neuen Breitbandvergütung (wie z.B. „Optolyth") 22 × 70 und 30 × 75 mit den Dämmerungszahlen $\sqrt{2250}$ und $\sqrt{1540}$ bieten in der Dämmerung genauso lange Sicht wie mit lichtstärksten Ferngläsern, aber 22- bzw. 30fach vergrößert. Die notwendige Zitterfreiheit wird durch Anstreichen (am Zielstock, Bergstock), Auflegen oder durch Verwendung von Stativen oder Anschraubklammern erreicht. Die Firma Optolyth bietet Adapter an, mit denen ihre Spektive als Teleobjektive verwendet werden können.
Als monokulares Nacht-Beobachtungsgerät hat sich das Orion 80B (Zeiß, 7082 Oberkochen) bewährt. Es ist mit einem dreistufigen Bildverstärker ausgerüstet und erlaubt das Anbringen einer Kamera und das Festhalten bewegter Vorgänge bei Nacht (über 14000 DM).

Ansitzeinrichtungen

Was versteht man unter dem „Anstand" und was unter dem „Ansitz"?

Bei der Jagd auf dem Anstand stellt sich der Jäger unter Beachtung des herrschenden Windes in der Nähe von bekannten Wildwechseln und Äsungsplätzen an und wartet auf das Wild.
Beim Ansitz verbringt er die Wartezeit sitzend. Hierzu benutzt er zweckmäßig einen Jagdsitzstock, eine Erdhütte, einen Schirm, einen fahrbaren Ein-Mann-Ansitzwagen oder einen Hochsitz.

Wie kann man das Einsinken des Sitzstockes verhindern?

Indem man sich (mit dem Waidmesser oder der Löweschere) eine Fichtenzwille schneidet und sie als Unterlage für den Teller des Sitzstockes benutzt. Mit der Löweschere kann man sich auch schnell und geräuschlos einen Ansitzplatz ausschneiden.

Löweschere

Fichtenzwille für Sitzstock

Was versteht man unter einem Schirm?

Eine aus Reisig, Zweigen, Schilf oder dem Tarnnetz der Fa. Ogus in 7238 Oberndorf gebaute Blende, die dem Gelände angepaßt ist und dem Schützen gute Deckung gibt.
Einen „,Schirm" benutzte man einst bei der Jagd auf den balzenden Birkhahn (weil hier meist jede Deckung im Gelände fehlte); außerdem auch bei Anstandsjagden und bei Drückjagden auf Rotwild, Schwarzwild und Fuchs.

Jagdstand
mit Fichtenzweigen
oder Tarn-Netz verblendet

Jagdschirm, hier nur z.T. verblendet! Man sitzt auf der Erde und gräbt sich für die „Ständer" ein Erdloch von etwa 50 cm Tiefe

Was sind Hochsitze?

Es sind stabile, erhöht gebaute Reviereinrichtungen zur Ausübung der Ansitzjagd. Auf ihnen sieht der Jäger weit, ohne vom Wild eräugt zu werden. Er sitzt gut verblendet und ist in einer Höhe zwischen 4–8 m aus dem Wind. Das Wild kann ihn also auch nicht wittern (mit dem Geruchssinn wahrnehmen). Dort erwartet er in vollkommener Ruhe seine Beute. Von dem erhöhten Sitz läßt sich ein gezielter Schuß abgeben. Stets ist ein sicherer Kugelfang gewährleistet, denn selbst beim Fehlen bohrt sich das Geschoß in den Boden und gefährdet nicht das Hinterland.

1 Zwei am besten fichtene Leiterbäume schneidet man auf 5 m Länge her. Womöglich gleich mit der Motorsäge kerbt man sie alle 35 cm (Tritthöhe!) ein. Eine Meßlatte, auf der auch gleich alle weiteren Maße abgetragen sind, erspart viel Arbeit. Es ist zweckmäßiger, oben am Sitzteil die beiden Fichtenstangen etwa 70 cm auseinander anzubringen; dem dicken Bodenende zu rükken sie auf 40 cm zusammen.

2 Elf angeplätzte Quersprossen werden in die Auskerbungen der Holme genagelt. Die oberste dient als Fußstütze und muß stärker ausfallen. Die fertige Leiter dreht man um. Das gesamte Baumaterial kann man auch entrinden und mit Holzimprägnierungsmittel wetterwiderstandsfähig machen.

3 An der sechsten Quersprosse läßt man zwei Stützstangen anstehen und nagelt sie von innen her an die Leiter. Zwei Sitzauflagen verbinden diese Hinterholme am oberen Ende nochmal mit ihr. Sie sollen eine kleine Neigung aufweisen und zur letzten Leitersprosse einen Abstand von 42–45 cm haben (Sitzhöhe!).

4 In die unterseitige Gabel aus Stützstangen und Sitzauflage kommt eine Verbindungsstrebe. Sie muß stark sein, denn hier liegt die Ansitzleiter am Baum an.

5 Zwei Männer (oder einer mit Flaschenzug) stellen die Leiter auf. Durch Gegenhalten oder Einkeilen wird man ein Abrutschen verhindern. Unter die Standholme richtet man größere Steine (Standfestigkeit, Fäulnisverzögerung!). Zwei Kreuze, die auch im Schnittpunkt vernagelt werden, geben dem Sitz Festigkeit. Das Tiefere hilft zusätzlich, die Schräghölzer unterhalb der sechsten Quersprosse abzustützen.

6 Der angelehnte Jagdsitz wird am Baum fertiggestellt. Für Sitzfläche und die eventuelle Lehne nimmt man stärkere Bretter. Die überstehenden Armstützen haben von der Sitzebene einen Abstand von ca. 60 cm. Nach vorne schließt eine Gewehrauflage ab. Der nicht zu dicke Prügel ist ausschwenkbar, und man kann ihn in der Höhe verstellen (leichter Einstieg; Veränderung des Schußwinkels!).

Bau einer einfachen, stabilen Hochsitzleiter:

1 Schnitt der Leiterbäume
2 Nageln der Quersprossen
3 Stützstangen und Sitzauflagen
4 Anbringen der Verbindungsstrebe
5 Aufstellen der Leiter
6 Fertigmachen des Jagdsitzes

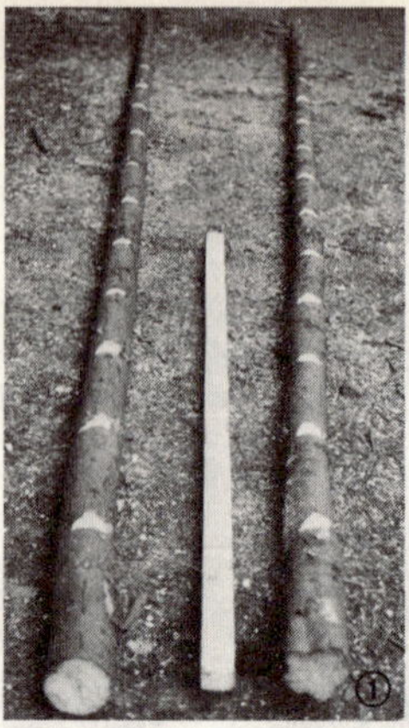

Hochsitze werden vor der Hauptwindrichtung aufgestellt. (Der Wind weht zum Jäger!) Man baut sie an Stellen, wo Wild erfahrungsgemäß austritt. Sie sollen schnell und lautlos erreichbar sein (Wendemöglichkeit für das Auto, Pirschsteige) und sich harmonisch in die Landschaft einfügen.

Wie können Hochsitze aussehen?

Es gibt Ansitzleitern mit und ohne Dach sowie offene und geschlossene Kanzeln.

Eine *Ansitzleiter* hat den Vorteil, daß sie im Revier schnell umgestellt werden kann. Dafür ist man aber auf ihr dem Wind und dem Wetter weitgehend schutzlos ausgesetzt. Eine Ansitzleiter ist an einem Baum festgemacht oder mit einem Querholz an zwei Bäume angelehnt. Bei stärkerer Luftbewegung wird jedoch letztere allzu schnell zu einer „Musikschaukel". Sie kann durch Verstrebung auch freistehend gebaut werden. Zur Erhöhung der Standfestigkeit sind Leiterholme und Streben in Erdnähe mit eingeschlagenen Pfählen und durch soliden Draht zu sichern. Die Berufsgenossenschaft fordert, daß für Holme und Sprossen gesundes entrindetes Material verwendet wird und aufgenagelte Sprossen in Einkerbungen der Holme eingelassen werden (s. Abb. unten). Die Sprossenbreite beträgt 25–35 cm. Bei einer Ansitzleiter mit Innenaufstieg läßt sich das Wild bereits beim Beziehen beobachten. Das Sitzbrett wird so angebracht, daß man es hochklappen kann. An der Doppelansitzleiter stützt ein dritter Holm die über einen Meter breiten Sprossen in der Mitte ab.

Eine *offene Kanzel* reicht je nach Verwendungszweck bis in acht Meter Höhe. Das Sitzbrett hat vom Kanzel-Boden einen Abstand von 45 cm. Die Auflage

Gedeckter Hochstand (offene Kanzel)

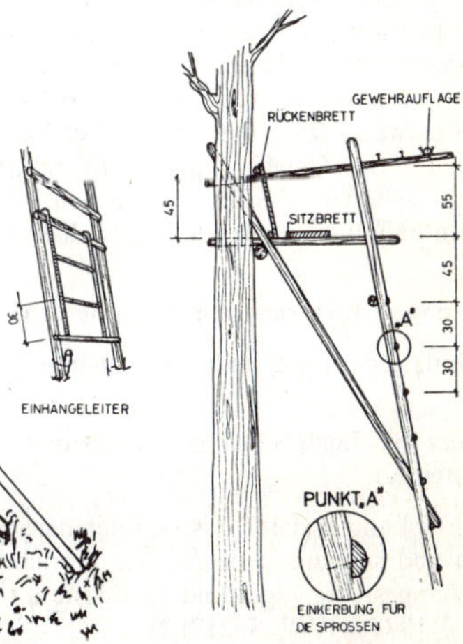

Ansitzleiter mit Rückenbrett und Einhängeleiter

Das Besteigen von Hochsitzen durch Unbefugte läßt sich erschweren, wenn man beim Bau der Leiter die unteren Sprossen wegläßt und zum Beziehen des Hochsitzes eine kurze Anstell- oder Einhängeleiter benutzt, die man in Hochsitznähe versteckt hält oder mit sich führt.

für den Ellbogen mißt 85 cm und die Oberkante der Gewehrauflage, die man mit Filz oder Gummi bekleben kann, 98–100 cm. Sitz und Auflagebrett müssen verschiebbar sein, damit man nach allen Seiten schießen kann. Wenn man bei etwa 1,20 × 1,20 cm Grundfläche eine lichte Höhe von 1,80 cm wählt, kann sie gut von zwei Personen bezogen werden. Die Standpfosten gehen bis zum Dach durch, das man 15 cm überstehen läßt. Mit Latten wird die Teerpappe festgenagelt. Es empfiehlt sich, eine Seite ganz zu verkleiden. Außerdem bringt man in 15–20 cm Höhe über der Gewehrauflage als Schutz gegen Sicht einige schmale Stangen oder „Kopfbretter“ an.
Geschlossene Kanzeln schützen den Jäger gegen Witterungsunbilden und schlechten Wind. In ihnen kann man die ganze Nacht verbringen. Im Winter braucht man zum Schlafen auf der Schaumgummiunterlage einen Schlafsack. Vorteilhaft ist immer eine „Nachtvase“! Frühmorgens hat man oft prächtigen Anblick und Schußgelegenheit. Wer Zerstörung der Glasscheiben vermeiden will, bringt auch Fensterklappen an. Sprechfunk wird nur in Sonderfällen (Wilderer) nützlich sein.
Der Jäger „bezieht“ Hochsitze, wenn er sie benutzt!

Worauf ist beim Aufstellen von Hochsitzen zu achten?

Sie müssen weit von der Nachbargrenze (in *Nordrhein-W*. über 75 m, im *Saarland* mindestens 100 m) entfernt und so zu erreichen sein, daß man den Wechsel des Wildes nicht zu überqueren braucht, denn Rotwild, Schwarzwild, Dachs und Fuchs prallen meistens vor einer frischen menschlichen Spur zurück.
Am besten verwendet man frische Lärchen- oder Fichtenstangen. Das Bauholz darf (auch Dürrlinge) man nur mit Einwilligung des Eigentümers den umliegenden Beständen entnehmen. Damit bei späterem Bretterschnitt die Sägblätter nicht zerstört werden, nagelt man die Hochsitze nicht an Bäume. Sie lassen sich genausogut mit einem Holzrahmen daran befestigen oder entsprechend anstützen. Der Revierinhaber ist verpflichtet, Hochsitze und Leitern alljährlich im Frühjahr auf einwandfreien Zustand zu überprüfen. Auch bei Ansitzleitern müssen Auflagen für das Gewehr und die Ellenbogen angebracht werden, die die Abgabe eines sicheren Schusses ermöglichen.
Man baumt stets mit den Füßen dicht an den Holmen auf.

Wann sollen Hochsitze bezogen werden?

Mindestens eine Stunde vor dem erwarteten Erscheinen des Wildes.

Kann der Jagdpächter gegen unbefugte Benutzung seiner Jagdeinrichtungen einschreiten?

Ja! Er kann anderen das Betreten der jagdwirtschaftlichen Einrichtungen verbieten und sie zum Verlassen der Einrichtungen auffordern; er kann die Befugnis auf angestellte Jäger und Jagdgäste übertragen (Art. 2 (2) *Nieders*. JagdG vom 24.2.1978 (GVBl. S. 217).*)

---

*) Die Jagdberechtigten des Landes *Hessen* stützen sich hierbei auf § 41 Abs. 1 Ziff. 5 des Ausführungsgesetzes zum Bundesjagdgesetz vom 24. Mai 1978 (GVBl. 15 vom 2. Juni 1978 S. 286), in dem es heißt:
Ordnungswidrig handelt, wer unbefugt Jagdeinrichtungen betritt oder benutzt oder mutwillig das Wild und die Jagdausübung stört.

Die Jagdberechtigten sollten deshalb (besonders auch wegen der Haftpflicht) an ihren Hochsitzen Plastik- oder Metallschilder mit folgender Aufschrift anbringen:

„Beschädigen, unbefugtes Betreten oder Benutzen wird strafrechtlich verfolgt!
(§ xx des Gesetzes v. xxx)"

Wie wurde das Erlegen von Wild aus Luftfahrzeugen, Kraftfahrzeugen oder maschinengetriebenen Wasserfahrzeugen geregelt?

Es ist jetzt nach § 19 Ziffer 11 BJG verboten (s.S. 715); das Verbot umfaßt nicht das Erlegen von Wild aus Kraftfahrzeugen durch Körperbehinderte mit Erlaubnis der zuständigen Behörde. In *Niedersachsen* kann nach Art. 26 V LJG Körperbehinderten die Jagd von Kraftfahrzeugen aus auf eine bestimmte Frist erlaubt werden.

Wild und Wetter

Welchen Einfluß hat das Wetter auf die Äsungssuche des Wildes?

Feuchtes Wetter (auch Nebel), Windruhe und bewölkter Himmel lösen bei Wild eine besondere Aktivität bei der Äsungssuche aus; Sturm, Hitze und lange Sonneneinstrahlung hemmen sie.
Nebel und Schneetreiben sind günstig für Ansitz und Pirsch auf Fuchs und Ente. Auch Rotwild fühlt sich bei Nebel so geborgen, daß es erst nach Sonnenaufgang ans Einziehen denkt. Krähen halten bei Nebel den Jäger bis auf Schußentfernung aus.

Wie verhält sich Wild bei Witterungswechsel und Wind?

Wild wird von der Witterung stark beeinflußt. Jeder Witterungswechsel steckt ihm schon tagelang in den Knochen und läßt es besonders heimlich werden. Damwild wechselt schon zeitig vor Schlechtwetterbeginn in dichte Bestände und kommt nicht mehr in Anblick. Rehwild tritt früher als sonst aus, um hastig und nervös in Waldnähe zu äsen. Bei Wind und Sturm fühlt es sich (wie auch Rotwild) unbehaglich und unsicher, da Gehörsinn und Witterungsvermögen stark beeinträchtigt werden. Man findet Wild daher bei stürmischem Wetter meist nur in windgeschützten Hängen und Mulden (also „unter Wind"). Das gilt besonders auch für den Hasen. Jeder Waidmann sollte deshalb die Regel beherzigen: „Wenn der Wind jagt, soll der Jäger nicht jagen!"
Leichter und stetiger Wind wirkt sich dagegen bei der Jagd günstig aus, besonders bei der Hühnersuche, da dann der Hund unter Wind viel leichter findet als an windstillen Tagen.

Wie wirken Hitze und Dürre auf das Wild (und die Nachsuche)?

Bei Hitze und Dürre sind die Reviere wie ausgestorben. Das Wild tritt dann oft nur nachts zur Äsung aus. Hitze und Dürre sind sehr ungünstig für die Schweißarbeit!

Wie verhält sich Wild bei Regen und Sturm?

Regen und Sturm sind das ungünstigste Wetter, das man zur Jagdausübung haben kann. Das Wild sucht dann die größten und dichtesten Bestände und Stangenhölzer auf. Kaninchen stecken im Bau. Leichter Regen dagegen veranlaßt Reh- und Rotwild gern zum Austreten.
Der Hase verharrt auch bei anhaltendem Regen in der Sasse, wenn er „unter Wind" liegt. Bei Schneefall verläßt er dagegen das Feldrevier und sucht den Wald auf. Bei geräuschvollem Laubfall rückt er ins Nadelholz. Der Berghase rückt mit Beginn des Winters gern in tiefer gelegene Reviere (s.S. 257).
Federwild hingegen nimmt bei Regen und Sturm in Hecken und Büschen oder am Waldrand Zuflucht.

Welchen Einfluß hat ein Gewitter auf Wild?

Vor dem Gewitter zeigt sich Wild, besonders Rehwild, nervös und unruhig. Es nimmt die Äsung mit einer gewissen Gier auf. Dann zieht es in die schützende Deckung. Nach dem Gewitter erscheint das Wild wieder überall.
Wer Wild antreffen oder mit Erfolg auf einen alten Bock waidwerken will, muß unmittelbar nach dem Gewitter im Revier sein. Sehr günstig für Ansitz und Pirsch ist auch der auf ein Gewitter folgende windstille und sonnenüberflutete Morgen, da dann das Wild mit Vorliebe umherbummelt.

Wie soll sich der Jäger bei einem Gewitter verhalten?

Der Jäger soll bei einem Gewitter Hochsitze verlassen und versuchen, möglichst schnell sein Auto zu erreichen. Dort ist er am sichersten (Faradayscher Käfig). Ansonsten entlädt er sein Gewehr und geht möglichst in das Zentrum eines gleichalten Bestandes. Dort hockt er sich einen Meter vom nächsten Baum entfernt auf den Boden. Die Füße drückt er zusammen, die Hände sollen die Erde nicht berühren. Relativ sicher ist man auch neben einer Felswand oder in einer Muldenlage.

Wann ist der Mond am hellsten?

Etwa zwei Tage vor Vollmond und zwei Tage danach. In der Zeit vor dem Vollmond soll der Jäger vor Mitternacht ansitzen. In der Zeit nach Vollmond ist es nach Mitternacht am hellsten. Man sollte gerade die mondhellen Nächte zur Fuchsbejagung ausnützen.

Welche Arten von Wind unterscheidet der Waidmann?

Guter Wind weht dem Jäger ins Gesicht. Nackenwind ist schlechter Wind. Er streicht vom Jäger zum Wild.
Halber Wind trifft den Waidmann von der Seite.
Auf Waldlichtungen kann der Wind küseln. Dabei bilden sich Wirbel. Küselwind kann den Jäger umküseln und dem Wild so die menschliche Wittrung zutragen. Es wirft „unerwartet" auf, wird auf ihn aufmerksam, sichert und springt ab.
Der Morgenwind streicht im Gebirge bergauf. Erst nach dem Sonnenuntergang fällt der Wind wieder ins Tal. Auch Seewind hat bei Tag und Nacht wechselnde Richtung, da sich Wasser und Land verschieden schnell abkühlen bzw. erwärmen.

Ruhe im Revier

Welchen Wert hat die Ruhe im Revier?

Je größer die Ruhe im Revier ist, um so sicherer hält das Wild seinen Stand. Vor allem soll das Herz des Reviers nicht beunruhigt werden; das Wild stellt sich sonst in ein anderes Revier um. Die neuen Waldgesetze (s. unten) sollen verhüten, daß aus der

„Erschließung des Erholungswaldes"

allgemeine Waldfreiheit und Rummelplätze werden!

Unter dem Herzen des Reviers versteht man diejenige Stelle im Revier, an der das Wild seinen bevorzugten Tageseinstand hat. Das sind besonders die besten Dickungen. Das Herz des Reviers kann demnach sowohl in der Grenznähe als auch im Innern des Reviers liegen.

Die Beunruhigung der Grenze hat ebenso wie der Grenzansitz in Erdlöchern und die Begehung ähnlicher Grenzsünden als verwerflich zu gelten, da hierdurch die gutnachbarlichen Verhältnisse getrübt werden. Die Grenze soll neutrale Zone sein!

Wie soll sich der Jäger bei Jagdstörungen durch Naturfreunde, Spaziergänger oder Camper zweckmäßig verhalten?

Er soll sein Temperament zügeln und versuchen, mit ausgesuchter Höflichkeit zum Ziel zu kommen. Mit Heftigkeit, Gereiztheit oder gar mit Handgreiflichkeiten erreicht man nichts, sondern setzt sich leicht ins Unrecht und schadet damit dem Ansehen der Jägerschaft. In gleicher Weise bewegt man die Spaziergänger, mitgeführte Hunde anzuleinen (ggf. durch Hinweis auf aufgestellte Fallen oder eine bestehende Tollwutgefahr!).

Hat der Jagdpächter das Recht, das Betreten und Benutzen von Wegen, Schnelsen, Lichtungen usf. zu verbieten?

Nein! Das kann nur der Waldeigentümer oder der Nutzungsberechtigte. Gegen den Mißbrauch des Waldes, aber auch für nötige Hegemaßnahmen, kann er sich nach den Waldgesetzen durch Verbotshinweise schützen, und zwar mit Genehmigung des Landkreises oder der kreisfreien Stadt. Fahrlässige Sachbeschädigung wird nach dem BGB, vorsätzliche nach dem StGB verfolgt.

Das bloße Betreten des Waldes und das Betreten der Flur auf Privat- und Wirtschaftswegen ist grundsätzlich erlaubt.

Wer unbefugt Forstkulturen (Schonungen) betritt oder beschädigt, begeht eine Ordnungswidrigkeit nach den Feld- und Forstordnungsgesetzen der Länder. Näheres hierzu siehe:

§ 14 *Bundeswaldgesetz* vom 2.5.1975 (BGBl. S. 1037);

§§ 13, 14 des *Niedersächs.* Landeswaldgesetzes vom 12.7.1973, S. 233, für *Nordrhein-Westf.* s. Landes-Forstgesetz vom 29.7.1969 (GV NW S. 588) und Feld- und Forstschutzgesetz (FFSchG NW) vom 14.1.1975 und § 6 des Landespflegegesetzes von *Rheinland-Pfalz* vom 14.6.1973 (GVBl. S. 147) und Bundesgesetz über Naturschutz und Landschaftspflege (BNatSchG) (S. 727–731).

Behandlung von Beutegreifern und Streunern

Welcher Unterschied besteht zwischen Beutegreifern und Streunern?

Immer mehr setzt sich in Jägerkreisen der Ausdruck Beutegreifer für Tiere durch, die vom anderen Wild leben oder sich durch Eierraub ernähren.
Zu den *behaarten Beutegreifern* zählen Luchs, Wildkatze, Fuchs, Dachs, Baum- und Steinmarder. Sie unterliegen dem Jagdrecht. Einige Ländergesetze erklären auch die Faunenverfälscher Marderhund und Waschbär zu jagdbaren Tieren. Sie haben meist keine Schonzeit, der Schutz beider Elterntiere bei der Aufzucht der Jungen ist allerdings zu beachten.
Die Wanderratte, die sich als Eierräuber betätigt und auch anderweitig Schaden anrichtet, unterliegt weder dem Schutz des Jagdrechts noch dem des Artenschutzes. Sie darf überall ganzjährig verfolgt werden.*)
Zu den *befiederten Beutegreifern* zählen Eulen, die unter Artenschutz stehen, sowie die Greifvögel, die zwar dem Jagdrecht unterliegen, aber bundesweit ganzjährig von der Jagd zu verschonen sind. Auch einige Rabenvögel leben wie Beutegreifer. Dazu zählen Rabenkrähe, Elster und Eichelhäher, die Gelege plündern und sich auch an Nestjungen und Jungtieren vergreifen können. Sie unterliegen dem Artenschutz (Ausnahme: Kolkrabe, der dem Jagdrecht unterliegt und ganzjährig geschont ist).
Unter *Streunern* versteht man Hunde, die sich der Einwirkung ihres Herrn entzogen haben, oder Katzen, die sich außerhalb der ihnen gesetzlich zugesicherten Schutzzonen um bewohnte Häuser aufhalten. Sie sind eine Geißel der Wildbahn und müssen bekämpft werden. Eine wildernde Katze ist schlimmer als drei wildernde Hunde.

Vor welchen Wildfeinden muß der Wildbestand geschützt werden?

Vor Wilderern, Frettierern, Streunern (Hunde außer Einwirkung ihres Herrn und Katzen außerhalb der Schutzzone), dem Fuchs, Waschbär, Marderhund oder Enok und den Eierschleckern Dachs, Marder, Iltis, Wiesel und Ratte. Dieser Schutz ist auch für die Bodenbrüter (s. S. 723) notwendig!

Wie ist dieser Schutz möglich?

Nur dadurch, daß man das Revier ständig zu verschiedenen Zeiten und auf verschiedenen Anmarschwegen, insbesondere auch in der jagdlosen Zeit, unter strenger Aufsicht hält.

Welchen Nutzen haben Beutegreifer?

Sie halten Mäuse und Ratten kurz. Zudem beseitigen sie kümmernde und schwerkranke Stücke wie auch das Fallwild. So werden sie zu einem wertvollen Gehilfen bei der Wildseuchenbekämpfung (zur „Gesundheitspolizei"). Beutegreifer gehören in den Naturhaushalt.

---

*) Der Nichtbeutegreifer Bisam, der ebenfalls keinen Schutz einer der beiden Gesetze genießt, unterwühlt vor allem Dämme. Das Nagetier darf vom Jagdausübungsberechtigten erlegt werden, wo kein amtlicher Bisamfänger angestellt ist. Amsel, Star und Haussperling sind weitere Tierarten, die weder dem Jagdrecht noch dem Artenschutz unterliegen.

Beutegreifer mit und ohne Jagdzeit (bzw. Artenschutz)

- behaart
  - *einheimisch*
    - ∞ Fuchs
    - ⊗ Luchs
    - ⊗ Wildkatze
    - ∞ Dachs
    - ∞ Baummarder
    - ∞ Steinmarder
    - ∞ Iltis
    - ∞ Wiesel
  - *Faunenverfälscher*
    - Marderhund*
    - Waschbär*
- befiedert
  - ⊗ *Greifvögel*
  - *einige Rabenvögel*
    - × Elster
    - × Eichelhäher
    - × Rabenkrähe
    - ⊗ (Kolkrabe)
  - × *Eulen*

Streuner werden bekämpft!

- Hunde, außerhalb der Einwirkung ihres Herrn
- Katzen außerhalb der Schutzzone um bewohnte Häuser

Gebrauch der Fanggeräte

Welche Bedeutung hat die Jagd mit der Falle im Niederwildrevier?

Bei der Fallenjagd handelt es sich um eine waidgerechte Hegemaßnahme. Beutegreifer (besonders das Wiesel) werden kurz gehalten und Streuner (besonders wildernde Katzen) ausgeschaltet.

Wer darf die Fallenjagd ausüben?

Neben dem Revierinhaber nur ein Jagdscheininhaber mit dessen Berechtigungsschein (Ausnahme: Bisamfänger!).

Wie viele Fallen stellt man auf?

Es ist falsch, im Revier nur hie und da eine Falle aufzustellen. Man bringt mindestens 6–8 Fallen aus, je 20–50 m voneinander entfernt. Das spart viel Lauferei und garantiert den Erfolg. Nach geraumer Zeit konzentriert man die Fallen in einem anderen Revierteil. Fallen gehören in die Feldflur oder in den Wald. Am Waldrand sind sie fehl am Platze. Hier ist alles Wild mißtrauisch, da er oft von Menschen belaufen wird.

* = unterliegen in einigen Bundesländern dem Jagdrecht
∞ = Jagdrecht
⊗ = Jagdrecht, ohne Jagdzeit (ganzjährig geschont)
× = Unterliegen dem Naturschutzrecht (Artenschutz), sind geschützt

Was ist ein Fangbunker und was eine Fangburg?

Ein Fangbunker ist ein Raum in oder unter der Erde, meist eine Erdaushebung, in dem ein Fanggerät untergebracht ist. Hier sind Fallen, vor allem außerhalb des Zugriffs von Kleinkindern, sicher aufgehoben.
Fangburgen bestehen aus lockeren Steinhaufen, die oft mit Astwerk überdeckt werden. Zum Schutz vor Kleinkindern werden sie eingezäunt. Die wenigen Einschlüpfe führen zu Fanggeräten. In Fangburgen werden gern Abfälle geworfen, um Beutegreifer anzulocken. Auch sät man gern Getreide hinein, um Mäuse dort zu halten, denen wiederum das Interesse vieler Beutegreifer gilt.
Der Jäger muß die Jagd mit der Falle beherrschen! Der Fallenbau und Fallenfang läßt sich am besten in einem Lehrgang in einem Lehrrevier erlernen.*)

Welche Fanggeräte sind verboten?

Verboten sind Schlingen jeder Art und alle Fanggeräte, die nicht unversehrt fangen oder nicht sofort töten (wie Pfahl- und Tellereisen) sowie Selbstschußgeräte. Außerdem ist der Fang in Fang- und Fallgruben ohne Genehmigung der zuständigen Behörde verboten.

Was sind Tellereisen und Pfahleisen?

Es sind Eisen, bei denen das Zusammenschlagen der Bügel durch Betreten der Abzugsvorrichtung ausgelöst wird.
Es sind barbarische Fangwerkzeuge, die den sich darin fangenden Tieren die Läufe, Ständer oder Fänge zerquetschen oder abschlagen und sie langsam und qualvoll zugrunde gehen lassen. Sie sind mit dem Tierschutzgedanken unvereinbar und deshalb verboten.

Sind Abzugeisen zulässige Fanggeräte?

Ja, denn bei ihnen wird eine Fangvorrichtung dadurch ausgelöst, daß der Beutegreifer oder Streuner durch Abheben eines Brockens (Spatz, Gescheide, Ei) das Eisen abzieht und dadurch sofort getötet wird (Schwanenhals, Eiabzugeisen und Wasserabzugeisen).
Das bekannteste und beste Eisen zum Fuchsfang ist der Schwanenhals. Man bettet es an seichten Wasserstellen derart ins Naß, daß nur noch der Fangbrocken gut sichtbar ist. Beködert wird mit einem Stück Fisch oder einem Hühnerkopf. Beim Eiabzugeisen muß der Marder das Ei mindestens zwei Zentimeter anheben können, bevor er die Falle abzieht. Sonst schöpft er Verdacht.

---

*) In den Lehrrevieren der Landesjagdverbände
LJV Schleswig-Holstein: Gröhnwald, 2301 Schwedeneck und Wolmersdorf, 2223 Meldorf
LJV Hamburg: Hoisbüttel
LJV Niedersachsen: Jägerlehrhof, 3257 Springe, Jagdschloß
LJV Nordrhein-Westfalen: Jägerhof Brüggen
LJV Hessen: 6100 Kranichstein, Jagdschloß
LJV Baden-Württemberg: 7951 Laupertshausen
LJV Bayern: 8621 Oberlangenstadt
LJV Rheinland-Pfalz: Lehrrevier Vorholz, 6719 Oberwiesen und 6531 Gensingen
LJV Saarland: Warndt
werden Lehrgänge im Selbstbau und Gebrauch von Fanggeräten abgehalten. Anmeldungen hierzu sind beim jeweiligen LJV (s.S. 818) vorzunehmen.

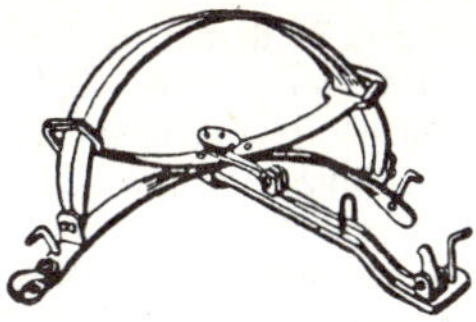

Schwanenhals und Wasserabzugseisen,
Bügelweite 56 × 45 cm

Selbstabzugseisen (Eiabzugseisen)
für Marder und Iltis

Was ist bei der Verwendung gefährlicher Fangeisen, z.B. der Schwanenhälse, zu beachten?

Vor dem Legen gefährlicher Eisen ist u.U. die Erlaubnis des Grundstückseigentümers einzuholen.
Beim Spannen der Schlageisen ist mit größter Vorsicht vorzugehen. Das Freilegen der Sicherung bei verlegten Schlageisen darf nur mit einem geeigneten Gegenstand erfolgen. Die Eisen dürfen nicht an Orten aufgestellt werden, die Menschen begehen.

Wie funktioniert die Scherenfalle?

Am Galgen (A) der Scheren- oder Quetschfalle hängt an einem 15 cm langen Faden (B) die Stellzunge (C). Sie ist im Tretholz (D) eingerastet. Wird dieses von einem Beutetier berührt, schlägt die Falle zu. Die miteinander verbundenen

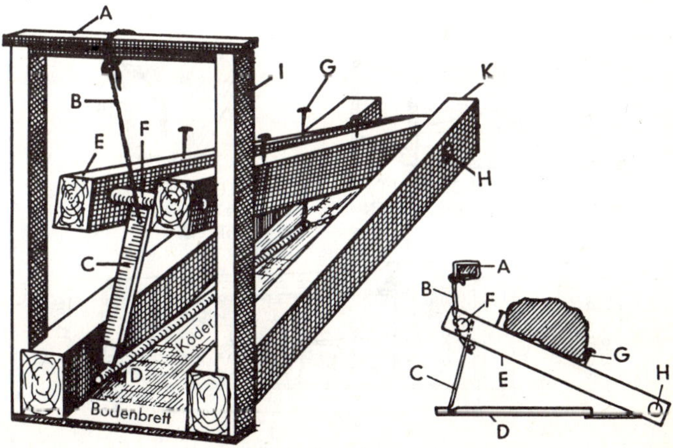

Scherenfalle fängisch gestellt (ohne Belastung)
Maße: Höhe von A 40 cm, Breite I 25 cm, Länge der Grundhölzer K 70 cm, Stärke 4 × 9 cm (oder Rundholz), Stellzunge 17 cm

Würgebalken (E), die mit ihrer Verbindung (F) auf dem Bindfaden der Stellzunge rasten, befreien sich und knallen herunter. Damit sie sofort tötet, sind sie mit einem schweren Stein belastet, der von großen Nägeln (G) gehalten wird. Sie drehen sich dabei um den Bolzen (H), der die Grundhölzer (K) mit den Würgebalken verbindet.
Die Falle hat kein Bodenbrett, denn unter ihr, weit hinten am Tretholz, wird der Köder eingegraben. Es bieten sich dazu Gescheide von Hasen und Kaninchen, sowie Stücke eines Eichelhähers an. Auch Fischabfälle beweisen schnell ihre anziehende Wirkung.
Wie jedes Fanggerät soll die Scherenfalle gut verblendet werden. Man nimmt dazu im Wald Dürrholz, im Feld trockenes Material aus der Umgebung und bindet es auf ein Drahtgeflecht. Auf diese Weise kann man die Falle schnell freilegen und ebenso flink wieder darunter verbergen.

Wie fängt man mit der Wippbrettfalle?

Sie ist die ideale Wieselfalle. Ihr bester Platz liegt auf der Feldflur. Man richtet sie an den Feldrain oder hackt einen Steig zwischen zwei Felder, der als glatter Einlaufwechsel direkt an das Fanggerät führt. Man kann die Wippbrettfalle auch in Steinbauten oder in trockene Gräben einbauen.
Obwohl gefangene Wiesel innerhalb kurzer Zeit nach dem Fang durch Herzschlag verenden, sollte das Fanggerät täglich revidiert werden. Um Mäusefänge zu vermeiden, beschwert man das Wippbrett der Falle am Einlauf unten mit einem 45 g schweren Bleistreifen. Am Ende des Laufbrettes kann man einen „Meldedraht" anbringen, der einen Fang anzeigt (s. Abb. unten). Es gibt auch witterungsunempfindliche Kunststoff-Fallen.
Die Wippbrettfalle darf in der Schonzeit der Mauswiesel (1.3.–31.7.) nicht benutzt werden, falls sie nicht mit einem Loch von 23 mm Durchmesser zum Entweichen versehen ist.

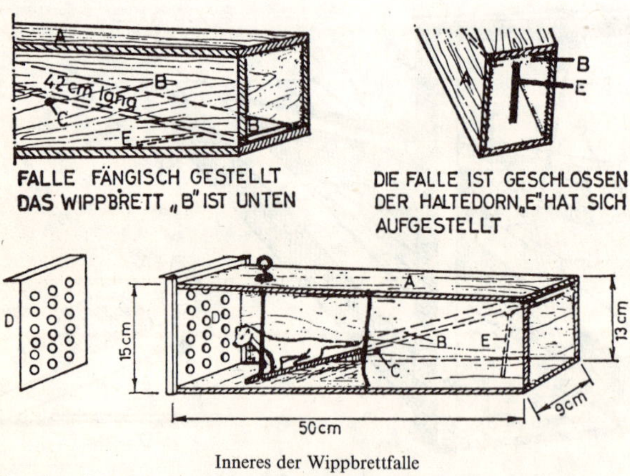

Inneres der Wippbrettfalle

A = Gehäuse (aus Holz, Eternit oder Asbestzement), B = Wippbrett, C = Wippachse, D = herausziehbarer, gelochter Blechschieber, E = Haltedorn (stellt sich aufrecht, wenn das Wippbrett durch Betreten hochwippt)

Was ist bei der Verwendung von Totschlagfallen zu beachten?

Sie dürfen für Marder nur zur Jagdzeit (16. Oktober bis 28. Februar) fängisch gestellt werden und dürfen kein anderes Wild gefährden. Das Ankirren mit geeigneten Brocken kann jedoch schon monatelang vorher erfolgen. Der Einlaß zu diesen Fallen muß vom 1. August bis 15. Oktober so verengt werden, daß nur Iltis und Wiesel gefangen werden können, da Iltis und Wiesel nur vom 1. August bis 28. Februar Jagdzeit haben.

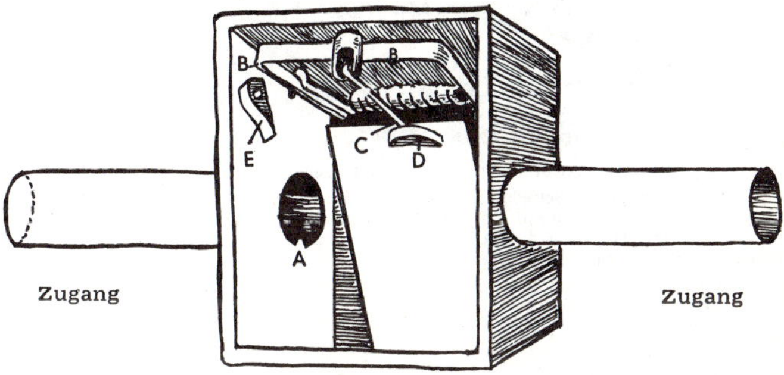

Totschlagfalle (nach dem Mausefallenprinzip)
Blick in den Fallenkasten. Deckel abgenommen!

A = Einlaß zur Totschlagfalle (gegenüber genauso); B = Totschlagbügel; Drahtstift C (Stellstift) klemmt hinter dem Holzteller D und hält diesen in Schwebe. Wird der Holzteller berührt, wird Drahtstift C frei, und der Totschlagbügel B schlägt nach unten. E = drehbare Sicherung.

Der Einlaß zur Totschlagfalle darf nur 5 cm im Durchmesser groß sein, wenn nur Iltis und Wiesel gefangen werden sollen (für Marder genügt ein Einlaß von 6 cm, für Katzen von 8 cm). Der Zugang muß jedoch so lang sein, daß Jagdhunde ihre Nase nicht in den Einlaß stecken können.

Wozu dient die Kastenfalle, und wo wird sie aufgestellt?

Sie dient zum Lebendfang von Waschbär, Katze, Marder, Iltis und Wiesel. Sie hat zwei Einläufe und fängt mit oder ohne Köder. Fangen sich Mauswiesel in der Schonzeit (vom 1.3. bis 31.7.), müssen sie freigelassen werden.
Sie wird längs der Kulturzäune, in trockenen Gräben, auf glattgeharkten Zwangswechseln, vor Zaunlöchern oder auf einem schmalen Brett über einem Wasserlauf gestellt. Das Trittbrett wird nur dann fängisch gestellt, wenn die Falle fangen soll.
Für den Waschbär stellt man große Kastenfallen (etwa 50 × 50 × 150 cm) am Rande einer Müllkippe auf und beködert sie mit einem Ei oder mit Rosinen. Gut bewährt hat sich der Selbstbau der „Harzer" Kastenfalle mit Falltüren senkrecht von oben.
In *Baden-Württemberg* dürfen lebend gefangene Katzen nicht mehr getötet werden.

Kastenfalle, fängisch gestellt, Inneres sichtbar, auf einem Laufbrett über einem Wasserlauf

Das Stellbrett A wird beim Betreten bewegt. Dadurch gibt der Haltedorn B die Stellung C frei. Hierdurch fallen die aus einem Stück gearbeiteten Haltestücke D und damit die Fallbretter E nach unten. Gleichzeitig fallen auch die Fallbolzen F nach unten und schließen beide Fallbretter fest zu. In der Schonzeit gefangenes Wild läßt man frei.

G = Deckel der Falle geöffnet; von hier aus wird das Stellbrett fängisch gestellt. Abschlußdraht zur Kontrolle des Fangergebnisses.

Welche Prügelfallen sind am gebräuchlichsten?

Neben der einfachen Prügelfalle (Knüppelfalle) der erhöht angebrachte Marderschlagbaum und die Rasenfalle.

Mit den Prügelfallen versucht man, vor allem den Marder kurz zu halten. Es handelt sich dabei um Schlagfallen. Das Dach aus Prügeln liefert so viel Wucht,

Selbstgebaute Prügelfalle (Totschlagfalle) mit Fangschloß
(Abb.: E. Grell & Co Nachf., Sodener Str. 32, 7000 Stuttgart-Cannstatt)

daß das angeköderte Tier damit erschlagen wird. Um die Wirkung zu erhöhen, legt man gern noch einen Stein auf. Im Schwarzwildrevier errichtet man die Prügelfalle vorzugsweise auf einem erhöhten Podest. Diese Fangeinrichtung heißt dann Marderschlagbaum. Der Steigbaum muß dabei direkt zum Köder führen. Am sichersten fängt man den Marder in nicht zu dichtem Stangenholz, auf engen Dickungsschneisen und manchmal auch an Pirschwegen. Als Köder eignen sich Eier, Hasengescheide, Obst (im besonderen Birnen) oder eine frischgeschossene Ringeltaube. Mit wenigen Tropfen Anisöl erhöht man die Anziehungskraft. Den Köder legt man in einen Blumentopf unter die Falle. Seitliche Steine verhindern, daß er ohne Auslösen des Fangmechanismus freigekratzt werden kann. Die Vorderseite einer Prügelfalle muß mit einem Halbkreis aus kleinen Rundhölzern abgegrenzt sein, damit sie ungehindert zuschlagen kann. Zum Verblenden schlägt man vor ihr eine Astgabel in den Boden. In sie legt man einen Ast, über den man Reisigäste hängt.

Welches Wild läßt sich in der Rasenfalle fangen?

Alle behaarten Beutegreifer und Streuner (Hunde ohne Einwirkung, Katzen außerhalb der Schutzzone). Das von Wildmeister Amann neu entwickelte Fanggerät hat eine Fallhöhe von fast 50 cm und ein Schlaggewicht zwischen 40 und 50 kg. Eine in die Konstruktion mit einbezogene Rattenfalle muß diese große und schwere Falle auslösen. An der angesprochenen Rattenfalle hängt das durchstochene und aufgefädelte Köderei (auch andere Köder sind möglich!). Schnappt sie zu, wird das Stellholz von der Stütze gezogen. Als Abzugschnur empfiehlt sich eine nicht dehnbare Kunststofflitze, die etwas durchhängen soll, um den richtigen Schwung zu bekommen. Damit sie nicht verkanten kann, läuft sie durch einen dünnen Gummischlauch.

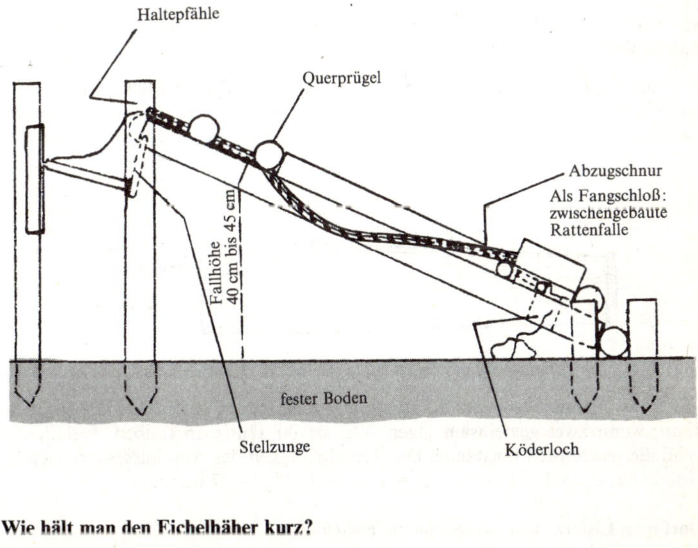

Wie hält man den Eichelhäher kurz?

Man fängt Eichelhäher in einer umgebauten alten Obstkiste. Genausogut könnte man diese einfache Falle auch Elstern- oder Krähenfalle nennen, denn diese Tiere fangen sich ebenso häufig darin. Die Fangkisten kann man leicht eigenhändig basteln. Auf die erwähnte Obstkiste kommt ein schwerer Deckel. Als Scharniere befestigt man mit Breitkopfnägeln zwei Stücke eines Fahrradmantels. Ebenso einfach ist die Stellung einzurichten. Auf die Breitseite des offenen Kistenrandes schlägt man einen Stift. Um ihn wickelt man ein 10 cm langes Zwirnstück, das mit dem anderen Ende an ein Ästchen gebunden wird. Es darf an der gegenüberliegenden Kistenseite nur wenige Millimeter überstehen. Drei Zentimeter vor dem Ende des Ästchens legt man den Stellstab auf, der den Deckel hält. Der einfliegende Häher lockert diese Balance, und der Deckel fällt zu. Man befestigt die Kiste auf einem Pflock oder gräbt sie in den Boden. Zehn Fallen im Abstand von jeweils einigen Schritten erhöhen den Fangerfolg. Die Kisten stellt man gern im Hochholz auf. Beködert wird mit Mais, Eicheln oder Hühnereiern. Rabenvögel stehen ab 1.1.87 unter Naturschutz (Ausnahme Kolkrabe). Das ist bei Verwendung der Eichelhäherfangkiste zu beachten. Manche Bundesländer haben aber zeitlich befristete Ausnahmeregelungen erlassen. Es können auch Sondergenehmigungen zu ihrer Bejagung erwirkt werden (s.S. 351).

Luderplatz, Hüttenjagd, Ausneuen, Baujagd

Durch welche Jagdmethoden werden Beutegreifer und Streuner mit der Flinte kurzgehalten?

Durch Ansitz am Luderplatz oder in der Krähenhütte (s. Frage vorher!), durch Einkreisen, Ausneuen, Auspochen und durch Sprengen (von Fuchs und Graben von Dachs) aus dem Bau. Merke: Wer den Bau kennt, hat den Dachs!

Mit Hilfe welchen Lockinstrumentes kann man den Fuchs, wildernde Hunde und Katzen sicher vor die Flinte bringen?

Mit der Hasen- oder Kaninchenklage und dem Mauspfeifchen. Beim Ansitz im Winter bedient man sich des tarnenden Schneehemdes. Beste Abfangplätze sind Brücken- und Wegeübergänge! Die beste Zeit ist die Morgendämmerung!

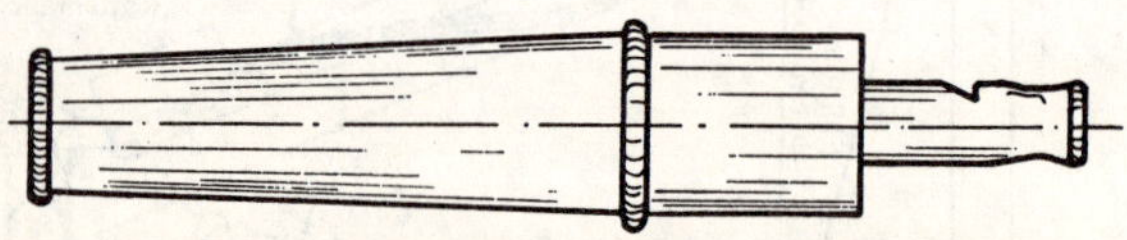

Hasenklage kombiniert mit Mauspfeifchen (s. auch S. 219)

Für Rehwild sind besonders die stummjagenden Hunde gefährlich, insbesondere dann, wenn zwei gemeinsam jagen. Wo sie ihr Unwesen treiben, verläßt das Wild die gewohnten Einstände. Die Rechtmäßigkeit des Abschusses streunender Hunde hat das OLG Stuttgart durch Urteil 10 U 104/77 bestätigt.

Darf man Elstern- bzw. Krähenhorste ausschießen?

Nein, Rabenvögel stehen seit Beginn des Jahres 1987 unter Artenschutz. Sondergenehmigungen können in Ausnahmefällen auf Antrag erteilt werden. Manche Bundesländer haben inzwischen auch zeitlich begrenzte Ausnahmeregelungen erlassen (s.S. 351).

Wie richtet man einen Luderplatz her?

In einem vorbereiteten Loch (ca. 1,20 m tief) versenkt man ein etwa 1 m langes Betonrohr von 40–60 cm Durchmesser. Im Baustoffhandel ist es erhältlich. Dieser Luderschacht reicht bis 15 cm unter Bodenniveau. Damit Fuchs und Schwarzwild das Luder nicht verziehen und evtl. Krankheitserreger verschleppen, deckt man ihn ab. In kleinen Abständen nagelt man dazu drei schwere Bretter auf zwei Kanthölzer. Nun kann auch der Landwirt darüberfahren, ohne den Arbeitsgang unterbrechen zu müssen.
Das ganze Jahr wird diese Anlage mit Aufbruch, Fallwild und Schlachtabfällen beschickt. (Nie Abfälle aus Schweinepestbeständen!) Um den Schacht wirft man Kirrbrocken von gesunder Beute. Den Fuchs locken auch Pferdemist, Fisch-, Schafabfälle und Honigkuchen (!) an.
Es empfiehlt sich, mehrere Schleppen (Netzsack gefüllt mit aufgeschlitztem Fisch) in großen Bögen zum Schacht zu ziehen. Einige Schwanenhälse stellt man im Bereich dieser Geruchsfährten fängisch.
Schon bald beweist die spitz zulaufende, mit Haaren durchsetzte Losung, daß der Rote am Luderplatz Interesse gefunden hat. Bestimmt trifft man ihn dort drei Tage nach einer Neuen, wenn er keine Mäuse unter der frischen Schneedecke findet. In mondhellen Nächten erwartet man ihn zwischen 19.00 und 22.00 Uhr. Man kann es auch mit der Mauspfeife und der Hasenklage versuchen. Andere Beutegreifer stehen an dieser Stelle ebenfalls aufs Reizen zu.

Wo legt man am besten einen Luderplatz an?

Durch Abfährten im Winter kommt man den Beutegreifern und Streunern auf die Schliche. Wo sie sich regelmäßig spüren und die Gegend ungestört ist, empfiehlt sich die Anlage eines Luderplatzes. Man errichtet ihn nicht direkt auf dem Fuchspaß. Der Geruch von Aas und Verwesung soll Reinecke langsam heranziehen. So kann man ihn genau beobachten und sich in aller Ruhe auf einen gezielten Schuß vorbereiten. Gut eignet sich eine Wiese in der Nähe eines Bachlaufes; vom Waldrand soll man sich möglichst fernhalten. Wenn das Gelände etwas ansteigt (kleiner Hügel), erspäht man den Roten in der Dunkelheit noch eher. Man hat dann einen sicheren Kugelfang für den Kleinkaliberschuß.
Östlich des Luderplatzes wird eine Erd- oder transportable Ansitzhütte (s. S. 522) gebaut. Ideal ist auch eine in Schrotschußentfernung aufgestellte Kanzel, innerhalb einer Feldholzinsel.

Zu welcher Jagdart wurde eine Erdhütte verwendet?

Zur Hüttenjagd mit der Uhu-Attrappe. Hierbei wurde 25 Schritte vor der Hütte auf einem krückenartigen Pfahl, der Jule, ein täuschend nachgemachter Uhu mit oder ohne Bewegungsmechanismus aufgestellt. Durch den Anblick der Uhu-Attrappe wurden Krähen und Elstern angereizt, ihn anzugreifen, mit Warnrufen zu umschwärmen oder auf dem in der Nähe stehenden „Fallbaum" oder Krakel aufzuhacken. Hierbei konnten sie geschossen werden. Die günstigsten Monate der Hüttenjagd auf die Rabenkrähe waren die Monate März/April (Bekämpfung der Standkrähen, die im Revier balzen und horsten). Als besonders erfolgversprechend galten Tage mit mäßigem Wind und warmem Wetter.

Zweckmäßige Anlage eines Luderplatzes in Verbindung mit einer Erdhütte

Welche Vögel hassen (stoßen) auf den Uhu?

Habichte, Sperber, Bussarde, Falken, Milane (sowie auch Krähen, Möwen und Elstern). Es dürfen nur noch Möwen bejagt werden. Bei ihnen ist die Schonzeitregelung zu beachten. Manche Bundesländer haben zur Regelung von Krähen und Elstern zeitlich befristete Ausnahmeregelungen erlassen (s. S. 351). Man kann sich in Ausnahmefällen auch um Sondergenehmigungen bemühen, um sie kurz zu halten.

Was verstehen wir unter dem Einkreisen?

Das planmäßige Umlaufen, Abfährten und Abspüren bestimmter Revierteile (Dickungen) nach frischem Schneefall (einer Neuen) kurz nach Tagesanbruch. Aus der Zahl der hinein- und herausstehenden Fährten und Spuren läßt sich genau feststellen, ob im Spürbezirk z. B. Schwarzwild oder Beutegreifer (Fuchs, Dachs, Marder, Iltis usf.) stecken. Bei der Bestätigung von Sauen werden gern Drückjagden abgehalten.
Sie dürfen nicht erst eine bis zwei Stunden vor Einbruch der Dämmerung beginnen; sie wären sonst ergebnislos, weil Sauen kurz vor der Dunkelheit das Treiben nicht mehr verlassen; sie wären auch unwaidmännisch, weil keine Nachsuche mehr möglich sein würde.

Was versteht man unter „Ausneuen“ und „Auspochen“?

Das Ausneuen ist das Ausgehen einer Marderspur bei Neuschnee, die oft aber über mehrere Reviere führt. Am besten kann man der Spur folgen, wenn der Schneefall um Mitternacht endete. Hat der Marder aufgebaumt, verraten heruntergefallene Rindenstücke sein „Fortholzen“ in den Baumkronen.
Unter Auspochen oder Austrommeln versteht man das Herausjagen eines Marders oder Iltis durch heftigen Lärm aus seinem Versteck (Kobel, hohler Baum,

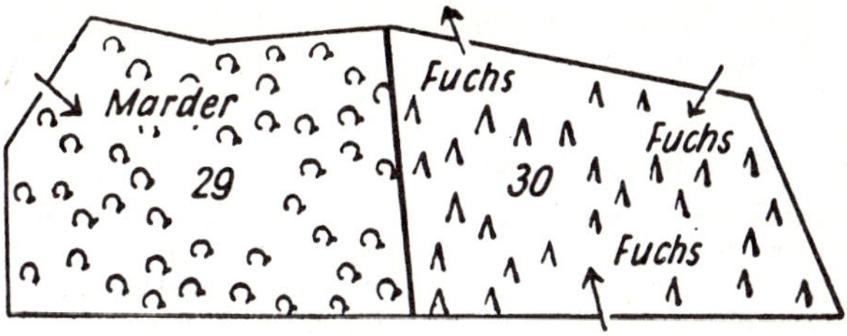

Ergebnis des Einkreisens
Im Spürbezirk 29 steckt ein Marder, im Spürbezirk 30 ein Fuchs

Reisighaufen, Scheune). Beim Baummarder hat sich ein leichtes Kratzen am Stamm (mit einem Hölzchen) besser bewährt als starkes Klopfen. Steckt der Steinmarder in einem Reisig- oder Steinhaufen, kann man Hilfe herbeiholen. Er bleibt dort nicht längere Zeit.

Auf welches Wild wird die Baujagd ausgeübt?

Auf Fuchs, Dachs und Kaninchen.

Wie wird der Fuchs aus dem befahrenen Bau gesprengt?

Man bleibt gut 20 Schritte vom Bau entfernt in guter Deckung und bei gutem Wind (am besten hinter dem Bau), so daß man alle Röhren gut beschießen kann. Dann läßt man den Hund einschliefen. Zur Ranzzeit stecken oft mehrere Füchse im Bau. Will nichts springen, muß evtl. zum „Graben" geschritten werden (s. S. 668). Bei der Baujagd und bei Bauprüfungen müssen alle Hunde gegen Tollwut schutzgeimpft sein (s. S. 538). In Tollwutgebieten muß die Baujagd mit nicht schutzgeimpften Hunden unterbleiben.

Was ist ein Kunstbau?

Ein z. B. aus Zementplatten hergestellter künstlicher Bau, der nur eine Ein- und Ausfahrt und in der Mitte einen warmen, trockenen, nicht ausgepolsterten Kessel hat. Er muß so hergestellt werden, daß er zugfrei ist. Kunstbaue werden gern in Feldrevieren angelegt. Man benutzt hierzu Feldgehölze, Hecken oder Sandgruben und legt die Ein- und Ausfahrt so an, daß sich freies Schußfeld bietet. Kunstbaue sind leicht und bequem zu bejagen, vor allem wenn in ihrer Nähe eine Ansitzmöglichkeit besteht.

Wo und wie legt man einen Kunstbau an?

Ein Kunstbau wird in Südhängen oder in südlich gerichteten Böschungs- oder Grabenrändern angelegt. Ein- und Ausfahrt ummauert man, damit sich der Fuchs keine Notröhre graben kann. Mit den Röhren und dem Kessel geht man nie tiefer als einen Meter. Die Anlage ist dann auf jeden Fall frostsicher. Der Kunstbau soll zum Kessel hin ansteigen, damit er stets trocken liegt. Letzterer wird aus Zementsteinen in den Maßen 50 × 50 cm gemauert. Man kann statt dessen auch ein Rohr mit 80 cm Durchmesser in den Boden einlassen. Als Kesselhöhe genügt ein halber Meter. Einen Kunstbau errichtet man am besten im Frühjahr.

Wozu läßt sich ein Kunstbau verwenden?

Ein Kunstbau wird immer wieder von Füchsen bezogen. Wenn der Balg reif ist, sucht man die Anlage sporadisch mit dem Hund auf und sprengt den Roten heraus. In Tollwutgebieten kann man den Roten auch „ausklingeln" oder „ausklopfen". Zu diesem Zweck hat man eine kleine Tonröhre in den Kessel gelegt. Deren Verdeckelung (z. B. mit Heu vollgestopfter Plastikbeutel) nimmt man bei Bedarf ab. Nun läßt man eine Klingel hinunter oder stochert hinein.
Außerdem kann der Jäger im Kunstbau seinen jungen Erdhund gut einarbeiten. Um dies möglichst praxisnah zu gestalten, werden in den Kessel auch Käfige mit gefangenen Füchsen eingelassen. Diese sind vor ihrem Einsatz gegen Tollwut zu impfen.

Wie kann man das Einfahren der Füchse im Baue verhindern?

Durch Einschieben eines mit Kornitol oder dem Präparat M 7 (der Fa. H. Berkel in 6700 Ludwigshafen) getränkten Läppchens (Verstänkern).

Einsatz von Maschinen

Welchen Anforderungen muß ein guter Geländewagen genügen?

Das in allen Teilen robuste Fahrzeug braucht einen hohen Radstand. Nur so erreicht es im Gelände die notwendige Bodenfreiheit. Die großen Räder verlangen ein grobes Profil. Ein Allradantrieb (Vierradantrieb) sollte auch während der Fahrt zuschaltbar sein. Damit man die Gänge nicht stets nach Gehör einlegen muß, wäre ein Drehzahlmesser angebracht. Zumindest der Hinterachsantrieb erfordert ein Ausgleichsdifferential. Durch Abnehmen eines Verdecks oder einer Ladeklappe muß sich viel Raum zum Lastentransport schaffen lassen (Wildbret, Hochsitzbau!). Eine Seilwinde macht ein entsprechendes Gefährt erst absolut geländetauglich. Mit dieser kann sich das festgefahrene Auto wieder selbst freiziehen.

Welche geländegängigen Fahrzeuge gibt es noch?

Motorschlitten und das ganzjährig im Revier einsetzbare Kettenfahrzeug mit dem Namen Finncat. Letzteres bewegt sich auf einem steuerbaren Raupenband.

Mit welchen Sicherheitseinrichtungen soll eine Motorsäge ausgestattet sein?

Mit einer Gashebelsperre, einer Sicherheitskette, einer Kettenbremse, einem vorderen und hinteren Handschutz. Die Gashebelsperre ist gelöst, wenn die Hand den Griff ganz umspannt. Die Sicherheitskette unterbindet das Hochschlagen der Säge. Im Gefahrenfall bringt die Kettenbremse die Kette innerhalb 1/50 Sek zum Stehen. Der vordere und hintere Handschutz verhindert Verletzungen durch die Kette und durch Äste.

Was ist bei der Arbeit mit einer Motorsäge unbedingt zu beachten?

Die Unfallverhütungsvorschriften. Personen unter 18 Jahren dürfen im Regelfall eine Motorsäge nicht bedienen. Bei der Arbeit mit der Maschine sind Handschuhe, Schutzbrille, Schutzhelm, Arbeitsanzug (kein Mantel!) sowie Schuhe mit Stahlkappe und griffiger Sohle zu tragen. Die Säge muß mit den Krallen, also mit dem Motorkörper, am Stamm angeschlagen werden. Man hat so zu stehen, daß man beim Durchschneiden nie seine Schenkel trifft. Ein Ortswechsel ist nur bei stehendem Motor erlaubt. Vor dem ersten Gebrauch einer Motorsäge soll man sich unbedingt von einem Fachmann einweisen lassen.

Wie fällt man mit der Motorsäge einen Baum?

Häufig läßt es der Waldbesitzer zu, daß der Jäger gegen ein geringes Entgelt das Holz für Reviereinrichtungen selbst gewinnt. Man schneidet sich dann das benötigte Material im Sinne einer ersten Läuterung aus dem Stangenholz. Zunächst wird die Unterseite des ausgewählten Bäumchens von den Ästen befreit. Dann setzt man den Fallkerb. Er kommt auf die Seite, in die der Stamm fallen soll. Nun stellt man sich neben den Baum und führt den Fällschnitt aus. Es wird dabei nie bis zum Fallkerb durchgeschnitten. Eine Bruchleiste in der Dicke von etwa $^{1}/_{10}$ des Stammdurchmessers muß frei bleiben. Beim Fällschnitt wird das Sägblatt fächerartig von außen zur Bruchleiste hingeschwenkt. Der im voraus gesicherte Fluchtweg wird nun ergriffen.

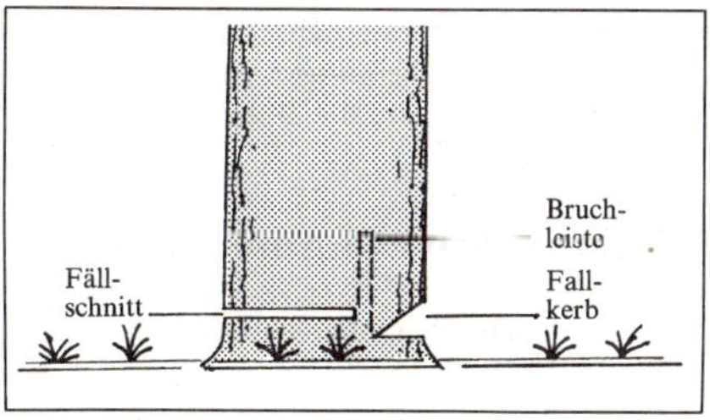

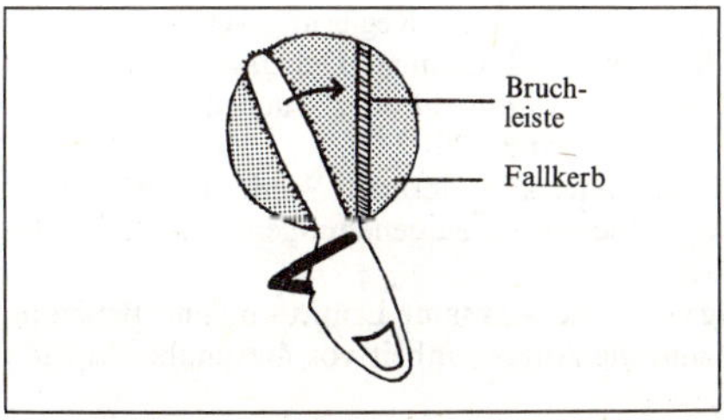

Wildkrankheiten

ihre Erkennung, Bekämpfung und Beurteilung

Einteilung der Wildkrankheiten

Welche ansteckenden Krankheiten (Infektionskrankheiten) werden unterschieden?

Bakterienkrankheiten, Viruskrankheiten und Pilzkrankheiten.
Die Bakterienkrankheiten werden durch einzellige pflanzliche Lebewesen, die sogenannten Bakterien, hervorgerufen, die wir im Mikroskop bei etwa 800facher Vergrößerung deutlich sehen können (s. Abb. S. 532).
Viruskrankheiten entstehen durch ein Virus, d.h. durch einen im Mikroskop nicht sichtbaren Ansteckungsstoff (es heißt das Virus, in der Mehrzahl die Viren!). Viruskrankheiten sind beim Wild Tollwut, Schweinepest, Gamsblindheit, Myxomatose, Maul- und Klauenseuche, Kreuzlähme des Rotwildes, Ornithose der Tauben (s.S. 306) und beim Hund die Tollwut, die Staupe und die anstekkende Leberentzündung (Hepatitis contagiosa).
Pilzkrankheiten werden durch Schimmel- und Hautpilze hervorgerufen.

Welche Umstände sind für die Entstehung und Schwere einer ansteckenden Krankheit von Einfluß?

Die Empfänglichkeit der Wildart für den Erreger, die Zahl der aufgenommenen Krankheitserreger und der Kräftezustand des Körpers zur Zeit der Ansteckung.

Was verstehen wir unter der „Inkubationszeit"?

Die Zeit, die vom Eindringen der Krankheitserreger in den Tierkörper bis zum Auftreten der ersten Krankheitserscheinungen verläuft. Sie ist bei den einzelnen Krankheiten sehr verschieden und beträgt z.B. beim Milzbrand nur wenige Stunden, bei der Tollwut mehrere Wochen.

Wildseuchen und Anzeigepflicht

Welche Pflichten hat der Jagdausübungsberechtigte beim Auftreten von Wildseuchen nach § 24 BJG?

Er hat alle Wildseuchen (s.S. 730) und deren Verdacht unverzüglich (d.h. „ohne schuldhaftes Verzögern") der Jagdbehörde anzuzeigen. Welche Behörde als zuständig anzusehen ist, wird durch Landesrecht bestimmt (ob Ortspolizeibehörde oder, wie meist, die Untere Jagdbehörde). Die Jagdbehörde erläßt im Einvernehmen mit dem beamteten Tierarzt (Regierungsveterinärrat) die zur Seuchenbekämpfung erforderlichen Maßnahmen. Der Jagdausübungsberechtigte hat der Jagdbehörde auf Verlangen Fallwild oder seuchenverdächtiges erlegtes Wild zur Verfügung zu stellen (s. auch S. 730/731).
Der Abschuß kranken oder kümmernden Wildes ist über den Abschußplan hinaus oder während der Schonzeit zu genehmigen; das erlegte Wild ist der Jagdbehörde vorzuzeigen.
Durch die Anzeige soll eine wirksame Ermittlung und Bekämpfung der Wildseuchen ermöglicht und die Allgemeinheit vor Gesundheitsschädigungen geschützt werden.

An wen können sich die Anweisungen der Jagdbehörde zur Wildseuchenbekämpfung richten?

An die Jagdausübungsberechtigten, die Gemeinde und an sonstige Personen. Hierbei kann z.B. die Beseitigung von Fallwild, die Bejagung seuchenverdächtigen Wildes unter Aufhebung der Schonzeit und das Verbot des Weideganges angeordnet werden.

Wie wird die Unterlassung der Seuchenanzeige oder das Nichtbefolgen von Anweisungen zur Wildseuchenbekämpfung geahndet?

Als Ordnungswidrigkeit mit einer Geldbuße (s.S. 707, § 39 Abs. 2 Nr. 4 BJG).

Was versteht man unter „unschädlicher Beseitigung"?

Eine Beseitigung in Tierkörperbeseitigungsanstalten, durch die die Erreger übertragbarer Krankheiten sicher abgetötet werden, so daß kein Schaden mehr entstehen kann (Tierkörperbeseitigungsgesetz v. 2.9. 1975: BGBl. S. 2313).

Wie darf die Beseitigung erfolgen, wenn Tierkörperbeseitigungsanstalten nicht vorhanden sind?

Durch Vergraben (s. jedoch S. 541). Die Gruben sind in diesem Falle so tief anzulegen, daß die Oberfläche des Wildes mit einer mindestens 100 cm starken Erdschicht bedeckt ist (Tierkörperbeseitigungsgesetz vom 2.9.1975 BGBl. I S. 2313, § 5 Nr. 2). Das Vergraben darf nicht in der Nähe öffentlicher Wege und Plätze und nicht in Wasserschutzgebieten erfolgen. Vor dem Vergraben ist der Tierkörper mit Chlorkalk zu bestreuen oder mit Rohkresol, Kornitol oder Karbolsäurelösung zu begießen (zu „verstänkern"), damit er nicht von Fleischfressern ausgegraben und angenommen wird.

Ist Wild für Krankheiten in gleicher Weise empfänglich, wie seine Artgenossen unter den Haustieren?

Nein! Der Aufenthalt in der freien Wildbahn und die natürlichen Äsungs- und Lebensverhältnisse machen Wild gegen Krankheiten weitgehend widerstandsfähig.

Wie kann man das Vorliegen von Wildseuchen feststellen?

Durch Untersuchung von Fallwild oder erlegten Wildes.

Welche Institute und Veterinäruntersuchungsämter nehmen Untersuchungen von Wild und Fallwild vor?

Das Institut für Jagdkunde der Forstlichen Fakultät in 3400 Göttingen-Weende, Büsgenweg 3 (Ruf: 0551/393622),
aber nicht für Tollwutfälle!
Außerdem die Parasitologischen oder Pathologischen Institute der veterinärmedizinischen Fakultäten
Freie Universität Berlin-Dahlem, Auf dem Grat 24,
Justus-Liebig-Universität Gießen, Frankfurter Straße 94,
Georg-August-Universität Göttingen, Gronerlandstr. 2,

Tierärztliche Hochschule Hannover, Hans-Böckler-Allee 16, und Tierärztliche Fakultät der Universität München, Veterinärstr. 13, sowie als Fachinstitute (auch für Tollwutfälle) alle Veterinäruntersuchungsämter. Die Untersuchungen sind kostenlos, wenn sie durch den beamteten Tierarzt angeordnet werden (s. S. 730).

Wo befinden sich Staatliche Veterinäruntersuchungsämter?

In: 1000 Berlin 21; 2000 Hamburg 6; 2160 Stade; 2190 Cuxhaven; 2350 Neumünster; 2800 Bremen; 2850 Bremerhaven; 2900 Oldenburg i. O.; 3000 Hannover; 3300 Braunschweig; 3500 Kassel; 4150 Krefeld; 4400 Münster i. W.; 4930 Detmold; 5300 Bonn; 5400 Koblenz; 5770 Arnsberg; 6000 Frankfurt/M.-Niederrad; 6300 Gießen; 6600 Saarbrücken; 6900 Heidelberg; 7000 Stuttgart; 7800 Lehen, Post Freiburg i. Br.; 7960 Aulendorf; 8042 Schleißheim und 8500 Nürnberg.

Was ist beim Versand von Fallwild zu beachten?

Das Untersuchungsmaterial ist am besten mit dem Kraftwagen der Untersuchungsstelle zu überbringen.
Viel umständlicher ist die Versendung als Bahnexpreßgut. Hierbei sind die Expreßgutkarten bei der Inhaltsangabe und die Expreßgutanhänger wie folgt zu beschriften:
„Tierische Körperteile für Untersuchungszwecke! Auf Güterböden und in den Wagen getrennt von Nahrungs- und Genußmitteln lagern!" Diese Angaben sind in roter Schrift zu machen oder rot zu unterstreichen.
Jeder Sendung ist ein Begleitschreiben mit einem kurzen Vorbericht beizufügen, der Angaben über eigene Beobachtungen enthalten soll. Nach Möglichkeit sind ganze Stücke (Tierkörper) einzusenden. Sie geben der Untersuchungsstelle einen besseren Überblick als das Geräusch und Gescheide allein.
Alles Untersuchungsmaterial soll erst nach dem Abkühlen verpackt werden. Man umgibt es nach dem Verpacken in Papier noch mit aufsaugendem Material (wie Kleie, Sägemehl, Torfmull, Häcksel, Holzwolle) und verwendet solide Packungen. Luftdicht verschlossene Behälter sind wegen Begünstigung der anaëroben Fäulnis ungeeignet.

Welche Umstände begünstigen die Ausbreitung von Wildseuchen?

Zu hohe Wilddichte, ungenügende Bejagung der schwachen Stücke und ungenügende Schutz- und Äsungsverhältnisse besonders in der Notzeit. Die Wildseuchen werden bekämpft:
Durch weitgehende Bejagung (s. jedoch S. 541) der von der Seuche befallenen Wildart in einem möglichst weit umgrenzten Gebiete und durch Schaffung von Lebensbedingungen, die die natürliche Widerstandskraft steigern.
Tierärztliche Untersuchungen und Behandlungen, Schutzimpfungen (sowie das Anbringen von Kleinstsendern für Forschungszwecke) sind nach Anwendung des Betäubungsgewehrs möglich. Betäubungsgewehre und -pistolen liefert die Parker-Hale Ltd. GmbH in Hannover-Linden und die Fa. Peter Ott und Co. in CH-4106 Therwil/Schweiz, jedoch nur an Zoos, Gatterbesitzer, Forstverwaltungen oder Tierärzte, nicht aber an Jäger.

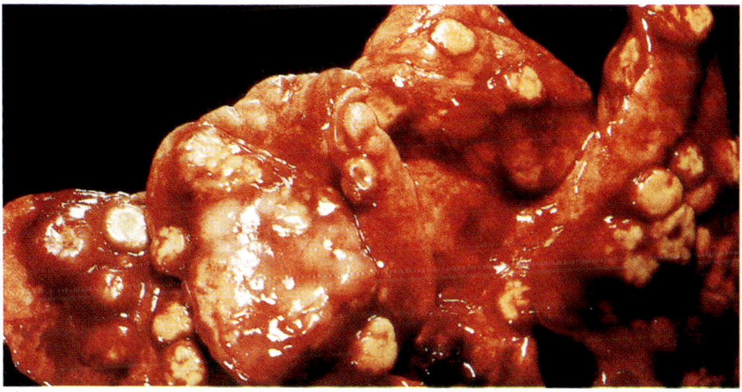

Hase: Lunge mit Pseudotuberkulose (Wildbret nicht verwertbar!)
(Foto: Vet. Dir. Prof. Dr. K. Zettl, Kassel)

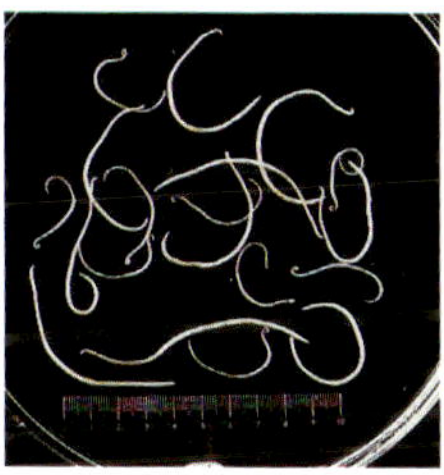

Hundespulwürmer
(Toxocara canis)

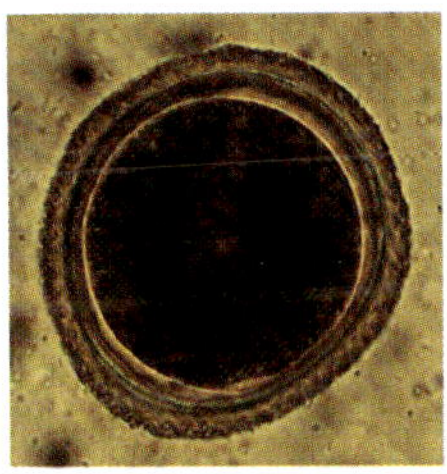

Wurmei (vergr.)

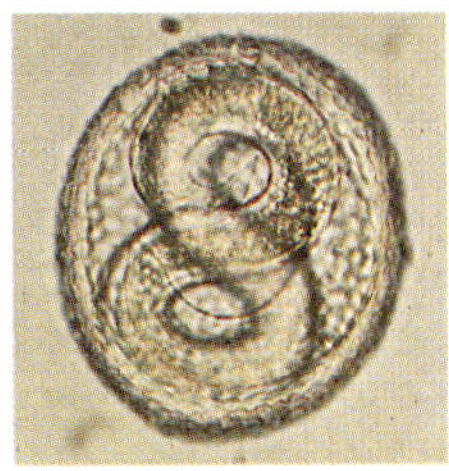

Ei mit Larve
(3 Werkfotos, Fa. Janssen)

Die Lebensweise des Hundespulwurms (Toxocara canis)
ist sehr kompliziert. Der Hundezüchter muß wissen, daß eine infizierte trächtige Hündin jeden jungen Hund vor der Geburt und später nochmals beim Säugen mit Spulwürmern infiziert. Zwei bis drei Wochen vor dem Werfen reifen „somatische“ Larven im Darm des Muttertieres zu Spulwürmern heran. Mit dem Kot der Mutter gelangen Hunderttausende Spulwurmeier in die Außenwelt. Aus ihnen entstehen nach 14 Tagen infektiöse Spulwurmlarven (Spulwurmkur mit TELMIN).

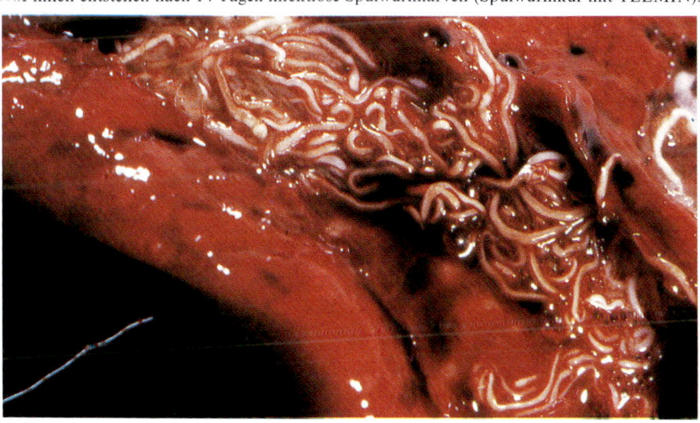

Luftröhre (Reh) mit Lungenwurmbefall
(Foto: Vet. Dir. Prof. Dr. K. Zettl, Kassel)

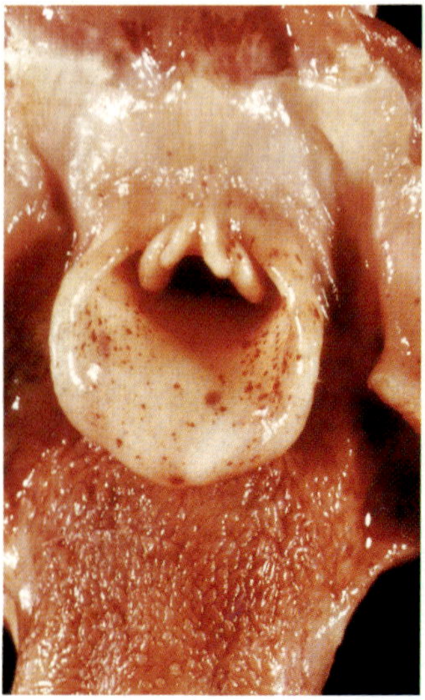

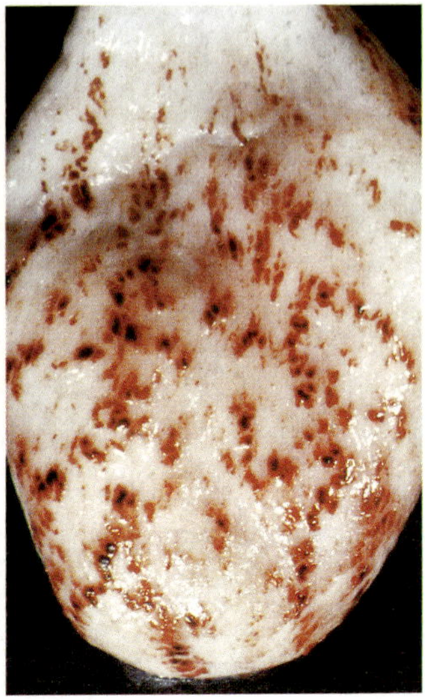

Für Schweinepest typische punktförmige Blutungen

auf der Schleimhaut des Kehldeckels

auf der Schleimhaut der Harnblase

(Fotos: Prof. Dr. K. Zettl, Staatl. Vet. Unters. Amt, Kassel)

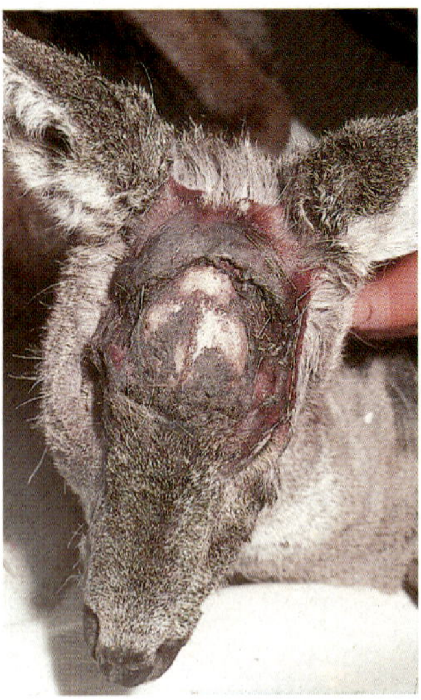

Eine für Tollwut typische Kopfverletzung beim Reh (Foto: ORVR Dr. Bruno Müller, Tierärztl. Unters.-Amt, Aulendorf)

Myxomatose beim Wildkaninchen, Anschwellung der Lidbindehaut mit Verschluß der Seher, ödematöse Anschwellungen am Grund der Löffel (Foto: Prof. Dr. Zettl, Kassel)

Welche Wildkrankheiten sind auf den Menschen übertragbar?

Tuberkulose, Pseudotuberkulose, Brucellose, Leptospirose, Listerose, Salmonellose, Milzbrand, Tularämie und Tollwut.

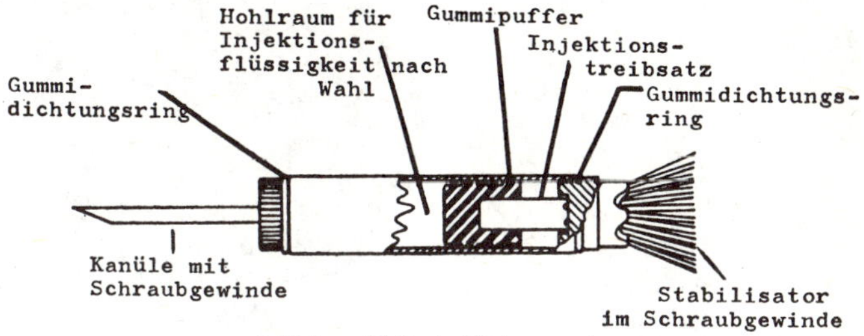

Injektionspfeil für das Narkosegewehr

Durch die Auftreffwucht wird der Injektionstreibsatz, eine hochempfindliche Spezialplatzpatrone, zur Entzündung gebracht, die dann den Gummipuffer nach vorne drückt und dadurch das Betäubungsmittel in den Wildkörper injiziert.

Welche Haustierseuchen kommen auch beim Wild vor?

Milzbrand, Rauschbrand, Tollwut, Maul- und Klauenseuche, Räude, Schweinepest, Schweinebrucellose, Geflügelcholera und Geflügelpest (§ 10 des Tierseuchengesetzes in der Fassung vom 28.3.1980 [BGBl. S. 390]).

Bakterienkrankheiten

Milzbrand (Erreger: Bacillus anthracis), Rauschbrand (Erreger: Bacillus sarkophysematos)

Welche durch Bakterien verursachten Wildseuchen werden nach dem Viehseuchengesetz bekämpft?

Milzbrand und Rauschbrand. Sie wirken tötlich.
Milzbrand ist auf den Menschen übertragbar und kommt besonders bei Rot- als auch bei Damwild vor. Bei dem erkrankten Wild ist die Milz stark geschwollen und weich. Beim Rauschbrand ist das Bindegewebe unter der Decke mit Gasblasen durchsetzt. Die erkrankten Stücke verenden nach kurzer Krankheitsdauer. Alle krank erscheinenden Stücke sind zur Abkürzung des Seuchenganges möglichst bald zu schießen und unschädlich zu beseitigen. Das Abhäuten der Tierkörper ist verboten! (§ 34 der Neufassung des Tierseuchengesetzes vom 28.3.1980, BGBl. S. 386.)

Tuberkulose (Erreger: Mycobacterium tuberculosis)

Was verstehen wir unter der Tuberkulose?

Eine bei Mensch und Tier verbreitete, übertragbare, chronisch verlaufende Infektionskrankheit, die durch die Tuberkelbakterien hervorgerufen wird. Wild kann durch Aufnahme der Tuberkelbakterien mit der Äsung erkranken. Es entstehen dann besonders in Leber und Lunge käsige oder verkalkte tuberkulöse Herde (s. Abb. Lebertuberkulose S. 532). In der freien Wildbahn sind die Infektionsmöglichkeiten des Wildes sehr gering.

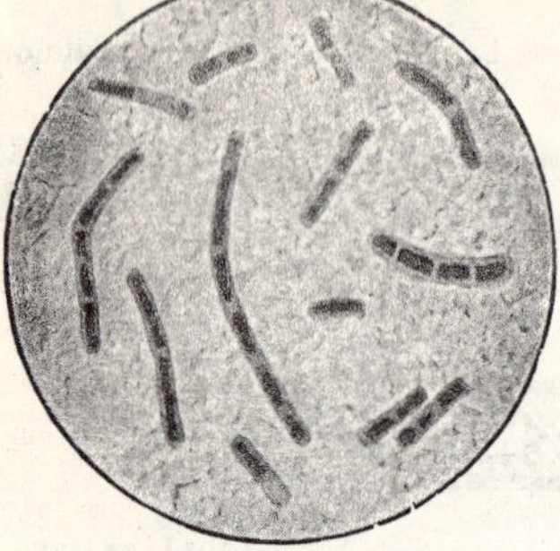

Milzbrandbakterien
Dicke, plumpe Stäbchen, in
Ketten aneinander liegend
800fache Vergrößerung

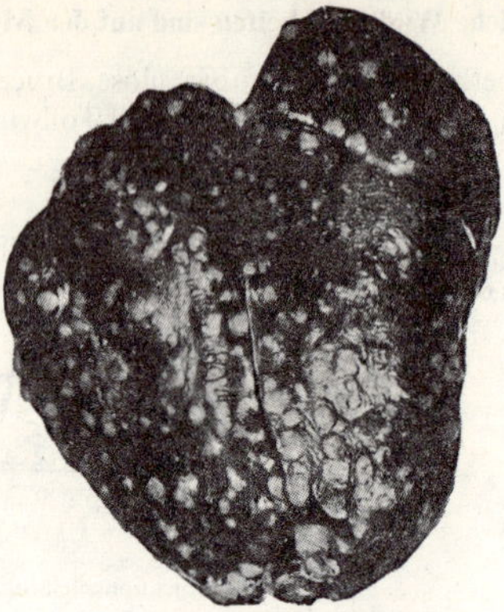

Lebertuberkulose (Fasan)

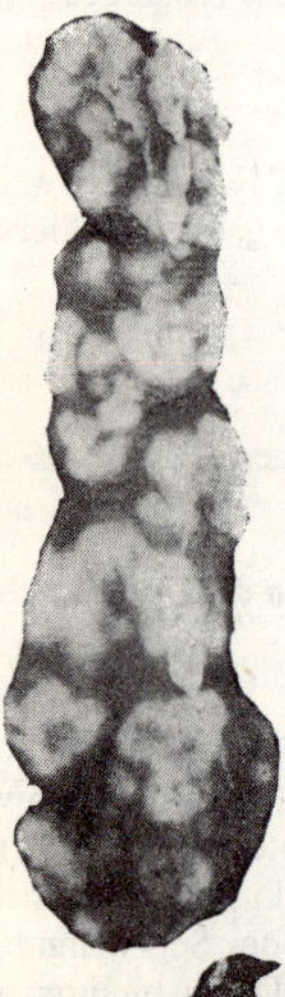

Milz und Leber
mit tuberkulose-
ähnlichen gelb-
weißen Knötchen,
verbreitetste
bakterielle
Hasenseuche

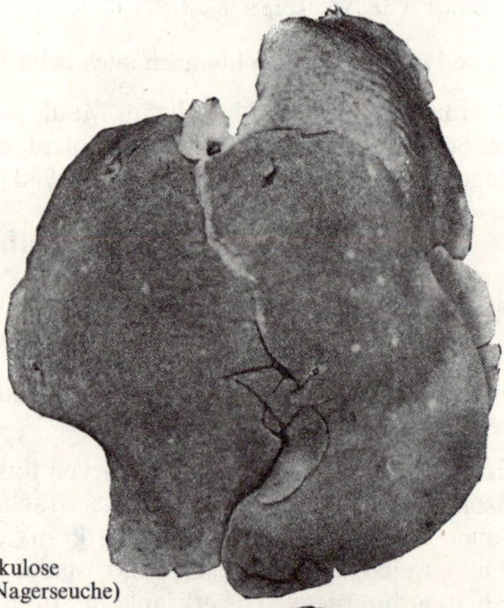

Pseudotuberkulose
oder Rodentiose (Nagerseuche)

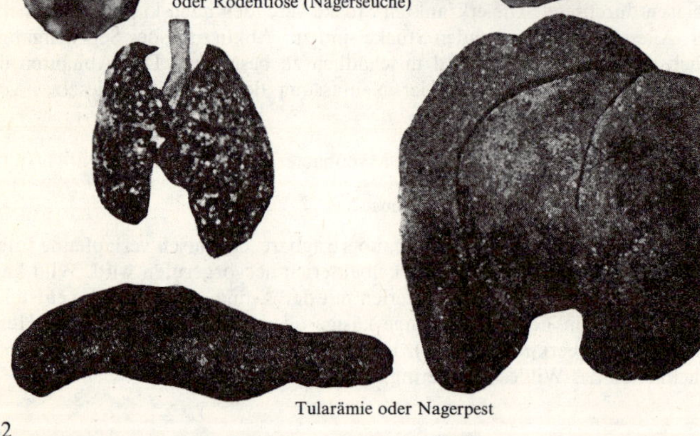

Tularämie oder Nagerpest

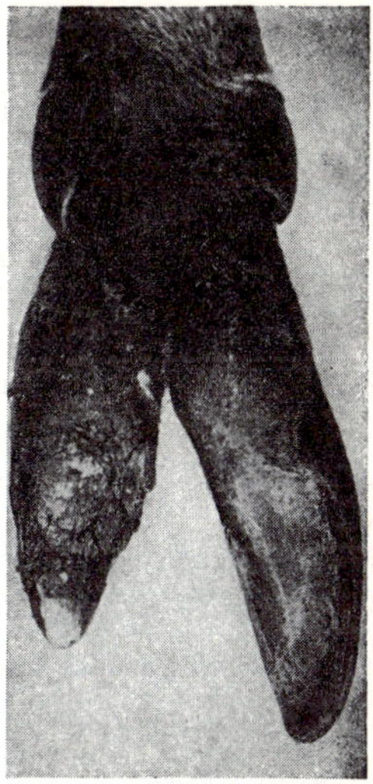

Maul- und Klauenseuche bei Schalenwild. Links: Lecker vom Reh mit in Abheilung begriffenen MKS-Erosionen. Rechts: Verlust einer Schale (Ausschuhen) als sekundäre MKS-Erkrankung (Rotwild).
(Foto: Pathologisches Institut der Tierärztl. Hochschule Hannover, Direktor: Prof. Dr. Dr. h.c. Cohrs)

Unten: Hasenbrucellose. Vergrößerte und verkäste Hoden, zum Vergleich in der Mitte normale Hoden. Die Milz ist vergrößert und geschwollen (nicht abgebildet).
(Foto: Prof. Dr. Fritzsche, Vet.-Unters.-Amt, Koblenz)

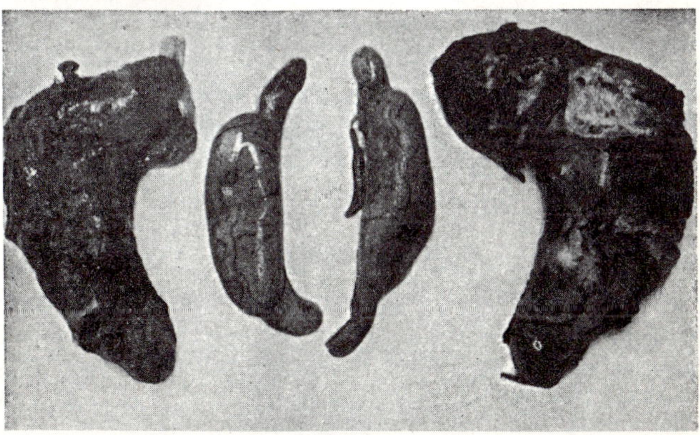

Bei welchem Wildgeflügel kommt Tuberkulose vor?

Besonders bei Fasanen in Fasanerien.
Beim Zukauf von Fasanen ist deshalb Vorsicht notwendig.

Die Nagerseuchen

Nagerseuche (Erreger: Bacterium pseudotuberculosis rodentium)

Nagerpest (Erreger: Pasteurella tularensis)

Welche Nagerseuchen kommen vor?

Die Nagerseuche, Pseudotuberkulose oder Rodentiose (von lat. rodere = nagen) und die Nagerpest oder Tularämie (zuerst 1911 im Bezirk Tulare in Kalifornien erforscht).
Beide Seuchen kommen bei Hasen, Wildkaninchen und anderen Nagetieren (Mäusen, Hamstern, Ratten) vor.

Wie unterscheiden sich diese Seuchen?

Bei der Nagerseuche werden in Lunge, Leber, Milz und den Nieren zahlreiche tuberkuloseähnliche, grieß- bis hanfkorngroße gelbweiße Knötchen gefunden. Diese Seuche spielt, im Gegensatz zur Tuberkulose, in der freien Wildbahn eine große Rolle. Sie wird bei 10–15% der gefallenen Hasen festgestellt (s.S. 532), ist die verbreitetste bakterielle Hasenseuche und gehört während nasser Jahre zu den verlustreichsten Krankheiten der Hasen und Kaninchen.
Bei der Nagerpest sind die Lymphknoten geschwollen und verkäst (durch Abtasten feststellbar) und die Milz deutlich vergrößert und geschwollen. In der Leber und Lunge, mitunter auch in den Nieren, sind kleine gelbweiße Knötchen (nekrotische Herde) sichtbar (s. Abb. S. 532).
Die Übertragung von Tier zu Tier erfolgt durch blutsaugende Insekten (Flöhe, Läuse, Holzböcke).

Welche besondere Bedeutung hat die Nagerpest oder Tularämie?

Sie ist von Nagetieren leicht auf den Menschen übertragbar und verläuft bei ihm mit Fieber, Milzschwellung und Schwellung der Lymphknoten, die zu 50% vereitern.
Eine Übertragung von Mensch zu Mensch findet nicht statt. Bei Verdacht auf Tularämie sind Fallwilduntersuchungen in einem Veterinäruntersuchungsamt unbedingt notwendig.

Die Hasen- und Kaninchenseuchen

Hasenseuche, Eiterkrankheit

Welche Bakterienkrankheiten kommen bei Hasen und Wildkaninchen noch vor?

Die Hasenseuche,
die Staphylomykose,
die Hasenbrucellose und
die Salmonellose.

Bei der *Hasenseuche* (Pasteurellose) ist stets eine blutige Entzündung der Drosselknopf- und Drosselschleimhaut vorhanden. Meist ist auch die Milz vergrößert und geschwollen und beim Anschnitt zerfließlich. Beim langsamen Verlauf finden sich gelbliche Auflagerungen auf den Lungen und dem Brustfell (fibrinöse Lungen- und Brustfellentzündungen).
Wird die Krankheit bei mehreren gefallenen Hasen festgestellt, empfiehlt sich eine verstärkte Bejagung zur Herabsetzung der Ansteckungsgefahr. Erlegte Hasen, die Abmagerung oder Organveränderungen zeigen, sind genußuntauglich.
Die *Staphylomykose* oder Eiterkrankheit der Hasen wird durch Eitererreger (Staphylokokken) hervorgerufen, die mit der Äsung aufgenommen oder durch Bisse des Hasenflohs übertragen werden. An verschiedenen Stellen des Körpers (besonders an den Läufen, unter dem Balg und im Wildbret) können sich Eiterherde finden. Die erkrankten Hasen sind matt und drücken sich. War der erlegte Hase noch kräftig und weist er nur einen vereinzelten Eiterherd auf, so ist er nach dessen Entfernung genußtauglich, sonst genußuntauglich. Wenn Staphylokokken in eine Wunde geraten, sind auch Menschen gefährdet. Hände- und Wunddesinfektion mit Desderman sind zu empfehlen.

Brucellose

Was verstehen wir unter der Brucellose?

Eine im Jahre 1887 vom Engländer Bruce entdeckte, durch Brucella-Bakterien (Abortus-Bang-Bakterien) hervorgerufene Krankheit der Rinder, Schweine, Schafe und Feldhasen, bei der Erkrankungen der Genitalien, des Gesäuges, des Tragsackes und der Milz sowie seuchenhafte Fehlgeburten (Aborte) auftreten. Die Infektion der Hasen erfolgt mit der Äsung und beim Rammeln. Durch direkte Berührung kranker Tiere kann auch der Mensch an Brucellose erkranken (zur Untersuchung Schutzhandschuhe verwenden!). Der Verdacht auf Brucellose ist anzuzeigen (s.S. 533). Erkrankte Hasen sind genußuntauglich. Der infizierte Mensch leidet an Fieberanfällen. Seine Leber und Milz schwellen an.

Welche Veränderungen zeigen sich bei der Hasenbrucellose?

Die Hasenbrucellose (früher als Hasensyphilis oder Knotenseuche bezeichnet) geht mit schweren Genitalerkrankungen einher. Bei Rammlern erkranken hauptsächlich die Hoden und Nebenhoden (das Geschröt), bei Häsinnen der Tragsack und das Gesäuge, bei beiden außerdem stets auch die Milz und daneben die Leber und Lunge. Die erkrankten Organe sind stark vergrößert und zeigen Abszesse mit käsigem oder zähflüssigem Inhalt (s. Abb. S. 533).

Salmonellen

Was sind Salmonellen oder Fleischvergifter?

Es sind (nach dem amerikanischen Forscher Salmon benannte) krankheitserregende Bakterien der Typhus-, Paratyphus- und Enteritisgruppe, durch die bei Menschen typhusähnliche Erkrankungen mit Erbrechen, Magen-Darm-Entzündung, Milzschwellung, Durchfall, Augenmuskellähmung, Pupillenstarre und Schlundlähmung entstehen. Solche Erkrankungen wurden nach dem Genuß von argentinischen Hasen und Pampashasen beobachtet, die in gefrorenem Zustand eingeführt wurden. Auch der Verzehr von rohen (Enten-)Eiern, die häufig Salmonellen enthalten, bedeutet eine Gefahr für den Menschen.

Woran ist das Herrschen von Hasenseuchen zu erkennen?

Erkrankte Hasen sind meist stark geschwächt und bewegen sich auffallend langsam und mit gekrümmtem Rücken. Sie drücken sich gern und werden von Hunden leicht gegriffen.
Die Feststellung der jeweils vorliegenden Seuche ist nur durch die Untersuchung in einem Staatlichen Veterinär-Untersuchungsamt möglich. Seuchenkranke Hasen dürfen nicht zum Genuß für Menschen verwendet werden. Sie sind zu beseitigen (s. S. 527).
(Bekämpfung: Beim Absuchen gefährdeter Revierteile läßt man schwache Hasen schießen oder vom Hunde greifen!)

Geflügelcholera (Erreger: Pasteurella multocida)

Bei welchem Federwild kann die Geflügelcholera vorkommen?

Außer bei Tauben bei allem Federwild, besonders bei Fasanen und Wildenten. Die Geflügelcholera macht sich durch plötzlich auftretende Todesfälle bemerkbar. Die Sterblichkeit liegt bei 90%. Verendetes Federwild ist dem Amtstierarzt anzuzeigen und einem Veterinäruntersuchungsamte zur Seuchenfeststellung einzusenden (s. S. 528).

Aktinomykose

Wodurch entsteht die Aktinomykose (Strahlenpilzkrankheit)?

Sie wird nicht, wie man früher annahm, durch pilzliche Schmarotzer, sondern durch verschiedene Bakterien verursacht.
Der Erreger der Knochenaktinomykose ist das Corynebacterium israeli, der Erreger der Haut- und Weichteilaktinomykose ist der Aktinobazillus lignièresi. Daneben sind sekundär noch Eiterbakterien (besonders Mikrokokken) beteiligt.
Die Knochenaktinomykose wird hauptsächlich beim Rehwild, seltener beim Rot- und Schwarzwild sowie bei Hase und Dachs, festgestellt. Das Eindringen der Bakterien erfolgt i.d.R. nach Verletzungen des Zahnfleisches durch infizierte Getreidegrannen. Die Krankheit geht mit Knotenbildung einher. Nach einigen Monaten nimmt die Knotenbildung am Kiefer starken Umfang an und führt zu einer sichtbaren Auftreibung und Verdickung des schwammartig durchlöcherten Kieferknochens (s. Abb. S. 552). Erkrankte Stücke sind zu schießen, um sie vor dem Kümmern zu bewahren. Bei der Strahlenpilzkrankheit des Schwarzwildes finden sich Knoten und kalte Abszesse am Gesäuge (s. Abb. S. 552). Die „Strahlenpilzknoten" entwickeln sich vorwiegend im Anschluß an Hautverletzungen (z.B. am Gesäuge nach Verletzungen durch Bisse der Frischlinge, durch die die Erreger eindringen). Sofern befallene Tiere nicht zu sehr abgemagert sind, gilt ihr Wildbret als genießbar. Die erkrankten Organteile sind zu entfernen. Die Aktinomykose ist nicht übertragbar.

Viruskrankheiten

Wodurch entstehen Viruskrankheiten?

Durch Krankheitserreger, die so klein sind, daß sie durch jeden Filter gehen und mit gewöhnlichen Mikroskopen nicht sichbar gemacht werden können. Zu den Viruskrankheiten gehören:

Tollwut, Hundestaupe, Maul- und Klauenseuche, Schweinepest, Kreuzlähme des Rotwildes, Papillomatose, Myxomatose, Pockendiphtherie, Ornithose der Tauben (s.S. 306) und die Geflügelpest.

Tollwut (Lyssa oder Rabies)

Welche Tiere können an Tollwut erkranken?

Die Tollwut ist eine namentlich bei Wild (Fuchs, Dachs, Marder und Rehwild) vorkommende Viruskrankheit. Hauptverbreiter der Tollwut ist der Fuchs (Ranzzeit, Wanderung der Jungfüchse). Vom Wild wird die Tollwut auch auf Haustiere (Hunde, Katzen, Wiederkäuer und andere Wirbeltiere) übertragen. Auch Ratten und Fledermäuse können an Tollwut erkranken.
Die Tollwut ist eine tödlich verlaufende Gehirn-Rückenmarks-Entzündung. Im langjährigen Durchschnitt entfielen 21,2% der Tollwutfälle auf Haustiere (4,9% Hunde, 2,9% Katzen, 7,5% Rinder und 1,8% sonstige Haustiere). Auf das Wild entfielen 78,8%. Den Fuchs betrafen 62,7% aller Tollwutfälle oder 79,6% der Wildtollwutfälle.
Die orale Immunisierung der Füchse durch Verfüttern von präparierten Hähnchenköpfen oder anderen Ködern (Schluckimpfung), die Kapseln mit dem ERA-Virus (Methode aus den USA) enthalten, wird inzwischen auch bei uns angewandt. Etwa 60–70% einer Fuchspopulation kann auf diese Weise immunisiert werden. Die Infektionskette bricht dann ab.

Wodurch wird die Tollwut übertragen?

Durch das Tollwutvirus. Es ist besonders im Speichel, im Gehirn, im Kot und in der Milch kranker Tiere zu finden. Der Virus ist gegen Kälte resistent und kann bis zwei Jahre ansteckungsfähig bleiben. Desinfektionsmittel töten ihn ab, ebenso ein zweiminütiges Erhitzen über 80° C.
Die Infektion erfolgt fast ausschließlich durch den Biß eines tollwutkranken Tieres (mit dem Speichel). Auch über Hautwunden und Schleimhautverletzungen, durch die das Virus (wie beim Biß) in die Blutbahn gelangen kann, ist die Infektion möglich. Infektionen durch die unverletzte Haut oder durch Aufnahme virushaltigen Speichels mit dem Futter (Weidetiere) oder mit der Äsung sind nicht mit Sicherheit nachgewiesen worden. Wildtiere mit unnormalem Verhalten darf man nicht berühren. Auch tote Tiere soll man nur mit Schutzhandschuhen, die man immer im Rucksack haben sollte, anfassen.
Die Tollwut kommt beim Hund erst nach 10–60, bei der Katze, dem Schaf und Schwein erst 14–30 Tage, beim Rind erst 30–60 und beim Pferd nach 60–150 Tagen nach der Infektion zum Ausbruch. Sie hat also eine sehr lange Inkubationszeit (s.S. 526). Verheilte Bißwunden werden wegen des Juckreizes beleckt (wichtiges Zeichen vor Ausbruch der Tollwut!).

Welche Krankheitsstadien zeigen sich beim Ausbruch der Tollwut des Hundes?

Das melancholische, das Beiß- und das Lähmungsstadium.
Im melancholischen Stadium (Dauer ein bis drei Tage) tritt ein verändertes Benehmen auf. Die Hunde werden launenhaft und schreckhaft, schnappen oft zwecklos in die Luft (Fliegenschnappen) und zeigen schlechten Appetit. Im Beißstadium (Dauer drei bis vier Tage) nehmen Unruhe und Aufregung zu und steigern sich zur Raserei. Die Hunde suchen jede Möglichkeit zu entweichen und zeigen eine ausgesprochene Neigung zum Beißen. Besonders werden Tiere und Menschen gebissen, die dem wutkranken Tier Widerstand leisten.

Im Lähmungsstadium treten Lähmungserscheinungen auf (Unterkiefer-, Schlundkopf-, Kehlkopf- und Gehirnlähmungen). Der Fang ist dabei geöffnet. Es besteht Speichelfluß. Der Gesichtsausdruck ist lauernd und verstört. Nach wenigen Tagen erfolgt der Tod.

Charakteristischer schielender Blick mit Auswärtsstellung der Augen und eigentümlich lauernder und verstörter Gesichtsausdruck

Lähmung des Unterkiefers, Fang ständig geöffnet, Speichelfluß, Vorfall der Zunge

Tollwut beim Hund

Was muß mit Tieren geschehen, die tollwutverdächtig sind?

Sie müssen vom Besitzer (oder seinem Vertreter) sofort getötet oder eingesperrt und fest angekettet werden. Dann ist der Verdacht unverzüglich der Ortspolizeibehörde anzuzeigen, damit eine amtstierärztliche Untersuchung veranlaßt werden kann. Das gilt besonders für Fälle, in denen ein Mensch von einem tollwutverdächtigen Tiere gebissen wurde (wegen Seuchenfeststellung und der dadurch notwendigen Schutzimpfung gefährdeter Menschen sowie wegen des Erlasses von Sperrmaßnahmen). Wurde das Tier vor der amtstierärztlichen Untersuchung getötet, so ist sein Kopf einem Veterinäruntersuchungsamte zur Untersuchung einzusenden (s. S. 527 und S. 528). Sind ein Hund oder eine Katze, die tollwutverdächtig sind, frei umhergelaufen, so muß für mindestens 3 Monate die Festlegung aller in dem gefährdeten Bezirk vorhandenen Hunde und Katzen behördlich angeordnet werden (§ 40 Tier-Seuchengesetz v. 28. 3. 1980 [BGBl. I S. 386]).

Wie kann man Haustiere vor Tollwut schützen?

Indem man gesunde Tiere ab 12. Lebenswoche mit nicht vermehrungsfähigen (inaktivierten) Tollwuterregern schutzimpfen läßt. Impfungen tollwutkranker oder ansteckungsverdächtiger Tiere gegen Tollwut sind jedoch verboten. Die Schutzimpfungen der Hunde mit der Vaccine „Madivak" (bei Katzen mit Felinifffa T) sind in allen Bundesländern erlaubt. Etwa 10 Tage nach der Impfung ist ein belastungsfähiger Schutz gegen Tollwut ausgebildet. Zur Aufrechterhaltung des Schutzes ist die Impfung bis zum Ende des ersten Lebensjahres und dann jeweils jährlich zu wiederholen. Durch sie wird auch der Tierhalter indirekt laufend vor Tollwut geschützt. Haustiere, die gegen Tollwut schutzgeimpft sind und noch unter Impfschutz stehen, müssen bei Ansteckungsgefahr nicht mehr sofort getötet werden, wenn die Impfung unverzüglich wiederholt wird. Sie unterliegen nur einer verkürzten Beobachtungszeit. Es gibt inzwischen eine Vierfachimpfung, die einen sicheren Schutz nicht nur gegen Tollwut, sondern auch gegen Staupe, Hepatitis und Leptospirose gewährleistet (s. S. 651).

Nur Schutzimpfung schützt vor Tollwut!
Tierärztliche Impfnachweise sind mitzuführen!

Wie äußert sich die Tollwut beim Fuchs?

Füchse verlieren ihre natürliche Scheu vor Menschen und dringen vertraut in Gehöfte, Stallungen und auch Hundehütten ein. Sie verschlingen oft unverdauliche Gegenstände (wie Steine), während die normale Fraßaufnahme unterbleibt. Im Beißstadium greifen sie Tiere und Menschen an und beißen sie. Zu Beginn des Lähmungsstadiums taumeln sie wie betrunken umher. Hierbei lassen sie sich leicht töten. Film „Tollwut-Gefahr für Mensch und Tier" wird kostenlos ausgeliehen vom AID, Konstantinstr. 124, 5300 Bonn 2 (Tel.: 0228/330061)!

Wie kommt es, daß Rinder und Rehwild oft an Tollwut erkranken?

Weil sie bei Auseinandersetzungen die Füchse attackieren und im Verenden befindliche Füchse gern bewinden und dabei gebissen werden. Besonders gefährdet sind Rehe, die ihre Kitze verteidigen. An Tollwut erkranktes Rehwild speichelt, hat stieren Blick, ist schreckhaft und verliert schnell an Wildbret. Die vernarbten Bißstellen werden gescheuert und beleckt. Rehwild zieht oft laut klagend durch die Bestände und nimmt gern Bäume an, die es mit dem Haupt bearbeitet. Dadurch wird die Decke an der Stirn abgescheuert und schweißig (s. S. 530). Auf der Höhe der Erkrankung greift Rehwild auch Menschen an.

Wie kann Tollwut mit Sicherheit festgestellt werden?

Durch die Untersuchung des Gehirns (auf Negrische Körperchen) in einem Staatlichen Veterinäruntersuchungsamt (s. S. 528). Bei tollwutverdächtigem Wild, das untersucht werden soll, darf daher das Gehirn nicht durch Schlag oder Schuß verletzt werden. Den Untersuchungsstellen ist stets das ganze Haupt (Kopf) auf schnellstem Wege, möglichst durch Boten, im Einvernehmen mit dem Veterinäramt, zu übersenden. Gehirne, die bereits in Fäulnis übergegangen sind, eignen sich nicht für die Untersuchung.
In Tollwutrevieren ist das Abtrennen des Kopfes zu Untersuchungszwecken nur mit Plastikhandschuhen vorzunehmen. Sie sollten nach Gebrauch verbrannt werden.

Wie kann man Tollwut bei Menschen nach Bißverletzungen oder Kontakt mit wutkranken Tieren verhindern?

Durch Desinfektion der Wunde und Vornahme der hochwirksamen, gut verträglichen Tollwutschutzimpfung (mit HDC Tollwut-Impfstoff, einer Gewebskulturvakzine). Ist ein möglichst vollständiger Impfschutz erwünscht, so macht man 6 nebenwirkungsfreie Injektionen an den Tagen 0, 3, 7, 14, 30 und 90. Gleichzeitig muß eine passive Immunisierung vorgenommen werden. Die Desinfektion der Hände, Nagelfalze und Arme kann z. B. mit Zephirol (rezeptfrei in Apotheken erhältlich) durch Einreiben, auch mehrmals am Tag, erfolgen.
Krankenkassen und die Landwirtschaftliche Berufsgenossenschaft (s. S. 711) übernehmen die Impfkosten der Menschen gegen Tollwut nur dann, wenn im Einzelfall ein konkreter (sinnfälliger) Umgang oder die Berührung mit einem tollwutverdächtigen Tiere im Zusammenhang mit der Jagdausübung nachgewiesen ist.

Gibt es für den Menschen eine vorbeugende Tollwutschutzimpfung?

Die vorbeugende Schutzimpfung z.B. mit Rabivac umfaßt drei Injektionen. Die zweite und dritte Spritze muß im Abstand von einer Woche gegeben werden (auch ein Impfabstand von jeweils vier Wochen ist möglich). Jedes Jahr ist eine Auffrischung notwendig (und weiterhin nach 2 bis 5 Jahren).

Wie erfolgt neuerdings die Bekämpfung der Tollwut?

Durch die VO zum Schutz gegen die Tollwut vom 11. März 1977 (s. BGBl. I 1977 S. 444). Sie bringt Erleichterungen in der Haltung von Hunden und Katzen in tollwutgefährdeten Bezirken. Man unterscheidet wie bisher Haustier- und Wildtollwut. Liegt in einem Bezirk Haustiertollwut vor, dürfen nunmehr Katzen, die nachweisbar seit mindestens vier Wochen gegen Tollwut geimpft und jährlich nachgeimpft worden sind, innerhalb von geschlossenen Ortschaften und von Siedlungen frei umherlaufen. Liegt Wildtollwut vor, dürfen Hunde, die nachweisbar seit mindestens vier Wochen gegen Tollwut geimpft und jährlich nachgeimpft worden sind, sogar außerhalb geschlossener Ortschaften und Siedlungen frei umherlaufen, wenn sie eine numerierte Hunde-(Steuer-)Marke oder Besitzeradresse an der Halsung tragen und unter Aufsicht einer Person stehen, der sie gut gehorchen. Bei Jagdhunden während der Arbeit ist die Abnahme der Halsung zugelassen.
Nach § 13 der VO ist die Wildtollwut von den Jagdausübungsberechtigten durch verstärkte Bejagung der Füchse zu bekämpfen. Jagdausübungsberechtigte müssen tollwutkrankes und tollwutverdächtiges Wild sofort töten und unschädlich beseitigen (s.S. 527). Die Immunisierung von Füchsen über ausgelegte Köder (s.S. 537) wird inzwischen in fast allen Bundesländern praktiziert.
Ist Wildtollwut oder -verdacht, insbesondere bei einem Fuchs, festgestellt worden (s.S. 539), so hat die Untere Jagdbehörde (i.d.R. das Landratsamt oder die kreisfreie Stadt) die Umgebung der Tötungs- oder Fundstelle im Umkreis bis zu 10 km zum „gefährdeten Bezirk" zu erklären, mit Schildern „Wildtollwut! Gefährdeter Bezirk" gut sichtbar zu kennzeichnen und das Bejagen von Füchsen (sowie streunender Hunde und Katzen) anzuordnen. Die Dauer der amtlichen Beobachtung beträgt für ansteckungsverdächtige Hunde und Katzen mindestens drei Monate. Mit jagdlichen Mitteln (Drückjagd S. 365, Ansitz S. 504 und Baujagd S. 523/524, 667) sollte ein Fuchsbestand von 0,7 Füchsen je 100 ha dauerhaft unterschritten werden, damit die Infektionsketten der Tollwut abreißen.

Maul- und Klauenseuche (MKS)
(Aphtenseuche oder Stomatitis epidemica)

Wie äußert sich die MKS bei Schalenwild?

Das erkrankte Schalenwild zeigt Speichel. Am Lecker, dem Geäse (bzw. Wurf) und in der Umgebung der Schalen, besonders am Kronsaum, bilden sich Blasen, die mit einer wasserhellen, gelblichen Flüssigkeit gefüllt sind, die das Virus enthält. Nach zwei bis drei Tagen platzen die Blasen und hinterlassen schmerzhafte, hochrote, von der Oberhaut entblößte Stellen (Erosionen), die nach und nach abheilen. Bei Erkrankung der Schalen kommt es häufig durch nachträgliche Wundinfektion zum „Ausschuhen", d.h. zum Verlust der Schalen (s. Abb. S. 533). Dadurch tritt schweres Lahmen auf. Schalenwild ist für MKS wenig empfänglich. Die Krankheit ist nach dem Tierseuchengesetz anzeigepflichtig.

Schweinepest (Pestis suum)

Welche Kennzeichen zeigt Schwarzwild bei der Schweinepest?

Bei der akuten Form, der sehr leicht übertragbaren Viruspest, zeigt es auffällige Schwäche und ein Schwanken in der Nachhand. Die erkrankten Stücke trennen sich von den Rotten und suchen wegen bestehenden Fiebers Wasserstellen zum Kühlen und Schöpfen auf. Sie zeigen Appetitlosigkeit, Krämpfe und Schwächeerscheinungen. Nach 4 bis 5 Tagen sind sie tot. Stellt man beim Aufbrechen am Deckel des aufgeschärften Drosselknopfes punktförmige Blutungen (s.S. 530) fest, besteht begründeter Verdacht auf Virusschweinepest. Solche Blutungen finden sich meist auch in der Schleimhaut der Drossel, des Magen-Darm-Kanals, der Harnblase und in den auffallend lehmfarbenen Nieren. Sie sind für die große Verluste bringende Virusschweinepest typisch!
Bei chronischer Pest finden sich Husten, Durchfall und Kümmern und beim Aufbrechen geschwürige Veränderungen im Darmkanal, besonders am Übergang des Blinddarms in den Hüftdarm. Der Jagdausübungsberechtigte muß jeden Verdacht auf Pest umgehend der Jagdbehörde anzeigen, damit sie hiervon dem beamteten Tierarzt Kenntnis geben und er entscheiden kann, ob und unter welchen Vorsichtsmaßnahmen erlegte Stücke noch im Haushalte des Erlegers verwertet werden dürfen oder ob (wie bei gefallenen oder stark abgekommenen Stücken oder bei Gefährdung von [Haus-]Schweinen) eine Beseitigung (s.S. 527) erfolgen muß. Das Vergraben (s.S. 527) pestverdächtigen Schwarzwildes oder dessen Verbringen auf Luderplätze (s.S. 521) ist streng verboten! Man muß verhindern, daß Wild an Küchenabfälle kommt, und darf im Revier keine Brotzeitwurst wegwerfen. Zu bedenken ist, daß das Virus der Schweinepest auf Hausschweine leicht, auf Menschen jedoch nicht übertragbar ist. Das Virus bleibt in der Kälte monatelang ansteckungsfähig, wird aber durch Wärme (Kochen oder Braten des Wildbrets) und Sonnenbestrahlung sicher vernichtet. Ein befallener Bestand muß scharf bejagt werden.

Welche Aufgabe hat der beamtete Tierarzt (Kreistierarzt)?

Er hat festzustellen, ob Schweinepest vorliegt. Er führt hierzu die Untersuchung (Zerlegung) kostenlos durch und benachrichtigt vom Befund die Untere Jagdbehörde. Diese setzt den Anzeigenden und die Jagdausübungsberechtigten der Nachbarreviere in Kenntnis und erläßt Anweisungen zur Seuchenbekämpfung (Anordnung der Bejagung, jedoch Verbot von Treibjagden, da rege gemachtes Schwarzwild die Seuche verschleppen kann).

Kreuzlähme des Rotwildes

Was wissen wir von der Kreuzlähme des Rotwildes?

Sie befällt besonders Stücke im Alter von einem bis zu sechs Jahren (nie die Kälber) und vorwiegend Hirsche. Sie ist eine u.a. durch Rundwürmer (Nematoden) verursachte Erkrankung des Gehirns, verläuft chronisch (über 2–3 Jahre) und beginnt mit Schwanken in der Nachhand; dann folgen Nachhandlähmungen.
Zu ihrer Bekämpfung sind alle erkrankten Stücke möglichst frühzeitig zu schießen. Der Aufbruch und das Gehirn sind unschädlich zu beseitigen. Die Wildbretteile des Rückens und der Keulen, die Schwund oder Wäßrigkeit zeigen, sind als verdorben, die übrigen als noch genußfähig anzusehen.

Papillomatose

Welche Körperteile des Gamswildes erkranken bei der Papillomatose und der Gamsblindheit?

Bei der Virusseuche Papillomatose bilden sich am Windfang, am Geäse, dem Lecker, auf der Decke der Läufe und zwischen den Schalen warzenförmige, später blumenkohlartige Wucherungen. Sie treten vorwiegend im Spätherbst und Winter auf und behindern das Äsen und die Fortbewegung.
Bei der Gamsblindheit, einer bakteriellen Augenerkrankung, entsteht ein Bindehautkatarrh mit starkem Tränenfluß, der eine Tränenrinne vom Licht bis zum Geäse verursacht. Später kommt es zur Entzündung und Trübung der Hornhaut und zur Erblindung. Die Ansteckung erfolgt durch gegenseitige Berührung im Rudel oder bei der Brunft sowie durch Fliegen. Die Seuche erreicht im August und September ihren Höhepunkt. Die erkrankten Stücke bewegen sich unsicher tappend; gegen Ende der Krankheit bleiben die Stücke in ihrem Bett. Es kommen auch Selbstheilungen vor.
Beide Krankheiten und die Sarkoptesräude (s.S. 546) werden durch Überhege begünstigt. Zur Bekämpfung sind sichtbar kranke Stücke mit dem Fernglas oder Spektiv (s.S. 503) zu ermitteln und auf der Einzeljagd zu schießen.

Myxomatose der Kaninchen

Welche Viruskrankheit verursacht große Verluste bei Kaninchen?

Die Myxomatose (s. Abb. S. 530).
Sie ist eine sehr ansteckende und verlustreiche Kaninchenkrankheit. In Australien infizierte man die Wildkaninchen künstlich mit dem Virus dieser Krankheit, um der dort herrschenden Wildkaninchenplage Herr zu werden. Man erreichte damit ihre 90%ige Vernichtung. Diese Seuche wird nicht nur von Tier zu Tier, sondern auch durch den Kaninchenfloh und durch stechende Insekten (Fliegen und Mücken) übertragen. Auch Bussarde und Krähen können das Virus beim Kröpfen kranker Kaninchen in gesunde Bestände verschleppen. In der Erde der Kaninchenröhren kann sich das Virus drei Monate übertragungsfähig erhalten. Die Verbreitung erfolgt besonders in Flußtälern und in Lagen unter 350 m Höhe. Die Inkubationszeit (s.S. 526) beträgt 2–6 Tage.

Welche Tiere erkranken an Myxomatose?

Wildkaninchen und Stallkaninchen. Hasen werden nur ausnahmsweise von der Myxomatose (von myxa = Schleim) befallen.
Zuerst tritt eine sulzige Schwellung an den Augenlidern auf, verbunden mit einer Augenentzündung und einem Augenausfluß. Dann kommt es zu einer sulzigen Schwellung am Grund der Löffel, die unter Bildung derber Knoten den ganzen Löffel ergreift und auf das Geäse übergeht. Schließlich schwillt der ganze Kopf unförmig an (Löwenkopf), und es treten Schwellungen auch in der Umgebung des Weidlochs und der Geschlechtsteile auf. Die Kaninchen verenden etwa vier bis sieben Tage nach Auftreten der ersten Krankheitserscheinungen (s. Abb. S. 530). Beim Auftreten der Myxomatose ist eine scharfe Bejagung der verdächtigen Bestände notwendig. Frettchen, die hierbei verwendet werden, dürfen nicht in gesunden Beständen arbeiten.

Pockendiphtherie des Federwildes

Bei welchem Federwild kommt die Pockendiphtherie vor?

Bei Birkwild, Fasanen, Rebhühnern und Ringeltauben.

In welchen drei Formen zeigt sich die Krankheit?

In der Hautform, Schleimhautform und gemischten Form. Bei der Hautform (den Pocken) bilden sich bis erbsengroße, schorfbedeckte Herde an der unbefiederten Kopfhaut, an der Unterfläche der Schwingen und in der Umgebung des Weidlochs. Bei der Schleimhautform (der Diphtherie) entstehen in der Schnabelhöhle gelbkäsige, festsitzende Beläge, die Atemnot erzeugen.
Bei der gemischten Form erkranken Haut und Schleimhäute gleichzeitig mit Beteiligung der Augenlider.

Hühnerpest
(Klassische Hühnerpest und Newcastle-Krankheit)

Welche Tiere erkranken an Hühnerpest?

Nur die Hühnervögel (Haushühner, Truthühner, Perlhühner, Pfauen) und von Wildhühnern besonders die Fasane. Tauben sind nicht empfänglich, Wasservögel nur ausnahmsweise.

Welche Krankheitserscheinungen zeigen sich bei der Hühnerpest?

Die kranken Tiere zeigen Schlafsucht, röchelndes Atmen bei geöffnetem Schnabel, grünlichen Durchfall, Freßunlust und schlagartiges Aufhören des Eierlegens. Gegen Ende der Krankheit zeigen sie Lähmungserscheinungen. Im Drüsenmagen, im Dünndarm und den Eingängen zum Blinddarm finden sich in der Schleimhaut punktförmige Blutungen, die für die Hühnerpest charakteristisch sind. Die Hühnerpest ist sehr ansteckend. Es kommt deshalb zu Massenerkrankungen. Nur wenige der erkrankten Tiere genesen. Beim Zukauf von Fasanen ist deshalb größte Vorsicht geboten. Es sind zweckmäßig nur solche Tiere zu kaufen, die, wie Hausgeflügel (Geflügelpest-VO vom 19.12.1972, BGBl I S. 2500), schutzgeimpft worden sind. Bei einer Vorimmunisierung im Alter von drei bis vier Wochen mit Geflügelpest-Trinkwasser-Vaccine (Behringwerke) entsteht ein Impfschutz von drei bis vier Monaten. Andernfalls sind sie beim Zukauf der Schutzimpfung zu unterziehen und vor dem Freilassen für 14 Tage in Quarantäne (Beobachtung) zu nehmen, da der Impfschutz erst 14 Tage nach der Impfung eintritt. Die Schutzimpfung hat sich hervorragend bewährt. Zum Schutze vor Hühnerpest ist die Einfuhr von Wildgeflügel aus dem Auslande verboten (VO d. BMELuF v. 1.11.1974).

Pilzkrankheiten

Glatzflechte (Trichophytie, Herpes tonsurans)

Welche Krankheit wird durch pilzliche Schmarotzer hervorgerufen?

Die Glatzflechte. Sie kommt bei Elch-, Rot- und Rehwild vor. Der Erreger der Glatzflechte (Trichophyton tonsurans) lebt im Hornteil der Decke und verursacht kreisrunde, kahle Stellen.

Schmarotzerkrankheiten

Was sind tierische Schmarotzer (Parasiten)?

Es sind auf einer niederen Entwicklungsstufe stehende Tiere, die vorübergehend oder dauernd auf oder in dem Körper höherer Tiere leben und sich dabei auf Kosten ihrer Wirte ernähren. Normalerweise wird ein Parasit seinen Wirt nicht töten oder schwächen, denn er würde sich so seiner eigenen Lebensgrundlage berauben. Das kommt nur in Ausnahmefällen bei Jungtieren oder bei gehäuftem Auftreten der Schmarotzer vor.
Ihrer Lebensweise nach werden Schmarotzer (Parasiten) eingeteilt in: Außenschmarotzer oder Ektoparasiten und in Innenschmarotzer oder Endoparasiten.

Die Außenschmarotzer

Welche Ektoparasiten kommen beim Wild vor?

Lausfliegen (Hirschläuse), Läuse, Haarlinge, rote Vogelmilbe, Flöhe, Federlinge, Holzböcke oder Zecken, Räudemilben, Dassellarven.
Die Federlinge, auch Federläuse genannt, sind Parasiten der Vögel. Im Gegensatz zu den Läusen, die mit ihrem Mundwerkzeug die Haut durchstechen und das Blut aufsaugen, durchbeißen die Federlinge die Haut und nehmen dann das hervortretende Blut auf. Im Revier ist es zweckmäßig, besonders für die Waldhühner (Auer- und Birkhühner) Staubbäder (Huderplätze) auf vergrasten Kahlschlägen durch Verbrennen von Astwerk anzulegen (s. auch S. 296). In Fasanerien werden auch Huderkästen gefüllt mit feinem Sand zum Hudern aufgestellt.

Hirschlausfliege

Was wissen wir von der blutsaugenden Hirschlausfliege?

Sie kommt auf Schalenwild oft in großer Zahl vor, ist etwa 7 mm lang, gelb- bis schwarzbraun gefärbt und hat während des Sommers Flügel, um von einem Wirtstier auf das andere gelangen zu können. Bei diesen Flügen verklettet sie sich auch im menschlichen Haar. Nach der Begattung verliert das Weibchen auf ihrem Wirt die Flügel, während das Männchen die Flügel länger behält.
Die vom Weibchen lebend geborenen Larven verpuppen sich zwischen den Haaren und führen zu der neuerdings beobachteten „Haarseuche" beim Rehwild. Jägerinnen sollten ihr Haar bedecken, wenn die Hirschlaus fliegt (Juli/September).
Oft suchen Meisen und Stare die Decke des Wildes nach diesen Parasiten ab. Das wird vom Wilde gerne geduldet.

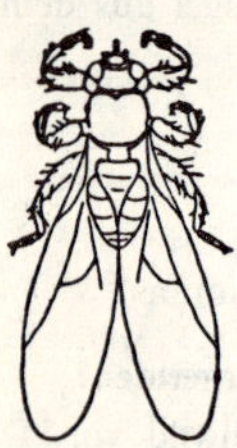

vor Abwurf der Flügel

Hirschlausfliege
(Lipoptena cervi)
(fünffache Vergrößerung)

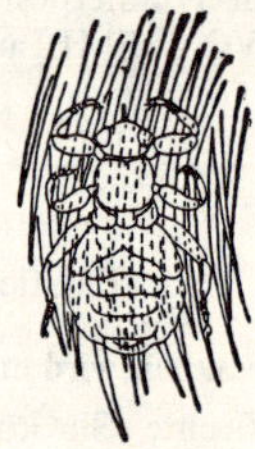

auf der Decke des Rot- und Rehwildes

Vogelmilbe

Welche Bedeutung hat die rote Vogelmilbe?

Sie befällt in Massen neben Hausgeflügel auch Wildgeflügel, besonders Fasane in Fasanerien. Sie geht vorwiegend nachts an die Tiere, saugt Blut und verursacht hochgradige Blutarmut, bei starkem Milbenbefall auch plötzliche Todesfälle. Tagsüber lebt sie in Nestern und Fugen des Stalles. (Milbenbekämpfung: Anpinseln der Aufbaumstangen mit Jacutin flüssig, Pudern des Federwildes mit Jacutin-Puder.)

Welche Außenschmarotzer übertragen Wildkrankheiten?

Die rote Vogelmilbe spielt bei der Verbreitung der Geflügelcholera eine Rolle. Blutsaugende Insekten (Fliegen, Stechmücken und der Kaninchenfloh) übertragen die Myxomatose.
Flöhe, Läuse und Zecken verbreiten die Tularämie oder Nagerpest (s.S. 532). Der Hasenfloh überträgt die Staphylomykose (s.S. 535). Er wird bei erlegten Hasen nur selten angetroffen, da er den toten Wirt verläßt.

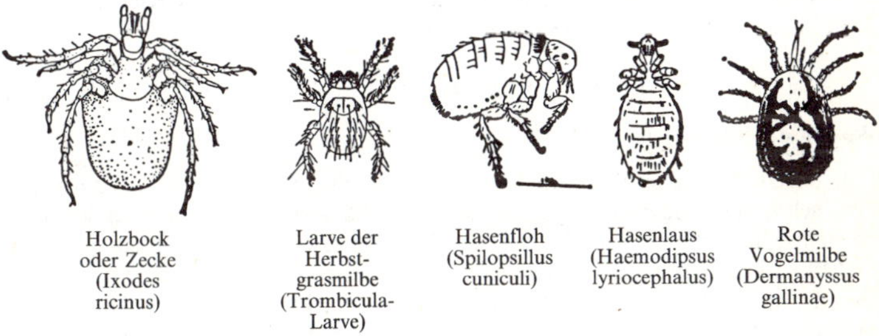

Ektoparasiten (etwa zehnfach vergrößert)

Hundefloh, Holzböcke, Zecken

Was muß der Jäger vom Hundefloh wissen?

Der Hundefloh ist Zwischenwirt des kürbiskernförmigen Hundebandwurms (Dipylidium caninum). Er ist der häufigste Hundebandwurm (Kreislauf und Näheres s.S. 649).

Was wissen wir von den Zecken oder Holzböcken?

Der gemeine Holzbock (Ixodes ricinus) ist ein Blutsauger. Das mit einem großen Rückenschild versehene Männchen ist dunkelbraun und nur 1,5 mm lang. Das Weibchen erscheint heller und ist nüchtern etwa 4 mm groß. Vollgesogen erreicht es eine Länge bis 12 mm. Sein ovaler bleigrauer Körper ähnelt dann einem Rizinuskern. Zu ihrer Verbreitung klettern die Holzböcke an Grashalmen, Blättern von Sträuchern usf. empor und lassen sich von hier auf die Körperoberfläche vorbeiziehender Wirtstiere fallen. Sie sitzen besonders am Kopf und Hals des Wirtes. Man findet sie bei Elch-, Rot- und Rehwild sowie bei Hasen, Kaninchen, Füchsen und Hunden.

Welche Gefahr kann von Zeckenbissen ausgehen?

Durch Zeckenbisse kann eine Gehirnhautentzündung (Zecken-Encephalitis) auf den Menschen übertragen werden. Die Viruskrankheit hat in Österreich bereits Todesopfer gefordert und breitet sich auch entlang der bayerischen Flußtäler aus. Zuerst erinnert ein Befall an eine Sommergrippe. Nach schweren Kopfschmerzen und Brechreiz treten Lähmungen auf. Das Fieber steigt über 40° C. Innerhalb 96 Stunden nach Infektion muß geimpft werden. Es gibt bereits eine vorbeugende Immunisierung. Zwei Injektionen im Monatsabstand schützen ein ganzes Jahr. Eine jährliche Auffrischung ist notwendig. Das Parasitologische Institut der Tierärztlichen Hochschule in Hannover erbittet Zecken in einem Glase zu Forschungszwecken und berät die Einsender.

Wie lassen sich festgesaugte Holzböcke entfernen?

Durch Betupfen mit Öl, Fett, Benzin oder Pitralon. Sie lassen sich dann nach etwa 15 Minuten wegen Atemnot mühelos aus der Haut herausdrehen (Fingerkuppe auf den Holzbock setzen und drehende Bewegung ausführen!). Bewährt hat sich auch, den Holzbock mit Alleskleber zu betupfen oder Heftpflaster undurchlässig aufzukleben und am nächsten Tage den gehärteten Klebstoff oder das Pflaster mit dem angeklebten Holzbock abzuziehen.

Räudemilbe

Was ist die Räude?

Eine durch Milben hervorgerufene Hauterkrankung mit Haarausfall und juckenden, schuppigen oder borkigen Stellen, die bekratzt werden. Milben gehören zu den Spinnentieren und haben vier Beinpaare. Die Räudemilben sind nur im Mikroskop sichtbar. An den erkrankten Hautstellen, hauptsächlich am Haupt (Kopf), den Lauschern (Tellern) und an der Unterbrust, fallen die Haare aus, und es kommt zur Bildung von Falten und Borken. Beim Wild sind nur die Sarcoptesmilben von Bedeutung, beim Hund auch Demodexmilben.

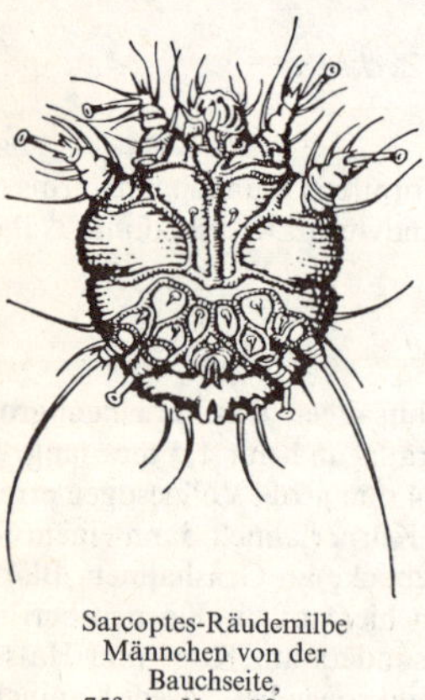

Sarcoptes-Räudemilbe
Männchen von der
Bauchseite,
75fache Vergrößerung

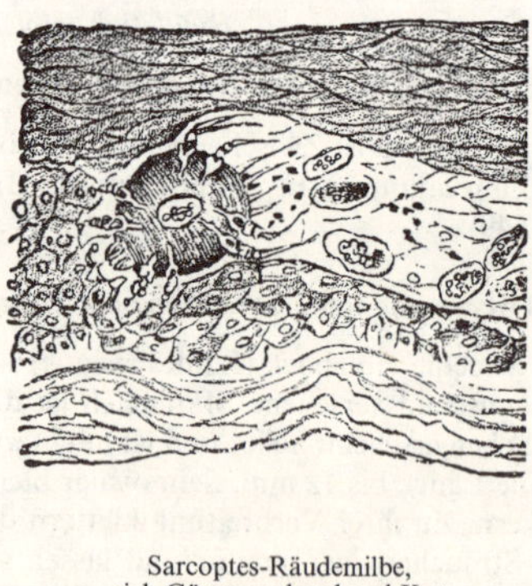

Sarcoptes-Räudemilbe,
sich Gänge grabend und Kot
und Eier hinterlassend
(Schnitt durch die Oberhaut,
vergrößert)

Bei welchem Wild kann die Räude seuchenartig auftreten?

Bei Gams, Fuchs, Dachs und Wildschwein (s. Abb. S. 553). Gelegentlich kann sie auch auf Menschen und Hunde übergehen. Die Gamsräude ist in *Bayern* anzeigepflichtig und dort die verheerendste „Gamsseuche". Durch sie sind in den letzten Jahren viele Stücke durch Kräfteverfall eingegangen. Die Übertragung erfolgt durch direkte Berührung kranker und gesunder Stücke im Rudel, im Bett und während der Brunft. Die Verbreitungsgeschwindigkeit steigt mit zunehmender Wilddichte. In *Bayern* steht die Räude seit Jahren östlich vor dem Inntal, hat es aber noch nicht überschritten.

Wie wird die Räude bekämpft?

Durch Bejagung der kranken und schwachen Stücke. Kranke Stücke sind mit guten Jagdgläsern und Spektiven zu erkennen. Die gefallenen und erlegten Räudegamsen sind zu verbrennen oder unschädlich zu beseitigen (s.S. 527).
Die Abwehrkräfte des Körpers stärkt man durch Vermeidung jeglicher Beunruhigung des Gamswildes (Skiläufer), durch Verbesserung des Äsungsverhältnisses und durch Gaben von Mineralsalzen mit Spurenelementen in Salzleckkästen (s.S. 497).

Die Innenschmarotzer

Haut- und Rachendasseln, Luftröhren- oder Rotwurm, Kokzidien, Leberegel, Lungenwürmer, Magen-Darm-Würmer, Bandwürmer, Spulwürmer, Hakenwürmer, Peitschenwürmer, Trichinen.

Hautdasseln

Wodurch entstehen die Dasselbeulen unter der Decke des wiederkäuenden Schalenwildes?

Durch die bis 2 cm langen, walzenförmigen Larven der Dasselfliegen. Von Dassellarven werden alle Cerviden (Elch-, Rot-, Dam- und Rehwild) sowie das Gamswild befallen.

Was wissen wir über den Entwicklungsgang der Dasselfliegen?

Die stubenfliegenähnlichen Dasselfliegen (s. Abb. S. 548) leben nur 4 bis 6 Tage. In den Monaten Juni bis August schwärmen sie, besonders an heißen Tagen, und kleben ihre Eier an die Haare der Hinterläufe, der Flanken und des Unterbauches des Wildes. Aus den etwa 1 mm großen Eiern schlüpfen nach 3–4 Tagen junge Larven. Sie bohren sich in die Decke ein und wandern auf einem monatelangen Wanderwege durch den Körper bis unter die Decke, um Luft atmen zu können (Larvenzustand Ende Januar s. Abb. S. 554). Ab Januar beginnen sie dann, lebhaft zu wachsen. Die „reif" gewordenen Dassellarven bilden unter der Decke des Rückens beulige Auftreibungen. In den Monaten April bis Juli schlüpfen sie aus den Beulen aus, fallen zu Boden und verpuppen sich. Nach einer Puppenruhe von 4 bis 5 Wochen schlüpfen die Dasselfliegen aus und beginnen den Kreislauf aufs neue.

Wird das wiederkäuende Schalenwild von den gleichen Hautdassellarven befallen wie das Rind?

Nein. Beim Wild handelt es sich um andere Arten der Dassellarven, so daß wechselseitige Ansteckungen nicht möglich sind. (Beim Rehwild Gattung Hypoderma diana, beim Rotwild Hypoderma actaeon. Die Larven sind wirtsspezifisch!)

Von welchem Monat ab werden die Larven unter der Decke des Wildes sichtbar und vom Jäger angetroffen?

Ab Dezember. Beim „Aus-der-Decke-Schlagen“ (beim Abziehen der Decke) gestreckten Wildes wird das Unterhautbindegewebe der Rückengegend blutig-sulzig und mit zahlreichen, kleinen Larven durchsetzt angetroffen. Bei einem Stück können bis 300 Larven vorkommen. Ihre endgültige Größe und „Reife“ erreichen die Larven erst im April (also außerhalb der Schußzeit). Reife Dasseln ähneln Engerlingen (Larven des Maikäfers).

Hautdasselfliege

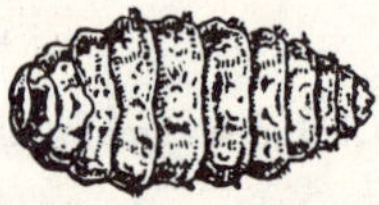
„reife“ Dassellarve

Puppe

Rachendasseln

Was sind Rachendasseln?

Sie sind der Larvenzustand der Rachendasselfliege (Cephenomyia stimulator beim Reh und C. picta beim Rotwild). Sie finden sich in der Nasen- und Rachenhöhle sowie am und im Drosselknopf und Schlundkopf des Elch-, Rot- und Rehwildes und verursachen das oft hörbare schnarchende Husten, Niesen (dabei auch Kopfschütteln) der befallenen Stücke (s. Abb. S. 554).

Rachendasselfliege

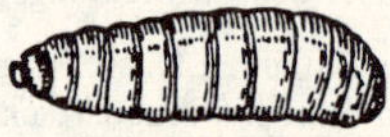
Rachendassellarve

Wie gelangen sie dorthin?

Die hummelähnliche, braunrot behaarte Rachendasselfliege schwärmt – je nach ihrer Art – von Ende Mai bis Anfang September (Hochzeitsflug). Nach der Begattung lebt das Weibchen noch zwei Wochen. Es ist lebendgebärend und spritzt im Fluge, trotz der Abwehrversuche des Wildes, die jungen Larven dem Wild in den Windfang. Die Larven setzen sich in der Schleimhaut fest und wandern in die Nasen- und Rachenhöhle. Im Frühjahr wachsen sie dann schnell

und sind ab April bis Juni als vollentwickelte Larven, von gelblicher Farbe mit schwarzen Punkten, anzutreffen. Durch Borsten an der Oberfläche und einen Haftapparat an der Mundöffnung verankern sie sich derart fest, daß sie weder ausgehustet oder ausgeniest noch durch Schleuderbewegungen mit dem Kopf ausgeschleudert werden können.
Wenn die Larven „reif“ geworden sind, lassen sie sich aus dem Windfang zur Erde fallen und verpuppen sich in der Laub-, Moos- und Streuschicht. Nach einer Ruhezeit von 5 Wochen schlüpft aus der schwarzen Puppe die etwa 2 cm lange geschlechtsreife Fliege, so daß nun der Entwicklungsgang von vorn beginnen kann.

Welche Krankheitserscheinungen rufen die entwickelten Rachendasseln hervor?

Sie verursachen, je nach ihrem Sitz, Husten, Niesen oder erschwertes Atmen, das sogenannte „Schnarchen“. Am schwersten leidet Jungwild unter dem Schmarotzerbefall. Bei einem Stück werden häufig 10–20 Larven gefunden. Die befallenen Stücke kümmern, verfärben spät, schieben schlecht und bleiben in der Wildbretstärke weit hinter gesunden zurück.

Wie kann man die Dassel- und Rachendasselfliege bekämpfen?

Durch Schutz und Winterfütterung der larven- und fliegenfressenden Vögel (wie Stare, Fliegenschnäpper, Rotschwänze, Kohl-, Blau- und Tannenmeisen) und durch Anlage von Schutzgehölzen und Anbringen von Nistkästen für sie. Sie fangen die Fliegen während der Schwarmzeit und nehmen – wie Schwarzwild, Dachs, Igel, Fasan, Pirol, Kuckuck und die Dohlen – die Larven und Puppen auf. Stare und Meisen werden häufig auf der Decke des mit Dassellarven (und Lausfliegen) befallenen Wildes beobachtet, wo sie nach diesen Parasiten suchen, was vom Wilde gern geduldet wird.
Schwerkranke Stücke sind zu schießen. Vorgefundene Larven sind sorgsam zu sammeln und unschädlich zu beseitigen (zu verbrennen), damit sie sich nicht verpuppen und zu Fliegen entwickeln können.

Nistkasten (Vollhöhle)
zweckmäßig aus Holzzement gefertigt
zur biologischen Kerbtierregulation

Luftröhren- oder Rotwurm (Syngamus trachea)

Welche Bedeutung hat der Luftröhrenwurm (Rotwurm) des Federwildes, und wie wird er bekämpft?

Die dunkelroten Luftröhrenwürmer werden besonders bei vier bis acht Wochen alten Fasanenküken (und bei Puten) angetroffen. Sie verursachen, besonders bei den in Fasanerien aufwachsenden Fasanenküken, Husten, Krächzen und

Niesen. Die erkrankten Jungfasane stehen mit zurückgezogenem Kopf und geschlossenen Augen herum und zeigen Atemnot (Japsen), unnatürlich aufgesperrten Schnabel, Abmagerung und struppiges Gefieder.
Zur Behandlung der „Rotwurmseuche" der Fasane hat sich Thibenzole (s. S. 570) gut bewährt. Man mischt 4 g Thibenzole unter 1 kg angefeuchtetes Kükenalleinfutter und gibt dieses zwei Wochen lang. Zur Verminderung der Infektionsgefahr setzt man zweckmäßig Enten in die Aufzuchtvoliere ein, die die als Zwischenwirte dienenden Regenwürmer und Schnecken der vergangenen Nacht aufnehmen, bevor sich die Fasane von der Nachtruhe erheben.

Männchen und Weibchen leben dauernd in geschlechtlicher Verbindung (Kopulation). Die Wurmeier werden in den geschlängelten Teilen der Leibeshöhle (im Uterus) gebildet und im vorderen Drittel des Wurmes ausgeschieden, mit Schleim hochgehustet und nach dem Abschlucken mit dem Gestüber (Kot) verstreut.

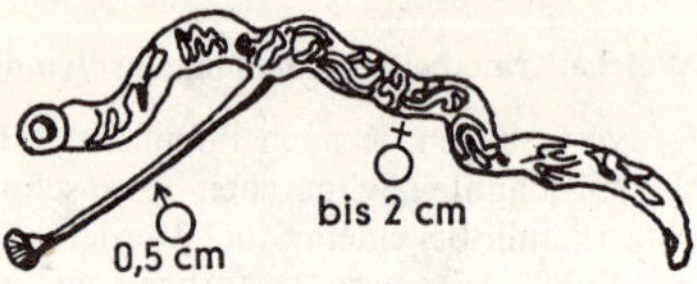

Luftröhrenwurm
(Syngamus trachea)

Wie schützt sich das Wild vor dem tödlichen Befall mit Innenschmarotzern?

Bei einem Befall mit Schmarotzern bildet der Wildkörper Abwehrstoffe, die ihm helfen, einen wiederholten Befall zu überstehen. Bei einer massiven Erstinfektion kommt es zu schweren akuten Krankheitserscheinungen, da der Körper noch nicht über die notwendigen Schutzstoffe gegen die Parasiten verfügt, also noch nicht immunisiert ist. Das ist besonders bei Jungwild der Fall, das nicht so schnell und kräftig Antikörper zu bilden vermag wie erwachsene Tiere, und gilt besonders für die Kokzidiose und Magenwurmseuche.

Befall mit Toxoplasmen (Toxoplasmose)

Welche Bedeutung hat die Toxoplasmose für den Menschen?

Die Toxoplasmose ist eine bei Hasen, Kaninchen und Federwild (Auerwild, Fasan und Rebhuhn) vorkommende, durch mikroskopisch kleine Erreger (Toxoplasma gondii) entstehende Infektionskrankheit. Es dürfen keinesfalls Milz, Leber und Gescheide an Katzen verfüttert werden, da diese für die Infektion empfänglich sind und durch ihren Kot zur Ansteckungsquelle für Menschen werden können. Bei erstmals mit Toxoplasmose infizierten schwangeren Frauen kommt es zu Tot-, Miß- oder Frühgeburten.

Kokzidiose

Durch welche Krankheit erleidet der Hasenbesatz die größten Verluste?

Durch die Kokzidiose. An ihr erkrankte Hasen und Kaninchen scheiden mit der Losung große Mengen der mikroskopisch kleinen Krankheitserreger (Oocysten) aus. Werden sie mit der Äsung von bisher gesunden Stücken aufgenommen, so erkranken diese an Kokzidiose. Besonders gefährdet sind Jungtiere. Es gibt zwei besondere Kokzidioseerreger, die für Hase und Kaninchen artspezifisch sind. Auch Reh- und Gamswild erkranken an Kokzidiose.

Welche Krankheitserscheinungen verursachen die Kokzidien?

Sie verursachen eine Gallengangs- und Darmentzündung mit Aufblähen und starkem Durchfall. Die Darmwand erscheint bei Betrachtung glasig und durchsichtig und zeigt zahlreiche, grauweißliche Knötchen (s. Abb. S. 555). Das Weidloch und die Hinterläufe sind mit dünnflüssiger Losung beschmutzt. Der mit dem Durchfall verbundene Wasserentzug führt zu Abmagerung und bei Junghasen mit massiver Erstinfektion (s. S. 550) zum Tode. Wiederholte schwache Infektionen führen zu Immunität.
Die „durchgeseuchten“ Hasen und Kaninchen verenden also nicht, werden aber Parasitenausscheider und sind die ständige Ansteckungsquelle für gesunde Tiere, insbesondere für Jungtiere. Anhaltende Niederschläge im April/Mai und Sept./Nov. begünstigen die Sporenentwicklung, so daß dann massive Infektionen und oft seuchenartig verlaufende Erkrankungen unter den Junghasen und Kaninchen auftreten. Das Vorliegen der Kokzidiose ist oft mit einem starken Befall mit Magen- und Darmwürmern (s. S. 568) vergesellschaftet und kann durch Gescheideuntersuchungen in einem Untersuchungsamt (s. S. 528) festgestellt werden. Es äußert sich dadurch, daß von den vielen Junghasen, die man im Sommer antrifft, im Herbst fast keine mehr leben. Zur Bekämpfung der Kokzidiose hat sich das flüssige Theracanzan, zu der der Magen-Darm-Würmer das Thibenzole(pulver) des Therapogenwerkes in 8022 Grünwald, Tölzer Str. 1, bewährt. Man reicht den Hasen auf Futterplätzen (in der Mitte von Wiesen und Ackerflächen, die man mit Proßholz [s. S. 498] kennzeichnet) in kleinen Futternäpfen Karottensilage, der man ab und zu je 2% Theracanzan und Thibenzole beimischt. Dr. Brüll empfiehlt, dieses Medikament in Äpfeln unterzubringen. Manchmal werden die Medikamente auch in Rüben gereicht. Das Therapogenwerk gibt bebilderte Anweisungen hierzu, die gegen Rückporto angefordert werden können.
(Bezug der Karottensilage s. S. 491)

Welches Federwild ist für Kokzidiose empfänglich?

Alle Hühnervögel, besonders die in Fasanerien gehaltenen Jungfasane, sowie Gänse und Tauben. Die Kokzidiose befällt hauptsächlich Jungtiere im Alter von 4 bis 8 Wochen und äußert sich durch blutigen Durchfall. Sie wird deshalb rote Ruhr genannt. Die Sterblichkeit liegt bei 50–100%.
Die Behandlung der Roten Ruhr erfolgt mit Amprolvet-Super des Therapogenwerkes, 8022 Grünwald. Man gibt auf 300 kg Körnerfutter zwei Liter Amprolvet-Super (mit fünf Liter Wasser verdünnt) und mischt damit das Futter gut durch (durchschaufeln!). Es empfiehlt sich eine Wiederholung nach 14 Tagen.

Befall mit Saugwürmern

Was sind Leberegel?

Blattförmige Würmer, die bei Hauswiederkäuern, Schalenwild, Hasen und Wildkaninchen in den Gallengängen der Leber schmarotzen. Das läßt sich durch Anschneiden und Ausdrücken der Gallengänge feststellen. Wechselseitige Übertragungen sind möglich. Sie verursachen oft schwere Lebererkrankungen und damit Verdauungsstörungen, Gelbsucht, Wassersucht, Blutarmut und Siechtum. Mit Leberegeln durchsetzte Lebern sind genußuntauglich.

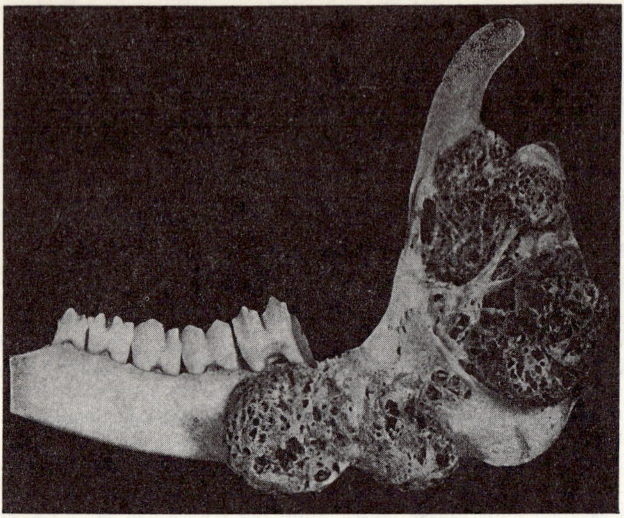

Strahlenpilzkrankheit (Aktinomykose)
Unterkiefer vom Reh mit geschwulstähnlichen Auftreibungen der Kieferknochen (nach dem Abkochen)
(Foto: Veterinär-Patholog. Institut der Universität Gießen; Direktor: Professor Dr. Pallaske)

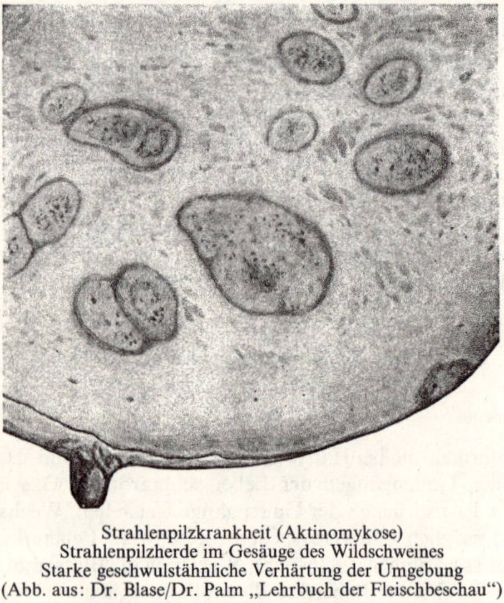

Strahlenpilzkrankheit (Aktinomykose)
Strahlenpilzherde im Gesäuge des Wildschweines
Starke geschwulstähnliche Verhärtung der Umgebung
(Abb. aus: Dr. Blase/Dr. Palm „Lehrbuch der Fleischbeschau")

Gamsräude
Die Haare sind ausgefallen, die Decke ist faltig und borkig
(Foto: Institut für Tierpathologie der Universität München, Vorstand: Professor Dr. Sedlmeier)

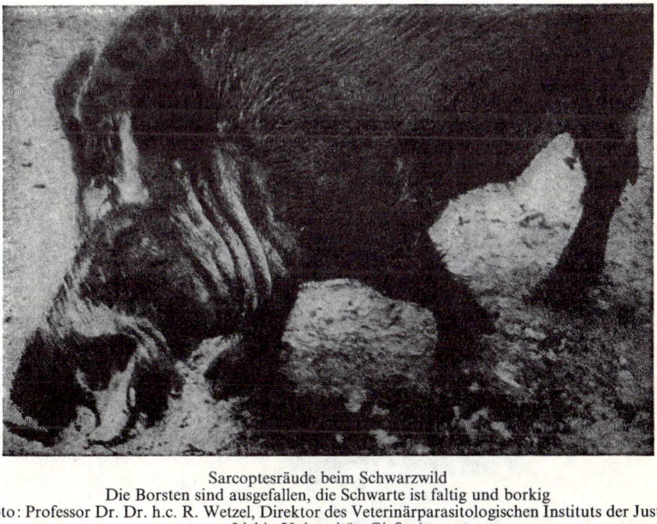

Sarcoptesräude beim Schwarzwild
Die Borsten sind ausgefallen, die Schwarte ist faltig und borkig
(Foto: Professor Dr. Dr. h.c. R. Wetzel, Direktor des Veterinärparasitologischen Instituts der Justus-Liebig-Universität, Gießen)

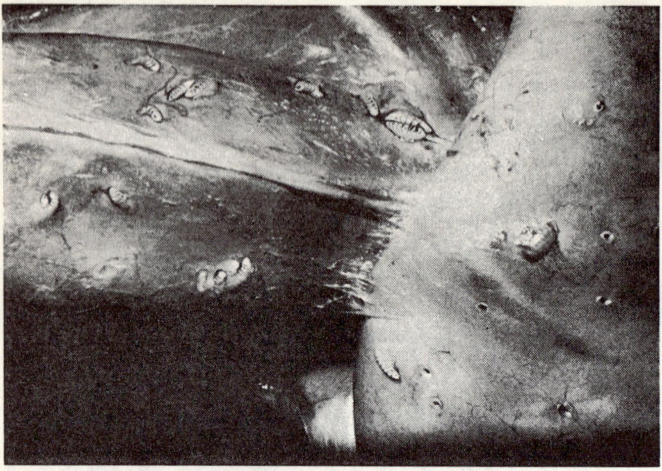

Hautdasseln beim Reh
Im blutig-sulzigen Unterhautbindegewebe zwischen Decke und Rücken sind gegen Ende der Schußzeit (im Dezember und Januar) zahlreiche junge Larven der Hautdasselfliege und in der gelösten Decke Bohrlöcher zu erkennen, durch die die Larven atmen.
(Foto: Professor Dr. Dr. h.c. R. Wetzel, Direktor des Veterinärparasitologischen Instituts der Justus-Liebig-Universität, Gießen)

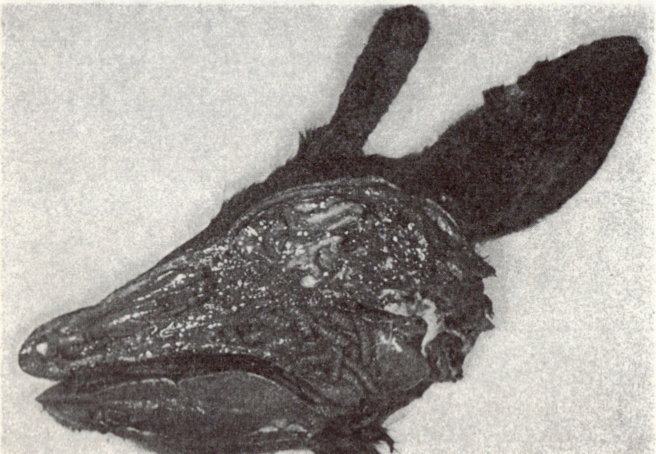

Rachendasseln beim Rehwild
(Abb.: nach Professor Dr. Kurt Zettl, Direktor des Staatl. Vet.-Unters.-Amtes in Kassel)

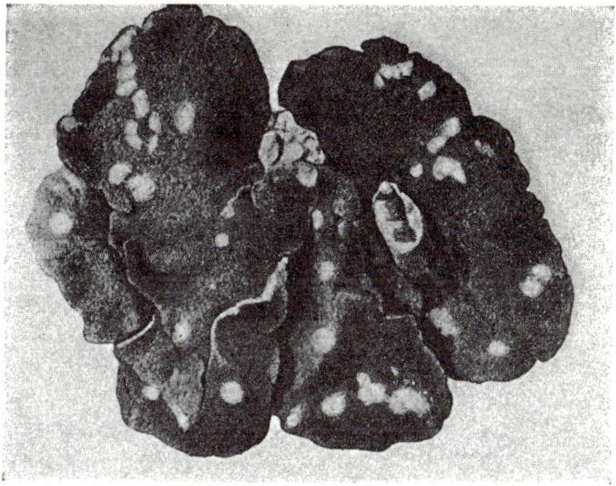

Kaninchenleber
mit gelblich-weißen Kokzidioseherden.
Kaninchen und Hasen mit Kokzidiose sind zum Verzehr für Menschen ungeeignet!

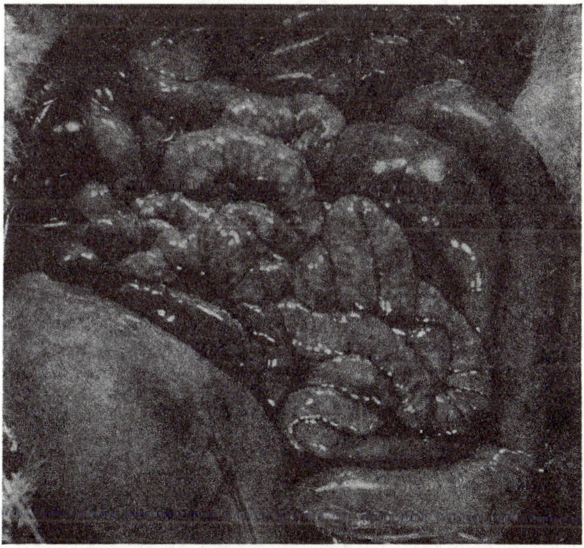

Darmkokzidiose des Hasen
mit den typischen grauweißlichen Herden in der Darmschleimhaut
(2 Fotos: Dr. Dr. h.c. R. Wetzel, Direktor des Veterinärparasitologischen Instituts der Justus-Liebig-Universität, Gießen)

Entwicklung des Kaninchenkokzids

1. Abschnitt: Entwicklung im Tierkörper

Die mit der Äsung aufgenommenen Sporen vermehren sich in den Epithelzellen der Gallengangs- und Darmschleimhaut zunächst ungeschlechtlich und bilden sichelförmige Keime, die neue Schleimhautzellen befallen (Merogonie).

Aus den sichelförmigen Keimen entwickeln sich männl. (♂) und weibl. (♀) Geschlechtszellen. Sie befruchten sich und bilden Oocysten. Diese lösen sich aus der zugrunde gegangenen Schleimhautzelle, mischen sich dem Darminhalt bei und werden mit der Losung ausgeschieden (Gametogonie).

2. Abschnitt: Entwicklung im Freien (Sporogonie)

Die Oocysten werden mit der Losung ausgeschieden und entwickeln sich im Freien in 4–10 Tagen bei Feuchtigkeit und Wärme zu reifen Sporen. Werden sie mit der Äsung aufgenommen, dringen sie als sichelförmige Keime in die Epithelzellen der Gallengangs- und Darmschleimhaut ein, und der Kreislauf beginnt aufs neue.

Durch Kälte und Frost wird die Sporenbildung stark gebremst. Die Hasenseuche tritt deshalb seuchenartig besonders vom August bis zum Frosteinbruch auf. Futterplätze für Hasen müssen also rechtzeitig angelegt werden, wenn man dem Futter Medikamente beifügen muß.

Bei welchem Wild wird der große Leberegel angetroffen?

Bei Schalenwild und Hasen, die ihren Einstand in nassen, sumpfigen Gebieten haben und in denen der Zwischenwirt des Leberegels, die etwa 10 mm hohe Zwergschlammschnecke, günstige Lebensmöglichkeiten hat. Infolge des Parasitenbefalls entstehen häufig unerwünschte Gehörnformen (Knopfböcke, Korkenzieher, Widder).
Der große Leberegel wird bekämpft:
Durch Bejagen allen sichtbar kranken Wildes,
durch Beseitigen der als Zwischenwirt dienenden Zwergschlammschnecken (Galba truncatula) und Einengen deren Lebensraumes. Das kann geschehen durch Trockenlegen feuchter Stellen, Reinigen feuchter Gräben und Ausstreuen von Chemikalien (wie Kupfersulfat, Hedrichkainit) in Gräben und Tümpel.

Entwicklungskreis des Großen Leberegels (Fasciola hepatica)

Die Leberegel sind Saugwürmer, die in den Lebergallengängen schmarotzen. Ihre Eier gelangen mit der Losung ins Freie. Aus ihnen entwickeln sich bei Feuchtigkeit und Wärme Flimmerlarven, die sich in Sumpfschnecken ansiedeln. Als geschwänzte Larven verlassen sie ihren Zwischenwirt und setzen sich an Grashalmen fest. Sie werden mit der Äsung aufgenommen. Die im Darm freiwerdenden Larven durchbohren die Darmwand und wandern über die Bauchhöhle in die Leber ein, wo sie nach 2–3 Monaten geschlechtsreif werden.
Bekämpfung: Zwischenwirtschnecken vernichten. Sumpfige Wiesen und Grabenränder trockenlegen! Innerlich gibt man Raniden (-Granulat) des Therapogenwerkes, 8022 Grünwald, oder das gut verträgliche Diplin der Fa. Boehringer in 6507 Ingelheim mit dem Winterfutter.

Wie entwickelt sich der kleine Leberegel?

Beim kleinen oder Lanzettegel geht die Entwicklung über Landschnecken und über Ameisen, die als zweite Zwischenwirte (Transportwirte) dienen. Die Eikapsel gelangt in eine Landschnecke. In deren Darmdrüse vermehren sich die Larven und verlassen nach warmem Regen, der auf längere Trockenheit folgt, den Zwischenwirt über die Atemwege. Dabei schleimt die Schnecke die Larven ein und stößt sie aus. Einige Ameisen schätzen diese Schleimballen und treten als zweiter Zwischenwirt auf. Ihnen dringen sie nach sechs Wochen ins Hirn und bewirken mit der abendlichen Abkühlung einen Beißreflex. Sie beißen sich an oberen Pflanzenteilen fest und werden durch Abäsen aufgenommen. Bei Erwär-

mung verhalten sich die Ameisen wieder normal. Die kleinen Leberegel findet man aufgrund des Vorkommens der Schnecken vorwiegend in Gegenden mit trockenen, kalkhaltigen Böden. Es werden Schalenwild, Hase und Kaninchen befallen.
Die Bekämpfung des kleinen Leberegels erfolgt:
Durch Schonen von Wildarten (wie Fasan, Rebhuhn und Wachtel), die die als Zwischenwirte dienenden Landschnecken vertilgen. Außerdem ist die Widerstandskraft des gefährdeten Wildes durch kräftige Fütterung im Winter zu steigern.

Finnen (Das Wild als Zwischenwirt von Innenschmarotzern)

Was sind Finnen oder Blasenwürmer?

Es sind geschlechtslose Entwicklungsstufen (Jugendformen) von Bandwürmern.

Was wissen wir von den Bandwürmern?

Die Bandwürmer haben einen bandförmigen, gegliederten Körper von gelblichweißer Farbe. Er besteht aus einem kleinen, kaum stecknadelkopfgroßen Kopf und einer meist mehrere Meter langen Kette von Bandwurmgliedern. Am Hinterende des Kopfes werden fortwährend neue Glieder gebildet, so daß sich also die jüngsten und kleinsten Glieder hinter dem Kopf, die größten Glieder am Ende der Kette befinden.
Die Bandwürmer sind mund- und darmlos. Sie ernähren sich vom Speisebrei ihrer Wirte, aus dem sie die zum Leben notwendigen Stoffe durch ihre Körperoberfläche aufnehmen. Jedes Glied enthält je eine männliche und weibliche Geschlechtsanlage (Zwitter), die sich mit zunehmendem Wachstum der Glieder zur vollen Geschlechtsreife entwickelt. Die mit Eiern gefüllten letzten Glieder lösen sich von Zeit zu Zeit von der Kette ab und werden mit dem Kote ausgeschieden. Die beweglichen Bandwurmglieder können meterweit von der Losung (vom Kothaufen) fortwandern und sich an Äsungspflanzen festsetzen. Durch Zerfall der Glieder werden die Eier frei und in der Umgebung verstreut.

Was entsteht aus den Bandwurmeiern?

Gelangen die Bandwurmeier mit der Äsung (Nahrung) in den Darm eines geeigneten Zwischenwirtes, dann schlüpfen die Hakenlarven aus der Eizelle. Sie dringen in die Darmwand ein und wandern im Körper zu bestimmten Organen, in denen sie sich in eine Finne umwandeln. Werden diese Finnen dann mit der Nahrung von einem geeigneten Wirt verzehrt, entsteht aus ihnen im Darm ein Bandwurm (s. auch Abb. S. 567).

Welche drei Entwicklungsstufen lassen sich also bei den Bandwürmern unterscheiden?

Das Bandwurmei,
die Finne und
der Bandwurm (das Geschlechtstier).

Die Entwicklung ist dabei stets an zwei verschiedene Wirte gebunden, den Wirt oder Bandwurmträger und den Zwischenwirt oder Finnenträger.

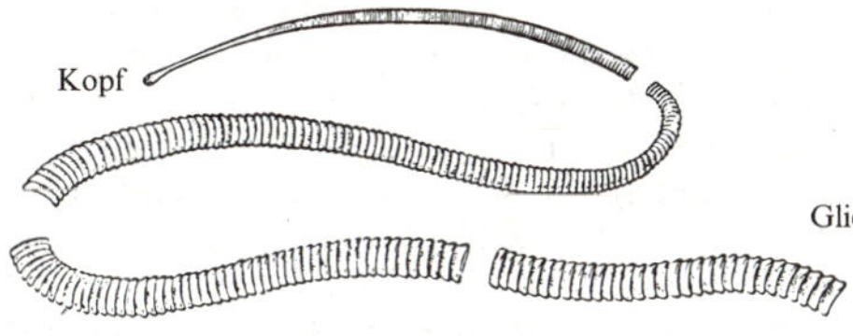

Teilstücke eines Bandwurmes

Wo wird die langhalsige Finne angetroffen?

Bei Schalenwild. Sie findet sich am Netz, Gekröse und am Überzug der Leber als schlaffe, dünnwandige, haselnuß- bis faustgroße Blase mit wässerigem Inhalt. Durch ihre Wand ist der Kopf des zukünftigen Bandwurmes als ein weißliches senfkorngroßes Gebilde deutlich zu erkennen (s. Abb. S. 543). Diese Finnen dürfen keinesfalls an Hunde verfüttert werden, da sich aus ihnen der über zwei Meter lange geränderte Hundebandwurm (Taenia hydatigena) entwickelt.

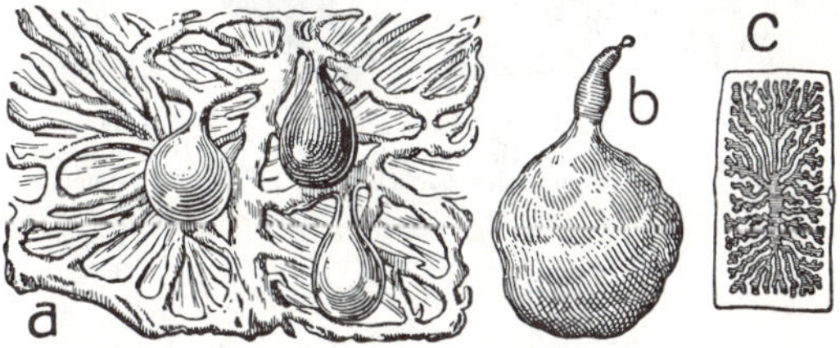

Langhalsige Finnen (Cysticercus longicollis) am Netz von Schalenwild.
a = in den drei Finnenblasen ist die Kopfanlage des zukünftigen Bandwurms als senfkorngroßes Gebilde deutlich zu erkennen. b = Kopfanlage ausgestülpt. c = reifes Glied des geränderten Hundebandwurms

Wo schmarotzt die erbsenförmige oder Hasenfinne?

Bei Hase und Kaninchen. Sie wird als eiförmige erbsengroße Finne oft massenhaft am Magen, Netz und am Überzug der Leber angetroffen und kann in verseuchten Revieren auf Jahre hinaus den Hasen- und Kaninchenbesatz schwer schädigen (s. Abb. S. 562).
Aus der erbsenförmigen Finne entwickelt sich der 60 bis 200 cm lange gezähnte Bandwurm (Taenia pisiformis), der im Hund und Fuchs schmarotzt (s. Kreislaufbild S. 561).

Kommen Finnen auch im Wildbret des Wildes vor?

Ja, als etwa erbsengroße Bläschen mit durchscheinender Wandung und wäßrigem Inhalt, die im Innern ein senfkorngroßes Gebilde, die Kopfanlage des zukünftigen Bandwurms, enthalten (s. Abb. unten). Die bei Rot- und Rehwild vorkommende Muskelfinne (Cysticercus cervi) ist für Menschen unschädlich. Massenbefall mit diesen Finnen macht das Wildbret „verdorben und genußuntauglich".
Die bei Schwarzwild und Hausschwein vorkommende Schweinefinne (Cysticercus cellulosae) ist die Vorstufe des beim Menschen schmarotzenden Einsiedlerbandwurms (Taenia solium). Sie findet sich im Muskelfleisch und gern auch in Zunge und Herz. Sie ist sehr selten geworden, da durch die vorgeschriebene Finnenschau der Schweine und Wildschweine (s.S. 790) praktisch keine Menschen mehr an diesem Bandwurm – und damit auch keine Schweine mehr an Schweinefinnen – erkranken.

Merke: Ohne Finne kann sich kein Bandwurm und ohne Bandwurm keine Finne entwickeln!

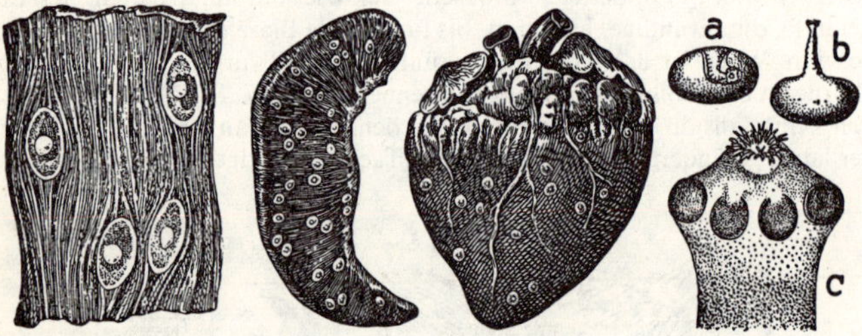

Muskelfinnen beim Reh (natürl. Größe) nicht gesundheitsschädlich

Schweinefinnen in der Zunge und im Herzen, verkleinert, gesundheitsschädlich

Schweinefinne
a Kopfanlage nicht ausgestülpt
b Kopfanlage ausgestülpt
c Kopfanlage vergrößert

Was wissen wir von der Gehirnquese?

Sie ist eine walnuß- bis hühnereigroße, schwappende, dünnwandige, kugelige oder eiförmige Blase, die im Innern zahlreiche hirsekorngroße Kopfanlagen des zukünftigen Bandwurms enthält. Sie schmarotzt in der Schädelhöhle und verursacht durch Druck auf das Gehirn die Drehkrankheit. Sie ist die Vorstufe des beim Hunde schmarotzenden 40–60 cm langen Quesenbandwurmes (Polycephalus multiceps = Taenia coenurus).

Was sind Echinokokken oder Hülsenwürmer?

Es sind Zwischenstufen (Finnen) des nur beim Hunde schmarotzenden und nur 3–6 mm langen dreigliedrigen Hundebandwurms. Dieser Bandwurm ist der gefährlichste Hundebandwurm! Die Hunde können ihn zu Tausenden im Dünndarm beherbergen (s. Abb. S. 563). Sie scheiden in diesem Falle massenhaft Bandwurmeier aus.

Entwicklungskreis Bandwurm – erbsenförmige Finne – Bandwurm

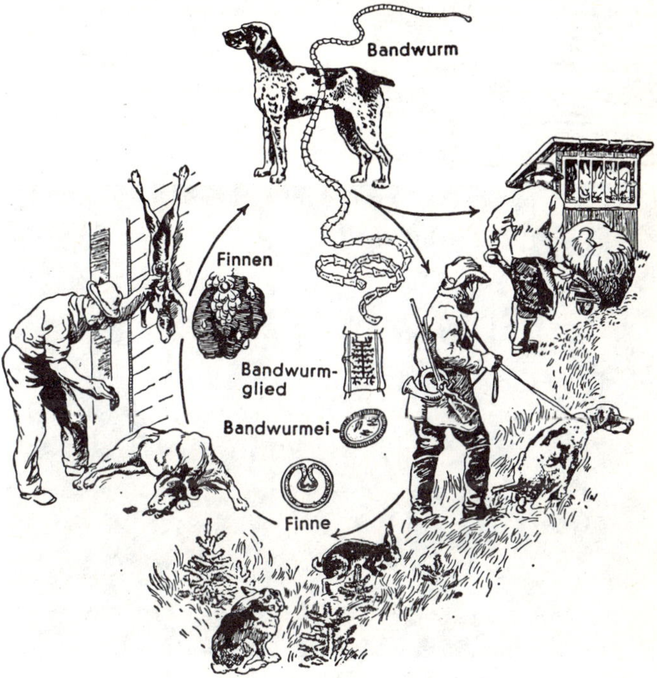

Entwicklungskreis des gezähnten Hundebandwurms
(Taenia pisiformis)

Bandwurmkranke Hunde scheiden mit ihrem Kot reife Bandwurmglieder aus, die mikroskopisch kleine Bandwurmeier enthalten. Werden diese Bandwurmeier von Hasen oder Kaninchen mit der Äsung aufgenommen, dann entwickeln sich daraus erbsengroße Finnen(blasen), die besonders am Überzug des Magens und der Leber und am Netz- und Gekrösefett gefunden werden. Sie enthalten im wäßrigen Blaseninhalt die Kopfanlage des zukünftigen Bandwurms und sind eine Entwicklungsstufe des Bandwurms.

Werden die mit Finnenblasen besetzten Teile beim Auswerfen der Hasen und Kaninchen an Hunde verfüttert, so entwickeln sich daraus im Darmkanal der Hunde Bandwürmer. In diesem Falle ist der Hund Wirt des Bandwurms. Hase, Stall- und Wildkaninchen sind Zwischenwirte!

Darum: Mit erbsengroßen Finnen (s. Abb. S. 562) durchsetzte Organe oder Organteile keinesfalls achtlos wegwerfen oder Hunden geben, sondern sammeln und durch Verbrennen beseitigen! Bandwürmer bei Hunden abtreiben, damit sich Wild nicht mit Finnen anstecken kann!

(Kreislaufzeichnungen S. 556, 557, 561 und 570 nach: Prof. Dr. Dr. h. c. R. Wetzel, Veterinär-Parasitologisches Institut der Justus-Liebig-Universität, Gießen.)

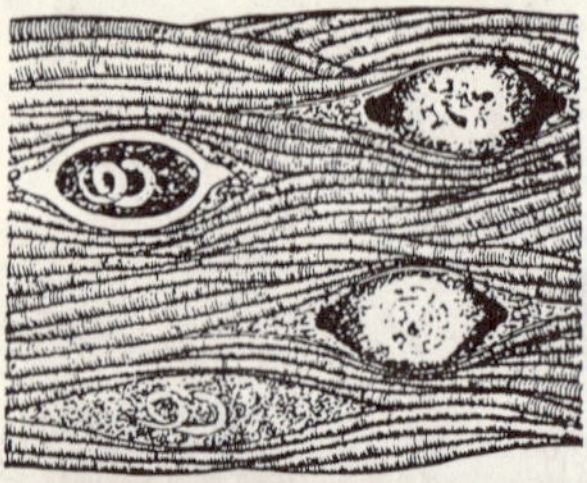

Muskeltrichinen in verschiedenen Altersstufen im Wildbret, 40fach vergrößert
Oben links:
verkapselte Trichine
Unten links:
frisch eingewanderte Trichine
rechts:
verkalkte Trichinen

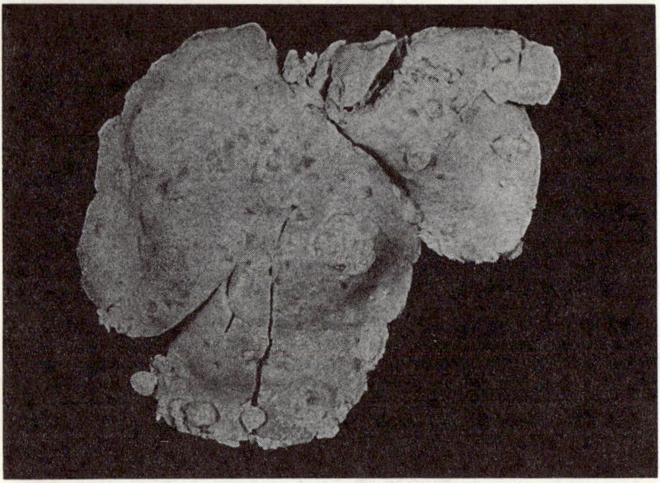

Erbsenförmige Finnen auf der Leber vom Hasen
(Foto: Veterinär-Pathologisches Institut der Justus-Liebig-Universität, Gießen. Direktor: Professor Dr. G. Pallaske)

Erbsenförmige oder Hasenfinnen am Netz
(Näheres siehe Kreislauf; die weißen Punkte im Innern der Finnenblase sind die Kopfanlage des zukünftigen Bandwurms)
(Abb.: nach Prof. Dr. Kurt Zettl, Ltd. Direktor des Vet.-Unters.-Amtes in Kassel)

Leber vom Rehkitz
mit blutigen Schmarotzerbohrgängen

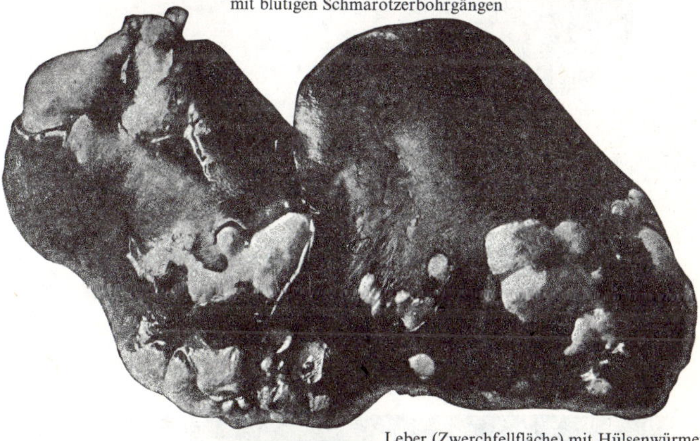

Leber (Zwerchfellfläche) mit Hülsenwürmern

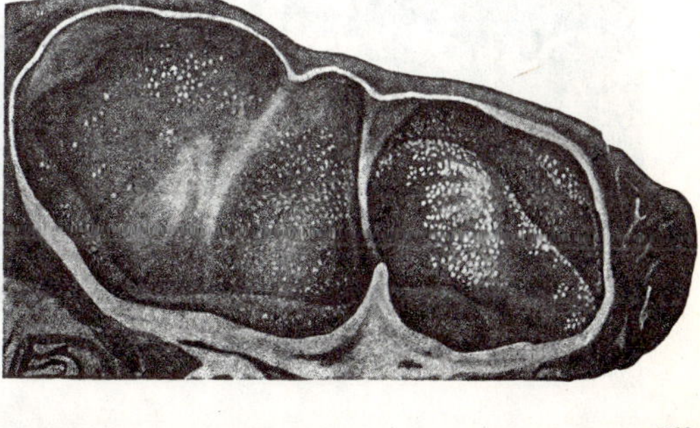

Durchschnittene Hülsenwurmblase
Die Kopfanlagen des zukünftigen dreigliedrigen Hundebandwurms sind in Form zahlreicher mohnkorngroßer Pünktchen (als feiner Sand) deutlich zu sehen

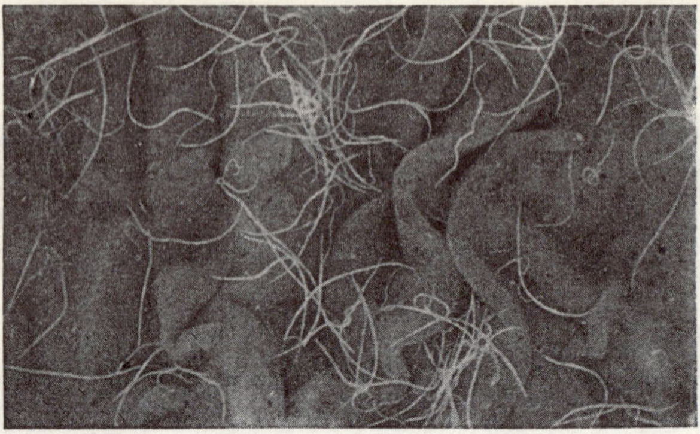

Große Magenwürmer im Labmagen von Rehwild
(Foto: Prof. Dr. Dr. h.c. R. Wetzel, 63 Gießen, Goethestraße 26)

Dünndarm vom Schwarzwild mit zahlreichen Spulwürmern
(Aus: Blase, „Prüfungsfragen für Fleischbeschauer", Verlag M. u. H. Schaper, Hannover)

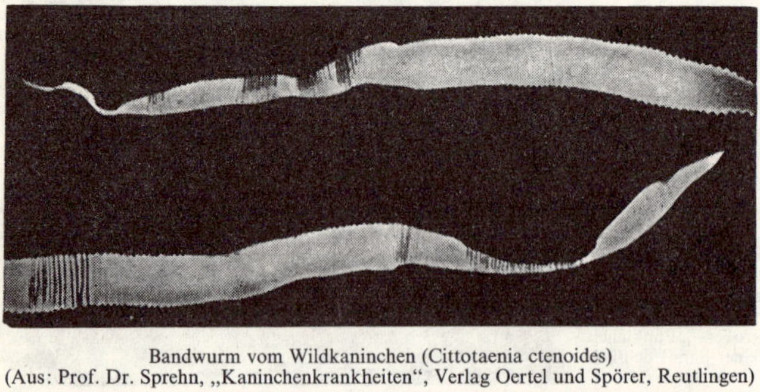

Bandwurm vom Wildkaninchen (Cittotaenia ctenoides)
(Aus: Prof. Dr. Sprehn, „Kaninchenkrankheiten", Verlag Oertel und Spörer, Reutlingen)

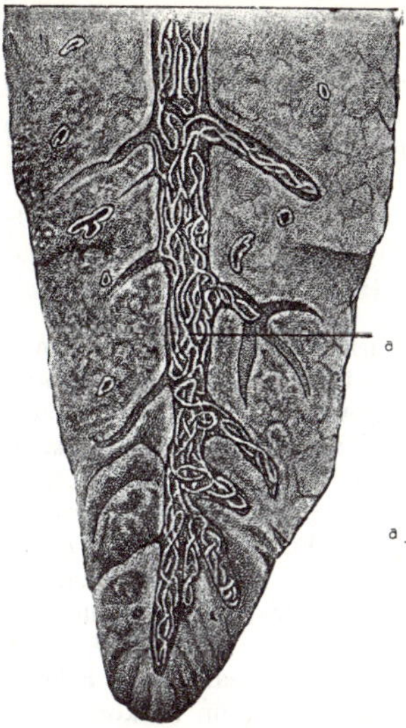

Luftröhrenast
vom Schwarzwild
mit zahlreichen Lungenwürmern (a)

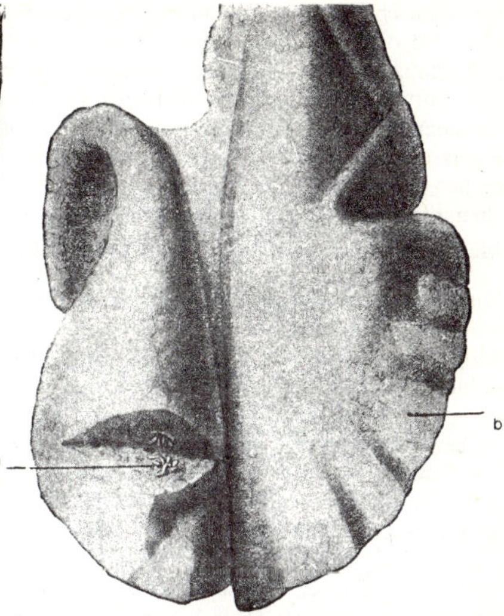

Lunge vom Schwarzwild
mit Lungenwürmern
a) Schnitt durch einen Luftröhrenast mit hervortretenden Lungenwürmern
b) perlmutterglänzende Verdichtung infolge Einwanderung von Lungenwürmern

Abb.: aus dem Lehrbuch „Dr. Blase/Dr. Palm, Prüfungsfragen für Fleischbeschauer".

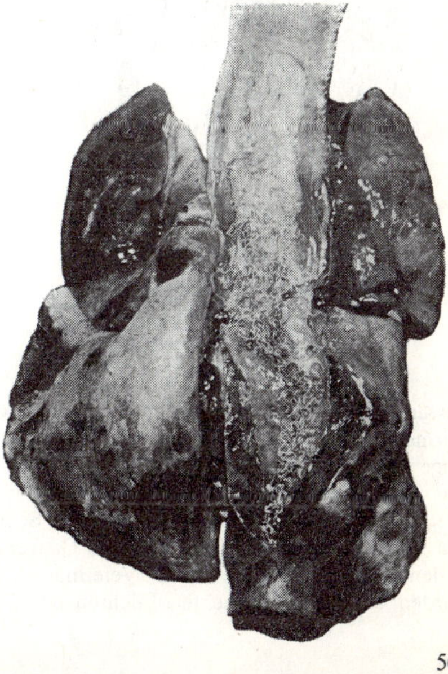

Lungenwürmer in der Luftröhre (Drossel) und den Luftröhrenästen des Rehwildes
(Foto: Professor Dr. Dr. h.c. R. Wetzel, Direktor des Veterinärparasitologischen Instituts der Justus-Liebig-Universität, Gießen)

Der Mensch kann diese Bandwurmeier aufnehmen, wenn er durch innigen Umgang mit diesen Hunden Bandwurmeier (über seine Hände) in den Mund und Darmkanal bringt. Wildtiere nehmen die Eier mit der Äsung, Haustiere mit dem Futter auf. Aus den Bandwurmeiern entwickeln sich dann beim Menschen, Schalenwild, Rind, Schwein und Schaf in Lunge und Leber einkammerige bis apfelgroße Hülsenwurmblasen, die eine schwere Krankheit und Siechtum verursachen. Die Blasen enthalten im Innern zahlreiche weiße, mohnkorngroße Pünktchen, die Kopfanlagen der zukünftigen Bandwürmer (s. Abb. S. 563).

Merke: Laß dich nicht von (bandwurmkranken) Hunden lecken!

Hunde werden mit dreigliedrigen Hundebandwürmern angesteckt, wenn man ihnen mit Hülsenwürmern besetzte Lungen- oder Leberteile (von Schalenwild, Rind, Schwein oder Schaf) als Futter gibt. Der Jäger muß deshalb nach Herausnahme des Geräuschs (s.S. 583) Lunge und Leber auf Hülsenwurmblasen (s.S. 563) gewissenhaft durchtasten und veränderte Teile verbrennen. Er darf sie keinesfalls achtlos wegwerfen oder gar an Hunde verfüttern! Am dreigliedrigen Hundebandwurm erkrankte Hunde sind (bis zur Wurmfreiheit) einer Bandwurmkur mit dem Bandwurmmittel Droncit von Bayer (s.S. 647) zu unterziehen. Kotuntersuchungen auf Bandwurmeier machen die Veterinäruntersuchungsämter (s.S. 527/528).

Eine zweite für den Menschen sehr gefährliche Echinococcenart ist der Echinococcus multilocularis (E.m.), der vielkammerige Hülsenwurm. Er kommt bei Feldmäusen, aber auch bei Menschen (!) vor und verursacht lebensgefährliche krebsartige Wucherungen in der Leber. Werden Feldmäuse von Rotfüchsen ge-

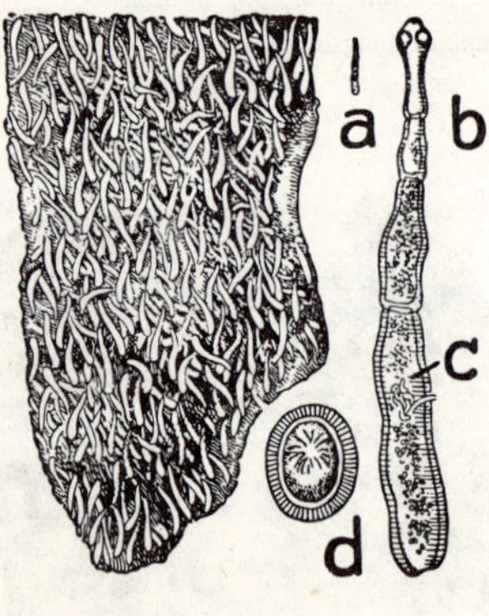

Zahlreiche dreigliedrige Hundebandwürmer im Darm des Hundes

a natürliche Größe
b Kopf vergrößert
c reifes Glied (vergrößert)
d larvenhaltiges Bandwurmei (vergrößert)

fressen, so entwickeln sich aus den in den Hülsenwurmblasen enthaltenen Bandwurmeiern zahlreiche, meist nur aus vier Gliedern bestehende und nur bis 3,7 mm lange weniggliedrige Bandwürmer beim Rotfuchs.

Das Vorkommen dieses Fuchsbandwurms ist auf gebirgige Gegenden Süddeutschlands (Oberbayern, Württemberg, Schwäbische Alb) und den Norden von Österreich und der Schweiz sowie Ostfrankreich (also auf Gebiete um den Bodensee) beschränkt. Im Staatl. Veterinär-Untersuchungsamt, 7960 Aulendorf, wurden von 484 untersuchten Füchsen 60 (= 12,4%) mit diesem Bandwurm behaftet gefunden. Einen Massenbefall mit Fuchsbandwürmern wiesen abgemagerte Jungfüchse auf. Aus Krankenberichten der Chirurgischen Universitätsklinik in Tübingen kann vermutet werden, daß allein in *Württemberg* jährlich 20 bis 30 Menschen lebensgefährlich an Hülsenwürmern in der Leber erkranken. Der Mensch, besonders der Jäger, nimmt Bandwurmeier beim Abbalgen kranker Füchse über seine Hände in den Mund und Darm auf, aus denen sich bei ihm die Hülsenwurmblasen entwickeln. (Vorbeuge: Kochbare Schutzkleidung, nach dem Streifen gewissenhaftes Waschen sowie Hände- und Gerätedesinfektion.)

Bandwürmer (Das Wild als Wirt von Innenschmarotzern)

Kann Wild auch Wirt eines Bandwurmes sein?

Ja. Der häufigste Bandwurm des Wildes ist der bei Wiederkäuerschalenwild vorkommende Wiederkäuerbandwurm (Moniezia expansa). Er wird bis 10 Meter lang. Seine Zwischenwirte sind verschiedene Moosmilben (s. Kreislaufbild).
Gegen die Bandwurmkrankheit der Wiederkäuer ist das Mansonil (Yomesan) der Fa. Bayer hochwirksam.
Im Wildkaninchen kommt häufig der etwa 80 cm lange und 10 mm breite Kaninchenbandwurm vor (s. Abb. S. 564). Im Hasen, Kaninchen und Federwild gibt es mehrere Bandwurmarten.

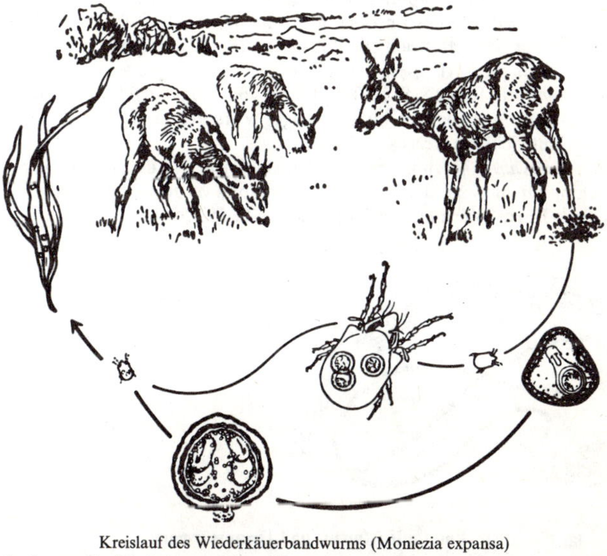

Kreislauf des Wiederkäuerbandwurms (Moniezia expansa)

Die in der Losung des Wiederkäuerschalenwildes enthaltenen Bandwurmeier werden von Moosmilben aufgenommen. Durch Aufnahme infizierter Moosmilben mit der Äsung steckt sich gesundes Wiederkäuerschalenwild (Rot-, Gams- und Rehwild) mit diesem Bandwurm an.

Spulwürmer

Welche Bedeutung haben Spulwürmer für Wild (und Hund)?

Die Spulwürmer schmarotzen im Dünndarm von Schwarzwild, Hund und Federwild (Fasan, Rebhuhn, Auerwild). Sie hemmen die Entwicklung der Jungtiere. Bei Massenbefall können sie besonders schwer schaden. Erkrankte Tiere zeigen blasse Schleimhäute, Abmagerung und Mattigkeit. Sie können an Durchfall und Entkräftung verenden (Behandlung s.S. 647).

Magen- und Darmwürmer des Wildes

Wo schmarotzen die Magenwürmer?

Bei wiederkäuendem Schalenwild im Labmagen und vorderen Dünndarm, beim Schwarzwild, Hase und Kaninchen im Magen.
Beim wiederkäuenden Schalenwild finden sich der bis 30 mm lange gedrehte oder große Magenwurm sowie mehrere 3,5 bis 6 mm lange Haarmagenwürmer, die teilweise auch den Anfangsteil des Dünndarmes besiedeln. Ihnen nahe verwandt ist der Magenwurm der Hasen und Kaninchen (Graphidium strigosum). Er tritt häufig seuchenhaft auf und verursacht große Verluste (s. auch S. 550).

Wo schmarotzen die Darmwürmer?

Der *Hakenwurm* schmarotzt hauptsächlich bei Rehen im mittleren Dünndarm, wo er sich mit der Mundkapsel an der Schleimhaut festsaugt (s. Abb. S. 574).
Der *Palisadenwurm* kommt im oberen Grimmdarm von Reh-, Muffel-, Gams- und Rotwild vor. Er heftet sich ebenfalls mit seiner Mundkapsel an der Schleimhaut fest (s. Abb. S. 574).
Der *Peitschenwurm* findet sich im Blinddarm von Schalenwild, Hase und Kaninchen. Er ist durch ein langes fadenförmiges Vorderende gekennzeichnet (Abb. unten und Entwicklungskreis s.S. 569).
Der feine *Haarwurm* (Trichostrongylus retortaeformis) findet sich fast regelmäßig beim Feldhasen und Kaninchen im Dünndarm und verursacht oft starken Durchfall (Magen-Darm-Würmer und Kokzidiose s.S. 550/551).

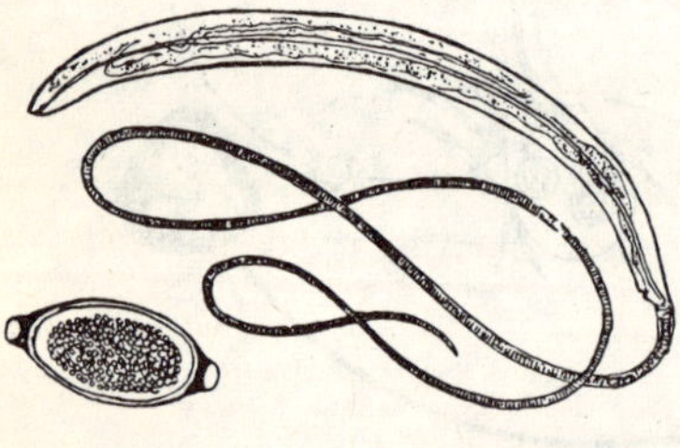

Peitschenwurm und Ei, vergrößert.
Natürliche Gesamtlänge 30–50 mm.
Er schmarotzt im Blinddarm von Schalenwild, Hase und Kaninchen und verursacht die Peitschenwurmseuche.

Wie erfolgt die Ansteckung mit Magen- und Darmwürmern?

Kranke Stücke scheiden mit der Losung Wurmeier aus. Aus ihnen entwickeln sich in wenigen Tagen ansteckungsfähige Larven. Sie klettern in der Dämmerung

bei fallendem Tau an den Futterpflanzen empor und werden von äsendem Wild aufgenommen, in dessen Magen und Darm sie bald zu geschlechtsreifen Magen-Darm-Würmern heranwachsen.
Feuchtigkeit und Nässe begünstigen die Ausbreitung der Wurmkrankheiten. In trockenen Jahren verlieren sie an Bedeutung.

Lungenwürmer

Bei welchen Wildarten kommen Lungenwürmer vor?

Bei Schalenwild, Hase, Kaninchen, Fuchs, Dachs und Fasan.
Das mit Lungen- und Lungenhaarwürmern befallene Wild hustet deren Larven in die Rachenhöhle hoch. Von hier werden sie mit der Äsung abgeschluckt und gelangen so mit der Losung nach außen.
Die Lungenwürmer des Schwarzwildes benötigen Regenwürmer, der Lungenhaarwurm und die Lungenwürmer von Hase und Kaninchen aber Landschnekken als Zwischenwirte.

Entwicklungskreis der Lungen- und Magenwürmer
Die Ansteckung gesunden Wildes erfolgt hauptsächlich beim Äsen durch Aufnahme der mit der Losung kranken Wildes ausgeschiedenen ansteckungstüchtigen Larven, die in der Dämmerung an den Futterpflanzen hochklettern.

Bei dem mit Magenwürmern (s. Abb. S. 544) befallenen Wild werden mit der Losung dünnschalige Eier der Magenwürmer abgesetzt, aus denen sich in wenigen Tagen ansteckungsfähige Larven entwickeln. Die Ansteckung gesunder Stücke erfolgt durch Aufnahme der an Gräsern hochkletternden Larven.

Wodurch und bei welcher Gelegenheit lassen sich Wurmseuchen bekämpfen?

Durch Hegemaßnahmen. Hierher gehören:
Bejagen der kranken Stücke und der Stücke mit besudeltem Spiegel, gute und kräftige Ernährung durch Anlegen von Wildäckern in sonniger Lage und Schaf-

fung von Deckungen, Dränage und mehrfaches Kalken des feuchten Geländes, Abmähen des dort wachsenden mit Wurmlarven verseuchten Grases bei trübem Wetter und während der Abendstunden, schnelles Wegschaffen des Grases und Verfüttern an Pferde, nicht an Wiederkäuer (Pferde sind nicht empfänglich!). Zur Förderung des Stoffwechsels sind Salzlecken anzulegen.
Weiter lassen sich durch Verabreichen des Magenwurmmittels „Thibenzole“ der Fa. Therapogen-Werk in 8022 Grünwald oder der Baymix-Preßlinge (Bayer), alle Arten von Lungen-, Magen- und Darmwürmern sowie deren Larven sicher vernichten. Beide Mittel sind geruch- und geschmackfrei und auch bei Überdosierung unschädlich. Sie sind verschreibungspflichtig und können über Tierärzte bezogen werden (kleinste Handelsform Thibenzole: 300 g Pulver für 46 Stück Rehwild).

Entwicklungskreis des Lungenwurms beim Schwarzwild

Die mit der Losung ausgeschiedenen Eier der Lungenwürmer entwickeln sich in den als Zwischenwirt dienenden Regenwürmern zu ansteckungsfähigen Larven. Nach ihrer Aufnahme durch das Schwarzwild gelangen sie vom Darm über den Lymph- und Blutstrom nach den Lungen, wo sie sich in den Bronchien ansiedeln und dann zu geschlechtsreifen Würmern heranwachsen.

Die Dosis für ein Reh beträgt 7 g Pulver, für ein Stück Rotwild 26 g Pulver. Diese Menge ist unter das Futter zu mischen und soll innerhalb von zwei Tagen aufgenommen werden (man macht die Zweitagekur je einmal im November, im Februar und Ende März). Auch bei der Rotwurmseuche der Fasane (s. S. 549) hat sich Thibenzole gut bewährt.
Von den schmackhaften Baymix-Preßlingen, die auf Luzerne-Grünmehlbasis hergestellt und gut verträglich sind, gibt man an sechs aufeinanderfolgenden Tagen einmal täglich mit dem Kraftfutter (s. S. 491) je 10 g an Rehwild, 40 g an Rotwild, 30 g an Damwild und 15 g an Muffelwild. Baymix-Preßlinge sind in Säcken zu 25 kg lieferbar (durch Bayer AG, 5090 Leverkusen oder 5000 Köln-Mülheim).

Zur Bekämpfung der Lungenwürmer einschl. der Magen- und Darmwürmer und deren Larven und Eier liefert die Fa. Hoechst durch Tierärzte die schmackhaften Panacur Pellets, von denen man 25 g je 50 kg Körpergewicht mit dem Wildfutter vermischt gibt. Das ist z. Z. die einfachste und zuverlässigste Entwurmung für Rot- und Rehwild ohne jedwede Gegenanzeige.
Eine ungezielte und fortlaufende Verabreichung von Medikamenten an Wild ist abzulehnen. Eine wirksame Verhinderung von Wildverlusten durch Krankheiten ist nur durch Verbesserung der Biotopverhältnisse (s. S. 388) erreichbar.

Trichinen

Wie erkrankt ein Mensch an Trichinose?

Trichinöse Ratten (oder Füchse) werden vom Allesfresser Wildschwein (oder Hausschwein) aufgenommen. Über den Genuß von Rohwurst, rohen Schinken können sich die Trichinen auf den Menschen übertragen.

Wie entwickeln sich die Trichinen?

Werden die geschlechtslosen Muskeltrichinen mit rohem Fleisch von Menschen oder Tieren verzehrt, so löst der Magensaft die Trichinenkapsel auf, ohne die Trichinen selbst anzugreifen.
Die freigewordenen Trichinen gelangen mit dem Speisebrei in den Dünndarm und bohren sich in die Schleimhaut ein. Hier wachsen sie in etwa 2 Tagen durch vier rasch aufeinanderfolgende Häutungen zu Geschlechtstieren, den männlichen und weiblichen Darmtrichinen, heran, die sich alsbald begatten. Etwa 5–6 Tage nach der Aufnahme des trichinösen Fleisches gebären die Weibchen die ersten Larven. Jedes der vielen Weibchen lebt etwa 8 Wochen und setzt in dieser Zeit schubweise ingesamt 1200 Larven ab. Die $^1/_{10}$ mm großen Larven dringen in die Lymphgefäße des Darmes ein und gelangen dann über den Lymphstrom in den großen Blutkreislauf, der sie in alle Teile des Körpers verschleppt (passive Wanderung).

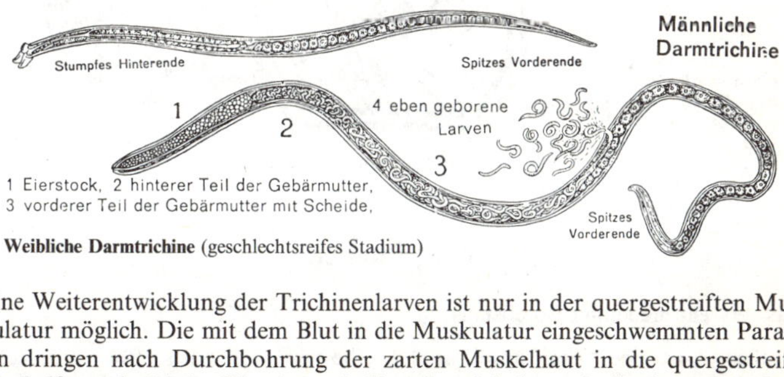

Weibliche Darmtrichine (geschlechtsreifes Stadium)

Eine Weiterentwicklung der Trichinenlarven ist nur in der quergestreiften Muskulatur möglich. Die mit dem Blut in die Muskulatur eingeschwemmten Parasiten dringen nach Durchbohrung der zarten Muskelhaut in die quergestreifte Muskelfaser ein (aktive Wanderung). Sie rollen sich dort spiralig ein und buchten dabei den Muskelschlauch spindelförmig aus. Etwa 5–6 Wochen nach Aufnahme des trichinösen Fleisches bildet sich um die aufgerollte Trichine eine zitronenförmige bindegewebige Kapsel (s. Abb. S. 562). Etwa ein halbes Jahr nach Einwanderung der Muskeltrichinen erfolgt deren Verkalkung, wobei die Trichinen absterben.

Gelangt mit Muskeltrichinen durchsetztes Fleisch nach dem Tod des Wirtes in den Magendarmkanal eines Menschen oder Tieres, so beginnt die eben geschilderte Entwicklung aufs neue.
Trichinoseverdacht bei Menschen besteht, wenn gleichzeitig mehrere Menschen an Übelkeit, Erbrechen, Darmschmerzen und rheumatischen Schmerzen (durch Einwanderung der Trichinenlarven in die Muskulatur) erkranken. Zur Behandlung der Trichinose hat sich das Minzolum (Tiabendazol) der Fa. Sharp & Dohme, 8000 München 80, bewährt.

Welche Tiere unterliegen der Trichinenschau?

Schweine, Wildschweine (auch Frischlinge), Hunde, Bären, Katzen, Füchse, Sumpfbiber, Dachse und andere fleischfressende Tiere und Allesfresser, die Träger von Trichinen sein können, wenn deren Fleisch zum Genuß für Menschen verwendet werden soll.
Das ist erforderlich, weil z.B. trichinöse Ratten die Trichinose auf Haus- und Wildschweine und diese wieder die Trichinose durch Genuß von Rohwurst oder rohen Schinken auf Menschen übertragen (s. auch Fleischbeschaugesetz S. 789).

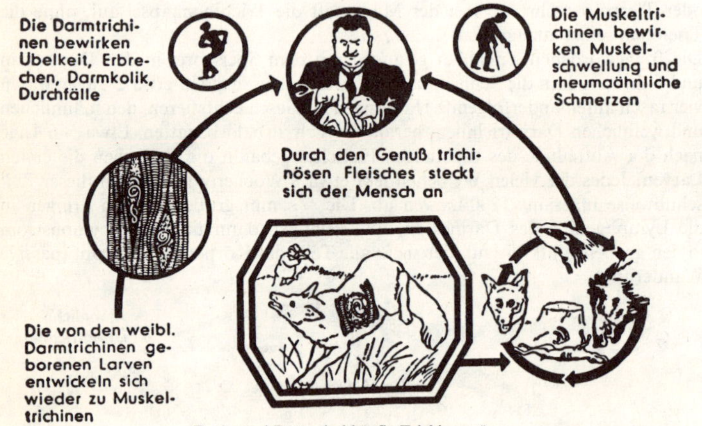

Fuchs und Ratte sind häufig Trichinenträger

Vergiftungen

Was versteht man unter Botulismus?

Botulismus ist eine Vergiftungskrankheit. Sie wird von Giftstoffen verursacht, die von Bakterien erzeugt werden (Clostridium botulinum). Vor allem Wasserwild wird von dieser Krankheit befallen. Die Tiere wirken apathisch und zeigen keine Fluchtreaktionen. Es treten gehäuft Lähmungen auf. Man beobachtet die Vergiftungen an Gewässern, die sich über 20° C im Sommer erwärmen. Die Tierkadaver sollte man einsammeln (Handschuhe!). Durch Erhitzen wird das Gift zerstört. Man darf den Hund keine vergifteten Tiere fressen lassen.

Woran können sich freilebende Tiere häufig vergiften?

An Kunstdünger und Spritzmittel, die unsachgemäß ausgebracht wurden.

Erkennen kranken Wildes

Woran erkennt man krankes Wild?

Krankes Wild zeigt ungewöhnliches Verhalten (Unsicherheit, Apathie, Vertrautheit gegenüber Menschen). Es sondert sich von gesunden Artgenossen ab. Kranke Hirsche und Rehböcke verfärben und wechseln den Kopfschmuck gewöhnlich spät. Rehböcke, die mit einer chronischen Krankheit behaftet sind, zeigen meist gekrümmte oder korkenzieherartig gedrehte Gehörne (s. S. 203).
Kränkelnde Hirsche oder Böcke „setzen zurück", d. h. „verecken" (wie im Greisenalter) weniger Enden und schwächere oder kürzere Stangen als im Vorjahre. Schlechter Allgemeinzustand (Magerkeit, verschmutzter Spiegel) und verdächtige Lautäußerungen (Schnaufen, Husten, Niesen) deuten mit Sicherheit auf eine Erkrankung hin.
An Wurmseuchen infiziertes Wild ist abgekommen, und das Haar ist glanzlos und struppig. Die Gegend um das Weidloch ist infolge Durchfalls mit breiiger Losung besudelt (Untersuchung der Losung machen die Veterinäruntersuchungsämter, s. S. 528). Nach dem Erlegen weisen Verletzungen, Geschwülste, Organverfärbungen und übler Geruch darauf hin, daß das Wildbret nicht als Lebensmittel Verwendung finden darf.

Wann tritt der Frühjahrsdurchfall auf?

Er tritt auf, wenn geschwächtes Rehwild gierig frische Saatäsung ohne Trockenbeifütterung aufnehmen kann oder wenn schimmelpilzbefallenes Futter aufgenommen wird. Die Winterfütterung ist deshalb unbedingt bis zum April durchzuführen (s. S. 489).
Beim Frühjahrsdurchfall sind die Stücke so geschwächt, daß sie nicht mehr zu Holze ziehen, sondern sich an Äsungsplätzen und Fütterungen niedertun und dort verenden. Ihr Spiegel ist dabei mit dünnflüssiger Losung besudelt.
Beim Beschicken von Fütterungen ist streng darauf zu achten, daß keinesfalls schimmelpilzbefallenes Futter (verschimmelte Kastanien oder Rübentrockenblätter) gereicht wird.

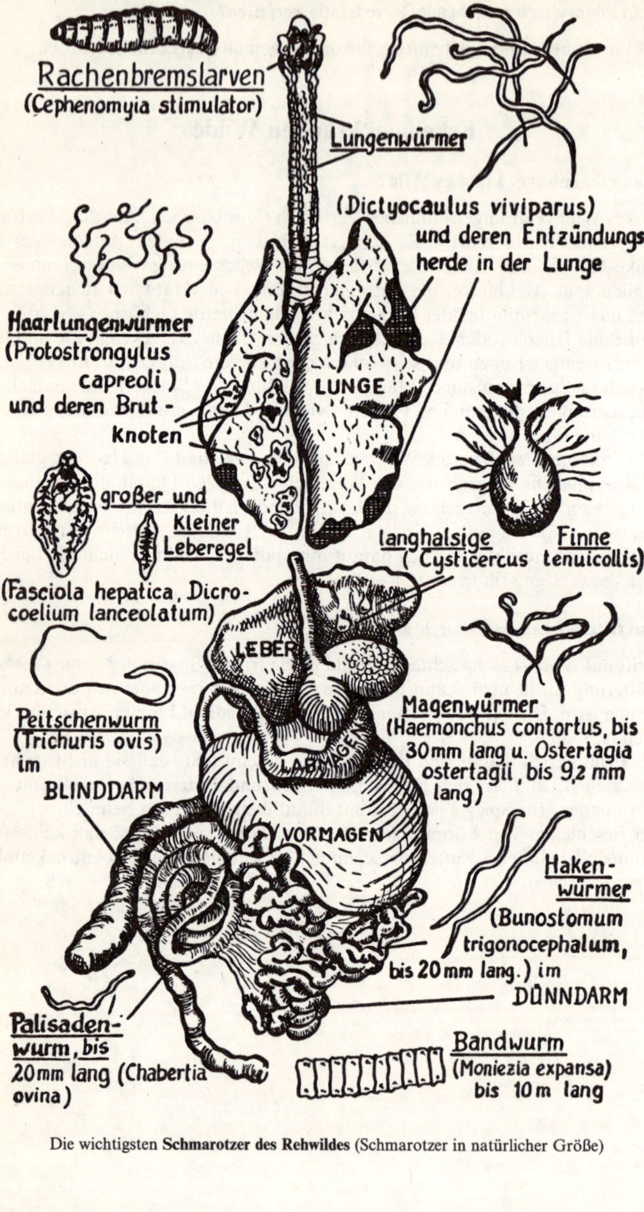

Die wichtigsten **Schmarotzer des Rehwildes** (Schmarotzer in natürlicher Größe)

Wildkrankheiten

- **Infektionskrankheiten**
  - *Bakterienkrankheiten*
    - Milzbrand
    - Rauschbrand
    - Tuberkulose
    - Nagerseuche (=Rodentiose)
    - Nagerpest (=Tularämie)
    - Hasenseuche
    - Salmonellose
    - Geflügelcholera
    - Gamsblindheit
    - Aktinomykose
  - *Viruskrankheiten*
    - Tollwut
    - Maul- und Klauenseuche (MKS)
    - Schweinepest
    - Papillomatose
    - Myxomatose
    - Pockendiphtherie
    - Hühnerpest
  - *Pilzkrankheiten*
    - Glatzflechte
- **Schmarotzer**
  - *Außenschmarotzer*
    - Räudemilben
    - Hundefloh
    - Holzböcke
    - Zecken
  - *Innenschmarotzer*
    - Hautdasseln
    - Rachendasseln
    - Rotwurm (=Luftröhrenwurm)
    - Toxoplasmose
    - Kokzidiose
    - Kleiner Leberegel
    - Großer Leberegel
    - Finnen
    - Bandwürmer
    - Spulwürmer
    - Magen- und Darmwürmer
    - Lungenwürmer
    - Trichinen
- **Vergiftungen**
  - Botulismus
  - Kunstdünger
  - Spritzmittel

Wildbrethygiene und Wildverwertung

Allgemeines

Wieviel Wildbret wird pro Jahr in der Bundesrepublik verzehrt?

Jährlich 40000 t. Weniger als die Hälfte davon bringen heimische Jäger auf den Tisch. Der größere Teil kommt aus dem Ausland. Pro Kopf verzehrt der Bundesbürger 0,5 kg Wildbret im Jahr (von Schlachttieren 85 kg!).

Weshalb ist Wild sachgemäß zu versorgen und zu verwerten?

Weil es einen hohen volkswirtschaftlichen Wert darstellt. Am besten hält sich erlegtes Wild, wenn es sofort nach dem Erlegen ausgeweidet und durch frischen Luftzug schnell ausgekühlt wird (für den Versand eine Nacht über frei hängend)*).

Welche Schäden kann unsachgemäß behandeltes Wild erleiden?

Es kann verhitzen (Übergang in die stinkende, saure Gärung) oder in Fäulnis übergehen. Diese Schäden entstehen, wenn Wild nach dem Verenden nicht sofort aufgebrochen wird (oder werden kann) oder durch Hitze, Gewitterschwüle, dichte Verpackung (Rucksack, undurchlässiges Packmaterial) am schnellen Auskühlen gehindert wird. Die Folgen sind, daß sich die Haare mit Leichtigkeit herausziehen lassen. Die Unterhaut zeigt grüne Färbung, das Wildbret (die Muskulatur) ist kupferrot. Verhitzes Wildbret zeigt einen charakteristischen, widerlich süßlich-fauligen Geruch und einen süßlich-faden bis stechend-bitteren Geschmack.

Wodurch wird das „Reifen“ des Wildbrets erreicht?

Etwa 36 Stunden nach dem Erlegen und Versorgen ist die für den Reifungsprozeß des Wildbrets wesentliche Totenstarre durchlaufen und das Wildbret durchgereift. Über diesen Zeitraum hinaus sollte es nur in Kühlräumen bei 0 bis + 2° C „weiter reifen“. Das Reifen ist nötig, weil das Wildbret nicht mit Feist (Fett) durchwachsen ist und eine dichte und sehr fest gefügte Muskulatur hat, die erst durch das Reifen mürbe und leichter verdaulich wird. Hat die Reifung einen hohen Grad erreicht, so spricht man von „Hautgoût“.
Wildbret mit „echtem Hautgoût“ (sprich: oh-guh) ist von dunkelbrauner bis schwarzroter Farbe, von spezifisch-pikantem, angenehm säuerlich-aromatischem Geruch und Geschmack und von weicher, mürber Beschaffenheit.
Wenn Fäulnis eingetreten ist, zeigt das Wildbret auf der Oberfläche und im Innern einen unangenehmen, faulen Geruch. Der „starke Wildgeschmack“ ist durch unsachgemäßes Abhängen entstanden (bakterielle Fäulnisprozesse!).

---

*) Den Farb-Tonfilm „Das Versorgen des Wildes“ verleiht: DJV-Filmarchiv durch Deutsche Umweltaktion (DUA) in Heinrich-Heine-Allee 23, 4000 Düsseldorf (0211/131322). Jagdscheinanwärter sollten den Film mehrmals anhören, -sehen und diskutieren!

Ist das „Reifenlassen" auch bei Federwild notwendig?

Nein. Enten und Rebhühner kann man sofort nach dem Erlegen in der Küche verwenden, während man den Fasan nach dem Versorgen (s. S. 593) gern acht bis zehn Tage „abhängen" läßt; sonst schmeckt er wie Haushuhn.

Erkennen von genußuntauglichem Wildbret

Erhält der Jäger (Jagdscheinanwärter) eine besondere Ausbildung in der Beurteilung des Wildbrets, insbesondere auch hinsichtlich seiner Verwendbarkeit als Lebensmittel?

Ja, in besonders hohem Maße. Er muß alle wichtigen Krankheiten des Wildes vor und nach dem Schuß erkennen können, die vom Wild auf den Menschen übergehen. Das wird in den Jägerprüfungen (s. S. 800) ausdrücklich gefordert und ist Prüfungsthema. Auch die richtige Behandlung erlegten Wildes unter besonderer Berücksichtigung der hygienisch erforderlichen Maßnahmen muß er vollständig beherrschen und die anzeigepflichtigen Seuchen erkennen können, um sie dem Amtstierarzt anzuzeigen.

Was ist zu vermuten, wenn bei Wild Schußverletzungen fehlen?

Daß es sich um Fallwild oder um in Schlingen gefangenes Wild handelt. Man erkennt es daran, daß es noch die ganze Blutfülle im Wildbret und in den Organen hat und auf der Seite, auf der es liegend aufgefunden wurde, auffällige Blutstauungen zeigt. Außerdem besteht meist Bauchfäulnis.

Kann durch den Straßenverkehr verletztes Wild verwertet werden?

Nur, wenn es nach dem Umfange der Verletzungen, dem Geruch beim Aufbrechen oder Ausweiden, Temperatur und Zeit nach dem Verenden noch teilweise als frisch und verwertbar zu beurteilen ist und keinerlei Krankheitserscheinungen zeigte.

Woran kann man in Schlingen gefangenes Wild erkennen?

Es fehlen meist Kopf und Hals, da in Schlingen gefangenes Wild eine Schwellung des Kopfes und Halses und eine Strangulationsfurche zeigt. Das Wildbret und die Organe sind außerdem stark bluthaltig, da das Stück nicht ausschweißen konnte. Wurden Schußverletzungen erst nachträglich beigebracht, sind die Ränder des Schußkanals nicht blutig durchtränkt.
(Bei Kopf- und Rückenschüssen schweißt Wild schlecht aus.)

Was ist bei Stücken mit Weidwundschüssen und bei Stücken, die längere Zeit (über Nacht oder bei Gewitterschwüle) unaufgebrochen gelegen haben, zu beachten?

Das Wildbret zeigt meist Bauchfäulnis mit Bildung giftiger Stoffwechselprodukte sowie Geruchs- und Geschmacksabweichungen, die durch das Zersetzen des Magen- und Darminhaltes (durch „Verhitzen" oder „Aufblähen") entstanden sind. Solches Wildbret ist als nicht mehr verkehrsfähig zu beurteilen oder der bakteriologischen Fleischuntersuchung durch einen Tierarzt zu unterziehen, wenn es der Erleger im eigenen Haushalt verwenden will (s. auch S. 576).

Wie ist stark gehetztes Wild zu beurteilen?

Bei stark gehetztem Wild tritt infolge Sauerstoffmangels eine CO_2-Erhöhung und ein hoher Glykogenverbrauch ein. Solches Wild verhitzt sehr leicht (s.S. 576), fault schnell und riecht und schmeckt widerlich bitter. Es ist genußuntauglich. Die Hetz- oder Parforcejagd auf Wild mit aufs Auge hetzenden Hunden ist deshalb nach § 19 Ziffer 13 des BJG verboten (s.S. 715).

Welche Unterschiede bestehen im Wildbretwerte der Geschlechter?

Im allgemeinen wird bei Haar- und Federwild das Wildbret männlicher Tiere wegen des kräftigeren Wildgeschmacks vorgezogen. Dagegen besitzt das Wildbret der Keiler und der während der Brunft erlegten Rot- und Damhirsche und Gamsböcke meist einen widerlichen Geschlechtsgeruch und Geschmack. Brunfthirsche und Keiler dürfen deshalb wegen des hochgradigen Geschlechtsgeruchs nicht als volltauglich in den gewerblichen Handel kommen, sondern sind als „minderwertig" anzusehen und i.d.R. im eigenen Haushalt des Erlegers oder richtig bezeichnet zu verwerten. Bei Brunfthirschen und Keilern sind deshalb das Kurzwildbret sowie Brunftbrand bzw. Brunftfleck (s.S. 584) möglichst schnell abzuschärfen und zu beseitigen. Dann sind die Stücke aufzubrechen und auszuweiden. Zur Minderung des Geschlechtsgeruches bei Wild hat es sich bewährt, es nach dem Aufbrechen im Hängen aus der riechenden Decke zu schlagen oder abzuschwarten und es, wie ein Hausschwein, in der Längsrichtung durchzuspalten und in Zugluft „ausstänkern" und auskühlen zu lassen. Danach ist es in Stücke zu zerlegen und Brunfthirsche in eine 2- bis 5%ige (wein- bis himbeerrote) Lösung von übermangansaurem Kali (Kalium permanganicum) für 2–4 Tage oder Keiler in eine Pökellake (mit 20% Nitritpökelsalz) für drei Wochen einzulegen. Da die Geruchsstoffe in die Pökellake übergehen, sind die Wildbretteile allwöchentlich abzuwaschen und in eine neubereitete Lake einzulegen. Man kann auch eine 20%ige Lösung von Nitritpökelsalz in Trinkwasser in einer Menge von 8–10%, bezogen auf das Gewicht des Keilers ohne Knochen, gleichmäßig verteilt mit einer Lakespritze injizieren. Diese Methode empfiehlt sich nur bei Verwendung im eigenen Haushalt. Bei weiterer Veräußerung verbietet das Lebensmittelgesetz Zusatzstoffe in Nahrungsmitteln. Der Anteil der Knochen beträgt beim Schwein durchschnittlich 21%. Dann ist das Wildbret in Netzen lufttrocken zu machen und gründlich durchzufrieren (s.S. 595). Vor dem Gebrauch in der Küche legt man die benötigten Wildbretteile noch vier Tage in eine „Beize" (in Buttermilch, die man zweimal wechselt oder in ein Gemisch von Rotwein und Olivenöl zu gleichen Teilen). Dann wird gebraten und gegessen. Es schmeckt vorzüglich. Restliche Stücke sind nicht wieder aufzubraten! Lufttrockene Stücke kann man auch räuchern!

Kann man an Wildbretteilen, auch nach ihrer küchenmäßigen Zubereitung, feststellen, von welcher Wildart sie stammen?

Ja, das ist in den meisten Fällen möglich, besonders dann, wenn Knochen zur Verfügung stehen. Katze (Dachhase) und Feldhase sind, um nur ein Beispiel zu nennen, leicht an der verschiedenen Beschaffenheit der Vorarmknochen zu erkennen (s. Abb. S. 579).

Aus rohem und zubereitetem Wildbret kann mit biologischen Methoden (Eiweißdifferenzierung) die Wildart sicher bestimmt werden.

Rechter Vorarm
oben: der Katze
unten: des Hasen

Die Vorarmknochen Speiche und Elle (Radius und Ulna) sind bei der Katze vollkommen getrennt, beim Hasen dagegen verwachsen.

Versorgen von Schalenwild

Was gilt für das Versorgen erlegten Schalenwildes?

Der Erleger muß es selbst aufbrechen (Ausnahme: s.S. 375). Es gilt jedoch als selbstverständlich, daß der an Jahren jüngere Jäger einem alten Herrn das Aufbrechen abnimmt.

Was ist beim Erlegen und Gewinnen von Wildbret zu beachten?

Nach der geänderten Mindestanforderungen-Verordnung (MindV, s. auch S. 796) vom 26. Juni 1979 (BGBl. I S. 826) ist darauf zu achten, ob
a) Wild von einer auf Menschen oder Tiere übertragbaren Krankheit befallen ist, ob Einzelmerkmale oder das Allgemeinbefinden den Ausbruch einer solchen Krankheit befürchten lassen (s. auch Neufassung des Tierseuchengesetzes vom 28.3.1980, (BGBl. I. S. 380);
b) Erscheinungen einer Krankheit oder eine Störung des Allgemeinbefindens erkennbar sind, wodurch das Wildbret untauglich zum Genuß für Menschen werden kann;
c) Anzeichen vorhanden sind, die darauf hinweisen, daß den Tieren Stoffe mit pharmakologischer Wirkung zugeführt worden sind oder daß die Tiere andere Stoffe, die in Lebensmittel übergehen und gesundheitlich bedenklich sein können, aufgenommen haben oder ob begründeter Verdacht auf Rückstände oder Gehalte solcher Stoffe besteht.
Die dabei getroffenen Feststellungen sind dem zuständigen amtlichen Tierarzt mitzuteilen.
Die Leibeshöhle ist zur Untersuchung so zu öffnen, daß sie besichtigt werden kann. Sie ist mit einem Reinigungstuch sauber auszuwischen. Das Wildbret ist unmittelbar nach dem Aufbrechen so aufzubewahren, daß es gründlich auskühlen kann (s.S. 584).
Siehe auch Fleischhygieneverordnung S. 791 (hier insbesonders die „bedenklichen“ Merkmale).
(Das Gewicht des Aufbruches beträgt etwa $^1/_5$ bis $^1/_4$ des Gesamtgewichtes. Als wirksamen Schutz gegen lästige Mücken verwendet man „Cito“, „Autan“ oder „Bonomol“, nach Mückenstichen „Soventol“ oder nach Stichen in Schleimhäute das „Dynexan“.)

Wie beginnt man das Aufbrechen von Schalenwild?

Das Stück wird hierzu auf den Rücken gestreckt. Dann tritt man vor das Haupt, faßt mit der linken Hand den Träger (beim Rehwild den Hals) und schärft (nicht: schneidet!) nun mit dem Waidmesser vom Drosselknopf (Kehlkopf) bis zum Brusteingang die Decke auf. Dann löst man die zutage tretende Drossel

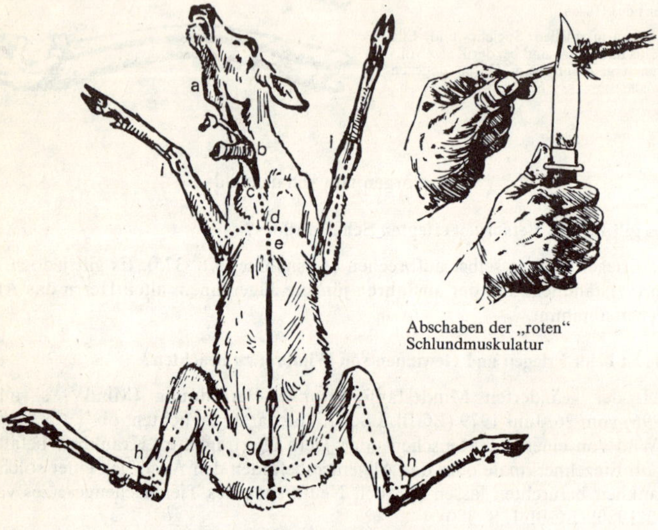

Abschaben der „roten" Schlundmuskulatur

Aufbrechen von Schalenwild

——— Schnittführung beim Aufbrechen

.... Schnittführung beim Zerwirken

a Kinnwinkel, b Drosselgegend, c, d, e Brustbeingegend, f Pinsel, g Kurzwildbret, h und i Sprunggelenke, k Weidloch

(Luftröhre) und den neben ihr liegenden Schlund aus dem Öffnungsschnitte heraus und schärft sie dicht unterhalb des Drosselknopfes ab. Hierauf werden Drossel und Schlund stumpf voneinander getrennt. Der Schlund wird „verknüpft" (verknotet), damit die Äsung nicht heraustreten kann. Hierzu schabt man auf etwa 10 cm mit dem Waidmesser die äußere rote Schlundmuskulatur von dem zähen, inneren „weißen" Schlund los und verknüpft ihn zweimal (s. Abb. oben). Dann wird das Zurückgeschobene über die Knoten gezogen, damit die Knoten wegen der schlüpfrigen Beschaffenheit des Schlundes nicht aufgehen und beim Durchziehen kein Panseninhalt in die Brusthöhle gelangt (andere Möglichkeit: Schlund der Länge nach durchschärfen und oberes Ende mehrmals durch diesen Schlitz schlingen). Jetzt schiebt man die Drossel und den von ihr gelösten Schlund so weit wie möglich in den Brusteingang hinein. Beim Schwarzwild schärft man den Hals dagegen einfach quer durch, da es nicht „nachdrückt"

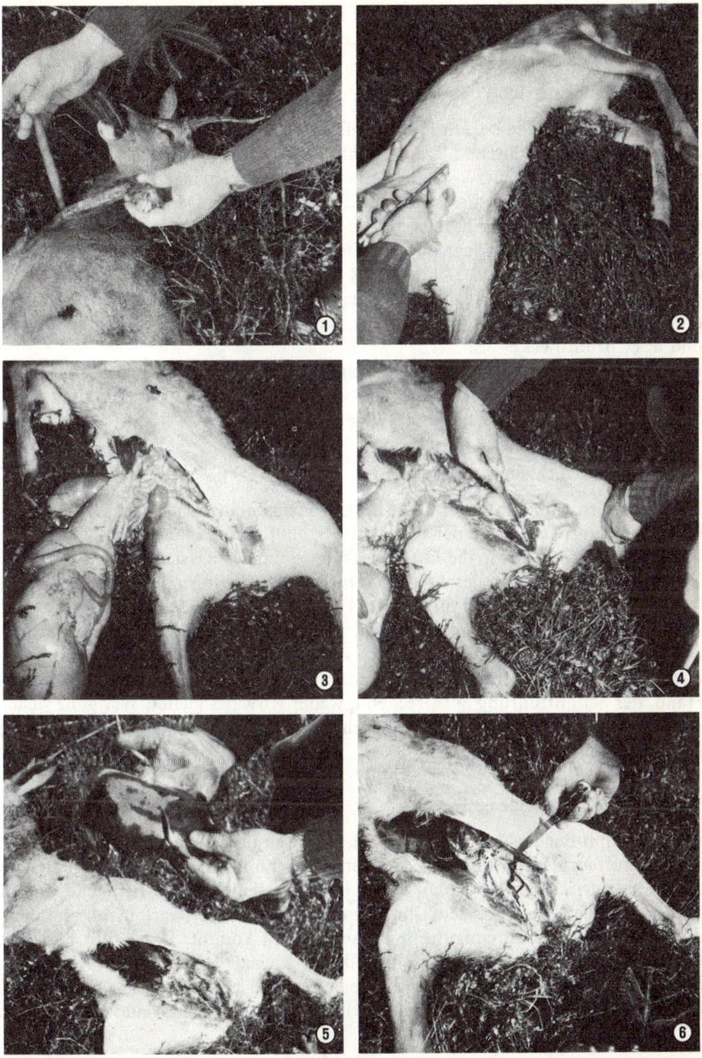

1 Schlund und Drossel werden getrennt. Nach Abschaben der Muskulatur wird der Schlund verknüpft (verknotet).
2 Die Bauchdecke wird geöffnet. Die beiden Finger der linken Hand verhindern, daß Därme und Mägen verletzt werden.
3 Das Gescheide wird herausgenommen und auf die, vom gestreckten Wild aus gesehen, rechte Seite gelegt. Vorher wurde der Schlund vom Zwerchfell gelöst und langsam herausgezogen.
4 Nach dem Aufschärfen bis zur Schloßnaht trennt man diese mit dem Waidmesser durch.
5 Das Geräusch wird herausgenommen (hier Leber!).
6 Die beiden Brandadern werden aufgeschärft, damit sie ausschweißen können.

(kein Wiederkäuer!). Beim Rotwild darf man nicht vergessen, die Grandeln bzw. Haken als ersehnte Beute (durch zwei schräge Schnitte) auszulösen!

Wie wird das Kurzwildbret entfernt?

Man tritt zwischen die beiden Hinterläufe des auf den Rücken gestreckten Stükkes, ohne es zu überschreiten. Dann sticht man das Waidmesser, mit dem Rücken nach unten, von hinten zwischen die beiden Brunftkugeln und trennt sie voneinander. Hiernach löst man die Brunftkugeln aus der Decke und zieht dabei die Samenstränge so lang heraus, bis sie abreißen. Dann schärft man die Decke über der Brunftrute auf, legt die Brunftrute frei, fährt mit der Hand unter sie, löst sie nach hinten vom Wildbret los und legt sie nach links. Sie wird erst nach Herausnahme der Harnblase entfernt, um ein Beschmutzen des Wildbrets mit Blaseninhalt sicher zu vermeiden (s. auch Abschärfen des „Brunftbrandes" und des „Brunftfleckes" S. 584).
Der Pinsel bleibt an der Decke. Bei weiblichem Schalenwild wird das Feuchtblatt nebst Schürze an der Decke belassen, so daß man beim Inverkehrbringen des Stückes jederzeit das Geschlecht erkennen kann.

Wie wird die Bauchhöhle geöffnet?

Zunächst wird mit dem Waidmesser dort, wo beim männlichen Stück die Brunftkugeln entfernt wurden (in der Abb. bei g S. 580), in die Bauchdecke eine kleine Öffnung geschärft. Sowie die Öffnung für zwei Finger passierbar ist, führt man Zeige- und Mittelfinger der linken Hand, mit dem Fingerrücken nach unten, in sie ein. Dann hebt man mit diesen Fingern die Bauchdecke kräftig an und schärft nun (damit das Gescheide nicht verletzt wird) mit dem von der rechten Hand geführten Messer (Schneide nach oben) Bauchdecke und Decke nach und nach bis zum Brustkern auf, indem man mit den beiden Fingern der linken Hand, der Schnittführung entsprechend, weiter vorwärts gleitet. Wer ganz sicher gehen will, wird die Decke vorher „anschärfen". Das herausquellende Gescheide darf keinesfalls verletzt werden.

Wie wird das Gescheide entfernt?

Man geht mit der rechten Hand zwischen Pansen und Leber in die Bauchhöhle hinein und sucht die Stelle auf, an der der Schlund durch das Zwerchfell in den Pansen tritt. Dann löst man den Schlund an seiner Durchtrittsstelle stumpf vom Zwerchfell los und zieht ihn vorsichtig heraus. Er darf nicht abreißen, da es sonst zur Verunreinigung mit Panseninhalt kommt. Dann faßt man mit beiden Händen den Pansen und löst durch Ziehen und stumpfes Abtrennen das ganze Gescheide aus der Bauchhöhle heraus und legt es, von sich aus gesehen, nach links. Das Gescheide ist nunmehr nur noch durch den Weiddarm mit dem Wildkörper verbunden.

Wie wird das Schloß aufgebrochen?

Hierzu muß zunächst die Decke zwischen den beiden Keulen (von Buchstabe g der Abb. S. 580 in Richtung Weidloch) aufgeschärft werden. Dann durchtrennt man vorsichtig, ohne die Keulen zu verletzen, die bläuliche Haut, die beide Keulen verbindet, bis zur Schloßnaht. Sie ist die Verbindung der beiden Beckenhälften. Sie ist bei jungen Stücken knorpelig und kann mit einem kräftigen Waidmesser durchtrennt werden. Bei älteren Stücken ist sie verknöchert und muß deshalb durchgesägt oder durch leichte Schläge mit dem Waidblatt „aufgeschlagen“ werden. Nach diesem Durchtrennen des Schlosses faßt man mit den Händen in das Schloß hinein und „sprengt“ es, indem man die Beckenhälften an der Schloßnaht auseinander drückt, bis es kracht und man bequem an die in der Beckenhöhle liegenden Teile (Weiddarm, Harnblase, Samenblasen bzw. Scheide und Tragsack) herankommt. Das Schloß darf nicht durch Druck auf die Keulen auseinandergebrochen werden, da hierdurch das Wildbret an der Schloßnaht einreißen und dies zur Entwertung der Keulen führen würde. Man faßt nun mit der linken Hand die in der geöffneten Beckenhöhle liegenden Teile und löst sie mit dem von der rechten Hand geführten Messer sauber heraus. Das Gescheide gesunden Wildes versteckt man im Gebüsch oder deckt es mit Reisig ab.

Wie wird das Geräusch herausgenommen?

Man öffnet zunächst die Brusthöhle, indem man mit dem Waidmesser das Zwerchfell in der Nähe des Brustkorbes ringsum durchschärft. Dann greift man mit der rechten Hand in die Brusthöhle hinein, faßt die Drossel und reißt mit kräftigem Ruck nach hinten Lunge, Herz und Leber heraus, während die linke Hand das Wild außen festhält (bei Schwarz-, Gams- und Muffelwild muß die Gallenblase von der Leber entfernt werden!). Dann löst man die beiden Nieren aus oder läßt sie im Stück. Weiter ist es bei allem Schalenwild angebracht, den Brustkorb durch Aufschärfen zu öffnen. Der Jagdausübungsberechtigte, der das Stück selbst verwerten will, wird das Geräusch oft im Wildkörper belassen, da es dadurch beim Transport gut vor Verunreinigungen geschützt ist.
Zum Schluß werden die nahe beim Schloß vom Rücken (Ziemer) nach den Keulen führenden Brandadern (Schenkelvenen) der Länge nach aufgeschärft, damit sie gehörig ausschweißen können. Dann wird das Stück an den Vorderläufen hochgehoben, im Schatten an einem Ast am Träger (Hals) zum Auskühlen aufgehängt oder (wenn es zu schwer ist) zu Boden gekehrt, damit der Schweiß ordentlich auslaufen kann.
Lunge und Leber werden auf Hülsenwurmblasen (s.S. 563) und das Gescheide auf langhalsige Finnen (s.S. 559) untersucht, bevor Teile hiervon Hunden verabreicht, eingegraben oder auf den Luderplatz gebracht werden (s. auch S. 521).

Worauf ist beim Aufbrechen besonders zu achten?

Nach dem Drosselschnitt schaut man kurz in den Äser. Dabei überzeugt man sich, ob das Wild nicht von Rachendasseln befallen ist (s.S. 548). Die Lunge wird bis in die Bronchien hinein auf Lungenwürmer, Vereiterungen und andere unnatürliche Veränderungen untersucht. Die Lymphknoten von Lunge und Leber dürfen nicht verdickt sein. Man schärft sie am besten auf. Desgleichen geschieht mit der Galle. Dabei darf man weder auf Verknotungen noch auf Leberegel stoßen. Brustkorb und Bauchhöhle müssen frei von Vereiterungen und Geschwülsten sein.
Riecht das Wildbret urinös und ist das Tier abgemagert, können sich bei Verheilung einer Verletzung Stoffwechselgifte, sogenannte Toxine, gebildet haben. Verfliegt dieser Geruch beim Kochen eines Probestückes nicht, ist das Wildbret für den menschlichen Genuß ungeeignet.

Bei allen Unregelmäßigkeiten ist Wildbret vor der weiteren Verwertung als Nahrungsmittel einer veterinär-medizinischen Untersuchung zuzuführen.

Muß der Jungjäger das Aufbrechen von Schalenwild beherrschen?

Ja! Er muß den gesamten Vorgang (Lösen und Verknoten des Schlundes, Entfernen des Kurzwildbrets, Öffnen der Bauchhöhle, Herausnehmen des Gescheides, Aufbrechen des Schlosses, Herausnehmen des Geräusches und das Auskühlenlassen) flüssig schildern und ausführen können. Hierzu muß er sich das Aufbrechen praktisch zeigen lassen!

Wie kann man das Auskühlen beschleunigen?

Durch Auseinanderspreizen des Schlosses und der Bauchdecke mit einem Holz, so daß kühlende Luft ungehindert zur Brust- und Bauchhöhle Zugang hat. Bei Schwarzwild, das sehr leicht verhitzt, läßt sich das Auskühlen weiter beschleunigen, wenn man beide Blätter vom Brustkorb trennt und mit Holzstücken aufsperrt, damit frische Luft auch das tiefer gelegene Wildbret erreicht.

Was geschieht nach dem Aufbrechen?

Alle Stücke, die erst später abtransportiert werden können, müssen gegen Raubwild und Sauen „verwittert" werden (z. B. durch Auflegen eines Handschuhes, einer Patronenhülse, Befestigen von Papierfetzen oder durch Anbrennen einiger Haarbüschel in der Nähe der Aufbruchstellen. Vor allem der Kolkrabe erspäht im Hochgebirge schnell erlegte Stücke und ruft seine Artgenossen herbei.
Im Wildraum wird es auf einer Leiter am Träger (Rehwild am Halse) aufgehängt, damit es weiter ausschweißt und auskühlt.

Was ist bei den in der Rauschzeit erlegten Keilern zu beachten?

Es muß der „Brunftbrand", d. h. die Schwarte um den Pinsel herum, abgeschärft und die dort befindliche gallertartige Masse entfernt werden. Der Geruch und Geschmack des Wildbrets ist häufig stark urinös, so daß das Wildbret dadurch ungenießbar wird.
(Auch beim Brunfthirsch wird der „Brunftfleck", d. h. der metallisch schimmernde Fleck um den Pinsel herum, samt Pinsel sorgfältig abgeschärft; beim Gamsbock ist in der Brunftzeit die Brunftfeige hinter den Krucken zu entfernen.)

Bei welchem Wild wird die Gallenblase entfernt?

Bei Gams-, Schwarz- und Muffelwild.

Wie verhält man sich, wenn die Bauchdecken, wie z. B. nach einem Weidwundschuß, stark verunreinigt sind?

Man entfernt die Verunreinigungen durch Auswischen mit einem Reinigungstuche. Keinesfalls darf zum Reinigen, wie früher, ein Gras- oder Moospolster genommen werden, da hierdurch eine frühzeitige Zersetzung unvermeidbar wäre. Beschmutzte Reinigungstücher sind in einem Plastikbeutel zu sammeln und durch den Wildwagenfahrer unschädlich (umweltfreundlich) zu beseitigen. Gegen die Verwendung klaren Wassers (Trinkqualität) bestehen keine Bedenken. Anschließend läßt man an der Luft trocknen.

Welche Teile des erlegten Schalenwildes stehen dem Schützen nach alter Waidmannssitte zu?

Das sogenannte „kleine Jägerrecht". Allerdings ist Vorbedingung, daß der Erleger das Stück selbst aufbricht. Andernfalls erhält der Aufbrechende das Jägerrecht (Naturalentlohnung). Zum kleinen Jägerrecht gehören die eßbaren Teile des Aufbruchs (Herz, Lunge, Leber, Nieren samt Feist, soweit man es mit den Fingern abpflücken kann). Der Hund erhält Milz und Pansen. Decken und Bälge gehören nicht zum Jägerrecht. Nach altem Brauchtum überläßt der waidgerechte Jäger dem Schützen die Trophäe sowie Erinnerungsstücke.
Das frühere „große Jägerrecht" war ein Teil der Naturalentlohnung der Berufsjäger. Es bestand aus Kopf, Hals, den ersten drei Rippen („Vorschlag"), dem Mör-(Mürbe-)Braten (Wildbret unter dem Rückgrat), dem Feist, der Decke und dem Aufbruch.

Kann das Geschlecht bei ausgeweidetem Schalenwild festgestellt werden, wenn die Geschlechtsorgane entfernt wurden?

Ja, am Becken. Das ist wichtig bei Jagdvergehen. Das Becken weiblicher Stücke ist für den Vorgang des Setzens breiter und geräumiger als das schlanke Becken männlicher Stücke. Außerdem ist das Becken beim weiblichen Stück am Schloß (der Schambeinfuge) dünn, platt und vorn grubig vertieft, das des männlichen Stückes dagegen dick und beulenartig. Das läßt sich durch Auslösen einer Beckenhälfte leicht feststellen.

Wie wird aufgebrochenes Hochwild aus dem Revier gebracht?

Auf einem Wagen, Wildkarren oder Ziehschlitten (auch im Sommer). Der Gams wird in die Gamsträger geschlauft oder kommt ohne Befestigung auf den Rücken. Man kann auch den Bergstock mit der Spitze durch den Drosselschnitt und das unaufgebrochene Schloß schieben. Die Hinterläufe zieht man nach vorne und bindet sie mit Haupt und Vorderläufen an den Stecken, den man nachzieht. Rehwild wird im Rucksack heimgetragen, das Haupt des Bockes schaut heraus.
Kann der Wildwagen nicht an das Stück heranfahren, so muß es zum Verladeplatz (u.U. mit einem Pferd) geschleift werden. Dem Hirsch legt man hierzu ein Seil um das Geweih, den Sauen ums Gebrech, dem Kahlwild um den Träger.
Das Schleifen darf nicht gegen den Haarstrich erfolgen, da das Stück dadurch unansehnlich würde. Hochwild wird stets so auf den Wagen gezogen, daß das Haupt nach vorn zu liegen kommt. Es wird auf dem Wagen mit grünen Brüchen bedeckt.

Was versteht man unter dem „Zerwirken"?

Das Aus-der-Decke-Schlagen (das Abziehen der Decke) und das Zerlegen.

Wie geht man beim Aus-der-Decke-Schlagen vor?

Nachdem das Wild etwa 20–30 Stunden abgehangen ist, schlägt man es aus der Decke. Vorher werden die Blutergüsse um Ein- und Ausschuß abgeschärft. Man reinigt das Wildbret und entfernt die Feistablagerungen. Das „Wildfett"

hat einen strengen Eigengeschmack und wird deshalb nicht geschätzt. Ohne diese Bestandteile läßt sich Wildbret länger tiefgefrieren.
Die Decke wird über die Mitte des Brustkorbes bis zum Äser, dann rings unter den „Knien" (Fußwurzelgelenken) und von hier aus an den Vorderläufen bis zum Brustbein und an den Hinterläufen bis zum Weidloch aufgeschärft (s. Abb. S. 580). Beim Lösen der Decke hilft man mit den Händen, der Faust und dem Messer nach. Mit der einen Hand zieht man die Decke straff und mit dem Daumen der anderen Hand drückt man sie vom Wildbret weg. Am Haupt werden Lauscher und Lefzen abgeschärft.
Das Stück bleibt auf der Decke und wird auch auf der Decke zerlegt. Rotwild wird zum Aus-der-Decke-Schlagen auch aufgehängt (Haupt nach oben).

Welches Wild wird abgeschwartet?

Schwarzwild wird mit dem Waidmesser „abgeschwartet". Die Zwerchfellfetzen läßt man hängen. Ihnen werden Proben für die Trichinenschau entnommen. Auch die Nieren läßt man am Tier. An den stecknadelkopfgroßen Blutspritzern dieser Organe erkennt man den Befall von Schweinepest.

In welche Teile wird Schalenwild zerlegt?

In die beiden Blätter,
die beiden Keulen (Schlegel),
den Rücken (Ziemer: Blatt- und Wedelziemer) und
das Kochwildbret (Kopf, Hals, Rippenstücke und Dünnungen).

Die Blätter trennt man möglichst nahe am Brustkorb ab. Die Keulen werden zunächst vom Weidloch über die Wirbelsäule und dann am Hüftknochengelenk entlang abgeschärft. Nun dreht man sie heraus. Der Brustkern wird mit der Säge geöffnet, desgleichen werden die Federn (Rippen) mit der Säge abgetrennt. Aus dem Ziemer löst man den Wirbelknochen aus und schneidet aus dem erhaltenen Wildbret Rehmedaillons. Den Keulen entnimmt man den Schloßknochen und kann sie anschließend in zwei Teile zerlegen. An der Innenseite der Blätter sind je eine Drüse (und die Lymphknoten) zu beseitigen. Beim Häuten trennt man nur ab, was man leicht abziehen kann.
Vom Gesamtgewicht des aufgebrochenen Stückes entfallen etwa zwei Sechstel auf die Keulen und je ein Sechstel auf die Blätter, den Rücken, das Kochwildbret und die Decke.

Wie muß ein Zerwirkraum (Wildkammer) ausgestattet sein?

Ein Zerwirkraum oder eine Wildkammer muß luftig und kühl sein. Am besten eignet sich dazu ein Kellerraum. Damit keine Fliegen eindringen können, sind Fenster mit einem engmaschigen Gitter zu versehen. Boden und Wände fliest man. So läßt sich der Raum, der unbedingt einen Wasseranschluß und einen Ablauf braucht, mit dem Schlauch bequem sauber halten. An den Wänden sollten Stangen angebracht sein, an denen man das Wild mit Metzgerhaken, notfalls einem kleinen Flaschenzug, aufhängen kann. Auf einem stabilen Holztisch wird das Wildbret portioniert. Man legt es in Wannen. Für den Abfall steht ein großer Eimer bereit. Eine Wildwaage darf ebenfalls nicht fehlen.

Versorgen von Hase und Kaninchen

Wie werden noch nicht verendete Hasen und Kaninchen getötet?

Durch Genickschlag. Hierbei werden sie an den Hinterläufen hochgehalten und durch einen kräftigen Schlag mit der Handkante oder einem Stock hinter die Löffel „genickt“ oder „abgeschlagen“.

Was ist bei Hasen und Kaninchen nach dem Erlegen zu beachten?

Sie sind sofort nach dem Erlegen mit der Hand an den Vorderläufen hochzuheben, vor die zusammengedrückten Knie zu nehmen und durch einen mehrfachen festen Druck mit dem Daumen der anderen Hand, handbreit über dem Schloß, „auszudrücken“, d.h., es ist durch Druck auf die Harnblase der Harn zu entleeren (s. Abb. S. 588). Dazu streicht man zwei oder dreimal in Richtung Hinterläufe. Gelingt das nicht, so ist die Blase durchschossen. Solche Stücke werden am besten sofort „ausgeweidet“.

Ist es notwendig, erlegte Hasen immer sofort auszuweiden?

Ja, das ist empfehlenswert. Bei Verunreinigung der Bauchhöhle mit Darminhalt (infolge einer Schußverletzung) ist sie mit einem Reinigungstuche auszuwischen. Die Verwendung von Gras oder Moos ist als unhygienisch abzulehnen. Auch das bisher übliche Ausschleudern ist unhygienisch, da die schnell verderbliche Leber und Darminhalt im Hasen verbleiben und zu Fäulnis in der Bauchhöhle führen.

Woran erkennt man, daß ein Hase krank ist?

Geschwollene Augenlider und im Endstadium Schwellung des gesamten Kopfes weisen auf Myxomatose hin. Neben Durchfall gelten glasige Darmwände, die mit grauweißen Knötchen übersät sind, als erkennungstypisch für Kokzidiose. Ist ein Tier an Toxoplasmose erkrankt, findet man in ihm eine stark geschwollene Milz und Leber. Letztere zeigt zusätzlich eine hirsekorngroße, rötliche Punktierung. Grundsätzlich sollte man auf die Verwertung von stark abgekommenem Wild verzichten. Die Kriterien, die für die Erkennung von Hasenkrankheiten dienen, sind beim Kaninchen entsprechend anzuwenden.

Wie geschieht das Ausweiden?

Nach Ausdrücken der Harnblase macht man etwa zwei Finger breit vor dem Weidloch einen Querschnitt von 10 cm Länge durch den Balg und trennt dann den Balg mit der Hand stumpf von der Bauchdecke (bis zum Brustbein) los. Dann wird die Bauchdecke, ohne den Balg und das Gescheide zu verletzen, aufgeschärft. Nunmehr kann man das Gescheide samt Magen und Leber mit den Fingern herausziehen.

Der Weiddarm, der noch am Gescheide hängt, wird abgerissen und nach Aufschärfen der Schloßnaht ausgelöst. Zum Schluß wird die Leibeshöhle mit einem Reinigungstuche ausgewischt und der aufgeschärfte Balg wieder gut verschlossen, um Schmeißfliegen fernzuhalten und das Austrocknen des Wildbrets zu verhindern. Hierzu wird, bei Anwendung des Querschnitts durch den Balg, vor dem Schnitt ein kleines Loch geschärft (s. Abb. unten rechts) und durch dieses die Blume gezogen. Der Verschluß kann auch durch Naht oder Zusammenheften mit dünner Schnur oder Heftband erfolgen.

Das Ausweiden soll sofort nach dem Erlegen erfolgen, da der Hase unansehnlich wird, wenn es erst nach Eintritt der Totenstarre geschieht. Herz, Nierchen und Leber kann man in einem Plastikbeutel sammeln, den man kühl lagern muß.

Welchen Vorteil hat das sofortige Ausweiden?

Das Wildbret schmeckt nicht nach Gescheide. Außerdem ist die zusammen mit Apfelstücken gebratene, frische Hasenleber ein Leckerbissen (vorher Gallenblase entfernen!). Es ist deshalb unverständlich, daß es immer noch Jäger gibt, die ihre Hasen und Kaninchen oft wochenlang unausgeworfen hängen lassen!

Ausdrücken der Harnblase.
Man läßt ihn „nässen“.

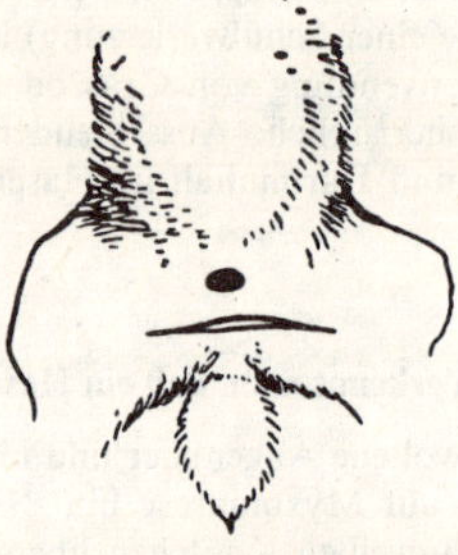

Schnittführung
zum Auswerfen des Gescheides.
Querschnitt durch den Balg.
Verschluß mit Hilfe der Blume.

Wie werden Hasen und Kaninchen vor ihrer Verwendung in der Küche behandelt?

Küchenhasen erlegt man am besten mit Kopfschuß, dann hat man in der Bauchhöhle keine Verunreinigungen.
Sie werden abgebalgt (oder gestreift). Hierzu werden sie in der Nähe der Sprunggelenke „eingeheßt“ und aufgehängt. Dann wird in Höhe des Sprunggelenks

ein Ringschnitt gemacht und der Balg auf der Innenseite der Keulen bis zum Weidloch (wie beim Schalenwild Abb. S. 580) aufgeschärft. Nun wird der Balg von den Keulen und der „Blume“ stumpf mit Fingern und Faust abgelöst und mit kräftigem Zug bis zur Brust nach unten gezogen. Dort werden die Vorderläufe mit dem Mittelfinger durch Einhakeln vor dem Ellenbogengelenk herausgezogen und in ihrem unteren Teil abgetrennt. Der Balg wird dann weiter kräftig bis zum Kopf heruntergezogen. Dabei werden die Löffel vom Kopf abgeschärft und der Kopf mit dem Messer aus dem Balg gelöst. (Beim Kaninchen sind zusätzlich die rechts und links der Blumenwurzel sitzenden, erbsengroßen Duftdrüsen abzuschärfen. Nunmehr können Bauchdecke und Brusthöhle aufgeschärft und Gescheide und Geräusch herausgenommen werden. Das nennt man „ausweiden“. Das Nierenfett muß man sorgfältig entfernen. Dann folgt das Zerlegen. Ein Hase kann bei 10° C etwa sechs Tage aufgehoben werden. Bei einer Temperatur um 1° C hält er sich doppelt so lange. Hasen und Kaninchen mit bereits „grüner“ Bauchpartie sind nicht mehr zum menschlichen Verzehr geeignet.

Wie unterscheiden sich erlegte junge und alte Hasen?

Der äußere Rand der Löffel läßt sich bei jungen Hasen leichter einreißen als bei alten. Die Rippen des Junghasen brechen fast ohne jedes Geräusch. Er hat viele Flaumhaare am Bauch und zwischen den Löffeln findet man eine Menge weißer Haarbüschel.

Außerdem weichen bei jungen Hasen beim Zusammendrücken der Unterkieferäste die beiden mittleren Schneidezähne fast fingerbreit auseinander. Beim Griff in die „Seher“ lassen sich bei jungen Hasen die weit über die Augenhöhle vorspringenden Flügelfortsätze der Stirnbeine (die „Augendorne“) leicht zusammendrücken, bei alten Hasen nicht.

Ein Jugendmerkmal am Hasen ist das nicht immer zuverlässige „Strohsche Zeichen“. Es verschwindet oft schon im siebenten Lebensmonat. Es ist eine knotenförmige Knochenverdickung am unteren Ende der Elle, etwa 1 cm oberhalb des Vorderfußwurzelgelenks, die als Knötchen durch den Balg hindurch deutlich fühlbar ist.

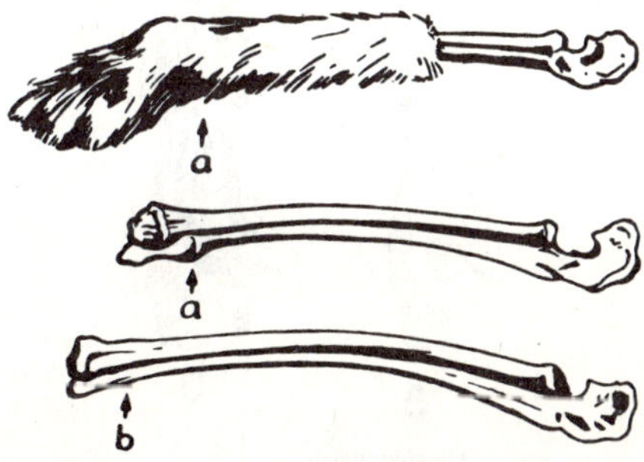

Altersbestimmung des Hasen durch Abtasten des Vorderlaufes
a = Junghasen zeigen am unteren Ende der Elle eine knötchenförmige Auftreibung; b = diese Auftreibung verschwindet bei Hasen, die älter als sieben Monate sind

Ein zünftiger Streckenwagen
Der Wildwagenfahrer hält nach dem Ausweiden der Hasen zum Auswischen der Bauchhöhle mit Darminhalt Reinigungstücher in Rollen zur Abgabe handlicher Stücke an die Jäger bereit. Er hängt die ausgeweideten Hasen mit zusammengebundenen Hinterläufen zum Auskühlen auf eine Stange, damit sie nicht „stickig" werden und langgestreckt ansehnlicher und besser zu verkaufen sind.

Wie unterscheiden sich erlegte Rammler und Häsinnen?

Die Geschlechtsöffnung erscheint bei frisch erlegten Rammlern als runde Scheibe, aus der sich die schlauchförmige Rute herausdrücken läßt. Die Geschlechtsöffnung der Häsin, die „Tasche", ist schlitzförmig (rinnenförmig). Beim

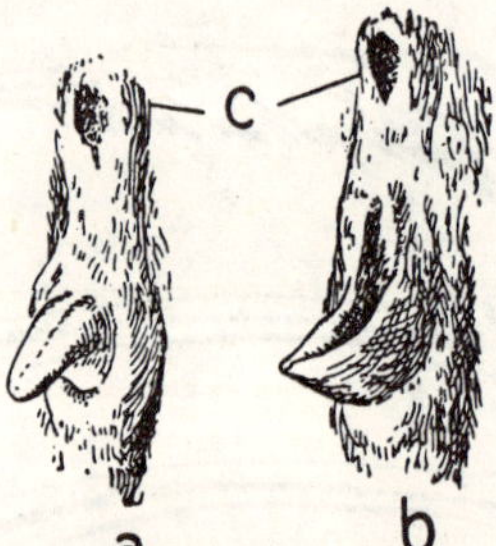

Geschlechtsteil
a = des Rammlers (Rute)
b = der Häsin (Tasche)
c = Weidloch

Rammler sind die Brunftkugeln äußerlich oft nicht sichtbar, weil sie außerhalb der Rammelzeit im Leistenkanal liegen.
Das Gesäuge der Häsin mit nur zwei Zitzen ist oft durch die dicke Wolle verdeckt.

Wie werden Hasen und Kaninchen getragen?

Die Hinterläufe werden oberhalb des Sprunggelenks zusammengebunden. Das „Einhessen" soll möglichst unterbleiben, da an den Schnittstellen das Wildbret eintrocknet. Die Hasen werden dann, mit dem Kopfe nach unten hängend, an einem Stock (über dem Rücken) getragen. Auf dem Wildwagen werden sie hängend auf Stangen geschoben, die quer auf die Leitern des Wildwagens gelegt werden. Wenn hierbei abwechselnd ein Kopf nach vorn und hinten kommt, können sie nicht zusammenrutschen. Sie hängen dann locker und luftig und können nicht verderben (verhitzen).

Versorgen von behaarten Beutegreifern

Wie wird ein erlegter Fuchs getragen?

Er wird nicht in den Rucksack gesteckt, sondern geknebelt und an einer Stange hängend von zwei Männern auf der Schulter oder zusammengeschränkt außen auf dem Rücken getragen, damit der Balg nicht unansehnlich wird.

Wie werden erlegte, behaarte Beutegreifer behandelt?

Erlegten, behaarten Beutegreifern wird der Balg abgezogen: Sie werden abgebalgt oder „gestreift". (Sau und Dachs werden abgeschwartet. Am Kopfskelett muß die Schwarte Schnitt für Schnitt sorgfältig gelöst werden. Es muß möglichst viel Weiß [Fett] am Körper bleiben! Die Schwarte wird dann flach ausgelegt und mit einer [zentimeter-]dicken Schicht Viehsalz bestreut. Nach einer Woche wird sie zusammengerollt und zur Gerberei gebracht.)
Was übrigbleibt, ist der „Kern". Beim Streifen müssen die Zehenknochen am ersten Gelenk durchtrennt werden, so daß Ballen und „Nägel" am Balg verbleiben. Weiter ist darauf zu achten, daß die Lunte (Standarte), die Läufe sowie der Kopf mit den Gehören und der Nase unverletzt abgebalgt werden, um später beim Trocknen des Balges nicht zu Klumpen zusammenschrumpfen.
Man legt deshalb den Fuchs zum Abbalgen (oder Streifen) auf den Rücken und schärft zunächst die Hinterläufe vom Ballen her längs deren Innenseite bis zum Weidloch und dann wieder vom Ballen her auch die Innenseite der Vorderläufe bis zur Achsel auf. Hierbei werden die Zehenknochen am ersten Gelenk durchtrennt, so daß Ballen und Nägel am Balg verbleiben. Nun wird die Lunte, vom Weidloch ab, unterseits aufgeschärft und von der Rübe losgelöst, so daß man den Luntenbalg sauber ausziehen kann. Dann heßt man den Fuchs in der Nähe der Sprunggelenke ein und hängt ihn in Gesichtshöhe an Haken auf und balgt ihn nun wie einen Hasen ab. Das Loslösen des Balges vom Kopf muß vorsichtig mit dem Waidmesser erfolgen, damit die Lidränder der Seher, die Lefzen um den Fang und die Nase nicht durchschärft werden. Der Balg muß frei von Wildbretteilen sein und wird nun auf ein Spannbrett aufgezogen.

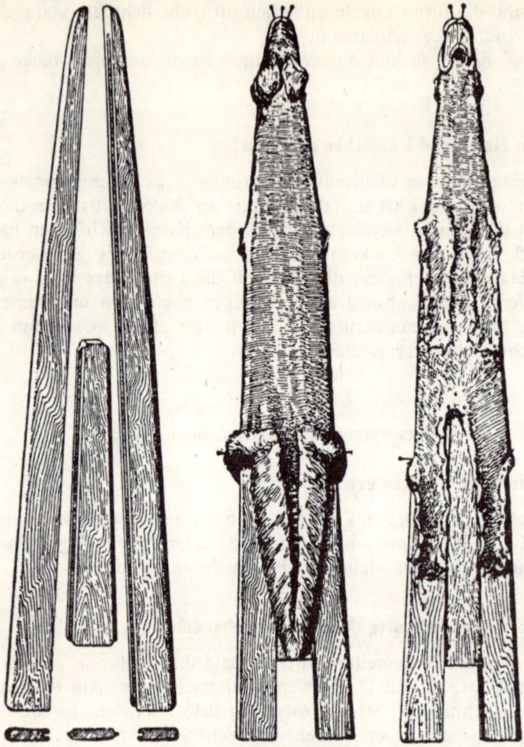

Fuchsbalg gespannt, Haarseite nach innen
Richtige Behandlung des rohen Balges auf dem Spannbrett

Wie erfolgt das Trocknen der Bälge und Schwarten?

Es sind für den Pelzhandel nur einwandfrei weißlederige (keinesfalls grünlederige) Bälge und Schwarten zu trocknen. Sie werden zum Trocknen mit dem Haar nach innen über ein Spannbrett mit Keil (s. Abb. oben) gezogen und dabei recht lang gestreckt, so daß die Nase über die obere Kante des Brettes greift. Lefzen und Nase werden durch Nägel breitflächig am Brett befestigt. Auch die Hinterläufe werden (bis an die Ballenteile) vollständig ausgebreitet und mit Stiften festgehalten. Die Vorderläufe und die aufgeschärfte Lunte werden nicht angeheftet, sondern mit breiten Papierstreifen, die leicht ankleben, breit auseinandergehalten. Nach etwa zwei Tagen, also bevor der Balg ganz trocken ist, wird er vom Spannbrett genommen, gewendet und nochmals aufs Spannbrett (Haarseite nach außen) gezogen und weiter getrocknet.

Versorgung von Federwild

Wie wird Federwild, das noch nicht verendet ist, getötet?

Man umgreift von der Bauchseite her die Brust und drückt sie mit den Fingern kräftig zusammen, bis Federwild, durch die eintretende Atemnot betäubt, den Kopf sinken läßt. Auch das Eindrücken des Schädeldaches mit dem Daumen, das nur bei jungem Federwild möglich ist, oder ein kräftiger Schlag des Kopfes auf einen harten Gegenstand (Stein, Stiefelabsatz) wirken tödlich. Das frühere Abfedern wird abgelehnt. Hierunter verstand man das Töten (Abtun) von Federwild durch Einstoßen einer im Kiel harten Schwungfederspitze durch das Hinterhauptloch in das Gehirn.

Wie ist gestrecktes Federwild zu behandeln?

Es ist (mit Ausnahme der Schnepfen) am Tage der Erlegung auszuweiden (Untersuchung der Fasane auf Tuberkulose!). Zum Ausweiden wird es auf den Rücken gelegt. Dann wird die Bauchdecke vom Weidloch an so weit aufgeschärft, daß man mit den Fingern das Gescheide nach hinten herausziehen kann. Das herausgezogene Gescheide wird samt Weidloch abgeschärft. Herz, Lunge und Leber verbleiben nach Untersuchung im Wildkörper. Das gilt für alles Federwild. Das „Aushaken“ ist nicht mehr üblich.
Auch bei kleinem Federwild ist es hygienischer, das Stück um die Kloake (das Weidloch) herum zu rupfen, die Kloake zu umschneiden und durch das dadurch entstandene Loch in der Leibeshöhle mit zwei Fingern vor Herz und Leber zu greifen und außer der Lunge alle Innereien sauber herauszuholen, das Weidloch abzuschärfen und die Leibeshöhle mit einem sauberen Papiertuch auszuwischen. Dadurch bekommt das Stück auch von innen Luft und Kühlung.
Weiter ist es zweckmäßig, dem Federwild die Halshaut aufzureißen und den Kropf (s. S. 162) zu entfernen, da es sonst durch den schnell säuernden Kropfinhalt im Geschmack leidet. Dann wird das Gefieder am Hals wieder geglättet.
Schnepfen und Tauben werden nicht ausgezogen. Der Taube muß jedoch mit den Fingern die Halshaut aufgerissen und der Kropf (s. S. 162) ausgelöst werden.

Wie unterscheidet man junges Federwild von altem?

Junge Fasanhähne besitzen einen stumpfen, abgerundeten Sporn. Junge Hennen haben an dieser Stelle noch keine Warzen. Den Jungenten kann man die Luftröhre direkt an der Brust leicht eindrücken. Junge Rebhühner erkennt man an den gelben Ständern und den abgespitzten Federn der Handschwingen.

Was verstehen wir unter dem „Schnepfendreck“?

Die zubereiteten Eingeweide der Schnepfe. Sie galten auf Toast serviert als Delikatesse. Heute ist das als unhygienisch abzulehnen! (Vorsicht: Die Schnepfen können mit Bandwürmern befallen sein!)

Bei welchem Federwild wird das Ausweiden mit „Ausfahren" bezeichnet?

Bei (Trappen und) Waldhühnern. Beim Auerhahn, der zur Hohen Jagd gehörte, spricht man auch vom „Aufbrechen", obwohl er, wie alles Federwild, kein „Schloß" hat.

Hat Federwild eine Harnblase?

Nein! Der Harn wird durch die Harnleiter direkt dem Enddarm (Weiddarm) zugeleitet (s. Abb. S. 162).

Was hat nach dem Ausziehen des Federwildes zu geschehen?

Alles Federwild muß am Kopf hängend auskühlen (Hängen an den Hühnergalgen oder Aufhängen an Stangen an einer durch die Nasenöffnung am Schnabel hindurchgezogenen Schnur). Keinesfalls darf man es im Rucksack unterbringen, da es sonst verdirbt!
Das Gescheide wird gern als Kirrung (zum Heranlocken von Beutegreifern an Fanggeräte s. S. 513) benutzt.
Federwild wird i.d.R. vor der Zubereitung trocken gerupft oder abgebrüht (s. S. 306); bei Fasan und Ente wird oft auch das gesamte Federkleid mit der Haut abgebalgt.

Woraus besteht ein Hühnergalgen?

Aus einem Bündel von Schlingen, in denen die geschossenen Rebhühner, am Halse aufgehängt, getragen werden. Zur Sicherheit kann auch noch ein Ständer mit in die Schlinge genommen werden. Zweckmäßig befestige man den Hühnergalgen ganz oben am Trägerring des Rucksackes, nicht an der Jagdtasche!

Konservierung und Verzehr von Wildbret

Wie kann man Wildbret für längere Zeit haltbar machen (konservieren)?

Durch Einfrieren, Kühlen, Sterilisieren, Pökeln, Räuchern und durch Verarbeiten zu Dauerwurst.

Wie lange hält sich versorgtes Wild in einem Kühlraum?

Bei einer Temperatur von 0 bis +2° C und einer relativen Luftfeuchtigkeit von 85% und sechsfacher stündlicher Luftumwälzung halten sich
Rehwild ohne Decke bis zu 3 Wochen,
Hasen ausgeweidet im Balg etwa 4 Wochen und
Hasen ausgeweidet ohne Balg etwa 2 Wochen.
Wildkörper in der Decke bzw. im Balg sind beim Kühlen weitgehend vor dem Eintrocknen und vor Verunreinigung geschützt. Sie werden jedoch meist nicht in Kühlhäusern angenommen.

Wie wird Wildbret am besten aufbewahrt?

Die beste Art der Aufbewahrung von Wildbret ist das Einfrieren (in Gefriertruhen oder Gefrierräumen). Vor dem Einfrieren läßt man das Wildbret von Rot-,

Dam- und Rehwild sowie von Hasen und Fasanen abhängen und reifen (s.S. 576).
In Gefrierräumen können auch ganze Wildkörper eingefroren werden, wenn sie vorher richtig versorgt wurden. Durch das Frosten werden die Muskelfasern zersprengt. Das Wildbret wird dadurch von selbst zarter.
Zum Einfrieren und Lagern in Gefrierschränken wird das Wildbret in Stücke zerlegt und Stück für Stück in Folien (Plastikbeutel) luftraumfrei und mit gut anliegender Folie verpackt, da sonst Gefrierbrand und Qualitätsabbau eintreten können. Die einzelnen Stücke werden mit Zetteln versehen, die über Wildart, Körperteil, Gewicht und Tag der Einlagerung Auskunft geben. Vom Wildbret des Rotwildes muß jedes Stück Feist peinlich entfernt werden, da Feist beim Lagern widerlich ranzig wird.
Bei einer Lagertemperatur von heute meist unter −25° C beträgt die Haltbarkeit des Gefrierwildbrets mindestens ein Jahr (Federwild nur 6 Monate!). Man kann Wildbret kurzzeitig „auftauen" und dann wieder einfrieren. Es wird dadurch aber trockener und zäher.

Vom Aufbrechen bis zum Verzehr

aufbrechen
↓
auskühlen (eine Stunde) lüften
↓
bringen
kühlen ← abhängen in der Wildkammer (20–30 Std.)
0 bis +2° C (3–4 Wochen)
↓
aus der Decke schlagen
↓
zerlegen
} = „zerwirken"
↓
enthäuten
↓
portionieren
↓
spicken bzw. mit Speck umwickeln
↓
frosten −25° C (bis 12 Monate)
auftauen
↓
beizen
↓
kochen bzw. braten (über 85° C)
↓
verzehren

Wie werden in Folien (Plastikbeuteln) verpackte Teile von tiefgefrorenem Wildbret und Wildgeflügel behandelt?

Sie sind vor der Zubereitung im Kühlschrank bei Temperaturen von +2 bis +6° C oder bei Zimmertemperatur an- oder aufzutauen. Eine vorhandene Kunststoffolie sollte dabei nicht entfernt werden. Folienverpacktes Gefrierwildbret kann unbedenklich auch unter fließendem Wasser aufgetaut werden.
Zum Dünsten, Schmoren, Grillen, Braten und Backen kann das Wildbret nach dem Antauen verwendet werden, auch wenn im Innern der Stücke noch ein kleiner fester Frostkern vorhanden ist. Gefrorenes Wildbret und Geflügel, das zum Kochen verwendet werden soll, kann auch ohne vorheriges Auftauen in das lebhaft kochende Wasser gegeben werden. Hierbei ist jedoch auf ein schnelles Nacherhitzen des Kochwassers auf Siedetemperatur zu achten.

Kochfertige Gefrierkost, wie Wildgulasch oder Geflügelragout, kann in gefrorenem Zustand in geschlossener Kasserolle aufgetaut und dann unmittelbar auf die Serviertemperatur gebracht werden.

Welche Methoden eignen sich zum Konservieren durch Hitze?

Das Einkochen des Wildbrets in Dosen oder Gläser (der Einschluß in luftdichte Gefäße, z.B. Kaninchenwurst in Dosen).
Diese Halbkonserven sind unter Kühlung zu lagern und sollten nicht unnötig lange bevorratet werden. Dem Kochen der Dosen und Büchsen bei 100° C ist eine Erhitzung im Überdruckautoklaven selbstverständlich vorzuziehen.

Welches Wildbret wird gern gepökelt und geräuchert?

Das Wildbret von Schwarzwild. Besonders die Keulen sind als Wildschweinschinken eine besondere Delikatesse. Da in diesem Falle das Wildbret roh gegessen wird, ist die Beachtung der vorgeschriebenen Trichinenschau besonders wichtig (s.S. 790).

Wird Wildbret auch sonst noch in rohem Zustand gegessen?

Das Verzehren von rohem Wildbret (z.B. Hackfleisch) ist nicht üblich (nur in den Alpen und im Harz). Dagegen wird Wildbret von Rotwild (ohne Feist), besonders von Alttieren, gern zusammen mit fettem Schweinefleisch zu einer Wildsalamiwurst verarbeitet, die vorzüglich schmeckt und sich gut hält. Sie ähnelt weitgehend der „echten" italienischen Salamiwurst, die bekanntlich Eselfleisch enthält.

Welche Färbung zeigt Wildbret?

Das Wildbret von Rotwild ist dunkler als Rindfleisch. Seine Farbe reicht vom Dunkel- ins Schwarzbraune. Das Wildbret von Reh- und Damwild ist rotbraun. Das Wildbret von Schwarzwild ist dunkelrot. Das Wildbret von Hasen ist braunrot. Kaninchen haben ein weißliches Wildbret. Männliches Wild, das in der Brunftzeit erlegt wird, schmeckt sehr streng. Ebenso ist der Geschmack von Wild, das durch eine Hetze zur Strecke kam, nicht besonders gut. Im Winter erbeutetes Wild schmeckt besser als solches, das im Sommer zur Strecke kam.

Welche besonderen Vorzüge hat Wildbret?

Wildfleisch ist reich an Eiweiß und Mineralstoffen. Sein Fettgehalt ist sehr gering, weil Wild ständig in Bewegung ist. Aus diesem Grund hat es auch eine feinfaserige und feste Struktur. Es ist wohlschmeckend und normalerweise gut bekömmlich, weil leicht zu verdauen. Es kann sogar als Schonkost Verwendung finden. Besonders zartes Fleisch liefern Frischlinge und Überläufer, Kälber des Hochwildes sowie Rehwild bis zum Alter von 3 Jahren und Hasen zwischen dem 3. und 8. Lebensmonat.

Wann kann Wildbret ohne Gefahr verzehrt werden?

Vor dem Braten nach nur 5–10minütigem Kochen bei mindestens 85° C. Dann sind alle Viren und Bakterien abgetötet. Der Verzehr von rohem oder nur kurz angebratenem Wildbret ist nicht ratsam. Fleisch, dem nach dem Anschneiden ein roter Saft entquillt, kann noch Krankheitskeime enthalten.

Die Vorlagen für die Schädelabbildungen auf den Seiten 598–602 stellte uns freundlicherweise das JÄGER-Bildarchiv des Jahr-Verlages zur Verfügung.

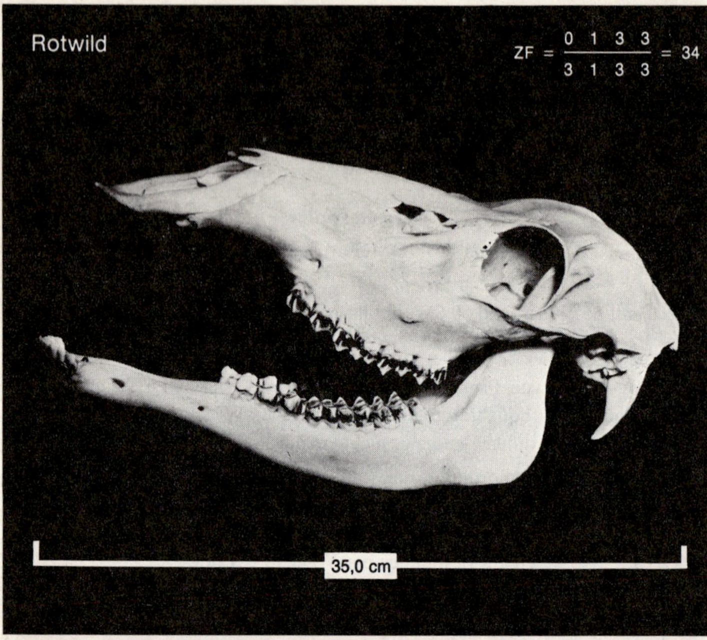
Rotwild
ZF = 0 1 3 3 / 3 1 3 3 = 34
35,0 cm

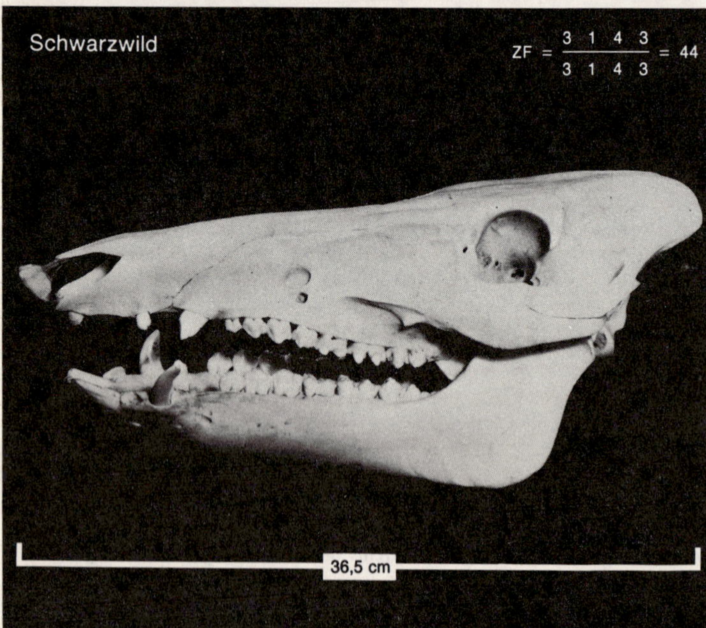
Schwarzwild
ZF = 3 1 4 3 / 3 1 4 3 = 44
36,5 cm

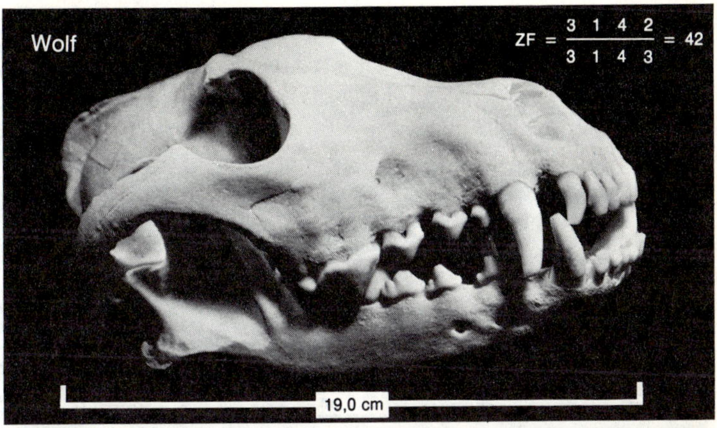
Wolf
ZF = 3 1 4 2 / 3 1 4 3 = 42
19,0 cm

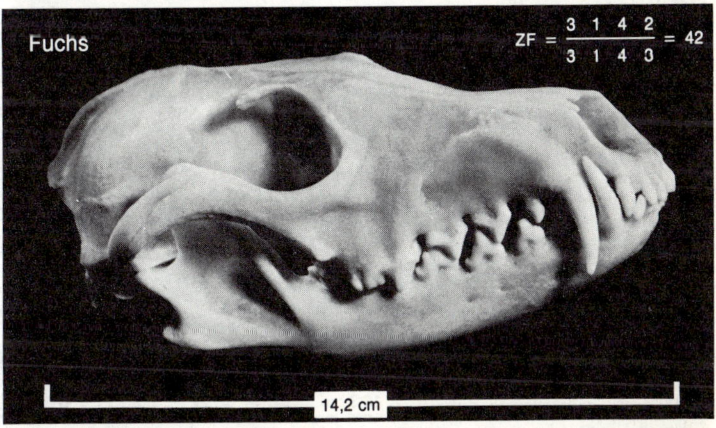
Fuchs
ZF = 3 1 4 2 / 3 1 4 3 = 42
14,2 cm

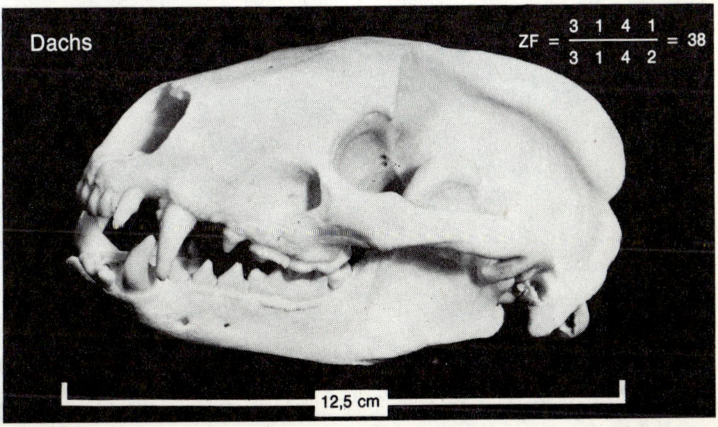
Dachs
ZF = 3 1 4 1 / 3 1 4 2 = 38
12,5 cm

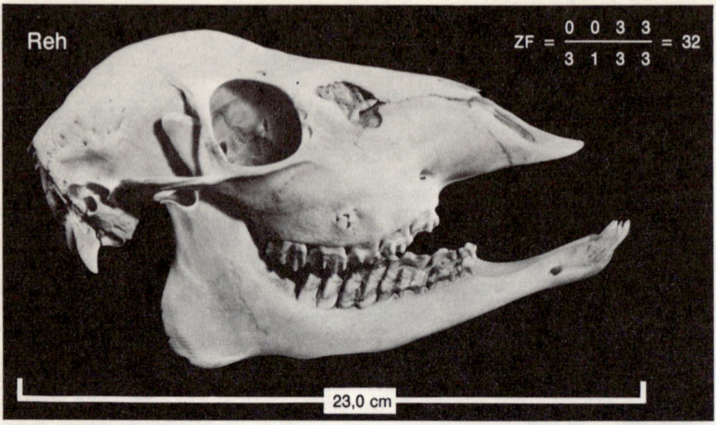
Reh
ZF = 0 0 3 3 / 3 1 3 3 = 32
23,0 cm

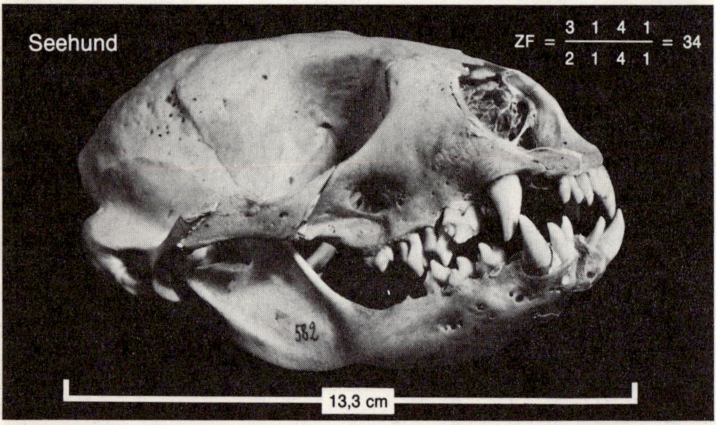
Seehund
ZF = 3 1 4 1 / 2 1 4 1 = 34
582
13,3 cm

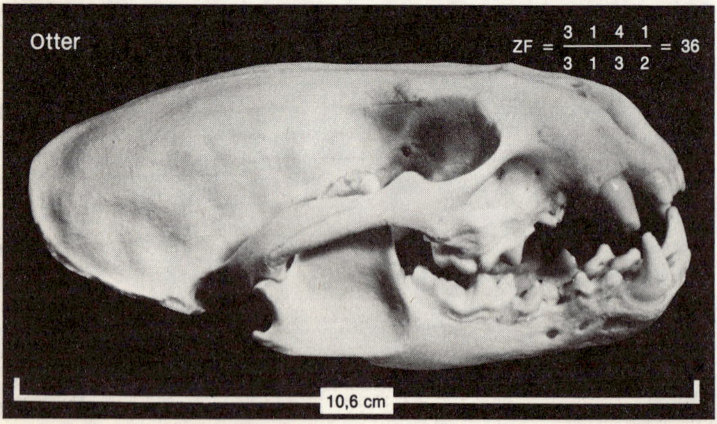
Otter
ZF = 3 1 4 1 / 3 1 3 2 = 36
10,6 cm

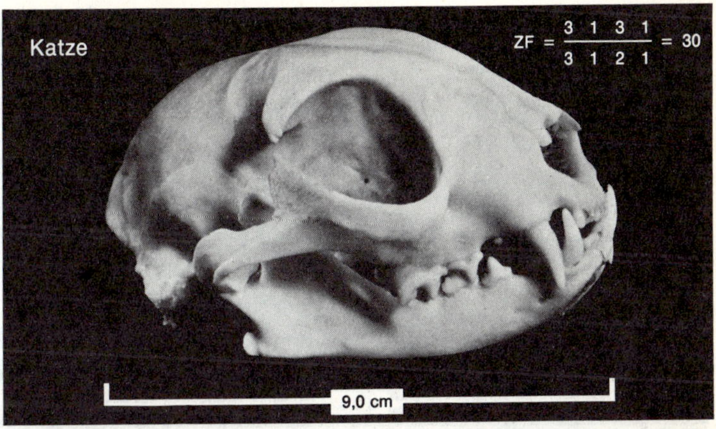
Katze
ZF = 3 1 3 1 / 3 1 2 1 = 30
9,0 cm

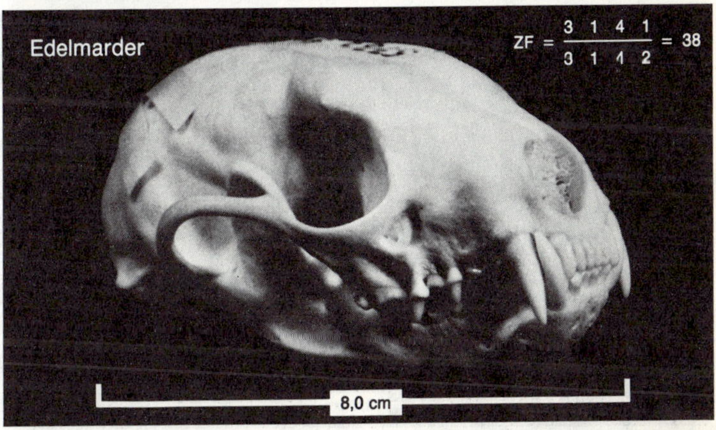
Edelmarder
ZF = 3 1 4 1 / 3 1 4 2 = 38
8,0 cm

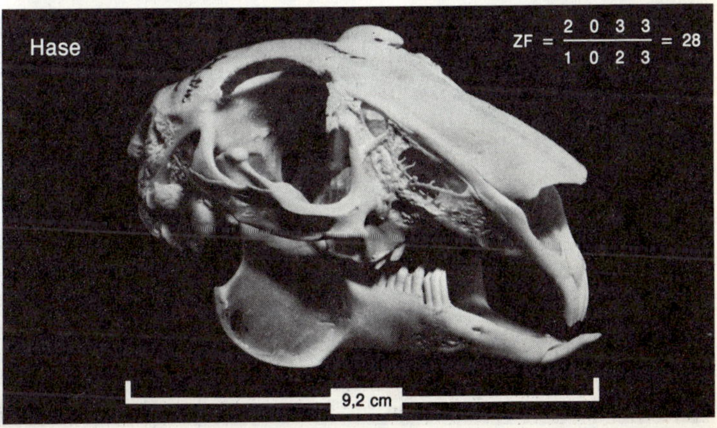
Hase
ZF = 2 0 3 3 / 1 0 2 3 = 28
9,2 cm

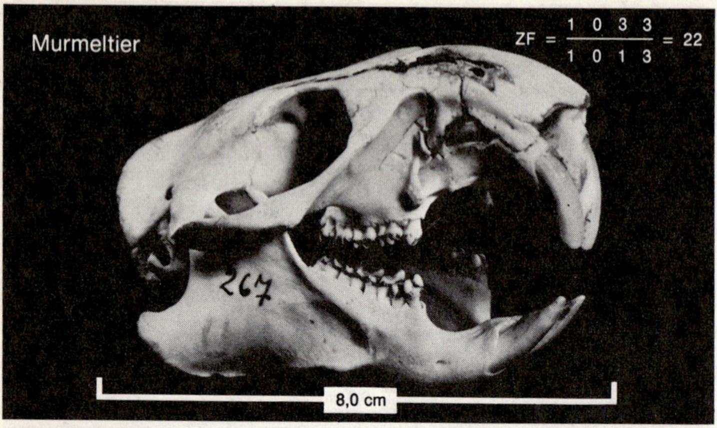
Murmeltier
ZF = 1 0 3 3 / 1 0 1 3 = 22
267
8,0 cm

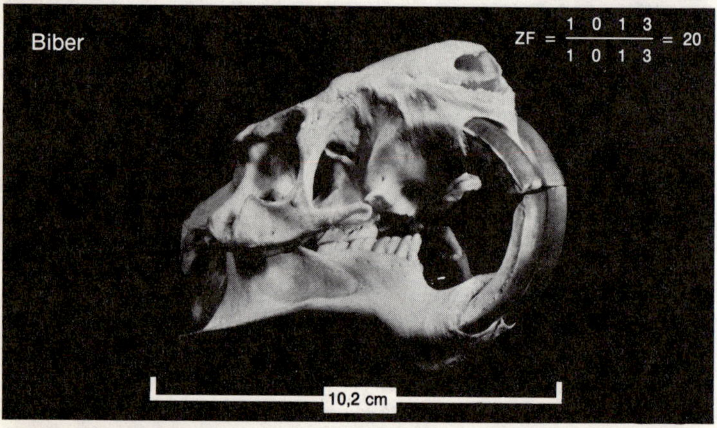
Biber
ZF = 1 0 1 3 / 1 0 1 3 = 20
10,2 cm

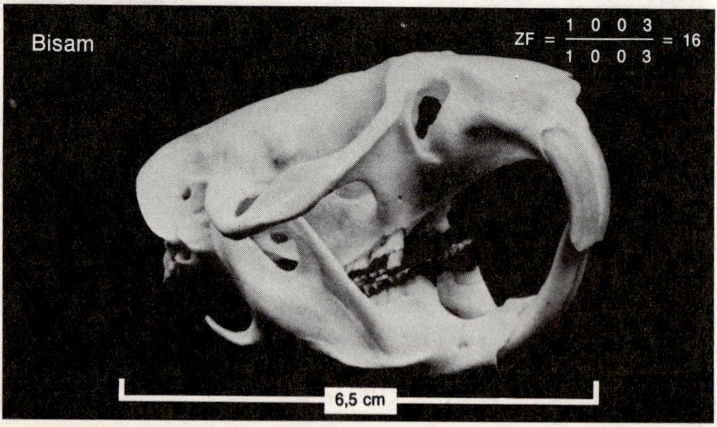
Bisam
ZF = 1 0 0 3 / 1 0 0 3 = 16
6,5 cm

Was ist beim Kochen von Wildbret zu empfehlen?

Nach dem Auftauen gibt man es in frische Milch. So wird das Wildbret sehr zart. Ein Beizen ist an sich nicht notwendig. Die Beize dient heute nur der Geschmacksveredelung. Sie hält auch den Braten saftig. Man kennt eine Rotweinbeize, eine Buttermilchbeize und eine Gewürzbeize. Die Spicklöcher schneidet man mit einem Messer oder einer Spicknadel in das Wildbret. Dann wird der Speck eingezogen. Anstelle des Spickens kann das Wildbret auch mit Speck umwickelt werden. Fasane kocht man kurz vor und läßt sie erst einmal abkühlen. Der Hase verliert seinen strengen Geschmack, wenn man ihn nach scharfem Anbraten einen Tag stehen läßt. Er hat eine Garzeit von einer halben Stunde. Das Rebhuhn braucht 45 Minuten, der Fasan 1 Stunde und Rot- und Schwarzwild bis zu 2 Stunden.

Verwertung der Jagdtrophäen

Welche Teile der Jagdtiere werden als Jagdtrophäen verwendet?

Das Geweih des Rothirsches, die Hirschgrandeln und die Haken der Tiere, die Schaufeln des Damhirsches, das Gehörn des Rehbockes, die Krucken des Gams, die Gewehre des Keilers, die Fuchsfänge, die Schnepfenfedern (Malerfedern und der Schnepfenbart) und die Erpelfedern.
„Erpelfedern" (s. Abb. S. 320) trägt nur der Stockentenerpel.
Einst waren auch Federn vom Spiel des Birkhahnes und die Magensteine des Auerhahnes sehr begehrt.

Wie wird das Geweih oder Gehörn abgeschlagen?

Vor dem Abschlagen (Absägen) des Geweihes oder Gehörns wird zweckmäßig die Decke vom Haupte abgeschärft. Hierzu führt man einen geraden Schnitt

Ablösen der Decke
vor dem Abschlagen des Gehörns
(Schnittführung)

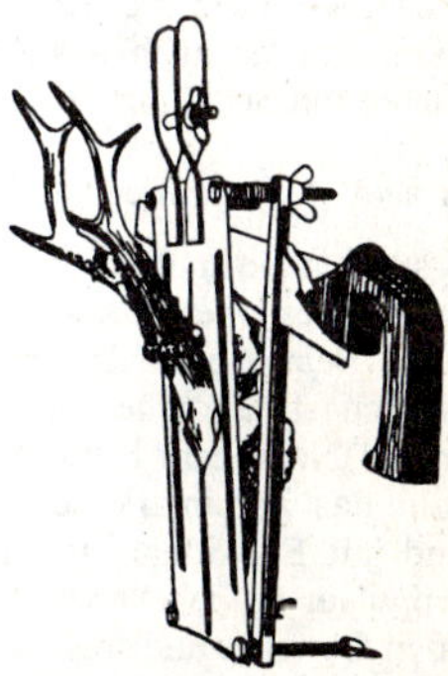

Gehörnsäge
Abschlagvorrichtung
(Waffen-Boese, 6250 Limburg)

durch die Decke, vom Windfang beginnend, zwischen den Stangen hindurch und legt am Hinterhaupt, knapp vor den Lauschern, noch einen Querschnitt an (s. Abb. S. 603). Dann schärft man rund um die Rosenstöcke die Decke ab und schlägt sie nach beiden Seiten des Hauptes herunter. Hierbei werden die Lichter (Augen) entfernt. Dann wird das Schädelstück mit dem Geweih oder Gehörn abgesägt und nicht mehr, wie früher, mit dem Hirschfänger abgeschlagen. Hierzu wird die Knochensäge zwei Finger breit hinter den Rosenstöcken quer durch die Augenhöhlen geführt, genau auf der Schnittlinie, die man sich vorher mit dem Waidmesser eingeritzt hat. Ob man das Schädelstück mit dem Gehörn herzförmig beschneiden will oder es „mit Nase" läßt, ist Geschmacksache. Aus der Gehirnhöhle wird das Gehirn, das zubereitet vortrefflich schmeckt, herausgenommen.

Zweckmäßig werden noch die Unterkiefer ausgelöst, da sie für die Trophäenschau (s.S. 763) wichtig sind. Dann schlägt man die losgelösten Deckenteile über dem verbliebenen Schädelteil zusammen und vernäht oder verbindet sie mit Faden, was besonders für den Versand wichtig ist.

Wie wird das abgeschlagene Geweih oder Gehörn behandelt?

Es wird 2 Tage in ein Gefäß mit kaltem Wasser gestellt. Das Wasser wird so oft erneuert, bis es klar bleibt. Dann wird es in kaltem Wasser aufs Feuer gesetzt. Die Rosen müssen hierbei über dem Wasser stehen. Man kocht das Geweih oder Gehörn bis zu 2 Stunden. Mit einem Löffel Soda (bzw. Waschpulver) kürzt man die Kochzeit erheblich ab.

Das läßt sich mit dem festklemm- und verstellbaren Abkochstativ der Fa. L. Walther in 7923 Königsbronn gewährleisten. Das Wasser wird langsam und so lange erhitzt (das Gehörn etwa 20 Minuten), daß sich alle (Decken- und) anhaftenden Wildbretteile lösen lassen, der Schädelteil aber nicht zerkocht. Sofort hiernach wird das Gehörn in einen Eimer mit kaltem Wasser gelegt, damit es gut auskühlt und das ausgekochte Fett nicht in die Knochenporen eindringen kann. Dann wird das Gehörn gesäubert und in die pralle Sonne gestellt, damit der Schädelknochen gehörig ausbleicht. Auch durch Auflegen von Wattebäuschen, die mit Wasserstoffsuperoxyd (30%) getränkt sind, kann man die knöchernen Teile bleichen (aber ja nicht das Gehörn mit!). An Stelle dieser Behandlung ist auch das Abreiben des Schädelteiles mit Glaspapier und das Polieren mit Schlämmkreide und Spiritus üblich.

Wie sind „Keilerwaffen" zu behandeln?

Sie stecken normalerweise zu Dreiviertel im Kiefer. Man muß deshalb beim Absägen des Ober- und Unterkiefers den Schnitt hinter den vierten Backenzahn führen. Beim Abkochen sind die Keilerwaffen in kaltem Wasser anzusetzen und nicht scharf zu kochen, da sie sonst springen. Keinesfalls darf Soda verwendet werden! Nach dem Entfernen aus dem Kiefer wird aus ihnen mit einem Stück Draht das Zahnmark herausgekratzt. Nun gießt man sie bis 2 cm unter den Rand mit Epoxidharz (zwei Teile Harz, ein Teil Härter) aus, das mit weißem Farbpulver aufgehellt wurde. Über einer Drahtschleife verbindet man nun die beiden Gewehre und spachtelt sie aus (Mischung aus Harz und Schlämmkreide!). Nach dem Durchbohren im Bereich der Spachtelmasse befestigt man sie auf einem Brett und versteckt die Schrauben unter den Deckblättern. Danach werden sie leicht gewachst.

Wie werden die Krucken des Gams behandelt?

Nach dem Wässern und kurzem Kochen gibt man den ganzen Schädel in eine Plastiktüte. In ihr setzt nun ein Fäulnisprozeß ein, der nach einiger Zeit ein leichtes Abdrehen der Schläuche garantiert. Diese tränkt man anschließend mit Polyäthylenglykol und klebt sie mit Hartleim auf die Stirnzapfen. Die Trophäe kommt auf einem abgeschrägten Brett meist besser zur Geltung. Mit in Terpentin angerührten Ölfarben kann man eine Krucke nachfärben. Durch Einreiben mit Bohnerwachs bringt man sie zum Glänzen.

Wie werden Geweihe, Gehörne und Keilerwaffen als Wandschmuck verwendet?

Sie werden auf Holzplatten (z.B. aus Eiche oder Birke) aufgesetzt. Auf der Rückseite der Holzplatte werden Angaben über das Erlegen (Schußtag, Ort, Nummer der Abschußliste, Gewicht usf.) vermerkt und – außer bei Schwarzwild – in Aussparungen Teile der Unterkiefer für die Altersbestimmung untergebracht. Im ausgetrockneten Unterkiefer werden die Zähne leicht lose. Sie sind dann mit farblosen Klebemitteln festzumachen.
Außerdem werden von manchen Jagdtieren, zusammen mit der Trophäe, gern auch Haupt und Träger präpariert und, auf Brettchen befestigt, als Wandschmuck benutzt.

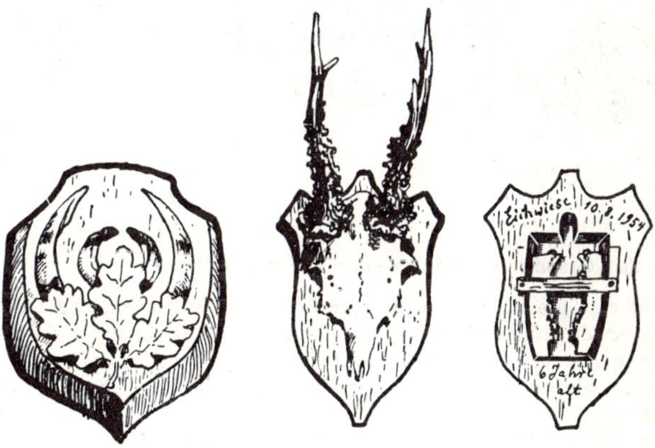

Jagdtrophäen als Wandschmuck

Keilerwaffen auf Holzplatte mit Eichenlaub aus Messingblech — Gehörn auf Holzplatte — Rückseite mit Fach für die Unterkiefer (Altersnachweis)

Wozu werden Jagdtrophäen noch verwendet?

Als Raum- und Körperschmuck.
Als Raumschmuck werden besonders Geweihe, Schaufeln, Krucken und Gehörne zu Kronleuchtern, Tischlampen, Garderobe- und Gewehrhaltern verarbei-

tet. Weiter werden sie bei der Herstellung von Tabakspfeifen, Hirschfängern, Knöpfen und Jagdmessern gern verwendet. (Geweihe und Gehörne an der Wand des Jägers oder Gastwirts behängt man nicht mit Hüten!)
Zu Körperschmuck werden Grandeln, Fuchsfänge und Schnepfen- und Erpelfedern verarbeitet (s. Abb. unten).

Welche Teile des Federwildes werden als Raum- und Wandschmuck verwendet?

Einst u.a. auch der Fächer bzw. Stoß und Kopf mit Stingel (Hals) vom Auer-, Birk- und Rackelhahn. Gern wurde oft der ganze Hahn präpariert und als Raum- bzw. Wandschmuck benutzt; das gilt auch für anderes Federwild, z.B. für die Schnepfe.

Was versteht man unter Grandeln?

Die Eckzähne im Oberkiefer des männlichen Rotwildes. Beim weiblichen Rotwild spricht man meistens von Haken. Grandeln und Haken kommen sehr selten auch bei Dam- und Rehwild vor (s.S. 208).

Grandeln, Schnepfenfedern, Fuchsfänge zu Schmuck verarbeitet

Wann haben Grandeln oder Haken einen besonderen Wert?

Wenn sie eine möglichst dunkelbraune Zeichnung aufweisen. Die Tier-Haken sind oft besser gefärbt als die Hirschgrandeln. Die Zeichnung verblaßt, wenn sie längere Zeit dem Tageslicht ausgesetzt sind. Grandelschmuck ist deshalb nur zu besonderen Anlässen zu tragen und sonst in einer Schmuckkassette zu verwahren.

Was waren Auerhahn-Magensteine oder Magenkiesel?

Kleine rundgeschliffene Quarzsteinchen, die sich im Magen aller Waldhühner befanden und zum Zermahlen der Äsung dienen. Sie werden auch als „Weidkörner" bezeichnet (s.S. 162 und S. 285).

Welche Jagdtrophäen benutzt man als Hutschmuck?

Den Gams-, Sau-, Dachs- und Hasenbart, Erpelfedern, Schnepfenfedern, Fasanen- und Rebhuhnfedern und die blau-schwarz gebänderten Flügeldeckfedern des Eichelhähers.
Für größeren Hutschmuck werden der Unterstoß des Auerhahns, eine Sichel

(eine „Krumme“) oder mehrere Sicheln mit den weißen Federn des Unterstoßes vom Birkhahn benutzt.
Es entspricht jagdlichem Brauchtum, nur das als Jagdschmuck zu verwenden, was man selbst erbeutet hat. Der Jäger schmückt sich (hoffentlich) nicht mit „fremden Federn“!

Jägerhut mit Gamsbart
Der Gamsbart gehört stets auf die linke Seite des Hutes, ebenso DJV-, Jagdschutz- und Jagdgebrauchshundeabzeichen. Über das Aufstecken des Schützenbruchs (links oder rechts) sagt das Brauchtum nichts Verbindliches.

Was versteht man unter dem Gamsbart (oder Wachler)?

Einen Busch aus den langen, schwarzen Winter-Rückenhaaren, die sich beim Gamsbock vom Widerrist bis zum Wedel hinziehen. Am längsten sind sie über der Kruppe (s. Abb. S. 243). Die besten „Bärte“ haben meist die jungen und mittelalten Böcke. Wenn es ein prächtiger Bart sein soll, müssen die Spitzen weiß sein (er muß einen guten „Reif“ haben).
Der echte Gamsbart ist eine beliebte Hutzier des Jägers, ebenso der echte Sau- und Dachsbart. Als Ersatz für den echten Gamsbart werden häufig aus den „Federn“ (den Kamm- und Rückenborsten) des Keilers künstlich angereimelte (mit einem „Reif“ versehene) und Bärte von der Mähne des Rothirsches, von Antilopen und Skunks getragen (der Damhirsch trägt keine Mähne!).
Als „Hasenbart“ bezeichnet man den Hutschmuck, der aus den längsten Barthaaren (Schnurrhaaren) des Hasen gebunden wird. „Schnepfenbart“ s. S. 308.

Präparieren und Gerben

Wie übergibt man dem Präparator Wild?

Federwild wird nicht ausgehakelt. Quillt aus dem Schnabel Schweiß, wird er mit einem Papiertaschentuch umwickelt. Dann kommt das Tier in einen Plastikbeutel und wird noch am Erlegungstag tiefgefroren.
Will man einen Kopf oder das Vorderteil eines Haarwildes präparieren lassen, darf man den Drosselschnitt nicht ausführen. Man schärft die Decke vom Haupt zum Rücken hin auf und dann an den Vorderläufen hinunter. Den Kopf löst man vorsichtig heraus, ohne Lider, Lippen, Backen und Nasenbein zu verletzen. Bei Sauen wird das Schild entfernt.

Wie wird ein Wildtier sachgemäß präpariert?

Zunächst wird dem Tier das Haar- oder Federkleid abgezogen. Dann muß es ordentlich entfettet werden, damit sich später keine Fettsäure bilden kann. Diese würde das Präparat bald zersetzen. Der nächste Arbeitsgang ist das Gerben. Die falschen Mittel lassen die Haut zerfressen und nehmen Fell oder Gefieder den Glanz. Jetzt wird gefettet und dünn geschnitten, damit alles elastisch wird. Der sich anschließende Motten- und Pelzkäferschutz soll keinesfalls mehr mit Arsen ausgeführt werden. Eulan zeigt wesentlich bessere Erfolge. Nun erst zieht man die Haut über das Tiermodell aus Papiermache-, Polyurethanschaum, Hanfgarn, Kunststoffmasse oder Gips. Bei einer Dermoplastik ist das Tier bereits bis in die kleinsten Einzelheiten vorgeformt. Die Haut wird nur noch draufgeklebt. Diese Methode wird gern bei Großtieren angewandt, während das Anspritzen nur bei Vögeln bis etwa Spatzengröße zum Erfolg führt. Da es viele selbsternannte Präparatoren gibt, sollte man seine wertvollen Trophäen nur solchen Handwerkern geben, die eine dreijährige Lehrzeit an einem zoologischen Museum oder Institut absolviert haben.

Was hat mit Decken, Schwarten und Bälgen zu geschehen?

Sie sind frisch, getrocknet oder gesalzen an den Handel oder an Gerbereien abzugeben, da sie einen hohen volkswirtschaftlichen Wert darstellen. Rotwild- und Rehwilddecken sind im Sommer am wertvollsten, Sau- und Dachsschwarten im Winter. (Zum Salzen sind etwa 30% des Gewichtes der Decke oder Schwarte an Salz zu verwenden.) Hasenwolle verwendet man für hochwertige Verlourhüte. Der Bedarf ist stark zurückgegangen. Hasenbälge in Partien kauft noch die Hutstoffabrik Adam Böffinger, 6051 Ober-Roden/Hess.

Welche Arbeitsvorgänge kennt man bei der Ledergerbung?

Zunächst kommen die angelieferten Decken und Schwarten einen Tag in die Weiche und werden dann mit Pelzwaschmitteln gewaschen. Auf der Kürschnerbank werden sie nun per Hand mit dem Scherdegen entfleischt und dünn geschnitten. Nun beginnt das eigentliche Gerben in den großen drehbaren Holzfässern. Man kennt verschiedene Arten von Gerben, je nach den Stoffen, mit denen diese durchgeführt werden. Es gibt die Gerbung mit gerbstoffhaltigen Naturextrakten (junge Eichenrinde, Holz der Edelkastanie), die Gerbung mit Syntanen (synthetische Produkte), die Gerbung mit Mineralgerbstoffen (Chrom, Aluminium, Eisen, Phosphorsäuresalze) oder die Gerbung mit Aldehyden und Harzstoffen. Anschließend werden die Decken in heizbaren Fässern bei 45° C gefettet, mit Holzspänen in einer Tonne geläutert und langgezogen.

Grundlehren der Jagdhundehaltung und Jagdhundeführung

Allgemeines

Werden in der Jägerprüfung Kenntnisse in der Jagdhundehaltung und Jagdhundeführung verlangt?

Ja! Es müssen nach § 15 (5) BJG entsprechende Kenntnisse nachgewiesen werden.

Kann den Jagdausübungsberechtigten die Verpflichtung zum Halten und Mitführen brauchbarer Jagdhunde auferlegt werden?

Ja. *Bayern* (Art. 39 BayJG), *Baden-W., Berlin, Bremen, Hamburg, Hessen, Nordrhein-W., Niedersachsen, Rheinl.-Pfalz,* das *Saarland* und *Schleswig-Holstein* fordern:
Bei der Such-, Drück-, Riegel- und Treibjagd, bei jeder Jagdart auf Schnepfen und Wasserwild sowie bei jeder Nachsuche sind brauchbare Jagdhunde zu verwenden! In *Hamburg* hat jeder Jagdausübungsberechtigte mindestens einen jagdlich brauchbaren Hund zu halten.
Im Lande *Bremen* kann für Jagdbezirke von mehr als 300 ha, in *Rheinland-Pfalz* von mehr als 250 ha, in *Baden-Württemberg* von mehr als 1000 ha, vom Jagdausübungsberechtigten die Jagdhundehaltung verlangt werden, wenn Jagdhunde anderer Hundehalter nicht regelmäßig zur Verfügung stehen.

Der Hund in der Waidmannssprache

Welche waidmännischen Ausdrücke benutzt man, wenn vom Hunde die Rede ist?

Man sagt statt:
After = Weidloch,
Augen = Augen (nicht Lichter), „Fenster der Seele",
Beine = Läufe,
Blut = Schweiß,
Eckzähne = Fänge,
Erhöhung des Rückens in der Schultergegend = Widerrist,
Haarbehang der Rute = Fahne (bei allen Langhaar),
Haut = Decke,
Hoden = Geschröte oder Kurzwildbret,
Kreuz = Kruppe,
Lippen = Lefzen,
Ohren = Behang, Behänge (beim Terrier „Ohren"),
Männliches Glied = Fruchtglied (auch Rute),
Maul = Fang,
Milchdrüsen = Gesäuge,
Nase (Geruchssinn) = Nase,
Schwanz = Rute,
Weibliche Geschlechtsteile = Schnalle,
Zähne = Gebiß.
Der Jagdhund
hat Appell, wenn er gehorcht,

apportiert, wenn er seinem Führer verendetes Wild bringt,
bringt eine Fährte gut fort, wenn er sie sicher verfolgt,
buschiert, wenn er im lichten Bestand vor dem Jäger sucht,
faselt, wenn er planlos sucht,
ist firm oder ferm, wenn er Gesamtleistungen zeigt,
frischt sich, wenn er Wasser schöpft (trinkt),
hat ein gutes oder schlechtes Gangwerk (je nach der Harmonie in seinen Bewegungen),
wird geschnallt, wenn ihm die Halsung abgenommen wird,
gibt Hals oder Laut (schlägt an), wenn er bellt (er gibt z.B. gut Hals oder hat einen hellen oder tiefen, feinen oder groben Hals),
hat einen lockeren Hals, wenn er gern Laut gibt,
mehrere zusammen jagende Hunde sind eine Meute, ihr Laut geben ist ein Geläute (s. auch S. 667),
ist hasenrein, wenn er aufstehenden Hasen nicht nachgeht,
hetzt, wenn er flüchtendes Wild verfolgt,
löst sich (mit krummem Rücken), wenn er Kot absetzt,
markiert, wenn er zeigt, daß er Wild vor sich hat,
hat gute (schlechte) Nase, wenn sein Geruchssinn gut (schlecht) ist,
näßt oder feuchtet, wenn er Harn läßt (pinkelt),
prellt nach, wenn er dem Wilde nachspringt,
rändelt, wenn er nur am Rande des Bestandes sucht,
reviert (abreviert), wenn er im Felde vor dem Jäger sucht,
hat Schärfe, wenn er Angriffslust zeigt,
stößt, sticht oder tut Wild auf, greift oder würgt es,
ist schußhitzig, wenn er dem Wilde auf den Schuß nachspringt,
springt ein, wenn er z.B. Hasen, Fasane oder Rebhühner aufjagt, ohne sie vorzustehen oder vorzuliegen (Setter),
stöbert, wenn er aus Dickungen dem Jäger Wild zutreibt,
hat flotte Suche, wenn er flink und rasch sucht,

Der Jagdhund in der Waidmannssprache

Griffon (Gr)

Pudel-Pointer (PP)

Deutsch-Kurzhaar (DK)

Deutsch-Langhaar (DL)

Deutsch-Drahthaar (DD)

Deutsch-Stichelhaar (DSt)

Weimaraner-Kurzhaar (W)

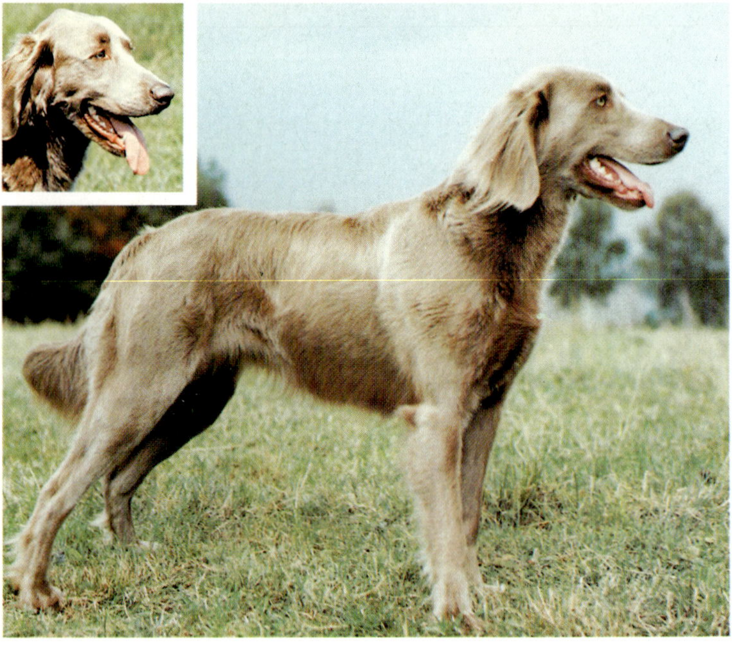

Weimaraner-Langhaar (WL)

Ungarischer Vorstehhund, Kurzhaar (UK)

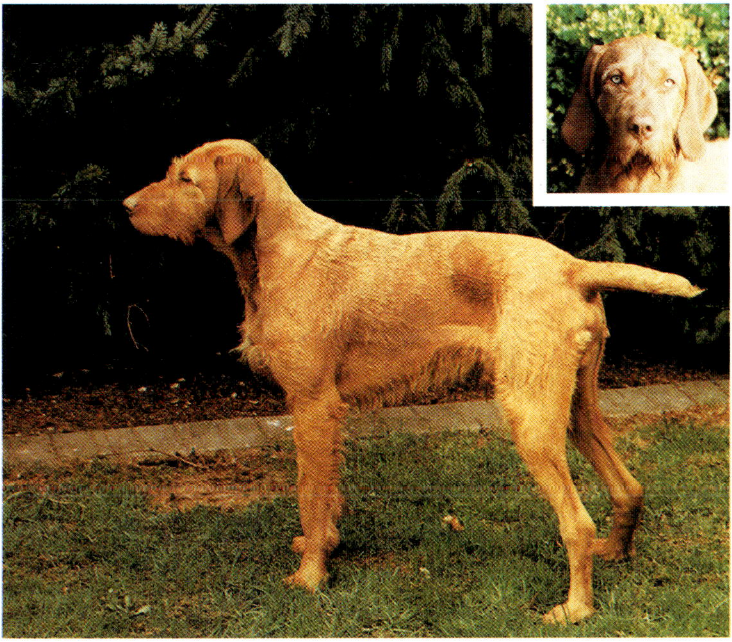

Ungarischer Vorstehhund, Drahthaar (UD)

Großer Münsterländer (GM)

Kleiner Münsterländer (KlM)

Bretonischer Vorstehhund, Epagneul Breton (EB)

Rhodesian Ridgeback

Pointer (P)

Englischer Setter (Laverack) (ES)

Irischer Setter (IS)

Schottischer oder Gordon-Setter (GS)

Deutscher Jagdterrier (DJT)

Foxterrier (FT)

Springer-Spaniel (SpSp)

Cocker-Spaniel (CSp)

Deutscher Wachtel (DW)

Brandlbracke

Deutsche (Olper) Bracke

Westfälische Dachsbracke

Rauhhaar-Teckel (RT)

Kurzhaar-Teckel (KT)

Langhaar-Teckel (LT)

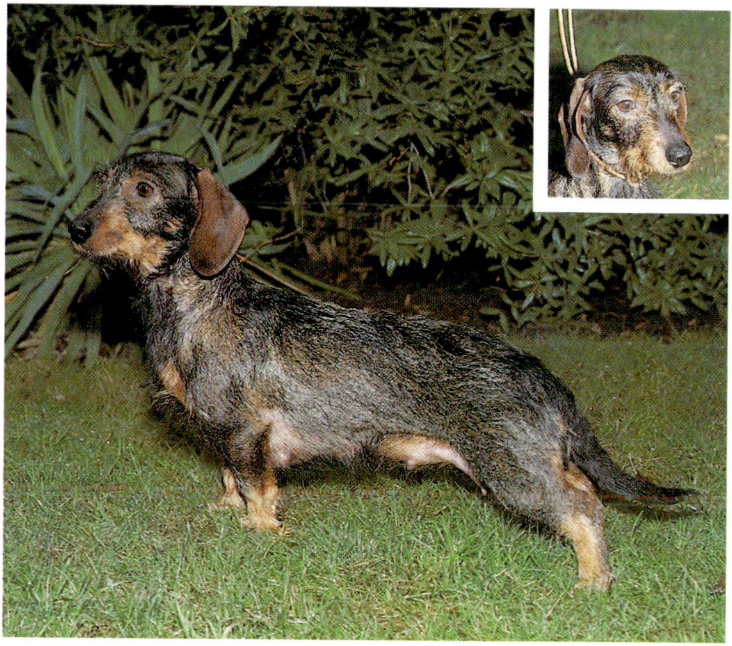

Zwerg-Teckel

Hannoverscher Schweißhund (HSH)

Bayerischer Gebirgsschweißhund (BGSH)

streunt, wenn er auf eigene Faust jagt,
hat flotte Quersuche, wenn er Feldstücke gut quer absucht.
Die fortlaufenden Tritte des Hundes heißen Spur (er spürt sich).
Der männliche Hund heißt Rüde, der weibliche Hündin. Eine zur Begattung geneigte Hündin ist hitzig oder heiß (nicht läufig!), sie wird belegt, hat aufgenommen und ist tragend, hängen Rüde und Hündin bei der Begattung zusammen, so binden sie sich, gebiert die Hündin Junge, so wölft sie oder wirft Welpen, die Welpen (Jungen) bilden den Wurf. Nach 10 Wochen sind sie Junghunde und „abgesäugt". Der Hund hat ein gutes oder schlechtes Gebäude oder „Exterieur" und ist in guter oder schlechter Kondition.

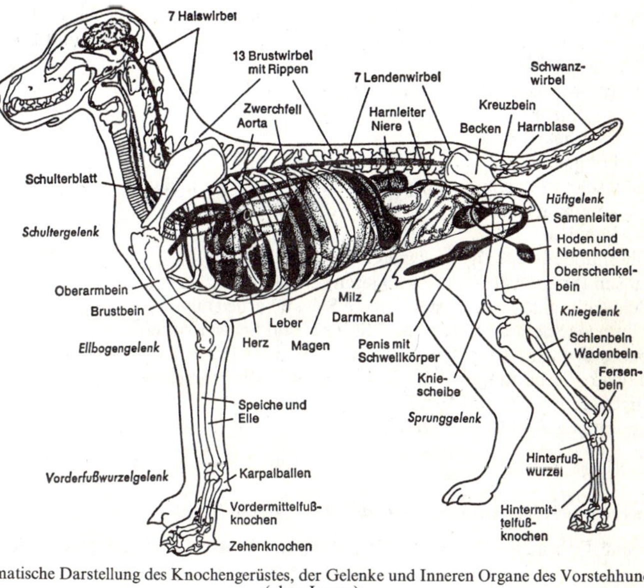

Schematische Darstellung des Knochengerüstes, der Gelenke und Inneren Organe des Vorstehhundes (ohne Lunge)
(Orig.-Zeichnung: Dr. G. Geiger, 6300 Gießen, Vet.-Anat. Institut)

Auf welche Fehler im Körperbau ist zu achten?

Auf „O- und X-Beine" (Faßbeinigkeit und Kuhhessigkeit), offene oder Hasenpfoten (statt kurzer, geschlossener Pfoten), die Kuhwamme am Hals, zu lange Rücken- und zu schwache Nierenpartie, abfallende Kruppe und zu hohen oder zu niedrigen Rutenansatz.
Außerdem auf zu helles Auge, Augenlidfehler (s. S. 646), Gebißfehler (s. S. 643) und Hodenfehler wie Atrophie (Verkleinerung) eines oder beider Hoden und Kryptorchismus (Zurückbleiben eines oder beider Hoden in der Bauchhöhle oder im Leistenkanal).

Welche Eigenschaften im Wesen des Hundes sind erwünscht?

Er soll kräftig, gelehrig, gehorsam, anhänglich, ausdauernd, hart, furchtlos und in natürlicher Ruhe und Beharrlichkeit wesensfest sein; außerdem soll er Jagdpassion und Jagdverstand haben.

Jagdhundeschläge

Welche Gebrauchsjagdhunde gibt es für die Jagd?

Drei Schläge: Kurzhaar, Langhaar und Rauhhaar (einschl. Stichel- und Drahthaar). Nach ihrer Verwendung werden folgende Gebrauchshunde und Spezialisten unterschieden, nämlich:
10 Deutsche Vorstehhunde (vielseitige Gebrauchshunde), davon
  4 Rauhhaar,
  2 Kurzhaar und
  4 Langhaar;
4 Englische Vorstehhunde (Spezialisten im Vorstehen), davon
  1 Kurzhaar und
  3 Langhaar;
Stöberhunde (vielseitige „kleine Gebrauchshunde“);
Bracken (Spezialisten zum Brackieren);
2 Schweißhunde (Spezialisten für die Schweißarbeit) und
Erdhunde (Spezialisten für Bau-, Stöber- und Schweißarbeit).
Neuerdings wird auch gern der dunkelsemmelfarbene Ungarische Vorstehhund (Magyar Viszla) und der rot-weiß-gezeichnete bretonische Vorstehhund als vielseitiger Gebrauchshund geführt.
Der Jungjäger muß diese Hunde mit ihren Schlägen und Rassen aufzählen können.

Welche deutschen vielseitigen Vorstehhunde gibt es?

Es sind Gebrauchshunde für Feld, Wald und Wasser, nach entsprechender Abrichtung auch auf Schweiß (s. ab S. 611):

a) Vier Rauhhaar (kupiert):

Deutsch-Drahthaar (DD)
Kompositionszucht aus DSt- und PP-Blut. Der DD ist unter den rauhhaarigen Vorstehhunden am verbreitetsten. Mittelgroß, 56 (Hündin) bis 65 cm (Rüde) Widerristhöhe. Haar sehr hart, mittellang, drahtig, gut anliegend. Kräftiger, aber nicht zu langer „Bart“.

Pudel-Pointer (PP)
Aus Pudel und Pointer gezüchtet. Vom ersteren hat er die Intelligenz, den Appell und die Apportierfreude, vom letzteren erbte er die Ausdauer, das Temperament und die gute Nase. Hund des Waldjägers, einfarbig braun, schnittig, in drahtiger

Jacke, klug und ruhig, gutes Vorstehen, Stöbern, Spurlaut, Bringfreude, Wasserfreude, Schärfe; 60–65 cm.

Deutsch-Stichelhaar (DSt)
Ausgeprägter „Bart“, knappes Stichelhaar, Försterhund, Wilddiebsfänger, nur noch geringe Verbreitung.

Griffon (Gr)
Starke Augenbrauen, Büschel- oder Kokosmattenhaar, starker Bart mit den „Hobelspänen“ auf dem Nasenrücken, wenig verbreitet.

b) Zwei Kurzhaar (kupiert):

Deutsch-Kurzhaar (DK)
Ältester und meistverbreiteter Schlag, vorzüglicher vielseitiger Jagdgebrauchshund. Schnittig, mit mittelgroßem Kopf, langem Fang und dunklen Augen. Behang mittellang, Behaarung derb und dicht, Farbe einfarbig braun, hell- oder dunkelbraun, getigert oder weiß mit großen braunen Platten. Widerristhöhe 55–64 cm.

Weimaraner (W)
Altsilberfarbe, reh- oder mausgrau (abgeblaßtes Braun), Auge bernsteingelb bis weißgelb, trockener und langer Fang, meist hinten angesetzte feine Behänge, kluger und vielseitiger Gebrauchshund. Alter deutscher Vorstehhund, jetzt sehr beliebt in Amerika.

c) Vier Langhaar (mit Fahne, nicht kupiert)

Weimaraner Langhaar (WL)
Auch langhaarig gezüchtet, da widerstandsfähiger. Die Rasse zählt mit einer Schulterhöhe von 57–70 cm zu den größten Jagdgebrauchshunden. Er ist ein guter Verlorenbringer und bei der Schweißarbeit gut brauchbar.

Deutsch-Langhaar (DL)
Nach DK die älteste und reinste Rasse des Vorstehhundes, vielseitiger Gebrauchshund, sicherer Verlorenbringer, Schweißarbeiter, Stöber- und Wasserhund, Haar 3–5 cm lang und hart, leicht gewellt, aber nicht kraus. An der Außenfläche der Behänge Haar besonders lang. Braun bis Dunkelschimmel. Rute wird gerade getragen; 56–64 cm.

Großer Münsterländer Vorstehhund (GM)
Vorzüglicher Stöberhund, fährtensicherer Laufjager, Verlorenbringer, Farbe: Blauschimmel, Schwarzschimmel oder Schwarztiger (weiß mit schwarzen Platten), einziger deutscher Vorstehhund, bei dem die „schwarz-weiße Jacke“ Rassekennzeichen ist, schöner und kluger Hund.

Kleiner Münsterländer Vorstehhund (KlM)
Schulterhöhe 48–56 cm, weiß mit braunen Platten oder Braunschimmel. Kleinster vielseitiger Jagdgebrauchshund mit besonderer Leistung in der Wasserarbeit, auf der Spur und im Stöbern.

Welche englischen Vorstehhunde werden bei uns geführt?

a) Ein Kurzhaar (nicht kupiert)

Pointer
Eleganter, sehniger, formvollendeter Vorstehhund, die feine Rute wird elegant getragen, reiner Federwildhund, weiß mit braunschwarzen oder rotgelben Platten, auch einfarbig rot, rotgelb und schwarz.

b) Drei Langhaar (mit Fahne). Die Setter (nicht kupiert):

Englischer Setter (English-Setter) oder Laverack-Setter
Der eleganteste und schönste Vorstehhund, weiße langseidenhaarige Jacke, mit schwarzen oder roten Platten und Tupfen (getigert).

Irischer Setter (Irish-Setter)
Der „blutrote" mahagonifarbene Setter ohne jedes Weiß, bestechend schöner und edler Hund, der viel nur auf Schönheit gezüchtet wird. Schwer abführbar, reiner Federwildhund.

Schottischer oder Gordon-Setter
Schwarzrot, der robusteste und härteste Setter, für die Arbeit im rauhen schottischen Norden (Moor, Fels) bereits vor 200 Jahren vom Herzog Gordon gezüchtet. Erstarrt bei Wildwittrung und schleicht dem Wild wie eine Katze nach (s. Abb. S. 619).

Welche ungarischen Vorstehhunde (Magyar Viszla) kennt man?

Die ungarischen Vorstehhunde gehen auf die alten ungarischen Spürhunde zurück. In sie ist der sandgelbe türkische Vorstehhund eingekreuzt. Um sie jagdlich universeller zu machen, wurde der uralten Rasse noch Blut des Deutsch-Kurzhaar, der Pointer und des Hannoveraner Schweißhundes zugeführt. Es entstand ein feinsinniger und äußerst anhänglicher Jagdgefährte. Der lebhafte Hund beißt und kläfft nicht und arbeitet ruhig und zielstrebig. Das Tier hat Widerrist und leicht gewölbten Kopf. Die Nasenlinie ist gerade. Auffallend ist sein kurzes, meist semmelgelbes Haarkleid. Die Rute wird auf $^1/_4$ bzw. $^1/_3$ gekürzt. Es gibt zwei Rassen:

Ungarisch-Kurzhaar (UK)
Ungarisch-Drahthaar (UD)

Letzterer entstand zwischen den beiden Weltkriegen durch Einkreuzung des DD und ist etwas größer als der UK.

Welcher Vorstehhund stammt aus Frankreich?

Der bretonische Vorstehhund!
Der kleinste (Schultermaß 51 cm) aller Vorstehhunde wird in Frankreich und Dänemark gern geführt. Er ist bei Falknern als Vogelhund geschätzt. Auffallend ist die Rot-Weiß-Zeichnung des ausgeglichenen Hundes.
Es gibt nur eine Rasse:
Epagneul Breton (EB)

Welche Hunde zählen zu den Stöberhunden?

Deutscher Wachtel (DW) (Langhaar, 1/2 kupiert)
Guter Stöberer mit Spurwille, Spurlaut und Raubwildschärfe. Gut für Schweißarbeit und als Saufinder, ausgesprochener Waldgebrauchshund (Försterhund). Zwei Farbschläge: Braun mit wenig weißen Abzeichen an Brust und Zehen und Braunschimmel. Zwischenstufe zwischen jagendem und Vorstehhund, 40–45 cm Schulterhöhe.

Die Spaniels (Langhaar, 3/4 kupiert): Der größere

Springer-Spaniel, 40–45 cm Schulterhöhe, und der kleinere
Cocker-Spaniel, 35–42 cm mit auffallend langen Behängen.

Es sind die „kleinen Gebrauchshunde“: Kurzjagende Stöberhunde mit gutem Spurlaut und führige Buschierhunde. Sie apportieren Federwild, Wasserwild, Hase und Kaninchen. Sie stammen aus Spanien.
Die alte Rasse hat eine feine Nase und jagt spurlaut. Trotz ihrer geringen Größe apportieren die Tiere auch schweres Wild.

Welche Schweißhunderassen kennt man?

Schweißhunde werden nicht kupiert. Sie dienen der Arbeit nach dem Schuß.

Hannoverscher Schweißhund (HSH) („Hirschmann“)
50–60 cm Schulterhöhe, schwerer Hund von ruhigem Wesen, rot, hirschrot, auch rot und gelb, meist dunkle Maske, dichtes, glattes Haar. Der überlegene Hirschhund am Riemen, der auf Rot-, Dam- und Schwarzwild (aber auch auf Muffel-, Sika-, Gamswild – grundsätzlich nicht auf Rehwild) gearbeitet wird. Am warmen Wundbett geschnallt, soll er dem Wilde folgen, es stellen und verbellen.

Bayrischer Gebirgsschweißhund (BGSH)
Gewandt im Steigen und Springen, ausdauernd, lockerer Hals, verwendbar auf Rot-, Gams- und Rehwild, 45–50 cm Schulterhöhe.

Was sind Bracken (jagende Hunde)?

Es sind feinnasige „fährtenlaute“ Jagdhunde. Sie eignen sich besonders zum Brackieren auf den Hasen (und Fuchs). Diese Laufhunde werden nicht kupiert.

Die *Deutsche Bracke (Olper Bracke)*
Hochläufig, mit 45–50 cm Schulterhöhe; sie ist meist dreifarbig (rot bis gelb mit schwarzem Sattel und den typischen weißen Brackenabzeichen: weiße Schnippe, weißer Fang, Halsring und Bauch, weiße Brust – Vorhemdchen – und weiße Läufe und Rutenspitze). Nie kommt braune Farbe vor!

Die *Westfälische Dachsbracke* erreicht nur 30–38 cm Schulterhöhe. Der niedrige aber kräftig gebaute Hund hat eine lange Bürstenrute. Er ist meist dreifarbig (rot bis gelb mit schwarzem Sattel, weiße Brackenzeichnung an Brust, Fang, Halsring, Läufen und Rutenspitze). Selten zweifarbig (rot bis gelb und weiß).

Die *Brandlbracke,* 45–58 cm, schwarz mit brandroten Abzeichen.

Rote Dachsbracke der Alpenländer und des Erzgebirges.

Tiroler Bracke
Steirische Rauhhaarbracke
Die Bracken haben dicht anliegendes „Stockhaar“ und Bürstenrute.

Wie werden die Erdhunde noch genannt?

Dackel, Teckel, Dachshunde oder Bauhunde!
Sie sind infolge ihrer kurzläufigen, langgestreckten und muskulösen Gestalt vorzüglich geeignet für die Bauarbeit beim Fuchssprengen und Dachsgraben. Daneben sind sie gute Stöberer und Schweißhunde. Sie werden nicht kupiert und in drei Haararten gezüchtet, als

Rauhhaariger Dachshund (Teckel)
mit anliegendem dichtem Rauhhaar, schönem Bart und buschigen Augenbrauen,

Kurzhaariger Dachshund (spurlaut) und
Langhaariger Dachshund.

Durch Zuchtauslese schuf man den

Zwergteckel (35 cm Brustumfang) und den
Kaninchenteckel (30 cm Brustumfang).

Deutscher Jagdterrier (DJT) und Foxterrier ($^1/_2$ kupiert)
Er wird als Drahthaar, Rauhhaar und Glatthaar gezüchtet, ist unverwüstlich beim Fuchssprengen und Dachsgraben und sehr passioniert bei der Stöber-, Wasser- und Schweißarbeit.
Als spurlauter Hund hat er sich wegen seiner Schärfe und Hetzlust auch für die Jagd auf Schwarzwild bestens bewährt. Auch auf der Rotfährte gut zu gebrauchen (Stöberhunde stehen nicht vor!).

Was versteht man unter einem „Vorsteh“-Hund?

Einen Hund, der im Schilfwasser sowie im Feld und Wald durch festes Stehenbleiben vor dem Wild (Vorstehen, Vorliegen) Wild anzeigt, so daß der Jäger auf Schußnähe „dem Wild ankommen“ kann. Aus Feinheiten (Nuancen) seiner Verhaltensweise kann der Jäger erkennen, ob der Hund Hühner, Fasane oder einen Hasen vorsteht. Vom Gebrauchshund wird Vielseitigkeit verlangt:

„Im Schilfwasser heute, und morgen im Feld,
Im Walde verwiesen oder verbellt,
Raubzeug gewürgt, das Verlor’ne gebracht,
Das ist es, was den Gebrauchshund macht!“

Wozu werden die Englischen Vorstehhunde verwendet?

Ihre Stärke liegt in der Feldarbeit. Sie sind Spezialisten im Suchen, Finden und Vorstehen von Federwild im freien Felde. Deutsche Züchter bemühen sich mit Erfolg, diesen Hunden vielseitige Verwendbarkeit anzuzüchten.

Was verlangt man von den Stöberhunden?

Sie sollen Wild im dichtesten Unterholz, Dornendickicht und Schilf aufstöbern, spurlaut (bzw. fährtenlaut oder sichtlaut) jagen, verlorensuchen und geschossenes

Kleinwild apportieren (s. S. 664, 668) Vorsteharbeit wird nicht verlangt (Buschieren s. S. 666).

Wozu werden Bracken verwendet?

Zum Brackieren (zum Stöbern und Treiben von Wild s. S. 667).

Wozu dient der Hannoversche Schweißhund?

Er dient der Hohen Jagd und soll am Schweißriemen die Fährte eines kranken Stückes Schalenwild (jedoch niemals Rehwild wegen der „süßen" Fährte) unentwegt ausarbeiten und den Jäger an das kranke oder verendete Stück führen; „geschnallt" soll er es stellen und verbellen, aber nicht niederziehen! (Arbeit auf kalter Fährte und Widergang s. S. 236 und S. 167).

Zu welchen Arbeiten sind die Erdhunde bestimmt?

Zur Bau-, Stöber- und Schweißarbeit (s. S. 666/667 und S. 669).

Was sind Retriever (Apportierhunde)?

Es sind führige, sehr apportierfreudige und wesensfeste Jagdhunde mit guten Leistungen auf Spur und Fährte, die neuerdings vom Ausland zu uns gekommen sind (wie z.B. der schwarze und goldene Labrador).

Kauf und Verkauf von Jagdhunden

Was ist ein guter Hund wert?

Er stellt einen beträchtlichen volkswirtschaftlichen Wert dar. Wer Hunde abgeführt hat, weiß, welche Zeit, Mühe, Geduld und Nervenkraft hierfür aufgewendet werden müssen.
Der Jäger sollte deshalb gern bereit sein, einen entsprechenden Preis zu zahlen, damit sich Personen finden, die sich der Zucht und Abführung erstklassiger Gebrauchshunde widmen.

Welcher Jagdhundschlag soll angeschafft werden?

Die Auswahl soll sich nach der Unterbringungsmöglichkeit, dem persönlichen Geschmack und besonders nach den Erfordernissen des Reviers (Feld-, Wald- oder Wasserjagd) richten, in dem der Hund arbeiten soll. Der Hund muß aus einer leistungserprobten Familie gesunder und robuster Arbeitsstämme stammen. Das ist durch Vorlage eines Stammbaumes nachzuweisen und besonders beim Dackel, Terrier, Spaniel und roten Setter zu beachten, da diese Hunde häufig von Nichtjägern gezüchtet und gehalten werden (sog. kalte Schläge).
Wer Sachkenntnis besitzt und Zeit zum Abrichten hat, soll sich einen Welpen kaufen, ihn selbst erziehen und für seine Jagdzwecke fertig machen. Die Gebrauchshundevereine oder Kreisgruppen vermitteln in praktischen Übungen das notwendige Wissen zur richtigen Führung von Jagdhunden. Außerdem wird durch solche Kurse die Jagdkameradschaft gefördert, das jagdliche Wissen gefestigt und die Freude an der Jagd mit dem selbstgearbeiteten Hund sehr gesteigert.

Zum Jäger und zum Jagen gehört der Hund, zum freudvollen Jagen die Liebe zum Hund!
Jeder Jagdgebrauchshund ist das Produkt seiner Veranlagung, Erziehung, Abrichtung und Führung!

Welche Eigenschaften müssen dem Hunde „angewölft“ sein?

Gute Nase, Spurlaut, Spurwille, Nervenstärke, Wesensfestigkeit, Wasserfreude, Schärfe, Jagdpassion und Jagdverstand. Diese Anlagen lassen sich nicht anerziehen!

Welche Zeichen sprechen für eine feine Nase des Hundes?

Bei der Suche: Häufiges Finden und weites Anziehen und Vorstehen von Wild, kurzes Markieren von Wittrungsstellen des Wildes und gelegentliches Markieren von Vogelwittrung (Lerchen).
Auf der Spur: Bedächtiges Aufnehmen der Spurwittrung, gutes Zurechtfinden auf der Spur und Wiederfinden einer verlorenen Spur sowie gutes Zurückfinden zum versteckten Führer.

Kann man die Nasenleistung eines Hundes verbessern?

Nein! Jedoch läßt sich der Nasengebrauch durch beständigen Einsatz im Revier erheblich fördern.

Läßt sich die Wesensschwäche bei einem Jagdhund erkennen?

Eindeutige Kriterien wurden bisher noch nicht erarbeitet. Schußscheue, Schußempfindlichkeit, Angst vor fremden Personen und waidlautes Verhalten gelten aber als recht sichere Merkmale, über die man auf einen Mangel an Wesensfestigkeit schließen kann. Übertriebene und vorschnelle Reaktionen eines Hundes (z.B. Hechtsprung ins Wasser, hastiger Spurlaut, Bekläffen einer Katze ohne Zugriff) lassen einen Wesensmangel vermuten. Da wesensschwache Tiere nicht in die Hand eines Waidmannes gehören, sollte man früh entscheiden können, ob ein Hund jagdtauglich ist oder nicht. Es wurden daher Welpentests entwickelt. Der Schirm- und Ringtest sind relativ gute Untersuchungsmöglichkeiten, schon im Jugendalter einer Wesensschwäche auf die Spur zu kommen. Bei der ersten Probe wird ein Schirm zwei oder drei Schritte vor dem Tier aufgeschnellt. Der Welpe darf erschrecken, jedoch nicht davonrennen. Ebenso aufschlußreich ist der Ringtest. Dabei wird der neben dem Herrn sitzende Jagdhund von etwa einem Dutzend Personen eingekreist. Schließt sich die Runde und gerät der Welpe nicht in Panik, handelt es sich in aller Regel um ein wesensfestes Tier.

Was ist vor Ankauf eines abgerichteten Hundes zu beachten?

Man kaufe nur gesunde und nervenfeste Hunde aus leistungserprobten Familien mit Abstammungsnachweis und schließe einen Kaufvertrag ab, in dem für zugesagte Eigenschaften Gewähr geleistet wird. Weiter lasse man sich den Hund vorführen. Dabei mache man sich mit den Gewohnheiten des Hundes vertraut (Futterzeiten, Haltung im Zimmer oder Zwinger, Art der Führung, gewohnte Kommandos).

Was verstehen wir unter „Wildschärfe“ und „Mannschärfe“?

Ein Hund ist „scharf“, wenn er mutig auf Beutegreifer und Streuner losgeht, es würgt und krankes Rehwild an der Drossel niederzieht. Er ist „mannscharf“, wenn er in Notfällen auf Kommando gegen Menschen (z.B. Wilderer) scharf ist und seinen Herrn verteidigt.

Auf welche Mängel ist beim Kauf eines Jagdhundes zu achten?

Auf Ungehorsam, Hand- und Schußscheue, Schußhitze, Schwärmen, Blinken, Knautschen, Bissigkeit, Wesensschwäche, gewohnheitsmäßiges Anschneiden und die Neigung zum Totengräber.
Ein Hund ist bissig, wenn er ohne ersichtlichen Grund nach Menschen oder Tieren beißt (s. auch Tollwut S. 537), ist ein Angstbeißer, wenn er beim Erschrekken oder Bedrohtsein beißt,
ist handscheu, wenn er sich nicht zu seinem Herrn traut,
ist schußscheu, wenn er beim Schuß solche Furcht zeigt, daß er wegläuft oder zum Apportieren unbrauchbar ist (s. auch S. 679),
ist schußempfindlich, wenn er sich hinter den Führer verkriecht (das wird durch Mitnehmen zum Übungsschießen behoben, oder man gibt einzelne Schüsse ab, wenn er mit anderen Hunden rauft bzw. hinter der Dressurangel herhetzt!),
schwärmt, wenn er vor dem Jäger planlos sucht,
ist Blender, wenn er fest vorsteht, ohne daß Wild vorhanden ist,
ist Blinker, wenn er dem nachweisbar von ihm wahrgenommenen Wild ausweicht, ohne es anzuzeigen,
ist Knautscher, wenn er Wild so fest faßt, daß es entwertet wird,
ist nervenschwach, wenn er schon auf kleine Geräusche und schnelle Bewegungen ängstlich zusammenzuckt,
schneidet an, wenn er Wild anfrißt,
ist Totengräber, wenn er Wild versteckt oder in die Erde eingräbt und nicht zu bewegen ist, es zu apportieren (s. auch S. 676).

Welche Bedeutung haben Haut und Haar als Gesundheitszeichen?

Sie sind der „Spiegel der Gesundheit“. Die Haut soll leicht verschiebbar und das Haar soll anliegend glatt und glänzend sein. Stumpfes Haar zeigt an, daß der Körper krank ist. Das „Sichnichtschütteln“ nach dem Aufwachen ist ein schlechtes Gesundheitszeichen. Teilnahmslosigkeit und Sträuben der Rückenhaare sind meist Zeichen des baldigen Todes.

Jagdhundehaltung

Unterbringung

Wie und wo soll der Jagdhund gehalten werden?

Am besten in einem abgeschlossenen größeren Zwinger, Garten oder Hofraum, in dem man eine Hütte aufstellt. Der Hund soll hier freien Auslauf und bei Sonne einen schattigen Platz haben.

Wie soll die Hütte aufgestellt und beschaffen sein?

Sie soll an einem windgeschützten Ort aufgestellt und allseitig aus wärmedämmendem Material hergestellt sein und gegen Witterungseinflüsse Schutz bieten. Der Boden der Hütte muß mindestens 10 cm über dem Erdboden liegen, damit der Hund vor Erdfeuchtigkeit und Kälte geschützt ist.
Den Zugang zur Hütte schützt man bei Kälte durch einen derben Stoff, den der Hund mit dem Kopf zur Seite schieben kann, wenn er in die Hütte hinein oder hinaus will.

Wie oft ist die Hütte zu reinigen?

Wenigstens alle 14 Tage. Hierbei ist sie in der kalten Jahreszeit mit trockenem Farnkraut (wehrt Ungeziefer ab), Stroh oder Heu zu versehen. Im Sommer will der Hund blank liegen.

Was ist Jägern zu raten, die ihren Hund in der Wohnung halten müssen?

Den Hund an einen bestimmten Platz im Zimmer (z.B. eine zugfreie Zimmerecke, nicht am Ofen) zu gewöhnen, wo er niemandem zur Last fällt und wo er auch selbst nicht belästigt wird. Wie zur Ruhe, so gewöhne man den Hund auch zum Zwecke der Fütterung an einen bestimmten Platz, und zwar außerhalb des Zimmers. (Wer einen Hund in einer Mietwohnung halten will, braucht die schriftliche Genehmigung des Hauseigentümers!)
Man darf weiter nicht vergessen, daß der Hund viel Bewegung im Freien braucht, damit er nicht „verliegt“ (Ausdauer und Eifer verliert) und Herz, Lungen und Läufe gesund und kräftig bleiben.

Größe (in cm) für Vorstehhunde:

außen lg/br/h	150 × 100 × 98
Vorraum innen	45 × 90 × 75
Schlafraum innen	93 × 90 × 75
Einschlupf	40 × 55

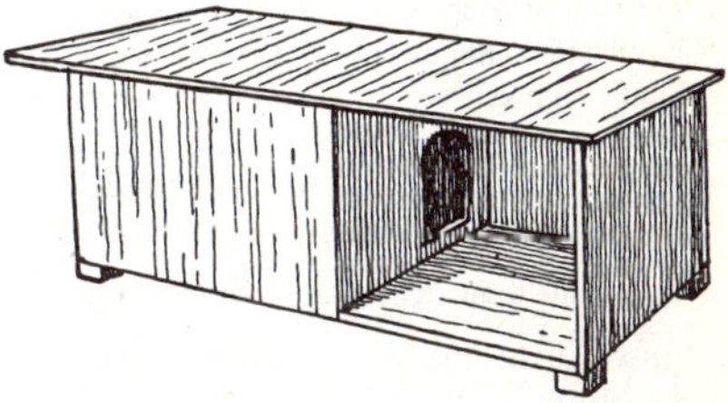

Zweckmäßige, wetterfeste Hundehütte mit Übernachtungs- und Vorraum und aufklappbarem Pultdach, das gern als Liegeplatz benutzt wird und die Reinigung der Hütte erleichtert. Aufstellung: Windgeschützt, Eingang nach Süden

Fütterung

Wie oft am Tage soll ein Hund gefüttert werden?

Welpen füttert man viermal, Hunde ab fünf Monaten dreimal, ab neun Monaten zweimal, über 18 Monate nur einmal (abends).

Welche Futtermittel sind geeignet?

Alle Schlachtabfälle wie Fleisch, Knochenschrot, Innereien (möglichst roh), Kalbsknochen (keinesfalls Geflügel-Röhrenknochen!), grob gereinigte Mägen,

rohe Leber und außerdem Trockenfleisch und Seefisch (roh oder gekocht) und als Beifutter gekochte Kartoffeln, Haferflocken, gekochter Reis, Teigwaren und als Vitaminspender getrocknete Bierhefe, Obst und Gemüse. Mit der Beigabe von Knochenmehl läßt sich sein Bedarf an Mineralstoffen weitgehend decken.
Man beachte, daß der Hund Fleischfresser ist und vermeide daher reine Kartoffelfütterung und suppiges Futter (Schweinefutter). Den Welpen wird in den ersten Wochen als erste Mahlzeit Milch mit Zwieback verabreicht, zu den anderen Mahlzeiten gibt man zwei Teile Hackfleisch und einen Teil pflanzliche Kost. Man gibt zwischen den Mahlzeiten keine „Häppchen"; sie erziehen zum Betteln. Die Fütterung soll zunächst wie beim Züchter erfolgen. Im Futternapf darf nichts stehenbleiben!
Bei Verdacht auf Knochenweiche (Rachitis) gibt man Kalk-Vigantol-Tabletten „Bayer" oder (Scotts-)Lebertran(-Emulsion).
Säugende Hündinnen brauchen zusätzlich Fett. Man gibt ihnen deshalb einen Teelöffel voll Olivenöl je Mahlzeit und ausnahmsweise auch Milch, sonst stehlen sie, oder sie schneiden Wild an (s. S. 636), um die benötigten Fett- und Eiweißstoffe zu erhalten. Frisches Wasser muß dem Hunde immer zur Verfügung stehen.
Es ist ratsam, den Hund auch an Hundekuchen (wie Frolic) oder an Hundeflokken (Matzinger) zu gewöhnen, die überallhin mitgenommen werden können (Jagdtag!). Neuerdings gibt es auch Diätprodukte für Hunde (Aufbau-, Abmagerungs-, Nieren- und Herz-Diät), die die Fa. Mérieux-Rentschler in 7958 Laupheim und die Fa. Matzinger in 8000 München 90 liefert.

Soll man alle dem Hund verabreichte Nahrung kochen?

Einerseits braucht ein Hund rohe Nahrung, andererseits kann aber ungekochtes Fleisch Salmonellen und den Virus der Aujeszkyschen Krankheit enthalten. Man schließt eine Ansteckungsgefahr weitgehend aus, wenn man die Nahrung längere Zeit tiefgefriert. Nach dem Auftauen kann man dem Hund rohes Fleisch anbieten, das keine Krankheitskeime enthält.

Wie verhält man sich beim Tode der Hündin?

Man versucht, die Welpen einer Amme unterzuschieben oder gibt ihnen künstliche Muttermilch. Diese bereitet man aus drei Teilen fetter Kuhmilch oder Säuglingsnahrung und einem Teil gezuckerter Kondensmilch und gibt sie körperwarm erst stündlich, später 2- bis 3stündlich. (Man kann auch die „Welpi"-Trockennährmilch der Fa. Asid, 8000 München 13, oder die Welpenkost von Matzinger verwenden.)
Bei einer künstlichen Aufzucht wird ein Welpe zu allen Tages- und Nachtzeiten im Zweistundenabstand gefüttert. Man flößt ihm Fertigmilch für Kinder mit einer Pipette ein. Nach einer Woche nimmt er diese Nahrung aus der Untertasse, wenn man ihm vorher sein Maul einige Male hineintaucht. In der 5. Lebenswoche erhält er Haferschleim, der in verdünnter und lauwarmer Milch angerührt wurde. Später bekommt er Hackfleisch mit Haferflocken. Man darf nie Kalk- und Vitamingaben vergessen.
Die fehlende Mutterwärme ersetzt man durch ein Heizkissen oder einen Infrarotstrahler. Von der dritten Lebenswoche ab kann man dann auch gehacktes Kalbfleisch oder Schabefleisch, rohes oder gekochtes Eigelb und Quark zufüttern.

Hundezucht

Was ist bei der Zucht zu beachten?

Neben der Fremdzucht gibt es die Linienzucht, bei der die Stammeltern gemeinsame Vorfahren haben. Bei der Inzestzucht zwischen Geschwistern untereinander oder mit den Eltern muß der Zuchtverband zustimmen. In jedem Fall sieht man sich den Deckrüden vor dem Belegen an und wird sich über die zu zahlende Deckentschädigung einig (ein Welpe oder sein Preis!). Zuchttiere sollten nicht älter als acht Jahre sein. Die Hitze darf vor beabsichtigter Paarung bei der Hündin nicht durch Medikamente verschoben werden. Der Zuchtwart muß vor dem Belegen verständigt sein.
Die Hündin wird regelmäßig zu impfen sein, denn sie gibt ihre Abwehrstoffe beim Säugen weiter. Vor dem Decken ist sie zu entwurmen. Das kann noch bis zum 30. Tag der Trächtigkeit nachgeholt werden. Ab dem 40. Tag wird man die werdende Mutter schonen. Sie braucht jetzt auch mehr Futter.

Wie oft tritt bei der Hündin die Hitze ein?

Die Hitze der Hündin tritt gewöhnlich zweimal im Jahre (im Februar/März und August/September) ein. Sie dauert drei Wochen. Den Eintritt der Hitze erkennt man am „Färben“.
Unter „Färben“ versteht man den blutigen Ausfluß aus der geschwollenen Schnalle (Scheide). Der Ausfluß wird im Stadium der besten Deckzeit heller. In dieser Zeit wirkt die Hündin feurig, sie näßt häufig und hat keinen Appetit. Gegen Ende der Hitze verringert sich der Ausfluß. Die erste Hitze tritt im Alter von 7–9 Monaten ein, die Zuchtreife bei der dritten Hitze.
Die Hitze läßt sich durch jährlich dreimalige Injektionen von „Gestafortin-Kristallsuspension“ (von 1–5 ml [ccm] je nach Größe des Hundes im Abstand von jeweils vier Monaten) risikolos verhindern. Es ist jedoch zu beachten, daß die erste Injektion einen Monat vor der zu erwartenden Hitze (und nicht eher als drei Monate nach einer Hitze) erfolgt! Gestafortin wirkt auch gegen die Hypersexualität, Onanie, Bösartigkeit und Nervosität der Rüden (Hersteller: Bayer AG, 5090 Leverkusen).

Wann ist die heiße Hündin bereit, den Rüden anzunehmen?

Sie „steht“ vom 9. Tage des Färbens an. Die beste Zeit zum Belegen ist der 12. Tag des Färbens. Nach dem 20. Tag nimmt die Hündin den Rüden nicht mehr an.

Kann eine Hündin zur Zeit der Hitze von verschiedenen Rüden befruchtet werden (Superfekundation)?

Ja! Das ist möglich, da die Eireife bei der Hündin schubweise erfolgt. Es können also Welpen verschiedener Väter gezeugt werden, wenn der Deckakt in Zeitabständen von verschiedenen Rüden vollzogen wird. Man muß deshalb eine Zuchthündin nach reinrassiger Belegung noch einige Tage vor unerwünschten Rüden schützen.

Wie kann man die heiße Hündin vor Rüden schützen?

Am sichersten ist das Halten der Hündin unter Aufsicht und am Riemen. Sollte es trotzdem „passiert" sein, so kann der Tierarzt durch (subkutane) Injektionen von Oestrogen (z.B. Cyren-B, Sexocretin) die Trächtigkeit verhindern, wenn ihm die Hündin nach Voranmeldung genau am 6. Tag nach dem „Hängen" gebracht wird.
Die Behauptung, daß fehlgedeckte Hündinnen später rasselose Welpen werfen oder eine als Amme benutzte Bastardhündin die Reinrassigkeit der Welpen beeinflußt, entbehrt jeder Begründung!

Nach welcher Tragzeit erfolgt die Geburt der Welpen?

Nach etwa 9 Wochen (63 Tagen). Die Welpen sind bereits mit 59 Tagen lebensfähig. Eine verlängerte Tragzeit bis zu 67 Tagen bedarf keiner Behandlung, solange die Mastdarmtemperatur 38,5° C nicht übersteigt. Zwischen dem Wölfen der einzelnen Welpen vergeht in der Regel eine Zeit von 15 bis 60 Minuten. Man hält die Hündin während des Wölfens unter Aufsicht. Sie zerbeißt ihre Fruchtblase und nabelt die Welpen selbst ab. Anschließend leckt sie die Neugeborenen trocken und frißt die Nachgeburt auf. Schafft dies die Hündin nicht allein, holt man die Welpen aus der Fruchtblase. Sie werden mit gereinigter Schere abgenabelt. Die Nabelschnur soll möglichst lang bleiben u. mit dicker Schnur abgebunden werden. Wenn ein Welpe kein Lebenszeichen gibt, reibt man über das Brustfell gegen den Strich, schiebt den Kopf nach unten und drückt mit dem Finger die Zunge an den Unterkiefer.

Wie kommen die Welpen zur Welt?

Die Welpen kommen behaart und blind zur Welt. Sie werden erst im Verlaufe von 6–12 Tagen sehend. Die Geburt ist beendet, wenn sich die Hündin völlig ruhig verhält und liegen bleibt. Die Welpen sollen mindestens 8–10 Wochen bei der Mutter bleiben. Beim Tragen der Welpen darf man nicht die Finger zwischen Körper und Oberarm legen, das führt zu „losen Schultern".

Wann kann man annehmen, daß sich die Welpen wohlbefinden?

Wenn in der Wurfkiste Ruhe herrscht. Meldet sich ein Welpe durch „Piepen", dann ist zu prüfen, ob er den Anschluß an das Gesäuge der Mutter verloren hat. Besteht Verstopfung, führt man etwas Öl in den Mastdarm ein (Streichholz mit Watte umwickeln und in Öl tauchen). Im Alter über drei Wochen kommen Spulwürmer als Ursache von Leibschmerzen in Frage (s. S. 647).

Was bedeutet die Anzeige „2,3 DD-Welpen zu verkaufen"?

Es sind zwei männliche und drei weibliche Deutsch-Drahthaar-Welpen zu verkaufen.

Wie werden die Hunde aufgezogen?

Alle Welpen sind von der Muttermilch abhängig. Hat ein Wurf mehr als acht Jungtiere, muß man Haferschleim und klare Fleischbrühe zufüttern. Frisches Wasser steht immer zur Verfügung. Das Gesäuge des Muttertieres ist ständig zu kontrollieren. Sie wird die 2. und 4. Woche nach dem Wurf samt ihrem

Nachwuchs entwurmt, die Welpen dann alle weiteren vier Wochen. Die Jungtiere impft man in der 7. Lebenswoche mit dem Dreifachimpfstoff gegen Staupe, Hepatitis und Leptospirose (SHL) und wiederholt diese nach vier Wochen. Im vierten Lebensmonat wird gegen Tollwut immunisiert. Die Impfung gegen Staupe und Hepatitis (Leberentzündung) muß alle vier Jahre wiederholt werden. Die Immunisierung gegen Tollwut und Leptospirose ist alle Jahre fällig. Es dürfen keine Impflücken entstehen. In der 8. Lebenswoche wird dem Welpen die Stammbuchnummer ins Ohr tätowiert. Der Wurf muß eingetragen sein, damit die Ahnentafel ausgestellt werden kann.

Welche Entwicklungsphase ist für einen Junghund von besonderer Bedeutung?

Die sogenannte Prägungsphase zwischen der vierten und siebten Lebenswoche. Der Welpe lernt nun, zwischen bekannten und unbekannten Dingen zu unterscheiden. In dieser Zeit muß er viel Kontakt zum Menschen finden. Sein Umgang mit dem Jungtier ist entscheidend für dessen weitere charakterliche Entwicklung. Die Welpen werden nun abgesäugt und beginnen miteinander spielerisch zu kämpfen. Damit sie sich dabei nicht verletzen, bieten sie sich Bauchseite und Kehle als Aggressionshemmer an.

Gebiß des Hundes und Altersbestimmung

Wieviel Zähne hat der erwachsene Hund?

42 Zähne; davon 20 im Oberkiefer und 22 im Unterkiefer. Auf jeder Kopfhälfte sind oben und unten vorhanden: Drei Schneidezähne (Z = Zangen, M = Mittelzähne, E = Eckzähne), der Fangzahn (F), vier vordere Backenzähne oder Prämolaren (= P 1 bis P 4) und die hinteren Backenzähne oder Molaren (oben zwei = M 1 und M 2, unten drei = M 1 bis M 3).
Mit den Fang- oder Hakenzähnen wird die Beute gefaßt, mit den Backen- oder Reißzähnen wird sie zerkleinert. Der größte „Reißzahn" ist der M 1 (erster Molar) im Unterkiefer (s. Abb.).

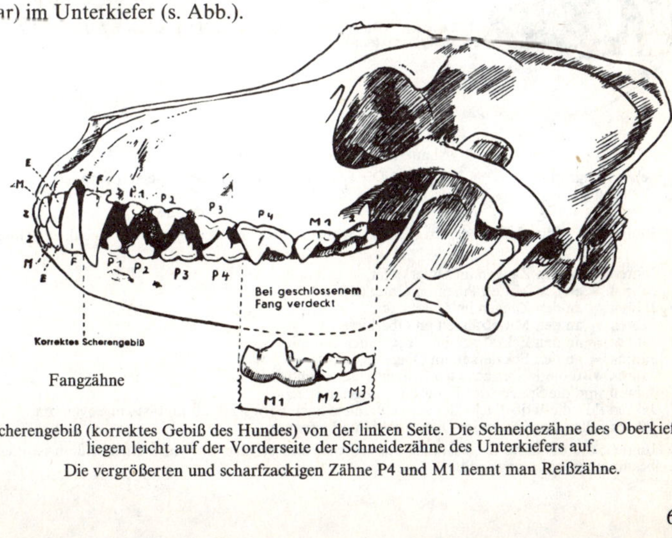

Scherengebiß (korrektes Gebiß des Hundes) von der linken Seite. Die Schneidezähne des Oberkiefers liegen leicht auf der Vorderseite der Schneidezähne des Unterkiefers auf.
Die vergrößerten und scharfzackigen Zähne P4 und M1 nennt man Reißzähne.

Wonach bestimmt man das Alter eines Hundes?

In der Jugend nach dem Wechsel der Schneidezähne, im Alter nach der Abnutzung der bleibenden Schneidezähne.
Der Wechsel der Milchschneidezähne erfolgt mit 4 bis 5 Monaten, der der Fangzähne mit 6 bis 7 Monaten.
Mit 7 bis 9 Monaten ist das Gebiß vollständig!
Manchmal sind noch Milchfangzähne vorhanden, obgleich sich ihre bleibenden Nachfolger schon voll (vor oder hinter ihnen) ausgebildet haben (Bildung doppelter Fangzähne). Falls die Milchfangzähne nach 7 Monaten noch nicht abgestoßen sind, muß man sie durch Bewegen nach unten lockern (s. Abb. unten).
Vom 9. Monate ab hebt der Rüde beim Nässen den Hinterlauf.

Nach welchen anderen Merkmalen kann man das Alter eines Hundes bestimmen?

Mit 6 Jahren erscheinen weiße Haare an Lefzen und Kinn,
mit 7 Jahren ist der Augapfel erweitert (weiße Haare nehmen zu),
mit 8 Jahren ist die Pupille erweitert und reagiert nicht mehr, weiße Haare erscheinen auch an der Stirn,
mit 10 Jahren wird die Linse des Auges trübe, weiße Haare finden sich auch an Augenlidern, Backe und Nase,
mit 12 Jahren wird die Linse deutlich trübe, und der Kopf wird immer grauer.

„Doppelter Fangzahn"
Alter: 7 Monate

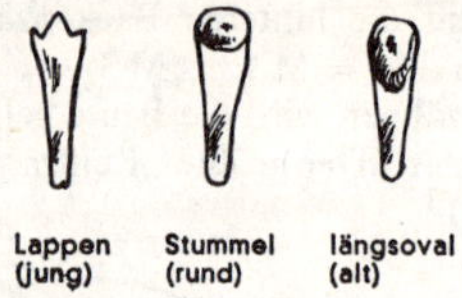

Abnutzung der Schneidezähne

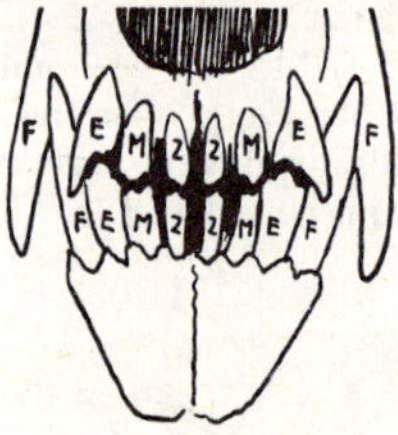

Die 6 Schneide- und 2 Fangzähne von vorn
Z = Zangen, M = Mittelzähne,
E = Eckzähne, F = Fangzähne.

Der Hauptlappen (die Spitze) der bleibenden Schneidezähne ist bei normalem Gebiß abgenutzt mit

$1^1/_2$ Jahren = an den Zangen im Unterkiefer,
$2^1/_2$ Jahren = an den Mittelzähnen im Unterkiefer,
$3^1/_2$ Jahren = an den Zangen im Oberkiefer,
$4^1/_2$ Jahren = an den Mittelzähnen im Oberkiefer,
$5^1/_2$ Jahren = an den Eckzähnen im Unterkiefer und mit
6 Jahren = an den Eckzähnen im Oberkiefer. Mit
7 Jahren wird die Reibefläche der Schneidezähne rund, mit
8 Jahren sind die Spitzen der Fangzähne abgenutzt, mit
10 Jahren fällt die Reibefläche der Schneidezähne nach vorn stark ab und ist längsoval, mit
12 Jahren fallen die Zangen im Ober- und Unterkiefer aus.

(Bei Hunden, die oft harte Gegenstände apportieren, und bei den Vor- und Rückbeißern ist diese Altersbestimmung nicht anwendbar.)

Welche zwei Abweichungen in der Stellung der Schneidezähne im Unterkiefer kommen vor?

Der Vorbeißer und der Rückbeißer. Die Schneidezähne des Unterkiefers stehen beim Vorbeißer (dem Hechtgebiß) vor denen des Oberkiefers (das ist bei Hunden mit kurzen, rundlichen Schädeln normal, z.B. beim Boxer); beim Rückbeißer (dem Barbengebiß) hinter denen des Oberkiefers (der Unterkiefer ist zu kurz; kommt häufig bei Teckeln vor).
Diese Gebißfehler sind vererblich. Sie machen Jagdhunde zuchtuntauglich, da sie nicht fest genug zufassen können. Vererbt wird auch das Fehlen der Prämolaren 1 und 2 (s.S. 641).

Vorbeißer
Unterkiefer zu lang

Rückbeißer
Unterkiefer zu kurz

Wie benennt man das Alter der Jagdhunde?

Nicht nach Jahren, sondern beim Vorstehhund nach „Feldern", d.h. nach der Zahl der Jahre, die er im Felde gearbeitet hat. In seinem achten Lebensjahre steht er im siebenten Feld.
Beim Schweißhund zählt man das Alter nach „Behängen", d.h. nach der Zahl der Jahre, die er am Schweißriemen angehalst („behangen") auf gesunder oder kranker, kalter Einzelfährte und auf Widergang (s.S. 167) gearbeitet wird, um „riemenfest" zu werden. Im 7. Lebensjahre steht er im 6. Behang. Die Hauptbehängezeit ist die Feistzeit des Hirsches (Juli/August).
Ein Hund wird i.d.R. etwa 10 bis 14 Jahre alt. Im Vergleich zum Menschen bedeutet das erste Hundejahr soviel wie 15 Menschenjahre (Beginn der Lehrlingszeit), das zweite soviel wie sieben und jedes weitere soviel wie fünf Menschenjahre.

Entfernen der Wolfskralle und Kupieren

Was verstehen wir unter der „Wolfskralle oder Wolfsklaue"?

Die an den Hinterläufen nur noch selten vorkommende fünfte Klaue (s. Abb. S. 645). Sie ist meist nur lose am Gelenk befestigt und ist nebst Knorpelstumpf kurz nach der Geburt der Welpen mit einer gebogenen Schere wegzuschneiden. Etwa auftretende kleine Blutungen werden durch einen Druckverband gestillt.

Was versteht man unter dem „Kupieren"?

Das Stutzen oder Kürzen der Rute. Es ist ohne Betäubung bis zum Alter von unter acht Tagen erlaubt (§ 5 Ziff. 7 Novelle zum Tierschutzgesetz).

Welche Junghunde werden kupiert und welche nicht?

Kupiert werden alle deutschen kurz- und rauhhaarigen Vorstehhunde (DD, PP, Gr, DK, W; s. S. 628), da sie sich sonst beim Stöbern und Suchen im Holze die stets lebhaft bewegte Rute an der Spitze wundschlagen würden. Bei ihnen werden rund Zweidrittel der Rute amputiert.
Bei der Hündin soll die Rute die Schnalle decken. Man läßt deshalb bei ihr die Rute gern um ein Glied länger.
Beim Jagdterrier amputiert man nur $^1/_3$, damit die Rute „Handgriff" bleibt, beim Wachtel $^1/_3$ bis $^1/_2$ der Rute, beim Spaniel dagegen $^3/_4$ der Rute (bei ihm muß das Weidloch bedeckt sein).
Nicht kupiert werden die englischen und alle langhaarigen Vorstehhunde, Schweißhunde, Bracken und Teckel.

Pflege

Wie sind Saugwelpen zu pflegen?

Ihnen sind die spitzen Krallen an den Vorderpfoten zu beschneiden, da die Hündin sonst das Säugen verwehrt.

Wie ist die Decke des Hundes zu pflegen?

Sie ist mit Kamm und scharfer Bürste öfters gründlich von Schmutz, Grannen, Unkrautsamen und Kletten zu reinigen. Hierbei ist auch auf Flöhe, Haarlinge, Läuse, Räudemilben und Zecken zu achten, die das Tier durch Juckreiz belästigen und zum Sichkratzen veranlassen. Als Kamm hat sich die Säge des Universaljagdmessers (s. Abb. S. 17) vorzüglich bewährt.
Gebadet wird nur ausnahmsweise bei Hauterkrankungen und zur medizinischen Wäsche (mit Criniton, vet. Dr. Atzinger, Passau).

Wie kann man Hautschmarotzer wirksam bekämpfen?

Durch das Verbot von DDT (**D**ichlor-**D**iphenyl-**T**richloräthan) sind zur Bekämpfung von Hautschmarotzern DDT-freie Präparate wie Bolfo- oder Jacutin-Puder und -Spray entwickelt worden, die in Apotheken zu haben sind. Zum Einpudern richtet man das Haar durch Streichen gegen den Strich auf und verteilt den Puder bis auf den Haargrund, auch auf die Halsunterseite und die Innenflächen der Oberschenkel und der Schulter (nach acht Tagen wiederholen!). Dadurch bleiben Haut und Haar lange Zeit für alle Hautschmarotzer „vergiftet", und man erzielt eine Dauerwirkung. Jungtiere unter sechs Wochen läßt man unbehandelt, da sie dagegen empfindlich sind. Gleichzeitig sind die Ritzen der Hütte mit Puder zu bestreuen oder mit flüssigen Desinfektionsmitteln wie Alugan- oder Bolfospray und Jacutin „flüssig" (1 ccm auf ein Liter Wasser) zu besprühen und dann gründlich zu reinigen.

Wie sind die Gehörgänge zu pflegen?

Sie sind nach „nasser Arbeit" und auch sonst ab und zu trocken zu reinigen. Hierzu benutzt man eine Pinzette oder Hakenpinzette, deren vorderer Teil mit einem Stück einer etwa 4 cm breiten Gazebinde (nicht mit Watte) umwickelt wird. Zum Entfernen von altem Ohrenschmalz gibt man etwas Paraffinöl in den Gehörgang, lockert durch knetende Bewegungen von außen die festsitzenden

Beläge, wischt sie dann mit Gaze aus und träufelt mehrmals täglich 2–4 Tropfen „Panolog" (von Heyden) oder „Otobacid"-Ohrentropfen ein. Das Trommelfell kann man hierbei nicht verletzen, da der äußere Gehörgang des Hundes im unteren Abschnitt fast rechtwinkelig zum Trommelfell abbiegt (s. Abb. unten).

Gibt es bei Hunden einen „Ohrwurm"?

Nein! Die mit Ohrwurm oder Ohrenzwang bezeichnete Krankheit des Hundes ist eine Entzündung des äußeren oder inneren Gehörganges. Sie entsteht hauptsächlich durch äußere Einwirkungen (Nässe, Schmutz, Fremdkörper, Kornspelzen, Ohrmilben und durch zersetztes Ohrenschmalz).

Welche Krankheitserscheinungen zeigen Hunde bei der Entzündung des äußeren und inneren Gehörgangs?

Sie halten den Kopf schief, schütteln den Kopf und kratzen sich mit den Klauen der Hinterläufe über dem betroffenen Ohr. Dabei brummen oder jaulen sie. Der Gehörgang ist gerötet.

Was kann man dagegen tun?

Man reinigt zunächst die Gehörgänge (wie beschrieben) und behandelt dann nach Anweisung des Tierarztes je nach der Form der Entzündung, z.B. mit Paraxin-Ohrentropfen (Boehringer) oder Sanapredon-Lotio oder Volon-A-Tinktur (bei Juckreiz, Schmerzen und Rötungen),
mit Ichthyol- oder Lebertransalbe (bei Krusten),
mit dem antibiotisch wirkenden Furacin-Otalgikum (die eitrigen Formen),
mit 5–10prozentigem Tanninspiritus (bei viel Ohrenschmalz) und mit Triplexan (bei parasitären Formen).

Woran ist zu denken, wenn der Hund bei der Arbeit plötzlich den Kopf schüttelt oder schief hält?

Daß ihm ein Insekt oder ein Fremdkorper in den Gehörgang gekommen ist. Sehr häufig gelangen bei Jagdhunden Grannen wilder Kornarten (Kornspelzen und Grannen der „Mäusegerste") in den Gehörgang. Sie müssen sofort entfernt

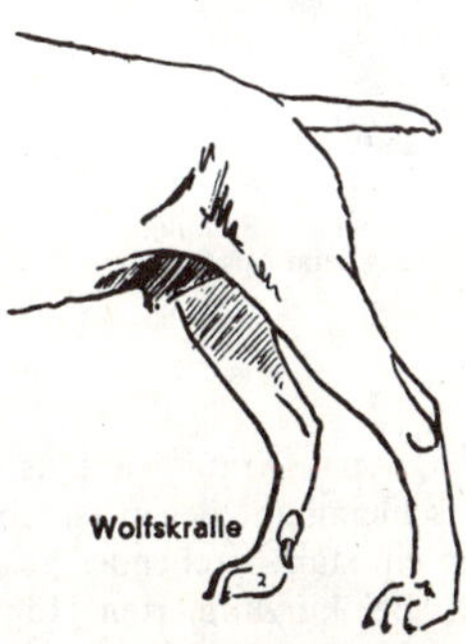

rechter Hinterlauf
mit „Wolfskralle"

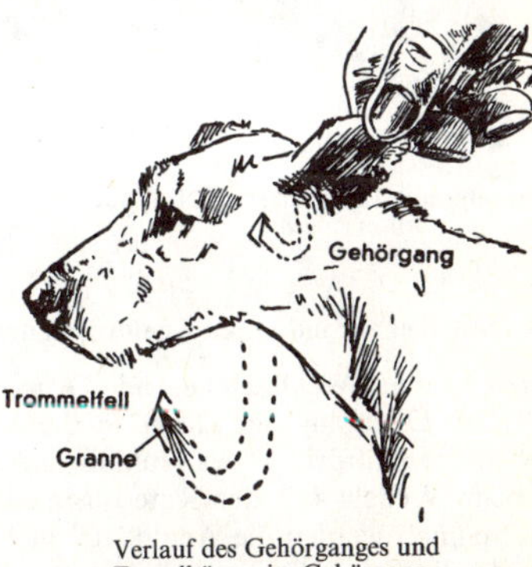

Verlauf des Gehörganges und
Fremdkörper im Gehörgang

werden, da sie der Hund nicht ausschütteln kann. Sie können sonst in den abgewinkelten Teil des äußeren Gehörganges gelangen, so daß dann der Fachtierarzt helfen muß.

Wie sind die Augen zu pflegen?

Schmutz und Schleim (besonders im inneren Augenwinkel) sind mit einem sauberen Leinentuch trocken auszuwischen. Auch Augensalben (z.B. Hydrocerol- oder die „gelbe" Augensalbe) können in das Auge eingestrichen werden. Dann schließt man die Augenlider des Hundes und verreibt die Salbe leicht auf dem Augapfel.
Sind als Ursache des Tränenflusses die Tränenkanäle am Rande der Augenlider verstopft oder besteht eine knötchenförmige Entzündung der Innenflächen des dritten Augenlides („Nickhaut") oder handelt es sich um Augenlidfehler wie das „offene Auge" (das Auswärtsstülpen des Lidrandes oder Ektropium, das beim Vorstehhund und Spaniel häufig ist) oder um das „Rollauge" (die Einspülung des Lidrandes), so kann nur der Fachtierarzt helfen.

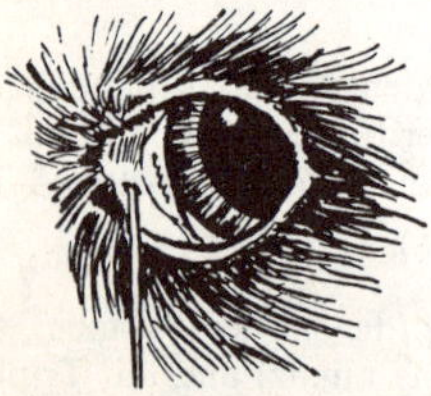

Unterer Tränenkanal

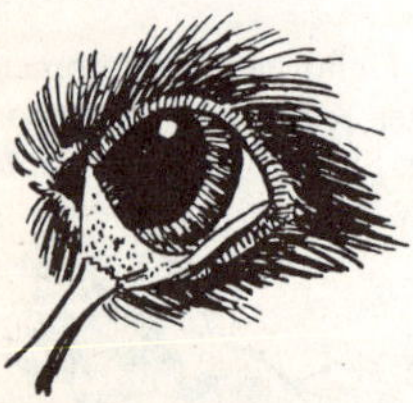

Knötchenförmige Entzündung der Nickhaut (drittes Augenlid)

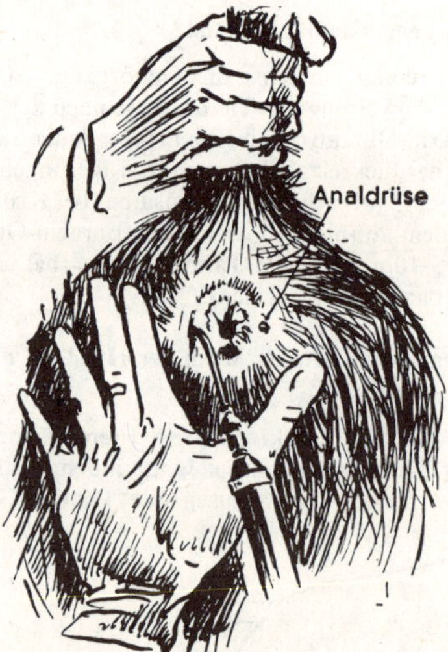

Sitz der „Analbeutel", Spülung und Handhaltung beim Ausdrücken

Was verstehen wir unter den Analdrüsen des Hundes?

Es sind zwei am Weidloch liegende Drüsensäckchen, deren Öffnungen links und rechts am Übergang der Decke in die Mastdarmschleimhaut liegen (s. Abb.). Sie sind die Duftdrüsen des Hundes und enthalten ein stark riechendes Sekret, das beim Wedeln mit der Rute ausmassiert wird. Bei kurzkupierten Hunden (z.B. Spaniel) werden die Analbeutel nicht genügend entleert, so daß es oft zu einer Analbeutelentzündung kommt.

Wie äußert sich die Analbeutelentzündung und der Abgang von Bandwurmgliedern?

Die Hunde versuchen die Analbeutel auszudrücken und rutschen deshalb mit ihrem Weidloch über den Boden (sog. „Schlittenfahren“) oder drehen sich im Kreis, um an das Weidloch zu gelangen. Man muß deshalb mit einem Watte- oder Gazebausch „bei Bedarf“ das Weidloch umfassen und durch Druck die Analbeutel entleeren, sie durchspülen lassen oder mit „Panolog“ von Heyden einreiben. Weitere Ursachen des „Schlittenfahrens“ sind Bandwurmglieder, Kotreste und verklebte Haare am Weidloch.

Krankheiten

Was ist bei der Behandlung von Krankheiten zu beachten?

Man muß die Ursache der Krankheit ergründen und abstellen.

Welche Eingeweidewürmer kommen beim Hunde vor?

Spulwürmer und Bandwürmer.
Sie können heute, gleich welcher Art, mit dem Breitspektrum-Wurmmittel TELMIN KH (für Hunde und Katzen) der Herstellerfirma JANSSEN in 4000 Düsseldorf 30 ohne Nebenwirkungen abgetrieben werden. Näheres erfahren Tierärzte aus dem Deutschen Tierärzteblatt Nr. 3/1980 (Schlüterscher Verlag, 3000 Hannover 1). Man gibt Welpen am 8. Tage nach der Geburt und sechs Wochen danach eine halbe Tablette am Morgen und eine halbe Tablette am Abend während zwei aufeinander folgenden Tagen, erwachsenen Tieren jeweils eine ganze Tablette früh und abends an zwei aufeinander folgenden Tagen. Es gibt dieses Mittel in Packungen zu 10 Tabletten über die Tierärzte. Außer bei Spulwürmern wirkt es auch bei Peitschenwürmern (s.S. 568), Hakenwürmern (s.S. 568) und allen Bandwürmern (s.S. 567).
Liegen nur Bandwürmer vor, ist das beste Bandwurmmittel (auch für den Dreigliedrigen) das Droncit von Bayer. Man gibt 1 Tablette je 10 kg Körpergewicht in Hackfleisch, Leberwurstmasse oder gelöst über die Backentasche (s.S. 653). Die vierfache Menge Yomesan zur Bandwurmbekämpfung wird nicht mehr empfohlen! Droncit steht auch als Injektionslösung zur Verfügung.

Wie können sich junge Hunde mit Spulwürmern infizieren?

Durch Aufnahme von Spulwurmeiern. Spulwurmeier werden von kranken Hunden und Zuchthündinnen massenhaft ausgeschieden und können sich durch ihre klebrige Hülle überall anheften (an die Gebärmutterschleimhaut und das Gesäuge der Hündin, den Boden des Hundezwingers, an Futtergeräte, die Pfoten usf.). Auch Menschen (Kinder) können sich mit Spulwurmeiern infizieren.

Welche Maßnahmen sind deshalb notwendig?

Zuchthündinnen sind 10 Tage vor und 10 Tage nach dem Werfen sowie alle Welpen in der zweiten und sechsten Lebenswoche einer Spulwurmkur mit TELMIN (s. oben) zu unterziehen. Zwinger und Liegeplätze müssen mehrmals mit heißem Sodawasser gereinigt werden (Näheres s. Text und Abb. S. 529).

Wann kann sich beim Hund ein Bandwurm entwickeln?

Wenn der Hund Gelegenheit hat, die Vorstufe eines Hundebandwurmes (die „Finne“) mit dem Futter aufzunehmen (s.S. 559).

Welcher Hundebandwurm ist für Menschen gefährlich?

Nur der selten vorkommende, dreigliedrige Hundebandwurm oder Echinococcenbandwurm (s.S. 566) und der Fuchsbandwurm (s.S. 567).

Woran erkennt man, ob der Hund Würmer hat?

Am schlechten Ernährungszustand trotz guter Freßlust, am stumpfen Haarkleid, an Verdauungsbeschwerden mit Erbrechen, am „Schlittenfahren“ (s.S. 647) und epileptischen Krämpfen. Der Nachweis ist durch die mikroskopische Kotuntersuchung in einem Veterinär-Unters.-Amt (s.S. 527/528) auf Art der Wurmeier und durch Feststellung von Spulwürmern oder Bandwurmgliedern im Kote möglich.

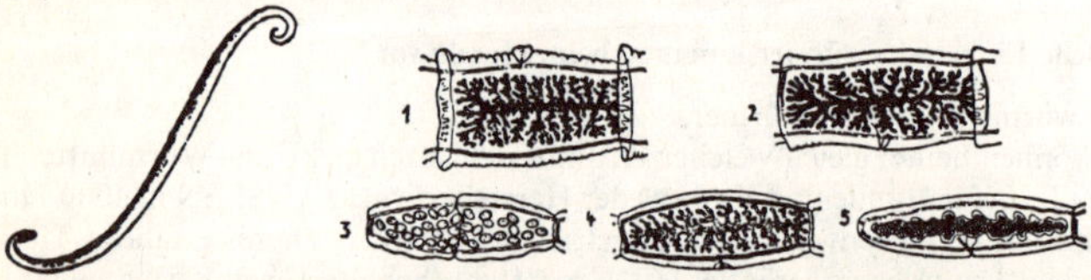

Spulwurm — Bandwurmglieder des Hundes (Artbestimmung)
Nr. 1–4 = $1^1/_2$fach — Nr. 5 = 7fach vergrößert

1. Gezähnter Bandwurm (S. 561); 2. Geränderter Bandwurm (S. 559); 3. Kürbiskernförmiger Bandwurm (S. 649); 4. Quesenbandwurm (S. 560) und 5. Dreigliedriger Bandwurm (S. 566).

Worauf weist häufigeres Grasfressen hin?

Auf eine ungenügende Produktion von Salzsäure im Magen. In derartigen Fällen empfiehlt es sich, das Futter leicht zu salzen oder zu Beginn jeder Mahlzeit jedem Futter $^1/_4$ bis $^1/_2$ Eßlöffel voll Enzynorm flüssig aus der Apotheke beizufügen. Die Arzneimitteldosis für große Hunde ist die gleiche wie für Erwachsene, die für kleine Hunde wie für Kinder.

Was ist bei Durchfall zu beachten?

Es ist zunächst die Ursache (Erkältung, Futterschaden) abzustellen. Bei Flüssigkeitsverlust und Durst reicht man statt Wasser schwarzen Tee. Von den Arzneimitteln hat sich am besten nach jedem ungeformten Stuhlgang das Tannalbin-Pulver, 1 bis 4 Teelöffel voll je nach Größe des Hundes in heißem Wasser gelöst und dann lauwarm über die Backentasche eingegeben (s.S. 653), bewährt. Das beste Mittel ist (auch beim Menschen) die Opiumtinktur, von der man je nach Größe dreimal täglich 5–15 Tropfen eingibt. Opiumtinktur gibt es aber nur auf Betäubungsmittelrezept! Man denke daran, daß Durchfall auch das erste Zeichen von Darmstaupe sein kann (s.S. 650).

Wie äußert sich die Verstopfung (Hartleibigkeit)?

Durch Drängen und Pressen zum Kotabsatz.

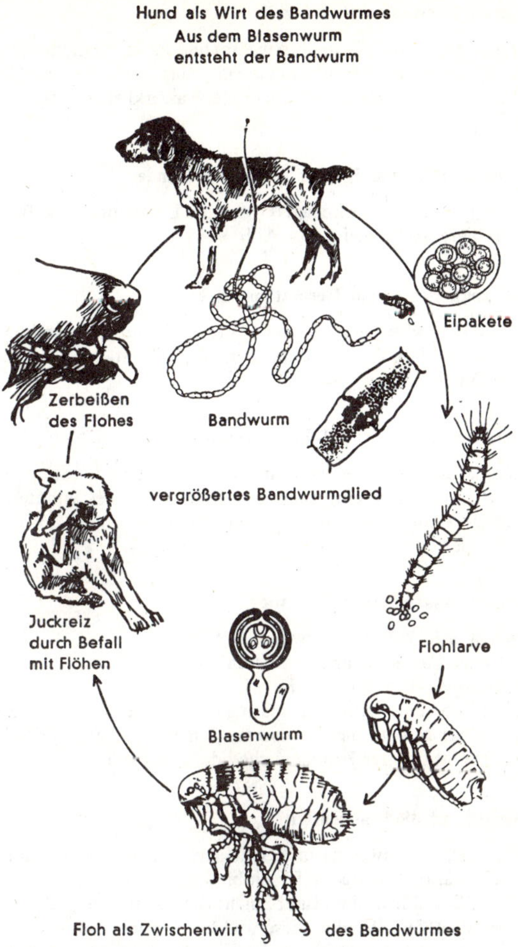

Entwicklungskreis des kürbiskernförmigen Hundebandwurmes
(Dipylidium caninum)

Der häufigste Hundebandwurm. Die mit dem Kot abgehenden kürbiskernförmigen Bandwurmglieder enthalten Eipakete. Die Bandwurmeier werden von den Flohlarven gefressen. In der Leibeshöhle des sich entwickelnden Flohes bildet sich der mit einem Schwanz versehene Blasenwurm oder die „Finne". Durch Zerbeißen mit Finnen behafteter Flöhe und deren Aufnahme in den Darm entsteht bei Hunden der kürbiskernförmige Bandwurm. Darum: Hundeflöhe bekämpfen!

(Kreislaufzeichnung: Nach Professor Dr. Dr. h. c. R. Wetzel, Veterinär-Parasitologisches Institut der Justus-Liebig-Universität, Gießen)

Wie kann man die Verstopfung beheben?

Durch Eingeben von Paraffinöl (eßlöffelweise) und Pasta-Palm, durch Einführen von Abführzäpfchen in den Mastdarm (wie Glycilax- oder Dulcolax-Mastdarmzäpfchen) oder durch Mastdarmeinläufe (Seifenwasserklistier; besser mit Fertig-Klysma salinisch „Pfrimmer").

Wie erfolgt das Eingeben flüssiger Arzneien beim Hunde?

Man bildet durch Abheben der Lefzen (Ober- und Unterlippe) eine Backentasche und schüttet in diese die Arznei ein (s. Abb. S. 653).

Bei welchen Krankheiten ist ein Tierarzt zuzuziehen?

Bei fieberhaften Krankheiten (trockene Nase, Freßunlust, übermäßiger Durst, Mattigkeit), insbesondere bei den unter dem Begriff „Staupe" vorkommenden Hundeseuchen (Virusseuchen).

Wie stellt man beim Hunde fest, ob Fieber besteht?

Durch Messen der Mastdarmtemperatur mit einem Fieberthermometer, das angefeuchtet in den Mastdarm eingeführt und nach etwa zwei Minuten abgelesen wird. Die normale Temperatur schwankt beim Hund zwischen 37,5° C (morgens) bis 38,7° C (abends).

Welche Seuchen kommen beim Hunde vor?

Als Virusseuchen (s. S. 536) die Tollwut (s. S. 537),
die (klassische oder Carré-)Staupe und deren bösartige Form,
die Hartballenstaupe (Hart pad desease – H. p. d.),
die ansteckende Leberentzündung (Hepatitis contagiosa = H. c.), die Aujeszkysche Krankheit (Pseudowut), die Parvovirose (Katzenseuche) und die durch Bakterien verursachte Stuttgarter Hundeseuche oder Leptospirose.

Wie unterscheiden sich die Staupearten?

Sie sind für den Laien schwer zu unterscheiden. Bei der Carré-Staupe machen sich zunächst ein wäßriger Katarrh der Lidbindehäute und eine warme, trockene Nase bemerkbar. Dabei frißt der Hund „nicht richtig" und zeigt eine Mastdarmtemperatur von 40–41° C. Werden diese wichtigen ersten Anzeichen der Staupe nicht behandelt, so kommt es infolge Schwächung des Hundes nach zehn Tagen zu einer bakteriellen Infektion mit eitrigem Augen- und Nasenausfluß, Bildung von Eiterpusteln an den Innenflächen der Schenkel, zu Husten, Erbrechen und Durchfall und erneutem Fieberanstieg (meist 40,5° C).
Bleiben die Hunde auch in diesem Stadium ohne Behandlung, dann kommt es zu schweren Komplikationen in Form der Lungen-, Darm- oder Nierenentzündung und zur „nervösen Staupe".
Bei der Hartballenstaupe treten, wie der Name sagt, eigenartige Verhornungen der Klauenballen auf. Die Hunde nehmen fast keine Nahrung zu sich und zeigen wochenlang die gefürchtete Mastdarmtemperatur von 39,3° C. Hierauf folgen meist tödliche nervöse Störungen („Gehirnstaupe").

Zu welchen Krankheitserscheinungen kommt es bei der ansteckenden Leberentzündung und der Leptospirose?

Bei der ansteckenden Leberentzündung kommt es bei Fieber (bis 41° C) zu Kreislaufschwäche, Erbrechen und Durchfall.
Bei der durch Bakterien verursachten Leptospirose unterscheiden wir die mit aasartigem Geruch aus dem Fang, Erbrechen und Durchfall einhergehende „Stuttgarter Hundeseuche“ und die mit Mattigkeit einhergehende infektiöse Gelbsucht oder Weilsche Krankheit. Die Leptospirose ist auf den Menschen übertragbar und verläuft bei ihm grippeähnlich. Sie bricht meist zwei Wochen nach Ansteckung aus.

Wie wird die Aujeszkysche Krankheit (Pseudowut) übertragen?

Durch Verfüttern von rohem Schweinefleisch und Innereien. Außerdem muß man verhindern, daß der Hund verendetes Wild frißt.
Die Pseudowut ist eine anzeigepflichtige Tierseuche, die vier Tage nach der Infektion ausbricht. Sie verläuft tollwutähnlich (Name!). Befallene Tiere zeigen Fieber und Übelkeit. Ihr Atem wird schneller und sie benehmen sich aggressiv. Sie sterben innerhalb von 24 Stunden. Die Infektionskette bricht bei Hunden und Katzen ab. Es gibt keine Heilungsmöglichkeit.
Der Virus der Aujeszkyschen Krankheit bleibt in der Erde einen Monat lang ansteckungsfähig.

Wie verläuft die Parvovirose oder Katzenseuche?

Diese Krankheit tritt als Herzmuskel- oder als Darmentzündung auf. Im ersteren Fall führt sie schnell zum Tod. Die Darmentzündung zeigt sich am Erbrechen und an einem gelben, süßlich-riechenden Durchfall. Der Hund erscheint aber ansonsten gesund. Nach etwa drei Tagen stirbt er an innerer Austrocknung.
Die Katzenseuche wird von sehr kleinen Viren verursacht, die bereits über 80° C zerstört werden. Es gibt eine vorbeugende Impfung, die in der 7. und 11. Lebenswoche erfolgen soll.

Wie kann man den Hund gegen diese Seuchen schützen?

Es hat sich als zweckmäßig erwiesen, den gesunden Junghund im Alter von 7–9 Wochen mit SHL-Vaccine gegen **S**taupe, **H**epatitis und **L**eptospirose schutzimpfen zu lassen (Tollwut-I. s.S. 538). Es gibt inzwischen auch eine Vierfachimpfung, die den Schutz gegen Tollwut einschließt.

Was verstehen wir unter der (Dackel-)Lähme?

Einen Bandscheibenvorfall in den Wirbelkanal. Im ersten Stadium, dem Schmerzstadium, können die betroffenen Hunde nur unter Beschwerden die Treppe hinauflaufen. Sie bleiben meist an der ersten Treppenstufe stehen. Wenn nicht sofort tierärztlich behandelt wird (mit Wärme, hochdosierten Vitamin-B_{12}-Injektionen, täglich zwei Dragées Ultra-Demoplas und BVK-Roche), geht das Schmerzstadium in das Lähmungsstadium (mit Lähmung des Hinterteils und Nachschleppen der Hinterläufe) über. Zu behandeln sind auch Verstopfung (s.S. 650) und die Harnverhaltung (diese evtl. durch Katheterisieren).

Was ist bei Wunden zu beachten?

Sie sind zu reinigen und mit Jodtinktur zu pinseln oder mit MP-Puder zu pudern. Bei Taschenwunden ist für Sekretabfluß zu sorgen und der Tierarzt zuzuziehen.

Gerechte Jagdhundeführung

Erziehung des Hundes

Wann beginnt man beim Junghund mit erzieherischen Maßnahmen?

Schon im Welpenalter. Insbesondere gewöhne man den Junghund an Gehorsam (Unterordnung), Stubenreinheit, Halsung und Leine, seinen Namen, an Ruf und Pfiff, an einen festen Liegeplatz, an Hausgeflügel und an den Verkehr. Bringfreude und Lautgeben sind zu fördern.

Wie erreicht man sehr schnell Stubenreinheit?

Wenn man dem Junghund die letzte Mahlzeit vor 17 Uhr reicht und ihn nach jeder Fütterung und wenn er sich durch Winseln meldet, immer wieder sofort an denselben Ort ins Freie bringt (Zuspruch: Mach schön, mach! Hinterher loben!). Man kann ihn auch abends in eine hohe Kiste bringen, die er nicht verlassen kann. Er beschmutzt sein eigenes Lager nicht und erhält dann frühmorgens gleich seinen Auslauf.

Woran erkennt man Seelenregungen des Hundes?

An der Sprache der Augen („Fenster der Seele"), den Bewegungen der Rute und des Rückens sowie am Lautgeben. Auch Eifersucht, Freude, Trauer und Neid gehören hierzu.

Wie sind die Lautäußerungen beim Hund zu deuten?

Das Lautgeben dient beim Hund, der seiner Wolfabstammung wegen als Meutetier im Sozialverband lebt, der Verständigung. Mit dem Knurren will der alte und starke Hund seine Vorrangstellung anzeigen. Das Verbellen deutet man als Herbeirufen. Ein Hund, der Wild gefunden hat, will seine Meutegenossen verständigen. In der Jagdpraxis ist das der Mensch. Das Geläut der Bracken ist eine Aufforderung zum Folgen. Mit dem Heulen ruft sich die Meute wieder zusammen. Ein Hund heult auch, wenn ihn sein Herr verläßt. Beim Wolf dient das Heulen auch der Revierabgrenzung. (Der Wolf kann nicht bellen, sondern nur heulen!)

Kann man beim Hunde menschliches Denken voraussetzen?

Nein! Es ist grundfalsch, an das Tun und Lassen des Hundes menschliche Maßstäbe anzulegen. Der Hund betrachtet als Meutetier seinen Herrn als „Kopfhund" und ordnet sich ihm unter. Der Jäger muß sich beim Abrichten und Abführen seines Hundes dessen natürliche Eigenschaften als Meutetier zunutze machen!

Von welchem Alter ab übt man das Folgen auf der Führerfährte?

Schon vom vierten Monat ab. Ein Gehilfe hält hierbei den Junghund fest und läßt ihn bei den ersten Übungen sehen, in welcher Richtung der Führer weggeht. Später geht der Führer in unübersichtliches Gelände und versteckt sich. Dann wird der Hund freigelassen und aufgefordert, seinem Führer zu folgen. Er lernt dabei, nach und nach seine Nase zu gebrauchen. Hat er seinen Führer gefunden, wird er von ihm sehr freudig begrüßt und abgeliebelt. Dieser freudige Kontakt zwischen Führer und Hund bildet die Grundlage für die spätere Abrichtung.

Bilden der „Backentasche“ zum Eingeben von Arzneien

Verhinderung des Beißens durch ein Schnauzenband, das mit Doppelschlinge unter dem Unterkiefer und Doppelschlinge hinter den Behängen fest zugezogen werden kann. Damit die Doppelschlinge hinter den Behängen nicht aufgehen kann, wird zum Abschluß eine Schleife gebunden.

Was verstehen wir unter dem „Abrichten“ und „Abführen“?

Die planmäßige und gründliche Ausbildung des Hundes. Hierbei erhält er für erwünschte Leistungen Lob und Leckerbissen, bei unerwünschtem Verhalten Strafe!
Gestraft wird mit dem hart gesprochenen Wort „Pfui“, mit dem Anrucken des „Riemens“ (der kurzen oder langen Leine) ggf. unter Anwendung des Stachelhalsbandes und (so selten wie möglich) durch Gertenhieb (nie mit Riemen oder Hand).
Wir unterscheiden die Grundabrichtung und die jagdliche Abführung im Gelände.

Merke: Der Hund wird abgerichtet und abgeführt, Schweiß- und Erdhund werden gearbeitet!

Zur Grundabrichtung gehören: Leinenführigkeit, Setzen, Herankommen auf Ruf und Pfiff, Folgen frei bei Fuß sowie Haltmachen (Down) auf Ruf, Handhochheben und Trillerpfiff. Erst wenn der Hund hierin sicher ist und absoluten Gehorsam zeigt, folgen die Apportierübungen und die jagdliche Abführung: Die Arbeit vor dem Schuß, nach dem Schuß und ohne Schuß.

Grundabrichtung

Wann beginnt man mit der Grundabrichtung des Jagdhundes?

Im Alter von sieben bis neun Monaten (je nach Intelligenz des Hundes). Im Anschluß hieran folgt die jagdliche Abführung.

Soll die Grundabrichtung im Zimmer erfolgen (Stubendressur)?

Nein! Die Abrichtung im Zimmer ist überholt. Manche Übungen beginnen zwar noch in geschlossenen Räumen. Die weitere Abrichtefolge sollte dann aber möglichst schnell ins Freie verlegt werden. Es empfiehlt sich, den Ort der Abrichtung

Vorstehen

Bringen aus tiefem Wasser

Korrekt gebracht

Hannoverscher Schweißhund verweist Schweiß

Totverbeller gibt „Standlaut“, er „ruft“ zum Stück

recht oft zu wechseln, damit sich der Hund trotz der Umwelteinflüsse an das strikte Befolgen der Gehorsams- und Unterordnungsübungen gewöhnt. Er darf sich beim Abrichten erst dann frei bewegen, wenn er in der Grundabrichtung Fortschritte gemacht hat.
Grundsatz: Nie um die Mittagszeit abrichten!

Mit welchen Reizen wird ein Hund abgerichtet und geführt?

Mit Hautreizen sowie Hör- und Sichtreizen.

Welche Hautreize werden bei der Abrichtung unterschieden?

Hautreize als Lob (das Streicheln oder Abliebeln),
Hautreize als Strafe (Ruck am Stachelhalsband, Gertenhieb, Schleuderschuß und elektrische Impulse s.S. 657) und
Hautreize zur Ausführung einer Arbeitsleistung (z.B. Lefzendruck zum Öffnen des Fanges bei Aufnahme des Apportierbockes, Druck auf die Stacheln des Halsbandes bei „Down"-Übungen).

Welche Hörreize oder Hörzeichen unterscheidet man?

Man unterscheidet Hörzeichen als Lob und zur Ermunterung (wie „So ist's brav", „Bring schön [=apporte]", „Such verwundt", „Faß") und Hörzeichen zur Einschüchterung (wie „Pfui" oder „Halt!").
Sie werden als Lob und zur Ermunterung gedehnt und ruhig, zur Einschüchterung dagegen kurz und scharf gesprochen.
Die mit der Pfeife gegebenen Hörzeichen bedeuten: Kurzer Pfiff „Achtung!", kurzer Doppelpfiff „Hierher", „Hereinkommen", Trillerpfiff oder Doppeltonpfiff (Fußballpfeife) „Halt (down)" = sofortiges Niederlegen und Liegenbleiben.

Was versteht man unter Sichtzeichen?

Alle Zeichen, die man dem Hunde zur Ausführung einer Arbeitsleistung gibt. So bedeutet z.B.: Erheben des Zeigefingers „Sitz"; Armhochheben, Stehenbleiben oder In-Anschlag Gehen „Halt!"; Wink mit der Hand oder Wendung des Körpers in eine bestimmte Richtung bedeuten, daß der Hund in dieser Richtung suchen soll; Rückwärtsgehen in gebückter Haltung bei anziehender Bewegung beider Arme heißt „Komm!". Je auffälliger man sich hierbei durch „Gehen-in-die-Kniebeuge" verkleinert und dabei rückwärts geht, um so schneller kommt der Hund heran. (Keinesfalls darf man ihm entgegengehen!)

Was darf der Hund als Jagdgehilfe tun, und was muß er lassen?

Er darf nur das tun, was dem Jäger angenehm und nützlich ist. Alles andere muß er lassen.
Das ist in vielen Fällen nur durch Zwang zu erreichen. Der Hund unterläßt durch Zwang ihm Angenehmes, wenn es ihm durch Unangenehmes verleidet wird; er führt für ihn Unangenehmes aus, wenn er dadurch Unangenehmerem entgehen kann.

Was ist Grundbedingung bei Anwendung des Zwanges?

Der dem Hunde unangenehme Zwang muß aufhören, sobald sich der Hund erwünscht verhält. Außerdem muß dem Aufhören des Unangenehmen sofort

Annehmlichkeit folgen (z.B. durch das Lob „So ist's brav“ oder durch Geben eines Leckerbissens). Der Hund erfährt dadurch, daß es sein Vorteil ist, wenn er das Erwünschte tut.

Wie wird auf den Hund eingewirkt, wenn er Unerwünschtes tut?

Durch den schlagartigen Zuruf „Pfui!“, „Halt!“ oder durch Trillerpfiff, durch kräftigen Ruck an Riemen und Halsung und, falls der Hund angeleint ist, durch gleichzeitigen Gertenhieb, nie mit der Hand oder dem Riemen!

Auf welches Hörzeichen hat der Hund sein Lager aufzusuchen?

Auf „Platz!“ (z.B.: Geh auf deinen Platz!).

Die Dressurgeräte

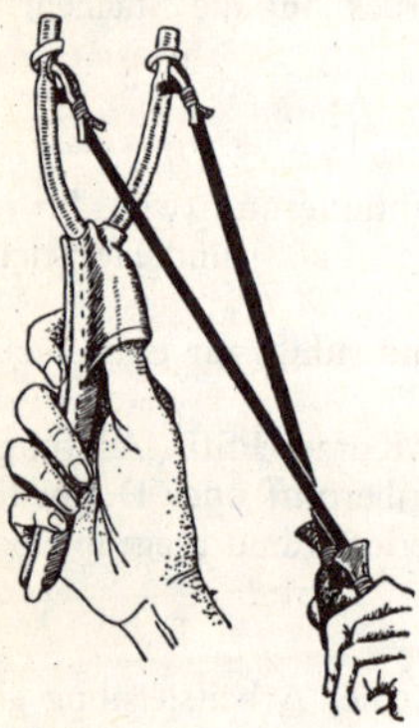

Schleuder oder Zwille
(für den Schleuderschuß)

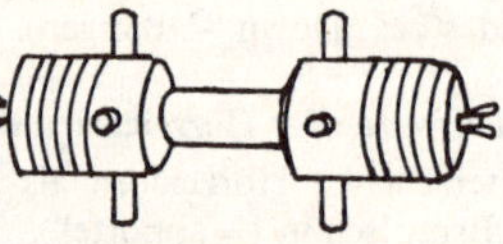

Apportierbock

Halt- oder Downpfeife aus Büffelhorn
für scharfen Pfiff und Triller

Stachel- oder Dressurhalsband
„Korallenhalsband“
Stachelhalsung

Durch anziehende Bewegung beider Arme und Rückwärtsgehen wird das Bringen des Hundes beschleunigt
(Bei Hundeprüfungen ist diese „Hilfe“ nicht erlaubt!)

Welche Gehorsamsübungen zwingen den Hund unter den Willen seines Herrn?

Riemenführigkeit, Setzen, Heranrufen, Folgen frei bei Fuß, Halt- oder Downmachen, Apportieren und Ablegen.

Was kann man den Junghund mit der Dressurangel lehren?

Die Dressurangel ist ein einfacher Stecken, an den eine Schnur gebunden ist. An letzterer ist ein „Gespenst" befestigt, dem der Hund gern nachhetzt. Es kann auch ein Elsternflügel oder ein Hasenbalg sein. Mit der Dressurangel hält man den Hund ab dem ersten Lebensmonat in Bewegung. Man kann mit diesem Gerät den Hund ans Wasser gewöhnen, ihn das Überspringen von Hindernissen lehren und das „Halt" oder „Down" schulen.

Soll man zur Abführung von Hunden elektronische Apparate wie das Teletakt-Gerät einsetzen?

Beim Teletakt-Gerät handelt es sich um einen Empfänger, der dem Hund umgeschnallt wird. Der Abrichter hält einen Sender in der Hand und kann über Funk Strafschläge auslösen, die den Hund bei einer Fehlhaltung treffen. Die Geräte arbeiten inzwischen einwandfrei. Es tritt kaum noch eine Impulsverzögerung auf. In Bruchteilen von Sekunden kann man auf den Hund einwirken. Mit einem Sender lassen sich bis zu fünf Hunde gleichzeitig führen. Man gewöhnt den Hund mit Empfängerattrappen an das Gerät. Da die Apparate nur um 400 g wiegen, kann man die Eingewöhnungszeit auf 2 Wochen verkürzen.
Das Teletaktgerät gehört nur in die Hände erfahrener Abrichter. Wird es von diesen behutsam angewandt, kann man sehr gute Erfolge erzielen.

Was versteht man unter einem „leinenführigen" Hund?

Einen Hund, der am kurzen Riemen an der linken Seite seines Herrn läuft, ohne vorzuprellen oder zurückzubleiben.
Der Kopf des Hundes muß mit den Knien des Führers auf gleicher Höhe bleiben. Seinem durch Stangenholz oder Kulturen gehenden Herrn soll der angeleinte Hund so folgen, daß er sich mit der Führerleine nicht verfängt und seinen Herrn nicht am Vorwärtsgehen hindert. Zur Erreichung der Leinenführigkeit benutzt man das Stachelhalsband. Beim Vorprellen wird der Hund durch ruckartiges Anziehen des Stachelhalsbandes gestraft. Bleibt er aus Ängstlichkeit zurück, so ist er mit der linken Hand – bei sanft gesprochenem „Fuß" – zu liebeln oder durch schnelles Vorwärtslaufen freudig zu erregen.

Ist das Mitführen eines Jagdhundes neben dem Fahrrad eine Tierquälerei?

Nein, wenn es sich um kurze Fahrstrecken bei mäßigem Tempo handelt und der Hund gesund ist. Er gehört dabei an die rechte Seite. Nur dann sind Hund und Fahrer vor überholenden Fahrzeugen geschützt.

Dürfen Hunde im Pkw, in dem ein „Schutznetz" angebracht ist, mitgeführt werden?

Ja, wenn das Schutznetz die nach vorn geschleuderte Ladung sicher festhält. Ein solches Netz, das aus der einmal montierten Halterung jederzeit ein- und auszuhängen ist, ist nicht TÜV-vorführpflichtig und wird von der Fa. Kleinmetall GmbH in 6455 Erlensee, Postfach 1250, geliefert. Sonst gibt es Bußgelder.

Leinenführigkeit:

1 Der Hund geht links neben seinem Herrn

2 Durch Linksdrehung wird ein Vorprellen verhindert

3 Vorbeiführen an Bäumen

4 Festigung des Gelernten im Revier

Das „Sitz":

1 Sitz durch Niederdrücken mit der Hand

2 Der Hund bleibt sitzen, aber der Führer bewegt sich

3 Selbständiges Sitz nach Stehenbleiben des Führers

4 Herkommen zum Führer und „Sitz".

Mein „Blase“
der ist
praxisnah –
grad wie im
Buch,
so steht er
da!

NJN VERLAG J. NEUMANN - NEUDAMM

Leinenführigkeit

1 **Abrichte-Schritt: Der Hund geht links neben seinem Herrn.**
Man legt ihm das Dressurhalsband um und nimmt ihn an die kurze Führungsleine. Die linke Hand stemmt man in die Hüfte. Durch die linke Faust läuft die Leine wie durch einen Führungsring. Die rechte Hand hält die Leine fest. Der Hund befindet sich links vom Führer. Ein Vorprellen des Tieres wird so verhindert. Folgt der Hund unwillig, ermuntert man ihn mit einer liebkosenden Handbewegung. Zunächst wird diese Übung im abgeschlossenen Raum ausgeführt. Man geht dicht an einer Wand entlang. Anschließend festigt man das Gelernte im Freien.

2 **Abrichte-Schritt: Durch Linksdrehung wird ein Vorprellen verhindert.**
Der Hund geht wieder links neben seinem Herrn. Will er seitlich ausweichen, zieht man an der Leine. Das Dressurhalsband wird ihn schnell eines besseren belehren! Manche Hunde versuchen nach einiger Zeit vorzuprellen. In dem Moment, wo das Tier den Führer überholen will, wendet sich der Führer schnell nach links und stellt seinen Fuß quer. Dabei sagt er scharf: „Fuß!“ (Im Notfall steigt man ihm leicht auf die Pfoten!)

3 **Abrichte-Schritt: Vorbeiführen an Bäumen.**
Nach einigen Tagen geht man im Freien an Bäumen und Pflöcken vorbei. Will das Tier um diese Hindernisse herum, läßt man es in die Dressurhalsung rennen. Nach einer Woche stündlicher Übung begreift jeder Hund.

4 **Abrichte-Schritt: Festigung des Gelernten im Revier.**
Von einem Helfer kann man den Hund nun ablenken lassen. Im Revier wird man mit ihm durch eine Dickung kriechen. Er hat stets links dicht neben dem Jäger zu gehen, seine Nase reicht in die linke Kniekehle des Abrichters.

Das „Sitz“

1 **Abrichte-Schritt: Sitz durch Niederdrücken mit der Hand.**
Der Hund hat das Dressurhalsband um und hängt an der Führungsleine. Der Herr hält sie mit der rechten Hand fest. Die Linke greift mit gespreizten Fingern über die Kuppe des Hundes. Unter dem Kommando ‚Sitz‘ verursacht sie sowohl einen Druck in die Nierengegend wie nach unten. Die rechte Hand zieht die Leine zurück, hält sie aber oben, damit sich der Hund nicht legen kann. Hat der Hund begriffen, muß er dasselbe bei erhobenem Zeigefinger und dem knappen Befehl „Sitz!“ ausführen. Anschließend folgt das „Sitz“ auf den Gertenhieb. (Erst Antippen, im Extremfall ein schneller Schlag!)

2 **Abrichte-Schritt: Der Hund bleibt sitzen, aber der Führer bewegt sich.**
Man geht zunächst einen Schritt links und einen Schritt nach rechts unter dem Kommando „Sitz“! Will der Hund aufstehen, bekommt er blitzschnell einen Hieb auf die Kruppe. Begreift er, wird er gelobt. Dann werden sich drei und mehr Schritte vom Hund entfernt. Auch wenn man hinter das Tier tritt, muß es sitzenbleiben. Schließlich geht man um den Hund herum. Das Sitzen wird bis auf 5 min ausgedehnt.

3 **Abrichte-Schritt: Selbständiges Sitz nach Stehenbleiben des Führers.**
Der Herr geht mit seinem Hund ein kurzes Stückchen. Die Gerte trägt er hinter seinem Rücken in der rechten Hand. Bleibt er stehen, bekommt das Tier einen leichten Schlag auf die Kruppe, gleichzeitig ertönt die Anweisung „Sitz!“. Der Hund muß sich sofort setzen, wenn sein Herr stehen bleibt. Diese Übung wird oft wiederholt. Man wechselt häufig den Ort, geht langsamer und schneller. Zuletzt probiert man sie auch bei Ablenkungen im Revier.

4 **Abrichte-Schritt: Herkommen zum Führer und „Sitz“.**
Dazu hängt der Hund an der langen Leine. Bis aus 10 Metern wird er herangezogen. Man sagt „Hier!“ und unterstützt das durch eine winkende Bewegung mit der linken Hand, mit der man abschließend seinen Oberschenkel berührt. Hat das Tier begriffen, wird es abgeliebelt. Anschließend wird der Hund an den feinen Doppelpfiff der Hornpfeife gewöhnt, die das Gleiche bedeutet wie das „Hier“ und das nach unten greifende Winken mit der linken Hand. Auch das „Sitz“ aufs Herbeirufen wird nun im Revier in abwechslungsreichen Situationen und unter Ablenkungen eingeschliffen.

Wann hat sich der Hund zu setzen?

Beim An- und Ableinen, beim Abhalsen, beim Abgeben apportierten Wildes, auf dem Stande und beim Beobachten von Wild bei der Pirsch. Der Hund muß lernen, sich auf das Hörzeichen „Sitz!" und die Sichtzeichen „Erheben des Zeigefingers" oder „Stehenbleiben" sofort zu setzen und sitzen zu bleiben. Wenn der Jäger rastet und seinen Hut abnimmt, ist das für den Hund das Zeichen, daß er sich jetzt in aller Ruhe lösen kann.

Was hat der Hund auf „Halt!" oder „Down!" zu tun?

Er hat sich auf die Hörzeichen Halt, Down (sprich: „daun"), Doppelton- oder Trillerpfiff oder auf die Sichtzeichen (Hand oder Gewehr hochheben, In-Anschlag-Gehen) blitzartig flach niederzulegen und so lange liegen zu bleiben, bis er vom Herrn abgerufen oder abgeholt wird. Mit dem Kommando „Halt" oder „Down" beherrscht man seinen Hund über weite Distanzen.
Das zuverlässige Haltmachen ist die Hauptsache bei der Dressur und Führung!

Was versteht man unter dem „Ablegen"?

Das Niederlegen und Ausharren des Hundes an einer befohlenen Stelle, bis ihn der Jäger durch Pfiff verständigt, daß er folgen darf. Wird der Hund bei einem niedergelegten Gegenstand (Rucksack, Jagdstock usf.) abgelegt, muß er immer abgeholt werden. Anfangs wird er an einer Kette abgelegt, damit er sich nicht „abschneiden" kann, später wird er „frei abgelegt".

Was muß der abgelegte Hund tun, wenn sein Herr schießt?

Er hat auf der Stelle zu bleiben, bis er abgerufen wird, und darf weder winseln noch lautgeben. Der vom Meutetrieb beseelte Hund fühlt sich „abgelegt" vereinsamt. Die Abholung bedeutet für ihn eine Erlösung. Er wird deshalb nach guter Arbeit gelobt. Ein abgelegter Hund darf nie abgepfiffen werden, man muß ihn stets abholen (im Gegensatz zu dem in Downlage sich befindenden Hund).

Wo ist der Hund während der Frühstückspause abzulegen?

Abseits, bei Rucksack und entladenem Gewehr seines Herrn.

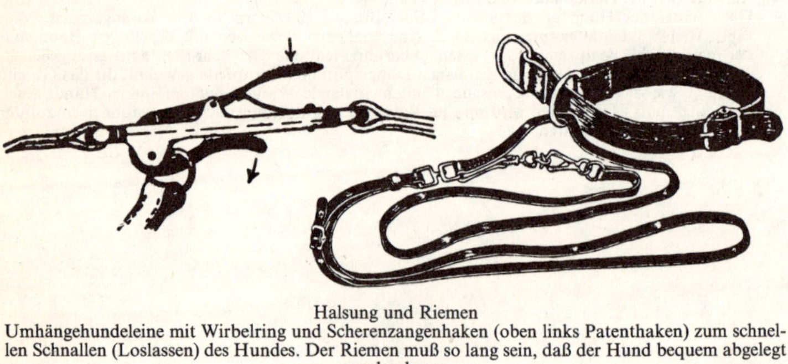

Halsung und Riemen
Umhängehundeleine mit Wirbelring und Scherenzangenhaken (oben links Patenthaken) zum schnellen Schnallen (Loslassen) des Hundes. Der Riemen muß so lang sein, daß der Hund bequem abgelegt werden kann.

Was kann man tun, wenn Hunde sich verbeißen?

Die Raufer werden an den Hinterläufen „ausgehoben", oder man gibt einen Schuß in die Luft ab (sie lassen dann aus Jagdneid voneinander ab).

Wie verhalten wir uns, wenn der junge Hund freudig einen Fundgegenstand, z.B. einen Schuh, bringt?

Wir müssen ihn empfinden lassen, daß wir seine Freude an seiner „Beute" teilen, die er uns, dem „Kopfhund" zuträgt, und müssen ihn abliebeln (streicheln und loben). Das ist Vorarbeit für das Bringen (Apportieren) und erhöht seine Arbeitsfreude. Später soll er auch Abwurfstangen finden und apportieren.
Das Apportieren lernt der Hund am sichersten durch Zwang, unter Verwendung des Apportierbockes (s. Abb. S. 656).

Wie kann man den jungen Hund jagdlich fördern?

Schon ab drei Monaten nimmt man den Welpen regelmäßig auf Reviergänge mit. Dort läßt man ihn frei laufen, verhindert aber, daß er auf Rehfährten kommt. Man setzt ihn auf die Spur des Hasen und läßt ihn unter Lob diese ausarbeiten. Man sollte vorher beobachtet haben, wie der Krumme gelaufen ist und ihn nur so weit folgen lassen. Wird die Spur unsicher, trägt man den Hund lieber ab. (Nicht an der Sasse ansetzen, dort bekommt er zuviel Wittrung!) Im Zickzack geht man die Felder ab und ermuntert bereits den Welpen mit dem Wind vorwärts zu suchen. Wendet sich der Hund auf eine Seite, dreht man sich zur anderen. Er wird bald in dieser Richtung folgen. An die Wasserarbeit gewöhnt man ihn dadurch, daß man ihn gemeinsam mit einem alten, abgeführten Hund nach Wassergeflügel stöbern läßt. So gewinnt er Freude an der Arbeit im nassen Element.

Wie oft soll man mit einem Hund üben?

Täglich! An einem Stück aber nie länger als drei Stunden.

Wie bringt man einen Junghund dazu, den oft ungeliebten Fuchs zu apportieren?

Man umwickelt den Fuchs mit einem Kaninchenbalg oder reibt den Roten mit frischem Kaninchengescheide ein.

Das jagdliche Abführen

Der Hund bei der Feldarbeit

Welche Leistungen werden vom Gebrauchshund gefordert?

Alle Arbeiten vor dem Schuß, ohne Schuß und nach dem Schuß im Feld, im Wald sowie am und im Wasser.

Welche Arbeiten hat der Hund vor dem Schuß zu leisten?

Im Felde und am Wasser hat er das in Deckung befindliche Wild zu suchen und gefundenes durch Vorstehen anzuzeigen.
Im Walde hat er kleines Niederwild im Schußbereich der Flinte („unter der Flinte") zu suchen und vorzustehen (Buschieren) oder wie ein Treiber aufzutreiben und lautjagend dem Herrn vor die Flinte zu bringen (s. S. 666, Stöbern).

Hinzu kommt noch die Waldjagd mit der Bracke (s. S. 632), das Brackieren, ohne Sichtverbindung mit dem Jäger (s. S. 667) und die Bauarbeit (s. S. 667).

Welche Grundregeln gelten für die Hühnerjagd mit dem Hunde?

Man übt vor Beginn der Hühnerjagd den Hund im Laufen; am Tage der Hühnerjagd erhält der Hund morgens nur leichtes Futter, das gilt auch vor Antritt einer Autofahrt, um das Erbrechen zu verhüten (Mittel dagegen: Ein Mastdarmzäpfchen Vomex A; die Hauptmahlzeit mit Fleisch erhält er erst abends).
An heißen Tagen und „wenn ihm die Zunge heraushängt" gibt man ihm so oft wie möglich Wasser (in wasserarme Reviere eine Flasche mit Wasser mitnehmen!).
Man sucht stets mit gutem (gegen den) Wind, da der Hund nur mit hoher Nase Wild finden kann, und läßt ihn die Felder planvoll absuchen. Die häufige Änderung der Windrichtung (das Küseln des Windes) läßt sich durch Hochheben eines nassen Fingers oder durch Zigarettenrauch feststellen.
Gefundene Hühner hat der Hund fest vorzustehen, während ein zweiter Hund evtl. „mitsteht" oder auf Sicht „sekundiert". Laufen sie, so hat er in entsprechendem Abstand in gespannter Haltung nachzuziehen (nachzurücken); laufen sie ihm aus dem Winde, so muß er sich „Wind holen" (indem er ein Stück vorläuft, um gegen den Wind zurückzusuchen) und versuchen, sie wieder festzubekommen; die vorgestandenen Hühner sucht man zwischen sich und den Hund zu bringen und „tritt" die Hühner am besten selbst „heraus".
Firme Hunde dürfen stehend die Schußwirkung abwarten, schußhitzige haben vor aufstehenden Hühnern „halt" zu machen. Springt der Hund in die Hühner ein, wozu ein jagdfreudiger Hund gern bereit ist, oder will er Hasen hetzen, wirkt man auf ihn schlagartig mit „Halt!", Doppelton- oder Trillerpfiff ein. Der Hund darf nur auf ausdrückliche Aufforderung apportieren. Bei guter Arbeit zolle man dem Hunde Anerkennung. Nach der Jagd besorge man dem Hund Futter und ein gutes Lager. Als Lager gibt man ihm, wenn man unterwegs ist, auch bei Prüfungen, zweckmäßig die gewohnte, mitgebrachte Decke.

Wie bringt man seinem Jagdhund eine planmäßige und ausdauernde Suche bei?

Der Führer geht in Schlangenlinie durch die Felder. Das verleitet auch den Hund zum Hin- und Herpendeln. Holt der vierbeinige Jagdkamerad zu weit aus, wendet sich der Jäger einfach in die andere Richtung. Der Jäger zeigt diese Änderung mit dem Arm an und begleitet sie mit einem kurzen Pfiff. Das akustische Signal wird später weggelassen. Einen Hetzer bringt man durch Trillerpfeife in Downlage. In dieser Stellung läßt man ihn einige Sekunden liegen. In der Zwischenzeit wendet man sich in die entgegengesetzte Richtung.

Wie macht man aus einem Hund einen sicheren Vorsteher?

Man trainiert das Vorstehen oder Vorliegen erst, wenn man den Hund fest in der Hand hat. Hat er Wild markiert, muß man bereit sein, um eingreifen zu können. Man nimmt die Trillerpfeife an die Lippen. Will der Hund einspringen, wird er in Downlage getrillert. Nun nähert man sich mit Lobesworten seinem vierbeinigen Freund. Streichen die Hühner ab, muß man ihn notfalls nochmal zum Down hinunterpfeifen. Auf diese Weise begreift der Hund, daß er warten muß, bis sein Führer herankommt und dieser das Wild heraustritt. Zeigt er sich unter der Trillerpfeife nicht gehorsam, empfiehlt es sich, zur Feldleine zurückzugreifen und sich so dem Wild zu nähern.

Wie verhält man sich bei der Nachsuche geflügelter Hühner?

Man lasse dem Hunde Freiheit und zwinge ihn nicht in eine bestimmte Richtung. Seine Nase hat meist recht.

Wird der Hund, wenn er Hühner herausgestoßen oder einen Hasen gehetzt hat, beim Zurückkommen bestraft?

Nein! Das würde der Hund nicht verstehen. Wir dürfen auf den Hund strafend immer nur in dem Augenblick einwirken, in dem er das ihm gegebene Hörzeichen nicht beachtet. Der Hund wird deshalb beim Zurückkommen in aller Ruhe empfangen und an den Riemen genommen. Will er bei nächster Gelegenheit wieder hetzen, dann wirken wir auf ihn mit Pfuirufen, Trillerpfiff, Stachelhalsband, Kriechenlassen und Gerte nachdrücklich ein. Nur dann kann der Hund verknüpfen, was er lassen soll.
Benimmt er sich bei dieser Arbeit dagegen einwandfrei, dann lassen wir es ihn durch Lob „So ist's brav" wissen. Das Lob wird in diesem Falle halb ermunternd und halb drohend gesprochen.
(Vorsicht mit dem Strafschuß und mit der Anwendung elektronischer Apparate wie Teletact, bei denen der Hund einen schmerzhaften elektrischen Schlag bekommt! Sonst verknüpft der Hund, daß der flüchtende Hase Schmerz bedeutet, und er kehrt künftig ohne Hasen zum Herrn zurück, wenn der Hase vor ihm aus der Wundsasse flüchtig wird.)

Wann soll man die Suchjagd nicht ausüben?

In der Mittagshitze eines u.U. noch heißen Tages. Der Hund findet dann kaum eine Wittrung. Man wartet besser auf den Abend oder verschiebt die Jagd auf den nächsten Morgen.

Der Hund bei der Wasserarbeit

Wie macht man einen Hund mit dem Wasser vertraut?

Schon der Welpe läßt sich an das nasse Element gewöhnen. Man schickt dazu die Hündin in ein flaches Gewässer. Ihr Nachwuchs wird ihr ohne Widerstreben folgen. Nach ersten Übungen dieser Art greift man zur Dressurangel. Im Eifer des Gefechts wird der Welpe ohne langes Überlegen durch das Wasser jagen. Die Gewöhnungsarbeit beschränkt man zunächst auf heiße Sommertage. In dieser Zeit kann auch der Führer ins Wasser gehen. Ihm wird der Hund auf alle Fälle hinterherplantschen. Mit großem Eifer stöbert bereits der Junghund der geflügelten Ente nach. Man soll ihn anfangs nicht zu lange stöbern lassen, sondern das Tier schnell erlegen. Das Erfolgserlebnis erhöht seine Wasserfreude. Schußempfindlichen Hunden soll man die Ente nicht vor der Nase schießen. Kein Hund darf mit Gewalt ins Wasser gestoßen werden: Die Passion für das Wasser muß angewölft sein!

Was soll man bei der Wasserjagd bedenken?

Bei der Wasserjagd nimmt man dem Hund die Halsung ab. Das gilt grundsätzlich auch für jede Arbeit in unübersichtlichem Gelände und für die Bauarbeit. Man führt den Hund zunächst auf den Rauherpel sowie im August auf Jungenten. Hierbei muß er beim Stöbern im Schilf die Ausnützung des Windes und das Dranbleiben an Geläuf- und Schwimmspur der Ente erlernen.

Das Apportieren:

1 Die Hand des Führers im Fang
2 Halten von Bock + Balg
3 Tragen von Bock + Balg
4 Ergreifen des Bockes
5 Aufnehmen vom Boden
6 Holen des Gegenstandes
7 Festigung der Nackenmuskulatur
8 Das freie Bringen

Das Apportieren

1 **Abrichte-Schritt: Die Hand des Führers im Fang des Hundes.**
Der Hund wird ans Dressurhalsband geleint und sitzt links neben dem Herrn. Mit der einen Hand umgreift der Abrichter dessen Fang. Die Zange aus Daumen und Zeigefinger preßt auf die Lefzen. Macht das Tier den Fang auf, schiebt ihm der Abrichter seine Hand hinein. Dazu wird schon jetzt das Kommando „Apport!" gegeben. Seine Hand darf man nicht zu weit in den Fang hineinstecken. Nun zählt man langsam und leise bis zehn. Unter dem Befehl: „Gib aus" holt man sie wieder heraus.

2 **Abrichte-Schritt: Halten des Strohbocks und des Balges.**
Nun wird unter dem Kommando „Apport" dem Hund ein Balg in den Fang geschoben. Der Hund muß ihn halten und nach dem Befehl „Gib aus!" wieder loslassen. In der Folge soll er den Kaninchenbalg halten lernen. Wichtig sind deutliche Pausen zwischen dem Reichen des Bockes und des Balges, dem Aufnahmebefehl, dem Zurückziehen der Hand, dem erneuten Anfassen des Apportgegenstandes und der Ausgabeanweisung, damit der Hund nichts durcheinanderbringt.

3 **Abrichte-Schritt: Tragen des Bockes bzw. des Balges.**
Mit der Leine wird der Hund, der Bock oder Balg im Fang hat, an den Führer herangezogen. Dazu lautet das Kommando „Hier!" Damit Bock und Balg nicht ausgelassen werden, greift man mit der rechten Hand dem Tier unter den Fang. Man achte darauf, daß der Hund den Apportiergegenstand nur im Sitzen aufnimmt und im Sitzen wieder ausgibt. Beherrscht er diese Übung, läßt man ihn mit dem Strohbock im Fang Hindernisse überspringen. Das macht jedem Hund Spaß. Man sollte solche lustbetonten Abwechslungen in jedes Abführprogramm einbauen.

4 **Abrichte-Schritt: Ergreifen des Bockes.**
Dem sitzenden Hund hält man den Strohbock oder Balg auf der flachen Hand vor. Die Linke liegt im Zangengriff über dem Fang. Das Tier muß den Apportiergegenstand auf Befehl aufnehmen. Durch Zwangsanwendung des Lefzendruckes wird nachgeholfen. Dieser hat sofort nachzulassen, wenn der Hund zugreift. Nun wird das Tier ausgiebig gelobt. Auf „Gib aus!" hat der Hund wieder loszulassen.

5 **Abrichte-Schritt: Aufnehmen vom Boden.**
Erst wird der Bock noch über den Boden gehalten, dann legt man ihn auf die ebene Erde. Man kann den Apportiergegenstand auch von zwei Ziegelsteinen, die man oberkant, breitkant und letzten Endes flachkant stellt, aufgreifen lassen. Man deutet mit dem Zeigefinger auf den Bock und befiehlt „Apport!" Das Ausgeben erfolgt wieder im Sitzen nach Kommando.

6 **Abrichte-Schritt: Holen des Gegenstandes.**
Nun schickt man oder zieht man den Hund notfalls am Dressurhalsband zum Bock bzw. Balg. Er ist dabei an der langen Leine. Der Befehl lautet jetzt „Verloren Apport!" Erst wenn er sicher bringt, läßt man die Leine. Geht der Hund zum Apportiergegenstand, entfernen wir uns immer weiter von ihm. Später wird der Bock fortgeworfen und muß geholt werden. Schließlich lassen wir ihn unauffällig fallen. Der Hund hat ihn auf der Spur des Führers zu suchen und zu apportieren.

7 **Abrichte-Schritt: Festigung der Nackenmuskulatur.**
Das zu tragende Gewicht wird durch Aufschrauben von Eisenringen an den Oberländer-Apportierbock stufenweise bis auf 9 kg erhöht. Damit der Hund auch das Ausbalancieren einer Last lernen kann, gibt man ihm auch den Fuchsbalg zum Bringen. Man schießt zwischendrin eine Elster oder eine streunende Katze. Der Hund soll das Apportieren ebenso am warmen Wild lernen und an Tieren, deren Geruch ihm nicht so liegt.

8 **Abrichte-Schritt: Das „freie Bringen".**
Hierzu wird Wild versteckt, und nach einigen Stunden mit dem Hund diese Stelle aufgesucht. Wir beobachten, ob er es findet. Bringt er es nicht, wird er unter „Apport" dazu veranlaßt. Diese wichtige Eigenschaft, alles Gefundene seinem Herrn zuzutragen, nennt man Bringfreude. Man kann auch ein Feuerzeug oder andere persönliche Gegenstände „verlieren". Ein gut gearbeiteter Hund hat sie ohne Befehl zu bringen.

Wie muß der Hund eine geschossene Ente apportieren?

Er muß nach Verlassen des Wassers die Ente flott apportieren, ohne sich zu schütteln oder sie am Ufer hinzulegen, sonst würden geflügelte Enten sofort wieder das Wasser annehmen (s. auch S. 321). Das flotte Apportieren kann man erreichen, wenn man selber ein Stück rückwärts geht (s. Abb. S. 656).

Der Hund bei der Waldarbeit

Waldjagd, Buschieren, Stöbern, Brackieren

Wie muß sich der Hund bei der Waldjagd verhalten?

Er muß links neben seinem Herrn sitzen oder liegen und darf weder durch den Treiberlärm noch durch Schüsse oder Wild unruhig werden. Junge Hunde werden zweckmäßig an einem Baum, in der Nähe des Herrn, angeleint (am besten mit Lederkette).

Darf der Jäger bei der Waldjagd seinen Hund schnallen?

Nur, wenn es der Jagdleiter wünscht.

Was versteht man unter Buschieren?

Die Suchjagd mit dem Hunde im lichten Stangenholz, auf niedrigen Kulturen oder auf kurz bewachsenen Schlägen. Der Hund soll hierbei, wie bei der Suche im Felde, im Schußbereich der Flinte bei Ausnutzung von Wind und Deckung planvoll suchen und das sich drückende Wild (Hase, Kaninchen, Herbstschnepfe) durch Vorstehen anzeigen. Aufstehendes Wild darf er nicht hetzen. Herausstoßen des Wildes und Nachprellen sind schwere Fehler. Das Wild wird vom Herrn selbst herausgetreten. Der Hund muß feinen Appell haben und schon auf Zischlaut, Wink und Körperwendung sicher arbeiten. Zwischen Hund und Führer besteht stets Sichtkontakt.

Was versteht man unter Stöbern?

Die Verwendung des Hundes als Treiber. Der Hund muß auch ausgedehnte, nicht einsehbare Kulturen und Dickungen selbständig und planmäßig durchsuchen. Hier soll er nicht vorstehen, sondern gezügelt jagen und mit Passion und Verständnis die Spur oder das Geläuf des Wildes aufnehmen und das Wild „laut hetzend" dem Jäger zutreiben. Er darf dabei weder Dornen noch Nässe oder Kälte fürchten (s. Stöberhunde S. 632). Wenn das Wild das Treiben verlassen hat, muß er, zumindest auf Hör- oder Sichtzeichen, ins Treiben zurückkommen und weiter stöbern (er muß sich abpfeifen und sich zum Weiterstöbern einweisen lassen). Er darf dem Wilde nicht weit über die Grenze eines Treibens (den „Bogen") folgen, er muß also „bogenrein" sein. Alles Schalenwild, außer Schwarzwild, ist für den Hund beim Stöbern tabu. Solche Stöberhunde nennt man „rehrein". Zum Stöbern im Kaninchenrevier eignet sich am besten der Teckel. Kaninchen kommen vor ihm langsam und bedächtig, so daß man gut zu Schuß kommen kann. Andere spurlaute Hunde werden beim Stöbern auf Kaninchen leicht verdorben, weil sie sich leicht das „Changieren" angewöhnen.

Wann ist ein Hund sichtlaut, spurlaut, waidlaut und baulaut?

Er ist sichtlaut oder hetzlaut, wenn er hinter flüchtendem Wild nur so lange Laut gibt, solange er es sieht.
Er ist spurlaut (fährtenlaut), wenn er der Spur (Fährte) des Wildes lautjagend folgt. Spur- und fährtenlaut sind ein Vorzug des Hundes, da der Jäger erkennen kann, wohin sich das Wild wendet. Spurlaut (auf der Hasenspur) müssen alle Stöber- und Dachshunde sein, fährtenlaut alle Bracken (s. S. 632). Das Lautgeben vereint jagender Hunde nennt man „Geläute". Der Hund ist waidlaut, wenn er weiter „läutet", obwohl er die Spur oder Fährte verschossen (verfehlt) oder verloren hat.
Er ist baulaut („lügt"), wenn er im Bau, ohne zu finden, laut ist.

Was versteht man unter Changieren?

Das unerwünschte Überwechseln des Hundes von der gearbeiteten Spur (Fährte) auf eine andere, meist wärmere Spur (Fährte).

Was ist von stummjagenden Hunden zu halten?

Sie sind dem Wilde unheimlich. Wo ständig stumme Hunde jagen, verläßt das Wild die gewohnten Einstände. Außerdem weiß der Jäger nie, wo der Hund jagt, da das akustische Signal fehlt.

Wie unterscheiden sich Stand- und Hetzlaut?

Der Standlaut (das Lautgeben des Hundes vor dem gestellten Wild) klingt tief und voll, der Hetzlaut klingt hoch (jiff, jiff).

Was versteht man unter dem „Brackieren"?

Die Weitjagd mit der Bracke (s. S. 632), ohne Sichtverbindung mit dem Jäger. Das Brackieren beruht auf der Eigenschaft des Hasen, in seinem Einstand feste Pässe zu halten. Die Bracken sollen einen einzelnen Mümmelmann auftun („stechen") und so lange fährtentreu und lautjagend treiben (nicht hetzen!), bis er in weitem Bogen zur ursprünglichen Sasse zurückkommt. Dort erwartet ihn der Jäger. Brackenjagd ist eine betuliche Einzeljagd. Im Höchstfall stellt ein zweiter Jäger den vermuteten Rückpaß ab. Das Brackieren ist in Revieren mit weniger als 1000 ha Fläche verboten. Zwei Pächter könnten sich jedoch zu dieser Jagdart zusammentun. Sie ist nur mehr im Sieger- und Sauerland sowie in Bayern üblich. In der Schweiz, Österreich und Südtirol brackiert man hie und da noch den Schneehasen.

Der Hund bei der Bauarbeit

Was versteht man unter Bauarbeit?

Die Erdarbeit oder Bodenjagd des Teckels oder Terriers im Fuchs- und Dachsbau. Hierbei wird er, wie bei der Wasserarbeit und beim Buschieren, abgehalst (von der Halsung befreit).
Sie ist in Tollwutsperrgebieten verboten (Schutz des Hundes vor Tollwut). Man versteht unter dem „Einschliefen" das Hineinkriechen des Erdhundes oder Frettchens in den Bau. Fuchs und Dachs dagegen „fahren zu Bau".

Wann spricht man vom „Vorliegen"?

Wenn der Erdhund im Bau vor Fuchs oder Dachs Standlaut gibt (nicht verwechseln mit „baulaut"!, s. S. 667).

Was tut der erfahrene Bauhund nach einer Zeit des Vorliegens?

Er verläßt den gestellten Fuchs, schlieft in eine andere Röhre ein und bringt dadurch den Fuchs in Bewegung und zum Springen (zum Verlassen des Baues). Er „sprengt" ihn aus dem Bau.

Wann wird „gegraben" (ein Bodeneinschlag gemacht)?

Im Frühjahr auf Jungfüchse. Hierbei besteht die Möglichkeit, sie zu töten oder sie der Tollwutschutzimpfung zu unterziehen, wenn das veterinärpolizeilich organisiert wird.
Weiter wird im Herbst auf den Dachs „gegraben", wenn keine Aussicht besteht, daß er „springt". Man ermittelt durch Auflegen des Ohres auf die Erde die Stelle, unter welcher der Hund den Dachs gestellt hat und verbellt. Dort wird der „Einschlag gemacht", der auf die Röhre zwischen Dachs und Hund führt. Die Röhre wird nach dem Ausgang zu verstopft und nach dem Dachse zu erweitert, bis der Dachs mit der Dachszange gefaßt oder (mit Revolver oder Pistole) durch Kopfschuß (Fangschuß s.S. 715) erlegt werden kann.

Wann spricht man vom „Überrollen"?

Wenn Fuchs oder Dachs über den vorliegenden Erdhund hinweg aus dem Bau ins Freie gelangen, den Hund also „überrollen".

Wann „verklüften" sich Fuchs oder Dachs?

Wenn sie im Bau von einem Erdhund scharf bedrängt werden. Sie scharren dann die Röhre zwischen sich und dem Hunde schnell zu (sie „verklüften sich"). Der Hund will nach und verklüftet sich oft selbst. Dann muß zu seiner Rettung ein Einschlag gemacht werden. Am gefährlichsten sind Felsenbaue.

Die Arbeit nach dem Schuß

Das Apportieren

Welche Bedeutung hat die Arbeit des Hundes nach dem Schuß?

Sie ist die Hauptaufgabe und wichtigste Arbeit des Hundes. Bei dieser Arbeit hat er das erlegte Wild auf den Zuruf „apporte" korrekt zu bringen, d.h., ohne es zu knautschen (zu drücken) seinem Herrn zuzutragen und abzugeben. Krankgeschossenes Wild muß er finden und, wenn notwendig, zuverlässig abtun (von Schmerzen erlösen!) und sauber bringen (apportieren).
Kommt der Hund heran, so hat er sich zu setzen und auf „Aus!" das Wild sofort herzugeben. Es darf nicht geduldet werden, daß der Hund seinen Herrn umkreist oder ihm das Wild vor die Füße wirft.

Wann erst darf der Hund apportieren?

Erst wenn er mit dem Kommando „Bring schön! Apporte!" dazu aufgefordert wird. Bis dahin hat er sich ruhig zu verhalten und links vom Jäger zu sitzen oder zu laufen. Keinesfalls darf er beim Schuß auf Wild einspringen und davonstürmen. Sonst wird er „schußhitzig" und verknüpft, daß er schon apportieren darf, wenn es knallt.

Wie kann man den schußhitzigen Hund zur Ruhe erziehen?

Er wird angeleint, und man befiehlt ihm vor dem Schuß „Halt!". Das vor ihm geschossene Wild nimmt man selbst auf. Dann läßt man mit dem Wild, ohne daß es der Hund sieht, eine Schleppe machen und ihn suchen und apportieren. Er erfährt dadurch, daß er auf Schuß haltzumachen und nur auf Befehl zu bringen hat.

Welche Hasen soll man vom Hunde apportieren lassen?

Angeschossene Hasen, aber möglichst nicht auf Sicht, sondern auf der Spur. Im Feuer gebliebene können auch die Treiber holen. Die kranke Hasenspur steht im Felde etwa 10 bis 15 Minuten, bei Frost und Sturm nur vier bis fünf Minuten, im Walde länger.

Die Schweißarbeit

Wann soll man mit der Nachsuche beginnen?

Bei kleinem Niederwild sofort, bei Schalenwild je nach dem Zeichnen nach ein bis zwei Stunden, bei Weidwundschuß nach vier bis sechs Stunden, bei Dämmerung erst am nächsten Morgen. Schalenwild läßt man erst „krank werden".
Nach Kieferschüssen sind alle vermutlichen Fluchtwechsel zu verstellen. So bald wie möglich soll mit dem firmen Hund nachgesucht werden (Ausnützen der ersten Unsicherheit des verletzten Stückes; s. S. 235). Nach Laufschüssen wird heute weitgehend nicht mehr sofort nachgesucht.

Wie weckt man im Hunde die Passion für die Wundspur?

Man läßt den jungen Hund einige Sichthetzen machen, damit er lernt, daß der Hase, im Gegensatz zum Flugwild, auf der Erde bleibt und daß er, wenn er außer Sicht kommt, mit der Nase auf der hinterlassenen Spur verfolgt werden kann. Später übt man die Riemenarbeit auf der gesunden Hasenspur nach zwei Minuten Stehzeit sowie die Riemenarbeit auf der Wundspur (nach einer Stehzeit von 5 Minuten). Nach 200 m Riemenarbeit wird der Hund geschnallt. Alle diese Übungen müssen immer wieder in anderen (!) Revierteilen abgehalten werden.

Wie kann diese Übung zweckmäßig erfolgen?

Man schießt hierzu beim Morgeneinlauf (z.B. mit der .22 lang über das Zielfernrohr des Drillings mit dem Einlegeläufchen) einen Hasen, der zu Holze rücken will, und merkt sich genau, woher er kam, den Anschuß und wo er schließlich umkippte. Dann holt man den abgelegten Hund und übt nun die Riemenarbeit auf der gesunden Spur und auf der Wundspur.
Beim Anlegen der breiten Schweißhalsung mit Wirbel (s. S. 673), beim Abdocken des Schweißriemens und dadurch, daß der Schweißriemen durch die Läufe geführt wird, verknüpft der Hund sehr bald, daß er jetzt mit tiefer Nase arbeiten

Das ‚Down‘

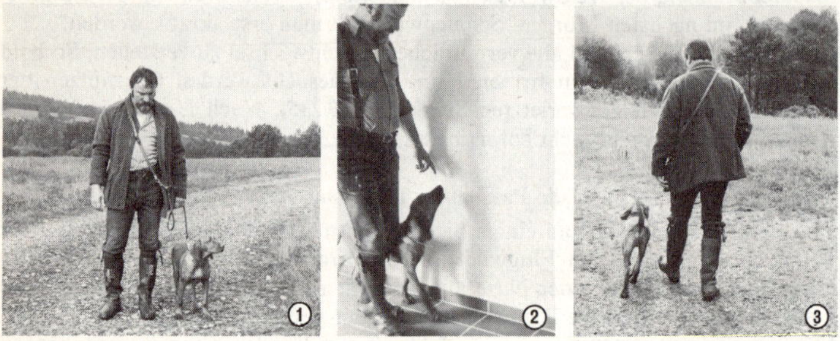

Das Gehen „frei bei Fuß“

Das Ablegen

Das „Down"

1 **Abrichte-Schritt: Drücken in die korrekte Downlage.**
Den sitzenden Hund drückt man mit zwei Händen auf den Boden. Die linke Hand liegt auf der Kruppe. Die rechte über dem Dressurhalsband. Man muß genau darauf achten, daß der Kopf zwischen die beiden Vorderläufe zu liegen kommt. In dieser Stellung wird das Tier eine Minute gehalten.

2 **Abrichte-Schritt: Downlage ohne direkten Zwang.**
Unter dem Kommando „Down" hebt man die Hände hoch. Will sich der Hund erheben, bekommt er sofort den Druck aufs Dressurhalsband zu spüren. Nach dem Befehl „Hier!" darf sich das Tier erheben.

3 **Abrichte-Schritt: Der Hund geht auf Kommando in Downlage.**
Dazu zieht man sich das Dressurhalsband unter dem Fuß durch. Man steht neben dem sitzenden Hund und hebt zum Kommando „Down" die rechte Hand schräg nach oben und streckt sie durch. Man zieht dazu den Hund über die Dressurleine zu Boden. Mit einem Gertenhieb wird bei Bedarf nachgeholfen.

4 **Abrichte-Schritt: Der Führer läßt den Hund in der Downlage allein.**
Nun geht der Abrichter vom Hund weg, steigt über ihn und klopft auf den Boden. Das Tier darf keinesfalls den Kopf heben. Durch Ruck an der Dressurleine bzw. Gertenhieb ahndet man entsprechendes Vergehen.

5 **Abrichte-Schritt: Downlage während des Gehens.**
Der Hund geht neben dem Führer her. Immer, wenn dieser die rechte Hand hebt oder den Trillerpfiff ertönen läßt, muß das Tier sich blitzschnell in Downlage begeben. Zwangsmittel sind bedingungslos anzuwenden. Auch die Dressurangel eignet sich für diesen Abrichtungsschritt. Während der Hund an diesem Gerät hetzt, ertönt der Trillerpfiff.

6 **Abrichte-Schritt: Downlage in Entfernung.**
Erst nehme man noch die lange Leine. Dabei wird die Entfernung von Übungsstunde zu Übungsstunde erweitert. Allmählich wird auch im Revier geübt. Hier darf sich der Hund von nichts ablenken lassen. Viele Führer bringen ihrem Tier auch noch das Kriechen in geduckter Haltung bei. Hat es das Down und das Kriechen gelernt, wird man ihm fast alle anderen Dressurfächer spielend beibringen, denn immer, wenn der Hund widerstrebt, zwingt man ihn in diese für ihn nicht besonders angenehmen Stellungen.

Das Gehen „frei bei Fuß"

1 **Abrichte-Schritt: Wiederholen der Leinenführigkeit.**
Der Abrichter hat den Hund an seiner Linken. Will er seitlich abweichen, rennt er ins Stachelhalsband. Dem Vorpreller steigt man nach schneller Linksdrehung sanft auf die Pfoten.

2 **Abrichte-Schritt: Gehen bei Fuß im Dressurraum.**
Der Hund geht ohne Leine neben dem Herrn. Beim Vorprellen steigt man dem Tier auf die Pfoten. Das seitliche Abweichen wird mit „Down!" bestraft.

3 **Abrichte-Schritt: Gehen bei Fuß im Freien.**
Nach „Hier!" und „Sitz!" geht es „bei Fuß!" weiter. Zwischendrin darf der Hund umherhetzen. Dann wird er für einen erneuten Übungsversuch wieder herbeigerufen.

Das Ablegen

1 **Abrichte-Schritt: Ablegen im abgeschlossenen Raum.**
Man legt neben den Hund einen Schlüsselbund oder ähnliches und verläßt unter dem Kommando „Bleib!" den Raum. Die flache Hand deutet dabei auf den Boden. Will der Hund dem Herrn folgen, bestraft man ihn mit „Down!" und eventuellem Zurückkriechen. Die Zeitspanne des Ablegens wird bis auf 15 min ausgedehnt.

2 **Abrichte-Schritt: Ablegen im Freien.**
Zunächst probiert man es im ruhigen Stangenholz und versteckt sich in einer anschließenden Dickung. Man läßt den Rucksack beim Hund und achtet streng darauf, daß man diesen und natürlich den Hund an der Ablegestelle wieder abholt.

3 **Abrichte-Schritt: Ablegen mit Ablenkungen.**
Ein Gehilfe versucht, durch Schreien oder durch Auf-den-Boden-Klopfen den Hund nervös zu machen. Verläßt das Tier seinen Platz, muß es Down machen oder zur Ablegestelle zurückkriechen.

muß. Er wird hierzu mit dem Zuspruch „Such vorhin“ und mit zu Boden weisender Handbewegung angeregt, mit tiefer Nase zu suchen. Hat er etwas zu zeigen, wie Wolle oder Schweiß, wird er zur Weitersuche durch „Laß sehn“, „So brav mein Hund“ aufgemuntert. Hat er dann den unberührten Hasen gefunden, wird ihm das ein unvergeßliches Erlebnis sein. Der Hund lernt daraus, daß Schweiß und Krankwittrung zur ersehnten Beute führt.

Wo beginnt man immer mit der Schweißarbeit?

Immer am Anschuß, nach Prüfung der Pirschzeichen (s.S. 228).

Was verstehen wir unter der „Schweißarbeit“ (Riemenarbeit)?

Die Nachsuche des Schalenwildes auf der Wund- oder Rotfährte mit dem Hund am Schweißriemen. Für dieses „Nachhängen“ gilt:
Der Hund muß mit tiefer Nase arbeiten, riemenfest und fährtentreu werden!
Durch trockene Hitze wird die Schweißarbeit (=„die rote Arbeit“) sehr erschwert!

Wie wird der Schweißriemen getragen, wenn er nicht benutzt wird?

Aufgedockt (von doccha = Puppe).

Woraus besteht der Schweißriemen?

Aus einem 6 bis 12 m langen Riemen (je nach Schweißhundart) und der daran befindlichen Halsung, dem Halsband. Sie ist aus geschmeidigem Leder und je nach Halsumfang 30 bis 55 cm lang und 3 bis 5 cm breit. Sie hat einen in einem Wirbel drehbaren Ring, aber keinen Würgering, denn der Schweißriemen darf nie an einem Würgering befestigt werden. Bei der Arbeit wird der Schweißriemen zwischen den Läufen des Hundes durchgezogen (s. Abb. S. 654), damit der Hund die Nase herunternimmt.

Wie sucht man auf Schalenwild nach?

Bei der Nachsuche müssen Jäger und Hund allein und ungestört sein (andere Jäger und Hunde halten sich weit zurück!).
Nach sorgfältiger Untersuchung der Anschußstelle (s.S. 233) und nach Ablauf der notwendigen Wartezeit (das Wild soll erst krank und die Fährte kalt werden) bringt der Schweißhundführer den (bis jetzt mit schlechtem Wind abgelegten) Hund zur Anschußstelle und läßt ihn mit dem Zuspruch „Such verwundt“ vorsuchen. Hierbei achtet er darauf, ob er Pirschzeichen verweist (s. Abb. S. 228), die Wundfährte „anfällt“ und sich auf ihr „festsaugt“. Erst dann läßt er den Hund am Schweißriemen mit $^2/_3$ Länge arbeiten. Interessiert sich der Hund dabei für andere Dinge, so verleidet er ihm das durch energisches „Pfui!“ und Riemenruck (der Schweißhund wird also von der Verleitfährte „abgezogen“!). Fällt er die Fährte wieder an, wird er gelobt (So ist's brav!).
Hat der Führer Zweifel, ob der Hund die Fährte noch hält, und will er ihn wieder zur richtigen Fährte legen (oder soll die Nachsuche unterbrochen oder aufgegeben werden), so wird der Hund „abgetragen“. Kleine Hunde werden hierzu auf den Arm genommen, größere werden unter der Brust hochgehoben und einige Meter von der Fährte weggeführt (s. auch S. 233, Nachsuche).

Was tut man, wenn krankes Wild vor dem Hunde fortbricht?

Man läßt den Hund bis zum warmen (frisch verlassenen) Wundbett arbeiten. (Das Wundbett ist die Stelle, an der sich krankgeschossenes Schalenwild niedergetan hat.) Alle Schweißhunde werden nun „abgehalst" (von der Halsung befreit), damit sie das Wild zu Stande hetzen oder an der Drossel niederziehen können. Der Hannoversche Schweißhund (Schweißhundeverein „Hirschmann" 1894) muß rehwildrein sein und soll nur stellen und Standlaut geben (nie niederziehen!). Den Fangschuß gibt nur der Hundeführer! Schmaltiere und Kälber stellen sich schlecht. Für sie sind nur erfahrene Hunde zu verwenden!

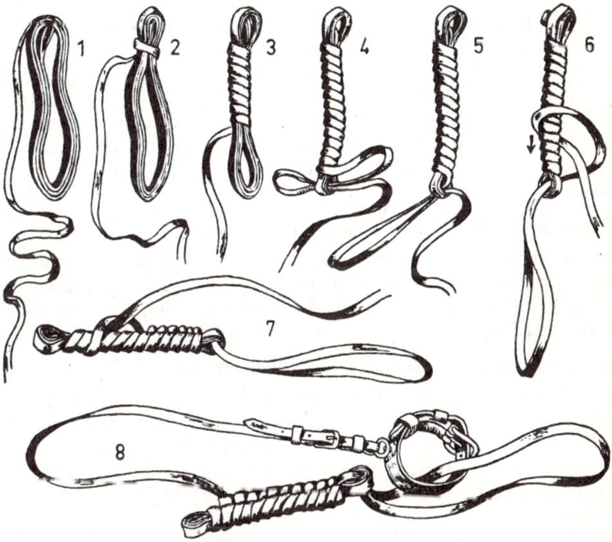

1–7: Reihenfolge des Aufdockens
8: Aufgedockter Schweißriemen, breite Halsung mit Wirbel

Was versteht man unter Totverbellen und Totverweisen?

Totverbellen (oder „Standlaut") ist das Lautgeben des Hundes, wenn er ein verendetes Stück Schalenwild verendet oder im Wundbett gefunden hat (er „ruft" zum Stück).

Beim Totverweisen kehrt der Hund vom gefundenen Stück zum Führer zurück, um ihn zum Wild frei zu führen (er „führt" zum Stück).

Der laute Verweiser wird, nachdem er gefunden hat, alsbald laut, kehrt zum Führer zurück und zeigt durch erneutes Lautgeben den Fund des Stückes an. Dann führt er zum Stück.

Der Bringselverweiser nimmt am Stück oder auf dem Stück das in die Halsung gehängte „Bringsel" (kurzes Lederstück) in den Fang und zeigt bei seiner Rückkehr damit, daß er gefunden hat. Dann führt er zum Stück.

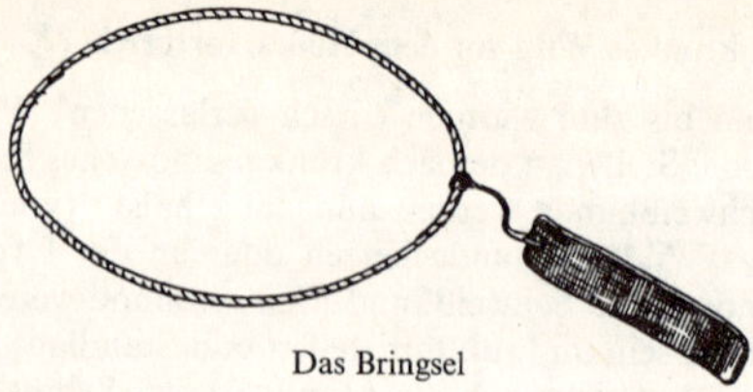

Das Bringsel
Gut ist eine schwache Gummihalsung, die den Hund beim Hängenbleiben freigibt

Kann man einen Hund zum Totverbeller erziehen?

Es wird nicht bei jedem Hund gelingen. Man beginnt am besten bei der Futterschleppe. Das Fressen wird ihm erst gegeben, wenn er bellt. Das auffordernde Kommando heißt: „Gib Laut!" Im Laufe der Zeit verlängert man die Schleppe auf zwei- bis dreihundert Meter und stellt den Freßnapf unter eine Rehdecke. Nun geht man zur Schweißfährte über, an deren Ende er die Rehdecke jeweils zu verbellen hat. Man läßt ihn mindestens zehn Minuten Laut geben, bevor man ihn abholt. Der Hund darf nie die Decke packen und er muß auf alle Fälle beim Wild bleiben.

Wie kann man den Hund zum Verlorenbringer erziehen?

Durch Arbeiten auf der Haarwild- und Federwildschleppe. In der Jagdpraxis darf man den Hund nicht aufs Auge hetzen lassen, sondern ihn erst schnallen, wenn er das Wild nicht mehr sieht und nachdem man ihn zur Spur gelegt oder auf die Schweißfährte gesetzt hat. Also keinesfalls: Schuß raus – Hund los!

Wie bereitet man einen Hund auf die Schweißarbeit vor?

Schon im dritten Lebensmonat kann man dem Hund eine Futterschleppe zum Freßnapf legen. Des weiteren schließen ihn Schleppen mit Wildpansen und Wildlunge für diese Arbeit auf. Man darf sie nie unter Zwang ausführen und geht sehr langsam vor. Am besten tut man recht geheimnisvoll. Der Schweißriemen darf nie fehlen. Der Hund soll stets wissen, worum es geht. Am Ende der Schleppe bekommt er immer eine kleine Belohnung. Damit man den Hund nicht zum Anschneiden erzieht, wird sie nicht auf das Wild gelegt, sondern vom Führer gereicht. Verleitfährten (von anderem Wild) darf ein Hund nicht folgen. Mit einem „Pfui" hält man ihn davon ab und weist ihn mit einem anspornenden „zur Fährte" auf seine ursprüngliche Aufgabe hin.

Mit welchem Wild werden Schleppen gelegt?

Mit Fuchs, Hase oder Kaninchen, mindestens 300 m weit (s. S. 682), und mit Huhn oder Fasan, bis 200 m weit (mit Einlegung von zwei Haken). Tauben werden nicht verwendet, da deren Federn zu lose sitzen!

Was ist beim Schleppen- oder Fährtenlegen zu beachten?

Man braucht vor allem Zeit und nochmals Zeit, um ganz systematisch arbeiten zu können.
Die ersten Schleppen sind leicht und kurz anzulegen, damit sie der Junghund ohne Mühe am Riemen ausarbeiten kann. Dann werden die Schleppen immer länger. Sie werden immer wieder in anderen Revierteilen angelegt. Schließlich geht es ohne Riemen.

Im Hinblick auf die HZP (Herbstzuchtprüfung) ist es aber gut, wenn man dem Hund eine Plastikschnur durch die Halsung schlauft und die ersten zwanzig Meter mit ihm geht. Wenn er sich festgesaugt hat, läßt man ein Ende des Strickes aus. Ohne Verzögerung und ohne sich zu verheddern, kann sich der Hund aus dieser einfachen Leinung ziehen und flott weitersuchen. Man macht auch längere Schleppen, als sie in der Prüfung gefordert werden, damit der Hund nicht vorher abbricht. Bringt der Hund das Wild, geht man einige Schritte zurück und sucht ein Plätzchen, wo er sich absitzen kann. Vor seiner Ankunft tritt man kurz vor und befiehlt mit Fingerzeig „Sitz". Nun läßt man ausgeben. Die Kommandos läßt man bis zur Prüfung weg.
Die Schweißfährten sind zunächst dick und kurz, später länger anzulegen. Hat der Hund diese Arbeiten bewältigt, beginnt dieselbe Arbeit nach zwei Stunden, später nach fünf Stunden. Ist der Hund darin firm geworden, fängt man das Ganze mit weniger Schweiß von vorn an.
Die Wartezeiten sind wichtig, damit der Hund immer weniger auf den „Beigeruch" des Schleppen- oder Fährtenlegers arbeiten kann, den dieser mit seinen Schuhen an Pflanzen und am Erdboden hinterläßt. Es werden deshalb Gummistiefel getragen.
Die Schweißmenge darf bei Prüfungen für 400 m Fährtenlänge nur bis ein Viertelliter Schweiß betragen.

Wie läßt sich Wildschweiß für künstliche Rotfährten konservieren?

Durch Eingefrieren in Plastikflaschen oder noch besser in Kunstdärmen für Würste (Abschneiden je nach Bedarf). Haltbarkeit für künstliche Rotfährten mehrere Monate.
Das Gerinnen des Schweißes läßt sich verhüten, indem man den aufgefangenen Schweiß in einem Weithalsgefäß unter Zugabe kleiner Kieselsteinchen schüttelt.

Was kann man als Ersatz für Wildschweiß verwenden?

Es kann auch frisches Haustierblut (Rind, Schaf, Schwein), auch in Mischung mit Wildschweiß verwendet werden. Das Gemisch muß für alle Fährten gleich sein!
Bei der Verbands-Schweißprüfung (s. S. 683) wie auch bei der VGP darf der Hund nicht öfter als zweimal von der Fährte abkommen, ohne daß er sich nach längstens 80 bis 100 Metern selbst verbessert oder der Führer aus eigenem Entschluß mit dem Hunde vor- oder zurückgreift.

Wie kann man Pansen für die Tupfspur konservieren?

Indem man Stücke vom grob gereinigten Pansen in einen Zellophan-Frischhaltebeutel steckt, die Luft gut ausstreicht und den Beutel zugebunden in den Gefrierschrank bringt. Nach dem Auftauen wird ein Pansenstück in der gespaltenen Spitze eines Stockes befestigt und man tupft damit – wie beim Gehen mit dem Spazierstock – auf den Boden. Die Tupfspur zwingt den Hund, die Nase bei der Arbeit tief zu nehmen und zu „zeigen" (Schnitthaar, Schweiß, Knochensplitter und dgl.).

Mit welchen Geräten kann man künstliche Wildfährten herstellen?

Mit Tupfstock, Spritzflaschen, dem Marte-Schweißstock, Schleppstücken (Wildpansen und Wildlunge) sowie Fährtenschuhen.

Diese mehr oder weniger komplizierten Geräte haben alle die Aufgabe, Wildschweiß oder den Geruch von Wildorganen bzw. von Schalen auf den Boden zu bringen, die der Jagdhund nach mehr oder minder langer Stehzeit ausarbeiten muß. Verspritzter Schweiß soll gesiebt sein. Einfacher ist das Tupfen einer Fährte. Der verwandte Schweiß wird genommen, wie er aufgefangen wurde. Am besten bedient man sich dazu eines Stockes, an dessen Ende ein Schwämmchen befestigt ist. Beim Marte-Schweißstock wird zwischen zwei Rehwildläufen Schweiß auf den Boden getropft. Durch Fingerdruck auf einen Behälter löst man einen Tropfen aus, der über ein Schläuchchen nach unten rinnt.
Fährtenschuhe sind kleine Stelzen (zu beziehen durch Gert Loss, Seebergstr. 28, 6751 Heltersberg), in die man Läufe von Reh- bzw. Rotwild klemmt. Nachdem man sie sich umgeschnallt hat, geht man eine Fährte aus (am besten gleich nach Erlegen des entsprechenden Wildes). Man kann gleichzeitig Stücke von Wildpansen oder Wildlunge nach sich ziehen.

Muß ein Jagdhund „fährtenrein" sein?

Ja! Er darf sich nicht von anderen Fährten (Verleitfährten!) oder Duftmarken ablenken lassen, sondern muß auf der Fährte bleiben, auf die er angesetzt wurde. Die Erziehung zur Fährtenreinheit ist eine wichtige Aufgabe für einen Hundeführer. Man verwendet dabei bei der Ausbildung verschiedene Wildorgane und legt hie und da absichtlich Verleitfährten.

Was versteht man unter „genossen machen"?

Man macht einen Hund „genossen", wenn man ihm als Belohnung für gute Arbeit aus der Hand etwas Schweiß, Milz oder Pansenstücke des erlegten Stückes gibt. Diese Belohnung soll ihm Ansporn für weitere gute Arbeit sein und seine Passion anregen. Keinesfalls darf der Hund geschossenes Wild anschneiden (anfressen).

Wie wird der „Anschneider" kuriert?

Er wird im Moment des Anschneidens durch empfindliche Schmerzzufügung (Schleuderschuß, Gertenhieb) bestraft (s.S. 655).

Woran erkennt man den Totengräber?

Nase und Nasenrücken sind vom Eingraben verschmutzt.

Wie wird der Totengräber „kuriert"?

Er wird, wenn er beim Graben ist, mit kräftigem „Pfui!" und Schleuderschuß (s. Abb. S. 656) bestraft. Es ist aber oft schwer, den Hund beim Einscharren anzutreffen oder das „Grab" zu finden. Man schleppt daher ein Kaninchen und befestigt am Hinterlauf einen etwa 50 cm langen, dauerhaften Bindfaden, der am Ende einen weißen Lappen trägt. Dann fordert man den Hund auf zu apportieren. Er wird dann wieder eingraben, ist aber nicht so schlau, auch den Lappen mit zu beerdigen. Jetzt wird der Hund angeleint und mit dem Zuruf „Such verloren, apporte" an den Ort seiner Tat geführt. Hier wird er durch energisches „Apporte" zum Ausgraben des Wildes veranlaßt und ihm hierzu mit der Scherenzange (s.S. 660) des Riemens so lange in den Behang gezwickt, bis er das Wild ausgegraben und gebracht hat.

Am Ende einer Schleppe kann sich auch ein Helfer verstecken. Beginnt der Hund, der sich unbeobachtet fühlt, das Wild einzugraben, wird ihn dieser mit einer Kette bewerfen.

Was geschieht mit dem Hunde, wenn Wild aufgebrochen wird?

Er wird in einiger Entfernung abseits und über Wind vom Stück abgelegt.

Die Arbeit ohne Schuß

Das stille Waidwerk mit dem Hunde

Welche Arbeit muß der Hund ohne Schuß leisten?

Wenn man keinen Schuß oder Fangschuß anbringen kann, muß der Hund Beutegreifer und Streuner rasch und ohne Furcht so fassen und würgen, daß es ohne Qual verendet (s. S. 762). (Schärfeprüfungen der Hunde sind nicht zugelassen!)

Wie verhalten wir uns, wenn uns der Hund eine Fährte zeigt?

Wir sehen sie uns an und loben ihn durch Streicheln und liebevoll geflüsterten Zuspruch „So brav, laß sehn“ und „Voran, mein Hund!“. Wir lassen ihn also wissen, daß uns als „Kopfhund“ das Gezeigte interessiert.

Wie hat sich der Hund bei der Pirsch zu verhalten?

Er muß einwandfrei leinenführig sein und willig „bei Fuß gehen“ und so leisen Appell haben, daß er auf Zischlaut oder Wink reagiert. Beim Beobachten von Wild muß er absolute Ruhe bewahren. In-Anschlag-Gehen und Schußabgabe bedeuten für ihn „Halt“ (Pirschjagd s. S. 502).

Der Jagdgebrauchshund-Verband

Welcher „Verband“ ist die Spitzenorganisation im Jagdhundewesen?

Der im Jahre 1899 gegründete Jagdgebrauchshund-Verband (JGHV). Er führt das deutsche Gebrauchshundstammbuch (DGStB), in das nur Hunde eingetragen werden, die nach den Prüfungsbestimmungen des JGHV (oder eigenen Prüfungsordnungen einzelner Zuchtverbände) geprüft und prämiiert worden sind. Sein Sitz ist Bonn. Sitz der Geschäftsstelle ist in *2081 Prisdorf, Ahrenloher Weg 6 (04101/72544), Geschäftsführer Thiel Abel.*
Der „Verband“ besteht aus 243 Einzelvereinen (Prüfungs- und Zuchtvereinen) mit rund 246000 Mitgliedern. In den Zuchtverbänden werden Zuchtbücher geführt, in denen die Abstammung der Jagdhunde nachgewiesen wird.
Neben dem Deutschen Jagdgebrauchshund-Verband besteht noch der Verband für das Deutsche Hundewesen (VDH). Er ist die Spitzenorganisation für das Hunde-Austellungswesen.
Beide Verbände erkennen sich auf ihrem Arbeitsgebiet als deutsche Spitzenorganisationen mit vollkommener Selbständigkeit in sachlicher, organisatorischer und vereinsrechtlicher Hinsicht gegenseitig an.

Wer forderte als erster die Pflichthaltung von Hunden zur Jagd?

Oberländer. Seine Forderung fand erstmalig, wenn auch noch unvollkommen, Erfüllung im früheren Reichsjagdgesetz.

Hegewald (=Freiherr von Zedlitz und Neukirch) setzte sich als erster für die Leistungsprüfungen der Jagdhunde ein.

Welche Gründe bestimmen die Pflicht zur Jagdhundhaltung?

Moralische (jagdethische) und wirtschaftliche Gründe.
Nach dem ungeschriebenen moralischen Gesetz ist es Pflicht jedes Jägers, krankgeschossenes Niederwild durch den brauchbaren Hund schnellstens „abzutun", d.h. von Schmerzen zu erlösen. Weiter ist es Pflicht des Jägers, krankgeschossenes Wild aus wirtschaftlichen Gründen vor dem Verludern zu retten. Jede Jagdausübung ohne brauchbaren Hund verstößt gegen die allgemein anerkannten Grundsätze der deutschen Waidgerechtigkeit.

Was tun die Züchterorganisationen für die Zucht?

Sie legen die „Rassenkennzeichen" fest und halten Anlage- und Leistungsprüfungen ab. Dabei werden auch die Wesensfestigkeit und die Schärfe bewertet. Sie stellen die Ergebnisse ihrer Zucht- und Leistungsprüfungen alljährlich dem Jagdgebrauchshund-Verband für das „Deutsche Gebrauchshundstammbuch (DGStB)" zur Verfügung und sorgen durch Sachverständige (Kynologen) für eine rücksichtslose Selektion (Auslese) zuchtuntauglicher Hunde.

Jagdhundeprüfungen

Welche Aufgaben haben die Jagdgebrauchshundverbände?

Sie haben den deutschen Jagdhund in seiner Veranlagung so zu züchten, daß der Durchschnittsjäger leicht mit ihm fertig wird. Als Hilfsmittel für den Züchter dienen die Jagdhundprüfungen und die Zucht- und Leistungsstammbücher (die Sammelregister aller Prüfungsergebnisse).

Aus welchen Teilen besteht die Prüfung?

Aus der Verbands-Jugendprüfung (VJP) im Frühjahr,
der Verbands-Herbstzuchtprüfung (HZP) und
der Verbands-Gebrauchshundprüfung (VGP).
Die Verbands-Jugendprüfung (VJP) und die Herbstzuchtprüfung (HZP) sind nur Anlagenprüfungen. Sie können vergleichsweise als die Lehrlings- und Gesellenprüfung bezeichnet werden. Die Verbands-Gebrauchshundprüfung (VGP) ist die „Meisterprüfung der Jagdhunde", bei der die Leistungen zu prüfen sind. Die VSwP ist eine Verbands-Schweißprüfung (s.S. 683).
Alle Hunde müssen gegen Tollwut schutzgeimpft sein! Der gültige Impfpaß ist vorzulegen!

Die Verbands-Jugendprüfung (VJP)

Wann findet die VJP statt?

Die Verbands-Jugendprüfung (VJP) für Vorstehhunde (bei Kurzhaar Derby genannt) und die Anlagenprüfungen für Stöberhunde finden im Frühjahr statt. Zugelassen werden nur solche Hunde, die im vorhergehenden Kalenderjahr gewölft oder bis drei Monate älter sind.
Spurlautprüfungen für Erdhunde finden im Frühjahr und Herbst ohne Rücksicht auf das Alter statt.
Die VJP ist eine Zuchtprüfung, zu der die ererbten jagdlichen Anlagen des Jagd-

hundes durch Erziehung so weit geweckt sein sollen, daß Spurwille, Spursicherheit, Nase (s.S. 635), Suche, Vorstehen bzw. Vorliegen, Führigkeit sowie Art des Jagens (spur- oder sichtlaut, waidlaut, stumm s.S. 667) und Schußscheue, Schußempfindlichkeit und sonstige Nervenschwäche (s.S. 635) beurteilt werden können. Die Bewertung erfolgt nach Arbeitspunkten.

Sind Schußscheue und Schußempfindlichkeit dasselbe?

Nein! Ausgesprochene Schußscheue ist eine Steigerung der Schußempfindlichkeit. Der schußscheue Hund sucht nach Abgabe des Schusses das Weite (er läuft nach Hause, zum Auto oder zu seinem Herrn und ist nicht mehr zu bewegen, die Suche wieder aufzunehmen). Der schußempfindliche Hund sucht bei seinem Führer Schutz und wird erst nach und nach freier. Alle Hunde sind durchzuprüfen. Schußscheue, bei der HZP stark schußempfindliche Hunde und ausgesprochen handscheue Hunde können die Prüfungen nicht bestehen.

Was bedeuten die Prädikate (Arbeitspunkte)?

Hervorragend = 12 Punkte, sehr gut = 9–11 Punkte, gut = 6–8 Punkte, genügend = 3–5 Punkte, mangelhaft = 1–2 Punkte und ungenügend = 0 Punkte.
Es werden keine Preise vergeben. Es gibt nur ein Bestehen der Prüfung mit xx Punkten oder ein Nichtbestehen. Bei der VJP werden die Arbeitspunkte für Spurlaut und Nase, bei der HZP die Arbeitspunkte in den Anlagefächern mit Fachwertziffern multipliziert.
Die Note „hervorragend“ darf nur ausnahmsweise und nur für wirklich hervorragende Leistungen erteilt werden. Sie ist zu begründen.

Welche Mindestanforderungen werden bei der VJP zum Bestehen der Prüfung verlangt?

Hunde können die VJP nur bestehen, wenn sie im Fach „Vorstehen“ 2 Punkte, in den Fächern „Spurarbeit, Nase, Suche und Führigkeit“ mindestens 3 Arbeitspunkte erreicht haben.
Auf der Zensurentafel müssen Zuchtmängel wie Gebißfehler (s.S. 643), Hodenfehler (s.S. 585), Augenlidfehler (s.S. 646), wesentliche Mängel in Gebäude (s.S. 627) und Behaarung sowie mangelnde Nervenfestigkeit vermerkt werden.

Die Herbstzuchtprüfung (HZP)

Was wird bei der HZP geprüft?

Bei der Verbands-Herbstzuchtprüfung (HZP), der sogenannten Hegewald-Zuchtprüfung (für Deutsch-Drahthaar),
Prinz-Solms-Zuchtprüfung (für Kurzhaar)*) und
Schorlemer-Zuchtprüfung (für Langhaar),
werden, wie bei der Jugendprüfung, die Anlagen des Junghundes als vielseitiger Gebrauchshund geprüft, insbesondere:

1. Spurarbeit (Spurwille und Spursicherheit). Der Führer darf den Hund bis zu 30 m an der Leine arbeiten;
2. Nase (s.S. 635);
3. Suche (planmäßig, ausdauernd, mit dem Willen zum Finden);
4. Vorstehen oder Vorliegen und Festmachen festliegenden Wildes;
5. Verlorenbringen von Federwild (bei Schleppe 150 m; der Hund muß zeigen, daß er verlorenfinden und bringen will);

*) Beim Solms, der HZP für Kurzhaar, ist die Spurarbeit auf der Hasenspur nicht Pflichtfach.

6. Haarwildschleppe (Kanin oder Hase) mindestens 300 Meter;
7. Wasserarbeit (Stöbern im Schilf hinter der Ente, Verlorenbringen aus tiefem Schilfwasser: der Hund muß finden!);
8. Art des Bringens (Griff und Abgabe an den Führer s. S. 666);
9. Führigkeit (Wille zur Zusammenarbeit mit dem Führer);
10. Gehorsam (williges Befolgen von Ruf, Pfiff und Wink);
11. Arbeitsfreude (Arbeitslust und Arbeitswille).

Daneben sind festzustellen: Art des Jagens (spurlaut, sichtlaut, waidlaut, stumm), Schußscheue und Zeichen von Nervenschwäche. Die Bewertung der Arbeiten erfolgt nach Arbeitsziffern.
Den Vereinen ist es freigestellt, ob sie die HZP mit dem Pflichtfach Hasenspur ausschreiben oder ob die Spurarbeit nicht geprüft wird.

Die Herbstzuchtprüfung (HZP) sieht folgende Prüfungsfächer vor:

	Arbeits-Punkte	× FwZ =	Wertungs-punkte
I. Anlagefächer			
1. Spurarbeit (Hase)	....	3	....
2. Nase	....	3	....
3. Suche	....	2	....
4. Vorstehen	....	2	....
5. Führigkeit	....	2	....
6. Wasserarbeit			
a) Stöbern hinter der Ente	....	3	....
b) Verlorensuchen aus tiefem Schilfwasser	....	1	....
II. Abrichtefächer			
7. Verlorenbringen von Federwild	....	1	....
8. Haarwildschleppe (selbständiges Bringen)	....	1	....
9. Art des Bringens	....	1	....
10. Gehorsam	....	1	....
11. Arbeitsfreude	....	1	....
		Gesamtpunktzahl	

Der Prüfungsleiter muß nach allen Prüfungen (VJP, HZP, VGP) die Prüfungsergebnisse mit der Zuchtbuchnummer des geprüften Hundes dem Stammbuchführer (s. S. 677) einreichen.

Die Verbands-Gebrauchsprüfung (VGP)

Welche Mindestleistungen werden bei der VGP zur Erlangung des I., II. oder III. Preises verlangt?

Bei der Verbands-Gebrauchsprüfung (VGP), der „Meisterprüfung", werden für die Leistungen Leistungsziffern (LZ) von 4 bis 0 erteilt. Sie werden jedoch noch

mit einer Fachwertziffer (FwZ) multipliziert. Daraus ergibt sich die Urteilsziffer (UZ) oder die Punktzahl.
Die Fachwertziffer entspricht in ihrer Höhe der Bedeutung und Schwierigkeit des betreffenden Prüfungsfaches. Die Prüfungsfächer sind zu fünf Fachgruppen zusammengesetzt:
Waldarbeit, Wasserarbeit, Feldarbeit, Gehorsam und Bringen.

Wie soll der Hund bei der „Schweißarbeit am Riemen" arbeiten?

Er soll die Schweißfährte ruhig, konzentriert und zügig, jedoch nicht in stürmischem Tempo arbeiten, dabei den Willen zeigen, die Fährte zu halten und fortzubringen, und bemüht sein, durch Bogenschlagen die Fährte wiederzufinden, wenn er abgekommen ist. Die Schweißfährte für die Riemenarbeit über 400 m Länge wird nach 100 und 300 m mit je einem Haken und nach 200 und 400 m mit einem Wundbett angelegt. (Für die freie Arbeit des Verbellers und Verweisers wird vom zweiten Wundbett aus eine weitere Fährte von 200 m Länge und am Ende ein drittes Wundbett angelegt.) Am Ende der Schweißfährte (bei 400 m bzw. 600 m) wird im Wundbett ein Stück Schalenwild (kein Kitz) niedergelegt.

Wann wird Totverbellen bzw. Totverweisen gewertet?

Nur dann, wenn der Führer des Hundes vor Beginn der Schweißarbeit verbindlich erklärte, welche Arbeit der Hund ausführen soll (Verbellen oder Verweisen). Für den Verweiser hat er anzugeben, woran er erkennt, daß der Hund gefunden hat, und wie er ihn zum Stück führen soll (s. auch Totverweisen S. 673).

Was muß der Hund bei der Wasserarbeit zeigen?

Er soll auf Befehl seines Führers freudig ins Wasser gehen, Finderwillen zeigen, sich beim Stöbern durch Wink oder Zuruf gut lenken lassen, die Schwimmspur der nicht sichtbaren Ente ausarbeiten und eine frisch geschossene Ente im tiefen Schilfwasser finden, seinem Führer zutragen und korrekt ausgeben.

Woran erkennt man den Gehorsam eines abgerichteten Hundes?

An seiner Lenkbarkeit bei der Arbeit und daran, ob er dem Befehl seines Führers (Zuruf, Pfiff, Wink) sofort und willig folgt. Bei der VGP werden deshalb zur Feststellung der jagdlichen Brauchbarkeit in allen Prüfungsfächern Gehorsam, Leinenführigkeit, Schußruhe, Benehmen vor Wild, Arbeitsfreude und Zusammenarbeit mit dem Führer geprüft, im Fach Waldarbeit außerdem auch Verhalten auf dem Stande, Folgen frei bei Fuß und Ablegen.

Wann scheidet ein Hund als „Versager am Nutzwild" aus der Verbands-Gebrauchshundprüfung aus?

Wenn er Nutzwild (Hase, Kaninchen, Huhn oder Fasan) beim erstmaligen Finden nicht bringt (s. auch „Blinker" S. 636). Der Gebrauchshund muß bringen!

Wie soll sich der Hund auf dem Stande verhalten?

Ruhig. Er darf nicht winseln, jaulen oder halsgeben, an der Leine zerren oder ohne Befehl vom Führer weichen. Auf Befehl soll er krankgeschossenes Wild anhaltend hetzen und bringen. Nach erfolgloser Hetze soll er sofort zum Führer zurückkommen, ohne sich um gesundes Wild oder fallende Schüsse zu kümmern.

Die Fachwertziffern für die Beurteilung des Gebrauchshundes

nach der Ordnung für die VGP vom 21. März 1976

Für die einzelnen Prüfungsfächer wurden Fachwertziffern festgesetzt. Fachwertziffer multipliziert mit Leistungsziffer = Urteilsziffer.

Prüfungsfach	Fachwertziffer	Mindestpunkte für Preis I.	II.	III.
I. Waldarbeit				
Schweißarbeit auf Schalenwild				
als Riemenarbeit, 400 m	5			
zusätzlich mit 200 m mit Totverweisen	(3)			
oder mit Totverbellen	(4)			
Fuchsschleppe (nicht Katze), 300 m	5			
Hasen- oder Kaninchenschleppe, 300 m	4			
Stöbern (laut, stumm, fraglich)	4			
Buschieren (Suche unter der Flinte)	3	68	54	36
Mögliche Höchstpunktzahl: LZ	4 × 21 = 84			
zusätzlich bei Totverweisen + 12	= (96)			
oder bei Totverbellen + 16	= (100)			
II. Wasserarbeit				
Stöbern im Schilf ohne Ente	3			
Stöbern im Schilf mit Ente	3			
Verlorenbringen aus tiefem Schilfwasser	3	30	24	18
Mögliche Höchstpunktzahl: LZ	4 × 9 = 36			
III. Feldarbeit				
Nase (Finden, Vorstehen, Nachziehen)	6			
Suche (planmäßig, flott, ausdauernd)	4			
Vorstehen (lange und ruhig)	4			
Manieren am Wild einschl. Nachziehen	3			
Arbeit am geflügelten Huhn (Fasan)	4			
oder Bringen von Huhn (Fasan)	(3)	70	60	40
Mögliche Höchstpunktzahl: LZ	4 × 21 = 84			
IV. Gehorsam				
Gehorsam im Walde (bei der Arbeit)	3			
Verhalten auf dem Stande	2			
Folgen frei bei Fuß	2			
Ablegen	2			
Leinenführigkeit	1			
Gehorsam bei der Wasserarbeit	3			
Gehorsam im Feld (ohne Wildberührung)	3			
Schußruhe	2			
Benehmen vor eräugtem a) Federwild				
b) Haarnutzwild	3	67	60	58
Mögliche Höchstpunktzahl: LZ	4 × 21 = 84			
V. Bringen				
Bringen (Aufnehmen, Tragen, Abgeben von				
Fuchs [mindestens 7 Pfund])	2			
Hase oder Kaninchen	2			
Federwild a) Ente	1			
b) Huhn (Fasan)	1			
Fuchs über Hindernis (Graben, Hürde)	3	28	24	18
Mögliche Höchstpunktzahl: LZ	4 × 9 = 36			
Insgesamt erforderliche Mindestpunkzahlen:		263	222	170

In den fünf Prüfungsfächern sind höchstens 324 Punkte möglich,
bei Totverweisen (+12 Punkte) = 336 Punkte,
bei Totverbellen (+16 Punkte) = 340 Punkte.
(Die Zusatzpunkte für Totverweisen und Totverbellen zählen nicht zu den Mindestpunkten!)

Wie wird „Gehorsam beim Ablegen“ geprüft?

Der Führer legt den Hund frei oder bei einem Gegenstand (Rucksack, Sitzstock usw.) ab und entfernt sich pirschend und ohne sich nach dem Hunde umzusehen so weit (mindestens 30 m), daß er von ihm nicht mehr eräugt werden kann. Dann schießt er zweimal im Abstand von 10 Sekunden. Der Hund hat hierbei auf der Stelle zu bleiben und darf weder winseln noch lautgeben.

Welchen Zweck haben die Verbands-Gebrauchshundprüfungen?

Sie sind Leistungsprüfungen und bezwecken:

1. Die Feststellung nervenfester, arbeitsfreudiger, leichtführiger und gehorsamer Hunde mit ihren für den vielseitigen Jagdgebrauch (Feld-, Wald- und Wasserarbeit) notwendigen Leistungen und Eigenschaften auf öffentlichen Leistungsprüfungen,
2. den Nachweis solcher Hunde für die Jägerschaft durch die Ergebnisse dieser Prüfungen und
3. Weckung und Förderung des Verständnisses für die sachgemäße Führung des Gebrauchshundes in weiten Jägerkreisen.

Weitere Prüfungen

Welche Prüfungen kennt man noch?

Die Verlorenbringerprüfung auf der natürlichen Wundspur des Hasen oder Fuchses („Vbr“), die gelegentlich einer Jagd erfolgen muß, die „VSwP“ (Verbands-Schweißprüfung auf künstlicher Wundfährte) sowie die Prüfung auf Bringtreue („Btr“). Bei der Bringtreueprüfung soll der Hund seine Zuverlässigkeit im Bringen dadurch beweisen, daß er auch kaltes Wild, welches er zufällig findet, aufnimmt und seinem Führer bringt. Beim Bestehen einer dieser Prüfungen wird das Leistungszeichen in der Ahnentafel des Hundes und im Zucht- bzw. Stammbuch eingetragen.
Für andere Jagdhunderassen (wie Stöberhunde, Schweißhunde, Erdhunde sowie die jagenden Hunde) sind Spezialprüfungen eingerichtet.

Was wird bei der „VSwP“ (Verbands-Schweißprüfung) verlangt?

Wesentlich mehr als bei der VGP (Verbands-Gebrauchsprüfung). Sie wird als Sonderprüfung mit Riemenarbeit auf künstlicher Rotfährte abgehalten (Schweißfährte getupft oder getropft im Walde, mit einem Viertelliter Schalenwildschweiß, nicht unter 1000 Meter Länge). Die Fährte muß über Nacht gestanden haben (Stehzeit nicht unter 20 Stunden). Zugelassen werden in der Zeit vom 16. 5. bis 15. 11. alle Jagdhunde, die am Prüfungstag mindestens 24 Monate alt und im Zuchtbuch eines vom JGHV anerkannten Zuchtvereins oder -verbandes eingetragen sind. Die Fährten werden mit je einem rechten Winkel nach etwa 200, 400 und 800 Meter gelegt. Auf der Fährte sind zwei Wundbetten mit verstärktem Schweiß- und Rißhaarbüscheln anzulegen.
Für die bestandene VSwP werden die Leistungszeichen Sw I (sehr gut), Sw II (gut) und Sw III (ausreichend) erteilt. Wurde die Leistung auf über 40 Stunden alter Fährte erbracht, wird nach dem Leistungszeichen ein Schrägstrich (/) angefügt (s. S. 684). Der Stammbuchführer trägt dieses Zeichen hinter dem Namen und der Zuchtbuchnummer des Hundes ins Gebrauchshundestammbuch ein (s. S. 677). Bei den Schweißprüfungen des Deutschen Teckelklubs und des Klubs für Bayr. Gebirgsschweißhunde werden ähnlich hohe Forderungen gestellt.

Welche Hunde sind von den Prüfungen ausgeschlossen?

Hochgradig hand- und schußscheue Hunde, Knautscher, Blinker, Blender, Rupfer, Anschneider und Totengräber (s. S. 636 und S. 676). Weiter müssen von den Prüfungen die ungehorsamen Hetzer ausgeschlossen werden, die anhaltend selbständig überjagen und erst nach längerer Zeit zurückkehren, sowie Hasenhetzer, die sich dauernd weder durch Ruf noch Pfiff zurückrufen lassen.

Was verstehen wir unter dem „Kleemann" und der „Diana"?

Die Dr.-Kleemann-Prüfung (das Kleemann) ist eine Reife-Ausleseprüfung für erfahrene Kurzhaarrüden, die Diana die gleiche Prüfung für Kurzhaar-Hündinnen. Es werden hierbei Leistungen in großem Stil verlangt. Teilnahmeberechtigt sind nur Hunde, die im Zuchtbuch eingetragen und mindestens zwei Jahre alt sind. Sie müssen bereits bestanden haben:

a) mit I. Preisen ein Derby und ein Solms (s. S. 678 bis 679) sowie eine VGP mit mindestens einem II. Preis (s. S. 682) oder
b) mit dem I. Preis ein Derby oder ein Solms sowie eine VGP mit einem I. Preis mit Nase 4.

Außerdem müssen sie bei der Beurteilung vor der Suche im Formwert ein „v" (vorzüglich) oder „sg" (sehr gut) haben, und es muß der Nachweis der JGHV vorliegen, daß sie eine Verlorenbringerprüfung auf natürlicher Hasenwundspur bestanden haben.

Das „Kleemann" geht im Frühjahr (um den 1. Mai) im Paarhühnerfelde vor sich, die Diana wird um Mitte Oktober im Felde als praktische Suchjagd durchgeführt.

Die Ausleseprüfung kann nur dann als bestanden angesehen werden, wenn der Hund in allen Hauptfächern hohen Ansprüchen genügte und sehr gute Leistungen zeigte. Die nicht bestandene Prüfung kann nicht wiederholt werden.

Bei diesen Elite-Ausleseprüfungen sollen herausgestellt werden
Zuchtrüden, die für die Zucht Beachtung verdienen, und
Hündinnen, die dem Ideal der Mutterhündin für die Leistungszucht entsprechen oder ihm nahekommen.

Wozu dient das Zuchtbuch?

Das Zuchtbuch weist die Abstammung der Hunde nach.

Was bedeuten die verschiedenen Leistungszeichen?

Die Leistungszeichen werden vor oder nach dem Namen des Hundes ins Zuchtbuch eingetragen. Sie haben folgende Bedeutung:

Vorstehhunde:

/ = Würger
\ = Lautstöberer
Vbr = Verlorenbringer (natürliche Wundspur)
Btr = Bringtreueprüfung
— = Totverbeller
| = Totverweiser
Sw II = Schweißprüfung gut auf 20-Stunden-Fährte
Sw I/ = Schweißprüfung sehr gut auf 40-Stunden-Fährte
Beispiel:
Sw III/II = 20-Stunden-Fährte mit III. Preis und 40-Stunden-Fährte mit II. Preis bestanden.

Stöberhunde:

\ = Spurlaut
\\ = Weitjager
— = Totverbeller
| = Totverweiser
: = natürliche Wundfährte (Leistungsnachweis)
* = Härtenachweis
§ = Härtenachweis fehlt
Beispiel:
J2A3G1 = Jugendprüfung II. Preis, Altersprüfung III. Preis und Gebrauchsprüfung I. Preis
ABL = Anlagenbewertungsliste
GHL = Gebrauchshundeliste

Teckel

Tv = Totverbeller
Tw = Totverweiser
BhFN = Bauhund, Fuchs, Naturbau
BhDK = Bauhund, Dachs, Kunstbau
Sp = Spurlaut
Schwhk = Schweißprüfung (künstliche Wundfährte)
SchwhN = Schweißprüfung (natürliche Wundfährte)
St = Stöberer
Vp = Vielseitigkeitsprüfung
KSchlH = Kaninchenschleppe herausgezogen
KSprN = Kaninchensprenger aus Naturbau
J = Jugend

Deutscher Jagdterrier:

\ = Spurlautjager
\\ = Spurlaut mit 2 × 4 in diesem Fach
/ = Würger
// = Würger mit 2 × 4 h im Fach Schärfe
— = Totverbeller
: = natürliche Wundfährte (Leistungsnachweis)
und die Bauleistungszeichen

Foxterrier:

SP = Saupacker
App = Apportierer
SchwH = Schweißhund
WH = Wasserhund
GH = Gebrauchshund
BhD = Bauhund Dachs
BhF = Bauhund Fuchs

Hannov. Schweißhunde:

VP = Vorprüfung
HP = Hauptprüfung
:I = Hauptprüfung mit I. Preis bestanden

Die Zeichen werden zusammengestellt, wenn mehrere Leistungen vorliegen. Es bedeutet z.B.:
> = Lautjager und Würger,
≫ = Lautjager, Würger und Totverbeller.
VJP (70 Punkte), HZP (160 Punkte) = VJP mit 70 bzw. HZP mit 160 Punkten bestanden;
I. Preis VGP (310 Punkte) = I. Preis VGP mit 310 Punkten bestanden; D I oder S II = I. Preis Derby bzw. II. Preis Solms.
A-Sgr = Ausstellungssieger, P.-Sgr = Prüfungssieger

Was bedeuten die Codeworte „CACIB" und „CACIT"?

Sie sind die Abkürzung für „**C**ertificat d'**A**ptitude au **C**hampionat **I**nternational de **B**auté" (Schönheit) bzw. „de **T**ravail" (Arbeit), also die Bescheinigung der höchsten internationalen Anerkennung von Schönheit bzw. Gebrauchswert von Hunden.

Jagdeignungsprüfungen (JEP)*)

Mit wieviel Jagdgebrauchshunden ist der Jagdscheininhaber haftpflichtversichert?

Mit zwei „brauchbaren" Hunden. Die jagdliche Brauchbarkeit muß von einem Gebrauchshundeverein oder von der Unteren Jagdbehörde anerkannt sein. Versichert sind auch Junghunde, die sich in jagdlicher Ausbildung befinden. Der Beginn der Ausbildung ist dem Kreisjagd- bzw. Kreisjägermeister anzuzeigen. Der Versicherungsschutz endet mit dem Tode des Jagdhundehalters.

Wie wird für Jagdhunde der Nachweis der jagdlichen Eignung (Brauchbarkeit) erbracht?

Durch das Prüfungszeugnis eines Gebrauchshundevereins, durch Bestehen einer Leistungsprüfung mit dem I. bis III. Preis, z.B. einer Verbands-Schweißprüfung (VSwP) oder Verbands-Gebrauchshundprüfung (VGP). Jagdhunde, für die kein Prüfungszeugnis vorliegt, müssen den Nachweis der Brauchbarkeit auf einer Jagdeignungsprüfung erbringen. Zu dieser Prüfung sind Jagdhunde jeden Alters und jeder Rasse zugelassen.
In *Hamburg* wird das Ablegen der Brauchbarkeitsprüfung vor der Landesjägerschaft (s.S. 818) gefordert (§ 26 HaJagdgesetz v. 22. 5. 78).

Welche Leistungen werden bei der Jagdeignungsprüfung verlangt?

Es werden nur Gehorsam und genügende Leistungen des Hundes nach dem Schuß verlangt, also Leistungen in der Schweißarbeit auf der Rot- oder künstlichen Schweißfährte von Schalenwild und im Verlorenbringen (Apportieren) sowie in der Wasserarbeit.
Für Spezialisten (Erdhunde, Schweißhunde und Saufinder) gelten besondere Bestimmungen.
Von der Weiterprüfung auszuschließen sind Hunde, die handscheu oder schußscheu sind (Probeschuß auf 30 bis 50 m Entfernung), sowie Anschneider und Totengräber (s.S. 636).

*) Es werden hier nur die wichtigsten Bestimmungen über die „Jagdeignungsprüfungen" der Länder Bayern, Hessen, Niedersachsen, Nordrhein-W., Rheinl.-Pfalz, Saarland und Schleswig-Holstein behandelt, die ausführlich in der Vorschriftensammlung „Jagdrecht" dieser Länder abgedruckt sind (Deutscher Gemeindeverlag, Luxemburger Straße 72, 5000 Köln 1).

Welches Mindestmaß an Gehorsam wird gefordert?

Mindestens einfacher Gehorsam, so daß eine erfolgreiche Arbeit nach dem Schuß gewährleistet ist. Absolute Hasenreinheit ist nicht erforderlich. Wenn der Hund nicht am Wilde ist, muß er auf Pfiff hereinkommen.

Wie wird selbständiges Bringen geprüft?

Im Felde, auf Stoppel oder Wiese soll der Hund auf der Federwildschleppe (Rebhuhn, Fasan, Taube usf.) von 100 bis 150 m Länge ein möglichst frisch geschossenes Stück Federwild suchen und bringen (Taube, Krähe und Elster werden oftmals ungern angenommen!). Zweck: Feststellung des selbständigen Bringens, des Bringwillens und der Bringfreude.
Im Walde oder unübersichtlichen Gelände soll der Hund eine Haarwildschleppe (Hase oder Kaninchen) arbeiten. Die Schleppe soll in *Hessen* 300 m lang sein (in *Niedersachsen* 200 m, in *Bayern* 150 m).
Sie ist mit Nackenwind unter Einlegen von zwei Haken zu legen. Gewünscht wird williges, schnelles und selbständiges Finden sowie schnelles Aufnehmen und freudiges Bringen des Stückes.
Genaues Halten der Schleppe wird nicht verlangt, aber der Hund muß bringen!
Der Hund darf dreimal angesetzt werden. Für kleine Jagdhundrassen, wie Teckel und Terrier, tritt an die Stelle des Bringens das Verbellen oder Verweisen (*Bayern, Niedersachsen*).
Im Wasser soll der Hund das frische Geläuf einer Ente (Wildente oder Hochbrutflugente) ausarbeiten und die Ente im Schilfe und Wasser verfolgen. Hierbei ist besonders seine Arbeit auf der Schwimmspur der für ihn nicht sichtbaren Ente zu bewerten. Die gegriffene oder geschossene Ente soll der Hund aus tiefem Wasser, also schwimmend, bringen. Hat er hierzu keine Gelegenheit, so muß er eine mindestens 10 m weit ins tiefe Wasser geworfene tote Ente schwimmend bringen.
(In *Niedersachsen* und *Schleswig-Holstein* kann ein Hund, der nicht aus dem Wasser bringt, nur für wasserfreie Reviere als geeignet anerkannt werden.)

Welche Bestimmungen gelten für die Schweißarbeit auf der künstlichen Wund- oder Rotfährte?

Die künstlichen Rotfährten können gespritzt oder getupft werden. Der verwendete Schweiß soll frisch sein. Steht nicht genügend Wildschweiß zur Verfügung, kann frisches Hammel- oder Rinderblut verwendet werden. Die Schweißfährten müssen mindestens eine Stunde und dürfen höchstens fünf Stunden stehen. Die Schweißmenge darf in *Hessen* bei 400 m Fährtenlänge (in *Bayern* und *Niedersachsen* bei 300 m Länge) nicht mehr als ein Viertelliter betragen. Sie sind mit zwei Haken, möglichst mit Nackenwind und auf den ersten 50 m in annähernd gleicher Richtung zu legen. Nach etwa 200 m ist ein Wundbett anzulegen und durch einen Fährtenbruch zu markieren. An das Ende der künstlichen Rotfährte wird ein Stück Schalenwild oder die Decke bzw. Schwarte eines Stückes gelegt. Bei der Riemenarbeit muß der Schweißriemen mindestens 6 m Länge haben und in ganzer Länge abgedockt sein. Der Hund darf zweimal zurückgenommen und neu angelegt werden. Statt der reinen Riemenarbeit kann wahlweise Totverweisen oder Totverbellen gezeigt werden.

Wie hat die durchführende Stelle die Prüfung vorzubereiten?

Sie hat ein geeignetes Prüfungsrevier und die Prüfergruppen bereitzustellen, das benötigte Wild zu beschaffen und die Rotfährten und Schleppen zu legen.

Darf die Jagdeignungsprüfung anläßlich einer Jagd erfolgen?

Nein *(Hessen)*. In *Hessen* genügt zum Nachweis der Brauchbarkeit eines Hundes eine schriftliche Bestätigung der Landesvereinigung der Jäger (§ 22 der DVO zum Hess. Ausf. Ges. zum BJG v. 16. Juli 1979). In *Bayern* ist sie öffentlich und kann auch gelegentlich der praktischen Jagdausübung abgenommen werden. In *Rheinland-Pfalz* sind alle Hunde von der Prüfung befreit, von deren Brauchbarkeit sich der Kreisjagdmeister oder die beauftragten Prüfer bei der Jagdausübung überzeugt haben.

Wie lautet das Prüfungsergebnis bei den Eignungsprüfungen?

Brauchbar oder nichtbrauchbar (die nicht bestandene Prüfung kann wiederholt werden).

Wie steht der Tierschutzverband zu den Gebrauchshund-Prüfungen?

Er erkennt die Notwendigkeit des brauchbaren Jagdhundes zur Jagd voll an und bringt das im Tierschutzgesetz zum Ausdruck (s. „Kieler Entschließung“ S. 762).

JAGD UND RECHT

Das Bundesjagdgesetz (BJG)

Das Jagdrecht

Welche Gesetze muß der Jäger kennen?

Das Bundesjagdgesetz in der Neufassung, gültig ab 1. 4. 1977, zuletzt geändert am 29. 3. 83 (BGBl I S. 377), die hierzu erlassene Verordnung über die Jagdzeiten (s.S. 746) und das Landesjagdgesetz nebst Ausführungsbestimmungen des Landes, in dem er die Jägerprüfung ablegen oder in dem er jagen will*). Dazu kommen noch einzelne Vorschriften aus dem Strafgesetzbuch und aus dem Waffengesetz (s.S. 778), dem Naturschutzgesetz, dem Viehseuchengesetz, dem Tierkörperbeseitigungsgesetz, dem Tierschutzgesetz, der Bundeswildschutzverordnung, der Bundesnaturschutzordnung, dem Fleischbeschaugesetz, dem Lebensmittelrecht und den Wildverkehrsordnungen.
Sie dienen dem hohen Ziele, Jagd und Waidwerk so zu erhalten und zu fördern, wie es Bevölkerungsdichte und Landeskultur zulassen, und geben der Jagdausübung und der Wildhege den notwendigen rechtlichen Rahmen. Außerdem gewährleisten sie, daß dem Bürger gesundes und geschmacklich hochwertiges Wildbret angeboten wird.

Durch welches Gesetz wird die Ausübung des Jagdrechts geregelt?

Durch das Bundesjagdgesetz und durch die in dessen Rahmen ergangenen landesrechtlichen Vorschriften.
Das Bonner Grundgesetz vom 8. Mai 1949 gestattete keine einheitliche Zusammenfassung des Jagdrechts für das Bundesgebiet, wie es bei dem früheren Reichsjagdgesetz (1935) für das ganze Deutschland der Fall war. Der Bund hatte nach Artikel 75 des Grundgesetzes lediglich das Recht, das Bundesjagdgesetz als Rahmengesetz zu erlassen. Das BJG bildet daher nur einen Teil der jagdlichen Gesetzgebung. Es überläßt es den Ländern, innerhalb des gezogenen Rahmens weitere Bestimmungen zur Ausführung und Ergänzung des Bundesrechts zu erlassen.
Eine Neufassung des Kataloges von Grundsätzen für die Jagdgesetzgebung hat der DJV (s.S. 818) in Nr. 4/1980 seiner Nachrichten bekanntgemacht.

Inhalt des Jagdrechts *§ 1 BJG*

Was verstehen wir unter „Jagdrecht" und „Jagdausübungsrecht"?

Das Jagdrecht ist die ausschließliche Befugnis, auf einem bestimmten Gebiet wildlebende Tiere, die dem Jagdrecht unterliegen (Wild), zu hegen, auf sie die Jagd auszuüben und sie sich anzueignen. Mit dem Jagdrecht ist die Pflicht zur Hege verbunden.
Das Jagdrecht ist eine besondere Form der landwirtschaftlichen Nutzung des Grundstücks durch den Eigentümer und ist untrennbar mit Grund und Boden

*) Da sich darüber hinaus Landesjagdgesetze und entsprechende Landesverordnungen oft jährlich ändern, muß man sich unmittelbar vor Ablegung der Jägerprüfung bei den Ausbildern erkundigen, welche Paragraphen neu gefaßt sind. Es kann sogar vorkommen, daß auf gleiche Fragen in der schriftlichen und mündlichen Prüfung verschiedene Antworten nötig sind, da zwischen den beiden Terminen Gesetzesvorschriften neu erlassen werden. Beliebte Daten für solche Änderungen sind der Wechsel des Kalender- und der Wechsel des Jagdjahres (1.4.).

verbunden. Der Eigentümer kann die Ausübung dieses Rechts einem anderen übertragen und sich dafür bezahlen lassen, wie es bei der Jagdpacht der Fall ist. Der Jagdpächter hat also nicht das Jagdrecht, sondern nur das Jagdausübungsrecht. Man nennt ihn deshalb auch den „Jagdausübungsberechtigten".
Alles Wild ist nach dem Bürgerlichen Gesetzbuch (BGB) herrenlos. Nur der Jagdausübungsberechtige erwirbt auf Grund seines ausschließlichen Aneignungsrechts durch Besitzergreifung Eigentum daran (vgl. §§ 958 und 960 BGB). Jagdgäste, Jagdpersonal und Treiber sind nur seine „Besitzdiener" (§ 855 BGB), d.h., sie ergreifen für ihn Besitz.

Welche Bedeutung hat der nach Jagdbrauch übliche „Inbesitznahmebruch" (s.S. 358)?

Er soll einem etwa nachfolgenden Jäger die rechtmäßige Erlegung, Inbesitznahme und Aneignung des Stückes andeuten. Besitz ist die tatsächliche, Eigentum die rechtliche Herrschaft über eine Sache.

Welches Ziel verfolgt die Hege?

Die Erhaltung eines den landschaftlichen und landeskulturellen Verhältnissen angepaßten, artenreichen und gesunden Wildbestandes sowie die Pflege und Sicherung seiner Lebensgrundlagen; aufgrund anderer Vorschriften bestehende gleichartige Verpflichtungen bleiben unberührt. Die Hege muß so durchgeführt werden, daß Beeinträchtigungen einer ordnungsgemäßen land-, forst- und fischereiwirtschaftlichen Nutzung, insbesondere Wildschäden, möglichst vermieden werden. Insbesondere dürfen die Schalenwildbestände die Entwicklung standortgerechter Wälder nicht verhindern.
In jedem Jagdbezirk (in *Bayern* nach Art. 43 BayJG) sollen ausreichende Flächen für die Anlage von Wildäsungsflächen bereitgestellt werden (*Rheinl.-Pfalz* s.S. 693 unten!).

Welche Grundsätze sind bei der Jagdausübung zu beachten?

Die allgemein anerkannten Grundsätze der Waidgerechtigkeit (§ 1 Abs. 3 BJG). Sie sind juristisch nicht faßbar!
Personen, die schwer oder wiederholt gegen diese Grundsätze verstoßen haben, kann der Jagdschein entzogen werden (s. § 17 Abs. 2 Ziff. 4 BJG S. 678).

Was versteht man nach dem Gesetz unter Jagdausübung?

Das Aufsuchen, Nachstellen, Erlegen und Fangen von Wild.

Welche Befugnis umfaßt das Recht zur Aneignung von Wild noch?

Die ausschließliche Befugnis, krankes oder verendetes Wild, Fallwild und Abwurfstangen sowie die Eier von Federwild mit Jagdzeit (s.S. 746) sich anzueignen, um sie durch Ausbrütenlassen zu erhalten (Fallwild s.S. 557, verendetes Wild s.S. 557 und Sammeln der Eier s.S. 721 und S. 729).
In *Rheinland-Pfalz* besteht nach § 2 LJG Ablieferungs- und Anzeigepflicht für angefahrenes oder überfahrenes Wild. Das gleiche Recht besteht in *Hessen* nach § 1a Hessisches Ausführungsgesetz zum Bundesjagdgesetz. Im *Saarland* besteht Ablieferungspflicht an den Jagdausübungsberechtigten (§ 3 SJG).

Was ist zu beachten, wenn man lebendes oder verendetes Wild, Abwurfstangen oder Eier jagdbaren Federwildes an Orten findet, an denen man nicht jagdausübungsberechtigt ist?

Man soll niemals lebendes oder verendetes Wild im Jagdrevier anfassen (Tollwutgefahr! Außerdem wird Jungwild, das von Menschen berührt wurde, meist nicht wieder von der Mutter angenommen!). Personen, die sich Fundsachen (wie ein „verwaistes" Rehkitz, einen überfahrenen Hasen, ein erfrorenes Reh oder Abwurfstangen) zueignen und nicht unverzüglich dem Jagdausübungsberechtigten abliefern, begehen Wilddieberei.

Welche Verpflichtung trifft den Führer eines Fahrzeuges, der Schalenwild an- oder überfährt?

Er muß (in *Baden-W.*, *Bayern*, *Hessen*, *Rheinl.-Pfalz* und dem *Saarland*) das Wild unverzüglich dem Jagdausübungsberechtigten, der Gemeindebehörde oder der nächsten Polizeidienststelle abliefern oder den Vorfall anzeigen, da das vor dem An- oder Überfahren herrenlose Wild jetzt dem Aneignungsrecht des Jagdausübungsberechtigten unterliegt. Wurde das Stück nur angefahren, so ist unverzüglich die zuständige Polizeidienststelle mündlich oder fernmündlich zu benachrichtigen (z.B. von der nächsten Gastwirtschaft aus). Dabei ist es zweckmäßig, den Kilometerstein anzugeben, damit nachgesucht werden kann! Das Mitnehmen überfahrenen Wildes zum Behalten ist Wilddieberei, die mit Freiheitsstrafe geahndet wird.

Was hat die Ortspolizeibehörde zu veranlassen?

Sie hat den am Fundort Jagdausübungsberechtigten von der Ablieferung oder Anzeige zu benachrichtigen. Besteht die Gefahr des Verderbs, so sind die Gegenstände im Interesse des Jagdausübungsberechtigten zu verwerten. Ist der Jagdausübungsberechtigte nicht festzustellen, so sind die Gegenstände oder der Erlös (nach Abzug der Auslagen) wohltätigen Zwecken zuzuführen.

Hat der Jagdausübungsberechtigte bei Zusammenstößen von Kraftfahrzeugen mit Wild für den entstandenen Schaden zu haften?

Nein! Bei Wild kommt eine Haftung des Jagdausübungsberechtigten aus § 823 bis § 833 BGB nicht in Betracht. Wild in freier Wildbahn zählt zu den herrenlosen wilden Tieren im Sinne des § 960 Abs. 1 BGB. Es gehört also unverletzt niemandem. (Diese Rechtsfrage ist in ständiger Rechtsprechung von allen Gerichten im obigen Sinne entschieden worden.)

Seit 1. 1. 1967 werden durch Zusammenstoß mit Haarwild (Schalenwild, Hasen) entstandene Kraftfahrzeugschäden von der Teilkaskoversicherung (mit einer Selbstbeteiligung von 250 DM) reguliert. Wurde der Unfall von der Versicherung als Wildschaden auf Grund polizeilicher Ermittlungen anerkannt, ersetzt der ADAC und AvD den Schaden bis zu 250 DM (Kameradschaftshilfe).

Wann entstehen die meisten Verkehrsunfälle durch Wild?

Wenn trotz des Warnzeichens „Wildwechsel" nicht langsam und vorsichtig gefahren wird (und besonders von 18 bis 22 Uhr). Alle Kraftfahrer sollten bei einer nächtlichen Begegnung mit Wild die Scheinwerfer abblenden (s. auch DJV-Warnschild S. 718).

Darf sich der Jagdausübungsberechtigte während der Schonzeit Rehkitze aneignen, um sie aufzuziehen?

Nein! Das wäre ein Schonzeitvergehen (nach § 38 Abs. 1 BJG). Eine Ausnahme hiervon ist jedoch gerechtfertigt, wenn es sich um nachweisbar verwaiste oder verletzte Kitze handelt (Verenden des Muttertieres durch Überfahren oder Verletzung des Kitzes durch die Mähmaschine).

Wild *§ 2 BJG*

Wie wird das Wild eingeteilt?

In Haarwild (Aufzählung s.S. 147) und in Federwild (Aufzählung unten).
Seit 1. 4. 1977 verstehen wir unter „Wild" wildlebende Tiere, die dem Jagdrecht unterliegen (§ 1 Abs. 1 BJG). Jagdbare Tiere, die in Gehegen als Fleischtiere gehalten werden (Wildfarmen, Pelztierfarmen) unterliegen nicht dem Jagdrecht (Art. 28 III *Nds LJG*)! Sie dürfen nicht bejagt werden! Das dort gehaltene Haarwild unterliegt der tierärztlichen Fleischbeschau.

Welches Wild gehört zum Federwild (§ 2 BJG)?

Auer-, Birk- und Rackelwild, Haselwild, Alpenschneehuhn; Fasan, Wildtruthuhn; Rebhuhn, Wachtel; Wildtauben; Höckerschwan, Wildgänse, Wildenten, Säger; Waldschnepfe; Bläßhuhn; Möwen; Haubentaucher; Großtrappe: Graureiher; von den Greifvögeln nur die Accipitridae (Habicht, Sperber, Mäuse- und Rauhfußbussard, Schrei- und Steinadler) und die Falken (Falconidae): Turmfalke, Baumfalke, Wanderfalke und Merlin; der Kolkrabe.

Können weitere Tierarten als Wild erklärt werden?

Ja. Die Länder können weitere Tierarten bestimmen, die dem Jagdrecht unterliegen. Diese Tiere werden dann damit wirksam den Bestimmungen der Jagdgesetze unterstellt (während sie in anderen Ländern unter dem Schutze des Naturschutzgesetzes verbleiben, dem vielfach der wirksame Vollzug in der Praxis fehlt!).

Inhaber des Jagdrechts *§ 3 BJG*
Ausübung des Jagdrechts

Wem steht das Jagdrecht zu?

Dem Eigentümer des Grund und Bodens. Das Jagdrecht ist (seit dem Jahre 1848) untrennbar mit dem Eigentum am Grund und Boden verbunden (s. auch S. 694). Als selbständiges dingliches Recht kann es nicht begründet werden.
Die Ausübung des Jagdrechtes ist dagegen an Jagdbezirke von einer bestimmten Mindestgröße gebunden, d.h. dem Grundstückseigentümer steht das Jagdausübungsrecht nur dann zu, wenn sein Grundeigentum mindestens die Größe eines Eigenjagdbezirks hat (s. § 7 BJG, S. 696). Alle Grundflächen einer Gemeinde, die nicht zu einem Eigenjagdbezirk gehören, werden zu einem gemeinschaftlichen Jagdbezirk zusammengelegt. In ihm steht die Ausübung des Jagdrechts der Jagdgenossenschaft zu (s. § 9 BJG, S. 698). Sie kann die Jagd durch Verpachtung nutzen.

Wem steht das Jagdrecht auf Flächen zu, an denen kein persönliches Eigentum begründet ist (Hoheitsgebiete)?

Den Ländern als Eigentümer, z.B. am Meeresstrand, in den Küstengewässern und in den Wattengebieten (Watt kommt von „waten"). In *Niedersachsen* regelt die Wattenjagdordnung nach § 7 DVO LJagdG die Erteilung von Erlaubnisscheinen zur Jagd auf Wassergeflügel für einen Wattenjagdbetrieb.

Jagdbezirke und Hegegemeinschaften

Jagdbezirke *§ 4 BJG*

Wo darf das Jagdrecht ausgeübt werden?

Nur in Jagdbezirken (Eigenjagdbezirken oder gemeinschaftlichen Jagdbezirken) von einer bestimmten Mindestgröße. Das Jagdrecht beinhaltet neben dem Recht auch die Pflicht zur Hege. Ziel der Hege ist die Erhaltung eines artenreichen und gesunden Wildbestandes in wildgerechter Landschaft.
Die Beschränkung des Jagdrechts auf Jagdbezirke (Reviere), das „Reviersystem", das auch von Tierschützern gefordert wird, ist die beste Form zur Erhaltung artenreicher Wildbestände.
Unerwünscht dagegen ist das „Lizenzsystem", d.h. die Jagdausübung am beliebigen Ort auf Grund allgemeiner Erlaubnis. Das „Reviersystem" sollte deshalb weltweit Anwendung finden.
In *Bayern* (Art. 2 BayJG) schützt das Land die Jagd als Kulturgut und fördert das Jagdwesen aus dem Aufkommen der Jagdabgabe (Art. 26, 27). In *Niedersachsen* können Teile des Küstenmeeres und des Meeresstrandes, in denen sich Seehunde regelmäßig aufhalten, zu Wildschutzgebieten für Seehunde erklärt werden (Art. 8 V Nds. LJG). Nach der Wattenjagd-VO (§ 7 [1] der Nds.DVOLJagdG vom 10. 4. 1978) können an die Meeresküste angrenzende Landkreise und kreisfreie Städte Erlaubnisscheine zur Jagd auf Wassergeflügel an Inhaber für Jahresjagdscheine ausstellen.
In *Schleswig-Holstein* kann die Jagdbehörde nach § 18 LJagdG das Erlegen von Wasservögeln aus maschinengetriebenen Wasserfahrzeugen für jeweils zwei Schützen genehmigen.
In *Rheinland-Pfalz* sind Verpächter von Jagden verpflichtet, Hegemaßnahmen der Jagdausübungsberechtigten, insbesondere das Anlegen von Äsungsflächen auf wirtschaftlich nicht genutzten Grundstücken, in zumutbarem Umfang und gegen angemessene Entschädigung zu dulden. Diese Verpflichtung richtet sich auch gegen die Jagdgenossen (§ 1 [1] des LJG vom 5. 2. 1979, GVBl, v. 16. 2. 79 S. 23).

In welchem Ausnahmefalle können die Länder eine gewisse Lizenzjagd zulassen?

Bei der Jagd am Meeresstrand, im Wattenmeer und in den Küstengewässern (Ausübung der Wasser- und Pohljagd auf Entenvogel nach altem Herkommen durch die eingesessene Bevölkerung, die Jagd auf Wasservögel auf dem Untersee und dem Rhein bei Konstanz und auf der Insel Helgoland). In *Niedersachsen* werden Eintragungen von Jagdflächen für die Wattenjagd im Jagdschein nicht vorgenommen.

Wie teilt man die Jagdbezirke ein?

In Eigenjagd- und gemeinschaftliche Jagdbezirke (s.S. 696/698).

Gestaltung der Jagdbezirke *§ 5 BJG*

Wie können Jagdbezirke gestaltet werden, um sie mit den Erfordernissen der Jagdpflege in Einklang zu bringen?

Sie können durch Abtrennung, Angliederung oder Austausch von Grundflächen abgerundet werden (in *Baden-W.* nach § 2 LJG-BW, auch in *Rheinl.-Pfalz*). Flächen, die an ihrer breitesten Stelle weniger als 200 Meter breit, aber mehr als 400 Meter lang sind, bilden in *Hessen* und *Schleswig-Holstein* keinen Jagdbezirk und stellen auch den Zusammenhang zur Bildung eines Jagdbezirks zwischen angrenzenden Flächen nicht her. In *Schleswig-Holstein* können von der Jagdbehörde gem. § 5 BJG Jagdbezirke auch dann abgerundet werden, wenn der tatsächliche Zusammenhang eines Reviers, z.B. durch eine Autobahn mit beidseitigem Wildschutzzaun, unterbrochen wird.

Was ist bei der Abrundung von Jagdbezirken zu beachten?

Die Gesamtgröße soll möglichst wenig verändert werden.
Bei Angliederung einer Fläche an einen Eigenjagdbezirk ist dem Eigentümer dieser angegliederten Fläche vom Eigenjagdberechtigten eine angemessene Entschädigung, in *Baden-W.* nach § 2 (6) LJG vom 20. 12. 1978 jährlich im voraus und in *Rheinland-Pfalz* nach § 3 (2) LJG, zu zahlen. In gemeinschaftlichen Jagdbezirken erhöht oder verringert sich der Pachtpreis entsprechend der angegliederten oder abgetrennten Fläche, in *Bayern* nach Art. 5 BayJG.

Wer nimmt die Abrundung vor?

In *Baden-W.* nach § 2 (2) LJG vom 20. 12. 1978 und *Rheinland-Pfalz* die Untere Jagdbehörde, in *Bayern* (Art. 4 BayJG), *Hamburg* (§ 1 LJG vom 22. 5. 1978), *Hessen,* dem *Saarland* und *Schleswig-Holstein* kann die Abrundung durch freiwillige Vereinbarung der Beteiligten oder auf Antrag der Beteiligten von Amts wegen (von der Unteren Jagdbehörde) vorgenommen werden.
In *Baden-Württemberg* dürfen die Jagdbezirke durch die Abrundung die Mindestgröße nicht verlieren.
In *Hessen* und *Rheinland-Pfalz* verlieren Jagdbezirke nur dann ihre Eigenschaft als selbständige Jagdbezirke, wenn sie sich durch die Abrundung um mehr als ein Fünftel der Mindestgröße verkleinern. In *Hamburg, Niedersachsen* und *Rheinland-Pfalz* darf die Jagdbehörde gegen den Willen der Beteiligten (in *Baden-Württemberg* gegen den Willen des Pächters) Abrundungen nur am Ende der Pachtperiode vornehmen.

Befriedete Bezirke, Ruhen der Jagd *§ 6 BJG*

Auf welchen Grundflächen ruht die Jagd?

Auf Grundflächen, die zu keinem Jagdbezirk gehören, und in befriedeten Bezirken. Eine beschränkte Jagdausübung kann gestattet werden.

Was versteht man unter befriedeten Bezirken?

Befriedete Bezirke sind in allen Ländern:

1. Gebäude, die zum Aufenthalt von Menschen dienen, und Gebäude, die mit solchen Gebäuden räumlich zusammenhängen;
2. Hofräume und Hausgärten, die unmittelbar an eine Behausung (in *Baden-W.* an ein von Menschen bestimmtes Wohngebäude) anstoßen und durch irgendeine Umfriedung (es genügt schon einfacher Draht, ein Bach, Graben oder schadhafter Zaun) begrenzt oder sonst vollständig abgeschlossen sind;
3. Friedhöfe.
4. Wildgehege; in *NW* „Jagdgatter" bis 20 ha Größe, in *Schl.-H.* „Jagdgatter" (nach § 27 LJagdG v. 13. 4. 1978) von mind. 150 ha; in *Bayern* (Art. 23 BayJG), in *Baden-W.* Gehege und ähnliche Einrichtungen (§ 3 (2) LJG), in *Hessen, Niedersachsen* (Art. 28, 3 (2) LJG), *Nordrhein-W.*
5. In *Hamburg* auch öffentliche Grün- und Erholungsanlagen und Naturschutzgebiete (§ 2 LJG vom 22. 5. 1978); in *Niedersachsen* auch Schau- und Sondergehege sowie Gebiete von Bebauungsplänen (hier ist die Verwaltungsbehörde zu befragen, ob sie bejagt werden dürfen). Zu den befriedeten Bezirken sind auch alle Flächen zu rechnen, für die ein Dauerverbot der Jagdausübung gilt, wie in *Nordrhein-W.*, die Autobahn, die Betriebsanlagen der Bundesbahn (s. jedoch S. 718) und die Örtlichkeiten am Rande menschlicher Siedlungen, soweit deren Eigentümer der Jagdgenossenschaft nicht angehören und am Ertrage der Jagdnutzung nicht beteiligt sind, in *Schleswig-H.* können auch öffentliche Parkanlagen, Sport- und Spielplätze, Liegenschaften des Bundesministers der Verteidigung unter 75 ha, Kleingärten sowie auf Antrag des Nutzungsberechtigten Seen und darin gelegene Inseln von mindestens 40 ha zusammenhängender Fläche und Fischteiche von mindestens 10 ha Gesamtfläche für befriedet erklärt werden.

Welche Grundflächen können von der Unteren Jagdbehörde auf Antrag ganz oder teilweise befriedet werden?

Öffentliche Anlagen und vollständig abgeschlossene Grundflächen. Als solche Flächen gelten alle Grundflächen, die gegen das Aus- und Einwechseln von Wild – mit Ausnahme von Wildkaninchen (in *Baden-W.* Füchsen, Stein- und Baummardern, Iltissen, Hermelinen, Mauswieseln und Dachsen) – und gegen unbefugten Zutritt von Menschen dauernd abgeschlossen und deren Eingänge absperrbar sind und die keine Einsprünge besitzen.
In *Hamburg* sind auch die an Gebäude angrenzenden Flächen bis zu 20 Meter Breite und in *Niedersachsen* Gebäude jeder Art befriedet. In *Hessen* können auch geschlossene Gewässer, in *Niedersachsen* und *Rheinland-Pfalz* auch Natur-, Baum- und Wildschutzgebiete und Naturparke sowie künstliche Fischzuchtteiche und Fischzuchtanlagen befriedet werden (§ 4 (4) LJG *Rheinland-Pfalz*).

Welche Rechte kann die Jagdbehörde den Eigentümern oder Nutzungsberechtigten von befriedeten Bezirken einräumen?

Sie kann ihnen eine beschränkte Jagderlaubnis erteilen (in *Bayern, Bremen, Hessen, Nordrhein-Westfalen, Rheinland-Pfalz,* dem *Saarland* und *Schleswig-Holstein*).

In *Baden-W., Hamburg, Hessen, Niedersachsen, Rheinl.-Pfalz* und dem *Saarland* dürfen die Eingentümer und Nutzungsberechtigten von befriedeten Bezirken, auch ohne Besitz eines Jagdscheines, Kaninchen und Beutegreifer (außer Greifer und Falken) wie Füchse, Marder, Iltisse, Wiesel (in *Nds.* nach Art. 8 III LJG zusätzlich Waschbären), in *Schleswig-H.* auch Türken- und Ringeltauben, Silber- und Lachmöwen innerhalb der Jagdzeit tierschutzgerecht fangen (z.B. in Kastenfallen), töten und für sich behalten. Die Benutzung von Luftgewehren (s.S. 717), Tellereisen, Schlingen und Selbstschüssen ist dabei verboten. In *Hessen* und *Niedersachsen* (Art. 28 III Nds. LJG) darf die Obere Jagdbehörde auf Antrag auch das Fangen, Töten und Aneignen von Graureihern, Möwen, Tauchern, Sägern oder Bläßhühnern gestatten.
Der Gebrauch einer Schußwaffe ist in *Rheinl.-Pfalz* nur Jagdscheininhabern, sonst nur mit schriftlicher Erlaubnis der Unteren Jagdbehörde zulässig. Sie wird nur erteilt, wenn eine Störung der Ruhe, Ordnung oder Sicherheit, insbesondere eine Gefährdung von Menschen nicht zu befürchten und der Abschluß einer ausreichenden Jagdhaftpflicht-Versicherung nachgewiesen ist. Die Erlaubnis ist widerruflich. Die waffenrechtlichen Vorschriften bleiben unberührt.

Wer wird Eigentümer eines Stück Wildes, das in einem Hausgarten oder Hofraum verendet?

Der Eigentümer oder Nutzungsberechtigte des Gartens oder Hofraumes. In *Baden-Württemberg* ist der Jagdberechtigte befugt, sich in dem befriedeten Bezirk Wild (Jagdbeute) anzueignen, wenn es dorthin gelangt ist. In *Bayern* (Art. 38 BayJG) ist der Grundstückeigentümer oder Nutzungsberechtigte zur Herausgabe von krankem oder krankgeschossenem Wild verpflichtet.
Flüchtet das krankgeschossene Stück Wild in einen Friedhof, so ist der Revierinhaber aneignungsberechtigt. Man läßt dort den angeschossenen Hasen oder Fasan vom Hunde greifen!

Eigenjagdbezirke *§ 7 BJG*

Was sind Eigenjagdbezirke?

Eigenjagdbezirke sind zusammenhängende Grundflächen, auf denen ein und dieselbe Person oder Personengemeinschaft Eigentümer oder Nutzungsberechtigter ist. Der land-, forst- oder fischereiwirtschaftlich nutzbare Raum muß 75 ha oder mehr umfassen.
Die Mindestgröße für Eigenjagdbezirke beträgt in *Bayern* 81,755 ha (=240 bayerische Tagwerke), im Hochgebirge mit seinen Vorbergen 300 ha, in *Baden-Württemberg, Hessen* und im *Saarland* 75 ha. Die Verpachtung eines weniger großen Teils als 75 ha (oder 250 ha in gemeinschaftlichen Jagdbezirken) an den Jagdausübungsberechtigten eines angrenzenden Jagdbezirks ist in *Baden-W.* [nach § 7 (1) LJG-BW] zulässig, soweit dies einer besseren Reviergestaltung dient.

Werden zusammenhängende Grundflächen, die einen Eigenjagdbezirk bilden, durch Ländergrenzen unterbrochen?

Nein! Jeder Teil eines über mehrere Länder sich erstreckenden Eigenjagdbezirkes unterliegt jedoch den gesetzlichen Bestimmungen des Landes, in dem er liegt.

Völlig eingefriedigte (Gatterreviere) sowie an der Bundesgrenze liegende, zusammenhängende Grundflächen unter 75 ha nutzbarem Raum können zu Eigenjagdbezirken erklärt werden. Es kann bestimmt werden, daß die Jagd in diesen Bezirken nur unter Beschränkungen ausgeübt werden darf.

Was sind Regiejagden?

Jagden, die vom Staat (den Ländern) durch angestelltes Forstpersonal verwaltet werden. Sie sind Eigenjagdreviere der Länder (in *Bayern* mit den angegliederten Flächen [Art. 9 BayJG]). Jedes Land übt das Jagdrecht durch Selbstverwaltung oder durch Verpachtung aus. In den nicht verpachteten Jagdrevieren können Inhaber eines gültigen Jahresjagdscheines – Ausländer ausnahmsweise auch mit Tagesjagdschein – als Jagdgäste zum Bejagen des einer „Abschuß"-Regelung unterliegenden Wildes gegen Entgelt zugelassen werden.

Wer ist in einem Eigenjagdbezirk jagdausübungsberechtigt?

Der Eigentümer. An seine Stelle tritt der Nutznießer, wenn ihm die Nutzung des ganzen Eigenjagdbezirkes zusteht.
Ist er eine juristische Person des bürgerlichen Rechts (Aktiengesellschaft, GmbH, eingetragener Verein) oder eine solche des öffentlichen Rechts (wie eine Gemeinde oder der Staat) oder eine Personenmehrheit (z.B. Erbengemeinschaft) und wird die Jagd nicht durch Verpachtung und auch nicht durch angestellte Jäger ausgeübt, so ist der Jagdbehörde ein Jagdausübungsberechtigter zu benennen.
Eine juristische Person kann in *Bayern* Jagdpächter sein (Art. 14 BayJG).

Wieviel Jagdausübungsberechtigte (Eigentümer, Stellvertreter oder Nutznießer) dürfen als jagdausübungsberechtigt im Eigenjagdbezirk höchstens benannt werden (Mitpacht)?

Es dürfen benannt werden:

Im Lande:	zwei Personen	eine weitere Person je	
Baden-Württemberg	bis zu 250 ha	angefangene	150 ha
Bayern (Art. 15 BayJG)	bis zu 250 ha	angefangene	250 ha
Bayern im Hochgebirge	bis zu 500 ha	angefangene	500 ha
Bremen	bis zu 250 ha	weitere volle	125 ha
Hamburg	bis zu 400 ha (eine Person bis 250 ha)	weitere	150 ha
Hessen	bis zu 150 ha	weitere	75 ha
Niedersachsen	bis zu 250 ha	weitere	125 ha
Nordrhein-Westfalen	bis zu 300 ha	weitere	150 ha
Rheinland-Pfalz	bis zu 250 ha	weitere	125 ha
Schleswig-Holstein	bis zu 300 ha	weitere	150 ha
Saarland	bis zu 300 ha	angefangene	200 ha

Gemeinschaftliche Jagdbezirke *§ 8 BJG*

Was sind gemeinschaftliche Jagdbezirke?

Gemeinschaftliche Jagdbezirke sind alle Grundflächen einer Gemeinde oder abgesonderten Gemarkung, die nicht zu einem Eigenjagdbezirk gehören. Sie müssen wenigstens 150 ha umfassen.
In gemeinschaftlichen Jagdbezirken steht die Ausübung des Jagdrechts der Jagdgenossenschaft zu.
Die Länder können die Mindestgrößen allgemein oder für bestimmte Gebiete höher festsetzen.

Ist die Teilung gemeinschaftlicher Jagdbezirke in mehrere selbständige Jagdbezirke zugelassen?

Nur dann, wenn jeder Teil eine Mindestgröße von 250 ha hat.
In *Rheinland-Pfalz* muß die Teilung jagdwirtschaftlich vertretbar sein. Im *Saarland und Baden-W.* (§ 5 Abs. 2 LJG) hat auf jedem Teil eine den Erfordernissen der Jagdpflege entsprechende Jagdausübung möglich zu sein. Bei der Teilung eines gemeinschaftlichen Jagdbezirks in mehrere selbständige Jagdbezirke bilden die Jagdgenossen dieser Bezirke kraft Gesetzes eigene Jagdgenossenschaften (Mitpacht s.S. 702).

Welche Mindestgröße müssen gemeinschaftliche Jagdbezirke haben?

Die Mindestgröße für gemeinschaftliche Jagdbezirke beträgt in:

Baden-W.	150 ha
Bayern	250 ha (im Hochgebirge 500 ha)
Bremen	250 ha (befriedete Grundstücke zählen mit)
Hamburg	250 ha
Hessen	250 ha
Niedersachsen	250 ha (ausnahmsweise 200 ha)
Nordrhein-W.	300 ha
Rheinl.-Pfalz	250 ha (ausnahmsweise 225 ha)
Saarland	250 ha (mindestens 75 ha müssen zusammenhängen)
Schleswig-H.	250 ha

Können zusammenhängende Grundflächen verschiedener Gemeinden auf Antrag zusammengelegt werden?

Ja. Sie müssen jedoch den Erfordernissen eines gemeinschaftlichen Jagdbezirkes entsprechen. Besitzen die zusammenhängenden Grundflächen einer Gemeinde nicht die für gemeinschaftliche Jagdbezirke vorgeschriebene Mindestgröße, so können sie auf Antrag anderen Jagdbezirken angegliedert werden.
Das gilt in *Schleswig-H.* nach § 4 Land.JG für Enklaven, d.h. für Jagdbezirke, die von einem oder mehreren Jagdbezirken umschlossen sind. Sie sind im „Jagdkataster" aufgeführt.

Jagdgenossenschaft *§ 9 BJG*

Was ist eine Jagdgenossenschaft?

Die Jagdgenossenschaft ist eine Körperschaft des öffentlichen Rechts mit

Zwangsmitgliedschaft. Sie untersteht der Aufsicht der Jagdbehörde. Sie muß (bzw. kann) sich eine Satzung geben (Mustersatzung in *Bayern, Hessen, Niedersachsen, Rheinland-Pfalz* und *Schleswig-Holstein*).
Die Eigentümer von Grundflächen, die einem Eigenjagdbezirk angegliedert sind, bilden zur Vertretung ihrer Rechte eine sogenannte Angliederungsgenossenschaft (*Bayern, Hessen, Nordrhein-Westfalen, Rheinland-Pfalz* und *Saarland*).
In *Baden-W.* kann das Ministerium f.E.L. und Umwelt Mindestforderungen aufstellen (§ 6 Abs. 2 LJG vom 20. 12. 1978).

Wer vertritt die Jagdgenossenschaft?

Der von ihr gewählte Jagdvorstand.
Die Länder bestimmen, ob der Jagdvorstand eine Einzelperson oder ein Kollegium ist. In *Baden-Württemberg* kann durch Beschluß der Jagdgenossenschaft deren Verwaltung dem Gemeindevorstand (Gemeinderat) übertragen werden (in *Rheinland-Pfalz* der Gemeinde). In *Niedersachsen* ist der Gemeindevorstand der Gemeindedirektor. In *Hessen* bestimmt § 2 der DVO/LJG vom 16. 7. 1979 (GVBl. I S. 197), daß der Jagdvorstand innerhalb eines Jahres gewählt werden muß.

Wie müssen die Beschlüsse einer Jagdgenossenschaft gefaßt werden?

Oberstes Organ der Jagdgenossenschaft ist die Jagdgenossenschaftsversammlung. Ihre Beschlüsse bedürfen der Mehrheit der anwesenden oder schriftlich bevollmächtigten Jagdgenossen als auch der Mehrheit der bei der Beschlußfassung vertretenen Grundfläche.

Jagdnutzung *§ 10 BJG*

Wie wird die Jagd einer Jagdgenossenschaft meist genutzt?

Durch Verpachtung (Näheres s.S. 704). Sie kann die Verpachtung auf den Kreis der Jagdgenossen oder in *Bayern* (Art. 12 BayJG) auf Personen beschränken, die Ihre Hauptwohnung in einer bestimmten Höchstentfernung zum Jagdrevier haben. Sie kann die Jagd für eigene Rechnung durch angestellte Jäger ausüben lassen. Wird die Jagd durch angestellte Jäger ausgeübt, so dürfen hierzu in *Rheinl.-Pfalz* nicht mehr Personen bestellt werden, als Pächter sein dürfen. Die Jagdgenossenschaft beschließt über die Verwendung des Reinertrages der Jagdnutzung, insbesondere auch darüber, ob und in welcher Höhe Jagdpacht für gemeindeeigene Grundflächen verlangt werden darf (§ 10 Abs. 3 BJG).
Ein Jagdgenosse kann die Auszahlung seines Anteils nicht verlangen, wenn die Jagdgenossenschaft den Reinertrag aus der Jagdnutzung der Gemeinde für solche Zwecke zur Verfügung stellt, für die diese von den Grundeigentümern Beiträge erheben kann.

Bildung von Hegegemeinschaften *§ 10a BJG*

Können Hegegemeinschaften gebildet werden?

Ja. Die Jagdausübungsberechtigten können für mehrere zusammenhängende

Jagdbezirke eine Hegegemeinschaft in *Bayern* nach Art. 13 BayJG, in *Hamburg* nach § 6 LJG, in *Niedersachsen* nach Art. 15–18 NdsLJG auch als Hegeverband, im *Saarland* nach dem Hegeringstatut vom 19. 6. 1971 als privatrechtlichen Zusammenschluß bilden. Entspricht in *Baden-W.* eine Hegegemeinschaft nach ihrer räumlichen Abgrenzung den Erfordernissen der Hege, so ist sie auf Antrag von der Unteren Jagdbehörde zu bestätigen (§ 6a LJG BW vom 31. 1. 1979, GBl. Nr. 1/1979 S. 12). Dem Leiter der Hegegemeinschaft wird bei der Festsetzung der Abschußpläne ein Beratungsrecht zugebilligt (§ 21 Abs. 1 LJG-BW). Das soll für die angestrebte gemeinsame Planung und Durchführung des Abschusses förderlich sein!
In *Rheinland-Pfalz* kann die Untere Jagdbehörde die Beteiligten nach § 14 (1) LJG v. 5. 2. 79 hierzu auffordern, in *Schleswig-Holst.*, wenn sich mehr als 75% der Jagdausübungsberechtigten, die zugleich den gleichen Prozentsatz der Grundfläche vertreten müssen, hierfür aussprechen. Falls eine an alle Jagdausübungsberechtigten gerichtete Aufforderung der zuständigen Behörde, eine erforderliche Hegegemeinschaft zu gründen, ohne Erfolg geblieben ist, können die Länder die Bildung einer Hegegemeinschaft bestimmen.

Beteiligung Dritter an der Ausübung des Jagdrechts

Jagdpacht *§ 11 BJG*

Kann die Ausübung des Jagdrechts an Dritte verpachtet werden?

Ja! Die Ausübung des Jagdrechts kann jedoch nur in seiner Gesamtheit an Dritte verpachtet werden. Unter Dritten versteht man alle Personen über den Eigentümer und Nutznießer hinaus. Ein Teil des Jagdausübungsrechtes (nur für den Wald, nur für das Feld oder nur für das Wasser) kann nicht Gegenstand eines Jagdpachtvertrages sein; jedoch kann sich der Verpächter einen Teil der Jagdnutzung (auf bestimmte Wildarten) vorbehalten.
Die Erteilung von Jagderlaubnisscheinen regeln die Länder. Sie bedarf der Schriftform (§ 8 des *Hamburgischen* JG und § 11 [1] LJG *Rheinland-Pfalz*) und ist der Unteren Jagdbehörde anzuzeigen.
Die Verpachtung eines Teiles eines Jagdbezirkes ist nur zulässig, wenn sowohl der verpachtete als auch der verbleibende Teil bei Eigenjagdbezirken die gesetzliche Mindestgröße, bei gemeinschaftlichen Jagdbezirken die Mindestgröße von 250 ha haben.
Die Länder können die Verpachtung eines Teiles von geringerer Größe an den Jagdausübungsberechtigten eines angrenzenden Jagdbezirks zulassen, soweit dies einer besseren Reviergestaltung dient (im *Saarland* nach § 10 [1] SJG).

Über welche Flächen hinaus darf ein Jagdpächter das Jagdrecht nicht ausüben?

Die Gesamtfläche, auf der einem Jagdpächter die Ausübung des Jagdrechts zusteht, darf nicht mehr als 1000 Hektar umfassen; hierauf sind Flächen anzurechnen, für die dem Pächter auf Grund einer entgeltlichen Jagderlaubnis die Jagdausübung zusteht.
In *Niedersachsen* wird die Höchstpachtgrenze durch RdErl. d. Landwirtschaftsministers vom 9. 11. 1977 Nds. MBl. S. 1482 geregelt.

Der Inhaber eines oder mehrerer Eigenjagdbezirke mit einer Gesamtfläche von mehr als 1000 Hektar darf nur zupachten, wenn er Flächen mindestens gleicher Größenordnung verpachtet; der Inhaber eines oder mehrerer Eigenjagdbezirke mit einer Gesamtfläche von weniger als 1000 Hektar darf nur zupachten, wenn die Gesamtfläche, auf der ihm das Jagdausübungsrecht zusteht, 1000 Hektar nicht übersteigt. Für Mitpächter, Unterpächter oder Inhaber einer entgeltlichen Jagderlaubnis gilt das entsprechend mit der Maßgabe, daß auf die Gesamtfläche nur die Fläche angerechnet wird, die auf den einzelnen Mitpächter, Unterpächter oder auf den Inhaber einer entgeltlichen Jagderlaubnis, ausgenommen die Erlaubnis zu Einzelabschüssen, nach dem Jagdpachtvertrag oder der Jagderlaubnis anteilig entfällt.

Für bestimmte Gebiete, insbesondere im Hochgebirge, können die Länder eine höhere Grenze als 1000 Hektar festsetzen. Sofern dies einer besseren Reviergestaltung dient, dürfen Bund, Länder und Gemeinden, die Inhaber eines oder mehrerer Eigenjagdbezirke sind, abweichend hiervon Pächter sein.

Die Fläche, auf der einem Jagdausübungsberechtigten oder Inhaber einer entgeltlichen Jagderlaubnis die Ausübung des Jagdrechts zusteht, ist von der zuständigen Behörde in den Jagdschein einzutragen; das Nähere regeln die Länder, in *Bayern* nach Art. 16 BayJG, in *Niedersachsen* nach dem RdErl. d. Innenministers vom 9. 11. 1977 Nds. MBl. Nr. 56/1977 S. 1482. In *Hessen* entfällt die Eintragungspflicht für Inhaber eines entgeltlichen Jagderlaubnisscheines, wenn er nur für ein Jahr erteilt wurde.

(Diese neuen Bestimmungen greifen nicht in bestehende Jagdpachtverhältnisse ein und können nur bei Ablauf bestehender Verträge wirksam werden!)

Welche Mindestpachtzeit wurde festgelegt?

Die Pachtzeit soll mindestens neun Jahre betragen. Die Länder können sie höher festsetzen.

In *Bayern, Hessen, Rheinland-Pfalz,* dem *Saarland* und *Schleswig-Holstein* beträgt sie für Niederwildreviere neun Jahre, für Hochwildreviere 12 Jahre.

Ein laufender Jagdpachtvertrag kann auch für kürzere Zeit verlängert werden. Beginn und Ende der Pachtzeit soll mit Beginn und Ende des Jagdjahres (1. April bis 31. März) zusammenfallen.

Wann ist ein Jagdbezirk eine Hochwildjagd?

Nur dann, wenn für ihn auf Grund eines bestätigten Abschußplanes regelmäßig die Bejagung von Hochwild vorgesehen ist. Jagdbezirke mit vereinzeltem Vorkommen von Hochwild als Wechselwild und Vorkommen von Schwarzwild sind Niederwildjagden. Im Zweifelsfalle entscheidet die Jagdbehörde.

Wer darf nur Jagdpächter sein (Jagdpachtfähigkeit)?

Nur der, der einen Jahresjagdschein besitzt und schon vorher volle drei Jahre (=36 Monate) in Deutschland besessen hat. Dies braucht nicht in drei aufeinanderfolgenden Jahren oder in den letzten Jahren vor der Pachtung gewesen zu sein. Das gilt auch für Mitpächter.

(Bis zum vierten Jahresjagdschein ist man „Jungjäger“ und nicht pachtfähig; auf das Lebensalter kommt es dabei nicht an!)

In *Baden-Württemberg, Nordrhein-Westfalen, Rheinland-Pfalz, Schleswig-Holstein* und dem *Saarland* kann die Obere Jagdbehörde Ausnahmen von diesen Voraussetzungen erteilen.

Wann ist ein Jagdpachtvertrag nichtig?

Wenn er nicht den Jagdvorschriften (§ 11 BJG) oder in *Bayern* nicht mehr den Jagdvorschriften des Art. 18 BayJG entspricht und dieser Mangel nicht bis zum Beginn des neuen Jagdjahres behoben wird, in *Schleswig-Holstein,* wenn der Jagdpachtvertrag gegen § 10 LJG vom 13. 4. 1978 verstößt.

Woher kann man einen „Muster-Jagdpachtvertrag" beziehen?

Vom DJV, Johannes-Henry-Straße 10 in 5300 Bonn 1, in *Rheinl.-Pfalz* vom Minister für L.W. und Umwelt, Große Bleiche 55, 6500 Mainz 1.

Wieviel Personen dürfen in einem gemeinschaftlichen Jagdbezirk nebeneinander Pächter sein (Mitpacht)?

Die Zahl ist im Interesse der Jagdpflege beschränkt. Ihre Festsetzung ist Sache der Länder. Es werden höchstens zugelassen:

Im Lande:	zwei Pächter bis zu einer Fläche von:	ein weiterer Pächter für je:	
Baden-Württemberg	250 ha	angefangene	150 ha
Bayern	250 ha	weitere	250 ha
Bayern im Hochgebirge	500 ha	weitere	500 ha
Hamburg	250–400 ha (ein Pächter bis 250 ha)	weitere	150 ha
Hessen	500 ha	weitere	250 ha
Nordrhein-Westfalen	300 ha	weitere	150 ha
Rheinland-Pfalz (1 Pächter 250 ha)	500 ha	weitere	250 ha
Saarland	300 ha	angefangene	200 ha
Schleswig-Holstein	500 ha	weitere	250 ha

In *Bremen* und *Niedersachsen* ist ein Jagdpachtvertrag zu beanstanden, wenn in einem Jagdbezirk unter 500 ha außer einem Jagdaufseher mehr als 4 Personen dort ständig die Jagd ausüben. Für weitere volle 125 ha kann in Bremen eine weitere Person ständig die Jagd ausüben (in *Niedersachsen* für jede weiteren 250 ha zwei Personen).

In allen Ländern kann der Jagdausübungsberechtigte einem Dritten (Jagdgast) beim Besitz eines Jagdscheines einen Jagderlaubnisschein erteilen.

Die Erteilung der Jagderlaubnis und die Erlaubnis zum Schießen streunender Hunde und wildernder Katzen (s.S. 752 bis 754) bedarf der Schriftform. Wenn mehrere Jagdausübungsberechtigte vorhanden sind, muß der Schein von jedem der Jagdausübungsberechtigten unterzeichnet sein. Die Jagdbehörde kann die Beteiligung Dritter aus Gründen der Jagdpflege beschränken oder untersagen. Der Jagderlaubnisschein muß auf eine bestimmte Person lauten: Sein Inhalt

kann zeitlich (von … bis …), sachlich (auf Wildarten) und örtlich (Teil des Jagdgebietes) beschränkt sein.
In *Baden-W., Bremen, Nordrhein-W., Niedersachsen, Rheinl.-Pfalz* und *Schleswig-H.* gelten die Vorschriften über die zulässige Zahl der Pächter auch für die Besitzer von entgeltlichen Jagderlaubnisscheinen.
In *Rheinland-Pfalz* darf die entgeltliche Jagderlaubnis nur einer jagdfähigen Person erteilt werden (§ 11 [3] LJG). In *Hessen* darf ein Jagdgast auch in Begleitung des zuständigen bestätigten Jagdaufsehers das Waidwerk ausüben, da § 10 Abs. 2 der DVO/LJG als „Begleitung" die bloße Anwesenheit des Pächters oder Jagdaufsehers im Jagdbezirk ansieht. Der Jagdaufseher muß eine Jagdaufseherprüfung mit Erfolg abgelegt haben.
Im *Saarland* können noch sog. „Hegescheine" erteilt werden, die nur zur Bejagung von Raubzeug (= Beutegreifer, die nicht dem Jagdrecht unterliegen), Raubwild (= Beutegreifer, die dem Jagdrecht unterstehen), Kaninchen und Wildtauben berechtigen (§ 13 [3] SJG), wenn die Erteilung im Interesse der Wildhege erforderlich ist.
Im *Saarland* bedarf der entgeltlich erteilte Jagderlaubnisschein der Genehmigung, der unentgeltlich erteilte eines Sichtvermerkes der Jagdbehörde (§ 13 [4] SJG).
In *Baden-Württemberg, Bayern, Hessen* und im *Saarland* benötigen angestellte und staatl. anerkannte Jäger innerhalb ihres Dienstbereichs keinen Jagderlaubnisschein.

Welcher Unterschied besteht zwischen einem entgeltlichen und einem unentgeltlichen Jagderlaubnisschein?

Die Erteilung einer Jagderlaubnis gegen Entgelt ist – mit Ausnahme der Vergebung von Einzelabschüssen – einer Verpachtung gleichzuachten, da pachtähnliche Bindungen entstehen. Sie bedarf der Schriftform *(Nordrhein-Westfalen)*.
In *Hessen* ist die entgeltliche Jagderlaubnis der Unteren Jagdbehörde zur Genehmigung vorzulegen (§ 10 [2] HAusfG).
Die unentgeltliche Erteilung einer Jagderlaubnis ist dagegen ein Gefälligkeitsvertrag, der jederzeit vom (bzw. von den) Jagdausübungsberechtigten widerrufen werden kann.

Darf der Jagdpächter andere Jagdscheininhaber als Jagdgäste mit auf die Jagd (Pirsch, Suche, Anstand usw.) nehmen?

Ja. Dazu bedarf es keiner besonderen Erlaubnis. Bei einer Mehrzahl von Pächtern müssen jedoch alle Pächter an einer solchen Jagd teilnehmen oder ihre schriftliche Zustimmung erteilen.

Ist der Jagdgast jagdausübungsberechtigt im Sinne des BJG?

Nein! Ein Jagdgast ohne Erlaubnisschein darf nur in Begleitung oder in Rufweite des Jagdausübungsberechtigten jagen!

Welche Frage hat der Jagdgast an den Jagdausübungsberechtigten vor Ausübung der Jagd zu richten?

Er hat zu fragen, welches Wild geschossen werden darf. Der Jagdgast übt das Jagdrecht immer nur für den Jagdausübungsberechtigten aus. Ein von ihm geschossener Hase wird Eigentum des Jagdausübungsberechtigten.

Darf der Jagdgast Jagdschutz ausüben?

Nein. Die Ausübung des Jagdschutzes ist ausschließlich Recht des Jagdausübungsberechtigten und der bestätigten Jagdschutzaufseher und Polizeibeamten (s. jedoch S. 752 bis 754, Abschuß streunender Hunde und wildernder Katzen). Für alle Schäden, die der Jagdgast mit oder ohne Jagderlaubnis anrichtet, haftet der Jagdausübungsberechtigte! Für Amtspflichtverletzungen der bestätigten Jagdaufseher muß die Untere Jagdbehörde aufkommen.
In *Niedersachsen* kann der Revierinhaber nach Art. 2 III Nds. LJG anderen das Betreten von jagdwirtschaftlichen Einrichtungen verbieten und sie zum Verlassen der Einrichtungen auffordern; er kann diese Befugnis auf angestellte Jäger und Jagdgäste übertragen. Im *Saarland* darf der Jagdschutzberechtigte zum Schutze des Wildes und der Jagd volljährige, zuverlässige Personen als Jagdaufseher anstellen (§ 33 [3] SJG).

Wer übt beim Tod des Jagdpächters die Rechte und Pflichten aus dem Jagdpachtvertrag aus?

Seine Erben (§ 1922 BGB), sofern für diesen Fall keine anderen Vereinbarungen getroffen wurden (s. auch Rechtsstellung der Mitpächter S. 706).
Baden-W., Bayern, Bremen, Hamburg, Hessen, Niedersachsen, Nordrhein-W., Rheinl.-Pfalz und das *Saarland* haben hierzu übereinstimmend festgelegt, daß die Erben eine jagdpachtliche Person als Jagdausübungsberechtigten zu benennen haben. (Tod des Jagdpächters und Hundehaftpflicht s.S. 686.)

Durchführung von Jagdverpachtungen

Wie können gemeinschaftliche Jagdbezirke verpachtet werden?

Im Wege der öffentlichen (mündlichen) Versteigerung, der öffentlichen Ausbietung (Einholung schriftlicher Angebote), der freihändigen Vergebung oder der Verlängerung laufender Verträge.
Eingehende Vorschriften für die Durchführung der Jagdverpachtungen haben die Länder *Bayern, Bremen, Hessen, Rheinland-Pfalz* und das *Saarland* erlassen.

In welchen Fällen darf der Jagdvorsteher beim Zuschlag und beim Pachtabschluß nicht mitwirken?

Wenn er sich selbst um die Pacht bewirbt oder mit dem Pachtbewerber verheiratet, in gerader Linie oder in der Seitenlinie bis zum zweiten Grad verwandt oder verschwägert ist.

In welcher Weise ist die Verpachtung bekanntzugeben?

Öffentlich. Sie ist mindestens zwei Wochen vor der Entgegennahme von Pachtgeboten, unter gleichzeitiger Auslegung der Pachtbedingungen, in einer am Ausbietungsort verbreiteten Tageszeitung oder in anderer ortsüblicher Weise bekanntzumachen; hierbei sind anzugeben
Ort, Zeit und Art der Verpachtung,
Größe des Jagdbezirks,
Eigenschaft als Hoch- oder Niederwildjagd,
vorgesehene Pachtdauer,

zugelassener Bieterkreis und
etwaige Sonderbedingungen.
(Ausnahme: Bei freihändiger Vergebung und bei Verlängerung laufender Pachtverträge kann von der öffentlichen Bekanntmachung der Verpachtung abgesehen werden.)
In *Rheinland-Pfalz* müssen die Pachtbedingungen mindestens acht Tage vorher ausliegen.

Was hat der Jagdvorsteher bei öffentlichen Versteigerungen zu beachten?

Er hat bei Beginn der öffentlichen Versteigerung die Ordnungsmäßigkeit der Verpachtungsbekanntmachung und der Auslegung der Pachtbedingungen festzustellen. Er hat sich davon zu überzeugen, daß die Bieter jagdpachtfähig sind (s.S. 701). Danach hat er zur Abgabe von Geboten aufzufordern. Ein Gebot erlischt, wenn ein höheres Gebot abgegeben wird; jedoch bleiben die drei Bestbietenden an ihr Gebot bis zur Entscheidung über den Zuschlag gebunden. Die Versteigerung darf erst abgeschlossen werden, wenn nach Aufforderung zur Abgabe höherer Gebote niemand mehr bietet. Nach Schluß der Versteigerung darf kein Gebot mehr entgegengenommen werden.

Ist die Abtretung der Rechte aus einem Gebot möglich?

Nein! Die Abtretung der Rechte aus einem Gebot ist unwirksam.

Innerhalb welcher Frist hat der Jagdvorsteher den Zuschlag an einen der Bestbietenden zu erteilen?

Der Jagdvorsteher kann den Zuschlag an einen der Bestbietenden sofort erteilen oder sich die Erteilung binnen zwei Wochen vorbehalten. Wird innerhalb der Frist kein Zuschlag erteilt, so erlöschen alle Gebote. Vom Zuschlag an einen der Bestbietenden soll in der Regel nur abgesehen werden, wenn dies im Interesse der Jagdgenossenschaft erforderlich ist.

Was hat der Jagdvorsteher bei Abgabe schriftlicher Pachtgebote zu beachten?

Er darf die eingereichten Pachtgebote erst nach Ablauf der Einreichungsfrist in Gegenwart eines Zeugen öffnen. Er hat ein Verzeichnis der Gebote anzufertigen und über die Annahme zu befinden. Wird innerhalb zweier Wochen nach Ablauf der Einreichungsfrist kein Gebot angenommen, so erlöschen alle Gebote.

Anzeige von Jagdpachtverträgen *§ 12 BJG*

Welcher Behörde ist der Jagdpachtvertrag anzuzeigen?

Der Unteren Jagdbehörde, bei Jagdbezirken im Gebiet einer kreisfreien Stadt der Oberen Jagdbehörde (s.S. 741); in *Bremen, Hamburg* der Landesjagdbehörde.
Die Anzeigepflicht erstreckt sich auf die Unter- und Weiterverpachtung sowie auf die Aufnahme eines Mitpächters.

Wann ist der abgeschlossene Jagdpachtvertrag nichtig?

Wenn er der Jagdbehörde nicht angezeigt worden ist.

Innerhalb welcher Frist und wann kann die Jagdbehörde den Jagdpachtvertrag beanstanden?

Die Jagdbehörde kann den Vertrag binnen drei Wochen nach Eingang der Anzeige beanstanden. Der Pächter darf deshalb vor Ablauf von 3 Wochen nach Anzeige des Vertrages die Jagd nicht ausüben, sofern nicht die zuständige Behörde die Jagdausübung zu einem früheren Zeitpunkt gestattet.

Was ist beim Ausfüllen der Vordrucke für Jagdpachtverträge zu beachten?

Die Vordrucke sind so auszufüllen, daß an dem Sinn des geschlossenen Vertrages keinerlei Zweifel bleiben. Insbesondere sind Druckworte, die im Vordruck für zwei Möglichkeiten vorgesehen sind, entsprechend zu streichen.

Wird man mit Abschluß des Jagdpachtvertrages Jagdausübungsberechtigter?

Nur dann, wenn der Vertrag schriftlich geschlossen ist, der zuständigen Behörde vorgelegen hat und von ihr nicht beanstandet worden ist. Mit dem bei der Jagdverpachtung erteilten Zuschlage wird nur das Anrecht auf die Jagd, nicht aber das Recht zur Jagdausübung erworben.

Erlöschen des Jagdpachtvertrages *§ 13 BJG*

In welchem Falle erlischt der Jagdpachtvertrag?

Er erlischt, wenn dem Pächter der Jagdschein unanfechtbar entzogen worden ist (nicht durch dessen Tod!). Er erlischt auch, wenn die Gültigkeit des Jagdscheines abgelaufen ist und die Behörde die Erteilung eines neuen Jagdscheines unanfechtbar abgelehnt hat oder der Pächter die Voraussetzungen für die Erteilung eines neuen Jagdscheines nicht fristgemäß erfüllt. Der Pächter hat dem Verpächter den aus der Beendigung des Pachtvertrages entstehenden Schaden zu ersetzen, wenn ihn ein Verschulden trifft.

Rechtsstellung der Mitpächter *§ 13a BJG*

Bleibt ein Jagdpachtvertrag, den mehrere Pächter abgeschlossen haben, bestehen, wenn er im Verhältnis zu einem Mitpächter gekündigt wird, oder erlischt er?

Er bleibt bestehen. Ist aber einem der Beteiligten die Aufrechterhaltung des Vertrages infolge des Ausscheidens eines Pächters (z.B. durch Entziehung des Jagdscheines oder Tod) nicht zuzumuten, so kann er den Vertrag mit sofortiger Wirkung kündigen. Die Kündigung muß unverzüglich nach Erlangung der Kenntnis von dem Kündigungsgrund erfolgen.
Haben sich in *Niedersachsen* in einem Jagdbezirk Möwen, Wildtauben oder Kaninchen übermäßig vermehrt, verursachen sie erhebliche Schäden oder ist eine stärkere Bejagung der Füchse zur Bekämpfung der Tollwut erforderlich, so kann die Jagdbehörde verfügen, daß der Revierinhaber andere Jäger an der Jagd auf die betreffende Wildart beteiligt. Dabei sind Jäger ohne Revier bevorzugt zu berücksichtigen (Nds. LJG Art. 20 III).

Wechsel des Grundeigentümers *§ 14 BJG*

Hat der Wechsel des Grundeigentümers Einfluß auf den Jagdpachtvertrag?

Nein. Es gilt der Grundsatz: „Kauf bricht nicht Jagdpacht".
Wird ein zu einem gemeinschaftlichen Jagdbezirk gehöriges Grundstück veräußert, so hat dies auf den Pachtvertrag keinen Einfluß, denn es tritt dafür ein neuer Jagdgenosse ein. Wird ein Eigenjagdbezirk ganz oder teilweise veräußert, so übernimmt der Erwerber die Rechte und Pflichten.

Jagdschein

Allgemeines *§§ 15, 16 BJG*

Wer darf die Jagd ausüben?

Nur der, der einen auf seinen Namen lautenden, gültigen Jagdschein besitzt und mit sich führt. Der Jagdschein hat Gültigkeit im Bundesgebiet und Berlin (s. Berlin-Klausel im § 45 BJG).

Welche Behörden erheben die Gebühren für die Jagdscheine?

Die Unteren Jagdbehörden der einzelnen Länder (s.S. 741). Sie betragen nach dem Stande von 1983 in:

Land	Jahresjagdschein Inländer/Ausländer (DM)		Tagesjagdschein Inländer/Ausländer (DM)		Jugendjagdschein Inländer/Ausländer (DM)		Falknerjagdschein Inländer (DM)
Baden-Württ.	45,–	200,–	6,–	25,–	25,–	100,–	10,–
Bayern	50,–	50,–	15,–	15,–	37,50	37,50	10,–
Berlin	60,–	60,–	15,–	15,–	30,–	30,–	15,–
Bremen	90,–	90,–	20,–	20,–	40,–	40,–	40,–
Hamburg	80,–	150,–	20,–	20,–	80,–	150,–	20,–
Hessen	45,–	45,–	15,–	15,–	25,–	25,–	20,–
Niedersachsen	80,–	80,–	20,–	20,–	40,–	40,–	40,–
Nordrh.-Westf.	80,–	80,–	20,–	20,–	40,–	40,–	40,–
Rheinland-Pfalz	90,–	198,–	42,–	48,–	42,–	–	18,–
Saarland	50,–	125,–	6,–	15,–	25,–	60,–	6,–
Schleswig-Holst.	30,–	30,–	10,–	10,–	20,–	20,–	10,–

Alle Länder erheben mit der Jagdscheingebühr neuerdings gleichzeitig eine *Jagdabgabe* von 25–50,– DM im Jagdjahr, die von den Ländern zur Förderung der Jagd und für Wildschäden verwendet werden muß (s. § 18 der VO vom 16. 2. 1979 im GVBI. f. *Rheinland-Pfalz*). Im *Saarland* wird keine Jagdabgabe erhoben. In *Niedersachsen* ist sie in den Jagdscheingebühren enthalten.

Welche Behörde ist für die Erteilung des Jagdscheines zuständig?

Die für den Hauptwohnsitz des Bewerbers zuständige Untere Jagdbehörde. Hat der Antragsteller im Geltungsbereich des Bundesjagdgesetzes keinen Wohnsitz, so ist die Jagdbehörde zuständig, in deren Amtsbezirk der Antragsteller die Jagd ausüben will.

Welche Sonderregelung besteht für Tagesjagdscheine in den Ländern Baden-Württemberg, Bremen, Hessen und dem Saarland?

Während eines Jagdjahres werden derselben Person nicht mehr als drei Tagesjagdscheine ausgestellt. Der Jugend- und der Falknerjagdschein werden nur als Jahresjagdscheine ausgefertigt.

Zu welchen Hilfsdiensten bedarf es keines Jagdscheines?

Zu Treiber-, Träger- und ähnlichen bei der Jagdausübung zu leistenden Hilfsdiensten, ausgenommen jedoch zum Stellen von Fallen zum Fang von Beutegreifern und Streunern.

Was ist bezüglich des Jugendjagdscheines zu beachten?

Der Jugendjagdschein berechtigt Jugendliche (zwischen dem 16. und 18. Lebensjahr) nur zur Ausübung der Jagd in Begleitung des Erziehungsberechtigten (Vater, Mutter, Vormund) oder einer von dem Erziehungsberechtigten schriftlich beauftragten Aufsichtsperson. Die Begleitperson muß volljährig und jagdlich erfahren sein. Der Jugendjagdschein berechtigt nicht zur Ausübung des Jagdschutzes und zur Teilnahme an Gesellschaftsjagden.

Welche Jagden sind als Gesellschaftsjagden anzusehen?

Alle Jagden, an denen mehr als drei Personen als Jagdausübende teilnehmen *(Hessen, Rheinland-Pfalz)*, in *Baden-Württemberg, Bayern* und dem *Saarland* alle Jagden, an denen mehr als vier Personen, und in *Niedersachsen*, an der vier oder mehr Jäger teilnehmen.

Was ist zu beachten, wenn der Inhaber eines Jugendjagdscheines während dessen Laufzeit 18 Jahre alt wird?

Der Jugendjagdschein bleibt bis zum Ende des Jagdjahres (31. 3.) gültig. Will der Jugendliche an Gesellschaftsjagden teilnehmen, muß er nach Erreichen des 18. Lebensjahres einen voll bezahlten Jahresjagdschein lösen.

Braucht man zum Sammeln von Möweneiern oder Abwurfstangen einen Jagdschein?

Nein! Eier der Silber- und Lachmöwe (s.S. 724) und Abwurfstangen dürfen auch von anderen Personen als dem Jagdausübungsberechtigten, jedoch nur in seiner Begleitung oder mit seiner schriftlichen Erlaubnis, gesammelt werden (§ 19 Nr. 17 BJG S. 682). Die Erlaubnis hat der Sammelnde bei sich zu führen.

Welchen Personen ist der Jagdschein vorzulegen?

Den Polizei-(Forstpolizei-)Beamten und den Jagdschutz-(Forstschutz-)Berechtigten (s.S. 752 bis 754).

Wovon ist die erste Erteilung eines Jagdscheines abhängig?

Vom Bestehen einer Jägerprüfung.
Bei der Erteilung von Ausländerjagdscheinen und bei der Erteilung von Jagdscheinen an die Mitglieder der Ständigen Vertretung der DDR können Ausnahmen hiervon gemacht werden. Das gilt nach § 16 (4) LJG auch in *Rheinl.-Pfalz*.
Die einmal bestandene Jägerprüfung (s.S. 800) behält grundsätzlich ohne zeitliche Beschränkung ihre Wirksamkeit für die spätere Erteilung eines Jagdscheines (Urteil des VGH Mannheim vom 17. Mai 1971, Archiv DJV). In *Rheinl.-Pfalz* ist die Jägerprüfung zu wiederholen, wenn der Jagdschein auf die Dauer von mindestens fünf Jahren versagt oder entzogen wurde (§ 16 [3] LJG).
Weiter wird verlangt, daß der Bewerber im Geltungsbereich des BJG eine Jägerprüfung bestanden hat, die aus einem schriftlichen und einem mündlich-praktischen Teil und einer Schießprüfung bestehen soll; er muß in der Jägerprüfung ausreichende Kenntnisse der Tierarten, der Wildhege, der Wildbiologie, des Jagdbetriebes, der Wildschadensverhütung, des Land- und Waldbaues, des Waffenrechts, der Waffentechnik, der Führung von Jagdwaffen (einschließlich Faustfeuerwaffen), der Führung von Jagdhunden, in der Behandlung des erlegten Wildes unter besonderer Berücksichtigung der hygienisch erforderlichen Maßnahmen, in der Beurteilung der gesundheitlich unbedenklichen Beschaffenheit des Wildbrets, insbesondere auch hinsichtlich seiner Verwendung als Lebensmittel (s.S. 576), und im Jagd-, Tierschutz- sowie Naturschutz- und Landschaftspflegerecht nachweisen; mangelhafte Leistungen in der Schießprüfung sind durch Leistungen in anderen Prüfungsteilen nicht ausgleichbar. Die Länder können die Zulassung zur Jägerprüfung insbesondere vom Nachweis einer theoretischen und praktischen Ausbildung abhängig machen. Für Bewerber, die vor dem 1. April 1953 einen Jahresjagdschein besessen haben, entfällt die Jägerprüfung.

Wer darf die Jagd mit dem Falken (die Falkenbeize) ausüben?

Jeder Inhaber eines Falknerjagdscheines, aber nur im erlaubten Revier. Näheres s. § 15 (7) BJG:
Die erste Erteilung eines Falknerjagdscheines ist davon abhängig, daß der Bewerber im Geltungsbereich des BJG zusätzlich zur Jägerprüfung eine Falknerprüfung bestanden hat; er muß darin ausreichende Kenntnisse des Haltens, der Pflege und des Abtragens von Beizvögeln, des Greifvogelschutzes sowie der Beizjagd nachweisen. Für Bewerber, die vor dem 1. April 1977 mindestens fünf Falknerjagdscheine besessen haben, entfällt die Jäger- und Falknerprüfung, entsprechendes gilt für Bewerber, die vor diesem Zeitpunkt mit mindestens fünf Jahresjagdscheinen die Beizjagd ausgeübt haben. Das Nähere zur Erteilung des Falknerjagdscheines regeln die Länder.
Nach Entscheidung des Bundesverfassungsgerichts vom 5. 10. 1980 wird die Falknerprüfung ohne Schießprüfung durchgeführt. Im theoretischen Teil der Jägerprüfung entfällt der Fragekomplex über die Jagdwaffen.
(*Nordrhein-W.* führt im Jägerhof Brügge Lehrgänge für die erste Falknerprüfung durch). In *Bayern* ist die Ausbildung beim Beizjägerverband e.V., Postfach 192

in 8183 Rottach-Egern möglich. *Hamburg* erläßt Prüfungsordnungen für die Jäger- und die Falknerprüfung und bestimmt, daß diese Prüfungen vor den Prüfungsausschüssen der Landesjägerschaft abzulegen sind (s.S. 807 und S. 818). *Hessen* führt keine eigene Falknerprüfung durch und empfiehlt ihren Bewerbern, die Falknerprüfung in *Niedersachsen* abzulegen. In *Nordrhein-W.* bietet der Deutsche Falkenorden (DFO) allen Interessenten die Möglichkeit, bei erfahrenen Falknern die Praxis zu erlernen. In *Rheinland-Pfalz* ist der Minister für LW und Umweltschutz ermächtigt, für die Jäger- und Falknerprüfung Prüfungsordnungen zu erlassen. Die Teilnahme an einer Falknerprüfung kann in einem anderen Land zugelassen werden (§ 16 LJG *Rheinl.-Pfalz*).

Welche Personen sind in der Regel von der Jagdscheingebühr befreit?

Die berufstätigen Forstbeamten und -angestellten (d.h. die Gesamtheit aller Forstleute), bestätigte Jagdaufseher und Personen, die sich in der Ausbildung für diese Berufe befinden (in *Baden-Württemberg, Hamburg* und *Schleswig-Holstein,* in *Rheinland-Pfalz* nicht die Jagdaufseher).
In *Bremen* und *Hessen* bestimmen die Durchführungsvorschriften, ob diesen Personen Jagdscheine zu ermäßigter Gebühr auszustellen sind. Das Land *Niedersachsen* erhebt nach Artikel 25 LJG für den Jahresjagdschein eine Gebühr von achtzig DM. Der zuständige Minister kann für Tages-, Jugend- und Falknerjagdscheine niedrigere Gebühren festsetzen und bestimmen, daß der Jagdschein Personen, die mit der Jagd amtlich befaßt sind, wie Angestellten im öffentlichen Dienst in der Tätigkeit von Forstbeamten, Berufsjägern und Jagdaufsehern gebührenfrei oder zu ermäßigten Sätzen auszustellen ist (s. auch VO vom 10. Mai 1979 – NiGVBl. S. 100). In *Nordrhein-Westfalen* gibt es keine gebührenfreien Jagdscheine. In *Hessen* sind DDR-Bürger von der Jägerprüfung befreit, wenn sie einen in der DDR ausgestellten Jagdschein besitzen, der nicht älter als drei Jahre ist. In *Rheinland-Pfalz* soll für die Wiedererteilung eines Jagdscheines die Sperrfrist i.d.R. nicht mehr als 5 Jahre betragen (§ 15 [2] LJG). Nach § 16 (3) LJG *Rheinland-Pfalz* kann die Wiedererteilung eines Jagdscheines von der Wiederholung der Jägerprüfung abhängig gemacht werden (§ 16 [3] LJG vom 5. 2. 1979, GVBl. S. 23).

Versagen des Jagdscheines *§ 17 BJG*

Wem muß der Jagdschein versagt werden (§ 17 [1])?

Der Jagdschein ist zu versagen
1. Personen, die noch nicht sechzehn Jahre alt sind;
2. Personen, bei denen Tatsachen die Annahme rechtfertigen, daß sie die erforderliche Zuverlässigkeit oder körperliche Eignung nicht besitzen;
3. Personen, denen der Jagdschein entzogen ist, während der Dauer der Entziehung oder einer Sperre (§§ 18, 41 Abs. 2);
4. Personen, die keine ausreichende Haftpflichtversicherung (eine Million DM für Personenschäden und 100000 DM für Sachschäden) nachweisen. Die Länder können den Abschluß einer Gemeinschaftsversicherung ohne Beteiligungszwang zulassen (so z.B. mit der Gothaer Versicherungs AG, 3400 Göttingen).

Gegen welche Schäden schützt die Jagdhaftpflichtversicherung?

Sie schützt nur bei Schäden, für die der Versicherte nach den Vorschriften des bürgerlichen Rechts (§§ 823ff. BGB) verantwortlich gemacht werden kann. Das sind auch Schäden, die nicht vorsätzlich verursacht sind (z.B. Abgeller [s.S. 120]).

Welche Bedeutung hat die obligatorische berufsgenossenschaftliche Unfallversicherung für den Revierinhaber?

Jeder Revierinhaber (Eigenjagdbesitzer, Jagdpächter) ist kraft Gesetzes Mitglied der zuständigen landwirtschaftlichen Berufsgenossenschaft als der Trägerin der gesetzlichen Unfallversicherung. Die Unfallversicherung erstreckt sich auf den Revierinhaber und alle Personen, die z.Z. des Unfalls zu ihm in einem Arbeitsverhältnis stehen, oder die, wenn auch nur vorübergehend, für ihn wie ein Arbeitnehmer tätig werden (z.B. Jagdleiter, Treiber, Jagdschutzpersonal, Wildwagenfahrer usw.).
Jagdgäste (auch wenn sie einen entgeltlichen Jagderlaubnisschein besitzen) fallen grundsätzlich nicht unter diesen Versicherungsschutz, es sei denn, daß auch sie vorübergehend als Arbeitnehmer tätig werden (z.B. als Helfer beim Hochsitzbau oder beim Beschicken von Fütterungen usw.). Für Jagdgäste empfiehlt sich daher zusätzlich der Abschluß einer privaten Unfallversicherung (s.S. 129).
Der Revierinhaber ist für die erstmalige Anmeldung der Jagd zur Beitragsveranlagung und für die Meldung von Unfällen (binnen drei Tagen mit Anspruch auf Entschädigung) bei der zuständigen landwirtschaftlichen Berufsgenossenschaft verantwortlich. Davon gibt es in der Bundesrepublik 18 Dienststellen, die man bei der Hauptstelle in 3500 Kassel, Weißensteinstr. 72 (Tel.: 0561/10060) erfragen kann.

Wem kann der Jagdschein versagt werden (§ 17 [2] bis [4])?

(2) 1. Personen, die noch nicht achtzehn Jahre alt sind;
2. Personen, die nicht Deutsche im Sinne des Artikels 116 des Grundgesetzes sind;
3. Personen, die nicht mindestens drei Jahre ihren Wohnsitz oder ihren gewöhnlichen Aufenthalt ununterbrochen im Bundesgebiet Deutschland haben;
4. Personen, die gegen die Grundsätze der Waidgerechtigkeit schwer oder wiederholt verstoßen haben.

(3) Die erforderliche Zuverlässigkeit besitzen Personen nicht, wenn Tatsachen die Annahme rechtfertigen, daß
1. Waffen oder Munition mißbräuchlich oder leichtfertig verwendet werden,
2. sie mit Waffen oder Munition nicht vorsichtig und sachgemäß umgehen und diese Gegenstände nicht vorsichtig verwahren werden,
3. Waffen oder Munition an Personen überlassen werden, die zur Ausübung der tatsächlichen Gewalt über diese Gegenstände nicht berechtigt sind.

(Diese Tatsachen müssen beweisbar und so erheblich sein, daß sie den Schluß auf die Unzuverlässigkeit des Antragstellers zulassen!)

(4) Die erforderliche Zuverlässigkeit besitzen Personen in der Regel nicht, die
1.a) wegen Friedensverrats, Hochverrats, Gefährdung des demokratischen Rechtsstaats, Landesverrats oder Gefährdung der äußeren Sicherheit,

b) wegen vorsätzlichen Angriffs auf das Leben oder die Gesundheit, Vergewaltigung, Zuhälterei, Land- oder Hausfriedensbruchs, Widerstandes gegen die Staatsgewalt, einer gemeingefährlichen Straftat, Wilderei oder einer Straftat gegen das Eigentum oder das Vermögen,
c) mindestens zweimal wegen einer im Zustand der Trunkenheit begangenen Straftat,
d) wegen einer fahrlässigen Straftat im Zusammenhang mit dem Umgang mit Waffen, Munition oder Sprengstoff,
e) wegen einer Straftat gegen jagdrechtliche, tierschutzrechtliche oder naturschutzrechtliche Vorschriften, das Waffengesetz, das Bundeswaffengesetz, das Reichswaffengesetz, das Gesetz über die Kontrolle von Kriegswaffen, das Sprengstoffgesetz

rechtskräftig verurteilt worden sind, wenn seit dem Eintritt der Rechtskraft der letzten Verurteilung fünf Jahre noch nicht verstrichen sind. In die Frist wird die Zeit nicht eingerechnet, in welcher der Antragsteller auf behördliche Anordnung in einer Anstalt verwahrt worden ist.

2. wiederholt oder gröblich gegen eine in Nr. 1e genannte Vorschrift verstoßen haben,
3. geschäftsunfähig oder in der Geschäftsfähigkeit beschränkt sind,
4. trunksüchtig, rauschmittelsüchtig, geisteskrank oder geistesschwach sind.

Ist ein Verfahren noch nicht abgeschlossen, so kann die zuständige Behörde die Entscheidung über den Antrag auf Erteilung des Jagdscheines aussetzen.
Sind Tatsachen bekannt, die Bedenken gegen die Zuverlässigkeit oder körperliche Eignung begründen, so kann die zuständige Behörde die Entscheidung über den Antrag auf Erteilung des Jagdscheines aussetzen.
Sind Tatsachen bekannt, die Bedenken gegen die Zuverlässigkeit oder körperliche Eignung begründen, so kann die zuständige Behörde verlangen, daß der Antragsteller ein amts- oder fachärztliches Zeugnis über seine geistige oder körperliche Eignung vorlegt.

Was verstehen wir unter „waidgerecht" und „waidmännisch"?

„Waidgerecht" (Sammelbegriff für hirsch-, fährten-, hunde-, forst- und schießgerecht) ist, wer sich streng an Brauchtum und Wissen nebst den ungeschriebenen Gesetzen des Waidwerks hält und als Heger und Beschützer der Natur und ihrer Geschöpfe für Jäger und Nichtjäger ein Vorbild ist (§ 1 [3] und § 17 [2] Nr. 4 BJG, s.S. 690 und S. 711); sich waidmännisch verhalten heißt, sich ritterlich und anständig gegenüber anderen Waidmännern zu benehmen (Näheres s.S. 356).

Welche Freiheitsstrafen unterscheidet man?

Seit 1. 4. 1970 gibt es nur noch eine einheitliche Freiheitsstrafe (Einführungsgesetz zum StGB vom 2. 3. 1974, BGBl. I S. 469). Verbrechen sind rechtswidrige Taten, die im Mindestmaß mit Freiheitsstrafe von einem Jahr und darüber bedroht sind.
Vergehen sind alle übrigen Straftaten, die mit Freiheitsstrafe oder mit Geldstrafe bedroht sind (s.S. 743 bis 745). Daneben gibt es Ordnungswidrigkeiten, die mit Geldbuße geahndet werden.

Einziehung des Jagdscheines *§ 18 BJG*

Kann der erteilte Jagdschein zeitlich einbehalten, auch für ungültig erklärt und eingezogen werden?

Ja, wenn Tatsachen erst nach Erteilung des Jagdscheines bekanntwerden, welche die Versagung des Jagdscheines begründen.

Jagdbeschränkungen, Pflichten bei der Jagdausübung

Sachliche Verbote *§ 19 BJG*

Welche sachlichen Verbote sind im § 19 BJG erlassen worden?

Nach § 19 BJG ist verboten,

1. mit Schrot, Posten (übergroße Schrote), gehacktem Blei, Bolzen oder Pfeilen, auch als Fangschuß, auf Schalenwild und Seehunde zu schießen.
   Merke: „Allem Wilde, das auf Schalen geht, gehört die Kugel";
2. a) auf Rehwild und Seehunde mit Büchsenpatronen zu schießen, deren Auftreffenergie auf 100 m (E 100) weniger als 1000 Joule beträgt; in *Schleswig-H.* sind auf Seehunde auch die Patronen 5,6 × 35 R (Vierling und Hornet) erlaubt.
   b) auf alles übrige Schalenwild mit Büchsenpatronen unter einem Kaliber von 6,5 mm zu schießen; im Kaliber 6,5 mm und darüber müssen die Büchsenpatronen eine Auftreffenergie auf 100 m (E 100) von mindestens 2000 Joule haben.
   Diese Energiewerte können unterschritten werden, wenn von einem staatlichen oder staatlich anerkannten Fachinstitut die Verwendbarkeit der Munition für bestimmte jagdliche Zwecke bestätigt wird. Auf der kleinsten Verpackungseinheit der Munition ist das Fachinstitut, das die Prüfung vorgenommen hat, sowie der Verwendungszweck anzugeben (s.S. 72).
   c) auf Wild mit halbautomatischen oder automatischen Waffen, die (außer einer Patrone im Lauf) mehr als zwei Patronen in das Magazin aufnehmen können, zu schießen;
   d) auf Wild mit Pistolen oder Revolvern zu schießen, ausgenommen im Falle der Bau- und Fallenjagd sowie zur Abgabe von Fangschüssen, wenn die Mündungsenergie der Geschosse mindestens 200 Joule beträgt. (In *Baden-W.* darf bei der Fallenjagd die Mündungsenergie von Faustfeuerwaffen weniger als 200 Joule betragen.)
3. die Lappjagd innerhalb einer Zone von 300 Metern von der Bezirksgrenze, die Jagd durch Abklingeln der Felder und die Treibjagd bei Mondschein auszuüben; in *Bayern* und im *Saarland* ist außerdem verboten, das Wild durch Lappen oder sonstige Mittel zu verhindern, in seine Einstände einzuwechseln.
   In *Hessen* gilt das Verbot der Lappjagd nicht, wenn das Ablappen entlang von Straßen aus Gründen der Verkehrssicherheit geboten ist.

4. Schalenwild, ausgenommen Schwarzwild (in *Bayern* nach Art. 29 BayJG), sowie Federwild zur Nachtzeit zu erlegen.
   In *Hamburg* werden vom Nachtjagdverbot weibliches Schalenwild sowie Kälber und Kitze ausgenommen (§ 16 LJG v. 22. 5. 1978). In *Niedersachsen,* in *Rheinl.-Pfalz* vom 1. 7. bis 15. 10. nach § 26 (2) Ziff. 1, LJG, und *Schleswig-H.* vom 1. 11.–31. 1. kann die Jagdbehörde für bestimmte Jagdbezirke erlauben, daß Rot- und Damwild zur Nachtzeit erlegt wird, soweit das zur Erfüllung der Abschußpläne oder zur Verhinderung von Wildschäden erforderlich ist (Art. 26 V Nr. 2 Nds. LJG und § 16 LJG Schleswig-H.). In *Hessen* darf nur weibliches Rotwild zur Nachtzeit erlegt werden.
   Im *Saarland* ist nach § 28 SJG die Nachtjagd auf Rotwild zugelassen. Das gilt auch für *Baden-W.* (nach § 20 [2] LJG vom 20. 12. 1978) für weibl. Rotwild und Kälber.
   Als Nachtzeit gilt die Zeit von eineinhalb Stunden nach Sonnenuntergang bis eineinhalb Stunden vor Sonnenaufgang; das Verbot umfaßt nicht die Jagd auf Möwen, Waldschnepfen sowie einst auf Auer-, Birk- und Rackelwild;
5. a) künstliche Lichtquellen, Spiegel, Vorrichtungen zum Anstrahlen oder Beleuchten des Zieles oder der Zieleinrichtung, Nachtzielgeräte, die einen Bildwandler oder eine elektronische Verstärkung besitzen und für Schußwaffen bestimmt sind, beim Fang oder Erlegen von Wild aller Art zu verwenden oder zu nutzen sowie zur Nachtzeit an Leuchttürmen oder Leuchtfeuern Federwild zu fangen;
   b) Vogelleim, Fallen, Angelhaken, Netze, Reusen oder ähnliche Einrichtungen sowie geblendete Lockvögel beim Fang oder Erlegen von Federwild zu verwenden; ausgenommen ist die Verwendung von Entenkojen mit Erlaubnis der zuständigen Behörde und die Verwendung von Netzen beim Fang von Fasanen;
6. Belohnungen für den Abschuß oder den Fang von Federwild auszusetzen, zu geben oder zu empfangen;
7. Saufänge, Fang- oder Fallgruben ohne Genehmigung der zuständigen Behörde anzulegen;
8. Schlingen jeder Art, in denen sich Wild fangen kann, herzustellen, feilzubieten, zu erwerben oder aufzustellen;
9. Fanggeräte, die nicht unversehrt fangen oder nicht sofort töten, sowie Selbstschußgeräte zu verwenden (Näheres s.S. 514).
   Im *Saarland* darf mit Fallen nur auf Beutegreifer und Kaninchen gejagt werden.
10. in Notzeiten (s.S. 761) Schalenwild in einem Umkreis von 200 Metern an Fütterungen zu erlegen. Ein Wildacker ist keine „Fütterung"!
    In *Niedersachsen* ist es verboten, Schalenwild im Umkreis von 100 m von einer beschickten Fütterung zu schießen; Schwarzwild kann an gelegentlichen Kirrungen geschossen werden (Art. 26 IV LJG *Niedersachsen*), im *Saarland* nach § 28 (1) Nr. 12 SJG vom 2. April 1982. In *Baden-W.* ist das Erlegen kranken Wildes in der Nähe von Fütterungen zulässig.
    In *Niedersachsen* und im *Saarland* gilt als nicht waidgerecht und ist deshalb verboten, Schwarzwild im Umkreis von 100 m von einer beschickten Fütterung zu schießen.

11. Wild aus Luftfahrzeugen, Kraftfahrzeugen oder maschinengetriebenen Wasserfahrzeugen zu erlegen; das Verbot umfaßt nicht das Erlegen von Wild aus Kraftfahrzeugen durch Körperbehinderte mit Erlaubnis der zuständigen Behörde.
    In *Hessen* wird hierfür die Vorlage der Schwerkriegsbeschädigtenausweise I oder II oder der Ausweis für Schwerbehinderte gefordert. In *Schleswig-H.* darf die Wasservogeljagd aus Fahrzeugen für zwei Schützen genehmigt werden, wenn die Wasserfläche über 50 ha groß ist.
12. die Netzjagd auf Seehunde auszuüben;
13. die Hetzjagd auf Wild auszuüben (z.B. mit Windhunden, Motorbooten, Kraftfahrzeugen oder Skiern);
14. die Such- und Treibjagd auf Waldschnepfen im Frühjahr;
15. Wild zu vergiften oder vergiftete oder betäubende Köder zu verwenden;
16. die Brackenjagd auf einer Fläche von weniger als 1000 Hektar auszuüben (die Brackenjagd ist keine Hetz-, sondern eine Treibjagd, weil die Hunde das Wild dem Schützen zutreiben!).
    In *Hessen* sind Treib- oder Brackenjagden an Sonn- und Feiertagen während der Zeit des Gottesdienstes verboten, sofern der Gottesdienst unmittelbar gestört wird.
17. Möweneier oder Abwurfstangen ohne schriftliche Erlaubnis des Jagdausübungsberechtigten zu sammeln;
18. eingefangenes oder aufgezogenes Wild später als vier Wochen vor Beginn der Jagdausübung auf dieses Wild auszusetzen. (Ausgesetzte Tierarten sollen zum Zeitpunkt der Jagdausübung in genügendem Maße Wildeigenschaft angenommen haben und mit ihrem Lebensraum vertraut sein.)
    Die Länder, z.B. auch *Nordrhein-W.*, können diese Vorschriften (mit Ausnahme der Ziffer 16) erweitern oder zeitweise aus besonderen Gründen einschränken. So ist es z.B. in *Nordrhein-W.* verboten, von Ansitzen aus, die weniger als 75 m von der Grenze des Nachbarreviers entfernt sind, Wild zu erlegen.

Darf zum Fangschuß Kurzwaffenmunition verwendet werden?

Ja, nach § 19/2d BJG (s.S. 713) aus Gründen der Waidgerechtigkeit und beim Vorliegen eines Notstandes. Eine solche Situation besteht z.B., wenn einem auf einer Straße angefahrenen Reh mit dem Revolver oder der Pistole der Fangschuß aus erfolgssicherer Nähe gegeben werden muß.
Ein Notstand liegt vor, wenn einem Menschen von einem Tier eine Gefahr für Leben und Gesundheit droht, z.B. wenn einen Menschen ein angeschweißter Keiler im dichten Bestand oder ein tollwütiges Tier annimmt (s. auch S. 756).
Auch das Erlegen von in Fallen gefangenem Wild und der Schuß auf den Dachs oder Fuchs im Einschlag (s.S. 667/668) ist erlaubt.
Für den Fangschuß bei der Bau- und Fallenjagd und zum Fangschuß auf Schalenwild muß die Mündungsenergie der Geschosse mindestens 200 Joule betragen (Näheres s.S. 713, § 19/2d BJG).
Hierfür kommen z.B. in Frage:
für die Pistole die Fangschußpatrone 9 mm Parabellum mit 5,8 g Kupfer-Vollgeschoß und für den Revolver besonders die .38 Spezial, die mit 7,5 g Vollbleigeschoß (verkupfert) als Fangschußpatrone bei der Dynamit Nobel AG bereits

im Handel ist und auch aus dem Revolver .357 Magnum verfeuert werden kann (s.S. 47). Der Bundesminister hat in der Verwaltungsvorschrift zum WaffG vom 26. Juli 1976 festgelegt, daß für Jahresjagdscheininhaber ein Bedürfnis für eine dritte Kurzwaffe anzunehmen ist, wenn er bereits zwei Kurzwaffen besitzt, die sich nicht für den Fangschuß eignen.

Dürfen Flintenlaufgeschosse verfeuert werden?

Ja, als Behelf, möglichst nur bis auf 35 m (s.S. 63).

Was verstehen wir unter der „Lappjagd"?

Die Jagd unter Verwendung von an Schnüren angebrachten „Lappen" (Tuch- oder Papierfetzen), deren Anblick das Wild abhalten soll, aus der „Lappstatt" aus- und in seine Einstände einzuwechseln. Die Lappjagd ist innerhalb einer Zone von 300 Metern von der Grenze des Jagdbezirks verboten!

Darf man wildernde Katzen im Scheinwerferlicht und aus Motorfahrzeugen schießen?

Ja! Das Verbot der Anwendung künstlicher Lichtquellen und das Schießen aus Motorfahrzeugen erstreckt sich nur auf Wild, nicht aber z.B. auf wildernde Katzen, die energisch bekämpft werden müssen.

Warum ist die Treibjagd bei Mondschein verboten?

Weil dem Jäger weder ein sicheres Ansprechen des Stückes und des Hintergeländes noch eine Nachsuche möglich ist.

In welchen Fällen ist das Töten von Wild, das sich unverletzt (in Netzen) gefangen hat, zulässig?

Bei der Baujagd auf Füchse und Dachse und mit dem Frettchen auf Kaninchen.

Welche Jagdarten sind in Bayern und im Saarland verboten?

Wild, insbesondere zur Abrichtung und Prüfung von Hunden, absichtlich krankzuschießen (Art. 29 [2] BayJG); die Jagd auf Schalenwild, mit Ausnahme von Schwarzwild, als Treibjagd auszuüben. Im *Saarland* ist verboten, die Treibjagd auf Schalenwild – ausgenommen Schwarzwild (nicht vom 1.1.–30.6.) – auszuüben; eine Jagd auf Rotwild, an der höchstens 10 Schützen und nicht mehr als drei weitere Personen teilnehmen, die ohne stöbernde Hunde ruhig drücken, gilt nicht als Treibjagd.
In *Bayern* ist es verboten, auf Wild, das durch Überflutungen, Lawinen oder sonstige Naturkatastrophen in Not geraten oder zum Verlassen der Einstände gezwungen worden ist, die Jagd auszuüben (dies gilt nicht, soweit die Not nur durch Erlegung beendet werden kann); die Jagd mit Sprengstoffen, Gasen oder Schußwaffen mit Schalldämpfern oder Nachtzielgeräten (§ 19 Ziff. 5a BJG) auszuüben.

Welche jährlichen Wildverluste entstehen durch den Autoverkehr?

Es ist mit folgenden Verlusten zu rechnen: Rotwild 800; Damwild 1300; Rehwild 70000; Schwarzwild 1500; Hasen 120000.

Bei 1333910 Wildunfällen wurden in der BRD von 1967 bis 1986 109 Menschen getötet. In Zusammenarbeit mit dem ADAC wird der DJV die Unfallschwerpunkte erforschen (Pilotprojekt unter Federführung von Herbert Kerzel, Cham).

Was gilt für Luftgewehre?

Sie sind Schußwaffen im Sinne des § 1 des Waffengesetzes (s.S. 778).
Sie können von Erwachsenen ohne Waffenerwerbsschein gekauft werden (s.S. 786). Zum Führen wird ein Waffenschein benötigt. Das Schießen außerhalb von Schießstätten ist nur im befriedeten Besitztum gestattet, wenn die Geschosse das Besitztum nicht verlassen können. Eltern machen sich bei gröblicher Verletzung ihrer Fürsorgepflicht nach § 170/d StGB strafbar. Außerdem haften sie nach § 823 BGB für Schäden, die ihre Kinder Dritten zufügen (deshalb Haftpflichtversicherung abschließen!).

Welche Stoffe sind als Gift anzusehen?

Alle Stoffe, die auf Wild tödlich wirken.

Was versteht man unter einer Treibjagd?

Eine Art der Gesellschaftsjagd (s.S. 708), bei der ein planmäßiges Zusammenwirken von Schützen und Treibern stattfindet (s.S. 364). Als Treibjagden sind also Kesseljagden, Streifen und Vorstehtreiben anzusehen, nicht aber Suchjagden, die gewöhnlich nur in kleinstem Kreise stattfinden. Wegen des gesellschaftlichen Charakters der unentgeltlichen Teilnahme an Treibjagden ist ein stillschweigender Haftungsausschluß zwischen dem Jagdherrn und den Jagdgästen als vereinbart anzunehmen.
In *Baden-W.* gilt als Treibjagd die Jagd, bei der mehr als vier Schützen oder mehr als vier (bei der Jagd auf Schalenwild im Walde mehr als acht) Treiber teilnehmen.
Im *Saarland* gilt die Jagd auf Rotwild, an der höchstens 10 Schützen und nicht mehr als drei weitere Personen teilnehmen, die ohne stöbernde Hunde ruhig drücken, nicht als Treibjagd. Ansonsten gilt sie als Gesellschaftsjagd, wenn an ihr mehr als vier Personen teilnehmen.
In *Bayern* gilt nach Art. 30 zum BayJG vom 13. 10. 1978 die Jagd, an der neben Schützen mehr als vier Personen als Treiber oder Abwehrer teilnehmen, als Treibjagd. Eine Gesellschaftsjagd ist die Jagd, an der mehr als vier Personen teilnehmen. In Wintergattern darf Schalenwild nicht erlegt werden. Es sind nach Art. 25 Wildgehege, in denen Rotwild zur Vermeidung von Wildschäden während der Notzeit zur Fütterung gehalten wird.
In *Baden-W.* können Gebiete, in denen ein besonderer Schutz des Wildes erforderlich ist, nach § 20a LJG vom 20.12. 1978 zu Wildschutzgebieten erklärt werden.

Beunruhigen von Wild — *§ 19a BJG*

Inwieweit ist das Beunruhigen von Wild verboten?

Es ist verboten, Wild, insbesondere soweit es in seinem Bestand gefährdet oder bedroht ist, unbefugt an seinen Zuflucht-, Nist-, Brut- oder Wohnstätten durch Aufsuchen, Fotografieren, Filmen oder ähnliche Handlungen zu stören, weil beim überstürzten Verlassen der Gelege die Eier nicht sorgsam bedeckt und von Krähen und Elstern gefunden und zerstört würden. Zu den „ähnlichen Handlungen“ muß auch der Betrieb eines Modellflugplatzes gezählt werden. (Diese Regelung wendet sich an jederman, nicht nur an Jäger!)

Örtliche Verbote *§ 20 BJG*

An welchen Örtlichkeiten ist die Jagd verboten?

An Orten, an denen die Jagd nach den Umständen des einzelnen Falles die öffentliche Ruhe, Ordnung oder Sicherheit stören oder das Leben von Menschen gefährden würde.
Insbesondere darf nicht in Friedhöfen, öffentlichen Anlagen, bei Bahnanlagen, Autobahnen, Sportplätzen, eingefriedigten Grundstücken (sofern sie keinen Eigenjagdbezirk bilden) und Wildgehegen (nach Art. 23/24 BayJG) gejagt werden. Die Ausübung der Jagd in Naturschutz- und Wildschutzgebieten sowie in National- und Wildparken wird durch die Länder geregelt.
In *Baden-W.* können Gebiete, in denen ein besonderer Schutz des Wildes erforderlich ist, nach § 20a LJG vom 17. 10. 1978 zu Wildschutzgebieten erklärt werden.
An öffentlichen Straßen darf nur gejagt werden, wenn dadurch der Verkehr nicht gefährdet wird. Als Sicherheitsvorkehrungen sind deshalb Warnposten aufzustellen (s.S. 373) und auf der Spitze stehende DJV-Warnschilder „Langsam fahren! Treibjagd!“ zu verwenden.
Die Bundesbahn erteilt zur Jagdausübung Bahnbetretungskarten unter der Voraussetzung, daß weder Personen noch Sachen gefährdet werden und daß bei der Vorbeifahrt von Zügen der Eindruck vermieden wird, es werde in Richtung des Zuges geschossen.

Darf der Jagdausübungsberechtigte überfahrenes Wild von der durch seinen Jagdbezirk führenden Autobahn entfernen?

Ja, wenn dadurch eine Gefahrenquelle für den fließenden Kraftfahrzeugverkehr beseitigt wird. Die dadurch eintretende Verletzung des Betretungsverbotes der Autobahn (§ 37 Abs. 1 Satz 4 StVO) wird durch den übergesetzlichen Notstand gerechtfertigt, da zum Schutze von Menschenleben alle anderen Rechtsgüter zurücktreten müssen. Wenn sich der Jagdausübungsberechtigte das überfahrene Wild nicht aneignet, bleibt es für ihn eine herrenlose Sache. Es entstehen ihm dann auch keine Beseitigungskosten.

In welcher Zeit ist das Rauchen in Wald und Heide verboten?

Vom 1. März bis 31. Oktober (VO zum Schutz der Wälder, Moore und Heiden gegen Brände vom 25. 6. 1938 (RGBl. I S. 700 § 2).
Einige Länder haben die genannte VO aufgehoben, aber inhaltlich gleichlautende Vorschriften in den Feld- und Forstordnungsgesetzen aufgenommen. In *Hamburg* darf nach § 10 (3) des Landeswaldgesetzes vom 13. 3. 1978 im Wald außerhalb von Gebäuden oder Forst- und Dienstfahrzeugen nicht geraucht werden, in *Niedersachsen* nicht nach § 8 des Feld- und Forstordnungsgesetzes vom 5. 3. 1975 i.d.F. vom 19. 7. 1978 (GVBl. S. 604).

Bejagungs-(Abschuß-)Regelung *§ 21 BJG*

Wie ist die Bejagung (der Abschuß) des Wildes zu regeln?

So, daß die Ansprüche der Land-, Fischerei- und Forstwirtschaft auf Schutz gegen Wildschaden voll gewahrt bleiben sowie die Belange von Naturschutz und Landschaftspflege berücksichtigt werden. Innerhalb der hierdurch gebotenen Grenzen soll die Bejagungsregelung dazu beitragen, daß ein gesunder Wildbestand aller heimischen Tierarten in angemessener Zahl erhalten bleibt und insbesondere der Schutz von Tierarten gesichert ist, deren Bestand bedroht erscheint.
Schalenwild (mit Ausnahme von Schwarzwild) sowie einst Auer-, Birk- und Rakkelwild dürfen bzw. durften nur auf Grund und im Rahmen eines Abschußplanes erlegt werden.
Seehunde dürfen nur auf Grund und im Rahmen eines Abschußplanes bejagt werden, der jährlich nach näherer Bestimmung der Länder für das Küstenmeer oder Teile davon auf Grund von Bestandsermittlungen aufzustellen ist.
Die Bejagung von Wild, dessen Bestand bedroht erscheint, kann in bestimmten Bezirken oder in bestimmten Revieren dauernd oder zeitweise gänzlich verboten werden.
Innerhalb von Hegegemeinschaften sind die Abschußpläne im Einvernehmen mit den Jagdvorständen der Jagdgenossenschaften und den Inhabern der Eigenjagdbezirke aufzustellen, die der Hegegemeinschaft angehören; sie können den körperlichen Nachweis der Erfüllung des Abschußplanes verlangen.
Die Bejagung in den Staatsforsten regeln die Länder.

Welches Wild darf nur im Rahmen eines genehmigten Bejagungs-(Abschuß-)Planes erlegt werden?

Alles Schalenwild (mit Ausnahme von Schwarzwild) sowie Auer-, Rackel- und Birkhähne, die nun jedoch geschont sind. Der Bejagungsplan für Schalenwild muß erfüllt werden. Fallwild (s.S. 577) ist auf den Bejagungsplan anzurechnen. Das wird durch ein Meldeverfahren überwacht (s.S. 794). Zur Vorbereitung und Überprüfung des Bejagungsplanes findet im Frühjahr eines jeden Jahres durch die Revierinhaber eine Wildzählung für Rot-, Dam-, Reh-, Muffel- und Schwarzwild sowie Auer- und Birkwild in allen Jagdbezirken statt, und zwar am besten an denselben Tagen und zu denselben Stunden. In *Bayern* wird für Schalenwild ein dreijähriger Abschußplan erstellt.
In verpachteten Jagdbezirken stellt der Pächter im Einvernehmen mit dem Verpächter den Bejagungsplan für ein Jahr oder für mehrere Jahre auf und legt ihn der Unteren Jagdbehörde auf vorgeschriebenem Muster vor. Anzugeben sind: Reviergröße in ha, Wilddichte, Geschlechterverhältnisse und Zuwachsprozente (s.S. 229 bis 230).
Für den Bejagungsplan verwendet man folgende Begriffe:

1. Frühjahrsbestand: Am 31. März vorhandener Wildbestand,
2. Grundbestand (GB): Am 1. April vorhandener Wildbestand, also Frühjahrsbestand nach Übergang der einzelnen Stücke in die nächsthöhere Altersklasse (s. auch S. 229),
3. Sommerbestand: Grundbestand + Zuwachs.

Die Jagdbehörde setzt die Höhe der zulässigen Bejagung im Einvernehmen mit dem Jagdbeirat (s.S. 742) fest. Ist kein Einvernehmen zu erzielen, so entscheidet die nächsthöhere Jagdbehörde. Die Bejagung darf erst erfolgen, wenn der Plan bestätigt ist.

In *Bayern* ist beim Bejagungsplan für Rehwild zu beachten:

1. Der Zuwachs wird in Prozenten des vorhandenen weiblichen Rehwildes errechnet und liegt zwischen 80–120%.
2. Das Geschlechterverhältnis ist auf 1:1 zu bringen und zu halten. Bei normalen Verhältnissen sind 50% der Jugendklasse, 20% der mittleren Altersklasse und 30% der oberen Altersklasse für die Bejagung vorzusehen.

Anzustreben ist ein nach den örtlichen Verhältnissen bestveranlagtes Rehwild mit hohem Wildbretgewicht und hohem, massigen, gut vereckten und edelgeformten Gehörn.

Was kann zur Vermeidung von Wildschäden angeordnet werden?

Die Schonzeiten können zeitweise aufgehoben und die Bejagung kann (insbesondere für Schalenwild) zwangsweise angeordnet werden. Kommt der Jagdausübungsberechtigte den Anordnungen nicht nach, so kann die Behörde für dessen Rechnung den Wildbestand vermindern lassen.

Welche Meldung ist zu erstatten, wenn Wild zur Strecke gebracht wird, dessen Bejagung durch den Bejagungsplan begrenzt ist?

Die Abschuß- oder Streckenmeldung. In *Bayern* gilt die Streckenliste gleichzeitig als schriftliche Abschußmeldung; die Eintragungen in sie sind binnen einer Woche vorzunehmen. (Ausnahme: Rotwild, hier ist schriftliche Abschußmeldung binnen einer Woche vorgeschrieben.)

Welche Liste ist über die erfolgte Bejagung von Schalenwild (einschließlich Schwarzwild) zu führen?

Die Strecken- oder Abschußliste. Sie ist in *Hessen, Niedersachsen, Rheinl.-Pfalz* (hier monatlich zu erstatten!), dem *Saarland* und *Schleswig-H.* auf Verlangen mit dem Kopfschmuck des Schalenwildes, in *Niedersachsen* und *Rheinland-Pfalz* außerdem mit dem Unterkiefer, der Unteren Jagdbehörde vorzulegen.

In *Baden-Württemberg, Hessen* und *Niedersachsen* hat der Jagdausübungsberechtigte in der Streckenliste auch Schwarzwild, Fallwild und durch Wilderei abgängige Stücke zu vermerken. In *Rheinland-Pfalz* ist Fallwild in der Liste in besonderer Farbe aufzunehmen.

(Erlegen kranken und kümmernden Wildes s.S. 761.)

Die Streckenliste ist in *Schleswig-H.* nach § 20 (6) des LJG Schleswig-H. vom 13. April 1978 (GVBl. S. 129) bis 10. April der Unteren Jagdbehörde vorzulegen.

Jagd- und Schonzeiten *§ 22 BJG*

Darf Wild zu jeder Jahreszeit bejagt werden?

(1) Nein! Nach den in § 1 Abs. 2 BJG bestimmten Grundsätzen der Hege (s.S. 692) bestimmt der Bundesminister durch Rechtsverordnung mit Zustimmung des Bundesrates die Zeiten, in denen die Jagd auf Wild ausgeübt werden darf (Jagdzeiten). Außerhalb der Jagdzeiten ist Wild mit der Jagd zu verschonen (Schonzeiten).

Merke: Wild außerhalb der Jagdzeit ist geschont, unter Naturschutz stehende Tiere sind geschützt!

Die Länder können die Jagdzeiten abkürzen oder aufheben; sie können die Schonzeiten für bestimmte Gebiete oder für einzelne Jagdbezirke aus besonderen Gründen, insbesondere aus Gründen der Wildseuchenbekämpfung und Landeskultur, zur Beseitigung kranken oder kümmernden Wildes, zur Vermeidung von übermäßigen Wildschäden, zu wissenschaftlichen Lehr- und Forschungszwecken, bei Störung des biologischen Gleichgewichts oder der Wildhege aufheben. Für den Lebendfang von Wild können die Länder in Einzelfällen Ausnahmen zulassen. In *Rheinland-Pfalz* sind Jagden verboten, wenn das Wild in seiner Bewegungsfreiheit (z.B. verharschtem Schnee) stark behindert ist (§ 26 [1] 1 LJG).

(2) Wild, für das eine Jagdzeit nicht festgesetzt ist, ist während des ganzen Jahres mit der Jagd zu verschonen. Die Länder können bei Störung des biologischen Gleichgewichts oder bei schwerer Schädigung der Landeskultur Jagdzeiten festsetzen oder in Einzelfällen zu wissenschaftlichen Lehr- und Forschungszwecken Ausnahmen zulassen.

(3) Aus Gründen der Landeskultur können Schonzeiten für Wild gänzlich versagt werden (Wild ohne Schonzeit).

(4) In den Setz- und Brutzeiten dürfen bis zum Selbständigwerden der Jungtiere die für die Aufzucht notwendigen Elterntiere, auch die von Wild ohne Schonzeit, nicht bejagt werden.

Die Länder (*Bayern* z.B. nach Art. 33/3 LJG) können für Schwarzwild, Wildkaninchen, Fuchs, Ringeltaube, Türkentaube, Silber- und Lachmöwe sowie für nach Landesrecht dem Jagdrecht unterliegende Tierarten aus den in Absatz 2 Satz 2 und Absatz 3 genannten Gründen Ausnahmen bestimmen. Im *Saarland* kann zur Lenkung der Wildhege nach § 31 SJG die Jagdausübung auf einzelne Wildarten untersagt oder während der Schonzeit zugelassen werden. Die nach Landesrecht zuständige Behörde kann im Einzelfall das Aushorsten von Nestlingen und Ästlingen der Habichte für Beizzwecke genehmigen.

Das Ausnehmen der Gelege von Federwild ist verboten. Die Länder können zulassen, daß Gelege in Einzelfällen zu wissenschaftlichen Lehr- und Forschungszwecken oder für Zwecke der Aufzucht ausgenommen werden;
das Sammeln der Eier von Ringel- und Türkentauben sowie von Silber- und Lachmöwen ist gestattet; die Länder können das Sammeln aus besonderen Gründen einschränken.

Wie sieht der gültige Jagdschein aus?

Er ist einfarbig grün. In ihm sind die Bundesverordnung über die Jagdzeiten und die hiervon abweichenden Jagdzeiten des Landes abgedruckt, in dem der Jagdscheininhaber den Jagdschein löst. Seine Gültigkeit kann Jahr für Jahr fünfmal verlängert werden.

Auf der ersten Seite des Jagdscheines wird von der Ausstellungsbehörde jeweils die Jagdscheinart eingetragen, wie Jahres-, Tages-, Jugend-, Falkner- oder Ausländerjagdschein. Auf der Rückseite sind die „Hauptregeln für das Verhalten der Jäger auf Treibjagden und Gesellschaftsjagden" abgedruckt (s.S. 371).

Eintragung der Jagdfläche s.S. 700. Neuerdings stellen einzelne Bundesländer den Jahresjagdschein im Zuge der Verwaltungsvereinfachung auch für drei Jahre im voraus aus. Der Jahresjagdschein wird für ein Jagdjahr (1. April–31. März) und der Tagesjagdschein wird jeweils für 14 aufeinanderfolgende Tage ausgestellt.

Wer darf den Jugendjagdschein erwerben?

Der Jugendjagdschein darf Personen ausgestellt werden, die das 16. Lebensjahr vollendet haben, aber noch nicht 18 Jahre alt sind.

Woraus kann man die festgesetzten Jagdzeiten ersehen?

Aus der Jagdzeiten-Verordnung (s.S. 746), die auf den hinteren Seiten des Jagdscheines abgedruckt ist. Diese für das ganze Bundesgebiet weitgefaßten Jagdzeiten können die Länder in besonderen Fällen einengen oder erweitern (s.S. 746 bis 747). Der Jäger muß deshalb unbedingt auch die von der Bundes-VO abweichenden Jagdzeiten des Landes kennen, in dem er jeweils jagen will (s.S. 749 bis 751).

Welches Wild darf auch in der Schonzeit erlegt werden?

Krankes und kümmerndes Wild, wenn im Einzelfall das unverzügliche Erlegen unerläßlich erscheint, um das Wild vor vermeidbaren Schmerzen oder Leiden zu bewahren oder die Ausbreitung von Seuchen zu verhindern.

Welche drei Gruppen von Wild werden bei der Bejagung unterschieden?

1. Wild, für das eine Jagdzeit festgesetzt ist (s.S. 746),
2. Wild, das ganzjährig geschont ist und
3. Wild, das außer in den Setz- und Brutzeiten (s.S. 720) ganzjährig bejagt werden darf (Frischlinge, Überläufer, Wildkaninchen und Füchse).

Welches Wild ist ganzjährig zu schonen?

Alles Wild, für das keine Jagdzeiten festgesetzt sind, also vom
Haarwild: Wisent, Elch- und Steinwild, Schneehase, Murmeltier, Wildkatze, Luchs und Fischotter; vom
Federwild: Auer- und Birkenhenne, Haselwild, Alpenschneehuhn, Wachtel, Hohl- und Turteltaube, die Wildschwäne (außer Höckerschwan), die Wildgänse (außer Grau-, Bläß-, Saat-, Ringel- und Kanadagans), die Säger und von den Wildenten die Brand-, Eider-, Eis-, Kolben-, Löffel-, Moor-, Schell- und Schnatterente; der Haubentaucher; Bekassinen, Große Brachvögel, Graureiher (Fischreiher), alle Greifvögel und der Kolkrabe. Die Länder können Ausnahmen bei Störung des biologischen Gleichgewichts, bei schwerer Schädigung der Landeskultur und zu wissenschaftlichen Lehr- und Forschungszwecken zulassen.

Gilt die den Elterntieren während der Setz- und Brutzeiten gewährte Schonzeit auch für deren Jungtiere?

Nein! Die Jungtiere der Tierarten ohne Schonzeit (aber nur diese!) dürfen ohne zeitliche Begrenzung getötet werden (z.B. Jungfüchse beim Graben). Nach Tötung aller Jungtiere sind dann die Elterntiere zur Aufzucht nicht mehr notwendig.

Welche wildlebenden Vögel sind ganzjährig ungeschützt?

Haussperling, Amsel, Star und verwilderte Form der Haustaube.

1. Auerhenne (brütend)

2. Auerhuhn

3. Birkhuhn

4. Wildtruthuhn

5. Fasan

6. Rebhuhn

7. Wachtel

8. Ringeltaube

Heringsmöwe
Mantelmöwe
Lachmöwe
Silbermöwe
Silbermöwe
Sturmmöwe
Sturmmöwe

1. Silbermöwe

2. Lachmöwe

3. Sturmmöwe

4. Austernfischer

5. Gr. Brachvogel

6. Kiebitz

7. Flußseeschwalbe

8. Säbelschnäbler

Zu S. 723: Gelege der Wildhühner und der Wildtauben

I. Das Ausnehmen der Gelege von Federwild ist im allgemeinen verboten. Man erkennt die Gelege von Bodenbrütern an folgenden Merkmalen:

1. **Auerhenne** auf dem Gelege, gut getarnt, Gelege am Fuß eines Baumes, am Waldhang unter dichten Zweigen, Büschen oder Beeren- und Heidekraut. Die Hennen liegen außerordentlich fest!
2. **Auerhuhn-Gelege,** gescharrtes Muldennest, ohne Nistmaterial auf dem Waldboden, 6–10 gelblichgraue Eier mit vielen rotbraunen Flecken bedeckt, 58 × 42 mm, eine Jahresbrut, Ende April/Juni, auch Nachgelege.
3. **Birkhuhn,** gescharrtes flaches Muldennest unter Heidegestrüpp, in moorigen mit Erlen- und Birkengebüsch durchsetzten Wiesen, 6–10 ockergelbe, ovale Eier mit rotbraunen Punkten und Flecken, 50 × 36 mm. Mitte Mai/Juni.
4. **Wildtruthuhn,** primitives, grob zusammengescharrtes Muldennest im Walde und in Dickungen, unter Farnkraut und in feuchten Senken, 8–15 unterschiedlich große und gefärbte Eier (hellbraun, gelblichweiß, reinweiß), durchschnittlich 65 × 48 mm, mit groben braunen Flecken. Die Eier sind zu Beginn der Legezeit kleiner, bei späterer Legezeit erheblich größer. Mai/Juni.
5. **Fasan,** in unterholzreichen Feldgehölzen und Fichtendickungen, auf Wiesen, unter grasdurchwachsenen (auch Farn-)Büschen, unter Brombeergerank und an schilfbestandenen Teichrändern, 10–12 kurzspitzovale, einfarbig olivbraune, glänzende Eier, 46 × 36 mm, eine Jahresbrut. Mai/Juni, auch Nachgelege.
6. **Rebhuhn,** einfaches Muldennest in Wiesen, Feldern, unter Brombeerhecken und altem Astwerk, 10–20 einfarbig olivbraune, spitzovale Eier, 36 × 27 mm, Mai/Juni, auch Nachgelege bis August.
7. **Wachtel,** sie (s.S. 300) und ihr Gelege ganzjährig geschont, Muldennest in Getreidefeldern, Klee, Wiesen und Ödland, 7–14 braungelbliche, spitzovale Eier mit charakteristischen schwarzbraunen Flecken, 30 × 23 mm, eine Jahresbrut, Mitte Mai/Juni.

II. Das Sammeln der Eier der Ringel- und Türkentauben (nicht aber der Hohl- und Turteltauben) unterliegt keiner zeitlichen Beschränkung, um aus Gründen der Landeskultur (der Schäden an Feldfrüchten und Gemüsekulturen) die Vermehrung dieser Tauben (durch Zerstörung ihrer Eier) einschränken zu können (s.S. 301).

8. **Ringeltaube,** Horste aus dürrem Reisig auf Außenzweigen von Nadelbäumen, höheren Büschen und in Hecken sowie in verlassenen Krähenhorsten und Eichhornkobeln, 2 reinweiße langelliptische Eier, 40 × 29 mm, 2–3 Jahresbruten, teilweise ineinandergeschachtelt (s.S. 305), April bis Juli (August).
   Türkentaube, Horst auf 8–16 m hohen Bäumen, mitunter auch in nur 4–5 m hohen Büschen; der flache Reisighorst ist kleiner als bei anderen Wildtauben, 2 reinweiße, langelliptische Eier, 32 × 24 mm, März/August (Schachtelbrut, s.S. 304). 2(–5) Jahresbruten.
   Hohltaube, horstet in Baumhöhlen, Spechthöhlen und Nistkästen bis 25 m hoch, 2 weiße langelliptische Eier, 38 × 29 mm, zwei Jahresbruten, März/August (Schachtelbrut). Gelege geschont!
   Turteltaube, flacher Reisighorst auf Bäumen, in Dickichten oder im Gebüsch, 2 reinweiße, langelliptische Eier, 31 × 23 mm, 2 Jahresbruten, Mitte Mai/Juli. Gelege geschont!

Die Ziffern 1–8 verweisen auf die farbigen Abbildungen, die mm-Angaben bei den Eiern sind Mittelwerte, die Monate sind die Brutzeiten.

Fotomitarbeiter: F. Bretzendorfer, Ludwigsburg, 19/1; Dr. Eichholz, Westerburg, 19/4; G. Quedens, Norddorf/Amrum, 19/3 und 19/7; Dr. Rodenwaldt, Villingen, 19/1 und 19/2; H. Schrempp, Oberrimsingen, 19/8; K. Schwammberger, Ludwigsburg: 19/6.

Zu S. 724: Die jagdbaren Möwen

Nach den Ziffern 27 und 28 der Jagdzeiten-VO vom 2. 4. 1977 (s.S. 746) haben Jagdzeit:
Lachmöwen vom 16. 7. bis 30. 4.;
Sturm-, Silber-, Mantel- und Heringsmöwen vom 16. 8. bis 30.4.
Eine Jagdzeit wurde wegen des Überhandnehmens dieser Möwen für notwendig gehalten. Aus demselben Grunde dürfen die Eier der Silber- und Lachmöwe gesammelt oder zerstört (oder durch Toneier ersetzt werden), um Nachgelege zu verhindern.

Die Mantelmöwe ist mit 74 cm die größte Möwe. Altvögel haben weißen Körper und schwarzen Rücken und schwarze Flügel. Hinterrand der Flügel und äußerste Spitzen sind weiß. Schnabel gelb. Sie hat, wie die Silber- und Heringsmöwe, einen roten Schnabelfleck. Ständer fleischfarben.
Biotop: Moore und steiniges Gelände in Küstennähe oder auf Inseln; manchmal in der Nähe größerer Binnengewässer. Teilzieher. Sie brütet nicht in der Bundesrepublik.

Die Silbermöwe ist mit 56 cm die an unseren Küsten häufigste Möwenart. Sie fällt durch ihre Größe und ihr weißes Gefieder mit dem hellblaugrauen Mantel auf und unterscheidet sich von anderen Möwen durch die weißen Spitzen der schwarzen Handschwingen. Der kräftige Schnabel ist gelb mit rotem Fleck, die Ständer sind fleischfarben. Sie nistet meist in großen Kolonien. Im flachen Muldennest am Boden der grasbewachsenen Sandküsten hat sie drei ovale (olivgrüne, bräunliche oder steingraue) Eier von 71 × 49 mm Größe, Brutzeit April/Juni.
Biotop: Meeresküsten aller Art, Inseln in Küstennähe.

Die Heringsmöwe ist mit 53 cm die kleine Ausgabe der Mantelmöwe und ihr sehr ähnlich; die Ständer sind jedoch gelb. Der Rücken ist heller (schieferfarbig).
Biotop: Küstengebiete und Binnengewässer. Im Winter trifft man den Zugvogel kaum an.

Die Sturmmöwe ist mit 40,5 cm die kleine Ausgabe der Silbermöwe. Ständer und Schnabel sind grünlich-gelb. Der Schnabel ist zierlicher als bei der Silbermöwe. Sie hat einen reinweißen Stoß.
Biotop: Meeresküsten, Insel an Binnengewässern. Teilzieher. Noch recht häufiger Brutvogel.

Die Lachmöwe ist mit 37 cm kleiner als die Sturmmöwe, Schnabel schlank und wie die Ständer korallenrot, Spitzen der Handschwingen schwarz. Biotop: Offenes Sumpfgelände, Flußdeltas, Küstenzonen. Sie brütet meist in Kolonien, außerhalb der Brutzeit an Gewässern aller Art. Sie nistet kolonienweise (s.S. 310).
Das Sammeln der Eier der Silber- und Lachmöwen unterliegt keiner zeitlichen Beschränkung. Der Jagdausübungsberechtigte oder sein Beauftragter darf diese Eier sammeln, um die Vermehrung dieser Möwen einzuschränken. Brutzeit April–Juni.
In *Schleswig-H.* kann nach § 39 Nr. 14 des LJG das Sammeln von Eiern der Silber- und Lachmöwen eingeschränkt werden.
Die Möwen räubern vor allem die Nester von Seeschwalben, Regenpfeifern, Austernfischern und Eiderenten aus. Günstig für ihre Vermehrung sind ihre hohe Lebenserwartung (25 Jahre) und die von Menschen bereitgestellten Mülldeponien.

Zu S. 725: Gelege der jagdbaren Möwen und damit verwechselbare Gelege

I. Von den Möweneiern unterliegt das Sammeln der Eier der Silber- und Lachmöwen keiner zeitlichen Beschränkung. Der Jagdausübungsberechtigte oder sein Beauftragter (s.S. 708) darf diese Eier sammeln, um die Vermehrung dieser Möwen einzuschränken.

1. **Silbermöwe,** nistet meist in großen Kolonien. Flaches Muldennest am Boden der mit Gras bewachsenen Sandküsten oder größeren Binnengewässer aus trockenem Pflanzenmaterial, mit (2–)3 ovalen, schwarzbraun gefleckten Eiern von sehr variabler Grundfarbe (olivgrün, bräunlich oder steingrau). Die Eier liegen ungeordnet in der Nestmulde, 71 × 49 mm, April/Juni.
2. **Lachmöwe,** nistet kolonienweise, Nester aus Pflanzenmaterial des Brutplatzes mit einigen Möwenfedern, (2–)3 olivgrüne bis braune Eier mit dunkelbraunen Flecken, 55 × 38 mm, April/Juni.

II. Eier, die mit denen der Silber- und Lachmöwe verwechselt werden können, dürfen nicht gesammelt werden! Es werden deshalb nachstehend auch Gelege und Eier abgebildet, die immer wieder verbotswidrig als „Möweneier“ gesammelt werden:

3. **Sturmmöwe,** nistet kolonienweise, Nest aus trockenem Pflanzenmaterial, 2–3 (selten 4) auf olivbräunlichem oder -grünlichem Grunde schwärzlich gefleckte Eier, 59 × 42 mm, Mai/Juni (Juli).
4. **Austernfischer,** flaches Muldennest mit Muschelstücken und Steinen ausgelegt, meist 3 lehm- bis sandfarbene Eier, 56 × 40 mm, mit braunschwarzen Punkten und Flecken, Mai/Juni, beide Partner beteiligen sich am Brutgeschäft.
5. **Großer Brachvogel,** flaches Muldennest in nicht zu nassen Wiesen, Mooren und Heiden mit wenig trockenem Pflanzenmaterial ausgelegt, meist 4 birnförmige, in der Nestmulde kreuzweise zur Nestmitte geordnete Eier, olivgrün bis olivbraun, mit dunklen Flecken, 67 × 47 mm, April/Mai.
6. **Kiebitz,** seine Eier galten als wohlschmeckend und wurden früher in Norddeutschland gern gesammelt. Heute ist das Sammeln verboten, da der Kiebitz ganzjährig ohne Jagdzeit ist (das An- oder Zueignen seiner Eier wäre Jagdwilderei). Muldennest am Boden, 4 kurzkreiselförmige, olivbraune Eier mit schwarzbraunen Flecken, die (wie beim Säbelschnäbler) kreuzweise mit den Spitzen zum Mittelpunkt der Nestmitte geordnet sind, jedoch nur 47 × 34 mm, April. Die Brutplätze werden heftig verteidigt!
7. **Flußseeschwalbe,** nistet kolonienweise am Sandstrand und auf Inseln, oft mit Lachmöwen zusammen, flaches Nest mit einigen Halmen ausgelegt, 3 ovale, olivbraune Eier mit vielen dunkelbraunen Flecken, jedoch nur 41 × 30 mm, Mai/Juni.
8. **Säbelschnäbler,** Nest und Nistplatz an der Küste und an salzhaltigen Gewässern (Neusiedlersee), 4 kreisförmige, frisch grünliche, später lehmgelbe Eier mit schwarzbraunen Flecken (der spitze Pol zeigt zur Nestmitte), 51 × 35 mm, April/Juni.

Fotomitarbeiter: J.P. Laub, Hamburg, 21/1–6; Chr. Reinwarth, Dachau, 21/8; E. Thimm, Radolfzell, 21/7.

Ist das Aushorsten von Nestlingen und Ästlingen der Greifvögel zulässig?

Nur das der Habichte für Beizzwecke und nur im Einzelfalle mit Genehmigung der zuständigen Behörde (§ 22 [4] BJG).

Welches Federwild darf man nach § 19 Nr. 4 BJG (s.S. 714) auch zur Nachtzeit schießen?

Waldschnepfen und Möwen. Jagdzeit haben vom 16. 10. bis 15. 2. Waldschnepfen, vom 16. 8. bis 30. 4. die Mantel-, Herings-, Silber- und Sturmmöwe und vom 16. 7. bis 30. 4. die Lachmöwe.

Welche Sonderregelung besteht für Haus- und Brieftauben?

Haustauben unterliegen während der „Taubensperre" (Gesetz über Ordnung in Feld und Flur, 30. Aug. 1984; Nieders. GVBl. 30/1984 S. 216) der freien Aneignung oder der Tötung.
Für Brieftauben gilt das nicht.

Auf welches Wild können die Länder die Bejagung ganzjährig erlauben?

Auf Frischlinge, Überläufer und Wildkaninchen (sowie auf Marderhund und Waschbär, s.S. 746 bis 751). Jedoch dürfen in den Setz- und Brutzeiten die bis zum Selbständigwerden der Jungtiere notwendigen Elterntiere nicht bejagt werden. Das gilt z.Z. aus seuchenpolizeilichen Gründen nicht für den Fuchs in Tollwutsperrbezirken (s.S. 540).

Welche Zeiten gelten als Setz- und Brutzeiten?

Die Setz- und Brutzeiten dauern bis zum Selbständigwerden der Jungtiere. In dieser Zeit dürfen die für die Aufzucht notwendigen Elterntiere, auch die von Wild ohne Schonzeit, nicht bejagt werden.
Die Länder können für Schwarzwild, Wildkaninchen und Füchse Ausnahmen bestimmen.
In *Hessen* (§ 21 [10]) reichen die Setz- und Brutzeiten für Haarwild vom 1. 3.–15. 6., für Tauben vom 1. 5.–30. 6. und für alles übrige Federwild vom 1. 4.–15. 7.
In *Niedersachsen* gelten als Setz- und Brutzeiten für Haarwild die Zeit vom 1.4. bis 15. 6., für Federwild vom 1. 5. bis 15. 7. (§ 6 DVO LJG vom 10. 4. 78, Nds. GVBl. S. 301).
In *Bayern* und *Bremen* dürfen Wildkaninchen auch in der Setzzeit, in *Bayern, Bremen* und dem *Saarland* dürfen (in Tollwutgebieten) auch Füchse in der Setzzeit bejagt werden.
In *Schleswig-Holstein* gilt als Setz- und Brutzeit einheitlich die Zeit vom 1. März bis 15. Juni (Amtsblatt SH 1971 S. 200).

Sind Gelege und Nester (Horste) des Federwildes geschont?

Ja! Das Ausnehmen der Gelege des Federwildes ist verboten. Nur der Jagdausübungsberechtigte hat (nach § 1 [5] BJG) das Recht, sich die Eier von Federwild anzueignen (um sie ausbrüten zu lassen). Das Sammeln der Eier von Ringel- und Türkentauben sowie von Silber- und Lachmöwen ist gestattet (§ 22 [4] BJG). Der Jagdausübungsberechtigte darf anderen Personen ohne Jagdschein das Sammeln mit seiner schriftlichen (in *Hessen* von der Unteren Jagdbehörde beglaubigten) Erlaubnis genehmigen. Der Sammelnde muß diese Erlaubnis bei sich führen. In *Bayern*, *Niedersachsen* und dem *Saarland* ist es verboten, die Brutstätten des Federwildes (mutwillig) zu beunruhigen. In *Niedersachsen* dürfen Gelege von Kranich, Schwarzstorch und aller Greifvögel nur mit Erlaubnis der Jagdbehörde fotografiert werden. Weiter dürfen Lichtbild-, Film- und Tonaufnahmen der Nester und Gelege der Graugans, des Graureihers, der Falken, der Greife, des Kolkraben sowie des Birk- und Auerwildes an Balzplätzen nur mit Genehmigung vorgenommen werden (§ 4 Nds. DVO LJagdG vom 10. 4. 78).

Verhinderung von vermeidbaren Schmerzen oder Leiden des Wildes — *§ 22a BJG*

Was hat mit krankgeschossenem Wild zu geschehen, um es vor vermeidbaren Schmerzen oder Leiden zu bewahren?

Es ist unverzüglich zu erlegen; das gleiche gilt für schwerkrankes Wild, es sei denn, daß es genügt und möglich ist, es zu fangen und zu versorgen.
Krankgeschossenes oder schwerkrankes Wild, das in einen fremden Jagdbezirk wechselt, darf nur verfolgt werden (Wildfolge), wenn mit dem Jagdausübungsberechtigten dieses Jagdbezirks eine schriftliche Vereinbarung über die Wildfolge abgeschlossen worden ist (s.S. 759). Die Länder erlassen nähere Bestimmungen, insbesondere über die Verpflichtung der Jagdausübungsberechtigten benachbarter Jagdbezirke, Vereinbarungen über die Wildfolge zu treffen; sie können darüber hinaus die Vorschriften über die Wildfolge ergänzen oder erweitern.

Jagdschutz

Wildseuchen — *§ 24 BJG*

Was hat der Jagdausübungsberechtigte zu veranlassen, wenn Wildseuchen auftreten?

Er hat im Interesse der von ihm betreuten Wildbestände das Auftreten oder den Verdacht einer Wildseuche (in *Hessen* nach § 26 GVBl. vom 2. 6. 1978 der Unteren Jagdbehörde) unverzüglich anzuzeigen, damit sie im Einvernehmen mit ihm und dem beamteten Tierarzt (Regierungsveterinärrat, Kreisveterinärrat) die zur Bekämpfung der Seuche erforderlichen Anweisungen erlassen kann (s. auch Wildkrankheiten S. 526).
Der Revierinhaber sollte dabei bedenken, daß erst auf Grund seiner örtlichen Kenntnisse und durch die fachliche Zusammenarbeit der Jagdverwaltung mit dem zuständigen Amtstierarzt die Bekämpfung der hohe Verluste bringenden Wildseuchen (wie Tollwut und Schweinepest) wirksam ermöglicht wird.
In *Bayern* und dem *Saarland* zählen zu den Wildseuchen: Milzbrand, Tollwut, Maul- und Klauenseuche, Schweinepest, Geflügelcholera, Hühnerpest, Sarcoptesräude des Gamswildes, seuchenhaftes Erblinden des Gamswildes, Kreuzlähme des Rotwildes, Myxomatose, Tularämie und andere Wildkrankheiten, sofern sie seuchenartigen Umfang angenommen haben.

Welche Bestimmungen wurden ergänzend zum § 24 BJG erlassen?

Durch die Neufassung des § 1 des Viehseuchengesetzes (VG) vom 19. Dezember 1973 (BGBl. I 1974 S. 1) wurde das VG vom 26. Juni 1909 auch auf die Bekämpfung der Seuchen bei anderen Tieren (Wild!) ausgedehnt. Für die Wildseuchenbekämpfung wichtig ist seitdem der § 12 VG, der lautet:
Wenn über den Ausbruch einer Seuche nach dem Gutachten des beamteten Tierarztes nur mittels bestimmter an einem verdächtigen Tier durchzuführender Maßnahmen diagnostischer Art Gewißheit zu erlangen ist, so können diese (für den Revierinhaber kostenlosen) Maßnahmen von der Polizeibehörde angeordnet werden. Dies gilt auch, wenn die Gewißheit nur durch die Tötung und Zerlegung des verdächtigen Tieres zu erlangen ist.
Die Tollwutbekämpfung im Bundesgebiet wurde mit Wirkung vom 11. März 1977 einheitlich durch die Verordnung des Bundesministers für Ernährung, Landwirtschaft und Forsten BGBl. I S. 313 geregelt (s. auch S. 537 bis 540).

Welche Wildverluste treten jährlich durch Ausmähen und Walzen der Äcker auf?

Es ist jährlich mit dem Verlust von mindestens 60000 Rehkitzen (s.S. 193/194), 100000 Hasen und Junghasen, 200000 Jungfasanen und Fasaneneiern und 60000 Rebhühnern und Rebhuhneiern zu rechnen.

Jagdschutzberechtigte *§ 25 BJG*

Wem obliegt der Jagdschutz in einem Jagdbezirk?

Dem Jagdausübungsberechtigten, in *Bayern* dem verantwortlichen „Revierinhaber“ nach Art. 7 (BayJG) sowie in *Niedersachsen, Rheinland-Pfalz* und *Schleswig-H.* dem in seiner Abwesenheit von der Jagdbehörde für unaufschiebbare Jagdschutzmaßnahmen benannten Vertreter (Art. 35 IV Nds. LJG und § 22 LJG *Schleswig-H.* vom 13. 4. 1978 [GVBl. S. 129]), sofern er Inhaber eines gültigen Jagdscheines ist, nicht aber dem Jagdgast, sowie den von der U. Jagdbehörde bestätigten, mit Abzeichen oder Ausweis versehenen, in *Hessen* fachlich geeigneten Jagdaufsehern, die im Lehrrevier Jagdschloß Kranichstein ausgebildet und die Jagdaufseherprüfung bestanden haben und wenn sie jagdpachtfähig sind, und den Beamten des Polizei- und Forstdienstes.
Diese Beamten haben bei strafbaren und verfolgbaren Handlungen einzuschreiten; sie dürfen jedoch ohne Jagd- und Jagderlaubnisschein nicht jagen!

Darf der Jagdausübungsberechtigte zum Schutze der Jagd Jagdaufseher anstellen?

Ja! Es müssen volljährige und zuverlässige Personen sein.
Mehrere Jagdausübungsberechtigte können für ihre aneinandergrenzenden Jagdbezirke einen gemeinsamen Jagdaufseher bestellen; seine Bestellung erfolgt durch einen privatrechtlichen Vertrag mit dem Jagdausübungsberechtigten (Revierinhaber). Wird dieser Vertrag von der Unteren Jagdbehörde „bestätigt“, dann nennt man diese Personen „bestätigte Jagdaufseher“.

Wann haben Jagdaufseher Rechte und Pflichten wie Polizeibeamte (und ggf. als Hilfsbeamte der Staatsanwaltschaft)?

Wenn sie behördlich bestätigt sind. Sie haben dann in ihrem Dienstbereich in Angelegenheiten des Jagdschutzes das Recht des unmittelbaren Zwangs (um berechtigte Anordnungen durchzusetzen) und des erweiterten Waffengebrauchs und damit weitergehende Befugnisse als der Jagdausübungsberechtigte (s.S. 755).
In *Bayern* haben die bestätigten Jagdaufseher, die Berufsjäger oder forstlich ausgebildet sind, die Aufgaben und Befugnisse der Naturschutzwacht. Sie unterstehen der Aufsicht der Unteren Jagdbehörde.
Wenn bestätigte Jagdaufseher Berufsjäger oder forstlich ausgebildet sind, erhalten sie innerhalb ihres Dienstbezirkes in Angelegenheiten des Jagdschutzes die Rechte und Pflichten der Polizeibeamten und werden damit Hilfsbeamte der Staatsanwaltschaft. Sie haben dann außerdem des Recht der körperlichen Durchsuchung, Haussuchung und vorläufigen Beschlagnahme (§§ 94–98 StPO). Hinter ihnen steht helfend der Staat. Ihre Ausbildung und Prüfung regeln die Länder.
Nicht bestätigte Jagdaufseher sowie Jagdgäste sind nach dem Gesetz Privatleute wie jedermann!
„Berufsjäger" ist, wer nach vorgeschriebener Ausbildungszeit eine Prüfung abgelegt hat, die ihn zum Führen dieses Titels berechtigt. Die Obersten Jagdbehörden verleihen je nach Verdienst und der Zahl der Dienstjahre die Titel: „Hilfsjäger", „Revierjäger", „Revieroberjäger" und „Wildmeister" bzw. „Revierjagdmeister". (Näheres über die Ausbildung der Berufsjäger durch die Hauptabteilung Berufsjäger in 5300 Bonn, Johannes-Henry-Str. 25, Ruf: 0228/214144, und die Landesobmänner.)
In *Baden-Württemberg* obliegt der Jagdschutz neben dem Jagdausübungsberechtigten auch den Polizei- und Forstbeamten.
In *Bayern* kann die Jagdbehörde die Anstellung eines oder mehrerer bestätigter Jagdaufseher verlangen, wenn es zumutbar und zum Jagdschutz notwendig ist. Für Hochwildreviere über 1000 ha kann die Anstellung eines Berufsjägers verlangt werden.
In *Rheinl.-Pfalz* muß nach § 29 (4) LJG und im *Saarland* auf Verlangen der Jagdbehörde ein Jagdaufseher bestellt werden, wenn ohne die Bestellung ein Jagdbezirk ohne ausreichenden Schutz wäre. Bei Jagdbezirken über 1000 ha soll der Jagdaufseher im *Saarland* Berufsjäger sein.

In welcher Weise haben sich die Jagdschutzberechtigten (Jagdaufseher) bei der Ausübung des Jagdschutzes auszuweisen?

Durch Tragen von Jagdschutzabzeichen und durch Mitführen von Berechtigungsausweisen.
In den Ländern *Baden-W., Bremen, Hessen, Nordrhein-W., Rheinl.-Pfalz* und dem *Saarland* müssen die Jagdschutzberechtigten bei Ausübung des Jagdschutzes Abzeichen sichtbar tragen. Das ist Voraussetzung für die Rechtmäßigkeit der Jagdschutzmaßnahmen.
In *Niedersachsen* müssen bestätigte Jagdaufseher einen Dienstausweis mit sich führen und auf Verlangen vorzeigen; sie sind berechtigt, ein Dienstabzeichen zu tragen. Es ähnelt dem des Landes *Hessen*. Es ist bronzefarbig, etwa 38 × 53 mm groß und trägt den Text „Jagdschutz *Niedersachsen*", das Landeswappen und eine eingeschlagene Nummer (Abschnitt X der AB-LJagdG, Rd.Erl. d. ML vom 1. 3. 1978, Nds. MBl. Nr. 12/78 und Anlage 5 hierzu).

Das gilt auch für *Schleswig-H.* (§ 23 LJG vom 13. April 1978 [GVBl. S. 129]). Dort ist das Dienstabzeichen rechteckig und 4 × 5,5 cm groß und trägt auf der Rückseite eine Kontrollzahl.

Darf der Jagdausübungsberechtigte verdächtige Personen durchsuchen?

Nein. Er kann höchstens verlangen, daß sie ihre Taschen umkehren. Jede Gewaltanwendung ist unzulässig.

Welche höchste Auszeichnung kann Jagdschutzberechtigten verliehen werden?

Der Ehrenhirschfänger des Deutschen Jagdschutzverbandes. Die Auszeichnung kann an Personen verliehen werden, die in Ausübung des Jagdschutzes im Kampfe mit Wilderern ihr Leben eingesetzt haben.

Jagdschutzabzeichen für Jagdausübungsberechtigte und Dienstabzeichen für bestätigte Jagdaufseher

in Rheinland-Pfalz

Landeswappen von Rheinland-Pfalz, von einem Hirschgeweih umgeben (in Altsilber). Jagdaufseher tragen dasselbe Abzeichen in Altgold. Die Forstbeamten tragen ein Dienstabzeichen an der Kopfbedeckung, bestehend aus dem Landeswappen, das von einem Eichenkranz umgeben ist.

in Hessen

Rechteckiges Metallschild in Größe 4 × 5,2 cm oder 2 × 2,5 cm mit eingeprägter Kontrollzahl. Es wird an der linken Seite der Kopfbedeckung sichtbar getragen. Jagdaufseher tragen dasselbe Metallschild in der Größe 7 × 9 cm oder 2 × 2,5 cm bei Ausübung des Jagdschutzes auf der linken Brust.

Wild- und Jagdschaden, Wildschadenverhütung

Fernhalten des Wildes — *§ 26 BJG*

Was versteht man unter Wildschaden und Jagdschaden?

Unter Wildschaden versteht man den von Wild an Grundstücken angerichteten Schaden, unter Jagdschaden den durch Jäger und Treiber verursachten Schaden.

Wodurch entstehen Wildschäden ursächlich?

Durch vom Menschen verschuldete Störung des ökologischen Gleichgewichts, insbesondere durch lärmende Spaziergänger, Pilzsucher und Naturfreunde, die dem Wild für ausreichende Äsungsaufnahme keine Zeit lassen.

Wie kann man Wildschaden verhüten?

Durch Vermeiden der Überhege, Anlage von „Ablenkungs"-Fütterungen mit besonders beliebter Äsung und von ruhigen Wildäsungsflächen im Walde entlang der Feldgrenzen. Vorbeugende Maßnahmen sind billiger und richtiger als die Bezahlung entstandener Schäden. Hierzu gehört auch das „Vergällen" des Saatgutes, z.B. von Mais mit Mesurol, um Wild von der Aufnahme des Saatgutes abzuhalten.
Neben der Saatgutvergällung ist die Flächenbehandlung mit wildabweisenden Mitteln als Schutzmaßnahme zu nennen. Hierzu eignen sich bei Mais und Kartoffeln das Ausbringen von Kalkstickstoff (bis zu 6 dz/ha) und evtl. Branntkalk (10 bis 30 dz/ha) auf die bestellten Flächen (nicht anwendbar für flach auszusäende Kulturen wie Weizen, Gerste, Roggen usw.), da sonst große Schäden an den Keimpflanzenwurzeln auftreten. Auch die richtige Pflanztiefe (Kartoffeln 8–10 cm) ist wichtig für die Verhinderung der Wildschäden. Über Gebühr langes Belassen der Früchte auf dem Felde provoziert oft die Schäden.

Welche Rechte bestehen zur Verhütung von Wildschäden?

Der Jagdausübungsberechtigte sowie der Nutzungsberechtigte eines Grundstükkes sind berechtigt, zur Verhütung von Wildschäden das Wild von den Grundstücken abzuhalten oder zu verscheuchen (Einzäunung, Verwittern, Knallapparate). Das neue Knallgerät „Razzo" wirkt optisch und durch Knall, der beliebig oft erzeugt werden kann (Fabrikation Dr. Reichle, 6800 Mannheim 71, Postfach 31). In *Hessen* sind Ultraschallgeräte zur Wildschadenverhütung verboten.

Darf der Berechtigte Wild verscheuchen, wenn der Jagdausübungsberechtigte zum Abschuß zu Schaden gehenden Wildes im Jagdbezirk weilt?

Nein! In *Bayern, Rheinland-Pfalz* und dem *Saarland* darf Wild nicht absichtlich verscheucht werden, wenn der Jagdausübungsberechtigte sich zur Bejagung zu Schaden gehenden Wildes auf Ansitz befindet. *Bremen* und *Nordrhein-Westfalen* bedrohen mit Bußgeld, wer den Jagdausübungsberechtigten beim Aufsuchen, Nachstellen, Erlegen und Fangen jagdbarer Tiere böswillig oder vorsätzlich behindert.

Verhinderung übermäßigen Wildschadens *§ 27 BJG*

Was kann von der zuständigen Behörde zur Verhinderung übermäßigen Wildschadens angeordnet werden?

Daß der Jagdausübungsberechtigte innerhalb einer bestimmten Frist, unabhängig von den Schonzeiten, den Wildbestand in bestimmtem Umfange zu verringern hat, wenn dies mit Rücksicht auf das allgemeine Wohl, insbesondere auf die Interessen der Land-, Forst- und Fischereiwirtschaft und die Belange des Naturschutzes und der Landschaftspflege notwendig ist. Andernfalls kann sie den Wildbestand auf seine Rechnung vermindern lassen. Das erlegte Wild ist dem Jagdausübungsberechtigten gegen angemessenes Schußgeld zu überlassen.

Wer hat den Wildschaden zu ersetzen?

Im gemeinschaftlichen Jagdbezirk die Jagdgenossenschaft.

Hat der Jagdpächter den Ersatz des Wildschadens ganz oder teilweise übernommen, so trifft die Ersatzpflicht den Jagdpächter. Die Ersatzpflicht der Jagdgenossenschaft bleibt bestehen, soweit der Berechtigte Ersatz von dem Pächter nicht erlangen kann.
Ein Schutz gegen Schälschäden ist mit geeigneten Präparaten bis zu 100% möglich. Die Namen der zugelassenen Präparate kann man bei der Biologischen Bundesanstalt für Land- und Forstwirtschaft in 3300 Braunschweig erfahren.

Wer trägt den Wildschaden an Grundstücken, die einem Eigenjagdbezirk angegliedert sind?

Der Eigentümer oder der Nutzungsberechtigte des Eigenjagdbezirkes. Im Falle der Verpachtung haftet der Jagdpächter, wenn er sich im Pachtvertrag zum Ersatz des Wildschadens verpflichtet und den Schaden durch unzulängliche Bejagung verschuldet hat.
In *Bayern, Bremen, Hessen, Rheinland-Pfalz* und dem *Saarland* ist Wildschaden an Grundstücken, auf denen die Jagd ruht oder nicht ausgeübt werden darf, nicht zu ersetzen. Die Grundflächen bleiben bei der Berechnung der anteiligen Ersatzleistung für den Wildschaden an anderen Grundstücken außer Ansatz.

Sonstige Beschränkung der Hege *§ 28 BJG*

Darf Schwarzwild gehegt werden?

Nur in Gehegen, die ein Ausbrechen verhüten.

Für welches Wild ist das Aussetzen in der Wildbahn verboten?

Für Schwarzwild und Wildkaninchen.
Die Länder können das Hegen oder das Aussetzen weiterer Tierarten beschränken oder verbieten.
In *Rheinl.-Pfalz* dürfen ausgesetzt werden: Feldhasen, Rauhfußhühner, Rebhühner und Fasanen.
Das Aussetzen oder das Ansiedeln fremder Tiere in der freien Natur ist nur mit schriftlicher Genehmigung der zuständigen obersten Landesbehörde oder der von ihr bestimmten Stelle zulässig.
Unter fremden Wildarten verstehen *Bayern* (nach Art. 34 BayJG) und *Niedersachsen* und *Nordrhein-Westfalen* alle Wildarten, die am 1. April 1953 in der Bundesrepublik nicht in freier Wildbahn vorgekommen sind.

Können die Länder die Fütterung von Wild untersagen?

Ja! Sie können nach § 28 (5) BJG die Fütterung von Wild untersagen oder von einer Genehmigung abhängig machen. Die Sommerfütterung ist verboten in der freien Wildbahn: In *Baden-W.* vom 1. Mai bis 30. September, in *Hessen* vom 1. Mai bis 31. Oktober, in *Hamburg* und in *Niedersachsen* vom 1. Mai bis 15. Oktober und in *Nordrhein-Westfalen* schon ab 1. April (!) bis 30. November.
In *Rheinl.-Pfalz* darf Schalenwild außer in Notzeiten nicht gefüttert werden (§ 28 [2] LJG). Die Verbesserung der in einem Jagdrevier vorhandenen natürlichen

Äsungsflächen (Wildäcker zur Biotophege) gilt jedoch auch weiterhin nicht als Fütterung (Fütterung in der „Notzeit“ s.S. 761/762). Schwarzwild, Füchse und Waschbären dürfen gelegentlich angekirrt werden. In *Rheinl.-Pfalz* darf Schwarzwild im Wald gefüttert werden, wenn andere Schalenwildarten, außer Rehwild, das Futter nicht aufnehmen können (§ 28 [2] Nr. 2 LJG).
In *Bayern* besteht ein Fütterungsgebot für Rotwild außerhalb der Rotwildgebiete nicht mehr.

Schadensersatzpflicht bei Wildschaden *§ 29 BJG*

Durch welches Wild angerichteter Schaden ist zu ersetzen?

Der durch Schalenwild, Wildkaninchen und Fasane angerichtete Schaden auf Feldern und im Wald, die zu einem gemeinschaftlichen Jagdbezirk gehören. Die Länder können bestimmen, daß die Wildschadensersatzpflicht auch auf ein anderes Wild ausgedehnt wird.
Ein Wildschadenersatz ist an Obstkulturen, Tabakfeldern, Weinbergen (Ausnahme: *Baden-W.*), Gärten, Freilandpflanzungen von Garten- und hochwertigen Handelsgewächsen (dicke Bohnen gehören nicht hierzu!) nur dann zu leisten, wenn er trotz Vornahme von Schutzvorrichtungen (s.S. 738) entstanden ist. In *Schleswig-H.* sind Rosenkohl und Blumenkohl als Feldgewächse anzusehen und hierfür bei Wildschaden Ersatz zu leisten (Archiv DJV).

Welcher Schaden ist dem Geschädigten zu ersetzen?

Der Schaden, der durch Äsen, Verbiß, Lagern, Niedertun, Wildwechsel, Scharren, Aufwühlen des Bodens, Fegen und Schälen der Bäume und Sträucher verursacht wird. Für den durch anderes Wild (z.B. Hasen, Dachse, Füchse, Enten) angerichteten Schaden besteht eine Ersatzpflicht nur dann, wenn dies im Jagdpachtvertrag ausdrücklich vereinbart ist. Nicht zu ersetzen ist der Schaden, den Wild (z.B. ein Fuchs, Dachs, Marder, Iltis, Wiesel, Habicht) durch Töten von Hühnern oder Tauben und durch Eierraub anrichtet. Die Regulierung von Wildschäden sollte grundsätzlich durch Naturalien erfolgen, da Mais, Weizen, Rüben und Kartoffeln zur Zeit der Ernte günstig einzukaufen sind.

Wildschaden durch Wild aus Gehegen *§ 30 BJG*

Wer trägt den Wildschaden, der durch aus einem Gehege ausgetretenes Schalenwild angerichtet wurde?

Der Jagdausübungsberechtigte, Eigentümer oder Nutzungsberechtigte, dem die Aufsicht über das Gehege obliegt.
Wildgehege bedürfen in *Bayern* der Genehmigung der Unteren Naturschutzbehörde (Art. 20a BayNatSchG). Durch die Anlage muß die artgemäße Unterbringung und fachgerechte Betreuung des Wildes gewährleistet und weder der Naturhaushalt noch das Landschaftsbild beeinträchtigt sein.
Das gilt auch für *Schleswig-Holstein* (§ 23 LJG vom 13. April 1978 [GVBl. S. 129]). In *Rheinl.-Pfalz* müssen Jagdgehege eine Fläche von mindestens 250 Hektar im Eigentum einer Person oder Personengemeinschaft umschließen (§ 27 [1] 2 LJG).

Umfang der Ersatzpflicht *§ 31 BJG*

In welchem Umfang ist Wildschaden zu ersetzen?

Der Wildschaden ist in dem Umfange zu ersetzen, wie er sich zur Zeit der Ernte darstellt. Bei der Feststellung der Schadenshöhe ist jedoch zu berücksichtigen, ob der Schaden nach den Grundsätzen einer ordentlichen Wirtschaft durch Wiederanbau im gleichen Wirtschaftsjahr ausgeglichen werden kann. Eine tabellarische Übersicht über Ernteerträge je dz/ha, Aussaatmenge kg/ha, Saatgutpreise s.S. 439/440! Es ist auch der Wildschaden zu ersetzen, der an den getrennten, aber noch nicht eingeernteten Erzeugnissen eines Grundstückes eintritt (gerodete, aber noch nicht eingebrachte Kartoffeln). Gelten die Früchte dagegen als eingebracht (wie Runkelrüben in Mieten auf dem Felde), dann braucht kein Wildschaden bezahlt zu werden.

Schutzvorrichtungen *§ 32 BJG*

Wann ist ein Ersatz von Wildschaden nicht gegeben?

Wenn der Geschädigte die von dem Jagdausübungsberechtigten getroffenen Abwehrmaßnahmen unwirksam macht.

Schadensersatzpflicht bei Jagdschaden *§ 33 BJG*

Was hat der Jagdausübende zur Vermeidung von Jagdschaden zu beachten?

Er hat die berechtigten Interessen des Grundstückseigentümers oder Nutzungsberechtigten zu beachten, insbesondere besäte Felder und nicht abgemähte Wiesen zu schonen.
Die Ausübung der Treibjagd auf Feldern, die mit reifender Halm- oder Samenfrucht oder mit Tabak bestanden sind, ist verboten. Die Suchjagd ist nur insoweit zulässig, als sie ohne Schaden für die reifenden Früchte durchgeführt werden kann.

Welche Manöverschaden können durch Militär entstehen?

Schäden durch Ablagern von Müll im Walde (er ist in Plastiksäcken zu sammeln und mitzunehmen!) und durch Anlage von Schützenlöchern, die nicht wieder zugeschüttet werden und Mensch, Hund und Wild gefährden. Ersatz für solche oder ähnliche Schäden, besonders auch an jagdlichen Einrichtungen, sollte sofort gemäß § 76 des Bundesleistungsgesetzes bei der Kreisverwaltung (Landratsamt) angemeldet werden. Eine besondere Gefahr für Mensch und Tier sind zugewachsene Löcher in Wald und Heide, Torfstiche und steile Gräben!

Für welchen Jagdschaden muß der Jagdausübungsberechtigte Ersatz leisten?

Er hat für jeden aus mißbräuchlicher Jagdausübung entstandenen Schaden zu haften, auch wenn er durch einen von ihm bestellten Jagdaufseher oder durch einen Jagdgast angerichtet wird.
Der Wildschaden, der an Weinbergen, Gärten, Obstgärten, Baumschulen, Alleen, einzelstehenden Bäumen und Forstkulturen entsteht, wird nicht ersetzt, wenn die Herstellung von üblichen Schutzvorrichtungen unterblieben ist.
In *Baden-W.* sind Wildschäden an Weinbergen zu ersetzen, auch wenn keine Schutzvorrichtungen errichtet sind.

Welche Schutzvorrichtungen werden zur Abwendung von Wildschäden als ausreichend angesehen?

In *Hessen, Niedersachsen, Rheinland-Pfalz* und dem *Saarland* genügen Drahtgeflechtzäune gegen
Rot- und Damwild in Höhe von wenigstens 1,80 m,
gegen Muffelwild in Höhe von 1,50 m (*Hessen* und *Niedersachsen* von 2,50 m),
gegen Reh- und Schwarzwild in Höhe von 1,50 m (im *Saarland* muß der Zaun so befestigt sein, daß Schwarzwild ihn nicht hochheben kann),
gegen Wildkaninchen in Höhe von 1,30 m (in *Niedersachsen* 1,20 m) über der Erde und 0,30 m (im *Saarland* 0,20 m) in der Erde (bei in *Hessen* 25 mm und in *Rheinland-Pfalz* und *Niedersachsen* von höchstens 40 mm Maschenweite), wenn sie laufend wilddicht gehalten werden.
Nordrhein-Westfalen verlangt gegen
Rot-, Dam-, Sika- und Muffelwild wilddichte Zäune in Höhe von 1,80 m,
gegen Rehwild in Höhe von 1,50 m,
gegen Schwarzwild, Hasen und Kaninchen von 1,20 m über und 30 cm unter der Erde. Beim Einbringen einzelner Holzarten sind anerkannte Bestäubungs- und Streichmittel und Manschetten als ausreichende Schutzvorrichtungen anzusehen.
In *Baden-W.* werden wilddichte Zäune gegen
Rot- und Damwild in Höhe von 1,80 m,
gegen Reh- und Schwarzwild in Höhe von 1,30 m
und gegen Wildkaninchen von 1 m über und 0,30 m unter der Erde als ausreichende Schutzvorrichtungen angesehen.
In den Ländern *Baden-Württemberg, Bayern, Niedersachsen, Nordrhein-Westfalen* und *Schleswig-Holstein* sind die Ministerien für Ernährung, Landwirtschaft und Forsten ermächtigt, Bestimmungen zu erlassen, welche Schutzvorrichtungen als üblich anzusehen sind.
Ist Schalenwild in eingezäunte forstliche Verjüngungsflächen unter 10 ha Größe eingedrungen, kann die Jagdbehörde nach § 27 BJG anordnen, daß der Revierinhaber unabhängig von den Schonzeiten dieses Schalenwild zu erlegen hat (Art. 44 *BayJG*).

Geltendmachung des Schadens *§ 34 BJG*

Innerhalb welcher Frist ist vom Berechtigten Wild- oder Jagdschaden geltend zu machen?

Binnen einer Woche nach Kenntnis des Schadens. Bei Schaden an forstwirtschaftlich genutzten Grundstücken genügt es, wenn er zweimal im Jahre, jeweils bis zum 1. Mai und 1. Oktober, bei der zuständigen Behörde angemeldet wird.

Bei wem ist der Schaden anzumelden?

Bei der für das beschädigte Grundstück zuständigen örtlichen Ordnungsbehörde. Das ist der Gemeindevorstand, in *Bremen* die Untere Jagdbehörde (in Ortsamtsbereichen der Amtsvorsteher), in *Schleswig-Holstein* die örtliche Ordnungsbehörde; in *Niedersachsen* die Gemeinde; in *Rheinland-Pfalz* in Gemeinden mit Amtsverfassung sind es die Amtsbürgermeister.

Hessen und *Schleswig-Holstein* verlangen schriftliche Anmeldung des Schadens. Im *Saarland* ist der Anspruch bei der zuständigen Gemeindebehörde (Bürgermeister, Amtsvorsteher) schriftlich geltend zu machen. Die Anmeldefrist beträgt drei Tage.
Beim Anmelden des Schadens ist von dem Geschädigten die als ersatzpflichtig in Anspruch genommene Person zu bezeichnen.

Verfahren in Wild- und Jagdschadenssachen *§ 35 BJG*

Welche Stelle ist sachlich und örtlich für das gerichtliche Verfahren in Wildschadenssachen zuständig?

Das Amtsgericht, in dessen Bezirk das geschädigte Grundstück liegt. Bei ihm ist die Klage unmittelbar zu erheben, falls nicht die Länder vorher ein Feststellungsverfahren vor einer Verwaltungsbehörde (Vorverfahren) fordern, in dem über den Anspruch eine vollstreckbare Verpflichtungserklärung (Anerkenntnis oder Vergleich) aufzunehmen oder eine vollstreckbare Entscheidung (Vorbescheid) zu erlassen ist. Kein Wildschadenersatz bei fehlerhaftem Vorverfahren!

Welche Länder fordern nach der Schadensanmeldung ein Feststellungsverfahren („Vorverfahren“)?

Baden-Württemberg (§ 25a LJG), *Hamburg* (nach § 24 des LJG vom 22. 5. 1978), *Niedersachsen* und *Schleswig-Holstein.* In *Bayern* (Art. 45–47 BayJG), *Bremen, Hessen, Nordrhein-Westfalen, Rheinland-Pfalz* und im *Saarland* sind eingehende Vorschriften über das Feststellungsverfahren erlassen worden.

Was regeln die Vorschriften des „Vorverfahrens“?

Sie regeln die Anmeldung des Wildschadens, die Bestellung und Verpflichtung der Schadenschätzer, die Prüfung der Rechtzeitigkeit der Schadensmeldung und die Anberaumung eines Ortstermins zur Ermittlung des behaupteten Schadens.

Worauf ist im „Vorverfahren“ hinzuwirken?

Auf eine gütliche Einigung. Jeder Beteiligte kann in dem Termin beantragen, daß der Schaden erst in einem späteren, kurz vor der Ernte abzuhaltenden Termin festgesetzt (und ggf. in natura ersetzt) werden soll. Ist eine gütliche Vereinbarung nicht zustande gekommen, so kommt es zu einem Vorbescheid. Dann ist unverzüglich ein neuer Termin anzusetzen, zu dem auch der Schadenschätzer zu laden ist. Im Vorbescheid ist der Schaden vorläufig vollstreckbar festgesetzt.

Wann kommt es zu einem „gerichtlichen Nachverfahren“?

Wenn die Beteiligten gegen den Vorbescheid binnen zwei Wochen bei dem Amtsgericht Klage erhoben haben. Das Amtsgericht entscheidet dann endgültig. Fehlt es an einem (ordnungsgemäßen) Vorbescheid, so ist die Klage unzulässig (LG Kassel, Urteil vom 12. Oktober 1972 – 1 S 153/72 – Archiv DJV).

In welchen Fällen darf ein Wildschadenschätzer bei einer Schätzung nicht mitwirken?

Wenn der Schaden an einem Grundstück entstanden ist,
1. das ihm selbst, seinem Ehegatten oder einer Person gehört oder zur Nutzung überlassen ist, die mit ihm in gerader Linie oder in der Seitenlinie bis zum zweiten Grad verwandt oder bis zum zweiten Grad verschwägert ist,
2. das zu einem Jagdbezirk gehört, auf dem er oder eine in Nr. 1 genannte Person zur Jagdausübung berechtigt ist.

Welche Behörde bestellt die Wildschadenschätzer?

Die Untere Jagdbehörde.

Überwachung des Verkehrs mit Wild

Inverkehrbringen und Schutz von Wild *§ 36 BJG*

Welche Vorschriften kann der Bundesminister mit Zustimmung des Bundesrates für das Inverkehrbringen und den Schutz von Wild erlassen?

(1) Er ist ermächtigt, durch Rechtsverordnung mit Zustimmung des Bundesrates, soweit dies aus Gründen der Hege, zur Bekämpfung von Wilderei und Wildhehlerei, aus wissenschaftlichen Gründen oder zur Verhütung von Gesundheitsschäden durch Fallwild erforderlich ist, Vorschriften zu erlassen über:
1. die Anwendung von Ursprungszeichen bei der Verbringung von erlegtem Schalenwild aus dem Erlegungsbezirk und der Verbringung von erlegtem Schalenwild in den Geltungsbereich des Bundesjagdgesetzes,
2. den Besitz, den Erwerb, die Ausübung der tatsächlichen Gewalt oder das sonstige Verwenden, die Aufgabe, das Feilhalten, die Zucht, den Transport, das Veräußern oder das sonstige Inverkehrbringen von Wild,
3. die Ein-, Durch- und Ausfuhr sowie das sonstige Verbringen von Wild in den, durch den und aus dem Geltungsbereich des Bundesjagdgesetzes,
4. die Verpflichtung zur Führung von Wildhandelsbüchern,
5. das Kennzeichnen von Wild.

(2) Die Länder erlassen insbesondere Vorschriften über:
1. die behördliche Überwachung des gewerbsmäßigen Ankaufs, Verkaufs und Tausches sowie der gewerbsmäßigen Verarbeitung von Wildbret und die behördliche Überwachung der Wildhandelsbücher,
2. das Aufnehmen, die Pflege und die Aufzucht verletzten oder kranken Wildes und dessen Verbleib.

(3) Die Vorschriften nach Absatz 1 Nr. 2 und 3 und Absatz 2 Nr. 2 können sich auch auf Eier oder sonstige Entwicklungsformen des Wildes, auf totes Wild, auf Teile des Wildes sowie auf die Nester und die aus Wild gewonnenen Erzeugnisse erstrecken (s. S. 775).

(4) Rechtsverordnungen nach Absatz 1 Nr. 1 bedürfen des Einvernehmens mit dem Bundesminister für Wirtschaft; Rechtsverordnungen nach Absatz 1 Nr. 3 bedürfen des Einvernehmens mit dem Bundesminister der Finanzen.
(5) Der Bundesminister der Finanzen und die von ihm bestimmten Zolldienststellen wirken bei der Ein-, Durch- und Ausfuhr sowie bei dem sonstigen Verbringen von Wild mit. (Näheres s.S. 793 bis 796)

§ 36a BJG

Was fordert § 36a BJG vom Jäger?

Er fordert von jedem Jäger neben der Kenntnis des Bundesjagdgesetzes und der Länderjagdgesetze auch die Kenntnis der Vorschriften
des Gesetzes zur Gesamtreform des Lebensmittelrechts (s.S. 792),
des Viehseuchengesetzes (s.S. 731),
des Tierkörperbeseitigungsgesetzes vom 2. 9. 1975 (BGBl. I S. 2313 [s.S. 527]),
des Fleischbeschaugesetzes (s.S. 789/790),
des Tierschutzgesetzes (s.S. 778) und
der Waffengesetze,
der Bundeswildschutzverordnung,
des Naturschutzgesetzes (s.S. 764) sowie der Bundesartenschutzverordnung (s.S. 775), soweit diese Vorschriften für ihn von Bedeutung sind.

Jagdbeirat und Vereinigungen der Jäger

Jagdbehörden und Jagdbeirat *§ 37 BJG*

Wem obliegt der Vollzug der Jagdgesetze?

Den Landesjagdbehörden. Zu ihrer Aufgabe gehören die Überwachung der Jagdausübung im Rahmen der Gesetze und der anerkannten Regeln der Waidgerechtigkeit. In den Staatsforsten werden diese Aufgaben in bestimmtem Umfange von den zuständigen Forstbehörden wahrgenommen.

Welche drei Jagdbehörden werden unterschieden?

Die Untere, die Obere und die Oberste Jagdbehörde.
Untere Jagdbehörde sind die Organe der Landkreise (Kreisverwaltung) bzw. der kreisfreien Städte, in *Baden-W.* nach § 28 LJG vom 20. 12. 1978 der Landrat bzw. der Oberbürgermeister oder deren Vertreter in Landesbezirken, in *Nordrhein-Westf.* in Staatsjagdbezirken das Landesforstamt.
Obere Jagdbehörde (auch Mittlere oder Höhere genannt): In *Bayern* sind es die Regierungspräsidenten und in *Nordrhein-Westf.* das bei dem Regierungspräsidenten in *Köln* eingerichtete Landesjagdamt (in *Bremen, Schleswig-Holstein* und dem *Saarland* besteht keine Mittelbehörde, in *Hamburg* nur eine Jagdbehörde).
Oberste Jagdbehörde ist der Minister (das Ministerium) für Ernährung, Landwirtschaft (Weinbau) und Forsten. In *Rheinland-Pfalz* das Ministerium f. Landwirtschaft, Weinbau u. Umweltschutz, im *Saarland* der Minister des Innern. In *Hessen* nach § 37 LJG der Minister für Landwirtschaft und Umwelt.

Welche beratenden Organe stehen den Jagdbehörden zur Seite?

Jagdbeiräte, Vereinigungen der Jäger und Jagdberater (§ 37 BJG). Im Jagdbeirat müssen Vertreter der an der Regelung des Jagdwesens unmittelbar interessierten Kreise, nämlich der Jäger, der Landwirtschaft, der Forstwirtschaft, der Jagdgenossenschaft und neuerdings des Naturschutzes und in *Hessen* der Schutzgemeinschaft Deutscher Wald (im Landesjagdrat) Sitz und Stimme erhalten.
Nach § 37 Abs. 2 BJG ist den Ländern die Möglichkeit gegeben, die Hilfe der Vereinigungen der Jäger vorzuschreiben, in denen sie sachverständigen Rat benötigen, nämlich bei der Bekämpfung unwaidmännischen Verhaltens oder Aasjägerei auch der Jagdscheininhaber, die keiner jagdlichen Organisation angehören.
(Die Jagdberater werden in *Bremen* Stadtjägermeister, in *Niedersachsen* und *Schleswig-Holstein* Kreisjägermeister und in *Rheinland-Pfalz* Kreisjagdmeister genannt.) In *Rheinland-Pfalz* ist der Kreisjagdmeister Ehrenbeamter des Landes und erhält eine Aufwandsentschädigung (§ 38 [1] u. [3] LJG).
In *Rheinland-Pfalz* besteht der Landesjagdbeirat aus 19 Mitgliedern. Die Mitglieder des Jagdbeirates üben ihre Tätigkeit ehrenamtlich auf die Dauer von fünf Jahren aus. Sie erhalten nur eine Reisekostenvergütung (§ 36 LJG). Sie wirken bei der Festsetzung der Abschußpläne mit.
In *Baden-W.* ist eine bestätigte Hegegemeinschaft berechtigt, in die Sitzungen, in denen über die Abschußpläne entschieden wird, einen Vertreter mit beratender Stimme zu entsenden.
In *Bayern* wird bei jeder Jagdbehörde ein Jagdbeirat gebildet (Art. 50 BayJG). Der Vertreter der Forstwirtschaft hat sich nach Art. 32 BayJG über eingetretene Wildschäden an forstwirtschaftlichen Grundstücken zu äußern und seine Auffassung zur Waldverjüngung darzulegen (Art. 32 BayJG). Jagdberater werden durch die Jagdbehörde für fünf Jagdjahre widerruflich bestellt (Art. 50 [6] BayJG).
In *Hessen* besteht der Jagdbeirat bei den oberen und unteren Jagdbehörden aus neun Vertretern (inklusive eines Vertreters des Naturschutzes). In *Hamburg* besteht der Landesjagdrat aus 13 Mitgliedern. In *Hessen* werden Jagdberater von den Leitern der Jagdbehörden bestellt und durch Handschlag verpflichtet. Sie erhalten einen Ausweis. (§ 30 [2] DVO vom 16. 7. 1979, GVBl. S. 197.)
In *Schleswig-H.* wurde der Jagdbeirat um einen Vertreter des Naturschutzes erweitert. Die Kreisjägermeister werden auf vier Jahre gewählt und üben ihre Aufgaben ehrenamtlich aus.

Welche ständigen Berater stehen der Unteren Jagdbehörde zur Seite?

In den Ländern (außer *Baden-Württemberg, Hamburg* und dem *Saarland*) stehen den Unteren Jagdbehörden unparteiische und sachverständige Jagdberater (Kreisjägermeister oder Kreisjagdmeister) zur Seite, die sie in jagdwirtschaftlichen und jagdtechnischen Fragen zum Wohle der Allgemeinheit ständig zu beraten haben.

Für welche Fälle können die Länder die Mitwirkung von Vereinigungen der Jäger vorsehen?

Für Fälle, in denen Jagdscheininhaber gegen die Grundsätze der Waidgerechtigkeit verstoßen haben (s.S. 356).

In welchen Ländern stehen auch den Oberen Jagdbehörden Jagdberater zur Seite?

In *Bremen* (Landesjägermeister) und in *Hessen* (Bezirksjagdberater). In *Bayern* gibt es Jagdberater bei allen Jagdbehörden.

Straf- und Bußgeldvorschriften

Straftaten *§ 38 BJG*

Welche Strafen sind im Bundesjagdgesetz vorgesehen?

(1) Freiheitsstrafe bis zu fünf Jahren oder Geldstrafe. Hiermit wird bestraft, wer Wild trotz Verbotes erlegt (z.B. einen Falken) oder den Vorschriften über die Schonzeiten zuwiderhandelt (z.B. Fang eines Marders Anfang Oktober)
(2) Handelt der Täter fahrlässig, so ist die Strafe Freiheitsstrafe bis zu sechs Monaten oder Geldstrafe bis zu einhundertachtzig Tagessätzen. (Der Tatbestand wurde damit zu einem Vergehen aufgewertet, da auch fahrlässige Zuwiderhandlungen gegen die in § 38 Abs. 1 genannten Vorschriften als sozialethisch verwerflich anzusehen sind. Die Höhe eines Tagessatzes bestimmt das Gericht unter Berücksichtigung der persönlichen und wirtschaftlichen Verhältnisse des Täters [§ 40/2 StGB]).
Ein Tagessatz beträgt mindestens zwei und höchstens 10000 DM (§ 40 Abs. 2 StGB) oder Freiheitsstrafe (bis zu 6 Monaten). Daneben kann in beiden Fällen die Einziehung der erlegten Tiere und die Entziehung des Jagdscheines angeordnet werden (§§ 40 Abs. 1 und 41, s.S. 744).

Wie werden Straftaten Nichtjagdberechtigter geahndet?

Nach dem Strafgesetzbuch (die Jagdvergehen nach den §§ 292ff.).

Ordnungswidrigkeiten (Zuwiderhandlungen) *§ 39 BJG*

Wer handelt ordnungswidrig?

Nach § 39 (1) BJG handelt ordnungswidrig, wer:

1. in befriedeten Bezirken die Jagd ausübt oder einer Beschränkung der Jagderlaubnis (§ 6 BJG) zuwiderhandelt;
2. auf vollständig eingefriedigten Grundflächen die Jagd entgegen einer vorgeschriebenen Beschränkung ausübt;
3. auf Grund eines nichtigen Jagdpachtvertrages, einer nichtigen entgeltlichen Jagderlaubnis oder vor Genehmigung des Jagdpachtvertrages durch die untere Verwaltungsbehörde die Jagd ausübt;
4. als Inhaber eines Jugendjagdscheines ohne Begleitperson die Jagd ausübt;
5. sachlichen Verboten (§ 19 Abs. 1 Nr. 3 bis 9, 11 bis 14, 16 bis 18 und 19a) oder örtlichen Verboten (§ 20 Abs. 1) zuwiderhandelt (s.S. 713 und S. 718);
6. zum Verscheuchen des Wildes Mittel anwendet, durch die Wild verletzt oder gefährdet wird;
7. einer Vorschrift des § 28 Abs. 1 bis 3 BJG über das Hegen, Aussetzen und Ansiedeln von Wild zuwiderhandelt;
8. Jagdschaden anrichtet (indem er den Vorschriften des § 33 Abs. 1 zuwiderhandelt);
9. den Jagdschein auf Verlangen nicht vorzeigt.

Nach § 39 (2) BJG handelt ordnungswidrig, wer vorsätzlich oder fahrlässig

1. die Jagd ausübt, obwohl er keinen gültigen Jagdschein mit sich führt oder obwohl ihm die Jagdausübung verboten ist (§ 41 a);
2. auf Schalenwild und Seehunde verbotswidrig schießt, in Notzeiten Schalenwild in einem Umkreis von 200 Metern an Fütterungen erlegt oder jagdbare Tiere vergiftet;
3. Schalenwild oder anderes Wild, das nur im Rahmen eines Bejagungsplanes bejagt werden darf, erlegt, bevor der Abschußplan bestätigt oder festgesetzt ist, oder wer den Abschußplan überschreitet;
4. als Jagdausübungsberechtigter das Auftreten einer Wildseuche nicht unverzüglich der zuständigen Behörde anzeigt oder deren Weisungen zur Seuchenbekämpfung nicht Folge leistet;
5. einer Rechtsverordnung nach § 36 Abs. 1 oder 5 oder einer landesrechtlichen Vorschrift nach § 36 Abs. 2 zuwiderhandelt, soweit sie für einen bestimmten Tatbestand auf diese Bußgeldvorschrift verweist;
6. zur Jagd ausgerüstet unbefugt ein fremdes Jagdgebiet außerhalb der zum allgemeinen Gebrauch bestimmten Wege betritt (s.S. 757).

Wie kann die Ordnungswidrigkeit geahndet werden?

Mit einer Geldbuße bis zu zehntausend Deutsche Mark (Artikel 121 des Einführungsgesetzes zum Gesetz über Ordnungswidrigkeiten, BGBl. 1968 I Nr. 33 S. 536). Eine Ordnungswidrigkeit ist keine Straftat!

Einziehung *§ 40 BJG*

In welchen Fällen ist als Nebenfolge einer Ordnungswidrigkeit oder Straftat die Einziehung von Gegenständen zulässig?

Bei einer Straftat nach § 38 BJG (s.S. 743) oder bei einer Ordnungswidrigkeit nach § 39 BJG Abs. 1 Nr. 5 oder Abs. 2 Nr. 2, 3 oder 5 (s.S. 743/744).
In diesen Fällen können:

1. Gegenstände, auf die sich die Straftat oder Ordnungswidrigkeit bezieht, und
2. Gegenstände, die zu ihrer Begehung oder Vorbereitung gebraucht worden oder bestimmt gewesen sind,

eingezogen werden.
§ 74 a des Strafgesetzbuches und § 23 des Gesetzes über Ordnungswidrigkeiten sind anzuwenden (BGBl. 1968 I S. 536).

Verbot der Jagdausübung *§ 41 a BJG*

Wann muß das Gericht die Entziehung des Jagdscheins (oder als milderes Mittel ein Verbot der Jagdausübung bis zu sechs Monaten) als Sicherheitsmaßnahme anordnen?

Wenn jemand wegen eines Schonzeitvergehens oder wegen Verstoßes gegen Bestimmungen des Strafgesetzbuches oder wegen Jagd- oder Fischwilderei verurteilt wird, wenn sich aus der Tat ergibt, er werde bei weiterem Besitz des Jagdscheins erhebliche rechtswidrige Taten dieser Art begehen.

Landesrechtliche Straf- und Bußgeldbestimmungen *§ 42 BJG*

Wie können die Länder Ordnungswidrigkeiten entgegentreten?

Durch landesrechtliche Bußgeldbestimmungen (in *Bayern* z.B. durch Art. 56 BayJG, in *Schleswig-Holstein* nach § 38 LJG, in *Rheinland-Pfalz* nach § 41 [1] LJG).
Sie können in den einzelnen Ländern unterschiedlich sein.

Wer handelt gegen landesrechtliche Vorschriften ordnungswidrig?

Im allgemeinen handelt u.a. ordnungswidrig, wer:

1. an Orten, an denen ihm die Ausübung des Jagdrechts nicht zusteht, Besitz an lebendem oder verendetem Wild oder an Fallwild und Abwurfstangen sowie an Eiern jagdbaren Federwildes erlangt und diesen nicht binnen drei Tagen dem Jagdausübungsberechtigten (Revierinhaber) oder der nächst erreichbaren Polizeidienststelle abliefert oder den Sachverhalt anzeigt,
2. als Führer eines Fahrzeuges Schalenwild durch An- oder Überfahren schwer verletzt oder tötet und dies nicht unverzüglich anzeigt,
3. als Jagdgast ohne Begleitung des Jagdausübungsberechtigten (Revierinhabers) die Jagd ausübt, ohne den von diesem erteilten Erlaubnisschein bei sich zu führen,
4. als Jagdgast den Erlaubnisschein den Jagdschutzberechtigten auf Verlangen nicht vorzeigt,
5. als Jagdausübungsberechtigter (Revierinhaber) entgegen den Beschränkungen oder Verboten der Jagdbehörde Jagderlaubnisscheine erteilt oder andere Beteiligungen an der Jagdausübung einräumt,
6. einer zur Ausübung des Jagdschutzes berechtigten Person unrichtige Angaben über seine Person macht oder trotz Aufforderung die Angaben verweigert,
7. den sachlichen und örtlichen Verboten der Landesvorschriften zuwiderhandelt,
8. die Abschuß-(Strecken-)Meldung nicht, nicht vollständig, nicht rechtzeitig oder unrichtig erstattet, die Abschußliste nicht, nicht vollständig oder unrichtig führt oder sie der Jagdbehörde auf Verlangen nicht vorlegt (oder in *Bayern, Hessen, Nordrhein-Westfalen* und *Niedersachsen* trotz Aufforderung Trophäen auf einer Trophäenschau nicht vorlegt),
9. bei Benutzung eines Jägernotweges den hierfür gegebenen Vorschriften zuwiderhandelt,
10. das Überwechseln krankgeschossenen Schalenwildes nicht unverzüglich dem Inhaber des Nachbarreviers oder dessen Stellvertreter anzeigt,
11. Hunde (in *Hessen* „oder Katzen“) in einem Jagdrevier unbefugt außerhalb seiner Einwirkung frei laufen läßt,
12. ohne Begleitung oder schriftliche Anweisung des Jagdausübungsberechtigten (Revierinhabers) Streunern (Hunde ohne Einwirkung ihrer Herrn, Katzen außerhalb der Schutzzone) mit der Schußwaffe nachstellt oder sie erlegt,

Bundes-VO über die Jagdzeiten vom 2. 4. 1977 (BGBl. I S. 531)

§ 1 (1) Die Jagd darf ausgeübt werden auf			vom: bis:
1	Rotwild	Kälber	1. 8.–28. 2.
		Schmalspießer	1. 6.–28. 2.
		Schmaltiere	1. 6.–31. 1.
		Hirsche und Alttiere	1. 8.–31. 1.
2	Dam- u. Sikawild	Dam- und Sikawild: Kälber	1. 9.–28. 2.
		Schmalspießer	1. 7.–28. 2.
		Schmaltiere	1. 7.–31. 1.
		Hirsche und Alttiere	1. 9.–31. 1.
3	Rehwild	Kitze	1. 9.–28. 2.
		Schmalrehe	16. 5.–31. 1.
		Ricken	1. 9.–31. 1.
		Böcke	16. 5.–15.10.
4	Gamswild		1. 8.–15.12.
5	Muffelwild		1. 8.–31. 1.
6	Schwarzwild		16. 6.–31. 1.
7	Feldhasen		1.10.–15. 1.
8	Stein- und Baummarder		16.10.–28. 2.
9	Iltisse		1. 8.–28. 2.
10	Hermeline		1. 8.–28. 2.
11	Mauswiesel		1. 8.–28. 2.
12	Dachse		1. 8.–31.10.
13	Seehunde		1. 9.–31.10.
14	Auer-, Birk- u. Rackelhähne		1. 5.–31. 5.
15	Rebhühner		1. 9.–15.12.
16	Fasanen		1.10.–15. 1.
17	Wildtruthähne		15.3.–15.5. u. 1.10.–15. 1.
18	Wildtruthennen		1.10.–15. 1.
19	Ringel- und Türkentauben		1. 7.–30. 4.
20	Höckerschwäne		1. 9.–15. 1.
21	Graugänse		1.–31.8. u. 1.11.–15. 1.
22	Bläß-, Saat-, Ringel- und Kanadagänse		1.11.–15. 1.
23	Stockenten		1. 9.–15. 1.
24	alle übrigen Wildenten außer Brand-, Eider-, Eis-, Kolben-, Löffel-, Moor-, Schell- und Schnatterenten		1.10.–15. 1.
25	Waldschnepfen		16.10.–15. 1.
26	Bläßhühner		1. 9.–15. 1.
27	Lachmöwen		16. 7.–30. 4.
28	Sturm-, Silber-, Mantel- und Heringsmöwen		16. 8.–30. 4.

(2) Mit Ausnahme der Setzzeiten darf die Jagd das ganze Jahr ausgeübt werden beim Schwarzwild auf Frischlinge und Überläufer, auf Wildkaninchen und Füchse.

Jagdzeiten (weiß) Schonzeiten (grau)

	April	Mai	Juni	Juli	Aug.	Sept.	Okt.	Nov.	Dez.	Jan.	Febr.	März
1											28	
											28	
2											28	
											28	
3											28	
		16										
		16					15					
4									15			
5												
6			16									
7										15		
8							16				28	
9											28	
10											28	
11											28	
12												
13												
14												
15									15			
16										15		
17		15								15		15
18										15		
19												
20										15		
21										15		
22										15		
23										15		
24										15		
										15		
25							16			15		
26										15		
27				16								
28					16							

Die Länder wurden ermächtigt, von den Jagdzeiten des Bundes *abweichende* Jagd- und Schonzeiten festzusetzen. Diese Abweichungen sollte der Jungjäger für sein Land nachlesen und rot unterstreichen! (s. S. 749/751)

13. in der Notzeit nicht für angemessene Wildfütterung sorgt und die dazu erforderlichen Fütterungsanlagen nicht unterhält,
14. innerhalb der von der Jagdbehörde gestellten Frist keinen Berufsjäger bestellt,
15. der Pflicht, brauchbare Jagdhunde zu führen und zu verwenden oder zu halten, nicht nachkommt (s. auch S. 609).
16. wer entgegen landesrechtlicher Bestimmungen Wild in freier Wildbahn füttert.

Wie kann die Ordnungswidrigkeit geahndet werden?

Mit Geldbuße. In *Bayern, Hessen, Nordrhein-W.* und *Rheinl.-Pfalz* (hier nach § 41 [2] LJG) mit einer Geldbuße bis zu zehntausend DM, wie sie in § 39 Abs. 3 des BJG vorgesehen ist. Außerdem kann die Entziehung des Jagdscheines für bestimmte Zeit angeordnet werden. In *Bayern* von ein bis sechs Monaten (Art. 57 BayJG). Für die Zeit des Jagdverbotes wird der Jagdschein amtlich verwahrt. Die Entziehung des Jagdscheines ist keine Nebenstrafe, sondern eine Sicherungsmaßnahme.

Welche Behörde ist Verwaltungsbehörde im Sinne des Gesetzes über die Ordnungswidrigkeiten?

Die Untere Jagdbehörde.

Abweichende Jagdzeiten nach Landesverordnungen

Welche Abweichungen von den für das Bundesgebiet festgesetzten Jagdzeiten bestehen zur Zeit in den Ländern?

Baden-Württemberg

(Zweite Verordnung vom 9.1.84)

1. a) Feldhasen u. Fasane nur bis 31. 12.,
   b) Birkhähne sowie Sturm-, Silber-, Mantel- u. Heringsmöwen nicht,
   c) Rebhühner erst ab 1. 10. und
   d) Höckerschwäne nur bis 30. 11.

Auerhähne und Wildgänse dürfen nicht bejagt werden.

Bayern

Seit der AVBayJG vom 1. 3. 1983 gelten als Jagdzeiten:

Rotwild:

Kälber	1. 8.–15. 1.
Schmaltiere	1. 6.–15. 1.
Alttiere	1. 8.–15. 1.
führende Alttiere	1. 8.–15. 1.
Rothirsche (drei Klassen): Starke (I sowie IIa mit Geweihgewicht von 4 kg und mehr, gebietsweise von 3,5 kg und mehr)	1. 8.–15.10.
Schmalspießer	1. 6.–15. 1.
alle übrigen Hirsche	1. 8.–15. 1.
Dam- und Sikawild:	1. 9.–15. 1.

Rehwild:

Kitze	1. 9.–31.12.
Schmalrehe	16. 5.–31.12.
Schmalrehe (Hochgebirge und Vorberge)	1. 6.–31.12.
Geißen	1. 9.–31.12.
Böcke	16. 5.–15.10.
Böcke (Hochgebirge und Vorberge)	1. 6.–15.10.
Muffelwild	1. 8.–15. 1.
Hasen	16.10.–31.12.
Fasane	16.10.–31.12.
Rebhühner	1. 9.–31.10.

Waschbären, Marderhunde und Nutria (Sumpfbiber) sind ganzjährig bejagbar. Wildkaninchen, Waschbär und Marderhund auch in der Setzzeit. Auer-, Birk- und Rackelhähne dürfen nicht bejagt werden.
Graureiher im Umkreis von 200 m um geschlossene Gewässer 16.9.–31.10.

Berlin

Auf Grund der alliierten Vorbehalte ist in Berlin nur eine eingeschränkte Jagdausübung gestattet. Diese wird seitens der Berliner Forsten nur durch Forstbeamte (auch Führung alliierter Jäger) wahrgenommen. Hierfür wurde von der Verwaltung der Berliner Forsten in Anlehnung an die Jagdzeitenverordnung des Bundes bislang eine interne Regelung getroffen. Z.Zt. wird ein Landesjagdgesetz erarbeitet, in dem evtl. auch die Jagdzeiten geregelt werden.

Bremen

(VO vom 30. 9. 1977)

Dachs, Birkhahn, Reiherente, Tafelente und Knäckente ganzjährig geschont.

Rehwild:

Kitze	1. 9.–31. 1.
Schmalrehe	1. 9.–31. 1.
Stein- und Baummarder	1.11.–31. 1.
Iltis	1. 9.–31. 1.
Hermelin	1. 9.–31. 1.
Rebhuhn	1. 9.–30. 9.

Silbermöven dürfen das ganze Jahr bejagt werden.

Hamburg

Auf Grund § 27 Nr. 4 des Hamburgischen Jagdgesetzes vom 28.5.78 gilt

Rotwild:

Schmalspießer und Schmaltiere	1. 8.–31. 1.

Dam- u. Sikawild:

Schmalspießer und Schmaltiere	1. 9.–31. 1.

Rehwild:

Schmalrehe	1. 9.–31. 1.
Feldhasen	16.10.–15. 1.
Rebhühner	1. 9.–30.11.
Fasanhähne	16.10.–15. 1.
Höckerschwäne	1. 9.–30. 9.

Schonzeit für Wildenten ist in Altona, Emsbüttel, Hamburg-Nord, Wandsbeck, Bergedorf und Harburg vom 1.–31.8. aufgehoben.
Fasanhennen haben keine Jagdzeit.

Hessen

(Zuletzt Dritte Verordnung vom 8.12.86)

Rotwild:

Kälber	1. 8.–28. 2.
Schmalspießer	1. 7.–28. 2.
Schmaltiere	1. 7.–31. 1.

Dam- und Sikawild:

Schmalspießer und Schmaltiere	1. 8.–31. 1.
Feldhase	1.10.–31.12.

Ganzjährig geschont sind:
Fasanenhennen, Auer-, Birk- und Rackelhähne, Wildtruthahn und Wildtruthennen, alle Wildgänse, alle Wildenten außer der Stockente.

Dem Jagdrecht unterstellt, mit ganzjähriger Jagdzeit, sind:
Waschbär, Marderhund und Nutria (Sumpfbiber).
Wildkaninchen, Waschbär, Marderhund, Fuchs und Sumpfbiber auch in der Setzzeit jagdbar.

Niedersachsen

Verordnung über Sonderbestimmungen für die Jagdzeiten

Vom 1. August 1980 (Nieders. GVBl. S. 326), geändert durch VO vom 21. Juli 1982 (Nieders. GVBl. S. 323)

§ 1 Jagdzeiten für nach Landesrecht jagdbare Tiere

Auf Waschbären darf die Jagd das ganze Jahr hindurch ausgeübt werden.

§ 2 Aufhebung von Jagdzeiten
Für folgende Wildarten werden die Jagdzeiten aufgehoben: Seehunde, Auerwild, Birkwild, Bläßgänse, Saatgänse, Ringelgänse und Kanadagänse, Reiherenten, Tafelenten und Knäckenten.

§ 3 Änderung der Jagdzeiten
(1) Für folgende Wildarten werden die Jagdzeiten geändert:

Rotwild

Kälber	1. 8.–31. 1.
Schmalspießer	1. 6.–31. 1.

Damwild:

Kälber	1. 9.–31. 1.
Schmalspießer	1. 7.–31. 1.

Rehwild:

Kitze	1. 9.–31. 1.
Schmalrehe	1. 9.–31. 1.
Rebhühner	1. 9.–30.11.
Ringel- und Türkentauben	16. 7.–30. 4.
Höckerschwäne	1. 9.–30. 9.
Stockenten	a) 1. 9.–15. 1.
(soweit nicht Buchstabe b gilt)	b) 16. 8.–15. 1.

Buchst. b gilt nur für das Gebiet der Landkreise Leer, Aurich, Wittmund, Friesland, Wesermarsch, Cuxhaven und Stade sowie der kreisfreien Städte Emden und Wilhelmshaven.

Nordrhein-Westfalen

Nach der Verordnung über die Jagdzeiten vom 22. 12. 1977 wurden abweichend von der Bundes-VO über die Jagdzeiten (s.S. 746) bestimmt: Waschbär und Marderhund werden zu jagdbaren Tieren erklärt und dürfen ganzjährig bejagt werden. Die Jagd auf Wildkaninchen ist ganzjährig auch in der Setzzeit zulässig.
Weiter darf die Jagd ausgeübt werden auf:

Rotwild:
Schmalspießer
und Schmaltiere 1. 8.–31. 1.
Dam- und Sikawild:
Schmalspießer
und Schmaltiere 1. 9.–31. 1.
Rehwild:
Schmalrehe 1. 9.–31. 1.
Schwarzwild 1. 8.–31. 1.
Frischlinge ganzjährig
Feldhasen 16.10.–15. 1.
Rebhühner 16. 9.–15.12.
Fasane 16.10.–15. 1.
Wildtruthähne 16. 3.–30. 4.
Ganzjährig mit der Jagd zu verschonen sind:
Auer-, Birk- und Rackelhähne; Wildtruthennen; Höckerschwäne; Wildgänse; Wildenten (außer Stockenten).

Rheinland-Pfalz

(VO vom 10. 5. 1977)
Überläufer 16. 6.–31. 1.
Rebhühner 1. 9.–31.10.
Fasanenhennen 16.10.–15.12.
Ganzjährig geschont sind:
Auer-, Birk- und Rackelhähne, Hökkerschwan, alle Wildgänse.

Dem Jagdrecht unterstellt, mit ganzjähriger Jagdzeit sind:
Bär, Wolf, Waschbär und Marderhund.

Saarland

(Vierte VO vom 18. 1. 1985)
Schwarzwild 1. 7.–31. 1.
schwache, nichtführende Überläufer und Frischlinge ganzjährig
Verbot der Treibjagd auf Schwarzwild vom 15.1.–31.1.
Fasanhennen keine Jagdzeit bis 1987/88
Feldhase 16.10.–15. 1.

Schleswig-Holstein

(LVO vom 3. April 1978, und andere Verordnungen)
Rotwild:
Schmalspießer
und Schmaltiere 1. 8.–31. 1.
Dam- und Sikawild:
Schmalspießer 1. 9.–31. 1.
Schmaltiere 1. 8.–31. 1.
Rehwild:
Schmalrehe 1. 9.–31. 1.
Schwarzwild 16. 7.–31. 1.
Frischlinge und Überläufer ganzj. Jagdzeit
Feldhasen 16.10.–15. 1.
Seehunde 15. 9.–31.10.
(n. Abschußplan) durch Seehundeführer oder in deren Begleitung, auch mit 5,6 × 35 R
Rebhühner 1. 9.–30.11.
Fasanhähne 16.10.–15. 1.
Hennen (nur auf der Insel Föhr)
Höckerschwäne 1. 9.–30. 9.
Graureiher 1. 8.–31.10.
(200 m um Fischteiche, ab 8 Reiher genehmigungspflichtig)
Graugänse 1. 8.–31.12.
Bläß-, Ringel-
u. Kanadagänse 1.11.–15. 1.
Jagd auf Gänse nur $^1/_2$ Stunde vor Sonnenaufgang bis 10 Uhr
Saatgans ganzj. geschont.
Stockenten 1. 9.–15. 1.
alle übrigen Enten
mit Jagdzeit: 1.10.–15. 1.
Wildkaninchen im Bereich der Schutzdeiche auch in der Setzzeit (1.3.–15.6.)
Habichte auf Antrag mit unversehrt fangenden Fallen vom 1.8.–15.1.
Waschbär u. Marderhund werden zu jagdbaren Tieren erklärt und genießen keine Schonzeit.

Besondere Rechte und Pflichten bei der Jagdausübung

Befugnisse des Jagdausübungsberechtigten

Welche Befugnisse haben alle Jagdschutzberechtigten in fast allen Ländern?

Sie dürfen:

1. Personen, die in einem Jagdbezirk unberechtigt jagen oder eine sonstige Zuwiderhandlung gegen jagdrechtliche Vorschriften begehen oder außerhalb der zum allgemeinen Gebrauch bestimmten Wege zur Jagd ausgerüstet betroffen werden, anhalten, ihnen gefangenes und erlegtes Wild, Schuß- und sonstige Waffen, Jagd- und Fanggeräte, Hunde und Frettchen abnehmen und ihre Personalien feststellen;
2. Hunde, die im Jagdbezirk außerhalb der Einwirkung ihres Herrn angetroffen werden, also durch Ruf oder Pfiff nicht mehr zurückzurufen sind (in *Hamburg* nach § 22 Abs. 1 Ziff. 2 Hamburger JG vom 22. 5. 1978) (Ausnahmen s.S. 753), sowie Katzen, die in einer Entfernung von über 200 m (in *Baden-Württemberg, Bayern* und *Niedersachsen* 300 m) vom nächsten Hause angetroffen werden, töten und beseitigen. Dieses Recht erstreckt sich auch auf solche Hunde und Katzen, die sich in Fallen gefangen haben.

In *Baden-W.* sind eingefangene Hunde sowie Hunde und Katzen, die sich lebend gefangen haben, als Fundsachen zu behandeln.

Welches Recht hat jedermann, der einen Straftäter auf frischer Tat ertappt?

Das Recht, den Täter zu verfolgen, seinen Namen festzustellen und, falls er fluchtverdächtig ist, ihn auch ohne richterlichen Befehl vorläufig festzunehmen. Dieses Recht steht auch dem Jagdgast zu, wenn er einen Wilderer antrifft. Nach § 127 Abs. 1 StPO ist Gewaltanwendung gestattet, keinesfalls aber der Schußwaffengebrauch, sofern nicht Notwehr vorliegt (s.S. 756). Sehr gut zur Identifizierung ist ein Schnappschuß mit dem Fotoapparat, bester Schutz gegen Straftäter der mannfeste Hund, eine Sprühdose mit Tränengas und – falls behördlich erlaubt – die Faustfeuerwaffe (Recht aus §§ 32, 33 StGB bei Notwehr; s. auch S. 756).

Ist der Täter bekannt, so ist oft das beste, nicht einzugreifen und auf schnellstem Wege die Polizei zu benachrichtigen, damit der Betreffende vor dem Aufsuchen seiner Behausung abgefangen werden kann. Vielleicht ist es sogar möglich, eine Hausdurchsuchung durchzuführen, die meistens ergiebig ist, bevor (!) der Betreffende zurückkehrt.

Darf der Jagdausübungsberechtigte den „Abschuß" streunender Hunde und wildernder Katzen auch einem Jagdgast erlauben?

Ja, in allen Ländern. Die Erlaubnis ist in *Baden-W., Bayern, Hamburg, Hessen, Niedersachsen, Nordrhein-W., Rheinland-Pfalz,* im *Saarland* und in *Schleswig-Holst.* schriftlich zu erteilen. Der Jagdgast muß sie bei der Ausübung der Jagd mit sich führen. Der Abschuß eines wildernden Hundes durch den Jagdgast ist ggf. und ohne Jagderlaubnis möglich, wenn der Hund z.B. ein Stück Rehwild gerade niederziehen will. In diesem Falle ist der höhere Wert zu schützen (Schutz der Rechtsgüter, übergesetzlicher Notstand).

Der Jagdausübungsberechtigte kann einem Jagdgast auch die Ausübung des

Jagdschutzes durch Anweisung übertragen, soweit er den Schutz vor nicht geschützten Beutegreifern, Futternot und Wildseuchen umfaßt. Der Jagdgast muß die auf dem Erlaubnisschein (s.S. 703) zu vermerkende Anweisung bei der Ausübung des Jagdschutzes mit sich führen. Die Verleihung weiterer Rechte des Revierinhabers an einen Jagdgast bedarf der Genehmigung durch die Untere Jagdbehörde. Für alle Schäden, die Jagdgäste anrichten, haftet der Jagdausübungsberechtigte!

Welche Jagdhunde sind i. d. R. von der Hundesteuer befreit?

Alle Jagdhunde, die zur Ausübung der Jagd zu halten sind und gemäß § 23 BJG zum Jagdschutz benötigt werden, sowie die für die Bauarbeit geeigneten Hunde (wie die Teckel, s.S. 633).

Wie dürfen die Jagdschutzberechtigten ihren Kraftwagen kennzeichnen?

Mit der Plakette des Deutschen Jagdschutz-Verbandes (falls sie Mitglied dieses eingetragenen Vereins sind).
Außerdem können sie das Schild mit der Aufschrift „Jagdschutz“ an ihrer Windschutzscheibe anbringen.

Was soll durch das „Jagdschutzschild“ kenntlich gemacht werden?

Daß der Inhaber dieses Schildes in seinem Jagdrevier mit Jagdschutzaufgaben beauftragt ist und in Erfüllung dieser Aufgaben Feld- und Waldwege mit seinem Kraftfahrzeug benutzen muß.

An welchen Personenkreis wird das Schild ausgegeben?

An Jagdausübungs- und Jagdschutzberechtigte und an Personen, denen Jagdschutzaufgaben schriftlich übertragen worden sind.

Darf man jeden streunenden oder wildernden Hund töten?

Nein. Wertvolle Hunde wie Jagd-, Hirten-, Polizei-, Blinden- und Meldehunde sind, soweit sie als solche kenntlich sind (Jagdhunde ihrer Rasse nach, andere z.B. durch gelbe Kenndecke oder durch Geschirr), zu schonen, sofern sie vom Hundeführer zur Ausübung ihres Dienstes verwendet werden und z.B. ein Teletacthalsband (s.S. 657) tragen oder sich aus Anlaß des Dienstes vorübergehend seiner Einwirkung entzogen haben.
Im Zweifelsfalle ist abzuwarten und die Herkunft des Hundes zu ermitteln. Eine Verletzung mit unzulänglichen Mitteln, z.B. durch Schrotschuß auf zu weite Entfernung, um ihm „einen gehörigen Denkzettel zu verpassen“ kann als Tierquälerei bestraft werden, auch der Jagdscheinentzug ist nach § 17 (2) Ziff. 4 BJG (Verletzung der Jägermoral) möglich.

Was heißt, der Hund hat sich „vorübergehend“ der Einwirkung seines Herrn entzogen?

Eine Zeitspanne hierfür läßt sich nicht angeben. Ein etwa einstündiger Aufenthalt eines wildernden Hundes im Revier kann nicht mehr als vorübergehende Entziehung aus der Einwirkung des Führers angesehen werden.

Kann der Halter eines wildernden Hundes wegen Verletzung seiner Aufsichtspflicht belangt werden?

Das richtet sich nach den landesrechtlichen Ausführungsvorschriften zum Bundesjagdgesetz. In der Regel wird die Verletzung der Aufsichtspflicht als Ordnungswidrigkeit geahndet. Ob der Halter des Hundes darüber hinaus nach §§ 292ff. des Strafgesetzbuches strafrechtlich verfolgt werden kann, hängt davon ab, ob er seinen Hund absichtlich wildern läßt, um sich das gerissene Wild irgendwie nutzbar zu machen. Im Falle der Verurteilung kann der Hund nach § 295 StGB eingezogen werden. Zivilrechtliche Ansprüche gegen den Hundehalter sollten über § 823 und § 833 BGB immer geltend gemacht werden.

Wer seinen Hund unbeaufsichtigt in Jagdrevieren herumstreunen läßt, handelt ordnungswidrig (§ 42 BJG; s. auch S. 745, Nr. 11). Er hat nicht das Recht, sich Tierfreund zu nennen. Andererseits sollte jeder Jäger, der die Tötungsbefugnis in schikanöser Weise mißbraucht, seinen Jagdschein verlieren.

Welche Maßnahmen kann man noch gegen wildernde Hunde ergreifen?

Auch mit einer Unterlassungsklage kann man einem uneinsichtigen Hundehalter entgegentreten. Sie wird beim zuständigen Amtsgericht erhoben. Es handelt sich dabei um einen vorbeugenden Unterlassungsanspruch gegen eine rechtswidrige Beeinträchtigung des Jagdrechts. Nachdem das Gericht die Unterlassungspflicht des Hundehalters festgestellt hat, kann ihn im Wiederholungsfall eine empfindliche Geldstrafe treffen.

Was ist bei der Beseitigung eines Hundes zu beachten?

Das Vergraben des Hundes (mit mindestens 50 cm Erde bedeckt) darf nicht in Wasserschutzgebieten und nicht in der Nähe öffentlicher Wege und Plätze erfolgen (§ 5 [2] des Tierkörperbeseitigungsgesetzes vom 2. 9. 1975, BGBl. S. 2313).

Kann der Eigentümer eines in einem Jagdrevier getöteten Hundes oder einer dort getöteten Katze Schadenersatz verlangen?

Nur, wenn die Tötung (oder Verletzung) rechtswidrig war.

Welche Hunderasse ist als Wachhund empfehlenswert?

Der Deutsche Spitz und der Wolfsspitz. Sie sollen nicht wildern. Schäferhunde dagegen sind selten vom Wildern abzuhalten.

Wie steht der Tierschutzbund zur streunenden Katze

Tierschutz- und Katzenschutzbund, Jagdgebrauchshundverband und Deutscher Jagdschutz-Verband sind in einer gemeinsamen Besprechung (in der Geschäftsstelle des DJV in Bonn) darüber übereingekommen, daß die weitestgehende Beseitigung herrenloser und streunender Katzen zur Verhinderung von Tierquälereien, zum Schutze jagdbarer und nichtjagdbarer Tiere und zur Verminderung der Tollwutgefahr unerläßlich ist.

In jedem Falle muß zur Tötung eines Wirbeltieres ein vernünftiger Grund im Sinne des § 17 Nr. 1 des Tierschutzgesetzes vorliegen (s. auch S. 777).

Wilderei

Wer ist Wilderer?

Wer unter Verletzung fremden Jagdrechts dem Wilde nachstellt, es fängt, erlegt oder eine Sache, die dem Jagdrecht unterliegt, z.B. Abwurfstangen, Gelege von

Federwild, sich zueignet, beschädigt oder zerstört. Besonders schwere Wilderei liegt vor, wenn sie zur Nacht- oder Schonzeit, mit Schlingen oder in anderer unwaidmännischer Art u.U. von zwei und mehreren Tätern, die mit Schußwaffen ausgerüstet sind, durchgeführt wird. Der Wildererparagraph 292 des Strafgesetzbuches (StGB) erwähnt noch den Gewerbs- und Gewohnheitswilderer. Man kennt folgende Arten von Wilderern:

Gefährliche Wilderer, die mit Schußwaffen arbeiten (Wildschützen, Wildererabkömmlinge, Vater und Sohn und deren Freunde), wildernde Soldaten, Autowilderer, Förstermörder und Mörder im Affekt (in der Furcht, Ehre und Freiheit zu verlieren);
gemeine Wilderer, die Schlingen stellen, in denen sich das Wild elend zu Tode quält, und
heimliche Wilderer, die durch Besitz eines Erlaubnisscheines (zum Begehen der Fallen, zum Frettieren oder als Jagdgast) fast völlig getarnt (aus Habgier) der Wilderei nachgehen. Der Wilddieb weiß meist genau, wann der Jäger nicht im Revier ist.
Die Wildschützen pirschen meistens und benutzen die Nacht zum Anmarsch und den Morgen zur Pirsch. Sie wildern meist zu zweit! Die Autowilderer schießen vom Fahrzeug aus, meist unter Benutzung des Autoscheinwerfers, und verlassen dann schnellstens den Tatort mit dem erlegten Stück. Deshalb notiere man immer die Kennzeichen von Kraftfahrzeugen, die man im Revier antrifft, und gebe sie bei Verdacht auf Autowilderei stets der Kriminalpolizei bekannt, damit sie Spuren sichern kann. Merke: Wo Wild ist, sind auch Wilddiebe!
Man denke immer daran, daß meist zwei Personen gemeinsam wildern und sich (besonders auch beim Aufbrechen des Wildes) gegenseitig Feuerschutz geben.
Der Jäger sollte daher nie ohne Faustfeuerwaffe und Nachtjagdglas mit Breitbandvergütung ins Revier gehen!

Wann darf der Jagdschutzberechtigte „unmittelbaren Zwang“ anwenden?

Wenn eine der Wilderei verdächtige Person den Anruf, stehenzubleiben und Waffen, Fanggeräte usw. herauszugeben, nicht befolgt und flüchtet. Der Berechtigte muß aber immer daran denken, daß jede Gewaltanwendung stets einen Schaden nach sich zieht und sie nie außer Verhältnis zum angestrebten Erfolg stehen darf. Der Berechtigte darf also nur das gelindeste Mittel anwenden und muß dem Verdächtigen die Gewaltanwendung unmißverständlich vorher androhen. Das kann auch durch einen Warnschuß geschehen. Ein gutes Hilfsmittel der körperlichen Gewalt gegen Wilderer ist auch der abgerichtete Hund. Ein handlicher Fotoapparat ergibt beste Ermittlungen. Straftäter werden meistens sehr artig, wenn man sie fotografiert hat.
In *Nordrhein-Westfalen* darf seit 6.10.87 von Jagd- und Forstschutzberechtigten nach §67(4) Verwaltungsvollstreckungsgesetz die Schußwaffe bei Anwendung des „Unmittelbaren Zwangs“ nicht mehr gebraucht werden (Ausnahme: Notwehr).

Darf man auf einen Wilderer schießen, um ihn angriffs- oder fluchtunfähig zu machen?

Nur, wenn man in offener Notwehr handelt. Eine durch Notwehr gebotene Handlung ist weder rechtswidrig noch strafbar! Der Schußwaffengebrauch gegen

Menschen ist jedoch immer der schwerwiegendste Fall des unmittelbaren Zwanges! Er darf keinesfalls erfolgen, wenn: Unbeteiligte dadurch verletzt werden können, der Wilderer sich noch im Jugendalter befindet oder das Schießen auf Menschen außer Verhältnis zu dem Wert der gewilderten Sache steht.
Hat sich jemand nur geringfügiger Zuwiderhandlung schuldig gemacht (z.B. einen Hasen überfahren und will damit flüchten), so stünde der Schußwaffengebrauch außer jedem Verhältnis zur Tat.

Notwehr, Nothilfe, Notstand

Was ist Notwehr (nach den §§ 32, 33 StGB)?

Notwehr ist diejenige Verteidigung, die erforderlich ist, um einen gegenwärtigen, rechtswidrigen menschlichen Angriff von sich oder einem anderen abzuwenden. Der Angreifer muß ein Rechtsgut angreifen, wie Jagdrecht, Hausrecht, Ehre, Freiheit, Leib oder Leben. Wer in Notwehr eine Tat begeht, handelt nicht rechtswidrig. Putativnotwehr liegt vor, wenn der Angegriffene irrtümlich meint, er werde angegriffen. Unter Notwehrexzess versteht man die Überschreitung der Notwehr über eine notwendige Abwehr hinaus. Sie wird nur dann nicht bestraft, wenn sie aus Verwirrung, Furcht oder Schrecken geschieht. Unentschuldbar sind aber Kampfeseifer, Wut oder Zorn. In allen Fällen von Notwehr hat dem Schußwaffengebrauch ein den Umständen entsprechender Anruf – „Hände hoch, oder ich schieße!“ – oder ein Warnungsschuß vorauszugehen, wenn dies ohne Gefährdung des Schutzberechtigten geschehen kann. Der Jagdausübungsberechtigte darf auch schießen, wenn der Wilderer mit dem Gewehr auf eine Deckung zu flüchtet, in deren Schutz er zurückschießen kann.
Keinesfalls darf man einem Wilderer nachlaufen, weil man dabei stürzen, wehrlos werden und sich ein Schuß lösen kann.
Nach jedem Waffengebrauch ist Meldung an die Ortspolizeibehörde oder Polizeistation zu machen. Vorher sollte man sich sofort mit einem Rechtsanwalt in Verbindung setzen und das Für und Wider vor einem Protokoll der Polizei durchsprechen (Abwehr in Schreck, Furcht oder Verwirrung, irrtümliche [Putativ-]Notwehr; zivilrechtliche Ansprüche nach dem BGB [§§ 227, 823]).
Oft gibt der Wilddieb an, Gewehr (und Beute) gefunden zu haben, um es dem Pächter abzuliefern. Man notiere deshalb alle Beobachtungen sofort nach: Wo, wann, wie, warum und wer?
Zur Identifizierung des unbekannten Wilddiebs achte man auf dessen besondere Kennzeichen an Händen, Haar, Augen, Ohren, Nase, Mund, Zähnen sowie auf Narben und seine Sprechweise.
Unbedingt nötig und leider oft vergessen ist die schriftliche Meldung über jeden derartigen Fall an die Kriminalpolizei, damit sie Unterlagen für ihre Arbeit erhält (s. auch „Notstand“, übernächste Frage).

Was versteht man unter Nothilfe?

Wer einen gegenwärtigen, rechtswidrigen Angriff von einer anderen Person abwendet, handelt in Nothilfe. Nothilfe ist also Notwehr zugunsten eines Dritten.

Wann liegt ein Notstand vor?

Wir unterscheiden den zivilrechtlichen, den strafrechtlichen und den übergesetzlichen Notstand. Das wichtigste Merkmal ist die Abwägung der Rechtsgüter.
Beim zivilrechtlichen Notstand (§§ 228, 904 BGB) geht es nur um die erlaubte

Einwirkung auf Sachen. § 228 BGB behandelt den Verteidigungsnotstand, also die Beschädigung der gefahrbringenden Sache: Wer eine fremde Sache beschädigt oder zerstört, um eine durch sie drohende Gefahr von sich oder einem anderen abzuwenden, handelt nicht rechtswidrig.
Das zu schützende Rechtsgut muß wesentlich höherwertiger sein als das Gut, von dem die Gefahr droht. Schadensersatzpflicht tritt nur dann ein, wenn der Handelnde die Gefahr verschuldet hat. § 904 BGB behandelt den Verteidigungsnotstand, das ist die erlaubte Einwirkung auch auf eine nicht selbst gefahrbringende Sache.
Beim strafrechtlichen Notstand (§ 34 StGB, § 16 OwiG) muß eine Gefahr für Leben, Leib, Freiheit, Ehre, Eigentum oder ein anderes Rechtsgut vorliegen. Zur Abwendung dieser gegenwärtigen Gefahr von sich oder einem anderen, darf eine an sich rechtswidrige Tat begangen werden, wenn die gegenwärtige Gefahr nicht anders abgewendet werden kann. Außerdem wird noch gefordert, daß das zu schützende Rechtsgut wesentlich höheren Rang hat als das, das mit der Tat verletzt wird. Außerdem muß die Tat ein Mittel sein, die Gefahr abzuwenden.
Der § 35 StGB behandelt den entschuldigenden Notstand: Die Tat bleibt zwar rechtswidrig, aber die Schuld des Täters und damit eine Strafe wird ausgeschlossen. Der Täter darf allerdings die Gefahr nicht selbst verursacht haben.
Der übergesetzliche Notstand ist nicht gesetzlich geregelt. Er liegt vor, wenn bei einer gegenwärtigen Gefahr beim Widerstreit zweier Rechtsgüter das eine durch eine mit Strafe bedrohte Handlung verletzt wird, um das andere, höherwertigere zu erhalten oder zu schützen. Der Unterschied zu § 34 StGB besteht darin, daß eine Pflichtenkollision vorliegen muß.

Macht sich ein von einem bissigen Hund angefallener Treiber strafbar, wenn er von einem Zaun eine Latte reißt und den Hund abschlägt?

Sowohl hinsichtlich des Hundes, der rechtlich eine Sache ist, wie durch Ausreißen der Latte begeht der Treiber eine Sachbeschädigung (nach § 303 StGB); als er die Gefahrenabwendung beging, befand er sich in einem Notstand (Defensivnotstand gegenüber dem Hund nach § 228 BGB und im aggressiven Notstand gegenüber dem Zaun nach § 904 BGB), so daß er sich nicht wegen Sachbeschädigung strafbar machte.

Handelt ein Jäger, der in der Schonzeit einem auf der Straße angefahrenen Reh den Fangschuß gibt, richtig?

Ein Jäger gibt einem auf der Straße angefahrenen Reh während der Schonzeit den Fangschuß. Hierbei mußte er gegen die Jagdzeiten-VO verstoßen, um die Grundsätze der Waidgerechtigkeit und des Tierschutzgesetzes zu wahren. Er mußte also abwägen, welches Rechtsgut höherwertig war, um zu dessen Gunsten das geringerwertige zu verletzen. Auch das ist ein Notstand. Jedermann wird klar sein, daß dessen Güterabwägung richtig war und er sich nicht ordnungswidrig verhalten hat.

Wegerecht, Jägernotweg

Was ist ein Jägernotweg?

Ein nicht zum allgemeinen Gebrauch bestimmter Privatweg (Rain, Pfad, Schneise, Deich, Brücke, Steg über eine Wasserfläche in einem benachbarten

Jagdrevier), der dem Jagdausübungsberechtigten einen unzumutbaren Umweg nach seinem Revier erspart.

Wessen Zustimmung ist für die Benutzung des Jägernotweges einzuholen?

Die Zustimmung der beteiligten Grundstückseigentümer und Jagdausübungsberechtigten. Nötigenfalls wird der Jägernotweg von der Unteren Jagdbehörde festgelegt.

Die Eigentümer des Grundstückes, über das der Jägernotweg führt, können in *Baden-W.* (nach § 13 LJG-BW), in *Bayern* (nach Art. 35 BayJG), in *Hamburg* (nach § 19 LJG vom 22. 5. 1978) in *Rheinl.-Pfalz* (nach § 19 LJG), im *Saarland* (nach § 20 [3] SJG) und in *Schleswig-H.* (nach § 25 [1] LJG vom 13. 4. 1978) (GVOBl. S. 129) eine angemessene Entschädigung verlangen. Die Höhe setzt auf Antrag die Jagdbehörde fest.

Was ist bei Benutzung eines Jägernotweges zu beachten?

Langwaffen dürfen nicht geladen sein. Sie werden am besten im Futteral transportiert. Hunde sind an der Leine zu führen.

Jagdeinrichtungen

Wessen Genehmigung ist einzuholen, wenn Futterplätze, Kunstbaue oder Ansitze errichtet werden sollen?

Die Genehmigung des Grundeigentümers.

Der Eigentümer des Grundstückes ist nach § 14 LJG in *Baden-W.* sowie nach Art. 36 *Bay*JG und nach § 20 des *Hamburg*ischen LJG, vom 22. 5. 1978 in *Schleswig-H.* nach § 26 LJG zur Genehmigung verpflichtet, wenn ihm die Duldung der Anlage zugemutet werden kann und er eine angemessene Entschädigung erhält. Ihre Höhe wird auf Antrag eines der Beteiligten von der Unteren Jagdbehörde festgesetzt.

Die Einrichtungen sollen sich in *Hamburg* nach § 20 (2) HJG vom 22. 5. 1978 der Landschaft soweit wie möglich anpassen. In *Rheinl.-Pfalz* sind sie vom bisherigen Jagdausübungsberechtigten innerhalb von drei Monaten zu entfernen, wenn sie der Nachfolger nicht übernimmt (§ 20 [2] LJG).

Krankgeschossenes Wild

Was ist zu beachten, wenn krankgeschossenes Wild in einen Jagdbezirk wechselt, ohne daß Wildfolge vereinbart ist?

Auf krankgeschossenes Wild ist zeitgerecht und fachgerecht nachzusuchen. In *Hessen* ist dem Gemeindevorstand vom Jagdausübungsberechtigten ein Beauftragter für Nachsuchen zu benennen, der in seiner Abwesenheit in der Lage ist, krankes Wild nachzusuchen oder zu versorgen.

Wechselt krankgeschossenes Wild (z.B. Fasan, Hase, Schalenwild) in einen benachbarten Jagdbezirk, so hat der Schütze den Anschuß und die Stelle des Überwechselns nach Möglichkeit zu verbrechen, d.h. durch einen Bruch (s.S. 359) kenntlich zu machen; außerdem hat er das Überwechseln dem Jagdausübungsberechtigten des Nachbarbezirks oder dessen Vertreter unverzüglich anzuzeigen. War der Schütze ein Jagdgast, so ist (in *Bayern* nach Art. 37 BayJG) neben ihm auch der Jagdausübungsberechtigte, sofern er von dem Überwechseln des Wildes Kenntnis erlangt, zur Anzeige verpflichtet.

Handelte es sich um Schalenwild, so hat sich der Schütze selbst oder eine mit dem Vorgang vertraute Person für die Nachsuche zur Verfügung zu stellen. Der Kopfschmuck gehört beim Fund des Stückes dem Erleger, das Wildbret dem am Fundort Jagdausübungsberechtigten. Wurde die Nachsuche vom Schützen aufgegeben, hat er kein Anrecht auf den Kopfschmuck. Schalenwild mit Kopfschmuck ist auf den Bejagungs-(Abschuß-)Plan des Jagdbezirks anzurechnen, dem der Kopfschmuck zufällt, Schalenwild ohne Kopfschmuck wird dem Jagdbezirk angerechnet, dem das Wildbret zufällt. Zur Abkürzung der Leiden des Wildes ist der Abschuß auch in der Schonzeit und über den Abschußplan hinaus in *Rheinl.-Pfalz* nach § 21 (4) LJG zulässig.

Was liegt vor, wenn der Jagdausübungsberechtigte Wild über die Grenze hinaus verfolgt, ohne daß Wildfolge vereinbart ist?

Jagdvergehen. Es ist dabei gleichgültig, ob er die Wildfolge persönlich ausübt oder seinen Hund über die Grenze schickt.
In *Hessen* sind Wildfolgevereinbarungen innerhalb drei Monaten nach Beginn der Jagdnachbarschaft, in *Nordrhein-W.* innerhalb sechs Monaten abzuschließen.

Wildfolge

Was versteht man unter Wildfolge?

Die Verfolgung krankgeschossenen Wildes auf fremdem Jagdrevier und das Recht des Wildes auf ein schnelles und schmerzloses Ende (*Baden-Württemberg* § 15 LJG und § 21 *Hamb.* JG vom 22. 5. 1978).
Wildfolge ist nur zulässig, wenn sie mit dem Jagdausübungsberechtigten des Nachbarjagdbezirks schriftlich vereinbart ist und gilt nur für die in der Vereinbarung genannten Personen, nicht für Jagdgäste. (Näheres s.S. 730, § 22a BJG.) Nach § 22 (1) LJG *Rheinl.-Pfalz* ist Wildfolge zwischen Jagdnachbarn unverzüglich schriftlich zu vereinbaren. In *Niedersachsen* ist nach Art. 33 III LJG der Revierinhaber verpflichtet, einem Jagdnachbarn auf dessen Verlangen Wildfolge für krankgeschossenes Schalenwild einzuräumen. Damit werden dem Nachsuchenden Rechte im Nachbarrevier eingeräumt.

Welche Vorschriften gelten, wenn Wildfolge für Schalenwild vereinbart, aber nicht spezifiziert ist?

Wechselt krankgeschossenes Schalenwild über die Grenze und tut es sich in Sichtweite nieder, so ist der Schütze in *Baden-W.* nach § 15 LJG vom 20. 12. 78, in *Bayern* und dem *Saarland* (nach § 21 des Saarl. JG) berechtigt, ohne vorher den dort Jagdausübungsberechtigten zu benachrichtigen, den Fangschuß von seinem Revier aus anzubringen, das Stück an Ort und Stelle aufzubrechen und zu versorgen. In vielen Ländern darf beim Überschreiten der Grenze die Schußwaffe nicht mitgeführt und das verendete Stück nach dem Versorgen und Verwittern nicht weggeschafft werden. In jedem Falle ist der Revierinhaber oder dessen Vertreter unverzüglich zu benachrichtigen.
Wechselt ein krankgeschossenes Stück Schalenwild über die Grenze, ohne in Sichtweite zu verenden oder sich niederzutun, so sind der Anschuß und die Stelle des Überwechselns kenntlich zu machen. Der Schütze hat sich nach der

unverzüglichen Benachrichtigung des Revierinhabers selbst oder durch einen Vertreter für die Nachsuche zur Verfügung zu stellen. Das gilt in fast allen Ländern, so auch nach § 28 LJG vom 13. 4. 1978 (GVBl. S. 129) in *Schleswig-Holstein.*

Wem gehören Kopfschmuck bzw. Erinnerungsstücke und Wildbret von Schalenwild, das im Nachbarrevier zur Strecke kam?

Falls Wildfolge vereinbart war: Erinnerungsstücke und kleines Jägerrecht gehören dem Erleger, das Wildbret dem Jagdausübungsberechtigten des Fundortes. Wird die Nachsuche nach einem krankgeschossenen Stück aufgegeben, hat der Schütze kein Anrecht mehr. Wird die Nachsuche wegen Dunkelheit abgebrochen, aber am nächsten Morgen unverzüglich wieder aufgenommen, so gilt sie nicht als abgebrochen.

Welche Anrechnung erfolgt auf den Bejagungsplan?

Kommt krankgeschossenes Schalenwild, für das ein Bejagungsplan vorgesehen ist, im Nachbarbezirk zur Strecke, so sind Stücke mit Kopfschmuck auf den Bejagungsplan des Jagdbezirks anzurechnen, dem der Kopfschmuck zufällt, Stücke ohne Kopfschmuck auf den Bejagungsplan des Jagdbezirks, dem das Wildbret zufällt, sofern es zum menschlichen Genuß verwertbar ist. In *Hessen* sind Stücke ohne Kopfschmuck, die nicht zum menschlichen Genuß verwertbar sind, auf den Abschußplan des Jagdbezirks anzurechnen, in dem sie nachweisbar krankgeschossen wurden. *Bayern* (Art. 37 BayJG) und *Baden-W.* (§ 15 LJG-BW) haben bei der Wildfolge einen mutigen Schritt gewagt: Wenn ein Stück Schalenwild angeschossen über die Grenze zieht und erst dort zur Strecke kommt, gehören Wildbret und Trophäe dem dortigen Revierinhaber – angerechnet wird das Stück aber auf den Abschußplan des Reviers, in dem es angeschossen wurde. Diese Regelung soll dazu beitragen, die leidige Grenzjägerei abzubauen.

Gelten die Bestimmungen auch für Niederwild ohne Rehwild?

Nur dann, wenn Wildfolge schriftlich vereinbart ist. Der Schütze darf aber keinesfalls dem Wilde (z.B. dem kranken Hasen) jenseits der Grenze folgen und es erst dort erlegen. Das gefundene Wild ist dem am Fundort Jagdausübungsberechtigten unverzüglich auszuhändigen oder bei Gefahr des Verderbs für ihn zu verwerten.

In *Baden-W., Hessen, Niedersachsen* und im *Saarland* darf der Erleger anderes Wild als Schalenwild nur an sich nehmen, wenn es jenseits der Grenze in Sichtweite verendet. („Wildfolgevereinbarungen" erleichtert ein Vordruck-Muster, das vom DJV in 5300 Bonn oder dem Vordruck-Verlag Pius Kaesberger in 5438 Westerburg bezogen werden kann.)

Ist Wildfolge ohne Vereinbarung in befriedeten Gebieten zulässig?

Nein! Übertretungen können zu Strafverfahren wegen Hausfriedensbruchs führen (s.S. 695, Ziff. 1 u. 2, und S. 696).

Im *Saarland* und in *Bayern* (Art. 38 BayJG) ist die Wildfolge in befriedeten Bezirken, mit Ausnahme der Hausgärten, zulässig. In *Bayern* hat nach Art. 6 (3) das Aneignungsrecht derjenige, dem die Jagdhandlung gestattet wurde. Der Nutzungsberechtigte ist zur Herausgabe verpflichtet (Art. 38 BayJG). In *Rhein-*

land-Pfalz tritt an die Stelle des Jagdberechtigten der Eigentümer des befriedeten Bezirks (§ 22 [5] LJG).

Wer gilt in Jägerkreisen als Erleger?

Bei Schüssen auf Schalenwild gilt derjenige als Erleger, der dem Stück die erste Kugel so wirksam angetragen hat, daß es mit einem guten Schweißhund zur Strecke gekommen wäre. Zu diesen Schüssen gehören auch Laufschüsse, sofern der Knochen verletzt war, und Kieferschüsse, nicht aber Krell- und leichte Streifschüsse.
„Beim Schrotschuß gilt der Totschuß", d.h., es gilt derjenige als Erleger, der auf ein noch fortbewegungsfähiges Stück den letzten tödlichen Schuß abgegeben hat. Der Fangschuß, der dem Wilde Leiden abkürzen soll, gehört nicht dazu.

Erlegen von kümmerndem Wild

Darf kümmerndes Wild während der Schonzeit oder über den Bejagungs-(Abschuß-) Plan hinaus erlegt werden?

Die zuständige Jagdbehörde kann im Einzelfalle genehmigen, daß außerhalb sowie innerhalb der Jagdzeiten über den Bejagungs-(Abschuß-)Plan hinaus kümmerndes Wild erlegt wird.
Für die Jagdausübung auf krankes Wild gilt keine zeitliche Beschränkung, wenn im Einzelfall das sofortige Erlegen unerläßlich erscheint, um dem Wild Qualen zu ersparen oder die Ausbreitung von Seuchen zu verhindern (s.S. 526 und S. 730). Der Jagdausübungsberechtigte hat der zuständigen Jagdbehörde unverzüglich nach dem Erlegen Anzeige zu erstatten (s. auch S. 794).
In *Baden-W., Hessen, Rheinl.-Pfalz* und im *Saarland* hat der Jagdausübungsberechtigte der Unteren Jagdbehörde das erlegte Wild auf Verlangen zur Untersuchung vorzulegen. Das erlegte Wild, für das ein Bejagungsplan (Abschußplan) vorgesehen ist, kann auf die Bejagung im laufenden oder nächsten Jahr angerechnet werden.

Worauf ist krankes oder kümmerndes Wild nach dem Erlegen zu überprüfen?

Es ist zu prüfen, ob das Wildbret noch zum Genusse für Menschen geeignet ist (s.S. 577), ob es für Untersuchungszwecke (z.B. auf Tollwut oder andere Seuchen) benötigt wird oder ob es ohne weitere Untersuchung unschädlich zu beseitigen ist.

Wildfütterung

Ist der Jagdausübungsberechtigte verpflichtet, in der Notzeit für angemessene (ausreichende) Wildfütterung zu sorgen?

Ja! Kommt er der Verpflichtung trotz Aufforderung durch die Jagdbehörde nicht nach, so kann diese die Fütterung auf seine Kosten vornehmen lassen. Wird festgestellt, daß infolge Verschuldens des Jagdausübungsberechtigten Wild in Not gerät, so kann die Untere Jagdbehörde die Bejagung von Schalenwild herabsetzen und für bestimmte Zeit sperren (in *Rheinl.-Pfalz* nach § 24 LJG und im *Saarland* nach § 24 SJG). Die Länder können die Fütterung von Wild außerhalb der Notzeit untersagen (s.S. 735).

Welche Zeit rechnet zur „Notzeit" ?

Die Zeit der hartgefrorenen Bodendecke und der hohen Schneelage, während der das Wild nur geringe Äsungsmöglichkeit hat, sowie die äsungsarme Übergangszeit vom Winter zum Frühjahr, die Zeit der Vegetationsruhe (s.S. 489 und S. 714, Nr. 10).
In *Hessen* und *Schleswig-H.* gilt als Notzeit die Zeit vom 1. 11. bis 30. 4. (§ 17 LJG Schleswig-H. vom 13. 4. 1978, GVOBl. S. 129). In *Bayern* hat der Revierinhaber durch Maßnahmen der Reviergestaltung und Äsungsverbesserung die Voraussetzungen zu schaffen, daß das Wild auch in der vegetationsarmen Zeit natürliche Äsung findet (Art. 43 BayJG). Er darf nach Art. 25 BayJG Rotwild während der Notzeit auch in „Wintergattern" zur Fütterung halten, wenn der Verfügungsberechtigte dem Vorhaben zustimmt. In Wintergattern darf (Rot-)Wild nicht bejagt werden (Art. 31 BayJG); mindestens 2% der Jagdfläche sollen Äsungsflächen sein (s.S. 248). In *Hessen* darf beim Vorliegen starker Wildschäden Schwarzwild auch an Kirrungen (s.S. 248) bejagt werden (Verw.-Vorschr. vom 1. 8. 1979).

Jagdhundehaltung

Kann den Jagdausübungsberechtigten die Verpflichtung zum Mitführen von brauchbaren Jagdhunden auferlegt werden?

Ja (s.S. 609)! *Bayern* hat eine vorbildliche Hundeprüfungsordnung herausgebracht, auf die hingewiesen wird (BayGVBl. 1968 S. 352 und Art. 39 und 51 BayJG). In *Hamburg* und in *Rheinland-Pfalz* (nach § 25 LJG) muß vom Jagdausübungsberechtigten ein nachweislich brauchbarer Hund geführt werden. Im *Saarland* darf zur Nachsuche nur ein brauchbarer Jagdhund verwandt werden (§ 25 SJG v. 2. 4. 1982). In *Niedersachsen* (Art. 3 (3) NdsLJagdG) muß in jedem Jagdbezirk ein brauchbarer Hund ständig zur Verfügung stehen und ist bei jeder Such-, Drück- und Treibjagd sowie bei jeder Jagd auf Schnepfen oder Wassergeflügel mitzuführen und bei jeder Nachsuche einzusetzen. In den restlichen Bundesländern bestehen oft ähnliche gesetzliche Vorschriften.

Verstößt das Abwürgen eines Beutegreifers oder Streuners durch den Jagdgebrauchshund gegen das Tierschutzrecht?

Nein! Grundsätzlich ist die Tötung von Beutegreifern Aufgabe des Jagdausübungsberechtigten mit der Schußwaffe. Sofern jedoch der Jagdgebrauchshund das Stück bereits ergriffen hat und ein Schuß nicht mehr möglich ist, verstößt die Tötung durch den Jagdhund nicht gegen das geltende Tierschutzrecht und ist damit waidgerecht (s.S. 688, Kieler Entschließung). Das Tierschutzgesetz verbietet jedoch (in § 3 Nr. 5), Hunde an lebenden Katzen, Füchsen oder an anderen Tieren auf Schärfe abzurichten!

Was hat der Jäger zu beachten, wenn er in der Nähe von Verkehrsstraßen mit einem frei suchenden Hunde jagt?

Er hat alles zu tun, daß der Hund nicht unangeleint auf die Straße gelangen kann.
Gerät der Hund trotz Rückrufs auf die Straße und verursacht dort einen Verkehrsunfall (z.B. Zusammenstoß mit einem Kraftfahrzeug), so ist der Führer

des Hundes für die Folgen des Unfalls strafrechtlich verantwortlich (Urteil des OLG Oldenburg v. 5. 9. 1961, s. hierzu auch S. 129).

Wann ist das Überjagen des Jagdhundes über die Reviergrenze rechtswidrig (Wilddieberei)?

Wenn der Jagdhund von seinem Führer mit Absicht über die Reviergrenze geschickt wird, um Wild (ohne Wildfolgevereinbarung) nachzusuchen oder aufzustöbern. Das zufällige Überjagen, z.B. beim Stöbern oder Verlorenbringen, ist nicht rechtswidrig.

Hegeschau (Trophäenschau)

Kann die Jagdbehörde Trophäenschauen anordnen?

Ja. Hiervon haben *Bayern* (hier öffentliche Hegeschau genannt), *Baden-W.*, *Hessen, Niedersachsen* (im Art. 30 IV LJG), *Nordrhein-W.*, *Schleswig-H.* und das *Saarland* Gebrauch gemacht.
Dort kann die Untere Jagdbehörde Pflichttrophäenschauen zur Kontrolle der erfolgten Bejagung und zur allgemeinen Belehrung über Bejagungsfehler veranstalten und anordnen, daß ihr der Kopfschmuck (nebst Unterkiefer) des gesamten, innerhalb ihres Gebietes im letzten Jagdjahr erlegten Schalenwildes (und der von Fallwild) mit Angabe des Wildbretgewichtes vorgelegt wird.
Bei den Trophäenschauen erfolgt eine gleichmäßige Beurteilung der Trophäen (Geweihe, Gehörne, Krucken, Schnecken, Keilerwaffen, Schädel und Bälge) nach einheitlichen Bewertungsformeln, die seit 1936 von der CIC, der Conseil Internationale de la Chasse (dem internationalen Jagdrat) aufgestellt und bei der letzten Tagung in Brüssel 1976 endgültig bestätigt wurden. Durch diese internationalen Bewertungspunkte, die auch bei allen Jagdausstellungen zur Anwendung kommen, können die Jäger ihre Trophäen und damit die Leistungsfähigkeit ihres Reviers beurteilen lassen.
Die formelmäßige Bewertung der Gehörne erfolgt nach Stangenlänge + Gehörngewicht (Volumen) + Auslage und seit 1952 zusätzlich nach Schönheitspunkten (für Farbe, Perlung, Rosen und Endenspitzen s.S. 180, 223). Bei Fehlern werden Abzüge gemacht.
Im *Saarland* besteht für Eigenjagdbezirke der staatlichen Forstverwaltung keine Verpflichtung zur Teilnahme an der Trophäenschau. Nach der Trophäenschauverordnung vom 15. 3. 1971 (ABl. S. 146) sind die waidgerecht vorbereiteten Trophäen für Rot- und Rehwild mit nicht abgetrenntem Oberkiefer und ganzem Unterkiefer und der Angabe des Erlegungstages und des Wildbretgewichtes vorzulegen. Der Kopfschmuck darf also noch nicht auf ein Brett aufgezogen werden, um die Übereinstimmung des Oberkiefers mit dem Unterkiefer feststellen zu können. Die ausgestellten Trophäen werden nach der Bewertung im Schädel dauerhaft gekennzeichnet. Die Trophäenschau wird jährlich von der Unteren Jagdbehörde angeordnet. Ihre Durchführung liegt in den Händen der Vereinigung der Jäger des *Saarlandes* (VJS).
Für das Einsenden der Trophäen ist der Revierinhaber verantwortlich. Er hat auch für die Einsendung der von seinen Jagdgästen erbeuteten Trophäen Sorge zu tragen. Hat in *Baden-W.* ein Dritter die Trophäen in Besitz, so trifft ihn die Vorlegepflicht.

In *Rheinland-Pfalz* ist der Jagdausübungsberechtigte verpflichtet, den körperlichen Nachweis der Erfüllung des Abschußplanes durch Vorlage der Unterkieferknochen und der Trophäen (Geweihe, Schaufeln, Schnecken und Gehörne) zu einem von der Unteren Jagdbehörde einmal jährlich zu bestimmenden Termin zu erbringen. Der Unterkiefer und Trophäen sind von der Unteren Jagdbehörde dauerhaft zu kennzeichnen, um Mehrfachvorzeigen vorzubeugen. Sie führt mit ihnen eine Trophäenschau durch (§ 23 [7] LJG). Die Oberste Jagdbehörde kann dem Landesjagdverband die Mitwirkung bei der Durchführung der Trophäenschauen (und der Jägerprüfungen) übertragen (§ 40 LJG).
In *Rheinland-Pfalz* ist nach § 23 (4) LJG den Erfordernissen des Waldbaues und der Steigerung der Holzerzeugung der Vorrang vor der zahlenmäßigen Hege derjenigen Wildarten zu geben, die den Waldaufbau schädigen können.
(Weiteres zur Trophäenschau und zur formelmäßigen Bewertung der Trophäen s.S. 223).

Gesetz über Naturschutz und Landschaftspflege Bundesnaturschutzgesetz (BNatSchG)

(hier nur auszugsweise Wiedergabe)

Ziele und Grundsätze des Naturschutzes

Wann ist das neue Bundesnaturschutzgesetz in Kraft getreten?

Am 20. Dezember 1976 (BGBl. I S. 3573) und 1977 (BGBl. I S. 65). Geändert durch Gesetz vom 1.6.1980 (BGBl. I S. 649). Es ist ein „Rahmengesetz!" und bestimmt im § 4, daß die Länder innerhalb von zwei Jahren nach seinem Inkrafttreten den Bestimmungen des (Bundes-Rahmen-)Gesetzes entsprechende Vorschriften erlassen oder bestehende Vorschriften anpassen sollen.

Welche Ziele verfolgt das BNatSchG?

Nach § 1 sind Natur und Landschaft im besiedelten und unbesiedelten Bereich so zu schützen, zu pflegen und zu entwickeln, daß:
1. die Leistungsfähigkeit des Naturhaushaltes,
2. die Nutzungsfähigkeit der Naturgüter,
3. die Pflanzen- und Tierwelt sowie
4. die Vielfalt, Eigenart und Schönheit von Natur und Landschaft als Lebensgrundlagen des Menschen und als Voraussetzung für seine Erholung in Natur und Landschaft nachhaltig gesichert sind.

Der ordnungsgemäßen Land- und Forstwirtschaft kommt für die Erhaltung der Kultur- und Erholungslandschaft eine zentrale Bedeutung zu; sie dient in der Regel den Zielen dieses Gesetzes.

Welche Grundsätze des Naturschutzes und der Landschaftspflege sind zu beachten?

Nach § 2 (1)
1. Leistungsfähigkeit des Naturhaushalts zu erhalten und zu verbessern; Beeinträchtigungen sind zu unterlassen.
2. Unbebaute Bereiche sind für die Erholung in Natur und Landschaft in genügender Größe zu erhalten. In besiedelten Bereichen sind Teile von Natur und Landschaft, auch begrünte Flächen und deren Bestände, zu schützen, zu pflegen und zu entwickeln.

3. Naturgüter, die sich nicht erneuern, sind sparsam zu nutzen.
4. Boden ist zu erhalten; ein Verlust seiner natürlichen Fruchtbarkeit ist zu vermeiden.
5. Beim Abbau von Bodenschätzen ist die Vernichtung wertvoller Landschaftsteile oder Landschaftsbestandteile zu vermeiden; dauernde Schäden des Naturhaushalts sind zu verhüten. Unvermeidbare Beeinträchtigungen von Natur und Landschaft sind durch Rekultivierung oder naturnahe Gestaltung auszugleichen.
6. Wasserflächen sind zu erhalten und zu vermehren; Gewässer sind vor Verunreinigungen zu schützen; ihre natürliche Selbstreinigungskraft ist zu erhalten oder wiederherzustellen; nach Möglichkeit ist ein rein technischer Ausbau von Gewässern zu vermeiden und durch biologische Wasserbaumaßnahmen zu ersetzen.
7. Luftverunreinigung und Lärmeinwirkungen sind gering zu halten.
8. Beeinträchtigungen des Klimas sind zu vermeiden, unvermeidbare Beeinträchtigungen sind durch landschaftspflegerische Maßnahmen auszugleichen oder zu mindern.
9. Die Vegetation ist im Rahmen einer ordnungsgemäßen Nutzung zu sichern, dies gilt insbesondere für Wald, sonstige geschlossene Pflanzendecken und die Ufervegetation; unbebaute Flächen, deren Pflanzendecke beseitigt worden ist, sind wieder standortgerecht zu begrünen.
10. Wildwachsende Pflanzen und wildlebende Tiere sind als Teil des Naturhaushalts zu schützen und zu pflegen.
11. Für Erholung und Freizeitgestaltung sind in ausreichendem Maße geeignete Flächen zu erschließen und zu erhalten.
12. Der Zugang zu Landschaftsteilen, die sich für die Erholung der Bevölkerung eignen, ist zu erleichtern.

Wem obliegt die Durchführung des BNatSchG (§ 3)?

Den für Naturschutz und Landschaftspflege zuständigen Behörden und öffentlichen Stellen.

Wie ist bei Eingriffen in Natur und Landschaft vorzugehen (§ 8)?

Der Verursacher eines Eingriffes ist zu verpflichten, vermeidbare Beeinträchtigungen von Natur und Landschaft zu unterlassen sowie unvermeidbare Beeinträchtigungen innerhalb einer zu bestimmenden Frist auszugleichen (u.U. auch durch zur Verfügungstellung von Ausgleichsflächen).

Schützenswerte Landschaftsteile

Welche Teile von Natur und Landschaft genießen besonderen Schutz und besondere Pflege (§ 12)?

1. Naturschutzgebiete, Nationalparke, Landschaftsschutzgebiete, Naturparke und
2. Naturdenkmale und geschützte Landschaftsbestandteile. Diese Teile sind nach § 19 (1) zu kennzeichnen. Zum Verwechseln ähnliche Kennzeichnungen dürfen nicht benutzt werden.

Was sind Naturschutzgebiete (§ 13)?

Es sind Gebiete, in denen ein besonderer Schutz von Natur und Landschaft in ihrer Ganzheit oder in einzelnen Teilen,

1. zur Erhaltung von Lebensgemeinschaften oder Lebensstätten bestimmter wildwachsender Pflanzen- oder wildlebender Tierarten,
2. wegen ihrer Seltenheit, Eigenart oder Schönheit

im öffentlichem Interesse liegt.

Was sind Nationalparke (§ 14)?

Es sind zu schützende Gebiete, die
1. großräumig und von besonderer Eigenart sind,
2. die Voraussetzungen eines Naturschutzgebietes erfüllen und
3. sich in einem vom Menschen nicht oder wenig beeinflußten Zustand befinden und
4. vornehmlich der Erhaltung eines möglichst artenreichen heimischen Pflanzen- und Tierbestandes dienen.

Die Länder stellen sicher, daß Nationalparke wie Naturschutzgebiete geschützt und der Allgemeinheit zugänglich gemacht werden.

Was sind Landschaftsschutzgebiete (§ 15)?

Es sind Gebiete, in denen ein besonderer Schutz von Natur und Landschaft
1. zur Erhaltung oder Wiederherstellung der Leistungsfähigkeit des Naturhaushalts oder der Nutzungsfähigkeit der Naturgüter,
2. wegen der Vielfalt, Eigenart oder Schönheit des Landschaftsbildes,
3. wegen ihrer Bedeutung für die Erholung erforderlich ist.

Was sind Naturparke (§ 16)?

(1) Es sind zu pflegende Gebiete, die
1. großräumig sind,
2. überwiegend Landschaftsschutz- oder Naturschutzgebiete sind,
3. sich wegen ihrer landschaftlichen Voraussetzungen für die Erholung besonders eignen und
4. nach den Grundsätzen und Zielen der Raumordnung und Landesplanung für die Erholung oder den Fremdenverkehr vorgesehen sind.

(2) Naturparke sollen entsprechend ihrem Erholungszweck geplant, gegliedert und erschlossen werden.

Was verstehen wir unter Naturdenkmalen (§ 17)?

Es sind Einzelschöpfungen der Natur, deren besonderer Schutz
1. aus wissenschaftlichen, naturgeschichtlichen oder landeskundlichen Gründen oder
2. wegen ihrer Seltenheit oder Schönheit erforderlich ist.

Die Beseitigung des Naturdenkmals ist verboten.

Was sind rechtlich geschützte Landschaftsbestandteile (§ 18)?

Es sind Teile von Natur und Landschaft, deren besonderer Schutz
1. zur Sicherstellung der Leistungsfähigkeit des Naturhaushalts,
2. zur Belebung, Gliederung oder Pflege des Orts- und Landschaftsbildes oder
3. zur Abwehr schädlicher Einwirkungen

erforderlich ist. Der Schutz kann sich in bestimmten Gebieten auf den gesamten Bestand an Bäumen, Hecken oder anderen Landschaftsbestandteilen erstrecken.

Wildwachsende Pflanzen und wildlebende Tiere

Was ist zum Schutz und zur Pflege wildwachsender Pflanzen und wildlebender Tiere verboten (§§ 20/21)?

Es ist verboten:

1. ohne vernünftigen Grund wildwachsende Pflanzen zu entnehmen oder zu nutzen oder ihre Bestände niederzuschlagen oder auf sonstige Weise zu verwüsten,
2. wildlebende Tiere mutwillig zu beunruhigen oder ohne vernünftigen Grund zu fangen, zu verletzen oder zu töten,
3. gebietsfremde Tiere auszusetzen oder anzusiedeln.

Wann sind besonders geschützte Pflanzen und Tiere unter Schutz zu stellen (§ 22)?

Wenn dies

1. wegen ihrer Seltenheit oder der Bedrohung ihres Bestandes,
2. aus wissenschaftlichen, naturgeschichtlichen oder landeskundlichen Gründen,
3. wegen ihres Nutzens oder ihrer Bedeutung für den Naturhaushalt oder
4. zur Erhaltung von Vielfalt, Eigenart oder Schönheit von Natur und Landschaft erforderlich ist.

Was verbietet das Bundesnaturschutzgesetz bei besonders geschützten Pflanzen und Tieren?

Es ist verboten:

1. Pflanzen der besonders geschützten Arten oder einzelne Teile von ihnen abzuschneiden, abzupflücken, aus- oder abzureißen, auszugraben, zu entfernen oder sonst zu beschädigen,
2. Tieren der besonders geschützten Arten nachzustellen, sie zu fangen, zu verletzen, zu töten oder ihre Eier, Larven, Puppen oder sonstige Entwicklungsformen wegzunehmen, zu zerstören oder zu beschädigen.
3. Tiere der als vom Aussterben bedroht bezeichneten Arten an ihren Nist-, Brut-, Wohn- oder Zufluchtstätten durch Aufsuchen, Fotografieren, Filmen oder ähnliche Handlungen zu stören,
4. a) frische oder getrocknete Pflanzen der besonders geschützten Arten und
   b) lebende oder tote Tiere der besonders geschützten Arten, ihre Eier, Larven, Puppen, sonstige Entwicklungsformen oder Nester sowie hieraus gewonnene Erzeugnisse in Besitz zu nehmen, zu erwerben, die tatsächliche Gewalt darüber auszuüben, zu be- und verarbeiten, abzugeben, feilzuhalten, zu veräußern oder sonst in den Verkehr zu bringen.

Ländervorschriften zum Schutz einzelner Arten und andere Schutzvorschriften bleiben von dieser Regelung unberührt.

Bundesartenschutzverordnung (BArtSchV)

Welche Pflanzen und Tiere stehen unter dem besonderen Schutz des Bundesnaturschutzgesetzes?

Alle in Anlage 1 der Bundesartenschutzverordnung (BArtSchV) v. 25. August 1980 (BGBl./1980 S. 1565) aufgeführten einheimischen oder europäischen Tier- und Pflanzenarten).
Die Bundesartenschutzverordnung erlaubt dem Jagdausübungsberechtigten, rechtmäßig erlegte Tiere aus dem Bundesartenschutzkatalog zu verwerten, er darf sie jedoch nicht gewerbsmäßig veräußern. Andere Personen müssen den Behörden auf Verlangen nachweisen, daß sie entsprechende lebende oder tote Tiere rechtmäßig erworben haben oder vor Inkrafttreten der Bundesartenschutzverordnung bereits im Besitz hatten. Die Länder können weitere Arten wildwachsender Pflanzen oder wildlebender Tiere ganz oder teilweise unter besonderen Schutz stellen.

Washingtoner Artenschutz-Übereinkommen

Was beinhaltet das Washingtoner Artenschutz-Übereinkommen?

Dabei handelt es sich um internationales Recht zum Schutz von gefährdeten Pflanzen- und Tierarten. Dem Abkommen sind inzwischen 80 Staaten beigetreten. Die Bundesrepublik Deutschland hat die entsprechenden Pflanzen und Tiere in Anlage 2 der Bundesartenschutzverordnung (BArtSchV) aufgenommen (ausgenommen der heimischen Population des Muffelwildes).
Das Washingtoner Artenschutz-Übereinkommen verbietet den Handel mit vom Aussterben bedrohten Pflanzen und Tieren oder mit Erzeugnissen daraus. Für die Einfuhr von Pflanzen und Tieren, die nicht unmittelbar von der Ausrottung bedroht sind (aber bedroht werden können, wenn nicht eine mit dem Überleben unvereinbare Nutzung verhindert wird) ist eine im Herkunftsland ausgestellte Ausfuhrgenemigung notwendig. Anträge auf Erteilung von Einfuhrgenehmigungen richtet der Auslandjäger an die Bundesämter für Ernährung und Forsten, Adickesallee 40, 6000 Frankfurt 1, oder an eine Zollstelle mit Einfuhrkontrolle. Trophäen im Wert bis 250,– DM sind nicht genehmigungspflichtig.
Zum Schutz ihrer eigenen Pflanzen- und Tierwelt können Mitgliedsstaaten Exemplare in eine gesonderte Liste des Washingtoner Artenschutz-Abkommens aufnehmen lassen. Diese Arten bedürfen bei Einfuhr eines Ursprungszeugnisses und, falls sie aus dem Staat stammen, der sie aufnehmen ließ, eine zusätzliche Ausfuhrgenehmigung.

Wann nur dürfen Wildgehege errichtet werden (§ 24)?

Nur, wenn sie von der zuständigen Landesbehörde genehmigt sind (In *Bayern* [Art. 23 BayJG], *Schleswig-Holstein* [§ 27 LJG] und in *Niedersachsen* [§ 27 LJG] sind das die Jagdbehörden).
Die Jagdausübung in „Tiergehegen“ ist unzulässig (RdErl. des MinELF/*Nordrhein-W.* vom 14. 4. 1978, MinBl. NW Nr. 49 v. 22. 5. 1978).

Zu S. 771

Ganzjährig geschützte Pflanzen (Auswahl)

Seidelbast (Daphne mezereum), ein über 1 m hoher Strauch, gehört zu den ersten Blütenpflanzen des Waldes. Schon im März öffnen sich die betäubend duftenden hellpupurroten Blüten.

Frauenschuh (Cypripedium calceolus) ist unsere schönste und daher am meisten bedrohte Orchidee.

Rotes Waldvöglein (Cephalantera rubra) wächst vor allem auf kalkhaltigem Untergrund. Stengel 20 bis 50 cm hoch. An ihm stehen vier bis 12 hellpurpurne Blüten an einer lockeren Ähre.

Gelber Fingerhut (Digitalis lutea) ist giftig und zählt zu den schönsten Waldpflanzen, im Sommer in den bergigen Landschaften Mittel- und Süddeutschlands. Im Flachland ist er selten. Höhe 70 cm.

Trollblume (Trollius europaeus) ist im Mai und Juni der schönste Schmuck feuchter Wiesen, wird bis 80 cm hoch, hat kugelförmige, goldgelbe Blüten.

Gelbe Teichrose (Nuphar lutea), auch Mummel genannt, ist in langsam fließenden oder stehenden Gewässern anzutreffen.

Küchenschelle (Pulsatilla) findet sich immer auf Kalkböden. Ihre violetten Blüten öffnen sich schon um die Osterzeit.

Weiße Seerose (Nymphaea alba) besitzt, wie die Teichrose, große, auf der Wasseroberfläche schwimmende Blätter. Lange, elastische Stiele verbinden sie mit den unter Wasser befindlichen Wurzeln.

Edelweiß (Leontopodium alpinum) ist die gefährdetste Alpen-Modepflanze. Wir finden sie nur noch auf schwer erreichbaren Grasbändern und Felsspalten.

Diptam (Dictamnus albus), 60 bis 120 cm hohe Pflanze der Steppenheide Süd- und Mitteleuropas. Liebt kalkhaltigen Boden.

Blauer Eisenhut (Aconitum napellus), die 50–100 cm hohe Staude zählt zur „Lägerflora" (zu Pflanzen der Orte, wo das Vieh lagert), in der Nähe der Ställe und Almhütten. Giftige Pflanze!

Akelei (Aquilegia vulgaris), blauviolette Blüten an langen Stielen nickend, 30 bis 80 cm, giftverdächtige Pflanze, kommt in lichten Laubwäldern in unteren Gebirgslagen vor. Hummelblume. Die tief veilchenblauen Blüten stehen in Trauben am Stengel.

Federgras (Stipa pennata), auch Wilder Flachs genannt, ist eine charakteristische Erscheinung der Steppenheide, vor allem in den wärmsten Gebieten Süddeutschlands, Thüringens und Sachsens.

Arnika (Bergwohlverleih = Arnica montana); von Juni bis September entfalten sich die orangegelben Blüten an einem 20 bis 60 cm hohen Stengel. Eine bekannte Heidepflanze.

Stengelloser Enzian (Gentiana acaulis) ist neben dem Edelweiß zur „Modeblume" der Alpen geworden. Er hat tiefblaue Blütenglocken.

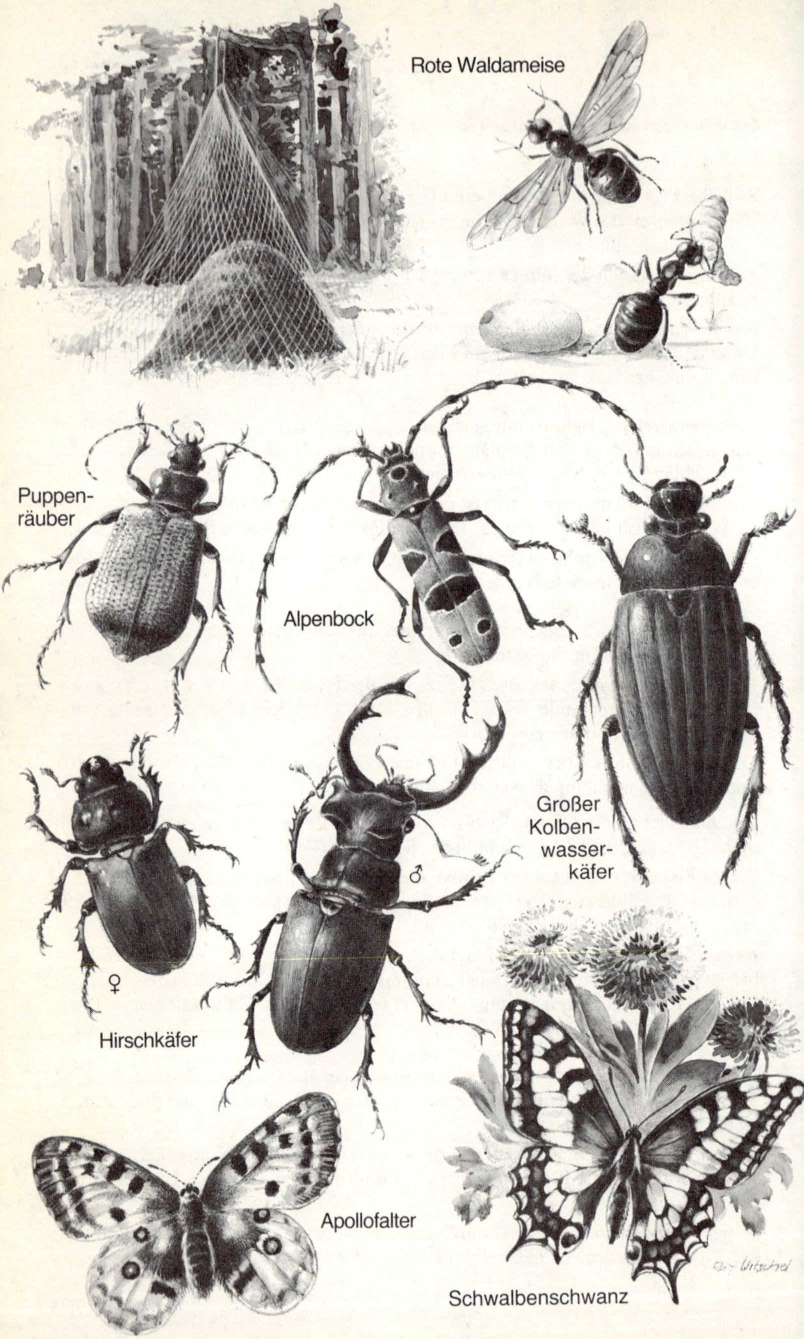
Rote Waldameise
Puppen-
räuber
Alpenbock
Großer
Kolben-
wasser-
käfer
♂
♀
Hirschkäfer
Apollofalter
Schwalbenschwanz

Seidelbast

Frauenschuh

Rotes Waldvöglein

Gelber Fingerhut

Trollblume

Gelbe Teichrose

Küchenschelle

Weiße Seerose

Edelweiß

Diptam

Blauer Eisenhut

Akelei

Federgras

Arnika

Enzian

Zauneidechse

Feuersalamander

Ringelnatter

Schlingnatter

Laubfrosch

Erdkröte

Geschützte Kriechtiere und Lurche (Auswahl)

Zauneidechse (Lacerta agilis). Lebt vorwiegend in trockenen Biotopen. Kenntlich am dunklen Rückenstreifen.

Feuersalamander (Salamandra salamandra). Bewohnt feuchte Biotope in Mittelgebirgslagen. Kenntlich an seine schwarzgelben Zeichnung.

Ringelnatter (Natrix natrix). Ist ungiftig, liebt das Wasser und trägt leuchtend gelbe Flecken seitlich am Hinterkopf

Schlingnatter (Coronella austriaca). Bewohner trockener, bisweilen feuchter Landschaften. Kenntlich am dunkle Kopffleck. Ungiftig, aber bissig.

Laubfrosch (Hyla arborea). Lebt auf Sträuchern am Rand von Teichen und Sumpfwiesen.

Erdkröte (Bufo bufo). Bevorzugt feuchte Örtlichkeiten. Kenntlich an Warzen auf dem Rücken und goldgelbe Iris.

(Tafeln 22 und 23 nach Fotos von Heinz Ehrenkäufer in 8500 Nürnberg)

Seite 770: **Geschützte Insekten (Auswahl)**

Rote Waldameise (Formica rufa). Nützlich als Vertilger von Schadinsekten. Der Oberbau des hier mittels Net geschützten Ameisenhaufens erhebt sich meterhoch über dem in der Erde angelegten Unterbau.

Puppenräuber (Calosoma sycophanta). Hat grün schimmernde Flügeldecken. Er dezimiert Waldschädlinge (Non nen, Kiefernspanner).

Alpenbock (Rosalia alpina). Der bläulichgraue Käfer kommt besonders im Gebirge vor.

Großer Kolbenwasserkäfer (Hydrus piceus). Wird bis 4,7 cm lang, kommt in Fischteichen vor, langsamer Schwim mer, lebt von Pflanzen.

Hirschkäfer (Lucanus cervus). Lebt in alten Eichenbeständen, die Brutstubben liefern. Das Weibchen ist geweihlos

Apollofalter (Parnassius apollo). Kennzeichen: Zwei schwarzumrandete rote Punkte. Bevorzugt Kalkböden.

Schwalbenschwanz (Papilio machaon). Kennzeichen: Gelb-schwarz bzw. dunkelblau gezeichnete Flügel mit roter Auge und Spitze am Hinterflügel.

Welche Vögel und Säugetiere wurden im Artenkatalog nach § 22 (4) 1 des BNatSchG (s. S. 767 und S. 768) unter besonderen Schutz gestellt?

I. Vögel (Aves), die vom Aussterben bedroht sind:

Bereits besprochen und bebildert sind folgende Vögel:
Kranich (Grus grus) s. S. 394
Wachtelkönig (Crex crex) s. S. 398
Rohrdommel (Botaurus stellaris) und Zwergdommel (Ixobrychus minutus) s. S. 394
Schwarzstorch (Ciconia nigra) s. S. 395
Großer Brachvogel (Numenius arquata) s. S. 396
Wasserläufer: Rotschenkel (Tringa totanus), Bruchwasserläufer (Tringa glareola), Waldwasserläufer (Tringa ochropus) s. S. 302
Schwarzhalstaucher (Podiceps nigricollis) s. S. 397
Kormoran (Phalacrocorax carbo) s. S. 397, Uhu (Bubo bubo) s. S. 402
Sperlingskauz (Claucidium passerinum) s. S. 403
ab. 1.1.87 alle Rabenvögel (außer Kolkrabe, der ganzjährig geschont dem Jagdrecht untersteht)

dazu kommen noch auf Seite 774:

Blaukehlchen (Luscinia svecica) = schwedische Nachtigall, mit leuchtend blauem Kehlfleck, kommt in sumpfigen Dickichten, Heidegebieten, Weidicht und Untergebüsch vor, Sumpfwiesen sind ihr Brutgebiet.
Eisvogel (Alcedo atthis): Langer Schnabel, kurzer Stoß, braucht zum Überleben saubere Bäche mit Kleinfischen und geeignete Steilufer für die Aufzucht seiner Jungen. Zu seinem Rückgang hat der mit dem Freizeitbetrieb gesteigerte Bootsverkehr beigetragen.
Wiedehopf (Upupa epops), mit langer aufrichtbarer Haube mit schwarzen Spitzen.

II. Säugetiere (Mammalia):

Biber (Castor fiber) (s. S. 774), zählt zu den Nagetieren.
Igel (Erinaceus europaeus): Sie sind Sohlengänger und leben in lichten Waldungen. Eine Million Igel stirbt jährlich bei Wanderungen den Verkehrstod.
Spitzmäuse (Soricidae), außer Wasserspitzmäusen. Sie sind Insektenfresser, keine Mäuse.
Birkenmaus (Sicista betulina): Sie gehört zur Ordnung der Nagetiere (Rodentia), ist eine kleine Maus mit sehr langem Schwanz und einem schwarzen Rückenstreif von der Stirn bis zum Schwanzansatz. Klettert vortrefflich und benutzt dabei den Schwanz als „Greifschwanz“. Bei uns nur im Tolker Moor (Holstein) und im Bayerischen Wald nachgewiesen.
Eichhörnchen (Sciurus vulgaris) s. S. 392.
Fledermäuse (Chiroptera): Sie sind die einzigen fliegenden Säugetiere und machen oft bis 750 km weite Wanderflüge von den Sommer- zu den Winterquartieren.
Bilche (Schläfer): Sie sind Winterschläfer, und wir unterscheiden
Siebenschläfer (Glis glis), das größte Tier dieser Familie,
Baumschläfer (Dryomys nitedula), das seltenste Tier dieser Familie,
Gartenschläfer (Eliomys quercinus) und die
Haselmaus (Muscardinus avellanarius): Sie wird nur 14 cm lang, davon entfallen 7 cm auf die Rute. Ihre Lieblingsspeise sind Haselnüsse.
Alle sind Winterschläfer; ihr Schlaf dauert sieben Monate (Name).
Im Winterschlaf liegen sie fest eingerollt, die Rute über die Nase gezogen, in ihrem mit Moos ausgepolstertem Nest.

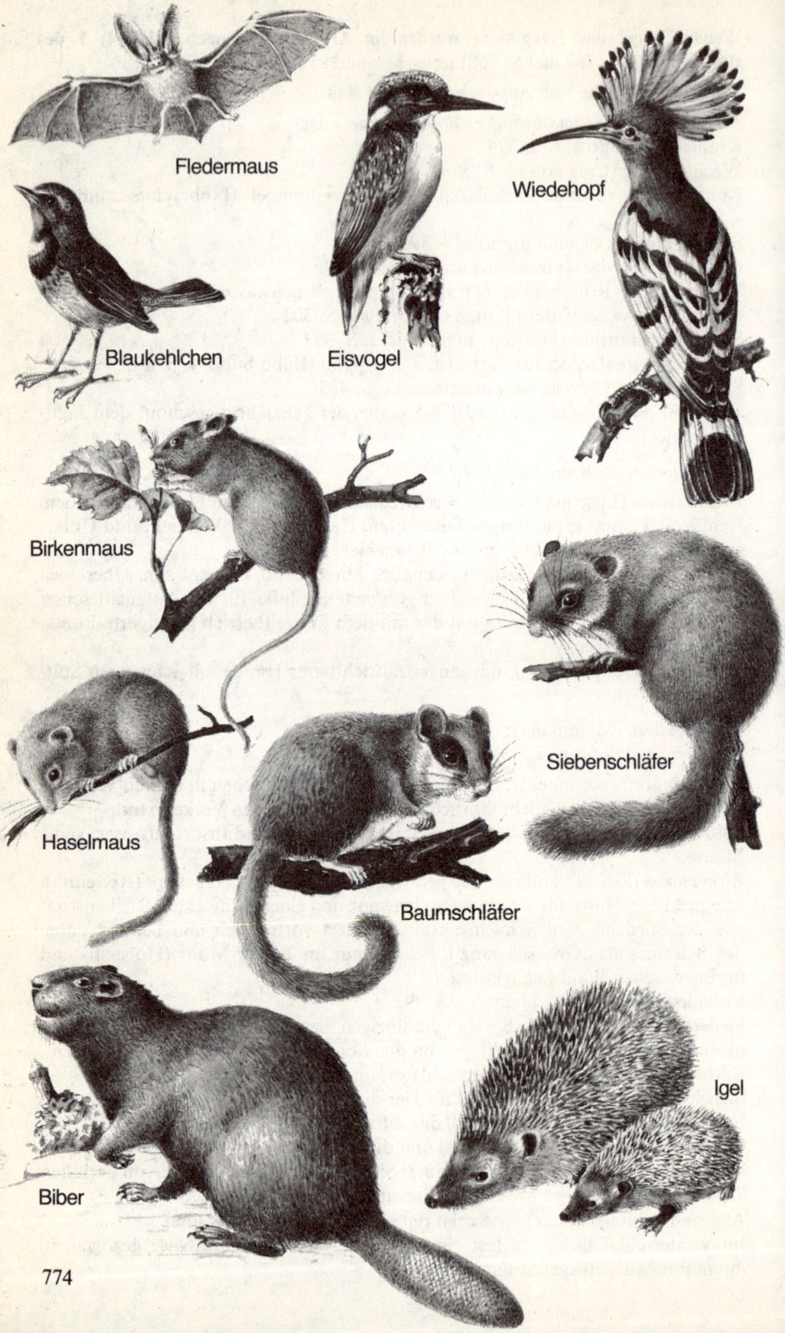
Fledermaus
Eisvogel
Wiedehopf
Blaukehlchen
Birkenmaus
Siebenschläfer
Haselmaus
Baumschläfer
Biber
Igel

Welche Strafen sind im BNatSchG vorgesehen (§ 30)?

Leider keine, nur Ordnungswidrigkeiten. Verstöße können mit einer Geldbuße bis zu zehntausend DM geahndet werden, soweit Fälle vorliegen, die auf bestimmte Fälle der Bußgeldvorschrift verweisen.

Welche Vereine können bei naturschützerischen und landschaftspflegerischen Planungen und Entscheidungen mitwirken?

Rechtsfähige Vereine und Verbände, denen nach § 29 (2) BNatSchG von der zuständigen Landesbehörde oder bei länderübergreifendem Tätigkeitsbereich vom Bundesminister für Ernährung, Landwirtschaft und Forsten die Anerkennung dazu ausgesprochen wurde. Der Deutsche Jagdschutzverband, sowie die Landesjagdverbände *Bayern, Niedersachsen* und *Hessen* sind bereits in diesem Sinne bestätigt.

Bundeswildschutzverordnung (BWildSchV)

vom 25. Oktober 1985 (BGBl. I S. 2040)

Was verbietet die Bundeswildschutzverordnung?

Die Bundeswildschutzverordnung versteht sich als Ergänzung des Bundesjagdgesetzes. Alle Tiere, die unter dem Schutz dieser Verordnung stehen, darf man nicht in Besitz nehmen, erwerben, die tatsächliche Gewalt über sie ausüben, sie be- oder verarbeiten oder sonstwie verwenden. Ferner ist verboten, sie abzugeben, anzubieten, zu veräußern oder sonstwie in den Verkehr zu bringen, sowie sie für eine dieser Tätigkeiten zu befördern. Diese Besitz-, Verkehrs- und Vermarktungsverbote gelten für lebende und tote Exemplare, für Teile davon (auch Nester!) und für die aus ihnen gewonnenen Erzeugnisse.

Welche Tiere fallen unter diese Regelung?

Alles in § 2 Anlage 1 angeführte Haar- und Federwild:
Haarwild: Steinwild, Schneehase, Murmeltier, Seehund.
Federwild: Rebhuhn, Fasan, Wachtel, Auerwild, Birkwild, Rackelwild, Haselwild, Alpenschneehuhn, Wildtruthuhn, Hohltaube, Ringeltaube, Turteltaube, Türkentaube, Höckerschwan, Graugans, Bläßgans, Saatgans, Kurzschnabelgans, Ringelgans, Weißwangengans, Kanadagans, Stockente, Löffelente, Schnatterente, Pfeifente, Krickente, Spießente, Kolbenente, Bergente, Reiherente, Tafelente, Schellente, Brandente, Eisente, Samtente, Trauerente, Eiderente, Mittelsäger, Gänsesäger, Zwergsäger, Waldschnepfe, Bläßhuhn, Mantelmöwe, Heringsmöwe, Silbermöwe, Sturmmöwe, Lachmöwe, Schwarzkopfmöwe, Zwergmöwe, Dreizehenmöwe, Haubentaucher, Graureiher, Kolkrabe.

Und alles in § 3(1) Anlage 4 aufgeführte Haar- und Federwild:
Fischadler, Wespenbussard, Schwarzmilan, Rotmilan, Seeadler, Rohrweihe, Kornweihe, Wiesenweihe, Sperber, Habicht, Mäusebussard, Rauhfußbussard, Steinadler, Turmfalke, Rotfußfalke, Merlin, Baumfalke, Wanderfalke.

Gibt es Ausnahmen von diesen sehr weitreichenden Verbotsvorschriften?

Ja! Der Jagdausübungsberechtigte darf sich Tiere aneignen, die unter dem Schutze der BWildSchV stehen (Einhaltung bestehender Gesetzesvorschriften vorausgesetzt). Allerdings gilt das Aneignungsrecht nicht uneingeschränkt.
Es ist ihm verboten, diese Tierarten, Teile von ihnen oder deren Präparate gegen Entgelt an Dritte abzugeben (= zu verkaufen) oder sie zum Zweck des Verkaufs zu halten, zu befördern oder anzubieten.
Davon wiederum ausgenommen sind alle Tierarten, die in Anlage 2 (Rebhuhn, Fasan, Ringeltaube, Graugans, Stockente, Pfeifente, Krickente, Spießente, Tafelente, Bläßhuhn) sowie in Anlage 3 (Bläßgans, Reiherente und Waldschnepfe) des Gesetzes aufgeführt sind. Erstere dürfen gegen Entgelt, letztere jedoch nicht gewerbsmäßig (z.B. an Wildbrethändler, Gastwirte, Präparatoren) weitergegeben werden.
Weiterschenken (Abgabe ohne Entgelt) darf der Jagdausübungsberechtigte alle in Ausübung seines Rechts erworbenen lebenden oder toten Tiere bzw. Teile von ihnen, die dem Schutz der BWildSchV unterliegen.

Wann dürfen in der Natur aufgefundene Tiere, die der BWildSchV unterliegen, uneingeschränkt verwendet werden?

Wenn dies zum Zweck der Forschung und der Lehre dient.

Welches in Gefangenschaft gezüchtete Federwild kann verkauft werden?

Rebhühner, Fasane, Wachteln und Stockenten, falls sie nicht vorher herrenlos geworden sind.

Erstrecken sich die Vorschriften der BWildSchV auch auf die ihrem Schutz unterliegenden Exemplare, welche vor ihrem Inkrafttreten rechtmäßig erworben wurden?

Dieser „Altbesitz“ wird von den Vorschriften nicht berührt. Es empfiehlt sich aber, diese Tiere oder deren Teile (z.B. Präparate) von einem oder mehreren nicht verwandten Jagdfreunden zum 9. Nov. 1985 inventarisieren zu lassen. Unter einer entsprechenden Liste sollen deren Unterschriften mit genauer Adressenangabe nicht fehlen. Nach § 5 BWildSchV liegt die Nachweispflicht gegenüber der zuständigen Behörde nämlich beim Besitzer. Entsprechende Ausnahmegenehmigungen, Einfuhrbescheinigungen und Herkunftsnachweise sollte man gewissenschaft aufbewahren.

Wie wird künftig das Halten von Greifvögeln geregelt?

Nur mehr vom Inhaber eines gültigen Falknerjahresjagdscheines dürfen nicht mehr als zwei Exemplare der Arten Habicht, Steinadler oder Wanderfalke gehalten werden. Sie müssen dauerhaft und unverwechselbar gekennzeichnet sein und ihr Bestand ist der zuständigen Behörde anzuzeigen.

Welche Auflagen werden den Präparatoren gemacht?

Für die in Anlage 5 (§ 4) aufgeführten Arten hat diese Berufsgruppe ein Aufnahme- und Auslieferungsbuch zu führen:
Haarwild: Steinwild, Schneehase, Murmeltier, Seehund.
Federwild: Wachtel, Auerwild, Birkwild, Rackelwild, Haselwild, Alpenschneehuhn, Hohltaube, Turteltaube, Kurzschnabelgans, Weißwangengans, Löffelente,

Schnatterente, Kolbenente, Schellente, Brandente, Eisente, Eiderente, Mittelsäger, Gänsesäger, Zwergsäger, Schwarzkopfmöwe, Zwergmöwe, Dreizehenmöwe, Haubentaucher, Graureiher, Kolkrabe.

Bundes-Tierschutzgesetz

vom 24.7.1972 (BGBl. I S. 1277), novelliert zum 23.8.86 und 1.1.87

Was ist der Zweck des Tierschutzgesezes?

Aus der Verantwortung des Menschen heraus das Tier als Mitgeschöpf und dessen Wohlbefinden zu schützen.

Dürfen Ohren und Schwanz eines Hundes kupiert werden?

Das Kupieren der Ohren ist generell nicht mehr erlaubt. (Ausnahme einer teilweisen Amputation nach § 6 (1) Ziff. 2, wenn es für die Nutzung dieses Tieres unerläßlich und kein tierärztlicher Einspruch zu erwarten ist.)
Das Kürzen der Rute darf bei unter 8 Tage alten Welpen ohne Betäubung vorgenommen werden (§ 5 [3] Ziff. 5).

Welche Vorschriften des Tierschutzgesetzes berühren die praktische Jagdausübung?

Es ist verboten, ein Tier dann auszubilden, wenn damit erhebliche Schmerzen verbunden sind (§ 3 Ziff. 5). Gegen die Verwendung eines Teletaktgerätes bei der Abrichtung von Jagdhunden bestehen also keine Einwände.
Nicht zulässig ist, ein Tier an einem anderen lebenden Tier auf Schärfe abzurichten (§ 3 Ziff. 7).
Man darf kein Tier auf ein anderes hetzen, ausgenommen dies ist im Sinne einer waidgerechten Jagdausübung notwendig (§ 3 Ziff. 8).

Darf man ein gezüchtetes oder aufgezogenes Tier einer wildlebenden Art in der freien Natur aussetzen oder ansiedeln?

Nur dann, wenn es auf die zum Überleben im vorgesehenen Lebensraum erwartete Nahrungsaufnahme vorbereitet und an das Klima angepaßt wurde. Die Vorschriften des Jagdrechtes und des Naturschutzrechtes bleiben allerdings unberührt.

Welche Rechtsverordnungen kann der Bundesminister für Ernährung, Landwirtschaft und Forsten zum Schutz von Tieren erlassen?

Er kann Maßnahmen anordnen, die das Wild vor vermeidbaren Schmerzen oder Schäden durch land- und forstwirtschaftliche Arbeiten schützen (§ 13 [2]). Außerdem kann er das Halten der Tiere wildlebender Arten, den Handel mit solchen Arten sowie das Verbringen in den, durch den oder aus dem Geltungsbereich dieses Gesetzes verbieten oder von einer Genehmigung abhängig machen, wenn dies zu deren Schutze dient.

Wer kann den Bundesminister für Ernährung, Landwirtschaft und Forsten in Fragen des Tierschutzes beraten und unterstützen?

Eine Tierschutzkommission, deren Zusammensetzung der Bundesminister durch eine Rechtsverordnung selbst regeln kann.

Welcher Tatbestand gilt u.U. als ordnungswidrig im Sinne des Tierschutzgesetzes?

Einem Tier ohne vernünftigen Grund erhebliche Schmerzen, Leiden oder Schäden zuzufügen. (Die Geldbußen können bei Verstößen gegen das Tierschutzgesetz bis zu 50000 DM betragen.)

Waffengesetz (WaffG)

vom 8. März 1976 (BGBl. I S. 433), zuletzt geändert durch Gesetz vom 31. Mai 1978 (BGBl. I S. 641) und 14. Juli 1980 (BGBl. S. 956) sowie 1. Verordnung zum Waffengesetz (1. Waff.V) vom 15. 2. 1979 (BGBl. 9/79 S. 185) sowie Verwaltungsvorschrift zum WaffG vom 29. 11. 1979 (Bundesanzeiger Nr. 229 vom 7. 12. 1979).

(Hier nur Auszug für Jagdscheininhaber)

Allgemeine Vorschriften

Waffenbegriffe *§ 1 WaffG*

Was sind „Schußwaffen", die zur Jagd bestimmt sind?

Geräte, bei denen Geschosse durch einen Lauf getrieben werden. Hand- und Faustfeuerwaffen sind Schußwaffen, bei denen zum Antrieb der Geschosse heiße Gase verwendet werden.
Selbstladewaffen sind (mehrschüssige) Schußwaffen, bei denen nach dem ersten Schuß lediglich durch Betätigen des Abzugs weitere Schüsse aus demselben Lauf abgegeben werden können.

Was sind Hieb- und Stoßwaffen?

Es sind Waffen, die ihrer Natur nach dazu bestimmt sind, unter unmittelbarer Ausnutzung der Muskelkraft durch Hieb, Stoß oder Stich (s.S. 16) Verletzungen beizubringen.

Munition und Geschosse *§ 2 WaffG*

Welche Munition wird im WaffG unterschieden?

1. Patronenmunition (das sind Hülsen mit Ladungen, die das Geschoß enthalten; Geschosse sind feste Körper),
2. Kartuschenmunition (Hülsen mit Ladung ohne Geschoß) und
3. pyrotechnische Munition (Signalpatronen), bei der das Geschoß einen pyrotechnischen Satz enthält.

Wesentliche Teile von Schußwaffen *§ 3 WaffG*

Was sind „wesentliche Teile“ von Schußwaffen?

Lauf, Verschluß (mit Schloß) und Patronenlager (s. auch S. 19).
Als wesentliche Teile gelten auch vorgearbeitete wesentliche Teile von Schußwaffen, wenn sie mit allgemein gebräuchlichen Werkzeugen fertiggestellt werden können.
Schalldämpfer sind Vorrichtungen, die der Dämpfung des Mündungsknalls dienen und für Schußwaffen bestimmt sind. Sie sind in jedem Falle genehmigungspflichtig.
Weiter rechnen bei Handfeuerwaffen mit einer Länge von nicht mehr als 60 cm auch das Griffstück oder sonstige Waffenteile hinzu, soweit sie für die Aufnahme des Auslösemechanismus bestimmt sind.
Der Schalldämpfer kann nur dann seine Aufgabe erfüllen, wenn die Geschwindigkeit des Geschosses unterhalb der Schallgeschwindigkeit liegt (wie z.B. beim Kal. .22 lfB). Für Jagdkaliber ist der Schalldämpfer uninteressant, denn der Geschoßknall läßt sich mit keinem Schalldämpfer mindern.
In geschlossenen Schießständen werden für Empfindliche Ohrenschutzkappen empfohlen, wie sie z.B. die Fa Optac in 6051 Oberroden und die Fa. Dynamit Nobel AG in 5210 Troisdorf-Oberlar als TECHMED-Gehörschutzkapsel liefern.

Erwerben, Überlassen, Führen von Jagdwaffen *§ 4 WaffG*

Wann „erwirbt“ man eine Jagdwaffe?

Wenn man die tatsächliche Gewalt über sie erlangt.

Wer „überläßt“ eine Jagdwaffe?

Wer die tatsächliche Gewalt, d.h. die Möglichkeit, über sie nach eigenem Willen zu verfügen, einem anderen einräumt.

Wer „führt“ eine Jagdwaffe?

Wer die tatsächliche Gewalt über sie außerhalb seiner Wohnung, Geschäftsräume oder seines befriedeten Besitztums ausübt.

Zuverlässigkeit *§ 5 WaffG*

Wann besitzen Personen (Jäger) nicht die erforderliche Zuverlässigkeit im Sinne des WaffG?

Wenn Tatsachen die Annahme rechtfertigen, daß sie

1. Waffen oder Munition mißbräuchlich oder leichtfertig verwenden werden,
2. mit Waffen oder Munition nicht vorsichtig und sachgemäß umgehen und diese Gegenstände nicht sorgfältig verwahren werden (s. auch S. 131 und S. 788),
3. Waffen oder Munition Personen überlassen werden, die zur Ausübung der tatsächlichen Gewalt über diese Gegenstände nicht berechtigt sind.

Ist die absolute Unzuverlässigkeit gegeben, ist solchen Personen die Waffenbesitzkarte gemäß § 30 Abs. 1 Nr. 2 zu versagen bzw. zu entziehen. Näheres zur „Zuverlässigkeit“ für die Erteilung des Jagdscheines s.S. 710, § 17 BJG.

§ 8 (1. WaffV)

Zulassungszeichen
für pyrotechn. Munition
nach § 23 WaffG

Prüfzeichen
für Schußapparate
nach § 16/2 WaffG

Beschußzeichen
Bundesamt für
Wehrtechnik

Was sind verbotene Schleudern?

Es sind tragbare Schleudern und wesentliche Teile für diese Geräte. Die Spannenergie darf 23 Joule nicht übersteigen.

Was sind Patronen mit Treibspiegel?

Es sind verbotene Patronen für Schußwaffen mit gezogenen Läufen, die a) im Durchmesser kleiner sind als die Felddurchmesser der Schußwaffe und die b) mit einer Treib- und Führungshülse umgeben sind, die sich nach Verlassen des Laufes vom Geschoß trennt. Es sind Patronen, deren Verwendung die Straftatenaufklärung praktisch unmöglich macht, da das Geschoß keine Zug- und Felderspuren hinterläßt. (Zuwiderhandlungen gegen dieses Verbot werden als Vergehen verfolgt!)

Wie wird pyrotechnische Munition gekennzeichnet?

Das Zulassungszeichen für pyrotechnische Munition (Feuerwerks- und Signalmunition) nach § 23 WaffG trägt in einem 8eckigen Feld die Buchstaben „BAM".

Gültige ausländische Jagderlaubnisse *§ 9 (1. WaffV)*

Welche ausländischen Jagderlaubnisse wurden den deutschen Jagdscheinen gleichgestellt?

In der Ersten VO zum Waffengesetz (1. WaffV) vom 24. Mai 1976 (BGBl. I S. 1285) ist diese Gleichstellung für die bulgarischen, dänischen, finnischen, jugoslawischen, liechtensteinischen, luxemburgischen, österreichischen, polnischen, rumänischen, schweizerischen (teilweise), tschechoslowakischen und ungarischen Jagdscheine vorgesehen (§ 9 Abs. 1 WaffV), deren Ausstellung nicht länger als drei Jahre zurückliegt.
Der § 9 Abs. 1 der 1. WaffV besagt im neu angefügten Satz 2, daß bei Dauerjagderlaubnissen das Datum des Nachweises über die Zahlung der Gebühr für die Erlaubnisverlängerung als Datum der Verlängerung gilt, wenn der Inhaber der Dauerjagderlaubnis in Abständen von höchstens drei Jahren auf seine Zuverlässigkeit überprüft wird.

Gelten die Jagderlaubnisse auch für Ausländer, die Inhaber eines deutschen Jagdscheines sind?

Ja. Sie dürfen zwei Langwaffen und die dazugehörige Munition einführen oder erwerben. Es dürfen aber keine Selbstladewaffen sein, deren Magazin mehr als zwei Patronen aufnehmen kann (§ 9 [3] 1. WaffV).

Waffenherstellung, Waffenhandel

Kennzeichnungspflicht *§ 13 WaffG*

Wer muß Jagdwaffen und Munition sichtbar kennzeichnen?

Wer gewerbsmäßig Schußwaffen herstellt, einführt oder sonst in den Geltungsbereich des WaffG verbringt, hat unverzüglich auf einem wesentlichen Teil der Waffe (s.S. 55) deutlich sichtbar und dauerhaft folgende Angaben anzubringen: Namen, Firma oder Warenzeichen des Waffenherstellers oder -händlers, Bezeichnung der Munition und eine fortlaufende Nummer.
Auf der kleinsten Verpackungseinheit von Munition sind Zeichen anzubringen, die den Hersteller, die Fertigungszeichen (Fz) und die Bezeichnung der Munition (s.S. 65 und S. 72) erkennen lassen.

Prüfung und Zulassung

Beschußpflicht *§ 16 WaffG*

Wer muß Handfeuerwaffen durch Beschuß amtlich prüfen lassen?

Die Hersteller von Hand- und Faustfeuerwaffen, von Einsteck- oder Austauschläufen sowie die Einführer von Waffen aus Ländern, die nicht dem Übereinkommen vom 1. 7. 1969 der CIP (commission international permanent) in Brüssel angehören.

Beschußprüfung *§ 18 WaffG*

Was ist beim amtlichen Beschuß zu prüfen?

Ob die wesentlichen Teile der Handfeuerwaffen der Beanspruchung standhalten, der sie bei der Verwendung der zugelassenen Munition ausgesetzt werden (Haltbarkeit), ob der Benutzer die Waffe ohne Gefahr laden, schließen und abfeuern kann (Handhabungssicherheit) und ob die Abmessungen des Patronenlagers, der Verschlußabstand, die Maße des Übergangs, der Feld- und Zugdurchmesser oder des Laufquerschnittes bei gezogenen Läufen und der Laufinnendurchmesser bei glatten Läufen den Nenngrößen entsprechen (Maßhaltigkeit) und ob die Kennzeichnung auf der Waffe angebracht ist.
Auf Antrag ist der Beschuß mit einem erhöhten Gasdruck vorzunehmen (verstärkter Beschuß, Beschußzeichen „V“ s. Abb. S. 55 und S. 782).

Welche Beschußzeichen sind anzubringen?

Nach § 7 (1) der 3. VO zum WaffG (3. WaffV) vom 22. Dezember 1975 (BGBl. I S. 3770) muß das Beschußzeichen enthalten:

1. den Bundesadler mit dem jeweiligen Kennbuchstaben (wie Abb. S. 55 und S. 782),

Freizeichen	Zeichen der Physikal.-Techn. Bu-Anstalt	
Beweg. Energie nicht mehr als 7,5 Joule	für Handfeuerwaffen und Einsteckläufe	für Schreckschuß-, Reizstoff- und Signalwaffen
§ 13 (2) WaffG	§ 21 WaffG	§ 22 WaffG

Neue Beschußzeichen und Bauart-Zulassungszeichen

2. für den Beschuß von Hand- und Faustfeuerwaffen, Böllern, Einsteckläufen oder Austauschläufen,
   a) die zum Verschießen von Munition mit Nitropulver mit normalem Gebrauchsgasdruck bestimmt sind, den Buchstaben „N" (Abkürzung von „Normal" oder „Nitro"),
   b) bei denen zum Antrieb ein entzündbares flüssiges oder gasförmiges Gemisch oder eine Treibladung verwendet wird, den Buchstaben „L" (=Ladung),
   c) die wegen Austausches oder Instandsetzung von wesentlichen Teilen erneut zu prüfen sind, den Buchstaben „J" (Instandsetzungsbeschuß),
   d) die zum Verschießen von Munition mit überhöhtem Gasdruck bestimmt sind, den Buchstaben „V" (=verstärkt),
   e) die zum Verschießen von Schwarzpulver bestimmt sind, die Buchstaben „SP",
3. das Orts- und Jahreszeichen der Beschußanstalt (s.S. 55).

Einfuhr von Schußwaffen und Munition *§ 27 WaffG*

Was hat mit Schußwaffen oder Munition bei der Einfuhr zu geschehen, deren Erwerb der Erlaubnis bedarf?

Sie sind der zuständigen Überwachungsstelle (z.B. dem Zoll) anzumelden und auf Verlangen vorzuführen. Hierzu gilt für den Jagdscheininhaber:
Zur Einfuhr von im Ausland erworbenen Langwaffen und Munition, mit Ausnahme von Selbstladewaffen, deren Magazin mehr als zwei Patronen aufnehmen kann, berechtigen alle Jagdscheine (§§ 15, 16 BJG). Es sind keine weiteren Papiere oder Bescheinigungen erforderlich.
Zur Einfuhr von Selbstladewaffen, deren Magazin mehr als zwei Patronen aufnehmen kann, und ebenso für Kurzwaffen sowie der zugehörigen Munition muß auch der Jäger zuvor die Ausstellung einer Waffenbesitzkarte beantragen und mit sich führen. Nach erfolgter Einfuhr ist diese Waffenbesitzkarte der zuständigen Behörde innerhalb eines Monats zur Eintragung des Erwerbs vorzulegen, wohingegen dies bei solchen im Inland erworbenen Waffen binnen zwei Wochen zu erfolgen hat. Zur Wiedereinfuhr von ausgeführten, also nicht im Ausland erworbenen Schußwaffen und Munition aller Art ist nur die Waffenbesitzkarte erforderlich.

Erwerben und Überlassen von Waffen und Munition

Waffenbesitzkarte *§ 28 WaffG*

Wer benötigt eine Waffenbesitzkarte?

Wer Schußwaffen erwerben und die tatsächliche Gewalt über sie ausüben will (Jäger, Waffensammler, Sportschützen). Die Erlaubnis zum Erwerb gilt für die Dauer eines Jahres. Die Erlaubnis zur Ausübung der tatsächlichen Gewalt wird unbefristet erteilt. Sie kann zur Abwehr von Gefahren mit Auflagen, insbesondere hinsichtlich der Aufbewahrung der Schußwaffen, verbunden werden (s. auch S. 788). Einer Erlaubnis bedarf nicht, wer Schußwaffen zur befugten Jagdausübung, zum Jagdschutz oder Forstschutz oder im Zusammenhang damit führt, ferner wer eine Schußwaffe

1. von Todes wegen erwirbt (Erbschaft),
2. durch Fund erwirbt, ...
3. von einem Berechtigten vorübergehend zum Zwecke der sicheren Verwahrung oder der nicht gewerbsmäßigen Beförderung zu einem Berechtigten erwirbt ...
7. als Inhaber eines Jahresjagdscheines, Tagesjagdscheines oder Jugendjagdscheines (§§ 15, 16 BJG) erwirbt, sofern es sich um eine Schußwaffe mit einer Länge von mehr als 60 cm handelt, ausgenommen Selbstladewaffen, deren Magazin mehr als zwei Patronen aufnehmen kann.

In den Fällen der Nr. 1 und 7 hat der Erwerber binnen eines Monats die Ausstellung einer Waffenbesitzkarte oder die Eintragung der Waffe in eine bereits erteilte Waffenbesitzkarte zu beantragen. Solange diese Monatsfrist nicht abgelaufen ist, muß der Jäger bei der Jagdausübung mit der neuen Schußwaffe den datierten Nachweis über den Erwerb der Schußwaffe bei sich haben. Die Waffenbesitzkarten gelten nach § 28 Abs. 1 WaffG als unbefristet erteilt.

Darf ein Nichtjäger eine Waffe oder Munition transportieren?

Ja, aber nur von einem Berechtigten zu einem anderen in nicht gewerbsmäßiger Weise (§ 28 [4] 3 WaffG). Dasselbe gilt auch für Munition (§ 29 [2] 2 WaffG). Die Waffe muß allerdings entladen und verpackt sein (nicht schußbereit und nicht zugriffsbereit [§ 35. 6. Waff.Vw.V.]).

Können Jagdscheinbewerber eine Erlaubnis zum Erwerb von Schußwaffen für ihre Ausbildung beantragen?

Ja! Hierbei ist jedoch zu beachten:

1. Jagdscheinbewerber sollen grundsätzlich auf die Waffen der sie ausbildenden Stellen verwiesen werden.
2. In Ausnahmefällen kann das Bedürfnis eines Jagdscheinbewerbers für den Erwerb einer Jagdwaffe unter folgenden Voraussetzungen anerkannt werden:
   a) Der Jagdscheinbewerber hat durch eine Bescheinigung der auszubildenden Stelle nachzuweisen, daß er durch eine mindestens dreimonatige Teilnahme an einem Ausbildungslehrgang für Jagdscheinbewerber die erforderliche Sachkunde im Umgang mit Schußwaffen erworben hat und daß er
   b) nicht über eine für ihn geeignete Jagdwaffe verfügt und daß er die Waffe zur Ausbildung im jagdlichen Schießen benötigt.

Eine Waffenbesitzkarte über Schußwaffen, über die mehrere Personen die tatsächliche Gewalt ausüben, kann auf diese Personen ausgestellt werden (§ 28 [6] WaffG).

Welche Doppelfunktion hat die Waffenbesitzkarte (WBK)?

Sie ist Erwerbspapier (zum Waffen- und Munitionserwerb) und Legitimationspapier zur Ausübung der tatsächlichen Gewalt über sie.

Durch welche Vorschrift wird das Unbrauchbarmachen einer Waffe kontrolliert?

Die Inhaber einer WBK sind verpflichtet, der zuständigen Behörde über das Unbrauchbarmachen einer Waffe Anzeige zu erstatten.

Welche Vorschriften über die WBK (§ 28) sind nicht anzuwenden?

Die Vorschriften auf:

1. Wechsel- und Austauschläufe gleichen oder geringeren Kalibers einschl. der für diese Läufe erforderlichen auswechselbaren Verschlüsse,
2. Einsätze, die dazu bestimmt sind, Munition mit kleinerer Abmessung zu verschießen, und die keine Einstecklaufe sind.
   Für Schußwaffen, die bereits in der WBK des Inhabers einer Erlaubnis nach § 28 des Gesetzes eingetragen sind.

Munitionserwerb *§ 29 WaffG*

Wer braucht einen Munitionserwerbsschein?

Grundsätzlich jeder, der Munition erwerben will. Eines Munitionserwerbsscheines bedarf nicht, wer Munition als Inhaber einer Waffenbesitzkarte (auf der die Erwerbserlaubnis vermerkt ist) oder eines Jagdscheines (§§ 15, 16 BJG) oder beim Schießen auf einer Schießstätte erwirbt.

Genügt die Waffenbesitzkarte (WBK) zum Munitionserwerb für Kurzwaffen?

Zum Erwerb von Munition für Kurzwaffen braucht man den gültigen Jahresjagdschein u. die Waffenbesitzkarte (WBK) mit Vermerk über den Munitionserwerb.

Ist der Erwerb der sogenannten 4-mm-Kurzwaffen erlaubnispflichtig?

Ja. Es muß zuvor eine Waffenbesitzkarte gemäß § 28 Abs. 1 WaffG (BGBl. I S. 442) beantragt werden, für deren Erteilung allerdings kein Bedürfnis nachzuweisen ist.

Die Patrone 4 mm M 20 fällt wegen der geringen Ladung nicht unter das Waffengesetz und ist frei verkäuflich. Die 4-mm-Langwaffen (für die Randzünderpatrone 4 mm) kann der Jäger wie jede andere Jagdwaffe frei kaufen, er muß sie jedoch nachträglich binnen 2 Wochen in seine Waffenbesitzkarte eintragen lassen.

Unterliegen Reduzierhülsen der Waffenbesitzkartenpflicht?

Nein! Reduzierhülsen (s.S. 75) sind Einsätze, die dazu bestimmt sind, Munition mit kleinerer Abmessung zu verschießen. Sie sind besonders im Kal. 5,6 mm gebräuchlich und werden den Einsteckläufen gleichgestellt (1. WaffV § 4/2).

Welche Patronen dürfen zur Bekämpfung von nicht jagdbaren und ungeschützten Tieren (z.B. Sperlingen) in Hof, Garten und im befriedeten Besitztum verwendet werden?

Randfeuerschrotpatronen mit einem Durchmesser bis 9 mm. Das ist für Landwirte für die Schädlingsbekämpfung wichtig!

Was ist vor dem Erwerb von Selbstladewaffen zu beachten?

Der Jäger kann auf seinen Jagdschein alle Langwaffen erwerben, ausgenommen Selbstladewaffen, deren Magazin mehr als zwei Patronen aufnehmen kann.
Der Erwerb vollautomatischer Selbstladebüchsen ist verboten (§ 37 [1] 1 d WaffG) (s.S. 786). Vor dem Erwerb einer halbautomatischen Selbstladebüchse oder -flinte (s.S. 786 und Verbot nach § 19 [1] 2c BJG S. 713), die im Magazin mehr als zwei Patronen aufnehmen kann, ist der Behörde ein Bedürfnis nachzuweisen, hierzu ein Gutachten des Landesjagdverbandes beizubringen und die Ausstellung einer Waffenbesitzkarte zu beantragen.

Sachkunde (Nachweis) *§ 31 WaffG*

Wer hat den Nachweis der Sachkunde erbracht?

Wer die Jägerprüfung bestanden hat oder seine Sachkunde durch eine Tätigkeit oder Ausbildung nachweist (§ 32 der 1. WaffV vom 24. Mai 1976, BGBl. S. 1285).

Bedürfnis *§ 32 (2) 2 WaffG*

Was ist vor dem Erwerb von Kurzwaffen zu beachten?

Der Jagdscheininhaber erhält ohne Bedürfnisprüfung für zwei Kurzwaffen Waffenbesitzkarten, sofern er nicht schon zwei Kurzwaffen besitzt. In der Waffenbesitzkarte muß die gewünschte Kurzwaffe in Spalte 1 und 4 genehmigt sein. Vor dem Erwerb jeder weiteren Kurzwaffe muß er der Behörde bei der Beantragung einer WBK ein vorliegendes Bedürfnis nachweisen. Ein Bedürfnis für eine dritte Kurzwaffe liegt z.B. vor, wenn zwei Kurzwaffen nicht für den Fangschuß geeignet sind. Das wäre der Fall nach § 19 (1) 2d BJG, wenn die Geschosse nicht eine Mündungsenergie von mindestens 200 J erbringen.
Achtung! Teilmantelgeschosse mit Sollbruchstellen und Hohlspitzgeschossen sind für Revolver- und Pistolenmunition verboten (nach § 22 [2] im geänderten § 8 [2] der Dritten VO zum WaffG [3. WaffV], BGBl. I 1976 S. 3775).

Woher bekommt man die Waffenbesitzkarte und den Munitionserwerbsschein für Kurzwaffen?

Auf Antrag von der zuständigen Behörde (Untere Jagdbehörde, Landratsamt, Stadtverwaltung). Beide Dokumente sind beim Erwerb einer Faustfeuerwaffe mit zugehöriger Munition stets im Original vorzulegen. Fotokopien genügen nicht.

Erwerb erlaubnisfreier Waffen *§ 33 WaffG*

Wer darf frei verkäufliche Waffen und Munition erwerben?

Nur Personen, die das 18. Lebensjahr vollendet haben und Jugendliche zwischen dem 16. und 18. Lebensjahre, die den Jugendjagdschein (s.S. 722) besitzen. Das gilt für Luftgewehre und -pistolen unter 7,5 Joule (s. jedoch S. 717), Schreckschuß-, Reizstoff- und Signalwaffen sowie Wühlmausapparate mit PTB-Zeichen (s. Abb. S. 782), Einsteckläufe, Viehbetäubungsgeräte, Bolzensetzgeräte, Armbrust, Bogen und für Hieb- und Stoßwaffen.

Überlassen von Waffen *§ 34 WaffG*

Darf man Schußwaffen in Anzeigen zum Verkauf anbieten?

Nur dann, wenn auf das Erfordernis der Erlaubnis zum Erwerb hingewiesen wird sowie Name und Anschrift des Anbieters angegeben werden.
Eine Anzeige unter Chiffre ist also nicht zulässig!

Führen von Waffen

Waffenschein *§ 35 (4) und (5) WaffG*

Braucht der Jäger zur Jagdausübung einen Waffenschein?

Nur dann nicht, wenn er eine Waffe „zur befugten Jagdausübung", zum Jagdschutz oder Forstschutz oder im Zusammenhang damit, z.B. auf dem Hin- und Rückweg führt, wobei es keine Rolle spielt, ob er in seine eigene Jagd geht oder in ein fremdes Revier eingeladen ist. Besteht jedoch kein eindeutiger Zusammenhang mit der Jagdausübung, ersetzt der Jagdschein den Waffenschein nicht! Wer als Jäger Schußwaffen führt, muß seinen Jagdschein, die Waffenbesitzkarte und den Personalausweis mit sich führen und Befugten (z.B. Polizei- und Forstbeamten, Jagdschutzberechtigten) auf Verlangen zur Einsichtnahme überlassen (Waffentransport zum Schießstand s.S. 788).

Verbote

Verbotene Gegenstände § 37 WaffG

Für welche Waffen und Gegenstände besteht Herstellungs-, Bearbeitungs-, Erwerbs-, Vertriebs- und Einfuhrverbot?

Verboten sind:

1. Schußwaffen, die
   a) über den für Jagd- und Sportzwecke allgemein üblichen Umfang hinaus zusammengeklappt, zusammengeschoben, verkürzt oder schnell zerlegt werden können (Wilddiebsgewehre),
   b) eine Länge von mehr als 60 cm haben und zerlegbar sind, deren längster Waffenteil kürzer als 60 cm ist und die zum Verschießen von Patronen mit Randfeuerzündung (s.S. 61) bestimmt sind,
   c) ihrer Form nach geeignet sind, einen anderen Gegenstand vorzutäuschen, oder die mit Gegenständen des täglichen Gebrauchs verkleidet sind,
   d) vollautomatische Selbstladewaffen (s.S. 43) sind,
   e) ihrer äußeren Form nach den Anschein einer vollautomatischen Selbstladewaffe hervorrufen, die Kriegswaffe im Sinne des Gesetzes über die Kontrolle von Kriegswaffen ist;

2. Vorrichtungen, die zum Anleuchten oder Anstrahlen des Zieles oder der Beleuchtung der Zieleinrichtung dienen und für Schußwaffen bestimmt sind;
3. Nachtzielgeräte, die einen Bildwandler oder eine elektronische Verstärkung besitzen und für Schußwaffen bestimmt sind;
4. Hieb- und Stoßwaffen, die ihrer Form nach geeignet sind, einen anderen Gegenstand vorzutäuschen oder die mit Gegenständen des täglichen Gebrauchs verkleidet sind;
5. Messer, deren Klingen auf Knopf- oder Hebeldruck hervorschnellen und hierdurch festgestellt werden können (Springmesser), ferner Messer, deren Klingen beim Lösen einer Sperrvorrichtung durch ihre Schwerkraft oder durch eine Schleuderbewegung aus dem Griff hervorschnellen und selbsttätig festgestellt werden (Fallmesser);
6. Stahlruten, Totschläger oder Schlagringe;
7. Geschosse, Wurfkörper oder sonstige Gegenstände, die Angriffs- oder Verteidigungszwecken dienen und dazu bestimmt sind, leicht entflammbare Stoffe so zu verteilen und zu entzünden, daß schlagartig ein Brand entstehen kann;
8. Geschosse mit Betäubungsstoffen, die zu Angriffs- oder Verteidigungszwecken bestimmt sind (nicht Geschosse für das Narkosegewehr [s.S. 531]);
9. Geschosse und sonstige Gegenstände mit Reizstoffen, die zu Angriffs- oder Verteidigungszwecken oder zur Jagd bestimmt sind, wenn sie bei bestimmungsgemäßer Verwendung den Anforderungen einer Rechtsverordnung nicht entsprechen;
10. Nachbildungen von Schußwaffen im Sinne der Nr. 1e;
11. unbrauchbar gemachte vollautomatische Selbstladewaffen, die Kriegswaffen waren, und unbrauchbar gemachte Schußwaffen, die den Anschein vollautomatischer Kriegswaffen hervorrufen.

Nummer 1b gilt nicht für Einsteckläufe und Austauschläufe, Nummer 5 nicht für Springmesser und Fallmesser, die nach Größe sowie Länge und Schärfe der Spitze als Taschenmesser anzusehen sind.

Darf man sich von einem Berechtigten auch Waffen „leihen“?

Ja, alle Waffen, die man gegen Vorlage des Jagdscheines kaufen kann. Nach spätestens einem Monat muß man sie zurückgeben oder sich eine Waffenbesitzkarte ausstellen lassen. Das Leihen von Kurzwaffen ist nur auf dem Schießstand zulässig.

Verbot des Führens von Waffen bei öffentlichen Veranstaltungen — *§ 39 WaffG*

Was ist bei öffentlichen Veranstaltungen zu beachten?

Wer an öffentlichen Veranstaltungen, insbesondere an Volksfesten und öffentlichen Vergnügungen teilnimmt, darf ohne Ausnahmegenehmigung keine Schußwaffen, Hieb- oder Stoßwaffen führen.

Sicherung gegen Abhandenkommen *§ 42.4 WaffVwV*

Welche Maßnahmen hat der Jäger gegen das Abhandenkommen von Waffen und Munition (nach § 42.4 WaffVwV) zu treffen?

Er hat Waffen und Munition auch in der verschlossenen Wohnung noch besonders einzuschließen (zweckmäßig nimmt man nach dem Entspannen von Kipplaufwaffen den Vorderschaft und von Repetierbüchsen den Kammerverschluß, von Revolvern die Trommel [soweit möglich], von Pistolen das Verschlußstück, versteckt und gesondert in Verwahrung). Waffenschränke aus SM-Stahl liefert Wolfgang Schäfer, Postfach 466 in 7000 Stuttgart 60. In nicht bewohnten Räumen (Wochenendhäusern und Jagdhütten) sind weitere Sicherheitsvorkehrungen erforderlich. Während des Schüsseltreibens (s.S. 382) verwahrt man die Waffe in einem abgeschlossenen Raume der Gastwirtschaft.

Sonstige waffenrechtliche Vorschriften

Anzeigepflichten *§ 43 WaffG*

Wo läßt man seine Waffen während eines längeren Urlaubs?

Man kann sie jemandem zur sicheren Aufbewahrung geben. Der Aufbewahrer darf von den Waffen keinen Gebrauch machen und muß sicher verhindern, daß andere sie unbefugt an sich nehmen. Kommen sie trotzdem abhanden, muß er das binnen einer Woche, nachdem er davon Kenntnis erhalten hat, bei der zuständigen Behörde anzeigen (§ 43 Abs. 2 WaffG). Der Aufbewahrer braucht keine Waffenbesitzkarte. Zweckmäßig gibt man ihm einen schriftlichen Auftrag zur Aufbewahrung, damit er etwas in der Hand hat.

Schießstätten, Schießen *§§ 44, 45 WaffG*

Was sind polizeilich zugelassene Schießstätten?

Es sind ortsfeste Anlagen, die dem Schießsport oder sonstigen Schießübungen, der Erprobung von Schußwaffen oder dem Schießen zur Belustigung dienen und behördlich genehmigt sind.
Beim Gang oder bei der Fahrt zum Schießstand dürfen die Waffen auch vom Jagdscheininhaber nur verpackt (im Futteral oder im verschlossenen Kofferraum des Autos) transportiert werden.
Das Schießen außerhalb von Schießstätten bedarf der Erlaubnis (§ 45 [1] WaffG). Das gilt nicht (§ 45 [6] WaffG) für das Schießen

1. mit Schußapparaten,
2. mit Schußwaffen, wenn die Bewegungsenergie der Geschosse nicht mehr als 7,5 Joule (etwa 0,75 kpm) beträgt oder deren Bauart zugelassen ist, im befriedeten Besitztum, wenn die Geschosse dieses nicht verlassen können,
3. in den Fällen des Notstandes und der Notwehr (s.S. 756 und S. 757) und
4. bei der befugten Jagdausübung einschließlich des Anschießens (Überprüfung der Zieleinrichtung oder der Treffpunktlage) von Jagdwaffen im Revier.

Was ist der Unterschied zwischen Anschießen und Einschießen?

Beim Anschießen werden nur 2–3 Schüsse abgegeben, um die Treffpunktlage bzw. die Zieleinrichtung einer Jagdwaffe zu überprüfen. Diese wenigen Kontrollschüsse dürfen auch im Revier ausgeführt werden (§ 45.4 WaffVwV).
Beim Einschießen mit einer Serie von Schüssen wird die richtige Treffpunktlage gesucht. Eine Waffe ohne optische Zieleinrichtung wird zunächst auf Stange geschossen. Das geschieht durch seitliches Verklopfen des Korns. Durch Feilen des Korns oder Aufsetzen eines höheren Korns ändert man die Treffpunktlage in der Horizontalen. Zielfernrohre haben heute eine eingebaute Klickverstellung, die ein schnelles Einschießen ermöglichen. Kurzwaffen werden auf 25 m Entfernung eingeschossen, Schrotwaffen auf 35 m. Das Einschießen einer Waffe ist nur auf dem Schießstand erlaubt.

Welche Änderung brachte der § 36 der 1. WaffV für den Schießstättenbetrieb?

Kindern unter 12 Jahren darf das Schießen mit Schußwaffen nicht gestattet werden. Vom 12. bis 14. Jahre dürfen sie mit Luftdruck-, Federdruck- und Co_2-Waffen schießen, wenn der Sorgeberechtigte (z.B. der Vater) schriftlich sein Einverständnis erklärt hat oder beim Schießen anwesend ist.

Strafvorschriften, Ordnungswidrigkeiten *§§ 53 bis 56*

Welche Strafvorschriften wurden zum WaffG erlassen?

Freiheitsstrafen von sechs Monaten bis zu fünf Jahren. In minder schweren Fällen bis zu drei Jahren oder Geldstrafe. Ordnungswidrigkeiten können mit einer Geldbuße bis 10000 DM belegt werden.

Woher können Jäger, Schützen und Wiederlader Auskunft und Beratung erhalten?

Vom Verband der Waffenfreunde, Klever Str. 80, 4000 Düsseldorf 30.

Das Fleischbeschaugesetz (FlBG)

in der Fassung vom 2. 9. 1975 (BGBl. I S. 2313) nebst Änderungsgesetz vom 10. 5. 1980 (BGBl. I Nr. 23 S. 545)

Die Trichinen- und Finnenschau

Bei wem ist Schwarzwild zur Trichinenschau anzumelden?

Bei dem für den Erlegungsort amtlich bestellten Trichinenschauer (Fleischbeschauer oder Fleischbeschauertierarzt). Soll das Stück unzerlegt in einen anderen Trichinenschaubezirk versandt werden, so kann die Untersuchung auch am Bestimmungsort nachgeholt werden. Sie muß dort jedoch unverzüglich nach dem Eintreffen des Stückes vorgenommen werden. Bestimmungsort ist der Ort, an dem das Schwarzwild zerlegt und dem Verbrauch zugeführt werden soll. Die Beschau muß derjenige veranlassen, der das Wildbret zum Verzehr gibt (Eigenverbrauch: Erleger – gewerblich: Wildbrethändler, Gastwirt).

Was macht der Trichinenschauer bei der Trichinenschau?

Er entnimmt aus dem Wildkörper (möglichst aus den Zwerchfellpfeilern und aus der Unterarmmuskulatur) Fleischproben und schneidet daraus 14 haferkorngroße Stückchen (Präparate) heraus, die er zwischen zwei starken Glasplatten, dem Kompressorium, quetscht und dann mit dem Mikroskop bei 40facher bzw. 100facher Vergrößerung auf Trichinen untersucht.

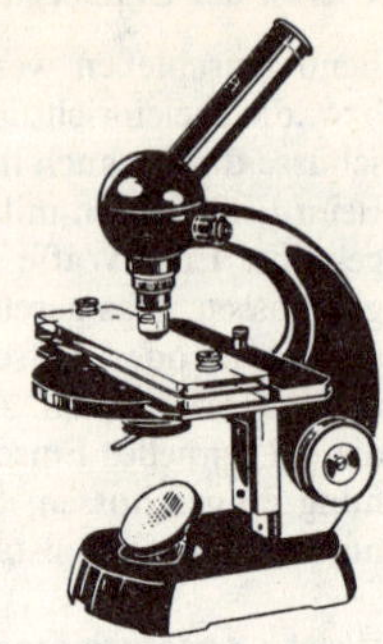

Trichinenmikroskop mit Kompressorium

Welche Untersuchungen hat der Trichinenschauer vor der Entnahme der Fleischproben bei Schwarzwild durchzuführen?

Er hat alle zutage tretenden Wildbretteile auf Schweinefinnen zu untersuchen (s.S. 560) und über die Untersuchung eine Bescheinigung auszustellen.

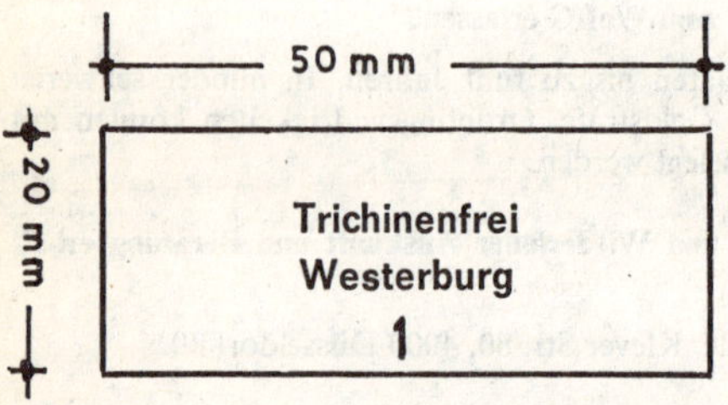

Zum Abstempeln trichinenfreien Schwarzwildes ist ein rechteckiger Stempel von mindestens 2 – 5 cm Seitenlänge und blaue Stempelfarbe zu verwenden.

Stempelung des untersuchten Wildschweines „Trichinenfrei" beiderseits des Schaufelknorpels, beiderseits auf dem Nierenfett und an der von der Schwarte befreiten Innenfläche der Hinterschenkel.

Was liegt vor, wenn die Trichinenschau nicht bestimmungsgemäß vorgenommen wird?

Eine Ordnungswidrigkeit nach § 27 (2) 2 des Fleischbeschaugesetzes. Sie wird, falls Menschen gefährdet wurden, nach § 51 des LMBG (s.S. 793) mit Freiheitsstrafe oder Geldstrafe bestraft.

Fleischhygieneverordnung des Bundes
(vom 17. Okt. 86, gültig ab 1.1. 1987)

Wozu ist der Erleger von Haarwild verpflichtet, um einwandfreies und genußtaugliches Wildbret sicherzustellen?

Er muß es unverzüglich nach dem Erlegen aufbrechen und ausweiden. Bei Hasen und Wildkaninchen hat dies bis spätestens bei Überstellung an den Ankäufer zu geschehen. Das Zerwirken am Erlegungsort ist bei Haarwild nur zulässig, wenn es anders nicht abtransportiert werden kann.

Worauf muß man beim Erlegen und Aufbrechen achten?

Auf „bedenkliche Merkmale".

Was zählt alles zu den „bedenklichen Merkmalen" bei erlegtem Haarwild?

Abnormale Verhaltensweisen und Veränderungen, die man beim Erlegen bzw. Aufbrechen feststellt (Husten, ungewöhnliche Vertrautheit, Durchfall, Abgemagertheit und dergl.).
Geschwülste und Abszesse, wenn sie zahlreich und verteilt in inneren Organen oder im Muskelfleisch vorkommen.
Das Fehlen von Anzeichen einer äußeren Gewalteinwirkung (Fallwild darf nicht verwertet werden!).
Schwellungen (Gelenke, Leber, Milz, Hoden), Erweiterungen (Hoden) und Entzündungen (Nabel, Darm).
Fremder Inhalt in Körperhöhlen (Magen, Darm).
Verfärbungen (Brust, Bauchfell, Lunge, Leber, Milz, Nieren).
Unnatürliche Gasbildung (Magen, Darmkanäle).
Farbabweichungen (Muskulatur und Organe) und Abweichung in Geruch und Konsistenz.
Offene Knochenbrüche, die vor der Erlegung bestanden.
Abmagerung, Muskelschwund.
Verklebungen und Verwachsungen von Organen mit Brust- oder Bauchfell.
Sonstige Veränderungen (z.B. Verhitzung).

Was muß mit erlegtem Haarwild geschehen, das „bedenkliche Merkmale" (s. oben) aufweist?

Es muß vor dem Zerwirken oder der Abgabe an Dritte der zuständigen Behörde zur Fleischuntersuchung angemeldet werden (Ausnahme: Weitergabe an Jagdscheininhaber, Wildhandel, Gastwirte; Anmeldepflicht geht auf diese über).

Was muß zu einer notwendig werdenden Fleischuntersuchung mitgeliefert werden?

Zunge, Speiseröhre, Lunge mit Luftröhre und Kehlkopf, Milz, Herz, Leber evtl. mit Gallenblase, Niere mit Nierenfett, Magen und Darm (Haupt mit Trophäen nur bei Tollwutverdacht!).

Wie muß eine Wildkammer ausgestattet sein?

Sie hat den üblichen hygienischen Vorschriften zu entsprechen (Fliegenschutz, Wasseranschluß, Abfluß, usw.). Zum Enthäuten, Zerwirken und Portionieren muß geeigneter Platz vorhanden sein. Eine Kühlung soll mindestens soviel leisten, daß Schalenwild im Kern innerhalb 24 Stunden auf +7° C abkühlt (s. auch S. 586).

Das Lebensmittelrecht

Überwachen des Wildbrets nach dem Lebensmittel- und Bedarfsgegenständegesetz (LMBG) (BGBl. 1974 I S. 1945) gemäß § 36a

Was verstehen wir unter „Lebensmitteln“?

Alle Stoffe, die dazu bestimmt sind, in unverändertem, zubereitetem oder verarbeitetem Zustand von Menschen verzehrt zu werden (§ 1 des LMBG). Wildbret sind alle Teile des Wildes, sofern sie sich zum Genusse für Menschen eignen.

Welchen hygienischen Bestimmungen unterliegt das Wildbret?

Nach § 8 des LMBG ist es verboten:
1. Lebensmittel für andere derart herzustellen oder zu behandeln, daß ihr Verzehr geeignet ist, die Gesundheit zu schädigen;
2. Stoffe, deren Verzehr geeignet ist, die Gesundheit zu schädigen, als Lebensmittel in den Verkehr zu bringen.

Unter „Inverkehrbringen“ versteht das LMBG (in § 7) das Anbieten, Vorrätighalten zum Verkauf oder zu sonstiger Abgabe, Feilbieten und jedes Abgeben an andere. Die §§ 9, 10, 19 Nrn. 3, 4b, 45 und 48 LMBG ermächtigen den Bundesminister, Rechtsverordnungen zum Schutze der Gesundheit und Hygienevorschriften zu erlassen.

Der § 17 LMBG verbietet zum Schutz vor Täuschung das Inverkehrbringen von
1. zum Verzehr ungeeigneten Lebensmitteln und
2. Lebensmitteln, die in ihrer Beschaffenheit von der Verkehrsauffassung abweichen.

In welcher Beschaffenheit erwartet der Verbraucher das ihm angebotene Wildbret?

Er erwartet in jeder Hinsicht einwandfreies, also für den Verzehr geeignetes Wildbret, das seiner Herkunft nach richtig bezeichnet ist. Der Jagdberechtigte sowie der Wildhandel und Gaststätten dürfen deshalb nur zum menschlichen Verzehr geeignetes Wildbret in den Verkehr bringen. Wir müssen deshalb konsequent und eindeutig mit lebensmittelrechtlichen Begriffen (s. oben) arbeiten, und das bedeutet, es gilt nur als
1. für den menschlichen Verzehr geeignet, was vor dem Schuß offensichtlich gesund erscheint (in der Bewegung, beim Äsen und im Reaktionsverhalten) und sich in gutem Nährzustand befindet und beim Aufbrechen oder Ausweiden keine erheblichen Organveränderungen zeigt;
2. ungeeignet zum menschlichen Verzehr, was lebend nicht gesund erscheint, sichtbar abgemagert ist, beim Aufbrechen oder Ausweiden unklare Organveränderungen zeigt. Außerdem stets das „Fallwild“ (s.S. 577).

Welches Wildbret darf nicht in den Verkehr gebracht werden?

Wildbret, das „geeignet ist, durch den Verzehr oder sonstwie die menschliche Gesundheit zu schädigen“ (dadurch, daß Wildkrankheiten auf den Menschen übertragen werden), sowie „nicht verkehrsfähiges“ Wildbret (das für den menschlichen Genuß ungenießbar ist). Das gilt auch für Fallwild, d.h. für Wild, das eingegangen, also nicht unmittelbar, sondern natürlich gestorben ist, z.B. durch Alter, Hunger, Kälte, Wintersnot, nach Kümmern infolge von Krankheit, Erschöpfung, Folgen eines alten Schusses, Hinsiechen durch Aufnahme von Gift oder durch Ertrinken („verendetes Wild“ s.S. 577).

Worauf kann sich die „irreführende Bezeichnung“ erstrecken?

Auf Alter und Geschlecht des Wildes und auf die Wildart. Eine irreführende Bezeichnung liegt z.B. vor, wenn man Wildbret vom Brunfthirsch als solches vom Schmaltier, Wildbret vom Dachs als solches vom Wildschwein, Wildbret einer Katze als Hase oder alte Rebhühner als junge bezeichnet.

Welche Strafen sieht das LMBG im § 51 vor?

(1) Mit Freiheitsstrafe bis zu zwei Jahren oder mit Geldstrafe wird bestraft, wer entgegen § 8 Nr. 1 Lebensmittel herstellt oder behandelt oder entgegen § 8 Nr. 2 Stoffe als Lebensmittel in den Verkehr bringt.
(2) Der Versuch ist strafbar.
(3) Wer fahrlässig eine dieser Handlungen begeht, wird mit Freiheitsstrafe bis zu einem Jahr oder mit Geldstrafe bestraft.
(4) In besonders schweren Fällen ist die Strafe Freiheitsstrafe von sechs Monaten bis zu fünf Jahren. Ein besonders schwerer Fall liegt i.d.R. vor, wenn der Täter durch eine seiner Handlungen die Gesundheit einer großen Zahl von Menschen gefährdet oder einen anderen in die Gefahr des Todes oder einer schweren Schädigung an Körper oder Gesundheit bringt.
Wer entgegen § 17 Abs. 1 Nr. 2 Lebensmittel ohne ausreichende Kenntlichmachung in den Verkehr bringt, wird mit Freiheitsstrafen bis zu einem Jahr oder mit Geldstrafe bestraft.

Wildverkehrsordnungen (WVO)

Welche Bestimmungen sind für die Veräußerung und den Versand von Wild und für den Wildhandel zu beachten?

Die Bestimmungen der §§ 36 und 36a BJG (s.S. 740/741).
Hiernach regeln die Länder durch Rechtsverordnung:

1. die Anwendung von Ursprungszeichen bei der Verbringung von Schalenwild aus dem Erlegungsjagdbezirk und bei der Einfuhr von Schalenwild aus dem Ausland;
2. Verkehrsbeschränkungen für Wildbret (Wildpret)*) in der Schonzeit und für Fallwild;
3. die behördliche Überwachung des gewerbsmäßigen Ankaufs, Verkaufs und Tausches sowie der gewerbsmäßigen Verarbeitung von Wildbret;
4. die Verpflichtung zur Führung von Wildhandelsbüchern und deren behördliche Überwachung;
5. den Ankauf, Verkauf, Tausch und Versand von lebendem Wild.

Die Länder können die Befugnisse auf Oberste Landesbehörden übertragen.

*) Schreibweise nach Duden mit „b“; in Süddeutschland mit „p“.

Welchen Zwecken dienen diese Bestimmungen?

Sie dienen der Kontrolle des Bejagungs-(Abschuß-)Planes und der Innehaltung der Schonzeiten,
der Bekämpfung von Wilderern und Wildhehlerei und
der Verhütung von Gesundheitsschäden.

Wie können Verstöße gegen eine nach § 36 BJG ergangene Rechtsverordnung geahndet werden?

Als Ordnungswidrigkeiten mit einer Geldbuße.

In welchen Ländern bestehen Wildverkehrsordnungen (d.h. Vorschriften über den Verkehr mit Wildbret)?

In *Bayern* (s. Art. 48 BayJG), in *Hessen* § 36 des geänderten Hess. Ausf.Ges. zum BJG (GVOBl. v. 2. 5. 1978, S. 286), *Nordrhein-Westfalen, Niedersachsen* und *Rheinland-Pfalz*.
In *Hamburg* wurde der Senat ermächtigt, durch Rechtsverordnung die behördliche Überwachung von Wildbret und der Wildhandelsbücher und den Verbleib verletzten oder kranken Wildes zu regeln (§ 27 [9] LJG v. 22. 5. 1978). Das *Saarland* hat in § 39 LJG eine Wildverkehrsordnung erlassen.

Was versteht man unter Schalenwildbret im Sinne der WVO?

Das zum menschlichen Genusse geeignete, erlegte Schalenwild in unzerwirktem oder zerwirkten Zustande.
Als erlegt gilt auch verendetes Wild, d.h. solches, das durch plötzliche, äußere und unmittelbare Einwirkungen umgekommen ist (z.B. durch frische Schußverletzung, Forkeln, Beutegreifer, Genickbruch oder Steinschlag) oder in sonstiger gewaltsamer Weise (An- oder Überfahren) zur Strecke gekommen ist, nicht aber Fall- oder „eingegangenes" Wild (s.S. 577).
Als Wildbret gilt nicht das Kochwildbret (Kopf, Hals, Rippen, Bauchstücke und innere Organe).

Was wurde früher unter Wildursprungszeichen verstanden?

Metallbänder mit eingeprägter Nummer und einer Verschlußkappe. Man mußte damit erlegtes Wild kennzeichnen. Inzwischen sind die Wildursprungszeichen von den meisten Bundesländern abgeschafft worden.

Welche Meldung ist zu erstatten, wenn ein Stück Schalenwild oder Wild zur Strecke gebracht wird, dessen Bejagung (Abschuß) durch den Bejagungsplan (Abschußplan) begrenzt ist?

Die Streckenmeldung (Abschußmeldung), s. auch S. 719/720.
In der Abschußmeldung ist die Bezeichnung des Stückes nach Wildart, Stärke, Geschlecht und Gewicht (z.B. ein Rehbock, zurückgesetzter Sechser, 16,5 kg), die Verwertung des Wildbrets (Eigenverbrauch oder Empfänger) sowie u.U. die Beschriftung und Nummer des verwendeten Ursprungszeichens anzugeben.
Die Streckenmeldung (Abschußmeldung) ist in *Bayern* nur für Rotwild innerhalb einer Woche zu erstellen. Alles erlegte Schalenwild ist binnen Wochenfrist in

die Streckenliste einzutragen. In *Hessen* ist die Abschußmeldung binnen drei Tagen, in *Niedersachsen* unverzüglich (nach Art. 30 IV LJG), in *Rheinland-Pfalz* nach § 23 (5) 1 des LJG vom 5. 2. 79 (GVBl. vom 16. 2. 1979) monatlich und dem *Saarland* binnen einer Woche bei der Unteren Jagdbehörde schriftlich zu erstatten. In *Nordrhein-Westfalen* muß jeder Abschuß von Schalenwild innerhalb eines Monats in die Streckenliste eingetragen werden.
In *Schleswig-H.* entfällt die Abschußmeldekarte für Rehwild. Über alles erlegte Wild ist eine Streckenliste zu führen und nach § 20 LJG der Jagdbehörde bis 10. April anzuzeigen. In *Hamburg* ist die Abschußliste spätestens einen Monat nach Ende des Jagdjahres der Behörde vorzulegen (§ 18 LJG vom 22. 5. 1978) und jedes geschossene Schalenwild innerhalb zehn Tagen zu melden.
Um sog. „Postkartenabschüsse" zu verhindern, können die Länder (in *Hessen* nach § 18 2 der DVO vom 16. Juli 1979, GVBl. 1979 S. 201) den körperlichen Nachweis des erlegten Wildes verlangen!

Welche Personen müssen ein Wildhandelsbuch führen?

Inhaber von Betrieben, die gewerbsmäßig Wildbret zerwirken, verarbeiten, veräußern oder verbrauchen, insbesondere Wildhandlungen, Metzgereien (Fleischereien), Gast-, Schank- und Speisewirtschaften, Kantinen, Hotels, Kaufhäuser und Krankenhäuser.

Innerhalb welcher Frist ist der Eingang von Wildbret in das Wildhandelsbuch von den Betriebsinhabern einzutragen?

Unverzüglich, spätestens aber vor dem Zerwirken des Wildbrets.

Wie muß das Wildhandelsbuch beschaffen sein?

Es muß dauerhaft gebunden und mit fortlaufenden Seitenzahlen versehen sein. Die Anzahl der Seiten ist von der für den Gewerbebetrieb zuständigen Aufsichtsbehörde zu bescheinigen. Jede Lieferung ist unter einer fortlaufenden Nummer mit Tinte, Tintenstift oder Kugelschreiber einzutragen. Das Wildhandelsbuch ist bis zum 31. März eines jeden Jahres abzuschließen.
In *Bayern* können zoologische Präparatoren, Gerber und Fellhändler zur Überwachung der Schonzeiten zur Führung von Büchern veranlaßt werden (Art. 33 BayJG).
Aufnahme- und Auslieferungsbücher müssen Präparatoren führen, die bestimmte Tierarten bearbeiten (s.S. 776).

Muster

Wildhandelsbuch

Lfd. Nr.	Tag des Einganges	Bezeichnung des erworbenen Wildbrets (Wildart)	Name und Anschrift des Lieferanten oder Absenders, Vermerk über Frachtbeleg, Lieferschein usw.	Herkunftsbezeichnung Land; Art und Nr. des Ursprungszeichens. Bei Einfuhr aus dem Ausland Zollangaben
1	2	3	4	5

Wer darf Wildbret in den Verkehr bringen?

Als Lieferer nur der Jagdausübungsberechtigte und Personen, die ein Wildhandelsbuch führen. Wildbret darf nur an Selbstverbraucher oder an Personen veräußert werden, die ein Wildhandelsbuch führen. Der Erwerber darf Wildbret nur vom Jagdausübungsberechtigten oder von Personen beziehen, die ein Wildhandelsbuch führen.

Was ist vor dem Inverkehrbringen von Schwarzwild (einschl. der Frischlinge) besonders zu beachten?

Es muß auf Trichinen und Finnen untersucht und vom Trichinenschauer als „trichinenfrei" abgestempelt sein (s.S. 789/790).

Was haben die zur Führung eines Wildhandelsbuches verpflichteten Personen zu veranlassen, wenn ihnen Wildbret von offensichtlich gesetzwidrig erlegtem Wilde angeliefert wird?

Sie haben unverzüglich der Unteren Verwaltungsbehörde Anzeige zu machen.

Was ist zu beachten, wenn Teile von Schalenwild (Keulen, Blätter, Rücken) befördert oder versandt werden sollen?

Erfolgt die Beförderung oder der Versand von Teilen von Schalenwild von oder im Auftrage von Personen, die zur Führung eines Wildhandelsbuches verpflichtet sind, außerhalb des Gemeindebezirks ihrer Niederlassung, so muß ein Lieferschein beigefügt sein. Kochwildbret (Kopf, Hals, Läufe, Rippen, Bauchstücke und Geräusch) unterliegt diesen Bestimmungen nicht.

Was bezweckt der Zusammenschluß der Jagdverbände in der EG?

Er bezweckt den Zusammenschluß der 6 Millionen Jäger im Rahmen des Gemeinsamen Marktes mit Blick auf eine sich weiter entwickelnde EG (europäische Gemeinschaft). Trotz traditioneller Unterschiede im Jagdwesen haben die nationalen Jagdverbände eine gemeinsame Zielsetzung in ihre Satzung aufgenommen.

Welche hygienischen Mindestanforderungen werden an Wildbret bei der Einfuhr in die Bundesrepublik nach dem EG-Vertrag gestellt?

Bei der amtlichen Untersuchung sind Tierkörper und Innereien zu besichtigen, erforderlichenfalls anzuschneiden und zu durchtasten. Es darf nur volltaugliches Haarwildbret zur Einfuhr kommen.
Von der Ein- und Ausfuhr sind in jedem Falle auszuschließen: Wildbret von Ebern und Kryptorchiden und von Stücken, bei denen Tuberkulose in irgendeiner Form, auch bei der Tuberkulinprobe, sowie Finnen oder Trichinen festgestellt wurden.

Unfallverhütungsvorschriften (UVV 4.4)

Haben die Unfallverhütungsvorschriften der landwirtschaftlichen Berufsgenossenschaft Gesetzeskraft?

Nein. Aber im Streitfall gelten sie bei Gerichten und Behörden als Maß der stets einzuhaltenden Sorgfaltspflicht. Da sie in der Jägerschaft allgemein anerkannt sind, können sie als Gewohnheitsrecht bewertet werden. Obwohl sie für die Revierinhaber und deren Beschäftigte erlassen sind, müssen diese Vorschriften somit auch für Jagdgäste als bindend angesehen werden. Die Unfallverhütungsvorschriften in der im folgenden abgedruckten Form sind seit 1. Januar 1981 in Kraft.

Welche Waffen und welche Munition dürfen im jagdlichen Bereich nur Verwendung finden (§ 1 UVV)?

(1) Es dürfen nur Schußwaffen verwendet werden, die nach dem Waffengesetz und dem Bundesjagdgesetz für jagdliche Zwecke zugelassen sind. Die Waffen müssen funktionssicher sein und dürfen nur bestimmungsgemäß verwendet werden.

Durchführungsanweisung

1. Eine Waffe ist funktionssicher, wenn sie z.B. zuverlässig gesichert werden kann, ihre Verschlüsse dicht sind und wenn sie keine Laufaufbauchungen, Laufdellen oder Rostnarben aufweist.
2. Eine bestimmungsgemäße Verwendung ist nicht das Erschlagen des Wildes mit der Waffe oder die Benutzung der Waffe als Werkzeug (z.B. Niederhalten von Zäunen, Aufstoßen von Hochsitzluken u.a.).

(2) Es darf nur die für die jeweilige Schußwaffe bestimmte Munition in einwandfreiem Zustand verwendet werden. Die Bezeichnung der Munition (Kaliber) muß den Angaben auf der Schußwaffe entsprechen.

Durchführungsanweisung

1. In nicht einwandfreiem Zustand ist z.B. feucht gewordene Munition, die getrocknet wurde.
2. Nach § 27 Sprengstoffgesetz ist auch das nicht gewerbsmäßige Herstellen von Munition nur Personen gestattet, die über eine Erlaubnis dazu verfügen.

(3) Flintenlaufgeschoßpatronen müssen so mitgeführt werden, daß Verwechslungen mit Schrotpatronen ausgeschlossen sind.

Was ist beim Ausüben der Jagd zu beachten (§ 2 UVV)?

(1) Schußwaffen dürfen nur während der tatsächlichen Jagdausübung geladen sein. Beim Laden oder Entladen ist die Laufmündung stets in eine Richtung zu halten, in der niemand gefährdet wird. Nach dem Laden ist die Waffe zu sichern.
(2) Beim Besteigen oder Verlassen eines Hochsitzes, beim Überschreiten von Hindernissen, beim Besteigen von Fahrzeugen und bei ähnlichen Gefahrlagen ist die Schußwaffe zu entladen.
(3) Ein Schuß darf erst abgegeben werden, wenn sich der Schütze vergewissert hat, daß niemand gefährdet wird.

Durchführungsanweisung

Eine Gefährdung ist auch dann gegeben, wenn andere Personen durch Geschosse, die an Steinen, gefrorenem Boden, Ästen oder Wasserflächen abprallen, verletzt werden können.

(4) Von Wasserfahrzeugen aus darf im Stehen nur geschossen werden, wenn das Fahrzeug gegen Umschlagen und der Schütze gegen Stürzen gesichert ist.
(5) Bei einer mit besonderen Gefahren verbundenen Jagdausübung im Hochgebirge, auf Gewässern und in Mooren ist ein Begleiter zur Hilfeleistung mitzunehmen.

Durchführungsanweisung

Besondere Gefahren können sich z.B. durch Witterungs-, Gelände- und Bodenverhältnisse ergeben.

Welche besonderen Bestimmungen sind bei Treibjagden einzuhalten (§ 3 UVV)?

(1) Bei Treibjagden und anderen Gesellschaftsjagden ist ein Jagdleiter zu bestimmen. Die Anordnungen des Jagdleiters sind zu befolgen.
(2) Der Jagdleiter hat den Schützen und Treibern die erforderlichen Anordnungen für den gefahrlosen Ablauf der Jagd zu geben. Er hat insbesondere die Schützen und Treiber vor Beginn der Jagd zu belehren, ihnen die Signale bekanntzugeben und dem Schützen jeweils seinen Stand und den seiner beiden Nachbarn sowie den einzuhaltenden Schußbereich genau zu bezeichnen. Der Jagdleiter kann für einzelne Aufgaben Beauftragte einsetzen.

Durchführungsanweisung

Zu den Aufgaben des Beauftragten können z.B. gehören das Einweisen der Schützen in die Schützenstände und das Führen der Treiberwehr.

(3) Nach Einnehmen der Stände haben sich die Schützen mit den jeweiligen Nachbarn zu verständigen. Sofern der Jagdleiter nichts anderes bestimmt, darf der Stand vor Beendigung des Treibens weder verändert noch verlassen werden. Verändert oder verläßt ein Schütze seinen Stand, so hat er sich vorher mit seinen Nachbarn zu verständigen.
(4) Wenn sich Personen in gefahrbringender Nähe befinden, darf in diese Richtung weder angeschlagen noch geschossen werden. Ein Durchziehen mit der Schußwaffe durch die Schützen- oder Treiberlinie ist unzulässig.
(5) Das Schießen mit Büchsen- oder Flintenlaufgeschossen in das Treiben hinein ist nur mit Genehmigung des Jagdleiters erlaubt.
(6) Bei Kesseltreiben darf nach dem Signal „Treiber rein" nicht mehr in den Kessel geschossen werden.
(7) Nach jedem Treiben ist die Schußwaffe sofort zu entladen.
(8) Das Gewehr ist vor und nach dem Treiben mit der Mündung nach oben zu tragen. Der Jagdleiter kann erforderlichenfalls andere Sicherheitsmaßnahmen bestimmen.

Durchführungsanweisung

1. Eine Abweichung von Satz 1 kann z.B. bei Regen oder Schnee erforderlich sein.
2. Eine andere Sicherheitsmaßnahme ist z.B. das Öffnen des Verschlusses.

(9) Bei Treibjagden und anderen Gesellschaftsjagden muß sich die Kleidung der Treiber farblich von der Umgebung abheben.

Durchführungsanweisung

Als geeignete Maßnahmen können z.B. gelbe Regenbekleidung, Brustumhänge in orange-roter Alarmfarbe, wie sie z.B. beim Straßenbau Verwendung finden, angesehen werden.

(10) Die Absätze 1 bis 8 gelten auch bei der Nachsuche auf Schalenwild, wenn mehrere Personen daran beteiligt sind.

Wie hat man sich gemäß den Unfallverhütungsvorschriften auf Schießständen zu verhalten (§ 4 UVV)?

(1) Das Übungsschießen ist nur auf nach dem Waffengesetz zugelassenen Schießständen unter Leitung einer verantwortlichen Aufsichtsperson erlaubt. Den Anordnungen der Aufsichtsperson ist Folge zu leisten.

Durchführungsanweisung

Auf die gültige Fassung der „Schießvorschrift des Deutschen Jagdschutzverbandes e.V.“, vor allem deren Abschnitte „Allgemeine Sicherheitsbestimmungen“ und „Schießstandordnung“ sowie auf die gültige Fassung des Waffengesetzes (WaffG) wird hingewiesen.

(2) Beim Übungsschießen müssen die Gewehrriemen abgenommen sein und nicht benutzte Waffen ungeladen mit geöffnetem Verschluß bzw. abgekipptem Lauf abgestellt sein oder getragen werden. Schußwaffen dürfen erst auf dem Schießstand, bei Mehrladeeinrichtungen Büchsen nur mit einer und Flinten nur mit zwei Patronen geladen werden. Vor dem Verlassen des Schießstandes muß die Waffe entladen sein.

Was ist beim Bau von jagdlichen Einrichtungen zu beachten (§ 5 UVV)?

(1) Erhöht gebaute Jagdeinrichtungen, ihre Zugänge sowie Stege müssen aus kräftigem Material hergestellt sein. Holz darf nur verwendet werden, sofern es gesund ist. Aufgenagelte Sprossen sind nur an geneigt stehenden Leitern zulässig; sie sind in Einkerbungen einzulassen. Belaghölzer müssen so verlegt und befestigt sein, daß sie gegen Verschieben, Kippen und Kanten gesichert sind.

Durchführungsanweisung

Auf UVV 2.1 „Allgemeine Bestimmungen für bauliche Anlagen und Einrichtungen“ wird verwiesen.

(2) Bauliche Jagdeinrichtungen müssen stets, insbesondere im Frühjahr, überprüft und in einwandfreiem Zustand erhalten werden. Mangelhafte Teile sind unverzüglich auszubessern. Nicht mehr benötigte Einrichtungen sind abzubauen.

Welche Vorkehrungen sind beim Stellen von Fangeisen zu treffen (§ 6 UVV)?

Das Sichern und Entsichern von Fangeisen darf nur mit einem geeigneten Gegenstand durchgeführt werden.

Jungjägerprüfung

Allgemeines

Wer die Jagd in Deutschland ausüben will, muß nicht nur seine jagdlichen Rechte, sondern vor allem auch seine jagdlichen Pflichten kennen und beachten. Er hat in seinem Tun und Lassen Waidgerechtigkeit, Hege und Naturschutz und die Belange der Land-, Forst- und Volkswirtschaft zu wahren. An den jagdlichen Nachwuchs werden deshalb besondere Anforderungen gestellt.

Bei der Jägerprüfung, der eine gute Vorbereitung vorausgehen muß, soll ein strenger Maßstab angelegt werden.

Jeder Jungjäger, der vor der Jägerprüfung steht, muß sich mit den jagdrechtlichen Bestimmungen und der Prüfungsordnung des Landes vertraut machen, in dem er die Prüfung ablegen will (s. *Baden-W.* S. 801, *Bayern* S. 803, *Berlin* S. 805, *Bremen* S. 805, *Hamburg* S. 807, *Hessen* S. 808, *Niedersachsen* S. 809, *Nordrhein-Westf.* S. 811, *Rheinland-Pfalz* S. 812, *Saarland* S. 815, *Schleswig-Holstein* S. 817).

Die praktische Ausbildung im Revier hat sich zu erstrecken auf:

1. Begehen eines Lehrpfades; hier lernt der Jungjäger Waldbäume und Sträucher zu benennen;
2. das Verhalten mit der Waffe beim Besteigen von Hochsitzen und Kraftwagen, beim Überwinden von Geländehindernissen (Umzäunungen, Gräben und Begehen von Steilhängen) und bei Glatteis und beim Übungsschießen;
3. das Schätzen von Entfernungen;
4. die Spuren- und Fährtenkunde (Fege-Plätzstellen, Gebräch, Malbaum, Losung, Gewölle – zur Irreführung manchmal auch ein Preßfutter-Brocken);
5. das Verhalten bei Einzel- und Gesellschaftsjagden;
6. die Reviereinrichtungen (Hochsitze, Pirschsteige, das Aufstellen von Fallen und Fanggeräten);
7. die Bruchzeichen, die Jagdsignale und das Streckelegen;
8. die Schußzeichen (Schnitthaare, Schweiß, Knochensplitter, Eingriffe und Ausrisse – Welcher Schuß lag vor?); und die Folgen daraus für Wild und Jäger;
9. das Versorgen und Verwerten des Wildes.

Der Prüfling soll also ein praktisches Lehrjahr bei einem Lehrherrn (Lehrprinzen) ableisten und regelmäßig an den Übungsschießen der für ihn zuständigen Kreisgruppe der Jäger teilnehmen. Die Prüfung soll aus drei Teilen bestehen (s. auch S. 709):

a) dem schriftlichen Teil,
b) dem mündlichen und praktischen Teil und
c) dem jagdlichen Schießen einschl. der Handhabung der Jagdwaffen.
   (Das Bundesjagdgesetz fordert in § 15 [5] auch Kenntnisse in der Führung von Kurzwaffen.)

Bei der praktischen Prüfung werden dem Jagdscheinanwärter auch gern vorgelegt:

Läufe von Rot-, Schwarz- und Rehwild, Stopfpräparate vom Marder, Iltis und Wiesel, ein Fuchsbalg (Sommer- oder Winterbalg?), der Schädel einer Bache, Geweihe und Gehörne mit dazugehörenden Unterkiefern zur Altersbestimmung.

Vom Federwild werden Stopfpräparate vom Habicht (im Jugend- oder Alterskleid), Bussard, Ringfasan, Rebhahn, Stockentenerpel, Schnepfe, Bekassine und

vom Zwergtaucher sowie Federn vorgelegt. Weiter ist das „Ausdrücken“ der Hasen und das „Ausweiden“ von Hasen und von Federwild praktisch vorzunehmen (s.S. 588 und S. 593).
Das Erkennen der Jagdtiere kann der Jungjäger durch Besuch eines Tier- oder Wildparks, eines Präparators und eines Museums an Hand der charakteristischen Merkmale sicher erlernen.
Bekannte Jagdmuseen sind das in 8 München 2, Neuhauser Str. 53, das Museum Alexander Koenig in 53 Bonn und das Senckenberg-Museum in Frankfurt/M. Das Haus der Natur in Salzburg hat ebenfalls eine lehrreiche Abteilung über europäische Wildtiere.

Versicherung

Da die Lehrgangsteilnehmer nicht im Besitz eines Jagdscheines und daher nicht gegen Haftpflicht versichert sind, darf nicht versäumt werden, für die Übungstage auf dem Schießstand (Büchse, Flinte und Kurzwaffe) eine Unfall-, mindestens aber eine Haftpflicht-Versicherung abzuschließen.

Die Jägerprüfungsordnung für Baden-Württemberg

bestimmt in der neuen Jägerprüfungsordnung vom 23. 11. 1978 (GBl. BW Nr. 23 vom 14. 12. 1978) folgendes (hier nur auszugsweise Wiedergabe):

§ 3 Gegenstand der Prüfung

(1) Die Prüfung besteht aus folgenden Prüfungsabschnitten:
1. dem jagdlichen Schießen,
2. dem schriftlichen Teil,
3. dem mündlich-praktischen Teil.

Sie ist in dieser Reihenfolge durchzuführen.
(2) Im schriftlichen und im mündlich-praktischen Teil der Prüfung hat der Prüfling ausreichende Kenntnisse in den § 15 Abs. 5 des Bundesjagdgesetzes aufgeführten Sachgebieten nachzuweisen (s.S. 709).
Diese gliedern sich in folgende Prüfungsfächer:
1. Tierarten, Wildbiologie, Wildhege, Jagdbetrieb, Wildschadensverhütung und Land- und Waldbau;
2. Waffenrecht, Waffentechnik und Führung von Jagdwaffen (einschließlich Faustfeuerwaffen);
3. Führung von Jagdhunden, Behandlung des erlegten Wildes unter besonderer Berücksichtigung der hygienisch erforderlichen Maßnahmen und Beurteilung der gesundheitlich unbedenklichen Beschaffenheit des Wildbrets, insbesondere auch hinsichtlich seiner Verwendung als Lebensmittel;
4. Jagd-, Tierschutz- sowie Naturschutz- und Landschaftspflegerecht.

§ 4 Abhaltung der Prüfung

(1) Die Prüfung findet einmal im Jahr im Zeitraum vom 1. März bis 31. Mai statt; sie ist nicht öffentlich.
(2) Tag und Uhrzeit des schriftlichen Teils der Prüfung setzt die Oberste Jagdbehörde landeseinheitlich fest.
(3) Die Kreisjagdämter bestimmen im Einvernehmen mit dem Prüfungsausschuß Ort, Tag und Uhrzeit des jagdlichen Schießens und die Schrotstärke (§ 8 Abs. 2 Nr. 2) sowie den Zeitpunkt der mündlich-praktischen Prüfung.
(4) Die Bewerber sind mindestens zwei Wochen vor Prüfungsbeginn vom Kreisjagdamt zu laden.

§ 5 Zuständigkeit, Anmeldung

Die Prüfung ist bei dem für die Wohnung, bei mehreren Wohnungen für die Hauptwohnung zuständigen Kreisjagdamt abzulegen. Sie kann aus besonderen Gründen mit Genehmigung des nach Satz 1 zuständigen Kreisjagdamts bei einem anderen Kreisjagdamt abgelegt werden.
(3) Die Bewerber haben sich spätestens bis 20. Januar schriftlich beim zuständigen Kreisjagdamt anzumelden.

§ 8 Jagdliches Schießen

(1) Die Prüflinge sind vor Beginn der Prüfung über die Sicherheitsvorschriften zu belehren; der Vorsitzende und die Prüfer haben auf deren Einhaltung zu achten.

(2) Das jagdliche Schießen besteht aus der Kugel- und der Schrotdisziplin. Es sind folgende Bedingungen und Mindestanforderungen zu erfüllen:

1. in der Kugeldisziplin müssen bei fünf Schuß auf einen stehenden Rehbock (DJV-Jagdscheibe Nr. 1 [s.S. 134] – Rehbock nach links stehend – Scheibe angeschnitten) aus 100 m Entfernung stehend angestrichen mit einem auf Schalenwild zugelassenen Kaliber und mit beliebiger Visierung und Optik mindestens drei Treffer erzielt werden. Als Treffer gelten der getroffene achte bis zehnte Ring; ein berührter Ring gilt als getroffen. Dem Prüfling sind der Sitz des ersten Schusses durch Einziehen der Scheibe oder, wenn dies nicht möglich ist, auf sonstige Weise und nach Abgabe aller Schüsse deren Sitz aufzuzeigen;
2. in der Schrotdisziplin müssen
   a) auf zehn in gleicher Richtung laufende Kipphasen aus 35 m Entfernung mit Schrotstärke 2,5 oder 3 mm mindestens vier Treffer und
   b) auf zehn Wurftauben (Traptauben in gerader Richtung mit mittlerer Geschwindigkeit geworfen) mit höchstens 2,5 mm Schrotstärke mindestens drei Treffer

   erzielt werden.

   Vor Abgabe des Schusses ist die Waffe so zu halten, daß die untere Spitze der Schaftkappe an der Hüfte anliegt (jagdliche Gewehrhaltung). Der Kipphase oder die Wurftaube dürfen erst ausgelöst werden, wenn der Prüfling jagdliche Gewehrhaltung eingenommen hat. Die Waffe darf zum Beschießen eines Kipphasen mit einer Patrone, zum Beschießen einer Wurftaube mit zwei Patronen geladen werden. Als „gerade Richtung" ist die Richtung der Geraden zu verstehen, die den gesamten Wurfrichtungswinkel in der Mitte teilt (Wurfrichtung der sogenannten Geradeaustaube). Beim Beschießen der Wurftauben hat der Schütze von den im Unterstand eingebauten Wurfmaschinen 11 m Abstand zu halten.

   Als Treffer gilt, wenn infolge des Schusses
   aa) beim einteiligen Kipphasen der Kipphase, beim mehrteiligen mindestens ein Teil desselben kippt,
   bb) von der Wurftaube mindestens ein deutlich sichtbares Stück abspringt.

(3) Erfüllt der Prüfling die Mindestanforderungen nicht, so kann er das jagdliche Schießen bis zum Beginn des schriftlichen Teils der Prüfung einmal im ganzen an einem vom Prüfungsausschußvorsitzenden zu bestimmenden Zeitpunkt wiederholen.

(4) Wer die Mindestanforderungen nicht erfüllt oder gröblich gegen die Sicherheitsvorschriften verstößt, hat die Jägerprüfung nicht bestanden. Der Prüfling ist durch mündliche Erklärung des Vorsitzenden hiervon zu unterrichten; er ist von der weiteren Prüfung ausgeschlossen.

§ 9 Schriftlicher Teil

(1) Im schriftlichen Teil der Prüfung hat der Prüfling unter einer Kennziffer Fragen aus allen Prüfungsfächern zu beantworten. Die Oberste Jagdbehörde stellt die Fragen für jede Prüfung landeseinheitlich und gibt hierzu eine Musterlösung. Der Landesjagdverband ist berechtigt, der Obersten Jagdbehörde Vorschläge mit einer Musterlösung einzureichen. Die Vorschläge sind vertraulich zu behandeln. Die Oberste Jagdbehörde übersendet Fragebogen in ausreichender Zahl in versiegelten Umschlägen an die Kreisjagdämter. Die Umschläge dürfen erst bei Beginn der schriftlichen Prüfung in Gegenwart der Prüflinge in Anwesenheit eines Beauftragten des Kreisjagdamts geöffnet werden.

(2) Die Zeit für die Beantwortung der Fragen beträgt dreieinhalb Stunden. Zuerst sind die Fragebogen für das erste und zweite Prüfungsfach (§ 3 Abs. 2) auszugeben und nach 105 Minuten mit den Antworten einzusammeln. Nach einer Pause von etwa 20 Minuten sind die Fragebogen aus dem dritten und vierten Prüfungsfach auszugeben und nach weiteren 105 Minuten mit den Antworten einzusammeln.

(5) Gibt der Prüfling die Antworten in einem Prüfungsfach nicht oder nicht rechtzeitig ab, so erhält er für dieses Prüfungsfach die Note 6.

(6) Steht nach dem Ergebnis des schriftlichen Teils fest, daß die Prüfung nicht mehr bestanden werden kann, so hat das Kreisjagdamt den Prüfling hiervon zu unterrichten; die Teilnahme am mündlich-praktischen Teil steht ihm frei.

§ 10 Mündlich-praktischer Teil

(1) Im mündlich-praktischen Teil der Prüfung werden das theoretische Wissen und das praktische Können ermittelt.

(3) Es sollen nicht mehr als sechs Prüflinge zusammen geprüft werden. Die Prüfung soll je Prüfling und Prüfungsfach nicht länger als 15 Minuten dauern.

§ 11 Bewertung

(1) Die Prüfungsleistungen sind wie folgt zu bewerten:

1 = eine fehlerfreie und vollständige Leistung,
2 = eine gute, erheblich über dem Durchschnitt liegende Leistung,
3 = eine befriedigende Leistung, die in jeder Hinsicht durchschnittlichen Anforderungen entspricht,
4 = eine ausreichende Leistung, die trotz einzelner Mängel durchschnittlichen Anforderungen entspricht,
5 = eine Leistung mit erheblichen Mängeln,
6 = eine völlig unbrauchbare Leistung.

Zwischennoten bis auf zwei Dezimalstellen sind zulässig.

(2) In jedem Prüfungsfach zählt die im schriftlichen Teil erzielte Fachnote doppelt. Der doppelten Note wird die Fachnote des mündlich-praktischen Teils hinzugerechnet und die Summe durch drei geteilt; es sind nur zwei Dezimalstellen zu berücksichtigen. Das Ergebnis dieser Teilung stellt die Endnote für das Prüfungsfach dar.
Zum Bestehen der Jägerprüfung muß in jedem der vier Prüfungsfächer mindestens die Endnote 4,0 (ausreichend) erreicht werden.

§ 15 Wiederholung der Prüfung

Wer die Prüfung nicht bestanden hat, kann sie wiederholen. Die erste Wiederholung ist im folgenden Jahre möglich, jede weitere im jeweils dritten Jahr nach der letzten Wiederholung.

Bayern

Nach § 28 BayJG wurde folgende Prüfungsordnung am 1. 2. 1983 erlassen (Prüfungsgebühr 240,– DM):

§ 4 Anmeldung und Zulassung zur Prüfung

(1) Die Bewerber haben sich spätestens bis 20. November bei der Jagdbehörde schriftlich anzumelden. Der Anmeldung sind beizufügen:
1. der Nachweis über die Einzahlung der Prüfungsgebühr,
2. ein Führungszeugnis, das nicht älter als sechs Monate sein darf,
3. bei Minderjährigen die schriftliche Einverständniserklärung des gesetzlichen Vertreters,
4. der Nachweis über die jagdliche Ausbildung (§ 6 Abs. 1),
5. bei Bewerbern mit gewöhnlichem Aufenthalt außerhalb Bayerns die Zustimmung der zuständigen Behörde des Heimatlandes zur Teilnahme an einer Jägerprüfung in Bayern und der Nachweis, daß sie an Prüfungsvorbereitungen teilgenommen haben, die den Anforderungen der Jägerprüfung entsprechen. Die Jagdbehörde kann im Einzelfall verlangen, daß ein ärztliches Zeugnis über die geistige oder körperliche Eignung des Bewerbers (§ 17 Abs. 1 Nr. 2, Abs. 4 Nr. 4 und Abs. 6 BJagdG) beigebracht wird.

(2) Die Jagdbehörde entscheidet über die Zulassung des Bewerbers zur Prüfung. Bewerber, die am 20. November das 15. Lebensjahr noch nicht vollendet haben oder bei denen die Anmeldungsunterlagen nicht vollständig vorliegen oder denen der Jagdschein nach § 17 Abs. 1 Nr. 2 oder Nr. 3 BJagdG versagt werden müßte, sind zurückzuweisen. Bewerber, denen nach § 17 Abs. 2 Nr. 4 BJagdG der Jagdschein versagt werden könnte, können zurückgewiesen werden. Werden Zurückweisungsgründe erst nach Zulassung zur Prüfung bekannt, so gelten für die Rücknahme oder den Widerruf die Sätze 2 und 3 entsprechend.
(3) Die Entscheidung über die Zulassung zur Prüfung ist dem Bewerber rechtzeitig vor Prüfungsbeginn bekanntzugeben. Wird der Bewerber zur Prüfung nicht zugelassen oder seine Zulassung zurückgenommen oder widerrufen, so erhält er einen schriftlichen Bescheid, der ihm mit Rechtsbehelfsbelehrung zuzustellen ist.

§ 6 Jagdliche Ausbildung

(1) Der Bewerber hat eine einjährige Ausbildung abzuleisten, die mindestens 120 Stunden umfassen muß. Auf den praktischen Teil der Ausbildung müssen mindestens 60 Stunden entfallen. Dem Nachweis der praktischen Ausbildung über 60 Stunden steht gleich der Nachweis einer einjährigen jagdlichen Lehre bei einem bestätigten Lehrherrn.

§ 7 Zeit, Ort, Gegenstand und Form der Prüfung

(1) Die Prüfung wird einmal im Jahr durchgeführt und besteht aus
1. dem schriftlichen Teil,
2. dem mündlichen Teil und
3. dem jagdlichen Schießen einschließlich Handhabung der Waffe.

Sie wird in dieser Reihenfolge durchgeführt.
(2) Die Prüfung umfaßt im schriftlichen und mündlichen Teil folgende Sachgebiete:
1. Waffenrecht, Waffentechnik, Führung von Jagd- und Faustfeuerwaffen (Grundbegriffe der Jagdwaffenkunde und der Jagdmunition, Ballistik, Jagdoptik), Handhabung und Pflege von Jagdwaffen und Fanggeräten, wichtige Vorschriften über den Umgang mit Waffen und Munition sowie über Notwehr und Notstand,
2. Kenntnis der Tierarten, die dem Jagdrecht unterliegen, Wildbiologie (insbesondere Erkennungsmerkmale, Verhaltensweise und Lebensräume der wichtigsten heimischen Wildarten, Ansprechen des Wildes),
3. Jagdrecht, Tierschutzrecht, Naturschutz- und Landschaftspflegerecht, Fleischbeschaurecht bei Wildbret,
4. Jagdbetrieb und jagdliche Praxis (insbesondere Aufstellung von Abschußplänen, Behandlung des erlegten Wildes unter besonderer Berücksichtigung der hygienisch erforderlichen Maßnahmen, Beurteilung der gesundheitlich unbedenklichen Beschaffenheit des Wildbrets, insbesondere auch hinsichtlich seiner Verwendung als Lebensmittel),
5. Jagdhundehaltung und -führung,

6. Wildhege und Naturschutz (insbesondere Kenntnisse der wildlebenden nicht dem Jagdrecht unterliegenden Tierarten und der wildwachsenden Pflanzen, Maßnahmen der Äsungsverbesserung und Reviergestaltung einschließlich Biotopverbesserung, Fütterung, Erkennen und Bekämpfung von Wildseuchen und Wildkrankheiten), Land- und Waldbau, Wildschadensverhütung.

(3) Der schriftliche Teil der Prüfung wird von der obersten Jagdbehörde landeseinheitlich unter Angabe von Tag und Uhrzeit festgesetzt und den Prüfungsbehörden bekanntgegeben. Diese bestimmen die Prüfungsorte und die dafür zuständigen Jagdbehörden und beauftragen diese mit der Durchführung; sodann laden sie die Bewerber rechtzeitig zum schriftlichen Teil der Prüfung.

§ 8 Schriftlicher Teil der Prüfung

(1) Im schriftlichen Teil der Prüfung hat der Bewerber unter einer Kennziffer 100 Fragen, die etwa gleichmäßig auf die Sachgebiete des § 7 Abs. 2 verteilt sind, durch Ausfüllung eines Fragebogens zu beantworten.
Die schriftliche Prüfung findet unter Aufsicht eines oder mehrerer Vertreter der beauftragten Jagdbehörde (§ 7 Abs. 3 Satz 2) statt. Zu ihrer Unterstützung kann der Vorsitzende des Prüfungsausschusses Prüfer entsenden, soweit dies zur ordnungsgemäßen Durchführung der Prüfung erforderlich erscheint. Die Dauer der Prüfung beträgt höchstens drei Stunden.

(2) Der Fragebogen wird für jede Prüfung landeseinheitlich durch die oberste Jagdbehörde, getrennt nach Sachgebieten, erstellt. Hierzu kann die oberste Jagdbehörde Vorschläge beim Landesjagdverband Bayern e.V. und bei den Jagdberatern der Prüfungsbehörden einholen.

(6) Der schriftliche Teil der Prüfung ist nicht bestanden, wenn mehr als ein Viertel aller Fragen nicht, nicht richtig oder nicht vollständig beantwortet ist. Der Bewerber scheidet damit von der weiteren Teilnahme an der Prüfung aus. Dies wird ihm unter Hinweis auf die Folgen nach § 11 Abs. 2 durch schriftlichen Bescheid mitgeteilt; der Bescheid ist mit Rechtsbehelfsbelehrung zuzustellen.

(7) Hat der Bewerber den schriftlichen Teil der Prüfung bestanden, so wird er durch den Vorsitzenden des Prüfungsausschusses zum mündlichen Teil der Prüfung geladen.

§ 9 Mündlicher Teil der Prüfung

(1) Im mündlichen Teil der Prüfung sollen insbesondere die in der jagdlichen Ausbildung erworbenen praktischen Kenntnisse der Bewerber möglichst anhand von Anschauungsmaterial ermittelt werden.

(2) Die Bewerber sollen in Gruppen bis zu vier Teilnehmern jeweils durch einen, möglichst aber durch zwei Prüfer geprüft werden. Die Prüfungsdauer beträgt je Sachgebiet und je Bewerber mindestens zehn Minuten und soll fünfzehn Minuten nicht überschreiten.

(3) Die Leistungen der Bewerber sind in jedem einzelnen Sachgebiet wie folgt zu bewerten:
ausreichend = eine Leistung, die trotz einzelner Mängel durchschnittlichen Anforderungen noch entspricht oder besser ist,
mangelhaft = eine Leistung mit erheblichen Mängeln,
ungenügend = eine völlig unbrauchbare Leistung.

(4) Sind die Leistungen des Bewerbers in einem oder mehr Sachgebieten mit „ungenügend" oder in zwei oder mehr Sachgebieten mit „mangelhaft" bewertet worden, so hat der Bewerber den mündlichen Teil der Prüfung nicht bestanden. In Zweifelsfällen soll der Vorsitzende dem Bewerber Gelegenheit geben, seine Kenntnisse vor dem Prüfungsausschuß unter Beweis zu stellen. Die Bewertungen sind in eine Bewertungsliste einzutragen, die der Prüfungsniederschrift beizuheften ist,

(5) Hat der Bewerber den mündlichen Teil der Prüfung bestanden, so wird er vom Vorsitzenden des Prüfungsausschusses zum Prüfungsteil „Jagdliches Schießen und Handhabung der Waffe" geladen. Andernfalls scheidet er von der weiteren Teilnahme an der Prüfung aus. Dies wird ihm unter Hinweis auf die Folgen nach § 11 Abs. 2 durch schriftlichen Bescheid mitgeteilt; der Bescheid ist mit Rechtsbehelfsbelehrung zuzustellen.

§ 10 Jagdliches Schießen und Handhabung der Waffe

(1) Das jagdliche Schießen besteht aus zwei Disziplinen:
1. Büchsenschießen,
2. Flintenschießen.

(2) Beim Büchsenschießen sind insgesamt vier Schüsse, davon zwei Schüsse sitzend aufgelegt und zwei Schüsse stehend angestrichen oder stehend freihändig nach Wahl des Bewerbers, auf die Zehner-Ringscheibe (50 cm Scheibendurchmesser, Zehner = weiß) aus einer Entfernung von 100 m abzugeben. Ein Probeschuß ist dem Bewerber auf Wunsch zu gestatten. Für jeden Bewerber ist eine neue Ringscheibe zu verwenden. Als Treffer gelten der getroffene sechste bis zehnte Ring; ein berührter Ring gilt als getroffen.

(3) Beim Flintenschießen sind zehn Wurftauben (Trap) mit Schrot zu beschießen, die der Schütze vom 11-m-Stand aus in jagdlicher Gewehrhaltung zu erwarten hat. Doppelschüsse sind zugelassen. Im übrigen gelten für die Durchführung des Flintenschießens die Bestimmungen des Abschnitts IV Nrn. 1 und 3 bis 6 der Schießvorschrift des Deutschen Jagdschutz-Verbandes e.V. in der seit 1. Januar 1977 geltenden Fassung sinngemäß mit der Maßgabe, daß die Wurfmaschine so eingestellt sein muß, daß bei ruhigem Wetter die Flugbahn der Tauben nicht mehr als 30 Grad seitwärts abweicht.

(4) Die Leistungen im jagdlichen Schießen sind mit „ausreichend" zu bewerten, wenn erzielt werden:
1. beim Kugelschuß auf der Ringscheibe drei Treffer und
2. beim Schrotschuß zwei Treffer.

(5) Der Bewerber hat außerdem ausreichende Leistungen in der Handhabung des gebräuchlichen Jagdwaffen (Langwaffen und Faustfeuerwaffen) nachzuweisen. Die Leistungen sind getrennt von den Anforderungen im scharfen Schuß zu prüfen und zu bewerten.
(6) Wurden ausreichende Leistungen nach Absatz 4 nicht erzielt oder hat der Bewerber gegen Sicherheitsbestimmungen verstoßen oder bei der Handhabung der gebräuchlichen Jagdwaffen einen schwerwiegenden Mangel gezeigt, so ist die Leistung im Prüfungsteil „Jagdliches Schießen und Handhabung der Waffe" als „nicht ausreichend" zu bewerten. Dies wird dem Bewerber unter Hinweis auf die Folgen nach § 11 Abs. 2 und 5 durch schriftlichen Bescheid mitgeteilt; der Bescheid ist mit Rechtsbefehlsbelehrung zuzustellen.
(7) Zugelassen für den Schuß mit der Kugel sind alle für Schalenwild erlaubten Kaliber (§ 19 Abs. 1 Nr. 2 Buchst. a und b BJagdG), für den Schrotschuß Kaliber 20 und stärker. Ein Zielfernrohr kann auf Wunsch des Bewerbers benutzt werden. Waffen und Munition werden dem Bewerber zur Verfügung gestellt. Beim Schrotschuß ist es dem Bewerber gestattet, in der jagdlichen Ausbildung (§ 6) benutzte Waffen mit zugelassener Munition zu verwenden.
(8) Die eingeteilten Prüfer können das jagdliche Schießen abbrechen, sobald der Bewerber die Mindestleistungen nach Absatz 4 erbracht hat oder feststeht, daß er sie nicht mehr erreichen kann.

§ 11

(2) Ein Bewerber hat die Jägerprüfung nicht bestanden, wenn er den schriftlichen oder mündlichen Teil der Prüfung nicht bestanden hat, seine Leistungen im Prüfungsteil „Jagdliches Schießen und Handhabung der Waffe" mit „nicht ausreichend" bewertet wurden oder wenn er von der Prüfung ausgeschlossen wurde.
(5) Hat eine Bewerber den dritten Prüfungsteil nicht bestanden, so kann er diesen frühestens nach drei Monaten einmal wiederholen. Der Antrag auf Zulassung zur Wiederholung des dritten Prüfungsteils ist binnen eines Monats nach Zustellung des Bescheids nach § 10 Abs. 6 Satz 2 bei der Prüfungsbehörde zu stellen. Mit dem Antrag ist eine Gebühr in Höhe von 80 DM einzuzahlen; Auslagen werden nicht erhoben. Für die Ladung des Bewerbers gilt § 9 Abs. 5 Satz 1 entsprechend.

§ 12 Wiederholung der Prüfung

Wer die Prüfung nicht bestanden hat, kann sie wiederholen. Die erste Wiederholung ist frühestens im folgenden Jahr möglich.

Berlin

Mit Übernahme des Bundesjagdgesetzes und der Bundeswildschutzverordnung wird nach Zustimmung der Alliierten Kommandantur in Berlin derzeit eine neue Prüfungsordnung für Jäger und Falkner erarbeitet.

Bremen

Jägerprüfungsordnung vom 18. November 1982 (Brem GBl. S. 171-7 92-a-1).

§ 3

(1) Der Antrag auf Zulassung zu der Prüfung ist bis zum ersten Januar des Prüfungsjahres bei der Jagdbehörde einzureichen.
(2) Dem Antrag auf vorgeschriebenem Formular (Anlage) sind beizufügen:
1. ein Lebenslauf,
2. bei Minderjährigen eine amtlich beglaubigte Erklärung des gesetzlichen Vertreters über dessen Einverständnis mit der Teilnahme an der Jägerprüfung,
3. ein Führungszeugnis für Behörden (§ 28 Abs. 5 des Bundeszentralregistergesetzes), das nicht älter als 6 Monate sein darf,
4. der Nachweis einer Haftpflichtversicherung für den Waffengebrauch,
5. der Nachweis einer theoretischen und praktischen Ausbildung in Kenntnissen und Fähigkeiten, die Gegenstand der Jägerprüfung sind (z.B. Lehrgang der Landesjägerschaft oder ein vergleichbarer Ausbildungslehrgang),
6. ein Nachweis über die Einzahlung der Prüfungsgebühren an die Kasse der Jagdbehörde.

§ 6

(1) Die Jägerprüfung ist nicht öffentlich. Der Vorsitzende kann mit Ausbildungs- und Prüfungsangelegenheiten befaßten Vertretern der Landesjägerschaft die Teilnahme an einer Prüfung gestatten.
(2) Die Jägerprüfung besteht aus folgenden Teilen:
1. dem jagdlichen Schießen;
2. dem schriftlichen Teil;
3. dem mündlich-praktischen Teil.
(3) Gegenstand des schriftlichen und des mündlich-praktischen Teils sind folgende Fächer:
1. Jagdbare Tiere (Jagdtierkunde, Wildbiologie, Wildkrankheiten);
2. Jagdwaffen (Jagdwaffenkunde, Umgang mit Jagd- und Faustfeuerwaffen und deren Pflege);

3. Jagdbetrieb (Ansprechen des Wildes, Verhalten auf der Jagd, Jagdhundewesen, Fallenkunde, Hege, Jagdschutz, jagdliches Brauchtum, Verhinderung von Wild- und Jagdschäden unter Berücksichtigung von Land- und Waldbau, Kenntnis der wichtigsten Baumarten und Feldfrüchte);
4. Behandlung des erlegten Wildes (Versorgung, Verwertung, notwendige hygienische Maßnahmen);
5. Jagdrecht und verwandtes Recht – nur Grundzüge und für die jagdliche Praxis bedeutsame Einzelvorschriften.

§ 7

(1) Das jagdliche Schießen wird vor den anderen Prüfungsteilen auf dem Schießstand geprüft. Die Leitung des Schießens obliegt dem Vorsitzenden oder seinem Stellvertreter; er hat die erforderliche Zahl von Beisitzern hinzuzuziehen. Der Prüfling hat unter Zugrundelegung der DJV-Schießvorschrift folgende Schießübungen mit nachstehenden Mindestergebnissen durchzuführen:
1. Büchsenschießen.
   5 Schuß auf den Rehbock (DJV-Scheibe 1), Entfernung 100 m, Anschlag stehend angestrichen, Visierung und Optik beliebig. Als Treffer werden der 3. und 8. bis 10. Ring gewertet. Der berührte Ring gilt als getroffen. Mindestleistung: 21 Ringe.
2. Flintenschießen.
   Beschießen von 10 beweglichen Zielen (nach Entscheidung des Vorsitzenden entweder Tontauben – Trap – oder Kipp- oder Rollhasen);
   bei Tontauben: 11 m Abstand, wechselnde Stände, Tauben in einer Richtung, Flugweite 60 m, Anschlag nach der DJV-Schießvorschrift;
   bei Kipp- und Rollhasen: Entfernung 35 m, beliebig von links oder rechts.
   Mindestleistung: auf Tontauben 3 Treffer. Als Treffer gilt, wenn mindestens ein sichtbares Stück der Taube absplittert. Auf Kipp- und Rollhasen 5 Treffer.

Zugelassen sind für den Schuß mit der Kugel alle für Schalenwild erlaubten Kaliber und Laborierungen, für den Schrotschuß die Kaliber 20 und stärker. Uber die Ergebnisse ist eine Schießliste nach dem Muster der Anlage 2 zu führen.

(2) Hat der Prüfling die geforderten Leistungen in beiden oder in einer der Schießübungen nicht erbracht, so ist ihm die einmalige Wiederholung der gesamten Schießprüfung oder der nicht erfüllten Schießprüfung am selben oder auf Wunsch an einem anderen Tag zu ermöglichen. Die beim ersten Durchgang erzielten Treffer bleiben dabei unberücksichtigt. Erzielt der Prüfling die Mindestleistung auch bei der Wiederholung nicht, so ist er von der weiteren Prüfung auszuschließen. Dasselbe gilt, wenn er während der Schießprüfung oder einer Wiederholungsschießprüfung erhebliche Fehler beim Umgang mit der Waffe begeht, die geeignet sind, ihn selbst oder andere zu gefährden.

Hat ein Bewerber diesen Prüfungsteil nicht bestanden, nimmt er an der weiteren Prüfung nicht mehr teil.

§ 8

(1) Die schriftlichen Prüfungsarbeiten bestehen aus einem vom Vorsitzenden unter Mitwirkung der Prüfer aufzustellenden Fragebogen mit zwanzig Fragen für jedes Prüfungsfach, den die Prüflinge unter Aufsicht auszufüllen haben. Die schriftliche Prüfung darf höchstens drei Stunden dauern. Die Fragebögen können so gestaltet werden, daß die Beantwortung der Fragen durch Ankreuzen einer von drei vorgegebenen Antworten möglich ist.

(2) Für die Bewertung wird eine vom Prüfungsausschuß gefertigte Musterlösung zugrunde gelegt. Jede schriftliche Arbeit ist von zwei Prüfern zu bewerten; können diese sich im Einzelfall über die Bewertung nicht einigen, so entscheidet der Vorsitzende.

Für die Bewertung der einzelnen Sachgebiete gilt folgender Schlüssel:

Im wesentlichen richtige Antwort:	zwei (2) Punkte;
teilweise richtige Antwort:	ein (1) Punkt;
im wesentlichen unrichtige Antwort:	kein (0) Punkt.

Sehr gut	– mind. 38 Punkte
gut	– mind. 32 Punkte
befriedigend	– mind. 26 Punkte
ausreichend	– mind. 20 Punkte
mangelhaft	– mind. 14 Punkte
ungenügend	– weniger als 14 Punkte

§ 9

(1) Die mündlich-praktische Prüfung umfaßt Fragen und praktische Aufgaben aus den fünf Prüfungsfächern. Im Fach Jagdwaffen soll nicht unter 15 Minuten, in den übrigen Fächern jeweils nicht unter 10 Minuten geprüft werden.

(2) An der mündlich-praktischen Prüfung nehmen der Vorsitzende und fünf Beisitzer sowie ein nicht stimmberechtigter Beisitzer als Protokollführer teil. Beschlüsse werden mit Stimmenmehrheit gefaßt. Bei Stimmengleichheit entscheidet die Stimme des Vorsitzenden.

(3) Im Fach „Jagdwaffen“ sind wegen der besonderen Bedeutung für die Bewertung vom Prüfungsausschuß gefertigte Musterlösungen zugrunde zu legen.

(4) Die Leistungen jedes einzelnen Faches sind wie folgt zu bewerten:

sehr gut	(1)	für eine den Anforderungen in besonderem Maße entsprechende Leistung,
gut	(2)	für eine den Anforderungen voll entsprechende Leistung,

befriedigend (3) für eine den Anforderungen im allgemeinen entsprechende Leistung,
ausreichend (4) für eine Leistung, die zwar Mängel aufweist, aber im ganzen den Anforderungen noch entspricht,
mangelhaft (5) für eine den Anforderungen nicht entsprechende Leistung, die jedoch erkennen läßt, daß die notwendigen Grundkenntnisse vorhanden sind und die Mängel in absehbarer Zeit behoben werden könnten,
ungenügend (6) für eine den Anforderungen nicht entsprechende Leistung, bei der selbst die Grundkenntnisse so lückenhaft sind, daß die Mängel in absehbarer Zeit nicht behoben werden könnten.

Zwischennoten werden nicht erteilt.

§ 11

(1) Aus den Noten der schriftlichen und der mündlich-praktischen Prüfung ist für jedes Prüfungsfach eine Gesamtnote (Hälfte der Summe der beiden Einzelnoten) zu bilden. Die Prüfung ist nicht bestanden, wenn
1. die schriftlichen Leistungen im Prüfungsfach „Jagdwaffen" eine schlechtere Note als 4 (4,0) erhalten haben oder
2. die mündlich-praktischen Leistungen im Prüfungsfach „Jagdwaffen" eine schlechtere Note als 4 (4,0) erhalten haben oder
3. der mittlere Wert der Gesamtnoten nach Satz 1 unter 4 (4,0) liegt.

§ 13

Besteht ein Prüfling die Jägerprüfung nicht, so kann er sie frühestens nach einem Jahr wiederholen. Wird die Prüfung auch bei der Wiederholung nicht bestanden, ist aber zu erwarten, daß eine nochmalige Wiederholung Erfolg haben könnte, so kann die Jagdbehörde auf Empfehlung des Prüfungsausschusses eine zweite Wiederholung frühestens nach einem Jahr zulassen.

Hamburg

hat in der novellierten VO über die Jägerprüfung vom 13.11.1979 (GVBl. 55 S. 327) folgendes bestimmt: Der Antrag auf Zulassung zur Jägerprüfung ist schriftlich an die Landesjägerschaft zu richten.

§ 3

(1) Die Prüfung besteht aus einem schriftlichen Teil, einer Schießprüfung und einem mündlich-praktischen Teil. Der schriftliche Teil soll der Schießprüfung, die Schießprüfung muß dem mündlich-praktischen Teil vorausgehen.
(2) Der Bewerber muß im schriftlichen und mündlich-praktischen Teil der Jägerprüfung auf folgenden Sachgebieten ausreichende Kenntnisse nachweisen:
1. Tierarten, Wildbiologie,
2. Wildhege, Wildschadensverhütung, Land- und Waldbau,
3. Waffentechnik, Führung von Jagdwaffen (einschließlich Faustfeuerwaffen),
4. Jagd- und Waffenrecht, Tierschutz- sowie Naturschutz- und Landschaftspflegerecht,
5. Jagdbetrieb, Führung von Jagdhunden, Behandlung des erlegten Wildes unter besonderer Berücksichtigung der hygienisch erforderlichen Maßnahmen;
   Beurteilung der gesundheitlich unbedenklichen Beschaffenheit des Wildbrets, insbesondere auch hinsichtlich seiner Verwendung als Lebensmittel.

(3) Die Prüfungen werden mindestens einmal im Jahr abgehalten. Die Prüfung ist nicht öffentlich. Vertreter der zuständigen Behörde sowie bevollmächtigte Vertreter der Landesjägerschaft können bei der Prüfung anwesend sein. Der Vorsitzende des Prüfungsausschusses kann beim mündlich-praktischen Teil der Prüfung Zuhörer zulassen.

§ 5

(1) Beim schriftlichen Teil der Prüfung sind aus den in § 3 Absatz 2 Nummern 1 bis 5 genannten Sachgebieten je fünfzehn Fragen anhand eines Fragebogens den Bewerbern zur schriftlichen Beantwortung vorzulegen. Der Fragebogen kann so gestaltet werden, daß die Beantwortung der Fragen durch Ankreuzen einer von drei vorgegebenen Antworten möglich ist. Der Fragebogen ist bis zum Beginn des schriftlichen Teils der Prüfung vom Vorsitzenden unter Verschluß zu halten.

§ 6

(1) Innerhalb der Schießprüfung werden die Bewerber im Büchsenschießen und im Flintenschießen geprüft.
(2) Beim Flintenschießen sind nach Festlegung durch den Prüfungsausschuß in jagdlicher Gewehrhaltung zehn bewegliche Ziele (Wurftauben-Trap oder Skeet- oder Kipphasen) zu beschießen. Doppelschüsse sind zugelassen. Es sind
a) beim Trapschießen die Tauben in wechselnder Höhe und Seitenrichtung zu werfen;
b) beim Skeetschießen insgesamt zehn Tauben von den Ständen eins bis sechs aus zu beschießen;
c) Kipphasen aus einer Entfernung von fünfunddreißig Meter zu beschießen.

(3) Beim Büchsenschießen sind fünf Schüsse stehend angestrichen auf die Rehbockscheibe des

Deutschen Jagdschutzverbandes und fünf Schüsse Anschlag liegend frei auf die Fuchsscheibe des Deutschen Jagdschutzverbandes abzugeben.

§ 7

(1) Beim mündlich-praktischen Teil der Prüfung sind Fragen aus den in § 3 Absatz 2 Nummern 1 bis 5 genannten Sachgebieten zu stellen.

§ 8

(1) Die Leistungen der Bewerber werden in jedem Sachgebiet mit „bestanden" und „nicht bestanden" bewertet.
(3) Der schriftliche Teil der Prüfung ist bestanden, wenn in jedem Sachgebiet mindestens acht Fragen richtig beantwortet sind.
(4) Die Schießprüfung ist bestanden, wenn
1. beim Flintenschießen mindestens drei Wurftauben oder fünf Kipphasen getroffen und
2. beim Büchsenschießen mindestens fünfzig Prozent der größtmöglichen Ringzahl erzielt worden sind.

Hat der Bewerber die erforderlichen Leistungen in beiden oder in einer der Schießübungen nicht erbracht, ist ihm die einmalige Wiederholung der gesamten Schießprüfung oder der nicht erfüllten Schießübung vor Beginn des mündlich-praktischen Teiles der Prüfung zu ermöglichen.
(5) Der mündlich-praktische Teil der Prüfung ist bestanden, wenn die Leistungen in allen Sachgebieten mit „bestanden" bewertet worden sind.

§ 9

(1) Der Bewerber, der den schriftlichen Teil der Prüfung oder die Schießprüfung nicht bestanden hat, wird von der weiteren Teilnahme an der Prüfung ausgeschlossen. Ein Bewerber kann durch den Prüfungsausschuß von der weiteren Teilnahme an der Prüfung ausgeschlossen werden, wenn er einen Täuschungsversuch begeht oder bei der Schießprüfung die Waffe so handhabt, daß Menschen oder Sachen gefährdet werden. Wird ein Bewerber von der weiteren Teilnahme an der Prüfung ausgeschlossen, gilt die Prüfung als „nicht bestanden".
(2) Die Prüfung ist insgesamt bestanden, wenn der Bewerber den schriftlichen Teil, die Schießprüfung und den mündlich-praktischen Teil bestanden hat.
Für die Jägerprüfung wird eine Verwaltungsgebühr von 100,– DM erhoben (Gebührenverordnung für die Jägerprüfung vom 3. 10. 1967).

Hessen

hat auf Grund der Jägerprüfungsordnung (JäPO) vom 1. August 1979 (GVBl. I S. 210) und der Verwaltungsbestimmungen zur Durchführung der JäPO vom 1. September 1979 (StAnz. 37/1979 S. 1843) verordnet (hier nur auszugsweise Wiedergabe):

§ 1 Allgemeines

Zur Jägerprüfung dürfen nur Bewerber zugelassen werden, die
1. an einem vom LJV Hessen e.V. anerkannten Ausbildungslehrgang mit praktischen Unterweisungen und
2. an mindestens zwei Gesellschaftsjagden als Treiber teilgenommen haben.

§ 3 Zulassung zur Prüfung

Zulassungsanträge sind schriftlich bis 30. November jeden Jahres an die Untere Jagdbehörde zu richten, in deren Bezirk der Bewerber seinen gewöhnlichen Aufenthalt hat. Dem Antrag ist ein Nachweis über die Treibertätigkeit beizufügen.

§ 5 Durchführung und Gegenstand der Prüfung

(4) In der Prüfung muß der Bewerber Kenntnisse nachweisen über:
1. Tierarten, Wildbiologie, Wildhege, Wildschadensverhütung, Land- und Waldbau.
2. Jagdbetrieb, Führung von Jagdhunden, Behandlung des erlegten Wildes, in der Beurteilung der gesundheitlich unbedenklichen Beschaffenheit des Wildbrets auch als Lebensmittel.
3. Waffentechnik, Führung von Jagdwaffen (einschl. Faustfeuerwaffen).
4. Jagdrecht, Waffenrecht, Tierschutzrecht, Naturschutz und Landschaftspflege.

§ 6 Jagdliches Schießen

(1) Das jagdliche Schießen besteht aus Büchsenschießen und Flintenschießen und ist auf einem Schießstand durchzuführen.
(2) Jeder Prüfling hat folgende Schießübungen mit nachstehenden Mindestergebnissen durchzuführen:
1. Drei Kugelschüsse auf Zehner-Ringscheibe (50 cm ∅), zehn weiß, Entfernung 100 m, Anschlag sitzend aufgelegt hinter dem Anschußtisch (s. Abb. S. 133); Bedingung: 2 Treffer vom 5.–10. Ring.

2. Drei Kugelschüsse auf eine nicht ausgeschnittene Scheibe mit einem nach links stehenden Rehbock (s. Abb. S. 134), Entfernung 100 m, Anschlag stehend angestrichen, Bedingung: 2 Treffer vom 1. bis 10. Ring.
3. Beschießen von 6 laufenden Kipphasen (dreiteilig) auf 35 m, wobei jeweils höchstens 2 Schrotpatronen geladen und verfeuert werden dürfen (Bedingung: Drei Treffer).

(5) Das jagdliche Schießen ist mit „ausreichend" zu bewerten, wenn die Bedingungen des Absatzes 2 erfüllt sind.
(6) Hat der Prüfling im jagdlichen Schießen die geforderten Leistungen nicht erbracht, ist ihm innerhalb eines Zeitraumes von 2 Wochen – jedoch vor dem schriftlichen Teil der Prüfung – die einmalige Wiederholung der gesamten Schießprüfung zu ermöglichen. Die beim ersten Durchgang erzielten Treffer bleiben dabei unberücksichtigt. Erzielt er die Mindestleistungen auch bei der Wiederholung nicht, ist er von der weiteren Prüfung auszuschließen. Die Prüfung gilt als nicht bestanden.

§ 7 Schriftlicher Teil

(1) Beim schriftlichen Teil der Prüfung sind je Sachgebiet 25 Fragen an Hand eines Fragebogens schriftlich zu beantworten. Er findet unter Aufsicht statt und soll höchstens 4 Stunden dauern.
(2) Der Fragebogen wird für jede Prüfung landeseinheitlich von der Obersten Jagdbehörde abgefaßt.
(5) Die Leistungen in einem Sachgebiet sind mit „ausreichend" zu bewerten, wenn der Prüfling 15 Punkte erreicht. Dabei erhält jede richtig beantwortete Frage einen Punkt. Jede teilweise richtig beantwortete Frage kann mit einem halben Punkt bewertet werden.

§ 8 Praktischer und mündlicher Teil

(1) Das praktische Können und das theoretische Wissen werden in einem kombinierten Prüfungsverfahren ermittelt, das alle Sachgebiete erfassen muß. Es soll teilweise in einem Jagdbezirk durchgeführt werden. Die Prüflinge können in Gruppen zusammengefaßt werden. Eine Gruppe soll nicht mehr als 6 Prüflinge umfassen.
(2) Jeder Prüfling hat die sichere Handhabung der Waffen, die Beherrschung der Sicherheitsbestimmungen im praktischen Jagdbetrieb sowie ausreichende Kenntnisse der Jagdhundeführung, insbesondere bei der Nachsuche nachzuweisen.
(3) Die mündliche Prüfung des theoretischen Wissens soll je Sachgebiet und Gruppe eine Stunde nicht überschreiten und so durchgeführt werden, daß jeder Prüfling etwa 10 Minuten lang geprüft wird.

§ 9 Bewertung

(1) Die Bewertung „ausreichend" erfolgt für eine Leistung, die den Anforderungen entspricht oder besser ist.
(3) Wird die Leistung eines Prüflings in einem Sachgebiet mit „nicht ausreichend" bewertet, ist die Prüfung nicht bestanden.

§ 10 Gesamturteil

(2) Die Prüfung ist bestanden, wenn der Prüfling in allen Teilgebieten die geforderten Leistungen erbracht hat.

§ 12 Prüfungszeugnis

Nach bestandener Prüfung erhält der Prüfling durch den Vorsitzenden des Prüfungsausschusses ein Zeugnis, das von allen Mitgliedern des Prüfungsausschusses zu unterzeichnen ist und mit dem Siegel der Oberen Jagdbehörde versehen sein muß.

§ 13 Wiederholung der Prüfung

Wird die Prüfung in Hessen oder in einem anderen Bundesland einschl. Berlin nicht bestanden, so kann sie bis zweimal wiederholt werden. Die zweite Wiederholung ist frühestens drei Jahre nach der ersten Jägerprüfung möglich. Die Anrechnung der bereits bestandenen Prüfungsteile ist nur dann möglich, wenn sie im unmittelbar folgenden Jahr fortgesetzt und abgeschlossen wird.

Niedersachsen

Verordnung über die „Jäger- und Falknerprüfung" vom 29.1.1985 (Nieders. GVBl 4/85 S. 10)

§ 5 Gegenstand und Form der Prüfung

(1) Die Prüfung ist nicht öffentlich; Vertreter der für die Jagd zuständigen Behörden können an der Prüfung teilnehmen. Der Vorsitzende kann auch mit Ausbildungs- und Prüfungsangelegenheiten befaßten Vertretern der Landesjägerschaft die Teilnahme an der Prüfung gestatten.
(2) Die Prüfung besteht aus folgenden Teilen:
1. dem jagdlichen Schießen,
2. der schriftlichen Prüfung,
3. der praktischen Prüfung im Revier,
4. der theoretischen mündlichen Prüfung.

(3) Gegenstand der schriftlichen, der praktischen sowie der theoretisch mündlichen Prüfung sind folgende Fächer:
1. jagdbare Tiere
(Jagdtierkunde, Wildbiologie),
2. Jagdwaffen
(Jagdwaffenkunde, Umgang mit Jagd- und Faustfeuerwaffen und deren Pflege),
3. Hege und Jagdbetrieb
(Ansprechen des Wildes, Verhalten auf der Jagd, Jagdhundewesen, Fallenkunde, Biotopgestaltung, Bejagungsgrundsätze, Jagdschutz, jagdliches Brauchtum, Verhinderung von Wild- und Jagdschäden unter Berücksichtigung von Land- und Waldbau, Kenntnis der wichtigsten Baumarten und Feldfrüchte),
4. Behandlung erlegten Wildes
(Versorgung, Verwertung, notwendige hygienische Maßnahmen, Wildkrankheiten),
5. Jagdrecht und verwandtes Recht
– Grundzüge und für die jagdliche Praxis bedeutsame Einzelvorschriften – (Bundesjagdgesetz, Landesjagdgesetz, beide mit straf-, zivil- und verwaltungsrechtlichen Anschlußvorschriften, Feld- und Forstordnungsgesetz, Grundzüge des Tierschutzrechts, des Waffenrechts, des Wald-, Naturschutz- und Landschaftspflegerechts).

§ 6 Jagdliches Schießen und Handhabung der Waffe

(1) Das jagdliche Schießen wird vor den anderen Prüfungsteilen auf dem Schießstand geprüft. Die Leitung des Schießens obliegt dem Vorsitzenden oder seinem Stellvertreter; er hat die erforderliche Zahl von Beisitzern hinzuzuziehen. Der Prüfling hat unter Zugrundelegung der DJV-Schießvorschrift folgende Schießübungen mit nachstehenden Mindestergebnissen durchzuführen:
1. Büchsenschießen
5 Schuß auf den Rehbock (DJV-Scheibe 1), Entfernung 100 m, Anschlag stehend angestrichen, Visierung und Optik beliebig. Als Treffer werden der 3. und 8. bis 10. Ring gewertet. Mindestleistung: 21 Ringe.
2. Flintenschießen
Beschießen von zehn beweglichen Zielen (nach Entscheidung des Vorsitzenden entweder Tontauben – Trap – oder Kipp- oder Rollhasen);
bei Tontauben: 11 m Abstand, wechselnde Stände, Tauben in einer Richtung und einer Höhe, Flugweite 60 m; bei Kipp- oder Rollhasen: Entfernung 35 m, beliebig von links oder rechts. Mindestleistung auf Tontauben drei Treffer; auf Kipp- oder Rollhasen fünf Treffer.
Zugelassen sind für den Schuß mit der Kugel die für alles Schalenwild erlaubten Kaliber und Laborierungen, für den Schrotschuß die Kaliber 20 und stärker. Über die Ergebnisse ist eine Schießliste zu führen.

(2) Hat der Prüfling die geforderten Leistungen in beiden oder in einer der Schießprüfungen nicht erbracht, so ist ihm die einmalige Wiederholung der gesamten Schießprüfung oder der nicht erfüllten Schießprüfung an einem anderen Tag zu ermöglichen. Die beim ersten Durchgang erzielten Treffer bleiben dabei unberücksichtigt. Erzielt der Prüfling die Mindestleistungen auch bei der Wiederholung nicht, so ist er von der weiteren Prüfung auszuschließen.
(3) Dasselbe gilt, wenn er während der Prüfung oder einer Wiederholungsprüfung erhebliche Fehler beim Umgang mit der Waffe begeht, die geeignet sind, ihn selbst oder andere zu gefährden.
(4) In den Fällen des Absatzes 2 Satz 3 und des Absatzes 3 ist die Prüfung nicht bestanden. Die Gründe dafür sollen von den anwesenden Prüfern in einer Niederschrift festgehalten werden. Die Entscheidung ist dem Prüfling unverzüglich zu eröffnen; er nimmt an der weiteren Prüfung nicht mehr teil. Auf Verlangen des Prüflings ist ihm hierüber ein schriftlicher Bescheid mit Rechtsmittelbelehrung zu erteilen.

§ 7 Schriftlicher Teil der Prüfung

(1) Die schriftlichen Prüfungsarbeiten bestehen aus einem vom Vorsitzenden unter Mitwirkung der Prüfer aufzustellenden Fragebogen mit 20 Fragen für jedes Prüfungsfach, den die Prüflinge unter Aufsicht auszufüllen haben.
(2) Jede schriftliche Arbeit ist von zwei Prüfern zu bewerten; können diese sich im Einzelfall über die Bewertung nicht einigen, so entscheidet der Vorsitzende. Für die Bewertung der Sachgebiete gilt folgender Schlüssel:

im wesentlichen richtige Antwort:	2 Punkte,
teilweise richtige Antwort:	1 Punkt,
im wesentlichen unrichtige Antwort:	0 Punkte;
sehr gut	mindestens 38 Punkte,
gut	mindestens 32 Punkte,
befriedigend	mindestens 26 Punkte,
ausreichend	mindestens 20 Punkte,
mangelhaft	mindestens 14 Punkte,
ungenügend	weniger als 14 Punkte.

§ 8 Praktischer und mündlicher Teil der Prüfung

(1) Die praktische Prüfung wird durch den gesamten Prüfungsausschuß in einem geeigneten Jagdre-

vier abgehalten. Dabei sind die Prüflinge in Abschnitten jeweils von zwei Prüfern für jeden Abschnitt zu prüfen und zu bewerten. Den Prüflingen sind Fragen und Aufgaben aus den fünf Prüfungsfächern zu stellen. Insbesondere ist das Verhalten auf der Jagd (Einzeljagd, Gesellschaftsjagd) einschließlich des Umgangs mit der Waffe sowie des Verhaltens vor und nach dem Schuß zu prüfen. Jeder Prüfling erhält eine Gesamtnote, über die der Prüfungsausschuß ausgehend von den Bewertungen der einzelnen Abschnitte entscheidet. Erhält der Prüfling in der praktischen Prüfung eine schlechtere Note als 4 (4,0), so ist er von der weiteren Prüfung auszuschließen.
(2) In der theoretischen mündlichen Prüfung werden für jedes Prüfungsfach durch einen Prüfer Fragen gestellt. Die Prüfung in einem Fach soll für den einzelnen Prüfling höchstens zehn Minuten dauern. Außer dem Prüfer muß ein weiteres Mitglied des Prügungsausschusses der Befragung beiwohnen. Der Prüfer und das weitere Mitglied bewerten die Leistungen, können sie sich über die Bewertung nicht einigen, so entscheidet der Vorsitzende oder sein Stellvertreter.

§ 9 Bewertung der Prüfungsleistungen

(1) Die Leistungen der Prüfung sind wie folgt zu bewerten:

sehr gut	(1)	für eine den Anforderungen in besonderem Maße entsprechende Leistung;
gut	(2)	für eine den Anforderungen voll entsprechende Leistung;
befriedigend	(3)	für eine den Anforderungen im allgemeinen entsprechende Leistung;
ausreichend	(4)	für eine Leistung, die zwar Mängel aufweist, aber im ganzen den Anforderungen noch entspricht;
mangelhaft	(5)	für eine den Anforderungen nicht entsprechende Leistung, die jedoch erkennen läßt, daß Grundkenntnisse vorhanden sind;
ungenügend	(6)	für eine den Anforderungen nicht entsprechende Leistung, bei der selbst Grundkenntnisse nur lückenhaft vorhanden sind.

Zwischennoten werden nicht erteilt.
(2) Hat sich ein Prüfling bei der Prüfung unzulässiger Hilfsmittel bedient, so kann die betreffende Prüfungsleistung deswegen mit „ungenügend" bewertet werden.

§ 10 Ergebnis der Prüfung

(1) Aus den Noten der schriftlichen und der theoretischen mündlichen Prüfung ist für jedes Prüfungsfach eine Gesamtnote (Hälfte der Summe der beiden Einzelnoten) zu bilden. Die Prüfung ist nicht bestanden, wenn
1. die Leistungen im Prüfungsfach Jagdwaffen oder in der praktischen Prüfung (Prüfung im Revier) eine schlechtere Note als 4 (4,0) erhalten haben oder
2. der mittlere Wert der Gesamtnoten nach Satz 1 unter 4 (4,0) liegt.

In allen anderen Fällen ist die Prüfung bestanden.
(2) Der Prüfungsausschuß stellt das Prüfungsergebnis fest. Über die Bewertung der Leistungen ist eine Niederschrift anzufertigen und von allen Prüfern zu unterschreiben. Die sonstigen Prüfungsunterlagen einschließlich der Schießliste und einer etwaigen Niederschrift nach § 6 Abs. 4 sind mit der Niederschrift zu verbinden. Über die bestandene Prüfung erhält der Prüfling ein Zeugnis.

§ 11 Wiederholung der Prüfung

Besteht ein Prüfling die Jägerprüfung nicht, so kann er sie frühestens nach einem Jahr wiederholen. Wird die Prüfung auch bei der Wiederholung nicht bestanden, ist aber zu erwarten, daß eine nochmalige Wiederholung Erfolg haben könnte, so kann der Prüfungsausschuß bei der Entscheidung über die Prüfung eine zweite Wiederholung zulassen.

Nordrhein-Westfalen

fordert auf Grund der Verordnung über die Jägerprüfung (Jägerprüfungsverordnung) vom 26. Oktober 1977, abgedruckt im Gesetz- und Verordnungsblatt für das Land Nordrhein-Westfalen – Nr. 51 vom 24. 11. 1977 (das vom August Bagel Verlag, Grafenberger Allee 100, 4000 Düsseldorf bezogen werden kann) (hier nur auszugsweise Wiedergabe):

§ 3 Prüfungsgebiete, Prüfungsverfahren

(1) Die Prüfung besteht aus einem schriftlichen Teil, einer Schießprüfung und einem mündlich-praktischen Teil. Der schriftliche Teil muß der Schießprüfung, die Schießprüfung dem mündlich-praktischen Teil vorausgehen.
(2) Die Prüfung umfaßt im schriftlichen und im mündlich-praktischen Teil folgende Sachgebiete:
1. Kenntnis der Tierarten, Wildbiologie (insbesondere Ökologie und Erkennungsmerkmale der wichtigsten heimischen Wildarten, Ansprechen des Wildes unter besonderer Berücksichtigung der in ihrem Bestand gefährdeten Wildarten);
2. Wildhege, Wildschadenverhütung, Grundzüge des Land- und Waldbaues;
3. Waffentechnik, Führung von Jagd- und Faustfeuerwaffen (insbesondere sichere Handhabung, Gebrauch und Pflege der Jagd- und Faustfeuerwaffen);
4. Jagdbetrieb, Führung von Jagdhunden (insbesondere waidgerechte Jagdausübung, Sicherheitsbestimmungen, Jagdeinrichtungen, Fanggeräte und Nachsuche);

5. Behandlung von erlegtem Wild (insbesondere Berücksichtigung hygienischer Maßnahmen, Beurteilung der gesundheitlich unbedenklichen Beschaffenheit des Wildbrets im Hinblick auf seine Verwendung als Lebensmittel);
6. Jagdliche Gesetzgebung, insbesondere Grundsätze und wichtige Einzelbestimmungen des Jagd- und Waffenrechts, des Tierschutz- und Landschaftspflegerechts.

§ 4 Zulassung

(1) Ein Antrag auf Zulassung zu der Prüfung ist spätestens zwei Monate vor dem Termin für den schriftlichen Teil der Prüfung bei der Unteren Jagdbehörde einzureichen.
(2) Dem Antrag sind beizufügen:
1. ein amtliches Führungszeugnis, das nicht älter als sechs Monate sein darf;
2. ein Nachweis über die Einzahlung der Prüfungsgebühr.
Die Untere Jagdbehörde kann im Einzelfall verlangen, daß ein amtsärztliches Gesundheitszeugnis beigebracht wird.

§ 5 Schriftliche Prüfung

(1) Beim schriftlichen Teil der Prüfung sind aus den Sachgebieten des § 3 Abs. 2 Nr. 1 bis 6 je fünfzehn Fragen anhand eines Fragebogens den Bewerbern zur schriftlichen Beantwortung vorzulegen. Der Fragebogen ist so zu gestalten, daß die Beantwortung der Fragen durch Ankreuzen einer von drei vorgegebenen Antworten möglich ist.

§ 6 Schießprüfung

(1) Die Schießprüfung besteht aus:
1. Büchsenschießen,
2. Flintenschießen.
(2) Beim Büchsenschießen sind fünf Schüsse stehend angestrichen aus einer Entfernung zwischen 90 und 110 m auf die Rehbockscheibe Nummer 1 des Deutschen Jagdschutzverbandes (s. Abb. S. 134) abzugeben.
(3) Beim Flintenschießen sind nach Festlegung durch den Prüfungsausschuß zehn bewegliche Ziele (Wurftauben – Trap oder Skeet – oder Kipphasen) zu beschießen. Doppelschüsse sind zugelassen. Es sind
a) beim Trapschießen die Tauben in wechselnder Höhe und Seitenrichtung zu werfen;
b) beim Skeetschießen je zwei Tauben von den Ständen 1, 3, 4, 5 und 7 aus zu beschießen, wobei jeweils die erste Taube vom hohen Turm und die zweite Taube vom niedrigen Turm geworfen wird;
c) Kipphasen aus einer Entfernung von 35 m zu beschießen.
(4) Bei der Schießprüfung darf der Bewerber eigene Waffen mit beliebiger Visierung und Optik benutzen. Für das Büchsenschießen sind alle für Schalenwild zugelassenen Patronen, für das Flintenschießen die Kaliber zwanzig bis zwölf zugelassen.
(5) Die Schießprüfung kann von den anwesenden Mitgliedern des Prüfungsausschusses beendet werden, sobald der Bewerber die Mindestleistungen nach § 8 Abs. 4 erbracht hat oder feststeht, daß er die Mindestleistung nicht mehr erreichen kann.

§ 7 Mündlich-praktische Prüfung

(1) Beim mündlich-praktischen Teil der Prüfung sind Fragen aus den Sachgebieten des § 3 Abs. 2 Nr. 1 bis 6 zu stellen.
(2) Die Bewerber sollen in Gruppen von höchstens fünf Bewerbern geprüft werden. Der mündlich-praktische Teil der Prüfung soll in der Regel je Bewerber nicht länger als dreißig Minuten dauern.

§ 8 Bewertung der Leistungen

(1) Die Leistungen des Bewerbers sind in jedem Sachgebiet mit „bestanden" oder „nichtbestanden" zu bewerten.
(3) Der schriftliche Teil der Prüfung ist bestanden, wenn entweder in jedem Sachgebiet mindestens acht Fragen oder insgesamt mindestens sechzig Fragen richtig beantwortet sind.
(4) Die Schießprüfung ist bestanden, wenn
1. beim Büchsenschießen mindestens vierundzwanzig Ringe erzielt und
2. beim Flintenschießen mindestens drei Wurftauben oder fünf Kipphasen getroffen worden sind.
Hat der Bewerber die geforderten Leistungen in beiden oder in einer der Schießübungen nicht erbracht, ist ihm die einmalige Wiederholung der gesamten Schießprüfung oder der nicht erfüllten Schießübung am gleichen Tage zu ermöglichen. Die beim ersten Durchgang erzielten Treffer bleiben dabei unberücksichtigt.
(5) Der mündlich-praktische Teil der Prüfung ist bestanden, wenn die Leistungen in vier Sachgebieten, darunter im Sachgebiet „Waffentechnik und Führung von Jagd- und Faustfeuerwaffen" (§ 3 Abs. 2 Nr. 3) mit „bestanden" bewertet worden sind.

Rheinland-Pfalz

hat am 25. 02. 1981 in der Landesverordnung zur Durchführung des Landesjagdgesetzes (LJGVDO) die Jägerprüfung in den § 20–33 wie folgt geordnet. Sie werden auszugsweise wiedergegeben.

§ 22 Zulassung zur Prüfung

(2) Zur Prüfung kann nur zugelassen werden, wer innerhalb von drei Jahren vor Beginn der Prüfung eine theoretische und praktische Ausbildung von einjähriger Dauer bei einem auf Vorschlag der zuständigen Kreisgruppe des Landesjagdverbandes e.V. von der unteren Jagdbehörde nach Anhörung des Kreisjagdmeisters bestätigten Lehrherrn nachweist. Ausnahmen kann die untere Jagdbehörde nach Anhörung des Kreisjagdmeisters nur im Einzelfall aus wichtigem Grund zulassen; insbesondere dann, wenn eine nach Umfang und Inhalt ähnliche Ausbildungszeit nachgewiesen wird. Das Ausbildungsjahr soll möglichst mit dem Jagdjahr übereinstimmen.
(3) Lehrherren dürfen nur geeignete jagdpachtfähige Inhaber von Jahresjagdscheinen sein, welche die Möglichkeit der praktischen Ausbildung in einem Jagdbezirk haben und denen ein brauchbarer Jagdhund zur Verfügung steht. Die Bestätigung kann jederzeit widerrufen werden. Die Tätigkeit des Lehrherrn ist ehrenamtlich. Ein Lehrherr darf nicht mehr als drei Bewerber gleichzeitig ausbilden. Der Beginn der Ausbildungszeit ist dem Kreisjagdmeister vom Lehrherrn spätestens 14 Tage nach Beginn anzuzeigen. Für die Zeit der Ausbildung und der Prüfung hat der Bewerber eine ausreichende Haftpflicht- und Unfallversicherung abzuschließen.
(4) Der Antrag auf Zulassung zur Prüfung ist spätestens bis zum Ablauf des 15. März des Jahres der Prüfung nach dem Muster der Anlage 1 an den gemäß Absatz 1 zuständigen Kreisjagdmeister zu richten. Dem Antrag sind beizufügen:
1. eine Erklärung, aus der hervorgeht, daß inzwischen weder eine Strafe noch ein Bußgeld gegen ihn verhängt ist oder noch derartige Verfahren gegen ihn schweben, die die Versagung eines Jagdscheines zur Folge haben könnten (§ 17 Abs. 3 und 4 des Bundesjagdgesetzes),
2. ein Nachweis über die Ableistung des Ausbildungsjahres, es sei denn, daß eine Ausnahme gemäß Absatz 2 zugelassen wurde,
3. bei Minderjährigen die Einverständniserklärung des gesetzlichen Vertreters,
4. ein Nachweis über die Einzahlung der Prüfungsgebühr.

§ 24 Gliederung und Durchführung der Prüfung

(1) Die Prüfung gliedert sich in:
1. die Schießprüfung,
2. die schriftliche Prüfung,
3. die mündlich-praktische Prüfung.

Sie ist zeitlich in dieser Reihenfolge durchzuführen.
(2) In der schriftlichen und in der mündlich-praktischen Prüfung sind ausreichende Kenntnisse in folgenden Sachgebieten nachzuweisen:
1. Tierarten, Wildbiologie,
2. Jagdbetrieb einschließlich jagdliches Brauchtum, Führung und Haltung von Jagdhunden,
3. Wildhege, Land- und Waldbau, insbesondere im Hinblick auf Verhütung und Abschätzung von Wildschäden,
4. Waffentechnik, Führung von Jagdwaffen (einschließlich Faustfeuerwaffen), Waffenrecht,
5. Behandlung des erlegten Wildes unter besonderer Berücksichtigung der hygienisch erforderlichen Maßnahmen, Beurteilung der gesundheitlich unbedenklichen Beschaffenheit des Wildbrets, insbesondere auch hinsichtlich seiner Verwendung als Lebensmittel,
6. Jagd-, Tierschutz-, Naturschutz- und Landschaftspflegerecht.

§ 25 Schießprüfung

(1) Die Schießprüfung gliedert sich in drei Disziplinen:
1. Flintenschießen,
2. Büchsenschießen,
3. Schießen mit einer Faustfeuerwaffe.

(2) Das Schießen ist in allen Disziplinen in Anlehnung an die Schießvorschrift des Deutschen Jagdschutzverbandes e.V. (DJV) nach dem Stand vom 1. Januar 1977 durchzuführen mit der Maßgabe, daß eine der Teildisziplinen des Büchsenschießens mit einer Patrone geschossen werden muß, die für die Erlegung sämtlichen Schalenwildes zugelassen ist.
(3) Beim Flintenschießen sind 15 Traptauben zu beschießen. Die Bedingung gilt als erfüllt, wenn mindestens 5 Traptauben getroffen sind.
(4) Beim Büchsenschießen sind abzugeben:
1. 3 Kugelschüsse auf den Rehbock (DJV-Scheibe Nr. 1) stehend angestrichen, Entfernung 100 m,
2. 3 Kugelschüsse auf den stehenden Überläufer (DJV-Scheibe Nr. 2) sitzend aufgelegt, Entfernung 100 m,
3. 2 Kugelschüsse auf den sitzenden Fuchs (DJV-Scheibe Nr. 3) liegend oder sitzend freihändig, Entfernung 100 m,
4. 2 Kugelschüsse auf den flüchtigen Überläufer (DJV-Scheibe Nr. 5 oder 6) stehend freihändig, Entfernung 50 m bzw. 60 m.

Die Bedingungen gelten als erfüllt, wenn insgesamt mindestens 60 Ringe erreicht sind.
(5) Beim Schießen mit der Faustfeuerwaffe sind 6 Schüsse auf eine 10-Präzisionsringscheibe des Deutschen Schützenbundes stehend freihändig auf 25 m abzugeben. Die Bedingung gilt als erfüllt, wenn die Scheibe innerhalb der Ringe zweimal getroffen wird. Die Disziplin ist stehend, mit freiem Schießarm, einhändig und mit freiem Handgelenk auszuführen.
(6) Die geforderten Schießleistungen gelten nur dann als erreicht, wenn der Prüfling die Bedingungen

in allen drei Disziplinen erfüllt hat. Die Schießprüfung darf an einem vor Beginn der schriftlichen Prüfung liegenden Tag einmal wiederholt werden. Dabei sind nur die Disziplinen zu wiederholen, in denen die geforderten Schießleistungen nicht erbracht wurden. Den Termin der Wiederholung bestimmt der Prüfungsausschuß in Abstimmung mit den betroffenen Prüflingen.

(7) Sind die Schießleistungen nicht erreicht oder hat der Prüfling grob gegen die Sicherheitsvorschriften verstoßen, wie sie in der Schießvorschrift des DJV nach dem Stand vom 1. Januar 1977 festgelegt sind, so gilt die Prüfung als nicht bestanden. Der Prüfling wird unter Angabe des Grundes durch den Prüfungsvorsitzenden hiervon unterrichtet und ist von der weiteren Teilnahme an der Prüfung ausgeschlossen. Der Prüfungsausschuß unterrichtet schriftlich und unverzüglich die untere Jagdbehörde, die dem Prüfling einen rechtsmittelfähigen Bescheid über das Nichtbestehen der Prüfung erteilt.

§ 26 Schriftliche Prüfung

(2) Bei der schriftlichen Prüfung sind aus den in § 24 Abs. 2 festgelegten Sachgebieten je 20 Fragen anhand eines Fragebogens zu beantworten.

(4) Die schriftlichen Prüfungsfragen müssen innerhalb einer von der obersten Jagdbehörde festgelegten Zeitspanne beantwortet werden, die sechs Stunden nicht überschreiten soll. Nicht beantwortete Fragen gelten als falsch beantwortet. Hilfsmittel dürfen nicht benutzt werden.

(6) Mindestens zwei vom Prüfungsvorsitzenden bestimmte Prüfer bewerten die Arbeiten unter Zugrundelegung der Musterlösung. Für die Bewertung eines jeden Sachgebietes gilt folgender Notenschlüssel:

bei mehr als 18 richtig beantworteten Fragen	Note 1,
bei 16 bis 18 richtig beantworteten Fragen	Note 2,
bei 13 bis 15 richtig beantworteten Fragen	Note 3,
bei 10 bis 12 richtig beantworteten Fragen	Note 4,
bei 7 bis 9 richtig beantworteten Fragen	Note 5,
bei weniger als 7 richtig beantworteten	Note 6.

§ 27 Mündlich-praktische Prüfung

(1) Spätestens acht Wochen nach der schriftlichen Prüfung soll die mündlich-praktische Prüfung stattfinden.

(2) Die mündlich-praktische Prüfung soll die Erfordernisse des praktischen Jagdbetriebes berücksichtigen und unter Zuhilfenahme von Anschauungsmaterial und anhand praktischer Fälle in einem geeigneten Jagdbezirk mit Feld und Wald durchgeführt werden.

(3) Die Prüflinge sind in Gruppen bis zu fünf Personen zu prüfen. Die Prüfzeit soll möglichst gleichmäßig auf die Sachgebiete verteilt werden und je Prüfling nicht mehr als eine Stunde betragen. Die Prüfungsfragen stellt der Prüfer des jeweils zu prüfenden Sachgebietes. Zusatzfragen der anderen Mitglieder des Prüfungsausschusses sind zulässig. Die Bewertung der Leistungen erfolgt durch die Mitglieder des Prüfungsausschusses gemeinsam.

§ 28 Bewertung, Sachgebietsnote, Gesamtnote

(1) Die Leistungen der Prüflinge sind in der mündlich-praktischen Prüfung wie folgt zu bewerten:

sehr gut	(1)	eine Leistung, die den Anforderungen in besonderem Maße entspricht,
gut	(2)	eine Leistung, die den Anforderungen voll entspricht,
befriedigend	(3)	eine Leistung, die im allgemeinen den Anforderungen entspricht,
ausreichend	(4)	eine Leistung, die zwar Mängel aufweist, aber im ganzen den Anforderungen noch entspricht,
mangelhaft	(5)	eine Leistung, die den Anforderungen nicht entspricht, jedoch erkennen läßt, daß die notwendigen Grundkenntnisse vorhanden sind und die Mängel in absehbarer Zeit behoben werden könnten,
ungenügend	(6)	eine Leistung, die den Anforderungen nicht entspricht und bei der selbst die Grundkenntnisse so lückenhaft sind, daß die Mängel in absehbarer Zeit nicht behoben werden könnten.

Zwischennoten werden nicht erteilt.

(2) Für jedes Sachgebiet wird eine Durchschnittsnote aus den in der schriftlichen und mündlich-praktischen Prüfung erzielten Noten ermittelt (Sachgebietsnote). Eine sich bei der Berechnung ergebende zweite Dezimalstelle bleibt unberücksichtigt.

(3) Aus den nach Absatz 2 errechneten Sachgebietsnoten ist eine Gesamtnote als arithmetisches Mittel auf eine Dezimalstelle zu errechnen.

(4) Der Prüfungsausschuß entscheidet auf Grund des nach Absatz 3 errechneten Mittels, ob die Prüfung bestanden oder nicht bestanden ist.

(5) Die Prüfung hat bestanden, wer als Durchschnitt aller Sachgebietsnoten mindestens die Note 4,0 erreicht hat. Auf das Gesamturteil „bestanden" kann nicht erkannt werden, wenn:

1. in einem der in § 24 Abs. 2 Nr. 4 und 6 genannten Sachgebiete in der schriftlichen oder der mündlichen Prüfung eine schlechtere Sachgebietsnote als 4,0 erzielt wurde,
2. in den übrigen Sachgebieten eine Sachgebietsnote unter 5,0 oder mehr als eine Sachgebietsnote unter 4,0 erzielt wurde.

§ 33 Wiederholung der Prüfung

(1) Bricht ein Prüfling aus Gründen, die er nicht zu vertreten hat, die Prüfung ab, so hat er die

Gründe hierfür dem Prüfungsvorsitzenden gegenüber nachzuweisen. Der Prüfungsausschuß entscheidet, ob und unter welchen Voraussetzungen bei einem weiteren Prüfungstermin die Prüfung fortgesetzt werden kann.

(2) Eine nicht bestandene Prüfung kann wiederholt werden. Die erste Wiederholung ist in dem auf die Prüfung folgenden Jahr möglich, jede weitere Wiederholungsprüfung nach frühestens drei Jahren. Die Teilnahme an den Wiederholungen setzt die Zulassung voraus. Liegt zwischen dem Beginn der ersten Prüfung und dem Beginn der Wiederholungsprüfung ein Zeitraum von mehr als drei Jahren, so ist erneut ein Ausbildungsjahr gemäß § 22 Abs. 2 Satz 1 abzuleisten. Die Prüfung ist ganz zu wiederholen.

Saarland

Das Saarland regelt die Jägerprüfung in der ersten Verordnung zum Saarländischen Jagdgesetz vom 4. 2. 1983. Die Wiedergabe erfolgt in Auszügen.

§ 4 Zulassungsvoraussetzungen

(3) Jeder Prüfungsteilnehmer hat vor der Prüfung eine theoretische und praktische Ausbildung nachzuweisen, und zwar:

1. durch Teilnahme an mindestens 100 Unterrichts- oder Ausbildungsstunden eines von der Vereinigung der Jäger des Saarlandes eingerichteten Lehrgangs, der wenigstens 130 Stunden umfassen muß, oder
2. durch Bescheinigung über die ein Jahr dauernde Ausbildung durch einen von der Vereinigung der Jäger des Saarlandes vorgeschlagenen und von der obersten Jagdbehörde bestätigten Lehrherrn. Der Beginn der Ausbildung ist dem Prüfungsleiter unverzüglich unter Vorlage einer Bestätigung über den Abschluß einer Unfall- und Haftpflichtversicherung anzuzeigen.

(4) Zusätzlich zu den Voraussetzungen des Absatzes 3 Nr. 1 ist erforderlich:

1. Teilnahme an einer Gesellschaftsjagd (§ 18 des Saarländischen Jagdgesetzes),
2. Teilnahme an Lehrveranstaltungen in Jagdpraxis, z.B. im Hochsitz-, Fallen- und Fütterungsbau.

§ 5 Gegenstand der Jägerprüfung

(1) Die Prüfung besteht aus:

1. dem jagdlichen Schießen,
2. dem schriftlichen Teil,
3. dem mündlichen und praktischen Teil.

Den Ablauf der Prüfung im einzelnen bestimmt der Prüfungsleiter.

(2) Die Prüfung erstreckt sich auf ausreichende Kenntnisse und Fertigkeiten in folgenden Sachgebieten:

1. Jagd- und Tierschutzrecht sowie Notwehr- und Notstandsrecht,
2. Jagdtierkunde einschließlich der Wildbiologie und der Wildkrankheiten,
3. Jagdbetrieb einschließlich der Behandlung erlegten Wildes unter besonderer Berücksichtigung der hygienisch erforderlichen Maßnahmen und der Beurteilung der gesundheitlich unbedenklichen Beschaffenheit des Wildbrets, insbesondere auch hinsichtlich seiner Verwendung als Lebensmittel,
4. Wildhege, Naturschutz und Landschaftspflege, Wildschadensverhütung und Land- und Waldbau,
5. Waffen- und Schießwesen hinsichtlich der im Jagdbetrieb vorkommenden Jagdwaffen (einschließlich Faustfeuerwaffen),
6. Jagdhundewesen.

§ 8 Jagdliches Schießen

(1) Jeder Prüfling hat unter Beweis zu stellen, daß er alle im Jagdbetrieb vorkommenden Jagdwaffen (einschließlich Faustfeuerwaffen) handhaben kann und dabei die einschlägigen Sicherheitsvorschriften beachtet.

(2) Nachstehende Anforderungen im Kugel- und Schrotschuß sind zu erfüllen:

1. Kugelschuß
   a) drei Schüsse auf Scheibe mit stehendem Rehbock, Entfernung 100 m, Anschlag stehend angestrichen, Visierung und Optik beliebig, mit einem für den Abschuß von Rehwild zugelassenen Kaliber;
   b) drei Schüsse auf 10er Ringscheibe (50 cm Scheibendurchmesser, 10-weiß), Entfernung 100 m, Anschlag sitzend aufgelegt, Visierung und Optik beliebig, mit einem für alles Schalenwild zugelassenen Kaliber.
2. Schrotschuß
   a) Beschießen von sechs laufenden Kipp- oder Rollhasen, Entfernung 35 m, beliebig von links oder rechts, oder
   b) Beschießen von 15 Traptauben, 11 m Abstand in eine Richtung, Flugweite 60 m.

   Es dürfen jeweils zwei Schrotpatronen geladen und verschossen werden. Jeder Hase bzw. jede Traptaube ist vom Schützen einzeln abzurufen. Es darf nur mit Schrotstärke 2,5 mm und den Kalibern 20 und stärker geschossen werden.

(3) Als Mindestleistungen werden gefordert:

1. beim Kugelschuß insgesamt vier Treffer. Als Treffer gilt nach Absatz 2 Nr. 1 Buchst. a der 3. bis 10. Ring, nach Absatz 2 Nr. 1 Buchst. b der 6. bis 10. Ring. Angeschossene Ringe zählen nach oben;
2. beim Schrotschuß auf Kipp- oder Rollhasen drei Treffer, auf Traptauben fünf Treffer. Abgerufene, aber nicht beschossene Kipp- oder Rollhasen sowie Traptauben gelten als gefehlt.

(4) Erfüllt der Prüfling die Mindestleistungen nach Absatz 3 nicht, so ist ihm am gleichen Tag Gelegenheit zu geben, die betreffende Schießdisziplin einmal zu wiederholen.
(5) Erreicht der Prüfling die geforderten Mindestleistungen nach Absätzen 3 und 4 nicht, oder verstößt er gegen die Sicherheitsbestimmungen oder zeigt er schwerwiegende Mängel bei der Handhabung der Waffe, so ist die Leistung mit „nicht ausreichend" zu beurteilen.

§ 9 Schriftlicher Teil

(1) Beim schriftlichen Teil der Prüfung sind je Sachgebiet (§ 5 Abs. 2) 20 Fragen zu beantworten. Die schriftliche Prüfung findet unter Aufsicht statt und soll höchstens 3 Stunden dauern. Bei Prüflingen, die die eingeschränkte Jägerprüfung oder die Schießergänzungsprüfung ablegen, ist die Prüfungsdauer anteilmäßig zu kürzen.
(2) Die Prüfungsfragen werden vom Prüfungsleiter erstellt.
(3) Jede gegenseitige Fühlungnahme der Prüflinge oder jede Benutzung von Hilfsmitteln ist, ebenso wie der Versuch, untersagt. Bei einem Verstoß gegen dieses Verbot gilt die Prüfung als nicht bestanden. Der Prüfungsleiter schließt den Prüfling von der Fortsetzung der Prüfung aus. Die Prüflinge sind vor Beginn ausdrücklich auf diese Bestimmungen hinzuweisen.
(4) Die Bewertung der Leistungen in den einzelnen Sachgebieten erfolgt getrennt nach folgenden Noten:

Richtige Antworten	Noten
19–20	1 sehr gut
17–18	2 gut
15–16	3 befriedigend
12–14	4 ausreichend
6–11	5 mangelhaft
0– 5	6 ungenügend

(5) Sofern die Leistungen eines Prüflings in mehr als zwei Sachgebieten mit „mangelhaft" beurteilt werden, wird er unter Angabe des Grundes von der Fortsetzung der Prüfung ausgeschlossen. Ein „ungenügend" entspricht zwei „mangelhaft". Wären die Leistungen des Prüflings für die Ablegung der eingeschränkten Jägerprüfung ausreichend, so kann er sich für die Fortsetzung der Prüfung als eingeschränkte Jägerprüfung entscheiden. Eine entsprechende Erklärung ist innerhalb von einer Woche nach Zustellung des Bescheides über die nicht bestandene Jägerprüfung schriftlich abzugeben. In dem Bescheid ist auf die Möglichkeit der Ablegung der eingeschränkten Jägerprüfung hinzuweisen.

§ 10 Mündlicher und praktischer Teil

(1) Das theoretische Wissen und das praktische Können werden in einem kombinierten Prüfungsverfahren ermittelt, das alle Sachgebiete erfassen muß. Es soll teilweise in einem geschlossenen Raum und teilweise im Freien durchgeführt werden. Bei der Prüfung ist durch die Mitglieder des Prüfungsausschusses für das Vorhandensein von reichlichem Anschauungsmaterial zu sorgen. Die Prüflinge können in Gruppen zusammengefaßt werden.
(2) Die Prüfung soll je Sachgebiet und Prüfling 10 Minuten nicht überschreiten.
(3) Die Leistungen der Prüflinge sind in jedem Sachgebiet wie folgt zu bewerten:

sehr gut	(1)	eine den Anforderungen in besonderem Maße entsprechende Leistung,
gut	(2)	eine über dem Durchschnitt liegende, den Anforderungen voll entsprechende Leistung,
befriedigend	(3)	eine durchschnittliche Leistung, die den Anforderungen im allgemeinen entspricht,
ausreichend	(4)	eine Leistung, die zwar Mängel aufweist, aber im ganzen den Anforderungen noch entspricht,
mangelhaft	(5)	eine an erheblichen Mängeln leidende Leistung,
ungenügend	(6)	eine völlig unbrauchbare Leistung.

Zwischennoten sind nicht zulässig.
(4) Sofern die Leistungen eines Prüflings in mehr als zwei Sachgebieten mit „mangelhaft" bewertet werden, ist die Prüfung nicht bestanden. Ein „ungenügend" entspricht zwei „mangelhaft".

§ 11 Gesamturteil

(1) Die Prüfung ist bestanden, wenn die in jedem Prüfungsteil (§§ 8, 9 und 10) erforderlichen Leistungen erbracht wurden und die Durchschnittsnote des schriftlichen (§ 9) und des mündlich-praktischen Teils (§ 10) in jedem Sachgebiet mindestens „ausreichend" ist. Liegt die Durchschnittsnote der schriftlichen und der mündlich-praktischen Prüfung eines Sachgebiets zwischen zwei Noten, gibt die auf Grund der mündlich-praktischen Prüfung erteilte Benotung den Ausschlag.

§ 14 Wiederholung der Prüfung

(1) Wird die Prüfung nicht bestanden, so kann sie höchstens zweimal wiederholt werden. Jede weitere Wiederholung der Prüfung bedarf der Zustimmung der obersten Jagdbehörde; sie kann ihre Zustimmung von Auflagen abhängig machen.

Schleswig-Holstein

In Schleswig-Holstein ist nach der Jägerprüfungsordnung (GVBl. S. 48 vom 23. 2. 1977), zuletzt geändert am 20. 7. 81, die durch die Firma Schmidt & Klaunig, Ringstraße 19/21, in 2300 Kiel bezogen werden kann, verordnet worden:
Die Prüfung zur Erlangung des ersten Jagdscheines ist vor einem Ausschuß abzulegen, der bei der Jagdbehörde gebildet wird.
(Hier nur auszugsweise Wiedergabe)

§ 2 Zulassung zur Prüfung

(3) Zur Prüfung sind nur Personen zuzulassen, die im Zuständigkeitsbereich der Jagdbehörde, bei der der Prüfungsausschuß gebildet ist, ihren Hauptwohnsitz haben. Diese Jagdbehörde kann Ausnahmen zulassen.

§ 3 Umfang der Prüfung

(1) Die Jägerprüfung besteht aus einer Schießprüfung, einem schriftlichen und einem mündlich-praktischen Teil. Sie ist in dieser Reihenfolge durchzuführen. Der schriftliche und der mündlich-praktische Teil gliedern sich in folgende Prüfungsfächer:
1. Tierarten, Wildbiologie, Wildhege, Jagdbetrieb, Wildschadensverhütung und Land- und Waldbau,
2. Waffenrecht, Waffentechnik und Führung von Jagdwaffen (einschließlich Faustfeuerwaffen),
3. Führung von Jagdhunden, Behandlung des erlegten Wildes unter besonderer Berücksichtigung der hygienisch erforderlichen Maßnahmen und Beurteilung der gesundheitlich unbedenklichen Beschaffenheit des Wildbrets, insbesondere auch hinsichtlich seiner Verwendung als Lebensmittel,
4. Jagd-, Tierschutz- sowie Naturschutz- und Landschaftspflegerecht.

(2) Die Mitglieder des Prüfungsausschusses und die Jagdbehörde erarbeiten gemeinsam aus den 4 Prüfungsfächern für jede Prüfung je 20 Fragen. Die 80 Fragen sind schriftlich zu stellen und in einer Zeit von drei Stunden zu beantworten. Die schriftlichen Antworten in den einzelnen Prüfungsfächern sind zu beurteilen.

(3) In der mündlichen Prüfung, auf die das Schwergewicht zu legen ist, sind theoretische und praktische Aufgaben aus den 4 Prüfungsfächern zu lösen. Eine Befreiung von der mündlichen Prüfung wegen guter schriftlicher Leistungen ist nicht zulässig. Im Falle des Nichterscheinens zur schriftlichen Prüfung gilt die gesamte Prüfung als nicht bestanden.

(4) Die Schießprüfung besteht aus:
1. Fünf Schuß stehend, angestrichen auf die DJV-Jagdscheibe Nr. 1 – links – (Rehbock s. Abb. S. 134), 100 m. Es dürfen nur Büchsenpatronen verwendet werden, deren Auftreffenergie auf 100 m (E 100) mindestens 1000 Joule beträgt (s.S. 69). Die Benutzung von Zielfernrohren ist gestattet. Es müssen mindestens drei Treffer in den Ringen 3 bis 10 erzielt werden.
2. Zehn Tontauben, 11 m, Trap, einfach geworfen. Jede geworfene Tontaube darf zweimal beschossen werden. Es müssen mindestens drei Treffer erzielt werden.
3. Ein Prüfling, der die Mindesttrefferzahl nicht erreicht, wobei eine einmalige Wiederholung des Prüfungsschießens an demselben Tage zulässig ist, ist von der Prüfung ausgeschlossen; die Prüfung gilt als nicht bestanden.
4. Ein Prüfling kann ferner von der Prüfung ausgeschlossen werden, wenn er beim Schießen die Waffe unvorsichtig handhabt.

§ 5 Beurteilung der Prüfungsleistungen

(1) Für die Beurteilung der Leistungen der Prüflinge sind fünf Noten anzuwenden:
1 – sehr gut,
2 – gut,
3 – genügend,
4 – mangelhaft,
5 – ungenügend.
Für jedes der Prüfungsfächer wird eine besondere Note festgesetzt. Die Summe der vier Noten ergibt die Gesamtnote.

(2) Die Prüfung gilt als nicht bestanden, wenn der Prüfling in den in § 3 Abs. 1 Nr. 1 oder 2 genannten Fächern die Note 5 (ungenügend) oder in drei Fächern die Note 4 (mangelhaft) erhält, oder wenn die Gesamtnote die Punktzahl 13 übersteigt.

§ 7 Wiederholung der Prüfung

Die Wiederholung einer nicht bestandenen Prüfung ist frühestens nach Ablauf eines Jahres zulässig.

Die Prüfungsgebühr beträgt 150,– DM. Sie ist spätestens drei Tage vor Beginn der Prüfung an die Jagdbehörde zu zahlen.
Es besteht eine eigene Landesverordnung über die Falknerprüfung (Falknerprüfungsverordnung).

Jagdliche Organisationen

DJV und Landesjagdverbände

Darf sich die Jägerschaft zu eingetragenen Vereinen und Verbänden (e.V.) zusammenschließen?

Ja! Der Zusammenschluß muß auf verfassungsmäßiger Grundlage, d.h. auf dem Prinzip der freiwilligen Mitgliedschaft, erfolgen. Die Organisation ist der DJV, der Deutsche Jagdschutz-Verband e.V., Johannes-Henry-Straße 26, 5300 Bonn, Tel. 0228/214144 oder 214172.
Er will nicht nur eine Organisation von Jagdscheininhabern, sondern eine Art Orden aller waidgerechten Jäger sein.

Welche Pflichten hat jeder Jäger nach der DJV-Disziplinarordnung?

Er hat die geschriebenen und ungeschriebenen Gesetze zum Schutz des Wildes, über die Ausübung der Jagd und zur Erhaltung des Waidwerks zu beachten, darüber hinaus – namentlich auch in seinem Verhalten anderen Jägern gegenüber – alles zu unterlassen, was geeignet ist, das Ansehen der Jägerschaft gröblich zu verletzen.
Zuwiderhandlungen können als Pflichtwidrigkeit geahndet werden, unbeschadet des Vorranges der staatlichen Gerichtsbarkeit.

Welche Hauptaufgaben haben die Landesjagdverbände (e.V.) und deren Jägerschaften oder Kreisgruppen (e.V.)?

Sie sollen ihre Mitglieder (im Jahre 1986 waren es 235185) zu waidgerechten Jägern erziehen und dafür sorgen, daß der Wildbestand in seinen Arten erhalten bleibt.

Welche Landesjagdverbände gibt es?

1. **LJV Baden-Württemberg e.V.**
   7000 Stuttgart 1, Kernerstraße 9 (Tel. 0711/433797);
2. **LJV Bayern (Bayerischer Jagdschutz- und Jägerverband) e.V.**
   8000 München 2, Luisenstraße 25 (Tel. 089/598401);
3. **LJV Berlin e.V.**
   1000 Berlin 41, Selerweg 15 (Tel. 030/7923807);
4. **LJV Bremen (Bremer Jägervereinigung) e.V.**
   2800 Bremen 1, Max-Reger-Str. 12 (Tel. 0421/341940);
5. **LJV (Landesjägerschaft) Freie und Hansestadt Hamburg e.V.**
   2000 Hamburg 13, Hansastr. 5 (Tel. 040/447712);
6. **LJV Hessen e.V. (Landesvereinigung der Jäger)**
   6350 Bad Nauheim, Am Römerkastell 9 (Tel. 06032/2008);
7. **Landesjägerschaft (LJSch) Niedersachsen e.V.**
   3000 Hannover 61, Schopenhauerstr. 21 (Tel. 0511/555007);
8. **LJV Nordrhein-Westfalen (Landesvereinigung der Jäger) e.V.**
   4700 Hamm (Westf.), Weststraße 2–4 (Tel. 0221/374328);
   a) **Landesgruppe Nordrhein**
      5000 Köln 51-Marienburg, Von-Groote-Str. 46 (Tel. 0221/374328);
   b) **Landesgruppe Westfalen**
      4400 Münster, Schorlemer Str. 13, (Tel. 0251/43117);
9. **LJV Rheinland-Pfalz e.V.**
   6531 Gensingen, Fasanerie (Tel. 06727/1285);
10. **LJV Saar (Vereinigung der Jäger des Saarlandes) e.V.**
    6600 Saarbrücken 11, Jägerheim, Postfach 816 (Tel. 0681/31700);
11. **LJV Schleswig-Holstein e.V. Landesjägerschaft**
    2223 Meldorf, Postfach 1214 (Tel. 04832/7150).

Sachwörterverzeichnis

B

C

D

E

F

K

M

N

S

T

U

KRIEGHOFF
100 Jahre
Tradition und
Fortschritt
Die bahnbrechend neue Jagdwaffen-Generation von Krieghoff. Durch „ultramoderne" Fertigungsmethoden besonders preiswert. Trotzdem viel jagdliche Zweckmäßigkeit.
Drilling
PLUS
BBF
ULTRA
Mehr Sicherheit durch neuartigen 2-Schloß-Handspanner; neuer „Kickspanner" ohne Sperrknopf; kein Abrutschen.
entspannen
spannen
Laufschiene für spätere ZF-Montage vorbereitet.
Sonderausführung: KRIEGHOFF-Dreifuß-Einhakmontage.
Geringes Gewicht durch Alukästen.
Hervorragende Führigkeit.
Einheitliche Bedienung beider Waffen.
KRIEGHOFF
Fordern Sie den neuen farbigen Jubiläumskatalog oder Spezialprospekt an.
KRIEGHOFF
H. KRIEGHOFF GmbH
Jagd- und Sportwaffenfabrik
Postfach 2610
D-7900 Ulm
Boschstraße 22
Tel. (0731) 42017
Telex 719503
West Germany

4·87
Mod. KJS II
P5
WALTHER
Jagdmesser
IHR GUTER PARTNER
auch für die Jagd
P5 Compact
WALTHER
Carl Walther GmbH · 7900 Ulm · Sportwaffenfabrik ·
Postfach 4325
Telefon 0731-61491
Telex 0712628

Kaiserbüchse
3-S-System
● SUPER-ACCURATE = Superschußleistung
● SAFE = sicher
● SHORT = kurz
Durch funktionsgerechte Patronenzuführung keine Geschoßbeschädigung.
Doppelte Sicherung.
Schlagbolzenfeder-Entspanneinrichtung und zusätzliche automatische Griffsicherung.
Bei 60 cm Lauflänge 98,5 cm Gesamtlänge. Verk. an Ber.
KUFSTEINER WAFFENSTUBE
Ing. Hannes Kepplinger,
A-6330 KUFSTEIN, C.-Wagner-Straße 1, Tirol,
Telefon aus BRD (00 43/53 72) 37 10

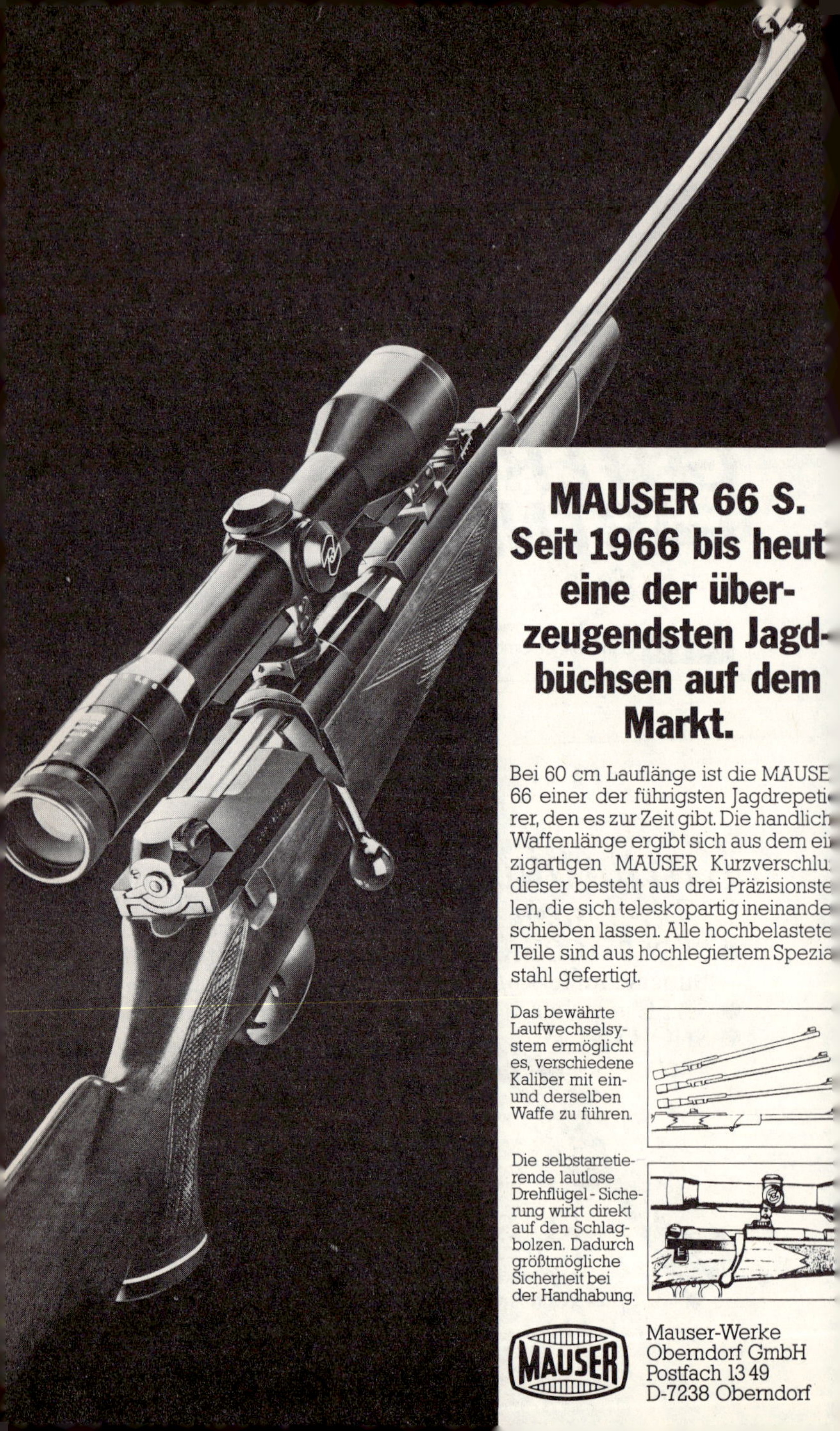
MAUSER 66 S.
Seit 1966 bis heut
eine der über-
zeugendsten Jagd-
büchsen auf dem
Markt.
Bei 60 cm Lauflänge ist die MAUSE
66 einer der führigsten Jagdrepeti
rer, den es zur Zeit gibt. Die handlich
Waffenlänge ergibt sich aus dem ei
zigartigen MAUSER Kurzverschlu
dieser besteht aus drei Präzisionste
len, die sich teleskopartig ineinande
schieben lassen. Alle hochbelastete
Teile sind aus hochlegiertem Spezia
stahl gefertigt.
Das bewährte Laufwechselsystem ermöglicht es, verschiedene Kaliber mit ein- und derselben Waffe zu führen.
Die selbstarretierende lautlose Drehflügel-Sicherung wirkt direkt auf den Schlagbolzen. Dadurch größtmögliche Sicherheit bei der Handhabung.
MAUSER
Mauser-Werke
Oberndorf GmbH
Postfach 13 49
D-7238 Oberndorf

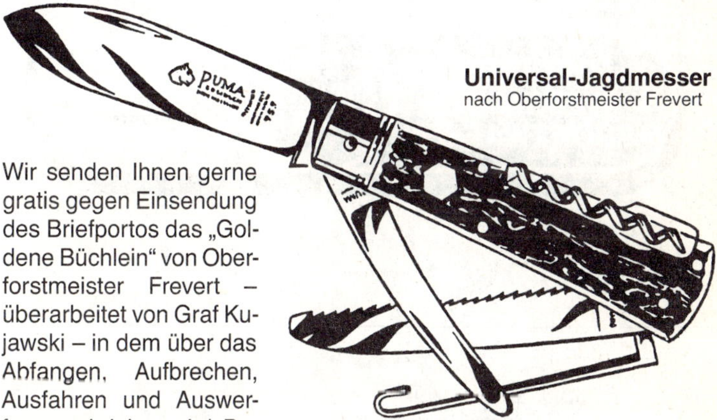

Dr. med. vet. Richard Blase/Franz Pettinger

DIE JÄGERPRÜFUNG

IN FRAGE UND ANTWORT

Das Lehr-, Lern- u. Nachschlagewerk
für Jäger

24., verbesserte und erweiterte Auflage

VERLAG J. NEUMANN-NEUDAMM · MELSUNGEN

CIP-Titelaufnahme der Deutschen Bibliothek

Blase, Richard:
Die Jägerprüfung in Frage und Antwort: d. Lehr-, Lern- u. Nachschlagewerk für Jäger / Richard Blase; Franz Pettinger. – 24., verb. u. erw. Aufl. – Melsungen: Neumann-Neudamm, 1988
ISBN 3-7888-0526-9
NE: Pettinger, Franz:

421.–460. Tausend

Printed in Germany

Titelgestaltung: Johann Riedl

Gesamtherstellung: Universitätsdruckerei H. Stürtz AG, Würzburg